国家社科基金
GUOJIA SHEKE JIJIN HOUQI ZIZHU XIANGMU
后期资助项目

劉文斌／撰

Comprehensive Collation and Collective
Annotation of *Master Yan's Account of
Springs and Autumns*

晏子春秋彙校集注

上海古籍出版社

2021年度國家社會科學基金後期資助項目

（項目編號：21FZWA013）

國家社科基金後期資助項目
出版説明

　　後期資助項目是國家社科基金設立的一類重要項目,旨在鼓勵廣大社科研究者潛心治學,支持基礎研究多出優秀成果。它是經過嚴格評審,從接近完成的科研成果中遴選立項的。爲擴大後期資助項目的影響,更好地推動學術發展,促進成果轉化,全國哲學社會科學工作辦公室按照"統一設計、統一標識、統一版式、形成系列"的總體要求,組織出版國家社科基金後期資助項目成果。

全國哲學社會科學工作辦公室

序

趙敏俐

在傳世的中國先秦經典當中，《晏子春秋》是獨特的一部。它最初以"晏子"爲題，卻不同於諸子，没有系統的思想理論闡發；它有"春秋"之名，卻不同於史傳，没有明晰的時間記事綫索。它記録的是有關晏子的一段段言行和一個個小故事，可能是晏子生平的記實，也可能是後人的虛構編撰。它的内容來源廣泛，可能有歷史的記載，還有不少民間的傳聞。正因爲這樣，關於這部書的認識從漢代起就多有不同。劉向校書名其爲《晏子》，《漢書·藝文志》題名相同，並將其列爲"儒家"第一篇。但是司馬遷在《史記·管晏列傳》中卻稱其書爲《晏子春秋》，並以其爲基礎做了列傳。《隋書·經籍志》沿用《史記》之名，卻從《漢書》之體例，同樣將其列爲儒家。此後唐宋志書遂沿用此例，清人《四庫全書總目提要》又將其歸入史部傳記類。

晏子本爲春秋時期齊國名相，是與管仲齊名的傑出政治家。他道德高尚，聰明睿智，廉政愛民，生活簡樸，深得百姓愛戴，在生前和身後都享有盛譽，所以在先秦時代就流傳着很多有關他的故事。《左傳》記載了晏子的家世和豐富的生平事跡，《論語》《墨子》《孟子》《荀子》《韓非子》《吕氏春秋》《孔叢子》《列子》《孔子家語》《子華子》《淮南子》《韓詩外傳》《史記》《鹽鐵論》《列女傳》《新序》《説苑》《論衡》《風俗通》等著作中有大量有關晏子的言行故事的記述。這既是《晏子春秋》一書得以形成的時代背景，也是晏子其人影響力巨大的寫照。它説明，晏子是以其睿智的思想、可貴的言行和人格的力量感染昭示着先秦兩漢，足可以稱之爲那個時代的人物典範之一。

正因爲晏子在先秦兩漢時代有如此大的影響，所以有關他的言行故事，早在戰國時代就已經被人編寫成書，在漢代社會更是廣泛流傳。司馬遷曾經讀過，並稱"世多有之"。至西漢末葉劉向遍校群書，他所看到的相關著述就有"中書《晏子》十一篇……太史書五篇、臣向書一篇、参書十三篇，凡中外書三十篇，爲八百三十八章"。劉向在此基礎上去其重複，"定著八篇二百一十五章"。近年出土文獻中又發現了山東臨沂銀雀山西漢武帝時期的墓葬中的 102 枚《晏子》竹簡，河北定縣西漢中山懷王劉修墓、安徽阜陽雙古堆西漢汝陰侯夏侯灶墓出土的《晏子》殘簡，可見其書在當時流傳有多廣。至於其作者，司馬遷、劉向等均未說明，《漢書·藝文志》在其名下注曰："名嬰，謚平仲，相齊景公，孔子稱善與人交，有《列傳》。"按《漢書》著述體例，此注只是對晏子其人的簡要介紹，說明此書所記述的是有關晏子的故事，並非指此書作者。但是自《隋書·經籍志》開始，卻徑提爲"齊大夫晏嬰撰"，顯然有悖於《漢志》。不過這也引發了人們對此書作者的思考，如柳宗元就說"吾疑其墨子之徒有齊人者爲之"，可見古人對此書認識的分歧和相關記述的複雜，另一方面也顯示出《晏子春秋》這部著作的獨特性。於是，討論《晏子春秋》成書於何時，作者爲誰，它到底應該歸入"子"部還是"史"部，晏子的思想到底是儒家還是墨家，《晏子春秋》一書的産生時代、流傳過程、版本考異、辨僞考證、文字校勘、聲韻訓詁，等等，逐漸成爲明清以後人們關注的焦點。從清代的孫星衍、盧文弨、王念孫、俞樾、孫詒讓、黃以周，到民國以後的梁啓超、劉師培、張純一、于省吾，再到新中國成立之後的高亨、董治安、吳則虞，以至新時期以來的譚家健、孫綠怡、呂斌、駢宇騫、姚振武等人，對上述問題都進行了相關的討論，特別是結合近年來出土文獻的發現所進行的研究，取得了前所未有的成就。

常州工學院人文學院劉文斌教授的《晏子春秋彙校集注》一書，無疑是當下有關《晏子春秋》研究的集大成之作。早在 2003 年，劉文斌教授就開始了《晏子春秋》的研究工作。他從閱讀原典和搜集基本文獻做起，爲此跑遍了北京各大圖書館，並向當代著名的《晏子春秋》研究專家譚家健等先生求教，經過將近十年的努力，幾乎查找了古代全部重要的有關《晏子春秋》的文獻資料，搜集了近代以來中外有關《晏子春秋》研究的成果，發表了系列論文，完成了《〈晏子春秋〉研究史》一書，並且獲得了國家社會科學基金後期項目的資助，2015 年由人民文學出版社出版。這是迄今爲止唯一一部有關《晏子春秋》研究的學術史著作，爲我們了解此前有關的研究動態打下了堅實的基礎。書後附有相關版本書目、論文索引和重要研究資料的選編，彌足珍貴，爲當下的《晏子春秋》研究提供了豐富的文獻資料。而劉文斌教授《晏子春秋》的彙校集注工作，就是在此基礎上展開的。

我們知道，在此之前，代表《晏子春秋》文本校釋最高成就的是吳則虞的《晏子春秋集釋》，此書 1962 年由中華書局出版，在六十餘年的《晏子春秋》研究中發揮了重要作用。但不可否認的是，受時代的影響和資料搜集的限制，吳則虞的著作中，還有好多前代的成果沒有很好地吸收進來。而自該書出版之後的六十餘年裏，有關《晏子春秋》的研究又取得了極大的進展，特別是出土文獻的發現，爲《晏子春秋》的研究提供了重要的材料，當下亟需將這些新的材料和研究成果吸納總結。劉文斌教授正是在此基礎之上，傾十年之努力，完成了這部《晏子春秋彙校集注》。作者經過對所有傳世的《晏子春秋》的版本比較之後，選擇了最爲精善的吴勉本作爲底本重新校勘，參照出土的銀雀山竹簡，糾正今傳本訛誤和前人校釋錯誤；充分吸納今人最新研究成果，逐一核校前賢原著和引文，詳加注釋。與此同時，劉文斌教授在廣泛學習古今研究成果的基礎之上，又結合自己的研究所得，對《晏子春秋》一書的作者和成書時間，《晏子春秋》的著作屬性，《晏子春秋》體現的思想，《晏子春秋》的文本特徵和在先秦典籍中的地位等問題，都提出了自己的見解。或是在前人基礎上的補充，或是發前人所未發，皆有所據，言之成理。如關於《晏子春秋》的著作屬性，作者在詳細分析了全書的内容和材料構成之後得出的結論是："《晏子春秋》既不屬於'諸子十家'之'小説'，也非現代意義的'小説'，同時不是'傳説故事集'，而是一部我國最早的帶有人物傳記雛形的作品。"我認爲，他的這一説法，擺脱了傳統的對《晏子春秋》著作屬性的判斷思路，也不同於現代學者給它所加的簡單標籤，而是從實際出發得出的結論。而且，作者還從有關晏子事跡的最初記録和傳播目的的角度對此書的價值做了新的思考，指出了它的産生和重視個體價值的戰國時代觀念之間的關係，和它對司馬遷《史記》人物列傳書寫新體的影響。這些思考，爲今後《晏子春秋》的研究打開了新的思路。此外，作者還在書中介紹了《晏子春秋》的主要版本、前人校注存在的問題，以及本書的撰述宗旨和他所要達到的目標。由此可見作者對此書的用心，它前後凝聚了作者二十餘年的心血。總之，我認爲此書是代表當下《晏子春秋》研究水平的集大成之作。

　　此書的出版，也必將大大促進《晏子春秋》的研究。仔細回顧《晏子春秋》研究的歷史，對晏子其人的關注和《晏子春秋》的編輯整理與流傳，主要集中在先秦兩漢。魏晉南北朝以後，無論是對晏子其人的關注還是對《晏子春秋》的研究熱度都逐漸降低，而明清以來直到現代，對《晏子春秋》的研究也主要集中在文獻的考證、版本的流傳、文字的校釋和作品性質的討論等方面，關於此書本身的研究力度遠遠不夠。而我認爲，此書還有巨大的文化價值需要我們進行新的發掘，這起碼包括兩個方面。首先，晏子作爲春秋時代與管仲齊名的傑出政治家，無論是他的思想還是他的言行，都對當時的政治文化和戰國秦漢以來的中國社會産生了重大影響，又留下了如此豐富的文獻記載，這是極其難能可貴的。因此，我們理應將其當作中國文化史上的重要人物來進行深入的研究，這有助於我們對那個時代的歷史文化以及人的發展做出更爲深刻的認識。其次，《晏子春秋》作爲一部非"史"非"子"的著作,其獨特的書寫方式與文本類型,與中國早期各類文體的發展都有着密不可分的聯係,有着極大的文學與文體研究的開拓空間。而《晏子春秋》一書和晏子的故事在先秦兩漢間的廣泛傳播,更是一個值得我們從文化影響的角度進行關注的典型範例。《晏子春秋彙校集注》的出版,爲今後的研究提供了一個極好的當代版本。我期望由此迎來人們對《晏子春秋》的更多關注,有力推動《晏子春秋》研究的開展。

劉文斌教授與我同爲東北師範大學中文系校友,他對傳統學術充滿了熱愛,二十餘年執著於《晏子春秋》研究,焚膏繼晷,精益求精,其精神讓我感動。一切優秀的學術成果,都是這樣扎扎實實做出來的,爲此也向他表示祝賀。此書出版之前,他將書稿寄我。我先睹爲快,略書所感,聊以爲序。不當之處,敬請作者和讀者批評指正。

2024 年 1 月 31 日於京西會意齋

前　　言

　　《晏子春秋》記述了春秋時期齊國名相晏嬰的言行軼事，是一部富有政治思想性和鮮明特徵的著作。但由於該書曾經被視爲六朝僞書，因此没有得到應有的重視。1972年，在山東臨沂銀雀山西漢武帝時期的墓葬中出土了102枚《晏子》竹簡，内容分爲十六章，散見於今本八篇之中的十八章。1973年，在河北定縣西漢中山懷王劉修墓，1977年，在安徽阜陽雙古堆西漢汝陰侯夏侯灶墓均出土了《晏子》殘簡，證實了這部著作本是源自于先秦的典籍。因此，我們有理由充分重視它，加强對它的整理與研究。下面就《晏子春秋》一些重要問題略作陳述。

一、《晏子春秋》的作者和成書時間

　　關於《晏子春秋》的作者，柳宗元之前，傳統觀點"或曰晏子爲之，而人接焉；或曰晏子之後爲之"①。自柳宗元提出"吾疑其墨子之徒有齊人者爲之"之後，遂掀起了作者與成書時間的論争。《崇文總目》《中興書目》《四庫全書總目提要》、姚際恒《古今僞書考》、惲敬《大雲山房文稿》等均認爲此書並非晏嬰自著，"蓋後人采嬰行事爲之"②。而管同則大大發展了上述觀點，認爲是六朝人的僞作③。

　　從内容考證，説《晏子春秋》是晏嬰自著是站不住脚的。書中多處記述了晏子將死和死後之事④，並且稱晏子所服侍之君爲"景公"。"景公"是謚號，他死於晏子死後十年。因此，這部書不可能是晏嬰自著。而伴隨着銀雀山竹簡的出土，"六朝僞書説"也不攻自破。

---

　　① 見《辯晏子春秋》，載《柳宗元集》，中華書局，1979年，第113—114頁。
　　② 見《崇文總目》卷五，載《景印文淵閣四庫全書》，臺灣商務印書館1986年，第674册56頁下。
　　③ 見管同《讀晏子春秋》，載《續修四庫全書》1504册《因寄軒文初集》卷三，上海古籍出版社，1995年，第419頁下—420頁上。
　　④ 見《内篇雜下第六》第二十九、三十章和《外篇第八》第十六、十七、十八章。

　　關於《晏子春秋》的成書時代,當前學界主要有三種觀點。一是清孫星衍提出的"戰國説":"《晏子》八篇,見《藝文志》。後人以篇爲卷,又合《雜》上、下二篇爲一,則爲七卷,見《七略》……及隋、唐《志》。宋時析爲十四卷(《玉海》"四"作"二",疑誤),見《崇文總目》,實是劉向校本,非僞書也。……或以爲後人采嬰行事爲書,故卷帙頗多於前《志》,蓋妄言矣。……書成在戰國之世。凡稱子書,多非自著,無足怪者。"①二是梁啓超提出的"漢初説":"《漢志》此書,或即司馬遷、劉安所見本也。然此殆非春秋時書,尤非晏子自作。柳宗元謂墨子之徒有齊人者爲之,蓋近是。……然其人亦並非能知墨學者,且其依托年代似甚晚,或不在戰國而在漢初也。今傳之本,是否爲遷、安所嘗讀者,蓋未可知。然似是劉向所校上之本,非東漢後人竄亂附益也。"②三是新中國成立後吳則虞提出的"秦朝説":"《晏子春秋》的成書,既不在毛亨之前,又不在陸賈、韓嬰之後,其年代約在秦政統一六國後的一段期間之内。""很有可能就是淳于越之類的齊人在秦國編寫的。"③

　　現在絶大多數人接受"戰國説",駢宇騫的觀點最具代表性:"梁啓超認爲該書之成書'不在戰國而在漢初',吳則虞則認爲該書成書於秦統一六國之後,我們認爲以上兩種説法也難以成立:(1)銀雀山漢墓爲漢武帝初年的墓葬,其絶對年代在公元前140年至前118年之間,該墓出土的《晏子春秋》也當抄寫在這段時間内。安徽阜陽雙古堆西漢汝陰侯墓葬的年代爲西漢文帝時期,抄寫時間可能比銀雀山竹簡還要早一些,該墓葬的年代距秦統一中國也僅三十餘年時間。……從《史記》的記載和雙古堆、銀雀山簡本《晏子》的重新問世,足以證明該書絶對不會成書於漢初。(2)從書籍本身的形成和發展情況來考察,先秦古書多像後世文集,一般是由後人搜集整理而成的。作者從思想醖釀,到口授筆録,到整齊章句,到分篇命名,再到結集成書,書於竹帛,都要經過一個漫長的歲月,所以,該書的產生也不會在秦統一六國之後。從該書的内容及書中語言用字來看,很可能還會更早一些。"④還有學者通過對《晏子春秋》文字、思想、文化等研究,提出了進一步的意見:譚家健認爲"成書當在《國語》《墨子》之後,《戰國策》《韓非子》

①　見平津館本《晏子春秋序》,載《二十二子》,上海古籍出版社,1986年,第557頁。
②　見梁啓超《漢書藝文志諸子略考釋》第6頁,載《飲冰室合集》第10册,中華書局,1989年。
③　見吳則虞《試論〈晏子春秋〉》,載《光明日報》1961年6月9日第四版。修改後收入《晏子春秋集釋》作爲《序言》。
④　見《對〈晏子春秋〉的再認識——兼談古書的形成與發展》,載《管子學刊》1990年第1期,第39—44頁。

《吕氏春秋》之前"①；姚振武認爲"成書大約不會晚於戰國中期"②；而吕斌則將作者鎖定爲戰國中期的齊稷下學士淳于髡③。

　　我不同意《晏子春秋》成於一人之手的觀點。首先，書中存在大量重複、矛盾的記載，如作者既記載了齊景公因所愛馬死要肢解養馬人④，又記載了因鳥亡而欲殺燭鄒的事件⑤，兩個事件不但情節相似，而且晏子的諫言都是極其相似的三條。再如《内篇雜上》第四章和《外篇第七》第二十章兩度記載了晏子再治東阿的事件，兩次記載情節也基本相同。書中這種相似和重複的内容極多⑥，雷同的材料作者在這裏記載一遍，又於它處重複記載一遍，一個人寫就的作品會出現這種情況嗎？而且，晏子形象也前後不一致，其爲景公跪請撫瘍的形象⑦，簡直像個無恥的舐痔者，與拒絕景公"請進暖食""請進服裘"，並義正辭嚴地宣稱自己是"社稷之臣"的形象有天壤之別⑧，試問，一個人寫就的作品在人物形象的塑造上會出現如此大的反差嗎？以上，都需要持"成書於一人"觀點者自圓其説。帶着疑問，我深入鑽研了劉向《叙録》，似乎獲得了一些答案：今傳本《晏子春秋》是經過劉向整理而最後定型的。劉向整理前，社會上有很多不同版本在流傳，這些版本既有殘損、訛誤，内容上又差異較大。關於這一點，劉向在《叙録》中記載得很清楚："外書（文斌案：指禁中以外書，包括太史和民間藏書）無有三十六章，中書（文斌案：指皇家内庫書）無有七十一章。"他是本着"中外皆有以相定"來校訂典籍的。劉向爲何在整理《晏子春秋》後要設立《外篇第七》部分呢？就是因爲他發現不同版本《晏子春秋》中有大量"複重，文辭頗異"的記述。從規範著作的材料構成考慮，他認爲其中不當並存這些相似、雷同甚至矛盾的記述；但從保存資料的角度出發，他又"不敢遺失"這些材料，故"復列以爲一篇"，設爲《外篇第七》。爲何不同版本《晏子春秋》中會存在這些相似、雷同甚至矛盾的記載呢？我認爲，與著作在流傳過程中不斷經過不同時期、地域人們的增飾有很大關係。《晏子春秋》很可能在形成基本雛形後便開始

①　見《〈晏子春秋〉簡論——兼評〈晏子春秋集釋·前言〉》，載《北京師範大學學報》1982年第2期。後收入作者《先秦散文藝術新探》（首都師範大學出版社，1995年）。
②　見《〈晏子春秋〉詞類研究》，河南大學出版社，2005年。
③　見《淳于髡著〈晏子春秋〉考》，載《齊魯學刊》1985年第1期。
④　見《内篇諫上》第二十五章。
⑤　見《外篇第七》第十三章。
⑥　見拙著《〈晏子春秋〉研究史》附録三《〈晏子春秋〉研究資料選編》之《〈晏子春秋〉重言重意篇目》。
⑦　見《内篇雜下》第七章。
⑧　見《内篇雜上》第十三章。

在社會上流傳,在流傳過程中,不同時期、地域的人們根據自己掌握的有關晏嬰材料又對書進行了增飾。由於同一事件在不同地區的流傳中可能會産生不同版本,甚至其中的人名也會發生改變(如乞求葬母於路寢之臺的,一種版本記爲逢於何,一種則記爲盆成适;譏晏子侍君以三心者,一記爲孔子,一記爲梁丘據,一記爲高子)。這些材料在原先各自的版本中未必相似和重複,但經過劉向彙合衆本以成新書,則出現了大量相似和重複的内容。因此,今傳本《晏子春秋》凝聚着流傳過程中不同時期、地域人們的勞動,不可能是一個人的成果。

其次,從材料考察,《晏子春秋》材料主要來源於兩個方面:一是古史,二是民間傳説(下文詳細論述),這些材料當然也凝聚着衆多人的勞動。因此,《晏子春秋》不可能是一個人的成果。

二、《晏子春秋》的著作屬性

對於《晏子春秋》的著作屬性,前人爭議頗大:柳宗元之前,它一直列於儒家著作①;柳宗元提出了墨家説②;《四庫全書》則跳出諸子學派之爭,歸入史部傳記類③;民國時期的羅焌又劃入"諸子十家"之"俳優小説一流"④。新中國成立後,人們普遍認爲其屬於"記叙文學類"⑤作品,但對於具體屬性仍有不同意見:董治安認爲是"接近歷史小説的散文作品"⑥;譚家健認爲是"中國古代第一部集中刻劃一位人物的傳記性著作"⑦;孫緑怡認爲是"一部記叙人物生平軼事及各種傳説、趣聞、笑話的故事彙編——最早的人物傳説故事集"⑧。

之所以會出現如此多的分歧意見,主要原因是人們看問題的角度不同,一些學者的關注點不能反映著作的整體情況。它啓示我們:對於有些成書過程複雜,表現形態多元化的典籍,不能僅僅依據書中某一方面内容和呈現的某一方面特徵來判斷其屬性,而必須從整體考察,才能做出正確的判斷。

---

① 《史記·管晏列傳》注引《正義》:"《七略》云:《晏子春秋》七篇,在儒家。"《漢書·藝文志·諸子略》列《晏子》八篇爲儒書之首。《隋書·經籍志》亦列《晏子春秋》在儒家。
② 見《辯晏子春秋》。
③ 《四庫全書總目》:"《晏子》一書,由後人摭其軼事爲之,雖無傳記之名,實傳記之祖也。"見卷五七"史部·傳記類一",中華書局,1965年,上册,第514頁。
④ 見《諸子學述》,商務印書館,1935年,第247—250頁。
⑤ 見吳則虞《晏子春秋集釋》序言,中華書局,1962年,第30頁。
⑥ 見《説〈晏子春秋〉》,《山東大學學報》(語文),1959年第4期,第19—31頁;後收入作者《先秦文獻與先秦文學》(齊魯書社,1994年)。
⑦ 見《〈晏子春秋〉簡論——兼評〈晏子春秋集釋·前言〉》。
⑧ 見《〈晏子春秋〉的文學價值》,載《東北師大學報》,1982年第5期,第65—69頁。

下面淺談拙見。

首先，我更傾向於將《晏子春秋》作爲記述人物生平類著作而非子書看待，原因如下：

《漢書·藝文志》曾給子書下過定義："今異家者各推所長，窮知究慮，以明其指。"《文心雕龍·諸子》亦云："諸子者，入道見志之書。"二者文辭雖異，但都表達了一個共同的觀點，即作爲子書，其本質屬性是表達諸子的某家思想。下面，我就以這個標準來考察《晏子春秋》。《晏子春秋》中確實有一些內容，通過晏子之口或行事表現了明確的民本思想、禮治思想、尚賢思想、"和、同"思想，輕視鬼神迷信、注重人的作爲的思想及其他進步思想傾向，是非常符合子書標準的，但這樣的內容並不多，在全部215章中所占不足50章。進一步擴大範圍，凡晏子言談、行事能够體現一定思想傾向的都納入視野，則共有110餘章大體符合子書標準（其中《問》篇九成作品符合，《諫》篇六成作品符合，而《雜》篇和《外》篇只有三至四成符合）。另有百餘章內容，則很難滿足"入道見志"標準，如景公和晏子關於"東海水赤"的談話、關於天下極大極細的議論；晏子諫誅羽人；晏子設計困孔子；晏子"二桃殺三士"；晏子病將死鑿楹納書；等等。有些內容，我們硬要說它"入道見志"比較牽強，而換一種思維，將其視爲記述人物生平的材料則比較貼切，如晏子使吳、使楚，憑着機敏和睿智挫敗吳王的妄自尊大和楚王對齊國的污衊的記載；晏子諫殺養馬者、主鳥者；晏子諫冬起大臺之役、長庲之役、鄒之長塗等；晏子以"踊貴屨賤"諫止繁刑；晏子辭景公千金之裘、封邑、宅邸、愛女等；晏子樽俎折衝；晏子死，景公馳往哭等。通讀《晏子春秋》，主要內容是記述晏子生活簡樸，清正廉潔，關心民生疾苦，無時無刻不在導君向善，內政和外交方面具有傑出才能，而表現思想並非其主要內容。因此我認爲："入道見志"只是反映了《晏子春秋》一部分材料的情況，不能代表其全部內容。"子書說"束縛了人們的思想，不利於正確判斷《晏子春秋》的屬性。

而從記述人物生平類著作角度考察《晏子春秋》，"子書說"的問題迎刃而解。《晏子春秋》以整部著作集中記述晏子事跡，其中，晏子與景公的問對進諫反映了晏子"言"的部分，晏子的事跡記載反映了"行"的部分，全書通過記述晏子的言行軼事，反映了晏子輝煌的人生，體現了重要人物的個體價值和歷史貢獻。書中儘管也有表現晏子思想的內容，但表現思想不是作者的目的和記述重心，它是記述人物生平事跡所必然表現出來的。我認爲，這樣看待《晏子春秋》符合作品的實際。

其次，我不認爲《晏子春秋》是小說和傳說故事集。想辯明這個問題，我們必須對作品的材料構成做深入的考察。《晏子春秋》的材料並非出於同一來源,其中有相當一部分應該出自古史,表現在:記述筆法平實、古樸,無誇張、虚構,多爲晏子回答君王具體政治疑問的記録,内容較可信;文中經常出現古字、古意,内容往往涉及古齊地名,所記多有與《左傳》《孟子》等先秦可靠典籍相合者,如:

> 景公出游,問於晏子曰:"吾欲觀於轉附、朝舞,遵海而南,至於琅邪。寡人何脩,則夫先王之游?"
>
> 晏子再拜曰:"善哉,君之問也!聞天子之諸侯爲巡狩,諸侯之天子爲述職。故春省耕而補不足者謂之游,秋省實而助不給者謂之豫。夏諺曰:'吾君不遊,我曷以休?吾君不豫,我曷以助?'一遊一豫,爲諸侯度。今君之游不然,師行而量食,貧苦不補,勞者不息。夫從南歷時而不反謂之流,從下而不反謂之連,從獸而不歸謂之荒,從樂而不歸謂之亡。古者聖王無流連之遊,荒亡之行。"
>
> 公曰:"善。"命吏計公掌之粟,藉長幼貧氓之數。吏所委發廩出粟,以予貧民者三千鍾,公所身見癃老者七十人,振贍之,然後歸也。(《内篇問下》第一章)

這段文字在《孟子·梁惠王下》也有大體一致的記載①。據于省吾先生考證:"焦循謂:'之罘'即'轉附','朝儛'即'成山'。于欽《齊乘》謂:召石山在文登之東。'朝''召'古通,'儛''石'聲近。"②可以證明它大體來自古史。這類記載在《晏子春秋》中大約有 102 章,約占全部内容的 47%。在記録形式上,記言占 90 章,記事占 12 章。從分佈看,《内篇問》中最多,約占全部 60 章中 55 章;而在《諫》《雜》中,分别占 50 章中 18 章和 60 章中 22 章,都達到了相關篇目内容的三分之一以上比例。相比來看,《外篇》中最少:《外篇第七》27 章僅占 4 章,《外篇第八》18 章僅占 3 章。

《晏子春秋》中還有一部分材料,明顯體現出源自民間傳説,經過後人不斷加工改造的痕跡,表現在:内容上有明顯的誇張、虚構特點,筆下正面人物往往道德高尚、才能超絶,而作爲其陪襯的人物則往往舉止誇張、形象滑稽。且由於在不同時間、地域經過不同人的流傳,同一故事往往衍生出或情節類似而主人公不同,或主人公相同而情節略異的故事串。這部分記載往

---

① 見楊伯峻《孟子譯注》,中華書局,1960 年,上册,第 33 頁。
② 見于省吾《雙劍誃群經新證 雙劍誃諸子新證》,上海書店出版社,1999 年,第 254 頁下—255 頁上。

往寄托了人們的情感和願望,而表現手法則簡單、誇張,如:

景公置酒于泰山之上,酒酣,公四望其地,喟然嘆,泣數行而下,曰:
"寡人將去此堂堂國者而死乎?"左右佐哀而泣者三人,曰:"吾細人也,
猶將難死,而況公乎? 棄是國也而死,其孰可爲乎?"晏子獨搏其髀,仰
天而大笑曰:"樂哉,今日之飲也!"公怫然怒曰:"寡人有哀,子獨大笑,
何也?"晏子對曰:"今日見怯君一,諛臣三人,是以大笑。"公曰:"何謂
諛怯也?"晏子曰:"夫古之有死也,令後世賢者得之以息,不肖者得之以
伏。若使古之王者毋知有死,自昔先君太公至今尚在,而君亦安得此國
而哀之? 夫盛之有衰,生之有死,天之分也。物有必至,事有常然,古之
道也。曷爲可悲? 至老尚哀死者,怯也;左右助哀者,諛也。怯諛聚居,
是故笑之。"

公慙而更辭,曰:"我非爲去國而死哀也。寡人聞之:彗星出,其所
向之國君當之。今彗星出而向吾國,我是以悲也。"晏子曰:"君之行義
回邪,無德于國:穿池沼,則欲其深以廣也;爲臺榭,則欲其高且大也。
賦斂如攟奪,誅僇如仇讎。自是觀之,茀又將出。天之變,彗星之出,庸
可悲乎?"

于是公懼,迺歸,竇池沼,廢臺榭,薄賦斂,緩刑罰,三十七日而彗星
亡。(《外篇第七》第二章)

《內篇諫上》第十七、十八章亦有內容相近的記載,表現形式同樣誇張。景公
飲酒悲痛,"左右佐哀而泣者三人";晏子卻"獨搏其髀,仰天而大笑",斥責
"怯君諛臣"。當景公"慙而更辭"談彗星,晏子又不留一點兒情面地斥責他
"行義回邪,無德于國",並詛咒"茀又將出"。這哪里是臣對君的表現? 簡
直是父親對頑劣兒子的訓斥,明顯地體現出材料來自民間傳說的特點。這
類記載在《晏子春秋》中大約有 99 章,約占全部內容的 46%,其中記言 60
章,記事 39 章。從分佈來看,《外篇》中最多:《外篇第七》占 27 章中 21 章,
《外篇第八》占 18 章中 15 章。而在《內篇雜》和《諫》中所占比例也很大:
《雜》占 60 章中 36 章,《諫》占 50 章中 25 章。《問》中數量最少,僅有 2 章。

《晏子春秋》中還有一部分材料,我們明顯可以看出作者在故事或者人
物言談中注入了自己的思想、理念,它應該是書的作者在編訂材料時加入
的,是借晏子之口或事跡表達作者的思想,如:

景公燕賞于國內,萬鍾者三,千鍾者五。令三出,而職計莫之從。

公怒,令免職計。令三出,而士師莫之從。公不説。

晏子見,公謂晏子曰:"寡人聞:君國者,愛人則能利之,惡人則能疏之。今寡人愛人不能利,惡人不能疏,失君道矣。"

晏子曰:"嬰聞之:君正臣從謂之順,君僻臣從謂之逆。今君賞讒諛之民,而令吏必從,則是使君失其道、臣失其守也。先王之立愛,以勸善也;其立惡,以禁暴也。昔者三代之興也,利于國者愛之,害于國者惡之。故明所愛而賢良衆,明所惡而邪僻滅,是以天下治平,百姓和集。及其衰也,行安簡易,身安逸樂,順于己者愛之,逆于己者惡之。故明所愛而邪僻繁,明所惡而賢良滅,離散百姓,危覆社稷。君上不度聖王之興,而下不觀惰君之衰,臣懼君之逆政之行,有司不敢争,以覆社稷、危宗廟。"

公曰:"寡人不知也,請從士師之策。"

國内之禄,所收者三也。(《内篇諫上》第七章)

這段文字内容不可盡信: 景公令賞賜,"令三出,而職計莫之從。公怒,令免職計。令三出,而士師莫之從"。但我們明顯能感受到: 作者在通過這段故事,表達君王正確的立愛、立惡標準和正常的君臣關係的理念。這類内容在《晏子春秋》中比重最小,《外篇第八》中没有,《外篇第七》中2章,《内篇雜》中2章,《問》中3章,《諫》中7章。共14章,約占全部内容的7%。

以上是根據《晏子春秋》材料呈現的具體特徵做出的大體、相對的判斷。實際上,《晏子春秋》成書於戰國時代,而其所記是春秋時期的人物,由於時間相距較久,後人要爲前人作出一部全面反映其生平事跡、體現其歷史地位的書,其材料來源必然是多方面的,各類材料之間的關係也會錯綜複雜。比如,我們根據材料特徵判斷某些材料可能出自古史,只是因爲它們古樸、平實,少誇張、虚構,體現"史筆"特徵,較爲可信;但它們是不是就一定保持古史原貌而没有經過後人任何加工改造呢? 事實上,除少數直接録于古史的材料,很多都可能是經過後人或多或少的加工改造的,只是因爲它們雖經一些局部加工改造而基本没有改變真實可信的本質,因此我們仍然認定爲"古史材料"。而很多所謂出自"民間傳説"的材料,是不是從本源上就一點兒也没有史實根據呢? 這也未必。但如果這些材料在流傳過程中大量注入了人們的愛憎情感和願望,又通過大量的虚構和誇張而使事件不太令人相信了,我們就基本可以認定此材料偏離了"史"而變成了流傳的"故事"。再如,我們説某些材料注入了創作、編訂者的思想和理念,既非"純潔"的史,又非民間傳説故事,是不是這些材料就都是創作、編訂者的創造? 也不盡然。

應該説其原始材料也可能來自古史和民間傳説，只不過其中注入了創作、編訂者的思想、理念而與其他兩類材料略有區别。所以，以上判斷只是相對的，並非截然對立。

基於以上對《晏子春秋》材料構成的考察分析，我認爲：《晏子春秋》既不屬於“諸子十家”之“小説”，也非現代意義的“小説”，同時不是“傳説故事集”，而是一部我國最早的帶有人物傳記雛形的作品。

根據何在呢？先説“諸子十家”之“小説”。《漢書·藝文志》曾爲其下過定義：“街談巷語、道聽途説者之所造也。”考察《晏子春秋》，來自民間傳説的材料符合這個定義。但這部分内容在書中僅佔46%的比例，書中另有超過一半出自古史等内容不能包涵在内。所以，以它確定《晏子春秋》的屬性是不全面的。

《晏子春秋》也非現代意義的“小説”。因爲如果定性爲現代意義的“小説”，那麽它就是一種作者有意的、以虚構爲主要手段的文學創作，而持此論者無法解釋，存在近一半古史材料的作品怎麽就該定性爲“小説”？而且，小説必須有情節，但《晏子春秋》的記述體例並不一致，其大量記述君臣間一問一答的材料基本没有情節可言。書中還缺乏必要的人物形象描寫，僅有一句“晏子短”算是對晏子外貌做了描寫。且在價值取向上，《晏子春秋》是通過記述晏子事跡以表現重要人物歷史貢獻，爲後世樹立做人的榜樣，並非“遠實用而近娱樂”，“爲賞心而作”①。因此，並不符合現代意義的“小説”標準。持“傳説故事集”論者也有類似的問題：“傳説故事”不能涵蓋《晏子春秋》全部材料，其大量記述君臣間問對的材料也毫無“故事”可言。

以上觀點的問題出在，論者没有對《晏子春秋》全部材料進行細緻分析和統計，而僅僅注意到那些出自民間，帶有誇張、虚構特點的部分，便認爲《晏子春秋》都由這樣的材料構成，於是便取“諸子十家”之“小説”或現代意義“小説”“傳説故事”來概括整部著作的性質，但這個定性是不全面的，無法涵蓋書中全部内容。

另外，還有一個重要問題需要討論：《晏子春秋》中的材料，人們最初記録和傳播它的目的何在？這也是判斷《晏子春秋》著作屬性的關鍵所在。

前述出自史的材料是不需要做更多討論的，其材料最初便可能出自景公身邊的史官或者熟悉、瞭解晏子的人的記述。人們最初記録、傳播它，就是作爲歷史的可信材料來記述的。其在流傳過程中，一部分是被記録在齊史上的，《晏子春秋》作者從史書上抄録下來，因此它完全保持了歷史的原

---

① 見魯迅《中國小説史略》，上海古籍出版社，2019年，第42頁。

貌;另一部分雖然經過民間的長期流傳,但也保持了大體的真實而未做大的改變,所以,也可以將其看成是保持了基本真實的可信的史料。因此,從史書的角度看,出自古史的材料無論從記述動機還是從材料所呈現的狀貌看都是没有問題的。

　　下面重點來討論那些出自民間,有明顯誇張、虚構特點的材料。這部分材料是否就是作者在有意進行文學創作? 我認爲答案也是否定的。作爲春秋末期長期執政的名相,晏嬰在齊國人民心目中享有崇高的威望,人民出於景仰和愛戴,自然要在傳播他事跡時不自覺地加入自己的理想、願望,並賦予他衆多的美德和才能,因此,便使得關於晏子的流傳材料越來越偏離"正史"的本初狀貌而呈現出理想和誇張的特點。但我們剔除這些反映人民理想、願望的成分,其材料的基本部分應該還是可信的,我們又怎麼可以因爲材料被人們罩上一層理想的薄紗而就將基本的事實也一同否定呢?

　　我們可以參看一下先秦的其他史書,是否先秦史書就一定排斥虚構和誇張呢?《左傳》向來被視爲史書,我們看以下這段記載:

　　　　晉靈公不君……宣子驟諫,公患之,使鉏麑賊之。晨往,寢門闢矣。盛服將朝,尚早,坐而假寐。麑退,歎而言曰:"不忘恭敬,民之主也。賊民之主,不忠;棄君之命,不信。有一於此,不如死也!"觸槐而死。(《左傳·宣公二年》)①

鉏麑是晉靈公派去刺殺趙盾的刺客,他有感於趙盾的盡忠職守而不忍下手,又深感有負君命,於是觸槐而死。那麼,一個並無旁觀者的自殺之人在臨死之前的心理活動,作者是如何掌握的? 這段心理活動的記載便應該由作者的想像和虚構來完成,但人們並没有因爲其中存在作者想像和虚構的內容就否定《左傳》"史"的性質。因爲歷史是發生過的事件,它具有不可再現性。後人雖掌握了某一事件的結局和基本事實,但個別細節畢竟可能不詳細。爲了連貫和生動記述歷史,史家在保持基本史實準確的基礎上,用想像和虚構填補個別細節的缺失是可以被理解的。此事件在《國語》中也有相近的記載②。

　　同樣,先秦史書中的某些記載,從後人的角度看可能不夠"真實",但在先秦人的理解中卻没有問題。如《左傳·成公十年》:

---

①　楊伯峻《春秋左傳注》,中華書局,2016 年,第 716—720 頁。
②　見《國語·晉語五》。徐元誥《國語集解》,中華書局,2002 年,第 380 頁。

　　晉侯夢大厲，被髮及地，搏膺而踊……公覺，召桑田巫，巫言如夢。
公曰："何如？"曰："不食新矣。"公疾病，求醫于秦，秦伯使醫緩爲之。
未至，公夢疾爲二豎子，曰："彼良醫也，懼傷我，焉逃之？"其一曰："居
肓之上、膏之下，若我何？"醫至，曰："疾不可爲也。在肓之上、膏之下，
攻之不可，達之不及，藥不至焉，不可爲也。"公曰："良醫也！"厚爲之禮
而歸之。六月丙午，晉侯欲麥，使甸人獻麥，饋人爲之。召桑田巫，示而
殺之。將食，張；如厠，陷而卒。小臣有晨夢負公以登天，及日中，負晉
侯出諸厠，遂以爲殉。①

　　晉景公夢見惡鬼，巫根據夢的情景預測他等不到吃新麥就要死掉。晉景公
病重，又夢見病化作兩個小孩，説要藏到"肓之上、膏之下"，結果與良醫的診
斷完全吻合。景公後來等到了新麥成熟，因爲巫的預測不準而殺掉了他，但
正要吃新麥，卻因爲肚子脹而如厠，最後跌入茅坑而卒。由此證明了巫預測
的準確和神示的不可抗爭。而小臣偏偏這天早晨夢見了"負公以登天"，最
後則由這個小臣背負景公出厠並殉葬。這段有關預言和夢境的記載從今天
的角度看科學可信嗎？但是在當時的認知能力下，人們卻並不認爲這段記
載有什麼問題，後人也並沒有因爲其中有着大量的有關鬼神夢境的內容而
否定《左傳》是"史"，因爲它的基本事件是真實的，只不過其中夾雜着人們
對這一事件的傳説和解釋。《左傳》中類似的記載很多。
　　《左傳》《國語》作爲人們公認的史書，在保持基本史實真實的情況下不
排斥局部細節的想像、虛構和解釋；《戰國策》的有些內容更是高度誇張。那
麼，《晏子春秋》作爲中國最早的帶有人物傳記雛形的作品，爲什麼我們就不
允許它在保持人物基本形象和基本生平材料真實的基礎上做局部的誇張、
虛構呢？如《晏子春秋》記載了大量景公贈晏子宅第，晏子毀新宅而召舊鄰；
晏子款待使者吃飯，使者吃不飽，晏子亦不飽；晏子婉拒君王愛女、封邑、千
金之裘；晏子不顧情面犯顏諫君；晏子言辯博古通今；晏子使楚、使吳外交才
能超絶等內容，有些情節看似不真實，其實不過是因爲人民景仰晏子，而在
其基本形象和生平事跡中加入了局部的誇張和虛構，以突出其廉潔、生活簡
樸、品德高尚、重民愛民、知識和才能出衆的形象特徵，並沒有改變晏子的基
本形象。試想，晏子的基本形象如果不是如此，人民又怎麼會虛構、誇張出
這些情節來呢？作爲生活在戰國時期的編訂者，經過廣泛搜羅而彙集到這
些材料，一方面相信這些材料基本內容的真實性，另一方面也無法判斷其內

容的先後。所以,他們放棄編年,以一段記載反映晏子的一件生平經歷或者形象的一個方面;將全部材料有機地組合起來,便全面、完整地反映了晏子崇高的形象和光輝的人生。儘管書中没有紀年,且有些來自民間傳説的材料有明顯的誇張和虚構特徵,不符合嚴格的國史標準,但定性爲中國最早的帶有人物傳記雛形的作品應該没有問題。

我們再來看書名。《晏子春秋》爲何名曰"春秋"? 就是標明著作的史書性質,從早期的史籍中我們可以得到很多印證。如《墨子·明鬼下》在記載四個鬼故事時就説,"著在周之《春秋》","著在燕之《春秋》","著在宋之《春秋》","著在齊之《春秋》"①。孫詒讓《墨子閒詁》記録的《墨子》佚文亦有"吾見百國《春秋》"之語②。後來周王朝和其他諸侯國史書相繼失傳,獨魯史《春秋》得以流傳,它便成爲記録春秋這一歷史時期列國大事記的權威史書。由記録國家大事的歷史綱要,發展到聚焦於個體價值、記述個人生平軼事、體現個人歷史地位的人物傳記,其軌跡完全符合歷史著作的發展規律。它體現了人們由重視歷史事件,逐漸到關注個別人物歷史價值和貢獻的思想轉變,而這恰恰是戰國時代人們歷史觀念轉變的特點。

人們爲什麽要寫史書? 目的便是通過對一個個歷史事件的記述,使後人能够借鑒經驗,吸取教訓,增强智慧,以爲現實社會服務。又爲什麽要寫歷史人物傳記? 目的也只有一個:記述偉大、卓越歷史人物的道德修養、思想主張、才能作爲,通過歷史説明做人的經驗、準則,爲後世人們樹立榜樣。那麽,爲這樣的人立傳,一方面,從材料的來源看,人們出於景仰、愛戴便可能在傳説材料中加入自己的情感和理想;另一方面,從作者的角度説,爲後世樹立做人的榜樣,也要儘量使人物完美,足以爲後世法,所以作者自然也不排斥傳聞和個別的誇張、虚構。由此,個別處存在誇張和虚構内容不應該作爲否定史書的根據,尤其不應該作爲否定早期帶有人物傳記雛形的作品的根據。

三、《晏子春秋》體現的思想

《晏子春秋》在記述晏子言行軼事時體現了一定的進步思想觀念,需要我們充分重視。

首先,在對人神關係的認識上,《晏子春秋》表現了唯物主義的思想傾向,輕視鬼神迷信,注重人的作爲。書中多次借晏子的行爲表達了這一思

---

① 見《諸子集成》第四册,《墨子閒詁》第 140—145 頁,中華書局,1954 年。
② 見《諸子集成》第四册,《墨子閒詁》"附録一卷"單獨編排第 9 頁。

想。如《内篇諫上》第十二章記載:"景公疥且瘧,朞年不已。"景公欲殺主祭之臣以取悦上帝,於是晏子啓發景公:

> 晏子曰:"君以祝爲有益乎?"公曰:"然。""若以爲有益,則詛亦有損也。君疏輔而遠拂,忠臣擁塞,諫言不出。臣聞之:近臣嘿,遠臣瘖,衆口鑠金。今自聊、攝以東,姑、尤以西者,此其人民衆矣,百姓之咎怨誹謗,詛君于上帝者多矣。一國詛,兩人祝,雖善祝者不能勝也。且夫祝直言情,則謗吾君也;隱匿過,則欺上帝也。上帝神,則不可欺;上帝不神,祝亦無益。願君察之也。不然,刑無罪,夏商所以滅也。"

通過這段對話,晏子輕視鬼神迷信而注重人的現實作爲的思想異常突出。此外,晏子諫景公請楚巫致五帝以明德(《内篇諫上》第十四章)、諫祠靈山河伯以禱雨(《内篇諫上》第十五章)、諫禳彗星(《外篇第七》第六章)等事件都明確地表達了這一思想。

其次,在國家治理上,《晏子春秋》表達了實行禮治、反對暴力統治的思想。如《内篇諫下》第二十五章記載:

> 景公登射,晏子脩禮而侍。公曰:"選射之禮,寡人厭之矣。吾欲得天下勇士,與之圖國。"晏子對曰:"君子無禮,是庶人也;庶人無禮,是禽獸也。夫勇多則弑其君,力多則殺其長,然而不敢者,維禮之謂也。禮者,所以御民也;轡者,所以御馬也。無禮而能治國家者,嬰未之聞也。"

在齊文化的發展中,晏嬰是個重要人物。齊國立國之初,在姜太公的主持下,齊國形成了尊賢能、尚功利、務實際的文化風格;春秋前期,管仲通過創法立制,進行系統化的改革和構建,建立了齊法家爲主要特色的齊學;而晏嬰則大倡禮治,弱化法制,在齊國實行了重禮輕刑的國策。《晏子春秋》就表現了他對禮在治國中作用的重視。如《外篇第七》第十五章,當景公詢問如何避免齊國被田氏取代時,晏子便提出:"維禮可以已之。其在禮也,家施不及國……大夫不收公利。""禮之可以爲國也久矣,與天地並立。君令臣忠,父慈子孝,兄愛弟敬,夫和妻柔,姑慈婦聽,禮之經也。"晏子不但重視禮,也同時重視與之有重要關係的樂,因爲"樂亡而禮從之,禮亡而政從之,政亡而國從之",所以,當歌人虞變齊音,導致景公因爲夜聽新樂而不上朝時,晏子便毫不猶豫地修禮而拘虞(《内篇諫上》第六章)。即使景公提出在君臣燕飲中偶然"爲樂飲","無爲禮",晏子也堅持不能越禮(《内篇諫上》第二章),表現了晏子對禮的高度重視。

再次,《晏子春秋》主張樹立正確的君臣觀,建立正確的君臣關係。如《外篇第七》第五章,當齊景公聲稱梁丘據與自己"和"時,晏子就説:你們只是"同",焉得爲"和"? 並發表了著名的"和同論":"'和'如羹焉:水、火、醢、醯、鹽、梅,以烹魚肉,燀之以薪,宰夫和之,齊之以味,濟其不及,以洩其過。君子食之,以平其心。君臣亦然。君所謂可而有否焉,臣獻其否以成其可;君所謂否而有可焉,臣獻其可以去其否。是以政平而不干,民無争心。……聲亦如味:一氣、二體、三類、四物、五聲、六律、七音、八風、九歌,以相成也;清濁、小大、短長、疾徐、哀樂、剛柔、遲速、高下、出入、周流,以相濟也。君子聽之,以平其心,心平德和。……今據不然,君所謂可,據亦曰可;君所謂否,據亦曰否。若以水濟水,誰能食之? 若琴瑟之專一,誰能聽之?"在晏子看來,正常的君臣關係必須是"和"而不能"同",必須是"君所謂可而有否焉,臣獻其否以成其可;君所謂否而有可焉,臣獻其可以去其否",而不能臣一味趨從於君的意旨,這樣才能彌補和糾正君的思想疏漏,使政事不出問題。同樣,國君也要樹立正確的君臣觀:"君正臣從謂之順,君僻臣從謂之逆。"(《内篇諫上》第七章)並且,晏子認爲,君臣各有各的職守,不能一味只强調臣對君的死節。"君民者,豈以陵民? 社稷是主;臣君者,豈爲其口實? 社稷是養。故君爲社稷死則死之,爲社稷亡則亡之;若君爲己死而爲己亡,非其私暱,孰能任之?"(《内篇雜上》第二章)

最後,《晏子春秋》還借晏嬰之口和事跡充分表達了重民、愛民的思想。如叔向曾向晏子請教:"世亂不遵道,上辟不用義,正行則民遺,曲行則道廢。正行而遺民乎? 與持民而遺道乎?"晏子則回答:"卑而不失尊,曲而不失正者,以民爲本也。苟持民矣,安有遺道? 苟遺民矣,安有正行焉?"(《内篇問下》第二十一章)在回答叔向"意孰爲高? 行孰爲厚?""意孰爲下? 行孰爲賤?"時,晏子明確表示:"意莫高于愛民,行莫厚於樂民。""意莫下於刻民,行莫賤于害身也。"(《内篇問下》第二十二章)在景公不滿麥丘封人祝願他"無得罪于民"時,晏子勸諫:"彼疏者有罪,戚者治之;賤者有罪,貴者治之。君得罪于民,誰將治之? 敢問:桀、紂,君誅乎? 民誅乎?"(《内篇諫上》第十三章)景公詢問:"謀必得,事必成,有術乎?"晏子回答:"謀度於義者必得,事因於民者必成。"(《内篇問上》第十二章)都表現了晏子對人民的重視。

出於對人民生活狀況的深切同情和對人民力量的充分重視,晏子非常關心人民疾苦,多次勸君賑災、减賦、省刑,並散家財以促使君王實行救民措施。爲了解救人民的困厄,他多次不惜犯顔直諫批判景公的昏君惡政。他無時無刻不在導君向善,力勸景公戒奢、重賢、納諫,實行善政。他還通過自身大量的廉潔、簡樸、廣濟衆生的行爲爲人們樹立楷模。他的這些表現，歸根結底都集中在以民爲本，建立美好的政治上，這也正是《晏子春秋》編著者通過大量事例所要集中表達的思想主題。

當然，《晏子春秋》也反映了晏子守舊、落後的思想方面，如在他無時無刻不在爲民請命，諫君節欲、減賦、省刑的努力中，既有同情民生疾苦的因素，也不排除他懼怕"民誅"、希望通過減輕對人民的剝削壓迫來換取奴隸主長期統治的目的。其大力推行禮治，既是加強社會治理的必要措施，也有通過禮來規範、限制田氏等新興地主階級的勢力發展，保障以景公爲代表的舊貴族長久統治的目的。總之，從階級情感來說，晏嬰是站在舊貴族立場上的，他極力引導景公實行善政、用禮約束田氏收買民心，其目的都是爲了維護舊貴族的長久統治，對此我們必須要有清醒的認識。

四、《晏子春秋》的文本特徵和在先秦典籍中的地位

《晏子春秋》的文本特徵非常獨特，由此奠定了它在先秦典籍中的重要地位。

首先，《晏子春秋》是中國第一部以專書爲一位現實人物立傳的著作，其充分重視重要人物個體價值的精神對後代產生了深遠的影響。

衆所周知，中國史官文化非常發達，早在上古時期就有"君舉必書"的制度："左史記言，右史記事；事爲《春秋》，言爲《尚書》。"①但不管是記言的《尚書》，還是記事的《春秋》，戰國前史官所關注的都是國家層面的重大事件或相關言論，個人的作爲和歷史作用並沒有進入歷史家的視野。儘管其中也記錄了一些人物，但這些人物事跡的出現只是由於記載事件的需要而被順便帶出，並不代表歷史家對個體作爲有了關注。《左傳》等解釋《春秋》的著作，儘管記錄的人物事跡更豐富，但著述的重點，仍然是以《春秋》爲綱，詳細展開歷史事件而非記人。爲什麼個體價值和歷史作用此時不能引起歷史家的注意呢？我認爲，與春秋時期相對穩定的社會狀況和居於統治地位的宗法制觀念深深影響歷史家有關。宗法制將宗族關係與政治關係結合起來，以族權強化政權，以"尊祖"和"敬宗"爲信條，嚴格規定了自下而上應該承擔的義務，從而確保了周天子天下大宗和政治共主的地位。由此，歷史家頭腦中的社會構成要素，根深蒂固的是從天子到諸侯、卿大夫、士的不同社會等級群體，而不是獨立的個體；個人想要實現其社會價值，只能通過加入到他所依托的家族群體中。因此，在當時的

---

① 　班固《漢書·藝文志》，中華書局，1962年，第6册，第1715頁。

史書中,我們看到最多的是家族在國家中的地位和作用,很難看到個體的作爲。

進入到戰國時期,伴隨着一些諸侯國國力的增强和"禮崩樂壞"局面的進一步加大,社會兼併極其劇烈。劇烈的列國間的兼併、人民的不斷反抗和統治集團内部的竄亂,促使各諸侯國必須實行改革、廣泛吸納並重用人才才能保全國家,進而一統天下。於是,人才的作用被空前認識和重視起來,社會上出現了列國爭相延攬人才的局面,而一些重要歷史人物,如孔子對中國思想、文化建設的貢獻,管仲對齊國、商鞅對秦國變法圖强所發揮的作用都爲人們所仰慕。由此,記述卓越人物言行軼事、反映其歷史貢獻的著作才有可能產生——《晏子春秋》就是這樣一部反映戰國時期人們對個體價值、重要人物歷史作用認識的著作,它以全部 8 篇 215 章的内容集中記述了晏嬰一人事跡,反映了他的品德、才能和對齊國穩定、富强所做的貢獻。這部著作受到了司馬遷的關注,其充分重視個體價值的精神引起了司馬遷强烈的共鳴:在推翻暴秦和楚漢戰爭中,歷史推出了多少偉大的英雄啊! 中國歷史上又何嘗没有各個時期英雄的足跡和貢獻呢? 如果將一個歷史時期重要英雄的事跡都生動地展示出來,又清楚地交待出他們的相互聯繫,那麽,一個偉大時代的衆多英雄的事跡展現不就是這個歷史時期鮮活生動的畫卷嗎? 將不同歷史時期的英雄事跡都展現出來,又清楚地標注出其時間和地域坐標,那麽,其串聯起來的不同時期的英雄事跡不就構築了中國歷史活生生的畫卷了嗎? 於是,他在寫作《史記》時創立了紀傳體的著史體例。我認爲,這既是司馬遷經過深思熟慮的史官天才的創造,也離不開《晏子春秋》這種以全書記一人、集中表現個別人物歷史貢獻著作的啓迪,《晏子春秋》是《春秋》編年體和《史記》紀傳體中間的發展橋樑。

其次,由於是寫人,重在記述人物的言行軼事,而非國家層面的重大事件或相關言論,因此,《晏子春秋》的寫作採取了有別于傳統國史單純記事或記言的方法,將記事、記言結合起來以展示人物的一生事跡。

個人史不同於國史。國史重在記録國家層面發生的重大事件,只要提綱挈領地記録清楚其具體事件和發生時間,或者重要的君王言論和君臣謀議就可以了,因此,可以採取單純記言或記事的方式來記録歷史(如《尚書》《國語》採用記言體,《春秋》採用記事體)。但個人史卻不能這樣寫,因爲人的一生的全部活動概括起來就是説話和做事兩項,捨棄任何一項對於人都是不完整的。因此,不能採取單一記言或記事的方法,而必須將二者結合起來以全面記述人物事跡、反映其貢獻。我曾經對《晏子春

秋》各章的記述方法做過統計:《諫上》記言 20 章,記事 5 章;《諫下》記言
20 章,記事 5 章;《問》上、下 60 章全部記言;《雜上》記言 18 章,記事 12
章;《雜下》記言 16 章,記事 14 章;《外篇第七》記言 16 章,記事 11 章;
《外篇第八》記言 15 章,記事 3 章。全書記言 165 章,記事 50 章,記言是
記事內容的三倍①。儘管各章在記言和記事的側重點上有所不同,但由於
《晏子春秋》全書都是記述晏嬰一個人物,這兩種方法互相配合、補充,總體
上還是和諧的。例如:

> 景公問晏子曰:"賢君之治國若何?"
> 晏子對曰:"其政任賢,其行愛民;其取下節,其自養儉……不因喜
> 以加賞,不因怒以加罰;不從欲以勞民,不脩怒而危國;上無驕行,下無
> 諂德;上無私義,下無竊權;上無朽蠹之藏,下無凍餒之民……"(《內篇
> 問上》第十七章)

這是一段"記言"的材料,晏子通過回答景公"賢君治國"的疑問,表達了自
己的政治見解:他希望國君政治上親賢人遠小人,生活中節儉,關心人民疾
苦、愛護百姓、輕賦省刑,從而實現政治清明、國泰民安的政治理想。這與全
書關於晏子生活簡樸,道德高尚,拒絕景公賜金錢、宅第、愛女,關心底層人
民疾苦,多次勸諫景公賑災、減刑、親賢遠佞的記述完全一致。可以説,一段
段關於晏子回答、勸導君王的言辭的完整記述,使人們對晏子的思想、道德、
知識、才能等都有了深入的瞭解。這些記言的材料與衆多關於晏子事跡的
記述互相配合,從"言""事"兩個方面,共同完成了對晏子生平事跡和歷史
貢獻的展現。

再次,在材料組織上,《晏子春秋》採取了"集腋成裘"的結構方式。

《晏子春秋》共 215 章,每一章記述一件晏子的生平軼事。單獨來看,每
一章結構完整,自成一體,但從全書來看,它們卻不是孤立的,而是一個整體
的有機組成部分,共同爲記述晏子生平軼事、反映其光輝人生服務,所以,我
稱這種著作構造形式是"集腋成裘"的結構。這種結構形式的好處是:每章
記述體量短小,内容生動,吸引讀者閱讀。全書仿佛是一幅卷起的山水畫,
隨着畫軸的展開,山水逐漸呈現。當全部故事講完,晏子的生平事跡和形象

---

① 參見拙文《再論〈晏子春秋〉的著作性質》,《南京師範大學文學院學報》2013 年第 2 期,第
89—94 頁。

也完全展示出來：他"節其衣服飲食之養以先國之民"①，穿的是"緇布之
衣、麋鹿之裘"②，吃的是"脱粟之食，五卵、苔菜而已"③，乘的是"棧軫之車
而駕駑馬以朝"④。住宅"近市，湫隘囂塵，不可以居"，景公屢次爲他更換，
他都執意不肯⑤。其所受賞賜必以分人："父之黨無不乘車者，母之黨無不
足于衣食者，妻之黨無凍餒者，國之閒士待臣而後舉火者數百家。"⑥他多次
以高超的進諫技巧導君施行善政。如當景公心情好，"欲更晏子之宅"，閒話
市場"何貴何賤"時，晏子便巧妙地以"踊貴而屨賤"諫君省刑⑦。對景公偶
然一現的善心，他也能因勢利導。如景公見年老負薪者有饑色而悲之，探雀
而返其雛，晏子都特意加以讚揚："今君愛老，而恩無所不逮，治國之本也。"
"吾君仁愛，曾禽獸之加焉，而況于人乎？此聖王之道也。"⑧爲了解救人民
危難，他還不惜犯顏諫君。如"景公之時，霖雨十有七日。公飲酒，日夜相
繼。晏子請發粟于民，三請不見許"。於是晏子散家財於民，並憤然辭職，終
於迫使景公開倉濟民⑨。他還在外交鬥爭中表現了傑出的才能。如晏子使
吳，吳王故意使"行人"三次宣稱"天子請見"。對於吳王的妄自尊大，他不
做正面交鋒，而是故作愚拙："蹵然者三，曰：'臣受命弊邑之君，將使於吳王
之所，以不敏而迷惑，入於天子之朝。敢問吳王惡乎存？'"迫使吳王不得不
説"夫差請見"，見之以諸侯之禮⑩。對於楚王惡毒攻擊"齊人善盜"，他也以
針鋒相對的諷刺，巧妙而義正辭嚴地捍衛了國家的尊嚴⑪。書中還通過側
面描寫，表現了他在人民心目中的威望。如莊公關閉城門準備攻打莒國時，
國人便"以爲有亂也，皆摽長兵而立於閭"。直到莊公採納臣下意見，"以令
於國：'孰謂國有亂者？晏子在焉。'然後皆散兵而歸"⑫。一個個小故事，展
現了晏子高尚的道德和輝煌的人生，塑造了他生活簡樸、博施濟衆、同情人
民疾苦、無時無刻不在導君向善、有卓越的外交才能、在人民心目中有崇高
威望的形象。

----

① 《雜下》第二十五章。
② 《雜下》第十二章。
③ 《雜下》第十九章。
④ 《雜下》第十二章。
⑤ 《雜下》第二十一、二十二、二十三章。
⑥ 《雜下》第十二章。
⑦ 《雜下》第二十一章。
⑧ 《雜上》第八、九章。
⑨ 《諫上》第五章。
⑩ 《雜下》第八章。
⑪ 《雜下》第十章。
⑫ 《外篇第八》第十五章。

但是，毋庸諱言，《晏子春秋》的結構也有不足：由於該書是作者彙集古史和民間傳説材料，然後按照類別編排（涉及晏子主動勸諫的内容收在《諫》篇中，涉及晏子回答景公提問的内容收在《問》篇中，兩者之外的材料收在《雜》篇中。劉向重新校訂後，又開闢了《外篇》欄目：將與前述内容雷同、近似的材料放在《外篇第七》中，而將他認爲“頗不合經術，似非晏子言，疑後世辯士所爲者”放到《外篇第八》中），因此，在晏子生平事跡的展開和形象塑造方面缺乏系統設計，往往通過故事的累加而展開。又由於這些故事比較駁雜，還有很多雷同、近似甚至互相矛盾的内容參雜其中，這就使得晏子的生平事跡展開比較鬆散，缺乏次序，人物形象塑造也欠集中、鮮明。

五、《晏子春秋》的主要版本、前人校注存在的問題和本書的價值

現存《晏子春秋》的主要版本有元刻本、明活字本、嘉靖本、《子彙》本、沈啓南本、吳懷保本、吳勉學本、黄之寀本、綿眇閣本、楊慎評點本、凌澄初本、孫星衍本、吳鼒本。除元刻本和清代的孫星衍本、吳鼒本外，其餘均爲明代版本。從版本系統看，現存明、清各版本的祖本均爲元刻本，共有三大系統：一、明活字本、嘉靖本、沈啓南本、吳懷保本一脈發展而來的系統。孫星衍本以沈啓南本爲底本，蘇輿本以孫星衍本爲底本，吳則虞《晏子春秋集釋》以蘇輿本爲底本校訂而成，都屬於這個系統。此系統與元刻本關係較近，均爲全本215章。明活字本、沈啓南本各篇既有目録，每章正文前又有標題；嘉靖本只有目録無標題；吳懷保本改作簡明標題。文字距元刻亦近，文末亦有元刻末注。其中唯孫星衍本例外，既無目録又無標題，文字亦多所改動，且刪元刻末注，但它是以沈啓南本爲底本校訂而成，所以我也將其劃入這個系統。二、吳鼒本系統，張純一《晏子春秋校注》和本書都屬於這個系統。這是距元刻關係最近的一個系統。吳鼒本向爲盧文弨、王念孫、黄以周誤認作元刻本，是顧廣圻改正元刻明顯的誤、衍、脱字和錯誤語序形成的，文字距元刻最近，文末亦有元刻末注。但爲求文例統一，《校注》和本書均刪除了元刻末注。三、《子彙》本、吳勉學本、黄之寀本、綿眇閣本、楊慎評點本、凌澄初本系統，此系統各本距元刻關係較遠、改動較大：均不足215章，《外篇第七》的排列順序亦有别於前兩系統。從文字考察，吳勉學本、黄之寀本關係較近，楊慎評點本、凌澄初本關係較近，很多文字只有它們之間相同而與衆本不同。另外，《子彙》本、凌澄初本均將《外篇第七》附於《内篇》相關各章之後；楊慎評點本既附《外篇第七》於《内篇》，其他個别章的隸屬安排也有别於衆本。爲便於讀者了解《晏子春秋》的主要版本及其系統，兹列簡表如下：

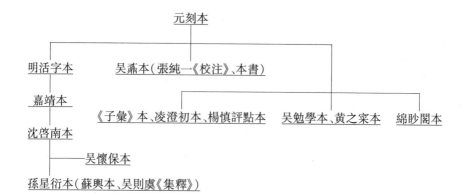

孫星衍對《晏子春秋》文本做了最早的校釋。清代主要校釋成果有：孫星衍《晏子春秋音義》、盧文弨《群書拾補》、洪頤煊《讀書叢録》、王念孫《讀書雜志》、蘇時學《爻山筆話》、俞樾《諸子平議》、黄以周《晏子春秋校勘記》、孫詒讓《札迻》、文廷式《純常子枝語》、陶鴻慶《讀諸子札記》、于鬯《香草續校書》、蘇輿集注本《晏子春秋》。

民國時期校釋成果有劉師培《晏子春秋校補》《晏子春秋補釋》、張純一《晏子春秋校注》和于省吾《雙劍誃晏子春秋新證》。

新中國最重要的《晏子春秋》校釋成果是吳則虞的《晏子春秋集釋》，出版於 1962 年，代表了當今《晏子春秋》文本研究的最高成就。

一代代學人爲《晏子春秋》校釋付出了巨大努力，也取得了豐碩成果，但仍然存在不少問題。

首先，由於時代的局限，吳則虞之前，人們没有見到過早期權威文本文獻，因此，對文本錯誤和很多校釋爭訟無能爲力。如《内篇諫下》第十八章中"古者之爲宫室也，足乎以便生，不以爲奢侈也。故節於身，謂於民"句，前人對於"謂"字的解釋衆説紛紜：孫星衍云"'謂'字疑誤"；王念孫云"當爲'調'"；洪頤煊云"'謂'，勤也"，黄以周、蘇輿、張純一説同；劉師培云"當作'爲'"；于省吾云"應讀作'惠'"；吳則虞云"作'誨'是"。隨着 1972 年山東臨沂銀雀山竹簡的出土，長期爭訟一掃而空。簡本作"夫古之爲宫室臺樹者，節於身而調於民，不以爲奢侈"。通過銀雀山竹簡，我們廓清了很多長期困擾我們的文本和前人爭訟疑雲，它對於深化《晏子春秋》文本研究具有重要意義。

其次，對於前人的有些錯誤，儘管有人曾經指出過，但並没有引起重視，後人仍然在沿襲前人的錯誤。如孫星衍的音韻注釋存在着大量錯誤，王念孫曾指出："淵如於古韻未能洞徹，但知古人之合，而不知古人之分，故往往以非韻者爲韻。……若一一辯正，徒費筆墨，故但發凡於此，以例其餘。"並未一一指明錯誤所在，而蘇興本、《集釋》則繼續引證了孫氏的錯誤意見。如不一一糾正，必然誤導後世讀者。今人趙振鐸撰《〈晏子春秋音義〉韻讀訂誤》，共糾正孫星衍 65 處錯誤。

再次，《集釋》在引證前人觀點和校勘文字時也多有錯誤。如《内篇諫上》第八章注釋第 16，本來"姓韓名子休"是引證孫星衍的觀點，作者卻注爲"王念孫云"。《内篇諫上》第十八章"丁公、太公將有齊國"句，本來《群書治要》無"太公"二字，《太平御覽》卷七百六十五引有"丁公"，《集釋》卻説："《治要》有'大公'二字，《御覽》七百六十五引亦無'丁公'。"《内篇諫上》第一章"故勇力之立也，以行其禮義也"句，《集釋》注云："《御覽》七十七引作'理義'。"其實出處爲《太平御覽》卷四百三十六，即王念孫所言"《太平御覽·人事部七十七》"，《集釋》未經核查，徑言卷七十七，殊誤。劉師培的引文和出處多有錯誤，《集釋》往往未加核校直接引用。

另外，《集釋》之後，中國大陸關於《晏子春秋》文本和銀雀山竹簡又産生了很多成果，專著有劉如瑛《諸子箋校商補》、徐仁甫《諸子辨正》，論文有趙振鐸《〈晏子春秋音義〉韻讀訂誤》、王文錦《〈晏子春秋集釋〉辨誤》、劉春生《簡本〈晏子春秋〉校補》、譚步雲《銀雀山漢簡本〈晏子春秋〉補釋》、李天虹《簡本〈晏子春秋〉與今本對讀札記》等，這些成果或散見於不同學報，或收在個別學者的諸子箋校類著作中。同時，我還搜集到一些中國大陸以外學者的校釋成果，如中國臺灣學者王叔岷《晏子春秋斠證》、田宗堯《晏子春秋校正》等，這些成果都没有人彙集到《晏子春秋》文本校釋中，它們對於深入校釋《晏子春秋》具有重要意義。

本書正是針對前人的校釋遺憾而作。我的目標是：在歷代校釋《晏子春秋》成果的基礎上，以銀雀山竹簡爲權威文本資料，糾正今傳本訛誤和前人校釋錯誤。同時，充分吸納今人最新研究成果，逐一核校前賢原著和引文，力求提供一部能够體現最新研究成果、更加可靠的整理本。其志雖高，其學恨淺，未能盡善之處，敬請方家批評指正。

劉文斌

2023 年 11 月 30 日於常州工學院

凡　例

　　一、在《晏子春秋》諸版本中，清孫星衍本和吳鼐本並稱最善。孫本以明沈啓南本爲底本，又合《韓詩外傳》《説苑》《新序》及《藝文類聚》《太平御覽》諸書推求審正，蘇輿本、吳則虞《集釋》即以孫本爲底本。吳鼐本爲顧廣圻在影元鈔本基礎上，通過參校孫星衍本、盧文弨《拾補》等，校正誤、衍、脱字和錯誤語序而成，張純一《校注》即以吳本爲底本。然《校注》多據己意以改正文，已非吳本之舊。本書以吳鼐本爲底本重新校勘。

　　二、校勘中，除參校元刻本、明活字本（簡稱活字本）、嘉靖本、《子彙》本、沈啓南本（簡稱沈本）、吳懷保本、吳勉學本、黃之寀本（簡稱黃本）、綿眇閣本、楊慎評點本（簡稱楊本）、凌澄初本（簡稱凌本）、孫星衍本（簡稱孫本）等版本外，更引入銀雀山漢墓竹簡（簡稱簡本）以糾正今傳本訛誤和判斷前人校勘是非。

　　三、採集的前賢今人校注著作包括：孫星衍《晏子春秋音義》、盧文弨《群書拾補》、顧廣圻《影元鈔晏子春秋》校付寫樣本、洪頤煊《讀書叢録》、王念孫《讀書雜志》、蘇時學《爻山筆話》、俞樾《諸子平議》、黃以周《晏子春秋校勘記》、孫詒讓《札迻》、文廷式《純常子枝語》、陶鴻慶《讀諸子札記》、于鬯《香草續校書》、蘇輿《晏子春秋》集注本、劉師培《晏子春秋斠補定本》《晏子春秋校補》《晏子春秋補釋》、張純一《晏子春秋校注》、于省吾《雙劍誃晏子春秋新證》、王叔岷《晏子春秋斠證》、田宗堯《晏子春秋校正》、金其源《讀書管見》、吳則虞《晏子春秋集釋》、劉如瑛《諸子箋校商補》、徐仁甫《諸子辨正》。論文有：趙振鐸《〈晏子春秋音義〉韻讀訂誤》、陳霞村《〈晏子春秋集釋〉管見》、王文錦《〈晏子春秋集釋〉辨誤》、劉春生《簡本〈晏子春秋〉校補》、譚步雲《銀雀山漢簡本〈晏子春秋〉補釋》、李天虹《簡本〈晏子春秋〉與今本對讀札記》等。

　　四、引述前人觀點，按成説時間先後排列。某賢首次出現，詳細標明作者及著作或論文名；再次出現，則但標作者，不列書名或論文名。凡數説並通者，皆羅列以供讀者參考；諸説相同，取其最善之一説，其餘僅云某某説同,不再騈列;説同而論證不同者,則仍俱録。其取義無當,或過於支離破碎者俱從删汰。所録前人校釋,多指明是非;其著己見,則以"文斌案"三字別之。

五、對於諸家校讎所引《群書治要》《太平御覽》《藝文類聚》《吕氏春秋》《淮南子》諸書並《文選》《後漢書》等注,詳加核校。有明顯錯訛的,酌情徑改。

六、對吳勉本做如下處理:

1. 吳勉本保留元刻舊製,多章正文含有注文,前後以"〇"號别之。爲求體例一致,本書正文一律删除注文,而於校注中注明。

2. 對於吳勉本中明顯的誤、脱、衍文,在參校諸版本和歷代學人研究成果的基礎上予以謹慎的更正。如《諫下》第十七章"下無言則吾謂之瘖",多本均不誤,唯元刻、明活字本與吳勉本誤"吾"爲"無";《諫下》第十九章"服牛死,夫婦哭,非骨肉之親也,爲其利之大也",各本"哭"均誤作"笑",經盧文弨、俞樾、蘇輿等考辨,學界已一致認爲"笑"爲誤字,正字當爲"哭";《諫下》第二十二章"妻專其夫,謂之不嫉",各家均認爲"不"爲衍文;《問上》第二章"崔氏之耆,逐群公子",各本均脱"子"字,孫星衍據《左傳》增,盧文弨、蘇輿校同,本書均予以更正。

七、書後設二附録:一、《〈晏子春秋〉版本及箋校、研究書目》;二、《銀雀山漢墓竹簡〈晏子〉原文》,對於讀者深入研究《晏子春秋》當有一定裨益。

目　録

劉向敘録[一]

護左都水使者光禄大夫臣向言[二]：所校中書《晏子》十一篇[三]，臣向謹與長社尉臣參校讎[四]，太史書五篇[五]、臣向書一篇[六]、參書十三篇，凡中外書三十篇，爲八百三十八章。除復重二十二篇六百三十八章[七]，定著八篇二百一十五章[八]。外書無有三十六章，中書無有七十一章，中外皆有以相定。中書以“夭”爲“芳”、“又”爲“備”、“先”爲“牛”、“章”爲“長”[九]，如此類者多，謹頗略揗[一〇]，皆已定，以殺青書，可繕寫[一一]。

晏子名嬰，謚平仲[一二]，萊人。萊者，今東萊地也[一三]。晏子博聞彊記，通于古今[一四]。事齊靈公、莊公、景公[一五]，以節儉力行，盡忠極諫道齊[一六]，國君得以正行，百姓得以附親。不用則退耕于野，用則必不詘義，不可脅以邪，白刃雖交胸[一七]，終不受崔杼之劫。諫齊君懸而至[一八]，順而刻[一九]。及使諸侯，莫能詘其辭。其博通如此，蓋次管仲[二〇]。内能親親[二一]，外能厚賢，居相國之位，受萬鍾之禄[二二]，故親戚待其禄而衣食五百餘家，處士待而舉火者亦甚衆[二三]。晏子衣苴布之衣[二四]、麋鹿之裘，駕敝車疲馬[二五]，盡以禄給親戚朋友，齊人以此重之。晏子蓋短[二六]……

其書六篇[二七]，皆忠諫其君，文章可觀，義理可法，皆合六經之義。又有復重，文辭頗異，不敢遺失[二八]，復列以爲一篇[二九]。又有頗不合經術，似非晏子言[三〇]，疑後世辯士所爲者[三一]，故亦不敢失[三二]，復以爲一篇[三三]。凡八篇[三四]，其六篇可常置旁御觀[三五]，謹第録[三六]。臣向昧死上[三七]。

〔一〕黃以周《晏子春秋校勘記》（下僅出撰人姓名）云：元刻本《叙録》前有都凡，云：“《内篇諫上第一》凡二十五章，《内篇諫下第二》凡二十五章，《内篇問上第三》凡三十章，《内篇問下第四》凡三十章，《内篇雜上第五》凡三十章,《内篇雜下第六》凡三十章,《外篇重而異者第七》凡二十七章,《外篇不合經術者第八》凡十八章。右《晏子》凡《内》《外》八篇,總二百十五章。"蓋劉氏舊題也。◎文斌案:前賢(如王念孫、黄以周、張純一)多誤吳鼒本爲元刻本。嘉慶甲戌,孫星衍得元刻影鈔本,以贈吳鼒;吳鼒屬顧廣圻校而刻之。顧氏在元刻影鈔本基礎上,通過參校孫星衍本、盧文弨《拾補》等,校正其中誤、衍、脱字和錯誤語序而成吳鼒本,其具體差異詳見顧氏《影元鈔晏子春秋》校付寫樣本。元刻本、活字本、嘉靖本都凡"《内篇問下第四》凡三十章","三"均誤作"二",顧廣圻訂正。《子彙》本、吳懷保本、吳勉學本、黄本、綿眇閣本、楊本、凌本、孫本無都凡。吳懷保本題爲《進晏子春秋表》,吳勉學本題爲《晏子序》。

〔二〕護左句　孫星衍《晏子春秋音義》(下僅出撰人姓名)云:《漢書·楚元王傳》:"向字子政,成帝即位,召拜爲中郎,使領護三輔都水,遷光禄大夫。"蘇林注:"三輔多溉灌渠,悉主之,故言'都水'。"《百官公卿表》:"大夫掌論議。有中大夫,太初元年更名光禄大夫,秩比二千石。"

〔三〕中書　孫星衍云:《漢書·楚元王傳》:"詔向領校中《五經》祕書。"顔師古注:"言'中'者,以别於外。"《唐六典》:"劉向、揚雄典校皆在禁中。謂之'中書',猶今言'内庫書'也。"

〔四〕臣向句　孫星衍云:"長社尉臣參",《列子别録》亦有"參"名。"校讎",《爾雅·釋詁》:"'讎',匹也。""'匹',合也。"◎蘇時學《爻山筆話》(下僅出撰人姓名)云:"參",杜參也。《漢書·藝文志》有《博士弟子杜參賦二篇》,注引:"劉向《别録》云:'臣謹與長社尉杜參校中祕書。'劉歆又云:'"參",杜陵人,以陽朔元年病死,時年二十餘。'"◎俞樾《諸子平議》(下僅出撰人姓名)云:《管子》有"臣富參四十一篇",此"參"疑即富參。◎文斌案:曹之《是杜參還是富參——〈七略〉〈别録〉研究一得》(載《中國圖書館學報》1998年第2期)亦持富參説,理由是:劉向《列子》書録云:"臣向謹與長社尉臣參校讎……"後有落款:"永始三年八月壬寅上。"永始三年爲公元前14年。《漢書·藝文志》顔師古注《博士弟子杜參賦》引劉歆云:"參"以陽朔元年病死。陽朔元年爲公元前24年。既然杜參已於10年前死去,怎麽可能與劉向同校《列子》?而據《管子》書録"臣向言:所校讎……臣富參書四十一篇",《晏子》《列子》書録所謂"臣參"當指富參。

〔五〕太史句　孫星衍云:《史記集解》引如淳曰:"《漢儀注》:'天下計書,先上太史,副上丞相,序事如古《春秋》。'"◎文斌案:黄本"太"作"大"。

〔六〕臣向句　文斌案:吳懷保本"書"誤作"爲"。

〔七〕除復句　孫星衍云:"復"讀"複"。◎文斌案:劉向記述有誤:"凡中外

書……八百三十八章”，“除復重……六百三十八章”，餘數爲二百，與下
文“定著……二百一十五章”不合。今傳本“八篇二百一十五章”是確定
無誤的，則“八百三十八”與“六百三十八”二者必有一誤。顧廣圻《影元
鈔晏子春秋》校付寫樣本(下僅出撰人姓名)於“六百三十八”之“三十八”
上方注校語云：“當作二十三。”

〔八〕定著句　孫星衍云：“八篇”，《藝文志·儒家》：“《晏子》八篇。”蓋《内篇》
六：《諫上》《諫下》《問上》《問下》《雜上》《雜下》；《外篇》二。俗本始删
并爲一也。◎文斌案：吴懷保本與衆不同，書分“諫”“問”“雜”“外”四
篇，故《叙錄》改“八”作“四”。

〔九〕中書句　孫星衍云：“夭”“芳”、“先”“牛”形相近；“又”“備”、“章”“長”
聲相近。“又”讀“異”，或云當爲“乂”。“章”疑即《問下》“其竜久乎”
“竜”字也，當爲長久。

〔一〇〕謹頗句　孫星衍云：“楜”，《列子别錄》作“棧”。殷敬順：“音‘翦’，謂
蟲斷滅也。《略》(《七略》)作‘劕’，又一作‘楜’，皆同‘翦’字。”星衍
謂：殷説非也。“楜”即“箋”異文，《説文》：“‘箋’，表識書也。”《玉
篇》：“‘槧’，子田切，古文‘牋’字。”◎劉師培《晏子春秋斠補定本》(下
簡稱《斠補定本》)云：黄本“楜”作“揣”。◎吴則虞《晏子春秋集釋》
(下僅出撰人姓名)云：孫説“楜”字是也。楊慎評本“頗”作“破”，
誤。◎文斌案：凌本“頗”亦誤作“破”。

〔一一〕皆已三句　孫星衍云：“殺青”，殷敬順《列子音義》謂：“汗簡，刮去青皮
也。”◎吴則虞云：《後漢書·吴祐傳》：“父恢，爲南海太守……欲殺青
而以寫經書。”注：“‘殺青’，以火炙簡令汗，取其青易書，復不蠹。”◎文
斌案：過去，人們一般以“殺青”爲固定結構，而將“書”斷至下句(如楊
伯峻《列子集釋·列子叙錄》等)。近來，有人提出了新的意見：“殺
青”，經過火炙乾處理可供書寫的竹簡。“書”，書寫。“以殺青書”，謂
用經過“殺青”處理的竹簡書寫。正確的標點是：“皆已定，以殺青書，可
繕寫。”(詳見聞思《也説“以殺青書”》，載《文史》第三十六輯)正文標點
從之。《後漢書·吴祐傳》原作“恢欲殺青簡以寫經書”，吴引未確。

〔一二〕謚平句　吴則虞云：《漢書·藝文志》班固自注：“名嬰，謚平仲。”《世説
新語·德行》注引劉向《别錄》云：“晏平仲，名嬰。”《史記索隱》云：“名
‘嬰’，‘平’謚，‘仲’字。”《三國志·曹真傳》《晉書·陸雲傳》又曰“晏
平”，俱與此異。◎文斌案：《世説新語》注引劉向《别錄》在《言語》篇，
吴氏失檢。楊本“謚”作“字”。

〔一三〕萊者二句　孫星衍云：《史記集解》引劉向《别錄》正有此語。明人或題
爲《晏子序》，或題《表》者，妄也。◎劉師培《晏子春秋校補》(下簡稱

《校補》）云：《世説新語注》一引劉向《別録》云：“晏平仲嬰，東萊夷維
人，事齊靈公、莊公，以節儉力行重於齊。”即約引此文。據彼引知，“萊
人”當作“萊夷維人”，今本挩二字。《史記·魯仲連傳》，《索隱》亦云晏
子爲“萊之夷維人”，是其證。◎吳則虞云：劉説非是。“夷維”乃古名，
在漢則爲夷安。《史記·管晏列傳》“萊之夷維人也”，此指故名言；《正
義》引晏氏《齊記》曰：“齊城三百里有夷安，即晏平仲之邑，漢爲夷安
縣，屬高密國。應劭曰‘故萊夷維邑’。”此云“故”者，是漢不名“夷維”
可知。劉向此云“今東萊地”，正以今名釋古名，自不能再用“夷維”故
名爲釋。劉説不可從。

〔一四〕晏子二句　吳則虞云：本段蓋用《史記》本傳文，惟此二語爲向所
增。◎文斌案：吳説非是。本段文字除段首“晏子名嬰……以節儉力
行、盡忠極諫道齊”與《史記》本傳“晏平仲嬰者……以節儉力行重於
齊”相近外，其他絶無相同者，不能認作“用《史記》本傳文”，當是劉向
校畢《晏子》，據書中内容獨立概括而成。

〔一五〕事齊句　吳則虞云：《世説注》引《別録》無“景公”二字，蓋挩。

〔一六〕道齊　吳則虞云：《論語》：“道千乘之國。”包注：“‘道’，治也。”“道齊”
即治齊。

〔一七〕白刃句　文斌案：凌本“刃”作“刀”。

〔一八〕諫齊句　孫星衍云：“懸”當爲“縣”，俗加“心”。《漢書·高紀》：“縣隔
千里。”“縣而至”，言遠而切至。

〔一九〕順而句　吳則虞云：“順”當讀如“馴”。“刻”者，《吕氏春秋·達鬱》：
“人主賢，則人臣之言刻。”注：“盡也。”“順而刻”，猶言“婉而達”。

〔二〇〕次　吳則虞云：《廣雅·釋詁》：“近也。”

〔二一〕内能句　文斌案：“内能親親”與下“外能厚賢”爲對文。楊本“内”作
“又”，誤。

〔二二〕受萬句　文斌案：吳懷保本“鍾”作“鐘”。

〔二三〕處士句　吳則虞云：此及下文俱爲《晏子春秋》文。

〔二四〕苴布之衣　孫星衍云：《詩傳》：“‘苴’，麻子也。”高誘注《吕氏春秋》：
“‘苴’，草薦也。”“苴”音同“鮓”。◎王更生《晏子春秋今注今譯》云：
《説文通訓定聲》：“‘苴’，叚借爲‘粗’。”“苴布”即“粗布”。孫説未諦。

〔二五〕駕敝句　文斌案：吳懷保本“敝”作“獘”。

〔二六〕晏子蓋短　孫星衍云：晏子長不滿六尺，故云“短”。明本注云“疑缺”，
非也。◎劉師培《斠補定本》云：黄本此下亦注“疑缺”二字。◎吳則虞
云：元刻本、明活字本、黄之寀本皆有“疑缺”二字小字夾注；李從先本、
楊慎評本無。所云“缺”者，謂此節有挩文，非謂此句有殘損。以上文觀

之,首叙晏子之治齊,繼叙晏子之給諫,復叙晏子之節儉博施,皆約《晏子春秋》文爲説。此下疑舉晏子軼事,恐即引《内篇·雜下》第八“使楚”之事,文有脱落耳。又《水經·河水》注八云:“劉向叙《晏子春秋》,稱古冶子曰:‘吾嘗濟於河,黿銜左驂以入砥柱之流。從而殺之,視之乃黿也。’”可見此下脱誤甚多,猶不止“使楚”一事。◎徐仁甫《諸子辨正》(下僅出撰人姓名)云:“劉向叙《晏子春秋》”,謂劉向叙次《晏子春秋》也。“叙”乃“編次”之意。《晏子春秋》由劉向第録,除重複,定著八篇二百一十五章,故《水經注》謂之“叙”。所引古冶子云云,乃《晏子春秋》之文,非引劉向《叙録》之文。◎文斌案:《雜下》第八乃《晏子使吳吳王命儐者稱天子晏子詳惑》,吳氏失檢。“使楚”之事在《雜下》第九、十、十一章。《子彙》本、沈本、吳勉學本於“晏子蓋短”後亦注“疑缺”;綿眇閣本、凌本、孫本、吳蕭本無注。嘉靖本“疑缺”二字混同正文。吳懷保本、楊本無“晏子蓋短”四字。

〔二七〕六篇　吳則虞云:此“六篇”者,指《内篇》言。◎文斌案:吳懷保本作“四卷”。

〔二八〕不敢句　文斌案:吳懷保本“不敢”前有“亦”字。

〔二九〕復列句　孫星衍云:謂《外篇第七》也。俗本或以此附《内篇》,變亂向篇弟,明人之妄如是。◎文斌案:《子彙》本、凌本以小字附於《内篇》,楊本以正文形式列於《内篇》。吳懷保本無“復列以爲一篇”六字,蓋將《外篇》第七、第八合二爲一。

〔三〇〕似非句　文斌案:吳懷保本“晏子”後有“之”字。

〔三一〕疑後句　文斌案:吳懷保本“辯”作“辨”。

〔三二〕故亦句　文斌案:綿眇閣本“敢”誤作“復”。

〔三三〕復以句　孫星衍云:謂《外篇第八》也,俗本以爲第七。◎文斌案:吳懷保本無“復以爲一篇”五字。

〔三四〕八篇　孫星衍云:《史記正義》引《七略》云“《晏子春秋》七篇,在儒家”者,是時即以《外篇》第七、八合爲一耳。隋、唐《志》“七卷”,即以篇爲卷也。《玉海》引《崇文總目》“十二卷”,或以爲後人采嬰行事爲書,故卷頗多於前志。《文獻通考》亦“十二卷”,蓋宋時分析其篇上、下各爲卷,“二”或“四”字之誤,即《七略》之“七篇”也。若因卷頗多於前志,疑後人采嬰行事爲書,則宋人不精核此書之故矣。◎文斌案:吳懷保本無“凡八篇”三字。

〔三五〕其六句　孫星衍云:蔡邕《獨斷》:“‘御’者,進也。”《詩箋》:“‘御’,侍也。”◎吳則虞云:此引《獨斷》語是。《詩箋》訓“侍”,義別,不當引。◎文斌案:吳懷保本作“斯書也,可常置旁御觀”。

〔三六〕第　孫本作"苐",《音義》云:"苐"即"弟"字,俗从"竹"。《説文》:
　　　　"'弟',韋束之次弟也。"

〔三七〕臣向句　孫星衍云:"昧死",《獨斷》:"漢承秦法,上書皆言'昧死'。"
　　　　"上",《荀子别録》作"上言"。◎吴則虞云:《列子叙録》與此皆作"昧
　　　　死上",《説苑》作"昧死",《荀子》作"昧死上言"。吴懷保本改作"上
　　　　聞",誤。

内篇諫上第一[一]凡二十五章

莊公矜勇力不顧行義晏子諫第一[二]

莊公奮乎勇力，不顧于行義；勇力之士無忌于國[三]。貴戚不薦善，逼邇不引過[四]，故晏子見公。公曰：“古者亦有徒以勇力立于世者乎？”晏子對曰：“嬰聞之：輕死以行禮謂之勇[五]，誅暴不避彊謂之力。故勇力之立也，以行其禮義也[六]。湯、武用兵而不爲逆[七]，并國而不爲貪，仁義之理也。誅暴不避彊，替罪不避衆[八]，勇力之行也。古之爲勇力者，行禮義也；今上無仁義之理，下無替罪誅暴之行，而徒以勇力立于世，則諸侯行之以國危，匹夫行之以家殘[九]。昔夏之衰也，有推侈[一○]、大戲[一一]；殷之衰也，有費仲[一二]、惡來[一三]。足走千里，手裂兕虎[一四]，任之以力，淩轢天下[一五]，威戮無罪[一六]，崇尚勇力[一七]，不顧義理[一八]，是以桀、紂以滅，殷、夏以衰[一九]。今公自奮乎勇力[二○]，不顧乎行義[二一]，勇力之士無忌于國，身立威强[二二]，行本淫暴[二三]，貴戚不薦善，逼邇不引過，反聖王之德，而循滅君之行[二四]，用此存者，嬰未聞有也[二五]。”

〔一〕盧文弨《群書拾補》（下僅出撰人姓名）云：余校《晏子》將竣，吳槎客示余元人刻本，其每卷首有總目，又各標於當篇。今本皆缺目録，當以此補之。◎黃以周云：元刻本每篇前記篇章，後標題。首行云“《晏子春秋·內篇·諫上第一》凡二十五章”，其下別行云：《莊公矜勇力不顧行義晏子諫第一》云云。其下各章又先標題如上。◎吳則虞云：明活字本、吳勉本與元刻本同，楊慎評本、淩澄初本前亦有目，如《莊公奮勇力》《病酒》云云，明人擅删也，茲從元刻。文內作“奮乎勇力”，而題改“奮”爲“矜”，似亦未當。◎文斌案：盧文弨、黃以周所謂元刻本，實顧廣圻所校吳勉本也,前《叙録》已注,不贅述。嘉靖本、沈本亦同元刻。吴懷保本分四卷,分别爲《内篇諫》《内篇問》《内篇雜》《外篇》,每卷首列删減章目,各標於當篇。吴勉學本、黄本、《子彙》本、綿眇閣本、孫本無章目,僅列簡略篇目"諫上第一""諫下第二"等。

〔二〕文斌案:嘉靖本篇首列目録,各章前不標題目。吴懷保本删減標題作"諫矜勇不顧行義",列"莊公"名下。楊本作"莊公奮勇力",凌本作"莊公"。

〔三〕莊公三句 孫星衍云:"行義",一本作"仁義"。"勇力之士",《太平御覽》作"尚勇力之士",下文同。◎盧文弨云:《太平御覽》四百三十六"義"字作"尚",屬下句,下文亦同。◎王念孫《讀書雜志》(下僅出撰人姓名)云:此文本作"莊公奮乎勇力,不顧于行("行"字絶句,讀去聲);尚勇力之士,無忌于國","不顧于行"與"無忌于國"對文。"尚勇力之士,無忌于國"本指莊公而言;今本"尚"作"義",則以"義"字上屬爲句,而以"勇力之士"二句連讀,則"無忌于國"者,專指勇力之士而言,非其旨矣。案:下文曰"勇力之行也",又曰"下無替罪誅暴之行",又曰"行本淫暴",又曰"循滅君之行",此四"行"字,正對莊公"不顧于行"而言。又曰"崇尚勇力,不顧義理",正所謂"尚勇力之士,無忌于國"也。今本作"不顧于行義"者,涉下文諸"義"字而誤。一本作"仁義"者,又涉下文"仁義"而誤。《太平御覽·人事部七十七》引此正作"莊公奮乎勇力,不顧於行;尚勇力之士,無忌於國"。下文"今公自奮乎勇力,不顧乎行;尚勇力之士,無忌于國",今本"尚"作"義",誤與此同。又此章標題云《莊公矜勇力不顧行義》,"義"字亦涉下文"行義"而衍。◎黄以周云:《音義》:"'行義',一本作'仁義'。"非,元刻本前有標題亦作"行義"。《太平御覽·人事部七十七》引作"莊公奮乎勇力,不顧於行;尚勇力之士,無忌於國",下文同,王氏《雜誌》從之,亦非。盧紹弓後校本云:"'不顧于行義'作一句是。"盧氏不從《御覽》,當已。◎蘇輿《晏子春秋》集注本(下僅出撰人姓名)云:黄説是也。下文推侈、大戲、費仲、惡來,皆古勇力無忌爲亂于國者,引此以警莊公。是"無忌于國"本屬"勇力之士"説。王以"不顧于行"絶句,以"無忌于國"屬莊公,于辭爲複。《御覽》"義"作"尚"者,蓋緣下文"崇尚勇力"而誤。王以"行義"爲涉下諸"義"字而誤,失之。◎張純一《晏子春秋校注》(下僅出撰人姓名)云:《荀子·子道篇》:"奮於言者華,奮於行者伐。"楊倞注:"'奮',振矜也。"《列子·説符篇》:"色盛者驕,力盛者奮。"張湛注:"'色''力'是常人所矜也。"案:標題作"矜勇力","矜",夸也、自伐也,是"奮"字塙詁。"不顧于行義"屬莊公言,下文"故勇力之立也,以行其禮義也",又"古之爲勇力者,行禮義也"皆所以對治之。"無忌于國"屬勇力之士言,下文"任之以力""凌轢天下""威戮無罪""行本淫暴"皆勇士無忌之例證。◎吳則虞云：元刻本及明刻各本無作"仁義"者，孫云"一本"，未知何本。此有二讀：一曰，《太平御覽》七十七引作"莊公奮乎勇力，不顧于行；尚勇力之士，無忌于國"，王念孫持此說。二曰，盧紹弓後校本云："'不顧于行義'作一句。"黃以周、蘇輿持此說。後一說是也。◎徐仁甫云："奮"上脫"自"字，"于"字當作"乎"。"莊公自奮乎勇力，不顧乎行義"，兩句平列，上句不得少一字，下句不得用"于"。古人"于""乎"並用，上句多用"于"，下句多用"乎"，《楚辭·離騷》《莊子·則陽》《荀子·天論》《韓非子·問田》《呂覽·義賞》《呂覽·不苟》《呂覽·召類》皆有例可證。本書《諫下》第二章、《問上》第七章、《外上》第八章，亦有例可循。不然則兩句同用"乎"，例句見《諫上》第三章、《雜上》第六章。或同用"于"，例句見《諫上》第五章、《問上》第十二章。而無上句用"乎"，下句用"于"者。有之則不知此規律，而竟成錯誤。蓋"乎"者語之餘也（《說文解字》），"于"者象氣之舒亏（同上）。上句宜舒，下句乃餘，語氣自然，不容倒也。本章下文曰"今公自奮乎勇力，不顧乎行義"，正有"自"字，"于"又作"乎"，可爲確證。且有此"自"字，既使兩句平列，則《太平御覽》七十七所引"莊公奮乎勇力，不顧于行；尚勇力之士，無忌于國"，可知其非。而王念孫以"不顧于行"絕句，以"無忌于國"屬莊公言，其誤更顯。王氏不信本書，而信類書，寧有當乎？◎文斌案：《御覽》引本章者在卷四百三十六，即王念孫所謂"《人事部七十七》"，非卷七十七。吳、徐失檢。

〔四〕貴戚二句　蘇輿云："逼"，邇，近臣也。《問上篇》："求君逼邇而陰爲之與。"義同。◎張純一云："貴戚"，同姓之卿。"偪邇"，異姓之卿。"引過"，如《禮·坊記》云："過則稱己。"是。◎吳則虞云：元刻本、活字本、嘉靖本俱作"貴賤"。吳勉學本、綿眇閣本作"貴戚"，是也。顧校從之。"薦"，進也，陳也，不進盡忠言也。"不引過"，謂見過惡而不敢諫。◎文斌案：沈本、吳懷保本誤作"貴賤"，《子彙》本、黃本、楊本、凌本、孫本均作"貴戚"。

〔五〕禮　文斌案：宋本《御覽》引作"理"，誤。

〔六〕禮義　文斌案：宋本《御覽》作"理義"。

〔七〕湯武句　文斌案：商湯之於夏桀、周武之於商紂，皆方伯也。湯放桀、武王伐紂，從身份言，確是以下犯上。然桀、紂暴虐民眾，正如孟子所言："賊仁者謂之'賊'，賊義者謂之'殘'，殘賊之人謂之'一夫'。聞誅一夫紂矣，未聞弒君也。"（《孟子·梁惠王下》）

〔八〕替罪句　孫星衍云：《爾雅·釋言》："'替'，廢也。"◎張純一云：桀、紂人民之眾兆億（《墨子·明鬼》），而湯、武必誅之。

〔九〕匹夫句　于鬯《香草續校書》（下僅出撰人姓名）云：玩"家殘"字，則"匹夫"

蓋當作“大夫”。《小戴·曲禮記》鄭康成注、《公羊·桓二年傳》何休《解詁》
並云:“大夫稱家。”◎吳則虞云:“殘”字,吳懷保本作“賤”。于説是也。

〔一〇〕推侈　孫星衍云:《墨子·明鬼篇》作“推哆”,《韓非·説疑篇》云“桀
有侯侈”,《古今人表》作“雅移”。“侯”“推”“雅”聲俱相近,“哆”“侈”
“移”皆以“多”爲聲。◎黄以周云:《音義》作“推移”。◎劉師培《晏子
春秋補釋》(下簡稱《補釋》)云:《墨子·所染篇》《明鬼篇》均作“推
哆”,而《明鬼篇》又言其爲湯所禽。《韓非子·説疑》作“侯侈”,《吕
覽》佚文作“惟多”(《路史》注引),賈子《新書·連語篇》作“雖侈”,亦
作“隗侯”,《淮南·主術訓》作“推移”,《漢書·古今人表》作“推侈”,
與《晏子春秋》同。蓋“推”“惟”“雖”三字字形相似,“侈”“哆”“移”
“多”四字亦字形相似,故多通用。惟據《抱朴子·良規篇》以“推哆”與
“崇侯虎”並稱爲“崇、推”,則“侈”字當從《新書》或本作“侯”。“推”蓋
國名,《新書》或本作“隗”,亦係訛文。自“侯”訛爲“侈”,而其義不可考
矣。◎于省吾《雙劍誃晏子春秋新證》(下僅出撰人姓名)云:孫説非
是:此以形誤,非以聲譌。“推”“雅”形近,不待言矣。《墨子·非命
下》:“非將勤勞其惟舌。”“惟舌”即“喉舌”之誤,亦猶此文“推”之譌
“侯”也。◎王叔岷《晏子春秋斠證》(下僅出撰人姓名)云:景寫北宋
本、道藏本、朱東光本、漢魏叢書本《淮南子·主術篇》“推”皆作“椎”,
與黄本合。《御覽》三二五引《吕氏春秋·簡選篇》作“推移”(今本脱
“推”字),與《御覽》《路史注》引此文合。◎田宗堯《晏子春秋校正》
(下僅出撰人姓名)云:光緒長沙王氏刊本《漢書》作“推侈”,與今本
《晏子》合,《補注》云“官本作‘雅移’”;《御覽》九三二引《淮南子·主
術訓》作“椎移”,“椎”字與日刊黄之寀本合;《傅子·矯違篇》作“推
哆”,與《墨子》合。◎吳則虞云:《墨子·明鬼》云:“故昔夏王桀貴爲
天子,富有天下,有勇力之人推哆、大戲,主別(《御覽》作“生捕”)兕
虎,指畫殺人。”又云:“王乎禽推哆、大戲。”此文即本《明鬼篇》之説。◎文
斌案:劉氏謂“《抱朴子·良規篇》以‘推哆’與‘崇侯虎’並稱爲‘崇、
推’”失檢,當爲《抱朴子·崇教篇》,並稱爲“推、崇”。宋本《御覽》三百
八十六引作“推侈”,四百三十六作“推移”。

〔一一〕大戲　孫星衍云:《吕氏春秋·簡選篇》:“湯以戊子戰於郕,遂禽推移、
大犧。”高誘注:“桀多力,能推大犧,因爲號,而禽克之。”不知是臣名,
謬也。◎田宗堯云:《吕氏春秋·簡選篇》、莊逵吉本《淮南子》並作“大
犧”。“戲”“犧”古字通用,《古今人表》太昊帝伏犧氏,《藝文志序》
“犧”即作“戲”。

〔一二〕費仲　孫星衍云:名仲滽,蜚廉父,説紂誅西伯昌,見《韓非子·外儲

説》。◎吳則虞云：《墨子·明鬼》：“故昔者殷王紂貴爲天子，富有天下，有勇力之人費中（《太平御覽》引作“仲”）、惡來、崇侯虎，指畫殺人。”又：“王乎禽費中、惡來。”此文蓋亦據《明鬼篇》之説。孫説云者，《史記·秦本紀》：“其玄孫曰仲潏。”《集解》徐廣曰：“一作‘滑’。”《正義》引宋衷《世本》云：“仲滑生飛廉。”是費仲，飛廉之父也。◎田宗堯云：《墨子·公孟篇》《史記·殷本紀》《漢書·古今人表》並作“費中”；《正義》云“‘中’，音‘仲’”。◎文斌案：《墨子·公孟篇》作“費仲”，《明鬼下篇》作“費中”，“中”“仲”古今字。

〔一三〕惡來　孫星衍云：蜚廉子。◎張純一云：《墨子·所染篇》《明鬼篇》並有惡來。《吕氏春秋·當染篇》高誘注：“‘惡來’，嬴姓，飛廉之子，紂之諛臣。”◎吳則虞云：《史記·秦本紀》云：“蜚廉生惡來，惡來有力，蜚廉善走，父子俱以材力事殷紂。”又：“惡來革者，蜚廉子也。”高注蓋據此。

〔一四〕手裂句　劉師培《校補》云：《御覽》三百八十六引“裂”作“制”，四百三十六亦作“裂”。◎王叔岷云：《史記·秦本紀》，《集解》引“兕虎”作“虎兕”。◎吳則虞云：作“兕虎”者是。此文“里”“理”、“虎”“下”爲韻，“手裂”云者，即《墨子·明鬼篇》之“主别兕虎”。

〔一五〕凌轢句　蘇輿云：“凌轢”，謂蹈踐之也。《史記·灌夫傳》：“凌轢宗室。”◎張純一云：《御覽》引脱“下”字。◎文斌案：《御覽》下引均見四百三十六。

〔一六〕威戮句　盧文弨云：《御覽》無此句。◎張純一云：《御覽》有“威”字，脱“戮無罪”三字。

〔一七〕崇尚句　孫星衍云：《太平御覽》作“專行威力”。◎張純一云：鮑刻《御覽》作“專行勇力”。◎文斌案：宋本《御覽》亦作“專行勇力”。

〔一八〕不顧句　吳則虞云：楊本、凌本“義”“理”互倒。◎王叔岷云：《御覽》四三六引“不顧”下有“乎”字。

〔一九〕昔夏諸句　孫星衍云：“戲”“來”“里”“力”“罪”“理”“滅”“衰”爲韻，“虎”“下”爲韻。周秦之語多相協，以輕重開合緩急讀之。◎王念孫云：“戲”字古韻在歌部，“來”字在之部，“里”“理”在止部，“力”在職部，“罪”在旨部，“滅”在月部，“衰”在脂部。此十三句，唯“虎”“下”爲韻，“理”字或可爲合韻，其餘皆非韻也。淵如於古韻未能洞徹，但知古人之合，而不知古人之分，故往往以非韻者爲韻。又見高注《吕覽》《淮南》有急氣、緩氣、閉口、籠口諸法，遂依放而爲之，不自知其似之而非也。故《音義》中凡言“某某爲韻”“某某聲相近”及“急讀緩讀”者，大半皆謬於古音。若一一辯正，徒費筆墨，故但發凡於此，以例其餘。明於三代兩漢之音者，自能辨之也。

〔二〇〕今公句 徐仁甫云:"公"當作"君"。本書通例,記事稱"公",記言稱
"君"。尤其面對君言,自稱"臣"或名,對稱則稱"君"(非面對可稱
"公")。此晏子對君話,宜稱"君",不宜稱"公"。◎文斌案:徐説非。
《晏子春秋》並無"記事稱'公',記言稱'君'"之"通例",晏子對景公面
諫,亦時有稱"公"者。除本例外,《諫下》第十八章"嬰恐國之流失,而
公不得享也",《問上》第十一章"積邪在于上,蓄怨藏于民,嗜欲備于
側,毀非滿于國,而公不圖",《問上》第二十五章"今民聞公令如寇讎",
《雜下》第十九章"自太公至於公之身,有數十公矣。苟能説其君以取
邑,不至公之身"均作"公"。

〔二一〕不顧句 文斌案:宋本《御覽》"義"誤作"暴"。

〔二二〕身立句 文斌案:《御覽》"强"誤作"疆"。

〔二三〕行本句 孫星衍云:"行本",《太平御覽》作"行流",古"沴"字似
"本"。◎吳則虞云:"沴""本"形不相近,此疑別一本。"流"者,歸也,
行歸於淫暴也。

〔二四〕循 孫星衍云:《太平御覽》作"修"。◎蘇輿云:"循"猶"依"也,與
"反"字對文,下篇"循靈王之迹"文與此同。《御覽》作"修",非。古
"循""脩"字多相亂。◎文斌案:宋本《御覽》作"脩"。

〔二五〕未聞 孫星衍云:《太平御覽》作"未嘗聞"。

景公飲酒酣願諸大夫無爲禮晏子諫第二〔一〕

景公飲酒酣,曰:"今日願與諸大夫爲樂飲,請無爲禮。"晏子蹴然
改容〔二〕,曰:"君之言過矣!群臣固欲君之無禮也。力多足以勝其
長〔三〕,勇多足以弑君,而禮不使也〔四〕。禽獸以力爲政〔五〕,彊者犯弱,
故日易主〔六〕。今君去禮,則是禽獸也。群臣以力爲政,强者犯弱,而
日易主〔七〕,君將安立矣?凡人之所以貴于禽獸者,以有禮也。故《詩》
曰:'人而無禮,胡不遄死〔八〕?'禮不可無也。"公湎而不聽〔九〕。少閒,
公出,晏子不起;公入,不起;交舉則先飲。公怒,色變,抑手疾視
曰〔一〇〕:"鄉者夫子之教寡人無禮之不可也〔一一〕。寡人出入不起;交舉
則先飲,禮也〔一二〕?"晏子避席再拜稽首而請曰〔一三〕:"嬰敢與君言而忘
之乎?臣以致無禮之實也。君若欲無禮,此是已〔一四〕。"公曰:"若
是〔一五〕,孤之罪也。夫子就席,寡人聞命矣。"觴三行,遂罷酒〔一六〕。蓋
是後也,飭法脩禮以治國政〔一七〕,而百姓肅也。

〔一〕文斌案：吳懷保本標題作“諫願諸大夫無爲禮”，以下各章均列“景公”名下；楊本作“景公願無爲禮”；凌本作“景公飲酒酣”。《子彙》本於章後以雙行小字附《外篇第七》第一章文，以○號標誌，注云：“舊本凡意重文異者別載《外篇》，今附著各章之下。”凌本亦以小字附《外七》第一章文，無注。

〔二〕蹴然　吳則虞云：《莊子·田子方》：“諸大夫蹴然曰。”《釋文》：“本或作‘愀’。”“蹴然改容”，即《上林賦》之“愀然改容”，彼注云：“變色貌。”

〔三〕力多句　孫星衍云：“長”，讀“令長”之“長”。◎吳則虞云：以下文例之，“其”字衍。

〔四〕而禮句　于鬯云：“而”當讀爲“如”，《詩·都人士篇》鄭康成《箋》云：“‘而’，亦‘如’也。”《莊子·人間世篇》陸德明《經典釋文》云：“‘而’，崔本作‘如’。”“而禮不使也”者，如禮不使也。如禮不使，則是禽獸矣，文義自明。若以“而”作轉語，則不可解。◎劉師培《補釋》云：“使”字當作“便”，“禮不便”一語與上“固欲君無禮”相應，“便”“使”二字因字形相近而訛。◎吳則虞云：劉說是。◎徐仁甫云：《諫下》第二十五章曰：“夫勇多則弒其君，力多則弒其長，然而不敢者，維禮之謂也。”“謂”猶“使”也。據此，則本文“弒”下脫“其”字，當補。吳則虞謂上句“其”字衍，非也。又按：“不使”下承上省賓語“勝長”“弒君”，文義自顯。劉師培欲改“使”爲“便”，固非。于鬯讀“而”爲“如”，以此句冒下文，尤非。于謂“而”作轉語則不可解，《諫下》第二十五章作“然而”，非轉語乎？豈不可解乎？◎文斌案：“不使”猶“不許”。從爲臣者私心言之，若無禮制之強力約束，則“力多足以勝其長，勇多足以弒其君”。是禮制之強力使群臣不敢逾越。晏子在此是強調禮制的嚴肅性與權威性，非言其對於群臣生活“便宜”與否。劉說非。

〔五〕禽獸句　孫本“以”作“矣”，盧文弨《拾補》改作“以”，旁注“矣”字。◎黃以周云：“矣”字誤，當依元刻作“以”。下云“群臣以力爲政”，文與此同。◎蘇輿從黃說。◎吳則虞云：黃、蘇二君皆未見元刻，故所云有誤。元刻本、活字本、嘉靖、吳懷保本俱作“矣”。黃之寀本、楊本、凌本、吳刻本俱作“以”，今從之。◎文斌案：吳說是，前賢多誤吳勉本爲元刻本，說詳《叙錄》注釋一。元刻作“矣”，顧廣圻改作“以”。沈本、《子彙》本、吳勉學本、綿眇閣本、凌本亦作“矣”。吳氏言凌本作“以”，失檢。

〔六〕故曰句　孫星衍云：“曰”，本多作“曰”，非。◎盧文弨云：“易主”，《國策》“寧爲雞口”，一云“當爲‘雞尸’”，“尸”即“主”也。禽獸以強者爲主，更有強者則易主矣。雞尤人之所常見者也。◎吳則虞云：元刻本、活字本、嘉靖本、吳勉學本、吳懷保本、凌本俱作“曰”，楊本、吳本、《指海》本俱作

“日”。作“曰”非。盧説是。◎文斌案：沈本、《子彙》本、綿眇閣本作
“曰”，黄本、孫本作“日”。

〔七〕强者二句　孫本“强”作“彊”，《音義》云：“彊”，本多作“强”，通。下文或
作“强”，皆寫者亂之。◎蘇輿云：“强”，俗字。◎吳則虞云：此“日”字各
本無作“曰”者，益證上文作“曰”者形譌。◎文斌案：元刻本、活字本、嘉
靖本、《子彙》本、沈本、吳懷保本、綿眇閣本作“强”，吳勉學本、黄本、楊
本、凌本作“彊”。

〔八〕人而二句　吳則虞云：此引《邶風·相鼠》之詩。◎文斌案：《相鼠》屬
《鄘風》，吳氏失檢。《毛詩傳箋》：“‘遄’，速也。”

〔九〕公湎句　孫星衍云：“湎”，《説文》：“沈于酒也。”《周書》曰：“罔敢湎于
酒。”《玉篇》：“凵充切。”◎俞樾云：此但言公之不聽耳，非必言其沈湎也。
“湎”疑“偭”字之誤，《離騷》：“偭規矩而改錯。”王逸注曰：“‘偭’，背也。”
公聞晏子言而不樂，故背之而不聽耳。“偭”“湎”同聲，又因本篇言飲酒
事，遂誤爲“湎”矣。

〔一〇〕抑　孫星衍云：《説文》：“‘归’，按也。”俗作“抑”。

〔一一〕嚮　孫星衍云：當爲“曏”。《説文》：“不久也。”《玉篇》：“許兩切。”
“向”乃“日”之誤在下耳。◎張純一《校注》改“嚮”爲“曏”，注云：“嚮”
同“向”，與此義不合。今從孫校改。◎田宗堯云：作“嚮”不誤。《漢
書·司馬遷傳》：“鄉者，僕亦嘗廁下大夫之列。”師古曰：“‘鄉’讀曰
‘嚮’，曩昔時也。”朱駿聲《説文通訓定聲》云：“‘曏’，經傳多以‘鄉’、
以‘向’、以‘嚮’。”此以“曏”爲正則可，以“嚮”字爲誤則非。

〔一二〕也　俞樾云：“也”當作“邪”，乃詰問之詞。古“也”“邪”字通用，故陸德
明《經典釋文》曰：“‘邪’‘也’弗殊。”《顔氏家訓·音辭篇》曰：“‘邪’
者，未定之詞，北人即呼爲‘也’。”並其證矣。《荀子·正名篇》：“其求
物也，養生也，粥壽也。”楊倞注曰：“‘也’皆當爲‘邪’，問之詞。”正與此
同。◎文斌案：黄本上方校語云：“‘也’，疑當作‘乎’。”“也”通“邪”，
不必改字。

〔一三〕請　吳則虞云：《爾雅·釋詁》：“‘請’，告也。”

〔一四〕已　劉師培《斠補定本》云：黄本“已”作“也”。

〔一五〕若是　王念孫云：“若”當爲“善”。“公曰善”者，善晏子之言也。“是孤
之罪也”別爲一句，不與上連讀。《外篇上》記景公命去禮，晏子諫之，
事略與此同，彼文亦作“公曰善”也。今本“善”作“若”，則既失其句，而
又失其義矣。“善”“若”字相似，又涉上文“若欲無禮”而誤。（《諫下
篇》“善其衣服節儉”，《雜下篇》“以善爲師”，今本“善”字並誤作
“若”）◎吳則虞云：《指海》本據王説改。

〔一六〕觴三二句　吳則虞云：《禮記·玉藻》：“君若賜之爵，則越席再拜稽首受，登席祭之。飲卒爵而俟君卒爵，然後授虛爵。君子之飲酒也，受一爵而色酒如也，二爵而言言斯，禮已，三爵而油油，以退。”鄭《注》：“禮：飲過三爵則敬數，可以退矣。”孔《疏》引熊氏云：“此經據朝夕侍君而得賜爵，故再拜而後受，必知此經非饗燕大飲者，以此下云受一爵以至三爵而退，明非大饗之飲也。若燕禮，非惟三爵而已。”孔《疏》又云：“言侍君小燕之禮，唯已止三爵，顏色和說而油然說敬，故《春秋左氏傳》云：‘侍君宴過三爵，非禮也。’”《疏》引《左氏傳》者，宣公二年文。趙盾“趨登曰：‘臣侍君宴，過三爵，非禮也。’”《疏》亦云：“是小飲酒耳，非正燕也。”◎文斌案：鄭玄《注》作：“禮：飲過三爵則敬殺，可以去矣。”孔穎達《疏》作：“顏色和說而油油說敬。”《左傳·宣公二年》“趙登，曰‘臣侍君宴，過三爵，非禮也’”者乃“提彌明”，非“趙盾”。吳氏失檢。

〔一七〕飭法句　孫星衍云：“禮”，一本作“理”，非。◎吳則虞云：吳勉學本作“理”。◎劉師培《斠補定本》云：黃本“飭”誤“飾”。◎田宗堯云：吳勉學本作“飭”，與元本同；明活字本、《子彙》本並作“飭”。“飭”“飾”字通。《易·坤》注：“裳下飾也。”《釋文》：“‘飾’，或作‘飭’。”《禮記·樂記》：“復亂以飭歸。”《史記·樂書》“飭”作“飾”。《尚書大傳·略說》：“見人不可以不飾。”《大戴禮·勸學篇》《說苑·建本篇》《孔子家語·致恩篇》“飾”並作“飭”，皆其證。“飭”，“飾”俗字。◎文斌案：黃本“禮”作“理”，非。“飭”，楊本同，嘉靖本、綿眇閣本、凌本作“飭”，沈本、吳懷保本作“餝”。元刻本亦作“飭”，《家語》卷二爲《致思》篇，田氏失檢。

景公飲酒酲三日而後發晏子諫第三^{〔一〕}

景公飲酒酲，三日而後發^{〔二〕}。晏子見曰：“君病酒乎？”公曰：“然。”^{〔三〕}晏子曰^{〔四〕}：“古之飲酒也^{〔五〕}，足以通氣合好而已矣^{〔六〕}。故男不群樂以妨事，女不群樂以妨功^{〔七〕}。男女群樂者，周觴五獻，過之者誅^{〔八〕}。君身服之^{〔九〕}，故外無怨治，内無亂行^{〔一〇〕}。今一日飲酒而三日寢之^{〔一一〕}，國治怨乎外，左右亂乎内^{〔一二〕}。以刑罰自防者，勸乎爲非；以賞譽自勸者，惰乎爲善^{〔一三〕}；上離德行，民輕賞罰，失所以爲國矣^{〔一四〕}。願君節之也！”

〔一〕文斌案：銀雀山漢墓竹簡有本章内容，無標題。吴懷保本標題作“諫病酒”，楊本作“病酒”，凌本作“景公飲酒醒”。

〔二〕景公二句　孫星衍云：“醒”，《詩傳》：“病酒曰醒。”《説文》：“一曰醉而覺也。”《玉篇》作“醉未覺”。◎蘇輿云：“醒”訓當從《詩傳》《玉篇》。“三日而後發”，“發”，起也。言醉寢三日而後起也。下文“今一日飲酒而三日寢之”是其證。◎張純一云：蘇説亦通。“發”讀爲“廢”。《墨子·非命中篇》：“發而爲刑政。”《上篇》作“廢以爲刑政”。陳第《毛詩古音考》云：“‘發’音‘廢’，‘廢’亦可音‘發’。”漢《郊祀歌》：“含秀垂穎，續舊不廢。”顔師古曰：“‘廢’音‘發’。”蓋“發”“廢”古通音也，廢止也。“三日而後廢”，謂病酒三日而後止也。◎文斌案：銀雀山竹簡本《晏子》（下簡稱“簡本”）作“·景公飲酒[□]，三日而后發”。“景公”前墨點爲一章開始標記。“酒”下“三”上殘缺一字。今本“後”簡本作“后”。下二句“晏子見曰：‘君病酒乎？’”簡本全同。黄本上方校語云：“‘發’猶‘起’也。”◎駢宇騫“銀雀山漢墓竹簡”《晏子春秋校釋》（下僅出撰人姓名）云：簡本“三”上殘缺一字，據明本（文斌案：指活字本，下同），當作“醒”。

〔三〕公曰句　文斌案：簡本“公曰然”後還有“□三日而后發”六字。

〔四〕晏子句　文斌案：簡本作“晏子合曰”。◎駢宇騫云：“合”當讀爲“答”，“合”“答”古音相同，可通假。《左傳·宣公二年》：“既合而來奔。”注云：“‘合’猶‘答’也。”

〔五〕古之句　文斌案：“飲”，《銀雀山漢墓竹簡〔壹〕》（下簡稱《銀簡》）、《銀雀山漢簡釋文》（下簡稱《銀文》）同。駢宇騫是《銀簡》著作者之一，其獨著《校釋》卻録作“歙”字，注云：“簡本作‘歙’，爲‘飲’之古體。”與前二書微異。嘉靖本“酒”誤作“禮”。

〔六〕足以句　文斌案：簡本作“足以道□合好而已矣”，“道”下殘缺一字。◎駢宇騫云：“道”，《左傳·襄公三十一年》：“不如小決使道。”注云：“‘道’，通也。”◎劉春生《簡本〈晏子春秋〉校補》（下僅出撰人姓名）云：“道”當讀爲“導”，“道”“導”字通。《外篇第八》第一章“其教也不可以導民”“非所以導衆存民也”二句“導”字，簡本均作“道”。“導”“通”義近。

〔七〕故男二句　文斌案：簡本作“故男不群樂以[□]事，女不群樂□……”，後“樂”字下殘缺。◎駢宇騫云：簡本“事”上一字殘缺不清，僅存右半“方”旁，疑當讀爲“妨”。《説文》云：“‘妨’，害也。”《左傳·隱公三年》：“賤妨貴。”疏云：“‘妨’，謂有所害。”◎文斌又案：《銀簡》注曰：“簡文‘女不群樂’下一字，右側从‘方’，左側殘去，相當於明本之‘妨’字，其上誤脱‘以’字。”明言是“女不群樂”下之“妨”字，與駢氏《校釋》所言非一字；吴九龍《銀文》亦作“……事女不群樂妨”，駢氏或有誤。◎蘇輿云：“事”，謂本業也;"功",女工也。古"工""功"通用。

〔八〕男女三句　文斌案:簡本僅存"……觴五獻,過者死"六字,"觴"上殘缺。◎俞樾云:《小爾雅·廣言》:"'周',匝也。"蓋觴各五獻,一匝而止,故曰"周觴五獻"。◎孫詒讓《札迻》(下僅出撰人姓名)云:"周"當爲"酬"之叚字(《儀禮·鄉飲酒禮》注云:"'酬'之言'周'。")。"五"疑當爲"三"。前《景公飲酒酣願諸大夫無爲禮晏子諫》章云:"觴三行遂罷酒。"《外篇重而異者·景公飲酒命晏子去禮晏子諫》章亦云:"用三獻。"是不得過三獻也(宣二年《左傳》云:"臣侍君宴,過三爵,非禮也。")。◎吳則虞云:三獻者,侍君小燕之禮。此云"男女群樂",與侍飲於君者不同。孫説有誤。群飲不過五獻,亦古之逸禮。禮有禮食、常食二者,禮食如《鄉飲酒義》:"降,説屨升堂,脩爵無數。飲酒之節,朝不廢朝,莫不廢夕。賓出,主人拜送,節文遂終焉。"此云"爵無算",當不限於五獻。常食者,如賓朋燕飲,故獻不過五也。◎王文錦《〈晏子春秋集釋〉辨誤》(下僅出撰人姓名)云:(吳則虞)謂鄉飲酒爲禮食,賓朋燕飲爲常食,混食飲而一之。其實飲酒禮與食禮本不相同。◎孫星衍云:鄭氏注《周禮》:"'誅',責讓也。"◎騈宇騫云:此見《周禮·太宰》"八曰誅,以馭其過"注。《左傳·莊公八年》:"誅屨於徒人費。"注云:"'誅',責也。"即此義。◎譚步雲《銀雀山漢簡本〈晏子春秋〉補釋》(下僅出撰人姓名)云:《銀簡》529(即《銀文》2487):"過者死。"傳世本作"過之者誅"。據簡本,"誅"殆"殊"之誤。《説文》:"'殊',死也。从歹朱聲。《漢令》曰:'蠻夷長有罪,當殊之。'"(卷四歹部)由此可知,古籍屢見用爲"殺"的"誅",可能是"殊"的借字。《銀簡》545(即《銀文》1080+0938):"今吾欲使人誅祝史。"傳世本無此句,但作"今使人召祝史祠之"。可知"誅"義當作"責備"。由此可見簡本的"誅"還無"殺"義。◎文斌又案:吳引《鄉飲酒義》"升堂"原作"升坐","遂終"原作"終遂",失檢。

〔九〕君身句　文斌案:簡本同。◎孫星衍云:《詩傳》:"'服',思之也。"◎陶鴻慶《讀諸子札記》(下僅出撰人姓名)云:孫説於本文之義未合。《禮記·孔子閒居篇》:"君子之服之也。"注云:"'服'猶'習'也。"此云"君身服之",謂君習於此禮以爲倡率也。◎蘇輿云:孫説非。"服",行也,言上必身自行之以率下也。《管子·權修篇》:"上身服以先之。"《荀子·宥坐篇》:"上先服之。"義並同。彼房、楊二注"服"俱訓"行"。◎劉師培《補釋》云:此"服"字當訓"行"。《左傳·文十八年》:"服讒蒐慝。"林注云:"行也。""身服之"者,猶言"躬行之"也。◎吳則虞云:訓"行"者是。◎文斌又案:劉氏所引《左傳》注,出《春秋經傳集解》,注者爲杜預。故"林注"當爲"杜注"之誤。

〔一〇〕故外二句　文斌案：簡本作“故上无怨治，下〔□□□□〕”。“下”下殘
缺四字。◎駢宇騫云：疑當作“无亂行今”（“今”屬下讀）。◎劉師培
《補釋》云：“怨”當作“蘊”。《左傳·昭十年》：“蘊利生孽。”本書作
“怨”，則此文亦誤“蘊”爲“怨”矣。又《荀子·哀公篇》云：“富有天下
而無怨財。”楊倞注亦云：“‘怨’當作‘蘊’。”其旁證也。《説文》云：
“‘薀’，積也，亦作‘蘊’。”《廣雅》云：“‘蘊’，聚也。”《文選·蜀都賦》
云：“雜以蘊藻。”注云：“叢也。”又《詩·雲漢》：“蘊隆蟲蟲。”《韓詩》作
“鬱”，則“蘊”即叢脞之意矣。“外無蘊治”者，言外無叢脞之政也；“國
治蘊”者，言國政叢脞，莫之或理也。“蘊治”與“亂行”對文，“蘊”即《左
傳·昭廿五年》“蓄而不治將薀”之“薀”。蓋“蘊”“宛”二字聲近義同，
如《荀子·富國篇》“夏不宛暍”，“宛”當訓“薀”，是也。“怨”“宛”均從
夗聲，故又借“宛”爲“怨”。若以“怨”字本義訓之，失其旨矣。

〔一一〕今一句　文斌案：簡本作“□一日飲酒，三日帟之”◎駢宇騫云：簡本
“帟”當讀爲“寢”。“寢”，或作“寑”，或省作“宴”。簡本“帟”當爲
“宴”之省寫。《説文》云：“‘寑’，臥也。從宀㑴聲。，籀文寑省。”

〔一二〕國治二句　孫星衍云：一本“怨”作“怒”，非。◎吳則虞云：黃之寀本、活
字本、吳懷保本、吳勉學本、凌本、《子彙》本“怨”俱作“怒”。◎徐仁甫云：
“國治怨乎外”與“左右亂乎内”對文。“左右”不見於上文，則“治”字亦非
複舉。“國治”當作“國人”。◎文斌案：簡本同，作“國治怨□外，左右亂
乎内”。“怨”訓“蘊”，積蓄，説詳上。元刻本、嘉靖本、綿眇閣本亦誤作
“怒”。黃本上方校語云：“‘怒’當作‘怨’。”楊本“國”誤作“爲”。

〔一三〕以刑四句　蘇輿云：“勸”疑作“勤”，緣下“勸”字誤也。“勤”與“惰”對
文，言刑罰不準，故人弛其防而爲非之心轉勤也。◎劉師培《補釋》説
同。◎吳則虞云：《小爾雅·廣詁》：“‘勸’，力也。”高誘《戰國策注》：
“‘勸’猶‘力’也。”“力”與“惰”正對文，義自可通，不必改爲“勤”。又
“防”，吳懷保本誤作“妨”。◎文斌案：簡本正作“以刑罰自妨者，勸乎
爲非；以賞譽自勸者，隋乎爲善”，吳説是。◎駢宇騫云：簡本“妨”當讀
爲“防”，“隋”當讀爲“惰”，二字古音相同，可通假。《禮記·曲禮》：
“言不隋。”注云：“又爲‘惰’。”

〔一四〕上離三句　文斌案：簡本僅存“上離德”三字，“德”下殘缺。

景公飲酒七日不納弦章之言晏子諫第四[一]

景公飲酒，七日七夜不止。弦章諫曰[二]：“君欲飲酒七日七

夜〔三〕，章願君廢酒也〔四〕。不然，章賜死〔五〕。"晏子入見，公曰："章諫吾曰〔六〕：'願君之廢酒也。不然，章賜死。'如是而聽之，則臣爲制也〔七〕；不聽，又愛其死。"晏子曰："幸矣，章遇君也！令章遇桀、紂者〔八〕，章死久矣。"于是公遂廢酒〔九〕。

〔一〕文斌案：吳懷保本標題作"諫不納弦章之言"，楊本、凌本均作"弦章諫"。

〔二〕弦章　孫星衍云：《韓非·外儲説》有"弦商"。"章""商"聲相近，一人也，事桓公。◎盧文弨云：《呂氏春秋·勿躬篇》《説苑·君道篇》皆以弦章在桓公時，《韓非·外儲説左下》作"弦商"，當即"弦章"。唯《新序·雜事四》在桓公時者乃弦寧，後《問上》作"弦甯"，實一字。據此，則弦章正事景公者。◎蘇輿云：孫、盧説是。"章""商"古字通，《費誓》："我商賚汝。""商"，徐邈音"章"。《荀子·王制篇》："審詩商。"王引之讀"商"爲"章"，並其證。弦甯事桓公，別一人，當依《新序》。◎張純一云：盧説是。《問上》六章侍桓公者，孫本作"弦章"，誤；元本作"弦甯"，是。《群書治要》引作"弦寧"，可證。《説苑·君道篇》又載：晏子歿十七年，景公射出質，播弓矢，弦章入。與本書《外下》末章同。則弦章事景公無疑。侍桓公者，當爲弦甯。弦章疑即弦甯之後。孫志祖《讀書脞録》四説弦章乃景公時人，據《新序》定桓公時爲弦甯，謂《説苑·君道篇》侍桓公者，蓋誤弦甯爲弦章，允已。

〔三〕君欲句　王念孫云："飲酒"上不當有"欲"字，蓋即"飲"字之誤而衍者。上文"景公飲酒，七日七夜不止"，無"欲"字。◎黃以周云：梁處素云："'欲'疑'今'字。"◎文廷式《純常子枝語》（下僅出撰人姓名）云："欲"字上當奪"從"字，《諫上篇》："從欲而輕誅。"《諫下篇》："從君之欲不足以持國。"是其證。"從欲"，即"縱欲"也。◎文斌案：王説是。黃本上方校語云："'欲'字衍。"

〔四〕章願句　徐仁甫云："君"下脱"之"字，下文復舉有"之"字，可證。

〔五〕章賜句　張純一云："章賜死"文義不順，當作"賜章死"，下同。

〔六〕章諫句　徐仁甫云："吾"當作"我"。古人行文，"吾""我"有別，"吾"作主語，"我"作賓語。後第十八章"夫子一日而三責我"，言"責我"，而不言"責吾"，此當作"弦章（張純一曰："章"上當有"弦"字）諫我"，方合文例。

〔七〕則臣句　蘇輿云："臣爲制"，言制于臣也。下云"則是婦人爲制也"，義同。

〔八〕令章句　張純一云："令"，設詞。"者"字衍。◎王叔岷云：明活字本、《子彙》本"令"並作"今"。"者"當爲"則"，屬下讀。古籍中"者""則"二字亦

往往通用。《老子》：“知者不言，言者不知。”湛然《輔行記》十一引“者”作
“則”；《莊子·天道篇》：“動則得矣。”《文選·（江文通）雜體詩》注引
“則”作“者”；《盜跖篇》：“臥則居居，起則于于。”《論衡·自然篇》《齊世
篇》“則”並作“者”；《呂氏春秋·精諭篇》：“淺智者之所知則末矣。”《淮
南子·道應篇》《文子·微明篇》《列子·説符篇》“則”並作“者”；《淮南
子·主術篇》：“水濁則魚噞，政苛則民亂。”《繆稱篇》及《文子·精誠篇》
“則”並作“者”；《列子·湯問篇》：“此不爲遠者小而近者大乎？”《意林》
引“者”作“則”。皆其證。◎吳則虞云：元本、綿眇閣本、黃之寀本、《子
彙》本“令”俱作“今”。◎徐仁甫云：“令……者”，此假設句。與《史記·
魏其武安侯傳》“使武安侯在者”句法相同。故“令”作“今”或作“夫”，皆
訓“若”。張純一曰：“‘令’，設詞。”是也。又曰：“‘者’字衍。”則非。《諫
下》第七章“非夫子者”，亦假設句，正有“者”字。◎文斌案：嘉靖本、吳懷
保本、凌本“令”亦作“今”。

〔九〕于是句　文斌案：嘉靖本“公”前衍“景”字。

景公飲酒不卹天災致能歌者晏子諫第五〔一〕

　　景公之時，霖雨十有七日〔二〕。公飲酒，日夜相繼。晏子請發粟于
民，三請不見許。公命柏遽巡國，致能歌者〔三〕。晏子聞之，不説，遂分
家粟于氓〔四〕，致任器于陌〔五〕，徒行見公〔六〕，曰：“十有七日矣〔七〕！懷
寶鄉有數十〔八〕，飢氓里有數家，百姓老弱，凍寒不得短褐，飢餓不得糟
糠〔九〕，敝撤無走〔一○〕，四顧無告；而君不卹〔一一〕，日夜飲酒，令國致樂不
已，馬食府粟，狗饜芻豢〔一二〕，三保之妾俱足粱肉〔一三〕。狗馬保妾不已
厚乎？民氓百姓不亦薄乎？故里窮而無告〔一四〕，無樂有上矣；飢餓而
無告〔一五〕，無樂有君矣。嬰奉數之筴〔一六〕，以隨百官之吏，民飢餓窮約
而無告，使上淫湎失本而不卹〔一七〕，嬰之罪大矣。”再拜稽首，請身而
去〔一八〕，遂走而出。公從之〔一九〕，兼于塗而不能逮〔二○〕。令趣駕〔二一〕，追
晏子其家，不及〔二二〕。粟米盡于氓，任器存于陌。公驅，及之康
内〔二三〕。公下車從晏子，曰：“寡人有罪，夫子倍棄不援〔二四〕。寡人不
足以有約也〔二五〕，夫子不顧社稷百姓乎？願夫子之幸存寡人〔二六〕，寡
人請奉齊國之粟米財貨委之百姓〔二七〕，多寡輕重，惟夫子之令。”遂拜
于途〔二八〕。晏子乃返，命稟巡氓家有布縷之本而絶食者〔二九〕，使有終

月之委〔三〇〕；絶本之家〔三一〕，使有菁年之食；無委積之氓，與之薪橑〔三二〕，使足以畢霖雨。令柏巡氓家室不能禦者〔三三〕，予之金；巡求氓寡用財乏者〔三四〕，死三日而畢〔三五〕，後者若不用令之罪。公出舍，損肉撤酒〔三六〕，馬不食府粟，狗不食飦肉〔三七〕，辟拂嗛齊〔三八〕，酒徒減賜。三日，吏告畢上：貧氓萬七千家，用粟九十七萬鍾〔三九〕，薪橑萬三千乘〔四〇〕；懷寶二千七百家，用金三千〔四一〕。公然後就内退食〔四二〕，琴瑟不張，鍾鼓不陳〔四三〕。晏子請左右與可令歌舞足以留思虞者退之〔四四〕，辟拂三千，謝于下陳〔四五〕，人侍三，士侍四，出之關外也〔四六〕。

〔一〕吳則虞云：楊本缺。◎文斌案：吳懷保本目録作“諫不卹天災”，凌本作“霖雨”。元刻本、活字本、沈本、吳懷保本目録“卹”標題作“恤”。

〔二〕霖　孫星衍云：《爾雅·釋天》：“‘淫’謂之‘霖’。”《左傳》：“凡雨自三日已往爲霖。”

〔三〕公命二句　孫星衍云：“柏遽”，姓柏名遽。◎俞樾云：“柏”乃官名也。古“柏”與“伯”通，故《漢書·古今人表》“伯譽”作“柏譽”、“伯益”作“柏益”、“伯封”作“柏封”、“逢伯陵”作“逢柏陵”，是其證也。此“柏”字亦當作“伯”。《管子·輕重丁篇》：“令謂左右伯，沐涂樹之枝。”然則此所謂“伯”，即左右伯也，其職即古之常伯。《周書·立政篇》曰：“王左右常伯常任。”《文選·藉田賦》注引應劭《漢官儀》曰：“侍中周成王常伯任。”是古之常伯猶漢之侍中，乃近臣也。《説文·攴部》：“‘攲’，迟也。”引《周書》“常攲常任”，“攲”訓“迟”，有迫近之意。是此官名本當作“攲”，“伯”“柏”並叚字也。發金予民，出自内府之藏，故使近臣將命焉。◎于鬯云：致能歌者而命近臣，於事尤爲切合。“遽”乃急遽之意，《小戴·儒行記》陸《釋》云：“‘遽’，急也。”彼鄭《注》云：“‘遽’，猶‘卒’也。”《國語·晉語》韋昭《解》云：“‘遽’，疾也。”“卒”“疾”亦並即“急”義。孫星衍《音義》以“柏遽”爲姓名，蓋非。◎張純一云：陳匜石云：“孫説恐不確。下文‘命稟’‘命柏’，則‘柏’應爲名。《周禮·太僕》：‘以待達窮者與遽令。’鄭司農注：‘“遽”，傳也，若今時驛馬。’《禮·玉藻》：‘士曰傳遽之臣。’注：‘“傳遽”，以車馬給使者也。’《左傳·僖三十三年》：‘且使遽告于鄭。’注：‘“遽”，傳也。’言命柏傳驛巡國，致能歌者。”◎文斌案：“柏”，孫本同，吳勉學本、黃本作“伯”，其餘各本均作“栢”。

〔四〕家粟　吳則虞云：大夫稱家，“家粟”者，大夫禄田之粟。

〔五〕致任句　孫星衍云：“任器”，任用之器，可以負載。◎吳則虞云：《周禮·牛人》：“以載公任器。”《注》：“‘任’，猶‘用’也。”《司隷》：“爲百官積任

器。"鄭司農云："百官所當任持之器物,此官主爲積聚之也。"玄謂:
"'任',猶'用'也。"賈《疏》云:"'用器',除兵器之外,所有家具之器,皆
是用器也。先鄭、康成説有不同。"以此文推之,晏子"致任器於陌"者,接
上句分粟而來,則任器者爲擔持之器,使得粟者擔荷而歸。下云"粟米盡
于氓,任器存于陌",粟盡而器存者,是得粟者載持以歸,已反其任器,故粟
盡而器存;苟任器爲日用家具之器,晏子出以賑民,胡爲乎復存於陌耶?
是"任器"之釋,當以先鄭爲是。知經失者在諸子,《晏子》之書,涉及禮制
名物者固不少。

〔六〕徒行　吳則虞云:以車馬皆能載持,已致之於陌,故徒行。

〔七〕十有句　王念孫云:各本脱"霖雨"二字,據上文補。◎吳則虞云:《指
海》本亦據王説增。

〔八〕懷寶句　孫星衍云:"懷寶",言富家也。◎洪頤煊《讀書叢録》(下僅出撰
人姓名)云:此與下句"飢氓里有數家"對言,"懷寶"當是"壞室"之譌,故
下文云:"令柏巡氓,家室不能禦者,予之金。""壞室二千七百家,用金三
千。"◎王念孫云:自此句以下,皆言百姓飢寒困苦之事,若云"富家鄉有
數十",則與下文不類矣。下文説賑恤之事云:"懷寶二千七百家,用金三
千。"謂以金散給之也(孫云:言富民出金也,尤非)。若是富家,則無庸賑
恤矣。予謂:"懷寶"當爲"壞室","壞室"與"飢氓"對文,下文云"室不能
禦者予之金",是其證也。"懷"與"壞"字相似,俗書"寶"字作"宝",與
"室"亦相似,故"壞室"誤爲"懷宝"。後人不達,又改"宝"爲"寶"耳。◎
蘇輿云:王、洪説是。但"懷""壞"古本相通,無煩改字。《左·襄十四年
傳》:"王室之不壞。"《釋文》:"'壞',服本作'懷'。"《荀子·禮論篇》:
"諸侯不敢壞。"《史記·樂書》作"懷",並其證矣。◎吳則虞云:《指海》
本據改作"壞室"。◎文斌案:嘉靖本"鄉"誤作"卿"。

〔九〕飢餓句　孫星衍云:"飢",一本作"饑"。《説文》:"'飢',餓也。""穀不孰
爲'饑'。""糠",當爲"穅"。◎吳則虞云:本字爲"康",《説文》:"穀皮
也。"◎文斌案:沈本、吳勉學本、黄本"飢"作"饑"。

〔一〇〕敝撤　孫星衍云:即"敝躃",假音字。《説文》:"'躃',人不能行。"《玉
篇》:"'蹩躠',旋行貌。""撤"又"徹"俗字。◎蘇輿云:"無走",即靡有
家室意,正與上"壞室"相承。◎文斌案:黄本、凌本"撤"誤作"撒"。

〔一一〕卹　孫星衍云:《説文》:"憂也。"一本作"恤"。◎文斌案:吳懷保本
作"恤"。

〔一二〕狗厭句　孫星衍云:"厭",當爲"饜"。《玉篇》:"'饜',飽也,於艷
切。"◎于鬯云:"芻豢"者,因"豢"而連言"芻"。《小戴·月令記》鄭
《注》云:"養牛羊曰'芻',犬豕曰'豢'。"《國語·楚語》韋《解》云:"草

養曰'芻',穀養曰'豢'。"然則此言狗,則"豢"而已。曰"芻豢",因"豢"而連言"芻"也,古書此例甚多。下文云:"狗不食飦肉。"則易"芻豢"爲"飦肉"。◎吳則虞云:《孟子》:"猶芻豢之悦我口。"謂食芻之牛羊也。《月令》鄭《注》:"養牛羊曰'芻',犬豕曰'豢'。""狗魘芻豢",言狗飽牛羊犬豕之肉,故下文言"飦肉"。

〔一三〕三保句　盧文弨曰:"三保",蓋阿保之流。◎孫詒讓云:"三保"當作"三室"。《考工記·匠人》:"内有九室,九嬪居之。"蓋天子六宮有九室,諸侯三宮則三室也。此篇"室"字多譌爲"寶","寶"又譌爲"保",遂不可通耳。"保妾"亦"室妾"之譌。◎文斌案:"梁",孫本、黄本同,餘均作"梁"。

〔一四〕故里句　俞樾云:"里窮而無告",義不可通。據下文云:"民飢餓窮約而無告。"即承此文言之,則此文亦當作"窮約而無告"矣。"里"字上疑當有"鄉"字,據上文云:"懷寶鄉有數十,飢氓里有數家。"以鄉、里並言,是其證也。《晏子》原文蓋云:"故鄉里窮約而無告,無樂有上矣;飢餓而無告,無樂有君矣。"因奪"鄉"字"約"字,遂不可通耳。上文"懷寶"乃"壞室"之誤,此所謂"窮約"者,即承"壞室鄉有數十"而言;所謂"飢餓"者,即承"飢氓里有數家"而言。◎張純一云:俞說是也,當據補。

〔一五〕飢　田宗堯云:吳勉學本、明活字本、《子彙》本並作"饑",下"使民飢餓窮約而無告"同。"飢""饑"古書往往通用。《穀梁·宣十年傳》"饑",《釋文》:"本或作'飢'。"《爾雅·釋天》:"穀不熟曰'饑'。"《釋文》:"本或作'飢'。"《集韻》:"'飢',或從乏,或從幾。"後文"與饑寒",字即作"饑"。◎文斌案:元刻本、嘉靖本、沈本、吳懷保本、黄本此句與下"民飢餓窮約而無告"句亦作"饑"。

〔一六〕嬰奉句　孫星衍云:《左傳》:"策名委質。"服虔注:"古者始仕,必先書名於策。""奉數之笶"謂持策以待書事也。"笶"當爲"策",隸書多以"束"爲"夾"。◎劉師培《校補》云:"數"下疑有挩字,"數"與"計"同。◎張純一云:孫說是也,"奉數"疑當作"數奉","之"字疑衍。◎于省吾云:"之"猶"於"也,詳《經傳釋詞》。"奉數之策",謂"奉數於策"也。◎文斌案:張說是。

〔一七〕以隨三句　劉師培《補釋》云:"吏"者,"使"字之訛也,屬下讀。"使民飢餓"九字與"使上"句對詞,"之"乃衍文也。"以隨百官"爲句。及"使"訛爲"吏",後人遂以"吏"字屬上讀,另增"之"字于其上。◎張純一云:劉說是也。◎文斌案:黄本"涵"誤作"酒"。

〔一八〕請身　蘇時學云:謂乞身也。

〔一九〕從　劉師培《斠補定本》云:黄本"從"作"追"。

〔二〇〕兼于句　孫星衍云:"兼于塗",言兼程以進。"塗"當爲"涂"。"逮",《爾雅·釋言》:"及也。"◎于鬯云:"兼"蓋讀爲"歉",塗長而足力不足及之,故曰"歉于塗而不能逮",下文因有趣駕之事。孫謂"兼程以進",非也。"兼程以進",何以不能逮乎? 或云:當讀爲"霑",《説文·雨部》云:"'霑',久雨也。"與上文"霖雨"之説亦可合。◎吳則虞云:孫、于之説皆非。"兼"疑"溓"之假借,《考工記·輪人》:"雖有深泥,亦弗之溓也。"鄭司農云:"'溓'讀爲'黏'。"《説文》:"'黏',相著也。"今霖雨十七日,泥塞于塗,黏著不易行,故曰"兼于塗而不能逮"。

〔二一〕趣　孫星衍云:《詩傳》:"趨也。"◎盧文弨云:"趣"與"促"同。◎吳則虞云:皆失之。"趣"通"取"。《莊子·齊物論》"趣舍不同",即"取捨不同"。《釋名·釋言語》:"'取','趣'也。"是其證。此云"令趣駕"者,上云"晏子徒行見景公",此云"走而出",亦必徒行。"公從之,兼于塗",公亦徒行以從,爲其不能逮,故命取駕。

〔二二〕追晏二句　文斌案:此處文有二讀:張純一斷爲:"令趣駕,追晏子其家,不及。"吳則虞斷爲:"令趣駕追晏子,其家,不及。"因注曰:"疑有挩文。"今從張氏斷句。

〔二三〕公驅二句　孫星衍云:《爾雅·釋宫》:"五達謂之康。"◎田宗堯云:吳勉學本、明活字本、《子彙》本"驅"字並作"駈"。"驅""駈",正、俗字。《玉篇》:"'駈',俗'驅'。"《詩·齊風·還》:"並驅從兩肩兮。"《釋文》:"'驅',本又作'駈'。"◎文斌案:元刻本、沈本、吳懷保本、綿眇閣本、凌本"驅"亦作"駈"。

〔二四〕夫子句　孫星衍云:"倍",讀如"負"。◎盧文弨云:"倍",與"背"同。◎吳則虞云:"援"者,助也。《魯語》:"夫爲四鄰之援。"注:"所攀援以爲助也。"

〔二五〕約　文廷式云:當作"爲",草書形似而誤。◎吳則虞云:此"約"字不當訓爲"約束"。《楚辭·招魂》注:"屈也。"此云:寡人固不足以屈夫子,其如社稷百姓何? ◎文斌案:吳説是,此"約"字可釋爲"屈尊"。

〔二六〕願夫句　張純一云:"之"字疑衍。◎田宗堯云:"之"字非衍。"之"猶"其"也,詳《經傳釋詞》卷九。"願夫子其幸存寡人"義自可通。

〔二七〕寡人句　張純一云:"委",謂"輸"也。◎吳則虞云:"請奉",凌本作"請本",誤。

〔二八〕途　孫星衍云:一本作"塗"。"涂""途",古字;"塗",俗字。◎文斌案:吳懷保本、吳勉學本、黃本作"塗"。

〔二九〕命稟句　孫星衍云:"命稟",言給之稟也。下云"柏",則此或臣名。◎俞樾云:孫曰"'命稟',言給之稟也",此説與文義未合。又云"下云

‘柏’,則此或臣名”,説稍近之;然亦非也。“稟”乃官名,即《周官》廩人也。“稟”“廩”,古字通耳。使之巡行氓間,有乏食者周給之,正廩人之事。◎蘇輿云:俞説非也。若是廩人,似不當但言“稟”(下云“伯”,失同),疑當以臣名爲是。

〔三〇〕委　張純一云:“委積”:牢、米、薪、芻之總名,少曰“委”,多曰“積”。

〔三一〕絶本　孫星衍云:言並無布縷。◎吳則虞云:《荀子·天論》注:“‘本’,謂農桑也。”故布縷得言“本”。

〔三二〕薪樵　孫星衍云:禦雨之具。◎于省吾云:孫説殊誤。《管子·侈靡》:“雕樵然後爨之。”注:“‘樵’,薪也。”上云“無委積之氓”,“委積”正指“薪樵”言。下云“用粟九十七萬鍾,薪樵萬三千乘”,雨具必有枚數,不應以“乘”言也。

〔三三〕令柏句　孫星衍云:“柏”,即“柏遽”。◎蘇輿云:“令”,當作“命”,與上文一律。“命”“令”形近而誤。“柏”,孫説是。◎吳則虞云:“不能禦”者,不能禦風雨也,“禦”下似挩二字。◎文斌案:“柏”應爲名,非姓,詳見注〔三〕張純一引陳匪石説。凌本“氓”作“民”。

〔三四〕巡求句　王念孫云:“寡用財乏”當爲“寡用乏財”。◎劉師培《斠補定本》云:黃本上方校語云:“‘寡’當作‘家’。”非是。

〔三五〕死三句　孫星衍云:“畢後”,謂後葬也。既予之金,將責其緩葬之罪。◎王念孫云:“死”字與上下文義不相屬,蓋衍字也。“三日而畢”,句。此言巡氓者限三日而畢事,如有後期者,則以不用令之罪罪之也。下文云“三日,吏告畢上”是其證。孫以“畢後”連讀,云:“‘畢後’,謂後葬也。”蓋因上文“死”字而誤。◎俞樾云:“夗三日而畢”五字爲句,“夗”當作“終”,字之誤也。古文“終”字或作“夂”,《廣雅·釋詁》曰:“‘夂’,竟也。”“夂”與“夗”相似,因致誤耳。巡求氓寡用財乏者,終三日而畢。若過三日,是不用令,將治以罪,故曰“後者若不用令之罪”。下文云:“三日,吏告畢上。”是適如其期,無敢後也。◎黃以周云:孫、王二説皆未是。“巡”即上“命稟巡”“命柏巡”之“巡”。“求氓寡”與“用財乏”對文,“死”句絶,言有隱匿其數,少與金者死;後三日之期者,如不用令之罪也。下文“三日,吏告畢上”,言無後期。“貧氓萬七千家,用粟九十七萬鍾”云云,言求氓衆,用財多。◎蘇輿云:“寡用財乏”,王説是;“死三日而畢”,俞説是。◎于省吾云:王、俞、黃三家之説並誤。清儒解古書,不得其義,往往改成文以遷就己説,此亦古書之一厄也。“死”“尸”古字通,金文及古籍斯例習見,詳《墨子新證·大取篇》。按主管其事曰“尸”,猶今人言“職務”。《爾雅·釋詁》:“‘職’,尸,主也。”是“職”“尸”同訓。《諫上第七》:“而職計莫之從。”“職計”猶“尸

計”。麥尊“死咸”,謂職事畢也。上言“巡求氓寡用財乏者”,此云“尸
三日而畢”,言其職尸之事,三日而畢也。◎吳則虞云:“死三日而畢”,
俞說亦未允。“死”字疑“比”字之訛,《説文》:“‘皆’,俱詞也,從比。”
徐鍇曰:“‘比’,皆也。”此云如是施爲者,皆限以三日而畢。

〔三六〕撤　孫星衍云:當爲“徹”。

〔三七〕飦　孫星衍云:《説文》:“‘鬻’,鬻也,或作‘飦’。”《玉篇》:“‘飦’,記
言切。”

〔三八〕辟拂句　孫星衍云:《詩傳》:“‘弗’,去也。”“拂”與“弗”同,言屏去之。
“嗛齊”,《説文》:“‘嗛’,口有所銜也。”“‘嚌’,嘗也。”“齊”與“嚌”同,
言減去口味。《揚子法言·問神篇》:“狄牙能喊,狄牙不能齊不齊之
口。”“喊”亦“嗛”俗字。◎洪頤煊云:“辟拂”,當作“辟席”。《文選·
上林賦》:“逡巡避廓。”李善注:“‘廓’與‘席’古字通。”“廓”“拂”字形
相近。或云:几席以拂拭爲敬,故“辟席”亦謂之“辟拂”。《史記·孟軻
列傳》:“側行襒席。”《索隱》“張揖《三蒼字詁》:“‘襒’,拂也。’”即其
證。◎王念孫云:孫云“減去口味”,是也;而引《説文》:“‘嗛’,口有所
銜也。”“‘嚌’,嘗也。”則非此所謂“嗛齊”者矣。予謂:“嗛”者,快也。
《莊子·盜跖篇》曰:“口嗛於芻豢醪醴之味。”《釋文》:“‘嗛’,苦簟
反。”《趙策》曰:“膳啗之嗛於口。”《魏策》曰:“齊桓公夜半不嗛,易牙乃
煎敖燔炙,和調五味而進之。”高注:“‘嗛’,快也。‘齊’,讀若‘劑’。”
鄭注《周官·鹽人》曰:“‘齊事’,和五味之事。”又注《少儀》曰:“‘齊’,
謂食羹醬飲有齊和者也。”高注《吕氏春秋·本味篇》曰:“‘齊’,和分
也。”《淮南·本經篇》曰:“煎敖焚炙調齊和之適。”然則此所云“嗛齊”
者,謂齊和之嗛於口者也。◎蘇時學云:“辟”當讀如“嬖”,“辟拂”,疑
即女嬖充下陳者,下言“辟拂三千,謝於下陳”可證。“齊”讀如“齋”,
“嗛齊”,謂茹素也。◎黃以周云:“辟拂”,疊韻字,亦作“蹸躃”。張衡
《南都賦·説舞》云:“蹸躃蹁躚。”“辟拂”“蹸躃”,皆狀歌舞之兒。下云
“辟拂三千,謝于下陳”,與“人侍三,士侍四,出之關外”相對爲文,是
“辟拂”亦侍御之倖臣也。上云“馬不食府粟,狗不食飦肉”,言減物畜
之飼;此云“辟拂嗛齊,酒徒減賜”,“辟拂”與“酒徒”對文,言減倖臣之
禄。“嗛”“歉”古多通用,《説文》:“‘歉’,食不滿也。”“齊”與“嚌”通,
《音義》是。◎蘇輿云:《文選·上林賦》注引《韓詩章句》云:“‘辟’,除
也。”“辟拂嗛齊”,猶言除去甘味。黃從“蹸躃”而引《南都賦》,以爲狀
歌舞兒,殊爲未合。既指倖臣,不得但言其歌舞狀,且“蹸躃”與“酒徒”
亦非對文,又與下“謝于下陳”之文不類,孫説自安。“嗛齊”,王説
是。◎劉師培《補釋》云:黃説是,惟“齊”從孫説則非。“齊”即“資”之

叚字也。《詩·大雅·楚茨》《禮記·玉藻篇》鄭注引作“薺”，《楚詞·離騷》王注又作“齎”，此“齊”“齎”古通之證。《左傳·僖公三十三年》：“惟是脯資餼牽竭矣。”杜注：“‘資’，糧也。”《國語·晉語》：“資困窮。”韋注：“‘資’，稟也。”“嗛資”者，即減省所給之禄養也，故與“減賜”並文，“齊”假爲“資”，猶“采薺”之或作“采齎”，“齊盛”之或作“資盛”也。◎吳則虞引長孫元齡《晏子春秋考》云：《通鑑辨誤》：“王僧虔奏：‘大明中即以宮懸合鞞拂。’”按“鞞拂”皆舞名。“辟拂”即“鞞拂”，蓋舞人也。“嗛”，不足貌。“齊”，“齋”省字。言舞人齋去者不多，酒徒亦所賜少也。◎于省吾云：孫星衍改“拂”爲“弗”，改“齊”爲“嚌”，訓爲“減去口味”，殊爲牽强；且不釋“辟”字，義尤不憭。王念孫以“嗛齊”爲快和，是從孫“‘弗’，‘去’”之訓也。蘇輿訓“辟”爲“除”，“除去甘味”殊無所指。黄以周以“辟拂”爲侍御之倖臣，義則近是；而謂“辟拂”“蹠躇”皆狀歌舞之皃亦非。“辟”，輔也，與“弼”義相因。《孟鼎》：“乃辟一人。”《克鼎》：“辟天子。”《師望鼎》：“用辟于先王。”《牧毁》：“命女辟百寮有司事。”《盟盨》：“用辟我一人。”“辟”均謂輔佐，乃古義之僅存者。“辟拂”猶言“輔拂”。劉師培謂“齊”“資”古通，是也。“辟拂嗛資”與“酒徒減賜”對文，言輔拂損於資給，酒徒減於賞賜也。

〔三九〕用粟句　劉師培《斠補定本》云：黄本“十”誤“千”。◎文斌案：元刻本、活字本、《子彙》本、吳懷保本、吳勉學本、綿眇閣本、凌本“鍾”均作“鐘”。

〔四〇〕薪橑句　文斌案：黄本“千”作“十”，誤。

〔四一〕用金句　孫星衍云：一本脱“用”字，非。言富民出金也。◎吳則虞云：黄本、吳勉學本正脱“用”字。◎文斌案：此交待國家賑災的具體開銷，非“富民出金”，孫説非。

〔四二〕公然句　吳則虞云：《詩·羔羊》：“退食自公。”鄭云：“‘退食’，謂減膳也。”《後漢書·楊秉傳》注同。孔疏引孫毓云：“自非天災，無減膳之制。”今齊霖雨十七日，故景公退食，與《詩》義合。

〔四三〕鍾　文斌案：元刻本、活字本、《子彙》本、吳勉學本、黄本、綿眇閣本、凌本作“鐘”。

〔四四〕晏子句　孫星衍云：“虞”同“娛”。◎蘇時學云：“虞”或“慮”字之訛。◎吳則虞云：蘇説是。“留”者，“流”之同音假借。《考工記》：“寒奠體則張而不流。”注：“‘流’，移也。”此云“足以留思慮”者，即移情易慮之謂。此請退者有二：左右便嬖，一也；可令舞歌以移情者，二也。

〔四五〕辟拂二句　孫星衍云：“辟拂”，言屏去之。“謝于下陳”，《爾雅·釋宫》：“堂途謂之陳。”言所退歌舞思虞之人謝于堂下而去。◎蘇輿云：孫説非也。《文選·（李斯）上秦始皇書》李善注：“‘下陳’，猶‘後列’也。”“謝于下陳”，猶“辭去不與于後列”耳。下篇“願得充數乎下陳”是其證。◎吳則虞云：蘇説是也。

〔四六〕人侍三句　盧文弨所據本作“人待三，士待四”，注云：當是與以三日、四日之限。◎俞樾説同：人則以三日爲期，士則稍優容之，以四日爲期，皆使得辦裝也。◎黄以周云：盧説未是，當依元刻本作“人侍三，士侍四”。“人侍”“士侍”，記所謂“嬖御人”“嬖御士”也，“三”“四”，人數。“出之關外”，謂逐去之。上云“請退左右”謂此。◎蘇輿云：黄説是。◎文斌案：沈本、黄本、孫本均作“侍”，元刻本、活字本、《子彙》本、吳懷保本、吳勉學本、綿眇閣本、凌本作“人待三，士待四”，嘉靖本作“人侍三，士待四”。

景公夜聽新樂而不朝晏子諫第六〔一〕

　　晏子朝，杜扃望羊待于朝〔二〕。晏子曰：“君奚故不朝？”對曰：“君夜發，不可以〔三〕。”晏子曰：“何故？”對曰：“梁丘據扃入歌人虞〔四〕，變齊音。”晏子退朝，命宗祝脩禮而拘虞〔五〕。公聞之而怒，曰：“何故而拘虞？”晏子曰：“以新樂淫君〔六〕。”公曰：“諸侯之事，百官之政，寡人願以請子。酒醴之味，金石之聲，願夫子無與焉〔七〕。夫樂，何夫必攻哉〔八〕？”對曰：“夫樂亡而禮從之，禮亡而政從之，政亡而國從之。國衰〔九〕，臣懼君之逆政之行。有歌〔一〇〕，紂作北里〔一一〕，幽、厲之聲，顧夫淫以鄙，而偕亡〔一二〕。君奚輕變夫故哉？”公曰：“不幸有社稷之業，不擇言而出之〔一三〕，請受命矣。”

〔一〕文斌案：吳懷保本標題作“諫夜聽新樂”，楊本作“變樂拘虞”，凌本作“晏子朝”。

〔二〕杜扃句　孫星衍云：“杜”，姓；“扃”，名。“望羊”，猶“仿佯”也。《史記·孔子世家》：“眼如望羊。”《集解》：“王肅曰：‘“望羊”，望羊視也。’”◎于鬯云：“杜扃”，當謂門關閉耳。《説文·户部》云：“‘扃’，外閉之關也。”是也。下文云：“君奚故不朝？”正因杜扃而發問也。蓋君出朝必門闢，無用扃杜矣。孫云：“‘杜’，姓；‘扃’，名。”疑非。又云：“‘望羊’，猶‘仿佯’也。”或云：“望羊”或轉是人名。◎吳則虞云：孫云“‘杜’，姓；‘扃’，名”

固臆測,于云"門闚閉"亦非。諸侯之制:雉門内曰治朝,路門内曰燕朝。
凡朝,皆指治朝言。朝于治朝,群臣辨色始入,君日出而視之。景公夜發
不朝,是晨興未蒞治朝聽政無疑。然治朝無堂無階,廷之前更無門户,杜
門云者,自無門之可杜。若謂指雉門言,雉門爲諸侯之正門,屏雉門内,所
謂"邦君樹塞門"者是,自亦無可扃者。于説不可從。◎徐仁甫云:"杜
扃"非人名,猶言"司閣"也。以其職名之。下文"對曰",即此杜扃之人對
也。諸家説均不安。◎文斌案:《莊子·秋水》:"望洋向若而歎。"王先謙
云:"《釋文》'望'作'盳',云:'"盳洋",猶"望羊",仰視貌。'"(見《莊子
集解》)

〔三〕君夜二句　盧文弨《拾補》"以"下補"朝"字,注云"舊脱"。蘇時學説同。
蘇輿、張純一據補。盧又注云:"發",《詩》:"明發不寐。"此謂夜不寐
也。◎劉師培《斠補定本》云:黃本上方校語云:"'以'下挩'朝'字。"(與
盧校合)◎張純一云:"發"讀如"廢",詳前。"夜廢",謂竟夜未眠。◎于
省吾云:無"朝"字是也。"以""已"字通,詳《經傳釋詞》。上云"君奚故
不朝",此對曰"君夜發,不可已",是"不可已"正承"君奚故不朝"言,無庸
意補"朝"字明矣。◎吳則虞云:《指海》本據補"朝"字,是也。于説非。
◎文斌案:"明發不寐",見《詩經·小雅·小宛》。

〔四〕梁丘句　孫星衍云:"梁丘據",姓"梁丘",名"據",字子猶。◎盧文弨云:
"扃"疑衍。◎蘇時學説同,且云:"虞",歌者名。◎文廷式云:"扃",密
也。《吕覽·君守篇》:"扃而又閉,天之用密。"是"扃"字之義。◎張純一
從盧校刪"扃"字,注云:《玉篇》:"'入',進也。"《文選·嘯賦》注引此作:
"虞公善歌,以新聲感景公。"與下文"以新樂淫君"相應。今本有脱文,語
意不完。◎文斌案:張引《文選·嘯賦》注不確,"感"原作"惑"。

〔五〕命宗句　孫星衍云:"宗祝",官名。◎文斌案:除吳蕭本外,各本"脩"均
作"修"。

〔六〕以新句　張純一云:"淫",惑也。◎吳則虞云:新樂者,指變齊音言。

〔七〕與　孫星衍云:"與"讀如"豫"。

〔八〕何夫句　孫星衍改作"何必夫故哉",注云:今本作"何夫必攻哉",據下文
"君奚輕變夫故哉"訂正,言"故",以别于新音也。◎蘇輿云:"故""古"義
通。"何必夫故",言何必定須古樂,以明新樂無害。當依孫正。◎文斌
案:除孫本外,楊本作"何失必攻哉",餘均作"何夫必攻哉"。黃本上方校
語云:"'何夫'之'夫'疑誤。"

〔九〕政亡二句　劉師培《補釋》云:"政亡而國從之衰"爲句,"之"下"國"字
衍。◎吳則虞云:元本、活字本、嘉靖本,各本"從之"之下有"國衰臣懼君
之逆政之行有"等十一字,顧廣圻云:"以下十一字,在下章'惰君'之下,

錯誤入此。"◎文斌案：顧氏《影元鈔晏子春秋》校付寫樣本所言爲"衰臣懼君之逆政之行有"十字，不包括"國"字。校語爲："以上十字，在下章，錯誤入此。"吳氏失檢。

〔一〇〕有歌　孫星衍云：疑有脱文。《文選注》引此書："桀作東歌南音。"當在此。◎劉師培《斠補定本》云：其説是也，《路史·夏后紀》注亦引"桀爲東音"。◎徐仁甫云："歌"上脱"桀作東"三字，宜據《文選》卷五注引此書補，孫説是。◎文斌案："桀作東歌南音"見《文選·吳都賦》"登東歌操南音"注。

〔一一〕紂作句　孫星衍云："北里"，歌名。◎吳則虞云：《史記·殷本紀》："於是使師涓作新淫聲北里之舞，靡靡之樂。"《文心雕龍·樂府篇》："塗山歌於候人，始爲南音；有娀謡乎飛燕，始爲北音。"與此説異。

〔一二〕幽厲三句　孫星衍云："幽""厲"，周二王。"顧夫淫以鄙"，"里""鄙"爲韻，謂二王所作之音。◎徐仁甫云："顧"同"固"，"夫"，句中語助。（上文"何必夫故哉"，下句"君奚輕變夫故哉"，"夫"字同）"以"猶"與"也。言桀、紂之歌舞，與幽、厲之聲樂，固淫與鄙而偕亡也。

〔一三〕不幸二句　徐仁甫云：此十三字作一句讀。張氏《校注》、吳氏《集釋》作兩句讀，非。◎文斌案：徐説非。此"不幸"，非謂"有社稷之業"爲不幸，實謙辭也。"不幸"作謙辭，先秦習見，《左傳·成公二年》載齊晉鞌之戰，晉韓厥在對齊侯實行逮捕前亦稱："下臣不幸，屬當戎行，無所逃隱。"

景公燕賞無功而罪有司晏子諫第七〔一〕

景公燕賞于國内，萬鍾者三，千鍾者五〔二〕。令三出，而職計莫之從〔三〕。公怒，令免職計〔四〕。令三出，而士師莫之從〔五〕。公不説〔六〕。晏子見，公謂晏子曰："寡人聞：君國者，愛人則能利之，惡人則能疏之。今寡人愛人不能利，惡人不能疏，失君道矣。"晏子曰："嬰聞之：君正臣從謂之順，君僻臣從謂之逆。今君賞讒諛之民〔七〕，而令吏必從，則是使君失其道、臣失其守也。先王之立愛，以勸善也〔八〕；其立惡〔九〕，以禁暴也。昔者三代之興也，利于國者愛之，害于國者惡之。故明所愛而賢良衆，明所惡而邪僻滅，是以天下治平〔一〇〕，百姓和集〔一一〕。及其衰也，行安簡易，身安逸樂，順于己者愛之，逆于己者惡之〔一二〕。故明所愛而邪僻繁〔一三〕，明所惡而賢良滅，離散百姓，危覆社稷〔一四〕。君上不度聖王之興，而下不觀惰君之衰，臣懼君之逆政之行〔一五〕,有司不敢争,以覆社稷、危宗廟〔一六〕。"公曰:"寡人不知也,請從士師之策〔一七〕。"國内之禄,所收者三也〔一八〕。

〔一〕文斌案:吴懷保本標題作"諫燕賞無功",楊本和凌本均作"燕賞"。

〔二〕鍾　張純一云:《問下》十七章:"豆、區、釜、鍾。四升爲豆,各自其四,以登于釜,釜十則鍾。"昭三年《左傳》杜注:"'鍾',六斛四斗。"

〔三〕令三二句　孫星衍云:"職計",官名。《爾雅·釋詁》:"'職',主也。""莫之從",沈啓南本注云:"一作'職計筭之',並下'士師'亦同。"◎黃以周云:《群書治要》作"職計筴之""士師筴之"。◎蘇輿云:《群書治要》"令"作"命",下同。◎張純一云:"職計"猶今言"會計"。◎文斌案:元刻本、活字本、嘉靖本、吴懷保本、吴勉本亦有注文,其餘各本無。爲求體例統一,今删注文。

〔四〕令免句　蘇輿云:《治要》"令"下有"之"字。

〔五〕令三二句　王念孫云:《群書治要》作"職計筴之""士師筴之",是也。"筴",隸書"策"字也。據下文云"請從士師之策",則本作"策之"明矣。("策之",蓋謂以策書諫也,故曰"請從士師之策")一本作"筭之"者,俗書"筭"字或作"筴",與"筴"字相似,故"筴之"誤爲"筭之"。今本作"莫之從"者,"筭"字或作"算",而隸書從"竹"從"艸"之字多相亂,故"算"字或書作"莫",形與"莫"相似,故"算之"又誤爲"莫之"。後人不解"莫之"二字之義,又見下文有"令吏必從"之語,因加"從"字,以曲爲附會耳。◎孫詒讓説同。◎俞樾云:王氏説非也。"職計莫之從""士師莫之從",文義甚明;若作"筴之",則義轉晦矣。王氏謂"以策書諫",無論以策書諫不可僅謂之"策",且亦豈待令三出而始諫乎?"令三出而莫之從",正見其持之堅;若令三出而始諫,轉病其諫之晚矣。蓋《晏子》原文正作"莫之從",傳寫奪"從"字,則"莫之"二字於義未足,後人因下文有"請從士師之策"句,以意妄改之,或爲"筴",或爲"算"。《禮記·仲尼燕居篇》注曰:"'策',謀也。"《文選·運命論》注引《倉頡》曰:"'算',計也。"是"策""算"義相近,疑下文"請從士師之策"或作"請從士師之算",後人各據所見本改之耳。不作"策"而作"筴"者,因"策"字之形與"莫"字不類也。即此可知原文之作"莫"矣。晏子曰:"今君賞讒諛之民,而令吏必從。"正指兩"莫之從"者而言。凡古書之義,必求其安,未可喜新而厭故也。◎蘇輿云:下文"君正臣從""君僻臣從"之"從",亦是承"莫之從"説。觀於文曰"公怒",曰"公不説",令"莫之從",斯怒而不説耳。俞説是也。

〔六〕説　文斌案:黄本、《治要》作"悦"。

〔七〕今君句　王念孫云:"民"本作"臣"。凡以讒諛事君者,皆臣也,非民也。

下篇云"景公信用讒佞,賞無功,罰不辜",則此篇之"萬鍾""千鍾"皆是賞讒諛之臣,而非賞民也。《群書治要》正作"賞讒諛之臣"。◎蘇輿云:《晏子》文本作"民",不必從《治要》作"臣",此與《尚書‧盤庚》"敉于民"之"民"同訓,蓋兼臣民言之。民可統臣,臣不可統民。景公所賞,祇是國中倖嬖之人,如酒徒(前云"酒徒減賜",可見平日原有重賜)、御夫(後云"欲禄御夫以萬鍾"可證)之類,非必有爵位之貴,故以"民"統之。◎張純一云:"民"爲"臣"之形誤,王説是也。◎吳則虞云:蘇説是也。《治要》作"臣"者,避太宗諱。◎文斌案:民無以近君,能於君前讒諛而獲獎賞者,倖臣也。王説是。

〔八〕勸　蘇輿云:《治要》"勸"作"親"。◎張純一云:"勸"字是。

〔九〕其立句　王念孫云:"立惡"本作"去惡",去惡斯可以禁暴;今作"立惡",則文義相反矣。"去"本作"厺","立"本作"夻",二形相似,又涉上句"立愛"而誤也。《群書治要》正作"去惡"。◎俞樾云:王氏説非也。此"惡"字乃愛惡之惡,非善惡之惡。若改"立惡"爲"去惡",則上句"立愛"之文又不可通,必改爲"立善"始得矣。《禮記‧祭義篇》:"立愛自親始,教民睦也;立敬自長始,教民順也。"此云"立愛""立惡",義與彼同,不當改"立"爲"去"。《群書治要》作"去惡",乃後人不知"立"字之義而妄改之耳。◎陶鴻慶云:俞説是也。"立愛""立惡",猶言"立賞""立罰",下文"明所愛而賢良衆,明所惡而邪僻滅",正申言此義。◎蘇輿云:俞説是,此承上文"愛人""惡人"言。◎張純一云:《治要》"立"作"去",誤。

〔一〇〕治平　蘇輿云:《治要》作"平治"。

〔一一〕故明四句　孫星衍云:"滅""集"爲韻。◎趙振鐸《〈晏子春秋音義〉韻讀訂誤》(論文)(下僅出撰人姓名)云:"滅"在月部,"集"在緝部,非韻。

〔一二〕行安四句　孫星衍云:"樂""惡"爲韻。

〔一三〕故明句　孫星衍云:"繁"當爲"緐"。◎文斌案:黄本"愛"誤作"爲",上方校語云:"'爲'當作'愛'。"

〔一四〕明所三句　孫星衍云:"滅""稷"爲韻。◎趙振鐸云:"滅"在月部,"稷"在職部,非韻。

〔一五〕臣懼句　蘇輿云:《治要》無"臣懼君之"四字。◎文斌案:顧廣圻校云:"衰臣懼君之逆政之行有",上章錯誤者即此十字。

〔一六〕以覆句　蘇輿云:《治要》有"矣"字。◎文斌案:當據《治要》補"矣"字。

〔一七〕策　張純一云:"策",謀也。"從士師之策",謂不免職計、不濫賞也。

〔一八〕國內二句　張純一云:九字意不明了,《治要》無,疑衍文。◎吳則虞云:此句似殘缺。

景公信用讒佞賞罰失中晏子諫第八〔一〕

　　景公信用讒佞〔二〕,賞無功,罰不辜。晏子諫曰:“臣聞明君望聖人而信其教〔三〕,不聞聽讒佞以誅賞。今與左右相悦頌也〔四〕,曰:‘比死者勉爲樂乎〔五〕!吾安能爲仁而愈黥民耳矣〔六〕?’故內寵之妾迫奪于國,外寵之臣矯奪于鄙〔七〕,執法之吏並荷百姓〔八〕。民愁苦約病而姦驅尤伏〔九〕,隱情奄惡〔一○〕,蔽諂其上〔一一〕,故雖有至聖大賢,豈能勝若讒哉〔一二〕?是以忠臣之常有災傷也〔一三〕。臣聞:古者之士,可與,得之;不可與,失之。可與,進之;不可與,退之。臣請逃之矣〔一四〕。”遂鞭馬而出〔一五〕。公使韓子休追之〔一六〕,曰:“孤不仁,不能順教,以至此極〔一七〕。夫子休國焉而往,寡人將從而後〔一八〕。”晏子遂鞭馬而返。其僕曰:“嚮之去何速?今之返又何速?”晏子曰:“非子之所知也,公之言至矣。”

〔一〕文斌案:綿眇閣本誤連上章。吳懷保本標題作“諫信用讒佞”,楊本作“信用讒佞”,凌本作“信用讒”。

〔二〕信　劉師培《校補》云:《册府元龜》二百五十三引“信”作“任”。

〔三〕臣聞句　劉師培《校補》云:《元龜》引“望”下有“見”字。◎張純一云:《韻會》:“爲人所仰曰‘望’。”“望聖人”,景仰聖人也。◎文斌案:宋本《元龜》引同,無“見”字。

〔四〕今與句　孫本“悦”作“説”,《音義》云:“説”,今本作“悦”,非。本書多作“説”,據以訂正。“頌”即“容”本字。“説頌”,猶言“容悦”也。或言“誦説”。◎吳則虞云:楊本“今”作“令”。◎文斌案:黃本上方校語云:“‘頌’之言‘容’也。”

〔五〕比死句　孫星衍云:“比死”,言將及死。◎蘇輿云:即《唐風》“且以喜樂,宛其死矣”意。◎文斌案:蘇引《唐風》,見《山有樞》。

〔六〕吾安句　孫星衍云:《説文》:“‘黥’,墨在面也。”言不爲樂,僅愈罪人,猶二世云“黥門之養”。墨者守門,蓋古有是語。一本作“黔”。◎蘇輿云:“愈”,猶安養,意爲仁乃安民之事。“黥”當爲“黔”,黔民即黎民,言吾但勉爲樂耳,不欲爲仁以爲安民之事也。下文云云,正申明此意。孫説疑非。◎吳則虞云:蘇説恐非。此句當合上句觀之,此之“黥民”,即上句之“比死者”也。此讒佞之人極言之辭,比死者且勉爲喜樂,我何能

依爲仁義之行,僅勝於刑人也哉? 黃本"黥"作"黯",誤。◎文斌案: 蘇
説不確,吳説亦非。"比死者"乃景公與左右自謂,言我們這些將要死
去的人還是極力作樂吧! 我們怎麼能夠因爲實行仁政而讓日子過得
僅僅勝過刑徒呢? 稱自己爲"比死者",正是其行爲上及時行樂的思
想基礎。

〔七〕故内二句　蘇輿云:《左傳》作"内寵之妾肆奪于市,外寵之臣僭令于鄙"。
　　　◎文斌案: 見《左傳·昭二十年》。綿眇閣本"内寵"後誤重"之"字。

〔八〕荷　孫星衍云: 讀如"苛",經典多以"荷"爲"苛"。◎洪頤烜云:
　　　"荷"即"苛"字,《禮記·檀弓下》:"無苛政。"《釋文》:"本亦作
　　　'荷'。"《左氏·昭十三年傳》:"苛慝不作。"《釋文》:"'苛',本或作
　　　'荷'。"《隸釋·衡方碑》:"糾剔荷忒。"《街彈碑》:"吏無荷擾之煩。"
　　　"苛"皆作"荷"。

〔九〕民愁句　王念孫云:"尤",過也,甚也(見《左傳·襄二十六年》注)。"佚"
　　　與"溢"同。昭三年《左傳》曰:"道殣相望而女富溢尤。"此云"民愁
　　　苦約病而姦驅尤佚",句法正相似,"尤佚"即"溢尤"。◎于省吾云: 王念孫謂
　　　"尤佚"即"溢尤",是也。按"姦驅"不詞,"姦驅"本應作"姦匿","匿",古
　　　"慝"字。詳《尚書新證·盤庚篇》。蓋"匿"字譌作"區",後人不解而改爲
　　　"驅"耳。◎吳則虞云:"約"者,猶言貧困也。《論語》:"不可以久處約。"
　　　皇《疏》:"貧困也。"是其證。"姦驅"之"驅",疑爲"區"之假字。《荀子·
　　　大略》注:"'區',藏也。"姦人之所藏,故曰"姦驅"。《左傳》:"道殣相望
　　　而女富溢尤。"句法正同。"富"與"藏"義亦近,"尤佚"即"溢尤",謂益甚
　　　也。◎文斌案: 吳説是。《荀子·大略》:"言之信者,在乎區蓋之間。"王
　　　先謙云:"'區',藏物處。'蓋',所以覆物者。凡言之可信者,如物在器皿
　　　之間。"(見《荀子集解》)《左傳·昭三年》:"道殣相望而女富溢尤。"杜
　　　注:"'女',嬖寵之家。"

〔一〇〕奄　盧文弨云:"奄""掩"同。◎蘇時學説同。

〔一一〕蔽諂句　王念孫云:"蔽"者,擁蔽;"諂"者,諂諛。二字義不相近,不當
　　　以"蔽諂"連文。"諂"當爲"謟",字之誤也。"謟"讀若"滔","謟"者,
　　　惑也,謂隱其情、掩其惡,以蔽惑其君也。《爾雅·蠱》:"'謟',疑也。"
　　　"疑"即"惑"也。《管子·五輔篇》曰:"上謟君上,而下惑百姓。"◎田宗
　　　堯云:《説文》:"'諂',諛也。""'謟',慆也。"自以作"諂"義勝。王説
　　　恐不可取。◎文斌案: 王説是。楊本、凌本、孫本、吳勉本作"諂",餘均
　　　作"謟"。

〔一二〕若　吳則虞云: 猶"彼"也。

〔一三〕是以句　王念孫云:"之"字衍。

〔一四〕臣聞諸句　孫星衍云："得""失"爲韻，"進""退"爲韻。◎趙振鐸云："得"在職部，"失"在質部，非韻。"進"在真部，"退"在物部，亦非韻。◎徐仁甫云："逃之"即"退之"，則"不可與，退之"，"退之"當自爲一句。"退之"既自爲一句，則"得之""失之""進之"亦當自爲一句。舊讀"可與得之，不可與失之；可與進之，不可與退之"各爲一句者，非。◎文斌案：徐説是。"與"，親附，跟從。《國語·齊語》："桓公知天下諸侯多與己也。"韋注："'與'，從也。"《淮南子·墜形訓》："蛤蟹珠龜，與月盛衰。"高注："'與'猶'隨'也。"引申之，則爲親善，聽從。《孟子·告子下》："我能爲君約與國，戰必克。""與國"，互相親善之國。王更生《晏子春秋今注今譯》解"與"爲"從"，斷句與徐氏同。張純一《校注》、吳則虞《集釋》均斷作"可與得之，不可與失之；可與進之，不可與退之"，今從王、徐斷句。

〔一五〕遂鞭句　文斌案：元刻本、活字本、嘉靖本、吳懷保本誤作"遂鞭而馬出"。

〔一六〕韓子休　孫星衍云：姓韓名子休。◎孫詒讓云：《韓非子·外儲説左上》云："齊景公遊少海，傳騎從中來謁曰：'嬰疾甚，且死，恐公後之。'景公曰：'趨駕煩且之乘，使騶子韓樞御之。'"此韓子休疑即彼騶子韓樞也。

〔一七〕不能二句　王念孫云："順教"即"訓教"。◎蘇輿云：王説非。言不能順承其教以至此極。"順"固有"訓"義，而非此之所謂"順"也。◎文斌案：蘇説是。

〔一八〕夫子二句　孫星衍云："休國"，言棄國而去。◎蘇時學云："焉而往"，當作"而焉往"。◎蘇輿云："從而後"，"而"猶"汝"也。◎劉如瑛《諸子箋校商補》（下僅出撰人姓名）云："而"，連詞。"寡人將從而後"，言寡人將隨從（夫子）而在後面。齊景公尊稱晏嬰爲"夫子"，不當復以"爾""汝"稱之。《論語·微子》："子路從而後。"邢昺疏："子路隨從夫子，行不相及而獨在後。"句式同。蘇輿解"而"猶"汝"，恐非。◎徐仁甫云："休國"不辭，"休"當作"倍"，涉"韓子休"而誤也。"倍"謂倍棄，前第五章"夫子倍棄不援"，此謂夫子倍棄國家而去也。"焉而往"，蘇時學謂當作"而焉往"，亦非。景公追之，豈問何往耶？◎文斌案："焉而往"，蘇説是。"夫子休國而焉往，寡人將從而後"，言先生您要離開國家到哪裏去呀？您去哪裏我就跟到哪裏！其意非問晏子去向，而是強烈挽留之詞：我們國家更需要您，您哪裏也不要去。徐氏未解景公本意。

景公愛嬖妾隨其所欲晏子諫第九[一]

翟王子羨臣于景公,以重駕,公觀之而不説也[二]。嬖人嬰子欲觀之,公曰:“及晏子寢病也。”[三]居圂中臺上以觀之,嬰子説之,因爲之請,曰:“厚禄之!”公許諾[四]。晏子起病而見公[五],公曰:“翟王子羨之駕,寡人甚説之,請使之示乎?”晏子曰:“駕御之事,臣無職焉。”公曰:“寡人一樂之,是欲禄之以萬鍾,其足乎[六]?”對曰:“昔衛士東野之駕也[七],公説之,嬰子不説,公因不説,遂不觀[八]。今翟王子羨之駕也,公不説,嬰子説,公因悦之[九];爲請,公許之,則是婦人爲制也。且不樂治人而樂治馬,不厚禄賢人而厚禄御夫[一〇]。昔者先君桓公之地狹于今[一一],脩法治[一二],廣政教,以霸諸侯。今君一諸侯無能親也[一三],歲凶年饑[一四],道途死者相望也。君不此憂恥,而惟圖耳目之樂;不脩先君之功烈[一五],而惟飾駕御之伎,則公不顧民而忘國甚矣[一六]。且《詩》曰:‘載驂載駟,君子所誡[一七]。’夫駕八,固非制也;今又重,此其爲非制也,不滋甚乎[一八]?且君苟美樂之,國必衆爲之,田獵則不便,道行致遠則不可[一九],然而用馬數倍,此非御下之道也。淫于耳目,不當民務,此聖王之所禁也。君苟美樂之,諸侯必或效我,君無厚德善政以被諸侯,而易之以僻,此非所以子民、彰名、致遠、親鄰國之道也[二〇]。且賢良廢滅,孤寡不振,而聽嬖妾以禄御夫,以蓄怨[二一],與民爲讎之道也。《詩》曰:‘哲夫成城,哲婦傾城[二二]。’今君不免成城之求[二三],而惟傾城之務,國之亡日至矣。君其圖之!”公曰:“善。”遂不復觀,乃罷歸翟王子羨而疏嬖人嬰子[二四]。

〔一〕文斌案:銀雀山竹簡有本章内容。吳懷保本標題作“諫愛嬖妾”,楊本作“嬰子説重駕”,凌本作“翟王子羨”。
〔二〕翟王三句　孫星衍云:“翟王子羨”,翟王之子,名羨。“重駕”,駕十六馬。◎盧文弨云:“于景公”下似當有“干景公”三字。◎蘇輿云:“干”“于”形近,此疑傳寫者誤“干”爲“于”,遂謬加“臣”字於上耳。“臣”字當衍,盧臆增,未可從。◎于鬯云:“駕”下當有“八”字,蓋即因“公”字上首正“八”字,傳寫脱去一“八”字耳。下文云:“夫駕八固非制也,今又重此,其爲非制不滋甚乎?”則此文作“以重駕八”顯甚。“重駕八”者,即駕八而

又重之，謂十六馬也。第曰"以重駕"，則義不白。◎文斌案：簡本作
"・翟王子羊臣於景公，以重駕，公弗説"。盧、蘇、于説均非。吳懷保本
"説"作"悦"。◎駢宇騫云：簡本"駕"下無"八"字，且簡本下文有"今夫
駕六駕八，固非先王之制也"句，所謂"重駕"者當爲"駕六駕八"又重之的
概括，故于、孫説不確。簡本"於"通"于"，《廣雅・釋言》："'於'，'于'
也。"《爾雅・釋詁》："'于'，'於'也。"簡本"弗"通"不"，《廣韻》："'不'，
'弗'也。"簡本"説"當讀爲"悦"。《説文》："'説'，説釋也。"段注云：
"'説釋'即悦懌，'説''悦'、'釋''懌'皆古今字。"《荀子・王制篇》："諸
侯説之矣。"注："'説'讀爲'悦'。""説""悦"通假，古書習見。

〔三〕嬖人三句　孫星衍云："嬰子"，景公妾。◎張純一云："及"，逮也。因時
乘便，不令晏子知之。◎文斌案：簡本作："嬰子欲觀之，公曰：'及晏子寑
病也。'"◎駢宇騫云：簡本"寑"當讀爲"寢"，"寢病"，即臥床生病。"嬖
人"，寵愛的人。這裏指姬妾。《釋文》云："'嬖'，必計反，親幸也。賤而
得幸曰'嬖'。"

〔四〕居圌諸句　文斌案：簡本作"居圌中臺上以觀之，嬰子説之，因爲請，公許
之"。各本"説""悦"雜用，沈本、孫本均作"説"。◎駢宇騫云：簡本"圌"
字，從口又聲。疑當爲"囿"之異體。古"又""有"同音，可通假。《説文》
云："'有'，從月又聲。"《儀禮・士相見禮》："某子命某見，吾子有辱。"箋、
疏並云："'有'，'又'也。"《禮記・內則》："三王有乞言。"鄭注云："'有'，
讀爲'又'。"《易・繫辭上》："又以尚賢也。"《釋文》云："鄭本作'有以'。"
皆是其證。又《説文・口部》另有"圖"字，云："下取物縮藏之。從口從
又，讀若'聶'。"段注云："謂攝取也。今農人罱泥，'罱'即'圖'之俗字。
下取故從又，縮藏之故從口。"簡本"圌"與《説文・口部》之"圖"當非一
字。"囿"，《説文》云："苑有垣也。"《周禮》注云："'囿'，今之苑也。"《周
禮・地官》有"囿人"，云："掌囿游之獸禁。""囿游"，即囿中游憩的地方，
指帝王的離宮別苑。

〔五〕晏子句　蘇輿云："起病"，病愈也。◎文斌案：簡本作"晏子見"。

〔六〕公曰諸句　陶鴻慶云："請使之示乎"，"乎"當爲"子"字之誤，故晏子曰：
"駕御之事，臣無職焉。""寡人一樂之"，"一"疑爲"美"之壞字。下文云：
"且君苟美樂之，國必衆爲之。"又云："君苟美樂之，諸侯必或效我。"並其
證。◎張純一云："示"爲"眂視"之本義。"一"字"是"字俱疑衍。◎吳則
虞云："示"，猶"寔"也，陳也，使翟王子羨陳之，作"乎"義通。黃本上方校
語云："'是'下疑脱'以'字。"非也。如有"以"字，與"其足乎"語氣不合。
"是"字恐衍文。歸有光評點本自"欲"字截讀，義亦通。◎徐仁甫云：王
引之謂"一"爲語助，以"寡人一樂之是欲"七字爲句（見《經傳釋詞》），與

歸有光評點本讀同。然上文曰"寡人甚説之",此曰"寡人一樂之",兩句互文,則"一"猶"甚"也,"一樂"即"甚説"也(見孫經世《經傳釋詞補》)。"是欲禄之以萬鍾其足乎","是"猶"故"也,本書多以"是"爲"故"。《問上》第四章:"是上獨擅名,利下流也。"《外上》第十四章:"是難去焉。"(《治要》作"是故難去也")"是"皆猶"故"也。故欲禄之以萬鍾其足乎?"足"猶"可"也,景公問晏子可否。或謂"是"下脱"以"字,或謂"是"疑衍文,均非。◎文斌案:簡本作"公曰:'翟王子羊之駕也,寡人甚説之,吾欲禄之以萬,其足乎?'"◎駢宇騫云:簡本無晏子對答,文義似更通暢。此二十三字疑爲後人所加。吳説"是"下不當有"以"字,甚是。但云"'是'字恐衍文"則非也。據簡本,"是"字當爲"吾"字之訛,簡本作"吾"字義長。

〔七〕對曰二句　孫星衍云:"衛士東野",衛國之士姓東野。《荀子·哀公篇》:"定公問於顔淵曰:'東野子之善馭乎?'"又曰:"東野畢之馬失。"未知即其人否。◎張純一云:黃初云:"《莊子·達生篇》:'東野稷以御見莊公,進退中繩,左右旋中規。莊公以爲文弗過也,使之鉤百而反。'或即其説。◎文斌案:簡本作"晏子進合曰:'公言過矣。昔衛士東壬之駕也'"。◎駢宇騫云:簡文"合"當讀爲"答",説見上。簡文"壬"即"野",《説文》古文"野"作"壄",漢代竹帛文字"野"多作"埜",从田从土予聲,簡文"壬"乃"埜"之省寫。

〔八〕公説諸句　文斌案:各本"因"均作"曰"。盧文弨《拾補》改作"因",注云:"'曰'譌。"顧廣圻從盧校改。簡本殘缺。

〔九〕今翟諸句　文斌案:簡本作"……□□羊之駕也,公弗説,嬰子説之,公因説……"。"説"下直至"則公不顧民而忘國甚矣"殘缺。"悦",沈本、吳懷保本、孫本作"説"。

〔一〇〕不厚句　張純一云:"御夫"下有脱文。◎吳則虞云:此句有二讀:楊慎、歸有光自"御"字截;凌本自"夫"字截,是也。下云"以禄御夫以蓄怨"是"御夫"連文之證。

〔一一〕狹　孫星衍云:當爲"陝"。《説文》:"隘也。"《玉篇》:"'陝'或作'狹'。"

〔一二〕脩法句　文斌案:吳鼐本外,各本"脩"均作"修",下同。

〔一三〕今君句　吳則虞云:自"君"字逗,"一"疑衍文。◎徐仁甫云:一諸侯不能親,況衆諸侯乎?"一"非衍文。

〔一四〕饑　蘇輿云:"饑",舊刻作"飢"。◎文斌案:吳懷保本作"飢",餘均作"饑"。

〔一五〕先君　文斌案:黃本作"先王"。

〔一六〕公　張純一云:“公”字疑衍。

〔一七〕且詩三句　文斌案:簡本僅存“□□□君子所□”。◎駢宇騫云:“君”
上第三字左旁似從“馬”,疑爲“驂”字。“所”下一字僅存右半“十”旁,
疑爲“計”之殘字。《詩·小雅·采菽》“誡”或作“屆”,“計”與“屆”古
音相近可通。◎孫星衍云:《小雅·采菽》之詩。“誡”作“屆”,《箋》:
“極也。”按:當從此。《説文》:“‘誡’,敕也。”◎王念孫曰:孫説非也。
《晏子》引《詩》亦作“屆”;今作“誡”者,俗音亂之也。“屆”者,至也。
“君子所屆”者,君子至也。“所”,語詞耳(説見《釋詞》。按“君子”,謂
來朝之諸侯也。鄭《箋》:“‘屆’,極也。諸侯將朝王則驂乘,乘四馬而
往,此之服飾,君子法制之極也。”與詩意不合)。若改“屆”爲“誡”,而
訓爲誡敕,則其不可通者有二。“屆”字以㞷爲聲(“㞷”,古“塊”字,於
古音屬至部),於古音屬至部,其上聲則爲旨部,其入聲則爲質部。
《詩》中用“屆”字者,《小雅·節南山》與“惠”“戾”“闋”爲韻,《小弁》
與“嘒”“淠”“寐”爲韻,《采菽》與“淠”“嘒”“駟”爲韻,《大雅·瞻卬》
與“疾”爲韻。以上與“屆”爲韻之字,古音皆在至部。若“誡”字,則以
“戒”爲聲,於古音屬志部,其上聲則爲止部,其入聲則爲職部。《詩》中
用“戒”字者,《小雅·采薇》與“翼”“服”“棘”爲韻,《大田》與“事”
“耜”“畝”爲韻,《大雅·常武》與“國”爲韻,《易·震·象傳》與“得”爲
韻,《楚辭·天問》與“代”爲韻。以上與“戒”爲韻之字,古音皆在志部。
此兩部之音,今人讀之相近,而古音則絶不相通,至於《老》《莊》、諸子,
無不皆然。此非精於三代兩漢之音者,固不能辨也。今改“屆”爲
“誡”,則與“淠”“嘒”“駟”之音不協。此其不可通者一也。下文云:
“夫駕八,固非制也;又又重此,其爲非制也,不滋甚乎!”是晏子之意,謂
古之諸侯所駕不過四馬。今駕八則非制矣,況又倍之乎?故引《詩》
“載驂載駟”云云以諫也。若云“載驂載駟,君子所誡”,則三馬、四馬亦
當誡矣。三馬四馬當誡,則諸侯但可駕兩馬矣,豈其然乎!此其不可通
者二也。檢王伯厚《詩考》所載異字,曾無“君子所誡”之文,蓋伯厚所
見本尚未誤作“誡”也,乃反以子書中之誤字爲是,而以經文爲非,見異
思遷而不顧其安,是惑也。◎蘇輿云:王説是。馬瑞辰《釋詩》引此,遂
據以爲叚借字,殆不然歟!◎金其源《讀書管見》(下僅出撰人姓名)
云:《箋》之訓“屆”爲“極”,據《爾雅·釋言》,但不當以法制之極爲引
伸耳。《史記·楚世家》:“使費無忌如秦。”《索隱》:“《傳》作‘無極’,
‘極’‘忌’聲相近。”《索隱》但謂聲相近者,尚未究《白虎通·號》云:
“‘礜’者,極也。”《説文》:“‘礜’,急告之甚也。”《詩·小雅·六月》:
“我是用急。”《鹽鐵論·繇役》作:“我是用戒。”“急告”猶“戒告”。

《禮·表記》引《書·甫刑》"敬忌而罔有擇言在躬"注："'忌'之言'戒'也。"是"極""忌"義又相同，故古時通用。《一切經音義》："古文'戒'作'誡'。"則《詩》之"屆"與《晏子春秋》之"誡"俱爲"誠慎"之義。可見《晏子》作"誡"並非爲俗音所亂。《爾雅》之釋"屆"爲"極"，不第取"極至"之義。

〔一八〕夫駕諸句　文斌案：簡本作"今夫駕六駕八，固非先王之制也，今有重之，此其⋯⋯"。"其"下至"今君不思成城之求"殘缺。◎孫星衍云：《書正義》《春秋公羊》説天子駕六，《毛詩》説天子至大夫皆駕四。◎吳則虞云："八固非制也"者，謂古無此制。夏制，天子始六馬。荀卿言"六馬仰秣"，《公羊》言"天子駕六"，《白虎通》言"天子之馬六，示有事于天地四方"，蓋言夏制也。商周損之以四，《商頌》"八鸞鎗鎗"，《詩·車攻》《吉日》"四牡龐龐""四牡孔阜"，皆天子之事也。後世又復用六馬。《史記》稱始皇以水數制乘六馬，《西京賦》"天子駕雕軫六駿"，是後世之制亦無八馬，故曰非制。◎李天虹《簡本〈晏子春秋〉與今本對讀札記》（論文）（下僅出撰人姓名）云："今又重此其爲非制也"，《校釋》及《校注》《集釋》均在"此"後斷讀，似有不妥。我們懷疑應當在"重"後斷讀。首先，傳世文獻多見"此其爲⋯⋯"的句式，如《吕氏春秋·爲欲》："夫争行義樂用與争爲不義競不用，此其爲禍福也，天不能覆，地不能載。"《荀子·王霸》："此其爲可哀，甚於衢塗。"《商君書·農戰》："今一人耕而百人食之，此其爲螟螣蚼蠋亦大矣。"等等。其次，今本"今又重"後，可能省略了"之"字。類似句例，簡本、今本的"之"字或均存，如簡本第十五章"仲尼之齊，見景公，景公説之"，今本（《外篇第八》第一章）同；或簡本存，今本省，如簡本第二章"公弗説，嬰子説之"，今本（《内篇諫上》第九章）省作"公不説，嬰子説"；或簡本省，今本存，如簡本第九章"苟所求於民，不以事逆"，今本（《内篇問上》第十八章）作"苟所禁於民，不以事逆之"。無論"存"或"省"，對語意均無影響。因此，我們認爲與簡本相比，今本這句話只是省略了"之"字，語意與簡本"今又重之"相同；"今又重此其爲非制也"，應標點爲"今又重，此其爲非制也"。◎文斌案：《商頌·烈祖》作"八鸞鶬鶬"，另有《小雅·采芑》作"八鸞瑲瑲"，無吳氏所引"八鸞鎗鎗"者。《西京賦》"天子駕雕軫六駿"原作"天子乃駕彫軫，六駿駁"，吳氏失檢。《車攻》《吉日》均見《詩·小雅》。

〔一九〕道行句　張純一云：據上句，"道"字、"致"字疑衍。

〔二〇〕此非句　陶鴻慶云："遠"下疑脱"人"字。

〔二一〕以蓄句　陶鴻慶云："以蓄怨"上當有"此所"二字，上文云"此非所以子

民、彰名、致遠人、親鄰國之道也”，詞有反正而文例正同。◎劉師培
《補釋》云：“以”與“此”同。《禮記·祭統》：“對揚以君之勤大命，施
于烝彝鼎。”“以”即“此”也。《射義》：“凡以庶士。”言凡此庶士也
（並王引之説）。“以蓄怨、與民爲讎之道”，言“此乃蓄怨、與民爲讎
之道”也。◎文斌案：劉説是。但所引《禮記·祭統》文不確，“君”原
作“辟”。

〔二二〕哲夫二句　孫星衍云：《大雅·瞻卬》之詩。◎張純一云：鄭箋云：
“‘哲’謂多謀慮也。‘城’猶‘國’也。”大夫多謀慮則成城，婦人多謀慮
乃亂國。

〔二三〕今君句　盧文弨《拾補》“免”作“思”，校云：“‘思’，元刻作‘免’，疑是
‘克’誤。”◎蘇時學云：“思”字是也。一本“思”誤作“免”。◎黃以周
引俞樾説云：“免”疑當作“勉”。◎田宗堯云：“免”，明活字本同，吳勉
學本、《子彙》本作“思”。“免”借爲“勉”。《漢書·谷永傳》：“閔免遁
樂。”師古曰：“‘閔免’猶‘黽勉’也。”《詩·小雅·十月之交》：“黽勉從
事。”《六帖》引“勉”作“俛”，“免”“俛”通。盧説作“克”固非，俞云“當
作‘勉’”亦未妥。吳勉學本、《子彙》本並作“思”，蓋明人意改之也。◎
吳則虞云：作“思”義亦通。◎文斌案：元刻本、活字本、嘉靖本、沈本、
吳懷保本作“免”，《子彙》本、吳勉學本、黃本、綿眇閣本、楊本、凌本、孫
本作“思”。從“今君不免成城之求”至“君其圖之”，簡本僅存“……城
之務……”三字。

〔二四〕公曰諸句　文斌案：簡本僅存“……善遂……”二字。

景公敕五子之傅而失言晏子諫第十〔一〕

景公有男子五人〔二〕，所使傅之者，皆有車百乘者也〔三〕，晏子爲一
焉。公召其傅曰：“勉之！將以而所傅爲子〔四〕。”及晏子，晏子辭曰：
“君命其臣，據其肩以盡其力，臣敢不勉乎？今有之家〔五〕，此一國之權
臣也。人人以君命命之曰：‘將以而所傅爲子。’此離樹別黨〔六〕，傾國
之道也。嬰不敢受命，願君圖之〔七〕！”

〔一〕文斌案：吳懷保本標題作“諫失言”，楊本作“命所傅爲子”，凌本作“景公
有男子五人”。

〔二〕景公句　孫星衍云：公子嘉、公子駒、公子黔、公子鉏、公子陽生。時荼尚

未生。◎文斌案：《史記》作公子壽、駒、黔、駔、陽生。《索隱》：“‘壽’，一作‘嘉’。‘駔’，《左傳》作‘鉏’。”見《齊太公世家》。

〔三〕所使二句 孫星衍云：“百乘”，馬四百匹。◎吳則虞云：“傅”，元本、活字本、嘉靖本、吳懷保本皆誤作“傳”，下“召其傅”亦誤。“有車百乘者”，謂大夫也。《孟子·梁惠王》趙注：“百乘之家，謂大國之卿，食采邑有兵車百乘之富者也，若齊崔、衛甯、晉六卿等。”◎文斌案：元刻本、活字本、吳懷保本“召其傅”不誤。吳氏失檢。

〔四〕將以句 吳則虞云：公召其傅，乃召傅者五人，分別召而謂之也。“而”即“汝”，謂以汝所傅者爲太子也，故晏子以離樹別黨諫之。

〔五〕今有句 俞樾云：“今有之家”文義未明。上文云：“景公有男子五人，所使傅之者，皆有車百乘者也。”疑此當云：“今有車百乘之家。”傳寫奪之耳。◎張純一云：俞說是。◎于省吾云：俞說非是。“之”猶“是”也，詳《經傳釋詞》。“是家”即承上文“有車百乘者”言，非有奪文也。

〔六〕此離句 孫星衍云：已樹太子而離間之，又別立黨。

〔七〕願 文斌案：元刻本、活字本、嘉靖本、《子彙》本、沈本、吳勉學本、綿眇閣本、楊本、凌本均作“顧”。吳懷保本作“碩”，即願。

景公欲廢適子陽生而立荼晏子諫第十一〔一〕

淳于人納女于景公〔二〕，生孺子荼〔三〕，景公愛之。諸臣謀欲廢公子陽生而立荼〔四〕，公以告晏子〔五〕。晏子曰：“不可〔六〕。夫以賤匹貴，國之害也；置大立少，亂之本也〔七〕。夫陽生而長，國人戴之〔八〕，君其勿易！夫服位有等，故賤不陵貴；立子有禮，故孽不亂宗〔九〕。願君教荼以禮而勿陷于邪，導之以義而勿湛于利〔一〇〕。長少行其道，宗孽得其倫。夫陽生敢毋使荼饜粱肉之味、玩金石之聲而有患乎〔一一〕？廢長立少，不可以教下；尊孽卑宗，不可以利所愛。長少無等，宗孽無別，是設賊樹姦之本也〔一二〕。君其圖之！古之明君，非不知繁樂也，以爲樂淫則哀；非不知立愛也，以義失則憂〔一三〕。是故制樂以節，立子以道。若夫恃讒諛以事君者〔一四〕，不足以責信〔一五〕。今君用讒人之謀，聽亂夫之言也〔一六〕，廢長立少，臣恐後人之有因君之過以資其邪，廢少而立長以成其利者。君其圖之！”公不聽。景公没，田氏殺君荼，立陽生〔一七〕；殺陽生，立簡公〔一八〕；殺簡公，而取齊國。

〔一〕文斌案：楊本缺。吳懷保本標題作“諫廢適”，凌本作“納女”。嘉靖本目錄“荼”誤作“茶”。

〔二〕淳于句　孫星衍云：“淳于”，《括地志》：“淳于國在密州安丘縣東北二十里。”“納女于景公”，《左傳》：“鬻姒之子荼嬖。”服虔注：“‘鬻姒’，景公妾，淳于人所納。”蓋本此（惠棟云“未詳所出”，誤）。《史記·齊世家》：“景公寵妾芮姬，生子荼。荼少，其母賤，立爲晏孺子。”◎吳則虞云：《左傳》作姓“姒”，《史記》作“芮”。鄒誕生本作“芮姁”，見《史記索隱》。◎文斌案：《括地志·密州》“二”一作“三”。

〔三〕荼　孫星衍云：《公羊傳》作“舍”，音相近。《左傳》云“安孺子”，《史記》作“晏”。◎吳則虞云：孫云《公羊》者，見《公羊·哀公六年傳》文，“音相近”者，“荼”“舍”古音同部也。《穀梁傳》亦作“荼”，音舒。《左傳》“安孺子”者，爲《左傳·哀公六年傳》文。竊疑此當云“生子荼”，“孺”字後人誤增。《史記·齊世家》：“景公寵妾芮姬生子荼。”下文始云：“太子荼立，是爲晏孺子。”又書“晏孺子元年春”。《左·哀六年》“以安孺子如賴”，亦即位後文。此始生，故不當有“孺”字。

〔四〕諸臣句　吳則虞云：《左傳·哀公五年傳》：“諸子鬻姒之子荼嬖，諸大夫恐其爲大子也，言於公曰：‘君之齒長矣，未有大子，若之何？’公曰：‘二三子間於憂虞，則有疾疢。亦姑謀樂，何憂於無君！’公疾，使國惠子、高昭子立荼，寘群公子於萊。”《史記·齊世家》同，俱無諸臣謀廢陽生之明文。惟《左傳》有鮑子“孺子牛”之對，《史記》有“景公之命”云云。諸臣之謀，或亦有之，可與此互證。

〔五〕公以句　吳則虞云：此誤也。《史記》景公四十八年書“是歲晏嬰卒”，五十八年荼始生，去晏子之死有十載，安有告晏子之事！追叙者未之審耳。◎文斌案：五十八年“景公卒，太子荼立”，非“荼始生”（詳《齊太公世家》）。吳氏失檢。

〔六〕晏子二句　蘇輿云：《治要》無“曰”字，疑奪。◎劉師培《斠補定本》云：黃本“可”下有“也”字。

〔七〕置大二句　王念孫云：“置大”本作“置子”，今本“子”作“大”者，後人不曉“子”字之義而妄改之也。“子”即太子也，“置子立少”，謂廢太子而立少子也。上章公謂五子之傅曰：“勉之！將以而所傅爲子。”本章曰：“立子有禮，故孽不亂宗。”皆其明證矣。《群書治要》正作“置子立少”。◎俞樾云：王氏念孫從《群書治要》作“置子立少”，非也。下文云：“廢長立少，不可以教下。”又云：“今君用讒人之謀，聽亂夫之言也，廢長立少，臣恐後人之有因君之過以資其邪，廢少而立長，以成其利者。”並以“長”“少”對言，則此文亦當作“置大立少”。《國語·周語》曰：“是以小怨置大德也。”韋

注曰:"'置'猶'廢'也。"然則"置大立少",猶云"廢大立少",正與廢長立
少同義。《晏子》原文疑本作"置大立小,亂之本也。""大"與"小"對,猶
"長"與"少"對也。後人因下文"立少"字兩見,因亦改爲"立少"耳。
"少""小"音義並相近,故易淆亂。《儀禮·鄉飲酒禮》:"主人少退。"注
云:"'少退',少避。"《釋文》作"小避"。《特牲饋食禮》:"挂於季指。"
注云:"'季',小也。"《釋文》作:"'季',少。"並其證也。王氏不知"少"
爲"小"字之誤,而反以"置大"爲"置子",失之矣。◎張純一云:《晏
子》原文本作"置長立少,亂之本也。"下文"陽生長而國人戴之"正承此
而言。又云:"長少行其道,宗孽得其倫。""長少無等,宗孽無別,是設賊
樹姦之本也。"均可證。今本"長"譌"大",與下文俱不協。◎文斌案:
黃本"亂之本"後無"也"字,蓋此處誤奪"也"字而衍入前文"晏子曰不
可"後。

〔八〕夫陽二句　孫本作"夫陽生,生而長,國人戴之",並注云:今本脱一"生"
字,以意增。陽生,悼公也。◎王念孫云:孫加"生"字,非也。此文本作:
"夫陽生,長而國人戴之。"言陽生長於荼而爲國人所戴也。今本"長而"
誤作"而長",又加"生"字於其上,則贅矣。《群書治要》正作"夫陽生,長
而國人戴之"。◎蘇時學曰:當作"陽生長而國人戴之",孫本重"生"字亦
是。◎文斌案:各本均作"夫陽生而長國人戴之"。顧廣圻校云:"當倒作
'長而'。"王説是,"而長"當乙。

〔九〕故孽句　張純一云:"孽",庶子。"宗",適長子。

〔一〇〕湛　蘇輿云:音義同"沈"。

〔一一〕夫陽句　孫星衍云:言陽生雖爲君,荼亦得享聲色而無患也。◎文斌
案:活字本、凌本"毋"誤作"母",元刻本、活字本、嘉靖本、《子彙》本、
沈本、吳懷保本、綿眇閣本、凌本"梁"作"梁"。

〔一二〕是設句　文斌案:黃本"賊"誤作"賤"。

〔一三〕以義句　蘇輿云:《治要》"則"作"而"。◎文斌案:《子彙》本、沈本、吳
勉學本、黃本、綿眇閣本、凌本、孫本、《治要》"以"後均有"爲"字。上文
曰"以爲樂淫則哀",此處文同一例,當有"爲"字。

〔一四〕若夫句　蘇輿云:《治要》"恃"作"持",是。此因形近譌。◎田宗堯云:
"恃""持"字通。《莊子·徐無鬼篇》:"恃源而往者也。"《釋文》:
"'恃',本亦作'持'。"《左·昭十九年傳》:"持其世而已。"《釋文》:
"'持',本作'恃'。"並其證。

〔一五〕不足句　蘇輿云:言皆欺罔也。

〔一六〕聽亂句　蘇輿云:《治要》無"聽"字"也"字,文義較適。此"也"字係羨
文。◎張純一云:"也"字衍。

〔一七〕田氏二句　孫星衍云:"田氏",陳乞、陳常也。"田""陳"聲相近,經典
　　　通用。乞弒荼,常弒簡公者。陽生則鮑牧所弒,以爲田氏者,乞使
　　　之。◎盧文弨云:"殺"讀"弒",下並同。◎吳則虞云:《治要》無"君"
　　　字,與"立陽生"作一句讀。下文"殺陽生,立簡公"與此文句相同,有
　　　"君"字者是。

〔一八〕殺陽二句　孫星衍云:"簡公",名壬,悼公子。◎吳則虞云:田氏殺君
　　　荼,見《春秋》哀公六年《經》《傳》。弒荼者,朱毛、陽生;《春秋》書陳乞
　　　者,所以著禍由乞始,此云與《春秋》合。殺陽生見哀十年《經》。簡公,
　　　即悼公子壬,亦景公子。《史記·齊世家》:"田常弒簡公于徐州,田常
　　　乃立簡公弟驁,是爲平公。平公即位,田常相之,專齊之政。"平公卒,
　　　"子宣公積立"。宣公卒,"子康公貸立"。康公十九年,"田常曾孫田和
　　　始爲諸侯,遷康公海濱。二十六年,康公卒,呂氏遂絕其嗣,田氏卒有齊
　　　國"。◎文斌案:《史記·齊太公世家》:"齊人共立悼公子壬,是爲簡
　　　公。""悼公"者,公子陽生也,景公之子。簡公爲悼公子,乃景公之孫。
　　　吳氏言"簡公,即悼公子壬,亦景公子",其所據爲《集解》:"徐廣曰:
　　　'《年表》云:"簡公壬者,景公之子也。"'"考諸《十二諸侯年表》,其注
　　　簡公弟驁曰"景公(子)〔孫〕",顯然"子"爲誤注,"孫"乃更正之注。徐
　　　廣說誤;吳氏據徐說,亦誤。另,吳氏引《齊世家》"呂氏遂絕其嗣",
　　　"嗣"字誤,原作"祀"。凌本脫"立簡公"三字。

景公病久不愈欲誅祝史以謝晏子諫第十二〔一〕

　　景公疥且瘧〔二〕,朞年不已〔三〕。召會譴〔四〕、梁丘據、晏子而問焉,
曰:"寡人之病病矣〔五〕。使史固與祝佗巡山川宗廟〔六〕,犠牲珪璧莫不
備具,數其常多先君桓公〔七〕,桓公一則寡人再。病不已,滋甚。予欲
殺二子者以說于上帝,其可乎?"會譴、梁丘據曰:"可〔八〕。"晏子不對。
公曰:"晏子何如〔九〕?"晏子曰:"君以祝爲有益乎?"公曰:"然。""若以
爲有益〔一〇〕,則詛亦有損也。君疏輔而遠拂〔一一〕,忠臣擁塞,諫言不
出。臣聞之:近臣嘿,遠臣瘖〔一二〕,衆口鑠金〔一三〕。今自聊、攝以
東〔一四〕,姑、尤以西者〔一五〕,此其人民衆矣,百姓之咎怨誹謗,詛君于上
帝者多矣。一國詛,兩人祝,雖善祝者不能勝也。且夫祝直言情〔一六〕,
則謗吾君也;隱匿過,則欺上帝也。上帝神,則不可欺;上帝不神,祝
亦無益。願君察之也。不然,刑無罪〔一七〕,夏商所以滅也。"公曰:"善

解予惑〔一八〕，加冠！"命會譴毋治齊國之政，梁丘據毋治賓客之事，兼屬之乎晏子〔一九〕。晏子辭，不得命，受。相退〔二○〕，把政〔二一〕，改月而君病悛〔二二〕。公曰："昔吾先君桓公以管子爲有力〔二三〕，邑狐與穀〔二四〕，以共宗廟之鮮〔二五〕。賜其忠臣，則是多忠臣者。子今忠臣也，寡人請賜子州款〔二六〕。"辭曰："管子有一美，嬰不如也；有一惡，嬰不忍爲也，其宗廟之養鮮也〔二七〕。"終辭而不受。

〔一〕吳則虞云：黃本、楊本此章下有"景公飮酒樂"及"景公至自畋""景公賞賜及後宮"三章，與元本不同。◎文斌案：黃本、楊本同元刻，下無吳氏所言三章。《子彙》本、凌本章後附《外篇第七》第七章文。吳懷保本標題作"諫誅祝史"，楊本作"誅祝史"，凌本作"景公疥且瘧"。

〔二〕景公句　孫星衍云：《説文》："'疥'，搔也。"顏之推《家訓》以爲"痎"字。《左傳・昭二十年》："齊侯疥，遂痁。"杜預注："'痁'，瘧疾。"◎蘇輿云："疥"不當作"痎"。《周禮・疾醫》："夏時有痒疥疾，秋時有瘧寒疾。"賈《疏》云："四月純陽用事；五月已後，陰氣始起，惟水沴火。水爲甲，疥有甲，故有疥痒之疾。"《素問・生氣通天論》："春傷于風邪，氣流連乃爲洞泄；夏傷于暑；秋爲疾瘧。"《瘧論》："風之與瘧也，相似同類。"疥亦風所致，故轉而爲瘧也。◎吳則虞云：蘇説是。以"疥"爲"痎"，此六朝人之誤。《顏氏家訓・書證篇》、《左》昭二十年《正義》引袁狎云"'疥'當爲'痎'"，《釋文》引梁元帝"音'該'，作'痎'"，皆誤。《説文》"痁"篆下引《左傳》作"齊侯遂痁"，可證。"痁"者，《説文》云："有熱瘧。"疥"者，搔也。齊侯疾愈一年，其初疥痒，熱入於臟府，遂成爲熱瘧。《左傳》曰"疥遂痁"，此云"疥且瘧"，曰"遂"，曰"且"，以明先後之序。宋咸熙《惜陰日記》卷五有考，可參閱。◎文斌案：《説文》"痁"篆下引《左傳》作"齊侯疥遂痁"，吳氏奪"疥"字。

〔三〕朞年句　吳則虞云：《左傳》作"期而不瘳"，與《外篇》第七章同。◎文斌案：黃本"朞"誤作"暮"。

〔四〕會譴　孫星衍云：姓會，名譴。◎盧文弨云："會譴"，即《左傳》之"裔款"，《外篇》所載與《傳》同。◎吳則虞云：事見《左・昭二十年傳》。杜注云："二子，齊嬖大夫。"

〔五〕寡人句　孫星衍云：《説文》："'病'，疾加也。"高誘注《吕氏春秋》："'病'，困也。"◎文斌案：上古一般病痛只稱"疾"不稱"病"，"病"通常指重病、重傷。《説文》："'病'，疾加也。"故此句前"病"字當爲"疾"，全句作"寡人之疾病矣"。黃本上方校語云"上'病'字疑'疾'之誤"，正此意也。

〔六〕使史句 孫星衍云："史固"，《周禮》："史以書叙昭穆。"蓋小史也，名固。
"祝佗"，"祝"，官；名"佗"。◎盧文弨云：《左傳》作"祝固、史嚚"，《外
篇》同。◎俞樾云：衛"祝鮀"，《漢書·古今人表》作"祝佗"，是祝佗衛
人，未聞齊亦有祝佗也。"佗"疑"佞"字之誤。昭二十《左傳》："君盍誅
於祝固、史嚚。"此云"史固、祝佞"，即彼"祝固、史嚚"也。"祝""史"互
錯，"嚚"與"佞"聲近而誤耳。◎蘇輿云：《左傳》服虔注："'祝固'，齊太
祝；'史嚚'，太史也。謂祝史之固陋嚚暗，不能盡禮也。"李貽德《賈服注
輯述》云："《傳》云'誅于祝固史嚚'，似言于祝誅其固，于史誅其嚚者，故
釋之如是。"今此云"使史固與祝佗"，足徵其爲人名矣，疑服偶有不照
也。◎吳則虞云：蘇説是。《左·莊三十二年傳》又有"史嚚"，又《正義》
引《世族譜》齊雜人內有祝固史嚚，是皆人名。此史固與祝佗皆爲人名
無疑。

〔七〕數其句 王念孫云："數其常多先君桓公"文不成義，當作"其數常多於先
君桓公"，謂所用犧牲珪璧之數常多於桓公也，故下文曰："桓公一則寡人
再。"今本"其數"誤作"數其"，又脱"於"字。◎蘇輿云：此句並無脱誤。
"數其常"，謂以常數數之，即下所謂"桓公一則寡人再"者；"多先君桓
公"，即多于先君桓公。古語如是，不必添"于"字。◎陶鴻慶云：王氏謂
"數其"當爲"其數"，是也。又謂"多"下脱"於"字，則非。"常多先君"
者，即常多於先君也。古人文字簡直，多有此例。本篇第八章云："吾安
能爲仁而愈黥民耳矣？"謂"愈於黥民"也；第十四章云："楚巫微導裔款
以見景公。"謂"導於裔款"也，並省去"於"字。《史記·驃騎列傳》："所
斬獲功已多大將軍。"言功多於大將軍也，例與此同。◎吳則虞云：陶
説是。

〔八〕會譴二句 吳則虞云：此與《左傳》有出入。《左·昭二十年傳》文云："梁
丘據與裔款言於公曰：'吾事鬼神，豐於先君有加矣。今君疾病，爲諸侯
憂，是祝史之罪也。諸侯不知，其謂我不敬。君盍誅於祝固、史嚚以辭
賓！'公説，告晏子。"云云。

〔九〕晏子句 徐仁甫云："晏子"當作"夫子"。本書通例，凡記事稱"晏子"，記
言稱"夫子"。此景公面對晏子之言，當稱"夫子"。今作"晏子"者，涉上
下文而誤。後有誤者，視此，不再辯。

〔一〇〕若以句 孫星衍云："若以爲有益"上，疑脱"晏子曰"三字。◎吳則虞
云：《左傳》作："祝有益也，詛亦有損。"此"爲"字之上疑挩"祝"字。
◎文斌案：吳説是。

〔一一〕君疏句 孫星衍云："遠拂"，《詩傳》："'佛'，輔也。""拂"與"佛"

同。◎于鬯云：“拂”，當讀爲“弻”，“弻”，古“弼”字。“輔”即左輔，“拂”即右弼。《雜上篇》云：“則内無拂而外無輔，輔、拂無一人。”亦用“拂”字。◎蘇輿云：“拂”讀爲“弼”。“弼”，所以輔正弓弩者也。《荀子·臣道篇》：“有能比知同力，率群臣百吏而相與彊君撟君，君雖不安，不能不聽，遂以解國之大患，除國之大害，成于尊君安國，謂之輔；有能抗君之命，竊君之重，反君之事，以安國之危，除君之辱，功伐足以成國之大利，謂之拂。”是“輔”“拂”原有分別，不得訓“拂”爲“輔”。孫説失之。

〔一二〕近臣二句　孫星衍云：“嘿”，當爲“默”。《説文》：“‘瘖’，不能言也。”《玉篇》：“於深切。”◎蘇輿云：“瘖”，同“喑”。《説苑·正諫篇》：“下無言則謂之‘喑’。”◎劉師培《斠補定本》云：黄本“嘿”作“默”。◎徐仁甫云：《墨子·親士》作“近臣唫，遠臣瘖”。“唫”與“瘖”韻。此云“臣聞之”，明引成語，疑“嘿”爲“唫”之誤，“唫”“瘖”“金”三字韻。又案：王念孫曰：“不能言謂之‘瘖’，故不言亦謂之‘瘖’。”（見《經義述聞》卷二十一）段玉裁曰：“‘喑’之言‘瘖’也，謂啼極無聲。”（見《説文解字注》）則《説苑》“下無言謂之‘喑’”，“喑”借爲“瘖”。蘇説本字與借字適得其反，不可不辯。

〔一三〕衆口句　蘇輿云：此言見《周語》韋注：“‘鑠’，銷也。”

〔一四〕聊攝　孫星衍云：杜預注《左傳》：“‘聊、攝’，齊西界也。平原聊城縣有攝城。”◎文斌案：杜預注《左傳》爲“平原聊城縣東北有攝城”，孫引脱“東北”二字。元刻本、活字本、嘉靖本、吳懷保本“攝”作“揖”。

〔一五〕姑尤　孫星衍云：杜預注《左傳》：“‘姑、尤’，齊西界也。姑水、尤水皆在城陽郡東南入海。”◎文斌案：杜注原作：“‘姑、尤’，齊東界也。”孫氏失檢。

〔一六〕情　張純一云：實也。

〔一七〕刑無句　文斌案：吳勉學本“刑”誤作“則”。

〔一八〕善解句　文斌案：吳勉學本、黄本、孫本“予”作“余”，凌本誤作“子”。

〔一九〕之乎　吳則虞云：“之乎”，齊人語也，即“諸”字。齊人語緩。《公羊》又作“之諸”。◎文斌案：黄本作“之于”。

〔二〇〕相退　張純一云：會譴、梁丘據不以晏子爲貪，相與俱退。

〔二一〕把政　張純一云：晏子兼秉會譴、梁丘據之政。

〔二二〕悛　孫星衍云：《説文》：“止也。”《玉篇》：“且泉切。”◎吳則虞云：即今之“痊”字。◎文斌案：《方言》：“悛：改也。自山而東或曰‘悛’，或曰‘懌’。”《箋疏》：“《廣雅·釋詁三》：‘“悛”：改，更也。’《泰誓上》：‘惟受罔有悛心。’成十三年《左氏傳》：‘康猶不悛。’襄四年又云：‘羿猶不悛。'"

〔二三〕力 于鬯云:"力"猶"功"也。《周禮·司勳職》云:"治功曰'力'。"(下文"多"字亦當即《司勳職》"戰功曰多"之"多",然文有脫)

〔二四〕邑狐句 孫星衍云:"狐",一本作"孤",地未詳。吾友洪亮吉曰"狐駘",近是。"穀",《左傳·昭十一年》:"申無宇曰:'齊桓公城穀而置管仲焉。'"杜預《釋例》:"濟北穀城中有管仲井。"◎吳則虞云:城穀,見《春秋·莊三十二年經》。《左傳》云:"城小穀,爲管仲也。"案齊有穀,魯有小穀。《公羊經》:"城小穀。"《解》云:"二《傳》作'小'字,與《左氏》異。"是《左傳》作"城穀",二《傳》作"城小穀"。今本《左氏》之"小"字,必後人誤添,此三《傳》今古文之分也。此云"邑狐與穀",不作"小穀",與《左氏》古文合。◎文斌案:《春秋經·莊公三十二年》亦作"城小穀",吳氏失檢。孫志祖《讀書脞錄》云:《左·莊三十二年傳》'城小穀,爲管仲也',顧亭林《日知錄》據范甯《穀梁解》以小穀爲魯邑而疑《左氏》之誤。志祖考:《春秋》之言'穀'者,除亭林所引外,尚有宣十四年公孫歸父會齊侯于穀、襄十九年晉士匄侵齊至穀,又成十七年《傳》齊國佐殺慶克以穀叛,則齊地之名'穀'而不名'小穀'灼然矣。'小穀'應屬魯邑,《左氏》不應謬誤若此。後讀《公羊》,《疏》云:'二《傳》作"小穀",與《左氏》異。'始悟《左氏》經本作'城穀',此與申無宇所言'齊桓公城穀而置管仲焉'語正合,故杜注以爲齊邑,又引'濟北穀城縣中有管仲井'以實之尒。今《經》《傳》及《注》俱作'小穀'者,乃後人據二《傳》之文而誤加之《左氏》也。惜杜預手定本已亡,無從是正。"沈本"狐"作"孤"。

〔二五〕以共句 吳則虞引長孫元齡云:《左氏·襄三十年傳》:"豐卷將祭,請田焉。弗許,曰:'唯君用鮮,衆給而已。'"杜注:"'鮮',野獸。衆臣祭,以芻豢爲足。"然則桓公賜邑於管仲,不啻食采,兼以爲狩地,猶魯用重祭之比也。

〔二六〕州款 孫星衍云:地名,未詳。

〔二七〕其宗句 孫星衍云:言非宗廟常禮,故以爲惡。《左傳》:"鳥獸之肉不登于俎。"◎于省吾云:"養鮮"不詞。"養"本應作"羞",《爾雅·釋詁》:"'羞',進也。"《周禮·庖人》:"與其薦羞之物。"注:"備品物曰薦,致滋味乃爲羞。"然則"羞鮮"即進鮮。《說文》古文"養"作"羕",甲骨文及金文"羞"字均作"𦎫",形近易譌。◎吳則虞云:孫說有誤。"其宗廟之養鮮也"七字,疑後人字旁注文,其意即指上文"邑狐與穀,共宗廟之鮮"而言,後闌入正文,致失其解。◎文斌案:吳說甚是。"管子有一美,嬰不如也;有一惡,嬰不忍爲也。"正反對舉,語意甚明。綴以"其宗廟之養鮮也”，語轉重複累贅。“其宗廟之養鮮也”當是後人對“有一惡，嬰不忍爲”內容之具體注解。

景公怒封人之祝不遜晏子諫第十三[一]

景公遊于麥丘[二]，問其封人曰[三]：“年幾何矣？”對曰：“鄙人之年八十五矣[四]。”公曰：“壽哉[五]！子其祝我[六]。”封人曰：“使君之年長于胡[七]，宜國家[八]。”公曰：“善哉！子其復之。”曰：“使君之嗣壽皆若鄙臣之年[九]。”公曰：“善哉！子其復之。”封人曰：“使君無得罪于民[一〇]。”公曰：“誠有鄙。民得罪于君則可[一一]，安有君得罪于民者乎？”晏子諫曰[一二]：“君過矣！彼疏者有罪，戚者治之；賤者有罪，貴者治之。君得罪于民，誰將治之[一三]？敢問：桀、紂，君誅乎，民誅乎？”公曰：“寡人固也[一四]。”于是賜封人麥丘以爲邑。

〔一〕蘇輿云：《韓詩外傳》載此事辭詳而略異，《治要》載此章在《雜上》。◎文斌案：元刻本、活字本、沈本、吳勉本目錄作“之祝”，標題作“祝之”。今依目錄乙“祝之”爲“之祝”。吳懷保本標題作“諫怒封人之祝”，楊本作“麥丘封人祝”，凌本作“景公遊于麥丘”。

〔二〕景公句　孫星衍云：《韓詩外傳》作：“桓公逐白鹿至麥丘之邦。”《新序·雜事篇》作：“桓公田至麥丘。”◎張純一云：桓譚《新論》作：“齊桓公行見麥丘人。”◎文斌案：《外傳》見卷十，“桓公”前有“齊”字。《新序》“至”後有“於”字。《新論》見《離事篇》，“丘”作“邱”。

〔三〕問其句　劉師培《補釋》云：《韓詩外傳》十曰：“齊桓公逐白鹿至麥邱之邦，遇人曰：‘何謂者也？’對曰：‘臣麥邱之邦人。’”《新序·雜事篇》作：“臣麥邱之邑人。”雖所記與此殊，然足證此文之“封”即“邦”字之叚，猶《書序》“邦諸侯”之叚“封”爲“邦”也。“邦人”即邑人，非官名之“封人”也。◎吳則虞云：劉説可信。此“封人”蓋沿《莊子·天地篇》“堯觀乎華，華封人曰‘嘻！請祝聖人’”而改。《治要》“何”下無“矣”字。

〔四〕鄙人句　孫星衍云：《韓詩外傳》《新序》“五”作“三”。◎張純一云：《治要》引作“五”，《桓子新論》作“三”。◎徐仁甫云：“八十”下當補“有”字。前第五章曰：“霖雨十有七日。”後第二十三章兩言“十有八日”，可見本書整數後例用“有”字。《韓詩外傳》十、《新序·雜事四》亦有“有”字。當據補。

〔五〕壽哉　吳則虞云：《外傳》作“美哉”，《新序》作“美哉壽乎”。此“壽哉”疑“善哉”之譌。下文兩言“善哉”，此句當一律。“善”者，此善其壽，下善其言。“善”“美”形義皆近，故《外傳》《新序》易爲“美”字。此文今作“壽”者，後人不知“善哉”之義而改之也。

〔六〕子其句　吳則虞云：《新序》作“子其以子壽祝寡人”。◎文斌案：《外傳》作“叟盍爲寡人壽也”，《新論》作“以子之壽祝寡人乎”。

〔七〕胡　孫星衍云：《詩》：“胡考之寧。”《傳》：“‘胡’，壽也。”《謚法解》：“彌年壽考曰胡，保民耆艾曰胡。”◎洪頤烜云：“胡”即“遐”字，通用。《詩·南山有臺》：“遐不眉壽。”鄭《箋》：“‘遐’，遠也。”“遐”又通作“瑕”，《禮記·表記》：“瑕不謂矣。”鄭《注》：“‘瑕’之言‘胡’也。”皆同聲假借字。“壽”者，久也。《詩·載芟》：“胡考之寧。”《毛傳》：“‘胡’，壽也。”《周書·謚法解》：“彌年壽考曰胡。”皆“胡”字會意。◎俞樾云：“胡”者，蓋謂齊之先君胡公靖也，《詩·齊譜·正義》言：胡公歷懿王、孝王、夷王，是其享國久矣。《謚法》：“保民耆艾曰胡。”則胡公壽考令終可知，故封人以爲祝詞。而《史記》乃有見殺之説，或傳聞之異，不足據也。◎蘇輿云：俞説較優。《治要》作“長于國家”，無“胡”“宜”二字，非。◎文斌案：俞樾所引《詩·齊譜·正義》，見《毛詩注疏》卷五《齊雞鳴詁訓傳第八》。

〔八〕使君二句　孫星衍云：“胡”“家”爲韻。

〔九〕曰使句　孫星衍云：“嗣”“年”爲韻。◎王念孫曰：“曰”上原有“封人”二字，“鄙臣”作“鄙人”，與上下文同一例。今本脫“封人”二字，“鄙人”又誤作“鄙臣”。《群書治要》正作：“封人曰：‘使君之嗣，壽皆若鄙人之年。’”◎吳則虞云：《指海》本據補“封人”二字。

〔一〇〕使君句　張純一云：《韓詩外傳》十曰：“無使吾君得罪于群臣百姓。”《古音諧·七真》引此。“年”“民”諧。

〔一一〕誠有句　蘇輿云：“鄙”字疑涉上“鄙”字衍。◎陶鴻慶云：“得罪于君”不專指“鄙民”，當以“誠有鄙”三字爲句，蓋謂封人之言鄙野而無義理也。上文封人兩答景公，皆自謂“鄙人”，故景公以此諧之。◎文斌案：陶説是，今標點從之。

〔一二〕晏子句　張純一云：《治要》“諫”作“對”。

〔一三〕彼疏諸句　吳則虞云：自“彼疏者”至“誰將治之”二十六字，《治要》無。

〔一四〕固　蘇輿云：“固”猶“鄙”也（見《禮·哀公問》鄭注）。《治要》作“寡人過矣”。◎張純一云：“固”，“陋”也。

景公欲使楚巫致五帝以明德晏子諫第十四〔一〕

楚巫微導裔款以見景公〔二〕，侍坐三日〔三〕，景公説之。楚巫曰：“公，明神之主〔四〕，帝王之君也。公即位有七年矣〔五〕，事未大濟者，明神未至也〔六〕。請致五帝以明君德〔七〕。”景公再拜稽首。楚巫曰：“請巡國郊以觀帝位。”至于牛山而不敢登〔八〕，曰：“五帝之位在于國南，請齋而後登之〔九〕。”公命百官供齋具于楚巫之所〔一〇〕，裔款視事。晏子聞之而見于公曰：“公令楚巫齋牛山乎？”公曰：“然。致五帝以明寡人之德，神將降福于寡人，其有所濟乎？”晏子曰：“君之言過矣！古之王者，德厚足以安世〔一一〕，行廣足以容衆。諸侯戴之，以爲君長；百姓歸之，以爲父母。是故天地四時和而不失，星辰日月順而不亂，德厚行廣，配天象時，然後爲帝王之君，神明之主〔一二〕。古者不慢行而繁祭，不輕身而恃巫。今政亂而行僻，而求五帝之明德也〔一三〕？棄賢而用巫，而求帝王之在身也？夫民不苟德〔一四〕，福不苟降，君之帝王不亦難乎〔一五〕！惜夫〔一六〕！君位之高，所論之卑也。”公曰：“裔款以楚巫命寡人曰〔一七〕：‘試嘗見而觀焉〔一八〕。’寡人見而説之，信其道，行其言。今夫子譏之，請逐楚巫而拘裔款。”晏子曰：“楚巫不可出。”公曰：“何故？”對曰：“楚巫出，諸侯必或受之〔一九〕。公信之，以過于內〔二〇〕，不知〔二一〕；出，以易諸侯于外〔二二〕，不仁。請東楚巫而拘裔款〔二三〕。”公曰：“諾。”故曰〔二四〕：送楚巫于東〔二五〕，而拘裔款于國也。

〔一〕文斌案：吳懷保本標題作“諫使楚巫明德”，楊本、凌本均作“楚巫”。
〔二〕楚巫句　孫星衍云：“楚巫微”，楚之巫名微。“導”，引之。“裔款”，姓裔名款。◎王念孫云：“微”蓋楚巫之名，《太平御覽》作“徵”。孫曰：“導，引之。”非也。“導”本作“道”，此後人不曉文義而改之也。“道”者，“由”也。裔款，齊之佞臣，故薦楚巫於景公，是楚巫由裔款以見景公也，下文曰“裔款以楚巫命寡人”是其證。若作“導”而訓爲“引”，則是楚巫引裔款以見景公，與本事相反矣。《太平御覽·人事部九十七》引此正作“道”。◎吳則虞云：王訓“道”爲“由”，是也。以“微”爲“徵”之誤，徵乃楚巫名，非也。苟徵爲楚巫名，下文當出“楚巫徵”，不當獨略“徵”字。竊以此“微”字當爲“媺”字之譌，古與“媄”通。“媄”，《説文》：“色好也。”後用

“美”而少用“媄”與“嬍”。此章言雩祭,雩祭皆用女巫。此楚巫色美,裔
款因以進,故下文一則曰“公悦之”,景公自謂曰“寡人見而説之”。夫説
之者,先説其色而後信其言也。後“嬍”譌爲“徵”,而“徵”又譌爲“微”,致
失其義。◎徐仁甫云:“導裔款”即導於裔款,古人被動句多省“於”字。
陶鴻慶説是(見前第十二章“數其常多先君桓公”條)。王念孫説非也。
《諫下》第十三章“作服不常,以笑諸侯”(蘇輿云:以爲笑於諸侯),“用財
無功,以怨百姓”,“笑”下、“怨”下皆省“於”字,謂被笑於諸侯、被怨於百
姓也。王氏不知被動省“於”字,而誤爲之説。吳則虞《集釋》於前十二章
既以陶説爲是,於此章又以王説爲是,不覺其自相矛盾矣。◎文斌案:王
文錦認爲:雩分兩種,一爲正雩,一爲旱雩。建巳月大雩五方上帝爲正
雩。若建巳月當大旱,其正雩亦舞雩,舞者兼有男巫女巫;餘月之旱雩則
專以女巫舞雩。吳氏不別正雩、旱雩,斷言“雩祭皆用女巫”,殊失禮意。

〔三〕侍坐句　文斌案:嘉靖本“侍”誤作“待”。

〔四〕明神之主　孫本同,《音義》作“神明之主”,校云:今本作“明神主之”,據
下文訂正。◎張純一從孫校改作“神明之主”,注云:《御覽》“主”作
“王”,非。◎吳則虞云:顧廣圻改元本“神明”爲“明神”。孫星衍《音義》
出“神明之主”,而刻本仍作“明神”。《御覽》四百五十六引及活字本、吳
懷保本、楊本、凌本、吳勉學本、《子彙》本俱作“明神”。下文“明神未至”,
亦作“明神”。作“明神”者是。“晏子曰”下“神明之主”亦當作“明神之
主”,故乙。◎文斌案:宋本《御覽》卷四五六引作“明神之主”。除孫本、
吳蕭本,各本均誤作“明神主之”。顧廣圻乙元刻“主之”爲“之主”,非乙
“神明”爲“明神”。吳氏失檢。

〔五〕公即句　王念孫云:“有”上有“十”字,而今本脱之。“有”讀爲“又”,若云
“即位有七年”,則“有”字可删矣。《太平御覽》引此正作“十有七年”。◎
吳則虞云:《指海》本據增。

〔六〕事未二句　孫星衍云:《爾雅·釋言》:“‘濟’,益也。”“明神”,《太平御
覽》作“神明”。

〔七〕請致句　孫星衍云:“五帝”,五方之帝。◎蘇輿云:五帝之名,見于《孔子
家語》及《大戴禮》,其説有二。其一,孔子答季康子,以伏羲配木,神農配
火,黃帝配土,少昊配金,顓頊配水,此言數聖人革命改號,取法于五行之
帝,非五帝定名也。其一則孔子所答宰予五帝德,曰黃帝,曰顓頊,曰帝
嚳,曰堯,曰舜。史公所述《五帝紀》是也。皇甫謐作《帝王代紀》,蘇轍作
《古史》,鄭樵作《通志》,則並祖孔安國,以伏羲、神農、黃帝爲三皇,少昊、
顓頊、帝嚳、堯、舜爲五帝,五峰雙湖胡氏又主秦博士天皇、地皇、人皇之
議,而以伏羲、神農、黃帝、堯、舜爲五帝。竊謂諸説唯史公較爲有據,道原

劉氏以胡説爲定論者,恐非。◎吳則虞云:蘇輿之説,與此章之義無涉。下文云"巡國郊以觀帝位",是合五帝於壇而祭之也。此惟天子之大雩如此,大雩在南郊,魯用天子禮樂,故魯之南門曰雩門。諸侯不然,雩則雩上公而不能雩上帝。今齊欲以五帝祀之,則於禮僭矣,故晏子以爲慢行。惟古雩用女巫,女巫舞雩見於《周禮·春官》"司巫"及"女巫",《檀弓》亦有望之愚婦人之譏,此楚巫當亦爲女巫,故景公憐其色之美。五帝之名,出於巫史,巫咸、甘、石三家天文之書,以人事定星位,甘氏中官,有天皇大帝一星在鉤陳口中,又有五帝内坐五星在華蓋下。《史記·天官書》多用《甘氏星經》,又有五星五帝坐在南官蓋中宫,天皇大帝象圜丘,五帝内座象郊,南官五帝座象明堂。甘公、石申皆周人,其所據當三代古書,此五帝者,當以此説爲是。蘇説,後儒依托之辭也。◎文斌案:王文錦認爲:本章之"五帝"乃五天帝,蘇氏所言爲五人帝,吳氏謂與本章之義無涉,誠是。但晏子"古者不慢行而繁祭"之"慢行"乃泛指慢易放縱之行,吳氏謂專指欲僭祀五帝,是誤解。並指出:自"巫咸、甘、石三家天文之書"至"其所據當三代古書"凡一百餘字,乃孫星衍《問字堂集》卷五《六天及感生帝辨》中語,吳氏拿來充作己説,很不嚴肅。

〔八〕牛山　孫星衍云:《水經注·淄水》:"自山東北流逕牛山西,又逕臨淄縣故城南。"《元和郡縣志》:"牛山在臨淄縣南二十五里。"◎文斌案:《水經注·淄水》"又逕臨淄縣故城南",原文"逕"前有"東"字。《元和郡縣志》見卷十《河南道六·青州》。

〔九〕五帝二句　孫星衍云:《太平御覽》"齋"下有"具"字。◎蘇輿云:"請齋",謂請致齋也,言致齋而後能登,非請齋具而登之也。《御覽》"具"字緣下"齋具"而衍耳。◎吳則虞云:蘇説是也。下云:"公令楚巫齋牛山乎?"是齋爲楚巫之齋;其具,景公供之耳。◎王叔岷云:《御覽》四五六引"齋"作"齊",下同。◎文斌案:"在于國南,請齋而後登之",黃本作"在于國之南,齊而後登之"。後"齋"字亦作"齊"。

〔一〇〕公命句　文斌案:宋本《御覽》"齋"作"齊",無"于楚巫之所"五字。

〔一一〕德　文斌案:元刻本、活字本作"得"。

〔一二〕神明之主　文斌案:各本均同,誤。當與前文一致,作"明神之主"。◎吳則虞云:《御覽》四百五十六引無"公令楚巫"至"神明之主"八十五字。

〔一三〕而求句　蘇輿云:"也"當讀"邪",下同。◎吳則虞云:凌本"明"作"其",誤。

〔一四〕夫民句　蘇輿云:言必有實德而後民德之,不能無德而苟謂之德也。

〔一五〕君之句　吳則虞云:宋本《御覽》"君之帝王不亦難乎"以上殘缺,此處

獨完,作"而求帝王,不亦難乎",是也。此正申説上二"不苟"之義,
"而"字一轉。

〔一六〕惜夫　文斌案:吳懷保本作"惜乎"。

〔一七〕命　張純一云:教也。

〔一八〕試嘗　劉師培《補釋》云:"嘗"即"試"也。《小爾雅·廣言篇》曰:
"'嘗',試也。""嘗""試"義同,"試"蓋後人旁注之字,嗣併入正文,今
當删。◎王叔岷云:同義字古多連用,"試""嘗"同義,連言之則曰"試
嘗",或曰"嘗試",習見於古書。劉説非也。◎劉如瑛説同王氏。

〔一九〕諸侯句　徐仁甫云:"或"通"惑",謂諸侯必惑受之也。

〔二〇〕過于内　蘇輿云:言使公獲過于内也。

〔二一〕知　孫星衍云:讀如"智"。

〔二二〕出以二句　孫星衍云:"易",見輕易也。◎盧文弨云:言我不信而使外
諸侯信之,是之謂"易"。◎徐仁甫云:"易"即"惑易",謂出以惑易諸侯
於外也。《韓非子·内儲説下》:"燕人惑易,故浴狗矢。"又:"其妻曰:
'公惑易也。'因浴之以狗矢。"韓子"惑易"連文,《晏子春秋》"惑""易"
分用耳。諸家於"或"無説,蓋讀同"有";於"易"則其説不一,而皆不
安。不知"或"同"惑","易"亦"惑"也。

〔二三〕請東句　吳則虞引長孫元齡云:《左傳·襄十九年》:"遂東太子光。"齊
原東國,則齊東者齊之邊裔,以爲流放之地。"東楚巫"者,放之於東
裔也。

〔二四〕故曰　盧文弨云:"故"下"曰"字衍。◎陶鴻慶云:"曰"蓋"因"字之誤。
第九章:"公曰不説,遂不觀。""曰"字元刻本作"因",即其例。◎劉師
培《斠補定本》説同。◎吳則虞云:陶、劉説非是,"曰"蓋"囚"字之訛。
《左·定公九年傳》:"執陽虎,將東之。陽虎願東,乃囚諸西鄙。"言囚
而逐之,此亦然。"囚"與"拘"相對。◎文斌案:盧説是。黄本上方校
語云:"'故曰'可疑。"

〔二五〕送楚句　盧文弨云:東濱海,不與外諸侯鄰。

景公欲祠靈山河伯以禱雨晏子諫第十五〔一〕

齊大旱逾時〔二〕,景公召群臣問曰〔三〕:"天不雨久矣,民且有飢
色〔四〕。吾使人卜,云〔五〕:祟在高山廣水〔六〕。寡人欲少賦斂以祠靈
山〔七〕,可乎?"群臣莫對〔八〕。晏子進曰:"不可。祠此無益也〔九〕。夫靈

山固以石爲身,以草木爲髮[一〇]。天久不雨[一一],髮將焦,身將熱[一二],彼獨不欲雨乎[一三]? 祠之無益[一四]。”公曰:“不然[一五],吾欲祠河伯[一六],可乎?”晏子曰:“不可[一七]。河伯以水爲國[一八],以魚鼈爲民[一九]。天久不雨[二〇],泉將下,百川竭[二一],國將亡[二二],民將滅矣。彼獨不欲雨乎[二三]? 祠之何益[二四]?”景公曰:“今爲之奈何?”晏子曰:“君誠避宮殿暴露[二五],與靈山河伯共憂[二六],其幸而雨乎[二七]!”于是景公出野居暴露[二八],三日[二九],天果大雨,民盡得種時[三〇]。景公曰:“善哉! 晏子之言,可無用乎? 其維有德[三一]。”

〔一〕文斌案:吳懷保本標題作“諫祠靈山河伯”,楊本作“大旱”,凌本作“齊大旱”。

〔二〕齊大句　孫星衍云:“時”,一本作“旹”,古今字。◎劉師培《斠補定本》云:《説苑·辨物篇》“逾”作“之”。◎吳則虞云:《太平御覽》三十八、又八百七十九、又九百三十二、《藝文類聚》一百、《合璧事類》二、《記纂淵海》五引俱作“齊大旱”,無“逾時”二字。◎文斌案:《太平寰宇記》十八、《天中記》三亦作“齊大旱”,《合璧事類前集》二、《事文類聚前集》五均作“齊景公時大旱”,《初學記》二作“齊景公時旱”。元刻本、活字本、《子彙》本、綿眇閣本、凌本“時”作“旹”。

〔三〕景公句　劉師培《校補》云:《寰宇記》十八引作“問群臣”,《事文類聚前集》五引作“乃召群臣而問”。◎文斌案:《合璧事類》引作“乃召群臣而問曰”,“景公”二字在上句“齊”字下。

〔四〕飢　《音義》云:“飢”,今本作“饑”,據《藝文類聚》訂正。◎劉師培《斠補定本》云:《御覽》八百七十九引“且”作“皆”。◎張純一云:《類聚》卷一百作“飢”,是;卷七作“饑”,非。◎文斌案:各本均作“饑”,顧廣圻改作“飢”,作“飢”者是。《説苑》《事文類聚》亦作“饑”。《合璧事類》《御覽》均作“飢”。

〔五〕卜云　王念孫云:“卜云”本作“卜之”,此草書之誤也。若作“云”,則當別爲一句,破碎不成文理矣。《藝文類聚·災異部》《太平御覽·咎徵部六》並引作“吾使人卜之”,《説苑·辨物篇》同。

〔六〕廣水　黃以周云:《類聚》《御覽》作“廣澤”。◎劉師培《校補》云:《寰宇記》引“水”作“澤”。◎吳則虞云:《御覽》三十八引作“旅在高山廣澤”。《説苑·辨物》亦作“澤”。◎文斌案:《説苑》作“高山廣水”,吳氏失檢。

〔七〕寡人句　孫星衍云:“少賦斂”,言少少賦民,以爲祭山之費。“祠”,《初學記》《太平御覽》作“祀”。◎盧文弨云:“祠”,《御覽》八百七十九作“招”。

案《周禮》男巫"旁招以茅","招",四方之所望祭者。他卷亦或作"祠"作
"祀"。◎王念孫云:作"招"者,誤字也。《御覽》固多誤字,不必附會以
《周官》之"旁招"。且"祠"是祭名,而"招"非祭名,可言"祠靈山""祠河
伯",不可言"招靈山""招河伯"也(《周官》:"男巫掌望祀望衍,旁招以
茅。""望"是祭名,而"招"非祭名,故可言"望于山川",不可言"招于山
川")。案下文晏子曰:"祠此無益也。"公曰:"吾欲祠河伯。"其字皆作
"祠"。又此章標題云"景公欲祠靈山河伯",其字亦作"祠",則此文之本
作"祠靈山"明矣。《御覽·咎徵部》雖作"招靈山",而下文之"祠此無益"
及"祠河伯"仍作"祠",則"招"爲"祠"之誤明矣。《初學記·天部下》《御
覽·時序部二十》並引作"祀靈山","祀""祠"古字通,則仍是"祠"字。
《藝文類聚·山部》《災異部》及《御覽·天部十一》並引作"祠靈山"。
《説苑》同。◎劉師培《校補》云:《寰宇記》引"祠"作"祀"。《御覽》八百
七十九亦引作"祠"。◎張純一云:鮑刻《御覽》八百七十九作"祠",足證
"招"字之誤。又三十八引亦作"祠靈山"。◎吳則虞云:宋本《御覽》十
一、三十八、又八百七十九、《合璧事類》二引俱作"祠",無作"招"者,王説
是也。◎王叔岷云:王説是也,"招"即"祠"之形誤,景宋本《御覽》正作
"祠"。◎文斌案:《記纂淵海》《事文類聚》引均作"祠"。《藝文類聚》一
百引"寡人"後無"欲"字。

〔八〕群臣句　劉師培《校補》云:《藝文類聚》一百引作"群臣皆莫有對者",
　　《御覽》八百七十九引同,無"有"字。

〔九〕不可二句　吳則虞云:《合璧事類》二引"不"上有"此"字。◎文斌案:
　　《事文類聚》《合璧事類》引均作"此不可,祠無益也"。

〔一〇〕夫靈二句　孫星衍云:"固",《初學記》作"故"。"髮",《藝文類聚》《太
　　平御覽》作"毛髮",非。◎劉師培《校補》云:"髮",《寰宇記》引作"爲
　　毛髮"(《莊子·逍遥遊》,《釋文》引《地理書》云"山以艸木爲髮。疑
　　'毛'爲衍字")。◎張純一云:《初學記》"草"上無"以"字。◎吳則虞
　　云:《御覽》十一、三十八、《記纂淵海》卷五引皆無"固"字,《藝文類聚》
　　七引誤作"因"。又《類聚》七、又一百、《御覽》十一、三十八、八百七十
　　九、《合璧事類》二引皆有"毛"字。此"毛"字恐沿《説苑》增。◎田宗堯
　　云:《事文類聚》《合璧事類》引"草"上並無"以"字。《天中記》三引作
　　"以草木爲毛髮"。◎文斌案:宋本《御覽》十一、《初學記》作"草木爲
　　髮";《説苑》作"以草木爲髮";《事文類聚》《合璧事類》作"草爲髮",並
　　無"毛"字,吳氏失檢。

〔一一〕久　孫星衍云:《初學記》《太平御覽》作"苟"。◎張純一云:《御覽》三
　　十五引作"久"。◎吳則虞云:《御覽》三十八、八百七十九、《記纂淵

海》五引皆無"久"字。◎王叔岷云:《御覽》三五引"天"作"今"。◎文
斌案:《合璧事類》《事文類聚》引同。宋本《御覽》十一作"苟"。

〔一二〕髮將二句　劉師培《校補》云:《初學記》二所引"熱"下有"久旱"二字,
此疑挩。《類聚》一百、《御覽》十一引"焦"作"燋"。《寰宇記》引"焦"
作"焦枯"。史容《山谷詩外集》卷四注引作"今不雨,髮且焦,身且熱,
豈不欲雨乎"。◎張純一云:《初學記》無兩"將"字。◎吳則虞云:《御
覽》十一引無"將"字,三十八引作"髮毛將焦",《御覽》八百七十九、《合
璧事類》二皆作"燋"。《合璧事類》"熱"又作"爇"。◎王叔岷云:《御
覽》三五引下"將"字作"且"。◎田宗堯云:《藝文類聚》一〇〇、《事文
類聚》《合璧事類》《天中記》引"焦"字並作"燋","焦""燋",正、俗字。
◎文斌案:《御覽》八百七十九"焦"誤作"礁",吳氏失檢。《事文類聚》
"熱"亦作"爇"。

〔一三〕彼獨句　劉師培《校補》云:《寰宇記》引"獨"作"猶"。◎吳則虞云:
《類聚》七引"獨"作"焉",史容《山谷詩注》引作"豈",皆無"彼"字。◎
王叔岷云:《御覽》三五引"彼獨"作"豈山"。◎文斌案:《藝文類聚》
七引作"獨",一百引作"彼獨",兩引皆有"獨"字。吳氏失檢。

〔一四〕祠之句　孫星衍云:"無",《藝文類聚》《太平御覽》作"何"。◎王念孫
云:"無益"本作"何益"。上文已言"祠此無益"矣,故復作問詞以終之,
曰"祠之何益"。若云"祠之無益",則直與上文相複矣。《説苑》作"無
益",亦後人依誤本《晏子》改之。下文論祠河伯之事,先言"無益",而
後言"何益",正與此文相應。《藝文類聚·山部》《災異部》及《御覽·
天部》《咎徵部》《地部》三並引作"祠之何益",《御覽·時序部》作"祀
之何益",皆是"何"字。◎劉師培《校補》云:《寰宇記》引"祠"作
"祀","無"作"何"。◎吳則虞云:《記纂淵海》五引作"何益",《寰宇
記》《合璧事類》俱作"無益"。◎文斌案:《寰宇記》作"何益",吳氏失
檢。《天中記》亦作"何益",《事文類聚》作"無益"。

〔一五〕不然　吳則虞云:《御覽》十一、《合璧事類》二、《記纂淵海》五引皆無
"不然"二字,《御覽》八百七十九引有。◎文斌案:《事文類聚》亦無
"不然"二字。

〔一六〕吾欲句　吳則虞云:《御覽》十一引無"吾欲"二字。

〔一七〕不可句　劉師培《斠補定本》云:《説苑》"可"下有"祠此無益也"五字。
證以上節,似當有。◎吳則虞云:《後漢書》卷六十一《周舉傳》引作"晏
子諫曰",《御覽》十一引無"不可"二字。

〔一八〕河伯句　劉師培《校補》云:《事文聚類前集》五引"河伯"作"夫河伯"
(與《説苑》同)。又《後漢書·周舉傳》載舉《策》引作"河伯以水爲城

國,魚鼈爲民庶。水盡魚枯,豈不欲雨",與此尤殊。◎吳則虞云:《後漢書·周舉傳》引"河"上有"夫"字,"國"上有"城"字。《説苑》、《事文聚類前集》五,"國"上亦有"城"字。◎田宗堯云:《合璧事類》《天中記》引"河"上並有"夫"字,與上文"夫靈山固以石爲身"句例同。◎文斌案:《説苑》《合璧事類》《事文聚類》"國"上均無"城"字,吳氏失檢。

〔一九〕鼈 孫本作"鱉",《音義》云:"鱉",《説苑》作"鼈",是。俗從"魚"。◎張純一云:《類聚》九十六引亦作"鼈",蘇校同。◎文斌案:黃本同,餘均作"鱉"。《天中記》引作"鱉"。

〔二〇〕天久句 劉師培《校補》云:《御覽》八百七十九引"天久"作"天久旱"。◎文斌案:《記纂淵海》亦作"天久旱"。

〔二一〕泉將二句 吳則虞云:《御覽》八百七十九引"泉"上有"水"字,"川"下有"將"字。《事文類聚前集》五、《合璧事類》二、《記纂淵海》五,"川"下均有"將"字。案《説苑》作"水泉將下,百川將竭",《指海》本已據增"水""將"二字,是也。◎文斌案:《天中記》《記纂淵海》均無"泉將下"三字,"竭"上有"將"字。沈本"百"作"伯"。

〔二二〕國將句 吳則虞云:《御覽》八百七十九、《記纂淵海》五引"國"下無"將"字。《事文類聚前集》五、《合璧事類》二作"國民將亡矣"。◎文斌案:《天中記》亦作"國民將亡矣"。

〔二三〕彼獨句 劉師培《校補》云:《事文聚類前集》五引"彼獨不欲"作"誰獨不用"(《説苑》亦作"用")。◎吳則虞云:《御覽》十一引無"彼"字。◎文斌案:《合璧事類》《天中記》亦作"誰獨不用"。

〔二四〕祠之句 劉師培《校補》云:《事文聚類前集》五引"何"作"無"。史容《山谷詩外集》卷四注引"祠"作"祀"(《御覽》九百三十二引"河伯"節"祠"並作"祀")。文並小異。◎文斌案:《合璧事類》《天中記》引"何"亦作"無"。

〔二五〕君誠句 孫星衍云:"暴",《説文》:"'暴',晞也。從日出廾米。"《玉篇》:"步卜切,又蒲報切。"◎劉師培《斠補定本》云:《御覽》八百七十九引"誠"作"試","暴"作"曝"。◎張純一云:《初學記》無"誠"字"宮"字。◎吳則虞云:《記纂淵海》五引"誠"作"試","暴"作"曝"。以下句"幸"字觀之,"試"字義長。◎王叔岷云:《御覽》三五引"誠"作"宜"。◎文斌案:《事文聚類》《合璧事類》均作"避宮殿暴露",無"君誠"二字。《天中記》《記纂淵海》"君"作"公",《天中記》並無"誠"字。

〔二六〕與靈句 劉師培《斠補定本》云:《事文類聚》引"共"下有"其"字。◎吳則虞云:《御覽》八百七十九、《記纂淵海》五引作"與山河共憂"。

《合璧事類》引"共"下有"其"字。◎文斌案:《事文聚類》《合璧事類》《天中記》均作"與山靈河伯共其憂","靈""山"互乙。

〔二七〕其幸句　孫星衍云:"其幸而雨",《初學記》《太平御覽》作"其當雨"。◎劉師培《斠補定本》云:《御覽》八百七十九引同,三十五引作"其索雨乎"。◎吳則虞云:《御覽》十一引作"其索雨乎"。作"幸"字是,"索""幸"形近而譌。◎文斌案:《記纂淵海》無"乎"字。

〔二八〕于是句　王念孫云:"野"下本無"居"字,"出野暴露"四字連讀。後人誤以"出"字絕句,故又於"野"下加"居"字耳。《初學記》《太平御覽》引此皆無"居"字,《說苑》同。◎劉師培《斠補定本》云:《御覽》八百七十九引"出野"作"即出",《事文類聚》引"出"上有"乃"字。◎文斌案:王說是。《記纂淵海》作"景公曝露",《初學記》作"公出野暴露",《天中記》作"公乃出野暴露",《合璧事類》《事文聚類》作"景公乃出野暴露",《御覽》八百七十九作"景公即出曝露",十一作"公出野曝露",三十五作"公從之,出野",均無"居"字。

〔二九〕三日　吳則虞云:《初學記》、《御覽》十一引無"三日"二字。◎文斌案:《御覽》三十五亦無"三日"二字,《御覽》八百七十九、《說苑》《合璧事類》《事文聚類》《天中記》有。

〔三〇〕時　孫星衍云:讀如"蒔",《說文》:"更別穜。"《說苑》作"樹"。

〔三一〕其維句　孫星衍云:《說苑·辨物篇》用此文。◎黃以周云:《說苑》作"其惟有德也"。

景公貪長有國之樂晏子諫第十六〔一〕

景公將觀于淄上〔二〕,與晏子閒立〔三〕。公喟然歎曰〔四〕:"嗚呼!使國可長保而傳于子孫〔五〕,豈不樂哉?"晏子對曰〔六〕:"嬰聞〔七〕:明王不徒立,百姓不虛至。今君以政亂國、以行棄民久矣,而聲欲保之〔八〕,不亦難乎!嬰聞之:能長保國者,能終善者也。諸侯並立,能終善者爲長;列士並學〔九〕,能終善者爲師。昔先君桓公,其方任賢而贊德之時〔一〇〕,亡國恃以存,危國仰以安。是以民樂其政而世高其德,行遠征暴,勞者不疾,驅海内使朝天子而諸侯不怨〔一一〕。當是時〔一二〕,盛君之行不能進焉〔一三〕。及其卒而衰,怠于德而并于樂〔一四〕,身溺于婦侍而謀因豎刁〔一五〕,是以民苦其政而世非其行,故身死乎胡宫而不舉〔一六〕,蟲出而不收〔一七〕。當是時也,桀、紂之卒不能惡焉〔一八〕。《詩》曰:'靡

不有初,鮮克有終〔一九〕。'不能終善者不遂其君〔二〇〕。今君臨民若寇
讎〔二一〕,見善若避熱〔二二〕,亂政而危賢,必逆于衆;肆欲于民而誅虐于
下〔二三〕,恐及于身〔二四〕。嬰之年老,不能待于君使矣〔二五〕,行不能革〔二六〕,
則持節以没世耳〔二七〕。"

〔一〕文斌案:吳懷保本標題作"諫貪有國之樂",楊本作"淄上",凌本作"景公
　　將觀于淄上"。

〔二〕景公句　孫星衍云:"淄",當爲"甾"。《地理志·泰山·萊蕪》:"甾水
　　所出,東至博昌入泲,幽州寖。"《括地志》:"淄州縣東北七十里原山,淄
　　水所出,俗傳云禹理水功畢,土石黑,數里之中,波若漆,故謂之淄水
　　也。"◎王念孫云:"將"字後人所加。"與晏子閒立"即謂立於淄上也,
　　則上句本無"將"字明矣。《群書治要》及《太平御覽·人事部六十九》
　　皆無"將"字。◎文斌案:《地理志》見《漢書》卷二十八;《括地志》見卷
　　六,原作"淄川縣",孫氏引誤。《御覽》見卷四百二十八。黄本"于"誤
　　作"干"。

〔三〕與晏句　吳則虞云:《治要》、《御覽》四百二十八引無此句。

〔四〕公喟句　文斌案:《御覽》引無"公喟然"三字,《治要》引作"喟然而曰"。

〔五〕使國句　黄以周云:《御覽》"于"作"之"。◎劉師培《斠補定本》云:《治
　　要》無"于"字。◎文斌案:元刻本、活字本、綿眇閣本、凌本"傳"誤
　　作"傅"。

〔六〕晏子句　文斌案:《御覽》引無"對"字。

〔七〕嬰聞句　蘇輿云:《治要》"聞"下有"之"字。

〔八〕而聲句　王念孫云:"聲"字義不可通,蓋衍文也。《群書治要》無。◎于
　　省吾云:王説非是。《治要》不解"聲"字之義而删之也,不可爲據。"聲"
　　猶"言"也,《大戴記·子張問入官》:"發乎聲。"注:"'聲',言也。"《鬼谷
　　子·反應》:"以無形求有聲。"注:"'聲'即'言'也。"《呂氏春秋·論人》:
　　"聽則觀其所行。""聽""聲"字通,謂言則觀其所行,詳《呂氏春秋新證》。
　　《問上》第二十一"而聲矜矜之義","聲"字與此用法同。

〔九〕列士句　蘇輿云:"學",《治要》作"立"。◎徐仁甫云:《問下》第六章作
　　"學"。且承"可學乎"而言,則作"學"是,作"立"非也。

〔一〇〕其方句　蘇輿云:《治要》無"其"字。◎徐仁甫云:"其方"當作"方
　　　其"。下文曰"及其卒而衰","方其"與"及其"相互爲文。《治要》不知
　　　原文誤倒而妄删之,後世校者又輕從《治要》,非也。

〔一一〕亡國諸句　孫星衍云:"存""安"爲韻,"德""疾""怨"爲韻,"怨"急讀

得之。◎趙振鐸云：“存”在文部，“安”在元部，兩部相近，或爲合韻。“德”在職部，“疾”在質部，“怨”在元部，非韻。◎劉師培《斠補定本》云：“而諸侯不怨”，《治要》無“而”字。

〔一二〕當是句　張純一《校注》於“時”後補“也”字，注云：“也”字舊脱，今據下文補，文同一例。

〔一三〕盛君句　盧文弨云：言不能有加也。

〔一四〕并　于鬯云：“并”本有“從”義，故其字从“从”，“从”“從”一也。《説文·从部》云：“‘并’，相從也。”然則“并于樂”猶云“從於樂”也。《問下篇》云：“從南歷時而不反謂之流，從下而不反謂之連，從獸而不歸謂之荒，從樂而不歸謂之亡。”彼四“從”字正可解此“并”字。“并于樂”，猶彼言“從樂”也。又後章云：“是以從欲而輕誅。”“從樂”即“從欲”也。後章又云：“今君嗜酒而并于樂。”放此。或云：“并”讀爲“屏”，或爲“庰”。“屏”“庰”皆訓“蔽”，見《説文·尸部》《广部》。謂爲淫樂所蔽，故云“蔽于樂”。説亦姑備。◎劉師培《校補》云：《治要》引“并”作“並”，下“游公阜”章同。此文“并”字疑與《穆傳》一“而辨於樂”同。◎陳霞村《〈晏子春秋集釋〉管見》（下僅出撰人姓名）云：“并”當訓“專”。《禮記·檀弓下》：“行并植於晉國。”注：“‘并’，猶‘專’也。”《漢書·賈誼傳》：“商君遺禮義，棄仁恩，并心於進取……”“并心”，專心也。“專于樂”，謂專于遊獵聲色也。

〔一五〕身溺句　孫星衍云：“豎刁”，内豎名“刁”也。《左傳》云“寺人貂”，“刁”當爲“刀”，見《玉篇》。◎王念孫云：“刀”，俗作“刁”。“因”下亦有“于”字，與上句對文，而今本脱之。《群書治要》有。◎吳則虞云：《指海》本據補“于”字。◎田宗堯云：《墨子·所染篇》《管子·小稱篇》《公羊·僖十八年傳》並作“豎刀”。《史記·李廣傳》：“不擊刀斗。”師古曰：“‘刀’音‘貂’。”後譌爲“刁”。《齊世家》即作“豎刁”（陳槃庵師云“景祐本《史記》作‘刀’”）。◎劉如瑛云：“侍”，通“寺”，指寺人。《詩·秦風·車鄰》：“寺人之令。”《毛傳》：“‘寺人’，内小臣也。”陸德明《釋文》：“‘寺’，如字，又音‘侍’，本亦作‘侍’字。‘寺人’，奄人。”《左傳·昭公二十五年》：“使侍人僚柤告公。”《釋文》：“‘侍’，本作‘寺’。”《詩·大雅·瞻卬》：“時維婦寺。”《毛傳》：“‘寺’，近也。”兩處《毛傳》似異而實同。“寺”義爲近，“寺人”，蓋因其接近君后而得名。《周禮·天官·寺人》：“寺人掌王之内人及女官之戒令。”《毛傳》蓋據此。◎文斌案：嘉靖本“刁”作“刀”。顧廣圻校云：“因”，當作“困”。

〔一六〕故身句　孫星衍云：“胡宫”，《史記正義》引顔師古云：“身死乎壽宫。”

“胡”之言“胡壽”，蓋一宮二名。◎于省吾云：孫説非是。“胡”“壽”一聲之轉。《詩·載芟》“胡考之寧”即壽考之寧也。◎張純一云：《治要》無“乎”字。“胡宮”，即齊先君胡公靜之宮，胡公壽考，故亦稱“壽宮”。◎吳則虞云：《史記正義》引“顏師古曰”云者，乃顏氏引《吕氏春秋·知接篇》文，亦作“壽宮”。張純一説似是而非之也。《齊世家》言胡公都薄姑，獻公徙臨淄，地非一處，壽宮自非胡公之宮明矣。且古亦未有以先公之號名宮室者，所云不足信。

〔一七〕蟲出句　孫星衍云：《管子·小稱篇》：堂巫、易牙、豎刁、公子開方四子作難，“圍公一室，不得出……乃援素幭以裹首而絕。死十一日，蟲出户，乃知桓公之死也，葬以楊門之扇”。《史記·齊世家》：“桓公尸在牀六十日，尸蟲出于户。”◎吳則虞云：《吕氏春秋·知接》作：“蟲流出於户上。”◎文斌案：《齊世家》原作“桓公尸在牀上六十七日”，孫氏失檢。《吕氏春秋》原作：“蟲流出於户，上蓋以楊門之扇。”“上”字當屬下讀，言桓公死，邪臣爭權，不爲舉喪，致蟲流出户；而不欲人見，故掩以楊門之扇也。“楊門”，門名；“扇”，屏也。吳氏斷句有誤。

〔一八〕不能惡焉　孫星衍云：不能更惡於此也。

〔一九〕靡不二句　孫星衍云：《大雅·蕩》之詩。

〔二〇〕不能句　蘇輿云：“君”，《治要》作“國”。◎張純一云：言不能終其君之位。

〔二一〕若　吳則虞云：《御覽》四百二十八引“若”作“如”。◎文斌案：《御覽》四百二十八引亦作“若”，吳氏失檢。

〔二二〕見善句　孫星衍云：《太平御覽》下有“不亦難乎”。◎文斌案：《御覽》此句“若”作“如”。沈本“若”誤爲“者”。

〔二三〕肆欲　王念孫云：“誅虐”，本作“虐誅”，“虐誅”與“肆欲”對文，倒言之則文義不順。《群書治要》正作“虐誅”。◎劉師培《校補》云：《治要》引“于”作“其”。

〔二四〕恐及句　蘇輿云：《治要》有“矣”字。

〔二五〕不能句　王念孫云：“于”字涉上文四“于”字而衍。《外上篇》曰：“嬰老，不能待君之事。”文義與此同，則本無“于”字明矣。《群書治要》無。◎于省吾云：“使”字不詞，本應作“事”，金文“使”“事”同字。《外篇》第十五“嬰老，不能待公之事”義與此同。◎文斌案：楊本、凌本“待”作“侍”。

〔二六〕革　孫星衍云：《倉頡篇》：“‘革’，戒也。”《説文》：“‘諽’，更也。”“革”，省文。

〔二七〕則持句　劉師培《校補》云：《治要》引“耳”作“矣”。

景公登牛山悲去國而死晏子諫第十七〔一〕

景公遊于牛山〔二〕,北臨其國城而流涕曰〔三〕:"若何滂滂去此而死乎〔四〕!"艾孔、梁丘據皆從而泣〔五〕,晏子獨笑于旁〔六〕。公刷涕而顧晏子曰〔七〕:"寡人今日遊悲〔八〕,孔與據皆從寡人而涕泣〔九〕,子之獨笑,何也〔一〇〕?"晏子對曰:"使賢者常守之,則太公、桓公將常守之矣〔一一〕;使勇者常守之,則莊公、靈公將常守之矣〔一二〕。數君者將守之〔一三〕,則吾君安得此位而立焉〔一四〕?以其迭處之、迭去之,至于君也,而獨爲之流涕,是不仁也〔一五〕。不仁之君見一,諂諛之臣見二〔一六〕,此臣之所以獨竊笑也〔一七〕。"

〔一〕文斌案:吳懷保本標題作"諫悲牛山",楊本作"牛山",凌本作"景公遊于牛山"。

〔二〕景公句 孫星衍云:"牛山",《文選注》作"牛首山"。《括地志》:"齊桓公墓在臨淄縣南二十一里牛山上,亦名鼎足山,一名牛首堈。"◎劉師培《校補》云:《音義》云"《文選注》作'牛首山'",蓋據《齊謳行》注所引。今考《祭顏光禄文》李注,亦引作"牛山"。◎王叔岷云:《文選·(潘安仁)秋興賦》注亦引作"牛山"。◎吳則虞云:《史記·齊世家》,《正義》引同。◎文斌案:《括地志》引在"青州臨淄縣",作"一名鼎足山,一名牛首堈"。《列子·力命》亦作"牛山"。

〔三〕北臨句 張純一云:《列子》有"美哉國乎,鬱鬱芊芊"八字。◎吳則虞云:"北臨其國城",《文選》卷十三注引作"臨齊國"。凌本自"北"字截讀,非也。"北臨"猶"北面",與下章作"北面望睹齊國"同。"而流涕曰",《文選》卷十三注引作"乃流涕而歎曰"。《御覽》二十八、六十二兩引皆無"而"字。《韓詩外傳》十、《列子·力命》俱用此文。《外傳》上有"美哉國乎,鬱鬱泰山",此處似挩二句。◎王叔岷云:《文選·秋興賦》注引作"北臨齊國,乃流涕而歎曰",《齊謳行》注、《祭顏光禄文》注引此亦並無"城"字。◎文斌案:吳氏所言《文選》卷十三注,即指《文選·(潘安仁)秋興賦》注。王氏云《文選·秋興賦》注引作"北臨齊國",誤,注文無"北"字。《齊謳行》見《文選》卷二十八陸士衡《樂府十七首》。《御覽》卷二十八、六十二均未引本章,吳氏失檢。細玩吳氏所言,似謂《文選》卷二十八陸士衡《樂府十七首》之《齊謳行》注和《文選》卷六十王僧達《祭顏光禄文》注。

二注引均作"流涕曰",無"而"字。

〔四〕若何句　孫星衍云:"滂滂",《列子》作"滴滴"。殷敬順云:"或作'滂滂',並皆步郎反,流蕩貌。"◎黃以周云:《文選·劇秦美新》注引作"將去此堂堂國者而死乎",《韓詩外傳》十作"奈何去此堂堂之國而死乎"。◎張純一云:《文選·(陸士衡)樂府·齊謳行》注引作:"景公遊牛首山,北臨其國流涕曰:'若何去此而死乎!'"《列子》"此"下有"國"字,"滴滴"當爲"滂滂"之形誤,"乎"下有"使古無死者,寡人將去斯而何之"二句。《韓詩外傳》十《景公遊牛山》章、湖北局本、《漢魏叢書》本均無"奈何去此堂堂之國而死乎"句,句見《文選·秋興賦》注。◎吳則虞云:《列子》作"若何滴滴去此國而死乎"。蓋"滂"作"洵",與"滴"形近而譌。《文選》卷十三注引作"奈何去此堂堂國者而死乎",《韓詩外傳》同。竊疑此處本作"若何去此旁旁而死乎","旁旁",大也,又盛也,見《廣雅·釋訓》;"堂堂"亦訓"盛",見《劇秦美新》注。是"堂堂"即"旁旁"之假借,後譌爲"滂",而越在"去此"之上,因前後有"流涕""從而泣"語,致誤爲滂沱之義。又《文選》二十八、六十一注引皆無"滂滂"二字。◎王叔岷云:《韓詩外傳》十無"奈何去此堂堂之國而死乎"句,惟《文選·秋興賦》注引此作"奈何去此堂堂之國而死乎",黃氏蓋誤《文選注》爲《外傳》也。又案《文選·秋興賦》注所引此句及下文云:"'使古而無死,不亦樂乎!'左右皆泣。晏子獨笑,曰:'夫盛之有衰,生之有死,天之數也。物有必至,事有當然,曷可悲老而哀死? 古無死,古之樂也。君何有焉!'"又分見於《外篇第七》之第二、第四兩章(劉師培於後有說),而與此章之文不合。未知何據。◎文斌案:張純一、王叔岷校是,《外傳》十無"奈何去此堂堂之國而死乎"句。吳氏未加核校而徑引黃氏《校勘記》文,均失檢。《列子》原作"之何",張氏引作"何之",誤。《文選》卷六十王僧達《祭顏光祿文》注引此章,非卷六十一,吳氏失檢。"滂滂",吳懷保本作"滂沱"。

〔五〕艾孔句　孫星衍云:姓艾,名孔。《列子》作"史孔"。◎盧文弨云:《列子》"史",《釋文》仍作"艾",五蓋切。◎蘇輿云:"艾",齊地。孔蓋以地爲氏。◎劉師培《校補》云:《元和姓纂·十四泰》"艾"姓條云:"《晏子春秋》齊大夫艾孔之後,即《左傳》裔款也。"◎吳則虞云:是也。"艾孔"本書又作"會譴",皆齊人音殊。《文選》二十八、六十注引無"從而"二字。《列子》"而泣曰"下有:"臣賴君之賜,疏食惡肉,可得而食;駑馬棱車,可得而乘也,且猶不欲死,而況吾君乎?"《韓詩外傳》十略同。或《晏子》原有此文,後挩耳。◎文斌案:"艾孔、梁丘據",《外傳》作"國子、高子"。"十四泰·艾",見《元和姓纂》八。

〔六〕晏子句　劉師培《校補》云：《文選·祭顏光禄文》注引作“唯晏子獨笑”。
　　◎文斌案：《文選·齊謳行》注作“晏子獨笑”，《秋興賦》注作“晏子獨笑
　　曰”，均無“于旁”二字。

〔七〕公刷句　孫星衍云：“刷”，《列子》作“雪”，《文選注》作“收”。《爾雅·釋
　　詁》：“‘刷’，清（讀“瀟”）也。”《説文》：“‘馭’，拭也；‘刷’，刮也。”◎文斌
　　案：《文選·齊謳行》注作“公收涕而問之”，《祭顏光禄文》注作“公收淚
　　而問之”。

〔八〕寡人句　張純一《校注》“日”下增“之”字，注云：“之”字舊脱，據《列
　　子》補。

〔九〕孔與句　張純一云：《列子》無“涕”字。

〔一○〕也　張純一云：“也”讀爲“邪”。

〔一一〕使賢二句　吳則虞云：《文選》二十八、又六十注引作“使賢者常守，則
　　太公桓公有之”。

〔一二〕使勇二句　孫星衍云：“靈公”，名環，莊公父。《史記·齊世家》：“二十
　　七年，晉使中行獻子伐齊，齊師敗，靈公走入臨淄。晏嬰止靈公，靈公勿
　　從，曰：‘君亦無勇矣。’”亦好勇之證。“守之矣”，《文選注》只作“莊公
　　有之”。◎蘇輿云：“莊公”當在“靈公”下，傳寫誤倒。◎吳則虞云：
　　《列子》“勇”上有“有”字，《文選》二十八、六十注引作“使勇者常守，則
　　莊公有之”。◎文斌案：《列子》“有勇者”下衍“而”字。

〔一三〕數君句　張純一云：《列子》有“吾君方將被蓑笠而立乎畎畝之中，唯事
　　之恤，何暇念死乎”。

〔一四〕則吾句　張純一云：《列子》“安”上有“又”字。《外上》二章曰：“君亦
　　安得此國而哀之？”◎文斌案：《文選·齊謳行》注作“吾君安得有此而
　　爲流涕”，《祭顏光禄文》注“有此”作“此泣”，“泣”蓋“位”之形誤。

〔一五〕是不句　王叔岷云：《文選·祭顏光禄文》注引“是”下有“曰”字。

〔一六〕不仁二句　劉師培《校補》云：《文選注》兩引並作“見不仁之君一”。
　　◎張純一云：《齊謳行》注作：“見不仁之君一，諂諛之臣二，所以獨笑
　　也。”◎王叔岷云：《文選·祭顏光禄文》注引此與《齊謳行》注引同。
　　◎吳則虞云：《外傳》作“見怯君一而諛臣二”。◎文斌案：《列子》作
　　“見不仁之君，見諂諛之臣，臣見此二者”。“諂”，楊本、凌本、孫本同，
　　餘均誤作“諂”。

〔一七〕此臣句　文斌案：《文選》兩引皆作“所以獨笑也”。《外傳》與下章連，
　　本章至“見怯君一而諛臣二”結。《列子》作“臣之所爲獨竊笑也”，後復
　　有“景公慙焉，舉觴自罰，罰二臣者各二觴焉”三句。◎孫星衍云：《列
　　子·力命篇》《韓詩外傳》用此文。

景公遊公阜一日有三過言晏子諫第十八〔一〕

景公出遊于公阜〔二〕,北面望,睹齊國,曰〔三〕:"嗚呼!使古而無死,何如〔四〕?"晏子曰:"昔者上帝以人之没爲善〔五〕,仁者息焉,不仁者伏焉〔六〕。若使古而無死〔七〕,丁公、太公將有齊國〔八〕,桓、襄、文、武將皆相之〔九〕,君將戴笠衣褐〔一〇〕,執銚耨〔一一〕,以蹲行畎畝之中〔一二〕,孰暇患死〔一三〕?"公忿然作色,不説〔一四〕。無幾何而梁丘據御六馬而來〔一五〕,公曰:"是誰也?"晏子曰:"據也。"公曰:"何如〔一六〕?"曰:"大暑而疾馳,甚者馬死,薄者馬傷,非據孰敢爲之〔一七〕?"公曰:"據與我和者夫〔一八〕!"晏子曰:"此所謂同也〔一九〕。所謂和者〔二〇〕,君甘則臣酸,君淡則臣鹹。今據也甘君亦甘〔二一〕,所謂同也,安得爲和?"公忿然作色,不悦〔二二〕。無幾何,日暮〔二三〕,公西面望,睹彗星〔二四〕,召伯常騫使禳去之〔二五〕。晏子曰:"不可。此天教也。日月之氣〔二六〕,風雨不時,彗星之出,天爲民之亂見之,故詔之妖祥〔二七〕,以戒不敬〔二八〕。今君若設文而受諫〔二九〕,謁聖賢人,雖不去彗,星將自亡〔三〇〕。今君嗜酒而并于樂,政不飾而寬于小人〔三一〕,近讒好優,惡文而疏聖賢人〔三二〕,何暇在彗〔三三〕,茀又將見矣〔三四〕!"公忿然作色,不悦〔三五〕。及晏子卒〔三六〕,公出,背而立曰〔三七〕:"嗚呼!昔者從夫子而遊公阜〔三八〕,夫子一日而三責我〔三九〕,今誰責寡人哉〔四〇〕?"

〔一〕文斌案:《子彙》本、凌本章後附《外篇第七》第四、五、六章文,楊本列《外七》第四、五、八章於後。元刻本、活字本目録脱"一"字。吴懷保本目録作"諫遊公阜過言",標題無"過言"二字。楊本作"遊公阜",凌本作"景公遊于公阜"。

〔二〕景公句 孫星衍云:"公阜",《初學記》作"公皋",地名,未詳。◎張純一云:《群書治要》無"于公阜"三字,非。◎吴則虞云:《御覽》七百六十五引作"景公出遊"。"公阜"者,孫星衍云:"不詳其地。"長孫元齡云:"'公'與'堂'篆體頗似。《左傳·莊九年》杜注:'齊地。'"則虞案:"堂阜"又見《文·十五年傳》,堂阜即今山東蒙陰縣,與魯界,去齊之都城遠甚,且"公""堂"篆體不相近,長孫之言未可信。《左傳》作"遄臺",在臨淄西南,此云北望,蓋即其地。◎文斌案:《初學記》十八引作"景公遊公皐"。

〔三〕北面三句　文斌案:《初學記》引作"望齊國曰"。

〔四〕使古二句　陶鴻慶云:昭二十年《左傳》:"公曰:'古而無死,其樂若何?'"此文"何如"上當補"其樂"二字,意始明。◎蘇輿云:《治要》作"如何"。◎劉師培《校補》云:《弘明集》四載桓譚《新論》引"如"作"若"。◎張純一云:《初學記》無"使"字。◎文斌案:《弘明集》載《新論》者,見卷五《桓君山〈新論·形神〉》,原作:"昔齊景公美其國、嘉其樂,云:'使古而無死,何若?'"劉氏失檢。

〔五〕昔者句　孫本"没"作"死",《音義》云:"死",一本作"没",非。◎王念孫云:"没"亦"死"也,不必依上下文改"没"爲"死",元刻本及《群書治要》皆作"没",自是舊本如此。◎劉師培《校補》云:《弘明集》載《新論》引"死"作"殁"。◎王叔岷云:王説是也,明活字本、《子彙》本亦並作"没"。◎吴則虞云:《治要》引無"者"字。◎文斌案:《弘明集》載《新論》引無"昔者"二字。吴勉學本、黃本作"死"。

〔六〕仁者二句　孫星衍云:《列子·天瑞篇》引:"晏子曰:'善哉!古之有死也。仁者息焉,不仁者伏焉。'"◎劉師培《校補》云:《弘明集》載《新論》引"伏"作"如"。◎徐仁甫云:"伏"當作"休"。《荀子·大略篇》:"子貢曰:'大哉死乎!君子息焉,小人休焉。'"休、息一耳,作"伏"無義。然《列子·天瑞篇》引《晏子》已作"伏",則其誤久矣。《左傳·定公四年》:"寡君越在草莽,未獲所伏。"《新序·節士篇》"伏"作"休",可見二字古多混。

〔七〕若使句　張純一云:《初學記》無"若使"二字。◎文斌案:《韓詩外傳》十"使"上無"若"字,"死"下有"者"字。《御覽》一百六十引《外傳》並無"若""者"二字。

〔八〕丁公句　孫星衍云:"丁公",名伋,太公子。《説文》作"玎",《謚法解》:"述義不克曰丁。"◎張純一云:《初學記》無"丁公"二字,"將"字作"長",義似較勝。此文"太公""丁公"舊倒,今校乙。◎吴則虞云:《治要》有"大公"二字,《御覽》七百六十五引亦無"丁公"。孫云"丁公名伋"云者,《齊世家》:"子丁公吕伋。"《古今人表》同。"《説文》作'玎'"云者,《説文·玎》篆下云:"公子伋謚曰玎公。""《謚法》"云者,《齊世家正義》引同。案丁公子曰乙公,乙公子曰癸公,此丁、乙、癸乃周初以干支爲名,非謚,《説文》文有脱譌。《左·昭三年傳》作"大公丁公"。◎文斌案:《治要》無"大公"二字,《御覽》七百六十五引同今本《晏子》,《説文·玎》云:"齊太公子伋謚曰玎公。"吴氏失檢。《外傳》作"則太公至今猶存";《御覽》一百六十引《外傳》"太公"下有"丁公"二字。

〔九〕桓襄句　孫星衍云:襄公名諸兒,文公名赤,武公名壽,皆齊君。◎張純一

云：言太公、丁公不死，則桓、襄、文、武皆不得爲君，祇得久爲齊相，君並欲
爲相而不可得。

〔一〇〕君將句 蘇輿云：《治要》“君”上有“吾”字。◎劉師培《校補》云：《韓
詩外傳》十作“吾君方今將被蓑笠而立乎畎畝之中，惟事是恤，何暇念死
乎”，《御覽》四百廿八引《新序》逸文略同。◎吳則虞云：《御覽》七百
六十五引“君”作“吾”。

〔一一〕銚耨 孫星衍云：《說文》：“‘銚’，田器。”“‘耨’，薅器也。”《玉篇》：
“‘銚’，弋昭切。”“耨”當爲“鎒”。◎吳則虞云：楊本“銚”作“銛”。
◎文斌案：元刻本、活字本、嘉靖本、《子彙》本、沈本、吳懷保本、綿眇閣
本、凌本“銚”均作“錘”。

〔一二〕以蹲句 張純一云：“蹲”，踞也。言在畎畝中或踞或行，以勤農事。
◎吳則虞云：《御覽》七百六十五引無“蹲”字，“中”下有“也”字。

〔一三〕孰暇句 徐仁甫云：“孰”猶“何”也，訓見《經傳釋詞》。下文曰“何暇在
彗”，與此句互文，尤可證“孰”“何”同義。◎文斌案：《外傳》作“何暇
念死乎”。

〔一四〕公忿二句 蘇輿云：《治要》無“忿然作色”四字，下並同。◎張純一云：
《初學記》亦無。◎文斌案：《初學記》“說”作“悅”，下同。《外傳》作
“景公慙而舉觴自罰，因罰二臣”。

〔一五〕無幾句 孫星衍云：“御”，《初學記》作“乘”。“六馬”，景公駕八，則據
御六，皆僭也。◎王念孫云：“御”本作“乘”，此後人以意改之也。“梁
丘據乘六馬而來”，言其僭也。若改“乘”爲“御”，則似爲景公御六馬
矣。《群書治要》及《初學記·人部中》引此並作“乘六馬”。◎黃以周
云：“御”，當依《治要》及《初學記·人部中》作“乘”。◎陶鴻慶云：作
“御”者是也。下文晏子曰：“大暑而疾馳，甚者馬死，薄者馬傷，非據孰
敢爲之！”玩其語意，是據所御者，正是景公之車，故晏子言疾馳傷馬，非
據莫敢爲也。果如王說，晏子當斥其僭，不當如是云云矣。《禮記·曲
禮篇》：“乘君之乘車，不敢曠左，左必式。”鄭注云：“君存惡空其位。”是
古者人臣得乘君車之證。◎張純一云：《治要》無上“而”字。◎吳則虞
云：《初學記》無“何”“而”“而來”四字。《指海》本據王說改“御”
爲“乘”。

〔一六〕何如 王念孫云：“何如”二字與上下文義不相屬，疑當作“何以知之”
（言何以知其爲據），故晏子對曰：“大暑而疾馳，非據孰敢爲之！”今本
“知”誤作“如”，又脫“以”“之”二字。◎吳則虞云：《指海》本改作“何
以知之”。

〔一七〕曰大諸句 吳則虞云：《初學記》《御覽》皆無此二十字。◎文斌案：

《初學記》、《治要》、《御覽》四百二十八引均無“公曰是誰也”至“非據
孰敢爲之”三十四字。

〔一八〕據與句　劉師培《校補》云：《初學記》十八引“者夫”作“乎”，《文苑英
華》七百四十九王志愔《應正論》引同。◎吳則虞云：《左·昭二十年
傳》作“唯據與我和夫”。

〔一九〕此所句　劉師培《校補》云：《應正論》引作“此同也，非和也”，今本挩
下三字。◎張純一云：《初學記》作“此同也”。◎吳則虞云：《御覽》四
百二十八引《晏子》作“此同也”；《左·昭二十年傳》作“據亦同也，焉得
爲和”，此即用其文而辭稍略。“非和也”三字當據增，與下句始聯貫。

〔二〇〕所謂句　劉師培《校補》云：《應正論》引作“夫和者”。◎吳則虞云：
《御覽》四百二十八引作“和者”。

〔二一〕今據句　王念孫云：“今據也甘君亦甘”，本作“今據也君甘亦甘”。“君
甘亦甘”，謂據之同于君，非謂君之同于據也。若倒言之，則非其旨矣。
《群書治要》及《太平御覽·人事部》六十九並作“今據也君甘亦
甘”。◎黃以周説同。◎蘇輿云：王説是。“君甘亦甘”，即《左傳》“君
所謂可，據亦曰可；君所謂否，據亦曰否”意。◎劉師培《校補》云：《應
正論》引作“今據也君甘亦甘”，與《治要》合，當據乙。◎吳則虞云：王、
蘇説是也。《御覽》四百二十八引作“君甘則甘”，可證。《指海》本據王
説乙。◎文斌案：各本誤同，黃本“君”並誤作“者”。

〔二二〕公忿二句　吳則虞云：《初學記》《治要》均無“忿然作色”四字。◎文
斌案：《治要》無“忿然作色”四字；《初學記》作“公作色”，無“忿然”
“不悦”四字。本章三現“公忿然作色，不説”，各本首次出現作“説”，後
二次均作“悦”；孫本統一作“説”。

〔二三〕無幾二句　吳則虞云：《治要》無“日暮”二字，《初學記》無“何日暮”
三字。

〔二四〕公西二句　蘇輿云：《治要》“面”作“北”，“彗”作“篲”，下同。

〔二五〕召伯句　孫星衍云：“伯常騫”，字伯常，名騫。◎蘇輿云：《治要》“禳”
作“攘”，下有“而”字。◎劉師培《校補》云：《續漢書·天文志》注引
“召”作“使”，無下“使”字。◎張純一云：日本天明七年刊《治要》作
“禳”。《周禮》：“女祝掌以時招梗禬禳之事。”注：“卻變異曰‘禳’。
‘禳’，‘攘’也。”

〔二六〕日月句　劉如瑛云：“氣”，當爲“食”（即“蝕”）。二字草書形近致誤。
《荀子·天論》：“夫日月之有蝕，風雨之不時，怪星之黨見，是無世而不
常有之。”亦指相同三種自然現象。◎文斌案：《治要》“此天教也”後徑
接“以戒不敬”，無“日月之氣”至“詔之妖祥”二十四字。

〔二七〕詔　孫星衍云：當爲“紹”，《説文》無“詔”字，見《二世刻石》。

〔二八〕戒　蘇輿云：《治要》作“誡”。

〔二九〕今君句　俞樾云：“設”疑“説”字之誤，“説”讀爲“悦”。下文云“惡文而疏聖賢人”，“惡文”與“説文”正相對成義。◎陶鴻慶云：“設”猶“假”也，“文”謂天象。高誘注《淮南·天文訓》云：“文者，象也。”是也。此承上文“詔之妖祥，以戒不敬”，言君當假以自警耳。下云“惡文”，正指景公禳彗言之。俞氏以“設文”二字難通，疑“設”爲“説”字之誤而讀爲“悦”，則所謂“文”者何所指乎？◎于省吾云：俞説非是。“設”“翕”古字多通用，《書·盤庚》：“各設中于乃心”，漢《石經》“設”作“翕”。《墨子·脩身》“設壯日盛”，即“翕莊日盛”，均其證也。《書·皋陶謨》：“翕受敷施。”僞《傳》：“‘翕’，合也。”“合”與“受”義相因，“翕”“受”謰語，“翕文”亦“受文”之義。下云“惡文而疏聖賢人”，“疏”亦與“惡”義相因。◎張純一云：“設”，《治要》同。

〔三〇〕星將句　文廷式云：“星”當作“彗”。下文“何暇在彗”，亦無“星”字。◎張純一云：“星”疑本作“彗”，承上句末“彗”字言。後人以爲重複，依上文妄改之。此言德洽人天，彗不能禍。◎文斌案：《治要》無“謁聖賢人”四字。

〔三一〕飾　于鬯云：“飾”當讀爲“飭”。《小戴·月令記》孔疏云：“定本‘飾’，俗本作‘飭’。”《莊子·漁父篇》陸釋云：“‘飾’，本作‘飭’。”並其例也。《詩·六月篇》毛傳云：“‘飭’，正也。”《國語·吳語》韋解云：“‘飭’，治也。”然則“政不飭”者，謂政不正、政不治耳，作“飾”非義。◎于省吾云：“飾”“飭”古字通。

〔三二〕惡文句　文斌案：《治要》無此七字。黃本上方校語云：“‘文’疑‘人’字。”

〔三三〕何暇句　于鬯云：“何暇”，語助，若言“豈但”。◎劉師培《校補》云：戴望校語云：“‘在’疑作‘去’（《治要》上方校語同）。”其説是也。

〔三四〕茀　孫星衍云：《穀梁傳》：“‘孛’之爲言猶‘茀’也。”◎吳則虞云：“茀”即“孛”，亦彗之類。《天官書》索隱曰：“‘孛’即孛星。”《春秋·文十四年》：“有星孛入于北斗。”《易·緯》：“彗茀將將”，皆以“茀”爲之，蓋“茀”之狀與彗略異，光芒四射，如草木旁出。

〔三五〕公忿二句　文斌案：《治要》作“公不悦”，《初學記》作“公色不悦”。

〔三六〕及晏句　蘇輿云：《治要》“及”作“無幾何”。

〔三七〕公出二句　孫本“立”作“泣”，《音義》云：“出背而泣”，《初學記》作“出位屏而泣”。《白帖》亦作“泣”，今本“泣”作“立”，非。◎王念孫云：此文本作“公出屏而立”，“立”即“泣”字也。古者天子外屏，諸侯内屏。

此言晏子卒而朝無諫言（見下文），景公出屏而見群臣，因思晏子而泣也。今本“出屏”作“出背”，則義不可通。《初學記》引作“出位屏而泣”，“位”字乃衍文耳。“泣”，各本皆作“立”。考《集韻》，“泣”字又音“立”，云：“猋泣，疾皃。”是“泣”與“立”同音，故哭泣之“泣”亦通作“立”。《群書治要》正作“公出屏而立”。◎蘇輿云：王説是。

〔三八〕昔者　文廷式云：“昔者”當作“昔吾”。

〔三九〕夫子句　孫星衍云：謂諫“古而無死”“據與我和”及“禳彗星”。《左傳》齊景公言“古而無死”及“據與我和”事在魯昭二十年，“齊有彗星”事在魯昭二十六年，與景公自云一日三責者不合。然《春秋經》不書齊彗星，或《左氏》于二十六年舉齊侯與晏子論陳氏之事，並溯晏子彗星之對，亦以彗星爲陳氏之祥也。是此書足證《左傳》之不及。太史公《十二諸侯年表》誤以彗星在魯昭二十六年。◎文斌案：《初學記》作“昔夫子一日三責我”，《治要》無“公皁”二字。

〔四〇〕今誰句　孫星衍云：“誰”，一本作“孰”。《新序·雜事篇》用此文。◎蘇輿云：《韓詩外傳》載此事辭略而小異。◎劉師培《校補》云：《治要》“誰”作“孰”。《初學記》十八、《白帖》三十九引同，“哉”並作“乎”。◎張純一云：《新序·雜事四》用《外上》六章文，非用此文，孫説誤。◎文斌案：張説是。《白孔六帖》作：“晏子常一日三諫景公，及卒，公泣曰：‘昔晏子一日三責我，今孰責寡人乎？’”辭稍異。活字本、沈本“誰”作“孰”。元刻本重“今”字，無“誰”字；吳懷保本“誰”字處爲空格；嘉靖本脫“誰”字。

景公遊寒塗不卹死胔晏子諫第十九〔一〕

景公出遊于寒塗，睹死胔〔二〕，默然不問〔三〕。晏子諫曰〔四〕：“昔吾先君桓公出遊，睹飢者與之食，睹疾者與之財〔五〕，使令不勞力，籍斂不費民〔六〕。先君將遊，百姓皆悦曰〔七〕：‘君當幸遊吾鄉乎！’今君遊于寒塗，據四十里之氓〔八〕，殫財不足以奉斂，盡力不能周役〔九〕，民氓飢寒凍餒，死胔相望〔一〇〕，而君不問，失君道矣。財屈力竭〔一一〕，下無以親上；驕泰奢侈，上無以親下。上下交離，君臣無親，此三代之所以衰也〔一二〕。今君行之，嬰懼公族之危，以爲異姓之福也。”公曰：“然。爲上而忘下，厚藉斂而忘民〔一三〕，吾罪大矣。”于是斂死胔，發粟于民〔一四〕，據四十里之氓〔一五〕，不服政其年〔一六〕，公三月不出遊〔一七〕。

〔一〕吳則虞云：楊本此章缺。◎文斌案：《子彙》本、凌本章後附《外篇第七》第八章文。吳懷保本目錄作“諫不恤死觡”，標題“恤”作“卹”；凌本目錄作“景公遊于寒塗”。元刻本、活字本目錄作“景公遊寒塗不恤死觡晏子諫”，標題“遊”作“游”，“塗”作“途”，“恤”作“卹”；嘉靖本目錄同元刻，正文前無標題，後不贅述。吳鼐本目錄、標題“遊”“卹”均同，唯目錄“塗”標題作“途”；今核以正文，統一作“塗”。沈本目錄、標題均作“途”。

〔二〕觡死句　孫星衍云：“觡”，《太平御覽》作“瘠”，下同。《說文》：“‘骨’，或從肉。”《漢書注》：“臣瓚曰：‘枯骨曰骼，有肉曰觡。’師古曰：‘才賜切。’”“觡”“瘠”，聲之緩急。◎王叔岷云：《御覽》四八六引“瘠”下更有“者”字。◎文斌案：《漢書注》見卷七十《傅常鄭甘陳段傳》注。

〔三〕默　孫星衍云：《太平御覽》作“嘿”，俗。

〔四〕晏子句　吳則虞云：《御覽》四百八十六引無“諫”字。

〔五〕觡飢二句　孫星衍云：“疾”，《太平御覽》作“病”。◎孫本“飢”作“饑”，黃以周云：“饑”當作“飢”。◎蘇輿本改作“飢”，注云：“飢”舊刻“饑”，今改。◎吳則虞云：《御覽》四百八十六引無兩“之”字，“饑”作“飢”。◎文斌案：各本均作“饑”，下同，顧廣圻改作“飢”，作“飢”者是。《說文》：“‘飢’，餓也。”“‘饑’，穀不孰為饑。”既言“桓公出游，觡飢者與之食”，當然是“飢餓”義，非千年成。《御覽》引無下“觡”字。

〔六〕籍斂　孫星衍云：《荀子·君道篇》：“籍斂忘費。”《墨子·非樂篇》：“厚措斂乎萬民。”◎張純一云：“藉”，元本、孫本均與“籍”錯出，盧校並改作“藉”，蘇從之。◎文斌案：沈本、黃本、孫本均作“籍”，張氏失檢。其他各本“籍”“藉”錯出。

〔七〕悅　文斌案：孫本作“說”。

〔八〕氓　文斌案：吳懷保本作“民”。

〔九〕盡力句　張純一《校注》“能”下增“以”字，注云：“能”下舊脫“以”字，今據上句增，文同一例。

〔一〇〕民氓二句　孫星衍云：“餒”，當為“餧”。◎張純一云：“氓”與“民”、“凍餒”與“飢寒”義並複，疑并注入正文。本作“民以飢寒”四字句。◎吳則虞云：《御覽》引作“餧”，“觡”作“瘠”。

〔一一〕財屈句　張純一云：“屈”與“窮”一聲之轉。

〔一二〕衰　孫星衍云：一本作“哀”，非。◎文斌案：吳勉學本作“哀”。

〔一三〕厚藉句　張純一云：此與上句儷文，“藉”字疑衍。

〔一四〕于是二句　孫星衍云：“于民”，《太平御覽》作“賑民”。◎吳則虞云：《御覽》四百八十六引“觡”作“瘠”，“民”作“貧”。孫氏作“賑民”，非。◎文斌案：《御覽》作“賑貧”，吳校是，孫校非。

〔一五〕珉　蘇輿云：舊刻及浙局本作“民”。黄以周云：“‘民’，元刻作‘珉’，
　　　與上同。”今改從元刻。◎文斌案：吴勉學本、黄本、孫本作“民”，餘均
　　　作“珉”。

〔一六〕不服句　王念孫云：“其”讀爲“朞”，“不服政朞年”，即《王制》所云：
　　　“期不從政”也。下文“公三月不出遊”，“三月”與“朞年”正相對。◎蘇
　　　時學云：“不服政”謂寬其力。“其”與“期”通。◎張純一云：“期不從
　　　政”，謂一年不服政役也。

〔一七〕公三句　吴則虞云：《御覽》引無“公”字。

景公衣狐白裘不知天寒晏子諫第二十〔一〕

　　景公之時，雨雪三日而不霽〔二〕。公被狐白之裘〔三〕，坐堂側陛〔四〕。
晏子入見，立有間〔五〕，公曰：“怪哉〔六〕！雨雪三日而天不寒〔七〕。”晏子
對曰：“天不寒乎？”公笑。晏子曰：“嬰聞：古之賢君，飽而知人之飢，
温而知人之寒，逸而知人之勞〔八〕。今君不知也〔九〕。”公曰：“善。寡人
聞命矣。”乃令出裘發粟與飢寒〔一○〕。令所睹于塗者〔一一〕，無問其鄉；所
睹于里者，無問其家；循國計數，無言其名〔一二〕。士既事者兼月，疾者兼
歲〔一三〕。孔子聞之，曰：“晏子能明其所欲，景公能行其所善也〔一四〕。”

〔一〕文斌案：銀雀山竹簡有本章内容。吴懷保本標題作“諫衣狐白裘”，楊本、
　　凌本均作“雨雪三日”。

〔二〕景公二句　吴則虞云：《藝文類聚》二、《意林》卷一、《文選》二十四卷注、
　　《事類賦注》三、《御覽》十二、三十四、又六百九十四引皆作“雨雪三日”，
　　無“而不霽”三字，歸評本無“之”字，亦無“而”字。◎文斌案：首句至“立
　　有間”，簡本僅存“景公之”三字，“之”下殘缺。《藝文類聚》二、《北堂書
　　鈔》一百五十二、《意林》一、《太平御覽》十二、六百九十四、《記纂淵海》二
　　兩引均無“之”字，《事類賦注》三、《太平御覽》三十四引並無“之”“雨”二
　　字。《事文類聚前集》十二引“景公之時”作“齊景公時”，《事文類聚前
　　集》、《北堂書鈔》、《記纂淵海》兩引均無“而不霽”三字。《册府元龜》二
　　百四十二引有“而不霽”三字。吴氏所云《文選》卷二十四指《文選·（曹
　　子建）贈丁儀詩》，注引有“之”字。

〔三〕公被句　孫星衍云：“被”，《意林》《文選注》《藝文類聚》作“披”。◎劉師
　　培《校補》云：《事文類聚前集》十二引“被”作“衣”。◎張純一云：《太平

御覽》六百九十四引作“披”。又卷十二、卷三十四及《文選·（曹子建）贈丁儀詩》注、謝玄暉《郡內登望詩》注俱作“被”。《意林》同。◎吳則虞云：胡刻《選注》、聚珍版《意林》、明刻《藝文類聚》二皆作“被”，與孫見有異。◎王叔岷云：《記纂淵海》二兩引此文，一引“被”作“衣”。◎文斌案：《事類賦注》《書鈔》《元龜》引作“被”。

〔四〕坐堂句　王念孫云：“坐堂側陛”本作“坐於堂側階”，今本脱“於”字，“階”字又誤作“陛”。凡經傳中言坐於某處者，“於”字皆不可省。《群書治要》及鈔本《北堂書鈔·衣冠部三》（明陳禹謨本依俗本《晏子》改“階”爲“陛”，而“於”字尚未删）並引作“坐於堂側階”，《意林》及《文選·（何晏）景福殿賦》注、曹植《贈丁儀詩》注、謝朓《郡內登望詩》注並引作“坐於堂側”，雖詳略不同，而皆有“於”字。又經傳皆言“側階”（《顧命》：“立于側階。”《雜記》：“升自側階”），無言“側陛”者。當依《群書治要》《北堂書鈔》作“坐於堂側階”。◎劉師培《校補》云：《册府元龜》二百四十二引“陛”作“階”（唐太宗御書《屏風碑》引作“坐于堂上”）。◎張純一從王説。◎徐仁甫云：《説文》：“‘階’，陛也。”“‘陛’，升高階也。”二字互訓，則“側陛”猶“側階”也。《諫下》第十八章：“景公登路寢之臺，不能終，而息乎陛。”是本書多用“陛”。則此“陛”未必誤，王氏何泥乃爾。◎文斌案：王引《書鈔·衣冠部三》見卷一百二十九。《元龜》引作“坐嘗側階”，“堂”誤爲“嘗”。

〔五〕晏子二句　張純一云：此七字，《御覽》卷十二引省作“見晏子”；卷三十四省作“晏子入”，《類聚》同。

〔六〕公曰二句　孫星衍云：“公曰”，《意林》作“謂晏子曰”。◎吳則虞云：《意林》脱“怪哉”二字。◎王叔岷云：《北堂書鈔》一五二、《文選·（曹子建）贈丁儀詩》注引此並作“謂晏子曰”。《記纂淵海》二兩引此文，一引亦作“謂晏子曰”。◎文斌案：從“公曰怪哉”至“出裘發粟與飢寒”，簡本僅存“公曰異弋”四字，“公”上“弋”下殘缺。◎駢宇騫云：簡本“弋”爲“哉”之省寫。

〔七〕雨雪句　孫星衍云：《意林》作“天下何不寒”，《文選注》作“天下不寒”。◎劉師培《校補》云：《治要》及《元龜》引同。《事文類聚》引作“而天下不寒”（《屏風碑》作“天未寒”）。◎張純一云：《御覽》卷十二、卷三十四、卷六百九十四、《文選·雪賦》注引均作“怪哉雨雪三日不寒”，《類聚》同。曹子建《贈丁儀詩》注引作“天下不寒何也”。◎吳則虞云：《事文類聚》作“三日雨雪而天不寒”。◎王叔岷云：《記纂淵海》引“而天不寒”作“而天下不寒何也”。◎文斌案：《事文類聚》引作“天下不寒何也”，無“而”“三日雨雪”諸字，劉、吳二氏均失檢。《記纂淵海》卷二兩引，一作"不寒",一作"天下不寒何也",均無"而"字,王氏亦失檢。《意林》作"三日雨雪天下何不寒"。

〔八〕嬰聞諸句　劉師培《校補》云:《元龜》引同,惟"勞"下有"也"字。《意林》引二"而"字均作"則"。《御覽》六百九十四引作"古之賢者居飽而知人飢,居溫而知人寒",與此異。《書鈔》百五十二引作"古之賢君溫飽而能知民飢寒"。◎張純一云:《治要》同此。《意林》引作"夫賢君飽則知人飢,溫則知人寒"。《文選·雪賦》注作"古之賢者飽而知飢,溫而知寒"。曹子建《贈丁儀詩》注作"賢君飽知人飢,溫知人寒"。《太平御覽》卷十二及《類聚》並作"古之賢君,飽而知人飢,溫而知人寒"。《御覽》卷三十四同,惟"溫"作"暖";卷六百九十四"飽"上"溫"上並加"居"字,均無"逸而知人之勞"句。竊以"逸而知人之勞"六字與下文"出裘發粟與飢寒"無涉,疑係後人加入,當删。◎王叔岷云:《記纂淵海》兩引,一引"溫"作"暖"。◎吳則虞云:《藝文類聚》二,《御覽》十二、三十四、六百九十四,《事類賦》三引無兩"之"字。又六百九十四引"賢"下有"者"字,《記纂淵海》六十七亦作"賢者",惟"者"下無"君"字。《意林》《文選注》《書鈔》《藝文類聚》《御覽》《記纂淵海》均無"逸而知人之勞"句,《册府元龜》引有,"勞"下有"者"字。◎文斌案:"飢",吳懷保本、孫本同,餘均作"饑"。《藝文類聚》《元龜》亦作"饑",《事文類聚》、《事類賦注》、《書鈔》、《御覽》十二、三十四、六百九十四均作"飢"。作"飢"者是,説見上章注釋〔五〕。《記纂淵海》卷二兩引,一作"古之賢君飽而知饑,暖而知寒",一作"賢君飽知人饑,溫知人寒";卷六十七引作"古之賢者飽而知人飢,溫而知人寒",均無"之"字,亦無"逸而知人之勞"句。又宋本《御覽》六百九十四引作"古之賢者君,飽而知人飢,溫而知人寒",無"居"字,張氏失檢;《元龜》引"勞"下爲"也"字,劉校是,吳校非。

〔九〕今君句　文斌案:《藝文類聚》、《事文類聚》、《事類賦注》、《意林》、《書鈔》、《御覽》十二、三十四均無此句,《元龜》無"今"字。

〔一〇〕乃令句　孫星衍云:"出裘",《意林》作"公乃去裘",《太平御覽》作"脱裘"。"與飢寒",《藝文類聚》作"以與飢寒者"。◎王念孫云:"與"上有"以"字,"寒"下有"者"字,而今本脱之,則語意不完。《群書治要》作"以與飢寒",鈔本《北堂書鈔·天部四》作"以拯飢寒"(陳依俗本改爲"與飢寒"),《文選·雪賦》注作"以與飢人",《藝文類聚·天部下》《太平御覽·天部十二》《時序部十九》並作"以與飢寒者"。今從《類聚》《御覽》。◎俞樾云:國中之寒者何限,必人人衣之以裘,勢必無以給之。且文王之民,老者衣帛而已,未聞其衣裘也。"出裘"當作"去裘",《意林》作"公乃去裘",是也。公本被狐白之裘,聞晏子之言不安於心,

令左右之人爲之去裘,故曰"乃令去裘"也。"發粟與飢寒"本作"發粟
與飢人",因"去裘"誤作"出裘",遂改"飢人"爲"飢寒",《藝文類聚》
《太平御覽》諸書引此文,又因"飢寒"二字於文未安,於"飢寒"下增
"者"字,皆非《晏子》原文也。《文選·雪賦》注引作"以與飢人",可據
以訂正。◎蘇輿云:俞説是,第從《意林》作"去",則泥矣。"出"即
"去",無煩改字以就其説。《詩·賓筵》鄭箋、《荀子·大略篇》楊注、
《史記·韓長孺傳》索隱皆訓"出"作"去",並其證矣。"飢"舊刻作
"饑",非。今從浙刻改。◎劉師培《校補》云:《治要》"令"作"命"。
《事類賦注》三引"出"作"脱","與"上有"以"字,"寒"下有"者"字。
《元龜》引有"以"字。《玉海》百九十五亦引"者"字。《事文類聚》引作
"以與飢貧者",是"以"字、"者"字磧爲挩文。又《御覽》六百九十四引
作"公乃命出裘以與寒,發粟以與飢",《書鈔》百五十二引作"乃出裘衣
發倉粟以拯飢寒,民皆悦之也",與此均殊。◎王叔岷云:《記纂淵海》
兩引,一引作"乃脱衣發粟,與饑寒者",一引作"遂出衣發粟,以與饑貧
者"。◎徐仁甫云:國之寒者何限,必人人衣之以裘,勢必無以給之,則
作"出裘"者非也。公本被白狐之裘以禦寒,聞晏子之言,雖不安於心,
然已縱去裘,於人何益?且自去裘可也,何必令人去裘與發粟同時耶?
則作"去裘"者,亦無當也。"裘"乃"衣"字之增體,原文蓋作"乃令出衣
發粟以與饑寒者"。"衣"涉上文誤爲"裘"耳。◎文斌案:《書鈔》作
"出裘衣,發倉廩,以拯飢寒,民皆悦之也",劉氏失檢。《記纂淵海》卷
二引一作"乃脱裘發粟,與饑寒者",王叔岷失檢。《事文類聚》引作"遂
出衣發粟以與飢貧者"。

〔一一〕"令所睹"至"毋言其名" 文斌案:簡本僅存"令所堵於□……毋言其
名"數字。◎駢宇騫云:"於"下一字,從簡文殘存筆畫來看,左旁似作
"余",右旁疑從水作"涂",當讀爲"塗"。"塗"從"涂"聲,二字古音相
同,可通假。簡本"堵"當讀爲"睹"。簡本"令",明本作"今",誤,當從
簡本作"令"是。◎吳則虞云:綿眇閣本、吳勉學本作"今"。◎文斌又
案:駢氏注文似有誤。《銀簡》注云:"簡本'於'下一字僅存右半'余'
旁殘畫,後第十三章'遭晏子於途'之'途',借'涂'字爲之,疑此字亦是
'涂'字,借爲'途'。"明言是"存右半'余'旁殘畫","涂"字之"余"旁只
能在右。元刻本、活字本、嘉靖本、沈本、吳懷保本誤"令"爲"今",餘均
作"令"。吳氏失檢。《治要》引無"令所睹于塗者"至"疾者兼歲"數句。

〔一二〕循國二句 吳則虞云:"無言其名",歸評本作"無名其言",誤。◎文斌
案:"循",通"巡",巡行安撫。《大戴禮記·哀公問五義》:"其莫之能
循。"王聘珍《解詁》:"'循',巡也。"《元龜》引"循"作"修"。

〔一三〕士既二句　蘇輿云:"兼月",兼一月之粟;"兼歲",兼一歲之粟。"事"
謂已有職業可任者,故但兼月;"疾"則病苦無能爲之人,故須兼歲乃可
自給也。◎吳則虞引長孫元齡云:"事"者,謂冠、昏、喪、祭等多用度之
事。◎文斌案:簡本作"出氣事者兼月,脊者□歲"。◎駢宇騫云:簡本
"出"疑當爲"士"字之訛,漢代隸書"士""出"二字形近易誤。簡本
"氣"當讀爲"既","既""氣"古音相近,可通假。《禮記·中庸》:"既廩
稱事。"注云:"'既'讀爲'餼'。"今案:"餼",从食氣聲。簡本"脊"當讀
爲"瘠","瘠"从"脊"聲,二字古音相同。《公羊·莊公二十年》:"大災
者何? 大瘠也;大瘠者何? 痢也。"何休注云:"'瘠',病也。齊人語
也。""疾""瘠"義近。

〔一四〕孔子諸句　文斌案:簡本作"子曰:晏子能明其所欲,景公能行其所
善"。《治要》亦無"也"字。

景公異熒惑守虛而不去晏子諫第二十一〔一〕

　　景公之時,熒惑守于虛〔二〕,朞年不去〔三〕。公異之,召晏子而問
曰〔四〕:"吾聞之:人行善者天賞之,行不善者天殃之。熒惑,天罰
也〔五〕,今留虛,其孰當之?"晏子曰:"齊當之。"公不説〔六〕,曰:"天下大
國十二〔七〕,皆曰諸侯,齊獨何以當〔八〕?"晏子曰:"虛,齊野也〔九〕。且天
之下殃〔一○〕,固于富彊〔一一〕。爲善不用〔一二〕,出政不行〔一三〕;賢人使
遠〔一四〕,讒人反昌;百姓疾怨,自爲祈祥〔一五〕;録録彊食〔一六〕,進死何
傷〔一七〕! 是以列舍無次〔一八〕,變星有芒〔一九〕;熒惑回逆〔二○〕,孽星在
旁〔二一〕。有賢不用,安得不亡?〔二二〕"公曰:"可去乎?"對曰:"可致者可
去,不可致者不可去。"公曰:"寡人爲之若何〔二三〕?"對曰:"盡去冤聚
之獄,使反田矣;散百官之財,施之民矣;振孤寡而敬老人矣〔二四〕。夫
若是者,百惡可去,何獨是孽乎〔二五〕?"公曰:"善。"行之三月而熒
惑遷〔二六〕。

〔一〕文斌案:吳懷保本標題作"諫異熒惑守虛",楊本作"熒惑守虛",凌本作
"熒惑"。

〔二〕景公二句　吳則虞云:《御覽》七引無"之""于"字。◎文斌案:《開元占
經》三十二"熒惑犯虛四"引亦無"于"字。《册府元龜》二百四十三引作
"齊景公時,榮惑守於虛","榮"蓋"熒"字之誤。

〔三〕菁年句 吳則虞云：《御覽》七引無"不"字。◎文斌案：《占經》《元龜》引同。

〔四〕公異二句 劉師培《校補》云：《開元占經》三十二引作"公問晏子曰"。◎文斌案：《占經》於"菁年不去"後引作："公問晏子曰：'孰當之?'晏子曰：'齊當之。'"無"公異之"至"今留虛其"三十五字。《御覽》於"菁年去"後徑接"晏子曰'虛，齊之分野'"，亦無"公異之，召晏子而問曰"云云。《元龜》引同。

〔五〕熒惑二句 孫星衍云：《史記索隱》引《春秋文燿鉤》："'赤帝'，赤熛怒之神，爲熒惑，位南方，禮失則罰出。"

〔六〕說 文斌案：吳懷保本、黃本作"悅"，《占經》《元龜》亦作"悅"。

〔七〕天下句 蘇時學云：景公時，晉、秦、齊、楚、吳、越最爲大國，次則魯、衛、宋、鄭、陳、蔡亦名邦也。故於諸國中獨舉十二爲言。《史記》有《十二諸侯年表》，蓋亦本此。

〔八〕皆曰二句 王念孫云：此承上文兩"當之"而言，則"當"下亦有"之"字，而今本脫之。◎張純一、吳則虞校同。◎劉師培《校補》云：《占經》《元龜》引作"齊何以獨當之"。◎文斌案：《占經》無"皆曰諸侯"四字。《元龜》引"皆曰"作"同曰"。

〔九〕虛齊句 孫星衍云：《太平御覽》作"齊之分野"。◎劉師培《校補》云：《占經》引作："'虛'，齊分野。"◎田宗堯云：《史記·齊世家》作"當齊分野"。《呂氏春秋·制樂篇》《淮南子·道應篇》《新序·雜事四》《論衡·變虛篇》述宋景公時熒惑守心事，並云："'心'，宋之分野也。"（《論衡》無"之"字）正與此爲比。疑此文脫"之分"二字，《御覽》引是也。

〔一〇〕且天句 劉師培《校補》云：《占經》引作"天下之殃"。◎張純一云："下"，降也。言恃富彊而爲惡，天必殃之。《左傳》云："天之假助不善，非助之也，厚其兇惡而降之罰也。"◎文斌案：張氏所引《左傳》文，見《昭公十一年》。"非助之也"，原作"非祚之也"，張氏失檢。

〔一一〕固于句 孫本"彊"作"疆"，《音義》改作"彊"，校云："固于富彊，爲善不用。"《太平御覽》節其文作"當強爲善"，非。◎黃以周云："疆"字誤，元刻本作"彊"，《音義》不誤。◎蘇輿云："彊"，舊刻及浙局本皆作"疆"，《音義》作"彊"。今改從元刻。◎文斌案：元刻本、活字本、嘉靖本、沈本、吳懷保本、吳勉學本均誤作"疆"，黃、蘇誤吳肅本爲元刻。《占經》作"彊"，《元龜》作"强"。

〔一二〕爲善句 于鬯云：既曰"爲善"，又言"不用"，"用"與"爲"當何別之？蓋此"用"宜讀爲"勇"，"勇"諧"甬"聲，"甬"即諧"用"聲，故可借"用"爲"勇"。"爲善不勇"，與下句"出政不行"相對，"爲"與"勇"、"出"與

"行"字別輕重,一例也。且下文又云"有賢不用",若此"用"非假字,則文亦犯複矣。◎陳霞村云:此爲聲訓之濫用,以無佐證,終難成立。"用"爲"周"之譌文。"周",終也。《左傳·昭二十年》:"子行事乎,吾將死之,以周事子。"即其例也。此章景公問天象反常與行善與否之關聯,晏子答以星位失次,爲善不終。《内篇諫上》十六章:"嬰聞之:能長保國者,能終善者也。諸侯並立,能終善者爲長;列士並學,能終善者爲師。"晏子以終善與否爲政治成敗之樞機,爲善不終,災殃必至。◎文斌案:陳説蓋是。"用""周"形近易譌。《外篇第七》第十四章:"夫能自周於君者,才能皆非常也。"《治要》"周"即作"用"。

〔一三〕行　張純一云:音"杭",言政令顛倒無理。

〔一四〕賢人句　文斌案:黃本上方校語云:"'使'字疑誤。"

〔一五〕自爲句　陶鴻慶云:"祈"讀爲"機"。《周禮·肆師職》:"及其祈珥。"故書"祈"作"幾"。鄭云:"'祈'當爲進機之'機'。"是也。"機",妖祥也。◎劉師培《校補》云:《元龜》引"祈"作"災"。◎文斌案:《元龜》引作"悉爲災祥",《占經》無"自爲祈祥,録録彊食,進死何傷"三句。

〔一六〕録録句　孫星衍云:《漢書·蕭曹贊》:"録録未有奇節。"師古曰:"'録録',猶'鹿鹿',言在凡鹿之中也。"◎于鬯云:"彊",當爲"彊勉"之"彊",非"富彊"之"彊"。依《説文》,當作"勥","勥"之古文作"勥",正諧"彊"聲也。"食"當讀爲"飾",《爾雅·釋詁》云:"'食',僞也。"是正讀"食"爲"飾",故訓"食"爲"僞"。"彊飾"者,謂其彊辨飾非耳,此即承上文"百姓疾怨,自爲祈祥"而言。夫百姓既疾怨矣,而猶自爲祈祥,苟非彊飾其辭,何以祈祥乎?故曰"録録彊食","彊食",彊飾也,"食"字若從"飲食"義,必不可解。"録録"猶"歷録"耳,重言與雙聲一也。孫星衍《音義》引《漢書·蕭曹贊》"録録未有奇節"亦有閒。◎劉師培《校補》云:《元龜》引"録"作"碌"。◎張純一云:《別雅》五云:"《史記·平原君傳》'公等録録',《廣韻》引《史記》作'娽娽'。大抵聲之相通、形之相類,古人隨手引用,初不以義理求也,今惟習用'碌碌'字耳。"◎文斌案:"彊",元刻本、活字本、嘉靖本、沈本、吳懷保本、吳勉學本均誤作"彊"。《元龜》引作"强"。

〔一七〕進死句　張純一云:言自趨於死地而不知自傷。

〔一八〕列舍　張純一云:"列舍"即"列宿"。《文選·(郭景純)遊仙詩》注引《淮南》許注:"二十八宿,一宿爲一舍。"言天人相感應,列宿亦亂其次序。

〔一九〕變星句　劉師培《校補》云:《元龜》引"有芒"作"不嘗","嘗"或"常"叚,與此異。◎張純一云:言彗星見。◎文斌案:《占經》無此句。

〔二○〕熒惑句 張純一云："回",返也；"逆",迎也。言熒惑應變,回返而預爲兆。◎文斌案：《占經》"回逆"作"逆行"。

〔二一〕孽星句 張純一云："孽星",猶《太平御覽·天部七》之言"祆星",謂祆星常守於其分野而不去,如在旁也。以上皆借天象以示警耳。◎文斌案：《占經》無"孽星在旁,有賢不用,安得不亡"三句。

〔二二〕安得句 孫星衍云：上皆韻語。

〔二三〕對曰諸句 文斌案：《占經》引無"對曰：'可致者可去,不可致者不可去。'公曰'寡人爲之若何'"數句,《元龜》引無"不可致者不可去"句。

〔二四〕盍去諸句 劉師培《校補》云：《占經》《元龜》引"去"作"出"。◎孫星衍云："田""民""人"爲韻。◎文斌案：《占經》無"盍"字,引"老人"後無"矣"字；《元龜》引"民"誤作"已",無"寡"字。《御覽》此句至終章引作"公乃去冤聚之獄,振孤敬老。行之三日而熒惑遷",與各本異。

〔二五〕夫若三句 劉師培《校補》云："何獨是孽乎",《元龜》引作"獨孽星乎"。◎文斌案：《占經》引"夫若"作"若能","惡"上無"百"字,"獨"後無"是"字。

〔二六〕行之句 劉師培《校補》云：《占經》引"遷"作"乃遷也"。◎文斌案：《占經》《御覽》"月"作"日",餘同,劉氏失檢。

景公將伐宋瞢二丈夫立而怒晏子諫第二十二〔一〕

景公舉兵將伐宋,師過泰山,公瞢見二丈夫立而怒,其怒甚盛〔二〕。公恐,覺,辟門召占瞢者。至,公曰〔三〕："今夕吾瞢二丈夫立而怒,不知其所言,其怒甚盛,吾猶識其狀、識其聲〔四〕。"占瞢者曰："師過泰山而不用事,故泰山之神怒也。請趣召祝史,祠乎泰山則可。"公曰："諾。"明日,晏子朝見,公告之如占瞢之言也〔五〕。公曰："占瞢者之言曰：'師過泰山而不用事,故泰山之神怒也。'今使人召祝史祠之〔六〕。"晏子俯有間,對曰："占瞢者不識也,此非泰山之神,是宋之先湯與伊尹也〔七〕。"公疑,以爲泰山神〔八〕。晏子曰："公疑之,則嬰請言湯、伊尹之狀也〔九〕。湯質晢而長,顏以髯,兌上豐下,倨身而揚聲〔一○〕。"公曰："然,是已。""伊尹黑而短,蓬而髯,豐上兌下,僂身而下聲〔一一〕。"公曰："然,是已。今若何?"晏子曰："夫湯、太甲、武丁、祖乙,天下之盛君也,不宜無後。今惟宋耳,而公伐之,故湯、伊尹怒,請散師以平宋^{〔一二〕}。"景公不用,終伐宋^{〔一三〕}。晏子曰:"公伐無罪之國,以怒明神,不易行以續蓄,進師以近過,非嬰所知也。師若果進,軍必有殃。^{〔一四〕}"軍進再舍,鼓毁將殣。公乃辭乎晏子,散師,不果伐宋^{〔一五〕}。

〔一〕文斌案:銀雀山竹簡有本章内容。吴懷保本標題作"諫伐宋",楊本、凌本均作"伐宋"。元刻本、活字本、嘉靖本、沈本、吴鼐本目録、標題均作"夢"。元刻本、活字本正文"瞢""夢"雜用,沈本、孫本均作"瞢",顧廣圻亦統一作"瞢"。今改吴鼐本標題"夢"作"瞢",與正文一致。

〔二〕景公諸句 孫星衍云:《説文》:"'瞢',目不明也。"古借爲"夢"字。◎張純一云:前二句,《太平御覽》三百七十八引《古文瑣語》曰:"齊景公伐宋至曲陵。"後二句,《太平御覽》三百九十九引作"公夢見二大夫意怒甚盛"。◎文斌案:宋本《御覽》三百九十九引"過"上無"師"字,"泰山"作"太山"。嘉靖本、《子彙》本、吴勉學本、綿眇閣本"瞢""夢"雜用;吴懷保本"夢""梦"雜用;楊本、凌本作"瞢";黄本作"夢"。簡本作"‧景公將伐宋,師過大山,公吾薨有二丈夫立而怒……狀,志其聲"。◎駢宇騫云:"怒"下"志"上簡殘文缺。簡本"大山"即"泰山",《易‧泰卦》,《釋文》引馬注云:"'泰',大也。"《左傳‧哀公九年》:"遇泰之需。"疏云:"'泰'者,大也。"《論語》:"泰而不驕。"注云:"'泰',大也。"《太平御覽》卷三九九引作"太山"。"太""大"古通。《廣雅‧釋詁一》:"'太',大也。"段玉裁云:"後世凡言大,而以爲形容未盡,則作'太',如'大宰'俗作'太宰'、'大子'俗作'太子'、'周大王'俗作'太王'是也。"《説文》以"太"爲"泰"之古文。簡文"公"下"吾"字,疑涉下文"今昔吾薨二丈夫立而怒"句之"吾"衍。簡文"薨"當讀爲"夢"。《説文》云:"'薨',从死瞢聲。""薨""瞢"均爲"夢"之借字。簡本"志"猶"識"也。《廣雅‧釋詁二》:"'志',識也。"《左傳‧昭公四年》:"且曰志之。"注云:"'志',識也。""志""識"音近義通。《周禮‧春官‧保章氏》:"掌天星,以志星辰日月之變動。"注云:"'志',古文'識'。'識',記也。"《論語‧子張篇》:"賢者識其大者,不賢者識其小者。"《漢書‧劉向傳》作"賢者志其大者,不賢者志其小者"。漢《石經》"識"作"志"。皆其證。又簡本下文有云"吾猶者其狀,志其聲",則此段簡文"志"上一字疑亦作"狀"字,"狀"上殘文亦當有"者其"二字,餘不得而知。◎劉春生云:簡文下文云"吾猶□(此字右從"者",左側殘去)其狀,志其聲",此處"狀"字上當亦有"□其"二字。明本無此句。此簡a片是據原簡簡首簡中編痕排定,b片是據原簡簡尾編痕排定。簡中編痕在"立而怒"句"怒"字之下。據鄰簡字數估計,此簡a片"怒"字與b片

"狀"字之間殘去七字。今本"怒"與"狀"字間,作"其怒甚盛"四字,無
"□狀,志其聲"句。下文"今夕吾瞢(夢)二丈夫立而怒,不知其所言,其
怒甚盛,吾猶識其狀,識其聲",簡本作"今昔(夕)吾薨(夢)二丈夫立而
怒,其怒甚盛,吾猶堵(睹)其狀,志其聲",無"不知其所言"五字。疑簡本
"怒"與"狀"字間作"不知其所言堵其"七字,此處是今本將"不知其所言"
句誤置景公復述之中,而又脫"堵其狀,志其聲"。上文"堵其狀,志其聲"
句不當有"吾猶"二字,"吾猶"二字是復述之爲言,此處"公"下"吾"字,
《校注》謂"涉下文'今昔吾薨二丈夫立而怒'句衍",極是。◎譚步雲云:
《銀簡》542(即《銀文》1017):"公吾薨有二丈夫立而怒。"傳世本作"公夢
見二丈夫立而怒"。《晏釋》云:"簡文'公'下'吾'字,疑涉下文'今昔吾
薨二丈夫立而怒'句之'吾'衍。"《銀文》徑作"吾(寤)",無說,顯然是正
確的。《説文》:"'寤',寐覺而有信曰'寤'。"(卷七)可見"寤"也就是
"夢",只是二者微有差異罷了。古漢語中有所謂的"同義連用"的修辭
法,例如"《詩》三百篇,大底聖賢發憤之所爲作也"(司馬遷《報任安書》)
中的"爲作",又如"故聖人作爲舟楫之用以通川谷……"(《鹽鐵論·本
議》)中的"作爲"。同理,"吾(寤)夢"實際上相當於"夢"。◎文斌又案:
駢氏謂"'怒'下'志'上簡殘文缺",考之《銀簡》和《銀文》,"志"上均作
"狀",駢氏恐誤。

〔三〕公恐諸句　孫星衍云:"辟",讀如"闢"。◎文斌案:簡本作"公恐,學,痛
碩,辟門召占薨者曰"。◎駢宇騫云:簡文"學"當讀爲"覺",二字古音相
同,可通假。《説文》云:"'斅',覺悟也。""'學',篆文'斅'省。"又云:
"'覺',寤也。從見學聲。"簡文"碩",從石員聲,疑當讀爲"痕"。《説文》
云:"'痕',病也。從疒員聲。"◎譚步雲云:"痛碩"二字傳世本無。《晏
釋》云:"'碩',疑當讀爲'痕'。"其實,"碩"應作"碩"。古文字"頁""員"
形近易訛,已爲學界熟知,文繁,茲不贅舉。《説文》:"'碩',頭大也。"(卷
九頁部)文中用如"頭"。

〔四〕今夕諸句　文斌案:簡本作"今昔吾薨二丈夫立而怒,其怒甚盛,吾猶□
其狀,志其聲",無"不知其所言"五字。關於其中的"□"字,《銀簡》作
"□",注云:"簡本'猶'下一字左側殘去,右側從'者',疑本作'堵',讀爲
'睹'。前第三章(文斌案:指簡本。下文"第十章"同)'所睹'及後第十
章'睹貧窮'之'睹'皆借'堵'爲之。"駢宇騫《校釋》作"睹",注文與《銀
簡》同,見下。吳九龍《銀文》亦爲"睹",無注。考慮到駢宇騫即爲《銀簡》
中整理注釋《晏子》者,吳九龍亦是全程參與《銀簡》整理的工作者,他們
都看到過這個"左側殘去,右側從'者'"的字,基本可以判斷是"睹"字,因
此在出版《銀文》和《校釋》時都將此字標爲"睹"。但這畢竟不是此字的

原本形態,畢竟字"左側殘去",故從字的最初形態考慮,本書仍從《銀簡》標爲"□"。◎駢宇騫云:簡文"昔"通"夕"。《穀梁傳·莊公七年》云:"日入至於星出謂之'昔'。"《莊子·齊物論》云:"是今日適越而昔至也。"《釋文》引崔注云:"'昔',夕也。"《史記·楚世家》:"其樂非特朝昔之樂也。"《索隱》云:"'昔',猶'夕'也。"按:"昔""夕"音近義同,從太陽落山到星出曰"夕",亦曰"昔"。簡文"猶"下一字,左旁殘缺不清,右旁從"者",疑當讀爲"睹"。《説文》云:"'睹',見也。从目者聲。"簡文"志"猶"識",説見上。又楊樹達《積微居小學述林》卷一《釋識》云:"《説文》三篇上《言部》云:"'識',常也,一曰知也。从言,戠聲。'按'識'訓'常',許君蓋以爲後世之旗'幟'字,然與从言之義不合,當以訓'知'者爲正義。今語通言'知識',指人之學問經驗爲言。然'知識'之具,實由於記識。此'識'字通讀如'志'。"

〔五〕占薨諸句　文斌案:楊本、凌本"趣"作"趨"。簡本作"占薨者曰:'師過大山不用事,故大山之神怒,趣……'"。"趣"下殘缺。◎駢宇騫云:簡文"大"下一字殘缺不清,據下文當爲"山"字無疑。簡文"薨"當讀爲"夢","大"當讀爲"泰",説見上。"趣",《説文》云:"疾也。""用事"即行事,多指行祭祀之事。《周禮·春官·大祝》:"過大山川則用事焉。"注云:"'用事',亦用祭事告行也。"

〔六〕公曰諸句　文斌案:簡本作"……者之言曰:'師過大山而不用事,故大山之神怒。'今吾欲使人誅祝史"。◎駢宇騫云:"祝史",古司祝之官。"祝",古爲史官,故稱"祝史"。因作辭以事神,故稱"祝";以其執書以事神,故稱"史"。

〔七〕晏子諸句　文斌案:簡本作:"晏子付有間,印而合曰:'占薨者弗識也,是非大山之神也,是宋之先也,湯與伊尹也。'"◎駢宇騫云:簡文"付"當讀作"俯",字或作"俛"。《禮記·曲禮上》:"俯而納屨。"注云:"'俯',俛也。"《公羊傳·宣公六年》:"俯而闚其戶。"注云:"'俯',俛頭。"《説文》以"俛"爲"頫"之異體,云:"'頫',低頭也。"簡文"印"當讀爲"仰",《説文》《廣雅·釋詁》云:"'仰',舉也。"字本作"卬",《荀子·議兵篇》:"上足卬則下可用。"注云:"'卬',古'仰'字。"又《解蔽篇》:"卬視其發。"注云:"'卬'與'仰'同。"段玉裁《説文解字注》云:"'卬'與'仰'義別,'仰'訓'舉','卬'訓'望'。今則'仰'行而'卬'廢,且多改'卬'爲'仰'矣。"簡文"合"讀爲"答",説見上。湯與伊尹事見《史記·殷本紀》。◎文斌又案:首句至此,《論衡·死僞篇》、《御覽》三九九引均與今本異。《論衡》作:"齊景公將伐宋,師過太山,公夢二丈人立而怒甚盛。公告晏子,晏子曰:'是宋之先湯與伊尹也。'公疑,以爲太山神。"文既簡略,"丈人"一詞亦與諸本異。《御覽》作：“景公舉兵將伐宋，過太山，公夢見二丈夫意怒甚盛。公問，占夢曰：‘師過太山不用事，太山神怒也。’公問晏子，晏子曰：‘非太山之神也，宋之先湯與伊尹也。’”文亦略異。

〔八〕公疑二句　于鬯云：“公疑”二字當句，疑晏子所言湯與伊尹也，故下文晏子曰：“公疑之，則嬰請言湯與伊尹之狀。”“以爲泰山神”者，信占夢者之言也。七字讀作一句者非。◎文斌案：于說是。簡本作“公疑，猶以爲大山”。◎駢宇騫云：簡本“山”下當脫一“神”字。

〔九〕晏子三句　文斌案：簡本作“晏子曰：‘公疑之，則嬰請門湯……’”，“湯”下殘缺。◎駢宇騫云：據明本下文云：“公曰：‘然，是也。’”知晏子語爲問話語氣，故簡文“門”當讀爲“問”。

〔一〇〕湯質諸句　孫星衍云：《毛傳》：“‘皙’，白皙。”《説文》：“人色白也。”“而長顔以髯”，《藝文類聚》作“湯長頭而髯鬢”，《太平御覽》作“湯長頭而寡髮”，一作“長頭而髯”，“髯”當爲“鬍”。“兑”，讀如“鋭”。“揚聲”，《太平御覽》作“高聲”。◎盧文弨云：《論衡·死僞篇》無“質”字，因下“皙”字誤衍。“顔”作“頤”，“兑”作“鋭”，下同。◎于鬯云：“長”下疑復有“長”字。正因兩“長”字重疊，故脫去一“長”字耳。“湯質皙而長”當句，與下文“伊尹黑而短”相對（《論衡·死僞論》無“質”字，然有不害其爲對）。“長顔以髯”亦與下文“蓬頭而髯”相對（今本脫“頭”字，依《御覽·鬚髯覽》引補）。孫星衍《音義》以“湯質皙”爲句，“而長顔以髯”爲句，則下文當讀“伊尹黑”爲句；然試問“而短蓬頭而髯”成何語乎？即從脫“頭”字之本，云“而短蓬而髯”，亦成何語乎？“皙而長”者，謂其體也。《孟子·告子篇》云“湯九尺”，《春秋繁露·三代改制質文篇》言“湯體長專”，皆其證。然則“長”下必復有“長”字可知。否則“顔以髯”又不成語矣。《藝文類聚·頭類》云：“湯長頭而髯鬢。”◎劉師培《斠補定本》云：《論衡·死僞篇》作“豐上而鋭下”，《初學記》九引《帝王世紀》作“豐下鋭上，皙而有髯，倨身而揚聲”。◎張純一《校注》刪“質”字，改“顔”爲“頤”，注云：《論衡》作“皙以長”，與“黑而短”對文，“皙”上不應有“質”字。《毛詩》：“‘顔’，額角豐滿也。”與“兑上”矛盾，《論衡》作“頤”是。《易·頤》鄭注：“‘頤’者，口車輔之名。”《釋名·釋形體》：“‘輔車’或曰‘頰車’。”凡繫於車，皆取在下載上物也。”“頤”與“豐下”相應，今據《論衡》刪正。“倨”，《論衡》作“据”。《史記·司馬相如傳》：“据以驕驁。”《索隱》引張揖：“‘据’，直頂也。”義同。◎黃暉《論衡校釋》（下僅出撰人姓名）云：此文當作：“湯皙（句）而長頭以髯。”《説文》：“‘顄’，臣也。”“臣”“頤”，古今字。又云：“‘顄’，頤也。”《方言》作“頷”。《公羊傳》何注：“‘頷’，口也。”則“頤以耳"猶"口以耳"也,文不成義。《晏子春秋·内篇諫上》:"湯質皙(句)而長頭以耳。"("頭"今誤作"顏"。《藝文類聚》十七引作"湯長頭而耳鬢",《御覽》三六四引作"湯長頭而寡髮",又三七四引作"長頭而耳",並作"長頭"。今據正)則"長"謂頭長,非謂其質白而長也。此文即本《晏子》,當不能背戾其義。蓋"頭"字形訛作"頤",淺者則據下文"伊尹黑而短,蓬而耳"句例,妄以"長"字屬上讀,又改"而"爲"以"。◎吳則虞云:于説是也。"湯質皙而長"句,言其身修也;"長頭而耳"句,言其頭及鬢也;後"頭"誤爲"顏",而"顏"字誤連上句讀,致失其義。《藝文類聚》十七、《御覽》三百七十四引俱作"湯長頭而耳",是其證。又《御覽》三百九十九節引作"湯修以長耳","湯修"者,即節上句"湯質皙而長","長耳"者,即節"長頭而耳"也。《博物志·異聞》作"湯皙容多髮"。◎田宗堯云:"兑上豐下","上"字下疑當有"而"字,下文"倨身而揚聲"與此句爲對文。《論衡·死僞篇》、《御覽》三九九引並有"而"字。◎文斌案:《論衡·死僞篇》言湯之狀亦作"鋭上而豐下"。劉氏所言"豐上而鋭下"者,乃狀伊尹也,失檢。《史記·司馬相如傳》"据以驕驁",《索隱》引張揖注原作:"'据',直項也。""項",頸的後部。張氏引作"直頂",失檢。《御覽》三九九引作:"湯修以長耳,兑上而豐下,倨身高聲。"沈本"倨"誤作"保"。簡本僅存"……逢下,居身而陽聲"。◎駢宇騫云:明本"兑"當讀爲"鋭",物上小下大曰"鋭"。簡文"逢"當讀爲"豐"。《説文》云:"'逢',從辵峯省聲。""夆',從夂丰聲。"《爾雅·廣言》云:"'丰','豐'也。""豐下",形容腮頰豐滿。《左傳·文公元年》:"王使内史叔服來會葬,公孫敖聞其能相人也,見其兩子焉。叔服曰:'穀也食子,難也收子。穀也豐下,必有後於魯國。'"注云:"'豐下',蓋面方。"楊伯峻《春秋左傳注》云:"'豐下',頤頷豐滿也。""居"當讀爲"倨",彎曲。段玉裁:"侈爲'倨',斂爲'句'。""倨身"即指駝背。簡本"陽聲"當讀爲"揚聲",即指聲音較高大。

〔一一〕公曰諸句　劉師培《斠補定本》云:"伊尹黑而短",《後漢書·馮衍傳》注引《帝王世紀》云:"伊尹豐下鋭上,色黑而短,僂身而下聲。"◎張純一云:"僂身",曲背也。◎黄暉云:"蓬而耳",當作"蓬頭而耳"。若脱"頭"字,"蓬"字無所狀矣。《晏子·内篇諫上》今本亦脱"頭"字。《御覽》三七四、又三九九引《晏子》正作"蓬頭而耳"。◎吳則虞云:《御覽》三百九十九引"黑"下無"而"字。《博物志》引作"伊尹黑而短",自"短"字截讀,是也。◎文斌案:《後漢書·馮衍傳》注引《帝王世紀》,"伊尹"原作"伊摯","鋭"原作"兑",劉氏失檢。《御覽》三百九十九引作:"伊尹黑短,蓬頭而耳,豐上兑下,僂身下聲。"《論衡》除"豐上兑下"

作"豐上而銳下"外，餘全同今本。楊本、凌本"豐上兌下"作"豐下兌上"，與湯形同，誤。簡本作"公曰：[□□]□伊尹黑以短，□□以逢，逢上而兌[□□□]而下聲"。◎駢宇騫云："伊尹"上三字，據明本疑當爲"然是已"。"以逢"上一字右旁似从"巤"，左旁殘泐，疑此字當讀爲"鬣"。《説文》云："'鬣'，髪鬣鬣也，从髟巤聲。"《左傳·昭公七年》："使長鬣者相。"杜注云："'鬣'，鬚也。"《國語·楚語上》韋注云："'長鬣'，美鬚髯也。""鬣"上一字疑作"而"字。"兌"下三字疑當作"下居身"，或"下僂身"。簡文"逢"、明本"蓬"皆當讀爲"豐"，"兌"讀爲"銳"，説見上。"下聲"，即低聲，與《周禮·春官·典同》"下聲肆"、《世説新語·輕詆》"下聲語曰"之"下聲"義同。

〔一二〕公曰諸句　孫星衍云："太甲"，湯孫；"武丁"，小乙子；"祖乙"，河亶甲子。◎文斌案：《論衡》"若何"作"奈何"，"祖乙"作"祖已"，"以平宋"作"和於宋"。簡本僅存"公……唯宋耳，而公伐之，故湯、伊尹怒，請散師和乎……"簡文"和"後之字，《銀簡》作"乎"，注云："明本作'請散師以平宋'。《論衡·死僞》引作'請散師和於宋'，與簡本近。"駢宇騫《校釋》、吳九龍《銀文》均作"平"。考慮到《銀簡》出版最早，似更能反映竹簡整理者的最初觀點，且其文近於漢人所著《論衡》，故本書確定爲"乎"字。◎駢宇騫云：明本"公"下至"惟"上有二十九字，從殘簡復原後的情況來看，"公"下"唯"上亦當有二十餘字，可能與明本相差不大。簡文"唯"通"惟"。

〔一三〕景公二句　蘇輿云："不用"，不用其言。◎文斌案：簡本殘缺。從"景公不用"至終章，《論衡》作"公不用，終伐宋，軍果敗"，似是對《晏子》的節錄。

〔一四〕晏子諸句　孫星衍云："續蓄"，未詳。◎黃以周云："伐無罪之國"，元刻"伐"上有"公"字。◎于鬯云："蓄"之言"畜"也。《孟子·梁惠王篇》云："'畜君'者，好君也。"此以聲訓"畜君"爲"好君"，則"續蓄"爲"續好"矣。且《孟子》正引晏子事，見《問下篇》，其曰："其《詩》曰：'畜君何尤？'齊大師所作也。"然則謂"好"爲"畜"，殆齊語與？依本字，蓋當作"媚"，"畜""蓄"並借字。《廣雅·釋詁》云："'媚'，好也。"《説文·女部》云："'媚'，媚也。""媚"亦"好"也（王念孫《廣雅疏證》頗詳）。蓋齊、宋本相舊好之國，今齊伐宋，是絕好矣。"易行"者，易伐爲不伐也，不伐即續好矣；不易行以續好，則仍伐以絕好耳，"蓄"字之義可得。孫星衍《音義》謂"'續蓄'未詳"，疏矣。◎陶鴻慶云："近過"二字文義難通，"過"當爲"禍"。《禮記·大學》："過也。"朱氏駿聲以爲"禍"之假字。下云"師若果進，軍必有殃"即"近禍"之謂。◎張純一云:"續蓄"義不可通,"蓄"當爲"菑",字之形誤。言既干神怒,仍不改行,適以續菑耳。"菑",古"災"字。◎于省吾云:"蓄""畜"通用,古籍習見,不煩舉證。《吕氏春秋·適威》:"民善之則畜也。"注:"'畜',好。"《孟子·梁惠王》:"'畜君'者,好君也。""畜""好"古音同隸幽部,乃音訓字也。"不易行以續畜",即不易行以續好也。上云"請散師以平宋",續好即"平宋"之義。"不易行以續畜",故下云"進師以近過,非嬰所知也。"《左·隱七年傳》:"以繼好息民。"《左·僖四年傳》:"先君之好是繼。"《左·襄元年傳》:"以繼好結信。"是"續畜"猶言"繼好"也。◎王叔岷云:黄之寀本、《子彙》本並脱"公"字,明活字本"公"字錯在"曰"字上。◎吴則虞云:黄説誤。吴刻如是,元本、活字本"公"字誤越在"曰"字之上,綿眇閣本、吴勉學本、楊本、凌本均無"公"字,吴懷保本作"晏子諫曰"。◎文斌案:王、吴校是,嘉靖本、沈本、吴懷保本、孫本亦脱"公"字。顧廣圻乙"公曰"爲"曰公"。簡本作:"……子曰:'公伐无罪之國,以怒明神,不易行□□□,進師以戰,禍非嬰之(《銀簡》《銀文》皆有此"之"字,駢宇騫《校釋》無。考慮到駢宇騫即爲《銀簡》中整理注釋《晏子》者,吴九龍亦是全程參與《銀簡》整理工作者,《校釋》無"之"字當是誤奪)所智也。師若果進,軍必有戈。'"◎駢宇騫云:簡本"智"當讀爲"知",智、知疊韻,古可通假。《廣韻》:"'智',知也。"《荀子·富國篇》:"故相率而爲之勞苦以務佚之,以養其知也。"注云:"'知'讀爲'智'。"簡本"進師以戰,禍非嬰所智也","禍"屬下讀,較明本義長。簡本"戈"當爲"烖"省。《説文》云:"'烖',天火曰'烖',从火戈聲。'灾'或从宀、火;'災',籀文从巛。"又云:"'巛',害也。"王力《同源字典》云:"'災''巛'實一詞,《説文》以具體的火災爲'災',以抽象的災爲'巛',是强生分别。"《左傳·襄公三十年》:"爲宋災故。"《周禮·大宗伯》作"烖"。"烖",禍害。與《書·舜典》:"眚災肆赦"之"災"義同。明本作"狄",與"災"同義。

〔一五〕軍進諸句 孫星衍云:"將"讀將帥。《説文》:"'殰',死也。""不果伐宋",《太平御覽》引《古文瑣語》曰:"齊景公伐宋,至曲陵,夢見有短丈夫賓於前。晏子曰:'君所夢者何如哉?'公曰:'其賓者甚短,大小上,其言甚怒,好侻。'晏子曰:'如是,則伊尹也。伊尹甚大上小下,赤色而髯,其言好侻而下聲。'公曰:'是矣。'晏子曰:'是怒君師,不如違之。'遂不果伐宋。"◎劉師培《校補》云:《博物志》七云:"齊景公伐宋,過泰山,夢二人怒。公謂太公之神,晏子謂宋祖湯與伊尹也。爲言其狀,湯晳容多髮,伊尹黑而短,即所夢也。景公進軍,不聽,軍鼓毀,公怒(當作"恐"),散軍,(下挩"不"字)伐宋。"文與此章多殊。◎文斌案:宋本

《御覽》三百七十八引《古文瑣語》，“君所夢者何如哉”無“者”字；“大小上”作“大上小下”（意即肚子大腿短）；“俔”作“俛”；“如是，則伊尹也”作“則如是，伊尹也”；“伊尹甚大上小下”作“伊尹甚大而短，大上小下”，與孫氏引異。簡本作“軍進再舍，將壹軍鼓毀。公恐，辭〔□□□□□〕，不果伐宋”。◎駢宇騫云：簡文“辭”下殘缺五字，據明本，疑爲“乎晏子散師”。簡文“壹”當讀爲“殪”，“殪”，《說文》云：“死也。”《詩·小雅·吉日》：“殪此大兕。”傳云：“‘殪’，壹發而死。”《國語·晉語》：“殪以爲大甲。”注云：“一發而死曰‘殪’。”《漢書·司馬相如傳上》：“藪殪仆。”集注引文穎曰：“一發死爲‘殪’。”

景公從畋十八日不返國晏子諫第二十三〔一〕

景公畋于署梁〔二〕，十有八日而不返〔三〕。晏子自國往見公〔四〕。比至，衣冠不正〔五〕，不革衣冠，望游而馳〔六〕。公望見晏子，下而急帶曰〔七〕：“夫子何爲遽〔八〕？國家無有故乎〔九〕？”晏子對曰：“不亦急也〔一〇〕！雖然，嬰願有復也。國人皆以君爲安野而不安國〔一一〕，好獸而惡民〔一二〕，毋乃不可乎〔一三〕？”公曰：“何哉？吾爲夫婦獄訟之不正乎〔一四〕？則泰士子牛存矣〔一五〕；爲社稷宗廟之不享乎？則泰祝子游存矣〔一六〕；爲諸侯賓客莫之應乎？則行人子羽存矣〔一七〕；爲田野之不辟、倉庫之不實〔一八〕？則申田存焉〔一九〕；爲國家之有餘不足聘乎〔二〇〕？則吾子存矣。寡人之有五子〔二一〕，猶心之有四支〔二二〕；心有四支，故心得佚焉。今寡人有五子，故寡人得佚焉〔二三〕，豈不可哉？”晏子對曰：“嬰聞之與君言異〔二四〕。若乃心之有四支而心得佚焉，可；得令四支無心十有八日〔二五〕，不亦久乎？”公于是罷畋而歸〔二六〕。

〔一〕文斌案：吳懷保本標題作“諫畋荒”，楊本作“畋署梁不返”，凌本作“景公畋于署梁”。
〔二〕景公句　孫星衍云：“署梁”，地名，未詳。◎蘇輿云：《韓詩外傳》作“齊景公出田”。◎張純一云：《藝文類聚》二十四作“景公畋”，六十六“畋”作“田”。《御覽》四百五十六作“畋”，三百七十六作“田”。◎吳則虞云：《白孔六帖》三十九、《御覽》三百七十六、四百五十六、《藝文類聚》二十四、六十六引俱作“景公田”。◎文斌案：張校是，吳校非。《白孔六帖》引亦作“畋”。

〔三〕十有句　孫星衍云：《藝文類聚》作“反”。◎蘇輿云：《韓詩外傳》“八”作“七”。◎張純一云：《御覽》三百七十六作“返”，四百五十六作“反”。《類聚》六十六無“而”字。◎吳則虞云：《韓詩外傳》作“十有七日而不反”，《白孔六帖》引作“十二日不反”。《御覽》兩引、《藝文類聚》兩引俱作“十有八日不反”。◎文斌案：張、吳校均非。《御覽》三百七十六引作“十八日不返”，四百五十六作“十有八日而不返”，均作“返”；《類聚》二十四作“十有八日而不反”，六十六作“十有八日不反”，均作“反”。

〔四〕晏子句　蘇輿云：《韓詩外傳》作“晏子乘而往”。◎張純一云：《類聚》二十四作“晏子往見公”，《御覽》三百七十六同。四百五十六作“晏子因往見公”。◎文斌案：張校不確。《御覽》三百七十六引作“晏子往見”；四百五十六作“晏子伯自往見公”，“伯”當爲“因”字之誤。《類聚》二十四作“晏子往見公”，六十六作“晏子往見”。

〔五〕比至二句　張純一云：《類聚》六十六“比至”作“而”，二十四“不”上有“盡”字。

〔六〕不革二句　孫星衍云：《説文》：“‘游’，旌旗之㳺也。”◎于鬯云：“望游”，蓋猶“望羊”，“羊”“游”一聲之轉，此類實主聲不主字。《史記·孔子世家》云：“眼如望羊。”前章亦有“望羊”字。孫星衍《音義》云：“‘望羊’，猶‘仿佯’也。”然彼云“望羊待於朝”，或疑是人名，見前校。則孫義猶“疑惑”，合移以釋此“望游而馳”，正謂“仿佯而馳”也。而孫於此乃引《説文》“‘游’，旌旗之㳺”，以實義解之，殆未的確。◎蘇輿云：《韓詩外傳》無此八字。◎吳則虞云：《藝文類聚》無此二句。◎文斌案：《類聚》二十四有“望游而馳”四字，吳氏失檢。《御覽》四百五十六有此八字。

〔七〕公望二句　孫星衍曰：“下而急帶”，急束其帶也。《藝文類聚》作“下車急曰”。一作“逆勞曰”。“帶”與“勞”字相似，或當爲“逆勞”。◎蘇輿云：《韓詩外傳》作“景公見而怪之曰”。◎吳則虞引長孫元齡云：“下”，下車也。《魯論》“孔子下，欲與之言”是也。“急帶”與“緩帶”對，肅其威儀也。《音義》“逆勞”之解，恐牽强。◎張純一云：“下而急帶”文不成義，當是“下車逆勞”之譌。今據孫校改。◎吳則虞云：《藝文類聚》二十四作“公見逆勞曰”，六十六引作“公望見晏子，下車急曰”，《御覽》四百五十六引作“公望見晏子曰”。

〔八〕夫子句　孫星衍云：“遽”，《藝文類聚》作“遽至”。◎盧文弨云：《韓詩外傳》十作“夫子何遽乎？得無有急乎”。◎張純一云：《御覽》三百七十六作“夫子何遽”，四百五十六作“何其遽”。“遽”，疾也，卒也。◎吳則虞云：《藝文類聚》二十四引作“何爲遽至”，《御覽》四百五十六引作“何其遽”。“爲”“其”義通，“何爲遽”，即“何其遽”也。◎文斌案：宋本《類聚》二十四作"夫子何爲遽",六十六作"夫子何遽",均無"至"字。

〔九〕國家句　孫星衍云:"無有",《藝文類聚》作"得無有",《太平御覽》作"得無"。◎王念孫云:"無"上有"得"字,而今本脱之。《雜上篇》:"諸侯得微有故乎(微,無也),國家得微有事乎",文義正與此同。《韓詩外傳》十作"得無有急乎",《藝文類聚·人部八》《産業部下》,《太平御覽·人事部》十七、九十七並引作"得無有故乎",皆有"得"字。◎張純一云:"故"當從《韓詩外傳》作"急",下文"不亦急邪"正承此而言。今作"故",則與"急"不相應矣。◎文斌案:《御覽》四百五十六誤脱"有"字。

〔一〇〕晏子二句　孫星衍云:"不亦急也",《藝文類聚》作"無恙也"。◎蘇輿云:《韓詩外傳》作:"晏子對曰:'然,有急。'"無下句。◎張純一云:"也"讀爲"邪"。◎文斌案:下文"雖然"是轉折語氣,言"儘管如此,我還是希望向您陳述",而陳述的内容是景公醉心玩樂無心治國,儘管國家此時尚無緊急情況發生,但長此以往是容易導致危難的。所以此處文字當是"不急也",言没有緊急情況,"亦"是衍文。《類聚》二十四作"無恙也";《類聚》六十六、《御覽》三百七十六、四百五十六皆無此四字,徑接"國人皆以君爲安野而不安國"句。黃本上方校語云:"'亦急'可疑。"

〔一一〕國人句　文斌案:"國人皆以君",《御覽》、《類聚》二十四同,《類聚》六十六"以"作"謂"。均無"爲"字。"安野而不安國",《類聚》二十四同,《御覽》四百五十六作"安於野不安於國",《類聚》六十六、《御覽》三百七十六均作"安野而好獸"。《白孔六帖》作"君安野不安國",句前有"遂止之"三字。黃本無"君"字。

〔一二〕好獸句　蘇輿云:《韓詩外傳》作"國人皆以君爲惡民好禽",此下載"臣聞之,魚鼈厭深淵而就乾淺"云云,與此少異。◎劉師培《斠補定本》云:《白帖》引"民"作"人"。◎張純一云:"民",《類聚》作"人"。◎文斌案:《類聚》見二十四。

〔一三〕毋乃句　吳則虞云:《白帖》無"乃"字。《藝文類聚》兩引"毋"皆作"無"。◎文斌案:《白孔六帖》作"乃不可乎",無"毋"字,吳氏失檢。

〔一四〕吾爲句　王念孫云:"爲"上不當有"吾"字,蓋衍文也。《韓詩外傳》《太平御覽》皆無。◎陶鴻慶云:"吾"乃"若"字之誤。◎劉師培、張純一亦持陶説。◎徐仁甫云:"吾"爲"若"之誤,陶鴻慶説是。"婦"字衍文,獄訟不限於夫婦也。原文當作"若爲夫獄訟之不正乎",後人不解"夫"字用法,又誤讀"夫"字,因於"夫"下增"婦"字耳。◎文斌案:下文四句"爲"前皆無"若"字,則此處"爲"前亦不當有"若"字,文同一例。王説是,"吾"爲衍文。徐氏以"婦"字爲衍文亦是,《御覽》三百七十六引即作“夫以獄訟不正”。

〔一五〕則泰句　孫星衍云：“泰士”，官；“子牛”，名。《孟子》：“皋陶爲士。”《韓詩外傳》作：“爲獄不中邪？則大理子幾在。”“牛”與“幾”聲亦相近。◎盧文弨曰：《外傳》以下“行人子羽”作“子牛”，而此爲“子幾”。◎蘇輿云：“泰士”，即《曲禮》“六大”中之“大士”（“泰”“大”同），鄭注云：“大士以神仕。”大士正獄訟，蓋若秋官士師察獄訟之辭矣。◎王叔岷云：《御覽》三七六引“矣”作“焉”；下文“則申田存焉”引“焉”作“矣”；“則吾子存矣”引“矣”作“焉”。“焉”猶“矣”也。◎文斌案：黃本“子牛”作“子午”。

〔一六〕爲社二句　孫星衍云：“泰祝”，官；“子游”，名。《韓詩外傳》作“祝人泰宰在”。◎蘇輿云：“泰祝”，即《曲禮》“六大”中之“大祝”。《周禮》：“大祝掌六祝之辭，以事鬼神示。”即此也。◎文斌案：《外傳》“爲社稷宗廟之不享乎”作“爲宗廟而不血食邪”。

〔一七〕則行句　孫星衍云：“行人”，官；“子羽”，名。◎黃以周云：“子羽”，《外傳》作“子牛”。◎吳則虞云：作“子羽”顯然有誤。行人子羽，鄭人也，見於《論語·憲問》，又見於《左·襄》二十九、三十一年《傳》及昭元年《傳》。似當從《外傳》前作“子幾”。◎文斌案：《外傳》行人爲“子牛”，吳氏失檢。

〔一八〕爲田句　孫星衍云：“辟”，讀如“闢”。“庫”，《太平御覽》作“廩”。◎蘇輿云：下疑有“乎”字，傳寫脫之耳。◎吳則虞云：作“廩”者是。此蓋形近而譌。◎文斌案：蘇説是，前後句式均有“乎”字，文同一例。

〔一九〕則申句　孫星衍云：“申田”，疑人名。《韓詩外傳》作“爲國家有餘不足邪？則巫賢在”。◎俞樾云：此不然也。“申田”，官名也。“申”當爲“司”，《史記·留侯世家》：“以良爲韓申徒。”徐廣曰：“‘申徒’，即‘司徒’耳，但語音訛轉，故字亦隨改。”《莊子·大宗師篇》“申徒狄”，《釋文》曰“崔本作‘司徒狄’”，是“申”與“司”古通用。“申田”即“司田”也。《管子·小匡篇》：“墾草入邑，辟土聚粟，多衆盡地之利，臣不如甯戚，請立爲大司田。”此齊有司田之證。◎黃以周云：俞説“申田”即“司田”是也。但齊之司田自有“申田”之名，《管子·立政篇》詳叙虞師之事、司空之事、申田之事、鄉師之事、工師之事，云：“相高下、視肥墝、觀地利、明詔期前後、農夫以時均修焉……申田之事也。”今本《管子》“申”又誤“由”。王氏《雜志》以爲衍文，失之。◎蘇輿云：黃説是。“焉”疑當作“矣”，與上一例。◎張純一云：此脫人名。

〔二〇〕爲國句　盧文弨云：“聘”字衍。◎黃以周云：《外傳》無“聘”字。◎張純一云:《御覽》三百七十六引同。語意不明,疑有譌奪。◎文斌案:黃本上方校語云:"國家句可疑。"

〔二一〕五子　孫星衍云:《藝文類聚》《太平御覽》作"吾子"。◎吳則虞云:明鈔本此字缺。《外傳》作:"寡人有四子,猶有四肢也。"《外傳》上無晏子,故云"四子";此上列舉子午、子游、子羽、申田並晏子,故曰"五子"。若徒指晏子一人言,又何必列舉子午、子游耶?是作"五"者是矣。◎田宗堯云:作"五子"是也。"五子"者,泰士子牛、泰祝子游、行人子羽、申田並晏子爲五也。"寡人之有五子",與下文"心之有四支"相應;作"吾"則失其義矣。◎文斌案:《晏子春秋》此上列舉作"子牛",吳氏筆誤,下同。《類聚》六十六、《御覽》三百七十六作"吾子";《御覽》四百五十六作"子",皆誤。黃本亦誤作"吾子",下同。

〔二二〕猶心心句　孫星衍云:"支",《韓詩外傳》作"肢"。◎張純一云:《類聚》六十六、《御覽》四百五十六並有"也"字。

〔二三〕心有四句　張純一云:《類聚》作"有四支,故心有佚。寡人有吾子,故寡人佚也"。◎文斌案:《類聚》見卷六十六。"故寡人佚"後無"也"字。

〔二四〕嬰聞句　孫星衍云:"與君言異",《太平御覽》作"言與君異"。◎張純一云:鮑刻《御覽》四百五十六同此,孫所見本不同。此文疑當作"嬰所聞與君言異"。◎王叔岷云:景宋本《御覽》亦同此,孫氏恐失檢。◎徐仁甫云:"嬰聞之","之"字當衍。《諫下》第一章曰:"嬰聞與君異。"正無"之"字。凡言"聞之"者,下必有引語;若下無引語,則以"聞"作"所聞",當名詞用,自無須"之"字。此"聞"下無引語,故不當有"之"字。知此者希,不可不辯。

〔二五〕若乃三句　孫星衍云:"可得令四支無心",《藝文類聚》作"則可令四支一日無心"。◎王念孫云:"可得"二字,與上下文義皆不貫。"可得"本作"則可","則可"者,承上之詞,與下文"不亦久乎"相應。今本作"可得"者,"得"字涉上文"得佚"而衍,又脫去"則"字耳。《韓詩外傳》作:"人心有四肢而得代焉,則善矣;令四肢無心十有七日,不死乎?"文雖異而義則同。《藝文類聚·產業部》引作:"若心有四支而得佚,則可。"《太平御覽·人事部九十七》引作:"乃若心之有四支而心得佚焉,則可。"今據以訂正。◎于鬯云:此當以"若乃心之有四支而心得佚"爲句,"焉可得令"爲句,"四支無心"屬下"十有八日不亦久乎"讀,文義自明。不意王念孫《雜志》誤於"焉"字讀斷,因謂"可得"本作"則可","得"字涉"得佚"而衍,又脫"則"字。如此,則是改書,非校書矣。彼所據《韓詩·齊桓公傳》作"人心有四肢而得代焉,則善矣;令四肢無心十有七日,不死乎"之文,以爲左證。鬯竊謂:此類允宜各依本文,本文各自可通;必欲牽合,則必有一傷。且以兩文審之,《晏子》之義實較《外傳》爲長。"焉可得令"者,謂心之不可因有四支而自佚也,何善之有!然則論義轉合以此準彼,顧乃以彼準此乎? 至謂《藝文類聚·產業部》引作"若心有四支而得佚則可",《太平御覽·人事部九十七》作"乃若心之有四支而心得佚焉,則可",今檢《類聚·田獵類》引云:"若心有四支而得佚,則可令四支無心乎?"《御覽·諫諍覽》引云:"乃若心之有四支而心得佚焉,則可令四支無心乎?"兩引明並以"則可"二字屬下讀。王於"則可"讀斷,則試問:"令四支無心乎"句如何接乎? 殆强就己説而已,必不可也。且《御覽·心覽》又引云:"若心有四支而得佚,則可令四支一日無心乎?"彼"則可"二字亦明屬下讀,王《志》尚失引。若依王讀,則"令四支一日無心乎"句亦不能接也。竊謂此三引者,實皆節引《晏子》之文而誤者也。而一引亦誤連"焉"字,其兩引皆於"佚"字斷句,則轉可據矣。◎吳則虞云:于説迂曲。此以"心佚"與"無心"二者相舉以論也。心佚則可,而無心不可。此當作"若乃心之有四支而心得佚焉,可"句,"得令四支無心十有八日,不亦久乎"句,其證有三:宋本《御覽》四百五十六引作"乃若心之有四支而心得佚焉則可,今四支無心也十有八日矣,不亦久乎"。苟如于鬯自"佚"字斷句,則"焉則可令四支無心也"不成文理,其證一也。《御覽》三百七十六引"若心有四支而得佚則可,令四支一日無心乎",《藝文類聚》六十六引同,皆節引此文而易其辭,故改"今"爲"令",而"乎"字在"無心"之下。苟如于鬯自"佚"字截讀,語意亦極不明,其證二也。《外傳》作"人心有四肢而得代焉則善矣,令四肢無心十有七日不死乎",文字稍異,而意全同。"則善矣"即"則可",亦即"焉可";"得令"者,"得"猶"能"也,用以輔足語氣,其證三也。◎王叔岷云:《御覽》四五六引作:"今四支無心也,十有八日矣。"鮑刻本"今"作"令"。◎徐仁甫云:"得"猶"特"也,"但"也。《史記·吳王濞傳》:"此恐不得削地而已。"《漢書》"得"作"止"。瀧川資言謂"得""特"通。"得令四支無心",言但令四支無心也。◎文斌案:《類聚》六十六引作"則可令四支無心乎",孫氏失檢。吳氏斷句是。

〔二六〕公于句　孫星衍云:"罷畋而歸",《藝文類聚》作"罷田即日歸"。《韓詩外傳》用此文。◎張純一云:《御覽》四百五十六"畋"作"田",無"而"字;三百七十六作"公罷田而返"。《類聚》六十六作"公乃罷田而歸"。◎吳則虞云:《白帖》三十九引作"於是罷畋即歸也"。《藝文類聚》二十四作"於是罷畋即日歸"。◎文斌案:《類聚》二十四"畋"作"田",吳氏失檢。《外傳》作"遂援晏子之手,與驂乘而歸"。

景公欲誅駭鳥野人晏子諫第二十四〔一〕

　　景公射鳥,野人駭之〔二〕。公怒〔三〕,令吏誅之。晏子曰:"野人不知也〔四〕。臣聞〔五〕:賞無功謂之亂,罪不知謂之虐〔六〕。兩者,先王之禁也。以飛鳥犯先王之禁,不可。今君不明先王之制〔七〕,而無仁義之心,是以從欲而輕誅〔八〕。夫鳥獸,固人之養也〔九〕,野人駭之,不亦宜乎?"公曰:"善。自今已後〔一〇〕,弛鳥獸之禁〔一一〕,無以苛民也〔一二〕。"

〔一〕文斌案:元刻本、活字本、嘉靖本目錄"野"作"埜",正文均作"野"。顧廣圻改"埜"作"野"。吳懷保本標題作"諫誅野人",楊本作"野人駭鳥",凌本作"景公射鳥"。

〔二〕駭　孫星衍曰:驚鳥令去也。

〔三〕怒　張純一云:《群書治要》、《太平御覽》九百十四引並脫"怒"字。◎吳則虞云:《御覽》四百五十六引有。

〔四〕野人句　張純一云:《御覽》四百五十六引"人"下有"實"字。◎文斌案:宋本《御覽》四百五十六引"人"下無"實"字。

〔五〕臣聞句　蘇輿云:《治要》"聞"下有"之"字。◎張純一云:《御覽》四百五十六同。

〔六〕罪不句　張純一云:《御覽》"謂"下有"人"字,非。◎田宗堯云:景宋本《御覽》引"謂"下無"人"字;鮑刻本有"人"字,疑涉與下"之"字形近而衍。◎文斌案:張氏所引《御覽》乃卷四百五十六。田校是。

〔七〕今君句　吳則虞云:明鈔本脫。◎文斌案:黃本"今"誤作"令",上方校語云:"'令'疑'今'字。"

〔八〕是以句　蘇輿云:"從"猶"縱"也。《曲禮》:"欲不可從。""從"亦讀"縱"。《治要》有"也"字。

〔九〕夫鳥二句　張純一云:《治要》同,《御覽》九百十四引作"鳥獸故非人所養"。

〔一〇〕自今已後　孫星衍云:《太平御覽》作"自尒已來"。◎王念孫云:"自今已後"本作"自今已來"。後人習聞"自古已來"之語,罕見"自今已來"之文,故改"來"爲"後"也。不知"自今已來"猶言"自今已往"也,"來"與"往"意相反,而謂"往"爲"來"者,亦猶"亂"之爲"治","故"之爲"今","擾"之爲"安"也。《晉語》:"自今已往,知忠以事君者與詹同。"

《吕氏春秋·上德篇》作："自今已來。"《吕氏春秋·察微篇》："自今已往,魯人不贖人矣。"《淮南·道應篇》作"自今已來"。《吕氏春秋·淫辭篇》："自今已來,秦之所欲爲趙助之,趙之所欲爲秦助之。"《韓策》："顔率曰:'自今已來,率且正言之而已矣。'"《史記·秦始皇紀》："自今已來,操國事不道,如嫪毐、不韋者,籍其門。"皆謂"自今已往"也(餘見《史記·太史公自序》及《經義述聞·大雅》)。《群書治要》及《太平御覽·人事部九十七》《羽族部一》引《晏子》皆作"自今已來"。◎張純一云:《治要》作"自今以來",《御覽》四百五十六作"自爾以來",九百十四作"自爾已來","以""已"同。◎文斌案:楊本"今"誤作"合"。

〔一一〕弛　孫星衍云:《太平御覽》作"未有"。◎張純一云:《御覽》見四百五十六,又九百十四作"一弛"。

〔一二〕無以句　蘇輿云:《治要》"苟"作"拘"。◎文斌案:《治要》無"也"字。

景公所愛馬死欲誅圉人晏子諫第二十五〔一〕

景公使圉人養所愛馬〔二〕,暴死〔三〕。公怒,令人操刀解養馬者〔四〕。是時晏子侍前,左右執刀而進,晏子止而問于公曰〔五〕："堯、舜支解人從何軀始〔六〕?"公矍然曰〔七〕："從寡人始〔八〕。"遂不支解〔九〕。公曰〔一〇〕："以屬獄。"晏子曰:"此不知其罪而死〔一一〕。臣爲君數之〔一二〕,使知其罪〔一三〕,然後致之獄〔一四〕。"公曰:"可。"晏子數之曰〔一五〕:"爾罪有三〔一六〕:公使汝養馬而殺之〔一七〕,當死罪一也〔一八〕;又殺公之所最善馬〔一九〕,當死罪二也;使公以一馬之故而殺人,百姓聞之必怨吾君〔二〇〕,諸侯聞之必輕吾國〔二一〕,汝殺公馬〔二二〕,使怨積于百姓〔二三〕,兵弱于鄰國,汝當死罪三也〔二四〕。今以屬獄〔二五〕。"公喟然歎曰〔二六〕:"夫子釋之! 夫子釋之〔二七〕! 勿傷吾仁也。"〔二八〕

〔一〕蘇輿云:《治要》載此章在《雜上》。◎劉師培《校補》云:《白帖》三十七引此條作《國語》,文亦小異。◎吳則虞云:凌本上方識語云:"武帝時有殺上林鹿者,下有司殺之。東方朔在旁曰:'是固當死者三:使陛下以鹿殺人,一當死;天下聞陛下重鹿殺人,二當死;匈奴有急,以鹿觸之,三當死。'帝默然赦之。古人諷諫,往往類此。"◎文斌案:《白孔六帖》引此條作《國語》者乃卷三十九,劉氏失檢。《子彙》本、凌本章後附《外篇第七》第十三章文。吳懷保本標題作"諫誅圉人",楊本作"罪圉人",凌本作"使圉人"。

〔二〕景公句　王念孫云：此本作“景公使人養所愛馬”，無“圉”字。今本有之者，後人依《説苑·正諫篇》加之也。案《説苑》曰：“景公有馬，其圉人殺之。”下文曰：“使吾君以馬之故殺圉人。”二“圉人”上下相應。此文但言使人養馬，而無“圉人”之文，故下文亦但言“殺養馬者”，而不言“殺圉人”。若此文作“圉人”，則與下文不相應矣。又此章標題本作“景公所愛馬死欲誅養馬者”，今本“養馬者”作“圉人”，亦後人所改。《群書治要》及《藝文類聚·獸部上》《太平御覽·人事部九十七》《獸部八》引此皆無“圉”字。◎吳則虞云：《事類賦注》二十一引無“圉”字，《治要》無“圉人”二字。◎文斌案：王氏所謂《藝文類聚·獸部上》見卷九十三，《御覽·人事部九十七》見卷四百五十六，《御覽·獸部八》見卷八百九十六。《古今事文類聚》後集卷三十八引亦無“圉”字。

〔三〕暴死句　孫星衍云：“暴”，《詩傳》：“疾也。”《説文》：“疾有所趣也。”《玉篇》：“步到切。”◎王念孫云：“暴死”二字文義不明，《藝文類聚·人部八》作“暴死”，亦後人以俗本《晏子》改之。《群書治要》及《太平御覽·人事部》皆作“暴病死”，《藝文類聚·獸部》《太平御覽·獸部》皆作“馬病死”，文雖不同，而皆有“病”字，於義爲長。◎劉師培《校補》云：《事類賦注》廿一引作“病死”。◎田宗堯云：《事文類聚後集》三十八引作“馬病死”。◎文斌案：王氏所謂《藝文類聚·人部八》見卷二十四。《白孔六帖》三十九亦作“暴死”。當有“病”字。

〔四〕公怒二句　孫星衍云：“操”，《太平御覽》作“持”。◎蘇輿云：《治要》“令”作“命”。◎劉師培《校補》云：《類聚》九十三引作“令人殺養馬者”（《事類賦注》引作“令殺之”）。◎張純一云：《治要》脱“怒”字。◎吳則虞云：《藝文類聚》二十四作“令刀解養馬者”，《白帖》三十九作“欲刀解養馬者”，《御覽》四百五十六作“令人持刀，欲煞養馬者”。◎王叔岷云：《藝文類聚》二四引“公”上有“景”字，《御覽》八九六引“解”亦作“殺”。◎文斌案：《韓詩外傳》八文辭稍異：“齊有得罪於景公者，景公大怒，縛置之殿下，召左右肢解之，敢諫者誅。”

〔五〕晏子句　王念孫云：“止”下有“之”字，而今本脱之，則語意不完。《群書治要》及《太平御覽·人事部》皆有“之”字。◎吳則虞云：《御覽》四百五十六引無“于公曰”三字。

〔六〕堯舜句　孫星衍云：“軀”，《太平御覽》作“體”。◎王念孫云：《群書治要》作“敢問古時堯舜支解人從何軀始”，是也。今本脱“敢問古時”四字，則語意唐突。《太平御覽·人事部》亦有“古時”二字。◎文斌案：《外傳》引作：“晏子左手持頭，右手磨刀，仰而問曰：‘古者明王聖主，其肢解人，不審從何肢解始也？’”

〔七〕公矍句　孫星衍云：“矍”，《太平御覽》作“懼”。◎王念孫云：“矍”本作“懼”，此後人不曉“懼然”之義而以意改之也，不知“懼然”即“瞿然”也。《説文》：“‘臮’（九遇切），舉目驚臮然也。”經傳通作“瞿”。《檀弓》“公瞿然失席”是也。又通作“懼”。《大戴記·用兵篇》：“公懼焉曰（“懼焉”即“瞿然”）。”《莊子·庚桑楚篇》：“南榮趎懼然顧其後。”《史記·孟子傳》：“王公大人初見其術，懼然顧化。”《漢書·惠紀贊》：“聞叔孫通之諫則懼然。”《説苑·君道篇》：“哀公懼焉有閒。”皆驚貌也。《群書治要》及《太平御覽·人事部》並作“公懼然”（鈔本《御覽》如是，刻本改爲“懼然”）。◎劉師培《校補》云：《御覽》四百五十六引同《治要》，作“公懼焉，遂止”。◎文斌案：《御覽》四百五十六作“公懼然”，無“遂止”二字，劉氏失檢。

〔八〕從寡句　俞樾云：晏子問支解人從何軀始，而公遽云“從寡人始”，語殊不倫。據《韓詩外傳》，作“景公離席曰：‘縱之，罪在寡人。’”疑《晏子》本作：“公矍然曰：‘從之。’”“從”即“縱”也。“寡人始”三字，必有奪誤。或亦如《外傳》文，或文不必同，而意則必相近也。◎蘇輿云：“從寡人始”不誤。蓋景公悔心乍萌，率爾而對。若既縱之矣，下何以云“屬獄”乎？《治要》無此句及下六字。◎張純一云：此文當作“支解人從寡人始”，今本脱“支解人”三字，故俞云“語殊不倫”。公因晏子之問，懼然驚悟堯舜不支解人，乃曰：“支解人從寡人始，不可爲也。”遂不支解。蓋是非之心，感於堯舜之盛德，一時頓現也。◎吳則虞云：蘇説是也。晏子固知堯舜未嘗支解人，而以“何體始”爲問者，欲借以啓沃景公。景公率爾曰“從寡人始”，言未畢，知支解人之不當，始戛然即止。此非有缺文，正狀其言之未已也。

〔九〕遂不句　孫星衍云：《太平御覽》“遂”下有“止”字。

〔一〇〕公曰句　蘇輿云：“公曰”二字當衍。◎張純一云：“公”字蒙上可省，“曰”字不可少。◎吳則虞云：“遂不支解”四字，記者之言也，故又用“公曰”二字以别之。蘇言誤。◎文斌案：張、吳説是。《治要》作“曰‘以屬獄’”，《御覽》四百五十六作“公曰‘以屬獄’”。

〔一一〕此不句　王念孫云：《群書治要》及《太平御覽·人事部》皆無此七字；今有之者，亦後人依《説苑》加之。

〔一二〕臣爲句　王念孫云：《説苑》作“臣請爲君數之”，《群書治要》及《藝文類聚·人部》《獸部》，《太平御覽·人事部》《獸部》，《白帖》三十九皆作“請數之”。今本依《説苑》加“臣爲君”三字，而脱去“請”字。案下文“公曰可”即可晏子之請也，則原有“請”字明矣。故《説苑》亦有“請”字（《外上篇》記諫殺顏濁鄒事亦曰“請數之，以其罪而殺之”）。◎劉師培《校補》云：王令《十七史蒙求》六引作“請數之”，《説苑·正諫篇》“臣”下亦有"請"字,此疑挩。◎文斌案:《治要》、《御覽》四百五十六、《白孔六帖》作"晏子曰請數之";《御覽》八百九十六,《藝文類聚》二十四、九十三,《事文類聚後集》《事類賦注》作"晏子請數之曰","曰"字位置各不同。

〔一三〕使知句　盧文弨云:"使"下有"自"字。◎蘇輿云:《治要》正有"自"字。◎吳則虞云:《說苑》"使"作"令",無"自"字。◎文斌案:《御覽》四百五十六亦有"自"字。

〔一四〕然後句　孫星衍云:"致",《太平御覽》作"屬"。◎張純一從孫校,改"致"作"屬",注云:此句承上文"以屬獄"言,亦與下文"今以屬獄"協。若作"致",則不相應。◎吳則虞云:宋本《御覽》四百五十六引作"然後煞之"。◎文斌案:宋本《御覽》四百五十六引作"然後煞之獄"。對此可作三種理解:一、最可能的情況是,"煞"爲"致"之形譌;二、"獄"字衍;三、"煞之獄"爲"煞之於獄"之省。

〔一五〕晏子句　孫星衍云:沈啓南本下有注云:"或作'景公有馬,其圉人殺之。公怒,援戈將自擊之。晏子曰:"此不知其罪而死,臣請爲君數之,令知其罪而殺之。"公曰:"諾。"晏子舉戈而臨之曰'云云。"是《說苑》文。◎黃以周云:元本有一"〇",乃出異文云:"或作'景公有馬,其圉人殺之,公怒,援戈將自擊之。晏子曰:"此不知其罪而死,臣請爲君數之,令知其罪而殺之。"公曰:"諾。"晏子舉戈而臨之曰'云云。"凡五十五字。又作"〇"隔之,乃接"爾罪有三"句。◎吳則虞云:元本"〇"下"此不知"無"知"字,"援戈"無"戈"字。明活字本同。黃氏蓋未見原本,據吳刻而言也。此二字乃顧廣圻所補。◎文斌案:吳說是,黃氏所謂元刻,實吳鼒本也。元刻本、活字本、嘉靖本、沈本、吳懷保本均無"戈"字、"知"字;孫氏《音義》引有,失檢。吳鼒本有"戈""知"二字,乃顧廣圻所補。爲求體例統一,今删注文。

〔一六〕爾罪句　蘇輿云:《治要》作"爾有三罪"。◎劉師培《校補》云:《類聚》九十三引作"爾有三罪",《事類賦注》引作"爾有三死罪"。◎張純一云:《類聚》二十四作"爾有罪三"。◎文斌案:《御覽》四百五十六作"尔有罪三",八百九十六作"亽有三罪",《事文類聚後集》作"爾有三罪",《白孔六帖》作"爾罪有三也"。

〔一七〕公使句　劉師培《校補》云:《類聚》廿四、《御覽》四百五十六及《蒙求》引"而"作"汝"。◎吳則虞云:《治要》同,惟無"而"字。《類聚》九十三無"而"字。◎文斌案:《藝文類聚》九十三亦無"公"字,《御覽》四百五十六"殺"作"煞"。《事類賦注》《事文類聚後集》均作"使汝養馬殺之",無"公""而"二字;《白孔六帖》作"公使爾養馬,爾殺公之愛馬"。

〔一八〕當死句　孫星衍云:《藝文類聚》作"一當死也",下作"二當死也""三當死也”。◎張純一云：《類聚》見九十三。◎吳則虞云：《白帖》作“汝罪一也”，《類聚》二十四、《御覽》作“當死罪一”，九十三、《事類賦》作“一當死也”。◎文斌案：《御覽》四百五十六作“當死罪一”“當死罪二”“當死罪三”，八百九十六作“一當死也”“二當死也”“三當死也”，吳校不確。吳氏所言“九十三”當指《藝文類聚》，脱《類聚》二字。《事文類聚後集》亦作“一當死也”“二當死也”“三當死也”。

〔一九〕最善馬　孫星衍云：“善”，《太平御覽》作“愛”。◎盧文弨云：《御覽》無“最”字。◎劉師培《校補》云：《類聚》《蒙求》引“善”作“愛”。◎吳則虞云：《類聚》九十三、《御覽》八百九十六、《事類賦注》作“最善馬”，《類聚》二十四、《御覽》四百五十六引作“所愛馬”。◎文斌案：《藝文類聚》九十三、《御覽》八百九十六、《事類賦注》《事文類聚後集》均作“又殺公所最善馬”，無“之”字。《藝文類聚》二十四作“又殺公之所愛馬”，《御覽》四百五十六同，“殺”作“煞”。

〔二〇〕使公二句　孫星衍云：《藝文類聚》“怨”下有“叛”字。◎吳則虞云：《類聚》九十三、《事類賦注》二十一作“百姓必怨叛”。《類聚》二十四作“百姓怨吾君”。◎王叔岷云：《御覽》八九六引“怨”下亦有“叛”字。◎文斌案：《治要》、《藝文類聚》二十四、《白孔六帖》“一馬之故”後無“而”字。

〔二一〕諸侯句　吳則虞云：《類聚》及《事類賦》皆作“輕伐”。◎文斌案：《藝文類聚》二十四、《御覽》四百五十六、《白孔六帖》作“輕”，《藝文類聚》九十三、《御覽》八百九十六、《事文類聚後集》作“輕伐”。

〔二二〕汝殺句　孫星衍云：“汝”，《太平御覽》下有“一”字。◎文斌案：見卷四百五十六。

〔二三〕使怨句　盧文弨云：《御覽》“使”下有“公”字。◎文斌案：見卷四百五十六。

〔二四〕汝當句　蘇輿云：“汝”字緣上文衍。◎陶鴻慶云：上文“當死罪一也”“當死罪二也”句首皆無“汝”字，此文亦當一律。“汝”字本在“今以”下，傳寫脱去，而校者誤補於“當死罪”之上耳。

〔二五〕今以句　蘇輿云：《治要》“今”作“令”，疑形近而譌。◎張純一云：《御覽》“今”亦譌“令”。◎吳則虞云：《御覽》四百五十六引“今”作“令”，義亦通。

〔二六〕公喟句　田宗堯云：《藝文類聚》二十四引“公”上有“景”字。◎文斌案：《藝文類聚》二十四作“景公喟然曰”，九十三、《事文類聚後集》作“公喟然”，《治要》、《事類賦注》、《御覽》兩引作“公喟然曰”，均無“歎”字。

〔二七〕夫子句　孫星衍云：“釋”，《藝文類聚》作“舍”，一作“赦”。《太平御

覽》作"赦"。◎王念孫云：《群書治要》及《藝文類聚·人部》《獸部》，
《太平御覽·人事部》《獸部》皆但有"公喟然曰赦之"六字。今本"夫子
釋之"三句，皆後人依《説苑》加之。"歟"字亦後人所加。◎吳則虞云：
《類聚》二十四引作"舍之"，《事類賦注》引作"赦之"。作"赦之"微誤。
◎文斌案：《治要》、《御覽》兩引均作"公喟然曰赦之"，《藝文類聚》二
十四作"景公喟然曰舍之"、九十三作"公喟然赦之"，王校不確。《事類
賦注》亦作"公喟然曰赦之"，《事文類聚後集》作"公喟然赦之"，《白孔
六帖》作"公赦之"。

〔二八〕孫星衍云：《説苑·正諫篇》用此文。

内篇諫下第二凡二十五章

景公藉重而獄多欲托晏子晏子諫第一^{〔一〕}

景公藉重而獄多^{〔二〕}，拘者滿圄^{〔三〕}，怨者滿朝^{〔四〕}。晏子諫，公不聽。公謂晏子曰："夫獄，國之重官也，願托之夫子。"晏子對曰："君將使嬰勑其功乎^{〔五〕}？則嬰有壹妄能書，足以治之矣^{〔六〕}。君將使嬰勑其意乎？夫民無欲殘其家室之生，以奉暴上之僻者，則君使吏比而焚之而已矣^{〔七〕}。"景公不悦^{〔八〕}，曰："勑其功則使一妄，勑其意則比焚^{〔九〕}，如是，夫子無所謂能治國乎^{〔一〇〕}？"晏子曰："嬰聞與君異。今夫胡貉戎狄之蓄狗也^{〔一一〕}，多者十有餘^{〔一二〕}，寡者五六，然不相害傷。今束雞豚妄投之，其折骨決皮^{〔一三〕}，可立得也^{〔一四〕}。且夫上正其治，下審其論^{〔一五〕}，則貴賤不相踰越。今君舉千鍾爵祿而妄投之于左右，左右争之甚于胡狗，而公不知也^{〔一六〕}。寸之管無當^{〔一七〕}，天下不能足之以粟^{〔一八〕}。今齊國丈夫耕，女子織，夜以接日，不足以奉上，而君側皆彫文刻鏤之觀^{〔一九〕}。此無當之管也，而君終不知。五尺童子，操寸之煙^{〔二〇〕}，天下不能足以薪^{〔二一〕}。今君之左右，皆操煙之徒，而君終不知。鍾鼓成肆^{〔二二〕}，干戚成舞^{〔二三〕}，雖禹不能禁民之觀。且夫飾民之欲而嚴其聽^{〔二四〕}、禁其心，聖人所難也；而況奪其財而飢之^{〔二五〕}，勞其力而疲^{〔二六〕}，常致其苦而嚴聽其獄^{〔二七〕}、痛誅其罪，非嬰所知也。"

〔一〕文斌案：元刻本、活字本、嘉靖本、沈本目録"藉"作"籍"。吳懷保本標題作"諫藉重獄多"，目録"藉"亦作"籍"，各章均列"景公"名下。楊本作"籍重獄多"，凌本作"藉重獄多"。

〔二〕藉　盧文弨云："藉"即藉斂。◎劉師培《校補》云：《書鈔》四十五引"藉"作"籍"。◎王叔岷云：《御覽》四八三、六四三引"藉"亦並作"籍"，"籍"

"藉"古通。《問上第三》："爲君厚藉斂而托之爲民。"《御覽》六二七引
"藉"作"籍"。《外篇第七》："藉斂過量。"黃之寀本、明活字本、《子彙》本
"藉"皆作"籍",並其比。

〔三〕圄　孫星衍云:據此及《左傳》"圄伯嬴于轑陽"之文,知圄圉非秦獄名。
《説文》:"'圄',守之也,所以拘罪人。"

〔四〕怨者句　于鬯云:據下文言"民",則此似不應言"朝"。或者謂外朝耳。
《國語·晉語》云:"絳之富商韋藩木楗而過於朝。"是民亦得往來於朝,必
外朝也。◎張純一云:《太平御覽》四百八十三、又六百四十三引此文並
同。案:怨因藉重而興,屬民言,則怨者必滿野。下文云"左右爭之甚于
胡狗",則怨者亦滿朝。此文疑本作"拘者滿圄圉,怨者滿朝野",因傳寫
脱"圉"字,校者又删"野"字耳。

〔五〕勑　孫星衍云:《説文》:"'敕',戒也。""'勑',勞也。"經典多用"勑"爲
"敕"。《吕氏春秋》:"田事既飭。"高誘注:"'飭'讀作'勑','勑',督田
事。"是此"勑"當讀"飭"也。◎盧文弨云:"勑"通"敕","功"謂功效也。
下云"勑其意",謂革民之心也。◎于省吾云:孫星衍謂"'勑'當讀
'飭'",是也。盧文弨云:"'功'謂功效也。下云'勑其意',謂革民之心
也。"按:盧以"功"爲"功效",殊誤。《詩·七月》:"載纘武功。"《傳》:
"'功',事也。"《崧高》:"世執其功。"《傳》:"'功',事也。""飭"謂整飭,
"飭其功"謂整飭其事,與下云"勑其意"爲對文。功效就事之已有成者
言,已有成不須再言整飭也。◎文斌案:于説是。黃本"勑"作"勅",
下同。

〔六〕則嬰二句　孫星衍云:"壹妄能書足以治之矣",言一妄男子能書記者,即
成讞矣。◎俞樾云:此説非也。一妄男子不可止曰"一妄","妄"疑"妾"
字之誤,"嬰有壹妾能書,足以治之",極言治之之易,雖婦女可也。下文
曰:"則君使吏比而焚之而已矣",蓋兩語皆滑稽之詞,故景公不説也。◎
劉師培《斠補定本》云:黃本"妄"作"妾",下同,與俞氏《平議》説合。

〔七〕則君句　孫星衍云:言焚其讞也。◎盧文弨云:此正言民意之不從上也。
不從上,則比户可誅,故云"比而焚之",非焚其讞也。觀下景公曰"勑其
意",則"比焚如"是比"焚如"之刑也。"焚如"之刑,殺其親之刑也,見《周
禮·秋官》"掌戮"疏引鄭康成《易》注。◎蘇輿云:孫説是。"勑意",所
謂革心也。革心上德,故云讞可焚。下云"常致其苦而嚴聽其獄,痛誅其
罪,非嬰所知"正承此,反言以詰公不焚讞之非耳。盧誤以下"焚如"爲
刑,遂不可通矣。◎吳則虞云:《易·噬嗑》:"君子以明罰勑法。""勑",
謂理也、求也。上云"勑其功"者,求其治獄之功;此云"勑其意"者,求
在獄之情也。求其功不求其情,則一能書者足以任事;如欲求其情,則

民無欲殘其室家以奉其上者,則比户之可誅矣。"比而焚之",猶孟子所謂"將比今之諸侯而誅之"也。"焚"疑"僨"之假借,《漢書·韓王信傳》:"僨于吳。"《集注》:"猶斃也。"《左·襄二十四年傳》:"象有齒以焚其身。"注:"斃也。"後人忘"焚""僨"通假之義,而泥於火焚,致失其解。◎文斌案:吳説是。《禮記·樂記》:"鄭衛之音,亂世之音也,比於慢矣。"鄭注:"'比'猶'同'也。"此句"比而焚之"與《孟子·萬章下》"比今之諸侯而誅之"句式同,"比"均可作"同樣看待"解。"獄"爲訟事。齊國獄多因景公藉重而起,不從根本上改變景公的重斂行爲,光靠壓制百姓如何能够解決問題? 故晏子有如此對: 您如果只想通過判案來解決問題,那麽我有一個會寫字的妾,足以把事情辦好;您如果想讓人民從思想上能够接受您的所作所爲,人民没有誰願意自己家破人亡而供奉貪暴君主享樂的,那麽您讓官吏把他們都殺掉算了。

〔八〕悦 文斌案: 孫本作"説"。

〔九〕勑其二句 蘇輿云:"比焚"句絶,"比"下當有"而"字。"如是"猶云"若是",屬下爲義;盧聯讀非。◎陶鴻慶云:"比焚如"三字不可曉,疑"焚如"本作"如焚","如"與"而"同,"比如焚"即晏子所謂"比而焚之"也。"焚",孫氏以爲"焚其讖",是也。校者不知"如"之爲"而",以爲文不可通,輒乙其文爲"焚如",盧校因解爲"焚如之刑",斯爲不倫矣。◎文斌案: 蘇説是,陶説非。"如"字當斷在下句,與"是"作爲一個組合。"比""焚"之間當有"而"字,張純一《校注》即採蘇説。孫本"一"作"壹"。嘉靖本第二句"勑"字誤作"使"。

〔一〇〕夫子句 陶鴻慶云:"謂"讀爲"爲","能"讀爲"而",言無所爲而治國也。◎文斌案: 楊本"謂"作"爲"。

〔一一〕狢 孫星衍云: 當爲"貉"。◎劉師培《斠補定本》云: 黄本"狢"作"貉"。

〔一二〕餘 吳則虞云: 元刻本、黄本、《子彙》本、吳勉學本"餘"作"余"。◎文斌案: 活字本、嘉靖本、綿眇閣本亦作"余"。

〔一三〕其折句 孫星衍云: 言争雞豚而相傷也。

〔一四〕可立句 王念孫云:"得"字義不可通,當是"待"字之誤,"可立而待也",見《孟子》。◎蘇時學説同。◎俞樾云:"得"字義不可通,乃"見"字之誤。《史記·趙世家》:"未得一城。"《趙策》"得"作"見"。《留侯世家》:"果見穀城山下黄石。"《漢書》"見"作"得"。蓋"得"字古作"䙷",其上從"見",故"見""得"二字往往相混。◎吳則虞云:《指海》本作"待"。◎文斌案: 黄本"得"亦作"待"。

〔一五〕論 蘇輿云:"論"讀爲"倫"。"倫",等也,言審其貴賤之等也。作"論"

者,借字耳(《易·屯·象傳》:"君子以經論。"《釋文》:"音'倫'。苟爽曰:"'論',理也。'"《大雅·靈臺篇》:"於論鼓鐘。"鄭箋:"'論'之言'倫'也。"《公食大夫禮》:"倫膚七。"今文"倫"或作"論"。《王制》:"必即天論。""論"或爲"倫"。《逸周書·官人篇》:"規小物而不知大論。"《大戴記》"倫"作"論",並"論""倫"通之證)。◎文斌案:《逸周書·官人篇》作"倫",蘇氏失檢。

〔一六〕公　徐仁甫云:"公"當作"君"。上文兩言"君",下文四言"君",此獨稱"公",自亂其例。

〔一七〕當　孫星衍云:《文選·三都賦序》:"玉卮無當。"劉淵林注:"'當',底也,去聲。"

〔一八〕天下句　吳則虞云:《御覽》八百四十引俱無"之""以"字,四百九十三引無"以"字。◎徐仁甫云:《太平御覽》八百四十引無"之""以"字,非。四百九十三引無"以"字,是。本文"天下不能足之粟",與下文"天下不能足以薪",一用"之",一用"以",兩句互文,"之""以"互省也。

〔一九〕而君句　吳則虞云:《御覽》兩引無"皆"字。◎文斌案:"彫",吳勉學本、黃本、孫本作"雕"。

〔二〇〕操寸句　孫星衍云:言操火。◎王念孫《雜志》轉述王引之(下徑稱王引之)云:火能燒薪,煙則不能燒薪,"煙"當爲"熛"(下"操煙"同)。《説文》:"'熛',火飛也,讀若'標'。"《一切經音義》十四引《三倉》曰:"'熛',迸火也。"《淮南·説林篇》曰:"一家失熛,百家皆燒。"《史記·淮陰侯傳》曰:"熛至風起。"《漢書叙傳》曰:"勝、廣熛起,梁、籍扇烈。"是"熛"即"火"也。故曰:"操寸之熛,天下不能足之以薪。""熛""煙"字相似,世人多見"煙",少見"熛",故諸書"熛"字多誤作"煙"。説見《吕氏春秋》"煙火"下。◎蘇時學曰:即一星之火可以燎原之意。◎吳則虞云:《指海》本已改作"熛"。◎文斌案:楊本"煙"作"烟",下同。

〔二一〕天下句　蘇輿云:"足"下疑有"之"字,而傳寫者奪之。◎吳則虞云:非奪"之"字,上句"之"字或衍文也。◎文斌案:當如徐仁甫説:前句衍"以"字,"天下不能足之粟"與本句"天下不能足以薪"互文,"之""以"互省。

〔二二〕肆　蘇輿云:"肆"猶"列"也。

〔二三〕干戚句　文斌案:吳懷保本、吳勉學本"干"誤作"于"。

〔二四〕且夫句　于鬯云:"飾"讀爲"戒飭"之"飭",實爲"敕"字。《説文·攴部》云:"'敕',誠也。"◎張純一云:"飾"者,加以文采之謂。民之欲難制而易縱,今引而侈之,又從而嚴禁之,猶決其堤而止水之不氾濫也,故聖人猶難之。◎文斌案:黃本"聽"誤作"德"。

〔二五〕飢　文斌案：吳懷保本、孫本同，餘均誤作“饑”。

〔二六〕勞其句　文斌案：“疲”後脫“之”字，元刻本、活字本、嘉靖本、吳懷保本同。

〔二七〕常致句　吳則虞云：黃本“聽”作“德”。◎文斌案：前“且夫飾民之欲而嚴其聽”句，黃本“聽”誤作“德”；此句不誤。吳氏失檢。

景公欲殺犯所愛之槐者晏子諫第二〔一〕

景公有所愛槐〔二〕，令吏謹守之〔三〕，植木縣之下，令曰〔四〕：“犯槐者刑，傷之者死〔五〕。”有不聞令、醉而犯之者〔六〕，公聞之，曰：“是先犯我令。”使吏拘之，且加罪焉〔七〕。其子往辭晏子之家〔八〕，託曰〔九〕：“負廓之民賤妾〔一〇〕，請有道于相國〔一一〕，不勝其欲〔一二〕，願得充數乎下陳〔一三〕。”晏子聞之，笑曰：“嬰其淫于色乎？何爲老而見奔〔一四〕？雖然，是必有故。”令內之。女子入門，晏子望見之，曰：“怪哉！有深憂。”進而問焉，曰：“所憂何也？”對曰：“君樹槐縣令：犯之者刑，傷之者死。妾父不仁〔一五〕，不聞令，醉而犯之，吏將加罪焉〔一六〕。妾聞之：明君蒞國立政，不損祿，不益刑，又不以私恚害公法〔一七〕，不爲禽獸傷人民〔一八〕，不爲草木傷禽獸〔一九〕，不爲野草傷禾苗。吾君欲以樹木之故殺妾父、孤妾身〔二〇〕，此令行于民而法于國矣〔二一〕。雖然，妾聞之：勇士不以衆彊凌孤獨〔二二〕，明惠之君不拂是以行其所欲〔二三〕。此譬之猶自治魚鼈者也〔二四〕，去其腥臊者而已〔二五〕。昧墨與人比居，庾肆而教人危坐〔二六〕。今君出令于民，苟可法于國而善益于後世〔二七〕，則父死亦當矣，妾爲之收亦宜矣〔二八〕。甚乎！今之令不然，以樹木之故罪法妾父〔二九〕，妾恐其傷察吏之法而害明君之義也〔三〇〕。鄰國聞之，皆謂吾君愛樹而賤人，其可乎〔三一〕？願相國察妾言，以裁犯禁者。”晏子曰：“甚矣！吾將爲子言之于君。”使人送之歸。明日，蚤朝〔三二〕，而復于公曰〔三三〕：“嬰聞之：窮民財力以供嗜欲謂之暴〔三四〕；崇玩好、威嚴擬乎君謂之逆〔三五〕；刑殺不辜謂之賊〔三六〕。此三者，守國之大殃〔三七〕。今君窮民財力以羨餚食之具〔三八〕，繁鍾鼓之樂，極宮室之觀，行暴之大者〔三九〕；崇玩好，縣愛槐之令，載過者馳，步過者趨，威嚴擬乎君，逆之明者也〔四〇〕；犯槐者刑，傷槐者死，殺不稱〔四一〕，賊民之深者〔四二〕。君享國〔四三〕，德行未見于衆〔四四〕，而三辟著于國〔四五〕，嬰恐其不可以蒞國子民也〔四六〕。"公曰〔四七〕:"微大夫教寡人〔四八〕,幾有大罪以累社稷。今子大夫教之,社稷之福,寡人受命矣〔四九〕。"晏子出,公令趣罷守槐之役〔五〇〕,拔置縣之木,廢傷槐之法,出犯槐之囚〔五一〕。

〔一〕文斌案:吳懷保本標題作"諫殺犯槐",楊本、凌本均作"愛槐"。

〔二〕景公句　劉師培《斠補定本》云:《御覽》五百十九引作"所愛槐樹"。◎吳則虞云:《白帖》三十九引、《御覽》四百五十六引俱無"所"字。◎文斌案:《記纂淵海》九十五、《白孔六帖》三十九、《事文類聚後集》二十三、《事類賦注》二十五、《太平御覽》五百一十九、《天中記》五十一引"景公"前均有"齊"字。《列女傳·齊傷槐女》《記纂淵海》《事文類聚》《事類賦注》《天中記》引均有"所"字。《藝文類聚》八十八亦有"所"字,"景公"前並有"齊"字。

〔三〕令吏句　劉師培《校補》云:《類聚》六十八引作"令人守之",《白帖》三十九作"令使守之"。◎張純一云:《藝文類聚》二十四,又八十八引並無"謹"字。◎王叔岷云:《藝文類聚》八八引作"使人守之",六八未引此文,劉氏失檢(下文劉氏所稱《類聚》"六八"亦當作"八八")。《御覽》九五四引"吏謹守"亦作"使守"。◎吳則虞云:《御覽》四百十五、五百一十九引無"謹"字,《列女傳·齊傷槐女》引作"使人守之"。◎田宗堯云:《藝文類聚》二十四、《御覽》四一五、五一九引並作"令吏守之"。"吏""使"字通。《孟子·公孫丑上》:"天吏也。"注:"'天吏'者,'天使'也。"《白帖》引"吏"作"使","使"亦"吏"也。惟下文"使吏拘之",字正作"吏",則此亦以作"吏"爲正。◎文斌案:《白孔六帖》無"之"字,劉氏失檢。《事文類聚後集》作"使人守之",《天中記》作"令吏守之"。

〔四〕植木二句　張純一云:"之下"二字疑衍。◎吳則虞云:《類聚》二十四、《御覽》四百五十六只一"令"字,《類聚》八十八、《事文類聚》二十三作"令曰"。◎文斌案:吳氏所謂"《事文類聚》",實爲《事文類聚後集》。《事類賦注》《天中記》亦作"令曰"。《列女傳》"縣"作"懸"。

〔五〕傷之句　孫星衍云:"傷之",《藝文類聚》作"傷槐"。◎盧文弨云:"之",《列女傳》《御覽》作"槐"字。◎劉師培《斠補定本》云:《事類賦注》廿五、《御覽》五百十九引"之"作"槐"。《御覽》九百五十四又作"傷槐者刖"。◎張純一云:《太平御覽》四百五十六、又五百十九、又九百五十四引"之"均作"槐"。今並據改。◎王叔岷云:《記纂淵海》九五引"之"作"槐"。◎吳則虞云:《事文類聚》二十三引作"傷槐者死",惟《御覽》四百十五作"傷之",下文作"犯之者刑,傷之者死",亦沿《列女傳》而譌。◎文斌案:

《御覽》九百五十四作“傷槐者死”，劉氏失檢。《藝文類聚》二十四誤合二句爲一，作“犯槐者死”。《列女傳》作“傷槐”，《御覽》四百十五作“傷之”，故吳氏所言“下文作‘犯之者刑，傷之者死’，亦沿《列女傳》而譌”應是筆誤，是沿《御覽》四百十五而譌。《白孔六帖》三十九作“犯者刑，傷者死”。

〔六〕有不句　孫星衍云：“令”，《太平御覽》作“命”，同。“醉”，《藝文類聚》一作“過”；《太平御覽》作“過”。◎劉師培《斠補定本》云：《類聚》六十八、《事類賦注》廿五、《御覽》九百五十四引作“有醉而傷槐者”。◎張純一云：鮑刻《御覽》四百五十六、又五百十九並作“令”。“犯”，《類聚》八十八作“傷”。◎王叔岷云：《記纂淵海》引“犯之”作“傷槐”。◎吳則虞云：《類聚》二十四作“有過而犯之者”，《事文類聚》作“有醉而傷槐”。《御覽》五百一十九引與此同，無“過”字。孫星衍云：“‘令’，《御覽》作‘命’。”今見宋本《御覽》皆作“令”，不作“命”。◎文斌案：“《藝文類聚》六十八”未引本章文字，“六十八”當作“八十八”；《御覽》九百五十四引無“者”字，劉氏失檢。《御覽》五百一十九引無“醉”字，吳氏謂無“過”字，失檢。《御覽》四百一十五作“遇而犯之者”。《事文類聚後集》作“有醉而傷槐者”。《天中記》無“不聞令”三字，“醉”誤作“罪”。

〔七〕使吏二句　孫星衍云：《藝文類聚》作“君令收而拘之，將加罪焉”。一作“加刑”。◎盧文弨云：“且”，《御覽》作“將”。◎劉師培《校補》云：《御覽》四百十九引作“吏收之”，四百十五引作“吏收而拘之”，今本挩“收而”二字。《事類賦注》及《御覽》九百五十四引“罪”作“刑”。◎吳則虞云：《藝文類聚》二十四作“君令吏收而拘之，將加罪焉”，《御覽》四百十五、五百一十九俱作“吏收而拘之，將加罪焉”，《御覽》九百五十四、《事類賦》《事文類聚》俱作“且加刑焉”。《列女傳》：“景公聞之曰：‘是先犯我令。’使吏拘之，且加罪焉。”今本《晏子》蓋沿《列女傳》而增“公聞之曰‘是先犯我令’”九字。◎王叔岷云：《記纂淵海》引“罪”作“刑”。◎田宗堯云：《御覽》五一九引作“吏收之”。“收”“拘”義近。《詩·大雅·瞻卬》：“女反收之。”《傳》云：“‘收’，拘收也。”◎文斌案：《御覽》四百十九未引本章，引本章者乃五百十九，劉氏失檢。其文引作“吏收之，將加罪”，吳氏亦失檢。《藝文類聚》八十八作“且加刑焉”。《天中記》作“公令加罪焉”。

〔八〕其子句　孫本“子”上有“女”字，《音義》云：今本脫“女”字，據《太平御覽》增。◎洪頤煊云：《左氏·成二年傳》：“必以蕭同叔子爲質。”杜預注：“‘子’，女也。”《孟子·告子下》：“踰東家牆而摟其處子。”趙岐注：“‘處子’，處女也。”凡言“子”者，男女之通稱。俗本“子”上增“女”字，非是。◎黃以周云：元刻本作“其子往”，無“女”字。“子”者，男女之通稱。

"女"字似可不增。◎王叔岷云:《事類賦注》二五、《御覽》九五四、《記纂淵海》引此並作"其女懼而告晏子曰"。◎吳則虞云:《御覽》四百十五引作"其子女往晏子家",九百五十四作"其子懼而告晏子",《事類賦》作"其女告晏子",《事文類聚》同,惟"告"作"説"。是此"辭"字乃辭説也。各本皆無"女"字。◎田宗堯云:《御覽》五一九作"犯者之女説晏子曰",《事文類聚》引同。《天中記》作"其女告晏子曰",文雖不同而"子"並作"女"。竊疑《晏子》原文作"子",他書引作"女"者皆以意改之。古者男女之少者皆可稱子。《詩・大雅・大明》:"長子維行。"《傳》:"'長子','長女'也。"《左・莊二十八年傳》:"小戎子。"注:"'子','女'也。"《孟子・告子下》:"摟其處子。"注:"'處子','處女'也。"皆其例。《儀禮・喪服》:"故子生三月。"注:"凡言子者,可以兼男女。"◎文斌案:"子"雖男女通稱,然據《晏子春秋》通例,其"子"前往往標明性別。如《諫上》第十章:"景公有男子五人。"非僅用"子"字。本章下文亦言"女子入門",則此處"子"前當有"女"字。孫説是,各本均脱"女"字。《御覽》四百十五引作"其子女往晏子之家",九百五十四、《事類賦注》均作"其女懼而告晏子",《事文類聚後集》作"犯者之女説晏子曰"。

〔九〕託 孫星衍云:《太平御覽》作"説"。◎黃以周云:"往辭晏子之家託曰"當依《御覽》作"往晏子之家説曰"。◎吳則虞云:《御覽》四百十五作"説曰",五百一十九及《事文類聚》作"説晏子曰",此"託"字蓋爲"説"字之形譌。◎陳霞村云:此説可商。"託"者,女子託其終身也。"願得充數乎下陳""何爲老而見辭"云云,並謂託身。如改爲"説",則與上文"辭"字犯複,且文義不甚明。《外篇第八》十一章:"有工女託於晏子之家焉者,曰……""託……曰"與此"託曰"相一致。◎文斌案:陳説是。

〔一〇〕負廓句 孫星衍云:"負廓"即"負郭",俗加。◎張純一云:與城郭相依曰"負郭"。◎吳則虞云:《御覽》四百十五諸引"賤妾"皆從下句讀,俱無"負郭之民"四字,此恐沿《列女傳》下文有"幸得充城郭爲公民"語而增。

〔一一〕請有句 于鬯云:"相國"之稱始於戰國。《晏子》之書有"相國",猶《老子》之書有"偏將軍""上將軍",皆出自戰國時爲其學者語也("相"之稱不始戰國,"相國"則前無是矣;"將軍"稱亦不始戰國,曰"偏"、曰"上"則前無是矣)。◎張純一云:"請有道于相國",言晉謁于有道之相國。◎吳則虞云:《列女傳》無此句。

〔一二〕不勝句 張純一云:"欲",猶"願"也。◎吳則虞云:《列女傳》"不"上有"賤妾"二字,案有者是也。苟無"賤妾"二字,是晏子不勝其欲矣。此"不勝其欲",乃女子之自媒之詭詞。◎文斌案:《列女傳》徑作"賤妾不勝其欲”，無“負廓之民”“請有道于相國”諸字。

〔一三〕願得句　文斌案：《列女傳》作“願得備數於下”。

〔一四〕嬰其二句　孫星衍云：“見犇”，見淫奔也。◎吳則虞云：《列女傳》“其”下有“有”字，“淫”下有“于”字，“犇”作“奔”。◎文斌案：《列女傳》“其”作“有”，非“‘其’下有‘有’字”；“淫”下無“于”字。吳氏失檢。

〔一五〕仁　孫詒讓云：“仁”讀爲“佞”（徐鍇本《説文·女部》云“‘佞’，巧諂高材也，从女仁聲”）。“不仁”即“不佞”，言不材也。◎于鬯云：“仁”當讀爲“佞”，“佞”諧“仁”聲（小徐本《説文》如此，大徐从“信”省），故得假借。《小爾雅·廣言》云：“‘佞’，才也。”“妾父不佞”者，謂妾父不才耳。《問上篇》云：“寡人持不仁。”“不仁”亦“不佞”也。俱不合據本字讀。

〔一六〕不聞三句　吳則虞云：《列女傳》作：“妾父幸得充城郭爲公民，見陰陽不調，風雨不時，五穀不滋之故，禱於名山神水，不勝麴糵之味，先犯君令，醉至於此，罪故當死。”此蓋劉向之所增益，以明女之善辭令也。◎文斌案：《列女傳》“父”後有“衍”字，爲父名；“禱”後有“祠”字；“糵”原作“蘗”；“故”原作“固”。

〔一七〕又不句　孫星衍云：“恚”，《説文》：“怒也。”◎劉師培《斠補定本》云：黃本“恚”作“意”。◎吳則虞云：《列女傳》作“妾聞明君之蒞國也，不損祿而加刑，又不以私恚害公法”，與此微異。◎田宗堯云：《喻林》一〇一引無“又”字，疑是。

〔一八〕不爲句　劉師培《斠補定本》云：《御覽》五百十九“傷”上有“以”字。◎王叔岷云：《御覽》五一九引“傷人民”作“以殺人”，非引“傷”上有“以”字也。劉氏失檢。◎吳則虞云：《列女傳》作“不爲六畜傷民人”，《御覽》五百一十九、《事文類聚》二十三引作“不爲禽獸以殺人”，又《御覽》四百十五引作“不爲禽獸傷人”。

〔一九〕不爲句　吳則虞云：《列女傳》無“不爲草木”句。

〔二〇〕吾君句　王叔岷云：《御覽》四一五、五一九引“吾君”並作“今君”。◎吳則虞云：《事文類聚》二十三引“吾”作“今”，《類聚》又無“身”字。◎田宗堯云：《天中記》引“吾君”亦作“今君”，作“今君”義較長。◎文斌案：《事文類聚後集》並無“欲”字“身”字。

〔二一〕此令句　張純一云：文有脱誤。疑本作“此令可行于民而法于國乎”，言此令豈可通行于民間而爲一國之明法乎？今本“令”下脱“可”字，“乎”又譌“矣”，義遂不可通。

〔二二〕勇士句　文斌案：元刻本、活字本、嘉靖本、沈本“彊”誤作“疆”。吳勉學本、黃本作“强”，黃本“獨”並作“弱”。

〔二三〕明惠句　孫星衍云："獨""欲"爲韻。◎張純一云："惠"，通"慧"。"是"者，"非"之反。"拂"，違戾也。言不違反正理以逞邪僻之欲。◎吳則虞云："不拂是以行其所欲"，即僞《大禹謨》之"罔咈百姓以從己之欲"也。"拂"通"咈"，"是"通"戾"，"謷""咈""戾"同義。《書·堯典》"咈哉"，《傳》："戾也。"

〔二四〕治　吳則虞云："治"者，劀也。《説文》："楚人謂治魚也。"

〔二五〕去其句　盧文弨云：此與下"昧墨""教人危坐"兩喻俱不甚可了，或以去其腥臊則於魚鼈無傷也。"昧墨"猶言"黑暗"，黑暗之中教人危坐，人其從之乎？言人不能從也。◎蘇輿云："腥""臊"，皆害魚鼈之味者。治魚鼈但去其害味之物，不全棄魚鼈，以喻治國者但去其有害于國之人，不欲以小故而全去之也。

〔二六〕昧墨二句　孫星衍云："昧"，讀如"冒"；"昧墨"，言貪墨。◎蘇時學云："昧墨"疑當作"寐嘿"，蓋偃息之意，言己不能危坐而欲以教人。◎于鬯云：此二句對文，則"昧墨"下亦當有"而"字。"昧墨"者，孫星衍《音義》解爲"貪墨"，是也。"居""庚"二字當乙轉，"庚"即今之"稻堆"，説見《詩·楚茨篇》校。"比庚"者，此庚與彼庚相肩比也。己貪墨而與人比庚，則人將疑之矣。"居"本"踞"字，《説文·尸部》云："'居'，蹲也。"是也。己踞肆而教人危坐，則人弗從之矣。此二句當是古語，而傷槐女稱述之，以明景公之不自省察而徒罪人也。"庚""居"二字誤倒，致文不可讀。◎蘇輿云：此疑處己於安而陷人于危意。◎張純一《校注》補"昧墨"後"而"字，注云："而"字舊脱，據下句補，文同一例。"昧墨"猶言"黑暗"，黑暗而與人比居，動輒恐遭危害。"庚肆"，無屋之露肆，於此教人危坐，身心烏得安寧？皆喻法令之苛，人民手足將無所措。下有脱文。◎于省吾云："庚"乃"唐"之譌。《淮南子·修務》："司馬庚諫曰。"高注："'庚'，秦大夫也，或作'唐'。"是其證。《莊子·田子方》："是求馬於唐肆也。""唐肆"乃古人成語。◎吳則虞云："譬之"以下四句，不知係何處錯簡飄寄於此，不類不倫。強爲之釋，轉成理障。《列女傳》此段改作"宋景公之時大旱"云云，《史通》譏其事代乖剌，蓋在劉向之時已失其讀，故劉氏以他事實之。◎文斌案：黃本"昧"作"脈"，上方校語云："'脈'，一作'昧'。"

〔二七〕可　孫星衍云：一本作"有"。◎文斌案：沈本作"有"。

〔二八〕收　張純一云："收"謂棺殮。

〔二九〕法　張純一云："法"疑當作"殺"，下文"刑殺不辜謂之賊"可證。言以樹木之故加罪于妾父而殺之，不能益善於後世甚矣。今作"罪法妾父"，文義不明。

〔三〇〕妾恐句　劉師培《斠補定本》云：《御覽》五百十九引作“害明君之政,損明君之義”。◎張純一云：“察吏”,《列女傳》作“執政”。◎吳則虞云：《事文類聚》二十三引作“害明君之政,損明君之義”,《御覽》四百十五引作“妾恐害明君之義”。

〔三一〕鄰國三句　王叔岷云：《事類賦注》引“樹”作“槐”,《記纂淵海》引同。又引“賤”作“殘”,“殘”“賤”古通。◎吳則虞云：《御覽》九百五十四引“鄰”上有“妾恐”二字,無“皆”字,“樹”作“槐”,無“其”字,“賤”作“殘”。

〔三二〕蚤　王叔岷云：黃之寀本“蚤”作“早”,《藝文類聚》二四、《御覽》四一五、五一九引此並同。“早”“蚤”,正、假字。◎文斌案：吳勉學本、黃本、楊本、孫本作“早”,餘均作“蚤”。

〔三三〕而復句　王叔岷云：《御覽》五一九引“而復于公”作“而復其言於君”。四一五引“公”亦作“君”。◎文斌案：《事文類聚後集》引作“而復其言於公”。

〔三四〕窮民句　孫星衍云：“供”,《太平御覽》作“從”。◎吳則虞云：《御覽》四百五十六引“民”作“人”,“供”作“從”。《列女傳》作“窮民財力謂之暴”。

〔三五〕崇玩句　盧文弨云：言一玩好之物耳,而其威嚴乃擬乎君,犯之則有罪也。《列女傳》作“嚴威令”,下同,似非。◎吳則虞云：《列女傳》作：“崇玩好,嚴威令,謂之逆。”《御覽》四百五十六引無“擬乎君”三字。案：有者是也。下文云：“崇玩好,縣愛槐之令,載過者馳,步過者趨,威嚴擬乎君,逆之明者也。”此云“威嚴擬乎君”,即約下文而言。

〔三六〕不辜　王念孫云：“不辜”本作“不稱”,此後人以意改也。“不稱”,謂不當也。下文曰“刑殺不稱,賊民之深者”,即承此文言之。《太平御覽·人事部九十七》引此正作“刑殺不稱謂之賊”,《列女傳·辯通傳》作“不正”,亦是“不稱”之意,故知“辜”字為後人所改。◎吳則虞云：《指海》本已改。

〔三七〕此三二句　黃以周云：《御覽》下有“也”字。◎文斌案：《御覽》四百五十六引無“此”字。《列女傳》“此”作“夫”,“殃”後有“也”字。

〔三八〕今君句　孫星衍云：《詩傳》：“‘羡’,餘也。”◎盧文弨云：《列女傳》作“以美飲食之具。”◎王念孫云：“餟食”二字義不可通。《列女傳》作“美飲食之具”,“美”與“羡”義得兩通,“飲食”與“鍾鼓”“宮室”對文,則“餟”為“飲”之誤明矣。◎于鬯云：“餟”當本作“妥”,蓋即涉“食”字而誤加食旁。《說文·女部》云：“‘妥’,安也。”“妥食”者,謂所便安,與所“飲食”二字平列,與下文“鍾鼓”“宮室”比偶,作“餟食”則不辭矣。王念孫《雜志》依《列女·齊傷槐女傳》作“飲食”,謂“餟”為“飲”之誤；然誠作“飲食”,文義淺顯,何緣誤“飲”爲“餕”？“餕”“飲”字形又不相肖,故疑《晏子》之文不與《傳》同。◎吳則虞云:“具”,活字本、嘉靖本、吳勉學本、《子彙》本、凌本誤作“貝”,《指海》本“餕”改作“飲”。◎文斌案:元刻本亦作“貝”,顧廣圻改作“具”。

〔三九〕行暴句　吳則虞云:《列女傳》下有“也”字。

〔四〇〕逆之句　蘇輿云:“也”字當衍,“逆”上或有奪字。◎張純一《校注》改作“逆民之明者”,注云:舊衍“也”字,據上下文刪,蘇校同。“民”字舊脫。案《列女傳》作“威嚴令,是逆民之明者也”,“威嚴令”三字不詞,當從此作“威嚴擬乎君,是逆民之明者”,謂君尊槐而賤民,違反民意,甚顯明也。今據補。

〔四一〕殺不句　孫本外,各本“殺”上均脫“刑”字,《音義》云:《藝文類聚》作“刑煞”,今本脫“刑”字,非。◎吳則虞云:《類聚》作“犯槐者死”,無“傷槐者”句,蓋節引也。◎文斌案:《列女傳》“殺”上有“刑”字。

〔四二〕賊民句　張純一云:《類聚》“者”下有“也”字。◎文斌案:《列女傳》亦有“也”字。

〔四三〕享　孫星衍:《藝文類聚》作“饗”。◎張純一云:《御覽》四百五十六同。

〔四四〕德行句　孫星衍云:“衆”,《太平御覽》作“民”。◎劉師培《校補》云:《白帖》三十九引“見”作“及”,無“行”字。◎文斌案:楊本“行”誤作“刑”。

〔四五〕而三句　孫星衍云:《白帖》作“刑僻如危國”,《藝文類聚》亦作“刑僻”。◎蘇輿云:“三辟”,暴、逆、賊。◎文斌案:《白孔六帖》作“刑辟如危國”,《類聚》二十四亦作“刑辟”。

〔四六〕嬰恐句　劉師培《校補》云:《白帖》引作“是不可以莅國安民也”。◎張純一云:“民”,《御覽》作“人”,非。◎文斌案:張氏引《御覽》見卷四百五十六。

〔四七〕公曰句　孫星衍云:《藝文類聚》《太平御覽》下有“善”字。

〔四八〕微大句　劉師培《斠補定本》云:戴校云:“當作‘微子大夫教’。”

〔四九〕寡人句　吳則虞云:《列女傳》作“寡人敬受命”。

〔五〇〕公令句　黃以周云:“趣”,《御覽》作“吏”。◎吳則虞云:《御覽》四百十五、五百一十九兩引“令”下皆有“吏”字,《列女傳》作“即時命罷守槐之役”,“即時”,即“趣”也。◎文斌案:《事文類聚後集》引作“公乃令吏罷守槐之役”,《白孔六帖》作“遂罷守”。吳懷保本脫“守槐”二字。

〔五一〕拔置三句　孫星衍云:《列女傳》:“齊傷槐女者,傷槐衍之女也,名婧”云云,事與此同。◎劉師培《斠補定本》云:《御覽》九百五十四引作“公出傷槐之囚,罷其禁",係約引。◎文斌案:《事文類聚後集》、《御覽》四百一十五、五百一十九引均無"拔置縣之木,廢傷槐之法"二句,《事類賦注》無"罷守槐之役,拔置縣之木,廢傷槐之法"三句。《記纂淵海》九十五作"晏子入言之,公罷其禁",亦係約引。

景公逐得斬竹者囚之晏子諫第三[一]

景公樹竹,令吏謹守之[二]。公出,過之,有斬竹者焉[三]。公以車逐[四],得而拘之,將加罪焉。晏子入見[五],曰:"公亦聞吾先君丁公乎[六]?"公曰:"何如?"晏子曰:"丁公伐曲沃[七],勝之,止其財,出其民。公曰自莅之[八]。有輿死人以出者,公怪之,令吏視之[九],則其中金與玉焉[一○]。吏請殺其人,收其金玉[一一]。公曰:'以兵降城[一二],以衆圍財[一三],不仁。且吾聞之[一四]:人君者[一五],寬惠慈衆,不身傳誅[一六],'令捨之[一七]。"公曰:"善。"晏子退,公令出斬竹之囚[一八]。

〔一〕吳則虞云:楊本無此章。◎文斌案:《子彙》本、凌本章後附《外篇第七》第九章文,楊本以《外七》第九章替換本章。吳懷保本標題作"諫囚斬竹",凌本作"樹竹"。

〔二〕景公二句　張純一云:《藝文類聚》二十四、《初學記》二十引並無"謹"字。◎文斌案:《類聚》、《天中記》五十三"景公"前有"齊"字,無"謹"字。

〔三〕有斬句　張純一云:《類聚》及《初學記》並無"焉"字。◎吳則虞云:元刻誤"斬"爲"軒",活字本剜改,嘉靖本、吳懷保本仍作"軒"。◎文斌案:嘉靖本亦剜改作"斬",吳氏失檢。《天中記》亦無"焉"字。

〔四〕公以句　盧文弨云:《初學記》"逐"下有"之"字。◎文斌案:《類聚》《天中記》均作"拘之",無"公以車逐得而"六字。

〔五〕晏子句　吳則虞云:《初學記》《類聚》皆無"入見"二字。◎文斌案:《天中記》亦無"入見"二字。

〔六〕公亦句　孫本"公"作"君"。蘇輿云:"君",《音義》作"公",注云:"《藝文類聚》作'君',是。"此蓋據《類聚》改。◎田宗堯云:作"公"是也。《諫上》第一"太公丁公",下文"丁公伐曲沃",字並作"公"。《左·昭三年傳》:"寡人徼福於大公丁公。"《史記·齊世家》:"太公卒……子丁公呂伋立。"《藝文類聚》引"公"作"君",蓋涉上"先君"字誤。《天中記》引亦作"丁君"。◎文斌案:《類聚》《天中記》引均作"君聞吾先君丁公乎",田氏失檢。

〔七〕曲沃　孫星衍云：《藝文類聚》作“曲城”。◎王念孫云：“曲沃”本作“曲城”，此後人妄改之也。“曲城”，一作“曲成”，《漢書·地理志》：“東萊郡有曲成縣，高帝六年封蟲達爲曲成侯者也。其故城在今萊州府掖縣東北。”《史記·齊世家》云：“太公東就國，萊侯來伐，與之爭營邱。”又云：“營邱邊萊。”然則齊、萊接壤，故丁公有伐曲城之事。若春秋之曲沃，即今之絳州聞喜縣，東距營邱二千餘里，丁公安得有伐曲沃之事乎？《藝文類聚·人部八》引此正作“伐曲城”。◎蘇時學云：“曲沃”當作“曲城”，《紀年》：“成王十四年，齊師圍曲城，克之。”即其事也。◎吳則虞云：《指海》本已改作“曲城”。◎文斌案：王氏所言《藝文類聚·人部八》，見卷二十四。《天中記》亦作“曲城”。

〔八〕公曰句　蘇輿云：“曰”舊刻作“曰”，《拾補》作“曰”，旁注“曰”字。◎吳則虞云：《類聚》二十四引無此句。◎文斌案：“曰”，黃本、孫本同，餘均誤作“曰”。《天中記》亦無此句。

〔九〕令吏句　張純一云：《類聚》無“吏”字。◎文斌案：《天中記》亦無“吏”字。

〔一〇〕則其句　孫星衍云：“其中”，《藝文類聚》作“其中有”。◎王念孫云：“金”上有“有”字，而今本脱之，則文義不明。《藝文類聚》有“有”字。◎張純一云：《類聚》無“與”字。◎吳則虞云：《指海》本已增“有”字。◎文斌案：《天中記》亦有“有”字、無“與”字。

〔一一〕收其句　吳則虞云：元刻本、嘉靖本作“收其人下”；活字本、吳懷保本作“收其人丁”；綿眇閣本、吳勉學本、《子彙》本作“收其金玉”。“人下”“人丁”皆“金玉”二字之殘。◎文斌案：吳懷保本“金玉”誤作“人下”，吳氏失檢。沈本、黃本、凌本、孫本均作“金玉”。《類聚》無“收其金玉”四字，“公”前有“丁”字。

〔一二〕降　孫星衍云：《藝文類聚》作“攻”。◎文斌案：《天中記》亦作“攻”。

〔一三〕圍　孫本同，《音義》改作“圖”，注云：今本作“圍”，據《藝文類聚》訂正。◎文斌案：《天中記》亦作“圖”。

〔一四〕且吾句　文斌案：《類聚》《天中記》均無“吾聞之”三字。

〔一五〕人君句　孫星衍云：“人君”，《藝文類聚》作“君人”。◎吳則虞云：《初學記》二十亦作“君人者”。◎文斌案：《天中記》亦作“君人者”。

〔一六〕不身句　孫星衍云：“傳”讀爲“專”。《藝文類聚》作“身不妄誅”。◎吳則虞云：“不身傳誅”者，言人君罪人當付吏治之，不親傳令行刑戮也。讀爲“專”，非是。◎田宗堯云：《天中記》引亦作“身不妄誅”，義較勝。

〔一七〕令捨句　孫本“捨”作“舍”，《音義》云：《藝文類聚》作“令吏舍之”。

◎文斌案：黄本“令”作“命”。《天中記》亦作“令吏舍之”。

〔一八〕晏子二句　文斌案：《類聚》《天中記》均作：“令出斬竹之囚，舍之。”前無“晏子退”三字。

景公以搏治之兵未成功將殺之晏子諫第四〔一〕

景公令兵搏治〔二〕，當臘冰月之閒而寒〔三〕，民多凍餒，而功不成。公怒，曰：“爲我殺兵二人〔四〕。”晏子曰：“諾。”少爲閒〔五〕，晏子曰：“昔者先君莊公之伐于晉也〔六〕，其役殺兵四人〔七〕；今令而殺兵二人，是殺師之半也〔八〕。”公曰〔九〕：“諾。是寡人之過也。”令止之。

〔一〕文斌案：元刻本、活字本目録“搏”誤作“搏”。吳懷保本目録作“諫殺搏治之兵”，標題無“殺”字，“搏”作“搏”。楊本作“殺搏治兵”，凌本作“令兵”。

〔二〕搏治　孫星衍云：疑“搏埴”，“埴”“治”聲相近。◎王念孫云：“治”者，“甄”也。“搏治”，謂搏土爲甄。《廣雅》曰：“‘治’，甄也。”◎吳則虞云：“治”，元刻本作“冶”。◎文斌案：元刻亦作“治”，吳氏失檢。“搏”，嘉靖本、吳勉學本、孫本同，餘均誤作“搏”。

〔三〕臘　孫本作“臘”，但《音義》未及改正，仍作“臘”，注云：“臘”，當爲“臘”。《左傳》：“虞不臘矣。”《説文》：“冬至後三戌臘祭百神。”◎蘇輿云：浙刻本“臘”改“臘”。◎于省吾云：下弟十三亦有“冰月服之”之語。《陳𡎤𣪘》：“冰月丁亥。”吳式芬謂：“‘冰月’見《晏子春秋》，即十一月也。”◎文斌案：黄本、楊本作“臘”。

〔四〕爲我句　劉師培《斠補定本》云：黄本“兵”作“其”。

〔五〕少爲句　張純一云：“爲”字疑衍。

〔六〕昔者句　張純一云：“于”字衍。

〔七〕其役句　張純一云：下有脱文，義不可曉。《問上》二章載莊公伐晉，事在《左傳·襄二十三年》《史記·齊世家·莊公四年》，均未見殺兵四人事，今亦無考。揣晏子之意，或以莊公恣意殺兵四人，未幾身滅于崔氏。以好殺人者終被人殺，用示警耳。

〔八〕今令二句　孫本“殺師”作“師殺”，《音義》云：“師殺”，猶言“軍興”。◎盧文弨云：元刻作“殺師”，是。◎蘇時學云：“師殺”二字誤倒，“二”爲“四”之半也。◎劉師培《校補》云：“令”字疑衍。◎文斌案：吳勉學本亦作"師殺",黄本脱"殺"字,餘均作"殺師"。

〔九〕公曰句　文斌案:元刻本"曰"字處爲空格,顧廣圻補"曰"字。

景公冬起大臺之役晏子諫第五〔一〕

　　晏子使于魯,比其返也〔二〕,景公使國人起大臺之役〔三〕。歲寒不已,凍餒之者鄉有焉〔四〕,國人望晏子。晏子至,已復事,公迺坐〔五〕,飲酒樂,晏子曰:"君若賜臣,臣請歌之。"歌曰〔六〕:"庶民之言曰:'凍水洗我,若之何〔七〕?太上靡散我,若之何〔八〕?'"歌終,喟然歎而流涕〔九〕。公就止之曰〔一〇〕:"夫子曷爲至此?殆爲大臺之役夫〔一一〕!寡人將速罷之〔一二〕。"晏子再拜。出而不言,遂如大臺,執朴鞭其不務者〔一三〕,曰:"吾細人也,皆有蓋廬以避燥濕〔一四〕;君爲壹臺而不速成〔一五〕,何爲〔一六〕?"國人皆曰:"晏子助天爲虐〔一七〕。"晏子歸,未至,而君出令趣罷役,車馳而人趨〔一八〕。仲尼聞之,喟然歎曰〔一九〕:"古之善爲人臣者,聲名歸之君,禍災歸之身〔二〇〕;入則切磋其君之不善〔二一〕,出則高譽其君之德義〔二二〕。是以雖事惰君,能使垂衣裳,朝諸侯,不敢伐其功。當此道者,其晏子是耶!"

〔一〕吳則虞云:《左·襄十七年傳》:"宋皇國父爲大宰,爲平公築臺,妨於農功。子罕請俟農功之畢,公弗許。築者謳曰:'澤門之皙,實興我役;邑中之黔,實慰我心。'子罕聞之,親執扑,以行築者,而抶其不勉者,曰:'吾儕小人皆有闔廬以辟燥濕寒暑。今君爲一臺而不速成,何以爲役?'謳者乃止。或問其故,子罕曰:'宋國區區,而有詛有祝,禍之本也。'"下接"齊晏桓子卒,晏嬰麤縗斬"云云。此恐傳聞異辭,故所記不同。其歌甚古,必非後人所僞托。◎文斌案:吳懷保本標題作"諫起大臺之役",楊本作"大臺之役",凌本作"晏子使魯"。

〔二〕比其句　張純一云:此四字蓋後人妄加。下文"國人望晏子",望其返也;"晏子至",晏子返也。則此處不應有"比其返也"四字明矣。當删。◎吳則虞云:景公起臺,在晏子既行未返之時,不當云"比其返也"。又下既云"晏子至",此又云"返",亦重複。"返"即"反",古"反""出"二字形近易混。此"反"當爲"出"字之譌,説見吳大澂《字説》,不繁引。◎文斌案:吳説非。既云"晏子使于魯",則晏子已出矣。如按吳説,"返"即"反","反"爲"出"譌,則"比其返也"即"比其出也",文與"晏子使于魯"義複,古人行文不當如此繁複。删此四字,文脈清爽。張説是。

〔三〕景公句　劉師培《校補》云：以《類聚》五、《初學記》十八所引證之,"之役"疑衍。餘詳王念孫《雜志》。◎徐仁甫云："之役"二字衍文。"起大臺"與後第八章"起章華之臺"之"起"相同,即築大臺也。文義自足。"之役"二字蓋涉八章"又起大臺之役"而衍。又下句"凍餒之者鄉有焉",《藝文類聚》《初學記》《太平御覽》引並作"役之凍餒者","役之"二字既誤倒爲"之役",又誤屬於此句耳。◎文斌案：劉、徐二氏謂"之役"爲衍文,是。《藝文類聚》、《初學記》、《北堂書鈔》一百五十六、《事文類聚前集》十二、《合璧事類備要前集》十一、宋本《御覽》一百七十七引均作"景公起大臺",無"使國人""之役"五字。《御覽》三十四、《天中記》六引"大"誤作"火"。

〔四〕凍餒句　盧文弨云："之"字疑衍。◎王念孫云：此文本作"役之凍餒者鄉有焉"。今本"之"字誤在"凍餒"下,又脱去"役"字。《藝文類聚·歲時部下》《初學記·人部中》《太平御覽·時序部十九》並引作"役之凍餒者"。◎文斌案：《事文類聚前集》《合璧事類前集》《天中記》均引作"役之凍餒者有焉"。《御覽》三十四(即王氏所謂《太平御覽·時序部十九》)"之"作"人",一百七十七作"役者皆凍"。《書鈔》作"役者凍飢"。

〔五〕公迺句　孫本"迺"作"延",《音義》云：《藝文類聚》作"公延晏子坐"。今本"延"作"迺",非。◎劉師培《校補》云：《初學記》十八引作"公延晏子坐",《書鈔》引作"延晏子坐",《事文類聚前集》十二亦作"延"。◎吳則虞云：元本、活字本、楊本《子彙》本、凌本俱作"迺"。◎田宗堯云：《事文類聚後集》三十八、《合璧事類》十一、《天中記》六引亦作"公延晏子坐"。疑今本"延"字以形近譌爲"迺",又脱"晏子"二字。◎文斌案：《事文類聚後集》三十八爲《毛蟲部·馬》,未引本章文字；引本章者乃《事文類聚前集》十二《天時部·冬》,作"公延晏子坐",田氏失檢。《合璧事類前集》亦引作"公延晏子坐"。孫本外,各本均作"迺"。

〔六〕晏子四句　文斌案：《事文類聚前集》《合璧事類前集》《天中記》引作"晏子歌曰",《書鈔》作"晏子歌之曰",均無"曰君若賜臣臣請歌之"九字。

〔七〕庶民三句　劉師培《斠補定本》云：《書鈔》引"民"作"人","水"作"冰"。《類聚》五挩"言曰"及"水洗"四字。◎文斌案：《事文類聚前集》《天中記》作"庶民之凍我若之何"。黄本上方校語云："'曰凍'之'曰'疑誤。"

〔八〕太上二句　孫星衍云："太上",尊辭。"散",《藝文類聚》作"槮",是。"洗""槮"爲韻。◎蘇時學云："散",當爲"敝","敝"與"散"相近而訛,下章言"靡弊"是也。◎文廷式云："洗""弊"不得爲韻。此文當作"太上散我若之何","靡"字涉下文"太上之靡散"而衍,"太上散",猶《老子》言"朴散"也。"洗""散"古韻互叶。◎蘇輿云：此歌一作："庶民之餒我,若

之何？奉上糜敝我，若之何?"與此小異(見《廣文選》)。"糜散"一作
"糜"(見《梅氏古樂苑》引)。◎劉師培《校補》云：《藝文類聚》五引"太"
作"泰"，《書鈔》及《事文類聚》並作"奉上"，疑誤(又案：《音義》從《類
聚》作"糜弊")，今考《淮南子·原道訓》云："而不可糜散。"《要略》曰：
"糜散大宗。"則"散"字弗誣。◎吳則虞云：《北堂書鈔》《藝文類聚》《事
文類聚前集》引俱作："庶人之凍，我若之何;奉上糜弊，我若之何。"◎田
宗堯云：景宋本《藝文類聚》五引作："歌曰:'庶民之凍，我若之何;奉上糜
弊，我若之何。'"《合璧事類》《天中記》引同。此歌乃晏子所爲，所以諫景
公起大臺之役者，"庶民之言"四字疑不當有。惟以全文衡之，《類聚》及
蘇説《廣文選》云云是也。"奉"疑"泰"字之形譌，今本皆作"太"，"太"
"泰"古字通用。"太上"猶言"君上"也。下文"太上之糜弊也"，亦作"太
上"。"糜散"，《楚辭·(劉向)九歎·怨思》："外糜散而不彰。"王逸注：
"'糜散'，猶'消滅'也。"案本文主旨在諫景公之奢侈而不恤民力，作"糜
散"義有未安，且亦與晏子重墨尚儉之旨趣異，當以作"糜弊"爲長。《禮
記·少儀》："國家糜敝。"《注》："賦税亟也。"《疏》："'糜'謂侈糜，'敝'
謂凋敝。"《史記·主父偃傳》："糜敝中國。"《漢書·嚴助傳》："百姓糜
敝。"並此文當作"糜弊"之證。"敝""弊"字通。◎文斌案：《藝文類聚》
《事文類聚前集》引"人"俱作"民"，《書鈔》引作"庶人之言'凍冰洗我，若
之何! 奉上糜散我，若之何'"，吳氏失檢。《合璧事類前集》亦作"庶民"。
《藝文類聚》《事文類聚前集》《合璧事類前集》《天中記》引均作"糜弊"。

〔九〕喟然句　王念孫云："歎而"二字後人所加。上言"喟然"，下言"流涕"，則
"喟然"之爲"歎"可知，無庸更加"歎而"二字。《藝文類聚》《初學記》並
引作"喟然流涕"，無"歎而"二字。《諫上篇》："公喟然。"後人加"歎"字，
謬與此同(説見《諫上篇》)。◎張純一云：《書鈔》作"喟然而流涕"，"歎"
字當删。◎吳則虞云：《指海》本已删"歎而"二字。◎文斌案：王説是，
《事文類聚前集》《合璧事類前集》《天中記》引亦無"歎而"二字。

〔一〇〕公就句　吳則虞云：《藝文類聚》五無"就"字。◎文斌案：《初學記》
《事文類聚前集》《合璧事類前集》《天中記》引亦無"就"字。

〔一一〕夫子二句　吳則虞云：《初學記》《藝文類聚》"子"上俱無"夫"字。
◎文斌案：《藝文類聚》《事文類聚前集》《合璧事類前集》《天中記》作
"子殆爲大臺之役夫"，《初學記》作"子殆爲大臺之役"，均無"子"前
"夫"字並"曷爲至此"四字。

〔一二〕寡人句　吳則虞云：《初學記》《類聚》俱無"速"字。◎文斌案：《藝文
類聚》《事文類聚前集》《合璧事類前集》《天中記》均作"寡人將罷"。

〔一三〕執朴句　文斌案：黄本誤"朴"爲"扑"。

〔一四〕皆有句　盧文弨曰：“蓋”，音盍。案此以宋子罕事傅會之耳。◎俞樾
云：“蓋”乃“盍”字之誤，“盍”讀爲“闔”。襄十七年《左傳》：“吾儕小人
皆有闔廬以避燥濕寒暑。”語意與此同。◎蘇輿云：《左傳》載子罕事大
同，其下章即載晏子事，疑記者連上章並誤以爲晏子事，因大臺之役以
成其説耳。◎吳則虞云：俞説是也。《御覽》一百七十七引正作“闔
廬”，《吕氏春秋·知化篇》“吳爲丘墟，禍及闔廬”，“闔廬”，亦民居
也。◎田宗堯云：“蓋”“闔”音同義通，此文“蓋”，疑即“闔”之借字。
《御覽》改作“闔”，用正字也。又《御覽》引“燥濕”下有“寒暑”二字。
《左·襄十七年傳》“吾儕小人皆有闔廬以避燥濕寒暑”即此文所本，有
“寒暑”二字是。

〔一五〕君爲句　盧文弨云：句上《御覽》有“今”字，“壹”作“一”。◎文斌案：
嘉靖本、吳懷保本、楊本“壹”亦作“一”。

〔一六〕何爲句　蘇輿云：“何爲”二字文義不完。《左傳·襄十八年》載子罕事
作“何以爲役”。◎吳則虞云：事見《襄十七年傳》，見前引。◎文斌案：
蘇引出處誤，吳説是。

〔一七〕國人二句　劉師培《校補》云：《御覽》引作“國人皆以晏子助君虐也”。
◎吳則虞云：“曰”字當爲“目”字，形近而譌。《御覽》一百七十七引正
作“以”。◎田宗堯云：《鶡冠子·道德篇》：“君者，天也。”又景宋本
《御覽》引“虐”上有“爲”字，與文同。有“爲”字是。◎徐仁甫云：“以”
猶“以爲”（詳裴學海《古書虚字集釋》），“曰”亦猶“以爲”也（詳余《廣
釋詞》）。國人皆以爲晏子助天爲虐，則“晏子助天爲虐”六字非國人之
言，不當用引號。◎文斌案：《御覽》一百七十七引“天”作“君”，“虐”
前無“爲”字而後有“也”字。田氏失檢。

〔一八〕晏子四句　文斌案：《御覽》一百七十七引作“晏子歸，而君令罷役”，應
是對《晏子春秋》的删節。

〔一九〕仲尼二句　文斌案：《御覽》引作“仲尼曰”。

〔二〇〕古之三句　劉師培《校補》云：《御覽》引“聲”作“美”。◎文斌案：《御
覽》“臣”上無“人”字，“禍災”作“災禍”。

〔二一〕磋　孫星衍云：當爲“瑳”。

〔二二〕出則句　吳則虞云：吳懷保本“高”作“交”。

景公爲長庲欲美之晏子諫第六〔一〕

景公爲長庲〔二〕，將欲美之。有風雨作，公與晏子入坐，飲酒，致堂

上之樂。酒酣，晏子作歌曰：“穗乎不得穫[三]，秋風至兮殫零落[四]。風雨之弗殺也[五]，太上之靡弊也[六]。”歌終，顧而流涕，張躬而舞[七]。公就晏子而止之，曰：“今日夫子爲賜而誠于寡人，是寡人之罪[八]。”遂廢酒罷役，不果成長庲[九]。

〔一〕文斌案：《子彙》本、凌本章後附《外篇第七》第十二章文。吳懷保本標題作“諫爲長庲”，楊本、凌本均作“爲長庲”。元刻本、活字本、嘉靖本、吳蕭本目錄“庲”後以小字注“音來”，標題無注文。今刪注文。

〔二〕景公句　孫星衍云：一本注云：“‘庲’，舍也。”《太平御覽》注云：“音‘來’，舍也。”《玉篇》同。當爲“藤”省文。◎劉師培《校補》云：原本《玉篇·广部》引《埤倉》云：“‘長庲’，臺，齊景公作也。”是舊本亦作“長庲”。《御覽》八百廿四云：“《虞喜志林》説：‘《晏子》曰：“景公爲長府，有風猶作未已。晏子歌曰：‘禾有穗兮不得穫，秋風至兮盡零落。’歌終而流涕，公乃止之。”’”與此悉同。惟誤“庲”爲“府”。當據《玉篇》訂正。◎吳則虞云：《廣韻·十六咍》：“‘庲’，舍也。”孫云“一本有注云”者，元本、活字本、綿眇閣本、《子彙》本正如是。◎文斌案：《御覽》八百二十四引《虞喜志林》，“未已”作“不已”，劉氏失檢。嘉靖本、沈本、吳懷保本、吳蕭本亦有“‘庲’，舍也”注，吳勉學本、黃本、綿眇閣本、楊本、凌本、孫本無注。吳氏謂“綿眇閣本正如是”，失檢。爲求體例一致，今刪正文注。

〔三〕穗乎句　孫星衍云：“穗”，《太平御覽》作“種”。◎王念孫云：“穗乎”本作“穗兮”，與下句文同一例。隸書“兮”“乎”相似，故“兮”誤爲“乎”。《太平御覽·人事部九十七》引此正作“穗兮”。◎蘇輿云：《虞喜志林》云：“禾有穗兮不得穫。”作“兮”是。◎于鬯云：“穗乎”二字疑當複疊，歌體七字句。◎吳則虞云：于云當作七字句，是也；“穗乎”複疊未必然。《虞喜志林》：“禾有穗兮不得穫。”是所挩者爲“禾有”二字。“乎”亦“兮”字之形譌，當據校補。◎文斌案：吳説是。宋本《御覽》四百五十六引作“穗”，不作“種”，孫引似誤。

〔四〕秋風句　孫星衍云：“殫”，《太平御覽》作“草”，或“單”字，言盡零落也。“穫”“落”爲韻。

〔五〕風雨句　孫本“弗”作“拂”，《音義》云：《太平御覽》作“拂煞”，今本作“弗”，非。“殺”讀如“㿥”，《説文》：“㿥㿥，散之也。”◎黃以周云：“弗”，古“拂”字。《御覽》作“拂殺之”，下作“靡獘之”，無“太上之”三字。◎徐仁甫云：《晏子春秋》全書“也”多讀爲“耶”，此兩“也”字亦讀爲“耶”。◎文斌案：《御覽》作“拂煞之”“靡弊之”，黃氏失檢。

〔六〕太上句　孫本“弊”作“獘”，《音義》云：“殺”“獘”爲韻。◎文斌案：吳懷
保本“弊”作“敝”，黃本“太”作“大”。

〔七〕張躬句　孫星衍云：《太平御覽》作“張掖而傂”。◎王念孫案：“張躬”，
即“張肱”也（“躬”字古讀若“肱”，故與“肱”通。漢司隸校尉楊渙《石門
頌》：“川澤股躬。”“躬”即“肱”字）。故《左傳》鄭公孫黑肱字子張。鈔本
《御覽》脱“躬”字，刻本作“張掖”，乃後人以意補耳，不可從。

〔八〕公就諸句　孫星衍云：“誡”，《太平御覽》作“譏”。◎文斌案：《御覽》引
作“公止之曰‘今日夫子有賜，譏寡人之罪’”。

〔九〕遂廢二句　文斌案：《御覽》無“不果成長庥”五字。

景公爲鄒之長塗晏子諫第七〔一〕

景公築路寢之臺〔二〕，三年未息；又爲長庥之役，二年未息〔三〕；又爲
鄒之長塗〔四〕。晏子諫曰〔五〕：“百姓之力勤矣！公不息乎〔六〕？”公曰：
“塗將成矣，請成而息之。”對曰：“明君不屈民財者，不得其利；不窮民
力者，不得其樂〔七〕。昔者楚靈王作傾宮〔八〕，三年未息也；又爲章華之
臺〔九〕，五年又不息也；乾溪之役〔一〇〕，八年，百姓之力不足而息也〔一一〕。
靈王死于乾溪，而民不與君歸〔一二〕。今君不遵明君之義，而循靈王之
跡〔一三〕，嬰懼君有暴民之行〔一四〕，而不睹長庥之樂也，不若息之。”公
曰：“善。非夫子者〔一五〕，寡人不知得罪于百姓深也。”于是令勿委
壞〔一六〕，餘財勿收〔一七〕，斬板而去之〔一八〕。

〔一〕文斌案：吳懷保本標題作“諫爲鄒之長塗”，楊本作“築長塗不息”，凌本作
“築路寢之臺”。

〔二〕景公句　孫星衍云：《公羊傳》：“路寢者何？正寢也。”

〔三〕又爲二句　蘇輿云：《治要》“又”上有“而”字。◎文斌案：宋本《御覽》四
百五十六引無此二句。

〔四〕又爲句　劉師培《斠補定本》云：《治要》“塗”作“途”，下同。

〔五〕晏子句　文斌案：《御覽》此至終章徑省作“晏子諫，公斬板而去之”，無
“曰”字及後君臣對話。

〔六〕百姓二句　蘇輿云：《治要》“公”作“君”。◎劉師培《校補》云：“勤”與
“罷”同。

〔七〕明君四句　王念孫云：此文本作“君屈民財者，不得其利；窮民力者，不得

其樂"。屈者,竭也(見《呂氏春秋·慎勢篇》注、《淮南·原道篇》注)。言君竭民之財,將以求利也,而必不得其利;窮民之力,將以爲樂也,而必不得其樂。故下文云:"嬰懼君有暴民之行,而不睹長庲之樂也。"今本"君"上衍"明"字(此涉下文"不遵明君之義"而衍),"屈""窮"二字上又各衍一"不"字(此涉下文兩"不得"而衍),則義不可通矣。《群書治要》正作"君屈民財者,不得其利;窮民力者,不得其樂"。◎陶鴻慶云:王氏從《群書治要》,謂"明"字及兩"不"字皆衍文,然下文云:"今君不遵明君之義,而循靈王之跡。"皆承上而言,則"明"字非衍文矣。疑兩"者"字上當重"屈民財""窮民力"六字,而寫者奪之。◎劉師培《校補》云:此當作:"明君不屈民財,不窮民力。君屈民財者,不得其利;窮民力者,不得其樂。"《治要》所引省"明君"二語,今本挩誤相兼。◎文斌案:劉說是。

〔八〕昔者句 孫本"傾"作"頃",盧文弨云:"頃",元刻作"傾"。◎蘇輿云:《治要》"作"下有"爲"字,"頃"作"頓"。◎張純一云:"頓"是譌字。◎文斌案:吳勉學本、黃本亦作"頃",其餘各本均作"傾"。

〔九〕章華之臺 孫星衍云:《左傳·昭七年》:"楚子成章華之臺。"杜預注:"臺在今華容城内。"

〔一〇〕乾溪 孫本"溪"作"谿",《音義》未及改,仍作"溪",注云:"溪",當從《左傳》爲"谿"。《昭二十年傳》:"楚子次于乾谿。"杜預注:"在譙國城父縣南。"◎張純一云:"溪",《治要》亦作"谿",當從孫校改,下同。◎文斌案:"楚子次于乾谿"見《左傳·昭公十二年》,孫氏失檢。

〔一一〕又爲諸句 王念孫云:自"又爲章華之臺"以下,文有脫誤。《群書治要》作"又爲章華之臺,五年未息也;而又爲乾溪之役八年,百姓之力不足而自息也",文義較爲順適。◎于鬯云:此謂百姓叛也。不曰百姓叛,而曰百姓之力不足而息,特善其辭耳。然非上息之,而百姓自息,非叛而何?下章云"楚靈王不廢乾谿之役,起章華之臺,而民叛之",即可證。◎吳則虞云:"息"上"自"字各本俱挩,茲補。

〔一二〕靈王二句 吳則虞云:《治要》無"于"字"君"字。

〔一三〕今君二句 蘇輿云:《治要》"遵"作"道","循"作"脩",形近而相亂。◎王叔岷云:"遵",當從《治要》作"道"。"道"者,由也。"不遵明君之義",言"不由明君之義"也。作"遵"者,淺人所改耳。蘇說非。

〔一四〕嬰懼句 蘇輿云:《治要》"有"上有"之"字。◎文斌案:吳勉學本、黃本"懼"作"惧"。

〔一五〕非夫句 張純一《校注》刪"者"字,注云:舊衍"者"字,據《治要》刪。

〔一六〕于是句 孫星衍云:"令勿委壤",已成勿毀。◎孫詒讓云:"壞"當爲"壤",形之誤也。景公爲鄒之長塗,須徵委壤土。今罷役,故令勿委壤

也。孫《音義》釋“令勿委壞”云“已成勿壞”，乃緣誤爲訓，失之。◎吳
則虞云：孫詒讓之説是也。此云“勿委壞”，下云“斬板”，俱言輟其役。
◎文斌案：《治要》作“於是令勿收斬板而去之”，當是對《晏子》之
節録。

〔一七〕財　吳則虞云：“財”通“材”。

〔一八〕斬板句　孫星衍云：《禮記·檀弓》：“今一日而三斬板而已封。”鄭氏
注：“板蓋廣二尺，長六寸。‘斬板’，謂斷莫縮也。”◎盧文弨云：鄭氏
《檀弓》注：“板蓋廣二尺，長六尺。‘斬板’，謂斷其縮也。”今本作“莫
縮”，誤，宋本是“其縮”，“縮”謂縮板之繩。◎吳則虞云：《檀弓》孔疏
云：“所安板側於兩邊，而用繩令立。後復立土於板之上，中央築之，令
土與板平。則斬所約板，繩斷而更置於見築土上，又置土其中。”此言築
墻法。築路之法，蓋亦先立板，故此云“斬板”，移而去之，以示勿築。
◎文斌案：孫引《檀弓》誤，盧引是。

景公春夏遊獵興役晏子諫第八〔一〕

景公春夏遊獵〔二〕，又起大臺之役。晏子諫曰：“春夏起役，且遊
獵〔三〕，奪民農時，國家空虛，不可。”景公曰：“吾聞相賢者國治〔四〕，臣
忠者主逸。吾年無幾矣，欲遂吾所樂，卒吾所好。子其息矣。”晏子
曰：“昔文王不敢盤遊于田〔五〕，故國昌而民安；楚靈王不廢乾溪之
役〔六〕，起章華之臺，而民叛之〔七〕。今君不革〔八〕，將危社稷，而爲諸侯
笑。臣聞：忠不避死，諫不違罪〔九〕。君不聽臣，臣將逝矣〔一〇〕。”景公
曰：“唯唯〔一一〕，將弛罷之。”未幾，朝韋囧解役而歸〔一二〕。

〔一〕吳則虞云：楊本無此章。◎文斌案：元刻本、活字本、嘉靖本、沈本目録、
　　標題“遊”均作“游”。吳懷保本標題作“諫遊獵興役”，凌本作“游獵”。

〔二〕景公句　張純一云：《太平御覽》十九脱“春”字。◎文斌案：宋本《御覽》
　　十九“景公”前有“齊”字。吳懷保本“遊”“游”雜用，其餘各本均作“游”。

〔三〕且遊句　張純一云：《御覽》脱“且”字。

〔四〕吾聞句　孫星衍云：“治”，《太平御覽》作“成”。◎王叔岷云：景宋本、鮑
　　刻本《御覽》十九“治”字並同，孫氏恐失檢。

〔五〕昔文句　孫本“盤遊于田”作“盤于游田”，《音義》未及改，注云：“盤游于
　　田”，《太平御覽》作“盤于游田”。◎張純一云：“盤”，樂也。◎吳則虞云：

各本俱作“盤游于田”。◎文斌案：《御覽》引無“昔”字。

〔六〕楚靈句　孫星衍云：“溪”，《太平御覽》作“谿”，今本從“水”，俗。據此，知前“溪”亦“谿”誤也。◎劉師培《斠補定本》云：黃本“溪”作“奚”。◎文斌案：《御覽》引“楚靈”後無“王”字。

〔七〕昔文諸句　孫星衍云：“田”“安”“叛”爲韻。◎趙振鐸云：“田”在真部，“安”“叛”在元部，非韻。

〔八〕革　孫星衍云：《太平御覽》作“思”。◎張純一云：“革”，改也。

〔九〕違　張純一云：“違”猶“避”也。

〔一〇〕臣將句　“逝”，盧文弨《拾補》同，旁注云：“‘遊’譌。”◎蘇輿云：“逝”，各本作“遊”，“遊”“逝”形近而譌。今改從元刻。◎劉師培《斠補定本》云：《御覽》亦引作“逝”。◎吳則虞云：元刻本作“遊”，吳刻改“逝”，《子彙》本誤不成字。◎文斌案：嘉靖本、沈本、吳懷保本、吳勉學本、黃本、凌本作“遊”，黃本上方校語云：“‘遊’字可疑。”元刻本、活字本、《子彙》本、綿眇閣本作“遯”，不成字，顧廣圻改作“逝”。蘇、吳校均非。

〔一一〕唯唯句　張純一云：《御覽》引止此。注云：“‘唯唯’，從其諫也。”

〔一二〕朝韋囧　孫星衍云：未詳，或人名。◎俞樾云：“韋囧”，人名。“朝”者，召也。劉向《九歎·遠逝篇》曰：“朝四靈于九濱。”王逸注曰：“‘朝’，召也。”《左傳》“蔡朝吳”，《公羊傳》作“昭吳”。是“朝”與“昭”通，故亦與“召”通。上文“景公曰‘唯唯，將弛罷之’”，故未幾召韋囧解役而歸也。後人不知古書之叚“朝”爲“召”，故不得其解。若從孫氏以“朝韋囧”三字爲人名，則彼自解役而歸，與景公無與，即不足見晏子匡諫之功矣。◎蘇輿云：俞說是。

景公獵休坐地晏子席而諫第九〔一〕

景公獵休，坐地而食〔二〕。晏子後至，左右滅葭而席〔三〕。公不說〔四〕，曰：“寡人不席而坐地，二三子莫席〔五〕，而子獨搴草而坐之〔六〕，何也？”晏子對曰：“臣聞：介胄坐陳不席〔七〕，獄訟不席，尸坐堂上不席〔八〕，三者皆憂也。故不敢以憂侍坐〔九〕。”公曰：“諾〔一〇〕。”令人下席〔一一〕，曰：“大夫皆席，寡人亦席矣〔一二〕。”

〔一〕文斌案：吳懷保本標題作“諫坐地”，楊本作“坐地滅葭”，凌本作“獵休”。

〔二〕景公二句　吳則虞云：《北堂書鈔》一百三十三、《藝文類聚》六十九、《御覽》七百九引與此同。《御覽》三百九十三引無"而"字,一千引無"而食"二字。◎文斌案:《御覽》一千引脱"景"字。

〔三〕左右句　孫星衍云:《説文》:"'撤',批也。""'批',捽也。""滅"與"撤"同。◎蘇輿云:《爾雅·釋草》:"'葭',華。"郭注云:"即今蘆。"◎劉師培《斠補定本》云:《御覽》一千引"席"作"坐"。◎張純一《校注》删"左右"二字,注云:舊"滅"上衍"左右"二字,《太平御覽》三百九十三、又七百九、《北堂書鈔》百三十三、《藝文類聚》六十九引此並無,今據删。"席",《類聚》作"坐"。◎吳則虞云:"左右"二字恐衍文。晏子後至,獨搴草而坐,是搴草者,晏子自爲,非左右爲之也,故景公有此問。《御覽》一千引亦無"左右"二字。又"席",《書鈔》《類聚》及《御覽》一千引皆作"坐",七百九"滅"誤作"戌"。◎徐仁甫云:"左右"讀如《詩》"參差荇菜,左右采之"之"左右",猶言"東西",指方向,非指君左右之人。蓋葭生不一處,晏子搴葭,不一而足,既搴於左,又搴於右,故曰"左右搴葭而席"。唐、宋人誤認左右爲左右之人,以爲"左右"在此無義,編類書時竟删去之,不知衍文多有意義,不可輕删也。◎文斌案:《御覽》三百九十三、七百九引作"席",《類聚》六十九、《御覽》一千作"坐"。《書鈔》亦作"席",吳氏失檢。

〔四〕公不句　劉師培《斠補定本》云:《御覽》一千引作"公問其故"。◎文斌案:"説",《書鈔》同,《類聚》、《御覽》三百九十三、七百九作"悦"。

〔五〕寡人二句　張純一云:《説苑·雜言篇》作:"寡人自以坐地,二三子皆坐地。"

〔六〕而子句　孫星衍云:"搴","攓"省文。《説文》:"'攓',拔取也。""而坐之",《藝文類聚》作"子獨席"。◎劉師培《斠補定本》云:《説苑·雜言篇》"而"作"吾"。◎張純一云:《御覽》七百九作"子猶席"。◎文斌案:《御覽》三百九十三作"子席"。黃本"草"作"艸"。

〔七〕臣聞句　張純一云:《書鈔》無"坐陳"二字。◎王叔岷云:黃之寀本、《子彙》本"臣"並誤"吾"。孫星衍云:"《御覽》作'臣'。"案:明活字本作"臣",與元本同。《書鈔》一三三、《藝文類聚》六九引此亦並作"臣"。◎吳則虞云:《書鈔》、《類聚》、《御覽》一千皆無"陳"字,《御覽》三百九十二、元刻本、活字本及明刻各本俱作"陣"。"坐陳"不辭,"陳"字恐後人所增。◎田宗堯云:吳勉學本誤作"吾"。又"陣",《指海》本作"陳"。"陣","陳"之俗。《論語·衛靈公》"衛靈公問陳於孔子",《左·桓五年傳》"爲魚麗之陳",字並作"陳"。《顏氏家訓·書證篇》:"'陳',俗本多作阜旁車乘之乘。"◎文斌案:吳引"《御覽》三百九十二"誤,當爲"三百九十三"。田引《顏氏家訓·書證篇》"車乘之乘"誤,原作"車乘之車"。《御覽》三百九十三、七百九、一千引均作"臣",嘉靖本、沈本、吳懷保本亦作"臣",《子彙》本、吳勉學本、黃本、綿眇閣本、楊本、凌本作"吾"。《御覽》七百九作“陳”,孫本亦作“陳”,其餘各本均作“陣”。

〔八〕獄訟二句　孫星衍云:《藝文類聚》《太平御覽》作“獄戶不席”,“戶”蓋“尸”之誤。《説苑》作“唯喪與獄坐於地”,蓋約此文也。“尸坐堂上”,言尸在堂則坐者不席與。◎王念孫云:尸爲死人,則不得言坐堂上。《太平御覽·百卉部七》引作“尸在堂”,是也(《檀弓》:“知悼子在堂”)。今本“在”作“坐”者,涉上下諸“坐”字而誤,“上”字疑亦後人所加。◎張純一云:《書鈔》亦作“獄戶不席”。◎吳則虞云:《指海》本已改“坐”爲“在”。◎文斌案:當依《御覽》一千作:“獄訟不席,尸在堂不席。”

〔九〕故不句　劉師培《校補》云:《類聚》六十九、《書鈔》百三十三、《御覽》七百九引“故”上並有“臣”字,當據補。《御覽》一千引“侍坐”作“示君”。◎王叔岷云:《御覽》三九三、一千引此亦並有“臣”字,惟略“故”字耳。◎吳則虞云:《説苑》作“今不敢以喪獄之事侍於君矣”。《書鈔》、《類聚》、《御覽》七百九、三百九十三引“故”上皆有“以”字。◎文斌案:《書鈔》、《類聚》、《御覽》七百九均引作“臣故不敢以憂侍坐”,“故”上無“以”字;《御覽》三百九十三引作“臣不敢以憂侍坐”,卷一千引作“臣不敢以憂示君”,既無“故”復無“以”字。吳氏蓋誤“臣”爲“曰”,失檢。

〔一〇〕公曰句　孫星衍云:《藝文類聚》《太平御覽》作“善”。◎王念孫云:“諾”本作“善”,“公曰善”者,善晏子之席而後坐也。凡晏子有所請於公者,則下有“公曰諾”之文,此是晏子自言其所以設席之故,非有所請於公,公無爲諾之也。蓋“善”與“若”字相似,“善”誤爲“若”(後第十四:“善其衣服節儉。”《諫上篇》:“公曰善。”《雜下篇》:“以善爲師。”今本“善”字並誤作“若”),後人因改爲“諾”耳。《北堂書鈔·服飾部二》《藝文類聚·服飾部上》《太平御覽·服用部十一》引此並作“公曰善”。◎劉師培《斠補定本》云:《御覽》一千所引無“曰”字“諾”字。◎吳則虞云:《指海》本已改作“善”。

〔一一〕令人句　文斌案:《御覽》一千“下”誤作“不”。

〔一二〕大夫二句　吳則虞云:《類聚》引無“矣”字。◎孫星衍云:《説苑·談叢篇》用此文。◎張純一云:文見《雜言篇》,孫誤作《談叢》。

景公獵逢蛇虎以爲不祥晏子諫第十〔一〕

景公出獵〔二〕,上山見虎,下澤見蛇。歸,召晏子而問之,曰:“今日寡人出獵,上山則見虎,下澤則見蛇,殆所謂不祥也〔三〕?”晏子對曰[四]："國有三不祥,是不與焉。夫有賢而不知,一不祥[五];知而不用,二不祥;用而不任[六],三不祥也。所謂不祥,乃若此者[七]。今上山見虎[八],虎之室也;下澤見蛇,蛇之穴也[九]。如虎之室,如蛇之穴而見之[一〇],曷爲不祥也[一一]?"

〔一〕文斌案:吳懷保本標題作"諫以蛇虎爲不祥",楊本作"出獵見蛇虎",凌本作"出獵"。

〔二〕景公句　文斌案:《説苑·君道篇》"景公"上有"齊"字。

〔三〕殆所句　張純一云:"也"讀爲"邪"。《説苑》"謂"下衍"之"字,《書鈔》百五十八引《説苑》無。◎吳則虞云:《意林》三引作"此不祥耶"。◎文斌案:《意林》卷三引乃《説苑》文,辭略異。

〔四〕晏子句　張純一云:《説苑》無"對"字,《書鈔》引同。◎吳則虞云:《説苑》《意林》皆無"曰"字。◎文斌案:《説苑》《意林》均作"晏子曰",無"對"字,吳氏失檢。

〔五〕一不句　張純一云:今本《説苑》同此,《書鈔》引《説苑》有"也"字,下文同。

〔六〕任　蘇輿云:任以事也。◎文斌案:蘇説非也。"任以事",義仍在"用";此別"用""任"之義,應作"信任"解。

〔七〕乃若句　劉師培《斠補定本》云:《説苑·君道篇》下有"也"字。

〔八〕今上句　吳則虞云:元刻本、嘉靖本"上"誤"止"。◎文斌案:嘉靖本亦作"上",吳氏失檢。

〔九〕今上諸句　孫星衍云:"室""穴"爲韻。

〔一〇〕如虎二句　蘇輿云:"如"猶"于"也,言于虎室蛇穴而見之也。《莊子·德充符篇》:"申徒嘉謂子産曰:'先生之門,固有執政焉如此哉。'"言無執政于此者也。《吕氏春秋·愛士篇》曰:"人之困窮,甚如饑寒。"言甚于饑寒也。《史記·汲黯傳》曰:"丞相宏燕見,上或時不冠;至如黯見,上不冠不見也。"言至于黯見,則上必冠也。並"如""于"同之證。王氏《釋詞》"'如'訓'于'"條下,獨遺此文未引,亦一疏矣。◎文廷式云:"如",往也。

〔一一〕曷爲句　吳則虞云:《意林》引作"何不祥也"。◎孫星衍云:《説苑·君道篇》用此文。

景公爲臺成又欲爲鍾晏子諫第十一[一]

景公爲臺[二],臺成,又欲爲鍾[三]。晏子諫曰:"君國者不樂民之哀〔四〕。君不勝欲,既築臺矣,今復爲鍾,是重斂于民〔五〕,民必哀矣〔六〕。夫斂民之哀而以爲樂〔七〕,不祥〔八〕,非所以君國者〔九〕。”公乃止〔一○〕。

〔一〕文斌案:吳勉學本誤連上章,綿眇閣本誤連下章。元刻本、活字本、嘉靖本目録“又”誤作“文”,目録、標題“鍾”均作“鐘”。吳懷保本目録作“諫又爲鐘”,標題作“諫欲爲鐘”。楊本作“臺成又爲鐘”,凌本作“爲臺”。

〔二〕景公句　孫星衍云:“爲臺”,《意林》作“作臺”,下“爲鐘”同。◎吳則虞云:凌本“景”誤“晏”。◎文斌案:《意林》引《晏子》見卷一,《白孔六帖》三十九引亦作“爲臺”。

〔三〕又欲句　蘇輿云:舊刻“鐘”“鍾”參錯,二字古本通用。據《説文》,作“鐘”爲是。◎劉師培《校補》云:《意林》引作“欲復作鍾”。◎吳則虞云:元刻本並作“鐘”。◎王叔岷云:《意林》引作“復欲作鍾”,非作“欲復”。◎文斌案:王校是,劉校非。“鍾”,沈本、孫本同,餘均作“鐘”。

〔四〕君國句　張純一云:《説苑·正諫篇》無此八字。◎文斌案:《類聚》二十四亦無。

〔五〕君不四句　孫星衍云:“今復爲鍾是重斂于民”,《白帖》作“又約民爲鐘”。◎劉師培《斠補定本》云:《類聚》廿四引作“今君既已築臺矣,又斂於民而爲鐘”,與此異。此與《説苑·正諫篇》同,惟彼文“復”下有“欲”字。◎文斌案:《類聚》作“君今”,劉氏失檢。《説苑》作“君不勝欲,爲臺,今復欲爲鐘”。

〔六〕民必句　劉師培《斠補定本》云:《説苑》“必”誤“之”。◎張純一云:《類聚》“民”上有“則”字。◎文斌案:《白孔六帖》無“矣”字。

〔七〕夫斂句　張純一云:《類聚》作“斂民哀以爲樂”,是謂拂人之性,菑必逮夫身。◎文斌案:《白孔六帖》作“以哀爲樂”。

〔八〕不祥句　孫星衍云:《意林》作“斂民作鐘,又必哀。斂哀以樂,不祥”。◎文斌案:《意林》原作“斂民作鐘,民必哀。斂哀以謀樂,不祥”,孫氏失檢。《白孔六帖》無“不祥”二字。

〔九〕非所句　張純一云:《類聚》作“非所以君民也”,《説苑》無此句。◎吳則虞云:《類聚》《白帖》俱引作“非所以君民也”,此“國”字當爲唐人所改。◎文斌案:《白孔六帖》作“非君民也”,無“所以”二字。吳氏失檢。

〔一○〕公乃句　張純一云:《説苑》“公”上有“景”字。◎孫星衍云:《説苑·正諫篇》用此文。

景公爲泰吕成將以燕饗晏子諫第十二[一]

　　景公泰吕成[二]，謂晏子曰：“吾欲與夫子燕。”對曰：“未祀先君而以燕，非禮也[三]。”公曰：“何以禮爲？”對曰：“夫禮者，民之紀，紀亂則民失。亂紀失民，危道也[四]。”公曰：“善。”乃以祀焉。

〔一〕文斌案：元刻本、活字本、嘉靖本、沈本、吴勉本目録均有“燕”字，標題脱。顧廣圻校云：“當衍‘饗’字。”顧校是，正文“吾欲與夫子燕”“未祀先君而以燕”均無“饗”字。楊本無此章。吴懷保本目録作“諫以泰吕爲燕饗”，標題無“饗”字。

〔二〕景公句　孫星衍云：《吕氏春秋·侈樂篇》：“齊之衰也，作爲大吕。”高誘注：“‘大吕’，陰律十二也。”◎洪頤煊云：《吕氏春秋·貴直論》：“無使齊之大吕陳之廷。”《史記·樂毅列傳》：“大吕陳於玄英。”《索隱》：“‘大吕’，齊鍾名，即景公所鑄。”◎張純一《校注》於“泰吕”前增“爲”字，注云：“舊本脱‘爲’字，今據標題補。”◎吴則虞説同。

〔三〕非禮句　吴則虞云：標題曰“將以燕饗晏子”，爲此題者，其知禮矣。《周禮·大宗伯》：“以饗燕之禮，親四方之賓客。”饗在廟而燕在寢，凡饗皆先裸獻而後燕食，是饗兼祭禮與燕禮也。燕於寢，主於盡歡。此云“泰吕成，景公謂晏子”云者，必景公在廟言之。廟非燕大夫之所，饗燕先祭，故晏子以非禮諫之。◎文斌案：王文錦認爲，本章最關鍵語是“未祀先君而以燕，非禮也”。“祀”指告祀，意謂景公鑄成泰吕鐘，實乃國家大事；今不祀告宗廟，而逕自舉行酒會慶祝，是違禮的，因爲禮要求人們“事亡如事存”。

〔四〕紀亂三句　張純一云：“紀亂則民失”，紀亂則民無所托命。◎劉如瑛云：“失”，同“佚”“逸”，佚蕩、放縱之意。“紀亂則民佚”：紀綱紊亂，民衆就要放蕩不檢。《孔子家語·入官》：“故君上者，民之儀也……故儀不正則民失。”句意略同。《莊子·養生主》：“老聃死，秦失弔之。”《釋文》：“‘失’，本又作‘佚’，各依字讀，亦皆音‘逸’。”《漢書·杜欽傳》：“言失欲之生害也。”顏師古注：“‘失’，讀曰‘佚’，‘佚’與‘逸’同。”又，《管子·五輔》：“貧富無度則失。”《宙合》：“下乃解怠惰失。”“失”，均“佚”字。張純一解爲“喪失”之“失”，實誤。

景公爲履而飾以金玉晏子諫第十三[一]

景公爲履[二]，黃金之綦[三]，飾以銀[四]，連以珠，良玉之朐[五]，其長尺[六]，冰月服之以聽朝。晏子朝，公迎之，履重，僅能舉足[七]。問曰："天寒乎？"晏子曰："君奚問天之寒也[八]？古聖人製衣服也[九]，冬輕而暖[一〇]，夏輕而清[一一]。今君之履[一二]，冰月服之，是重寒也[一三]；履重不節[一四]，是過任也，失生之情矣[一五]。故魯工不知寒溫之節[一六]，輕重之量，以害正生[一七]，其罪一也；作服不常，以笑諸侯[一八]，其罪二也；用財無功[一九]，以怨百姓，其罪三也。請拘而使吏度之[二〇]。"公苦[二一]，請釋之。晏子曰："不可。嬰聞之：苦身爲善者，其賞厚；苦身爲非者，其罪重。"公不對。晏子出，令吏拘魯工，令人送之境[二二]，吏不得入[二三]。公撤履[二四]，不復服也。

〔一〕文斌案：元刻本、活字本、嘉靖本、沈本、吳勉本目錄"飾"前有"而"字，標題無。吳勉學本誤連上章。吳懷保本標題作"諫飾履以金玉"，楊本作"飾履"，凌本作"爲履"。

〔二〕景公句　孫詒讓云：據下文云"故魯工不知寒溫之節，輕重之量，以害正生"（"生""性"字同），又云"令吏拘魯工"，則此當云"使魯工爲履"。今本蓋有挩文。◎張純一云：《類聚》八十三、八十四兩引均同此文。◎吳則虞云：《北堂書鈔》一百三十六、《藝文類聚》八十三、八十四、六百九十七、八百三、八百一十引並無"使魯工"諸字。古人文省，不如是之瑣，孫説非是。◎文斌案：吳注有誤。《類聚》共百卷，並無"六百九十七、八百三、八百一十"卷，此乃謂《太平御覽》。《書鈔》、《類聚》、《御覽》、《天中記》四十八引前二句並同。

〔三〕綦　孫星衍云：《禮記·內則》："履著綦。"鄭氏注："'綦'，履繫也。"◎吳則虞云：《儀禮·士喪禮》："組綦繫于踵。"注："履係也，所以拘止履也。"其本字當作"綨"，《説文》："帛蒼艾色。"是綦本以帛，而景公易以黃金。

〔四〕飾以句　孫星衍云："銀"，《藝文類聚》《文選注》作"組"。◎蘇輿云：《文選注》見《弔魏武帝文》，作"組"于義較長。◎張純一云：《御覽》六百九十七、《書鈔》百三十六引文並同。◎王叔岷云：《類聚》八三、八四兩引皆無"飾以銀"句，孫氏失檢。◎吳則虞云：蘇説未審。《北堂書鈔》一百三十六、《御覽》六百九十七、八百三引皆作"銀"。下云"履重僅能舉之"，履之所以重者,金銀珠玉使爲之也。且"飾"之云者,言飾於綦之上,組、綦本一物,見《儀禮・士喪禮》,組非飾物也。◎文斌案:吳説是。《天中記》引同,《御覽》八百一十引無"飾以銀"句。

〔五〕胸　孫本作"絢",《音義》云:《藝文類聚》作"句",通。《禮記・玉藻》:"童子不履絢。"鄭氏注:"'絢',履頭飾也。"《説文》:"'絢',纑繩約也,讀若'鳩'。"◎張純一云:"絢"從孫本,元刻作"胸",非。《御覽》六百九十七作"絢"。◎吳則虞云:《穀梁・襄二十四年傳》:"衛侯之弟專出奔晉,織絢邯鄲。"楊士勛《疏》引麋信云:"絢著履烏之頭,即《周禮》絢繶及純是也。"是絢爲染絲編織而成,景公易以良玉耳。"絢",元本、活字本、嘉靖本皆誤作"胸",《御覽》六百九十七誤作"鈎"。◎田宗堯云:"胸",明活字本同,吳勉學本作"絢",《子彙》本、《指海》本並作"約",蓋"絢"字之形誤。《天中記》四十八引作"鈎"。《荀子・哀公問篇》:"章甫絢屨。"王肅云:"'絢'謂屨頭有拘飾也。"◎文斌案:"衛侯之弟專出奔晉……織絢邯鄲"見《穀梁傳・襄公二十七年》,吳氏失檢。宋本《御覽》六百九十七引誤作"約",《子彙》本作"絢",張、吳、田氏均失檢。沈本、吳勉學本、綿眇閣本、楊本、凌本均作"絢",吳懷保本亦誤作"胸",黃本誤作"納"。

〔六〕其長句　吳則虞云:《北堂書鈔》百三十六"尺"下有"許"字。◎文斌案:《書鈔》引無"良玉之胸,其長尺"二句,吳氏所引在校語中,失檢。

〔七〕僅能句　劉師培《校補》云:《御覽》六百九十七引作"僕不能舉之",義較長。"僅"乃"僕"訛,下挩"不"字。◎張純一云:《御覽》八百作"僅能舉之","之"當爲"足",艸書形近之誤。《類聚》八十四引作"足"。◎田宗堯云:吳勉學本作"足",與元本同。《天中記》四十八、五十一兩引此文,"足"字並作"之"。此自景公言,自以作"僅能舉足"義勝。◎文斌案:《天中記》五十一未引此文,引此文者乃卷四十八、五十。四十八作"僕不能舉之",五十作"僅能舉之",田氏失檢。黃本作"之",其餘各本均作"足"。

〔八〕君奚句　吳則虞云:《類聚》八十四、《御覽》六百九十七引皆無"君奚問"句。

〔九〕古聖句　劉師培《斠補定本》云:《御覽》四百九十三引"古"作"古昔",六百九十七引作"古之制衣服"。◎吳則虞云:《類聚》作"古者聖人製衣服"。◎文斌案:《御覽》四百九十三引作"古者"。《類聚》八十四引無"衣"字。

〔一〇〕暖　孫星衍云:《藝文類聚》作"煖"。◎文斌案:《類聚》八十四引作"暖",《御覽》四百九十三引同,六百九十七引作"煖"。

〔一一〕夏輕句　"清",孫本作"清",《音義》云:"清",今本作"清",非。《説文》：“‘清’，寒也。”《玉篇》：“七性切。”◎黃以周云：元刻作“清”，盧校本同。◎劉師培《校補》云：《類聚》八十四、《御覽》四百九十三、六百九十七並引作“夏輕而清”。孫刊本改“清”爲“清”，非是。◎文斌案：《御覽》四百九十三引同，《類聚》八十四引“清”作“清”，《御覽》六百九十七、《天中記》四十八引作：“景公爲履，飾以金玉，服以聽朝。履重，僕不能舉之。問曰：‘天寒乎？’晏子曰：‘古之製衣服，冬輕而煖，夏重而清。金玉之履，是重而寒也。’公入，徹履。”不但“夏輕”誤作“夏重”，其他文字亦有較大差異。

〔一二〕今君句　王念孫云：“今君之履”，本作“今金玉之履”。上文曰：“景公爲履，黃金之綦，飾以銀，連以珠，良玉之胸，其長尺，冰月服之以聽朝。”故曰：“今金玉之履，冰月服之，是重寒也。”今本作“今君之履”而無“金玉”二字，則與“重寒”之義了不相涉矣。《藝文類聚·寶部下》《太平御覽·人事部三十四》《服章部十四》引此竝作“今金玉之履”。◎于省吾云：王說非是。“今君之履”即指上文“景公爲履”之“履”言，景公以金銀珠玉飾履，晏子稱“今君之履”，“今”字義至明顯，非別有所指也。◎吳則虞云：《指海》本已改作“今金玉之履”。◎文斌案：張純一《校注》亦據王說改。

〔一三〕是重句　劉師培《校補》云：《御覽》六百九十七引作“是重而寒也”。◎田宗堯云：《天中記》引作“是重而寒也”。以上文“冬輕而暖，夏輕而清”例之，有“而”字文較長。

〔一四〕履重句　于省吾云：“節”猶“適”也。《呂氏春秋·重己》：“故聖人必先適欲。”注：“‘適’猶‘重’也。”下第二十四“二子同桃而節，冶專其桃而宜”，“節”亦“適”也。◎吳則虞云：《御覽》四百九十三“重”下有“可”字，“可”字不當有。“節”，楊本、凌本誤作“飾”。◎文斌案：《御覽》四百九十三作“今金玉之履，重不可節”，“履”字當上斷，“可”在“不”字下。吳氏失檢。

〔一五〕失生句　張純一云：“生”，讀爲“性”；“情”，實也。

〔一六〕故魯句　吳則虞云：“故”字疑衍。◎文斌案：前文以“今君之履”與“古聖人製衣服”對比，以見其“失生之情”——這是判斷魯工是非的基礎。有了這個基礎，才有後文對魯工罪行的判定，二者是因果關係。故“故”字非衍，吳說非。

〔一七〕正生　蘇輿云：“生”，性也。“正生”，猶言“常性”。

〔一八〕作服二句　蘇輿云：言作不常之服，以爲笑于諸侯。

〔一九〕用財句　蘇輿云：言無功于國。◎吳則虞云：吳懷保本“功”作“工”。

〔二〇〕請拘句　蘇輿云：言審度其罪之輕重而置之罰。

〔二一〕公苦句　王念孫云：“公”下脱“曰”字，“苦”上亦有脱文，蓋謂魯工之爲此履甚苦也（“請釋之”別爲一句）。下文晏子曰“苦身爲善者其賞厚，苦身爲非者其罪重”，二“苦”字正與此相應。今本“公苦”二字之間，脱去數字，則文不成義。◎文廷式云：“苦”當作“曰”，涉下文而誤。◎于省吾云：此句無脱文，王説非是。“苦”本應作“固”，“苦”“固”音近，又涉下文兩“苦”字而譌。“固”猶“必”也，詳《經傳釋詞》。“公固請釋之”，即“公必請釋之”也。◎文斌案：文、于二氏孤立解釋“苦”字，未與下文結合而總體考慮，失之。正因爲景公强調魯工爲履甚苦，所以才有下文晏子“苦身爲善者其賞厚，苦身爲非者其罪重”之論；否則，晏子“苦身”二句爲無來由之論矣。王説是。張純一《校注》據王説補“曰魯工”三字。

〔二二〕境　孫星衍云：當爲“竟”。◎張純一云：“境”，邊地。

〔二三〕吏不句　孫本“吏”作“使”，《音義》云：今本“使”作“吏”，非。以意改之。◎于省吾云：“使”“吏”金文同字。◎文斌案：黄本上方校語云：“‘吏’疑‘使’字。”

〔二四〕公撤句　孫星衍云：“撤”，當爲“徹”。◎劉師培《校補》云：《御覽》六百九十七引作“公入徹履”，“入”字涉上而衍。◎文斌案：《天中記》亦作“公入徹履”。

景公欲以聖王之居服而致諸侯晏子諫第十四〔一〕

　　景公問晏子曰：“吾欲服聖王之服，居聖王之室〔二〕，如此，則諸侯其至乎？”晏子對曰〔三〕：“法其節儉則可；法其服，居其室，無益也〔四〕。三王不同服而王，非以服致諸侯也。誠于愛民，果于行善，天下懷其德而歸其義，若其衣服節儉而衆悦也〔五〕。夫冠足以脩敬〔六〕，不務其飾；衣足以掩形禦寒〔七〕，不務其美。衣不務于隅眦之削〔八〕，冠無觚羸之理〔九〕，身服不雜綵，首服不鏤刻。且古者嘗有紩衣攣領而王天下者〔一〇〕，其義好生而惡殺，節上而羨下〔一一〕，天下不朝其服而共歸其義〔一二〕。古者嘗有處橧巢窟穴而不惡〔一三〕，予而不取〔一四〕，天下不朝其室而共歸其仁〔一五〕。及三代作服，爲益敬也〔一六〕。首服足以脩敬而不重也，身服足以行潔而不害于動作〔一七〕。服之輕重便于身，用財之費順于民。其不爲橧巢者，以避風也；其不爲穴者〔一八〕，以避濕也。是故明堂之制〔一九〕，下之潤濕不能及也〔二〇〕，上之寒暑不能入也〔二一〕。土事不文,木事不鏤[二二],示民之節也[二三]。及其衰也,衣服之侈過足以敬[二四],宮室之美過避潤濕,用力甚多,用財甚費[二五],與民爲讎。今君欲法聖王之服[二六],不法其制[二七]。法其節儉也,則雖未成治,庶其有益也[二八]。今君窮臺榭之高[二九],極汙池之深而不止[三〇],務于刻鏤之巧、文章之觀而不厭,則亦與民而讎矣[三一]。若臣之慮,恐國之危而公不平也[三二]。公乃願致諸侯,不亦難乎?公之言過矣。”

〔一〕文斌案:元刻本、活字本、嘉靖本、沈本、吳勉本目録無“之”字,標題有;元刻本、活字本標題“景公”前並衍“土”字。以正文考之,標題當有“之”字,“居服”順序當乙。吳懷保本目録作“諫以居服致諸侯”,標題作“諫欲以居服而致諸侯”。楊本作“居服致諸侯”,凌本作“景公問晏子”。

〔二〕吾欲二句 孫星衍云:《藝文類聚》二“王”字皆作“人”。◎張純一云:《類聚》見卷六十四。◎文斌案:《御覽》一百七十四引同。

〔三〕晏子句 張純一云:《太平御覽》一百七十四引無“晏子”二字。◎文斌案:《類聚》引亦無“晏子”二字。

〔四〕法其四句 王念孫云:“居其”二字衍。上文以“居聖王之室”與“服聖王之服”對文,此文則以“法其服室”與“法其節儉”對文,不當更有“居其”二字。《太平御覽·居處部二》引無。◎張純一《校注》據刪“居其”二字。◎于省吾云:王說非是。但以對文爲改此文之證,不可爲訓;《御覽》約省此文,尤不足據。“法其服,居其室,無益也”,並三字句,古質錯落,最爲可喜。古書雖譌牾,然後人改之,必有所由。若本作“法其服室”,論其文法,非與後世不合;論其語義,後人非不能解,何以改之哉?◎吳則虞云:《藝文類聚》六十四亦無“居其”二字,句末無“也”字。

〔五〕若其句 王念孫云:“若”當爲“善”,字之誤也(《諫上篇》“公曰善”,《雜下篇》“以善爲師”,今本“善”字並誤作“若”)。“懷其德”“歸其義”“善其節儉”三者相對爲文。惟其善之,是以悅之。今本“善”誤作“若”,則義不可通。◎劉師培《校補》云:《爾雅·釋詁》:“‘若’,善也。”◎吳則虞云:《指海》本改“若”爲“善”。◎文斌案:“悅”,孫本作“說”。

〔六〕夫冠句 文斌案:“脩”,楊本同,嘉靖本“脩”“修”雜用,餘均作“修”。

〔七〕衣足句 張純一云:舊有“禦寒”二字,爲後人妄加。蓋“衣足以掩形”與“冠足以修敬”對文,不應有“禦寒”二字。《意林》引此,正作“衣足以掩形,不務其美”。今據刪。

〔八〕衣不句 孫星衍云:“肶”,《玉篇》:“同‘腜’,婢脂切。”《淮南·本經訓》:“衣無隅差之削。”高誘注:“‘隅’,角也;‘差’,邪也。古者質,皆全幅爲衣

裳,無有邪角。‘削’,殺也。”此作“肶”,蓋言“連”。◎王念孫云:孫訓
“肶”爲“連”,則下與“削”字不相屬,上與“隅”字不相比附矣。予謂“肶”
當爲“毗”,字之誤也。“毗”或作“眥”,《淮南·齊俗篇》“衣不務于奇麗
之容,隅眥之制”是也。“隅毗”者,隅差也。“隅”,角也;“差”,邪也。幅
之削者,必有隅差之形,故曰“衣不務于隅毗之削”,即《淮南》所云“衣無
隅差之削也”。《原道篇》又云:“隅眭智故,曲巧僞詐。”“隅眭”,即“隅
差”,亦即“隅毗”也。凡字之從“此”從“差”者,聲相近而字亦相通。《鄘
風》“玼兮玼兮”,沈重云:“‘玼’,本或作‘瑳’。”《小雅》:“屢舞傞傞。”
《説文》引作“娑娑”。《月令》:“掩骼埋胔。”《吕氏春秋·孟春篇》“胔”作
“骴”,皆其例也。◎蘇輿云:王説是。《淮南》“隅眭智故”之“隅”,字或
作“偶”。衣邪謂之隅差,人邪謂之偶眭,聲義並近矣。盧校本從《淮南》
作“隅差”。◎張純一云:此文當依《淮南》作“衣無隅差之削”,與下句爲
儷文。今涉上文作“不務”,又加“于”字,奪“無”字,句法遂不類。◎王叔
岷云:王説是也。“隅毗”與“隅差”“隅眭”並同,本字作“齲齹”。《説
文》:“‘齲’,齒不正也。”“齹’,齒參差也。”“參差”亦不正也。“齲齹”爲
齒不正之名,引申之,爲衣之不正、人之不正、事之不正。《荀子·君道
篇》:“天下之變、境内之事,有弛易齲差者矣。”“齲”用本字,“差”亦借
爲“齹”。

〔九〕冠無句 孫星衍云:“贏”,《淮南·本經訓》作“嬴”,高誘注:“‘觚嬴之
理’,謂若馬目籠相闌干也,言‘無’者,冠文取平直而已也。‘嬴’,讀‘指
端嬴文’之‘嬴’(“嬴”俱當爲“嬴”)。”星衍謂:“觚”,方文;“嬴”,圓文
也。◎蘇輿云:盧校本從《淮南》,作“觚嬴”。◎劉師培《補釋》云:《荀
子·儒效篇》云:“解果其冠。”楊注引“或説”云:“‘解果’,陿隘也。或曰:
‘《説苑》:“淳于髠言蟹螺宜禾。”蓋高地也。’今冠蓋亦比之。”考“蟹螺”,
《史記》作“甌竇”,“甌竇”即“岣嶁”之異文,有狹曲而高之義。“解果其
冠”,冠之中高旁狹者也。“觚嬴”當作“解嬴”,即“解果”之異文,與《荀
子》同。至“解”誤爲“觚”,“嬴”誤爲“嬴”,而其義不可通矣。◎張純一
《校注》改“嬴”爲“嬴”,注云:“嬴”舊作“嬴”,今從《淮南·本經訓》武進
莊氏校本改。◎于省吾云:《荀子·儒效》:“解果其冠。”楊注引《説苑》
作“蟹螺”,今《説苑》作“廨埠”。《韓非子·揚權》:“若天若地,是謂累
解。若地若天,孰疏孰親?”俞樾謂“累解”猶“蟹螺”。按:“地”“解”韻,
“天”“親”韻,可證此文“觚”必爲“解”之譌。◎王叔岷云:張純一《校注》
本改“嬴”爲“嬴”。“嬴”與“嬴”通,“嬴”古亦讀若“嬴”,無煩改字。

〔一〇〕且古句 孫星衍云:“紩衣攣領”,《説文》:“‘紩’,縫也。”“‘攣’,係
也。”◎盧文弨云:“攣領”即“卷領”,亦云“句領”。《淮南子·氾論

訓》：“古有鍪而緌領以王天下者矣。”《荀子·哀公篇》楊注引《尚書大傳》“古之人，衣上有冒而句領者”，注云：“‘古之人’，三皇時也；‘句領’，繞頸也。”◎蘇輿云：《易》：“有孚攣如。”馬注：“‘攣’，連也。”“連”亦“係”意，與《說文》合。◎張純一云：“緌衣”上，據上下文審校，當有“服”字。◎吳則虞云：《初學記》九引無“嘗”字，“者”下有“矣”字。◎王叔岷云：《荀子·哀公篇》《淮南子·氾論篇》“者”下亦並有“矣”字。◎文斌案：《路史·因提紀》注引無“嘗有”“者”三字。沈本“嘗”誤作“常”。

〔一一〕其義二句　蘇輿云：“其義”，疑當爲“其政”。今作“義”者，蓋緣下“其義”譌也。“好生惡殺”“節上羨下”，言爲政之實。若云“其義”，便不可通。《荀子·哀公篇》：“古之王者，有務而拘領者矣，其政好生而惡殺焉。”愔正同此，亦“義”爲“政”誤之證矣。◎王叔岷云：“義”非誤字，兩“其義”字文正相應。《淮南子》作：“其德生而不殺，予而不奪。天下不非其服，同懷其德（今本“殺”誤“辱”，又見《文子·上禮篇》）。”兩“其德”字相應，與此同例。蘇説非也。下文“其仁愛而不惡，予而不取，天下不朝其室，而共歸其仁（今本“而不惡”上脱“其仁愛”三字，據《路史》注引補，劉師培有説）”，兩“其仁”字相應，亦同此例。

〔一二〕天下句　◎文斌案：《路史·因提紀》注引無“共”字。

〔一三〕古者句　孫星衍云：“檜”，當爲“橧”。《說文》：“北地高樓無屋者。”《太平御覽》作“層”，明俗從“木”。《初學記》《太平御覽》“窟穴”下有“王天下者”四字，疑今本脱之。如有“王天下者”四字，則“而不惡”當作“好而不惡”。◎劉師培《校補》云：《路史·因提紀》注引作：“有處層巢窟穴而王天下，其仁愛而不惡。”足訂此文之挩。◎陶鴻慶云：“而不惡”上當脱“其德愛”三字。上文云“古者嘗有緌衣攣領而王天下者，其義好生而惡殺，節上而羨下，天下不朝其服而共歸其義”，兩“其義”字上下相應。此云“古者嘗有橧巢窟穴而王天下者，其德愛而不惡，予而不取，天下不朝其室而共歸其仁”，“仁”亦“德”也，“其仁”“其德”亦上下相應也。知此作“其德”者，與上文“其義”云云皆承上“天下懷其德而歸其義”而言。《淮南·氾論訓》云“古者有鍪而緌領以王天下者矣，其德生而不辱，予而不奪，天下不非其服，同懷其德”即本此，而小異其文。◎張純一《校注》從孫説，據《御覽》七十六補“而王天下者”五字。◎王叔岷云：《初學記》引此“窟穴”下有“而王天下者也”六字，當據補。“古者嘗有處橧巢窟穴而王天下者也”與上文“古者嘗有緌衣攣領而王天下者矣”句法一律。◎吳則虞云：從《路史》注引是，下“歸其仁”即承上而來。《初學記》、《御覽》七十九引俱無“嘗”字。元本無

“窟”字,顧廣圻云:“當有‘窟’字。”吳勉學本、《子彙》本已有之。《指海》本據補“王天下者”四字。又綿眇閣本、楊本“檜”作“櫓”。作“檜”作“櫓”皆有所本。作“櫓”者,《禮記·禮運》:“夏則居橧巢。”足利本“橧”作“櫓”。洪頤烜云:“《太平御覽》五五引作‘櫓’,《家語·問禮篇》亦作‘櫓’。劉熙《釋名》云:‘“櫓”,露也。“露”,上無屋覆也。’《左傳》:‘楚子登巢車以望晉軍。’杜注:‘“巢車”,車上加櫓。’孔氏《正義》引《説文》云:‘“轈”,兵高車,加巢以望敵也。“櫓”,澤中守草樓也。’‘巢’與‘魯’皆樓之別名。”是綿眇閣本、楊本作“櫓”,不爲誤也。作“檜”者,《禮記·禮運》北宋本作“檜”。《家語》注云:“聚柴爲檜。”《廣雅·釋室》:“‘橧’,巢也。”《廣韻》:“‘橧’,巢高,或作‘檜’。”《集韻》:“‘檜’,聚薪以居也。”引《禮運》亦作“檜”,是唐宋以前人多作“檜”而不作“櫓”。孫星衍謂“‘檜’,多爲‘橧’”,蓋以《説文》無“檜”字,“檜”乃後起字也。惟案:“橧”爲“高樓無屋”者,上古既無宮室之制,安有樓耶?疑本字當作“榛”。《淮南子·原道》:“木處榛巢。”注:“聚木曰榛。”又《説林》:“榛巢者處茂林安也,窟穴者托埵防便也。”是則“檜”之訓“巢”,“檜”之訓“聚薪”,又“檜巢”之與“窟穴”對文,其字爲“榛”無疑矣。凡“秦”聲“曾”聲之字,古多相通,若“溱洧”之“溱”,《説文》作“潧”。此蓋始假爲“檜”,繼誤於“櫓”歟?似較作“櫓”者義長。孫志祖《讀書脞録》“檜巢”“潧溱”同音兩則可參考。◎文斌案:吳氏引《御覽》七十九,誤,當爲“七十六”。《初學記》引無“嘗”“窟穴”三字。元刻此處有“窟”字,各本均有“窟”字,顧廣圻云“當有‘窟’字”者,乃下文“其不爲穴者”注,吳氏失檢。《御覽》七十六引作“古者有絖衣攣領而王天下者,有處層巢窟穴而王天下者”,“古者”後無“嘗”字,並無“其義好生”至“古者嘗”二十六字。《路史·因提紀》注引“檜”作“層”,下有“而王天下”四字。元刻本、活字本、嘉靖本、沈本、吳懷保本、孫本、吳蕭本作“檜”,《子彙》本、吳勉學本、黃本、綿眇閣本、楊本、凌本作“櫓”,下同。黃本上方校語云:“‘窟穴’下闕。”

〔一四〕予而句　張純一云:《淮南子·氾論訓》作“予而不奪”。高注:“‘予’,予民財也。‘不奪’,無所徵求於民也。”

〔一五〕天下句　文斌案:《路史》注引“天下”後有“之人”二字,“歸”前無“共”字。

〔一六〕益敬　孫星衍云:一本作“益益”,非。◎文斌案:吳勉學本、黃本作“益益”。

〔一七〕潔　孫星衍云:當爲“絜”。

〔一八〕其不句　陶鴻慶云:“不爲穴”,當依上文作“不爲窟穴”。◎文斌案:各

本均無“窟”字。顧廣圻校云：“當有‘窟’字。”張純一《校注》、吳則虞
《集釋》均據上文補“窟”字。

〔一九〕明堂　孫星衍云：高誘注《淮南》云：“‘明堂’，王者布政之堂。上圓下
方，堂四出，各有左右房，謂之‘个’，凡十二所。王者月居其房，告朔朝
曆，頒宣其令，謂之‘明堂’；其中可以序昭穆，謂之‘太廟’；其上可以望
氛祥，書雲物，謂之‘靈臺’；其外圓似璧，謂之‘辟雍’。諸侯之制，半天
子之宮。”

〔二〇〕潤濕　黃以周云：《續漢書·郊祀志中》注引作“温湮”。◎劉師培《校
補》云：《文選·魏都賦》注引作“湮潤”，《白帖》三十七、《路史·禪通
紀》注並引作“燥濕”。◎王叔岷云：《記纂淵海》七六引“潤”作“温”。

〔二一〕下之二句　劉師培《斠補定本》云：《大戴禮·聖德篇》盧注引無“能”
字，下“不能入也”句同。◎吳則虞云：《白帖》無二“也”字。

〔二二〕土事二句　孫星衍云：《淮南·本經訓》：“古者明堂之制：下之潤湮弗
能及，上之霧露弗能入，四方之風弗能襲。土事不文，木工不斲，金器不
鏤。”用此文而增“金器不鏤”，謬也。明堂之上尚質，安有金器？以此
知《晏子》書之是。◎黃以周云：《續漢書》注引作“木工”，與《淮南·
本經訓》合。◎劉師培《校補》云：《大戴禮·盛德篇》盧注引作“木
工”。◎于省吾云：孫説非是。《淮南》書所謂“金器”，非金銀之“金”，
即古彝器以銅爲之而通稱之曰“金”。古彝器銘文，擇其吉金以爲某器
之語習見。“金器不鏤”與尚質之義不悖。◎張純一云：《意林》、《御
覽》五百三十三、《文選·羽獵賦》注、《長楊賦》注並引作“土事不文，木
事不鏤”。◎文斌案：《文選·魏都賦》注引亦作“土事不文，木事不
鏤”。《記纂淵海》無“土事不文”四字，徑作“木工不鏤”。

〔二三〕示民句　孫本“之”作“知”，《音義》云：“知”，劉昭注《續漢志》《文選
注》《白帖》《太平御覽》皆作“知”，今本作“之”，非。《意林》作“足以示
民也”。“及”“入”“節”爲韻。◎劉師培《校補》云：盧注引“之”作
“知”，《路史》注引作“以示人（《白帖》亦作“人”）之節者”。◎趙振鐸
云：“及”“入”在輯部，“節”在質部，非韻。◎文斌案：《白孔六帖》作
“示人知節也”。《記纂淵海》“民”誤作“明”。

〔二四〕衣服句　蘇輿云：上言“作服爲益敬”，侈過于修敬之具，極奢靡也。

〔二五〕財　吳則虞云：元刻本“財”誤作“則”。◎文斌案：活字本亦誤
作“則”。

〔二六〕今君句　張純一《校注》於“服”後補“室”字，注云：“室”字舊脱，據上文
補。◎吳則虞云：當有“居聖王之室”五字。◎文斌案：吳懷保本“法”
作“服”。

〔二七〕不法句　張純一云：“制”字譌，當作“節儉”。上文“法其節儉則可，法其服室無益”對文可證，“節儉”二字蓋總上文“修敬”“行潔”“避風淫”“不文不鏤”“示民知節”言；“不法其節儉”並爲下文“窮臺榭之高、極汙池之深而不止，務於刻鏤之巧、文章之觀而不厭”張本。下句“法其節儉也”即承此反展以爲言。今本“節儉”誤作“制”，與上下文義俱不協。

〔二八〕庶其　劉如瑛云：“庶其”，猶“庶幾”。“其”通“幾”。《易·歸妹》：“月幾望，吉。”李鼎祚《周易集解》引虞翻注：“‘幾’，‘其’也。”《易·否》：“其亡其亡。”李鼎祚注：“‘其’與‘幾’同。”“庶幾”，希冀之辭。

〔二九〕榭　孫星衍云：當爲“謝”，見《荀子》。古彝器銘以“宣射”爲“宣榭”。◎蘇輿云：孫說是，《説文》無“榭”字。◎張純一云：“榭”，正字；“謝”，叚音字。《墨子·七患篇》：“生時治臺榭。”本書“臺榭”皆作“榭”。《爾雅·釋宮》：“闍謂之‘臺’，有木者謂之‘榭’。又，無室曰‘榭’。”古非無“榭”字，《説文》漏耳。《別雅》四云：“《荀子·王霸篇》：‘臺謝甚高。’注：‘“謝”與“榭”同。’《左傳·襄三十一年》：‘無觀臺榭。’《釋文》：‘“榭”，本又作“謝”。’”皆以“謝”音同“榭”，通用也。

〔三○〕汙　孫星衍云：《説文》：“小池爲汙。”

〔三一〕則亦句　王念孫云：“而”本作“爲”，此草書之誤也。“亦”字正承上文“與民爲讎”而言。◎劉師培《校補》云：“而”與“如”同。

〔三二〕不平　孫星衍云：體不平安。◎于鬯云：“平”當讀爲“便”，“便”“平”一聲之轉，故古多通用。《書·堯典》中諸“平”字，《史記·帝堯紀》皆作“便”。國危則公不便矣，故曰“恐國之危而公不便也”。孫星衍《音義》云“體不平安”，義固不遠。“便”亦訓“安”，《説文·人部》云：“‘便’，安也。”惟讀“平”爲“便”，於文爲習宜耳。《問上篇》云：“臣恐國之危失而公不得享也。”又，“惡能彰先君之功烈而繼管子之業乎”與此云“若臣之慮，恐國之危而公不平也，公乃願致諸侯，不亦難乎”語意正同（下章亦有“嬰恐國之流失，而公不得享也”之語）。然則“不平”即“不得享”之義，“不得享”即“不便”也。

景公自矜冠裳遊處之貴晏子諫第十五〔一〕

景公爲西曲潢〔二〕，其深滅軌〔三〕，高三仞〔四〕，橫木龍蛇，立木鳥獸〔五〕。公衣黼黻之衣〔六〕，素繡之裳〔七〕，一衣而五彩具焉〔八〕；帶球玉而冠且[九]，被髮亂首，南面而立，傲然。晏子見，公曰："昔仲父之霸何如？"晏子抑首而不對。公又曰："昔管文仲之霸何如[一〇]？"晏子對曰："臣聞之：惟翟人與龍蛇比[一一]。今君橫木龍蛇，立木鳥獸，亦室一就矣[一二]，何暇在霸哉？且公伐宮室之美，矜衣服之麗，一衣而五彩具焉，帶球玉而亂首被髮[一三]，亦室一容矣[一四]。萬乘之君而壹心于邪[一五]，君之魂魄亡矣，以誰與圖霸哉[一六]？"公下堂就晏子曰："梁丘據、裔款以室之成告寡人，是以竊襲此服[一七]，與據爲笑[一八]，又使夫子及[一九]。寡人請改室易服而敬聽命，其可乎？"晏子曰："夫二子營君以邪[二〇]，公安得知道哉？且伐木不自其根，則蘖又生也[二一]。公何不去二子者，毋使耳目淫焉[二二]。"

〔一〕文斌案：活字本標題"自"誤作"目"。吳懷保本標題作"諫矜冠裳遊處之貴"，目錄"遊"作"游"。楊本作"爲西曲潢衣五彩"，凌本作"爲西曲潢"。

〔二〕景公句　孫星衍云：《說文》："'潢'，積水池。"◎張純一云：《北堂書鈔》百二十九引"曲"上無"西"字。◎文斌案：宋本《册府元龜》二百五十三"景公"前有"齊"字。

〔三〕其深句　孫本"軌"同，《音義》作"軓"，注云："滅軓"，謂滅一車也，以下云"高三仞"知之。《詩》："濟盈不濡軌。"《毛傳》："由輈以上爲軌。"是改"軌"爲"軓"字與牡韻不協。據此，知直作"軌"爲是，軌蓋一車之通稱與。◎蘇輿云："滅"者，沒也。"軓"，車輢頭也（本《詩釋文》），言転頭沒入水中也（此與《文選·懷舊賦》"轍含冰以滅軌"不同，彼謂寒冬水淺之時，乘車濟洛，轍中含冰，其跡漫滅，若水深則豈但滅轍而已。此乃狀其潢池之深，則當謂水過転頭，乃見其深；若謂水裁滅轍，則是淺池，非深池矣。段氏若膺合以爲一，非）。不言"滅軸"而言"滅軌"者，就易見者言耳（《詩毛傳》："由輈以上。""輈"乃"軸"字之誤，當依李成裕說改正）。軸在軫下，爲軫所蔽，不若転頭爲人所易見，猶《詩》言"濡軌"而不言"濡軸"，《少儀》"祭左右軌"而不"祭軸"，皆取其易見也。作"軓"者，蓋形近而混，又因"軓"亦有"転頭"之訓故耳，不若從"軌"爲優。《音義》標題仍作"軓"，蓋承元刻，言其以滅軓爲滅一車，于義欠晰。◎張純一云：《北堂書鈔》引"其深"上有"使"字。◎文斌案：吳懷保本作"軓"。

〔四〕高三句　于鬯云："高三仞"上當有闕文。據下文云"亦室一就矣""亦室一容矣"（此倒裝法，猶言"亦就一室矣""亦容一室矣"），且云"公伐宮室之美"，又云"公下堂就晏子曰'梁邱據、裔款以室之成告寡人'"，又云"請改室"，然則當謂"築室於曲潢之上，高三仞"耳。其文脫去，則"高三仞"

之文無著。孫星衍《音義》云:"'滅軌',謂滅一車也,以云'高三仞'知之。"是孫即謂車高三仞,殆不然。

〔五〕立木　蘇輿云:直木也。

〔六〕黼黻　孫星衍云:《考工記》:"白與黑謂之黼,黑與青謂之黻。"

〔七〕素繡句　孫星衍云:"素繡",《説文》:"'素',白致繒也。"《考工記》:"五采備謂之繡。"◎劉師培《校補》云:《書鈔》百廿九引"素繡"作"縠繡"。◎張純一云:《御覽》六百九十六作"衣縠繡之裳"。

〔八〕一衣句　孫本"彩"作"綵",《音義》云:"綵",一本作"彩"。"綵"與"彩"皆當爲"采"。◎劉師培《校補》云:《書鈔》百廿九引"綵"作"采"。《御覽》六百九十六引同,上有"景公飲酒數日"六字。《元龜》二百五十三亦作"五采"。◎張純一云:《御覽》《書鈔》並作"采",今據正。◎吳則虞云:活字本作"一依",嘉靖本已改作"一衣",是兩本之不同也。綿眇閣諸本俱作"衣"。◎田宗堯云:《指海》本"彩"作"綵",下同。"彩""綵"字同,字亦作"采"。◎文斌案:吳勉學本、黃本作"綵",吳懷保本"綵""彩"雜用,餘均作"彩"。

〔九〕帶球句　俞樾云:"且"當作"組"。《説文·系部》:"'組',綬屬,其小者以爲冕纓。"◎蘇輿云:"且",《拾補》作"貝",旁注"且"字。作"貝"是,"貝""且"蓋形近而譌。◎張純一云:俞説是。"球"疑"珠"之譌,下同。◎吳則虞云:凌本自"冠"字絶讀。◎文斌案:黃之寀本上方校語云:"'冠'字上下疑誤。"

〔一〇〕昔管句　孫星衍云:"文"疑"敬"字之壞也。◎張純一《校注》改"管文仲"爲"仲父",注云:孫説非。據"公又曰"三字審校,此文本作"昔仲父之霸何如",了無疑義。今本"父"譌"文",倒置"仲"上,後人又增一"管"字,遂與"又曰"之義不合。◎吳則虞云:楊本正作"管仲父"。

〔一一〕惟翟句　孫星衍云:言在水鄉與龍蛇爲伍。《史記·吳世家》:"太伯文身。"《集解》應劭曰:"常在水中,文其身,以象龍子,故不見傷害。"◎徐仁甫云:"翟"借爲"狄"。《左傳·僖公二十九年》:"盟子翟泉。"《公羊》作"狄泉";《書·禹貢》:"羽畎夏翟。"《漢書·地理志》作"夏狄"。此"翟人"即"狄人",謂吳越之人也。《史記·吳世家》:"太伯文身。"《莊子·逍遙遊》:"越人斷髮文身。""文身",故"與龍蛇比"也。◎文斌案:"惟",黃本作"唯",其餘各本均作"維"。

〔一二〕亦室句　張純一云:五字不成文,當作"一室亦就矣"。《説文》:"'就',高也,从京从尤。"言今以龍蛇鳥獸聚於一室,亦甚高矣,何暇言霸。◎文斌案:張説非。"龍蛇鳥獸聚於一室"不能支撐"高"的結論。

“亦室一就矣”,當從于説作倒裝法理解,猶言“亦就一室矣”(見注四)。“就”,完成。《戰國策・齊策四》:“三窟已就。”全句可譯爲“也不過是建成一座宮室罷了”。

〔一三〕帶球句　張純一《校注》於“而”後增“冠且”二字,並乙“亂首被髮”語序,注云:“冠且”二字舊脱,據上文增。“被髮亂首”舊作“亂首被髮”,據上文乙。

〔一四〕亦室句　張純一云:五字義不可通,疑當作“一室亦容矣”。《説文》:“‘容’,盛也。”《增韻》:“‘盛’,大也。”言在一室之内,亦足以自大矣。◎文斌案:張説非。此亦當從于説作倒裝法理解,猶言“亦容一室矣”。“容”,修飾、打扮。《詩經・衛風・伯兮》:“誰適爲容。”《戰國策・趙策一》:“女爲悦己者容。”譯爲“也不過是裝飾一座宮室罷了”。

〔一五〕壹心　孫星衍云:一本作“一心”,非。◎吳則虞云:元刻本、吳勉學本、楊本、凌本作“一心于邪”,義通。◎文斌案:元刻本亦作“壹心”,吳氏失檢。嘉靖本、《子彙》本、吳懷保本、黄本、綿眇閣本作“一心”。

〔一六〕以誰句　文廷式云:“以”字誤衍。

〔一七〕竊襲　張純一云:“竊”,私也;“襲”,服也。

〔一八〕與據句　張純一《校注》於“據”後增“款”字,注云:“款”字舊脱。案上言“梁丘據、裔款”,下言“夫二子營君以邪”“公何不去二子”,此不應獨言“據”,今校補。◎徐仁甫説同。

〔一九〕又使句　張純一《校注》以“又使夫子及寡人”爲句,注云:七字文不成義,疑當作“乃使夫子責及寡人”。《諫上》十八章有“夫子一日而三責我”之文,今本“乃”譌“又”,又脱“責”字也。◎吳則虞云:張説襲楊慎評點,其讀非也。此云景公正與梁丘據爲笑樂,而晏子及見之,故曰“又使夫子及”也。當從“及”絕句,“寡人”從下句讀。◎文斌案:吳説是。凌本亦至“寡人”絕句,非。

〔二〇〕夫二句　孫星衍云:《説文》:“‘瞀’,惑也。”“營”與“瞀”聲相近。◎吳則虞云:楊本作“二三子”,謬。◎文斌案:凌本亦作“二三子”,誤。黄本“營”作“勞”。

〔二一〕孽　孫本作“櫱”,《音義》云:“櫱”,一本作“孽”,非。《説文》:“櫱”,伐木餘也,或作“櫱”。◎吳則虞云:元刻本、活字本、楊本、凌本俱作“孽”。◎田宗堯云:“孽”,吳勉學本、日刊黄之寀本並同,《指海》本作“櫱”。“櫱”,正字,上從中;從艸者蓋俗書。◎文斌案:吳懷保本作“蘖”,餘均作“孽”。

〔二二〕淫　張純一云:“淫”,惑亂也。言毋使耳目惑于二子而亂其心也。

景公爲巨冠長衣以聽朝晏子諫第十六〔一〕

　　景公爲巨冠長衣以聽朝〔二〕,疾視矜立〔三〕,日晏不罷。晏子進曰:"聖人之服,中倪而不駔〔四〕,可以導衆;其動作,倪順而不逆〔五〕,可以奉生。是以下皆法其服,而民爭學其容〔六〕。今君之服,駔華不可以導衆民〔七〕;疾視矜立,不可以奉生。日晏矣,君不若脫服就燕〔八〕。"公曰〔九〕:"寡人受命〔一〇〕。"退朝,遂去衣冠,不復服〔一一〕。

〔一〕文斌案:元刻本、活字本、嘉靖本、沈本、吳鼒本目錄、正文"巨"前均有"爲"字,標題脫。吳懷保本標題作"諫巨冠長衣以聽朝",楊本作"巨冠長衣聽朝",凌本作"爲巨冠"。吳勉學本誤連上章。

〔二〕景公句　孫星衍云:"公爲",《太平御覽》作"公日爲"。◎張純一云:鮑刻《御覽》四百五十六,又六百八十四引並無"日"字,與此同。◎文斌案:宋本《御覽》四百五十六引作"景公日爲"。

〔三〕疾視句　張純一云:此四字,《御覽》四百五十六省。

〔四〕中倪句　孫星衍云:"中倪",《淮南·本經訓》:"其行倪而順情。"高誘注:"'倪',簡易也。'倪'讀'射倪取不覺'之'倪'。"《廣雅》:"'倪',可也。"《玉篇》:"一曰'輕也',他活切。""中倪"猶言"中適輕脫"也,"倪"即"脫"字之俗。"不駔",《爾雅·釋言》:"'粲',駔也。"郭璞注:"今江東呼大爲'駔','駔'猶'麤'也。"陸德明《釋文》:"在魯反,又子朗反。""不駔",言不粲盛也。◎盧文弨云:"駔",當與"組"同。◎孫詒讓云:孫引《淮南》注以釋此"倪"字,是也。而又據《玉篇》釋爲"輕倪",則非。"倪"即謂簡易。"駔"者,"黼"之借字。《説文·黹部》云:"'黼',合五采鮮色。"《詩》曰:"衣裳楚楚。"故下文云:"今君之服,駔華不可導衆。""中倪"正與"駔華"相反。孫釋"不駔"爲"不粲盛",亦未得其義。◎劉師培《校補》云:此云"中倪",下云"倪順","倪"蓋"適宜"之義(知"倪"爲"適宜"之義者,《廣雅·釋詁三》云:"'倪',可也。"《法言·君子篇》亦以"倪矣"與"詭哉"對文。此文"倪"與"駔"對,是"倪"爲合正,"駔"爲過制而違正也)。◎吳則虞云:長孫元齡云:"'中'字句。""中"字截讀是。《禮記·儒行》:"儒有衣冠中。"鄭注:"'中',中間,謂不嚴屬也。"此云"中"者,即對上"巨冠長衣""疾視矜立"而言。"倪而不駔"與下"順而不逆"對文,皆四字句。此句孫氏《札迻》亦失其讀,見下。◎文斌案:孫詒讓説是。黃本“悅”均作“悦”。上方校語云：“‘悦’，一作‘悅’。”

〔五〕悦順句　孫星衍云：“悦順”，輕順。◎張純一云：“悦”疑涉上“中悦”而誤，字本作“克”。《詩·皇矣》：“克順克比。”“克順”正與“中悦”對。◎吳則虞云：“悦”疑衍，見上。

〔六〕容　張純一云：“容”，威儀也（《禮記·雜記》“戚稱其服”注）。

〔七〕馴華句　盧文弨云：“衆”下“民”字衍。◎吳則虞云：《指海》本已删。◎文斌案：盧説是，“不可以導衆”與下“不可以奉生”對文。

〔八〕君不句　吳則虞云：《御覽》四百五十六引無“不若”二字，“燕”作“晏”。“晏”，息也。

〔九〕公曰句　張純一云：《御覽》有“諾”字。

〔一〇〕命　張純一云：《御覽》作“令”。

〔一一〕不復句　張純一云：《御覽》句後有“也”字。

景公朝居嚴下不言晏子諫第十七〔一〕

晏子朝〔二〕，復於景公曰：“朝居嚴乎〔三〕？”公曰：“嚴居朝〔四〕，則害曷於治國家哉〔五〕？”晏子對曰：“朝居嚴則下無言，下無言則上無聞矣。下無言則吾謂之瘖〔六〕，上無聞則吾謂之聾〔七〕。聾瘖，非害國家而如何也〔八〕？且合升鼓之微以滿倉廪〔九〕，合疏縷之綈以成幃幕〔一〇〕。太山之高非一石也，累卑然後高〔一一〕；夫下者，非用一士之言也〔一二〕，固有受而不用，惡有拒而不受者哉〔一三〕？”

〔一〕文斌案：吳懷保本標題作“諫朝居嚴”，楊本作“朝居嚴”，凌本作“晏子朝”。

〔二〕晏子句　吳則虞云：《説苑·正諫》無“朝”字，是也。此退朝後之言；苟在朝爲此諫，殊失體。此“朝”字蓋沿下文而增。

〔三〕嚴　孫星衍云：《詩傳》：“‘嚴’，威嚴也。”

〔四〕嚴居句　王念孫云：“嚴居朝”本作“朝居嚴”，寫者誤倒之耳。上下文皆作“朝居嚴”，此文不當獨異。《説苑·正諫篇》正作“朝居嚴”。◎張純一《校注》據正。◎吳則虞云：《指海》本已乙，當從之。

〔五〕害曷　文斌案：元刻本、活字本、嘉靖本、沈本、吳懷保本同，《子彙》本、吳勉學本、黃本、綿眇閣本、楊本、凌本、孫本作“曷害”。《説苑》亦作“曷害”。

〔六〕下無句 孫星衍云:"瘖",《説苑》作"喑"。◎盧文弨云:元刻無"吾"字,《説苑·正諫篇》亦無,下並同。◎吳則虞云:《子華子·晏子問黨篇》引亦無二"吾"字,元刻本上"吾"誤"無",吳勉學本已改。◎文斌案:元刻本、活字本、吳鼐本"吾"並誤作"無",今訂正。

〔七〕上無句 劉師培《斠補定本》云:黄本"聾"誤"襲",下句同。

〔八〕聾瘖二句 盧文弨云:"如""而"同,舊本衍一"而"字,乃舊人旁注誤入正文,《説苑》無。◎俞樾云:"害"下奪"治"字,"家"下衍"而"字。《晏子》原文本作"非害治國家如何也",古"而""如"通用,"如何"即"而何"。上文:"公曰:'則曷害於治國家哉?'"故晏子言:"非害治國家如何也?"明其與治國家有害也。今奪"治"字,則與上語不應;又衍"而"字,則文義複矣,皆由後人臆改。《説苑·正諫篇》作:"聾喑,則非害治國家如何也?"當據以訂正。◎徐仁甫云:"如"爲"而"之旁注誤入正文者。本書多用"而"爲"如"(前第十四章:"則亦與民而讎矣。"劉師培曰"'而'與'如'同"),非用"如"爲"而"也。盧文弨、俞樾均謂衍"而"字,非也。當衍"如"字。◎吳則虞云:此"也"亦當讀爲"邪"。◎文斌案:黄本"瘖"誤作"喑"。

〔九〕升鼓 孫本"鼓"作"斠",《音義》仍作"鼓",注云:一本作"斠",蓋"鼓"字之誤,"鼓"亦量名。《説苑》作"菽粟"(《白帖》引作"升斗")。◎黄以周云:元刻作"升鼓",凌本同。◎吳則虞云:黄説誤。元刻本、活字本、嘉靖本、《子彙》本、凌本皆作"升鼓",惟黄本、吳本作"鼓",楊本作"斠"。◎文斌案:吳校是。吳勉學本亦作"鼓",沈本、吳懷保本、綿眇閣本作"鼓"。嘉靖本"滿"作"備"。

〔一〇〕合疏句 孫星衍云:"綈",《説苑》作"緯",是。"綈"形近"緯",故譌。◎盧文弨《拾補》作"帷幕",旁注云:元刻"綈"似"幛"字。◎張純一《校注》"綈"作"緯",從《説苑》;"帷幕"作"幛幕",從孫本,注云:盧校作"帷幕",元刻作"綈幕",非。◎田宗堯云:《説文》:"'綈',厚繒也。""合疏縷之綈",猶言"合粗疏之厚帛",義自可通,不必强依《説苑》改。"綈幕",吳勉學本作"帷幕",與盧校同;《指海》本作"幛幕",並是也。"幛""帷",正、假字。枚乘《七發》:"如素車白馬,帷蓋之張。"善《注》:"'帷'或作'幛'。"元本作"綈",疑涉上"綈"字而誤。◎徐仁甫云:"綈",《説苑》作"緯";然"綈"與"緯"皆名詞,不能與上句"合升斠之微"之"微"相對成文。"綈"當爲"細"字之聲誤。"細""微"義同,同爲形容詞,兩句互文見義。劉向纂輯《説苑》,蓋以"綈"字不通,易爲"緯"耳。◎吳則虞云:活字本、嘉靖本作"綈",綿眇閣本、吳勉學本作"帷"。◎文斌案:元刻本、活字本、嘉靖本均作"綈幕",吳氏失檢。沈本、孫本作"幬幕",吳懷保本作"綈幕",《子彙》本、吳勉學本、黃本、綿眇閣本、楊本、凌本均作"帷幕"。顧廣圻校云:"帟"當作"幬"。

〔一一〕太山二句 孫本"太山"作"大山",吳則虞云:"大山",各本及《子華子》皆作"太山",《説苑・正諫篇》"高"下有"也"字。◎文斌案:吳勉學本、黃本亦作"大山",餘均作"太山"。

〔一二〕夫下二句 "夫下",孫本作"天下",盧文弨《拾補》"天下"上補"夫治"二字,注云:二字脱,當據《説苑》補。◎吳則虞云:盧補"夫治"二字,是也。《子華子・問黨篇》作"所以治國家天下者,非一士之言也",即用此。◎文斌案:"夫下",元刻本、活字本、嘉靖本、吳懷保本同,餘均作"天下"。顧廣圻依元刻校云:"《拾補》云脱'夫治',今按當脱'治天'。"與盧校無異。

〔一三〕惡有句 劉師培《斠補定本》云:《説苑》"受"作"人"。◎孫星衍云:《説苑・正諫篇》用此文。

景公登路寢臺不終不悦晏子諫第十八〔一〕

景公登路寢之臺,不能終而息乎陛,忿然而作色,不悦,曰:"孰爲高臺,病人之甚也〔二〕?"晏子曰:"君欲節於身而勿高,使人高之而勿罪也。今高,從之以罪;卑,亦從以罪。敢問:使人如此,可乎〔三〕? 古者之爲宮室也,足乎以便生〔四〕,不以爲奢侈也。故節於身,謂於民〔五〕。及夏之衰也,其王桀背棄德行,爲璿室玉門;殷之衰也,其王紂作爲傾宮靈臺。卑狹者有罪,高大者有賞,是以身及焉〔六〕。今君高亦有罪,卑亦有罪,甚於夏、殷之王。民力彈乏矣,而不免於罪。嬰恐國之流失,而公不得享也〔七〕。"公曰:"善。寡人自知誠費財勞民,以爲無功;又從而怨之,是寡人之罪也。非夫子之教,豈得守社稷哉〔八〕?"遂下,再拜〔九〕,不果登臺。

〔一〕文斌案:銀雀山竹簡有本章内容。綿眇閣本誤連上章。吳懷保本標題作"諫登路寢臺",楊本作"登路寢臺"。元刻本、活字本、嘉靖本、沈本、吳勉本標題"悦"目録作"説"。因正文作"悦",今統一目録、標題作"悦"。

〔二〕景公諸句 文斌案:簡本作:"・景公登洛帟之臺,不能冬上而息於陛。公曰:'孰爲高臺,其病人之甚也。'""悦",孫本作"説"。◎駢宇騫云:簡本"洛"當讀爲"路",二字皆从"各"得聲,古音相同,可通假。"帟"爲

"寢"之省寫,説見上。"冬"當讀爲"終",《釋名·釋天》云:"'冬',終也。""於",介詞,與"乎"同。《吕氏春秋·貴信篇》:"又况乎人事。"注云:"'乎','於'也。"又《禮記·中庸》:"見乎蓍龜。"《釋文》云:"一本'乎'作'於'。"又簡本"景公"上原有一圓墨點,爲一章開始之標記。"路寢",古代天子、諸侯的正室。《詩·魯頌·閟宫》:"松桷有舄,路寢孔碩。"《公羊傳·莊公二年》:"'路寢'者何? 正寢也。"注云:"公之正居也。天子、諸侯皆有三寢:一曰高寢,二曰路寢,三曰小寢。"

〔三〕晏子諸句　文斌案:簡本僅存"晏子……使民如〔□□□□□〕罪也","晏子"下"使民"上殘缺。◎駢宇騫云:"如"下"罪"上殘缺五字。◎王念孫云:兩"而"字並與"則"同義;"而"與"則"同義,故二字可以互用。《雜上篇》曰:"君子有力於民,則進爵禄不辭貴富;無力於民,而旅食不惡貧賤。"《雜下篇》曰:"德厚而受禄,德薄則辭禄。""而"亦"則"也,詳見《釋詞》。◎文廷式云:兩"而"字皆通作"如"。《公羊傳》:"如勿與而已矣。""如"即"勿如",是其義。《左氏傳·宋襄公泓之戰》:"則如勿傷。""則如服焉。"二"如"字亦作"勿如"解。◎陶鴻慶云:"而"猶"則"也,言欲節于身則勿高,既使人高之則勿罪也。"今高從之以罪",當作"今高之從以罪",承上"使人高之而勿罪也"而言。"之"指路寢之臺言。◎張純一《校注》於"卑亦從"後增"之"字,注云:"之"字據上句增,文同一例。◎吴則虞云:"使人高之"句疑有挩譌,似應作"使人勿高之而罪也"。下文云"今高之從以罪",指上句言;"卑亦從以罪",即指此言。故篇末又云"高亦有罪,卑亦有罪",苟此云"勿罪",則"卑亦有罪"無根矣。◎徐仁甫云:"使人高之而勿罪也","高之"當作"卑之"。上句言"君欲節於身而勿高","勿高"即卑也。此句言"使人卑之而勿罪也","卑之"正承上"勿高"即"卑"來。且下文既言"卑亦從以罪",又言"卑亦有罪",兩"卑"皆承此"卑之"而言。若此不作"卑之",則下文兩言皆無根矣。又按:"而"猶"則",王念孫説是。文廷式説:"兩'而'皆通作'如','如'即'勿如'。"説本《公羊》何注。隱元年《公羊傳》:"如勿與而已矣。"何注曰:"'如',即'不如',齊人語也。"然《公羊傳》"如"上當有"不"字,而寫者脱之,凡以"'如'爲'不如'"者,皆爲何注所誤,王念孫已明言之(見《經義述聞》二十四卷)。《經傳釋詞》有"'如'猶'不如'"一條,乃王引之讀父書不審,删汰未盡,已詳余《釋詞辨正》。文氏説爲何注所誤,不可從也。◎譚步雲云:《銀簡》552—553(即《銀文》3960+0416+3661+3148+3663+0974):"晏子……使民如……罪也夫古之……"傳世本作:"晏子曰:'君欲節于身而勿高,使人高之而勿罪也。今高,從之以罪;卑亦從以罪,敢問使人如此可乎? 古者之……'"雖然簡本缺字較多,但兩相對照,仍然不難發現簡本可能原作:"晏子曰:'今高,從之以罪;卑亦從以罪,敢問使民如此可乎?君欲節于身而勿高,使人高之而勿罪也。古者之……'"簡本"晏子"下大約殘去 14 字,"使民如"下大約殘去 17 字。《晏釋》云:"'如'下'罪'上殘缺五字。"恐怕未必。

〔四〕足乎句 盧文弨云:元刻"足"下有"乎"字。◎蘇輿云:"乎"字衍文。◎張純一《校注》改"足乎以便生"爲"足以便乎生",注云:"乎"字非衍,當在"便"字下。今誤倒著"以"上,校乙。◎文斌案:元刻本、活字本、嘉靖本、吳懷保本同,餘均作"足以便生"。

〔五〕古者諸句 孫星衍云:"謂"字疑誤。◎王念孫云:"謂",當爲"調",形相似而誤也(《集韻》引《廣雅》:"'誂',調也。"今本"調"作"謂")。"調"者,和也,言不爲奢侈以勞民,故節於身而和於民也。《鹽鐵論·遵道篇》曰:"法令調於民而器械便於用。"文義與此相似。後《問上篇》曰:"舉事調乎天,籍斂和乎民。"亦與此"調"字同義。◎洪頤烜云:《爾雅·釋詁》:"'謂',勤也。"◎黃以周、蘇輿説與洪同。◎劉師培《補釋》云:"謂"當作"爲",《説苑·君道篇》:"則何爲不具官乎?"本書《問篇》"爲"作"謂","謂"即"爲"字之誤,則此文之"謂"亦"爲"字之誤矣。又《吕氏春秋·精諭篇》:"胡爲不可?"《淮南·道應篇》作"謂";《漢書·高帝紀》:"酈食其爲里監門。"《史記》作"謂";《黃帝内經·素問》:"夫上古聖人之教下也,皆謂之。"全本、楊本作"爲",亦"謂"字作"爲"之證。故周秦古籍多以"謂"代"爲"(如《左傳》:"一之謂甚。"《大戴禮》:"胡謂其不同也。"是)。"爲于民"者,"爲""化"古通(如《書·梓材》:"厥亂爲民。"《論衡·效力篇》引作"化"。又《堯典》:"平秩南訛。"或作"譌",是也),猶言"化於民"也。此言爲君者躬行節儉,則人民從其化。自"爲"誤爲"謂",而其意不可通矣。◎張純一云:《墨子·辭過篇》:"是故聖王作爲宫室,便于生,不以爲觀樂也。故節于身,誨于民。""誨""謂"義近。《書·大禹謨》曰:"克勤于邦,克儉于家。"此"節于身"即"儉于家","謂于民"即"勤于邦",蓋禹法也。◎于省吾云:王、黃二説並誤,"謂"應讀作"惠"。《書·盤庚》:"爾謂朕曷震動萬民以遷。"漢《石經》"謂"作"惠";《吕氏春秋·開春論》:"而天下皆來謂矣。""來謂"即"來惠";《韓非子·難三》:"又使攻之惠寶不得也。""惠寶",《左傳》作"渭濱"。下第二十二:"有惠于百姓。"《問上》第二十五:"政不足以惠民。"《韓非子·外儲説右上》:"君必惠民而已矣。""惠民""惠于百姓""惠于民"義同。◎吳則虞云:作"誨"是。楊本誤作"譓"。◎文斌案:王氏卓識,洪、黃、蘇、劉、張、于、吳説並誤。簡本作"夫古之爲宫室臺榭者,節於身而調於民,不以爲奢侈","謂"正作"調"。

〔六〕及夏諸句 “傾”，孫本作“頃”，《音義》仍作“傾”，注云：“傾宮靈臺”，劉淵林注《吳都賦》：“汲郡地中古文册書：‘桀作傾宮，飾瑤臺；紂作瑤室，立玉門。’”文與此互異。《淮南·本經訓》：“帝有桀、紂，爲琁室、瑤臺。”“身及焉”，及于難也。◎王念孫云：“爲璿室玉門”，“爲”上有“作”字，與下“作爲傾宮靈臺”對文，而今本脱之。《文選·甘泉賦》注引有。◎黃以周説同。◎劉師培《斠補定本》云：“爲璿室玉門”，《路史·疏仡紀》注引作“旋室”。“作爲傾宮靈臺”，《路史》注亦作“傾宮”。◎張純一云：《太平御覽》八十二引《尸子》作“桀爲璇室瑤臺”。《文選·甘泉賦》注引本書作“夏之衰也，其王桀作爲琁室；殷之衰也，其王紂作爲傾宮”。“狹”當爲“陝”。◎吳則虞云：“璿”，《選注》作“琁”，“琁”“璿”皆一字之異體也，《指海》本據補“作”字。“頃”，《文選注》引及活字本、楊本、凌本俱作“傾”。“靈臺”者，瑤臺也。靈、瑤皆玉之名，古稱瑤臺、靈臺、瑤池、靈室，皆非臺名，靈皆狀其臺室之精美也，故此作“靈臺”不爲誤。◎文斌案：簡本作“及夏[□□]也，其王桀怀行棄義，作爲頃宮壘臺。殷之[□]也，其王紂作爲環室玉門。廣大者有賞，埤小者有罪，是以身及焉”。“夏”下殘缺兩字，“殷之”下殘缺一字。◎騈宇騫云：“夏”下殘缺二字，據明本，疑當爲“之衰”二字。“殷之”下殘缺一字，據明本，疑當爲“衰”字。簡文“怀”從人不聲，當讀爲“背”。“不”“背”古音相近，可通假。“頃”，當讀爲“傾”。“傾宮”，高巍的宮殿。“傾”，形容其高聳如欲傾墜。《文選·吳都賦》“思比屋於傾宮”即其義。簡文“壘”，從玉品聲，當讀爲“霛”，爲“靈”之省體。《説文》有一“嵒”字，云：“從山品，讀若‘吟’。”簡文“壘”從品聲，亦當讀若“吟”。“靈臺”，古代帝王用以游觀享樂的地方，或作“瑤臺”，古代雕飾華麗，結構精巧的樓臺。“環”通“旋”。《周禮·樂師》：“環拜以鐘鼓爲節。”鄭司農注云：“‘環’，旋也。”“環室”即“璇室”，指雕飾華麗的宮室。“玉門”，指宮闕。簡本“埤”當讀爲“卑”，低下。《禮記·中庸》：“譬如登高必自卑。”“埤小”與上文“廣大”爲對文。明本作“卑”，與下文“高”爲對文。◎譚步雲云：《銀簡》554（即《銀文》4235）：“……怀行棄義……”傳世本作“……背棄德行……”“怀”，《銀文》作“欲”。細審字形，知《銀文》誤。“怀”即“伓”（倍）之異體，義爲“反也”（《説文》卷八人部倍字條）。◎文斌又案：《御覽》八十二引《尸子》原作“琁”，張氏失檢。“傾宮”，黃本作“傾室”。“玉門”，元刻本、嘉靖本、吳懷保本誤作“王門”。

〔七〕今君諸句 “享”，孫本同，《音義》作“亨”，注云：“亨”，一本作“享”，“亨”即“享”字，“享”乃“亯”字。古今文異，俗分二音，非。◎俞樾云：“流失”義不可通。《問上》篇曰：“臣恐國之危失，而公不得享也。”疑此文“流”字亦“危”字之誤。◎劉師培《校補》云：“流失”猶言“放失”，蓋“民散”之義。◎張純一云："殫",盡也。"乏"字疑衍。"流失",俞説是。◎于省吾云："危""流"形殊,無由致誤。"流"乃"疏"字之譌,"疏失"猶言"分失",與"危失"義亦相仿。《外七》第五："出入周流。"蘇輿謂今本《左傳》作"疏",作"流"者俗本也,是其證。◎文斌案:"今君"至終章,簡本僅存"今君埤亦有罪,高亦有罪,吏宷從事不免於罪,臣主俱困而无所辟患……"二十七字,"患"下殘缺。◎駢宇騫云:簡本"宷"字當讀爲"審"。《説文》以"宋""審"爲一字,簡文"宷"从心从宋,當是"審"之別體。又"埤"當讀爲"卑",説見上。明本"亨"當爲"享"之訛。◎譚步雲云:《銀簡》555(即《銀文》0262):"……吏宷(審)從事不免於罪……"傳世本作"民力殫乏矣而不免于罪……"大異。"宷",字書無。據《楚王審盦之盞盂銘》,"審"作"審",可知簡文"宷"、後起字"審"均本於"審"。"審"所从"甘",前者訛作"心",後者則訛作"田"。筆者疑心"甘""心"是聲符。"甘"古音見鈕談韻,"心"古音心鈕侵韻,"審"古音書鈕侵韻,讀音較接近。"……臣主俱困而无所辟患。"傳世本此句差異較大,作"嬰恐國之流失而公不得享也"。"无",《銀文》作"先",誤。不過,"无"字原形雖近《説文》奇字,但也近"夫",殆書手無心之失。傳世本"亨"殆"享"之誤。《問上》七章可證:"臣恐國之危失,而公不得享也。"◎文斌又案:"享",吳勉學本、楊本、凌本同,餘均作"亨"。

〔八〕豈得句　吳則虞云:楊本、凌本無"守"字。

〔九〕再拜句　文斌案:"再",活字本誤作"冉"。

景公登路寢臺望國而歎晏子諫第十九〔一〕

景公與晏子登寢而望國〔二〕,公愀然而歎曰〔三〕:"使後嗣世世有此〔四〕,豈不可哉?"晏子曰:"臣聞:明君必務正其治,以事利民,然後子孫享之。《詩》云〔五〕:'武王豈不事?貽厥孫謀,以燕翼子〔六〕。'今君處佚怠,逆政害民有日矣,而猶出若言〔七〕,不亦甚乎?"公曰:"然則後世孰將把齊國〔八〕?"對曰:"服牛死〔九〕,夫婦哭〔一〇〕,非骨肉之親也,爲其利之大也〔一一〕。欲知把齊國者,則其利之者耶〔一二〕?"公曰:"然,何以易〔一三〕?"對曰:"移之以善政〔一四〕。今公之牛馬老於欄牢〔一五〕,不勝服也;車蠹於巨户,不勝乘也〔一六〕;衣裘襦袴朽弊於藏〔一七〕,不勝衣也;醯醢腐〔一八〕,不勝沽也;酒醴酸〔一九〕,不勝飲也;府粟鬱而不勝食〔二〇〕;又厚藉斂於百姓,而不以分餒民〔二一〕。夫藏財而不用,凶也;財苟失守,下其報環至〔二二〕。其次昧財之失守,委而不以分人者,百姓必進自分也〔二三〕。故君人者,與其請於人,不如請於己也〔二四〕。"

〔一〕文斌案:"歎",元刻本、活字本、嘉靖本、沈本目録作"嘆",元刻本、活字本標題誤作"歡"。吳懷保本目録作"諫望國而歎",標題、正文"歎"誤作"歡"。楊本標題作"登寝望國",凌本作"登寝"。《子彙》本、凌本章後附《外篇第七》第十五章文。

〔二〕景公句 盧文弨云:《御覽》四百九十二"寝"上有"路"字。◎俞樾云:寝非可登之地,此本作:"景公與晏子登路寝之臺而望國。"傳寫奪之耳。上章"景公登路寝之臺",下章"景公成路寝之臺",三章皆一時之事。◎黃以周云:《御覽》四百九十二作"登路寝",元刻標題作"登路寝臺",與前章標題同,則二章俱作"登路寝之臺"可知。今本誤脱爾,當補。◎張純一《校注》從俞説,改"寝"爲"路寝之臺"。◎于省吾云:俞説非是,"登寝"即"登路寝"之簡語。下章云"景公成路寝之臺",是景公新建斯臺,當時言登寝即路寝也。◎王叔岷云:《記纂淵海》七四引"寝"上有"路"字,與標題合。

〔三〕愀 孫星衍云:此"愁"字異文。

〔四〕使後句 張純一云:"世世",《御覽》四百九十二作"代代",蓋唐人避諱改。◎王叔岷云:《記纂淵海》引"世世"作"代代"。

〔五〕詩云句 文斌案:楊本"云"作"曰"。

〔六〕武王三句 孫星衍云:《大雅·文王》之詩。《詩》"仕"作"事","貽"作"詒",《毛傳》"仕""事"二字通也。"貽",俗字,當爲"詒"。◎文斌案:此《大雅·文王有聲》之詩,原作"武王豈不仕?詒厥孫謀,以燕翼子",孫氏言"'仕'作'事'"誤,應爲"'事'作'仕'"。

〔七〕若 蘇輿云:"若",猶"此"也。

〔八〕把 張純一云:"把",握也,執處也。

〔九〕服牛 孫星衍云:服駕之牛。

〔一〇〕夫婦句 盧文弨云:《御覽》作"夫婦共哭"。牛死則失其利,故"哭"。下云"非骨肉之親",明是"哭"字,故云爾。◎俞樾云:"笑"當爲"哭"字之誤也。言服牛于人,非有骨肉之親;然死而哭之者,爲其有利于己也。《左傳》載晏子之言曰:"陳氏之德,民歌舞之矣。"即此意也。◎蘇輿云:"哭",各本作"笑",今從諸説正。◎文斌案:張純一《校注》亦改作"哭"。吳蕭本原作"笑",今從諸校更正。

〔一一〕爲其句 孫星衍云:言可賣而食之,利大于駕車。◎蘇輿云:孫説非。此言平日服駕之利大耳,本無骨肉之親而哭者,爲生原于我有大利也。

如孫説,則與上句背矣。

〔一二〕耶　文斌案:吳勉學本、黃本、孫本作"邪"。

〔一三〕然何二句　王念孫云:"易"下當有"之"字,而今本脱之。下文晏子對曰"移之以善政","移之"即"易之"。◎吳則虞云:《指海》本已補。◎張純一云:以意審校,"然"下當有"則"字,蓋承上文"然則後世孰將把齊國"作轉,文同一例。

〔一四〕移之句　于鬯云:"移"當讀爲"施","施""移"二字古多通用。《小戴·大傳》陸《釋》云:"'移',本作'施'。"《管子·國蓄篇》:"民庶之通施也。"《輕重甲篇》"施"作"移"。《詩·葛覃篇》,《毛傳》云:"'施',移也。"《史記·田叔傳》裴《解》引徐廣曰:"'移',施也。"是二字又互訓矣。然則"移之以善政"者,謂"施之以善政"也。

〔一五〕今公句　孫星衍云:"欄",當爲"闌",《玉篇》:"'欄',木欄也,力寒切。"◎張純一云:《御覽》八百九十九引作"牛老于闌牢","牢"譌"牢",無"馬"字,是。蓋"牛老"與"車蠹"對文。◎王叔岷云:《事類賦注》二二引此亦作"今公之牛老於闌牢"。

〔一六〕車蠹二句　孫詒讓云:"巨"疑當爲"庌","庌"省爲"牙",又訛爲"巨"("牙""巨"篆文相似)。《周禮·圉師》云:"夏庌馬。"鄭注云:"'庌',廡也,廡所以庇馬涼。"是庌以繫馬,或并以藏車與?◎劉師培《斠補定本》云:《事類賦注》廿二引"巨户"作"瓦石";《御覽》八百九十九引作"車尾而不服乘也",並誤。◎吳則虞云:宋本《御覽》八百九十九引作"車蠹于瓦石,不服乘也"。◎文斌案:吳校是,劉氏失檢。

〔一七〕衣裘句　孫星衍云:《説文》:"'襦',短衣也,一曰曅衣。"《玉篇》:"人朱切。""袴",當爲"絝",《説文》:"脛衣也。"《玉篇》:"'袴',口護切。亦作'絝'。""藏",當爲"臧"。◎文斌案:吳懷保本、綿眇閣本"藏"作"臧",孫本"弊"作"獘"。

〔一八〕醃醢句　張純一云:下文皆四字句,二實字,二虛字。此疑脱一"臭"字。

〔一九〕酒醴句　盧文弨《拾補》於"酸"下加"酢"字,注云:"脱,《御覽》有。"◎文斌案:見卷四百九十二。

〔二〇〕府粟句　盧文弨《拾補》改"府"作"菽",改"而"作"積",於"食"下加"也"字,注云:"府",《御覽》"菽";"而",《御覽》"積";"也"字脱,從《御覽》補。◎吳則虞云:"醃醢腐""酒醴酸""府粟鬱"皆三字句,與《御覽》所據非一本。"府粟"即"馬不食府粟"之"府粟",此書常用之。作"菽"者,後人以"府粟"少見而改之也。◎文斌案:"醃""醢";"酒""醴"均爲同事類名詞連用;"菽""粟"事類相同,"府""粟"不同。盧説是,吴説非。

〔二一〕而不句 《拾補》改"餒"作"餧",注云:"餒",《御覽》"餧",乃本字。"民",《御覽》作"人也",下有"欲代之延不亦難乎",無"夫藏財"以下語。案《御覽》似依唐本。◎蘇輿云:"世"作"代","民"作"人",似避太宗諱,故云唐本。◎王叔岷云:《記纂淵海》引此亦有"欲代之延不亦難乎"八字,惟略"而不以分餒民"句。◎吴則虞云:《指海》本據增"也"至"乎"九字。

〔二二〕財苟二句 張純一云:"失"疑"矢"之形誤,下同。《爾雅·釋言》:"'矢',誓也。"言財以分貧爲得;苟矢守之,其策爲最下,恐民之報怨者環繞而至矣。◎徐仁甫云:"下其"當作"其下","其下"與"其次"對言。《問上》第十三章亦有"其次""其下"之文,可證此"下其"誤倒。張説是,而未訂正本文,余故及之。◎劉如瑛云:"環",通"旋"。"旋至",隨即到來。此言報應之速。《周禮·春官·樂師》:"環拜以鐘鼓爲節。"鄭玄注引鄭司農云:"'環'謂'旋'也。"《山海經·大荒北經》:"共工臣名曰相繇,九首蛇身自環,食於九土。"郭璞注:"言轉旋也。"又,《管子·任法》:"法立而還廢之。""還廢之"即"旋廢之",古"環""還"二字通。張純一訓爲"環繞",未當。◎文斌案:劉説是。

〔二三〕委而二句 張純一云:"委",積也。"進"下當有"而"字。言其次昧于財之不當守,矢守而不悟,終於委積而不以分人者,百姓必進而自分也。

〔二四〕不如句 吴則虞云:元刻、活字本作"於請",楊本、凌本作"請於"。◎文斌案:元刻本、活字本、嘉靖本作"於請",餘均作"請於"。

景公路寢臺成逢於何願合葬晏子諫而許第二十〔一〕

景公成路寢之臺〔二〕,逢於何遭喪,遇晏子於途〔三〕,再拜乎馬前〔四〕。晏子下車挹之〔五〕,曰:"子何以命嬰也?"對曰:"於何之母死,兆在路寢之臺牗下〔六〕,願請命合骨〔七〕。"晏子曰:"嘻,難哉〔八〕!雖然,嬰將爲子復之;適爲不得,子將若何〔九〕?"對曰:"夫君子則有以,如我者儕小人〔一○〕,吾將左手擁格,右手梱心〔一一〕,立餓枯槁而死,以告四方之士,曰:'於何,不能葬其母者也。'"晏子曰:"諾〔一二〕。"遂入見公〔一三〕,曰:"有逢於何者,母死,兆在路寢,當如之何〔一四〕?願請合骨。"公作色不悦〔一五〕,曰:"古之及今〔一六〕,子亦嘗聞請葬人主之宮者乎〔一七〕?"晏子對曰:"古之人君,其宮室節〔一八〕,不侵生民之居〔一九〕;臺榭儉[二○]，不殘死人之墓，故未嘗聞諸請葬人主之宮者也[二一]。今君侈爲宮室，奪人之居；廣爲臺榭，殘人之墓。是生者愁憂[二二]，不得安處[二三]；死者離易[二四]，不得合骨。豐樂侈遊[二五]，兼傲生死[二六]，非人君之行也[二七]。遂欲滿求，不顧細民，非存之道[二八]。且嬰聞之：生者不得安[二九]，命之曰蓄憂[三○]；死者不得葬，命之曰蓄哀。蓄憂者怨，蓄哀者危[三一]。君不如許之[三二]。”公曰：“諾。”晏子出，梁丘據曰：“自昔及今[三三]，未嘗聞求葬公宮者也[三四]，若何許之？”公曰：“削人之居，殘人之墓，淩人之喪，而禁其葬，是於生者無施[三五]，於死者無禮[三六]。《詩》云[三七]：‘穀則異室，死則同穴[三八]。’吾敢不許乎？”逢於何遂葬其母路寢之墉下[三九]，解衰去絰[四○]，布衣滕履[四一]，玄冠茈武[四二]，踊而不哭，躃而不拜[四三]，已乃涕洟而去[四四]。

〔一〕文斌案：《子彙》本、凌本、楊本章後附《外篇第七》第十一章文。吳懷保本標題作“諫禁逢於何合葬”，目錄脱“於”字；楊本作“逢於何合骨”；凌本作“成路寢之臺”。元刻本、活字本、嘉靖本、沈本、吳勉本目錄“於”作“于”。除楊本正文和蘇輿本標題、正文作“逢于何”外，各本標題、正文均作“逢於何”。今統一目錄、標題作“逢於何”。◎黃以周云：“于”當作“於”。

〔二〕景公句　吳則虞云：《御覽》五百五十五引“臺”作“基”。作“基”者是，見“墉下”釋。◎文斌案：吳説非。《御覽》此處作“基”是誤引，同爲此條所引，下“於何之母死，兆在路寢之臺墉下”“逢於何遂葬路寢之臺墉下”兩處均作“臺”。又本章標題作“臺”，文内“路寢之臺”兩見；《諫下》第七章“景公築路寢之臺”、第十八章“景公登路寢之臺”均作“臺”；《治要》、《元龜》二百四十二、《書鈔》九十二、《禮記·檀弓上》孔《疏》引亦作“臺”，足證各本作“臺”字不誤。

〔三〕逢於二句　孫星衍云：“逢於何”，姓逢，名於何。古人有逢蒙。◎蘇時學云：《禮記》孔《疏》引“何”作“阿”。◎張純一云：《北堂書鈔》九十二作“逢于何遭晏子”。◎吳則虞云：《治要》作“逢于何遭晏子於途”，此文恐有誤。◎文斌案：《御覽》作“逢於何遭晏子”，《元龜》作“逢於何遭喪，遇晏子塗”。

〔四〕再拜句　吳則虞云：《治要》作“再拜于馬前曰”，《御覽》作“再拜前曰”。◎文斌案：《書鈔》作“再拜馬前曰”。

〔五〕晏子句　蘇輿云：“挹”與“揖”通。《荀子·議兵篇》“拱挹指麾”，《富國篇》云“拱揖指揮”。《宥坐篇》“挹而損之”，《淮南·道應篇》“挹”作“揖”，並其證。◎劉師培《校補》云：《元龜》二百四十二引“挹”作“對”。

◎張純一云：《別雅》五云：“‘下車挹之’即‘揖之’也，‘挹’與‘揖’同。”王禹偁《竹樓記》：“遠吞山光，平挹江瀨。”亦以“揖”爲“挹”。是二字固通用。

〔六〕牖　孫本未及改，仍作“牗”，《音義》改作“牖”，注云：“牖”，當爲“墉”。《詩傳》：“‘墉’，牆也。”《集韻》或作“牖”，《玉篇》猶無“牖”字。◎黄以周云：“牗”字誤，元刻作“牖”，《音義》亦作“牖”，下同。◎蘇輿云：《治要》“牗”作“牖”。◎吳則虞云：活字本、嘉靖本、吳勉學本、《子彙》本、楊本作“牖”，下同。《北堂書鈔》九十二、《御覽》作“牗”。作“牖”者是。此云“成路寢之基”，是基成而臺猶未築也。逢于何父蓋先葬於此，故于何有求母合葬之請，許葬而後去。苟臺已成，必毁臺而後能葬，下無毁臺之言，故知“臺”“基”，“牗”“墉”，皆形近致譌。◎文斌案：《書鈔》作“牖”，吳氏失檢。《元龜》誤作“牗”。元刻本、黄本、綿眇閣本均作“牖”，吳懷保本、綿眇閣本、凌本誤作“牗”。

〔七〕願請句　孫星衍云：“合骨”，請與其父合葬也。◎盧文弨《拾補》徑刪“命”字，注云：“‘命’字衍。”◎蘇輿云：《治要》正無“命”字。◎張純一云：《書鈔》及《御覽》五百五十五引並無。

〔八〕嘻難二句　孫星衍云：“嘻”，“譆”省文。◎蘇輿云：《治要》“哉”作“矣”。

〔九〕適爲二句　陶鴻慶云：“適”，丁歷反，專適也。言復於君而必不得請，則子將若何也。◎于省吾云：“適”“啻”古字通。“啻”，但也；“爲”猶“如”也，詳《經傳釋詞》。上云“嬰將爲子復之”，此云“啻爲不得，子將若何”，言雖復之，但如不得，子將若何乎？◎劉如瑛云：“適”，若，假設之辭。《韓非子·內儲説下》：“王適有言，必呕聽從。”言王若有言；《外儲説右上》：“臣適不幸而有過，願君幸而告之。”言臣若不幸而有過；《後漢書·逸民傳序》：“適使矯易去就，則不能相爲矣。”言若使矯易去就。又，本書《外篇》第七章：“其適遇淫君。”“適”均表假設。“適爲不得”，言若不得所請。陶鴻慶解爲“專適”，于省吾解爲“‘適’‘啻’古字通。‘啻’，但也”。均不切。

〔一〇〕夫君二句　孫星衍云：“則有以”，句。◎盧文弨云：文有脱誤。◎蘇時學云：“君子”謂景公，“如”當爲“却”，“吾”字當在“儕”上。此逢於何自明己意也。蓋謂合葬之請君如見却，則吾儕小人當以死殉之。孫本於“則有以”爲句，殊誤。◎張純一云：“君子”，敬重晏子之稱。“以”猶“爲”也。“者”字當在“人”下，疑脱“如之何”句，與上文“適爲不得，子將若何”相應。下文“當如之何”宜從王校作“當墉下”，“如之何”三字蓋由此錯置。◎吳則虞云：張説是也。上句云“夫君子則有以”，“君子”即“夫子”，指晏子言。“有以”，言有所爲也。“如我儕小人者”，指己言，“將如之何”對“有以”言，言無可奈何也。◎王叔岷云：“如我者儕小人”本作“如我儕者小人”，“者”“則”互文，“者”猶“則”也。“儕”“者”二字誤倒，則不可通矣。◎田宗堯云：《左·襄十七年傳》“吾儕小人”與此同例，亦證此文“者”字誤在“儕”上，王師說是也。◎文斌案：黃本上方校語云：“‘如’字可疑，‘儕’上疑。”

〔一一〕吾將二句　孫星衍云：《説文》：“‘格’，木長皃。”“梱”同“稇”，《説文》：“絭束也。”《爾雅》云：“楸檏心”，“心”蓋木名。或曰：“格”即“骼”假音，則“心”即人心。◎盧文弨云：“格”，杙也。“梱”，當爲“捆”，叩椓也。◎王念孫云：孫説“擁格”“梱心”皆謬，盧以“格”爲“杙”亦非。予謂“格”即“輅”字，謂柩車轅上橫木，所以屬引者也。《士喪禮》下篇：“賓奉幣當前輅。”（《釋文》：“‘輅’音‘路’。”）鄭注曰：“‘輅’，轅縛，所以屬引。”疏曰：“謂以木縛於柩車轅上，以屬引於上而輓之。”《外上篇》：“盆成适請合葬其母，曰：‘若此而不得，則臣請輓尸車而寄之於國門外宇溜之下，身不敢飲食，擁轅執輅，木乾鳥栖，袒肉暴骼，以望君愍之。’”輅爲轅縛，故云“擁轅執輅”，作“格”者借字耳。盧以“梱”爲叩椓，是也。《孟子·滕文公篇》：“捆屨織席。”（《音義》：“作‘捆’，俗書也。”）趙注曰：“‘捆’，猶叩椓也。”《説文繫傳》曰：“謂織屨畢以椎叩之使平易也。”然則“梱心”云者，猶《禮》言“拊心”耳。◎蘇輿云：王説是。◎文斌案：《元龜》即引作“捆”。

〔一二〕諾　文斌案：吳勉學本誤作“誥”。

〔一三〕遂入句　孫星衍云：“見”，《太平御覽》作“白”。◎王叔岷云：《書鈔》引“見”亦作“白”。

〔一四〕當如句　王念孫云：“當如之何”本作“當庸下”。上文逢于何曰“于何之母死，兆在路寢之臺庸下（“庸”，俗“墉”字，謂兆在路寢臺之牆下也。“庸”，本或作“牗”，非），願請合骨”，故晏子如其言以入告也。下文“逢于何遂葬其母路寢之庸下”，即承此文言之。今本作“當如之何”，則與上下文全不相應。且不言兆在庸下，而但請合葬，則不知合葬於何所矣。《群書治要》正作“當庸下”。◎陶鴻慶云：王氏云“當如之何”當依《群書治要》作“當庸下”，是也。今案：“何”字不當删，屬下讀之。晏子述逢於何之言，故曰“何願請合骨”。今本因“庸下”二字闕壞，後人誤以“何”爲語詞，遂臆改爲“如之何”耳。◎劉師培《校補》云：《元龜》引作“當庸之下”，是也。

〔一五〕公作句　張純一《校注》“悦”作“説”，注云：《治要》作“悦”。◎吳則虞云：《書鈔》《御覽》無“不悦”二字。◎文斌案：《書鈔》無“作色不悦”四字。孫本作“説”，餘均作“悦”。

〔一六〕古之句　王念孫云：“古之及今”本作“自古及今”，下文梁丘據亦曰：
“自古及今（《群書治要》如是，今本“古”作“昔”），未嘗聞求葬公宫者
也。”今作“古之及今”，則文不成義，蓋涉下文“古之人君”而誤。《群書
治要》及《北堂書鈔·禮儀部十三》《太平御覽·禮儀部三十四》並引作
“自古及今”。◎劉師培《校補》云：《元龜》引作“自古及今”。◎于省
吾云：王説誤。既删“之”字，又增“自”字於“古”字之上，此不知如本
作“自古及今”，後人不至改爲“古之及今”。“之”猶“以”也，“古之及
今”，言“古以及今”也。《墨子·兼愛下》“自古之及今”，《非命中》作
“自古以及今”，即其證也。

〔一七〕子亦句　盧文弨《拾補》於“葬”上增“合”字，注云：“脱，從《北堂書鈔》
九十二補。”◎吳則虞云：《指海》本已補“合”字。◎文斌案：《書鈔》作
“子嘗聞請合葬人主之宫乎”，有“合”字，無“亦”“者”二字。

〔一八〕古之二句　蘇輿云：《治要》“其”上有“治”字。◎劉師培《斠補定本》
云：《治要》“君”上無“人”字；黄本亦缺，“宫室”作“室宫”。《元龜》
“人君”下有“者”字。◎吳則虞云：活字本、嘉靖本、吳懷保本、吳勉學
本、《子彙》本皆作“室宫”。◎文斌案：孫本、吳蕭本作“宫室”，餘均作
“室宫”。

〔一九〕不侵句　孫星衍云：“侵”，《太平御覽》作“奪”。◎王念孫云：“生民”本
作“生人”。“民”與“人”雖同義，然與“死人”對文，則當言“生人”，不
當言“生民”也。《群書治要》《太平御覽》並作“生人”。下文“奪人之
居”“殘人之墓”，亦以兩“人”字對文。◎劉師培《斠補定本》云：《元
龜》“民”作“人”。

〔二〇〕臺榭句　蘇輿云：《治要》句上有“其”字。◎劉師培《校補》云：《元龜》
上有“其”字。◎吳則虞云：《指海》本據補“其”字。

〔二一〕故未句　盧文弨云：“諸”字衍，《書鈔》無。◎劉師培《校補》云：《元
龜》及《御覽》五百五十五引無“諸”字，此衍。◎吳則虞云：《治要》《書
鈔》《元龜》無“也”字，《御覽》“也”作“乎”，無“諸”字。然有“諸”字語
氣自足，齊人語緩，非衍文也。《指海》本據删，非是。◎文斌案：《治
要》《元龜》無“諸”字，有“也”字；《御覽》作“故未嘗聞請葬人主之宫
也”，無“諸”字“者”字，亦有“也”字。吳氏失檢。《元龜》“宫”誤作“室”。

〔二二〕是生句　張純一云：“是”下疑脱“以”字。

〔二三〕不得句　蘇輿云：《治要》“安”作“驪”。◎劉師培《校補》云：《元龜》
“安”亦作“驪”。

〔二四〕死者句　蘇輿云：《治要》“易”作“析”。

〔二五〕豐樂句　文斌案：孫本“遊”作“游”。

〔二六〕兼傲句　蘇輿云："生死"，《治要》作"死生"。

〔二七〕非人句　蘇輿云：《治要》"人君"作"仁人"。◎張純一《校注》改"人"
　　　作"仁"，云："君"字不誤，"人"，今從《治要》作"仁"。

〔二八〕非存句　于鬯云：句下當有"也"字，上文可例。◎蘇輿云：《治要》有
　　　"也"字。◎劉師培《校補》云：《元龜》下有"也"字。◎張純一云："非
　　　存之道也"語意不完，"存"上疑當有"圖"字，與上文"非仁君之行也"句
　　　法一律。

〔二九〕生者句　蘇輿云：《治要》無"得"字，下同。◎吳則虞云：《御覽》亦無
　　　"得"字，《書鈔》有。以下句例之，有者是。◎文斌案：《書鈔》《元龜》
　　　此句"安"及下句"葬"前均無"得"字，吳氏失檢。

〔三〇〕命之句　蘇輿云："命"，名也。◎劉師培《斠補定本》云：《書鈔》"蓄"
　　　作"畜"。◎文斌案：《御覽》亦作"畜"。《書鈔》"畜憂"及下句"畜哀"
　　　後均有"也"字。

〔三一〕蓄憂二句　文斌案：《元龜》略"蓄憂者怨，蓄哀者危"二句爲"憂者
　　　危"，失之。

〔三二〕君不句　張純一云：《書鈔》無"君"字。◎文斌案："許之"，元刻本、活
　　　字本、嘉靖本、《子彙》本、沈本、綿眇閣本、楊本、凌本均誤作"詳之"。

〔三三〕自昔句　蘇輿云：《治要》"昔"作"古"。◎文斌案：元刻本、《子彙》本、
　　　綿眇閣本"自"誤作"目"。

〔三四〕未嘗句　文斌案：《元龜》無"也"字。

〔三五〕是於句　吳則虞云：元刻本、活字本、吳本皆奪"無"字，綿眇閣本、吳勉
　　　學本、楊本、凌本有。◎文斌案：嘉靖本、沈本、吳懷保本亦奪"無"字，
　　　《子彙》本、黃本、孫本、《治要》《元龜》有，今補"無"字。

〔三六〕於死句　蘇輿云：《治要》有"也"字，下作"且詩曰"。

〔三七〕詩云句　文斌案："云"，活字本誤作"去"，綿眇閣本誤作"一"。

〔三八〕穀則二句　孫星衍云：《王風·大車》之詩。◎張純一云：《毛傳》：
　　　"'穀'，生也。"

〔三九〕逢於句　盧文弨云：《書鈔》"母"下有"於"字，"之"下有"臺"字。◎蘇
　　　輿云：《治要》亦有"臺"字，"牖"作"庸"。無"其母"二字。《拾補》
　　　"牖"作"庸"，注云："'牖'譌。"◎王叔岷云：《書鈔》引此作"逢于何遂
　　　葬路臺庸下"，盧說不足據。此文本作"逢于何遂葬其母路寢之臺牖
　　　下"，《御覽》引"之"下有"臺"字，是也。《治要》引雖有"臺"字，而"之
　　　臺"二字誤倒。上文亦作"路寢之臺牖下"。◎吳則虞云：《指海》本補
　　　"臺"字。◎文斌案：王校是，《御覽》《元龜》亦無"其母"二字。吳懷保
　　　本、凌本、孫本"牖"誤作"牖"。

〔四〇〕解衰句　張純一云：“衰”同“縗”，喪服也。生麻布製，旁及下邊不緝者謂之“斬衰”；熟麻布製，緝旁及下邊者謂之“齊衰”。此當是斬衰。“絰”，喪服所用麻帶，束腰者也。逢于何既葬其母，故解衰去絰也。◎文斌案：《元龜》“衰”作“縗”。

〔四一〕縢　孫星衍云：《玉篇》：“‘縢’，繩也，約也，達曾切。”

〔四二〕玄冠句　孫星衍云：《説文》：“‘玼’，艸也。”《禮記·玉藻》：“縞冠元武。”鄭氏注：“‘武’，冠卷也。”◎盧文弨云：“玼”“紫”同。◎洪頤煊云：《禮記·玉藻》：“縞冠素紕。”鄭注：“‘紕’，既祥之冠也。”“玼”當作“芘”，與“紕”字通用。◎蘇輿云：洪説是。《治要》作“布衣玄冠”，無“縢履”及“玼武”四字。◎文斌案：“玄”，元、明各本均同，孫本作“元”，顧廣圻亦改作“元”，字外加〇，蓋避康熙帝諱也。《元龜》作“玄冠紫武”。今仍從元刻作“玄”。

〔四三〕躄而句　孫星衍云：“躄”，當爲“壁”。◎張純一云：“躄”疑當爲“擗”，形近而誤。《孝經·喪親章》“擗踊哭泣”注：“‘擗’，拊心也。‘拊’，擊也，拍也。”◎文斌案：《元龜》作“辭而不拜”。

〔四四〕已乃句　蘇輿云：《治要》“去”下有“之”字。◎文斌案：《元龜》無“已”字，“去”下亦有“之”字。

景公嬖妾死守之三日不斂晏子諫第二十一[一]

　　景公之嬖妾嬰子死[二]，公守之，三日不食，膚著于席不去[三]。左右以復，而君無聽焉。晏子入，復曰[四]：“有術客與醫俱言曰[五]：‘聞嬰子病死[六]，願請治之[七]。’”公喜，遽起[八]，曰：“病猶可爲乎[九]？”晏子曰：“客之道也[一〇]，以爲良醫也，請嘗試之。君請屏潔[一一]，沐浴飲食，間病者之宮[一二]，彼亦將有鬼神之事焉[一三]。”公曰：“諾[一四]。”屏而沐浴。晏子令棺人入斂，已斂而復曰[一五]：“醫不能治病，已斂矣[一六]，不敢不以聞。”公作色不説[一七]，曰：“夫子以醫命寡人而不使視，將斂而不以聞[一八]，吾之爲君，名而已矣[一九]。”晏子曰：“君獨不知死者之不可以生耶[二〇]？嬰聞之：君正臣從謂之順，君僻臣從謂之逆。今君不道順而行僻，從邪者邇，導害者遠[二一]，讒諛萌通[二二]，而賢良廢滅，是以詭諛繁於閒[二三]，邪行交於國也。昔吾先君桓公用管仲而霸，嬖乎豎刁而滅[二四]。今君薄於賢人之禮[二五]，而厚嬖妾之哀。

且古聖王畜私不傷行〔二六〕，斂死不失愛〔二七〕，送死不失哀。行傷則溺己〔二八〕，愛失則傷生，哀失則害性〔二九〕，是故聖王節之也〔三〇〕。即畢斂，不留生事〔三一〕；棺槨衣衾，不以害生養；哭泣處哀，不以害生道。今朽尸以留生，廣愛以傷行，脩哀以害性〔三二〕，君之失矣。故諸侯之賓客懲入吾國，本朝之臣懲守其職〔三三〕。崇君之行，不可以導民；從君之欲，不可以持國。且嬰聞之：朽而不斂謂之僇尸〔三四〕，臭而不收謂之陳胔〔三五〕。反明王之性〔三六〕，行百姓之誹，而內嬖妾於僇胔〔三七〕，此之為不可〔三八〕。"公曰："寡人不識，請因夫子而為之。"晏子復〔三九〕："國之士大夫、諸侯四鄰賓客皆在外，君其哭而節之〔四〇〕。"仲尼聞之，曰："星之昭昭，不若月之曀曀〔四一〕；小事之成，不若大事之廢；君子之非〔四二〕，賢於小人之是也〔四三〕。其晏子之謂歟！"

〔一〕文斌案：元刻本、活字本、嘉靖本、沈本、吳鼏本目錄"不斂"上均有"而"字，標題無。吳懷保本標題作"諫不斂嬰子"，楊本作"斂嬰子"，凌本作"嬖妾"。

〔二〕景公句　張純一云：《意林》作："景公嬖妾死，名曰嬰子。"

〔三〕公守三句　陶鴻慶云："膚著于席不去"六字語不可曉，疑"不食"之"食"本作"斂"，"斂"字闕其右偏為"僉"，遂訛為"食"矣。"不去"二字當在"公守之"下，其文云："公守之不去，三日不斂，膚著於席。"言三日不小斂而尸膚著於席也（下文"死即畢斂"，亦指小斂言）。下文晏子云"內嬖妾於僇胔"正指此言。蓋公之不斂嬰子者，猶望其復生，故晏子有進醫之事也。◎張純一《校注》於"不去"前加"而"字，注云："而"字舊脫，據《意林》補。◎吳則虞云：《御覽》三百九十五引無"膚著于席"四字，作"三日不食，不去左右"，與此異。◎徐仁甫云："膚"，布也，"布"，在表也（《釋名·釋形體》）。"膚"通"敷"，引申為鋪陳，再引申為薦席。《易·象上傳》："剝牀以膚。"崔憬注云："牀之膚謂薦席。"（見李鼎祚《周易集解》，孫星衍《周易集解》亦載之）是也。"膚著於席不去"，謂薦著於席不去也。其所以不去者，前第九章云"尸在堂不席"（從王念孫說）。今嬰子死，景公反席之，公欲其復生，不欲以喪禮對嬰子也。"左右以復"者，欲去其席也，而公無聽焉，堅持不去席也。《御覽》三百九十五引無"膚著於席"句，蓋既不解"膚"義，又不知禮制而刪之也。類書往往如此。

〔四〕復曰句　張純一云：《御覽》三百九十五引無"復"字。

〔五〕有術句　孫星衍云："術客"，客有術者。◎王叔岷云：《意林》引"有"上有"外"字。◎文斌案：宋本《御覽》"有"誤作"育"。

〔六〕聞嬰句　孫星衍云:《太平御覽》作"能生死者,聞嬰子疾"。

〔七〕願請　張純一云:《御覽》無"願"字。

〔八〕遽起　張純一云:《御覽》無"遽"字。

〔九〕病猶句　張純一云:《御覽》"乎"下有"哉"字。◎文斌案:凌本"猶可"二字誤倒。

〔一〇〕道　孫星衍云:《太平御覽》作"通","道"亦"通"也。

〔一一〕君請句　孫星衍云:"君請",《太平御覽》作"使君"。◎張純一云:《御覽》無"屏"字。"屏潔"者,屏除不潔而省言之。◎吳則虞云:下文云"屏而沐浴"即承此句而來。"君請屏"三字爲句,"屏"爲屏避,即下所云"間病者之宮"。後人誤"屏"爲"屏除","潔"字從上句讀;後奪"屏"字,而"潔"字獨存。"潔沐浴飲食"當作一句讀。◎文斌案:"君請屏潔"當作一句讀。"屏",退避。《禮記·曲禮上》:"侍坐於君子,若有告者曰:'少閒,願有復也。'則左右屏而待。"《漢書·李廣傳》:"與故潁陰侯屏居藍田南山中射獵。"此"屏潔"者,謂退居於潔室也。下文"屏而沐浴"亦"屏潔而沐浴"之省言。

〔一二〕閒　蘇時學云:"閒"猶"請閒"之"閒",謂屏人也。◎張純一云:"閒",隔也,使遠離也。◎吳則虞云:"間",猶"隔離"也。《漢書·韋元成傳》:"間歲而祫。"注:"隔一歲也。"是"間"有"隔"義。

〔一三〕彼亦句　孫星衍云:"將有",《意林》作"將作"。◎張純一云:自"左右"至此,《意林》省作:"晏子曰:'外有良醫,將作鬼神之事。'"

〔一四〕公曰句　孫星衍云:《意林》作"公信之"。

〔一五〕晏子二句　吳則虞云:《意林》作"晏子令棺人殮死者"。◎文斌案:《御覽》作"晏子令棺人斂之而復曰"。

〔一六〕已斂句　吳則虞云:《御覽》"已"作"也",蓋形近而譌。

〔一七〕公作句　吳則虞云:《意林》作"公大怒"。◎文斌案:"説",吳懷保本、楊本、《御覽》均作"悦"。

〔一八〕夫子二句　張純一云:《御覽》略。◎文斌案:《意林》亦略。

〔一九〕吾之二句　張純一云:《御覽》作"吾爲君紿而已矣",無"晏子曰"以下語。

〔二〇〕晏子二句　孫星衍云:《意林》作:"晏子曰:'已死不復生。'公乃止。"◎文斌案:"耶",吳勉學本、黃本、孫本作"邪"。

〔二一〕導害　王念孫云:"導害"二字義不可通,"導害"當爲"道善",字之誤也。"道"亦"從"也(見《禮器》注)。"道善"與"從邪"正相反。下文"讒諛萌通",言"從邪者遍"也;"賢良廢滅",言"道善者遠"也。◎劉師培《補釋》云:王氏讀"導"爲"道",是也。惟"害"字不必改作"善",

“道害”者,即匡君之失,指陳弊政之謂也。此指犯顏敢諫之臣,言如祖伊以戡黎告紂是也。

〔二二〕萌通　吳則虞云:“萌通”即“明通”。

〔二三〕是以句　王念孫云:“閭”字義不可通,當是“閽”字之誤,“閽”謂宮門也(《月令》:“命奄尹申宮令,審門閭。”成二年《公羊傳》:“二大夫出,相與蹄閽而語。”何注“‘閽’,當道門”)。“諂諛繁於閽”,謂門內皆諂諛之人也。“繁於閽”與“交於國”對文。◎俞樾云:王氏念孫謂“閭”字不可通,疑“閽”字之誤;然“閽”,里門也,諂諛之言豈在里門乎?此“閭”字本不誤,王氏特以“閭”字與“國”字虛實不倫,故疑其誤耳。《問上篇》曰:“嗜欲備於側,毀非滿於國。”彼以“側”與“國”對文,則此以“閭”與“國”對文,亦何不可,而必改其字乎?◎陶鴻慶云:《墨子·經上篇》云:“有閭,中也。”“繁於閭”猶言“繁於中”,謂公之近侍也,故與“國”對文。王氏疑爲“閽”字之誤,失之。◎劉師培《校補》云:“閒”謂宮內,與“國”對文。《韓非子·內儲説上》以“郎中”“國中”並文,亦猶是也。◎張純一云:“閭”字欠妥,疑亦“側”字之誤。◎吳則虞云:陶説是也。《指海》本改爲“閽”,非。◎文斌案:“諂”,孫本同,餘均作“諂”。

〔二四〕昔吾二句　劉師培《斠補定本》云:戴校:“‘乎’字衍。”◎文斌案:戴校是。《晏子》書句式多相對,上句作“用管仲而霸”,則下句自然以“嬖豎刁而滅”與之相對。下文亦然,“薄賢人之禮”與“厚嬖妾之哀”相對。

〔二五〕今君句　吳則虞云:“於”字疑衍。

〔二六〕且古句　蘇時學云:此語見《墨子》。◎劉師培《斠補定本》云:黃本“聖”作“之”。◎張純一云:《墨子·辭過篇》:“雖上世至聖必蓄私,不以傷行。”蓋古有是語。

〔二七〕死　于省吾云:“死”“尸”古字通。《墨子·大取》“其類在死也”,即其類在尸也。《兼愛下》“轉死溝壑中者”,“轉死”即“轉尸”。《盂鼎》:“廼召夾死嗣戎。”《毛公鼎》:“雩四方死毋動。”《卯毀》:“死嗣焂公室。”“死”均應讀作“尸”,是其例證。“斂尸不失愛”,上與“畜私不傷行”,下與“送死不失哀”平列;讀爲“斂死”,則與“送死”文複。下云“朽尸以留生”“朽而不斂謂之僇尸”,是“斂”正就“尸”言。

〔二八〕行傷句　黃以周云:“傷”,元刻作“蕩”,誤。◎王叔岷云:黃之寀本、《子彙》本“蕩”並作“傷”,黃説是也。明活字本亦誤“蕩”。◎吳則虞云:綿眇閣本作“傷”。◎田宗堯云:吳勉學本、《指海》本亦作“傷”。◎文斌案:嘉靖本、吳懷保本、吳鼐本亦誤作“蕩”。沈本、楊本、凌本、孫本作“傷”。今據孫、黃校改“蕩”作“傷”。

〔二九〕哀失句　蘇時學云:一本脱“哀”字。◎黃以周云:元刻脱“哀”字。

◎張純一云：顧校本元刻有“哀”字。《孝經·喪親章》：“無以死傷生，毀不滅性。”◎王叔岷云：黃之寀本、《子彙》本“失”上並有“哀”字，黃說是也。◎吳則虞云：活字本、吳刻亦脱，綿眇閣本、吳勉學本、楊本、凌本有。◎文斌案：元刻本、吳鼐本均無“哀”字，張氏失檢。嘉靖本、吳懷保本亦脱“哀”字，沈本、孫本有。今依衆校補“哀”字。

〔三〇〕節　張純一云：“節”之義取乎竹，有節則無過與不及之差。

〔三一〕即畢二句　王念孫云：“即畢斂”三字語意不完。“即”上當有“死”字，而今本脱之。“死即畢斂”，正承上文“斂死”而言。◎張純一《校注》從王校補“死”字，並於“不”下加“以”字，注云：“以”字舊脱，據下二句補，文同一例。“留”字義不可通，疑本作“害”。“不以害生事”，言不以死人久不棺斂妨害生人之事。下文“不以害生養”“不以害生道”可證。今作“留”者，蓋涉下“朽尸以留生”而誤。◎吳則虞云：王說是也，當據補“死”字。又據下句例之，“不”下當增“以”字。“留”者，張說未審。下句有“今朽屍以留生”，即承此而來，非誤字也。《荀子·禮論篇》：“禮者，謹於吉凶不相厭者也。紸纊聽息之時，則夫忠臣孝子亦知其閔矣，然而殯斂之具未有求也；垂涕恐懼，然而幸生之心未已，持生之事未輟也；卒矣，然後作具。故雖備家，必踰日然後能殯，三日而成服。”此云“留生事”者，即“持生之事”。◎王叔岷云：“留”謂阻留也，與“害”義近，無煩改字。下文“今朽屍以留生”即承此言之，則“留”非誤字明矣。《新序·節士篇》：“無留吾事。”與此“留”字同義。◎文斌案：王文錦認爲：晏子所説的“留生事”與荀子所謂“持生之事”含義完全不同。“留”訓“止”，引申爲“稽延”，進而有“耽誤”之意。“持生之事”之“持”訓“保”。《荀子·榮辱篇》“以相持養”，楊倞注：“‘持養’，保養。”則“持生”就是“保生”“養生”。吳氏未加辨别，將二者畫等號，實是誤解。

〔三二〕脩哀句　王念孫云：“脩”字於義無取，當爲“循”字之誤（隸書“循”“脩”相似，故“循”誤爲“脩”，說見《管子·形勢篇》。元刻本作“脩”，孫本改“脩”爲“修”，失之愈遠矣）。“循”之言“遂”也，“遂哀”，謂哀而不止也（《三年問》曰“三年之喪二十五月而畢，若駟之過隙；然而遂之，則是無窮也”）。《喪服四制》曰：“毀不滅性。”故曰“循哀則害性”。《墨子·非儒篇》曰：“宗喪循哀，不可使慈民。”此“循哀”二字之證。“循”“遂”一聲之轉，《史記·孔子世家》及《孔叢子·詰墨篇》皆作“崇喪遂哀”，是“循哀”即“遂哀”也。◎孫星衍云：“生”“行”“性”爲韻。◎趙振鐸云：“生”“性”在耕部，“行”在陽部，非韻。◎文斌案：吳鼐本作“脩”，餘均作“修”。王氏誤吳鼐本爲元刻本。

〔三三〕故諸二句　張純一云：“諸侯之賓”與“本朝之臣”對文，“客”字涉下文而衍,當删。◎孫星衍云:"國""職"爲韻。

〔三四〕朽而句　文斌案:吳懷保本"朽"作"守"。

〔三五〕臭而句　孫星衍云:"臭","殠"省文,《説文》:"'殠',腐氣也。""尸""胔"爲韻。◎張純一云:"收",猶"斂"也;"胔",腐肉也。◎趙振鐸云:"尸"在脂部,"胔"在支部,非韻。

〔三六〕反明句　吳則虞引長孫元齡云:"性"疑"制"字之誤。

〔三七〕而内句　蘇輿云:"内",同"納"。◎吳則虞云:"儒胔"不辭,"儒"下疑脱"尸陳"二字。

〔三八〕此之句　劉師培《斠補定本》云:黄本上方校語云:"'此',一作'是'。"◎文斌案:今所見本無作"是"者,蓋明人所見本有所不傳也。

〔三九〕晏子句　黄以周云:元刻脱"曰"字。◎王叔岷云:黄之棻本、《子彙》本"復"下並有"曰"字,黄説是也。明活字本亦脱"曰"字。◎吳則虞云:活字本、吳刻本已脱,吳勉學本、楊本、凌本有。◎文斌案:嘉靖本、吳懷保本亦脱"曰"字,沈本、綿眇閣本、孫本有。

〔四〇〕君其句　張純一云:疑此當有"公從之"句,而今本脱之,文義不完。

〔四一〕不若句　孫星衍云:"若月",《意林》作"若日月"。"曀曀",《詩》:"曀曀其陰。"《毛傳》:"如常陰曀曀然。"《意林》作"靉",《文選注》作"曖",皆俗字。◎黄以周云:《意林》作"不如日月之靉靉"。孫頤谷云:"當依陸士衡《擬古詩》注作'曖曖',又見《座右銘》注。"◎文斌案:《文選·(陸士衡)擬古詩》注、《文選·(崔子玉)座右銘》注引並作"不如月之曖曖"。

〔四二〕君子句　孫星衍云:言以權詿君,非正也。

〔四三〕賢於句　孫星衍云:"曀""廢""是"爲韻。◎趙振鐸云:"曀"在質部,"廢"在月部,"是"在支部,非韻。

景公欲厚葬梁丘據晏子諫第二十二〔一〕

梁丘據死〔二〕,景公召晏子而告之〔三〕,曰:"據忠且愛我〔四〕,我欲豐厚其葬〔五〕,高大其壟。"晏子曰〔六〕:"敢問據之忠與愛於君者〔七〕,可得聞乎?"公曰:"吾有喜於玩好,有司未能我共也〔八〕,則據以其所有共我〔九〕,是以知其忠也〔一〇〕;每有風雨〔一一〕,暮夜求必存〔一二〕,吾是以知其愛也。"晏子曰:"嬰對則爲罪,不對則無以事君,敢不對乎?嬰聞之:臣專其君謂之不忠,子專其父謂之不孝,妻專其夫謂之嫉妬〔一三〕。事父之道,導親於父兄〔一四〕,有禮於群臣,有惠於百姓,有信於諸侯〔一五〕,謂之忠〔一六〕;爲子之道〔一七〕,以鍾愛其兄弟,施行於諸父〔一八〕,慈惠於衆子〔一九〕,誠信於朋友〔二〇〕,謂之孝〔二一〕;爲妻之道,使其衆妾皆得歡忻於其夫〔二二〕,謂之不嫉〔二三〕。今四封之民,皆君之臣也,而維據盡力以愛君〔二四〕,何愛者之少耶? 四封之貨,皆君之有也,而維據也以其私財忠於君,何忠者之寡耶? 據之防塞群臣、擁蔽君,無乃甚乎?"公曰:"善哉! 微子〔二五〕,寡人不知據之至於是也。"遂罷爲壟之役,廢厚葬之令,令有司據法而責,群臣陳過而諫。故官無廢法,臣無隱忠,而百姓大悅〔二六〕。

〔一〕文斌案:吳懷保本標題作"諫厚葬梁丘據",楊本作"對梁丘據忠愛",凌本作"梁丘據死"。

〔二〕梁丘句　文斌案:元刻本、活字本"丘"誤作"公"。

〔三〕景公句　張純一云:《太平御覽》五百五十八無"而"字。

〔四〕據忠句　孫星衍云:"且",《太平御覽》作"臣"。◎文斌案:宋本《御覽》"曰""據"誤倒。

〔五〕我欲句　劉師培《斠補定本》云:《御覽》五百五十八引作:"我欲厚葬之。"

〔六〕晏子句　張純一云:《御覽》作:"晏子對曰:'不可。'公遂止。"無"敢問"以下語。

〔七〕敢問句　蘇輿云:《治要》作"敢問據之所以忠愛君者"。

〔八〕有司句　"共",孫本作"具"。黃以周云:"具",元刻作"共"。◎蘇時學云:"共",讀如"供"。◎劉師培《斠補定本》云:《治要》"共"並作"供"。◎張純一云:日本天明刻本作"供"。◎吳則虞云:黃云"元刻作'共'"者非是,元本作"其"不作"共"。綿眇閣本、吳勉學本、《子彙》本作"具"。◎田宗堯云:《指海》本"共"亦作"具"。"共""具"義通。《爾雅·釋詁》:"'共',具也。"◎文斌案:元刻誤作"其",吳説是,黃氏誤吳鼒本爲元刻本。活字本、嘉靖本亦作"共",沈本、吳懷保本、黃本、楊本、凌本作"具"。

〔九〕則據句　蘇輿云:《治要》作"則據以其財供我"。

〔一〇〕是以句　王念孫云:《群書治要》"是以"上有"吾"字,與下"吾是以"對文。

〔一一〕每有句　文斌案:楊本"有"作"于"。

〔一二〕暮夜句　劉師培《校補》云:《治要》引"求"下有"之"字,是也(戴校以"求"爲衍文,以"必存"並下"吾"字爲句,以"必存吾"爲恤問己身,非是）。◎吳則虞云：劉説是也。

〔一三〕妻專句　蘇時學云：一本"嫉"上有"不"字，誤。◎黃以周云：元刻誤衍"不"字。◎蘇輿云：《治要》有"妬"字。◎劉師培《斠補定本》云："不"字衍。◎吳則虞：作"妒嫉"者是，《長短經・反經》引正如此。◎王叔岷云：黃之寀本、《子彙》本並無"不"字，黃説是也。明活字本亦衍"不"字。◎田宗堯云：吳勉學本亦衍"不"字；《指海》本無"不"字。◎文斌案：吳勉學本無"不"字，田氏失檢。嘉靖本、吳懷保本、吳肅本亦衍"不"字，沈本、綿眇閣本、楊本、凌本、孫本無。從意義講，"妻專其夫"不當"謂之不嫉"，故多本删"不"字；但從句式講，"臣專其君""子專其父""妻專其夫"三句爲並列句，"不忠""不孝"爲兩字，"嫉"爲一字，與之對舉亦不諧。今從《治要》《長短經》改"不嫉"爲"嫉妬"（吳引《長短經》作"妒嫉"，失檢）。張純一亦於"嫉"後補"妬"字。

〔一四〕事父二句　王念孫云：《群書治要》作"爲臣道君以"，"道君以"屬下讀。◎蘇時學云：當從孫本作"事君之道"爲是。◎黃以周云：元刻"君"誤"父"。◎蘇輿云：《治要》無"導"字。◎張純一《校注》於"導"下增"君以"二字，注云：舊脱"君以"二字，語意不完，據王所見《治要》補。◎王叔岷云：黃之寀本、《子彙》本"父"並作"君"。黃説是也。明活字本亦誤"父"。◎吳則虞：此二句本文及《治要》似皆有譌脱。下文云"爲子之道""爲妻之道"，此"事君之道"乃"爲臣之道"無疑。下句當作"導君有親於父兄"。本文脱"君"字，《治要》"道君"二字誤連上讀，"親"上又脱"有"字。◎文斌案：嘉靖本亦作"父"，沈本、吳懷保本、吳勉學本、綿眇閣本、楊本、凌本、孫本均作"君"。《治要》作："爲臣，道君親於父兄。"下文"爲子""爲妻"後均無"之道"二字。據《治要》及本文"事父之道""爲子之道""爲妻之道"語例，此處"事父"應是"爲臣"之譌，"導"後當增"君有"二字。"有親於""有禮於""有惠於""有信於"爲對句。吳説是。

〔一五〕有信句　蘇輿云：《治要》"信"作"義"。

〔一六〕謂之句　劉師培《斠補定本》云：《治要》"忠"下有"也"字。

〔一七〕爲子句　張純一《校注》於"道"後增"導父"二字，注云：此文脱"導父"二字，今據《治要》補。

〔一八〕以鍾二句　孫星衍云："鍾"，一本作"忠"。◎吳則虞：此句上奪"導父"二字，"鍾愛其兄弟施行于諸父"當作一句讀。父之兄弟，即子之諸父也，"兄弟"上故用"其"字；"慈惠于衆子"亦指父而言，能鍾愛其兄弟，慈惠于衆子，即不專其父矣。凌本"鍾"作"忠"，尤誤。

〔一九〕慈惠句　蘇輿云：《治要》句上有"以"字。◎張純一云："以"字衍。

〔二〇〕誠信句　劉師培《斠補定本》云：黃本“誠”誤“識”。

〔二一〕謂之句　劉師培《斠補定本》云：《治要》“孝”下有“也”字。

〔二二〕使其句　蘇輿云：《治要》無二“其”字。

〔二三〕謂之句　蘇輿云：《治要》“嫉”作“妬”，句下有“也”字。

〔二四〕而維句　孫星衍云：今本注云：“下闕。”◎盧文弨云：句下疑脫一“乎”
　　　　字。◎王念孫云：此下各本脫去九十九字，據《群書治要》補。◎文斌
　　　　案：《子彙》本、沈本、吳勉學本、黃本均載文至此，注云：“疑闕。”其餘各
　　　　本亦自此闕，無注。今據《治要》補下文。

〔二五〕微子　張純一云：“微子”，疑當作“微夫子”，“夫子”之稱本書屢見。

〔二六〕而百句　王念孫云：《太平御覽·禮儀部三十七》作：“晏子曰：‘不可。’
　　　　公遂止。”乃取《晏子》原文而約舉之，故與《治要》不同。◎吳則虞云：
　　　　吳勉學本、《子彙》本“以愛君”下注云“疑闕”，是也。凌本評曰：“即此
　　　　住，儘是言不盡意，舊本以爲疑闕，何也？”楊慎亦以爲“有言不盡”，非
　　　　是。◎文斌案：宋本《御覽》引“晏子”後有“對”字。

景公欲以人禮葬走狗晏子諫第二十三〔一〕

　　景公走狗死〔二〕，公令外共之棺，內給之祭〔三〕。晏子聞之〔四〕，諫。
公曰：“亦細物也〔五〕，特以與左右爲笑耳。”晏子曰：“君過矣！夫厚籍
斂不以反民〔六〕，棄貨財而笑左右，傲細民之憂而崇左右之笑〔七〕，則國
亦無望已。且夫孤老凍餒而死狗有祭，鰥寡不恤而死狗有棺，行辟若
此，百姓聞之必怨吾君，諸侯聞之必輕吾國。怨聚於百姓而權輕於諸
侯，而乃以爲細物，君其圖之。”公曰：“善。”趣庖治狗〔八〕，以會朝屬。

〔一〕文斌案：吳鼐本目錄“二十三”誤作“二十二”，今正。吳懷保本標題作“諫
　　　　以人禮葬狗”，楊本作“死狗”。

〔二〕景公句　王叔岷云：《事類賦注》二三引“景公”下有“之”字。

〔三〕公令二句　張純一云：《太平御覽》九百五“令”作“命”，“共”作“供”，
　　　　“給”下無“之”字。◎文斌案：《事類賦注》引作“命外供棺，內給祭”。

〔四〕晏子句　文斌案：此至文末，《事類賦注》省作“晏子諫其不可，公從之”。

〔五〕物　盧文弨云：“物”，猶“事”也。

〔六〕夫厚句　陶鴻慶云：“反”當爲“分”字之誤。第十九章云：“又厚籍斂于百
　　　　姓，而不以分餒民。”是其證。◎文斌案：吳懷保本、黃本、楊本“籍”作“藉”。

〔七〕傲細句　王念孫云：“傲”，輕也；“崇”，重也。言輕小民之憂，而重左右之笑也。《問上篇》曰：“景公外傲諸侯，内輕百姓。”《管子·法法篇》曰：“鬬士食於功，則卒輕患而傲敵。”《韓子·六反篇》曰：“民慕其利，而傲其罪，故姦不止也。”《吕氏春秋·士容篇》曰：“傲小物而志屬於大。”是“傲”爲輕也。《般庚》曰：“高后丕乃崇降罪疾。”是“崇”爲重也。

〔八〕趣庖句　張純一云：“趣”，促也。“庖”，庖人。“治”，宰也。

景公養勇士三人無君臣之義晏子諫第二十四〔一〕

公孫接〔二〕、田開疆〔三〕、古冶子〔四〕事景公，以勇力搏虎聞〔五〕。晏子過而趨〔六〕，三子者不起〔七〕。晏子入見公，曰：“臣聞：明君之蓄勇力之士也，上有君臣之義，下有長率之倫〔八〕；内可以禁暴，外可以威敵。上利其功，下服其勇，故尊其位、重其禄。今君之蓄勇力之士也〔九〕，上無君臣之義，下無長率之倫；内不以禁暴，外不可威敵〔一〇〕。此危國之器也，不若去之。”公曰：“三子者，搏之恐不得，刺之恐不中也〔一一〕。”晏子曰：“此皆力攻勍敵之人也〔一二〕，無長幼之禮。”因請公使人少餽之二桃〔一三〕，曰：“三子何不計功而食桃〔一四〕？”公孫接仰天而歎，曰〔一五〕：“晏子，智人也！夫使公之計吾功者。不受桃，是無勇也。士衆而桃寡，何不計功而食桃矣。接一搏猏而再搏乳虎〔一六〕，若接之功，可以食桃而無與人同矣〔一七〕。”援桃而起。田開疆曰：“吾仗兵而卻三軍者再〔一八〕，若開疆之功，亦可以食桃而無與人同矣〔一九〕。”援桃而起。古冶子曰：“吾嘗從君濟於河〔二〇〕，黿銜左驂以入砥柱之流〔二一〕。當是時也，冶少不能游〔二二〕，潛行逆流百步〔二三〕，順流九里〔二四〕，得黿而殺之〔二五〕。左操驂尾，右挈黿頭〔二六〕，鶴躍而出。津人皆曰：‘河伯也。’若冶視之，則大黿之首〔二七〕。若冶之功，亦可以食桃而無與人同矣。二子何不反桃〔二八〕？”抽劍而起。公孫接、田開疆曰：“吾勇不子若，功不子逮〔二九〕，取桃不讓，是貪也；然而不死，無勇也。”皆反其桃，挈領而死〔三〇〕。古冶子曰：“二子死之，冶獨生之〔三一〕，不仁；恥人以言，而夸其聲，不義〔三二〕；恨乎所行〔三三〕，不死，無勇。雖然，二子同桃而節，冶專桃而宜〔三四〕。”亦反其桃〔三五〕，挈領而死〔三六〕。使者復曰：“已死矣。”公斂之以服〔三七〕，葬之以士禮焉〔三八〕。

〔一〕文斌案：活字本標題"勇"誤作"男"。吳懷保本標題作"諫養勇士"，楊本作"二桃殺三子"，淩本作"公孫接"。

〔二〕公孫接　孫星衍云：《藝文類聚》《後漢書注》"接"作"捷"，頃公孫，子車也。◎張純一云：《類聚》見卷八十六。《爾雅·釋水》疏引此，"公孫"上有"景公蓄勇士"五字。◎吳則虞云：《事類賦》二十六、《爾雅·釋水》疏、《御覽》九百六十七、《合璧事類別集》四十二引均作"接"，《柳河東集·辯晏子春秋》注誤作"棲"。◎文斌案：《後漢書注》見卷六十上《馬融傳》注。《辯晏子春秋》注作"捷"，吳氏失檢。

〔三〕田開疆　孫星衍云：姓田名開疆，陳氏之族。◎劉師培《斠補定本》云：黃本作"開彊"，《爾雅·釋水》疏引"開疆"或作"開彊"，《樂府解題》作"田強"。◎張純一云：《後漢書·馬融傳》注作"彊"，《太平御覽》九百六十七作"強"。《爾雅》阮元《校勘記》云："'開疆'猶'辟疆'也。作'彊'蓋誤。"◎吳則虞云：《藝文類聚》八十六、《事類賦》、《合璧事類》、《柳河東集》注引俱作"疆"，《後漢書》卷六十、又九十注、《爾雅疏》引俱作"彊"，《御覽》九百六十七又作"強"。案作"疆"者是。◎文斌案：《事類賦注》引作"強"；《後漢書》卷九十爲《烏桓鮮卑列傳》，注未引本章，下同，吳氏失檢。吳云《後漢書》卷六十即張引《馬融傳》，注作"強"。《記纂淵海》卷九十二引作"強"。黃本、楊本"疆"作"彊"。

〔四〕古冶子　孫星衍云：姓古名冶。◎劉師培《校補》云：《樂府解題》作"固野子"，《後漢書·馬融傳》"古冶"作"古蠱"，李注云："與'冶'通。"《廣韻·十姥》"古"字注云"《晏子春秋》有齊勇士古冶子"，"冶"疑誤文。◎文斌案：《事類賦注》"冶"誤作"治"。

〔五〕事景二句　劉師培《斠補定本》云：《爾雅·釋水》疏所引"搏"上衍"於"字。◎吳則虞云：《藝文類聚》、《事類賦》、《御覽》九百六十七、《合璧事類》、《柳集》注作"事景公勇而無禮"。《後漢書》卷六十、又九十注引作"事景公以勇"。◎文斌案：《爾雅·釋水》疏引"於"字在"搏"下，劉氏失檢。

〔六〕晏子句　黃以周云：《爾雅·釋水》疏引作"晨趨"。◎文斌案：《爾雅·釋水》疏引作"晏子而趨"。

〔七〕三子句　張純一云：《御覽》《類聚》約其文曰"勇而無禮"蓋以此。◎文斌案：《記纂淵海》亦作"勇而無禮"。

〔八〕率　張純一云：《爾雅·釋詁》："'率'，循也。"似非此義。此疑"少"之聲轉。◎徐仁甫云："率"猶"遵循"（《左傳·宣公十二年》："今鄭不率。"注"'率'，遵也"）。引申爲奉順。《周書·大匡》："三州諸侯咸率。"注："'率'，謂奉順也。"再由奉順引申爲遜弟，是"率"即"弟"也。下文曰"無長幼之禮","長幼"與此"長率"義近。

〔九〕勇力之士　吴則虞云：元本作"勇士之力也",吴勉學本、綿眇閣本乙。◎文斌案：活字本、嘉靖本、吴懷保本亦作"勇士之力"。

〔一〇〕内不二句　王念孫云：上文曰："内可以禁暴,外可以威敵。"則此當云："内不可以禁暴,外不可以威敵。"今本上句脱"可"字,下句脱"以"字,則句法不協。◎吴則虞云：《指海》本從王説校改。

〔一一〕中　孫星衍云："中",一本作"忠"。◎文斌案：吴勉學本"中"誤作"忠"。

〔一二〕勍　張純一云："勍",强也(《左·僖二十二年傳》"勍敵之人"注)。◎文斌案：楊本、凌本"勍"均作"掠"。

〔一三〕餽　孫星衍云："餽"即"饋"假音字。三人餽以二桃,故云"少"。◎盧文弨云："餽"當作"饋"。◎張純一云：《類聚》作："晏子言於公,餽之二桃。"《説文》："'饋',餉也。"吴人謂祭曰"餽",故爲"饋"之叚字。◎王叔岷云：《事類賦注》《記纂淵海》引"餽"並作"饋"。◎文斌案：《合璧事類别集》引亦作"饋",《辯晏子春秋》注引作"餽"。

〔一四〕三子句　張純一云："何不"二字疑涉下文而衍,《類聚》無"何不"二字,是。◎吴則虞云：《後漢書》卷六十、九十注作"計功而食之";《御覽》九百六十七、《事類賦》、《柳集》注作"三子計功而食";《爾雅疏》引同,惟上有"令"字,皆節引也。此"何不"二字極傳神。◎文斌案：《合璧事類别集》引亦作"三子計功而食"。《辯晏子春秋》注"食"後有"之"字。

〔一五〕公孫句　吴則虞云：《類聚》作"公孫曰",《爾雅疏》作"公孫接曰",蓋皆略引。◎文斌案：《爾雅疏》《辯晏子春秋》注引均無"仰天而歎"四字。

〔一六〕接一句　孫本"猏"作"豣",《音義》云："豣",《吕氏春秋·知化篇》："譬之猶懼虎而刺猏。"高誘注："獸三歲曰猏。"《古今韻會》"豣",《集韻》或作"猏","猏"則"豣"正字也。"搏乳虎",《後漢書注》作"持楯而再搏乳虎","持楯"即"搏猏"形近之誤。◎盧文弨《拾補》於"猏"上加"特"字,注云：舊脱,從《爾雅·釋水》疏補。"猏"下"而"字《爾雅疏》無。◎吴則虞云：《類聚》引作"吾再拜隱虎功",《爾雅疏》引"豣"上有"特"字,《類聚》蓋節引,當以《爾雅疏》引爲是。此脱"特"字,當據補。《廣雅·釋獸》："'特',雄也。"特豣,爲雄豣,"豣"者,《説文》謂"三歲豕"。搏三歲豕不爲有勇,疑"麉"之假借。《説文》："'麉',鹿之絶有力者。"故與"乳虎"對舉。《爾雅·釋獸》："'麔',牡麌,牝麜,其子麆,其跡解,絶有力豣。"是"豣""麉"相通之證。◎文斌案：《類聚》作"吾再拜隱虎,功可以食"。吴氏將"功"斷至上句,誤。各本"猏"均作"豣"。

〔一七〕可以句　劉師培《斠補定本》云：《釋水疏》引“無”作“毋”，下同。◎張
　　　　純一云：“與”，許也（《論語·公冶長》“吾與女弗如也”皇疏）。“無與
　　　　人同”，無許人同也。

〔一八〕吾仗句　孫星衍云：“仗”，今本作“伏”，非。據《藝文類聚》《後漢書注》
　　　　改。“卻”，《藝文類聚》《後漢書注》作“御”。◎盧文弨《拾補》“仗”作
　　　　“杖”，注云：舊譌“伏”，改“仗”亦俗。◎劉師培《斠補定本》云：《釋水
　　　　疏》引“伏”作“杖”，“卻”作“却”。◎張純一云：“仗”，元刻、孫本並同。
　　　　《爾雅疏》無“而”字。“卻”，《馬融傳》注作“禦”，上無“而”字。《別
　　　　雅》四云：“‘杖’，‘仗’也。”《漢書·李尋傳》：“近臣已不足杖矣。”師古
　　　　曰：“‘杖’，謂倚任也，義通作‘仗’。”按韻書，“杖”讀上聲，“仗”讀去
　　　　聲。《説文》有“杖”無“仗”，“倚仗”之“仗”古固用“杖”也。◎吳則虞
　　　　云：明本皆作“伏”。◎文斌案：《類聚》作“杖”，《後漢書注》引“卻”作
　　　　“禦”，孫氏失檢。元刻亦作“伏”，《馬融傳》注“禦”上有“而”字，張氏
　　　　亦失檢。

〔一九〕若開二句　吳則虞云：《後漢書》兩注引皆作“功可以食桃”，《類聚》
　　　　同，惟無“桃”字；《爾雅疏》引與今本同，惟無“亦”字。◎文斌案：《後
　　　　漢書注》無“功”字；《爾雅疏》引“無”作“毋”，吳氏失檢。

〔二〇〕吾嘗句　劉師培《斠補定本》云：《水經·河水》注云：“《搜神記》：‘齊
　　　　景公渡于江，沈之河。黿銜左驂没，衆皆惕。古冶子于是拔劍從之，邪
　　　　行五里，逆行三里，至于砥柱之下，乃黿也。左手持黿頭，右手挾左驂，
　　　　燕躍鵠踊而出，仰天大呼，水爲逆流三百步，觀者皆以爲河伯也。’亦或
　　　　作‘江’‘沅’字者也。若因地而爲名，則應在蜀及長沙。案《春秋》，此
　　　　二土並景公之所不至，古冶子亦無因而騁其勇矣。劉向叙《晏子春秋》
　　　　云云（文見上，不悉引），不言‘江’‘沅’矣。又考史遷《記》云：‘景公十
　　　　二年，公見晉平公。’‘十八年，復見晉昭公。’旌軒所指，路直斯津，事或
　　　　在茲。又云：‘觀者以爲河伯。’賢於‘江’‘沅’之證。河伯本非江神，又
　　　　可知也。”所引《搜神記》及本書，均足校此節同異。◎吳則虞云：《類
　　　　聚》《後漢書》兩注、《御覽》九百三十二引無“于”字，《爾雅疏》引
　　　　有。◎田宗堯云：《御覽》九三二引《搜神記》亦述此事，云：“渡于沅湘
　　　　之間。”◎文斌案：《類聚》《後漢書注》引作“吾嘗濟河”，《水經注·河
　　　　水》作“吾嘗濟於河”，均無“從君”二字。

〔二一〕黿銜句　孫星衍云：“銜”，今本作“御”，非。據《藝文類聚》《後漢書注》
　　　　改。“砥柱”，《括地志》：“底柱山，俗名三門山，在陝石縣東北三十里黄
　　　　河之中。”◎黄以周云：“砥柱之流”，《爾雅疏》作“砥柱之中流”，當據
　　　　補。◎張純一云：“銜”，元刻不誤。《御覽》九百三十二引作“御”，譌。

◎吳則虞云：元刻本、活字本俱作“御”，楊本、凌本作“啣”。◎田宗堯云：吳勉學本誤作“御”。《御覽》引《搜神記》亦云“黿銜左驂”。◎文斌案：《括地志》作：“在陝州硤石縣東北五十里黃河之中。”孫氏失檢。《水經注·河水》引亦作“銜”。元刻作“御”，顧廣圻改作“銜”，張氏誤吳蕭本爲元刻。嘉靖本、《子彙》本、沈本、吳懷保本、綿眇閣本、凌本亦作“御”，吳氏謂“凌本作‘啣’”，失檢。黃本作“銜”。

〔二二〕當是二句　吳則虞云：《類聚》諸引皆無此句，惟《爾雅疏》引有。

〔二三〕潛行句　孫星衍云：《爾雅·釋水》：“潛行爲泳。”郭璞注“水底行也”引此文。◎劉師培《斠補定本》云：《類聚》八十六所引“行”下有“水底”二字。◎吳則虞云：《後漢書》兩注引又無“潛行”二字，《後漢書注》蓋節引，《類聚》擅增也。《爾雅·釋水》：“潛行爲泳。”上言“不能游”，故於水底泳而行耳。郭璞注引此文無“水底”二字，《毛詩·漢廣》孔疏、郭注、邢疏引《晏子》同，《御覽》九百三十二亦同。楊本“流”作“行”。

〔二四〕順流句　孫星衍云：“順”，《藝文類聚》作“從”。◎黃以周云：“九里”，《爾雅疏》作“七里”。◎劉師培《斠補定本》云：《御覽》九百三十二引“順”作“從”。又《爾雅·釋水》郭注引作“七里”，《詩·周南·漢廣》疏同《釋水》疏引作“九里”。彼作“九里”，此作“七里”，或傳寫誤，或所見本異也（希麟《續一切經音義》二引郭注亦作“七”）。◎文斌案：《爾雅·釋水》郭璞注作“七里”，邢昺疏作“九里”，黃氏失檢。

〔二五〕得黿句　吳則虞云：《類聚》作“得黿頭”，《後漢書》兩注及《御覽》《爾雅疏》俱作“得黿頭，鶴躍而出”。◎文斌案：《爾雅疏》作“得黿而殺之”，吳氏失檢。

〔二六〕左操二句　劉師培《校補》云：“驂尾”，《釋水疏》引作“馬尾”。◎田宗堯云：《御覽》引《搜神記》作“左手持黿頭，右手俠左驂”。

〔二七〕若冶二句　王念孫云：“冶視之”上不當有“若”字，此涉下文“若冶之功”而衍。《爾雅·釋水》疏引無“若”字。◎俞樾云：“若冶”二字，衍文也。“津人皆曰河伯也，視之，則大黿之首”，蓋津人始皆驚疑，以爲河伯；及審視之，則大黿之首耳。視之者津人，非古冶子也。古冶子親殺黿，挈其頭而出，復何視乎？因涉下文“若冶之功”而衍“若冶”二字耳。《爾雅·釋水》疏引此文無“若”字，疑原文並無“冶”字，後人據誤本《晏子》增入之，而省“若”字也。◎黃以周云：《爾雅疏》“首”下有“也”字，當據補。◎吳則虞云：《指海》本删“若”字，作“冶視之”。◎文斌案：俞説是。黃本上方校語云：“若冶”可疑。

〔二八〕二子句　劉師培《校補》云：《釋水疏》所引無此下之文，作“二子恥功不

逮而自殺,古冶子亦自殺"。◎吳則虞云:《御覽》《事類賦》《合璧事
類》皆節引。

〔二九〕吾勇二句　劉師培《校補》云:《類聚》引作"不若子""不逮子",《通考》
二百一十二引同。

〔三〇〕挈領句　孫星衍云:《後漢書注》作"契領",是。《爾雅·釋詁》:
"'契',絶也。"《詩傳》:"'領',頸也。"《藝文類聚》作"刎頸"。◎洪頤
烜云:"挈"通作"契",《爾雅·釋詁》:"'契',絶也。"郭璞注:"今江東
呼刻斷物爲契斷。"《左氏·定九年傳》:"盡借邑人之車,鍥其軸。""鍥"
與"契"同,"挈領而死"即謂斷頸而死也。◎張純一云:"挈""契"古通
用。《別雅》四云:"《魏受禪表》:'書挈所録。'《隸釋》云:'以"挈"爲
"契"。'《詩·邶風》:'死生契闊。'《釋文》云:'"契"本亦作"挈"。'"
《史晨碑》:"孝經援神挈。"《校官碑》:"衆儁挈聖。""挈"皆同"契"。
《御覽》九百六十七作"古冶子令二子反桃,二子憝而自殺。"《爾雅疏》
作"二子恥功不逮而自殺。"◎吳則虞云:《御覽》九百六十七、《合璧事
類別集》四十二及《柳文》卷四注俱作"契領"。◎文斌案:宋本《御覽》
九百六十七作"古冶子又言其功,令三(原文誤,當作"二")子反桃,二
子憝而自殺",張氏引脱"又言其功"四字。《事類賦注》《合璧事類別
集》亦有"又言其功"四字。《御覽》《事類賦注》《合璧事類別集》此處
只有"憝而自殺",並無"契領"二字,吳氏注宜用於下文"挈領而死"處。
沈本"死"誤作"起"。

〔三一〕二子二句　孫星衍云:"生之",《藝文類聚》作"不逮"。◎劉師培《校
補》云:《後漢書·馬融傳》注引作"吾獨生",《通考》引同。◎吳則虞
云:《類聚》作"己獨不逮人"。◎文斌案:《類聚》作"二子死之,冶獨不
逮",吳氏失檢。

〔三二〕恥人三句　吳則虞云:《御覽》九百六十七、《合璧事類》有"也"字。
◎劉如瑛云:"聲",名聲。《吕氏春秋·過理》:"臣聞其聲,於王而見其
實。"高誘注:"'聲',名也。"◎文斌案:《御覽》《事類賦注》《合璧事類
別集》均無"而"字。

〔三三〕恨　張純一云:"恨"乃"很"之借字,"很"者,違也。説本王氏《雜志》,
詳《雜下》二十章。◎劉如瑛云:"恨",悔恨。《漢書·郊祀志下》:"上
意恨之。"又《李廣傳》:"至今獨恨此耳。"師古注並曰:"'恨',悔也。"

〔三四〕二子二句　孫星衍云:"同桃而節",同爭一桃而節。"宜",言不宜。
◎俞樾云:二語不可曉,孫氏解上句曰"同爭一桃而節",解下句曰
"'宜'言不宜"。夫同爭一桃何節之有?且"宜"言不宜,則"節"亦言不
節,兩句豈容異義乎?孫説非也。古冶子之意,蓋以二子之勇相等,二

子同食一桃,則得其節矣;冶專食一桃,則得其宜矣。使二子不死,即以此言處置二桃可也。上文"二子死之,冶獨生之"云云,已自明不得不死之故,此二言又處置二桃,即以定己與二子之分量,故用"雖然"二字作轉也。◎黄以周云:元刻無"其"字。"同桃""專桃"對文,"其"字衍。◎于鬯云:"同"疑當作"反",故下文云"亦反"。◎吳則虞云:俞說反曲。此云:二子既同反桃而節,冶專其桃而宜耶?此處語意甚急,省語助詞。"同"下當脫"反"字。◎劉如瑛云:"節",適宜。《周禮·冬官·弓人》:"是故厚其液而節其帤。"鄭玄注:"'節',猶'適'也。"《吕氏春秋·情欲》:"情有節。"高誘注:"'節',適也。"古冶子所言之意是:他們二人(公孫接、田開疆)都死了,我獨自活著是不仁的;用言語羞辱别人,而誇耀自己的名聲,是不義的;悔恨自己的行爲而不去死,是無勇的表現。雖然,他們二人同吃一桃,我專吃一桃,這種分配方式是適宜的。"節"與"宜"互文。三説以俞説爲是。◎文斌案:劉説是。吴勉學本、黄本、孫本"冶專"後有"其"字。

〔三五〕亦反句　劉師培《校補》云:《事類賦注》廿六引作"返桃"。◎文斌案:《事類賦注》作"亦返其桃",劉氏失檢。

〔三六〕挈領句　張純一云:《類聚》作"又刎頸而死",《爾雅疏》作"古冶子亦自殺"。◎王叔岷云:《事類賦注》《記纂淵海》引"挈"並作"契"。◎文斌案:《御覽》《合璧事類别集》《後漢書注》亦作"契"。

〔三七〕斂　文斌案:各本均作"殮",顧廣圻改作"斂"。

〔三八〕葬之句　孫星衍云:《水經注》:"淄水東經臨淄縣故城南,又東北逕蕩陰里西。水東有冢,一基三墳,東西八十步,是列士公孫接、田開疆、古冶子之墳也。晏子惡其勇而無禮,投桃以斃之,死葬陽里,即此也。"◎劉師培《斠補定本》云:姚寬《西溪叢語》上曰:"《青州圖經·臨淄縣冢墓門》云:'三士冢在縣南一里,三墳周圍一里,高二丈六尺。'張朏《齊記》云:'是列士公孫捷、田開疆、古冶子三士冢,所謂二桃殺三士者。'"

景公登射思得勇力與之圖國晏子諫第二十五^{〔一〕}

景公登射^{〔二〕},晏子脩禮而侍^{〔三〕}。公曰:"選射之禮^{〔四〕},寡人厭之矣^{〔五〕}。吾欲得天下勇士,與之圖國^{〔六〕}。"晏子對曰:"君子無禮,是庶人也^{〔七〕};庶人無禮,是禽獸也。夫勇多則弑其君,力多則殺其長^{〔八〕},然而不敢者,維禮之謂也[九]。禮者,所以御民也[一〇];轡者[一一],所以御馬也。無禮而能治國家者[一二],嬰未之聞也[一三]。”景公曰:“善。”迺飾射更席[一四],以爲上客[一五],終日問禮。[一六]

[一] 吳則虞云:楊本無此章。◎文斌案:元刻本、活字本、沈本、吳蕭本目録與標題不統一,目録無“得”字“國”字,“勇力”後有“士”字。今依標題。吳懷保本標題作“諫思勇力士”,凌本作“登射”。

[二] 景公句 劉師培《斠補定本》云:《説苑·修文篇》同。《書鈔》八十引《説苑》作“登酌”,《御覽》五百二十三、《玉海》七十三引《説苑》作“登酎”。◎吳則虞云:今本《説苑》作“登射”。此諸侯大射禮也,作“酌”誤。“登”者,齊人言也。《公羊·隱五年傳》:“登來之也。”注:“‘登’,讀言‘得’。”“登來”,即“來”,“登”“得”皆發語詞。此云“登射”,即“射”也。◎文斌案:《説苑》及《書鈔》《御覽》《玉海》引《説苑》“景公”前均有“齊”字。

[三] 晏子句 劉師培《斠補定本》云:《説苑》“侍”作“待”,《玉海》引《説苑》作“晏子修食禮以待”。◎吳則虞云:《射義》曰:“古者諸侯之射也,必先行燕禮。”《説苑》作“修食禮”,即指射日陳燕具席位諸事。◎文斌案:《御覽》引《説苑》亦作“晏子脩食禮以待”,《書鈔》作“晏子脩禮而待”。《子彙》本、沈本、吳懷保本、吳勉學本、黄本、綿眇閣本、凌本、孫本“脩”作“修”。嘉靖本“侍”作“待”。

[四] 選射句 張純一云:《書鈔》引《説苑》作“其言禮”。古者以射選有德,射必以禮,故曰“選射之禮”。◎文斌案:《御覽》引《説苑》無“選射之”三字。

[五] 厭 張純一云:《書鈔》引《説苑》作“饜”。◎文斌案:《御覽》引《説苑》亦作“饜”。

[六] 吾欲二句 劉師培《斠補定本》云:黄本“天下”作“夫”,《書鈔》引《説苑》“得”作“取”。◎吳則虞云:吳勉學本、綿眇閣本、《子彙》本、凌本亦作“夫”,元本、活字本“下勇”二字互倒。欲解此章之義,當先略陳其禮。射者有禮射,有主皮之射。禮射者:一曰大射,二曰賓射,三曰燕射。景公此射,即大射也。大射其事見《儀禮·大射儀》,鄭《目録》云:“諸侯將有祭祀之事,與其群臣射,以觀其禮。數中者得與於祭,不數中者不得與於祭。”《射義》曰:“其容體比於禮,其節比於樂,而中多者得與於祭。其容體不比於禮,其節不比於樂,而中少者不得與於祭。”此主於禮樂而不貴乎勇也。三射之外,又有主皮習武之射,《司弓矢》“弧弓以授射甲革椹質者”是也。此主皮尚勇力之射也。景公此云“選射之禮”者,即大射之禮;

而欲得勇士圖國者,即欲去大射禮而貴主皮習武之射,故下文晏子對以禮。◎田宗堯云:吳勉學本、日刊黃之寀本並作“吾欲得夫勇力士與之圖國”,《子彙》本同。明活字本與元刊同,而“下勇”二字倒。本書累言“勇力之士”,疑吳勉學本、日刊黃之寀本、《子彙》本是,惟“力”下脫“之”字耳。◎文斌案:“天下勇士”,嘉靖本、沈本、孫本同,《子彙》本、吳懷保本、吳勉學本、黃本、綿眇閣本、凌本作“夫勇力士”。元刻本、活字本作“天勇下士”,顧廣圻乙作“天下勇士”。

〔七〕是庶句　張純一云:《書鈔》引《說苑》無“也”字。◎文斌案:《御覽》引《說苑》有“也”字。

〔八〕夫勇二句　孫星衍云:《說苑》作“臣勇多則弒其君,子力多則弒其長”。◎蘇輿云:《音義》“殺”作“弒”。◎劉師培《斠補定本》云:黃本“弒”作“殺”。

〔九〕維禮句　劉師培《斠補定本》云:《說苑》“維”作“惟”。

〔一〇〕禮者二句　張純一云:《書鈔》引《說苑》作“禮以治國”。◎文斌案:《御覽》引《說苑》作“禮而治國”。

〔一一〕轡　文斌案:黃本誤作“輿”。

〔一二〕無禮句　張純一云:《書鈔》引《說苑》作“無禮能治其國家者”。◎文斌案:《御覽》引《說苑》作“無禮而治國家者”。

〔一三〕嬰未句　孫本“嬰”作“晏”。蘇輿云:“晏”疑“嬰”誤。◎張純一云:“嬰”從元刻,《說苑》同,孫本譌“晏”。《書鈔》引《說苑》“未”下有“嘗”字。◎吳則虞云:元刻本、吳勉學本、《子彙》本及《說苑》俱作“嬰”,當據改。◎文斌案:《御覽》引《說苑》亦作“嬰”,“未”下亦有“嘗”字。《書鈔》作“嬰未嘗聞之也”。各本均作“嬰”,孫本作“晏”當是排版錯誤所致。

〔一四〕迺飾句　孫星衍云:“飾”,《說苑》作“餙”,是。◎于省吾云:金文“迺”作“㐁”。“乃”“㐁”有別,訓爲“汝”者作“乃”,訓爲“於是”者作“㐁”。◎文斌案:《御覽》引《說苑》作“乃飾酎更席”。吳懷保本脫“射”字。

〔一五〕以爲句　張純一云:以晏子爲上客。

〔一六〕孫星衍云:《說苑·修文篇》用此文。

内篇問上第三凡三十章

莊公問威當世服天下時耶晏子對以行也第一[一]

莊公問晏子曰：“威當世而服天下，時耶[二]？”晏子對曰：“行也。”公曰：“何行？”對曰：“能愛邦内之民者，能服境外之不善；重士民之死力者，能禁暴國之邪逆[三]；聽賃賢者[四]，能威諸侯；安仁義而樂利世者，能服天下[五]。不能愛邦内之民者，不能服境外之不善；輕士民之死力者，不能禁暴國之邪逆；愎諫傲賢者之言，不能威諸侯[六]；倍仁義而貪名實者[七]，不能威當世而服天下者[八]，此其道也已[九]。”而公不用，晏子退而窮處[一〇]。公任勇力之士，而輕臣僕之死，用兵無休，國罷民害[一一]。朞年，百姓大亂，而身及崔氏禍[一二]。君子曰：“盡忠不豫交[一三]，不用不懷禄，其晏子可謂廉矣[一四]。”

〔一〕文斌案：活字本標題脱“一”字。吴懷保本標題作“問威當世服天下”，目録無“當世”二字，列“莊公”名下。楊本作“莊公問威服”，凌本作“莊公問晏子”。

〔二〕耶　文斌案：孫本作“邪”。

〔三〕能禁句　王念孫云：“逆”字涉下文“逆諫”而衍，《群書治要》無。◎張純一云：《群書治要》脱“逆”字，文義不完。“邪逆”猶“横逆”也，言能重視士民、惜其死儲其力者，縱素逞彊暴之國，不敢以邪逆相加矣。◎于省吾云：王説殊誤。下云“不能禁暴國之邪逆，愎諫傲賢者之言”，王以“之言”二字爲後人所加，尚無不可；以“逆”字下屬爲句，以“愎”字亦後人所加，殊有未符。能禁暴國之邪逆，與不能禁暴國之邪逆，句例一反一正，而“逆”字決不可删。《治要》意改古籍，不可據爲典要。王氏之意，以爲下文“逆諫”與“傲賢”對文，不知“愎諫”與“傲賢”亦對文也。《周書·謚法解》：“愎很遂過曰刺。”《注》：“去諫曰愎。”《左·僖十五年傳》：“愎諫違卜。"《注》:"'愎',戾也。"按"戾"亦"違"也。《左·昭四年傳》:"汰而愎諫。"《韓非子·亡徵》:"愎諫而好勝。"是"愎諫"乃古人成語,不應妄刪"愎"字,復援上以屬下,而亂古人之句例也。

〔四〕聽賃句　孫星衍云:"賃"同"任"。◎王念孫云:"聽賃賢者"本作"中聽任賢者",今本"任"誤作"賃"(此因"賢"字而誤加"貝"),而"聽"上又無"中"字者,後人誤以"聽賃"二字連讀,又不解"中聽"二字之意,故刪去"中"字也。案"中聽"者,聽中正之言也,言聽中正之言而任賢者,則能威諸侯也。後第十八曰"中聽以禁邪",《問下篇》曰"中聽則民安",此"中聽"二字之明證。"中聽任賢者",與下文"逆諫傲賢者"對文,若刪去"中"字,則與下文不對矣。《群書治要》作"中聽任聖者",雖"聖"與"賢"異文,而"中聽"二字則不誤。◎張純一《校注》據改正文作"中聽任賢者"。◎吳則虞云:《指海》本補"中"字。

〔五〕能服句　于鬯云:依文例當作"能威當世而服天下",此蓋脫。

〔六〕輕士四句　文斌案:王念孫斷句爲:"輕士民之死力者,不能禁暴國之邪;逆愎諫傲賢者之言,不能威諸侯。"並注云:"'逆愎諫傲賢者之言'本作'逆諫傲賢者',與'中聽任賢者'對文,無'愎''之言'三字。後人誤以'逆'字上屬爲句,故於'諫'上加'愎'字,又於'賢者'下加'之言'二字,不知'傲賢'與'任賢'對文,不當有'之言'二字也。《群書治要》正作'逆諫傲賢者'。"對此,于省吾有駁辯,見注三。◎吳則虞云:《指海》本刪"愎"字。

〔七〕倍　蘇輿云:《治要》"倍"作"背"。◎張純一云:《說文》:"'倍',反也。"音義並與"背"同。

〔八〕不能句　盧文弨認爲有脫文,此數句當爲"倍仁義而貪名實者,不能服天下;威當世而服天下者,此其道也已。"云:"不能"下"服天下"三字脫,以上文例之,當有。下云"威當世而服天下者"云云,別爲句。◎吳則虞斷句爲:"倍仁義而貪名實者,不能威當世。而服天下者,此其道也已。"云:此未脫,實上文挩"威當世而"四字。

〔九〕此其句　劉師培《斠補定本》云:《治要》無"也"字。

〔一〇〕而公二句　文斌案:《治要》無"公"前"而"字,且無"晏子退而窮處"句。

〔一一〕國罷句　劉師培《校補》云:《治要》引"罷"作"疲"。

〔一二〕而身句　張純一云:"禍"上疑當有"之"字。

〔一三〕盡忠句　孫星衍云:遇事盡忠,不先結交于君。

〔一四〕其晏句　王念孫云:"其"字衍。◎文廷式云:當作"其晏子之謂矣"。

莊公問伐晉晏子對以不可若不濟國之福第二^{〔一〕}

　　莊公將伐晉,問于晏子,晏子對曰:"不可。君得合而欲多^{〔二〕},養欲而意驕^{〔三〕}。得合而欲多者危,養欲而意驕者困。今君任勇力之士以伐明主^{〔四〕},若不濟,國之福也;不德而有功,憂必及君^{〔五〕}。"公作色不説。晏子辭,不爲臣,退而窮處,堂下生蔓藋^{〔六〕},門外生荆棘。莊公終任勇力之士西伐晉,取朝歌及太行、孟門^{〔七〕},茲於兑^{〔八〕},莘而民散,身滅於崔氏。崔氏之莘^{〔九〕},逐群公子^{〔一〇〕}。及慶氏亡^{〔一一〕}。

〔一〕文斌案:吳懷保本標題作"問伐晉",列"莊公"名下。楊本、凌本均作"伐晉"。

〔二〕君得句　俞樾云:"合"與"給"通。《説文・糸部》:"'給',相足也。"《孟子・梁惠王篇》:"是心足以王矣。"下文曰:"此心之所以合於王者,何也?"上言"足於王",下言"合於王","合"即"給"也。"君得合而欲多",謂所得者既給,而所求者彌多也。

〔三〕養欲句　于省吾云:"養"非"畜養"之"養","養"猶"長"也。《夏小正》:"執養宫事。"《傳》:"'養',長也。"《左・昭二十年傳》:"私欲養求。"《注》:"'養',長也。"《晉語》:"是養吾疾而干吾禄也。"《注》:"'養',長也。"《書・大誥》:"民養其勸弗救。"《漢書・翟方進傳》"養"作"長"。後第十一:"不以養嗜欲。"言不以長嗜欲也。《問下》第三十:"且嬰聞養世之君子。""養世"即"長世"也。

〔四〕今君句　孫星衍云:"任",《左傳》作"恃"。"明主",《左傳》作"盟主"。◎文斌案:《左傳・襄公二十三年》作"君恃勇力以伐盟主"。

〔五〕憂必及君　吳則虞云:《左傳》下又有"崔杼諫"一段。

〔六〕蔓藋　王念孫《雜志》"蔓藋"作"藜藋",校云:"藜藋"當爲"藜蓨"(徒弔反),"蓨"即今所謂灰蓨也。"藜""蓨"皆穢草,故與"荆棘"並言。若"藋",則非其類矣。"蓨""藋"字形相似,世人多聞"藜藋",寡聞"藜蓨",故諸書中"藜蓨"多誤作"藜藋"。説見《史記・仲尼弟子傳》(《外上篇》"堂下生藜藋"誤與此同)。

〔七〕取朝句　孫星衍云:賈逵注《國語》:"'朝歌',晉邑。"杜預注:"'朝歌',今屬汲郡。"非地同名。"太行、孟門",《左傳・襄二十三年》《史記・齊世家・莊公四年》事。杜預注:"'孟門',晉隘道。'太行',在河内郡北。"

◎蘇輿云：《左傳》作：“入孟門，登太行。”

〔八〕兹於句　孫星衍云：未詳。◎王念孫云：“兑”讀爲“隧”，“兹於兑”者，“且于之隧”也（“且”，子餘反）。此言莊公還自伐晉，遂襲莒，入且于之隧也。“且于”“兹於”聲相近，“隧”“兑”聲相近，但上有脱文耳。《檀弓》：“齊莊公襲莒于奪。”鄭注曰：“魯襄二十三年，齊侯襲莒是也。”《春秋傳》曰：“杞殖華還，載甲夜入且于之隧。”“隧”“奪”聲相近，或爲“兑”。《釋文》：“‘奪’，徒外反。”《注》：“‘兑’同。”故知“兹於兑”即《左傳》“且于之隧”，《檀弓》之“奪”，鄭注之“兑”也。

〔九〕肴　孫星衍云：《左傳》作“亂”。◎張純一云：事見襄公二十八年。

〔一〇〕逐群句　蘇輿云：各本無“子”字，《音義》有，云：“今本脱‘子’字，從《左傳》增。”盧校本亦有，今據補。◎文斌案：今據孫、盧校補“子”字。

〔一一〕及慶句　孫星衍云：此下有脱文，事亦見後。《左傳》“及慶氏亡，皆召之，具其器用而反其邑焉，與晏子邶殿，其鄙六十”云云。◎張純一云：慶氏亡見《雜下》十五章，文同襄二十八年《左傳》而略。◎吳則虞云：蓋輯者誤分爲二也。晏子前對莊公之言有“欲多”“養欲”之懼，對子尾亦有“足欲亡無日”之言，上文相貫，本爲一章之文，當據《左傳》或《雜下》第十五補足之。

景公問伐魯晏子對以不若脩政待其亂第三〔一〕

景公舉兵欲伐魯，以問晏子〔二〕，晏子對曰：“不可。魯公好義而民戴之。好義者安，見戴者和〔三〕，伯禽之治存焉，故不可攻〔四〕。攻義者不祥，危安者必困。且嬰聞之：伐人者德足以安其國，政足以和其民，國安民和，然後可以舉兵而征暴〔五〕。今君好酒而辟，德無以安國〔六〕；厚藉斂，意使令〔七〕，無以和民〔八〕。德無以安之則危，政無以和之則亂。未免乎危亂之理，而欲伐安和之國，不可。不若脩政而待其君之亂也〔九〕。其君離，上怨其下，然後伐之，則義厚而利多。義厚則敵寡，利多則民歡。”公曰：“善。”遂不果伐魯〔一〇〕。

〔一〕文斌案：銀雀山竹簡有本章内容。元刻本、活字本、嘉靖本、沈本、吳鼒本目録“待”前有“以”字，標題無。吳懷保本標題作“問伐魯”，此下各章均列“景公”名下。楊本作“景公伐魯”，凌本作“伐魯”。

〔二〕景公二句　吳則虞云：元刻本、活字本作“問以”，吳刻乙。嘉靖本、吳勉

學本、《子彙》本、楊本、凌本作“問于”。◎文斌案：嘉靖本亦作“問以”，
吳氏失檢。吳懷保本作“問以”，沈本、黃本、綿眇閣本、孫本均作“問於”。
簡本作“‧景公興兵將伐魯，問晏子”。

〔三〕晏子諸句　蘇輿云：“見”疑“民”訛，此承上言之。◎張純一云：見戴於
民，就魯公言義自可通。“見戴”與“好義”對文，不必破“見”作“民”。
“見戴者和”謂魯上下一心，不可侮也。◎文斌案：簡本作“晏子曰‘不可。
魯君好義而民戴［□□］義者安，見戴者和’”，正作“見”字，蘇說非是。
◎駢宇騫云：簡本“義”上“戴”下殘缺二字，據明本，疑當爲“之見”二字。
◎文斌又案：駢說非是。簡本所殘二字，前一字爲“之”字無疑；後一字應
爲“好”，不得爲“見”。前文既明言“魯君好義而民戴（之）”，則此處自當
爲“好義者安，見戴者和”，“好”與“見”對文，其義自足。

〔四〕伯禽二句　張純一云：伯禽，周公長子，始封於魯。《詩‧魯頌‧閟宮》
《史記‧魯世家》記其事。◎文斌案：簡本作“安和之禮存焉，未可攻也”。
◎駢宇騫云：簡本“禮”當讀爲“理”。《禮記‧仲尼燕居》：“禮也者，理
也。”疏云：“‘理’，謂道理，言禮者使萬物合於道理也。”與《易‧繫辭上》
“易簡而天下之理得矣”之“理”義同。

〔五〕攻義諸句　文斌案：簡本作“攻義者不羊，危安者必困。且嬰聞之：伐人
者德足以安其國，正足以和其民，國安民和，然后可以興兵而正暴”。◎駢
宇騫云：簡本“羊”當讀爲“祥”，祥从示羊聲。“不祥”，不善、不吉祥。
“正足以和其民”之“正”當讀爲“政”，《說文》云：“‘政’，正也。从攴从
正，正亦聲。”“正暴”之“正”當讀爲“征”，征从彳正聲。“征”，出兵征討。

〔六〕今君二句　張純一云：“今君好酒而辟”與“厚藉斂而急使令”對文，有脫
字。◎吳則虞云：楊本“辟”作“僻”，自“德”字截讀，誤。◎文斌案：簡本
作“今君好酒而養辟，德无以安國”，“辟”上正有“養”字，張說是。◎駢宇
騫云：簡本、明本“辟”即“邪”義。《左傳‧昭公六年》：“楚辟我衷，若何
效辟。”杜注：“‘辟’，邪也。”在這個意思上或作“僻”，如《論語‧先進》：
“師也僻。”此“僻”或“偏”“邪”之義。

〔七〕厚藉二句　孫星衍云：“意使令”，任意使人。◎王念孫云：“意”字文義不
順。孫加“任”字以釋之，亦近於牽強。“意”疑是“急”字之誤。令急則民
怨，故曰“無以和民”。◎吳則虞云：《指海》本改作“急”。◎文斌案：簡
本正作“厚藉斂，急使令”，王氏卓識。◎駢宇騫云：簡本“藉”，《說文》
云：“‘藉’，帝藉千畝也。古者使民如借，故謂之藉。”《廣雅‧釋詁》云：
“‘藉’，稅也。”“斂”，賦稅。《孟子‧盡心上》：“易其田疇，薄其稅斂。”

〔八〕無以句　張純一《校注》於“無以”前增“政”字，注云：舊脫“政”字，上下
文皆“政”與“德”對言，今校補。◎吳則虞說同。◎文斌案：簡本正作“正

无以和民”,張、吳説是。◎駢宇騫云:簡本“正”當讀爲“政”,説見上。明本“無以和民”上疑脱一“政”字,簡本義長。“無以和民”之“和”,《爾雅·釋詁》《小爾雅·廣言》皆云:“‘和’,諧也。”《禮記·中庸》云:“發而皆中節謂之和。”

〔九〕德無諸句　蘇輿云:“君之”二字似不當有,傳寫者緣下衍“君”字,後又加“之”字耳。標題亦祇作“待其亂”,無“君之”二字,是其證。◎文斌案:簡本作“德无以安之則危,正无[□]和之則亂。未免乎危亂之禮,而[□□□□]之國,不可,不若脩德而侍其亂也”,正無“君之”二字,蘇説是。沈本、吳懷保本、吳勉學本、黃本、楊本、凌本、孫本“脩”作“修”。◎駢宇騫云:“和”上殘缺一字,據明本,疑當作“以”字。“危亂之禮而”下殘缺四字,據明本,疑當作“欲伐安和”四字。簡本“正”當讀爲“政”,説見上。“禮”當讀爲“理”,説見上,明本正作“理”。禮、理雙聲,可通假。“侍”當讀爲“待”,二字皆从“寺”聲,古音相同,可通假。《説文》有“偫”字,云:“‘偫’,待也。”疑簡文“侍”乃“偫”之省寫。“待”,《説文》《廣雅·釋詁》云“竢也”。

〔一〇〕其君諸句　王念孫云:“其君離”三字文不成義,當作“民離其君”,與“上怨其下”對文。今本“離”字誤在“其君”下,又脱去“民”字耳。◎文斌案:簡本作“其[□□□]怨上,然后伐之,則義厚而[□□□□□]適寡,利多則民勸。公曰:‘善。’不果伐魯”。◎駢宇騫云:“怨”上殘缺三字,據明本,疑當爲“君離下”三字。“適寡”上殘缺五字,據明本,疑當爲“利多義厚則”五字。簡文“適”當讀爲“敵”。古書中習以“適”爲“敵”,如《戰國策·蔡澤見逐於趙》章“吳王夫差無適於天下”,《史記》作“敵”。《禮記·雜記》“大夫訃於同國適者”、《史記·周勃世家》“與戰却適”之“適”皆爲“敵”之借字。簡文“勸”,《小爾雅·釋詁二》云:“助也。”明本作“歡”,誤,疑爲形近而訛。作“勸”義長。

景公伐氂勝之問所當賞晏子對以謀勝禄臣第四〔一〕

景公伐氂〔二〕,勝之,問晏子曰:“吾欲賞於氂,何如〔三〕?”對曰:“臣聞之:以謀勝國者,益臣之禄〔四〕;以民力勝國者,益民之利。故上有羨獲,下有加利〔五〕。君上享其名〔六〕,臣下利其實。故用智者不偷業,用力者不傷苦,此古之善伐者也。”公曰:“善。”於是破氂之臣〔七〕、東邑之卒皆有加利。是上獨擅名,利下流也。

〔一〕文斌案：吳懷保本目録作“問伐釐所當賞”，標題無“伐釐”二字。楊本作“賞釐”，凌本作“伐釐”。

〔二〕釐　孫星衍云：“釐”，即“萊”也。服虔注《左傳》：“齊東鄙邑。”杜預注：“萊國，今東萊黄縣。”◎于省吾云：《叔弓鎛》：“余易女釐都鄪鄝。”孫詒讓云：“‘釐都’，蓋齊之大都。”“釐”疑即“萊”，故萊國，“來”“釐”古音同。

〔三〕吾欲二句　張純一云：“釐”下當有“之役”二字，言吾欲行賞于從釐之役者。今本脱之，語意不完。◎吳則虞云：此當作“賞于破釐之臣”。晏子兼民力言，景公從之，故“東邑之卒皆有加利”。下“破釐之臣”即承此而來，今本殘脱也。◎文斌案：吳説非。下文晏子諫言：“以謀勝國者，益臣之禄；以民力勝國者，益民之利。”是分別從“臣”“民”兩端立言。又下文“用智者不偷業，用力者不傷苦”，所謂“用智者”，即指“以謀勝國”之“臣”；所謂“用力者”，即指“以力勝國”之“民”，故不當單言“賞于破釐之臣”。張氏於“釐”下補“之役”二字，則涵蓋所有釐役有功人員，義較寬，可從。

〔四〕以謀二句　劉師培《斠補定本》云：戴校云：“謀”上當有“臣”字。◎張純一《校注》於“謀”上增“臣”字，注云：舊脱“臣”字。此文本作“以臣謀勝國者”，言“以臣之謀勝人之國者，則益臣之禄；以民之力勝人之國者，則益民之利。”“臣謀”與“民力”對文。下文“益臣之禄”正承此而言。今本脱“臣”字，則不知謀出何人矣。“臣”字不可無，今補。◎吳則虞云：是也。“臣謀”“益臣”與下句“民力”“益民”正對文。

〔五〕故上二句　張純一云：“上”指君言，“下”兼臣、民言。“羡”，餘也。言君非臣、民無所獲，當盡出其所餘，與臣、民共之。

〔六〕君上句　黃以周云：“名”，元刻作“民”。◎張純一云：“名”從孫本，下文是“上獨擅名”。元刻誤“民”。◎王叔岷云：黃之宷本、《子彙》本“民”並作“名”。張純一云：“元刻誤‘民’。”是也。明活字本亦誤“民”。◎田宗堯云：吳勉學本、《指海》本作“名”。◎文斌案：沈本、綿眇閣本、楊本、凌本、孫本亦作“名”，嘉靖本、吳懷保本、吳蕭本作“民”。“名”“實”爲對文，張説是。今從衆校改“民”爲“名”。

〔七〕於是句　吳則虞云：“破”上當有“賞”字。◎文斌案：吳説非。“於是破釐之臣、東邑之卒皆有加利”應作一句讀，不可拆爲兩句。若按吳氏讀法，“于是賞破釐之臣”作一句讀，則下句“東邑之卒”後不當用“皆”字，而當用“亦”。用“皆”字者，既涵“破釐之臣”，又涵“東邑之卒”。“於是破釐之臣、東邑之卒皆有加利”語意顯明順暢；若加“賞”字，則轉有語病矣。

景公問聖王其行若何晏子對以衰世而諷第五〔一〕

　　景公外傲諸侯，内輕百姓，好勇力，崇樂以從嗜欲，諸侯不説〔二〕，百姓不親。公患之，問於晏子曰：“古之聖王，其行若何？”晏子對曰：“其行公正而無邪，故讒人不得入；不阿黨〔三〕，不私色，故群徒之卒不得容〔四〕；薄身厚民，故聚斂之人不得行〔五〕；不侵大國之地，不耗小國之民〔六〕，故諸侯皆欲其尊；不劫人以兵甲〔七〕，不威人以衆彊〔八〕，故天下皆欲其彊；德行教訓加於諸侯，慈愛利澤加於百姓〔九〕，故海内歸之若流水〔一〇〕。今衰世君人者，辟邪阿黨，故讒諂群徒之卒繁〔一一〕；厚身養，薄視民〔一二〕，故聚斂之人行；侵大國之地，耗小國之民，故諸侯不欲其尊；劫人以兵甲，威人以衆强〔一三〕，故天下不欲其强；災害加於諸侯，勞苦施於百姓，故讎敵進伐，天下不救，貴戚離散，百姓不興〔一四〕。”公曰：“然則何若？”敞曰〔一五〕：“請卑辭重幣以説于諸侯〔一六〕，輕罪省功以謝於百姓，其可乎！”公曰：“諾。”於是卑辭重幣而諸侯附，輕罪省功而百姓親。故小國入朝，燕魯共貢〔一七〕。墨子聞之曰：“晏子知道，道在爲人，而失爲己〔一八〕。爲人者重，自爲者輕。景公自爲，而小國不爲與在；爲人，而諸侯爲役〔一九〕，則道在爲人而行在反己矣〔二〇〕，故晏子知道矣。”

〔一〕吳則虞云：楊本無此章。◎文斌案：元刻本、活字本、嘉靖本、沈本、吳勉本標題“其行”，目録作“之行”。楊本有此章，標題作“聖王之行”，吳氏失檢。吳懷保本目録作“問聖王之行”，標題省作“問王行”。凌本作“外傲諸侯”。

〔二〕諸侯句　文斌案：吳懷保本“説”作“悦”。

〔三〕不阿句　文斌案：綿眇閣本“阿”誤作“呵”。

〔四〕故群句　張純一云：“群徒之卒”四字兩見，文不成義。此四字，祇“群小”二字足以了之。疑本作“故群小不得容”，與“故讒人不得入”對文。“群小”，謂君所嬖倖之臣妾。“不得容”，謂無容身之地。

〔五〕薄身二句　劉師培《校補》云：《元龜》二百四十二引“民”作“人”，“人”作“術”。

〔六〕不耗句　孫本“耗”作“秏”，《音義》云：“秏”，今本作“耗”，非。◎張純一《校注》亦作“秏”，注云：“秏”，減也，損也。

〔七〕兵甲　孫本作“甲兵”。黃以周云：元刻作“兵甲”。下云“劫人以兵甲”，元刻是。◎王叔岷云：黄之寀本、《子彙》本“兵甲”並作“甲兵”，明活字本亦作“兵甲”。◎田宗堯云：吳勉學本作“甲兵”，《指海》本作“兵甲”。◎文斌案：綿眇閣本、楊本、凌本作“甲兵”，嘉靖本、沈本、吳懷保本、吳鼒本作“兵甲”。各本下文均作“兵甲”，辭當一致，則此處作“兵甲”是。《元龜》亦作“兵甲”。

〔八〕不威句　劉師培《校補》云：“衆彊”當從《元龜》作“衆疆”，即廣土也。與“兵甲”對文，一謂兵力，一言土地。若如今本，則與下句“彊”字複。

〔九〕慈愛句　劉師培《校補》云：下以“施百姓”與“加諸侯”對文，此“加”字疑亦“施”訛。

〔一○〕故海句　劉師培《校補》云：《元龜》引無“水”字。

〔一一〕故讒句　劉師培《校補》云：《元龜》引“徒”作“從”，上亦作“徒”。◎張純一云：“群徒之卒”四字沿上文而誤，疑本作“故讒諂之徒繁”，與“故聚斂之人行”對文。今本“之”字倒著“徒”下，又衍“群”字、“卒”字，文不成義。◎文斌案：“諂”，孫本同，餘均誤作“諂”。

〔一二〕厚身二句　張純一云：上文“薄身厚民”，此文反之。疑本作“厚身薄民”，與“辟邪阿黨”對文。今本“養”字、“視”字蓋後人妄加，當刪。

〔一三〕威人句　劉師培《校補》云：“彊”亦當從《元龜》作“疆”。

〔一四〕百姓句　王念孫云：“興”字於義無取，當是“與”字之誤。“百姓不與”，即上文之“百姓不親”也。《繫辭傳》曰：“民不與。”◎劉師培《校補》云：《元龜》引“興”作“與”，黄本同，與盧校王校合。◎吳則虞云：《指海》本從王校作“與”。◎文斌案：黄本作“與”，餘均誤作“興”。顧廣圻校云：當作“與”。

〔一五〕敓　洪頤煊云：第十九：“晏子敓曰：‘有難不死，出亡不送。’”第二十八：“晏子敓曰：‘臣雖不知，必務報君以德。’”《説文》：“‘敓’，彊取也。《周書》曰：‘敓攘矯虔。’从攴兑聲。”此假借作“對”字，是古字之厪存者。◎文廷式云：“敓”當作“對”。◎蘇輿將“敓”字斷至上句，全句作“公曰‘然則何若敓’”，注云：“敓”同“奪”，叚字，言“若何而奪此患也”。◎劉師培《斠補定本》云：《元龜》作“對曰”，黄本同。◎于省吾云：蘇讀“然則何若敓”句，誤甚，“敓”應讀作“對”。劉師培謂黄之寀本及《元龜》引“敓”作“對”，按“敓”“對”字通。洪頤煊謂此假借作“對”字，是也。《內篇·問上弟十九》“晏子對曰”，明刻本“對”作“敓”。上云“故讎敵進伐，天下不救；貴戚離散，百姓不與（依王念孫説改“興”爲“與”）”，此接以：“公曰：‘然則何若？’”“何若”本應作“若何”，上文：“公患之，問于晏子曰：‘古之聖王，其行若何？’”即其證也。後人誤與“敓”字連讀，則“若何敓”不如“何若敓”之爲語順，故改易之。◎張純一《校注》改“敓”爲“對”，注云：“對”從元刻。明本作“敓”，孫本同。◎王叔岷云：《子彙》本亦作“對曰”。元本作“攷曰”，張氏失檢。◎吳則虞云：洪説是也，當據改。◎文斌案：《子彙》本、吳勉學本、黃本、綿眇閣本、楊本、凌本作“對”，餘均作“攷”。

〔一六〕請卑句　文斌案：《元龜》“重”作“厚”。吳懷保本“説”作“悦”。

〔一七〕共　劉師培《斠補定本》云：“共”與“供”同（《雜下篇》同）。

〔一八〕道在二句　孫本“失”下有“在”字，《音義》云：爲人則得，爲己則失也。◎黃以周云：元刻本同《音義》，“失”下有“在”字。“道在爲人，而失在爲己”與下“道在爲人，而得在反己”文同。◎劉師培《斠補定本》云：《元龜》“失”作“適”，當據訂。黃本上方校語云：“‘失’疑‘不’字。”◎文斌案：元刻本“失”下無“在”字，黃氏失檢。

〔一九〕景公四句　王念孫云：今本“爲人”上有“在”字，乃上文之脱字誤入此文内，孫氏《音義》已及之。“小國不爲與”，“爲”字涉上下諸“爲”字而衍。“小國不與”與“諸侯爲役”對文，則“與”上不當有“爲”字。“百姓不與”“小國不與”，兩“與”字正同義。◎黃以周曰：“在”字乃上“而失在爲己”之脱文誤入此處。“小國不爲與”，謂不爲之坿也。“小國爲與”“諸侯爲役”對文。◎劉師培《校補》云：《元龜》引作：“景公自爲，而小國不與；晏子爲人，諸侯爲役。”當據訂。◎張純一《校注》改“小國不爲與在”爲“百姓不與”，注云：舊作“小國不爲與在”，“在”字已依孫、王校移前，“爲”字衍，從王校刪。“小國”二字當爲“百姓”之誤。上文皆百姓與諸侯對言，此不應獨作“小國”，致與諸侯義複而文不相對。蓋傳寫之誤，今校改。◎吳則虞從王説刪“爲”字、“在”字。◎文斌案：劉説是。“爲人”上脱“晏子”二字，當據《元龜》補。黃本上方校語云：“‘在’字疑衍。”

〔二〇〕則道句　黃以周云：“行”蓋“得”之剥文。上云“而失在爲己”，與此相反，爲己則失，反己則得也。◎張純一云：“行”字不誤。言道在爲人而行在反己，强恕以求仁也。◎于省吾云：黃説非是。“行在反己”不必改“行”爲“得”。反言之，不反己則不能行，亦即“失”之義也。◎吳則虞云：黃説恐非。“行在反己”語不明，“反”疑“失”字之譌，“爲人”“失己”，皆回照上文而來，不當在此突提“反己”之言。

景公問欲善齊國之政以干霸王
晏子對以官未具第六〔一〕

景公問晏子曰：“吾欲善治齊國之政，以干霸王之諸侯〔二〕。”晏子作色對曰〔三〕："官未具也。臣數以聞,而君不肯聽也〔四〕。故臣聞〔五〕:仲尼居處惰倦〔六〕,廉隅不正〔七〕,則季次、原憲侍〔八〕;氣鬱而疾〔九〕,志意不通,則仲由、卜商侍〔一〇〕;德不盛〔一一〕,行不厚〔一二〕,則顏回、騫、雍侍〔一三〕。今君之朝臣萬人,兵車千乘〔一四〕,不善政之所失于下,實墜于民者衆矣〔一五〕,未有能士敢以聞者〔一六〕。臣故曰:'官未具也。'〔一七〕"
公曰:"寡人今欲從夫子而善齊國之政〔一八〕,可乎〔一九〕?"對曰:"嬰聞:國有具官〔二〇〕,然後其政可善〔二一〕。"公作色不説〔二二〕,曰:"齊國雖小,則可謂官不具〔二三〕?"對曰:"此非臣之所復也〔二四〕。昔吾先君桓公身體惰懈〔二五〕,辭令不給,則隰朋暗侍〔二六〕;左右多過〔二七〕,獄讞不中〔二八〕,則弦甯暗侍〔二九〕;田野不脩,民氓不安〔三〇〕,則甯戚暗侍;軍吏怠,戎士偷〔三一〕,則王子成甫暗侍〔三二〕;居處佚怠〔三三〕,左右懾畏〔三四〕,繁乎樂,省乎治〔三五〕,則東郭牙暗侍〔三六〕;德義不中,信行衰微〔三七〕,則管子暗侍〔三八〕。先君能以人之長續其短,以人之厚補其薄,是以辭令窮遠而不逆,兵加於有罪而不頓〔三九〕,是故諸侯朝其德,而天子致其胙〔四〇〕。今君之過失多矣〔四一〕,未有一士以聞也〔四二〕。故曰:'官不具。'〔四三〕"
公曰:"善。"〔四四〕

〔一〕王念孫云:自"公曰'寡人今欲從夫子而善齊國之政'"以下別是一章,本在《問下篇》內,其首句本作"景公問晏子曰"。後人以其問答之指大略相同,遂併後章入前章,而改"景公問晏子曰"爲"公曰",以泯其跡。又前章標題云《景公問欲善齊國之政以干霸王晏子對以官未具》,則後章亦當有標題。今既併後入前,遂删去後章之標題矣。不知前章是景公欲善齊國之政以干霸王,而晏子對以官未具;後章是景公欲與晏子善齊國之政,而晏子對以官不具。前章是言侍孔子者有季次、原憲、仲由、卜商、顏回、騫、雍,而景公無一士;後章是言侍桓公者有隰朋、弦甯、甯戚、王子成甫、東郭牙、管仲,而景公無一士。且問答之詞皆前略而後詳,則非一篇可知。今併爲一篇,則既云今君"不善政之所失于下,實墜于民者衆矣,未有能士敢以聞者,臣故曰官未具也",又云"今君之過失多矣,未有一士以聞也,故曰官不具",古人之文,有如是之複者乎?《晏子》各章,大同小異者多矣,又可一切删而併之乎?《群書治要》後章在《問下篇》,其首句作"景公問晏子曰",今據以訂正(《説苑‧君道篇》有後章無前章,《孔叢子‧詰墨篇》及《意林》皆有前章無後章,則前後之非一章甚明)。◎黃以周云:《治要》分"寡人今欲從夫子"以下別爲一章,在《問下篇》。王氏從之,非也。《問上《問下》前計都凡皆三十章,分此入《問下》則《下》多一章矣;《下篇》標題章次具在,何處可以羼入? ◎張純一云:齊景公欲封孔子以尼谿,晏子阻之。則自"臣聞仲尼"至"顏回騫雍侍"云云恐未必然。《孔叢》以晏子稱孔子爲聖人,尤難信。況晏子之卒當孔子四十五歲(詳《雜上》二十三章注),卜商少孔子四十四歲,卜商能侍孔子,晏子墓木已拱乎。此文疑除《說苑》《治要》所引外,蓋後儒以其詞旨相類,據《孔叢》羼入。不足據,當删。 ◎文斌案:王說是,黃說非,《問下》第二十二和二十三章在銀雀山竹簡中爲一章。吳懷保本目錄作"問欲善齊國之政",標題作"問善國政干霸王"。楊本作"官未具",凌本作"善治"。

〔二〕以干句　孫星衍云:此句疑脫誤。《意林》作:"吾欲霸諸侯,若何?"《孔叢》作:"可以霸諸侯乎?" ◎張純一云:"以干霸王之諸侯"義不可通。《管子·小匡篇》有"若欲霸王,夷吾在此"之說。據標題云"以干霸王",此文或作"以干霸王可乎"。 ◎王叔岷云:此句有脫無誤。"之"猶"於"也(詳《釋詞》)。"以干霸王之諸侯"即"以干霸王於諸侯","諸侯"下當據《意林》所引補"若何"二字。 ◎文斌案:孫引《孔叢子》見《詰墨篇》,原作"吾欲善治,可以霸諸侯乎"。

〔三〕晏子句　王念孫云:"對曰"上不當有"作色"二字,蓋涉下文"公作色"而衍。 ◎張純一《校注》删"作色"二字,注云:"對"上舊衍"作色"二字,從王校删。《意林》作"晏子曰",《孔叢》作"對曰",並無"作色"二字。 ◎吳則虞云:王說是也,《指海》本據删。

〔四〕臣數二句　孫星衍云:"數",《孔叢》作"亟";"不肯聽",《孔叢》作"未肯然"。

〔五〕故臣句　陶鴻慶云:"臣聞"上不當有"故"字,"也故"二字蓋誤倒。 ◎張純一《校注》删"故"字,注云:"臣"上舊衍"故"字,無謂。據《意林》《孔叢》删。

〔六〕仲尼句　孫星衍云:"仲尼"下,《孔業》有"聖人然猶"四字。"居處惰倦",《意林》作"居陋巷",形近之譌。《孔叢》作"倦惰"。 ◎吳則虞云:《意林》作"處陋巷",孫引誤。 ◎文斌案:吳校是。《孔叢子·詰墨》作"孔子聖人,然猶居處倦惰"。

〔七〕廉隅句　孫星衍云:"正",《孔叢》作"修"。

〔八〕則季句　孫星衍云:"季次",《史記·仲尼弟子列傳》:"公晳哀,字季次。孔子曰:'天下無行,多爲家臣,仕於都,唯季次未嘗仕。'"《家語》作"公晳克",《孔叢》作"季羔"。 ◎張純一云:《意林》無"季次"二字。 ◎文斌案:《孔子家語·七十二弟子解》作"公晳哀"。

〔九〕氣鬱句　張純一云:《意林》無此四字。 ◎吳則虞云:嘉靖本"鬱"字作墨

釘。◎文斌案：嘉靖本僅存“省乎治，則東郭牙曜侍”以後部分，徑接上章
“爲人，而諸侯”後；“‘鬱’字作墨釘”者，乃元刻本也。吳氏失檢。

〔一○〕則仲句　張純一云：《意林》無“卜商”二字。◎吳則虞云：《聖賢群輔
録》《廣博物志》引《尸子》“仲尼志意不立，子路侍”，亦無“卜商”，恐後
增也。

〔一一〕德不句　劉師培《斠補定本》云：《意林》引作“德不辱”。

〔一二〕行不句　孫星衍云：“厚”，《孔叢》作“勤”。

〔一三〕則顏句　孫星衍云：《孔叢》作“顏、閔、冉、雍侍”。閔損字子騫。◎張
純一云：《意林》無“騫、雍”二字。◎吳則虞云：《尸子》作“亡忽古今顏
回侍”。

〔一四〕兵車　吳則虞云：《詰墨》作“立車”。

〔一五〕賈墜句　孫本“于”作“下”，《音義》云：“賈”即“隕”，假音字。“墜”當
爲“隊”。《説文》：“‘隕’，從高下也。”“‘隊’，從高隊也。”《孔叢》作
“加於”。◎王叔岷云：黃之寀本、《子彙》本“于民”並作“下民”。張純
一《校注》本從元本作“于民”，是也。明活字本亦作“于民”。◎吳則虞
云：元本、活字本、嘉靖本“下”亦作“于”。又《詰墨》此句作“不善之政
加于下民者衆矣”。◎文斌案：吳勉學本、綿眇閣本、楊本、凌本作“下
民”，沈本、吳懷保本作“于民”。嘉靖本此處缺，吳氏失檢。

〔一六〕未有句　孫星衍云：《孔叢》作“未能以聞者”。

〔一七〕官未句　孫星衍云：“具”，《孔叢》作“備”。《意林》作“今君未有能侍，
故未具也”。

〔一八〕寡人句　王念孫云：《群書治要》無“今”字，《説苑》同。◎吳則虞云：
《諸子瓊林》亦無“今”字，《指海》本刪。◎文斌案：吳引《諸子瓊林》，
見後集卷十一。

〔一九〕可乎　吳則虞云：《説苑·君道篇》無此二字。◎文斌案：《諸子瓊林》
亦無此二字。

〔二○〕嬰聞二句　蘇輿云：《治要》“聞”下有“之”字。◎劉師培《斠補定本》
云：《説苑·君道篇》作“國具官而后政可善”，疑此衍“有”字。◎吳則
虞云：《諸子瓊林》亦有“之”字，“國”下無“有”字。◎文斌案：《説苑》
亦有“之”字。

〔二一〕然後句　吳則虞云：元刻本、活字本“善”俱作“喜”，綿眇閣本、吳勉學
本、楊本、凌本已作“善”。《説苑》及《諸子瓊林》“然”作“而”，無“其”
字。◎文斌案：《子彙》本、沈本、吳懷保本、黃本、孫本亦作“善”。

〔二二〕公作句　吳則虞云：《説苑》及《諸子瓊林》無“不悦”二字。◎文斌案：
“説”，吳懷保本、吳勉學本、黃本作“悦”。

〔二三〕則可句　孫本“可”作“何”，《音義》云：“何謂”，《説苑》作“何爲”。一本作“可”，非。◎蘇輿云：《治要》“何”作“可”，句下有“乎”字。此疑傳寫者奪“乎”字，後遂改爲“何”字耳。“可”字非誤。◎張純一云：“何”，元刻作“可”，古通。《治要》《説苑》“具”下並有“乎”字，此脱，當據補。“謂”，《説苑》作“爲”，古通。“則”字疑涉上下文衍。◎王叔岷云：明活字本、《子彙》本並作“可謂”，與元本合。◎吳則虞云：活字本、吳勉學本、楊本、凌本作“可”，《諸子瓊林》作“何爲不具官乎”。綿眇閣本作“奈何”。◎田宗堯云：吳勉學本、《指海》本亦作“可謂”，與元本合。“何”“可”字通。《詩·小雅·何彼穠矣》：“其釣維何？”《石鼓文》“何”作“可”，即其證。◎文斌案：《何彼穠矣》見《詩經·召南》，田氏失檢。沈本、吳懷保本、黃本“何”亦作“可”。《説苑》“官不具”作“不具官”。

〔二四〕此非句　張純一云：《治要》無此七字。

〔二五〕昔吾句　孫星衍云：“惰”，《説苑》作“墮”。◎蘇輿云：《治要》“懈”作“解”。◎張純一云：《説苑》無“吾”字。◎吳則虞云：《諸子瓊林》亦作“墮”，無“吾”字。

〔二六〕則隰句　孫星衍云：“隰朋”，謚成子，莊公曾孫，戴仲之子。《史記·齊世家》，《集解》徐廣曰：“或作‘崩’也。”《潛夫論·志氏姓》：“齊之隰氏姜姓。”“暱”，《爾雅·釋詁》：“近也。”◎張純一云：“莊公”，成公子名購，或作贖，非靈公子名光者。◎吳則虞云：《説苑》《諸子瓊林》無“暱”字，下同。

〔二七〕左右句　蘇輿云：《治要》“過”作“譽”。◎吳則虞云：《子彙》“左右”二字倒。◎文斌案：“左右”，沈本、孫本同，餘均作“右左”。

〔二八〕獄讞句　孫星衍云：“讞”當爲“瀸”，《説文》：“議辠也。”《玉篇》：“‘瀸’，魚列切，與‘讞’同。”艸書“水”“言”相似。◎張純一云：“獄讞”，《説苑》作“刑罰”。◎吳則虞云：《諸子瓊林》作“刑罰不中”。◎文斌案：黃本“讞”作“訟”。

〔二九〕弦甯　孫本作“弦章”，《音義》仍作“弦甯”，注云：弦商、甯武也。《説苑》只作“弦章”，“章”“商”聲相近。《韓非》作“弦商”。“甯武”，甯武其即甯戚與？◎盧文弨云：“甯”與“寧”同。《新序》作“弦寧”，説已見前，孫本即改“章”。◎黃以周云：“弦章”，景公臣，見《諫上篇》及《外》末篇。此當依元刻作“弦甯”。《音義》亦作“弦甯”，而誤以“弦”爲弦章，“甯”爲甯武。當以盧説爲正。◎蘇輿云：舊刻及浙局本俱作“弦章”（孫氏《音義》仍標作“弦甯”），此乃事桓公者，與諫景公飲酒之弦章相隔百餘年，明是誤文。今從諸校本改作“弦甯”。但孫氏以“甯”爲甯武,謂即甯戚,不知下固有一"甯戚"矣。《治要》正作"弦寧"。◎吳則虞云:"弦甯"非弦章,亦非甯武,《新序·雜事》以甯戚、隰朋、東郭牙、弦甯、王子成甫並舉,且謂"決獄折中,不誣無罪,不殺無辜,則臣不若弦甯,請置以爲大理",是"弦甯"爲大理也。◎文斌案:孫本外,各本均作"弦甯",顧廣圻改"甯"作"甯"。《諸子瓊林》作"弦章"。孫引《韓非》,見《外儲説左下》。

〔三〇〕田野二句　蘇輿云:《治要》"氓"作"萌"。◎吳則虞云:《説苑》及《諸子瓊林》"民氓"作"人民"。◎文斌案:《治要》《説苑》及《諸子瓊林》"脩"作"修"。

〔三一〕軍吏二句　蘇輿云:《治要》"吏"作"士","怠"作"惰","偷"作"肆"。王氏《雜志》作"戎事",非。此與"軍吏"對。◎吳則虞云:《諸子瓊林》作"戎事"。

〔三二〕王子成甫　孫星衍云:《韓非》作"公子成父",是。《説苑》作"父"。◎蘇輿云:《治要》"成"作"城"。◎吳則虞云:《諸子瓊林》"甫"作"父"。

〔三三〕居處句　蘇輿云:《治要》"佚"作"逸"。◎劉師培《斠補定本》云:《説苑》作"居處肆縱"。◎吳則虞云:《諸子瓊林》作"居處肆縱"。

〔三四〕左右句　吳則虞云:《治要》《説苑》無此四字。◎文斌案:《治要》《説苑》均有"左右懾畏"四字,吳氏失檢。

〔三五〕繁乎二句　張純一云:此六字,《説苑》《治要》並無。◎文斌案:《諸子瓊林》亦無此二句。

〔三六〕東郭牙　孫星衍云:姓東郭,名牙。《韓非·外儲説》:"桓公問置吏於管仲。曰:'辯察於辭,清潔於貨,習人情,夷吾不如弦商,請立以爲大理。登降肅讓,以明禮待賓,臣不如隰朋,請立以爲大行。墾草仞邑,辟地生粟,臣不如甯武,請以爲大田。三軍既成陳,使士視死如歸,吾不如公子成父,請以爲大司馬。犯顔極諫,臣不如東郭牙,請以爲諫臣。'"◎文斌案:《説苑》"居處肆縱,左右懾畏,則東郭牙侍"三句在"則弦章侍"後,"田野不修"前,語序與《晏子》稍異。

〔三七〕信行句　蘇輿云:《治要》"信"作"意","微"作"怠"。

〔三八〕則管句　孫星衍云:"管",《説苑》作"筦",通。◎文斌案:《諸子瓊林》亦作"筦"。

〔三九〕是以二句　文斌案:《治要》無此二句,《説苑》有。

〔四〇〕而天句　蘇輿云:《治要》有"焉"字,"致"下無"其"字。

〔四一〕今君句　吳則虞云:《説苑》《諸子瓊林》無"過"字。

〔四二〕未有句　王念孫云:《群書治要》"聞"下有"者"字,《説苑》同。◎吳則虞云:《諸子瓊林》"聞"作"間",《指海》本補"者"字。◎文斌案:《諸子瓊林》"也"上有"者"字。

〔四三〕官不具　吳則虞云:《説苑》《諸子瓊林》作"未具"。

〔四四〕孫星衍云:《説苑·君道篇》《孔叢·詰墨篇》用此文。

景公問欲如桓公用管仲以成霸業
晏子對以不能第七[一]

景公問晏子曰:"昔吾先君桓公,有管仲夷吾保乂齊國[二],能遂武功而立文德[三],糾合兄弟[四],撫存翌州[五],吳越受令,荆楚惛憂[六],莫不賓服,勤于周室,天子加德[七],先君昭功,管子之力也[八]。今寡人亦欲存齊國之政於夫子[九],夫子以佐佑寡人[一〇],彰先君之功烈,而繼管子之業[一一]。"晏子對曰:"昔吾先君桓公能任用賢,國有什五[一二],治徧細民[一三];貴不淩賤,富不傲貧[一四];功不遺罷,佞不吐愚[一五];舉事不私,聽獄不阿[一六];内妾無羨食,外臣無羨禄[一七],鰥寡無飢色[一八];不以飲食之辟害民之財[一九],不以宫室之侈勞人之力;節取於民而普施之,府無藏,倉無粟;上無驕行,下無諂德[二〇]。是以管子能以齊國免於難,而以吾先君參乎天子[二一]。今君欲彰先君之功烈,而繼管子之業,則無以多辟傷百姓,無以嗜欲玩好怨諸侯[二二],臣孰敢不承善盡力以順君意[二三]? 今君疏遠賢人而任讒諛[二四];使民若不勝,藉斂若不得[二五];厚取於民而薄其施,多求於諸侯而輕其禮;府藏朽蠹而禮悖於諸侯[二六],菽粟藏深而怨積於百姓[二七];君臣交惡而政刑無常。臣恐國之危失而公不得享也,又惡能彰先君之功烈,而繼管子之業乎[二八]?"

〔一〕文斌案:吳懷保本目録作"問欲繼桓公之成霸業",標題省作"問成霸業"。楊本作"繼桓公成霸業",凌本作"先君桓公"。

〔二〕保乂　于省吾云:金文"保乂"作"保辥"。◎張純一云:《爾雅·釋詁》:"'乂',治也。"◎吳則虞云:元本、活字本均誤作"義",綿眇閣本、吳勉學本、《子彙》本作"乂"。◎文斌案:嘉靖本、吳懷保本亦誤作"義",沈本、黃本、楊本、凌本、孫本作"乂"。

〔三〕能遂句　張純一云:《諫上》十六章曰"民樂其政而世高其德",是爲"文德"。"行遠征暴,勞者不疾",是爲"武功"。

〔四〕糺合句　蘇輿云："兄弟"，謂兄弟之國。◎文斌案："糺"，嘉靖本作"紏"，孫本作"糾"。

〔五〕翌州　孫星衍云："翌州"，冀州也。"翌""冀"，聲之緩急。◎王念孫云："翌州"二字義不可通，"翌"當爲"冀"。王肅注《家語·正論篇》曰："中國爲冀。"僖四年《公羊傳》曰："桓公救中國而攘夷狄，卒怗荆。"故曰"撫存冀州，荆楚怙憂"也。今本作"翌州"者，"冀"誤爲"翼"，又誤爲"翌"耳。孫云："'翌''冀'，聲之緩急"，非是。◎吳則虞云：《指海》本改作"翼"。◎文斌案：吳懷保本作"翼"。

〔六〕怙　孫本作"惛"，《音義》云："惛"，《説文》："不憭也。"◎王念孫云："惛"者，"悶"之借字也。《吕氏春秋·本生篇》："下爲匹夫而不惛。"高注曰："'惛'，讀'憂悶'之'悶'。"故曰"荆楚怙憂"。孫引《説文》"'惛'，不憭也"，亦非。◎于省吾云：孫説既非，王説亦誤。"悶憂"不詞，且國不應以"悶憂"爲言也。"怙"應讀作"聥"，古"聞"字。《説文》古文"聞"作"聭"，《玉篇·耳部》"聥""聳"並古文"聞"。虞世南《夫子廟堂碑》："似聳簫韶之響。"魏《三體石經》古文"聞"作"聳"，隸《古定尚書》及《汗簡》同，金文通作"聥"，《盂鼎》"我聥殷述命"，《蔡毁》"外内毋敢有不聥"，《者瀧鐘》"聥于四旁"，《邾王子旂鐘》"聥于四方"，《懷石磬》"有聥于百□"，均其證也。《吕氏春秋·知分》："余何憂於龍焉。"注："'憂'，懼也。""憂"與"懼"義相因。"荆楚聞憂"，言荆楚聞而恐懼也。上云"吳越受令"，文正相對。

〔七〕加　張純一云："加"，猶"嘉"也。《説文》："'加'，語相增加也。"言天子嘉其德。

〔八〕有管諸句　孫星衍云："國""德"，"州""憂"，"服""室""德""力"各爲韻。◎趙振鐸云："國""德"在職部，"州""憂"在幽部，可以爲韻。"服""力"與"德"均在職部，"室"在質部，非韻。

〔九〕存　張純一云："存"，猶"寄"也。《論語·泰伯篇》："可以寄百里之命。"義同。

〔一〇〕佐佑　孫星衍云：當爲"左右"，《詩箋》："'左右'，助也。"

〔一一〕彰先二句　孫星衍曰："烈""業"爲韻。◎趙振鐸云："烈"在月部，"業"在盇部，非韻。

〔一二〕國有什五　孫星衍云：謂管子作内政以寄軍令也。◎張純一云：詳《小匡篇》。◎吳則虞云：活字本、嘉靖本"國"作"固"，綿眇閣本、吳勉學本作"國"。◎文斌案：元刻本、吳懷保本"國"亦作"固"。吳勉學本、黃本、楊本、孫本"五"作"伍"。

〔一三〕治徧句　張純一云：治理所及，不遺一小民。

〔一四〕傲 吳則虞云:楊本"傲"作"欺"。

〔一五〕功不二句 黃以周云:"罷",元刻作"能"。◎張純一云:元刻誤。"罷"同"疲",與"賤""貧""愚"爲儷文。《問下》二十四章曰:"齊尚而不遺罷。""不遺罷"爲晏子之雅言。◎俞樾云:"吐"當作"咄",從"土"從"出"之字隸書易混,若"賣"之爲"賣","敖"之爲"敖"是也。"咄"者,"詘"之假字。從"口"從"言"之字古得相通,若"詠"之爲"咏","譜"之爲"喈"是也。"佞不詘愚",言不以佞而詘愚也。"佞"者,有才辯之稱,故與"愚"相對,正與上文"貴不凌賤""富不傲貧""功不遺罷"一律。◎于鬯云:"遺"蓋"遣"字形近之誤。"遣"者,"譴"之假字。《説文·言部》云:"'譴',謫問也。"元應《摩訶般若波羅蜜經音義》引《蒼頡篇》云:"'譴',呵也。""功不譴罷"者,"罷"謂無功者也,言不以有功而呵譴無功者,與上文"貴不凌賤,富不傲貧",下文"佞不吐愚"義同一律。俞蔭甫太史《平議》以下文"吐"字爲"咄"字之誤,"咄"者,"詘"之假字,"佞不詘愚",言不以佞而詘愚也。"佞"者,有才智之稱,其説甚確。"譴"與"詘"於義爲一類,猶上文"凌"與"傲"亦於義爲一類,古文用字整密如是。元刻本"罷"字作"能",誤。若云"功不遺能",非此義矣。◎劉師培《補釋》云:"吐"當作"杜",《廣雅》(《釋詁三》)《方言》(卷七)均謂"杜"爲"翟"("翟"從四"止",有止塞之義),《周禮》:"犯令陵正則杜之。"(《大司馬》)鄭注云:"杜塞使不得與鄰國交通。"《小爾雅》(《廣詁》)云:"'杜',塞也。"《廣雅》(《釋詁三》)又云:"'塽',塞也。""塽"與杜同。古人以"妨賢"爲"杜賢","杜愚"者,猶言妨塞之使不得上達也。俞説非。◎吳則虞:俞説是,劉説轉曲。凌本正作"遺"。至云"元刻作能"者,非是。元刻作"罷",吳刻作"能"。◎劉如瑛云:原文不誤。"遺",遺棄,與"吐"義同。《史記·魯仲連鄒陽列傳》:"遺公子糾不能死,怯也。"司馬貞《索隱》:"'遺',棄也。"玄應《一切經音義》卷十一引《倉頡篇》云:"'吐',棄也。"本篇第十一章:"誅不避貴,賞不遺賤。""遺"之義同。于鬯謂:"'遺'蓋'遣'字形近之誤。'遣'者,'譴'之假字。"俞樾謂:"'吐'當作'咄'……'咄'者,'詘'之假字。"劉師培謂:"'吐'當作'杜'……《小爾雅·廣詁》云:'"杜",塞也。'"實不必改字。"遺""吐"於此互文見義。◎文斌案:前人多誤吳鼐本爲元刻本。各本均作"罷",吳鼐本作"能",吳校是,黃、張、于氏均失檢。今從各本改作"罷"。

〔一六〕昔吾諸句 孫星衍云:"賢""民""貧","罷""私","愚""阿"各爲韻。"阿",讀如"汙"。◎趙振鐸云:"賢""民"在真部,"貧"在文部;"罷"在歌部,"私"在脂部;"愚"在侯部,"阿"在歌部。均非韻。

〔一七〕無羨　張純一云：“羨”，餘也。“無羨”，言不溢於分外也。

〔一八〕鰥寡句　孫本誤“飢”作“饑”，黃以周云：“饑”，當依元刻作“飢”。◎蘇
　　　　輿云：“飢”，舊刻作“饑”，今改從元刻。◎文斌案：吳懷保本、楊本、吳
　　　　鼎本作“飢”，餘均誤作“饑”。黃、蘇二氏誤吳鼎本爲元刻本，失檢。

〔一九〕不以句　劉師培《補釋》云：“辟”字當作“癖”，“癖”之謂言好也。下文
　　　　“則無以多辟傷百姓”，與“嗜欲玩好”對言，則“辟”亦當作“癖”。◎文
　　　　斌案：各本均作“財”，吳鼎本誤作“則”，今改“則”作“財”。

〔二〇〕內妾諸句　孫星衍云：“食”“祿”“色”“力”“粟”“德”爲韻。◎趙振鐸
　　　　云：“食”“色”“力”“德”在職部，“祿”“粟”在屋部，非韻。◎文斌案：
　　　　“諂”，凌本、孫本同，餘均誤作“謟”。

〔二一〕參乎天子　張純一云：諸侯尊爲霸主，故曰“參乎天子”。

〔二二〕則無二句　張純一《校注》刪“玩好”二字，注云：“無以嗜欲怨諸侯”與
　　　　“無以多辟傷百姓”對文，“玩好”二字蓋後人妄加，今刪。

〔二三〕臣敢句　劉師培《斠補定本》云：黃本無“敢”字。◎吳則虞云：吳勉學
　　　　本亦無。

〔二四〕今君句　文斌案：吳勉學本、黃本無“君”字。

〔二五〕藉斂句　文斌案：楊本“藉”作“籍”。

〔二六〕府藏句　黃以周云：“朽”，元刻誤“杇”。◎文斌案：元刻本、活字本、嘉
　　　　靖本、沈本、吳鼎本“朽”均誤作“杇”，今改作“朽”。

〔二七〕菽　孫星衍云：當爲“朮”。

〔二八〕君臣諸句　孫星衍云：“常”“享”，“烈”“業”各爲韻。◎趙振鐸云：
　　　　“常”“享”在陽部，爲韻。“烈”在月部，“業”在盍部，非韻。

景公問莒魯孰先亡晏子對以魯後莒先第八〔一〕

　　景公問晏子：“莒與魯孰先亡？”對曰：“以臣觀之也〔二〕：莒之細
人〔三〕，變而不化，貪而好假〔四〕，高勇而賤仁〔五〕；士武以疾忿，急以速
竭〔六〕。是以上不能養其下，下不能事其上，上下不能相收，則政之大
體失矣。故以臣之觀也〔七〕，莒其先亡。”公曰：“魯何如？”對曰：“魯之
君臣猶好爲義，下之妥妥也〔八〕，奄然寡聞〔九〕。是以上能養其下〔一〇〕，
下能事其上，上下相收，政之大體存矣。故魯猶可長守。然其亦有一
焉〔一一〕：彼鄒、滕，雉犇而出其地，猶稱公、侯〔一二〕。大之事小〔一三〕，弱
之事強久矣。彼周者，殷之樹國也。魯近齊而親殷〔一四〕，以變小國而

不服於鄰，以遠望魯〔一五〕，滅國之道也。齊其有魯與莒乎〔一六〕！"公曰："魯與莒之事，寡人既得聞之矣。寡人之德亦薄，然後世孰踐有齊國者？"對曰："田無宇之後爲幾〔一七〕。"公曰："何故也？"對曰："公量小，私量大，以施於民；其與士交也，用財無筐篋之藏〔一八〕。國人負攜其子而歸之，若水之流下也。夫先與人利而後辭其難，不亦寡乎〔一九〕？若苟勿辭也〔二〇〕，從而撫之，不亦幾乎〔二一〕？"

〔一〕文斌案：吳懷保本標題作"問莒魯先亡"，楊本作"莒魯孰先亡"，凌本作"莒與魯孰先亡"。

〔二〕以臣句 黃以周云："觀之"，凌本作"之觀"，與下同。◎張純一云："也"字衍，當删。◎吳則虞云：楊本亦作"之觀"。◎文斌案：本章下文各本均作"之觀"（見注九）。文當一例，此處亦當從楊本、凌本作"之觀"。

〔三〕細人 張純一云：小民，對"士"言。

〔四〕變而二句 孫星衍云："化""假"爲韻。◎趙振鐸云："化"在歌部，"假"在魚部，非韻。◎張純一云："變而不化"，變易常經，不遷於善。◎文斌案："化"，教化，用教育感化的方法改變人心風俗。《論衡·佚文》："無益於國，無補於化。"此謂莒之小民反復多變而不肯化善。

〔五〕高勇句 張純一云："高勇"，競尚武力。"賤"，謂棄而不用也。

〔六〕士武二句 文斌案：此有二讀：一、孫星衍至"疾"字斷句，且以"疾""竭"爲韻；二、楊本、凌本以"疾忿"二字連讀，張純一《校注》從之。◎吳則虞云：孫讀是也，楊慎、張純一"忿"字從上句讀，誤。疑"士武"句奪一字。◎孫星衍云："疾""竭"爲韻。◎趙振鐸云："疾"在質部，"竭"在月部，非韻。◎文斌又案："武以疾忿""急以速竭"爲對文，孫氏至"疾"字斷句非。

〔七〕故以句 蘇輿云：各本作"之觀"，《拾補》作"觀之"，注云：舊誤倒，今從上文改。◎張純一云："也"字當删。◎吳則虞云："也"字疑在"亡"字下，誤越於此。

〔八〕妥妥 孫星衍云："妥"，當爲"綏"。《爾雅·釋詁》："'綏'，安也。"《玉篇》："'妥'，湯果、湯回二切。"又云："'婑'，《尚書》爲古文'綏'。"《說文》有"綏"無"妥"。◎于省吾云：金文"綏"通作"妥"。《蔡姑毀》："用妥多福。"《鄭井叔鐘》："用妥賓。"《或者鼎》："用妥眉录。"《晉姜鼎》："用康嬰妥襄，遠猷君子。"均其證也。此"妥妥"乃古字之僅存者。◎張純一云：《曲禮下》："大夫則綏之。"《釋文》："'綏'讀曰'妥'。"《漢書·燕刺王旦傳》："北州以妥。"《集注》孟康曰："古'綏'字也。"臣瓚曰："'妥'，安也。”“下之妥妥”，言士民莫不安居樂業也。◎吳則虞云：《荀子·儒效》：“綏綏兮其存文章也。”《注》：“安泰之貌。”正與莒人“忿急”相反。

〔九〕奄然　孫星衍云：闇然。◎張純一云：此喻魯民不妄動、不妄聽。

〔一〇〕是以句　吳則虞云：元本、活字本、嘉靖本“養其”互倒。

〔一一〕然其句　陶鴻慶云：“亦”蓋“失”字之誤。隸書“亦”作“夾”，與“失”相似，故“失”誤爲“亦”，對上文莒“政之大體失”而言。◎張純一云：語意不明，“其”下疑脫“失”字。

〔一二〕彼鄒三句　孫星衍云：《説文》：“‘鄒’，魯縣，古邾國，帝顓頊之後所封。”杜預注《左傳》：“滕國在沛國公邱縣。”“雉奔”，言捷也。“鄒”，子爵；“滕”，公爵。此云“公侯”，未詳。言二國且事魯也。◎蘇時學云：鄒、滕小國，雖雉奔可出其境，甚言疆土之狹也。然春秋之國無不稱某公某侯者，故鄒、滕雖小，其稱公侯與齊、魯同。◎俞樾云：“雉奔而出其地”，乃極言其地之小，謂一雉奔竄即出其邦域之外也。孫氏《音義》曰：“‘雉奔’，言捷也。”未達其旨。又所謂“公侯”者，有國之君之通稱，故五等之封皆曰“諸侯”，而《春秋》書諸君之葬皆稱“公”也。孫氏必以其爵爲疑，泥矣。◎黃以周云：雉不能遠飛，“雉奔而出其地”，喻其出交近鄰。“猶稱公侯”者，在國稱公，在外稱列侯，小國亦然也。謂鄒、滕雖弱小，而能近事強大，至今猶不失爲通侯，以明魯近齊而親殷，以褊小國而不服于近鄰，卒以滅亡也。《音義》：“‘雉奔’，言捷。”未是。云“‘滕’，公爵”更誤。“滕”，侯爵，後亦稱子。

〔一三〕大之句　王念孫云：“大之事小”當作“小之事大”，今本“小”“大”互易，則義不可通。◎俞樾、陶鴻慶説同。◎吳則虞云：《指海》本已易。

〔一四〕彼周三句　孫星衍云：未詳，疑“親殷”當爲“親晉”，上亦當爲“晉者，周之樹國也”。是時魯君屢如晉。◎俞樾云：“彼周者，殷之樹國也”，乃證小事大、弱事強之誼。言周之初乃殷之樹國耳，及周日強大而爲天子，則殷且事之矣，微子是也。正見魯以弱小而不能事強大之失。後句所謂“殷”，即宋也。宋得稱“商”，則亦得稱“殷”矣。◎蘇時學云：“殷”謂宋也。上句“殷”“周”誤倒，當作“彼殷者，周之樹國也”，於義爲允。孫氏注以“親殷”爲“親晉”，非是。◎顧廣圻亦校云：當互易“周”“殷”二字。◎蘇輿云：孫云“殷”當爲“晉”，是也，此緣上“殷”字誤耳。下文“魯”亦“晉”誤（俞説已詳），言魯近于齊而不知親，而反與晉爲親。下云“以遠望魯”，“遠”字與此“近”字正相對，所謂“鄰”者，即指齊也。◎陶鴻慶云：俞説迂迴，殆非其旨。晏子既舉鄒、滕得稱公、侯，則弱小當事彊大之誼已明，不煩更説。“周者，殷之樹國”句，當屬下文爲義。此推原魯獨親宋之故。蓋周嘗臣殷，宋於周爲客，魯秉周禮，故獨親殷。言既以前王之故而親殷,又以盟主之故而望晉也。◎劉師培《斠補定本》云:戴校云:"'周''殷'文當互易。'殷'即宋國,言宋爲周人建立之國也。"◎張純一《校注》改正文作"彼晉者,周之樹國也。魯近齊而親晉",注云:"彼周者,殷之樹國也"與上下文不相屬,義不可通。孫說是也,今據改。言彼晉者,一周之樹國耳,魯既近齊,正宜親齊,乃不親齊而遠親晉,故下云"以褊小國而不服于鄰,以遠望晉"。◎吳則虞云:俞樾、蘇時學之説是。◎文斌案:蘇時學、顧廣圻説是。

〔一五〕以變二句　孫星衍云:"變小",疑"褊小"。"以遠望魯",言自遠望之。◎俞樾云:"變小",孫氏星衍謂疑即"褊小",是也。"變""褊"音近,故假用耳。"以遠望魯"當作"以遠望晉",《左氏傳》所謂"魯有佗竟走望在晉"也。因"晉"與"魯"形相似,此章又論魯事,"晉"字止此一見,淺人不察文義,妄改爲"魯"耳。晏子之意,蓋謂魯與齊爲鄰,而不知事齊,所親者宋,所望者晉。宋既小弱,不足爲援;晉相去又遠,緩急不足恃。故曰:此,"滅國之道也"。◎蘇輿云:俞説是。◎劉師培《斠補定本》云:"遠望"與"不服於鄰"對文。"不服於鄰"冡"近齊"言,"遠望"冡"親殷"言("望"猶"仰"也,與《諫上》"危國仰以安"之"仰"同)。"魯"字下屬,或衍字也。◎文斌案:劉氏謂"'遠望'冡'親殷'言","殷"乃"宋"也,北與魯接壤,何言"遠望"?且宋國力屢弱,如何能够挺魯抗齊?劉説非。"魯"爲"晉"之譌,俞説是。

〔一六〕齊其句　孫星衍云:魯後并于楚,莒滅于楚而地入齊。

〔一七〕田無句　孫星衍云:"田無宇",陳桓子也,須無之子。"幾",《爾雅·釋詁》:"近也。"◎劉師培《斠補定本》云:黄本上方校語云:"'爲',一作'無'。"◎吳則虞云:今所見本無作"無"者,足見明人所見本多不傳矣。

〔一八〕用財句　吳則虞云:"篋",楊本、凌本作"筴"。

〔一九〕夫先二句　張純一云:自來先以利施人,而後不任其人之所難者蓋寡。"難"謂爲君難,理國政、禦外侮甚不易也。◎徐仁甫云:"辭",責讓之也(見《左傳·昭公九年》"辭於晉"杜注)。言既先與人利矣,而後又責其所難,則民之歸者寡矣。故第十一章曰:"勞力藏事,而不責焉。"此盛君之行。下文"若苟勿辭也","辭"亦當訓責讓。張純一注於此數句説未曉然。◎文斌案:張、徐二説均未恰。"先與人利"者,田氏也;"而後辭其難"者,齊國受利之士民也。晏子之意乃謂:田氏爲實現其篡位目的,幾代連續施惠於士民,收買人心;士民多年受到田氏好處,已經感恩戴德,到時再想拒絕田氏篡位的行動,是很少有人能做到的。"難",艱難的事情,指田氏篡位的行動。

〔二〇〕若苟　徐仁甫云:"若苟"即今言"如果",皆假設之詞。《左傳·昭公四

年》:“君若苟無四方之虞。”此二字連用之證。《戰國策·趙策二》:“是
故聖人苟可以利其民,不一其用;果可以便其事,不同其禮。”“苟”與
“果”互文。而《史記·趙世家》用《國策》,均作“果”,《商君書·更法
篇》又均作“苟”,此二字同義之證。

〔二一〕從而二句　張純一云:田氏將有齊國事,見《諫下》十九章,《問下》十七
　　章,《外上》十章又十五章。◎吳則虞云:又見《韓非子·外儲説右》,其
　　言曰:“夫田成氏甚得齊民,其於民也,上之請爵禄行諸大臣,下之私大
　　斗斛區釜以出貸,小斗斛以收之。殺一牛,取一豆肉,餘以食士。終歲,
　　布帛取二制焉,餘以衣士。故市木之價不加貴於山,澤之魚鹽龜鼈蠃蚌
　　不加貴於海。君重斂,而田成氏厚施。齊嘗大飢,道旁餓死者不可勝數
　　也,父子相牽而趨田成氏者不聞不生,故周秦之民相與歌之曰:‘謳乎,其
　　已乎!苞乎,其往歸田成子乎!’《詩》曰:‘雖無德與女,式歌且舞。’今田
　　成氏之德,而民之歌舞,民德歸之矣。故曰:‘其田成氏乎。’”所謂“公量
　　小”以至於“若水之流下也”云者,正可以此説實其事。◎文斌案:吳氏所
　　引乃《韓非子·外儲説右上》文,其引文“小斗斛”後脱“區釜”二字。

景公問治國何患晏子對以社鼠猛狗第九〔一〕

　　景公問晏子曰〔二〕:“治國何患〔三〕?”晏子對曰〔四〕:“患夫社鼠〔五〕。”
公曰:“何謂也〔六〕?”對曰〔七〕:“夫社,束木而塗之〔八〕,鼠因往托焉〔九〕。
熏之則恐燒其木〔一〇〕,灌之則恐敗其塗〔一一〕。此鼠所以不可得殺者,
以社故也〔一二〕。夫國亦有焉〔一三〕,人主左右是也〔一四〕。内則蔽善惡于
君上,外則賣權重于百姓〔一五〕。不誅之則爲亂〔一六〕,誅之則爲人主所
案據〔一七〕,腹而有之〔一八〕。此亦國之社鼠也〔一九〕。人有酤酒者〔二〇〕,爲
器甚潔清〔二一〕,置表甚長〔二二〕,而酒酸不售〔二三〕。問之里人其故〔二四〕,里
人云:‘公狗之猛〔二五〕,人挈器而入〔二六〕,且酤公酒,狗迎而噬之〔二七〕,此
酒所以酸而不售也〔二八〕。’夫國亦有猛狗,用事者是也。有道術之士,欲
干萬乘之主〔二九〕,而用事者迎而齕之〔三〇〕,此亦國之猛狗也〔三一〕。左右爲
社鼠〔三二〕,用事者爲猛狗〔三三〕,主安得無壅〔三四〕,國安得無患乎〔三五〕?”

〔一〕文斌案:《子彙》本、凌本、楊本章後附《外篇第七》第十四章文。吳懷保本
　　標題作“問治國何患”,楊本作“患社鼠”,凌本作“治國何患”。
〔二〕景公句　孫本“問”下有“于”字,《音義》云:《韓非》《説苑》作“桓公問管

仲"。◎張純一《校注》亦有"于"字,注云:孫本、明本如此,元刻無"于"字,《群書治要》引《說苑》同。◎吳則虞云:非是。元刻本、活字本、嘉靖本、綿眇閣本、吳懷保本、吳勉學本皆有"於"字。《御覽》九百一十一引無"於"字,《藝文類聚》九十五、《龍筋鳳髓判》二引有。《韓非子·外儲說右上》《說苑·政理篇》皆作"桓公問管仲",惟《韓詩外傳》七與此同。◎王叔岷云:黄之寀本、明活字本、《子彙》本"問"下並有"於"字,《藝文類聚》九五引無"於"字,《韓詩外傳》七同,與元本合。◎文斌案:吳氏注欠嚴謹。唐張鷟《龍筋鳳髓判》正文共收集中書省、門下省、金吾衛等中央與地方部門七十九條判例案由,未引本文。引本文者,乃明劉允鵬《龍筋鳳髓判注》,其文作"景公問",無"晏子曰"三字。《類聚》九十五引亦無"於"字,吳氏失檢。沈本、楊本、凌本有"於"字。《說苑》"桓公"前、《外傳》"景公"前均有"齊"字。

〔三〕治國句　劉師培《校補》云:《後漢書·虞延傳》注引"治"作"理",避唐諱改。《韓詩外傳》七"治國"作"為人"。◎張純一云:《說苑》《治要》引均無"治"字,非。《藝文類聚》五十二引有"治"字。◎吳則虞云:元刻本、活字本無"何"字。吳勉學本、《子彙》本有"何"字,是。《類聚》五十二、九十五、《龍筋鳳髓判》二、《御覽》九百一十一引皆有"何"字。《韓非子》作"治國最奚患",《說苑》作"國何患",與此略異。◎文斌案:嘉靖本亦無"何"字。

〔四〕晏子句　張純一云:《說苑》作"管仲對曰",《治要》祇作"對曰"。

〔五〕患夫句　吳則虞云:《類聚》五十二、《後漢書》卷三十三注引無"夫"字,南宋本《說苑》"夫"誤"失"。◎文斌案:吳氏所謂"《後漢書》卷三十三"即《虞延傳》。《韓非子》作"最患社鼠矣"。

〔六〕何謂句　劉師培《校補》云:《虞延傳》注引作"何謂社鼠",與《外傳》同。◎文斌案:《韓非子》作"何患社鼠哉"。

〔七〕對曰句　吳則虞云:《龍筋鳳髓判》二引無"對曰"二字。◎文斌案:《龍筋鳳髓判注》引有"對曰"二字(原文"曰"誤作"白"),吳氏失檢。此下引作"社鼠者,不可薰,不可灌。君之左右出賣寒熱,入則比周,此之謂社鼠也"。《外傳》作"晏子曰"。

〔八〕束木句　孫星衍云:《韓非》"束"作"樹"。"塗"當為"涂",《說文》:"'汙',涂也。"

〔九〕鼠因句　孫星衍云:《韓非》作:"鼠穿其間,堀穴托其中。"◎張純一云:《韓詩外傳》七作"社鼠出竊於外,入托於社。"

〔一〇〕熏之句　孫星衍云:"熏",《韓非》《韓詩外傳》《說苑》作"燻",非;"恐燒其木",《韓非》作"恐焚木"。◎劉師培《斠補定本》云:《說苑·政理篇》同。王楙《野客叢書》四引《說苑》亦作"熏"。◎文斌案:《外傳》無"則""其"二字。

〔一一〕灌之句　孫星衍云:"塗",一本作"途",是。《韓非》作"恐塗阤",《韓詩外傳》作"恐壞牆","塗"即"牆"也。◎張純一云:"敗",《治要》作"壞"。◎吳則虞云:孫云"一本"者,元本、活字本。《外傳》此二句互倒。◎文斌案:"塗",吳勉學本、黄本、孫本同,餘均作"途"。

〔一二〕此鼠二句　張純一云:《韓非》作"此社鼠之所以不得也",《外傳》作"此鼠之患"。

〔一三〕夫國句　張純一《校注》改"焉"爲"社鼠",注云:"社鼠"舊作"焉",據《說苑》《治要》改,與下文"夫國亦有猛狗"一律。

〔一四〕人主句　吳則虞云:《類聚》五十二、《後漢書》卷三十三注、《御覽》九百一十一引皆作"人君之左右",《類聚》九十五同,惟無"人"字,蓋沿《韓非》《外傳》而改。《韓非》作"今人君之左右",《外傳》作"今君之左右也"。◎文斌案:《類聚》九十五引作"君之左右";《御覽》九百十一作"之君左右","君之"二字誤倒;《外傳》作"今君之左右",無"也"字。吳氏失檢。

〔一五〕内則二句　孫星衍云:《藝文類聚》作"出則賣重寒熱,入則矯謁奴(或"收"字)利",一作"出則賣寒熱,入則比周",與此皆不同,所見本異。《韓非》《外傳》作"出則爲勢重而收利於民,入則比周而比惡於君"。◎劉師培《校補》云:《御覽》九百十一引作"社鼠者,不可灌之,之君左右出賣寒熱,入則比周,此國之社鼠也",與此不符,與《類聚》五十二、九十五(引上作"不可燻,不可灌")所引略同(見《音義》)。此疑後人據《說苑》(見《政理篇》)改。◎于省吾云:"權重"謰語,"重"亦"權"也。《韓非子·和氏》:"大臣貪重。"言大臣貪權也。《亡徵》:"官職可以重求。"言官職可以權求也。◎文斌案:孫氏所引"出則賣重寒熱,入則矯謁收利",見《類聚》五十二;"出則賣寒熱,入則比周",見《類聚》九十五,但"出"後衍"則"字。"出則爲勢重而收利於民,入則比周而比(原文作"蔽")惡於君"乃《韓非子》文,非《外傳》文;《外傳》作:"出則賣君以要利,入則托君("君"下疑有脱文)。"劉師培引《御覽》九百十一"不可灌"前脱"不可燻"三字。"此國之社鼠"後"也"字誤,原作"者"。

〔一六〕不誅句　孫本無"爲"字,《音義》云:《韓非》作"吏不誅則亂法"。◎黄以周云:當依元刻作"則爲亂",下句亦云"則爲"。◎吳則虞云:黄說是也。《說苑》正有"爲"字,活字本、吳勉學本、楊本、凌本同。《外傳》作"不罪乎亂法"。◎王叔岷云:黄之寀本脱"爲"字,明活字本、《子彙》本並作"則爲亂",與元本合。◎文斌案:吳勉學本無"爲"字,吳氏失檢。

〔一七〕誅之句　孫星衍自“案”字截讀,將“據”字斷在下句。《音義》云:“案”,安也,言人主安之。《韓非》作“誅之則君不安”。“亂”“案”爲韻。

〔一八〕腹而句　孫星衍云:《韓非》作“據而有之”,《説苑》作“察據腹而有之”,《韓詩外傳》作“君又覆而育之”。按《爾雅·釋詁》:“‘腹’,厚也。”“‘育’,長也。”“腹”與“覆”,“有”與“育”,皆聲相近,“據腹”,言據君之腹心也。◎王念孫云:孫以“據腹”連讀,非也。此當以“案據”連讀。《方言》曰:“‘據’,定也。”(《廣雅》同)僖五年《左傳》注曰:“‘據’猶‘安’也。”“案據”,謂安定之也。《史記·白起傳》曰:“趙軍長平,以案據上黨民。”正與此“案據”同義。《爾雅》曰:“‘腹’,厚也。”《小雅·蓼莪篇》:“出入腹我。”《毛傳》與《爾雅》同。昭二十年《左傳》注曰:“‘有’,相親有也。”“腹而有之”,謂恩厚而親有之,即“案據”之意也。《説苑·政理篇》文與此同(今本《説苑》“案”誤作“察”,《群書治要》引不誤)。《韓子·外儲説右篇》作“安據”,猶“案據”也(今本《韓子》有脱誤,元和顧氏千里已辯之)。而今本《韓子》《説苑》皆有脱誤,唯《晏子》不誤,又經淵如誤讀,故釋其義如此。◎黄以周云:“腹”,讀爲“覆”。《韓詩外傳》七作“君又并覆而育之”,又《韓子》作“則君不安據而有之”,“不”當作“所”。《説苑》作“則爲人主所察據腹而有之”,“察”乃“案”字之譌。◎蘇輿云:王説是。◎劉師培《補釋》云:“有”字當作“宥”。“案據”當從王説,“案據”者,猶今人恒言所謂“把持”也。“腹”字作“覆”,當從黄讀,惟“覆”字當訓爲“反”。《廣雅》(《釋言》)云:“‘覆’,反也。”而《毛詩·雨無正》(“覆出爲惡”)《桑柔》(“覆俾我悖”)《瞻卬》(“女覆奪之”)諸篇,鄭《箋》均訓“覆”爲“反”。“覆而宥之”,猶言“平反而赦之”也。晏子此語,言人臣欲誅左右,則爲君者必堅持不從,或平反其獄以宥其辜,如後世漢文赦鄧通是也。《韓詩外傳》作“并覆而育之”,“并”疑“平”字之訛,“育”亦“宥”字之假借。《韓子》“君不安據而有之”,“不”當作“又”。黄氏謂“不”當作“所”,非也。◎張純一云:“案據”當從王説劉釋,“腹而有之”當從《韓詩外傳》作“覆而育之”。言不誅之則爲亂無已時,誅之則爲人主所把持而不能誅,人主非惟不罪其亂法也,並覆翼而長育之,正如鼠之不可熏灌同,故曰“此亦國之社鼠也”。◎吴則虞云:王説是,劉説殊曲。◎文斌案:《説苑》作“察據”,“察”乃“案”譌;《外傳》作“君又并覆而育之”。

〔一九〕此亦句　劉師培《校補》云:《類聚》九十五引作“此之謂社鼠也”。◎吴則虞云:《後漢書注》《御覽》均無“亦”字,《外傳》作:“此社鼠之患也。景公曰:‘嗚呼,豈其然。’”◎文斌案:《後漢書注》無“此”字有

“亦”字,吴氏失檢。

〔二○〕人有句 孫星衍云:《韓非》作“宋人有酤酒者”,“一曰:宋之酤酒者有莊氏者”。◎張純一云:《韓詩外傳》作“人有市酒而甚美者”。

〔二一〕爲器句 孫星衍云:“潔”當爲“絜”。“清”,“瀞”省文,《説文》:“‘瀞’,無垢穢也。”《玉篇》:“疾性切。”◎文斌案:《外傳》無“爲器甚潔清”五字。

〔二二〕置表句 孫星衍云:《韓非》作“縣幟甚高”。◎文斌案:《韓非子》“縣幟甚高”前尚有“升概甚平,遇客甚謹,爲酒甚美”三句。

〔二三〕而酒句 陶鴻慶云:“而”字當在“酒酸”下,“酒酸而不售”,言其久而不售也。下文云“此酒所以酸而不售也”,是其證。◎劉師培《斠補定本》云:《外傳》作:“然至酒酸而不售。”◎吳則虞云:陶説是也。◎文斌案:《外傳》無“酒”字。

〔二四〕問之句 蘇輿云:言以其故問里人也。《史記》“括母問奢其故”,文與此同。◎劉師培《校補》云:“之”字衍,《外傳》無“之”字,當從之。《韓非子·外儲説右》作“怪其故,問其所知楊倩”,“倩”即里人名也(《説苑》亦衍“之”字)。◎文斌案:《韓非子·外儲説右上》原作“怪其故,問其所知閭長者楊倩,倩曰……”。

〔二五〕公狗之猛 孫星衍云:《韓詩外傳》《説苑》作“公之狗猛”。◎王念孫云:當依《韓詩外傳》《説苑》作“公之狗猛”。◎吳則虞云:孫言是,《外傳》“狗”下又有“甚”字。此“之”字當從《外傳》《説苑》乙改在“狗”字之上。

〔二六〕人挈句 孫星衍云:《説文》:“‘挈’,縣持也。”《韓詩外傳》作“持”。◎吳則虞云:《外傳》作“而人有持器而欲往者”。

〔二七〕狗迎句 孫星衍云:“噬”,《韓非》《韓詩外傳》作“齙”。◎吳則虞云:《韓非》作“齕”,《説苑》作“噬”,《外傳》作“狗輒迎而齧之”。

〔二八〕此酒句 吳則虞云:《外傳》作“是以酒酸不售也”,《説苑》作“此酒所酸不售之故也”。◎文斌案:《説苑》作“此酒所以酸不售之故也”,吳引脱“以”字。

〔二九〕夫國四句 劉師培《斠補定本》云:《説苑》“干”作“明”。◎吳則虞云:《外傳》無“夫國”至“之士”十六字,下句作“士欲白萬乘之主”。◎文斌案:活字本、吳勉學本、綿眇閣本“干”誤作“千”。

〔三○〕而用句 孫星衍云:《説文》:“‘齙’,齧也。”《韓詩外傳》作“齧”。◎文斌案:《外傳》無前“而”字。

〔三一〕此亦句 吳則虞云:《外傳》無“此”字,“猛”作“惡”。

〔三二〕左右句 孫星衍云:“左右”,《韓詩外傳》下有“者”字,是。◎吳則虞云：當據補“者”字。

〔三三〕用事句　吳則虞云：《外傳》“猛”作“惡”。

〔三四〕壅　孫星衍云：當爲“邕”。

〔三五〕國安句　孫星衍云：沈本注云：“或作‘用事者爲猛狗，則道術之士不得用矣，此治國之患也’。”《韓非·外儲説》《韓詩外傳》《説苑·政理篇》用此文。◎王念孫云：或本是也。“此治國之所患也”，正對景公“治國何患”之問，與各篇文同一例。今本作“主安得無壅，國安得無患乎”，乃後人取《韓子》竄入，又改《韓子》之“無亡”爲“無患”，以牽合《晏子》（《韓子》云“主焉得無壅，國焉得無亡乎”），斯兩失之矣。《説苑》正與或本同。◎張純一云：王説是，當據以訂正。◎吳則虞云：《外傳》作“此國之大患也”。◎王叔岷云：明活字本“國安得無患乎”下所標異文，與元本同。◎文斌案：孫氏引沈本注“患”上脱“所”字。元刻本、活字本、嘉靖本、吳懷保本、吳鼒本亦有注文，爲求體例一致，今删注文。

景公問欲令祝史求福晏子對以當辭罪而無求第十〔一〕

景公問晏子曰〔二〕：“寡人意氣衰，身病甚〔三〕。今吾欲具圭璋犧牲〔四〕，令祝宗薦之乎上帝宗廟〔五〕，意者禮可以干福乎〔六〕？”晏子對曰：“嬰聞之：古者先君之干福也，政必合乎民，行必順乎神〔七〕；節宮室，不敢大斬伐，以無偪山林〔八〕；節飲食，無多畋漁〔九〕，以無偪川澤〔一〇〕；祝宗用事，辭罪而不敢有所求也〔一一〕。是以神民俱順而山川納禄〔一二〕。今君政反乎民而行悖乎神；大宮室，多斬伐，以偪山林〔一三〕；羡飲食，多畋漁，以偪川澤〔一四〕。是以神民俱怨而山川收禄〔一五〕，司過薦罪而祝宗祈福〔一六〕，意者逆乎〔一七〕！”公曰：“寡人非夫子無所聞此，請革心易行〔一八〕。”于是廢公阜之遊，止海食之獻〔一九〕，斬伐者以時，畋漁者有數，居處飲食，節之勿羡，祝宗用事，辭罪而不敢有所求也〔二〇〕。故隣國忌之，百姓親之。晏子没而後衰〔二一〕。

〔一〕蘇輿云：《治要》載此章在《問下篇》。◎文斌案：元刻本、活字本、嘉靖本、沈本目録同。元刻本、活字本標題“對”作“病”，“當”作“常”；沈本“對”字同，“當”作“常”。吳懷保本目録作“問欲令祝史求福”，標題無“欲”字；楊本作“干福”；凌本作“景公問晏子”。銀雀山竹簡有本章内容。

〔二〕景公句　文斌案：吳勉學本、黄本、孫本“問”下有“于”字，其餘各本均無。

簡本亦無。◎蘇輿云：《治要》亦無。

〔三〕寡人二句　蘇輿云：《治要》作“身甚病”。◎文斌案：簡本作“寡人志氣甚痿，身體甚病”。◎駢宇騫云：簡本“志”，《廣雅·釋詁三》：“‘志’，意也。”與明本作“意”義同。“意氣”，指意志與氣概。簡本“痿”即“痿”字，病名，指身體筋肉痿縮、偏枯之病。《漢書·昌邑王賀傳》：“身體長大，疾痿，行步不便。”注云：“‘痿’，風痹疾也。”《素問》有《痿論篇》。又《漢書·哀帝紀》：“即位痿痹，末年寖劇。”如淳注云：“病二足不能相過曰痿。”

〔四〕今吾句　王念孫云：“圭璋”本作“圭璧”，此後人以意改之也。古者祈禱皆用圭璧，無用璋者（《金縢》曰：“植璧秉珪，乃告大王、王季、文王。”《大雅·雲漢》曰“圭璧既卒，寧莫我聽”）。《諫上篇》曰：“寡人之病病矣，使史固與祝佗巡山川宗廟，犧牲珪璧，莫不備具。”是其證。《群書治要》正作“圭璧犧牲”。◎田宗堯云：吳勉學本、日刊黃之寀本“圭”字亦作“珪”，《指海》本同。“珪”，“圭”之本字。◎文斌案：王氏卓識，簡本正作“今吾欲具圭璧犧生”。吳懷保本、吳勉學本、黃本、孫本“圭”作“珪”。《群書治要》亦作“珪”，王氏失檢。◎駢宇騫云：簡本“生”當讀爲“牲”，《説文》云：“‘牲’，从牛生聲。”“犧牲”，古代供祭祀用的純色全體牲畜。《尚書·微子》傳曰：“純色爲犧。”《周禮·天官》鄭玄注云：“牛、羊、豕爲牲。”

〔五〕令祝句　吳則虞云：元刻本、活字本皆作“朝”，吳勉學本作“廟”。◎文斌案：“朝”爲誤字，元刻本、活字本外，各本均作“廟”。簡本作“令祝宗薦之上下”。◎駢宇騫云：“祝宗”，楊伯峻《春秋左傳注》成公十七年注云：“‘祝宗’，疑是祝史之長。《襄公九年》有‘祝宗用馬于四墉’，《哀公十三年》有‘祝宗將曰’。”

〔六〕意者句　陶鴻慶云：“禮”當爲“祀”字之誤。古人“禮”作“禮”，故“祀”誤爲“禮”，又傳寫爲“禮”耳。◎張純一《校注》改“禮”作“祀”，注云：祀舊譌“禮”，《治要》校文：“‘禮’疑‘祀’。”今據正。◎文斌案：簡本作“意者體可奸福乎”。◎駢宇騫云：簡本“體”當讀爲“禮”，“體”“禮”皆从“豊”聲，古音相同，可通假。《説文》云：“‘禮’，履也，所以事神致福也。”作“禮”是。明本“干福”簡本作“奸福”，《爾雅·釋言》：“‘干’，求也。”《漢書·孔光傳》：“以奸忠直。”注云：“‘奸’，求也。”“干”“奸”義同。《説文》云：“‘奸’，从女从干，干亦聲。”《左傳·成公六年》：“奸時以動。”《釋文》：“‘奸’，本作‘干’。”《漢書·溝洫志》：“使神人各處其所而不相奸。”師古曰：“‘奸’，音‘干’。”

〔七〕晏子對曰諸句　文斌案：簡本作：“晏子□曰：嬰聞之，古者先君之□福

也,正必合乎民,行必順乎神。"與今本略同。《治要》亦同。◎駢宇騫云:
"晏子"下缺一字,疑當作"合",讀爲"答"。"福"上缺一字,疑當作"奸"。
"正"當爲"政",説見上。

〔八〕節宮三句 孫星衍云:"以無偪山林",一本脱"以"字,非。◎張純一云:
此文疑本作"不敢大斬伐以偪山林"九字句,"無"字蓋淺人謂與下文"以
偪山林"相反妄增,不知下文義與此文相反者,在無"不敢"二字也,"無"
與"不敢"義複,當删。◎王叔岷云:《子彙》本"無"上有"以"字,《治要》
引同,是也。黃之寀本、明活字本亦並脱"以"字。◎吳則虞云:元本、活
字本即無"以"字,綿眇閣、吳勉學諸本有。◎田宗堯云:《指海》本"無"
上亦有"以"字。◎文斌案:吳勉學本無"以"字,吳氏失檢。嘉靖本、吳懷
保本亦脱。簡本作:"故節宮室,毋敢大斬伐,毋以服山林。"◎駢宇騫云:
簡本"毋"皆通"無"。《説文》云:"'無',亡也。"《玉篇》云:"'無',不有
也。"《書·益稷》"無若丹朱傲",《漢書·劉向傳》作"毋若丹朱傲"。《洪
範》"無偏無黨",《漢書·車千秋傳》作"毋偏毋黨",皆其證。簡本"服"
當讀爲"偪",二字古音相近,可通假。"偪",侵迫也。張説不可信。"無
偪山林"與下文"以無偪川澤"爲對文,明本誤脱"以"字。◎文斌又案:吳
肅本脱"以"字,今據銀雀山竹簡及駢校補。

〔九〕節飲二句 蘇輿云:《治要》"畋"作"田",下並同。◎張純一云:"無"當
作"不敢",與上文一律。◎文斌案:張氏卓識,簡本正作:"節飲食,毋敢
多田魚。"◎駢宇騫云:簡本"田魚"通"畋漁",指打獵捕魚。《易·繫辭》
下:"作結繩以爲罔罟,以田以漁。"注云:"以罟取獸曰田。"

〔一〇〕以無句 蘇輿云:《治要》"澤"作"浦",下並同。◎張純一云:"無"字
當删。◎王叔岷云:《治要》"無"作"毋"。◎文斌案:簡本作"以毋怀
川罶","毋"通"無",張説非。◎駢宇騫云:"怀",從亻不聲,"不""偪"
古音相近,"怀"當讀爲"偪"。"罶"當讀爲"澤","澤",從水睪聲。◎
譚步雲云:《銀簡》563(即《銀文》0384):"……以毋怀川罶。"傳世本作
"以無偪川澤"。"怀",當如前述,作"倍",不必如傳世本作"偪",而
"倍""偪"均讀爲"反也",意謂取於川澤應勿背時節,相當於《孟子·梁
惠王上》所説:"不違農時,穀不可勝食也……斧斤以時入山林,材木不
可勝用也。""偪",《説文》所無,殆"逼"之後起字。如讀爲"服",《銀
簡》562自有"服"字,説是通假畢竟不大合理;如據傳世本讀爲"靠近",
也不符合文意,且字後出,於簡本不甚適合。"罶",《銀文》隸定作
"貝"。簡文非常清晰,確如"貝"形,可能是"罶"的誤寫。

〔一一〕祝宗二句 蘇輿云:《治要》"所"作"祈",下同。◎張純一云:《禮記·
禮器》曰:"祭祀不祈。"鄭注云:"祭祀不爲求福也。"◎文斌案:此二句,

駢宇騫《校釋》作："祝宗用事,辭罪而[□□□□□]也。"並注云："簡本
'辭罪而'下殘缺五字,據明本、《治要》本疑當作'不敢有所求'五字。"
而《銀簡》則作"祝宗用事,辭罪而[□□□□]也"。並注云："簡本
'而''也'二字之間空位約能容四字,似較明本及《治要》少一字。"

〔一二〕是以句　蘇輿云：《曲禮下》鄭氏注云："'納'猶'致'也。"《爾雅·釋
詁》云："'禄',福也。""納禄"猶言"致福"。下云"收禄",正與此反言。
◎文斌案：簡本作："是以神民俱順而山川入琭。"◎駢宇騫云：簡文
"入"即"納"也。《説文》云："'内',入也。"段玉裁《説文解字注》云：
"今人謂所入之處爲内,乃以其引申之義爲本義也。互易之,又分別讀
奴答切,又多假'納'爲之矣。"《廣雅·釋詁三》："'納',入也。"簡本
"琭"當讀爲"禄"。

〔一三〕今君諸句　劉師培《斠補定本》云："今君政反乎民",《治要》"乎"作
"于"。◎吳則虞云："以偪",凌本作"一偪"。◎文斌案：簡本作："今
君之正反乎民,行孛乎神;大宫室而多斬伐……""伐"下簡文殘缺。
◎駢宇騫云：簡文"正"當讀爲"政",説見上。"孛"當讀爲"悖",《説
文》作"誖",違反、逆亂也。

〔一四〕羨飲三句　蘇輿云：《治要》"飲"作"飯"。◎文斌案：簡本殘缺。◎駢
宇騫云："羨",貪慾、想慕,《淮南子·説林》"臨河而羨魚"之"羨"即此
義。"羨飲食"與上文"節飲食"爲對文。

〔一五〕是以句　蘇輿云："民神",《治要》作"神民"。◎張純一《校注》乙"民
神"二字,注云："神民"舊倒,今據上文並《治要》乙。◎文斌案：各本均
作"民神",簡本作"是以神民俱怨而山川收琭",正與《治要》同。今據
《治要》和銀雀山竹簡乙"民神"作"神民"。◎駢宇騫云：簡文"琭"當
讀爲"禄"。

〔一六〕司過句　蘇輿云："薦罪",《治要》作"荐至",疑誤。◎張純一云：《治
要》校文作"薦罪"。"司過",官名,内史也。"薦",舉也。◎文斌案：
簡本作"司過薦至而祝宗靳福",與《治要》同。◎駢宇騫云："靳"當讀
爲"祈","靳""祈"並從"斤"聲,古音相通,可通假。《説文》云："'祈',
求福也。"◎譚步雲云：《銀簡》565(即《銀文》0394)："司過薦至而祝宗
靳(祈)福,意逆乎?"傳世本作"司過薦罪而祝宗祈福,意者逆乎",大同
小異。"司過",舊釋爲官名内史。誤。"司過",當即《包山楚簡》所載
神名："司禍(禍)。《銀簡》595 有兩"過"字,皆讀作"禍",可證。
"薦","進"的意思。整句話的大意是："司禍之神就要降臨,而祝宗卻
還祈福,這想法不是和現實相矛盾嗎?"傳世本"薦罪",則似乎可解爲
"降罪"。◎孫星衍云："禄""福"爲韻。

〔一七〕意者句　文斌案：《治要》同，簡本作“意逆乎”，無“者”字。

〔一八〕公曰三句　文斌案：簡本作：“公曰：‘寡人非夫子无［□］聞此，請革心易行。’”除“无”下殘缺一字，悉同今本、《治要》。◎駢宇騫云：“无”下殘缺一字，據明本當爲“所”字。“革心易行”，意謂洗心改過、改變意志，與《漢書·嚴助傳》“願革心易行，身從使者入謝”之“易行”義同。

〔一九〕于是二句　文廷式云：《説苑·君道篇》曰：“海人入魚，景公以五十乘賜弦章。”蓋即海食之獻。又案《文選·（王元長）三月三日曲水詩序》：“侮食來王。”李善注曰：“古本作‘晦食’，《周書》曰‘東越侮食’。”此文“海食”，或“晦食”“侮食”之異文，則是地名，故與“公阜”對舉矣。◎文斌案：簡本作“於是□［□□□□］止海食之獻”。◎駢宇騫云：“於是”下殘缺五字，據明本、《治要》本，疑當作“廢公阜之遊”。

〔二〇〕斬伐諸句　蘇輿云：“也”，《治要》作“焉”。◎文斌案：黄本“居處飲食”後複衍一“食”字，“羨”下“祝”字處爲空格。簡本作“斬伐者［□□□□］者有數，居處飲食，節□勿羨，祝宗用事，辭罪而不敢有斬求也”。◎駢宇騫云：“斬伐者”下殘缺四字，據明本、《治要》本，疑當作“以時田魚”四字。“節”下殘缺一字，疑當爲“之”字。《治要》本與明本略同，唯“畋”作“田”、“所”作“祈”、“也”作“焉”，餘同。簡本“斬”當讀爲“祈”，説見上。

〔二一〕故隣三句　張純一云：“忌”，憚也。諸侯不敢加兵於齊。◎文斌案：簡本作“故鄰國患之，百生親之，晏子没而後衰”。◎駢宇騫云：《治要》本無此句。簡本“鄰”乃“隣”之異體。“生”當讀爲“姓”，“姓”从“生”聲。

景公問古之盛君其行如何
晏子對以問道者更正第十一〔一〕

　　景公問晏子曰：“古之盛君，其行如何〔二〕?”晏子對曰：“薄于身而厚于民，約于身而廣于世。其處上也，足以明政行教，不以威天下〔三〕；其取財也，權有無，均貧富，不以養嗜欲；誅不避貴，賞不遺賤〔四〕；不淫于樂，不遁于哀〔五〕；盡智導民而不伐焉，勞力歲事而不責焉〔六〕；爲政尚相利，故下不以相害，行教尚相愛，故民不以相惡爲名〔七〕；刑罰中於法，廢罪順於民〔八〕。是以賢者處上而不華〔九〕，不肖者處下而不怨〔一〇〕。四海之内，社稷之中，粒食之民〔一一〕，一意同欲，若夫私家之政〔一二〕。生有遺教〔一三〕，此盛君之行也〔一四〕。”公不圖。晏子曰〔一五〕：“臣聞：問道者更正,聞道者更容〔一六〕。今君稅斂重,故民心離;市買悖〔一七〕,故商旅絶;玩好充,故家貨殫〔一八〕。積邪在於上,蓄怨藏於民〔一九〕;嗜欲備於側,毀非滿於國〔二〇〕,而公不圖。"公曰:"善。"于是令玩好不御,公市不豫〔二一〕,宮室不飾,業土不成〔二二〕,止役輕稅〔二三〕,上下行之而百姓相親〔二四〕。

〔一〕文斌案:元刻本、活字本、嘉靖本、沈本、吳勉本標題"如何"目録作"何如",因正文作"如何",今統一作"如何"。吳懷保本目録作"問古盛君之行",標題省作"問君行"。楊本作"古盛君之行",凌本作"古之盛君"。

〔二〕如何 黄以周云:當依元刻作"如何",凌本同。標題亦作"如何"。◎劉師培《校補》云:《治要》及《元龜》二百四十二引作"何如"。◎文斌案:吳勉學本、黄本、孫本作"何如",餘均作"如何"。

〔三〕不以句 蘇輿云:《治要》作"而不以威下"。◎吳則虞云:下"不以養嗜欲"與此對文,《治要》奪"天"字。◎文斌案:《元龜》引有"天"字。

〔四〕遺 劉師培《斠補定本》云:《元龜》"遺"作"避"。

〔五〕遁 張純一云:"遁"讀爲"循",凡字從"彳"又從"辵"者皆得相通,《墨子·非儒篇》"宗(讀"崇")喪循哀"可證。

〔六〕盡智二句 洪頤烜云:"勞力歲事"與上文"盡智導民"文義不相對,"歲"當是"葳"字之譌,《左氏·文十七年傳》:"以葳陳事。"《廣雅·釋詁》:"'葳',救也。"◎王念孫云:"歲事"本作"事民","事",治也(見《吕覽》《淮南》《戰國策》注)。謂盡智以導民,而不自矜伐;勞力以治民,而不加督責也。後人不解"事民"二字之義,而改"事民"爲"歲事",則既與"勞力"不相承,又與上句"導民"不對矣。《群書治要》正作"勞力事民而不責"。◎劉師培《斠補定本》云:《元龜》"智"作"知","歲事"作"事民",與《治要》同。◎張純一云:王訓"事"爲"治",以"責"爲"督責",並非。而據《治要》正"歲事"之誤,是也,今從之。下章曰"事因於民者必成",又曰"國有義勞,民有加利",是知勞力事民,如盡力溝洫之類。"不責"與"不伐"文義相對。"不伐",言不伐功於己;"不責",言不責德於人。皆本兼愛之至理以爲言。◎于省吾云:王氏不解"歲事"之義,而改從《治要》,疏矣;《治要》正以不解"歲事"而改爲"事民"。"事民"既不詞,且上云"盡智導民而不伐焉","導民"之義,亦在"治民"之内,不知二者有何區別? 甚矣,王氏好改古書之妄也!"歲"應讀作"會",《孫子·行軍》"山林蘙薈",《六韜·戰騎》作"翳葳林木",《太玄·玄告》:"日月相劇。"注:"'劇'之言'會'也。"是從"歲"之字與"會"音近字通,"會事"謂與事相期會,亦即"赴事"之義。《禮記·月令》:"以會天地之藏。"《疏》:"'會',猶'趣'也。""趣"亦"赴"也。此言勞力赴事而不督責焉,"會事"與上文"導民"正相對爲文。◎王叔岷云:《治要》引"導"作"道"。◎吳則虞云:作"事民"者是。◎文斌案:《元龜》"導"作"道","責"誤作"貴"。◎孫星衍云:"伐""責"爲韻。◎趙振鐸云:"伐"在月部,"責"在錫部,非韻。

〔七〕爲政四句　孫星衍云:"爲名",《論語》:"必也正名。"◎王念孫云:上二句本作"政尚相利,故下不以相害爲行(去聲)",與"教尚相愛"二句對文。後人誤以"故下不以相害"爲一句,"行(平聲)教尚相愛"爲一句,"故民不以相惡"爲一句,遂移"爲"字於"政尚相利"之上,而以"爲政尚相利"連讀,以對"行教尚相愛"之文,則既失其義,又失其句,而下文"爲名"二字遂成衍文矣。《群書治要》正作"政尚相利,故下不以相害爲行;教尚相愛,故民不以相惡爲名"。◎劉師培《校補》云:《元龜》引作"政尚相和,故下不以相害爲行",與《治要》略同。◎吳則虞云:《指海》本已據王説改。◎文斌案:王説是。沈本"爲名"誤作"爲民"。

〔八〕廢罪　俞樾云:"廢罪"當作"廢置",字之誤也。舉直錯諸枉,則民服,是謂"廢置順於民"。

〔九〕不華　蘇輿云:"不華"即下第二十章所謂"諫乎前不華乎外"意。◎陶鴻慶云:"華"讀爲"譁",《孫卿子·子道篇》云:"奮於言者華,奮於行者伐。"《韓詩外傳》作"慎於言者不譁,慎於行者不伐",是其例也。《説文》:"'譁',讙也。"後第二十章"諫於前不華於外"、《問下》第八章"通人不華"、第十九章"夸禮貌以華世"、第二十四章"不以傲上華世",並當讀爲"譁"。◎劉如瑛云:"華",當通"夸",驕矜、夸奢之意。《爾雅·釋草》:"'華','荂'也。"郭璞注:"今江東呼'華'爲'荂'。"《方言》卷一:"'華''荂',晠也。齊楚之間或謂之'華',或謂之'荂'。"郭璞注:"'荂'亦'華'別名,音'夸'。"戴震《疏證》亦謂:"此注'荂'音'夸',得之。"《尚書大傳·洪範五行》:"時則有華孽。"鄭玄注:"'華',當爲'夸'。"可知"華""荂""夸"聲同聲近,其義相通。本書《內篇問下》第八章:"通人不華,窮民不怨。"第廿五章:"不以傲上華世。"《荀子·子道》:"奮於言者華,奮於行者伐。""華"均當訓爲"夸"。

〔一〇〕不肖句　文斌案:吳勉學本"肖"誤作"省"。

〔一一〕社稷二句　蘇輿云:《治要》無"社稷之中,粒食之民"二句。◎文斌案:《元龜》無"之中"二字。

〔一二〕若夫句　蘇輿云:《治要》無此句。◎文斌案:《元龜》"私"作"利"。

〔一三〕生有句　王念孫云:《群書治要》作"生有厚利,死有遺教",是也。今本脱去"厚利""死有"四字,則文不成義。◎吳則虞云:《元龜》與《治要》

同,《指海》本據補。

〔一四〕此盛句　蘇輿云：此下《治要》所無。

〔一五〕公不二句　王念孫云：此六字衍文也。晏子對景公以“盛君之行”既畢，即繼之以“臣聞問道者更正”云云，其中不得有“公不圖，晏子曰”六字也。今本有此六字者，“公不圖”三字涉下文“公不圖”而衍，校書者不知此三字之爲衍文，故加“晏子曰”三字，以別於上文耳。案：此章標題云“景公問古之盛君其行如何晏子對以問道者更正”，然則“問道者更正”云云，即是對景公之語，而其上更無“公不圖，晏子曰”六字明矣。◎劉師培《校補》云：《雜志》以此爲衍文，今考《元龜》引作“而公不圖，晏子又曰”，當據訂。下言“問道者更正，聞道者更容”，即蒙“而公不圖”言。◎吳則虞云：《指海》本刪此六字，非。

〔一六〕問道二句　劉師培《校補》云：“聞道者更容”上，《元龜》有“又”字。◎張純一云：“正”疑“心”之譌，“更心”與“更容”對文，標題亦當作“更心”。“更容”謂當肅然起敬。◎徐仁甫云：“正”疑“坐”譌，“問道者更坐”，即《曲禮》所謂“請業則起，請益則起”也。標題“更正”亦當作“更坐”。◎文斌案：《元龜》“臣聞”後脫“問”字。黃本上方校語云：“‘正’疑‘心’字。”

〔一七〕買　陶鴻慶云：“買”當爲“賈”字之誤，《孫卿子·儒效篇》云：“仲尼將爲司寇，魯之鬻牛馬者不豫賈。”王氏《雜志》云：“‘豫’猶‘詐’也。”《周官·司市》注：“使定物賈防詐豫。”是也。《孫卿·正名篇》注、《漢書·五行志》注皆云：“‘悖’，惑也。”詐説足以惑人，故市賈欺詐謂之“豫”，亦謂之“悖”。◎張純一云：“買”當爲“賈”之譌，“賈”與“價”同。“悖”，亂也。《後漢·黃昌傳》注：“言市徵重，物價亂，商旅失利將絕跡也。”◎吳則虞云：“市買悖”義自通，不必改“買”爲“賈”。◎文斌案：陶、張説是。

〔一八〕玩好二句　劉師培《斠補定本》云：《元龜》“殫”作“單”。◎張純一云：玩好之物充斥於市，而供家室日用者殫焉。“殫”，盡也。言習尚奢極，害民生也。

〔一九〕積邪二句　劉師培《斠補定本》云：《元龜》“蓄”作“畜”。◎文斌案：《元龜》“在”後脫“於”字。

〔二〇〕今君諸句　孫星衍云：“離”“絕”“殫”，“側”“國”各爲韻，“殫”讀如“金日磾”，“殫”“鼛”皆以“單”爲聲。◎趙振鐸云：“離”在歌部，“絕”在月部，“殫”在元部，非韻。

〔二一〕不豫　王引之云：“‘豫’，猶‘詐’也。”説見《荀子·豫賈下》。◎蘇輿云："不豫"，謂不誑也。言公市俱以誠信相貿易，無有誑詐也。《荀子》云："魯之粥牛馬者不豫賈。"義並同（楊注云："謂不定爲高價也。"以"豫"爲"凡事豫"之"豫"，非。王氏引之已辨之，説具王祭酒師《荀子集解·儒效篇》）。

〔二二〕業土　劉師培《校補》云：《元龜》引"土"作"工"。◎吴則虞引長孫元齡云："業土"，已築而未成者，若《孟子》之"業屨"是也。◎文斌案："土"當作"工"，"業工"，謂已經動工的工程。顧廣圻亦校云："當作'工'。"

〔二三〕止役句　劉師培《校補》云：《元龜》"止"誤"上"。

〔二四〕于是諸句　劉師培《斠補定本》云：《元龜》"相親"作"親之也"。◎孫星衍云："御""豫"，"成""行""親"各爲韻。◎趙振鐸云："御""豫"同在魚部，爲韻。"成"在耕部，"行"在陽部，"親"在真部，非韻。

景公問謀必得事必成何術
晏子對以度義因民第十二〔一〕

景公問晏子曰："謀必得，事必成，有術乎？"晏子對曰〔二〕："有。"公曰："其術如何〔三〕？"晏子曰："謀度於義者必得，事因於民者必成。"公曰〔四〕："奚謂也？"對曰："其謀也，左右無所繫，上下無所靡〔五〕，其聲不悖，其實不逆〔六〕，謀於上不違天，謀於下不違民〔七〕，以此謨者必得矣〔八〕；事大則利厚，事小則利薄，稱事之小大〔九〕，權利之輕重，國有義勞〔一〇〕，民有如利〔一一〕，以此舉事者必成矣。夫逃人而謨〔一二〕，雖成不安〔一三〕；傲民舉事，雖成不榮。故臣聞：義，謀之法者〔一四〕；民，事之本也。故及義而謀，信民而動〔一五〕，未聞存者也〔一六〕。昔三代之興也，謀必度其義〔一七〕，事必因於民。及其衰也，建謀者及義，興事傷民〔一八〕。故度義因民，謀事之術也〔一九〕。"公曰："寡人不敏，聞善不行，其危如何〔二〇〕？"對曰："上君全善；其次出入焉；其次結邪而羞問。全善之君能制；出入之君、時問之君雖日危〔二一〕，尚可以没身；羞問之君，不能保其身。今君雖危，尚可没其身也。"

〔一〕文斌案：元刻本、活字本、嘉靖本、沈本、吴鼒本目録"對"標題作"敚"，因正文作"對"，今統一作"對"。吴懷保本標題作"問謀得事成何術"，楊本、凌本均作“謀事”。

〔二〕晏子句　張純一云:《群書治要》無“晏子”二字。

〔三〕如何　張純一云:《治要》作“何如”。

〔四〕公曰句　蘇輿云:自“公曰”以下云云,至“以民事之本也”,《治要》所無。

〔五〕靡　孫本作“縻”,盧文弨云:“縻”,元刻“靡”。◎張純一云:“縻”亦作
“靡”。《荀子·正論篇》:“藉靡舌纙。”注:“‘靡’,繫縛也,與‘縻’義同。”
◎吴則虞云:楊本、凌本亦作“靡”,吴勉學本作“縻”。◎王叔岷云:黄之
寀本“靡”作“縻”,明活字本、《子彙》本並作“靡”,與元本合。◎文斌案:
嘉靖本、沈本、吴懷保本、綿眇閣本均作“靡”。

〔六〕左右四句　孫星衍云:“繫”“靡”“悖”“逆”爲韻。◎趙振鐸云:“繫”在錫
部,“靡”在歌部,“悖”在物部,“逆”在鐸部,非韻。

〔七〕謀於句　吴則虞云:元刻本、活字本奪“下”字。◎文斌案:沈本、吴蕭本
亦奪“下”字,今補。

〔八〕謨　文斌案:元刻本、活字本、嘉靖本、沈本、吴懷保本同,餘均作“謀”。

〔九〕小大　文斌案:沈本、吴勉學本、黄本、孫本作“大小”。

〔一〇〕義勞　蘇輿云:“義勞”,言所勞俱爲義,不同妄勞,故曰“義勞”。“勞”
與“利”對文,言國雖勞而民利也。◎陶鴻慶云:“義勞”乃“羨榮”二字
之誤。後第二十章“積豐義之養”,盧校云:“‘義’當作‘羨’。”即其例
矣。“羨”與“加”意義相近,前第四章云:“上有羨獲,下有加利。”亦以
“羨”與“加”對文,可證也。下文云:“傲民舉事,雖成不榮。”“國有羨
榮”者,猶言“國有餘榮”耳,誤作“義勞”,文義難通。◎劉師培《校補》
云:“義”當作“羨”(與《問下·佞人》章“豐羨”誤爲“豐義”例同),
“勞”訓爲“賜”(《管子·山權數篇》:“勞苦以百金。”注云‘勞’,賜
也”),即前第四章之“上有羨獲,下有加利”也。◎吴則虞:陶説是。
◎文斌案:劉氏所舉“豐羨”誤爲“豐義”例,見《問上》第二十一章,
失檢。

〔一一〕民有句　孫星衍云:“如”字疑誤。◎王念孫云:“如”當爲“加”字之誤,
“民有加利”,謂一舉事而利加於民也。前第四章曰:“上有羨獲,下有
加利。”語意與此相似。又曰:“破觫之臣,東邑之卒,皆有加利。”此皆
“加利”二字之證。◎文斌案:王説是,黄本上方校語作:“‘如’疑
‘加’字。”

〔一二〕夫逃句　黄以周云:“謨”,凌本作“謀”。◎劉師培《校補》云:凌本
“謨”作謀”,是也。《墨子·非儒下》云:“逃人而後謀。”◎張純一《校
注》改作“夫逃義而謀”,注云:舊“義”譌“人”,從王校正。“謀”作
“謨”,從黄校據凌本改。◎于省吾云:王念孫謂“人”當作“義”,方與

上下文合。按"人""義"形異,無緣致誤,王説意改成文,殊無所據。
按:"逃"應讀作"愮",《墨子·備蛾傳》:"敵引哭而榆。"孫詒讓云:"疑
當爲'逃'之借字。古'兆''俞'聲字多互通,如《詩·小雅·鹿鳴》:
'示民不恌。'《毛傳》云:'"恌",偷也。'可證。"按孫説是也。《荀子·
彊國》:"其服不挑。"注:"'挑',偷也。"《詩·蟋蟀》:"日月其慆。""慆"
乃"逾"之叚字。《生民》:"或春或揄。"《説文》:"'揄'作'舀'。"是從
"兆"從"俞"從"舀"之字,音近相假。《周語》:"無即慆淫。"注:"'慆',
慢也。"夫"慆人而謨,雖成不安"與"傲民舉事,雖成不榮"文例同。"慆
人"即"慢人",與"傲民"爲對文。◎王叔岷云:黄之寀本、《子彙》本亦
並作"謀",明活字本與元本同。◎文斌案:"謨",元刻本、活字本、嘉靖
本、沈本、孫本同,餘均作"謀"。

〔一三〕雖成句 于鬯云:依上文例,"成"當作"得"。

〔一四〕義謀句 顧廣圻校云:"者",孫本作"以",非。當作"也"。讀以:"義"
字(逗),"謀之法也"(句);"民"字(逗),"事之本也"(句)。◎王念孫
云:"者"當爲"也",與下對文。◎吳則虞云:綿眇閣本正作"也",顧氏
即據此爲校。◎文斌案:元刻本、活字本、嘉靖本、吳懷保本、吳勔本作
"者",餘均作"以",吳氏失檢。顧校是。

〔一五〕故及二句 王念孫云:"及義而謀,信民而動"與下句文義不合,"及"當
爲"反","信"當爲"倍","倍"亦"反"也。義爲謀之法,民爲事之本,故
反義而謀,倍民而動,未有能存者也("未聞存者也",一本作"未聞不存
者也","不"字乃後人所加,蓋不知"及""信"二字爲"反""倍"之誤,故
於此句內加"不"字以牽合上文耳)。上文云"逃人而謨("人"當作
"義",方與上下文合),雖成不安;傲民舉事,雖成不榮",正與此文相
應。《群書治要》作"反義而謀,背民而動"。"背"與"倍"古字通,故知
"信"爲"倍"之誤。◎吳則虞云:《指海》本改"信"爲"倍"。◎文斌案:
王説是。

〔一六〕未聞句 孫本"存"上有"不"字。黄以周云:元刻作"未聞存者也",無
"不"字。◎蘇輿云:元刻是。《治要》正無"不"字,此後人妄加(詳上
王説)。◎吳則虞云:《指海》本删"不"字。◎王叔岷云:明活字本亦
無"不"字。◎文斌案:《子彙》本、吳勉學本、黄本、綿眇閣本、楊本、凌
本均衍"不"字。

〔一七〕度其義 王念孫云:"度其義"本作"度於義"("度",待洛反),"度"之
言"宅"也。薛瓚注《漢書·韋元成傳》曰:"古文'宅''度'同。"(《堯
典》"宅西",《周官·縫人》注"宅"作"度";"五流有宅",《史記·五帝
紀》作"度"。《禹貢》"是降邱宅土",《風俗通義》作"度";"三危既宅",

《夏本紀》作“度”。《立政》“文王惟克厥宅心”，漢《石經》作“度”。《大雅·皇矣篇》“此維與宅”，《論衡·初稟篇》作“度”；《文王有聲篇》“宅是鎬京”，《坊記》作“度”）“宅”者，居也，謂謀必居於義也。文十八年《左傳》“不度於善，而皆在於凶德”，杜注曰：“‘度’，居也。”（《大雅·緜》及《皇矣》傳並同）是“度於義”即“居於義”也，“度於義”與“因於民”對文。上文“謀度於義者必得，事因於民者必成”，是其明證。今本作“度其義”，則迥非“居於義”之謂，且與上下文不合矣。《群書治要》正作“謀必度於義”。◎吳則虞云：《指海》本已改“其”爲“于”。

〔一八〕建謀二句　孫本作“建謀不及義”，《音義》云：一本作“建謀者及義”。◎王念孫云：“及”亦當爲“反”（一本作“建謀不及義”，“不”字亦後人所加）。“興事”下當有“者”字，與上句對文。◎顧廣圻校云：“者”字衍，“及”當作“反”。“建謀反義”“興事傷民”皆四字句。◎蘇輿云：王說是也。《治要》正作“謀者反義”。◎吳則虞云：《指海》本“事”下補“者”字。◎文斌案：顧校是。元刻本、活字本、嘉靖本、吳勉學本作“建謀者及義”，吳懷保本作“建謀者反義”，《子彙》本、沈本、吳勉學本、黃本、綿眇閣本、楊本、凌本作“建謀不及義”。

〔一九〕謀事句　蘇輿云：此下《治要》無。

〔二〇〕危　黃以周云：元刻“危”作“已”，剝文。◎吳則虞云：綿眇閣本、吳勉學本、《子彙》本俱作“危”。◎文斌案：元刻本、活字本、嘉靖本、吳懷保本、吳鼎本作“已”，餘均作“危”。今改作“危”。

〔二一〕出入句　孫本“時問”下無“之君”二字。黃以周云：元刻作“時問之君”，當據補。◎蘇輿云：元刻誤衍“之君”二字。此俱承上言，若云“出入之君，時問之君”，則不倫矣。黃反據以補之，何也？◎吳則虞云：綿眇閣諸本亦無“之君”二字。黃、蘇二說皆未審，此疑脫“時問”二字。下文云“尚可以没身”者，指“時問”者言也（“日危”，于鬯云：“‘日’當作‘曰’，語辭也。”于說是）。此處當作：“全善之君能制（句）”，此上焉者也；“出入之君時問（句），時問雖曰危（句），尚可以没身（句）”，此中焉者也；“羞問之君，不能保其身（句）”，此下焉者也。“時問”者，正所謂“出入”也，然較“羞問”者爲長。張純一誤作“全善之君，能制出入之君（句），時問之君（句）”，非。◎王叔岷云：黃之寀本、《子彙》本並脫“之君”二字，明活字本與元本同。◎文斌案：元刻本、活字本、嘉靖本、吳懷保本、吳鼎本有“之君”二字，餘脫。吳則虞謂“綿眇閣諸本亦無‘之君’二字”，失檢。

景公問善爲國家者何如
晏子對以舉賢官能第十三^{〔一〕}

景公問晏子曰^{〔二〕}：“莅國治民，善爲國家者何如？”晏子對曰：“舉賢以臨國，官能以敕民，則其道也。舉賢官能^{〔三〕}，則民與若矣^{〔四〕}。”公曰：“雖有賢能，吾庸知乎^{〔五〕}？”晏子對曰：“賢而隱，庸爲賢乎^{〔六〕}？吾君亦不務乎是^{〔七〕}，故不知也。”公曰：“請問求賢。”對曰：“觀之以其游^{〔八〕}，説之以其行^{〔九〕}，君無以靡曼辯辭定其行^{〔一〇〕}，無以毀譽非議定其身，如此，則不爲行以揚聲^{〔一一〕}，不掩欲以榮君^{〔一二〕}。故通則視其所舉^{〔一三〕}，窮則視其所不爲，富則視其所不取^{〔一四〕}。夫上士^{〔一五〕}，難進而易退也；其次，易進易退也^{〔一六〕}；其下，易進難退也^{〔一七〕}。以此數物者取人^{〔一八〕}，其可乎！”

〔一〕文斌案：元刻本、活字本、嘉靖本、沈本、吳鼒本目録“爲”前有“善”字，標題脱，正文亦作“善爲國家者”。今從目録。吳懷保本目録作“問善爲國家者何如”，標題省作“問爲國”。楊本、凌本均作“莅國治民”。

〔二〕景公句　蘇輿云：《治要》作“景公問求賢”，此下至“榮君”《治要》無。

〔三〕舉　文斌案：吳懷保本、吳勉學本、黄本此處“舉”作“與”，黄本上方校語云：“‘與’疑‘舉’字。”“與”“舉”通，作“選拔”解。《禮記·禮運》：“選賢與能。”

〔四〕則民句　盧文弨《拾補》作“則民與君矣”，“君”旁注“若”字。◎蘇輿云：作“君”是也。古“君”“若”字多相亂。◎于鬯云：“與”疑“興”字之誤。◎劉師培《斠補定本》云：黄本“若”作“君”，與盧校合，上方校語云：“‘君’，一作‘若’。”◎張純一云：“與”猶“親”也。◎吳則虞云：疑作“則民興善矣”。“善”“若”亦形近而訛，“興善”與《大學》之“興仁”“興讓”句法同。《指海》本作“興君”，非是。◎劉如瑛云：原文不誤。“與”通“舉”。“若”，順。“與”“若”皆順從之意。此言如果選用賢能之人，則民衆皆會順從。《周禮·地官·師氏》：“王舉則從。”鄭玄注：“故書‘舉’爲‘與’。”杜子春云：“當爲‘與’。”《書·堯典》：“曰若稽古帝堯。”孔安國傳：“‘若’，順。”《詩·大雅·大田》：“曾孫是若。”鄭玄箋：“‘若’，順也。”可證“與”“若”二字之意。于鬯謂：“‘與’，疑‘興’字之誤。”吳則虞疑末句作“則民興善矣”。原文既通，無庸改字。◎文斌案：盧校是。

〔五〕庸　張純一云：“庸”猶“何”也、“詎”也。

〔六〕賢而二句　文廷式云：《荀子》曰：“太公誅華仕。”《韓子》曰：“太公封於齊，東海有居士狂矞華仕昆弟二人，不臣天子，不友諸侯，太公執而殺之。”是齊不容隱士。晏子謂隱則非賢，猶太公之家法也（《內篇·問下》以傲世樂業爲狂惑，以退處山谷爲非義，皆斯意也）。

〔七〕吾君句　孫星衍云：言君亦不以此爲事。◎吳則虞云：楊本、凌本自“乎”字截讀，非也。

〔八〕觀之句　孫星衍云：觀其交游也。

〔九〕說之句　張純一云：後廿七章，景公問取人得賢之道，晏子對曰：“舉之以語，考之以事。”

〔一〇〕君無句　蘇輿云：“君”字疑衍，此是統論取人之道。

〔一一〕僞　俞樾云：古“爲”“僞”字通用。成九年《左傳》“僞將改立君者”，定十二年《傳》“子爲不知”，《釋文》並云：“‘爲’本作‘僞’。”是也。“不僞行以揚聲”，言不僞托高行以揚聲譽。

〔一二〕不掩句　王引之云：“滎”讀爲“營”，“營”，惑也（見《呂氏春秋》《淮南》注）。“掩欲以營君”者，外爲廉絜以自掩其貪，將以惑君也。第二十一篇說佞人之事君曰：“以僞廉求上采聽，而幸以求進。”正謂此也。“營”“滎”古字通，說見《經義述聞》“不可滎以祿”下。◎孫星衍云：“行”“聲”，“身”“君”各爲韻。◎趙振鐸云：“行”在陽部，“聲”在耕部，非韻。“身”在真部，“君”在文部，亦非韻。◎文斌案：黃本上方校語云：“‘滎’疑‘營’字。”顧廣圻亦校云：“滎”當作“營”。

〔一三〕故通句　蘇輿云：《治要》無“故”字，上有“晏子對曰”句。

〔一四〕富則句　顧廣圻校云：“所”下當脫“與貧則視其所”六字。◎王念孫云：“通”與“窮”對，“富”與“貧”對，《群書治要》作“富則視其所分，貧則視其所不取”是也。今本脫“分”字及“貧則視其所”五字，則文不成義。◎黃以周云：《史記·魏世家》：“李克曰：‘達視其所舉，窮視其所不爲。’”“貧視其所不取”文與此同。“富”當作“貧”，《治要》作“富則視其所分，貧則視其所不取”，較今本多一句。◎吳則虞云：《指海》本據王說改。◎徐仁甫云：“富則視其所不取”文不成義。原文當從《史記·魏世家》作：“故富則視其所與，通則視其所舉，窮則視其所不爲，貧則視其所不取。”《韓詩外傳》三同。“與”“舉”“取”韻。今本脫“富則視其所與”一句，又改“貧”爲“富”，則義不通矣。王念孫、顧廣圻、黃以周諸家說均未安。◎孫星衍云：“舉”“取”爲韻。◎趙振鐸云：“舉”在魚部，“取”在侯部，非韻。◎文斌案：徐氏所云“故富則視其所與，通則視其所舉，窮則視其所不爲，貧則視其所不取”者，乃參考《史記·魏世

家》所復原之《晏子》文,《魏世家》原作"富視其所與,達視其所舉,窮視
其所不爲,貧視其所不取",其中"達"字即《晏子》"通"義。"通"與
"窮"對,"富"與"貧"對,今本《晏子》僅三句,顯然脱"貧"之一句。依
《史記·魏世家》,"富則視其所"後當爲"與"字,然後需再補"貧則視其
所"五字,顧校是。

〔一五〕夫上句 蘇輿云:《治要》無"士"字。◎張純一云:背禄鄉義故。《治
要》脱"士"字。◎吳則虞云:當删"士"字。

〔一六〕易進句 蘇輿云:《治要》"進"下有"而"字,下同。◎張純一《校注》補
"而"字,注云:鄉禄亦不背義故。"而"字舊脱,據《治要》補,下同。

〔一七〕易進句 蘇輿云:《表記》:"孔子曰:'事君難進而易退,則位有序;易進
而難退,則亂也。'""位有序",故爲上士;"亂",故爲下;"易進易退",若
柳下惠、令尹子文之流,是也。◎張純一云:背義鄉禄故。◎吳則虞云:
《指海》本據《治要》補此句及上句兩"而"字。

〔一八〕物 蘇輿云:猶"事"也,説見上。

景公問君臣身尊而榮難乎晏子對以易第十四〔一〕

景公問晏子曰:"爲君,身尊民安;爲臣,事治身榮,難乎? 易乎?"
晏子對曰:"易。"公曰:"何若?"對曰:"爲君,節養,其餘以顧民〔二〕,則
君尊而民安〔三〕;爲臣,忠信而無踰職業,則事治而身榮。"公又問:"爲
君何行則危? 爲臣何行則廢?"晏子對曰:"爲君,厚藉斂而托之爲
民〔四〕,進讒諛而托之用賢,遠公正而托之不順〔五〕,君行此三者則危;爲
臣,比周以求進〔六〕,踰職業,防下隱利而求多〔七〕,從君,不陳過而求
親〔八〕,人臣行此三者則廢〔九〕。故明君不以邪觀民〔一〇〕,守則而不
虧〔一一〕,立法儀而不犯〔一二〕。苟有所求于民,而不以身害之〔一三〕。是故
刑政安於下,民心固於上〔一四〕。故察士不比周而進〔一五〕,不爲苟而求,
言無陰陽〔一六〕,行無内外,順則進,否則退,不與上行邪,是以進不失
廉,退不失行也。"

〔一〕文斌案:吳懷保本目録作"問君臣之道難易",標題作"問尊榮"。楊本作
"君臣難易",凌本作"爲君"。

〔二〕節養二句 張純一云:君自養儉,苟有餘財,盡以眷念於民而施之。

〔三〕則君句 王念孫云:"君尊"當爲"身尊",此承上文"身尊民安"而言。今

本"身"作"君"者,涉上下文"君"字而誤。◎吳則虞云:《指海》本已改作
"身"。◎文斌案:楊本正作"身尊"。

〔四〕厚藉句 吳則虞云:《御覽》六百二十七引"厚藉"二字互倒。◎文斌案:
《御覽》引"藉"作"籍"。

〔五〕遠公句 孫星衍云:言不順君所爲。"民""賢""順"爲韻。◎趙振鐸云:
"民""賢"在真部,"順"在文部,非韻。◎文斌案:此言國君疏遠公正之
人而托辭其不能順從己意。

〔六〕比周句 黃以周云:"進",元刻作"寸",誤。"求進""求多""求親"對文,
此言臣有三求則廢。上言君有三托則危,亦對文。"求進"句絕,"踰職
業"屬下"求多"爲義,"求多"亦句絕。《音義》《雜志》所讀皆誤。◎王叔
岷云:黃之寀本、《子彙》本"寸"並作"進",黃以周云:"元刻作'寸',誤。"
是也。明活字本亦誤"寸"。◎吳則虞云:顧廣圻云:"'寸'當作'進'。"
吳勉學本、《子彙》本、楊本正作"進",顧、黃所校,多據異本,而不舉其名,
此亦賢者之一蔽也。◎田宗堯云:《指海》本亦作"進"。下文"故察士不
比周而進",亦證此文作"進"字是。◎文斌案:顧廣圻校語爲:"孫本作
'進',未的。"吳氏失檢。元刻本、活字本、嘉靖本、沈本、吳懷保本、吳鼒本
作"寸",餘均作"進"。今據黃校改"寸"作"進"。

〔七〕防下句 孫星衍斷"防下隱利"爲一句,而將"而求多從君"作一句讀,《音
義》云:"防下隱利",利之所在,防遏而隱蔽之。"而求多從君",求其多從
君欲。◎王念孫斷爲:"防下隱利而求多"(句),"從君,不陳過而求親"
(句)。張純一、吳則虞從王氏斷句。◎張純一云:踰乎職業之外,防遏下
民,隱匿其利,而求多以肥私,正與上文"爲臣忠信而無踰職業"相反。
◎吳則虞云:"防下隱利"四字衍,蓋旁注增入,當作"踰職業而求多"。

〔八〕不陳句 孫星衍云:不陳君之過而求親媚。"進""君""親"爲韻。◎王
念孫云:"求親"與"求多"對文。孫以"求多從君"連讀,而釋之曰"求其多
從君欲",非是。◎趙振鐸云:"進""親"在真部,"君"在文部,非韻。

〔九〕人臣句 張純一云:"臣"對"君"言,"人"字疑衍。◎文斌案:張説是。楊
本、凌本"行"後衍"則"字。

〔一〇〕故明句 于鬯云:"觀",當訓"示"。《莊子·大宗師篇》云:"彼又惡能
憒憒然爲世俗之禮,以觀衆人之耳目哉。"郭象注正謂:"'觀',示。"陸
德明《釋文》亦云:"'觀',示也。""不以邪觀民"者,謂不以邪示民,猶彼
言惡能爲禮以觀衆,謂惡能爲禮以示衆。《晏子》《莊子》取義不同,而
"觀民"與"觀衆"其義一也。依俗作去聲讀;若讀平聲義不可通。◎蘇
輿云:"觀"猶"示"也,"不以邪觀民",言不以邪示民也。《吕覽·博
志》:"此所以觀後世已。"義略同,注:"'觀'訓'示'。"◎張純一云:"故

明君"反承上文"君行三者則危"言。

〔一一〕守則句　孫星衍云:《爾雅·釋詁》:"'則',常也,法也。"◎劉師培《校補》云:"則",當作"財",上挩"民"字。下文《景公問明王教民》章云:"守於民財,無虧之以利;立於儀法,不犯之以邪。"此云"守民財而不虧",即彼文所云"守于民財,無虧其利也"(《墨子·非樂》亦云"虧奪民衣食之財")。◎張純一說同。◎吳則虞云:楊本、凌本無"而"字。◎文斌案:劉說是。

〔一二〕立法句　孫星衍云:《墨子》有《法儀》篇:"天下從事者不可以無法儀。"◎文斌案:沈本無"立"字,上方校語云:"'虧'下脫一'立'字。"

〔一三〕而不句　王念孫云:"而"字衍,後第十八章"茍所求于民,不以身害之",無"而"字。◎吳則虞云:《指海》本刪"而"字。◎文斌案:沈本"而"上復衍"以"字。

〔一四〕是故二句　劉師培《斠補定本》云:戴校云:"'上''下'字當互易。"◎張純一云:刑平政理,民相安于下,心不貳于上矣。

〔一五〕故察句　張純一云:"故察士"反承上文"臣行此三者則廢"言。

〔一六〕陰陽　黃以周云:"陰陽"猶云"面背",言無面從背違。

景公問天下之所以存亡晏子對以六說第十五〔一〕

景公問晏子曰:"寡人持不仁,其無義耳也。不然,北面與夫子而義〔二〕。"晏子對曰:"嬰,人臣也。公曷爲出若言〔三〕?"公曰:"請終問天下之所以存亡。"晏子曰:"縵密不能,麤苴不學者詘〔四〕。身無以用人,而又不爲人用者卑〔五〕。善人不能戚,惡人不能疏者危〔六〕。交游朋友從〔七〕,無以說於人,又不能說人者窮〔八〕。事君要利,大者不得,小者不爲者餒〔九〕。脩道立義,大不能專,小不能附者滅〔一〇〕。此足以觀存亡矣〔一一〕。"

〔一〕文斌案:吳懷保本目錄作"問天下所以存亡",標題省作"問存亡"。楊本作"天下所以存亡",凌本作"不仁無義"。

〔二〕寡人四句　孫星衍云:言未嘗行仁義,欲北面而事晏子,以其義也。◎于鬯云:"不仁"當讀爲"不佞",已見《諫下篇》校。"無"當訓"不","義"當訓"宜",皆恒訓也。"也"讀爲"邪",陸釋《序錄》所謂"'邪''也'弗殊"是也。《諫上篇》云:"交舉則先飲,禮也?"俞蔭甫太史《平議》亦讀彼"也"

爲“邪”。“然”與“如”古亦通用。《書·盤庚篇》：“用懷爾，然失于政。”
彼文當讀“爾”字句，“然”字屬下讀，“然失于政”者，“如失於政”也。且凡
形容之辭，若“勃然”即“勃如”，“蹶然”即“蹶如”。“如”“然”無别，不勝
舉證。此“不然”與他文言“不然”者獨異，“不然”即“不如”也。“而”猶
“爲”也，《諫下篇》云：“二子同桃而節，冶專其桃而宜。”亦以“而”字作
“爲”字用。景公之意若曰：寡人持不佞，其不宜耳邪？不如北面與夫子
爲宜。謂己以此不佞之身，其殆不宜於人君之位，不如己就臣位北面，而
以此人君之位與晏子爲宜。故下文晏子對曰：“嬰，人臣也，公曷爲出若
言？”則其意大曉矣。孫星衍《音義》乃云：“言未嘗行仁義，欲北面而事晏
子，以其義也。”於文豈可通乎？且晏子又何以自明人臣，何至有“公曷爲
出若言”之對。夫秦孝公欲傳於商君，梁惠王欲讓於惠施，則景公欲以位
與晏子，又曷足怪乎？◎蘇輿云：“義”當爲“議”，蓋假字，“議”“義”一聲
之轉。《莊子·齊物論》：“有倫有義。”崔本“義”作“議”，是“義”“議”同
字之證。此與《荀子》“北面端拜而議”之“議”同義。孫讀本字，而以“仁”
“義”平列，非。下云“欲北面而事晏子，以其義”，尤不詞之甚！景公蓋自
謂所持不仁，故無足議耳也（猶云未足與議）。不然（言若能仁也），請
北面事夫子而與之議，謂議政治大道也。故下文云：“請終問天下之所
以存亡。”若云“仁義”，與下全不貫矣。◎張純一云：《齊策四》：“齊人
見田駢曰：‘聞先生高議。’”吳曾祺云：“‘議’與‘義’通。”蘇讀“義”爲
“議”，是也，但尚有欠審處。此文疑本作“寡人特不仁，其無足議耳”。
今本“特”剝爲“持”，“議”剝爲“義”，“足”譌爲“也”，又倒著“耳”下，故
文義不順。◎文斌案：張説是。黄本上方校語云：“‘持’以下十七字間
疑有誤。”

〔三〕公曷句　張純一云：“若”，猶“此”也，指“北面”言。臣見君則北面。嬰，
人臣，故不敢當北面之説。

〔四〕縵密二句　孫星衍云：粗知學問不能致密者，詘于人下。《玉篇》：“‘麁’，
郎谷切。”非此字也，當爲“麤”字省文。《玉篇》：“‘麤’，青五切。”◎盧文
弨云：“麁苴”，當與“麤粗”同，上倉胡切，下才古切，猶“鹵莽”也。詳見余
《札記》。◎洪頤煊以“縵密不能麁苴”爲句，云：“麁苴”即“麁疎”，假借
字，言其材之限也。“學者詘身”，句。“無以用人而又不爲人用者卑”，
句。◎王念孫云：當作“縵密不能，麁苴不學者詘”（“麁苴”與“麤粗”同。
“麤”，倉胡反；“粗”，在户反，二字義同而音異，説見《廣雅疏證》一），言縵
密之事既不能（“縵密”猶“緜密”，謂事之精微者），麁苴之事又不學，則未
有不詘者也。下文曰：“身無以用人，而又不爲人用者卑。善人不能戚，惡
人不能疏者危。交游朋友，從無以説于人（“從”字疑衍），又不能説人者

窮。事君要利,大者不得,小者不爲者餒。脩道立義,大不能專,小不能附者滅。"語義並與此同。今本脫去"不"字,則其義相反,且與上文不對矣。《外上篇》曰:"微事不通,麤事不能者必勞。大事不得,小事不爲者必貧。大者不能致人,小者不能至人之門者必困。"語意亦與此同。"微事不通,麤事不能",正所謂"縵密不能,蘆苴不學"也。以是明之。◎蘇輿云:王說是。◎張純一《校注》於"學"上補"不"字,注云:"學"上"不"字舊脫,從王校補。《外上》文見十七章。◎吳則虞云:洪讀非是。《指海》本"學"上補"不"字。◎文斌案:各本"學"上均無"不"字,今從王校補。

〔五〕身無二句 孫星衍云:《孟子》所謂"既不能令,又不受命"也。"卑",無高位。◎張純一云:《說文》:"'卑',賤也。輕之之詞。"◎文斌案:"既不能令,又不受命",見《孟子·離婁上》。

〔六〕善人二句 張純一云:"戚",親也,近也;"疏",外也,遠也。善無由修,惡日益長,故危。

〔七〕交游句 孫星衍云:"交游朋友從",句。◎王念孫云:"從"字疑衍。◎于鬯云:此疑衍"友"字,"朋從"連文。◎吳則虞云:《指海》本刪"朋"字,非是。◎文斌案:下二句"無以說於人,又不能說人者窮"是議論的內容,則此句爲議論的主題,即設定談論的問題是"交游朋友"。後文"事君要利,大者不得,小者不爲者餒","脩道立義,大不能專,小不能附者滅"句法同,其"事君要利""脩道立義"均是議論的主題,且均爲四字句,故"友"後不當有"從"字。王說是。

〔八〕無以二句 文斌案:吳勉學本、黃本兩"說"字均作"悅"。

〔九〕事君三句 孫星衍云:"餒",一本作"餧",非。◎張純一云:"要",求也。言尊位不可得,又不肯居卑,無利可要,餒而已矣。◎吳則虞云:吳懷保本、吳勉學本皆作"餧"。◎文斌案:黃本亦作"餧"。

〔一〇〕縵密諸句 孫星衍云:"詘""卑""危","從""窮","利""得","餒""義""滅"各爲韻。◎趙振鐸云:"詘"在物部,"卑"在支部,"危"在微部;"從"在東部,"窮"在冬部;"利"在質部,"得"在職部;"餒"在微部,"義"在歌部,"滅"在月部。皆非韻。◎文斌案:趙氏原文"危"後誤衍"窮"字,筆者刪;原文"餒"作"餧",筆者據孫氏《音義》訂正。"餒"亦在微部。吳懷保本、吳勉學本、黃本、楊本、孫本"脩"作"修"。

〔一一〕此足句 張純一云:"此足以觀存亡",與公問"天下之所以存亡"正相應。正文六說,必存亡並舉。今本有亡無存,疑"縵密不能"上有脫簡。以本書文例求之,皆反其說可知也。此與《外上》十七章事異而辭多同。

景公問君子常行曷若晏子對以三者第十六[一]

景公問晏子曰："君子常行曷若?"晏子對曰："衣冠不中,不敢以入朝[二];所言不義,不敢以要君;行己不順[三],治事不公,不敢以蒞衆。衣冠無不中[四],故朝無奇僻之服[五];所言無不義,故下無僞上之報[六];身行順,治事公,故國無阿黨之義[七]。三者,君子之常行者也[八]。"

〔一〕文斌案：元刻本、活字本、嘉靖本、沈本、吳勔本標題"常行"目録作"所行",因正文作"常行",今統一作"常行"。吳懷保本目録作"問君子所行曷若",標題作"問常行"。楊本、凌本均作"君子常行"。

〔二〕衣冠二句　張純一云："中",正也。衣冠正斯瞻視尊。◎文斌案：沈本"以入朝"與下"所言不"六字誤作"治事不公不敢"。

〔三〕行己句　孫星衍云：一本下有"不敢以"三字,非。◎王念孫云："行己"本作"身行"("行"讀去聲),此後人習聞"行己"之語,而罕見"身行"之文,故改之耳。不知"身"即"己"也(《玉篇》"'己',身也")。下文"身行順,治事公"正承此文言之。未見全文,而輒以意改,粗心人大抵皆然。《群書治要》正作"身行不順"。◎劉師培《校補》云：黄本"敢"下有"以"字,蓋"以"下挩二字,此並"以"字挩之。他本或並挩"不敢"。◎吳則虞云：元本、活字本有"不敢"二字,吳懷保本、吳勉學本有"不敢以"三字,《指海》本"行己"改作"身行"。◎文斌案：元刻本、活字本、嘉靖本、沈本、吳勔本"不順"下衍"不敢"二字,吳懷保本、吳勉學本、黄本"不順"下衍"不敢以"三字,《子彙》本、綿眇閣本、楊本、凌本、孫本不誤。今删"不敢"二字。黄本上方校語云："'治'字上疑有闕文。"校語並劉説均誤,非有闕文,實衍"不敢以"三字。

〔四〕衣冠句　蘇輿云：《治要》無"無不"二字,下同。

〔五〕故朝句　孫星衍云："僻",一本作"辟"。◎王叔岷云：黄之寀本"辟"作"僻",明活字本、《子彙》本並與元本同。◎吳則虞云：楊本、凌本正作"辟"。◎文斌案："辟",吳勉學本、黄本、孫本作"僻"。

〔六〕所言二句　蘇輿云："所言無不義",謂與君言無不義也。君習聞義言,故施于民無有欺僞,而民亦以誠信待君。故曰："下無僞上之報。"

〔七〕故國句　劉師培《校補》云："義"疑"俄"(誤),誼當訓"邪"(《管子·法禁篇》："法制不議。"《荀子·成相篇》："君法儀。"《莊子·山木篇》："尊則議。""議""儀"均讀"俄",此其比也)。謂國無阿黨之邪也。◎吳則虞云：

阿黨不可稱"義",疑"議"字之殘。劉師培釋爲"俄",非。◎文斌案:劉
説是。《廣雅·釋詁二》:"'俄',衺也。"王念孫《疏證》:"古者'俄''義'
同聲,故'俄'或通作'義'。《多方》云:'乃惟以爾多方之義民,不克永于
多享。''義'與'俄'通,衺也。"

〔八〕君子句 王念孫云:"常行"下衍"者"字("常行"讀去聲;若云"常行者",
則當讀平聲矣),上文"景公問君子常行曷若"即其證。《群書治要》無
"者"字。◎劉師培《斠補定本》云:《治要》無"之"字。◎吳則虞云:《指
海》本刪"者"字。

景公問賢君治國若何晏子對以任賢愛民第十七〔一〕

景公問晏子曰:"賢君之治國若何〔二〕?"晏子對曰:"其政任賢,其
行愛民;其取下節,其自養儉〔三〕;在上不犯下,在治不傲窮;從邪害民
者有罪,進善舉過者有賞〔四〕。其政刻上而饒下,赦過而救窮;不因喜
以加賞,不因怒以加罰〔五〕;不從欲以勞民,不脩怒而危國〔六〕;上無驕
行,下無諂德〔七〕;上無私義,下無竊權;上無朽蠹之藏,下無凍餒之
民〔八〕;不事驕行而尚司,其民安樂而尚親。賢君之治國若此〔九〕。"

〔一〕文斌案:銀雀山竹簡有本章内容。嘉靖本此頁空白。吳懷保本目錄作
"問賢君治國",標題省作"問治國"。楊本作"賢君治國",凌本作"治國"。
〔二〕景公二句 文斌案:簡本除"若何"作"何若"外,均同。吳勉學本、黃本
"若"誤作"者",黃本上方校語云:"'者'疑'若'字。"
〔三〕晏子五句 文斌案:《銀簡》與《銀文》同,作:"[□□□□□]□賢君之治
國也,其正任賢,其行愛民,其取下[□],其自養斂。"《校釋》稍異,"斂"作
"欽"。◎駢宇騫云:"賢君"上殘缺六字,疑當作"晏子合曰□□",餘二字
不得而知。"其取下"下殘缺一字,據明本當是"節"字無疑。簡本"正"當
讀爲"政",説見上。"欽"當讀爲"儉",二字皆從"僉"得聲,古音相同,可
通假。《説文》云:"'儉',約也。"《廣雅·釋詁》:"'儉',少也。"今意爲節
約、不奢侈。《國語·周語》:"季文子、孟獻子皆儉也。"注云:"'儉',居處
節儉也。"明本"節"亦"儉"義。《吕氏春秋·召類》:"唯其仁且節與。"注
云:"'節',儉也。"《周書·謚法》曰:"好廉自克曰節。"《孝經》:"制節謹
度。"鄭注云:"費用儉約謂之制節。"
〔四〕在上四句 張純一云:"傲",輕也。謂不虐無告,不廢困窮。◎吳則虞云:

凌本"窮"作"一"。◎文斌案：簡本作："在上不犯下，任治不驁窮，從邪害民者[□□□□]舉過者有賞。"◎駢宇騫云："舉"上殘缺四字，據明本疑當作"有罪進善"四字。簡本"任"字當爲"在"字之誤。明本"在上"與"在下"爲對文，"不犯下"與"不傲窮"爲對文，當據正。簡本"驁"當讀爲"傲"，二字皆從"敖"聲，古可通假。《漢書·田蚡傳》："諸公稍自引而怠驁。"師古注云："'驁'與'傲'同。"《吕氏春秋·下賢》："士驁禄爵者固輕其主。"注云："'驁'亦'輕'。""犯"，《説文》云："侵也。"◎李天虹云："任治"一詞見於《鶡冠子·道端》"受官任治，觀其去就，足以知智"，"受官"與"任治"互文連言，兩詞含義接近。而這樣的含義放在簡本《晏子春秋》此處也非常合適。所以，簡文"任治"恐無誤。相反，今本"在治"之"在"倒有可能是"任"字之訛。清人王念孫《讀書雜志》有辨古書"在""任"互訛例數條，如《漢書》卷十二"自在"條辨"在"當爲"任"，《淮南内篇》卷六"右秉白旄、余任"條辨"任"當爲"在"，《淮南内篇》卷十二"本任於身"條辨"任"當爲"在"等，可並參。◎文斌又案：活字本作"在治"不作"在下"，駢氏謂"明本'在上'與'在下'爲對文"，失檢。

〔五〕其政四句　文斌案：《銀簡》《銀文》同，作"其正刻上而饒下，正劈而杌窮；不因喜以加賞，不因怒以加罰"，《校釋》稍異，"饒"作"譊"。◎駢宇騫云：簡本二"正"字皆當讀爲"政"。"譊"當讀爲"饒"，《説文》云："'饒'，飽也。"又云："'餘'，饒也。"《廣雅·釋詁》云："'饒'，益也。"簡本"劈"通"徹"，《説文》云："'徹'，通也。"簡本"杌"，從木九聲，當讀爲"救"，"九""求"古音相同，可通假。"絿"或作"紌"，可證。"刻"，《莊子·刻意》："刻意尚行。"注云："'刻'，削也。"《荀子·禮論》："刻生而附死謂之惑。"注云："'刻'，損減也。"◎吴則虞云：楊本、凌本"喜"作"善"，誤。◎文斌又案：沈本"不因怒以加"後衍"賞不因怒以加"六字。

〔六〕不從二句　蘇輿云："從"，讀爲"縱"。"脩怒"疑當作"脩怨"（《左傳》"修怨于諸侯"義同此），"怨""怒"形近而誤。◎文斌案：吴懷保本"從欲"二字誤倒。吴懷保本、吴勉學本、黄本、楊本、凌本、孫本"脩"作"修"。楊本"怒"作"怨"。沈本脱"欲以勞民不脩"六字。簡本僅存"……怒以危國"。◎駢宇騫云：蘇云"從"當讀爲"縱"，甚是。"縱"，放縱、恣肆，與《尚書》"欲敗度，縱敗禮"之"縱"義同。但蘇云"怒"當作"怨"則不可信。簡本作"怒"，作"怒"亦通。又明本"不脩怒而危國"之"而"當作"以"，"以危國"與上文"以勞民""以加賞""以加罰"句式同。

〔七〕上無二句　文斌案："謟"，孫本同，餘均誤作"謟"。簡本作："上无喬行，下无屾德。"◎駢宇騫云：簡本"喬"當讀爲"驕"，"驕"，從馬喬聲，二字古音相同，可通假。"屾"，從土從凵，疑爲"坎"之異體。朱駿聲《説文通訓定聲》云:"'凵',一説坎也,塹也,象地穿。"當與《説文·土部》"塊"字之異體"凷"非一字。簡文"凷(坎)"當讀爲"諂",從"欠"聲之字與從"臽"聲之字古音相近可通。《左傳·襄公二十六年》"至則欿用牲"之"欿",《周禮·秋官·司盟》鄭注引作"坎"。《説文》云:"'坎',陷也。"是其證。"諂",奉承、獻媚。《説文》作"讇",云:"'讇',諛也。"或省作"諂"。◎譚步雲云:傳世本"諂",簡本作"凷"。《晏釋》可備一説,然過於輾轉。細審原文,原來是把"臽"錯誤隸定成"凷"了。"臽"讀爲"諂"即無問題。◎孫星衍云:"罰""國""德"爲韻。◎趙振鐸云:"罰"在月部,"國"在職部,非韻。◎文斌又案:"德"亦在職部。

〔八〕上無四句　文斌案:簡本作"上毋私衆,下无私義,毋歺橐之臧,毋涷餒之民"。黃本"義"作"議"。◎駢宇騫云:簡本"毋"通"無",説見上。"歺",《説文》云:"腐也。从歺丂聲。𣏔,歺或从木。"即"朽"之異體。簡文"橐"當讀爲"蠹",《周禮·翦氏》:"掌除蠹物,以攻禜攻之,以莽草熏之。"注云:"'莽草',藥物,殺蟲者以熏之則死,古文書'蠹'爲'橐'。""朽蠹",腐爛、蛀蝕。簡文"臧"當讀爲"藏",藏从臧聲。徐鉉云:"《漢書》通用'臧'字,從艸,後人所加。""涷"通"凍",《隸釋》張納《巴郡太守碑》"凍餒"字亦作"涷餒"。《説文》爲"涷""凍"二字。因二字形義相近,所以古籍中往往通用。"涷餒",猶今云"飢寒交迫",與《墨子·非命上》"是以衣食之財不足而飢寒凍餒之憂至"之"凍餒"義同。《左傳·昭公三年》云:"民參其力,二入於公,而衣食其一;公聚朽蠹,而三老凍餒。"

〔九〕不事三句　盧文弨云:"司"疑"同",《墨子》有《上同篇》。◎張純一《校注》據正。◎于省吾云:盧説非是。"司"應讀作"治",金文"嗣""司"同用,"嗣",古"治"字。此言不事驕行而尚治也。◎吳則虞云:"不事驕行而尚司"句疑在"不修怒而危國"句下。今本有錯亂,不但意義淆混,而文亦不順。◎文斌案:簡本作"是以其士民藩茲而尚同,民安樂而尚親。賢君之治國若此","司"正作"同",盧説是,于説非。簡本"怒以危國"下逕接"上无喬行,下无凷德",吳説亦非。◎駢宇騫云:簡文"藩茲"當讀爲"蕃滋","蕃滋",繁衍滋長。◎孫星衍云:"權""民""親"爲韻。◎趙振鐸云:"權"在元部,"民""親"在真部,非韻。

景公問明王之教民何若晏子對以先行義第十八〔一〕

景公問晏子曰:"明王之教民何若〔二〕?"晏子對曰:"明其教令而

先之以行義,養民不苟而防之以刑辟〔三〕。所求于下者不務於上,所禁於民者不行于身〔四〕。守于民財,無虧之以利;立于儀法,不犯之以邪〔五〕。苟所求于民,不以身害之〔六〕,故下之勸從其教也〔七〕。稱事以任民,中聽以禁邪〔八〕。不窮之以勞,不害之以實〔九〕。苟所禁于民,不以事逆之,故下不敢犯其上也〔一〇〕。古者百里而異習,千里而殊俗〔一一〕。故明王脩道,一民同俗。上愛民爲法,下相親爲義,是以天下不相遺〔一二〕。此明王教民之理也〔一三〕。”

〔一〕文斌案:銀雀山竹簡有本章内容。元刻本、活字本、沈本、吳勉本標題“何若”目録作“若何”,因正文作“何若”,今統一作“何若”。吳懷保本目録作“問明王教民”,標題省作“問教民”。楊本作“明王教民”,凌本作“明教”。

〔二〕景公二句　文斌案:簡本除“問”下有“於”字,餘同。

〔三〕晏子三句　蘇輿云:《治要》無“義”字,下“刑”下無“辟”字。◎吳則虞云:“義”字後人所增,“先之以行”,言以身率教,“行”“刑”爲韻。下句“辟”字,亦後人妄增。《廣雅·釋詁》:“‘養’,使也。”◎文斌案:簡本作:“晏子合曰:明……令,先之以行;養民不苟,而□之以刑。”正無“義”字、“辟”字。“明”“令”之間簡文殘缺。《銀簡》注云:簡本“明”與“令”字之間約缺七字,文字較傳本爲繁,疑此段簡文本作:“明王之教民,明其教令,先之以行……”◎駢宇騫云:簡文“合”當讀爲“答”,説見上。又《爾雅·釋詁》云:“‘合’,對也。”簡文“而”下一字右半殘缺,左半從土旁,疑爲“坊”字,讀爲“防”,“坊”“防”皆從“方”得聲,古可通。《治要》本“對曰”上無“晏子”二字。◎孫星衍云:“義”“辟”爲韻。◎趙振鐸云:“義”在歌部,“辟”在錫部,非韻。

〔四〕所求二句　王引之云:“不務於上”義不可通,“不務”當作“必務”,此涉上下文諸“不”字而誤也。《群書治要》亦作“不務”,則唐初本已然。案:“所禁於民者,不行於身”,謂無諸己而後非諸人也;“所求於下者,必務於上”,謂有諸己而後求諸人也。則當作“必務”明矣。下文云“苟所求於民,不以身害之”,“苟所禁於民,不以事逆之”,即承此四句而言。◎文斌案:元刻本、活字本、沈本、吳懷保本“所求”二字誤倒。簡本作“所求於下者弗務於上,所禁於民者弗行於身”。◎駢宇騫云:王説非也,當從簡本、《治要》本作“不務于上”。“不務于上”謂不勉于上也。《公羊傳·定公二年》:“不務于公室。”注云:“‘務’,勉也。”正此義。《説文》云:“‘勉’,强也。”段玉裁注云:“舊作‘彊’,非其義也。凡言勉者,皆相迫之意。”上文云“求于民者不務于上”“禁于民者不行于身”,下文云“求于民不以身害之”“禁于民不以事逆之”四句爲對文,作“不”“弗”是。

〔五〕守于四句　文斌案:元刻本“邪”誤作“吾”,黄本“不”上衍“于”字。簡本
作:“守[□□□]以利;立法義,不犯之以邪。”◎駢宇騫云:“守”下殘缺
四字,據明本本章及本篇十四章,疑當作“財不虧之”四字。簡本“義”當
讀爲“儀”,“儀”從“義”聲,二字古音相同,可通假。明本“儀法”當爲“法
儀”。“法儀”即法度。《管子·兵法篇》云:“治衆有數,勝敵有理……則可
以定威德,制法儀,出號令,然後可以一衆治民。”《治要》本無此句。◎李天
虹云:文獻中“法儀”“儀法”兩詞都屬多見,且含義相同。“法儀”之例已見
前文。“儀法”之例如《管子·七法》“制儀法,出號令,莫不向應,然後可以
治民一衆矣”、《任法》“聖君……置儀法,如天地之堅,如列星之固,如日
月之明,如四時之信”等等。《七法》中的“儀法”與《校釋》所引《兵法》中
的“法儀”明顯是一回事。如此這裏作“儀法”亦通,不必據簡本改。

〔六〕苟所二句　劉師培《校補》云:以上文《問君臣》章證之,“苟”下當增“有”
字。◎文斌案:《治要》無此二句。簡本作“筍所求於民,不以……”,
“以”下殘缺。簡文無“有”字,劉説非。◎駢宇騫云:簡本“筍”當讀爲
“苟”,“筍”“苟”皆從“句”得聲。“苟”,連詞,假若、如果。◎孫星衍云:
“利”“邪”“害”爲韻。◎趙振鐸云:“利”在質部,“邪”在魚部,“害”在月
部,非韻。

〔七〕故下句　王念孫云:“之”字衍。下文曰:“故下不敢犯其上也。”文義正與
此同,則不當有“之”字明矣。《群書治要》無。◎蘇輿云:《治要》作“故
下從其教也”,無上六句。◎張純一《校注》從蘇校删“之勸”二字。◎吳
則虞云:《指海》本删“之勸”二字。◎文斌案:簡本此句殘缺。

〔八〕稱事二句　俞樾云:“聽”,謂聽訟也。古謂聽訟爲“聽”,《書大傳》:“諸侯
不同聽。”注曰:“‘聽’,議獄也。”“中聽以禁邪”,言聽訟得中則足以禁邪
也。《尚書·吕刑篇》曰:“罔不中聽獄之兩辭。”然則“中聽”二字蓋本於
《尚書》矣。《問下篇》曰:“中聽則民安。”夫刑罰不中,民無所措手足,故
中聽則民安也。又曰:“慢聽厚歛則民散。”“聽”與“歛”並言,亦《孟子》
“省刑罰,薄税歛”之意。◎張純一云:“稱”,度也、量也。◎文斌案:簡本
作“……事以任民,中聽以禁邪”,“事”上簡文殘缺。

〔九〕不窮二句　王念孫云:“害之以實”義不可通,“實”本作“罰”,謂不以刑罰
害民也。“窮之以勞,害之以罰”皆虐民之事。《群書治要》正作“不害之
以罰”。◎黄以周云:“不窮之以勞”謂“稱事”,“不害之以實”謂“中聽”。
“實”當依《治要》作“罰”。◎駢宇騫云:“不窮之以勞”,謂不以勞作使之
窮也。“不害之以實”,謂不反以實情使之受害也。◎文斌案:簡本同,
王、黄説非。“不害之以實”至“上愛民爲法”間七句《治要》無。

〔一〇〕苟所三句　文斌案：簡本作“苟所求於民，不以事逆，故下不敢犯禁也”。◎李天虹云：疑簡本“求”爲“禁”字之訛。今本上文先講“所求於下者”如何如何、“所禁於民者”如何如何；然後説“苟所求於民”如何如何，到這裏是“苟所禁於民”如何如何，上下文正相呼應。簡本在這裏的“苟所求於民”之前，用語與今本完全一致，已經出現了一處“苟所求於民”。所以，這裏的“苟所求於民”恐是涉上面的同文而誤，而應與今本一致，作“苟所禁於民”。◎孫星衍云：“邪”“實”“逆”爲韻。◎趙振鐸云：“邪”在魚部，“實”在質部，“逆”在鐸部，非韻。

〔一一〕古者二句　文斌案：簡本作“古者百里異名，千里異習”。

〔一二〕故明五句　王念孫云：《群書治要》作：“上以愛民爲法，下以相親爲義，是以天下不相違。”是也。上文云：“明王脩道，一民同俗。”故云“天下不相違”。今本脱兩“以”字，“違”字又誤作“遺”，則文義皆不協。◎劉師培《斠補定本》云：《治要》“違”下有“也”字。◎于省吾云：王氏好以類書改本書，不知古籍文字簡質，必一一改成今人句例則愼矣。《廣雅·釋詁》：“‘遺’，離也。”《莊子·田子方》：“似遺物離人而立於獨也。”“遺”與“離”對文，“遺”亦“離”也。“遺”訓“離”，與《治要》改爲“違”者義不相牾，又何必據彼以改本書哉？◎吳則虞云：“遺”字不爲誤，上下以相愛相親爲義，是不相遺也。猶《孟子》“未有仁而遺其親者，未有義而遺其君者”之“遺”，同義。此節“一民同俗”即墨氏之“尚同”；相愛相親，近墨氏之“兼愛”；“不相遺”，非承“一民同俗”而來。◎文斌案：簡本僅存“故明王脩道……不相遺也”九字，“道”下“不”上殘缺。簡文正作“遺”，王説非。“脩”，沈本、綿眇閣本同，餘均作“修”。

〔一三〕此明句　王念孫云：本作“此明王之教民也”。上章“賢君之治國若此”，正對“賢君治國若何”之問；本章“此明王之教民也”，亦正對“明王教民何若”之問。今本作“此明王教民之理也”，詞義庸劣，乃後人所改。《群書治要》正作“此明王之教民也”。◎文斌案：簡本與《治要》同，正作“此明王之教民也”，王説甚是。◎孫星衍云：“義”“遺”“理”爲韻。◎趙振鐸云：“義”在歌部，“遺”在微部，“理”在之部，非韻。

景公問忠臣之事君何若
晏子對以不與君陷于難第十九〔一〕

景公問於晏子曰〔二〕：“忠臣之事君也何若〔三〕？”晏子㪍曰〔四〕：“有

難不死,出亡不送〔五〕。”公不悦,曰〔六〕:“君裂地而封之〔七〕,疏爵而貴之〔八〕,君有難不死〔九〕,出亡不送,可謂忠乎〔一〇〕?”對曰:“言而見用,終身無難,臣奚死焉〔一一〕?謀而見從〔一二〕,終身不出〔一三〕,臣奚送焉?若言不用〔一四〕,有難而死之〔一五〕,是妄死也。謀而不從〔一六〕,出亡而送之,是詐偽也〔一七〕。故忠臣也者〔一八〕,能納善於君〔一九〕,不能與君陷於難〔二〇〕。”

〔一〕文斌案:吳懷保本目録作“問忠臣事君”,標題省作“問事君”。楊本作“忠臣事君”,凌本作“忠臣之事君”。

〔二〕景公句　盧文弨云:《論衡·定賢篇》作“齊詹問”,“詹”疑“侯”字誤。但下作“詹曰”,又似非誤。◎吳則虞云:《説苑·臣術》引作“齊侯問於晏子曰”,是漢人所見本俱作“齊侯”。《治要》及《御覽》六百二十一引與今本《晏子》同,惟《治要》無“于”字。◎田宗堯云:《新序·雜事五》引亦作“齊侯”。◎文斌案:《文苑英華》六百九十五魏徵《論治道疏》引作“齊景公”。

〔三〕忠臣句　盧文弨云:《論衡》及《説苑·臣術篇》“事”下皆有“其”字。◎劉師培《斠補定本》云:《文苑英華》六百九十五魏徵《論治道疏》引“何若”作“如之何”(校云:一作“如何”),《説苑·臣術篇》“君”上有“其”字。◎吳則虞云:《論衡》及楊本俱作“若何”。《説苑》《治要》及《御覽》無“也”字。◎田宗堯云:《新序·雜事五》《論衡·定賢篇》“君”下並有“也”字,與此文同。有“也”字文較勝。

〔四〕晏子句　吳則虞云:《論衡》《説苑》《治要》《御覽》皆無“晏子”二字。◎文斌案:《新序》亦無“晏子”二字;《文苑英華》有“晏子”二字,無“敢”字。嘉靖本、沈本、吳勉學本、黄本、孫本“敢”作“對”。

〔五〕有難二句　張純一云:《北堂書鈔》二十九引。

〔六〕公不句　盧文弨云:《論衡》但作“詹曰”,上無“齊”字。◎文斌案:孫本“悦”作“説”。《説苑》《新序》“公”作“君”,無“不悦”二字。《文苑英華》亦無“不悦”二字。

〔七〕君裂句　盧文弨云:《論衡》《説苑》俱無“君”字。“裂”,《論衡》作“列”。◎蘇輿云:《治要》“封”作“富”。◎劉師培《校補》云:魏《疏》引“裂”作“列”,《治要》引“封”作“富”,《御覽》六百廿一引同,《路史·發揮》引“封”作“處”,《新序·雜事五》作“與”,《論衡·定賢篇》作“予”。◎王叔岷云:《新序·雜事五》亦無“君”字,“裂”亦作“列”。◎文斌案:《論治道疏》引“而”作“以”。

〔八〕疏爵句　蘇輿云：《史記·黥布傳》云：“上裂地而王之,疏爵而貴之。”文與此同。《集解》引《漢書音義》曰：“‘疏’,分也,禹决江疏河是也。”案：《尚書·武成》云：“列爵惟五,分土惟三。”“疏爵”與“裂地”對文,故“疏”可訓“分”。◎劉師培《校補》云：魏《疏》引“貴”作“待”。

〔九〕君有句　蘇輿云：《治要》無“君”字。◎王叔岷云：《御覽》六二一引此亦無“君”字。◎吳則虞云：《説苑》“君”誤“吾”。

〔一○〕可謂句　王念孫云：“可謂忠乎”本作“其説何也”,下文晏子對詞正申明“不死”“不送”之説。今本作“可謂忠乎”者,後人依《説苑·臣術篇》《論衡·定賢篇》改之。《群書治要》及《太平御覽·治道部二》引此並作“其説何也”(《雜上篇》高糾謂晏子曰“臣事夫子三年,無得而卒見逐,其説何也”)。◎劉師培《校補》云：魏《疏》引作“何也”,與《治要》合。◎吳則虞云：《指海》本據改。◎文斌案：《新序》亦作“可謂忠乎”。

〔一一〕臣奚句　劉師培《校補》云：魏《疏》《治要》《御覽》並引“奚”作“何”,下“奚從”同。《新序》亦作“奚”。《論衡》無上四字。◎張純一云：《論衡》作“奚”,《御覽》《説苑》俱作“何”。

〔一二〕謀而句　盧文弨云：“謀”,《論衡》作“諫”。◎劉師培《校補》云：魏《疏》引“謀”作“諫”。◎張純一云：《御覽》亦作“諫”。◎田宗堯云：《新序》亦作“諫”,下同。◎文斌案：《治要》作“謀”。

〔一三〕終身句　盧文弨云：“出”,《論衡》《説苑》俱作“亡”。◎劉師培《校補》云：魏《疏》引“出”作“亡”,《路史·發揮》引同。《新序》《説苑》《論衡》並作“亡”。◎文斌案：《治要》《御覽》作“出”。

〔一四〕若言句　盧文弨云：《論衡》《説苑》“不”下俱有“見”字,下同。◎王叔岷云：《新序》“不”下亦有“見”字,下同。◎文斌案：《論治道疏》亦有“見”字,《治要》無。

〔一五〕有難句　孫星衍云：《説苑》“死”作“使”。◎張純一云：《説苑》作“死”,或孫所見本異。◎石光瑛《新序校釋》云：此是誤本,宋本、明抄本《説苑》皆作“死”。◎蘇輿云：《治要》無“之”字,下同。◎劉師培《校補》云：魏《疏》《治要》無“之”字,下“送之”同。《論衡》亦無兩“之”字。《説苑》南宋本與此同。◎吳則虞云：《説苑》有,下同。◎文斌案：《新序》亦無“之”字,下同。

〔一六〕謀而句　盧文弨云：《論衡》《説苑》“謀”俱作“諫”。◎文斌案：《論治道疏》《説苑》《論衡》均作“諫而不見從”,《新序》無“而”字,《治要》引同。

〔一七〕是詐句　劉師培《校補》云：《治要》引同,魏《疏》引“僞”作“忠”,《路史·發揮》引作“僞送”。此作“詐僞”，疑“僞亡”之譌，與上“妄死”對文。“亡”字恒誤“乍”（如《周書》“汝無作”，“作”爲“妄”訛，是也。古“作”字作“乚”，與“亡”形近），嗣改爲“詐”，復倒文作“詐僞”。然《新序》《説苑》作“詐爲”，《論衡》亦作“詐僞”，或此文非誤，誌以存疑。

〔一八〕故忠句　盧文弨云：《論衡》《説苑》俱無“也”字。◎文斌案：《新序》引同。《治要》無“故”字。

〔一九〕能納句　盧文弨云：“納”，《論衡》作“進”。◎劉師培《校補》云：《治要》引下句作“而不與君陷於難者也”；《路史·發揮》引“納”作“盡”，“難”作“禍”；《新序》《論衡》“納”作“盡”，無下“君”字；《説苑》作“而不能與君陷難者也”。◎田宗堯云：“進”“納”義通，“盡”字又假借爲“進”。《列子·黃帝篇》：“竭聰明，進才力。”“進”即借爲“盡”。◎文斌案：《新序》作“能盡善與君”。

〔二〇〕不能句　盧文弨云：“君”，《論衡》無。◎蘇輿云：《治要》有“者也”二字。◎王叔岷云：《新序》“不能”上有“而”字。◎孫星衍云：《説苑·臣道篇》用此文。◎文斌案：《治要》“不”前有“而”字，後無“能”字。《説苑》“不能”前亦有“而”字。孫云“《説苑·臣道篇》用此文”，失檢，當爲《臣術篇》。

景公問忠臣之行何如晏子對以不與君行邪第二十〔一〕

景公問晏子曰：“忠臣之行何如〔二〕？”對曰：“不掩君過〔三〕，諫乎前，不華乎外〔四〕；選賢進能，不私乎内；稱身就位，計能定禄〔五〕；睹賢不居其上，受禄不過其量〔六〕；不權居以爲行，不稱位以爲忠〔七〕；不揜賢以隱長，不刻下以諛上〔八〕；君在不事太子，國危不交諸侯〔九〕；順則進，否則退，不與君行邪也〔一〇〕。”

〔一〕文斌案：銀雀山竹簡有本章内容。元刻本、活字本、嘉靖本、吳勉本目錄“對”標題作“敳”。因正文作“對”，故統一作“對”。吳懷保本目錄作“問忠臣之行”，標題省作“問臣行”。楊本、凌本均作“忠臣之行”。

〔二〕景公二句　文斌案：簡本、《治要》同。

〔三〕掩　文斌案：孫本作“揜”。

〔四〕對曰四句　孫星衍云：“不華”，不喧譁也。◎蘇輿云：《治要》無“不掩君過，諫乎前不華乎外”二句。◎劉師培《斠補定本》云：“華”，爲侈飾之誼。

◎文斌案：《銀簡》《銀文》均作"合曰：忠臣不合……□乎前，弗華於外"，《校釋》"臣"作"君"，誤。"合"下"乎"上簡文殘缺。◎駢宇騫云：據原簡復原情況來看，"合"下"乎"上約有十餘字位置，似較明本文字多。簡本"合曰"當讀爲"答曰"，説見前。"不合"之"合"當讀爲"弇"，即"掩"字。"弇"從"合"聲。《説文》段注云："'弇'與'奄'音義同，'弇''掩'一字，'奄''掩'一字，聲近相同。"《穀梁傳・昭公八年》："掩禽旅。"《釋文》云："'掩'本作'掩'。"《後漢書・王符傳》注云："'掩'與'掩'同。"《爾雅・釋言》："'弇'，覆也。"簡本"華"當讀爲"譁"。明本、簡本之"乎"皆同"於"，介詞。

〔五〕選賢四句　王念孫云：禄由君定，非由臣定也，"定禄"本作"受禄"，下文"受禄不過其量"即其證。《群書治要》正作"計能受禄"。◎張純一《校注》從王説改"定"作"受"。◎吳則虞云：《指海》本改作"受"。◎文斌案：簡本僅存"篹……"，"篹"下簡文殘缺。◎駢宇騫云：簡本"篹"當讀爲"選"，二字古音相近，可通假。《周禮・大司馬》："群吏撰車徒。"注云："'撰'讀曰'算'。""篹"從"算"聲，"撰""選"從"巽"聲，"算""巽"古音相近，從"算"與從"巽"得聲的字皆可通假。《漢書・藝文志》："門人相與輯而論篹。"注云："'篹'同'撰'。"《漢書・叙傳下》："故探篹前記，綴輯所聞。"師古注云："'篹'與'撰'同。"皆是其證。又與《晏子》同時出土的簡本《孫臏兵法》中有《篹卒》一篇，整理小組讀"篹卒"爲"選卒"，甚是，亦爲其一證。明本"稱身"之"稱"，量也，與上文"稱事"之"稱"同。

〔六〕睹賢二句　劉師培《斠補定本》云："睹賢不居其上"，《潛夫論・交際篇》用此語。◎文斌案：簡本殘缺。《漢書・爰盎鼂錯傳》作"見賢不居其上，受禄不過其量"，微異。

〔七〕不權二句　王念孫云："權居"二字義不可通。"居"當爲"君"，字之誤也。"權"，稱也（《周語》："權輕重以振救民。"韋注"'權'，稱也"），言忠臣之行（去聲），必準於道，不稱君以爲行也。《群書治要》正作"不權君以爲行"。◎俞樾云：王説非也。"權居"與"稱位"相對，"權"猶"稱"也，"居"猶"位"也。若作"權君"則義不倫矣。古之君子，所居雖卑，所行則高；所居雖汙，所行則潔，是謂"不權居以爲行"。◎吳則虞云：二"不"字疑衍。"權居以爲行"即"素其位而行"；"稱位以爲忠"即"陳力就列"，承上文"稱身就位"而來。《指海》本已改"君"字。◎文斌案：簡本僅存"……位以爲忠"，"位"上簡文殘缺。《銀簡》云："明本'選'字與下文'不稱位以爲忠'之'位'字之間共三十五字，正當一簡字數，可知五七八號與五七九號簡之間缺一簡。"

〔八〕不掩二句　劉師培《校補》云：《治要》引"掩"作"掩"。◎文斌案："掩"，

各本均同。簡本僅存"不刻……"，"刻"下簡文殘缺。◎駢宇騫云："刻"，
苛刻、苛酷。"諛"，《說文》云："諂也。"即今所謂諂媚。

〔九〕君在二句　吳則虞云：此二句《治要》無。◎文斌案：《銀簡》《銀文》均作
"……事大子，國危不交諸侯"，《校釋》"侯"作"疾"。"事"上簡文殘缺。
◎駢宇騫云：簡文"大"通"太"，《廣雅·釋詁》："'太'，大也。""疾"乃
"侯"之別體。

〔一〇〕順則三句　劉師培《校補》云：《治要》引"則"並作"即"。◎張純一云：
《治要》無"也"字。◎文斌案：簡本作"順則進，不則退，不與君行邪，此
忠臣之行也"。◎駢宇騫云：簡本"不"通"否"，《廣雅·釋詁》："'否'，
不也。"《易·否卦》："大人否亨。"虞注："'否'，不也。"《書·堯典》：
"否德忝帝位。"傳曰："'否'，不也。"皆其證。又明本此章至"不與君行
邪也"止，與下章"景公問佞人之事君何如晏子對愚君所信也"分爲兩
章，簡本合兩章爲一章。此章末句"此忠臣之行也"下緊接"公有（又）
問曰'佞人之事君何如'"句，疑古本本作一章，後人析爲兩章。

景公問佞人之事君何如
晏子對以愚君所信也第二十一[一]

景公問："佞人之事君如何[二]？"晏子對曰："意難，難不至也[三]。
明言行之以飾身，僞言無欲以說人[四]，嚴其交以見其愛；觀上之所欲
而微爲之偶，求君逼爾而陰爲之與[五]；內重爵祿而外輕之以誣行，下
事左右而面示正公以僞廉；求上采聽而幸以求進；傲祿以求多，辭任
以求重[六]；工乎取，鄙乎予；歡乎新，慢乎故；惏乎財，薄乎施[七]；睹貧
窮若不識，趨利若不及[八]；外交以自揚，背親以自厚；積豐義之養而聲
矜卹之義[九]；非譽乎情而言不行身，涉時所議而好論賢不肖[一〇]；有之
己，不難非之人，無之己，不難求之人；其言彊梁而信，其進敏遜而順。
此佞人之行也。明君之所誅，愚君之所信也[一一]。"

〔一〕吳則虞云：元本舊脫"以"字，顧據目録校增。◎文斌案：顧廣圻未增
"以"字，元刻本、活字本、嘉靖本、沈本、吳勉本目録均有"以"字，標題脫。
吳氏失檢。吳懷保本標題作"問佞人事君"，楊本作"佞人"，凌本作"佞臣
之事君"。銀雀山竹簡有本章内容。

〔二〕景公二句　文斌案：簡本此章與上章合爲一章。首二句緊接上章末"此

忠臣之行也”，作“公有問曰：佞人之事君何如”。故此處“如何”當作“何如”，標題亦作“何如”。◎駢宇騫云：簡本“有”當讀爲“又”，《禮記·內則》：“三王有乞言。”注云：“‘有’讀爲‘又’。”“佞人”，指善於花言巧語阿諛奉承的人。《論語·衛靈公篇》：“放鄭聲，遠佞人：鄭聲淫，佞人殆。”注云：“‘佞人’，卑諂辯給之人。”《說文》“憸”下云：“憸利于上，佞人也。”

〔三〕晏子三句　于鬯云：“意”，蓋讀爲“噫”。◎張純一云：見義意以爲難，即畏縮不前。◎吳則虞云：此句有譌脫，不可强爲之解。◎文斌案：簡本作“合曰：意難之不至也”，無“晏子”二字，後“難”字作“之”。◎駢宇騫云：簡本“合”當讀爲“答”，說見上。“意”，《說文》云：“‘意’，志也，从心。察言而知意也。”《禮記·哀公問》：“子志之心也。”注云：“‘志’，知也。”疑此“意”當作“知”解，“意難之不至也”即“知難之不至也”。明本衍一“難”字，似簡本義長。

〔四〕明言二句　孫星衍云：“身”“人”爲韻。◎于鬯云：“之”，讀爲“止”。◎張純一云：身無實行，明以空言欺君自飾。◎文斌案：簡本作“明言行□飾其□□□无欲也兌□”。◎駢宇騫云：據明本，疑簡本補齊缺字作“明言行以飾其身，僞言无欲也兌人”，簡本“飾”當讀爲“飾”，“兌”當讀爲“悅”，皆同音假借字。◎劉春生云：今本此文作“明言行之以飾身，僞言無欲以說人”。簡文“无欲”下“以”字作“也”，疑上文“明言行”下“以”字亦作“也”，而無“之”字。簡文此字尚存殘劃，似是“也”字。“兌”下一字殘劃可辨是“民”字。今本“民”字作“人”，當是避唐諱所改。簡本此文當作“明言行也，飾（飾）其身，僞言无欲也兌（說）民”。

〔五〕嚴其三句　孫本“爾”作“邇”。盧文弨云：“邇”，元刻作“爾”。◎蘇輿云：“與”，黨與也。言求君寵倖之人而陰結爲黨與也。◎王叔岷云：黃之寀本、《子彙》本“爾”並作“邇”，明活字本與元本同。◎吳則虞云：“嚴其交以見其愛”義不明，下疑脫一句。以“觀上之所欲”句例之，“求君逼爾”句“君”下疑奪“之”字。◎文斌案：吳勉學本、綿眇閣本、楊本、凌本“爾”作“邇”。《銀簡》《銀文》均作“其交觀上〔□□〕欲而微爲之竊求君之比鄄……”，《校釋》“微”作“徵”。“鄄”下簡文殘缺。◎駢宇騫云：據明本，疑簡本補齊缺字作“其交觀上之所欲而微爲之，竊求君之比鄄”，與明本差異較大。簡本“徵”疑爲“微”之或體，從出土的漢代文字資料來看，當時“微”字多作此。“竊”，明本誤作“偶”，後人遂以之屬上讀，誤。明本“爾”、簡本“鄄”皆當讀爲“邇”，“比邇”指親信。“比”，密也，近也。吳則虞云“‘君’下疑奪‘之’字”，與簡本合。◎劉春生云：“其交觀上……”之“其”字與此簡（文斌案：指“明言行□飾其□□□无欲也兌□”）簡尾相接，今本“其”上有一“嚴”字，衍。簡文此處當作“明言行也，飾（飾）其身，僞言无欲也兌（說）民。其交，觀上之所欲而微爲之，竊求君之比璽（通），而陰爲之與”，較今本文從字順。◎李天虹云：竹書“其交”，是統領此後的兩句話。從現存文字看，“其交”後的兩句話，與今本“觀上之所欲而微爲之偶，求君之逼爾而陰爲之與”相應。今本這兩句話的句式相同。如果把竹書所謂“竊”斷爲上讀，竹書這兩句話現存文字的句式也相一致，“觀上”和“求君”正相對應。反之，如果將“竊”屬下讀，兩句話的句式就有所不同。因此我們傾向於在“竊”字後點斷，以“竊”屬上讀。“偶”，張純一訓爲“合”，“微爲之偶”即“微合上之所欲”。“竊”字圖版、摹本均不清晰，字形難以辨析。如果確實是“竊”，或可讀爲“踐”。《晏子春秋・內篇雜下》第三十章“窮不可竊”之“竊”，《集釋》引于省吾說讀爲“踐”，于氏叙“竊”“踐”音通甚詳，可以參證。“踐”於此當訓爲“行”，“微爲之踐”即“微行上之所欲”，與“微爲之偶”語意接近。簡本“行”後之字的殘筆，圖版不清。比照今本並參酌文義及句式，此字應該是“以”“之”“也”這幾個字。從摹本看，此字殘筆與其中的“也”字最爲接近。如果釋爲“也”，與下句“無欲也”的“也”也可相應。所以簡文此字確當如劉先生所說，應是“也”字殘文。

〔六〕內重五句　吳則虞云：“正公”疑互倒，楊本“僞”作“爲”，“求重”即“賣重”之意。◎文斌案：吳懷保本“重”上無“求”字，其“求”字羼入下文“睹貧窮若不識”前。簡本作“……爵而外輕之以誣行，□〔□□□〕而面公正以僞廉，誣行僞廉以夜上”，較今本少“求上采聽而幸以求進，傲禄以求多，辭任以求重”十九字。◎駢宇騫云：簡本“而面公正”上缺字疑爲“下事左右”四字。“誣行”，指欺騙的行爲。“僞廉”，指虛假的廉潔。簡本“夜”疑當讀爲“掖”，誘掖。與《詩・陳風・衡門》序“故作是詩以誘掖其君也”之“掖”義同。一說與《管子・侈靡篇》“大昏也，博夜也”之“夜”義同，注云：“‘夜’，謂暗昧之行也。”吳則虞云：“‘正公’疑互倒。”是，簡本正作“公正”，作“公正”義長。◎李天虹云：疑“夜”讀爲“射”。上古“夜”是喻母鐸部字；“射”有兩音，即船母鐸部和喻母鐸部。喻母、船母都屬舌音，“射”的兩古音其實很接近。在傳世文獻中，“夜”與喻母鐸部的“射”通用之例常見。如果“夜”確實讀爲“射”，恐“射”於此當是投合之義，與《孔叢子・抗志》“是故競求射君之心，而莫敢有非君之非者”的“射”用義相同。

〔七〕工乎六句　孫星衍云：“予”“故”爲韻。“悇”，當爲“吝”。◎文斌案：簡本作“工於取，蚩乎□，觀於新，曼乎故，鄰於財，薄乎施”。◎駢宇騫云：“蚩乎”下一字，據明本疑當爲“予”字。簡本、明本“工”，《說文》云：“‘工’，巧飾也。”簡本“蚩”，或云：“疑當讀爲‘菲薄’之‘菲’，與‘鄙’義近。”“觀”當讀爲“歡”，二字皆從“雚”得聲，古可通假。《說文》云：

“‘歡’，喜樂也。”“曼”，當讀爲“慢”，《説文》云：“‘慢’，从心曼聲。”《荀子·不苟篇》：“君子寬而不慢。”注云：“‘慢’，怠惰也。”猶今言傲慢、怠慢。“鄰”當讀爲“吝”，二字古音相近，可通假。《易·説卦》：“爲吝。”《釋文》云：“‘吝’，京本作‘悋’。”是其證。明本“悋”乃“吝”之俗體，《論語·泰伯篇》：“使驕且吝。”《釋文》云：“‘吝’，本作‘悋’。”《説文》云：“‘吝’，恨惜也。”◎文斌又案：駢氏所言“簡本‘蚩’，或云”云云，見《銀簡》注。

〔八〕睹貧二句　吳則虞云：“利”上疑脱一字。◎文斌案：吳懷保本“辭任以求重”中“求”字羼入“睹”字前。簡本作“堵貧窮若弗式，驕富利若弗及”，今本“利”上正脱“富”字，“睹貧窮若不識，趨富利若不及”二句爲對文，吳説是。◎駢宇騫云：“堵”當讀爲“睹”，二字皆从“者”聲，古音相近，可通假。“睹”“覩”同。“式”疑當假爲“識”，二字古音相近，可通假。簡本“驕”當讀爲“趨”，“趨”，求也、謀也。《史記·貨殖列傳》：“好賈趨利。”“趨利”即求利、謀利。“趨富利若不及”，意謂謀求利益唯恐落後於人也。

〔九〕外交三句　孫星衍云：“施”“及”“厚”“義”爲韻。◎盧文弨云：“義”當作“羨”。◎俞樾云：“豐義”二字誼不可通。“義”當作“羨”，字之誤也。“羨”，饒也，“豐羨”猶“豐饒”矣。◎張純一云：“外交以自揚”，外交鄰國之權幸，聲揚以自重。“背親以自厚”，利之所在，雖至親亦背之而厚自取。“聲矜恤之義”，本無矜恤之心，貪得矜恤之名。◎于省吾云：俞説非是。“豐義”乃“禮儀”二字之古文。《説文》：“‘豊’，行禮之器也。”“‘豐’，豆之豐滿者也。”甲骨文金文“豐”“豊”同字，《大豐敦》：“王有大豐。”“大豐”即“大豊”。《師遽尊》“醴”字作“𩰲”，“豊”“禮”古今字。“義”“儀”金文通用，金文“威儀”之“儀”亦作“義”。《外篇第一》“畏禮也”，今本作“畏禮義也”。王念孫謂作“義”，乃古字之僅存者，良可寶也。《周禮·秋官·司盟》：“及其禮義。”注：“‘義’音‘儀’。”然則此文“積豐義之養”，謂“積禮儀之養”也。《吕氏春秋·過理》：“臣聞其聲。”注：“‘聲’，名也。”“矜”本應作“矝”，憐也。此言佞人非能誠中形外，但積禮儀之養，而名矝卹之義耳。上云“内重爵禄，而外輕之以誣行，下事左右，而面示正公”，均謂有其表而無其質也。《問下第十九》：“夸禮貌以華世。”義亦相仿。◎徐仁甫云：俞説是，于説非。佞人積豐羨之養，不義也；若積禮儀之養，又何責乎？于説“豐”與“豊”爲“禮”之古字，惜《晏子》全書不再見也。單文孤證，未免失之牽附。◎文斌案：簡本無此二十一字。俞説是，楊本“義”正作“羨”字。楊本“豐”並誤作“豊”，綿眇閣本“養”誤作“食”。

〔一〇〕非譽二句　劉師培《斠補定本》云：“非譽乎情，戴校云：“‘乎’疑‘平’字，言毁譽雖公，不能實踐也。”◎張純一云：“非譽乎情”疑本作“非譽

徇乎情”,今脱“徇”字,文不成義。“非”“誹”同。“情”,私意也。“徇
乎情”,謂不當理也。“言不行身”,口言之而身不行。“涉時所議而好
論賢不肖”,偶涉時議輒縱論人之短長,不自愧怍。◎文斌案:簡本作
“非譽不徵乎請而言不合乎行,身殷存所義而好論賢不宵”,“非譽不徵
乎請”有“乎”字無“徇”字,劉、張説俱非。◎駢宇騫云:簡本“非”當讀
爲“誹”。“請”當讀爲“情”。“殷”當讀爲“隱”,《文選·上林賦》:“殷
天動地。”注云:“‘殷’猶‘隱’也。”《詩·北門》:“憂心殷殷。”《楚辭章
句》十六引作“憂心隱隱”。“義”當讀爲“議”,“宵”當讀爲“肖”,皆同
音假借。“徵”,證驗、證明。《書·胤征》:“聖有謨訓,明徵定保。”傳:
“‘徵’,證也。”《漢書·兒寬傳》:“徵兆必報。”師古曰:“‘徵’,證也。”
又《書·洪範》:“念用庶徵。”鄭注:“‘徵’,驗也。”《左傳·昭公元年》:
“徵爲五聲。”注:“‘徵’,驗也。”此句意謂毀譽不驗于情而言不合乎行。
“涉時”句與簡本差異較大,似簡本義長。

〔一一〕有之諸句　文斌案:簡本作“有之己,不難非之人;無之己,不難求之
人,此佞人之行也”。今本“此佞人之行也”上有“其言彊梁而信,其進
敏遜而順”十二字,下有“明君之所誅,愚君之所信也”十一字,簡本皆
無。◎張純一云:“有之己,不難非之人,無之己,不難求之人”,《墨
子·小取篇》曰:“有諸己不非諸人,無諸己不求諸人。”佞人反之。“其
言彊梁而信”,出言乖戾,終任意氣而不屈。“其進敏遜而順”,其干進
也,敏捷謙遜而順利。◎孫星衍云:“人”“信”“順”爲韻。◎趙振鐸云:
“人”“信”在真部,“順”在文部,非韻。

景公問聖人之不得意何如
晏子對以不與世陷乎邪第二十二〔一〕

景公問晏子曰:“聖人之不得意何如〔二〕?”晏子對曰:“上作事反
天時,從政逆鬼神,藉斂殫百姓〔三〕;四時易序〔四〕,神祇並怨;道忠者不
聽,薦善者不行;諛過者有賞〔五〕,救失者有罪〔六〕。故聖人伏匿隱處,不
干長上,潔身守道〔七〕,不與世陷乎邪〔八〕。是以卑而不失義,瘁而不失
廉〔九〕。此聖人之不得意也。”“聖人之得意何如〔一〇〕?”對曰〔一一〕:“世
治政平,舉事調乎天,藉斂和乎百姓,樂及其政,遠者懷其德〔一二〕;四時
不失序,風雨不降虐〔一三〕;天明象而贊〔一四〕,地長育而具物〔一五〕;神降福
而不靡〔一六〕,民服教而不僞〔一七〕;治無怨業〔一八〕,居無廢民〔一九〕。此聖人

之得意也。”

〔一〕文斌案：元刻本、活字本、嘉靖本、沈本、吳勉本標題“何如”目録作“如何”。因正文作“何如”，今統一作“何如”。吳懷保本目録作“問聖人不得意”，標題省作“問不得意”。楊本作“聖人得意不得意”，凌本作“聖人”。

〔二〕聖人句　蘇輿云：《治要》“意”下有“也”字。

〔三〕藉斂句　張純一云：“殫”，盡也。《治要》作“單”，蓋從古本。言搜刮民財殆盡。◎田宗堯云：“藉”，明活字本、《子彙》本並作“籍”，“藉”“籍”字通。《詩·大雅·韓奕》：“實畝實藉。”阮元云：“相臺本‘藉’作‘籍’。”即其證。◎文斌案：元刻本、嘉靖本、綿眇閣本、楊本、凌本“藉”亦作“籍”。下文“藉斂和乎百姓”各本均作“藉”，此當作“藉”。

〔四〕四時句　劉如瑛云：“易序”當爲“失序”。四時易序乃正常現象，失序則不正常。《離騷》：“日月忽其不淹兮，春與秋其代序。”王逸注：“‘代’，更也。‘序’，次也。”《文選·（張衡）東京賦》：“於是春秋改節，四時迭代。”薛綜注：“‘改’，易也。”“代”“更”“改”“易”其義相同。《列子·湯問》：“寒暑易節。”潘岳《秋興賦》：“四時忽其代序兮。”皆言四時更易之自然現象。本章下文“四時不失序”，正與此處“四時失序”相對。

〔五〕賚　蘇輿云：《治要》“賚”作“賞”。◎張純一云：“賚”“賞”義同。

〔六〕上作諸句　孫星衍云：“事”“時”，“神”“姓”“聽”“行”，“賚”“罪”各爲韻。◎趙振鐸云：“事”“時”在之部，可以爲韻。“神”在真部，“姓”“聽”在耕部，“行”在陽部，非韻。“賚”在之部，“罪”在微部，亦非韻。

〔七〕潔身句　蘇輿云：《治要》“潔”作“静”。

〔八〕不與句　張純一云：“乎”，《治要》作“于”。不合汙世。

〔九〕瘁而句　蘇輿云：《治要》“瘁”作“蔽”。

〔一〇〕聖人句　王念孫云：“聖人”上脱“公曰”二字，《群書治要》有。◎吳則虞云：《指海》本已補“公曰”二字。

〔一一〕對曰句　劉師培《斠補定本》云：《治要》“對”上有“晏子”二字。

〔一二〕舉事四句　王念孫云：《群書治要》作“舉事調乎天，藉斂和乎民，百姓樂其政，遠者懷其德”，是也。既言“民”而又言“百姓”者，古人之文不嫌於複，“子庶民則百姓勸”即其證也。此四句皆五字爲句，而兩兩相對；今本脱一“民”字，衍一“及”字，而文義皆參差不協矣。◎張純一《校注》從王校訂正，注云：“調”，和也。“藉斂和乎民”與上“舉事調乎天”對，“百姓樂其政”與下“遠者懷其德”對。◎吳則虞云：《指海》本已補“民”字。

〔一三〕風雨句　蘇輿云：“虐”，各本作“雪”，“虐”“雪”形近而譌。《淮南·本經篇》"風雨不降其虐"語蓋本于此,是字應作"虐"之明證。《治要》正作"虐"。◎張純一云:"虐"從元刻,《治要》同。孫本譌"雪"。◎王叔岷云:黄之寀本亦作"虐",與元本合。◎文斌案:元刻本、活字本、嘉靖本、《子彙》本、吳懷保本、吳勉學本、綿眇閣本、凌本均作"雹",應該是"虐"字的一種誤寫,非"雪"字,蘇氏失檢。楊本、吳鼐本作"虐"。張、王二氏誤吳鼐本爲元刻本。

〔一四〕天明句 孫星衍云:當云"贊地"。今本脱一"地"字,因下有"地"字故。◎王念孫云:下三句皆六字,唯首句少一字,《群書治要》作"天明象而致贊",是也。"致贊",謂天致禎祥以贊王者(昭元年《左傳》:"天贊之也。"杜注"'贊',佐助也"),非贊地之謂也。《淮南·本經篇》曰:"四時不失其叙,風雨不降其虐,日月淑清而揚光,五星循軌而不失其行。"正所謂"天明象而致贊"。◎吳則虞云:顧廣圻云:"今本脱一'地'字。"《指海》本已補"致"字。◎文斌案:顧廣圻校語云:"孫校云:'當云"贊地"。今本脱一"地"字。'"乃客觀轉述孫星衍校語,非表達自己見解。吳氏失檢。

〔一五〕地長句 劉師培《斠補定本》云:"長育",《治要》作"育長"。

〔一六〕靡 張純一云:"靡",盡也。

〔一七〕世治諸句 孫星衍云:"平""天","姓""政","德""虐""物","靡""僞"各爲韻。◎趙振鐸云:"姓""政"在耕部,可以爲韻。"靡""僞"在歌部,可以爲韻。其餘"平"在耕部,"天"在真部,非韻。"德"在職部,"虐"在藥部,"物"在物部,亦非韻。

〔一八〕治無句 張純一云:王云:"'惌'讀爲'蘊'。"劉云:"'惌'與'菀'同。"純一案:《集韻》:"'菀'與'蘊'同。""業",事也。言治無蘊積之事。

〔一九〕居無句 張純一云:居民無游惰者。

景公問古者君民用國不危弱
晏子對以文王第二十三〔一〕

景公問晏子曰:"古者君民而不危,用國而不弱,惡乎失之〔二〕?"晏子對曰:"嬰聞之:以邪蒞國,以暴和民者危〔三〕;脩道以要利,得求而返邪者弱。古者文王脩德不以要利,滅暴不以順紂,干崇侯之暴〔四〕,而禮梅伯之醢〔五〕,是以諸侯明乎其行,百姓通乎其德〔六〕。故君民而不危〔七〕,用國而不弱也。"〔八〕

〔一〕文斌案：吴懷保本目録作"問古者不危弱"，標題作"問君民用國危弱"。楊本作"古者不危弱"，凌本作"君民"。

〔二〕古者三句　王念孫云：兩"不"字涉下文"不危""不弱"而衍，景公問："君民而危，用國而弱者，惡乎失之？"故下文晏子之對皆言其所以危、弱之故；若云"不危""不弱"，則不得言"惡乎失之"，且與下文相反矣。◎黄以周云：標題云"景公問古者君民用國不危弱晏子對以文王"，"不"字非衍。末云"故君民而不危，用國而不弱也"，正對問辭"惡乎失之"，"失"當作"法"，標題云"晏子對以文王"，明是"法"字。◎陶鴻慶云：王氏疑兩"不"字爲衍，黄氏《校勘記》以爲"失"當作"法"，皆未確。"失"蓋"先"字之誤，"惡乎先之"，言君民不危，用國不弱，當以何者爲先也。◎張純一云：此文疑本作："古者君民而危、用國而弱，惡乎失之？君民而不危、用國而不弱，惡乎法之？"故晏子之對，先言所以危、弱之故，後言文王所以不危、弱之可法。今本有脱文倒句。◎吴則虞云：陶説是也。《指海》本删"不"字，非。◎劉如瑛云："失"當爲"得"，"得"與"失"義反而誤。下文晏嬰之答，先從危、弱之因説起，再揭出不危不弱之道，正是説明"得"字。全章脈理明晰。王念孫以爲兩"不"字衍；黄以周以爲"失"當作"法"；陶鴻慶以爲"失"蓋"先"字之誤。三説各異，未得其中。◎文斌案：以晏子答辭反推，張説當是。

〔三〕以暴句　陶鴻慶云："和"當爲"加"字之誤。◎張純一云："以暴和民"義不可通，"和"疑爲"臨"，字之誤也。後二十九章"景公問臨國莅民所患何也"，"國"與"民"對、"莅"與"臨"對，與此文同。◎王叔岷云："和民"疑"治民"之誤。前十三章："莅國治民，善爲國家者何如？"後二十四章："古之莅國治民者，其任人何如？"並以"莅國""治民"對言，與此同例。"治"誤爲"和"，則不可通矣。◎劉如瑛云："以暴和民"不可解，當爲"以暴知民"。"知""和"二字易誤。《荀子·天論》："所志於陰陽者，已其見知之可以治者矣。"《大略》："審節而不知，不成禮。"楊倞注並云："'知'，或爲'和'。"《管子·九守》："理生於智（本作"知"）。"《鬼谷子·符言》"智"誤作"和"。《内業》："和於形容，見於顔色。"劉績校："'和'乃'知'字誤也。"《戰國策·齊策三》："齊王知於顔色。"今本作"和其顔色"。又，本篇第廿六章："知其貧富，勿使凍餒。""知"亦當爲"和"字之誤。"和其貧富"，即本篇第十一章"均貧富"之意。"知民"意即"治民""臨民"。"莅國"與"知民"對文（"莅國治民"一語，本書數見）。《墨子·經上》："'知'，接也。"《吕氏春秋·長見》："三年而知鄭國之政也。"高誘注："'知'猶'爲'也。"陶鴻慶以爲"和"當爲"加"字之誤，未允。

〔四〕干崇句　孫星衍云：《韓非·説疑篇》：“紂有崇侯虎。”◎張純一云：“干”，犯也。

〔五〕而禮句　孫星衍云：《韓非·難言篇》：“梅伯醢。”《吕氏春秋·行論篇》：“紂爲無道，殺梅伯而醢之，以禮諸侯于廟，文王流涕而咨之。”《過理篇》：“殺梅伯而遺文王其醢，不適也，文王貌受，以告諸侯。”

〔六〕是以二句　張純一云：兩“其”字俱指文王。

〔七〕故君句　文斌案：吳懷保本“民”作“明”。前文景公問晏子：“古者君民而不危，用國而不弱，惡乎失之？”此作爲晏子答辭，當作“君民”。作“明”者，聲誤字也。

〔八〕張純一云：此章義欠條暢，當有脱文。

景公問古之蒞國者任人如何
晏子對以人不同能第二十四〔一〕

景公問晏子曰：“古之蒞國治民者〔二〕，其任人何如？”晏子對曰：“地不同生〔三〕，而任之以一種，責其俱生不可得〔四〕；人不同能，而任之以一事，不可責徧成〔五〕。責焉無已，智者有不能給〔六〕；求焉無饜，天地有不能贍也〔七〕。故明王之任人，諂諛不邇乎左右〔八〕，阿黨不治乎本朝。任人之長，不强其短；任人之工，不强其拙〔九〕。此任人之大略也〔一〇〕。”

〔一〕文斌案：元刻本、活字本、嘉靖本、沈本、吳勉本目録、標題均作“如何”，正文作“何如”，當文例統一。以本篇前文用例考察：第十三、二十、二十二章標題與正文同，均作“何如”；第十六章標題與正文均作“曷若”；第十八、十九章標題與正文均作“何若”，而第十八章有銀雀山竹簡證明作“何若”是。第二十一章標題與正文相反，但銀雀山竹簡證明作“何如”是。第十七章標題與正文均作“若何”，但銀雀山竹簡證明作“何若”是。故本章目録、標題亦當作“何如”。吳懷保本目録作“問古之任人”，標題省作“問任人”。楊本、凌本均作“任人”。

〔二〕蒞　田宗堯云：吳勉學本、日刊黄之寀本、明活字本、《子彙》本並作“涖”，《治要》引作“涖”。“涖”“蒞”字同；“蒞”“涖”，正假字。◎文斌案：孫本同，餘均作“蒞”。《治要》引作“蒞”，田氏失檢。

〔三〕地不句　王念孫云：“地不同生”文義不明，《群書治要》“生”作“宜”，是也。今作“生”者,涉下文“俱生”而誤。《周官·草人》:“掌土化之法,以物地相其宜,而爲之種。”故曰“地不同宜”。◎俞樾云:古“生”“性”字通用,《周官·大司徒職》曰:“辨五地之物生。”杜子春讀“生”爲“性”。然則此文“生”字亦當讀爲“性”,“地不同性”,即所謂“辨五地之物性”也。《群書治要》作“宜”,蓋不知“生”爲“性”之段字而改之,未足爲據。◎劉師培《校補》云:《通典·選舉四》引“生”作“宜”,與《治要》同。◎張純一、吳則虞均云:俞說是。

〔四〕責其句　蘇輿云:《治要》有“也”字。◎陶鴻慶云:“地不同生”之“生”,當讀爲“性”,俞氏已及之矣。“責其俱生不可得”,當作“不可責俱生”(“責”,求也)。與下文“人不同能,而任之以一事,不可責遍成”文義一律,“生”與“成”亦爲韻。今本因“不可”二字誤倒在“責俱生”之下,後人輒增“其”字“得”字以足句耳。◎張純一說近,謂:“責其俱生不可得”本作“不可責其俱生”,下句“不可責徧成”“責”後亦當補“其”字,二句相對。◎文斌案:陶說是。

〔五〕不可句　蘇輿案:《治要》有“焉”字。

〔六〕智者句　蘇輿云:《治要》“給”作“洽”,非;句下有“矣”字。◎吳則虞云:《指海》本已補“矣”字。◎文斌案:《治要》“智”作“知”。

〔七〕天地句　孫星衍云:“贍”當爲“詹”,若“澹”。《呂氏春秋》:“不流則不詹。”高誘注:“‘詹’,足也。‘詹’讀如‘澹然無爲’之‘澹’。”《荀子·王制篇》:“物不能澹。”楊倞注:“‘澹’,讀爲‘贍’。”“給”“黶”“贍”爲韻。◎趙振鐸云:“給”在緝部,“黶”“贍”同在談部,非韻。◎蘇輿云:《治要》“也”作“矣”。◎吳則虞云:《指海》本改作“矣”。

〔八〕諂諛句　文斌案:“諂”,沈本、凌本、孫本同,餘均誤作“諮”。

〔九〕任人四句　劉師培《斠補定本》“强”作“彊”,注云:黃本作“不强”,下“不彊其拙”同。◎田宗堯云:“强”,吳勉學本、明活字本、《子彙》本、《指海》本並同。張純一《校注》本亦作“彊”,與劉所本同。《治要》作“不强其短”,與元本合。◎文斌案:楊本、孫本“强”作“彊”。

〔一〇〕此任句　吳則虞云:吳懷保本“大”誤“太”。

景公問古者離散其民如何
晏子對以今聞公令如寇讎第二十五〔一〕

景公問晏子曰:“古者離散其民而隕失其國者〔二〕,其常行何如?”

晏子對曰〔三〕："國貧而好大,智薄而好專;貴賤無親焉,大臣無禮焉〔四〕;尚讒諛而賤賢人,樂簡慢而玩百姓〔五〕;國無常法,民無經紀;好辯以爲忠〔六〕,流湎而忘國〔七〕,好兵而忘民;肅于罪誅〔八〕,而慢於慶賞;樂人之哀,利人之難〔九〕;德不足以懷人,政不足以惠民〔一〇〕;賞不足以勸善,刑不足以防非:亡國之行也〔一一〕。今民聞公令如寇讎〔一二〕,此古離散其民、隕失其國所常行者也〔一三〕。"

〔一〕文斌案:吳懷保本目録作"問古者離散其民",標題作"問民離散"。楊本作"散民失國",凌本作"先國"("先"當"失"字之誤)。

〔二〕隕　孫星衍云:《説文》:"'抎',有所失也。""隕"與"抎"聲相近。

〔三〕晏子句　張純一云:《治要》無"晏子"二字。

〔四〕貴賤二句　蘇輿云:《治要》無此二句。◎陶鴻慶云:"貴賤無親"文不成義,"賤"當爲"戚",涉下文"賤賢人"而誤。《問上》第五章云:"貴戚離散。"是其證也。古"無""不"通用,"貴戚無親""大臣無禮",猶言"不親貴戚""不禮大臣"耳。◎張純一云:"貴賤無親焉",勢成孤立。◎吳則虞云:元刻本"賤""無"二字倒,楊本、凌本乙。◎文斌案:陶説是,"貴戚"與"大臣"對文。活字本、嘉靖本、吳懷保本"賤""無"亦倒。

〔五〕樂簡句　蘇輿云:《治要》"玩"作"輕"。

〔六〕好辯句　王念孫云:《群書治要》作"好辯以爲智,刻民以爲忠",是也。今本脱"智刻民以爲"五字,則文不成義。◎王叔岷云:《治要》引"辯"作"辨"。◎吳則虞云:《指海》本已據校補。◎文斌案:王説是。本章全爲對句,唯此處"好辯以爲忠,流湎而忘國,好兵而忘民"爲三句,不成對文。當依《治要》改作"好辯以爲智,刻民以爲忠;流湎而忘國,好兵而忘民",兩兩對舉,與全文體例一致。

〔七〕國貧諸句　孫星衍云:"大""禮","專""親""人""姓","紀""國"各爲韻。◎趙振鐸云:"大"在月部,"禮"在之部;"專"在元部,"親""人"在耕部,"姓"在耕部;"紀"在之部,"國"在職部,皆非韻。◎文斌案:"親""人"在真部,趙氏失檢。

〔八〕肅　文廷式云:"肅",疾也。

〔九〕利人句　蘇輿云:"難",《治要》作"害"。◎文斌案:元刻本、活字本、嘉靖本、吳懷保本"難"與下句"德"字誤倒。

〔一〇〕政不句　蘇輿云:《治要》"惠"作"匡"。

〔一一〕亡國句　蘇輿云:《治要》"亡"上有"此"字。

〔一二〕今民句　盧文弨云：“如”下當有“逃”字，下篇有。◎王念孫云：“民聞公令如寇讎”語意自明了，不必定加“逃”字。《諫上篇》亦云：“今君臨民若寇讎。”《下篇》直用《左氏》之文，故有“逃”字，不得執彼以例此也。元刻本及標題皆無“逃”字，《群書治要》亦無。

〔一三〕此古句　王念孫云：此文本作“此古之離散其民、隕失其國者之常行也”，上文：“景公問曰：‘古者離散其民而隕失其國者，其常行何若？’”正與此文相應。且“常行”之“行”讀去聲，不讀平聲。今本“古”下脫“之”字，“國”下脫“者”字，則文不成義。“之常行也”作“所常行者也”，則“行”字當讀平聲矣。《群書治要》作“此古之離其民、隕其國者之常行也”（校今本少“失”“散”二字者，省文也）。◎吳則虞云：《指海》本補“之”字，“者”字乙在“國”字之下。

景公問欲和臣親下晏子對以信順儉節第二十六〔一〕

景公問晏子曰：“吾欲和臣親下〔二〕，奈何？”晏子對曰〔三〕：“君得臣而任使之，與言信，必順其令，赦其過〔四〕；任大無多責焉，使邇臣無求辟焉〔五〕；無以嗜欲貧其家，無信讒人傷其心〔六〕；家不外求而足〔七〕，事君不因人而進，則臣和矣。儉於藉斂，節于貨財；作工不歷時，使民不盡力；百官節適，關市省征，山林陂澤，不專其利〔八〕；領民治民〔九〕，勿使煩亂；知其貧富，勿使凍餒，則民親矣。”公曰：“善！寡人聞命矣。”故令諸子無外親謁〔一○〕，辟梁丘據無使受報〔一一〕，百官節適〔一二〕，關市省征，陂澤不禁〔一三〕，冤報者過〔一四〕，留獄者請焉〔一五〕。

〔一〕文斌案：元刻本、活字本、嘉靖本、沈本、吳勉本目錄同。沈本標題“臣”作“民”；元刻本、活字本、吳勉本“對”作“敀”。正文作“對”，故統一目錄、標題作“對”。吳懷保本標題作“問和臣親下”，楊本作“和臣親下”，凌本作“和民親下”。

〔二〕吾欲句　孫本“臣”作“民”。盧文弨云：“民”，元刻作“臣”，是。◎俞樾云：“和民”當作“和臣”，下文“晏子對曰‘君得臣而任使焉’”云云，“則臣和矣”，可證此文“民”字之誤。◎黃以周云：“民”字誤，元刻作“和臣”，標題同。◎吳則虞云：《指海》本已改作“臣”。◎文斌案：元刻本作“民”，盧、黃二氏誤吳勉本爲元刻本。楊本作“臣”，餘均誤作“民”。

《元龜》二百四十二引亦作"臣"。黃本上方校語云:"'民'疑'臣'字。"

〔三〕晏子句　文斌案:《元龜》引無"晏子"二字。

〔四〕君得四句　于鬯云:"令"當訓"善",《爾雅·釋詁》云:"'令',善也。""善"與下文"赦其過""過"字義正相對。此言君順臣之令,故不可以"令"作號令解也。然如下章云"逢有道之君則順其令,逢無道之君則爭其不義",彼雖言臣順君之令,而"令"與"不義"相對,則亦合訓"善"。兩"順其令"文既同,義亦不異。◎文斌案:《元龜》引作"君得臣而任使之,而必信,順其令,赦其過"。黃本"令"作"行"。

〔五〕任大二句　孫星衍云:"任大"當爲"任大臣"。"責""嬖"爲韻。◎張純一《校注》補"臣"字,注云:"臣"字舊脫,從孫校補,"大臣"與"邇臣"對文。"無多責",持大體而已。◎吳則虞云:《指海》本"大"下添"臣"字。◎文斌案:《元龜》引亦脫"臣"字,"無"作"毋","邇"作"爾"。黃本上方校語云:"'大'疑'人'字。"

〔六〕無信句　劉師培《斠補定本》云:《册府元龜》二百四十二"信"作"以"。◎張純一云:"人"當爲"言","讒言"與"嗜欲"對文。◎文斌案:孫本"信"作"親"。《元龜》"無"均作"毋"。

〔七〕家不句　張純一云:"家"上疑脫"居"字,"居家"與"事君"對文。

〔八〕百官四句　吳則虞云:"百官"至"其利"十六字,疑後人增入。"使民""領民""治民"連下爲文。◎文斌案:沈本"專"作"奪"。

〔九〕領　于鬯云:"領"讀爲"令",號令也。

〔一〇〕故令句　孫星衍云:不令外人親近干謁也。

〔一一〕辟梁句　孫星衍云:"辟",去之。《説文》:"'報',當罪人也。"從"幸"從"㞜","㞜",服罪也。◎劉師培《斠補定本》云:《元龜》作"諸君毋外,諸辟梁據無使受報"。"辟"與"嬖"同,兩"諸"字對文。

〔一二〕百官句　蘇輿云:"官",舊刻誤"宮",今從浙刻正。◎文斌案:沈本誤作"宮"。

〔一三〕陂澤句　張純一《校注》於"陂澤"前增"山林"二字,注云:"山林"二字舊脫,據上文補。此薄賦也。

〔一四〕冤報句　張純一云:報罪不當而冤抑者過之。"過",責也。◎吳則虞云:"過"下疑奪"焉"字。◎文斌案:"過"下不必增"焉"字,下句以"焉"字統一收結。《元龜》引亦無"焉"字。

〔一五〕留獄句　張純一云:留滯於獄者請釋之。此省刑也。◎吳則虞云:"請",《元龜》作"詰",元刻本作"諸",皆誤。◎文斌案:活字本、嘉靖本、吳懷保本"請"亦誤作"諸"。

景公問得賢之道
晏子對以舉之以語考之以事第二十七^{〔一〕}

景公問晏子曰:"取人得賢之道何如?"晏子對曰:"舉之以語^{〔二〕},考之以事,能諭則尚而親之^{〔三〕},近而勿辱。以取人^{〔四〕},則得賢之道也。是以明君居上,寡其官而多其行,拙於文而工於事,言不中不言,行不法不爲也。"

〔一〕文斌案:元刻本、活字本標題脱"七"字。吴懷保本目録作"問得賢之道",標題省作"問得賢"。楊本作"取人得賢",凌本作"取人"。

〔二〕舉 劉如瑛云:"舉",問。《禮記·曲禮上》:"主人不問,客不先舉。"孔穎達疏:"'舉'亦'問'也。"

〔三〕能諭 孫星衍云:能曉喻也,古"喻"從"言"。◎張純一云:"諭",謂洞明治要。《墨子·尚賢中篇》曰:"聖人聽其言,跡其行,察其所能,而慎予官,此謂事能。"義同。

〔四〕以取句 張純一云:"以"下當有"此"字。前十三章云:"以此數物者取人。"語意正同。

景公問臣之報君何以晏子對以報以德第二十八^{〔一〕}

景公問晏子曰:"臣之報其君何以?"晏子敥曰^{〔二〕}:"臣雖不知^{〔三〕},必務報君以德。士逢有道之君則順其令^{〔四〕},逢無道之君則争其不義。故君者,擇臣而使之;臣雖賤,亦得擇君而事之^{〔五〕}。"

〔一〕文斌案:元刻本、活字本、嘉靖本、沈本、吴勉本目録"對"後無"以"字,標題有。吴懷保本目録作"問臣之報君",標題無"之"字。楊本、凌本均作"報君"。

〔二〕敥 文斌案:元刻本、活字本、吴懷保本、吴勉本作"敥",餘均作"對"。

〔三〕知 張純一云:讀若"智"。

〔四〕則順其令 劉師培《校補》云:戴校云:"'令'與'不義'對文,'令'猶'善'也。上文《景公問欲和臣親下章》云:'必順其令,赦其過。''令'與'過'對

文,均非'號令'之'令'。"其説非也。《大戴禮·衞將軍文子篇》《家語·
弟子行篇》述晏平仲之行云:"其言曰:'君雖不量於(《家語》下有"其"
字)臣,臣不可不量(《家語》作"忠")於(《家語》下有"其"字)君,是故君
擇臣而使(《家語》作"任")之,臣亦擇君而事之。有道順君(《史記·仲尼
弟子列傳》集解引"君"作"命"),無道衡命。'"《史記》本傳作:"國有道即
順命,無道即衡命。"《家語》王肅注云:"君有道則順從其命。'衡',横也,
謂不受其命而隱居者也。"據王説,此云"順令",即《家語》所云"順命",
"令"即"命"也。下云"衡命",亦與此文"争不義"合。王以"隱居"爲釋,
似誤。

〔五〕臣雖二句　張純一云:《意林》省作:"君擇臣使之,臣雖賤,亦擇君事
之。"◎孫星衍云:"德""義""使""事"爲韻。《意林》取此文。◎趙振鐸
云:"德"在職部,"義"在歌部,"使""事"同在之部,非韻。

景公問臨國莅民所患何也
晏子對以患者三第二十九[一]

景公問晏子曰:"臨國莅民,所患何也?"晏子對曰[二]:"所患者
三:忠臣不信,一患也;信臣不忠,二患也;君臣異心,三患也。是以明
君居上,無忠而不信[三],無信而不忠者。是以君臣同欲[四],而百姓無
怨也[五]。"

〔一〕文斌案:吳懷保本標題作"問臨國莅民",楊本、凌本均作"臨國莅民"。
〔二〕晏子句　文斌案:《治要》無"晏子"二字。
〔三〕無忠句　吳則虞云:楊本無"而"字。
〔四〕是以句　蘇輿云:《治要》"同欲"作"無獄"。◎張純一云:"以"從元刻,
　　　孫本作"故"。◎吳則虞云:誤。元本、活字本作"故",吳刻作"以"。
　　　◎文斌案:吳校是,張氏誤吳鼐本爲元刻本。吳鼐本外,各本均作"故"。
〔五〕而百句　蘇輿云:《治要》"怨"作"恐"。

景公問爲政何患晏子對以善惡不分第三十[一]

景公問于晏子曰[二]:"爲政何患?"晏子對曰[三]:"患善惡之不

分。"公曰:"何以察之?"對曰:"審擇左右。左右善〔四〕,則百僚各得其所宜,而善惡分。"孔子聞之曰:"此言也信矣! 善進,則不善無由入矣;不善進,則善無由入矣〔五〕。"

〔一〕文斌案:吳懷保本目録作"問爲政何患",標題省作"問爲政"。楊本作"爲政三患",凌本作"爲政"。

〔二〕景公句　吳則虞云:《説苑·政理篇》"景公"作"齊侯"。

〔三〕晏子句　吳則虞云:《説苑》無"晏子"二字。

〔四〕左右句　孫星衍云:今本脱"左右"二字,據《説苑》增。◎文斌案:今從孫校增"左右"二字。

〔五〕善進四句　張純一云:《説苑·政理篇》作"善言進""不善言進"。《群書治要》作"善進""不善進",與此同,無"言"字,足證《説苑》"言"字之衍。《治要》"則善"下有"亦"字。◎孫星衍云:《説苑·政理篇》用此文。◎文斌案:張氏所引《治要》,乃《治要》引《説苑》文,非《晏子》文。

内篇問下第四凡三十章

景公問何脩則夫先王之游晏子對以省耕實第一[一]

景公出游,問於晏子曰[二]:"吾欲觀於轉附、朝舞[三],尊海而南[四],至於琅琊[五]。寡人何脩,則夫先王之游[六]?"晏子再拜曰[七]:"善哉,君之問也!聞天子之諸侯爲巡狩[八],諸侯之天子爲述職[九]。故春省耕而補不足者謂之游[一〇],秋省實而助不給者謂之豫[一一]。夏諺曰[一二]:'吾君不遊,我曷以休?吾君不豫,我曷以助[一三]?'一遊一豫,爲諸侯度[一四]。今君之游不然,師行而量食[一五],貧苦不補[一六],勞者不息。夫從南歷時而不反謂之流[一七],從下而不反謂之連[一八],從獸而不歸謂之荒,從樂而不歸謂之亡[一九]。古者聖王無流連之遊[二〇],荒亡之行[二一]。"公曰:"善。"命吏計公掌之粟[二二],藉長幼貧氓之數[二三]。吏所委發廩出粟[二四],以予貧民者三千鍾[二五],公所身見癃老者七十人[二六],振贍之,然後歸也[二七]。

[一] 文斌案:元刻本、活字本、嘉靖本目録"脩"作"修";吳勉本目録、標題均作"脩";沈本目録、標題均作"修"。吳懷保本標題作"問何修比先王之遊",以下九章均列"景公"名下。楊本作"景公出遊",凌本作"出游"。

[二] 景公二句　孫星衍云:《管子・戒篇》作:"桓公將東遊,問於管仲。"◎蘇輿云:《管子》載"桓公將東遊"云云,管仲之對,亦略有同晏子處。孟子述之宣王,以爲景公事,自繫屬實,則不得援《管子》例此。疑桓公先將爲此遊,景公欲傚之,而晏子亦遂本管仲之意以對耳。◎文斌案:《元龜》二百四十二引"出游"前有"嘗"字。

[三] 吾欲句　孫星衍云:《管子》作:"我遊猶軸轉斛。"尹知章注:"言我之遊必有所濟,猶軸之轉載斛石。"《孟子》作:"轉附朝儛。"趙岐注:"'轉附''朝

儞’，皆山名也。”星衍謂：當從《管子》。趙岐以爲山名，蓋因下琅邪推知
之，齊實無此山也。“猶軸轉斛”，蓋欲如軸艫轉載斛石，是時齊海運，故景
公欲浮舟而南。觀《孟子》“從流下”“從流上”，益信。◎劉師培《校補》
云：《寰宇記》二十引作：“吾欲遊轉鮒朝舞，循海而南。”《元龜》二百四十
二亦引作“游”。◎于省吾云：孫從尹注，非是。焦循謂：“‘之罘’即‘轉
附’，‘朝儞’即‘成山’。”于欽《齊乘》謂：“召石山在文登之東。”“朝”
“召”古通，“儞”“石”聲近。按，此可證趙注以爲山名不誤也。◎文斌案：
《孟子》載此事見《梁惠王下》。

〔四〕尊海句　孫本“尊”作“遵”，《音義》云：“遵”，一本作“尊”。◎王念孫云：
《群書治要》載此文本作：“吾欲循海而南，至於琅邪。”《續漢書·郡國志》
注亦云：“齊景公曰：‘吾循海而南。’”今本“吾欲”下有“觀於轉附朝舞”六
字，“循海”作“尊海”，皆後人以《孟子》改之。◎黃以周云：元刻“遵”作
“尊”。◎王叔岷云：“尊”字明活字本、《子彙》本並同；黃之寀本作“遵”，
《孟子·梁惠王篇》同。“遵”“尊”，正、假字。◎田宗堯云：吳勉學本、
《指海》本“尊”並作“遵”，與《孟子》合。《治要》引“尊”作“循”。《說
文》：“‘遵’，循也。”◎吳則虞云：《子彙》本、楊本、凌本“遵”作“尊”。
◎文斌案：嘉靖本、沈本、吳懷保本、綿眇閣本亦作“尊”。

〔五〕至於句　孫星衍云：“至”，《孟子》作“放”。“琅”，一本作“瑯”，非。
“瑯”，當從《孟子》作“邪”。“琅邪”，趙岐注：“齊東境上邑也。”◎張純一
云：《管子》作“邪”，《群書治要》作“耶”，“邪”同。◎田宗堯云：《治要》
引作“邪”，張氏失檢。《孟子》作“瑯邪”，《吳越春秋·勾踐伐吳外傳》同，
《史記·始皇本紀》作“琅邪”。“瑯”，“琅”之俗。◎文斌案：《治要》引作
“琅耶”，《孟子》引作“琅邪”，田氏失檢。

〔六〕寡人二句　孫星衍云：“則”，《孟子》作“比”。◎蘇輿云：《治要》“則”上
有“以”字，“遊”下有“也”字。◎劉師培《補釋》云：“修”當作“循”（如賈
子《新書·過秦》“循行”，《史記·秦始皇本紀》作“修”，《春秋繁露·楚
莊王篇》“弗循規矩”，“修”爲“循”之誤，是也）。“循則”者，與“效法”之
義同。“寡人何循則夫先王之游”九字爲句，猶言“于先王之游，何所遵從
效則”也。《孟子·梁惠王篇》作“吾何修而可以比于先王觀也”，“修”亦
“循”字之誤。“吾何循”者，猶言“吾何遵依”也。惟彼析“循”與“比”爲
二語，此則“循則”聯文。◎文斌案：《春秋繁露·楚莊王篇》原作“弗修規
矩”；“寡人何循則夫先王之游”爲十字，劉氏誤作“九”，失檢。

〔七〕晏子句　文斌案：《治要》無“再拜”及“曰”下六字。

〔八〕聞天句　孫星衍云：“之”，《孟子》作“適”。《爾雅·釋詁》：“‘適’，之、往
也。”◎劉師培《校補》云：《治要》及《元龜》引“聞”作“嬰聞之”，當據補。

《通典·禮十五》引晏子對景公,亦作"適諸侯曰巡狩",蓋本《孟子·梁惠王篇》。◎吳則虞云:《指海》本作"嬰聞之"。

〔九〕諸侯句 張純一云:"之",《孟子》作"朝於","爲"並作"曰"。

〔一○〕故春句 孫星衍云:《管子》作:"春出,原農事之不本者謂之遊。"◎張純一云:房注:"'原',察也。農事不依本務,當原察之。"

〔一一〕秋省句 孫星衍云:"實",《孟子》作"斂"。《管子》作"秋出,補人之不足者謂之夕"。◎文斌案:《管子》注:"秋爲西成,尚有不足者,當補之。"黃本"不給"作"不足"。

〔一二〕夏諺句 王念孫云:《群書治要》本作"夏語曰",今本"語"作"諺",亦後人以《孟子》改之。◎吳則虞云:《指海》本改作"夏語"。

〔一三〕吾君四句 孫星衍云:《孟子》"君"作"王","我曷"作"吾何"。◎劉師培《校補》云:《文選·東京賦》注引"君"並作"王"(《易·序卦》疏載鄭注引《孟子》"王"並作"君",今《孟子》作"王"),"我"並作"吾"。《元龜》"曷"並作"何"。◎文斌案:黃本後"吾君"作"我君"。

〔一四〕一游二句 張純一云:《孟子》趙岐注曰:"'豫'亦'遊'也。吾王不遊,吾何以得見勞苦、蒙休息也? 吾王不豫,我何以得見賑贍、助不足也? 王者一遊一豫,行恩布德,應法而出,可以爲諸侯之法度也。"◎劉師培《斠補定本》云:《治要》"一"並作"壹"。◎徐仁甫云:"一遊一豫,爲諸侯度","度"與"助""豫"韻。此二句乃晏子引夏諺之後自加韻語。古書多有此例(詳余《古書引語例辨》——引文於韻語之後,自加韻語例)。本書《雜上》第十九章:"嬰聞之:'君子有道慇之間。'紀有此言注之壺。""間""壺"爲韻,"間"句引語,"壺"句自加,即引例也。不知此例,必誤自加爲引語矣。《左傳·昭公二年》:"季氏有嘉樹,韓宣子譽之。"服虔注引夏諺曰:"一遊一豫,爲諸侯度。"此誤之最早者。趙岐《孟子注》、朱熹《孟子集注》、焦循《孟子正義》無論矣。陳作霖《養和齋隨筆》、蕭穆《敬孚類稿》、方宗誠《讀論孟補記》及近人蔣伯潛《諸子通考》皆誤。惟胡毓寰《孟子本義》不誤。試問諺語出於民間,民之望君"遊""豫"者,惟我之"休""助"而已,與諸侯之度何關? 惟晏子用意在箴規景公,乃有"一遊一豫,爲諸侯度"之贊詞。故下文緊接"今君之遊不然",按之文義,其爲晏子自加而非夏諺,皎然明白。在《晏子春秋》,張純一《校注》、吳則虞《集釋》亦誤同前人,應加辯正。◎文斌案:徐說是,今標點從之。

〔一五〕師行句 洪頤烜云:"量食"者,量限其食也。《管子·戒篇》:"夫師行而量食其民者謂之亡。"字亦當作"量"。今本皆作"糧"者,是後人據《孟子》改。◎黃以周曰:"糧",元刻作"量"。◎蘇輿云:《治要》作"師

行而貧苦不補”，無“糧食”二字。◎劉師培《補釋》云：當以作“糧”爲
是。《管子·戒篇》云：“夫師行而糧食其民者謂之亡。”“糧食”者，即糧
食其民，猶言“就食于民”也。◎王叔岷云：黄之寀本“行”作“往”，
“量”作“糧”，《子彙》本“量”亦作“糧”，明活字本與元本同。◎吳則虞
云：綿眇閣本、吳勉學本作“糧”。◎文斌案：《管子·戒篇》作“糧食”，
洪氏失檢。沈本、楊本、凌本、孫本、《元龜》引亦作“糧”。

〔一六〕貧苦句　孫星衍云：“苦”當爲“者”，《孟子》作“飢者弗食”。◎劉師培
《補釋》云：“補”當作“餔”，以食食人曰“餔”。《吕氏春秋·介立篇》
曰：“狐父之盗曰邱，見而下壺餐而餔之。”《漢書·高帝紀》：“吕后因餔
之。”“餔”即“食”也。◎文斌案：《元龜》“苦”作“者”。

〔一七〕夫從句　文斌案：吳懷保本“反”作“返”。

〔一八〕從下句　王念孫云：《群書治要》此句中亦有“歷時”二字。案“南”字
義不可通，乃“高”字之誤，“高”與“下”正相對。《孟子》作“從流下而
忘反謂之流，從流上而忘反謂之連”（趙注：“浮水而下，樂而忘反，謂之
‘流’；‘連’者，引也，使人徒引舟船上行而忘反以爲樂，故謂之‘連’。”
據《孟子》及趙注，則此文當云：“從高歷時而不反謂之連，從下而不反
謂之流。”今以“從高”爲“流”，“從下”爲“連”，與《孟子》相反，未知孰
是），“上”亦“高”也（見《説文》）。《群書治要》正作“從高”。◎劉師培
《校補》云：《元龜》引“南”作“而”，“下”作“不”，均係字訛。惟下句亦
有“歷時”二字，與《治要》同，此挩。◎張純一云：王説“南”乃“高”字
之誤，又説此文當云“從高歷時而不反謂之連，從下而不反謂之流”，均
是。惟未審“下”“高”二字之互錯及下句脱“歷時”二字耳。此文本作
“夫從下歷時而不反謂之流，從高歷時而不反謂之連”，與《孟子》趙注
義並合。今本“高”譌“南”，又與下句“下”字互錯，義不可通。《治要》
同，足見唐初已然。◎吳則虞云：《指海》本改作“高歷”，“從下”二字
下又添“歷時”二字。◎文斌案：張説是。

〔一九〕從獸二句　孫星衍云：《管子》作“夫師行而糧食其民者謂之亡，從樂而
不反者謂之荒”。《孟子》作“從流下而忘反謂之流，從流上而忘反謂之
連，從獸無厭謂之荒，樂酒無厭謂之亡”。◎劉師培《校補》云：《治要》
《元龜》引“不”作“忘”。◎文斌案：《治要》《元龜》引上句“不歸”仍作
“不歸”，下句“不歸”作“忘歸”。

〔二〇〕古者句　孫星衍云：《管子》作“先王有遊夕之樂”。《孟子》“遊”亦作
“樂”。◎文斌案：《管子》作“先王有遊夕之業於人”，孫氏失檢。

〔二一〕荒亡句　劉師培《校補》云：《治要》《元龜》“荒”上有“無”字。◎文斌
案：《管子》作“無荒亡之行於身”。

〔二二〕命吏句　王引之云:“掌”字義不可通,當爲“稟”字之誤。“稟”,古“廩”字也,下文“發廩出粟”是其證。隸書“掌”或作“𢫾”,與“稟”字略相似,故諸書“稟”字或誤爲“掌”,説見《管子·輕重甲篇》“一掌”下。◎蘇輿云:《治要》作“令吏出粟以與貧者三千鍾”,無“公掌”云云十六字。◎張純一云:王説是,今據改。《治要》省文,不足據。◎吳則虞云:《指海》本改作“公稟”。

〔二三〕藉長句　劉師培《校補》云:《元龜》引“藉”作“數”,“氓”作“萌”。◎張純一云:“藉”,因也。《莊子·寓言篇》:“寓言十九藉外論之。”(《釋文》引李注)◎文斌案:吳懷保本“藉”作“籍”,“氓”作“民”。楊本亦作“籍”。

〔二四〕吏所句　劉師培《校補》云:《元龜》“委”下有“粟”字,當據補。◎張純一云:“吏所委”三字上下文不相屬,當删。

〔二五〕以予句　王念孫云:“民”字後人所加,“貧者”與“癃老者”對文,則不當有“民”字明矣。《群書治要》無“民”字。◎張純一云:《治要》省文未足據。“民”當爲“苦”,“貧苦”與“癃老”對文。◎吳則虞云:元刻作“貧氓”,吳懷保本作“貧民”,《指海》本删“民”字。◎文斌案:各本均作“貧民”,吳氏失檢。《治要》“予”作“與”。

〔二六〕公所句　孫星衍云:一本無“老”字。《説文》:“‘癃’,罷病也。”◎蘇輿云:《治要》無“癃”字。◎劉師培《斠補定本》云:黃本“身”作“自”,《元龜》作“身見名者十七人”。◎文斌案:楊本、凌本無“老”字。

〔二七〕振贍二句　蘇輿云:《治要》無“振贍之”三字,無“也”字。◎文斌案:《元龜》引亦無“振贍之”三字。

景公問桓公何以致霸晏子對以下賢以身第二〔一〕

景公問於晏子曰:“昔吾先君桓公善飲酒〔二〕、窮樂、食味方丈〔三〕、好色無別。辟若此〔四〕,何以能率諸侯以朝天子乎?”晏子對曰:“昔吾先君桓公變俗以政、下賢以身。管仲,君之賊者也〔五〕。知其能足以安國濟功〔六〕,故迎之于魯郊,自御,禮之於廟。異日〔七〕,君過于康莊〔八〕,聞甯戚歌,止車而聽之,則賢人之風也〔九〕,舉以爲大田〔一〇〕。先君見賢不留〔一一〕、使能不怠,是以內政則民懷之〔一二〕,征伐則諸侯畏之〔一三〕。今君聞先君之過,而不能明其大節〔一四〕。桓公之霸也,君奚疑焉?”

〔一〕文斌案：吳懷保本標題作“問桓公何以致霸”，楊本作“桓公何以致霸”，凌本作“桓公善飲”。

〔二〕昔吾句　吳則虞云：“善”字恐衍。

〔三〕食味句　吳則虞云：《孟子·盡心》：“食前方丈。”趙注：“極五味之饌食列於前，方一丈。”

〔四〕好色二句　孫星衍云：“辟”，讀如“僻”。◎劉師培《校補》云：《公羊·莊二十年傳》何休《解詁》云：“齊侯亦淫諸姑姊妹不嫁者七人。”《疏》云：“《晏子春秋》文。案彼齊景公問於晏子曰：‘吾先君桓公淫女公子不嫁者九人，而得爲賢君何？’又此解爲七人者，彼此其有誤矣。”據彼《疏》，似“淫”下九字即此句以下挩文；所引“而得”六字，或係約引此下之文也。◎于省吾云：孫星衍云：“‘辟’讀如‘僻’。”按“別僻”不詞，孫說非是。《釋名·釋天》：“‘辟歷’：‘辟’，析也。所歷皆破析也。”《詩·柏舟》：“寤辟有摽。”《釋文》：“‘辟’，本又作‘擘’。”“擘”即今分擘之“擘”。此云“好色無別辟”，即“好色無分別”之義。《淮南子·要略》“好色無辨”注：“‘辨’，別也。”與此義同。劉師培引《公羊·莊二十年傳》何休《解詁》云：“齊侯亦淫諸姑姊妹不嫁者七人。”按此即好色無分別之謂也。◎張純一云：“無別辟”三字嫌贅，當刪。◎吳則虞云：“好色無別”句，即言桓公內寵之盛也；“辟”字從下句讀，“辟”通“僻”，“僻若此”，猶言僻德若是也。◎文斌案：吳說是，楊本、凌本亦於“別”字後截讀。蘇輿、張純一、于省吾均將“辟”字屬上讀，非。黃本上方校語云：“‘辟’上疑脫字。”

〔五〕君之句　王念孫云：“賊”，害也。管仲射桓公中鉤，故曰“君之賊”。“賊”下不當有“者”字。僖三十三年《左傳》：“管敬仲，桓之賊也。”亦無“者”字。下篇：“又焉可逮桓公之後者乎？”亦衍“者”字。上文“可以逮先君桓公之後乎”，無“者”字，《群書治要》亦無。◎吳則虞云：《指海》本刪“者”字。

〔六〕濟　孫星衍云：《爾雅·釋言》：“‘濟’，成也。”

〔七〕日　文斌案：楊本“日”誤作“口”。

〔八〕康莊　孫星衍云：《爾雅·釋宮》：“五達謂之‘康’，六達謂之‘莊’。”

〔九〕則賢句　孫星衍云：“風”讀如“諷”。◎俞樾云：“風”者，聲也。風之所至必有聲，故文六年《左傳》曰“樹之風聲”，因而古人即謂“聲”爲“風”。《管子·宙合篇》：“君失音則風律必流。”“風律”即“聲律”也。《輕重己篇》：“吹壎篪之風。”猶言“壎篪之聲”也。《淮南·原道篇》：“結激楚之遺風。”高注曰：“‘遺風’猶‘遺聲’。”得其義矣。此云“賢人之風”，猶“賢人之聲”也。孫氏曰“讀如‘諷’”，非。◎張純一云：《北堂書鈔》百四十一引《晏子春秋》云：“甯戚欲干齊桓公，困窮飯牛於北門外。桓公詔夜門避任車，戚乃擊轅而歌。桓公憫而異之，命後車載之。”文疑出此。《呂氏春

秋·舉難篇》:“甯戚飯牛,居車下,望桓公而悲,擊牛角疾歌。”高注:“歌
《碩鼠》也。”《説苑·善説篇》曰:“甯戚飯牛康衢,擊車輻而歌《碩鼠》。”
《後漢書·馬融傳》注引《説苑》同。盧云:“《史記·鄒陽傳》,《集解》引
應劭曰:‘齊桓公夜出迎客,而甯戚疾擊其牛角,商歌曰:“南山矸,白石爛。
生不遭堯與舜禪,短布單衣適至骬。從昏飯牛薄夜半,長夜漫漫何時旦。”
此歌出《三齊記》。’”《藝文類聚》又載一篇云:“滄浪之水白石粲,中有鯉
魚長尺半。穀布單衣裁至骬,清朝飯牛至夜半。黄犢上坂且休息,吾將捨
汝相齊國。”李善注《文選·(成公子安)嘯賦》又載一篇云:“出東門兮屬
石班,上有松柏兮清且蘭。麤布衣兮緼縷,時不遇兮堯舜主。牛兮努力食
細草,大臣在爾側,吾當與爾適楚國。”三歌真贋雖不可知,合之亦自成章
法。仁和陳嗣倩云:“疾商歌,殆非一歌也。”今故具録之以備參考焉。馬
驌《繹史》云:“此歌不類春秋人語,必後人所擬也。”

〔一〇〕大田　張純一云:農官。

〔一一〕留　張純一云:遲滯也。

〔一二〕是以句　吳則虞云:“内”下疑脱“安其”二字,此與第八章“百姓内安其
　　　政”義同。◎文斌案:吳説恐非。“内政則民懷之”與下句“征伐則諸侯
　　　畏之”對言桓公時期國家内、外兩端情況,則“内政”與“征伐”爲對文。
　　　若改“内政”爲“内安其政”,則與下句“征伐”不對矣。

〔一三〕使能三句　孫星衍云:“怠”“懷”“畏”爲韻。◎趙振鐸云:“怠”在之部,
　　　“懷”“畏”在微部,非韻。

〔一四〕而不句　劉師培《斠補定本》云:黄本無“其”字。

景公問欲逮桓公之後晏子對以任非其人第三〔一〕

　　景公問晏子曰:“昔吾先君桓公從車三百乘,九合諸侯〔二〕,一匡天
下。今吾從車千乘,可以逮先君桓公之後乎?”晏子對曰:“桓公從車
三百乘,九合諸侯,一匡天下者,左有鮑叔,右有仲父〔三〕。今君左爲
倡,右爲優,讒人在前,諛人在後〔四〕,又焉可逮桓公之後者乎〔五〕?”

〔一〕文斌案:元刻本、活字本目録有“問”字,標題脱。吳懷保本目録作“問逮
　　　桓公之後”,標題脱“逮”字。楊本作“逮桓公後”,凌本作“桓公伯”。

〔二〕九合句　孫星衍云:《爾雅·釋詁》:“‘會’,合也。”《管子·幼官篇》有九
　　　會諸侯之令。

〔三〕九合四句　孫星衍云:“下”“父”爲韻。
〔四〕今君四句　孫星衍云:“優”“後”爲韻。◎趙振鐸云:“優”在幽部,“後”在侯部,非韻。
〔五〕又焉句　蘇輿云:《治要》“桓公”上有“先君”二字,無“者”字。“者”字乃衍文,説見前。

景公問廉政而長久晏子對以其行水也第四〔一〕

景公問晏子〔二〕:“廉政而長久〔三〕,其行何也〔四〕?”晏子對曰〔五〕:“其行水也。美哉水乎清清〔六〕,其濁無不雩途〔七〕,其清無不灑除〔八〕,是以長久也。”公曰:“廉政而遬亡〔九〕,其行何也?”對曰:“其行石也。堅哉石乎落落,視之則堅,循之則堅〔一〇〕,内外皆堅,無以爲久,是以遬亡也。”

〔一〕文斌案:吴懷保本標題作“問廉政而長久”,楊本、凌本均作“廉政”。
〔二〕景公句　王叔岷云:《文選·(李蕭遠)運命論》注引“晏子”下有“曰”字。張純一《校注》本補“曰”字,是也。
〔三〕廉政句　王念孫云:“政”與“正”同。《文選·運命論》注引作“廉正”(《史記·循吏傳》“堅直廉正”)。◎俞樾云:“廉”字義不可通,疑當作“秉”。《説文·秝部》:“‘兼’,持二禾。”“‘秉’,持一禾。”“秉”與“兼”形相似,“秉”誤爲“兼”,又誤爲“廉”耳。《爾雅·釋詁》曰:“‘秉’,執也。”“秉政”,猶言“執政”。景公問晏子人臣執政而能長久,其所行何若。“秉”誤爲“廉”,則義不可通矣。下文曰“廉政而遬亡,其行何也”,誤同。◎蘇輿云:王説是。晏子下以水石爲喻,正晰廉政之人性有不同處:水以柔爲性,猶之人有廉政之質,而出之以和平,故智能馭物,而物樂爲馭,所謂柔弱處上也;石以剛爲性,猶之人有廉政之質,而復以堅彊行之,故隨在忤物,所謂“彊自取柱”也。此長久遬亡之分,論人性也。俞以爲“秉政”,失之。◎吴則虞云:《藝文類聚》八、《白帖》六、《御覽》五十九引皆作“景公問廉政”。◎文斌案:俞説是。景公所關心僅僅是導致政權長久或遬亡的爲政方式,“廉正”並非前提條件。晏子之回答亦以水、石爲喻説明柔、剛兩種執政特點可能帶來的結果。故“廉”當是“秉”之形譌。
〔四〕其行句　孫星衍云:“何也”,《藝文類聚》《白帖》作“何如”。◎張純一云:

《太平御覽》五十九、《藝文類聚》八並引作：“景公問：‘廉政何如？’”

〔五〕晏子句　文斌案：綿眇閣本“曰”誤作“一”。

〔六〕美哉句　于鬯云：“清清”爲疊字，形容之辭，非水色清濁之清也。故下文“其濁”“其清”並舉；否則既曰“清”，不得復言其“濁”矣。下文云：“石乎落落。”“清清”之形容水貌，猶“落落”之形容石貌也，勿泥其義。《文選·（宋玉）風賦》云：“清清泠泠。”李注云：“清涼之貌也。”蓋近之。◎吳則虞云：《選注》奪一“清”字。◎文斌案：《類聚》《御覽》《白孔六帖》引均無“清清”二字，“清清”疑是衍文。由此，下文“堅哉石乎”後之“落落”亦當是衍文。“美哉水乎，其濁無不雿途，其清無不灑除”，“堅哉石乎，視之則堅，循之則堅”，去掉形容“水”“石”之“清清”“落落”，文理更順。吳氏所謂“《選注》奪一‘清’字”者，指《文選·運命論》注引。

〔七〕其濁句　孫星衍云：“無不”，今本作“不無”，據《藝文類聚》改。“雿途”，《白帖》作“塗”。《說文》：“汙涂也。”“雿途”即“汙涂”，謂涂塈。◎洪頤煊云：《文選·運命論》李善注引作“無不寀塗”，《匡謬正俗》：“古文‘采’之字多作‘寀’。”《禮記·學記》：“水無當於五色，五色弗得不章。”故曰“無不采塗”。◎吳則虞云：《子彙》本、楊本“無不”互倒，《指海》本誤作“雲途”。◎文斌案：各本均作“不無”，孫本改作“無不”。《類聚》《御覽》《白帖》均作“無不”。本章下句與此句爲對句，亦作“無不”，則此“不無”爲誤倒無疑。今從孫校改作“無不”。

〔八〕其清句　孫星衍云：《白帖》“灑”作“洒”，洗渫也。“途”“除”爲韻。◎吳則虞云：《藝文類聚》八、《白帖》六引作：“其濁無不塗，其清無不灑。”《文選·運命論》注引作：“其濁無不寀塗，其清無不灑除。”《御覽》五十九引作：“其濁無不塗，其清無不掃。”◎文斌案：《類聚》《白帖》引“灑”均作“洒”，吳氏失檢。吳勉學本、黃本此句“無不”亦作“不無”。

〔九〕遫　孫星衍云：《說文》：“‘速’，籀文从‘欶’。”

〔一〇〕循　劉如瑛云：“循”，通“揗”。《說文·手部》：“‘揗’，摩也。”《漢書·李陵傳》：“（立政等）數數自循其刀環。”師古注：“‘循’謂摩順也。”《荀子·王制》：“我今將修飾之，拊循之，掩蓋之於府庫。”“循”之義同。

景公問爲臣之道晏子對以九節第五〔一〕

景公問晏子曰：“請問爲臣之道〔二〕。”晏子對曰〔三〕：“見善必通，不私其利；慶善而不有其名〔四〕。稱身居位，不爲苟進；稱事授禄〔五〕，不爲苟得。體貴側賤〔六〕,不逆其倫;居賢不肖〔七〕,不亂其序。肥利之地不爲私邑〔八〕,賢質之士不爲私臣〔九〕。君用其所言,民得其所利〔一〇〕,而不伐其功〔一一〕。此臣之道也〔一二〕。”

〔一〕蘇輿云:《治要》載此章在《問上》篇。◎吳則虞云:楊本缺此章。◎文斌案:吳懷保本標題作“問爲臣之道”,凌本作“臣道”。

〔二〕請問句 張純一云:《治要》無“爲”字“之”字。

〔三〕晏子句 吳則虞云:《治要》無“晏子”二字。

〔四〕慶善句 王念孫云:“慶”字於義無取,“慶”本作“薦”。“不有其名”,謂不以薦善自居也。隸書“薦”字或作“薦”,形與“慶”相似而誤(説見《管子·君臣篇》)。《群書治要》正作“薦善”。◎張純一云:“而”下疑脱“用”字。“而”古通“能”,“薦善能用,不有其名”與“見善必通,不私其利”對文。上下皆四字句,此獨七字爲句,不類,故知有脱字。◎吳則虞云:《指海》本已改作“薦”。◎文斌案:張説是。黄本“名”作“利”。

〔五〕稱事句 蘇輿云:《治要》“授”作“受”,《拾補》亦作“受”,旁注“授”字。禄由君授,與臣無涉,作“受”是。◎吳則虞云:《指海》本已改作“受”。

〔六〕側 吳則虞云:“側”同“厠”,列也。“體貴側賤”,謂分序尊卑。

〔七〕居賢不肖 劉師培《補釋》云:猶言“位置賢不肖”也。

〔八〕肥利句 蘇輿云:“肥”,饒裕也(本《易·遯》“釋文”)。利宜奉公,故饒利之地不以自私。

〔九〕賢質句 吳則虞云:《治要》無“體貴側賤”至“不爲私臣”等句。◎劉如瑛云:“質”,正直、公正。《禮記·月令》:“黑黄倉赤,莫不質良。”鄭玄注:“‘質’,正也。”《廣雅·釋詁一》同。《史記·張丞相列傳》:“御史大夫周昌,其人堅忍質直。”“質直”,猶正直。

〔一〇〕君用二句 蘇輿云:《治要》“民”作“人”。◎張純一云:《治要》無兩“所”字,是。

〔一一〕而不句 張純一云:《治要》無“而”字,是。

〔一二〕此臣句 張純一云:《治要》無“之”字,是。

景公問賢不肖可學乎晏子對以勉强爲上第六〔一〕

景公問晏子曰:“人性有賢不肖,可學乎〔二〕?”晏子對曰:“《詩》云:‘高山仰止,景行行止。’之者其人也〔三〕。故諸侯並立,善而不怠者爲長;列士並學,終善者爲師〔四〕。”

〔一〕張純一云:“不肖”二字疑涉正文而衍。◎吳則虞云:楊本缺此章。◎文
斌案:元刻本、活字本、沈本、吳鼐本目録作“彊勉”,標題作“勉强”。嘉靖
本目録作“彊勉”。吳懷保本標題作“問賢不肖”,凌本作“人性”。

〔二〕可學句　張純一云:“可”上當有“賢”字,而今本脱之,義不可通。

〔三〕高山三句　孫星衍云:“高山仰止,景行行止”,《小雅·車舝》之詩。“之
者其人也”,未詳。“之”或言“往”。◎盧文弨云:“行”下“止”字衍。案
今《詩》作“景行行止”,而古來所引每作“行之”。王伯厚《詩攷》引《史
記·孔子世家》作“行之”,今《史記》改作“行止”矣。《禮記·表記》,《釋
文》又云:“‘行止’,《詩》作‘行之’。”又互異也。此書必本作“行之”,後
人以今《詩》“止”字注其旁,遂誤入正文耳。◎王念孫云:盧説是矣,而未
盡也。此文本作:“《詩》云:‘高山仰之,景行行之(鄭《箋》孔《疏》皆作
“仰之”“行之”,《釋文》作“仰止”,云:“或作‘仰之’。”唐《石經》依《釋
文》)。’鄉者其人也。”“鄉”讀“南鄉”“北鄉”之“鄉”,“鄉者”,謂鄉道而
行者也。《表記》引此詩而申言之曰:“鄉道而行,中道而廢,忘身之老也,
不知年數之不足。俛焉日有孳孳,斃而後已。”即此所云“鄉者其人
也”。故下文云:“列士並學,終善者爲師。”鄉道不已,斯謂之終善者矣。
《淮南·説山篇》曰:“故‘高山仰止,景行行止’,鄉者其人也。”語即本于
《晏子》(《史記》亦曰:“《詩》有之:‘高山仰之,景行行之。’雖不能至,然
心鄉往之。”《三王世家》載《武帝制》又曰:“‘高山仰之,景行嚮之。’朕甚
慕焉。”《列女傳·賢明傳》曰:“《詩》云:‘高山仰止,景行行止。’言當常嚮
爲其善也。”)。若今本《晏子》,則兩“之”字僅存其一,又脱去“鄉”字
矣。◎于鬯云:兩“止”字本作“之”,已詳於盧文弨《群書拾補》及王念孫
《雜志》。“之”“止”二字古本通用,即讀“止”爲“之”亦無不可,要以爲誤
字,從簡捷耳。惟盧以下“止”字爲衍,王依之,而又據《淮南子·説山訓》
於“者”字上補一“鄉”字,云此文本作《詩》云:‘高山仰之,景行行之。’
鄉者其人也”,則殆不然。此文但兩“止”字作“之”,更無衍字,亦無脱字。
“之”者,即複舉“仰之”“行之”兩“之”字而言也。“之者,其人也”,以“其
人”釋兩“之”字。若謂《詩》之意,曰“高山仰其人,景行行其人”耳,文自
曉白。故下文云:“諸侯並立,善而不怠者爲長;列士並學,終善者爲師。”
諸侯爲長,必爲衆諸侯仰之行之;列士爲師,亦必爲衆列士仰之行之,所謂
“其人”也。若作“鄉者其人”,義轉不憭。蓋《説山訓》當有誤,以《晏子》
之文正彼轉可;不合取彼正此也。孫星衍《音義》云“之”或言“往”,“往”
即“鄉”義,亦不可解。◎劉師培《補釋》云:“行止”之“止”不必改爲

“之”，而“之者其人”之“之”亦不必改爲“鄉”。《爾雅》云：“‘之’，往也。”（《釋詁》）《詩·碩鼠》（“誰之永號”）、《桑柔》（“既之陰女”）諸篇，鄭《箋》均訓“之”爲“往”。又《小爾雅》云：“‘之’，適也。”（《廣詁》）《法言·五百篇》“則載而惡乎之”，“之”字亦當訓“往”，“往”“鄉”二字取義相同。“之者其人”，猶言“往者其人”也。“之”即鄉道之義，與《論語·子罕篇》“進，吾往也”義同，不必易“之”爲“鄉”也。◎張純一《校注》改正文爲“‘高山仰之，景行行之。’之者其人也”，注云：兩“止”字，並從盧、王校正，以復古詩之舊。盧云下“止”字衍，誤。王云今本落“鄉”字，亦偶未審耳。“者”上“之”字即古“志”字，心之所之爲“志”，猶言心之所鄉往也。《墨子·天志下篇》：“故子墨子置立天之以爲儀法。”畢沅云：“‘之’，一本作‘志’，疑俗改。考古‘志’字只作‘之’，《説文》無‘志’字。《史記·刺客傳》‘趙國志士’，《趙策》‘志’作‘之’，是‘之’即‘志’之證。”此文引《詩》而申言之，義與《表記》同。◎徐仁甫云：古人引書有從末一字申述之例。《左傳·莊公八年》：“《夏書》曰：‘皋陶邁種德。’德乃降。”《宣公十二年》：“《詩》曰：‘亂離瘼矣，爰其適歸。’歸於怙亂者也夫。”《襄公三十一年》：“《詩》云：‘靡不有初，鮮克有終。’終之實難。”《昭公十年》：“《詩》曰：‘德音孔昭，視民不佻。’佻之謂甚矣。”《禮記·中庸》：“《詩》曰：‘德輶如毛。’毛猶有倫。”《荀子·宥坐篇》：“《詩》曰：‘憂心悄悄，慍于群小。’小人成群，斯足憂矣。”《漢書·食貨志》：“孔子曰：‘苟有用我者，期月而已可也，三年有成。’成此功也。”本文當作：“《詩》云：‘高山仰之，景行行之。’之者其人也。”“之”字正從引《詩》末一字申述。循斯例可以判斷晏子引《詩》必作“仰之”“行之”；又可證作“鄉者其人也”之非。諸家岐説，亦當以此例統一之。◎文斌案：于、徐説是。黄本上方校語云：“‘之者’句疑誤。”

〔四〕故諸四句　孫星衍云：“長”，讀如令長。◎蘇時學云：此語亦見《諫上》第十六，蓋古語。◎吳則虞云：元刻本、活字本衍“長”字，綿眇閣本不衍。◎文斌案：嘉靖本、吳懷保本亦衍“長”字。

景公問富民安衆晏子對以節欲中聽第七〔一〕

景公問晏子曰：“富民安衆難乎？”晏子對曰〔二〕：“易。節欲則民富，中聽則民安〔三〕，行此兩者而已矣。”

〔一〕蘇輿云：《治要》載此章在《問上》篇。◎文斌案：元刻本、活字本、嘉靖本目錄脱“欲”字，標題有。吳懷保本標題作“問富民安衆”，楊本作“富民安衆”，凌本作“富民”。

〔二〕晏子句　張純一云：《治要》無“晏子”二字。

〔三〕中聽　孫星衍云：聽獄得中也。

景公問國如何則謂安晏子對以内安政外歸義第八〔一〕

景公問晏子曰：“國如何則可謂安矣？”晏子對曰：“下無諱言，官無怨治〔二〕；通人不華〔三〕，窮民不怨〔四〕；喜樂無羨賞，忿怒無羨刑；上有禮於士，下有恩於民；地博不兼小，兵强不劫弱〔五〕；百姓内安其政，外歸其義〔六〕。可謂安矣。”

〔一〕文斌案：元刻本、活字本、嘉靖本、沈本、吳勉本目錄“如何”標題作“何如”。因正文作“如何”，今統一作“如何”。吳懷保本作“問國安如何”，楊本作“國安如何”，凌本作“安國”。

〔二〕下無二句　文廷式云：此文疑當作“官無諱言，下無怨治”。《老子》曰：“國多忌諱而民彌貧。”“諱言”自當指在官者言之。又下文晏子對吳王曰：“民無怨治。”“怨治”自當屬在下者言之。傳者誤易耳（《雜篇》有“民無諱言”語，對君上好善言之，蓋臣名通稱也）。◎劉師培《補釋》云：“怨”亦讀爲“宛”字，與“蘊”同。猶言“無鬱積不通之治”也。下文“窮民無怨”，猶言“窮民無所鬱結”也。下節“民無怨治”“民多怨治”亦然，兩“民”字疑當作“官”。本書“蘊”多作“怨”，如《諫上篇》“外無怨治”，王已讀爲“蘊”；《雜下》“怨利生孽”，《左傳・昭十年》作“蘊”，均其證也。

〔三〕通人句　劉師培《斠補定本》云：黃本“通”作“道”，上方校語云：“或作‘通’。”

〔四〕窮民句　文斌案：沈本“民”作“人”。

〔五〕兵强句　文斌案：楊本、孫本“强”作“彊”。

〔六〕外歸句　陶鴻慶云：“外歸其義”上當有“諸侯”二字，本書以“諸侯”“百姓”對文者多矣。“百姓内安其政”承上“上有禮於士，下有恩於民”而言，“諸侯外歸其義”承上“地博不兼小，兵彊不劫弱”而言。《問上》第五章云：“於是卑辭重幣而諸侯附，輕罪省功而百姓親。”義與此同。◎張純一説同。

景公問諸侯孰危晏子對以莒其先亡第九〔一〕

景公問晏子曰〔二〕:"當今之時,諸侯孰危?"晏子對曰〔三〕:"莒其先亡乎〔四〕!"公曰:"何故〔五〕?"對曰:"地侵於齊,貨竭于晉〔六〕,是以亡也。"〔七〕

〔一〕文斌案:吳懷保本標題作"問諸侯孰危",楊本、凌本均作"諸侯孰危"。

〔二〕景公句　文斌案:《説苑·權謀篇》"景公"作"齊侯","問"下有"於"字。

〔三〕晏子句　文斌案:《説苑》無"晏子"二字。

〔四〕莒其句　張純一云:《説苑》無"先"字。

〔五〕何故　劉師培《斠補定本》云:《説苑·權謀篇》"何"作"奚"。

〔六〕貨竭句　孫星衍云:"竭",一本作"謁"。◎蘇輿云:"竭",舊刻作"謁",蓋形近而誤。《拾補》作"竭",旁注"謁"字,云:"從《説苑·權謀篇》改。"浙局本從盧校改"竭",今從之。◎吳則虞云:"晉"上元刻本、活字本空兩格,黃本、吳勉學本"竭"亦作"謁"。◎文斌案:孫本、吳鼏本作"竭",餘均誤作"謁"。

〔七〕孫星衍云:《説苑·權謀篇》用此文。

晏子使吳吳王問可處可去晏子對以視國治亂第十〔一〕

晏子聘於吳,吳王曰:"子大夫以君命辱在弊邑之地〔二〕,施眂寡人〔三〕,寡人受眂矣。願有私問焉。"晏子巡遁而對曰〔四〕:"嬰,北方之賤臣也。得奉君命,以趨於末朝〔五〕,恐辭令不審,譏於下吏,懼不知所以對者。"吳王曰:"寡人聞夫子久矣,今乃得見,願終其問。"晏子避席對曰:"敬受命矣〔六〕。"吳王曰:"國如何則可處? 如何則可去也?"晏子對曰:"嬰聞之:親疏得處其倫,大臣得盡其忠,民無怨治,國無虐刑,則可處矣。是以君子懷不逆之君〔七〕,居治國之位。親疏不得居其倫,大臣不得盡其忠,民多怨治,國有虐刑,則可去矣。是以君子不懷暴君之禄,不處亂國之位〔八〕。"

〔一〕吳則虞云：楊本缺此章。◎文斌案：元刻本、活字本、嘉靖本、沈本目錄
　　“晏子”誤作“景公”，標題不誤。吳懷保本標題作“問處去”，列“吳王”名
　　下。凌本作“聘吳”。《子彙》本、凌本章後附《外篇第七》第十六章文。

〔二〕子大句　劉師培《補釋》云：“之地”二字衍文也。“地”爲“施”之誤字，後
　　人併存之，因于“地”上增“之”字。實則《左傳》諸書，凡稱“弊邑”，無有複
　　言“之地”二字者。下《晏子聘魯》節，“辱臨敝邑”亦無“之地”二字。◎蘇
　　輿本、張純一《校注》、吳則虞《集釋》“弊”均作“敝”，吳則虞云：元、明本
　　“敝”皆作“弊”。◎田宗堯云：日刊黃之寀本“弊”作“幣”。

〔三〕覜　孫星衍云：《詩傳》：“‘覜’，賜也。”當爲“況”。

〔四〕巡遁　孫星衍云：《説文》：“‘巡’，視行皃。”“‘遁’，遷也。”《漢書・平當
　　傳贊》：“逡遁有恥。”師古曰：“‘遁’與‘循’同。”《刊謬正俗》曰：“賈誼《過
　　秦論》：‘九國之師遁巡而不敢進。’‘遁’者，蓋取‘循’聲以爲‘逡’字。”◎
　　盧文弨云：“巡”當作“逡”，下文正作“逡”。◎黃以周曰：元刻作“逡遁”。
　　◎張純一《校注》從黃校改作“逡遁”。◎吳則虞云：非是。元刻本、活字
　　本皆作“巡遁”。◎田宗堯云：元刊正作“巡遁”，吳勉學本、日刊黃之寀
　　本、明活字本、《子彙》本、《指海》本並同。下《晏子使魯第十二》，元本作
　　“逡遁”，張氏失檢。◎文斌案：吳校是，黃氏失檢。《刊謬正俗》見卷五，
　　原作：“‘遁’者，蓋取‘盾’之聲以爲‘逡’字。”

〔五〕以趨句　黃以周云：盧校“末朝”作“本朝”。按“末朝”謙詞，猶下文云
　　“下吏”，似非誤。◎于鬯云：“末朝”倒文，猶言“朝末”。◎張純一云：晏
　　齊臣，不得稱吳爲“本朝”或“末朝”。“末朝”當是“朝末”誤倒。趨於朝
　　末，謂趨於吳朝之末位也。

〔六〕敬受句　張純一云：“矣”，畢詞。此不當有，應删。

〔七〕是以句　張純一云：“懷”，思也，歸也。“不逆”者，不逆於道也。◎吳則
　　虞云：以下句“不懷暴君之禄”句例之，此句似有訛奪。

〔八〕不處句　文斌案：黃本“國”誤作“君”。

吳王問保威强不失之道晏子對以先民後身第十一〔一〕

　　晏子聘於吳，吳王曰：“敢問長保威强勿失之道若何？”晏子對曰：
“先民而後身，先施而後誅〔二〕；强不暴弱，貴不淩賤，富不傲貧；百姓並
進，有司不侵，民和政平〔三〕；不以威强退人之君〔四〕，不以衆强兼人之
地；其用法，爲時禁暴，故世不逆其志；其用兵，爲衆屏患，故民不疾其

勞。此長保威强勿失之道也。失此者危矣[五]。"吳王忿然作色,不説[六]。晏子曰:"寡君之事畢矣,嬰無斧鑕之罪[七],請辭而行。"遂不復見。

〔一〕吳則虞云:楊本缺此章。◎文斌案:元刻本、活字本、嘉靖本、沈本目録"吳王"誤作"景公",標題不誤。吳懷保本標題作"問保威强",目録"强"作"彊",列"吳王"名下。凌本作"聘吳"。

〔二〕施 蘇輿云:"施"言施惠,謂慶賞也。

〔三〕强不六句 孫星衍云:"賤""進""平"爲韻。◎趙振鐸云:"賤"在元部,"進"在真部,"平"在耕部,非韻。

〔四〕不以句 俞樾云:"退人之君"義不可通,"退"疑"迫"字之誤。若吳人藩衛侯之舍,是以威彊迫人之君矣,故晏子以爲諷也。◎孫詒讓云:"退"當爲"迖",形近而誤。"迖"讀爲"彊禦"之"禦"。《書·牧誓》:"弗迖克奔。"《史記·周本紀》"弗迖"作"不禦",《集解》引鄭《注》云:"'禦',彊禦,謂彊暴也。"不强禦人之君,不强兼人之地,皆言不侵滅人國也。◎劉師培《補釋》云:"退"當如字,下"彊"字當作"疆",與《問上》篇"衆疆"同。"不以威强退人之君",言不以威力抑人之君也(《説文》:"'退',卻也。"《廣雅·釋詁》云:"'退',減也。""退人之君"猶言使人之君出己下也)。"衆疆"猶言"廣土",言不恃土地之廣以并他人之國也。"威强"與"衆疆"對文。◎于省吾云:俞説非是。"退"乃"敦"之借字,金文作"𣪘"。"敦"訓"迫"乃通詁。詳《墨子新證·明鬼下》。◎吳則虞云:劉説是。◎徐仁甫云:"退人之君"不辭,"退"當作"後",言不以威彊後人之君也。"後人之君",乃使人之君出己下也。"退"篆文作"�",古文作"�";"後"篆文作"�",古文作"�",二字古篆皆相似,易混。諸家説皆牽强。

〔五〕失此句 張純一云:《史記·十二諸侯年表》:吳闔閭十一年,伐楚取番,是以衆强兼人之地。十三年,陳懷公來,留之,死於吳,是以威强退人之君。晏子先景公卒,上二事晏子當不及見,然闔閭類此之行必有爲晏子所知而經史不及載者。定四年《左傳》:楚自昭王即位,無歲不有吳師,是用兵非爲衆屏患、而民疾其勞者。事皆晏子所及知,故以爲諷。◎吳則虞云:元刻本、活字本脱"失"字,吳勉學本、《子彙》本均有"失"字。◎文斌案:嘉靖本、吳懷保本亦脱"失"字。

〔六〕不説句 吳則虞云:元刻本、活字本衍"曰"字。◎文斌案:嘉靖本、吳懷保本亦衍"曰"字,吳懷保本、黃本"説"作"悦"。

〔七〕鑕　孫星衍云：當爲“質”，《玉篇》：“‘鑕’，鐵鑕砧，章溢切。”《古今韻
　　會》：“‘鑕’，通作‘質’。”

晏子使魯魯君問何事回曲之君
晏子對以庇族第十二〔一〕

　　晏子使魯，見昭公，昭公説，曰：“天下以子大夫語寡人者衆矣〔二〕，
今得見而羨乎所聞〔三〕。請私而無爲罪。寡人聞：大國之君蓋回曲之
君也〔四〕，曷爲以子大夫之行〔五〕，事回曲之君乎？”晏子逡循對曰〔六〕：
“嬰不肖，嬰之族又不若嬰，待嬰而祀先者五百家，故嬰不敢擇君。”晏
子出，昭公語人曰：“晏子，仁人也。反亡君〔七〕，安危國，而不私利焉；
僇崔杼之尸〔八〕，滅賊亂之徒，不獲名焉〔九〕；使齊外無諸侯之憂，內無國
家之患，不伐功焉；鉏然不滿〔一〇〕，退托於族〔一一〕。晏子可謂仁人矣。”

〔一〕文斌案：元刻本、活字本、嘉靖本、沈本目錄“晏子”誤作“景公”，元刻本、
　　活字本標題“族”誤作“秩”。吳懷保本標題作“問事回曲之君”，列“魯昭
　　公”名下。楊本作“使魯昭公問”，凌本作“見昭公”。《子彙》本、凌本、楊
　　本章後附《外篇第七》第十七和二十七章文。
〔二〕天下句　文斌案：黃本“衆”作“多”。
〔三〕羨　吳則虞云：“羨”，溢也。謂溢所傳聞者之上。
〔四〕回曲　蘇輿云：《廣雅・釋詁》云：“‘回’，衺也。”“回曲”，猶言“衺曲”。
　　◎文斌案：“衺”，邪惡、不正，同“邪”。《周禮・地官・比長》：“比長各掌
　　其比之治，五家相受相和親，有辠奇衺則相及。”《注》：“‘衺’，猶‘惡’
　　也。”又《天官・宮正》：“去其淫怠與其奇衺之民。”《注》：“‘奇衺’，譎觚
　　非常。”《釋文》：“‘衺’，亦作‘邪’。”
〔五〕曷爲句　文斌案：吳勉學本、黃本“曷爲”作“曷以”。
〔六〕逡循　孫星衍云：《爾雅・釋言》：“‘逡’，退也。”《漢書・萬章傳》：“逡循
　　甚懼。”
〔七〕反亡句　張純一云：晏子無反亡君之事，“反”疑“哭”之譌。哭亡君，謂哭
　　莊公，詳《雜上》二章及襄二十五年《左傳》。
〔八〕僇崔句　張純一云：見襄二十八年《左傳》。
〔九〕不獲句　劉師培《斠補定本》云：黃本“獲”作“得”。
〔一〇〕鉏然　孫星衍云：《玉篇》：“‘鉏’，丑甚切。”此當爲“歉然”之假音。◎俞

樾云:“饁”當爲“欺”,《說文·欠部》:“‘欺’,食不滿,从欠甚聲。”是“欺”之本義爲食不滿。引申之,凡不滿者皆得言“欺”。故曰“欺然不滿”。

〔一一〕退托句　蘇輿云:言謙退而托于族以爲辭也。

魯昭公問魯一國迷何也晏子對以化爲一心第十三〔一〕

晏子聘于魯,魯昭公問焉〔二〕:“吾聞之〔三〕:莫三人而迷〔四〕。今吾以魯一國迷慮之,不免于亂〔五〕,何也?”晏子對曰:“君之所尊舉而富貴,入所以與圖身,出所以與圖國〔六〕,及左右偪邇〔七〕,皆同于君之心者也〔八〕。犒魯國化而爲一心〔九〕,曾無與二〔一〇〕,其何暇有三〔一一〕?夫偪邇于君之側者,距本朝之勢〔一二〕,國之所以治也〔一三〕;左右讒諛,相與塞善,行之所以衰也;士者持禄,游者養交〔一四〕,身之所以危也〔一五〕。《詩》曰:‘芃芃棫樸,薪之槱之,濟濟辟王,左右趨之〔一六〕。’此言古者聖王明君之使以善也〔一七〕。故外知事之情,而内得心之誠〔一八〕,是以不迷也。”〔一九〕

〔一〕文斌案:吳懷保本標題作“問魯一國迷”,列“魯昭公”名下。楊本作“三人迷”,凌本作“聘魯”。

〔二〕魯昭句　蘇輿云:下疑有“曰”字,或“焉”爲“曰”之譌。◎吳則虞云:《韓非·内儲説上》作:“晏嬰子聘魯,哀公問曰。”哀公立,晏子已死,作“昭公”者是。◎田宗堯云:《文選·(劉越石)勸進表》注引作“魯哀公”,誤。晏子卒時,景公尚在位,此時應當魯昭公。本書晏子使魯凡三,皆在昭公時。◎徐仁甫云:古記言有省“曰”字者(詳楊樹達《古書疑義舉例續補》),即以本書《問篇》爲例,《問上》第八章:“景公問晏子:‘莒與魯孰先亡?’”又第二十一章:“景公問:‘佞人之事君如何?’”皆無“曰”字,即記言省“曰”也。本章與之同。“焉”非“曰”之譌,亦非脱“曰”字,蘇説非也。

〔三〕吾聞句　文斌案:沈本“吾”誤作“魯”。

〔四〕莫三句　孫星衍云:《韓非》作:“魯哀公問於孔子曰:‘鄙諺曰:莫衆而迷。’”“一曰:晏嬰子聘魯,哀公問曰:‘語曰:莫三人而迷。’”《注》:“舉事不與三人謀,必知迷惑也。”◎文斌案:沈本“三”誤作“二”。

〔五〕今吾二句　盧文弨云:“迷”字衍,當從《韓非·内儲説上》刪。◎王念孫云:既言“迷”,不當更言“亂”,此“迷”字蓋涉上“迷”字而衍。“魯”字當在“不免于亂”上。“今吾以一國慮之,魯不免于亂”者,“以”猶“與”也,言吾與一國慮之,而魯猶不免于亂也。《韓子·内儲説》作“今寡人與一國慮之,魯不免於亂”,是其證。今本“迷”字重出,“魯”字又誤在“一國”上,則文不成義。◎張純一《校注》從王校改。

〔六〕入所二句 劉師培《補釋》云:“以”即“與”也。蓋本文作“以”,“所以圖身”“所以圖國”猶之“所與圖身”“所與圖國”也。淺人不識“以”有“與”訓,妄增二“與”字,誤矣。上文“今吾以魯一國(舊“國”下衍“迷”字)慮之”,“以魯一國慮”即“與魯一國慮”。以彼例此,則此文無二“與”字明矣。

〔七〕及左句 吳則虞云:上言“朝士”,此言“近臣”,故云“及”。

〔八〕皆同句 于鬯云:“也”讀爲“乎”。◎張純一云:此“同”與《諫上》十八章梁丘據是“同”非“和”之“同”同義。

〔九〕犒 孫星衍云:《韓非》作“舉魯國盡化爲一”,此作“犒”,未詳。◎盧文弨曰:“犒”譌,當作“撟”。《文選·勸進表》注引作“矯”。此“撟”與“矯”同。《韓非》作“舉”,義同。◎洪頤烜云:“犒”當是“嗃”字之譌。《文選·長笛賦》:“錚鐄謍嗃。”李善注:“‘嗃’,大呼也。”《莊子·在宥篇》:“焉知曾史之不爲桀紂嚆矢也。”《釋文》:“‘嚆’,本亦作‘嗃’。”《字林》:“‘嚆’,大呼也。”言大呼魯語之人而皆化爲一心也。◎俞樾云:“犒”當爲“撟”字之誤也。《説文·手部》:“‘撟’,舉手也。”故引申之有“舉”義。《史記·扁鵲倉公列傳》:“舌撟然而不下。”《索隱》云:“‘撟’,舉也。”“撟魯國化而爲一心”,猶云“舉魯國化而爲一心”。《韓非子·內儲説》作“舉魯國盡化爲一”。此作“撟”,彼作“舉”,文異而義同。若作“犒”,則不可通矣。◎蘇輿云:盧、俞説是。《外篇》“臣何敢槁也”,“槁”亦“撟”之誤(説見後)。◎吳則虞云:作“矯”是也,“矯”爲“揉矯”之“矯”。本非一心,揉而矯之,使爲一也。《指海》本已改爲“矯”。

〔一〇〕曾無句 吳則虞云:黃本、凌本“曾”誤作“魯”。◎文斌案:《子彙》本、吳勉學本、綿眇閣本、楊本亦誤作“魯”。

〔一一〕其何句 劉師培《校補》云:《文選·(劉琨)勸進表》“億兆攸歸,曾無與二”注引:“君曾無與二,何暇有三乎?”(引上“犒”字或作“矯”)

〔一二〕距本句 孫星衍云:言近臣能距一朝之有勢者。◎張純一云:“距”,抗也。又與“拒”同,敵也。◎文斌案:孫、張説非。《説文》:“‘距’,雞距也。”引申有據有之意。王念孫、俞樾謂“近臣專權”即緣此,詳下注。沈本“勢”作“執”。

〔一三〕國之句 王念孫云:“治”上當有“不”字。此言大臣專本朝之權,國之所以不治也。下文“行之所以衰也,身之所以危也”並與此文同一例。上文“魯不免于亂”,“亂”即“不治”也。今本脫“不”字,則義不可通,且與上下文不合。◎顧廣圻校同。◎俞樾云:此言近臣專權也,乃云“國所以治”,於義難通。“治”蓋“殆”字之誤,“國之所以殆也”與下文“行

之所以衰也”“身之所以危也”一律。◎吳則虞云：《指海》本“治”上增
“不”字。◎劉如瑛云：“治”當爲“亂”，義反而致誤。上文魯昭公問晏
嬰：“今吾以魯一國迷慮之，不免于亂，何也？”晏嬰回答“國之所以亂
也”，正就此問而言。且下文“行之所以衰也”“身之所以危也”，“亂”
“衰”“危”皆爲同類，而不用“不盛”“不安”以代“衰”“危”，亦“治”當
爲“亂”之證。《説文·足部》：“‘距’，雞距也。”因引申爲憑藉之意。
“距本朝之勢”，言憑藉本朝之勢。王念孫謂“治”上當有“不”字，俞樾
謂“治”蓋“殆”字之誤，孫星衍解“距本朝之勢”爲“近臣能距一朝之有
勢者”，恐皆有所蔽。◎文斌案：劉説是。黄本上方校語云：“‘治’字疑
誤。不然，‘治’上脱‘不’字。”

〔一四〕士者二句　蘇輿云：《荀子·臣道篇》云：“不卹君之榮辱，不卹國之臧
否，偷合苟容，以之持禄養交而已耳，國賊也。”“持”亦“養”也（見《吕氏
春秋·異用篇》高注），故古書多以“持養”連文，如《荀子》所謂“高爵豐
禄，以持養之”之類是也（説詳王祭酒師《荀子集解·議兵篇》）。◎徐
仁甫云：“持”猶“保”也。王引之曰：“‘持’訓爲‘執’，常訓也。又訓爲
‘守’、爲‘保’。‘保禄’謂之‘持禄’，《晏子春秋·問篇》‘仕者持禄，遊
者養交’是也。”（《經義述聞·通説上》）

〔一五〕夫倡諸句　孫星衍云：“治”“衰”“危”爲韻。◎趙振鐸云：“治”在之部，
“衰”“危”在微部，非韻。

〔一六〕芃芃四句　孫星衍云：《大雅·棫樸》之詩。“趨”，《詩》作“趣”。◎張
純一云：《詩傳》：“‘芃芃’，木盛貌。‘棫’，白桵也。‘樸’，枹木也。
‘櫏’，積也。山木茂盛，萬民得而薪之。賢人衆多，國家得用蕃興。”

〔一七〕此言句　張純一云：左右無讒諛相與塞也。◎劉師培《斠補定本》云：
黄本“王”作“人”。

〔一八〕故外二句　孫星衍云：“情”“誠”爲韻。◎劉師培《斠補定本》云：黄本
“誠”誤“誠”。

〔一九〕孫星衍云：《韓非·内儲説》用此文。

魯昭公問安國衆民
晏子對以事大養小謹聽節儉第十四〔一〕

　　晏子聘于魯，魯昭公問曰：“夫儼然辱臨弊邑〔二〕，竊甚嘉之。寡人
受貺，請問安國衆民如何〔三〕？”晏子對曰：“嬰聞：傲大賤小則國危，慢

聽厚斂則民散。事大養小,安國之器也;謹聽節儉,衆民之術也[四]。"

〔一〕蘇輿云:"儉"疑當作"歛",蓋沿正文而譌,見俞說。◎文斌案:元刻本、活
　　字本、嘉靖本、沈本目錄"聽""節"二字誤倒,標題不誤。吳懷保本標題作
　　"問安國衆民",列"魯昭公"名下。楊本作"安國衆民",凌本作"聘魯"。

〔二〕夫儌句　孫星衍云:"夫",一本作"大夫",然作"夫"亦是。《秦二世刻石》
　　"夫"下積二畫,以爲"大夫"。"儌",一本作"獘"。◎王念孫云:一本作
　　"大夫"者是。孫說謬。◎顧廣圻校云:"夫"上當有"子大"二字。◎黃以
　　周云:孫頤谷云:"當作'夫子'。"◎于鬯云:"夫"即"大夫"之省稱也。
　　《左·桓十三年傳》云:"夫固謂君訓衆而好鎮撫之。""夫"亦謂"大夫",說
　　已見彼校。孫星衍《音義》據《秦二世刻石》"夫"下積二畫以爲"大夫",猶
　　差一閒。"夫"下積二畫則是"夫夫",非單稱"夫";然王念孫《雜志》謂孫
　　說謬,則過矣。王徒以一本作"大夫",則以此本爲脱"大"字,而不知"大
　　夫"之省稱"夫",固有是例也。且安知一本不後人增字乎? 至黃元同大
　　令《校勘》引孫頤谷云"當作'夫子'",益無本。◎于省吾云:金文及古
　　鉥,凡"大夫"均作"夫=",即"大夫"二字之合文。此脱二積畫耳。王謂
　　孫說謬,失之。◎張純一《校注》於"夫"前補"子大"二字,注云:前十二
　　章兩稱"子大夫",下章亦兩稱"子大夫",今據補。◎文斌案:吳懷保本
　　"夫"作"大夫"。黃本上方校語云:"'夫'字上恐脱'大'字。"吳勉學本、
　　黃本、孫本"獘"作"儌"。

〔三〕請問句　吳則虞云:"衆"當爲"聚"字之譌。下云"厚斂則民散",又云"節
　　斂聚民",猶《大學》所云"財聚則民散,財散則民聚"也。下文及標題"衆"
　　皆當改爲"聚"。◎文斌案:吳氏僅據"慢聽厚斂則民散"就論定"衆"爲
　　"聚"之訛,難以服人。民散則寡,民聚則衆。"聚民"强調過程,"衆民"强
　　調結果,"國安民衆"恰恰反映了國君的終極願望,何誤之有?

〔四〕謹聽二句　俞樾云:"儉"乃"歛"字之誤。上云"慢聽厚斂則民散",此云
　　"謹聽節歛,衆民之術也",兩文正相應。◎張純一云:俞說是,今據正。
　　◎文斌案:黃本上方校語云:"'儉'疑當作'歛'。"

晏子使晉晉平公問先君得衆若何
晏子對以如美淵澤第十五[一]

晏子使晉,晉平公饗之文室。既静矣,晏以[二],平公問焉,曰:"昔

吾先君得衆若何〔三〕?"晏子對曰:"君饗寡君〔四〕,施及使臣,御在君側,恐懼不知所以對。"平公曰:"聞子大夫數矣,今迺得見,願終聞之。"晏子對曰:"臣聞:君子如美淵澤,容之,衆人歸之,如魚有依〔五〕,極其游泳之樂〔六〕;若淵澤決竭,其魚動流〔七〕,夫往者維雨乎,不可復已〔八〕。"公又問曰:"請問莊公與今孰賢〔九〕?"晏子曰:"兩君之行不同,臣不敢不知也〔一〇〕。"公曰:"王室之正也,諸侯之專制也,是以欲聞子大夫之言也〔一一〕。"對曰:"先君莊公不安静處,樂節飲食,不好鍾鼓,好兵作武,士與同飢渴寒暑〔一二〕。君之强,過人之量〔一三〕。有一過不能已焉〔一四〕,是以不免于難〔一五〕。今君大宮室,美臺榭,以辟飢渴寒暑〔一六〕,畏禍敬鬼神。君之善,足以没身,不足以及子孫矣〔一七〕。"

〔一〕文斌案:吴懷保本標題作《問先君得衆若何》,列"晉平公"名下。楊本作《晉平公文室問》,凌本作《使晉》。

〔二〕既静二句　孫星衍云:疑有脱誤。◎盧文弨云:"晏以"二字衍。◎顧廣圻云:皆非也,當作"既事,請以燕"。◎俞樾云:"既静矣晏以"五字,文不可通。孫云"疑有脱誤",是也。"静"字疑當作"請",聲近而誤;"晏"當作"宴",聲近形似,且本書多"晏"字,少"宴"字,故誤也。"矣",衍字。"以"字當在"宴"字之上。其原文云:"晏子使晉,晉平公饗之文室(句),既(句),請以宴(句),平公問焉。"蓋饗禮畢後又行宴禮,若昭二十五年《左傳》"宋公享昭子,明日宴"是也。◎黄以周云:"静""竫"古通,《説文》:"'竫',亭安也。""竫",古"停"字。"既竫矣",謂饗事畢。"晏以"當作"以宴",下章"叔向從之宴,相與語"。禮:主君饗賓,親進醴,其禮嚴肅。饗畢又宴,賓辭讓,請用臣禮,上介爲賓。賓爲苟敬,于是語,于是道古。◎吴則虞云:明鈔本旁注云:"疑'晏已'。"《指海》本删"晏以"二字。◎文斌案:俞説是。黄本上方校語云:"'晏以'疑'宴已'。"

〔三〕昔吾句　盧文弨《拾補》改"吾"爲"君",旁注曰:"吾"譌。◎蘇時學云:此晉平公以齊先君爲問也。"吾"下當脱"子之"二字,觀下文晏子之對可證。◎黄以周云:問齊桓公也。"吾"下當有"子"字,下章"吾子之君德行高下如何",文同。◎劉師培《補釋》云:此節平公稱晏子均曰"子大夫","吾先君"者,乃指晉文公言,非問齊之先君也。◎文斌案:晉平公於己先君事跡理應十分熟悉,不必咨詢於他國之臣。蘇説是,劉説非。

〔四〕君饗句　顧廣圻云:此"饗"當作"覜"。◎劉師培《補釋》云:上言"晏子使晉",不言從齊侯如晉;又下言"平公問莊公與今(下脱"君"字)孰賢",則景公不在席甚明。此言"君饗寡君","饗"必誤字,疑本作"君覜寡君",

即上晏子聘吳節"施覜寡人"之"覜"也。"饗""覜"音近,涉上"饗"字而誤。

〔五〕君子四句　吳則虞斷句爲"君子如美,淵澤容之,衆人歸之,如魚有依。"于鬯云:"君子"何以云"如美"?"君子如美"既不辭,又何以"淵澤容之"?二句義尤難解。"美"字必誤,疑本作"雨"。"君子如雨",故云"淵澤容之","淵澤",容雨者也。下文云"夫往者維雨乎",正與"君子如雨"兩"雨"字相照,否則彼"雨"字亦無著矣。又,"淵澤容之""衆人歸之"二句勿並讀,句法雖相似,而義分屬上下。"淵澤容之"與"君子如雨"爲義,"衆人歸之"與"如魚有依"爲義。◎張純一斷爲"君子如美淵澤,容之",注云:"容"上疑脫"無不"二字。◎吳則虞云:"依"者,如《魚藻》"魚在在藻,依于其蒲"之"依"。◎文斌案:《魚藻》見《詩經·小雅》。

〔六〕極其句　劉師培《斠補定本》云:黃本"樂"誤"奈"。◎文斌案:吳勉學本"樂"亦誤作"奈"。黃本上方校語云:"'奈'字及'夫往'句可疑。"

〔七〕若淵二句　孫星衍云:"動流",一本作"流動"。◎張純一云:"若淵澤決竭",言不能容物。喻桓公既没,無繼武者。"其魚動流","動",移動。"流",流走。喻諸侯畔之。◎文斌案:沈本作"流動"。

〔八〕夫往二句　孫星衍云:"不可復已",言雨落不上天。◎于鬯云:"不可復已",承"往"字而言也。"往"者,歸往也。上文云"若淵澤決竭",則失雨矣;又云"其魚動流",則無所歸矣,故曰"夫往者維雨乎,不可復已",猶《孟子》言"孰能禦之"耳。孫星衍《音義》云:"'不可復已',言雨落不上天。"謬甚矣。◎張純一云:喻桓公往矣,不可復見。

〔九〕請問句　王念孫云:"今"下脫"君"字。"今君"見下文。◎蘇時學説同。◎吳則虞云:《指海》本增"君"字。

〔一○〕臣不句　盧文弨云:"敢"下"不"字衍。◎蘇時學説同。◎顧廣圻云:當移"不"字於下句"正"字上。◎吳則虞云:《指海》本刪"不"字。◎文斌案:顧校是。黃本上方校語云:"'不知'之'不'疑衍。"

〔一一〕王室三句　于鬯云:此文殊無謂。上文公問"莊公與今君孰賢"("君"字依王念孫《雜志》補,謂景公也),晏子既對以"兩君之行不同",且曰"不敢不知",則宜接以下文"先君莊公"云云,以伸明其不同之説,何得更有公語雜入其間?且"王室之正,諸侯之專制"於問兩君何涉?語更不可解也。竊謂"公曰""對曰"四字,當爲涉上文而衍,"正"上脫"不"字,"王室之不正"三句,當掇在上文"平公曰"之下、"聞子大夫數矣"之上。上文問"昔君先君得衆"(今本"昔君"作"昔吾",依盧文弨《拾補》改),謂桓公也。晏子言"不知所以對",故平公又有語,其文云"平公曰:'王室之不正也,諸侯之專制也,是以欲聞子大夫之言也。聞子大夫數矣,今迺得見,願終聞之.’晏子對曰”云云。如此,則庶可通。蓋“王室之不正”“諸侯之專制”,謂今日也。以見在昔桓公得衆,能使王室正而諸侯不專制,故急欲聞其所以得衆之説。“是以欲聞子大夫之言也”與“聞子大夫數矣”語亦無不接。姑著於此,以俟學者詳審。◎陶鴻慶云:“王室之正”,當作“王室之不正”,與“諸侯之專制”相對爲文。斯時晉爲盟主,平公因晏子辭不肯對,自知失問,故爲此言以自解耳。“不知”之“不”,即此句之脱文,而校者誤補入上句耳。

〔一二〕先君五句　孫星衍云:“處”“皷”“暑”爲韻。◎顧廣圻云:“士與”當作“與士”。◎張純一《校注》改“士與”爲“與士”,注云:“與士”舊倒,文義不順,今乙。

〔一三〕君之二句　孫星衍云:言强力過人。“强”“量”爲韻。◎張純一云:以上言其長,以下言其短。

〔一四〕有一句　孫星衍云:不容人過也。◎劉師培《補釋》云:上語云“君之彊,過人之量”,孫云“言彊力過人”,則此文“一過”即承上“過人”言,“過”乃踰越之“過”,“有”與“或”同,“有一過不能自已”,猶言彊力偶一踰人即不復能自止也。孫説非。◎張純一云:“過”指通於棠姜,諱言之。見襄二十五年《左傳》。◎文斌案:“過”,過失。張説是。

〔一五〕是以句　張純一云:言爲崔杼所殺。

〔一六〕今君三句　孫星衍云:“榭”“暑”爲韻。◎張純一云:以上言其短,以下言其長。

〔一七〕畏禍四句　孫星衍云:“神”“身”“孫”爲韻。◎趙振鐸云:“神”“身”在真部,“孫”在文部,非韻。

晉平公問齊君德行高下晏子對以小善第十六〔一〕

晏子使於晉,晉平公問曰:“吾子之君德行高下如何?”晏子對以“小善”。公曰:“否,吾非問小善,問子之君德行高下也。”晏子蹵然曰:“諸侯之交,紹而相見,辭之有所隱也。君之命質,臣無所隱——嬰之君無稱焉。”平公蹵然而辭,送,再拜而反,曰:“殆哉吾過〔二〕！誰曰齊君不肖? 直稱之士正在本朝也。”

〔一〕文斌案:吴懷保本標題作“問齊君德行高下”,列“晉平公”名下。楊本作“小善”,凌本作“使晉”。

〔二〕殆哉句 孫星衍云：明己之臣亦且不能隱過，故殆也。

晉叔向問齊國若何
晏子對以齊德衰民歸田氏第十七〔一〕

晏子聘于晉〔二〕，叔向從之宴，相與語。叔向曰：“齊其何如？”晏子對曰〔三〕：“此季世也〔四〕，吾弗知。齊其爲田氏乎〔五〕！”叔向曰：“何謂也？”晏子曰〔六〕：“公棄其民，而歸於田氏〔七〕。齊舊四量：豆、區、釜、鍾〔八〕。四升爲豆，各自其四，以登於釜〔九〕，釜十則鍾〔一〇〕。田氏三量皆登一焉〔一一〕，鍾乃巨矣〔一二〕。以家量貸，以公量收之〔一三〕。山木如市，弗加於山；魚鹽蜃蛤，弗加於海〔一四〕。民參其力〔一五〕，二入於公，而衣食其一〔一六〕。公積朽蠹〔一七〕，而老小凍餒〔一八〕。國都之市〔一九〕，屨賤而踊貴〔二〇〕。民人痛疾〔二一〕，或燠休之〔二二〕。昔者殷人誅殺不當，僇民無時。文王慈惠殷衆〔二三〕，收卹無主〔二四〕，是故天下歸之。無私與〔二五〕，維德之授。今公室驕暴〔二六〕，而田氏慈惠，其愛之如父母〔二七〕，而歸之如流水〔二八〕，無獲民，將焉避〔二九〕？其伯〔三〇〕、直柄、虞遂、伯戲〔三一〕，其相胡公、大姬，已在齊矣〔三二〕。”叔向曰：“雖吾公室，亦季世也〔三三〕。戎馬不駕，卿無軍行〔三四〕，公乘無人，卒列無長〔三五〕，庶民罷弊，宮室滋侈〔三六〕，道殣相望〔三七〕，而女富溢尤〔三八〕。民聞公命〔三九〕，如逃寇讎。欒、郤、胥、原、狐、續、慶、伯，降在皁隸〔四〇〕。政在家門〔四一〕，民無所依，而君日不悛〔四二〕，以樂慆憂〔四三〕。公室之卑，其何日之有〔四四〕！讒鼎之銘曰〔四五〕：‘昧旦丕顯，後世猶怠〔四六〕。’況日不悛〔四七〕，其竜久乎〔四八〕？”晏子曰：“然則子將若何〔四九〕？”叔向曰：“人事畢矣，待天而已矣〔五〇〕！晉之公族盡矣。肸聞之：公室將卑，其宗族枝葉先落，則公從之〔五一〕。肸之宗十一族，維羊舌氏在而已〔五二〕，肸又無子〔五三〕。公室無度，幸而得死〔五四〕，豈其獲祀焉〔五五〕！”

〔一〕文斌案：吳懷保本標題作“問齊國”，以下十一章均列“晉叔向”名下。楊本作“叔向宴語”，凌本作“聘晉”。

〔二〕晏子句 孫星衍云：《左傳·昭三年》：“齊侯使晏嬰請繼室于晉。”◎張純一《校注》改作“使于晉”，注云：“使”從元刻，明本、孫本俱作“聘”。◎吳則虞云：元刻本、活字本、嘉靖本、吳刻本皆無作“使”者，張校誤。◎王叔岷云：黄之寀本“使”亦作“聘”，明本作“使”，張氏失檢。《子彙》本亦作“使”。◎文斌案：各本均作“聘”，張、王二氏失檢。

〔三〕晏子句　張純一云：《左傳》無“對”字。◎文斌案：《長短經·反經》注、《文選·西征賦》《勸進表》注引《左傳》均無“對”字。黄本無“晏子”二字。

〔四〕此季句　張純一云：《文選·西征賦》《勸進表》兩注引《左傳》文同。◎吳則虞云：《長短經·反經》注引無“也”字。

〔五〕齊其句　孫星衍云：“田氏”，《左傳》作“陳氏”。◎張純一云：《左傳》“乎”作“矣”。“田”“陳”同。杜注：“不知其他，唯知齊將爲陳氏。”《釋文》：“吾弗知，絕句。”◎吳則虞云：《長短經》同，又“乎”均作“矣”。

〔六〕叔向三句　吳則虞云：《左傳》《長短經》均無此九字。◎文斌案：黄本“晏子曰”後衍“子曰”二字。

〔七〕公棄二句　張純一云：杜注：“棄民不恤。”◎吳則虞云：《左傳》“田”作“陳”。《長短經》“民”避唐諱作“人”，“田”亦作“陳”。

〔八〕鍾　文斌案：元刻本、活字本、《子彙》本、沈本、吳勉學本、綿眇閣本、楊本、凌本均作“鐘”，黄本、孫本、吳鼒本作“鍾”，《左傳·昭公三年》《長短經》亦作“鍾”。嘉靖本、吳懷保本“鍾”“鐘”雜用。

〔九〕四升三句　蘇輿云：《左傳》杜預注云：“四‘豆’爲‘區’，‘區’，斗六升；四‘區’爲‘釜’，‘釜’，六斗四升。‘登’，成也。”◎楊伯峻《春秋左傳注》（下僅出撰人姓名）云：疑“登”即“升”，由小量升至大量也。“自”，用也。以“升”至“釜”，各用四倍。

〔一○〕釜十句　張純一云：“鍾”，杜注：“六斛四斗。”案《文選·（任彦昇）奏彈劉整》注引此句及注。◎吳則虞云：《考工記》注：“四‘升’爲‘豆’，四‘豆’曰‘區’，四‘區’曰‘鬴’，‘鬴’十曰‘鍾’。”《廣雅》同。《韓非子·外儲説》：“晏子對景公曰：‘田成氏甚得齊民，其於民也，上之請爵禄行諸大臣，下之私大斗斛區釜以出貸，小斗斛區釜以收之，分斗斛區釜爲四量。’”又見本書。◎楊伯峻云：“鬴”即“釜”，古同音。◎文斌案：吳氏所引《韓非子》見《外儲説右上》，但引文不確。原作：“晏子對曰：‘夫田成氏甚得齊民，其於民也，上之請爵禄行諸大臣，下之私大斗斛區釜以出貸，小斗斛區釜以收之。’”無“分斗斛區釜爲四量”句。

〔一一〕田氏句　蘇輿云：“三量”，豆、區、釜。《左傳》杜預注云：“‘登’，加也。‘加一’，謂加舊量之一也，以五斗爲豆，五豆爲區，五區爲釜，則區二斗，釜八斗，鍾八斛也。”◎文斌案：杜注原作“以五升爲豆”，蘇氏引“升”作“斗”，失檢。齊國舊量本四升爲豆，四豆爲區，四區爲釜，十釜爲鍾。田氏於豆、區、釜三量各登一焉，則五升爲豆，五豆爲區，五區爲釜，十釜爲鍾。以此計算，則區爲二十五升，釜爲百二十五升，鍾爲千二百五十升。“斗”“斛”爲秦與三晉的計量單位，十升爲斗，十斗爲斛。以此核之，則區爲二斗五升，釜爲一斛二斗五升，鍾爲十二斛五斗。杜注似誤。

〔一二〕鍾乃句　蘇輿云：“巨”，《左傳》作“大”。◎吳則虞云：《長短經》亦作“大”。

〔一三〕以家二句　張純一云：《左傳》“以公”上有“而”字。杜注：“貸厚而收薄。”◎吳則虞云：《長短經》無“量”字，非。◎文斌案：《長短經》亦有“而”字。

〔一四〕山木四句　張純一云：杜注：“賈如在山、海，不加貴。”《正義》曰：“‘如’訓‘往’也，言將山木往至市也。”於木既言“如市”，魚鹽蜃蛤亦“如市”可知，蒙上文也。

〔一五〕民參句　文斌案：“參”，吳懷保本、黃本同，元刻本、活字本、嘉靖本作“糸”，即“參”，《子彙》本、沈本、吳勉學本、綿眇閣本、凌本作“叄”，楊本作“三”。

〔一六〕二人二句　張純一云：杜注：“言公重賦斂。”◎吳則虞云：《長短經》無“人”字。◎文斌案：《長短經》“民”作“人”。

〔一七〕公積句　孫星衍云：“積”，《左傳》作“聚”。◎吳則虞云：《長短經》亦作“聚”。

〔一八〕而老句　“老小”，孫本作“老少”，《音義》云：“老少”，《左傳》作“三老”。◎吳則虞云：《長短經》亦作“三老”。◎王叔岷云：黃之寀本“小”作“少”。◎文斌案：吳勉學本亦作“少”。

〔一九〕國都句　孫星衍云：“國都之市”，《左傳》作“國之諸市”，非。◎王念孫云：《晏子》本作“國之都市”。“都”“諸”古字通，“都市”，即“諸市”也。國中之市非一，故曰“諸市”。後人不知“都”爲“諸”之借字，而誤以爲“都邑”之“都”，故改爲“國都之市”。不知古所謂“國”，即今所謂“都”也（《吳語》注：“‘都’，國也。”《呂氏春秋·明理篇》注：“‘國’，都也。”經傳皆謂“都中”爲“國中”）。既言“國”而又言“都”，則贅矣。乃淵如反以爲是，而以《左氏》爲非，不過欲抑《左氏》以尊《晏子春秋》耳。不知所尊者乃俗改之本，非原本也。◎吳則虞云：《長短經》與《左傳》合。《指海》本已改作“國之都市”。◎文斌案：黃本“國”誤作“同”。

〔二〇〕屨賤句　劉師培《斠補定本》云：黃本“屨”作“履”，希麟《續一切經音義》十亦作“履”，《廣韻·二腫》引作“屨”。◎張純一云：《左傳》無“而”字。杜注：“‘踊’，刖足者屨，言刖多。”◎吳則虞云：《廣韻》：“‘踊’，刖者以之接足。”綿眇閣本無“而”字。◎文斌案：“屨”，沈本、黃本作“履”。《長短經》亦無“而”字。

〔二一〕民人句　吳則虞云：《長短經》作“人多疾病”。

〔二二〕或燠句　盧文弨云：“燠休”讀爲“嫗煦”。◎吳則虞云：《左傳》及《長短經》“或”上有“而”字，杜注：“痛念之聲也。”服虔云：“‘燠休’，痛其痛而念之，若今時小兒痛，父母以口就之曰‘燠休’，代其痛也。”◎楊伯峻云：《釋文》引賈逵云：“‘燠’，厚也。”“休”，賜也，見楊樹達先生《積微居金文説》。此謂陳氏于民人之痛苦，因厚賜之。杜注、服説皆不確。◎徐仁甫云：“或”猶“又”也，訓見《經傳釋詞》。言民人痛疾，田氏又燠休之也。《左傳》杜注：“‘燠休’，痛念之聲，謂陳氏也。”陳氏即田氏，杜説是。

〔二三〕昔者三句　孫星衍云：自“昔者”至“慈惠”，《左傳》所無。◎吳則虞云：《長短經》亦無。◎王叔岷云：黃之寀本“殷”作“服”。

〔二四〕收卹句　文斌案：黃本上方校語云：“‘主’字可疑。”

〔二五〕無私句　王念孫云：以上下文考之，則“無私與”上當有“民”字，而今本脱之。◎劉如瑛云：“無私與”前當脱“天”字。“之”“天”二字草書相似，抄者僅書“之”而遺“天”字，致脱。《書·蔡仲之命》：“皇天無親，惟德是輔；民心無常，惟惠之懷。”《離騷》：“皇天無私阿兮，覽民德焉錯輔。”古代君位，托之天授。本章下文“待天而已矣”，亦歸於天命。王念孫謂“無私與”上當有“民”字，未當。君位民授，晏嬰並無此論。◎文斌案：劉説是。黃本上方校語云：“‘無’上疑脱‘天’字。”

〔二六〕今公句　文斌案：沈本“公室”誤作“宮室”，下同。

〔二七〕其愛句　張純一云：“其”指民言。◎文斌案：元刻本、活字本、嘉靖本、吳懷保本“之”誤作“人”。

〔二八〕而歸句　吳則虞云：《長短經》無“而”字。

〔二九〕而田諸句　孫星衍云：“惠”“母”“水”“避”爲韻。◎趙振鐸云：“惠”在質部，“母”在之部，“水”在微部，“避”在錫部，非韻。◎蘇輿云：“無獲民，將焉避”文義不明，當依《左傳》“無”上增“欲”字。◎張純一《校注》改原文作“欲無獲民，將焉避之”，注云：舊脱“欲”字、“之”字，據《左傳》補。◎吳則虞云：《左傳》《長短經》“避”下有“之”字；綿眇閣本亦有“欲”字，當據補。◎文斌案：黃本上方校語云：“‘無’上當有‘欲’字。”綿眇閣本作“欲無獲民，將焉避之”。

〔三〇〕其　文斌案：元刻本、活字本、嘉靖本、吳懷保本作“其”，《子彙》本、沈本、吳勉學本、黃本、綿眇閣本、楊本、凌本、孫本作“箕”。《子彙》本、凌本“箕”“伯”閒空一格。

〔三一〕其伯、直柄、虞遂、伯戲　張純一云：杜注：“四人皆舜後，陳氏之先。”◎吳則虞云：《左·昭八年傳》：“實德於遂，遂世守之，及胡公不淫。”似即虞遂。

〔三二〕其相二句　劉師培《斠補定本》云:《左傳》同。疏引定本"相"作"祖"。
◎張純一云:杜注:"'胡公',四人之後,周始封陳之祖。'太姬',其妃
也。言陳氏雖爲人臣,然將有國,其先祖鬼神已與胡公共在齊。"《正
義》"相"訓爲"助",言箕伯四人其皆助胡公、太姬,神靈已在齊矣。
◎文斌案:杜注作"大姬"。孫本"大"作"太"。

〔三三〕叔向三句　劉師培《斠補定本》云:黄本疊"公"字,挩"亦"字。◎吳則
虞云:《左傳》"曰"下有"然"字,"亦"上有"今"字。

〔三四〕戎馬二句　張純一云:杜注:"言晉衰弱,不能征討救諸侯。"◎文斌案:
元刻本、活字本、嘉靖本"戎馬"二字誤作"鳶"字,吳懷保本誤作
"鷙"字。

〔三五〕公乘二句　張純一云:杜注:"百人爲卒。言人皆非其人、非其長。"

〔三六〕庶民二句　張純一云:"罷"同"疲"。杜注:"'滋',益也。"◎吳則虞云:
《左傳》"獘"作"敝"。"宫"上有"而"字,當據補。◎文斌案:孫本
"弊"作"獘"。

〔三七〕殣　張純一云:杜注:"餓死爲殣。"

〔三八〕而女句　于省吾云:《左·昭三年傳》:"而女富溢尤。"注:"'女',嬖寵
之家。"按"女"讀爲"婦女"之"女",殊誤。"女""如"古同字。《師艅
尊》:"王女上侯。"《𤔲尊》:"𤔲從王女南。""女"即"如"。魏《三體石
經·春秋》:"如"字亦作"女"。均其例證。《諫上》第八:"民愁苦約病,
而姦驅(乃"匿"之譌)尤佚。"王念孫謂:"'尤',過也,甚也。'尤佚'即
'溢尤'。"按王説是也。"溢"乃"益"之後起字,"溢尤"即"益尤",猶言
"益甚"。此言"道殣相望而如富益尤",乃承上文"雖吾公室亦季世也"
爲言,謂道殣相望,民窮極矣,而公室則如富益甚也。言公室亦因奢侈
而空虚,非真富也。◎文斌案:《左傳》杜注"'女',嬖寵之家"更切
文義。

〔三九〕民聞句　文斌案:楊本脱"公"字。

〔四〇〕欒郤二句　孫本"狐"作"孤",《音義》云:"孤",《左傳》作"狐",是。
《潛夫論》:"'狐氏',晉姬姓也。"◎蘇輿云:《拾補》作"狐續",旁注
"孤續"二字,是盧見本"續"並譌"績",此尚不誤。◎張純一云:杜注:
"八姓,晉舊臣之族也。'皂隸',賤官。"◎吳則虞云:《指海》本已改作
"狐"。◎田宗堯云:吳勉學本、日刊黄之寀本、明活字本、《子彙》本、
《指海》本"狐"字並誤"孤"。《左傳》作"狐"。《通志·氏族略》:"狐
氏,姬姓。"◎文斌案:元刻本、活字本、吳懷保本"胥"作"晉"、"狐"作
"孤"。嘉靖本"胥"亦作"晉"。《子彙》本、沈本、吳勉學本、黄本、凌本

“狐”誤作“孤”，吳勉學本“續”並誤作“績”。

〔四一〕政在句　張純一云：杜注：“大夫專政。”

〔四二〕而君句　張純一云：杜注：“‘悛’，改也。”◎吳則虞云：《左傳》無“而”字。

〔四三〕以樂句　孫星衍云：《説文》：“‘慆’，説也。”“説憂”即“樂憂”。杜預注“藏”，非。一説：《詩》“日月其慆”，《傳》：“‘慆’，過也。”言樂過當憂。◎張純一云：杜注：“‘慆’，藏也。”《正義》曰：“劉炫云：‘“慆”，慢也。好音樂而慢易憂患也。杜以“慆”爲“藏”，當讀如“弓韜”之“韜”，言以音樂樂身，埋藏憂愁於樂中。’”◎于省吾云：孫前説是也，“慆”訓“説”，乃“愉”之借字，从“舀”从“俞”古字通，詳《詩經新證·蟋蟀篇》。“愉憂”猶《楚辭·懷沙》“舒憂娱哀”之“娱”。

〔四四〕戎馬諸句　孫星衍云：“行”“長”“望”，“檠”“侈”，“尤”“讎”，“隸”“依”，“憂”“有”爲韻。◎趙振鐸云：“行”“長”“望”同在陽部，可以爲韻。“檠”在月部，“侈”在歌部；“尤”在之部，“讎”在幽部；“隸”在月部，“依”在微部；“憂”在幽部，“有”在之部，皆非韻。

〔四五〕讒鼎句　孫星衍云：《韓非·説林》：“齊伐魯，索讒鼎，魯以其鴈往。”◎張純一云：杜注：“‘讒’，鼎名也。”《釋文》：“服云：‘疾讒之鼎也。’”

〔四六〕昧旦二句　張純一云：杜注：“‘昧旦’，早起也。‘丕’，大也。言夙夜以務大顯，後世猶解怠。”◎文斌案：杜注原作“夙興”，張氏引作“夙夜”，失檢。

〔四七〕況日句　吳則虞云：元刻本、活字本“況日”二字作“曰”字，綿眇閣本作“況日”。◎文斌案：嘉靖本、吳懷保本“況日”二字亦作“曰”。

〔四八〕其竜句　孫星衍云：“竜”不成字。《序》云“‘章’爲‘長’”，疑即爲此，則作“長久”也。《左傳》作“能”。◎劉師培《斠補定本》云：黄本“竜”誤“龍”。◎張純一云：《左傳》是。◎金其源云：《内篇·問下》“況日不悛，其竜久乎”與《左傳·昭公三年》作“其能久乎”有“能”“竜”之不同。按，《集韻》：“‘龍’，古作‘竜’。”“龍”之與“能”似不類矣。然《廣韻》：“‘龍’，通也。”《莊子·齊物論》：“‘通也’者，得也。”《荀子·正名》：“能有所合謂之‘能’。”《韻會》：“與人契合曰‘相得’。”故“不相得”猶“不相能”，則“能”猶“得”也。“龍”之轉訓爲“得”，“其龍”即“其得”，猶“其能”也。◎吳則虞云：“竜”爲“龍”之俗，實爲“能”字之譌。蘇榮宫鐙之“龍”字作𥪎，鍾龍高印“龍”字作𥪐，與修能印信之“能”（𦡳）及夏銅鼓之“龍”（𦡲）形近，故“龍”“能”因而致訛。“龍”俗作𥪍（“專龍”之“龍”即如此），博洽若孫星衍、劉師培且不識矣。此皆漢人書寫之誤也。◎田宗堯云：吳勉學本、明活字本、《子彙》

本、《指海》本"竜"字並同。《集韻》："'龍',古作'竜'。"孫云"'竜'不
成字",失考。此文"竜"疑爲"奄"字之誤。《詩·周頌·臣工》："奄觀
銍艾。"《傳》："'奄',久也。"◎文斌案：綿眇閣本"竜"作"能"。黃本
誤作"龍",上方校語云："'龍'疑'能'字。"吳説當是。

〔四九〕然則句　張純一云：杜注："問何以免此難。"◎吳則虞云：《左傳》無
"然則"二字。

〔五〇〕人事二句　張純一云：此二句《左傳》無。

〔五一〕則公句　楊伯峻《春秋左傳注》"公"下增"室"字,注云：原無"室"字,
于文于義當有,今依金澤文庫本增。

〔五二〕胖之二句　張純一云：杜注："同祖爲宗。"《正義》曰："《世族譜》云：
'"羊舌氏",晉之公族也。"羊舌",其所食邑名。'唯言晉之公族,不知
出何公也。杜云'同祖爲宗',謂同出一公有十一族也。《譜》又云：'或
曰：羊舌氏姓李名果。有人盜羊而遺其頭,不敢不受,而埋之。後盜羊
事發,辭連李氏。李氏掘羊頭示之,以明己不食。唯識其舌存得免,號
曰"羊舌氏"。'杜言'或曰',蓋舊有此説,杜所不從,記異聞耳。"

〔五三〕無子　張純一云：杜注："無賢子。"

〔五四〕幸而得死　張純一云：杜注："言得以壽終爲幸。"

〔五五〕豈其句　張純一云：《左傳》無"焉"字。◎徐仁甫："其"猶"期"也,言
豈期獲祀乎? 杜注："言必不得祀。""必",即期必。◎孫星衍云："死"
"祀"爲韻。◎趙振鐸云："死"在脂部,"祀"在之部,非韻。

叔向問齊德衰子若何
晏子對以進不失忠退不失行第十八〔一〕

　　叔向問晏子曰："齊國之德衰矣〔二〕,今子何若?"晏子對曰："嬰
聞：事明君者,竭心力以没其身,行不逮則退,不以誣持禄；事惰君者,
優游其身以没其世,力不能則去〔三〕,不以諛持危。且嬰聞：君子之事
君也,進不失忠,退不失行。不苟合以隱忠,可謂不失忠；不持利以傷
廉,可謂不失行。"叔向曰："善哉!《詩》有之曰：'進退維谷〔四〕。'其此
之謂歟!"

〔一〕文斌案：元刻本、活字本、嘉靖本目録"忠""退"二字誤倒。吳懷保本標題
　　作"問何以待衰齊",楊本作"齊德衰",凌本作"齊國"。

〔二〕齊國句　蘇輿云:“德”,《音義》作“治”,云:“一本作‘德’。”據標題,作
　　“治”非是。◎劉師培《斠補定本》云:黄本“德”作“治”。◎吳則虞云:
　　吳勉學本亦作“治”。

〔三〕能　張純一云:《廣雅·釋詁二》:“‘能’,任也。”

〔四〕進退句　孫星衍云:《大雅·桑柔》之篇。《詩傳》:“‘谷’,窮也。”“谷”與
　　“鞠”音相近,故云“窮”。◎蘇輿云:孫説非。此與《韓詩外傳》“其君聞
　　之曰‘君子哉!安之命矣。《詩》曰:“人亦有言,進退維谷。”石先生之謂
　　也’”所引《詩》同一義,並是贊辭,無訓“窮”理。蓋“谷”即“穀”叚字,當
　　訓爲“善”。此云“進退維善”者,即贊上所謂“進不失忠,退不失行”之語
　　也。且明云“善哉”,“善”字即顯訓“谷”字。若訓爲“窮”,失立言之恉矣。
　　《傳》見《詩》上有“不胥以穀”之“穀”,故訓此“谷”爲“窮”,不知詩人原以
　　二“穀”近在一處,故改一叚借之“穀”字代之,猶《小雅》“褒姒威之”嫌二
　　“滅”相竝,改“威”代“滅”也(此近世阮氏元已言之,詳見《揅經室集》)。
　　孫不以此訂《傳》之誤,而反引《傳》以釋此,坐未審耳。◎張純一:蘇説
　　“谷”訓“善”,是。而引《韓詩》作“其君聞之曰”,斷上句“其君”屬下讀,
　　又删“者”字,並謬。今正。◎胡承珙《毛詩后箋》云:《詩》曰“進退維
　　谷”,此與石他事略同。然既云“行不兩全,名不兩立”,則所引“進退維
　　谷”必是謂進退兩窮,未可謂進退皆善也。◎吳則虞云:胡説是也。《毛
　　詩》:“‘谷’,窮。”窮而善也。此叔向問晏子齊德之衰,德衰則爲臣下者處
　　境最窮,叔向引《詩》正贊此義。孫氏引《傳》爲釋,不爲誤。◎文斌案:張
　　校是。蘇引《韓詩外傳》見卷六第十二章,原作:“乃進盟以免父母,退伏
　　劍以死其君,聞之者曰……”

叔向問正士邪人之行如何
晏子對以使下順逆第十九〔一〕

叔向問晏子曰:“正士之義、邪人之行何如?”晏子對曰:“正士處
勢臨衆不阿私,行於國足養而不忘故〔二〕;通則事上使卹其下,窮則教
下使順其上;事君盡禮行忠,不正爵禄〔三〕,不用則去而不議;其交友
也,論身義行〔四〕,不爲苟戚〔五〕,不同則疏而不悱〔六〕;不毁進於君,不以
刻民尊於國〔七〕。故用於上則民安,行於下則君尊。故得衆上不疑其
身,用于君不悖於行。是以進不喪亡〔八〕,退不危身。此正士之行也。
邪人則不然:用於上則虐民,行于下則逆上;事君苟進不道忠,交友苟

合不道行[九];持諛巧以正禄[一〇],比姦邪以厚養;矜爵禄以臨人,夸體貌以華世[一一];不任於上則輕議,不篤于友則好誹。故用於上則民憂,行于下則君危[一二]。是以其事君近於罪[一三],其交友近於患[一四],其得上辟于辱[一五],其爲生債于刑[一六]。故用于上則誅,行于下則弑[一七]。是故交通則辱,生患則危[一八]。此邪人之行也。"

〔一〕文斌案:元刻本、活字本標題"邪人"二字誤倒。吳懷保本標題作"問正士邪人之行",楊本作"正士邪人",凌本作"正士"。

〔二〕正士二句 黃以周云:當作"處勢臨衆而不阿私,行國足養而不忘故"。◎蘇輿云:黃説非。"行國"不詞,"行"字當上屬爲句。"于"猶"爲"也。《詩·定之方中》"作于楚宫","作于楚室",張載注《魏都賦》引二"于"字並作"爲"。《士冠禮》:"宜之于假。"鄭注:"'于'猶'爲'也。"《聘禮·記》:"賄,在聘于賄。"注:"'于'讀曰'爲'。"是"于""爲"同字,"于國"猶言"爲國"。◎張純一從黃説改正文作"處勢臨衆而不阿私,行國足養而不忘故",注云:舊"衆"下脱"而"字,"行"下衍"于"字,從黃校增删。《詩·衛風·園有桃篇》:"心之憂矣,聊以行國。"《箋》云:"聊出行于國中,觀民事以寫憂。""行國"二字有徵,"行國足養"就窮時言,與"處勢臨衆"對文。"故",舊典也。◎吳則虞云:楊本、凌本皆自"忘"字截讀。◎文斌案:沈本"勢"作"執"。

〔三〕事君二句 王念孫云:"不正爵禄"義不可通。"正"當爲"匄",《廣雅》曰:"'匄',求也。"謂以禮與忠事君,而不求爵禄也。下文"持諛巧以正禄","正"亦當爲"匄",謂持諛巧之術以求禄也。俗書"匄"字作"丐",與"正"相似而誤(襄三十一年《左傳》,《釋文》:"'丐',本或作'正'。"昭六年,《釋文》:"古本'士丐'或作'王正'。"《管子·輕重甲篇》:"民食三升,則鄉有丐食而盗。"今本"丐"誤作"正")。◎黃以周云:顧云:"當作'其事君也,盡禮道忠,不爲苟禄'。"◎張純一《校注》改正文爲"其事君也,盡禮行忠,不爲苟禄",云:顧説是。"其事君也"與"其交友也"對文,"不爲苟禄"與"不爲苟戚"對文,今並據以補正。惟"盡禮行忠"文義自明,不必破"行"作"道"耳。◎吳則虞云:"不正"猶"不必"也。《公羊·僖二十六年傳》:"師出不正反,戰不正勝也。"言不必反,不必勝也。《穀梁傳》"不正"作"不必",是其證。此云事君盡禮,而不必爲爵禄。◎文斌案:黃氏所引見顧廣圻《重刻晏子春秋後序》,顧校是。

〔四〕論身句 孫星衍云:"義",疑當爲"議"。◎蘇輿云:"義行"疑當作"行義",與上"行忠"相對爲文。◎黃以周云:顧云:"當作'論義道行'。"

◎劉師培《補釋》云:"論"當作"諭",顧説是也。"身"爲"信"字之假,《周禮·大宗伯》:"侯執信圭。"鄭注謂:"'信圭',象人形爲瑑飾。"則假"信"爲"身"。此文假"身"爲"信",猶彼之假"信"爲"身"也。"義行"當倒文作"行義","諭信行義"與上"盡禮行忠"對文,下文"不道行"疑亦"不道義"之訛。◎張純一《校注》改正文爲"諭身行義",注云:劉説是,今據正乙。◎劉如瑛云:"論"字不誤。"論",明。《吕氏春秋·適音》:"故先王必托於音樂,以論其教。"《尊師》:"説義必稱師以論道。"高誘注並云:"'論',明。"又,《荀子·正名》:"辭也者,兼異實之名以論一意也。""論"之義同。王念孫謂《正名》此句之"論"當爲"諭",解"諭"爲"明也",不知"論"亦有明義。顧廣圻、劉師培皆以"論身義行"之"論"當作"諭",實不煩改字。◎文斌案:黄氏所引見顧廣圻《後序》。

〔五〕戚　張純一云:"戚",親也。

〔六〕悱　黄以周云:"悱",當從下文作"誹"。◎文斌案:顧廣圻《後序》正校爲"誹"。

〔七〕不毀二句　劉師培《補釋》云:此二語對文,上語"不"下當有"以"字,"毀"下亦挩一字。◎張純一云:"不毀進于君"句脱二字,文不成義。綜上文觀之,當作"不以毀行進于君",與"不以刻民尊于國"對文。"毀行",如《問上》廿一章"求君偪邇而陰爲之與"是。

〔八〕是以句　王念孫云:"進不喪亡"文不成義,"亡"當爲"己",字之誤也(《管子·法禁篇》:"舉國之士,以爲己黨。"又曰:"壹士以爲己資,備田以爲己本。"今本"己"字並誤作"亡")。"喪己",失己也,"失己"與"危身"對文。下文"交通則辱,生患則危"("辱"謂喪己,"危"謂危身)正與此相反。◎吴則虞云:《指海》本改作"己"。

〔九〕事君二句　吴則虞云:此處當作"事君苟進不行忠,交友苟合不行義",與上文相對。古"道"作"衜","行"訛爲"衜",又訛爲"道"。下句"行"當作"義",見前劉師培説。◎文斌案:依顧校,前文作"其事君也,盡禮道忠,不爲苟禄","其交友也,諭義道行,不爲苟戚",則此處"不道忠""不道行"與上正合,不必改字。

〔一〇〕持誐句　劉師培《斠補定本》云:黄本"巧"作"行"。

〔一一〕夸體句　孫星衍云:一本脱"華"字,非。◎吴則虞云:黄本、吴勉學本無"世"字。◎文斌案:吴勉學本、黄本、孫本"體"作"禮"。黄本上方校語云:"'華'下恐脱'世'字。"

〔一二〕不任四句　孫星衍云:"議""誹""憂""危"爲韻。◎趙振鐸云:"議"在歌部,"誹""危"在微部,"憂"在幽部,非韻。

〔一三〕是以句　張純一云:禍國殃民。

〔一四〕其交句　張純一云：如靳尚於屈原、李斯於韓非之類。

〔一五〕其得句　張純一云：偏于奴顏婢膝。◎吳則虞云：“辱”，《管子·侈靡篇》注：“逆也。”“得上則辱”，即上文之“行于下則逆”；下文“行于下則弒”，“交通則辱”也。◎文斌案：張說近是。“辟”，通“譬”。《荀子·王霸》：“辟之是猶立直木而求其景之枉也。”“辟于辱”，近於受辱。

〔一六〕其爲句　張純一云：瞽不畏死。◎吳則虞云：“其爲生”之“生”字，疑“士”字之誤。“僨于刑”，即上文“用于上則虐民”；下文“用于上則誅”，“生患則危”也。◎文斌案：“爲生”，治理民事。“僨”，緊張、興奮。《左傳·僖公十五年》：“張脈僨興，外強中乾，進退不可，周旋不能。”“僨于刑”，樂於施刑。

〔一七〕故用二句　張純一云：此二句與“故用於上則民憂，行于下則君危”義鄰於復。◎文斌案：黃本上方校語云：“‘弒’疑‘殺’字。”

〔一八〕是故二句　張純一云：此二句與“其得上辟于辱，其爲生僨于刑”義近於復。

叔向問事君徒處之義奚如
晏子對以大賢無擇第二十〔一〕

　　叔向問晏子曰：“事君之倫、徒處之義奚如?”晏子對曰：“事君之倫：知慮足以安國，譽厚足以導民〔二〕，和柔足以懷衆，不廉上以爲名，不倍民以爲行〔三〕，上也；潔于治己，不飾過以求先，不讒諛以求進，不阿久私〔四〕，不誣所能，次也；盡力守職不怠〔五〕，奉官從上不敢隋〔六〕，畏上故不苟，忌罪故不辟，下也。三者，事君之倫也。及夫大賢，則徒處與有事無擇也，隨時宜者也。有所謂君子者，能不足以補上，退處不順上，治唐園〔七〕，考菲履〔八〕，共恤上令〔九〕，弟長鄉里〔一〇〕，不夸言，不愧行〔一一〕，君子也。不以上爲本，不以民爲憂，內不恤其家，外不顧其身游〔一二〕，夸言愧行〔一三〕，自勤于飢寒〔一四〕，不及醜儕〔一五〕，命之曰‘狂僻之民’〔一六〕，明上之所禁也〔一七〕。進也不能及上〔一八〕，退也不能徒處，作窮于富利之門，畢志于畎畝之業〔一九〕，窮通行無常，處之慮佚于心〔二〇〕，利通不能，窮業不成〔二一〕，命之曰‘處封之民’〔二二〕，明上之所誅也〔二三〕。有智不足以補君〔二四〕，有能不足以勞民，俞身徒處〔二五〕，謂之‘傲上’。苟進不擇所道，苟得不知所惡〔二六〕，謂之‘亂賊’。身無以與君,能無以勞民,飾徒處之義,揚輕上之名,謂之‘亂國’〔二七〕。明君在上,三者不免罪〔二八〕。”叔向曰:“賢不肖,性夫! 吾每有問,而未嘗自得也〔二九〕。”

〔一〕文斌案:吳懷保本標題作“問事君”,楊本作“事君徒處”,凌本作“事君”。吳勉學本誤連上章。《子彙》本、凌本章後附《外篇第七》第十八章文。

〔二〕知慮二句　張純一云:“知”讀若“智”。“慮”,《説文》:“謀思也。”“譽厚足以導民”,仁聲入人心深。◎于省吾云:“譽厚”不詞。上云“知慮足以安國”,下云“和柔足以懷衆”,是“知”與“慮”,“和”與“柔”均平列。“譽”“與”字通,古籍習見。“與”,親與也,“與厚”義相因。此言親厚足以導民也。◎吳則虞云:“知慮”“和柔”皆兩字並列,“譽厚”疑“舉盾”形近而誤,“譽厚”與“導民”義亦不貫。◎文斌案:吳説近是。

〔三〕不廉二句　孫星衍云:“名”“行”爲韻。◎趙振鐸云:“名”在耕部,“行”在陽部,非韻。◎張純一云:“倍”“背”同。

〔四〕不阿句　孫本“久”作“以”,《音義》云:“以”,一本作“久”,非。◎王念孫云:“以”當作“所”,與下句文同一例。言於人則不阿所私,於己則不誣所能也。作“久”作“以”,皆於文義不合。◎黄以周云:“以”,元刻作“久”。◎于省吾云:明活字本作“久”,“以”“久”“所”三字形殊,無緣致誤。後人不解“久”字而改爲“以”,亦猶王氏之改爲“所”也。“久”即古“禾”字,金文“禾”字作“久”,秦權“久”字作“久”。“久”“禾”古本同字,後世岐而二之。“禾”今通作“厥”,此古字之僅存者,詳《墨子新證·經上》。“不阿厥私”,言不阿其私也,與“不誣所能”正相對爲文。◎張純一云:王説是,當據改。◎吳則虞云:元本、黄本、凌本作“久”,吳懷保本作“以”。“久私”義亦通,“久”爲故舊,“私”謂私好也。◎文斌案:王説是。吳懷保本、楊本、孫本作“以”,餘均作“久”。黄本上方校語云:“‘久私’疑誤。”

〔五〕盡力句　劉師培《斠補定本》引戴校云:“不”下當有“敢”字。◎文斌案:戴校是。本句與下句“奉官從上不敢隋”爲對句。

〔六〕隋　孫星衍云:“隋”同“惰”。◎張純一《校注》改“隋”爲“惰”,注云:“惰”從元刻。◎王叔岷云:元刻亦作“隋”,張氏失檢。◎文斌案:張、王校均非。嘉靖本、沈本、黄本、楊本、孫本、吳鼐本作“隋”,元刻本、活字本、《子彙》本、吳懷保本、吳勉學本、綿眇閣本、凌本作“陏”。此與上句,凌本、張純一《校注》斷爲:“盡力守職(句),不怠奉官(句),從上不敢隋(句)。”非。楊本斷爲:“盡力守職不怠(句),奉官從上不敢隋(句)。”

〔七〕唐　孫星衍云："古'塘'字作'唐'。"◎于省吾云："孫説誤矣。'唐''場'古字通，'唐園'即'場園'。《吕氏春秋·尊師》：'治唐圃。'王念孫謂："'唐'即'場'之假借。"是也。

〔八〕考菲句　孫星衍云：《爾雅·釋草》："'菲'，芴。"郭璞注："即土瓜也。""考"之言"成"。◎盧文弨云：《吕氏春秋·尊師篇》："治唐圃，織菲屨。""菲"，枲也，舊本譌作"葩"。此云"菲"，當與"扉"同。◎俞樾云：《詩·山有樞篇》，《毛傳》曰："'考'，擊也。"《廣雅·釋詁》文同。此"考"字亦當訓"擊"。《孟子·滕文公篇》"梱屨"，趙注曰："'梱'，猶叩椓也。"然則"考屨"與"梱屨"同義。孫氏訓"考"爲"成"，猶未得也。◎黄以周云："唐園"者，蓺麻枲之園也。《管子·輕重甲篇》："北郭者，盡屨縷之甿也，以唐園爲本利，請以令禁百鍾之家，不得事鞔；千鍾之家，不得爲唐園。"《吕覽·尊師篇》："治唐圃，織菲屨。""菲""菲"聲近。"菲"，枲屬，今本作"葩"字，譌。"菲"，又通"扉"。《曲禮》鄭注云："'鞮'，無絢之菲也。"《方言》："'扉屨'，麤屨也。"

〔九〕共恤句　劉師培《補釋》云："共"與"恭"同，猶言"敬恤上令"也。◎張純一云："共"讀若"恭"。"恤"，安也。《漢書·韋元成傳》集注："言恭安上令，不敢相犯。"◎于省吾云："共""恭"古字通，金文作"龏"。"恤"，慎也。"共恤"即"敬慎"。

〔一〇〕弟　文斌案：元刻本、活字本、嘉靖本、沈本、吴懷保本作"第"。

〔一一〕愧行　孫星衍云："愧"當爲"傀"，《説文》："偉也。"◎盧文弨云：《荀子·非十二子篇》楊倞注引下句作"傀行"，則此句亦當同。◎蘇輿云："愧""傀"形聲並近，疑叚字也。《周禮·大司樂》："大傀異災。"鄭注："'傀'，猶怪也。""傀行"，猶言"怪行"矣。◎吴則虞云：《指海》本改作"傀行"。

〔一二〕外不句　孫星衍云：楊倞注《荀子》引無"身"字。◎王念孫云：家可以言内，身不可以言外。且"身游"二字義不相屬，"身"字乃後人所加也。"内不恤其家，外不顧其游"者，"游"謂交游也。下文曰"身勤於飢寒，不及醜儕"，正所謂"外不顧其游"也。《荀子·非十二子篇》注引此正作"外不顧其游"。◎吴則虞云：《指海》本删"身"字。◎文斌案：王説是。但下文作"自勤于飢寒"，王氏引"自"作"身"，失檢。

〔一三〕愧　孫星衍云：楊倞作"傀"，云："'嵬'當與'傀'義同。"◎吴則虞云：《指海》本作"傀"。

〔一四〕飢　蘇輿云："飢"，舊刻作"饑"，《荀子·非十二子篇》注引作"飢"，元刻亦作"飢"。今改從元刻。◎劉師培《補釋》云："勤"當訓"憂"，《吕氏春秋·不廣篇》："勤天子之難。"高注："'勤'，憂也。""自勤于飢寒，不及醜儕”,蓋言惟一己飢寒是憂,而不恤交游也。◎文斌案:“飢”,吳勉學本、黃本、楊本、孫本誤作“饑”。

〔一五〕醜　張純一云:“醜”,衆也。

〔一六〕命之句　蘇輿:《荀子·非十二子篇》注引“僻”作“辟”。

〔一七〕明上　張純一云:即明君。

〔一八〕進也句　劉師培《補釋》云:“及上”誼不可通,“及”疑“臣”字之誤。“及”字隸書或作“厹”,與“臣”相似,又涉上文“不及”而譌,“臣上”猶言“事上”。

〔一九〕畢志句　張純一云:志不出于衣食之外。“畎畝之業”謂耕織也。◎吳則虞云:下云“利通不能”,指“作窮于富利之門”言;“窮業不成”,指此句言。“畢志畎畝之業”,是窮業成矣。“畢志”二字,疑“棄怠”二字形近而譌。◎文斌案:“畢志”當乙作“志畢”,此與上句對文。

〔二〇〕窮通二句　黃以周云:有字誤。◎劉師培《補釋》云:上語“窮通”二字均涉下而衍。“行無常處之慮(句),佚于心(句)”,言所行無恒久之慮而不勞其心也(又上文作“窮于富利之門”,句亦有誤)。◎張純一云:此文疑本作“窮通無常,慮佚于心”,言忽窮忽通,心慮多出於分外也。今本“通”下衍“行”字,“常”下衍“處之”二字,文不成義。

〔二一〕利通二句　文廷式云:“窮業”當作“業窮”。◎張純一《校注》乙“利通”作“通利”,注云:“通利”舊倒,文義不順。“通”與“窮”對,今乙。言通不能利於人,窮不能自成業。

〔二二〕命之句　張純一云:屏諸封疆之邊。

〔二三〕誅　張純一云:責也,罰也。

〔二四〕有智句　文斌案:吳懷保本、楊本、孫本“足”下有“以”字。各本下句均有“以”字,兩句爲對句,故此句當有“以”字。今據下句補“以”字。

〔二五〕俞身句　于鬯云:“俞”蓋有“空”義。《説文·舟部》云:“‘俞’,空中木爲舟也。”則引伸之,凡空亦可曰“俞”矣。此承上文而言,上文云“有智不足以補君,有能不足以勞民”,然則是空有其智、空有其能,故曰“俞身徒處”,謂空身徒處也。或云“窬”之借字。《説文·穴部》云:“‘窬’,一曰空中也。”◎蘇輿云:《莊子·天運篇》:“無爲則俞俞。”注云:“‘俞俞’,從容自得之意。”此云“俞”,猶彼云“俞俞”,俱置身無爲之意。◎劉師培《補釋》云:“俞”與“偷”同,“偷”即《周禮·大司徒》“則民不愉”之“愉”。◎張純一云:“俞”當爲“偷”之剥字,《荀子·非十二子篇》:“偷儒憚事”。是其義。◎吳則虞云:劉説是。◎文斌案:《周禮·大司徒》“則民不愉”鄭注:“‘愉’,謂朝不謀夕。”其義即苟且、怠惰,通“偷”。劉説是。

〔二六〕惡　吳則虞云：元刻本、活字本、嘉靖本、吳懷保本作“亞”，吳勉學本、《子彙》諸本作“惡”，景元鈔本作“亞”，描改“惡”。葉昌熾云：“‘亞’，古‘惡’字，今竟改爲‘惡’，誤矣。”葉説未審。陳衍《槎上老舌》有云：“朱蘭嵎有古玉印，文曰‘周惡夫印’，是細柳將軍舊物。‘惡’即‘亞’字，古通用。春秋衛有石惡，楚有郤子惡，皆‘亞’字，次子之別稱也。”改作“惡”，不爲誤。又《黃學廬雜述》亦有考。◎文斌案：活字本作“惡”，吳氏失檢。

〔二七〕身無五句　張純一云：以上二十四字，既與上文義複，又與下文“三者”不合，明是後人竄入之文，當删。◎吳則虞云：“身無以與君”四句總束前文。此“亂國”下疑脱“之民”二字。◎文斌案：張説是。但前“亂賊”後應補“之民”二字，如此，則“狂僻之民”“處封之民”“亂賊之民”正構成“明君”“不免罪”之“三者”。

〔二八〕三者句　張純一云：“罪”上疑脱“於”字。◎吳則虞云：“罪”上疑脱“乎”字。

〔二九〕吾每二句　張純一云：黃初云：“言入於耳無得於心，度量相越何其遠也。”◎吳則虞云：“自”上疑脱一字。

叔向問處亂世其行正曲晏子對以民爲本第二十一〔一〕

叔向問晏子曰：“世亂不遵道，上辟不用義，正行則民遺，曲行則道廢〔二〕。正行而遺民乎？與持民而遺道乎〔三〕？此二者之于行何如〔四〕？”晏子對曰：“嬰聞之：卑而不失尊，曲而不失正者，以民爲本也〔五〕。苟持民矣，安有遺道〔六〕？苟遺民矣，安有正行焉？”

〔一〕文斌案：元刻本、活字本、嘉靖本、沈本、吳勉本目録均有“行”字，標題脱。吳懷保本標題作“問處亂世”，楊本作“世亂正行”，凌本作“世亂”。

〔二〕世亂四句　孫星衍云：“義”“廢”爲韻。◎趙振鐸云：“義”在歌部，“廢”在月部，非韻。◎張純一云：“辟”同“僻”。“遺”，棄也。“曲”，邪也。◎文斌案：黃本“辟”作“僻”，嘉靖本“辟”誤作“好”。

〔三〕與持句　蘇輿云：“與”猶“抑”也。王氏引之《經傳釋詞》引此文以“與”訓“如”，云：“言‘將正行而遺民乎？如其持民而遺道乎？’也。”似失之。◎張純一云：蘇説是。“持”，扶也、保也。

〔四〕此二句　文斌案：黃本“何如”作“如何”。

〔五〕卑而三句　孫星衍云:“尊”“本”爲韻。

〔六〕安有句　劉師培《斠補定本》云:黄本無“有”字。◎文斌案:黄本此處脱,下句有“有”字。

叔向問意孰爲高行孰爲厚
晏子對以愛民樂民第二十二〔一〕

叔向問晏子曰:“意孰爲高? 行孰爲厚?”對曰:“意莫高于愛民,行莫厚於樂民〔二〕。”又問曰:“意孰爲下? 行孰爲賤?”對曰:“意莫下於刻民,行莫賤于害身也〔三〕。”

〔一〕文斌案:銀雀山竹簡本章與下章合爲一章。疑原本爲一章,後人析爲二章。元刻本、活字本、吳勉本標題“對”目録作“敚”。因正文作“對”,今統一作“對”。吳懷保本標題作“問意行高厚”,楊本作“意行高厚”,凌本作“高厚”。

〔二〕叔向諸句　文斌案:簡本僅存“……樂民”二字。◎劉師培《補釋》云:此節四“意”字均“德”字之訛也。“德”正字作“悳”,與“意”形近,故訛爲“意”。猶《佚周書·成開解》“内則順意”,“意”爲“德”字之訛(孫詒讓説)也。“意孰爲高”當作“德孰爲高”,“意莫高于愛民”當作“德莫高于愛民”,“意孰爲下”當作“德孰爲下”,“意莫下于剥民”當作“德莫下于剥民”,故“德”與“行”對文。◎吳則虞云:長孫元齡亦以爲“德”字之訛。楊本“樂民”作“樂身”。◎文斌又案:各本均作“意莫下於刻民”,無作“剥民”者,劉氏失檢。

〔三〕又問諸句　文斌案:簡本僅存“有問……民,行莫賤於害民”九字。顧廣圻校云:“‘身’當作‘民’。”甚是。◎駢宇騫云:簡文“有”當讀爲“又”,説見上。明本“害身”,簡本作“害民”,“身”疑爲後人妄改。

叔向問嗇吝愛之於行何如
晏子對以嗇者君子之道第二十三〔一〕

叔向問晏子曰:“嗇、吝、愛之于行何如〔二〕?”晏子對曰:“嗇者,君子之道;吝、愛者,小人之行也〔三〕。”叔向曰:“何謂也?”晏子曰:“稱財多寡而節用之,富無金藏,貧不假貸,謂之嗇[四];積多不能分人,而厚自養,謂之吝;不能分人,又不能自養,謂之愛[五]。故夫嗇者,君子之道;吝、愛者,小人之行也[六]。”

〔一〕文斌案:元刻本、活字本、嘉靖本、沈本、吳勉本目録均脱“愛”下“之”字;元刻本、活字本、嘉靖本並脱“問”“以”二字,沈本脱“問”字。標題不誤。吳懷保本標題作“問嗇吝愛”,楊本作“嗇吝愛”,凌本作“嗇吝”。

〔二〕叔向二句　文斌案:簡本本章首與上章尾“行莫賤於害民”緊相承接,作:“有問曰:‘鄰嗇之於行何如?’”◎駢宇騫云:“有”當讀爲“又”,説見上。“有問曰”承上文而言,指叔向又問於晏子。簡本“鄰”當讀爲“吝”,二字古音相同,可通假。《荀子・解蔽篇》:“無邑憐之心。”王先謙《集解》云:“‘憐’,讀爲‘吝’。”“鄰”“憐”皆从舜聲,故“鄰”亦可假爲“吝”。又如“纇”,王念孫《廣雅疏證》云:“‘吝’與‘纇’通。”亦其證。又“遴”从辵舜聲,《易・蒙》“以往遴”,虞本作“吝”,亦其證。“吝”,《説文》云:“恨惜也。”猶今言顧惜、捨不得。《顏氏家訓・治家》云:“吝者,窮急不恤之謂也。”又據下文,簡本“鄰嗇”下疑脱一“愛”字,明本作“嗇吝愛”當是。

〔三〕晏子諸句　文斌案:簡本作:“合曰:‘嗇者,君子之道也;舜愛者,小人之行也。’”◎駢宇騫云:“合”當讀爲“答”,説見上。“舜”當讀爲“吝”,説見上。“嗇”,節省。《韓非子・解老》云:“少費之謂‘嗇’。”

〔四〕叔向曰諸句　文斌案:簡本作:“叔鄉曰:‘何謂也?’合曰:‘□□□□而節用之,富无……貸之謂嗇。’”◎張純一云:“稱”,量也。不役於物,不侈於性。◎駢宇騫云:“而”上四字,簡文字跡殘泐,不可辨認,據下文,疑當作“積財多寡”。明本“稱”疑當爲“積”字之訛。簡文“无”下“貸”上簡殘文缺。簡文“鄉”當讀爲“向”,《荀子・儒效篇》:“鄉有天下。”注云:“‘鄉’讀曰‘向’。”《漢書》中“鄉”“向”通假例甚多。

〔五〕積多諸句　文斌案:簡本作:“積財不能分人獨自養之謂舜;不能自養有不能分人之謂愛。”◎駢宇騫云:簡本“舜”當讀爲“吝”,“有”當讀爲“又”。

〔六〕故夫諸句　文斌案:簡本作:“故嗇者君子[□□□□]舜愛者小人之行也。”元刻本、活字本、嘉靖本脱“道”字,吳懷保本“吝愛”作“愛吝”。◎駢宇騫云:“舜”上殘缺四字,據上文“嗇者君子之道也,舜愛者小人之行也”,疑此處缺字當作“之道也夫”,“夫”屬下讀。簡本“舜”當讀爲“吝”。

叔向問君子之大義何若
晏子對以尊賢退不肖第二十四[一]

　　叔向問晏子曰："君子之大義何若?"晏子對曰："君子之大義:和調而不緣,溪盎而不苛,莊敬而不狡,和柔而不銓,刻廉而不劌[二],行精而不以明污[三],齊尚而不以遺罷[四],富貴不傲物,貧窮不易行,尊賢而不退不肖[五]。此君子之大義也。"

〔一〕張純一云:"退"上當據正文補"不"字。◎文斌案:吳懷保本標題作"問君子之大義",楊本作"君子之大義",凌本作"君子"。

〔二〕和調五句　孫星衍云:"緣",緣飾。"溪",當爲"谿",言谿刻也。"盎"即"訣",假音,《説文》:"'訣',早知也。""谿盎而不苛",言不矜明察。"狡",狡滑,僞爲莊敬也。王侍御念孫曰:"《玉篇》:"'絞',切也。''狡'與'絞'通,謂從容中禮而不急切與。""銓",疑"奰"字,假音,《説文》:"'奰',讀若'畏偄'。"王侍御曰:"《説文》:"'踡',卑也。'《廣雅》:'伏也。''銓'與'踡'音同。""刻廉而不劌",楊倞注《荀子》:"'廉',棱也。"《説文》云:"'劌',利傷也。"◎盧文弨云:"狡"與"佼"同,言非務爲美好也。◎王念孫云:《廣雅》:"'緣',循也。"《莊子·列御寇篇》:"緣循偃佒困畏不若人。"郭象曰:"'緣循',仗物而行者也。""和調而不緣",言雖與俗和調,而不循俗以行,猶言"君子和而不同"也。"溪盎",未詳。"狡"者,《文選·洞簫賦》注曰:"'狡',急也。"字通作"絞"。《論語·泰伯篇》鄭注曰:"'絞',急也。"昭元年《左傳》注曰:"'絞',切也。""莊敬而不狡",謂從容中禮而不急切也。"銓"者,《説文》:"'踡',卑也。"《廣雅》:"'踡',伏也。"作"銓"者,借字耳。"和柔而不銓",謂和柔而不卑屈也。"和調而不緣""莊敬而不狡""和柔而不銓""刻廉而不劌"皆謂其相似而不同。孫以"緣"爲緣飾,則與"和調"不相似;以"狡"爲狡猾,則與"莊敬"不相似(莊敬而不狡猾,則義不相屬,故加"僞爲恭敬"四字,以曲成其説);又讀"銓"爲"奰",尤非。盧讀"狡"爲"佼",而云"務爲美好",亦非(莊敬而不美好,則義不相屬,故加"務爲"二字以曲成其説)。◎蘇輿云:王説是。"溪盎"孫義亦可通。◎劉師培《補釋》云:《呂氏春秋·適音篇》云"聽清則耳谿極",《賈子新書·耳痺篇》云"谿徹而輕絶",均與此文"溪"字同爲"刻覈"之義。"盎"與"央"同,《廣雅·釋詁一》:"'央',盡也。"則"溪盎"之義,猶之"谿極""谿微"矣。◎張純一云:"刻",損減也,不敢自侈也。《老子》:"廉而不劌。"王弼注:"'廉',清也。'劌',傷也。""刻廉而不劌",謂不以刻損清廉傷於物也。◎吳則虞云:"溪盎"義,孫、劉二説皆非。孫蜀丞云:"疑'徯醢'之殘。"是也。案《方言》:"'徯醢',危也。東齊掎物而危謂之'徯醢'。"又見《廣雅》。後"醢"字殘缺而爲"盍","盍"不成字,寫者易爲"盎",致失其義。"苟",疑爲"苟"字之形譌。"徯醢而不苟",猶言"臨危難而不苟"也。"徯醢"二字爲齊東恒語,《爾雅·釋木》郭注引齊人諺曰:"上山代檀,椽醢先殫。""椽醢"又有"大"義。作"椽醢而不苟"義亦可通。"苟"言其細之意。此云大而不苟之意。◎文斌案:《爾雅·釋木》郭注作"上山斫檀,椽櫨先殫",吳氏失檢。

〔三〕行精句　文廷式云:"精"當作"清"。◎張純一云:心行潔净,隱人之惡。

〔四〕齊尚句　文廷式云:"齊尚"二字有誤。◎于鬯云:"齊尚"者,同尚也。《國語·楚語》《吳語》韋解並云:"'齊',同也。""同尚"即尚同也。《墨子》有《尚同篇》,是也。《上篇》云"民不事驕行而尚司",盧文弨校以"司"即"同"之誤。然則晏子固明有尚同之説矣。柳宗元《辯晏子春秋》以爲宜列墨家,晁公武《郡齋讀書志》、馬端臨《文獻通考》並從之,卻不爲無見。而孫星衍《序》斥柳爲文人無學,晁、馬爲無識,轉非篤論也。且如下文云"尊賢而不退不肖",此非即兼愛之旨乎?"遺"蓋當作"遺",説在《上篇》校。◎張純一云:愛無差等,而矜不能。《荀子·非相篇》曰:"君子尊賢而能容罷。"楊注:"'罷',弱不任事者,音'疲'。"案:"不遺罷"與"能容罷"文異而義同。◎文斌案:于氏所云《上篇》,指《問上篇》。

〔五〕尊賢句　張純一云:《論語·子張篇》曰:"君子尊賢而容衆,嘉善而矜不能。""不退不肖"即容之矜之之意。標題當依此作"不退不肖"。如"退不肖",則君子之義不大矣。《雜上》八章曰:"見不肖以哀不肖",可爲"不退不肖"之證。

叔向問傲世樂業能行道乎
晏子對以狂惑也第二十五[一]

　　叔向問晏子曰:"進不能事上,退不能爲家[二],傲世樂業,枯槁爲名,不疑其所守者,可謂能行其道乎?"晏子對曰:"嬰聞:古之能行道者,世可以正則正[三],不可以正則曲。其正也,不失上下之倫;其曲也,不失仁義之理。道用,與世樂業;不用,有所依歸。不以傲上華世〔四〕,不以枯槁爲名。故道者,世之所以治,而身之所以安也〔五〕。今以不事上爲道,以不顧家爲行,以枯槁爲名,世行之則亂,身行之則危。且天之與地,而上下有衰矣〔六〕;明王始立,而居國爲制矣〔七〕;政教錯,而民行有倫矣〔八〕。今以不事上爲道,反天地之衰矣〔九〕;以不顧家爲行,倍先聖之道矣;以枯槁爲名,則世塞政教之途矣〔一〇〕。有明上可以爲下,遭亂世不可以治亂〔一一〕。説若道,謂之惑;行若道,謂之狂。惑者狂者,木石之樸也〔一二〕,而道義未戴焉〔一三〕。"

〔一〕文斌案:元刻本、活字本目録"叔向"誤作"向叔",標題不誤。吳懷保本標題作"問傲世樂業",楊本作"傲世樂業",凌本作"進退"。

〔二〕退不句　劉師培《斠補定本》云:戴校云:"爲"當從下作"顧"。

〔三〕世可句　文斌案:元刻本、活字本、嘉靖本、吳懷保本、吳鼐本均誤作"世可正以則",《子彙》本、沈本、吳勉學本、黄本、綿眇閣本、楊本、凌本、孫本不誤。今據正。

〔四〕不以句　張純一云:"華"讀若"譁"。

〔五〕而身句　吳則虞云:楊本"安"誤作"身"。

〔六〕衰　張純一云:差降(襄二十五年《左傳》"自是以衰"注)。

〔七〕而居句　劉師培《斠補定本》云:"爲"當作"有"。

〔八〕政教二句　張純一云:"錯"下疑脱"施"字,當補,與上文一律。"錯",互也。"倫",理也。◎劉如瑛云:"錯",同"措",設置、施行之意。《禮記·禮器》:"錯則正,施則行。"《釋文》:"'錯',本又作'措'。"《論語·爲政》:"舉直錯諸枉。"《釋文》:"'錯',鄭本作'措'。"古書"錯""措"通用之例甚多。此言政教施行,百姓的行爲就有倫次而不亂了。張純一訓"錯"爲"互也",非。下文"塞政教之途"正與"政教錯"的做法相反。◎文斌案:"明王"與"政教"二句爲對句。今"政教"句脱一字,二句不對,張説當是。或將"明王"句"始"字作衍文處理,則二句作:"明王立,而居國有制矣(原文"有"作"爲",依劉師培説更正);政教錯,而民行有倫矣。"亦可。

〔九〕反天句　文斌案:元刻本、活字本、嘉靖本、吳懷保本"反"誤作"及"。

〔一〇〕以枯二句　劉師培《補釋》云:此文"以枯槁爲名則世"(句),言以枯槁之行爲名,而爲法于世也。"塞政教之途矣"(句),與上"反天地之衰矣,倍先聖之道矣"對文。◎吳則虞云:劉説殊曲。"世"字恐衍文也。◎王叔岷云:"則世"二字疑衍,"以枯槁爲名"承上文"以枯槁爲名"言之,則不當有"則世"二字明矣。張純一以"則世塞政教之途矣"爲句,與上"反天地之衰矣""倍先聖之道矣"文不相對,亦非。◎文斌案：王説是。

〔一一〕有明二句　王念孫云：“可以爲下”上亦當有“不”字，言此反天地之衰，倍先聖之道，塞政教之途者，有明上則足以危身（“明上”謂明君也。前第二十曰“狂僻之民，明上之所禁也”，義與此同），遭亂世則足以惑世，故曰“有明上不可以爲下，遭亂世不可以治亂”。“遭亂世不可以治亂”，即上文所云“世行之則亂”也；“有明上不可以爲下”，即上文所云“身行之則危”也。今本脱去“不”字，則義不可通。◎吴則虞云：《指海》本補“不”字。

〔一二〕樸　孫星衍云：《説文》：“‘樸’，木素也。”高誘注《吕氏春秋》：“‘樸’，本也。”言未彫治。

〔一三〕戴　張純一云：“戴”“載”同，言人非木石，不可無道義。

叔向問人何若則榮晏子對以事君親忠孝第二十六〔一〕

叔向問晏子曰：“何若則可謂榮矣〔二〕？”晏子對曰：“事親孝，無悔往行；事君忠，無悔往辭〔三〕。和於兄弟，信於朋友。不謟過〔四〕，不責得〔五〕。言不相坐〔六〕，行不相反。在上治民，足以尊君；在下蒞脩〔七〕，足以變人〔八〕。身無所咎，行無所創〔九〕。可謂榮矣〔一〇〕。”

〔一〕文斌案：吴懷保本標題作“問人何若則榮”，楊本作“何若則榮”，凌本作“榮”。

〔二〕何若句　文廷式云：“何若”上誤奪“人”字，當據標題增。

〔三〕事親四句　孫星衍云：當作“事親孝，事君忠，無悔往行，無悔往辭”。◎盧文弨云：“無悔往行”，事親之行，後無悔也。“悔”，謂其不可復者是也。“無悔往辭”，言於君者，後無悔也。“事親”“事君”，與下“和兄弟”“信朋友”文正相連接。

〔四〕謟　孫星衍云：杜預注《左傳》：“‘謟’，藏也。”◎張純一云：“謟”從孫本，元刻作“諂”。《爾雅·釋詁》：“‘謟’，疑也。”言相見以誠。◎王叔岷云：元刻亦作“謟”，張氏失檢。◎文斌案：王校是，張氏失檢。凌本作“諂”。

〔五〕不責句　張純一云：不求得於人。

〔六〕言不句　劉師培《補釋》云：“坐”，蓋“差”字之譌也。篆文“差”字作“”，故譌爲“坐”。“言不相差”，即言不參差也，與“不貳”同，故與“行不相反”對文。◎吴則虞云：劉説未審。《左·昭二十三年》：“使與邾大

夫坐。”注:“訟曲直也。”“不相坐”,謂不相争訟也。與下句“不相反”對,
“反”,猶“畔”也。◎劉如瑛云:“坐”,疑爲“左”字,音近而誤。《左傳·
昭公四年》:“且冢卿無路,介卿以葬,不亦左乎?”杜預注:“‘左’,不便。”
此解未盡,義當爲“戾”(見《洪武正韻》)。“言不相左,行不相反”,謂言與
行皆不相違戾。“左”“反”互文。劉師培以爲“坐”蓋“差”字之訛,吳則虞
解“不相坐”爲“不相争訟”,説各不同。

〔七〕在下句　張純一云:“莅”“涖”同,故書“涖”作“立”。《周禮·鄉師》注:
“‘莅修’即‘立修’。”◎吳則虞云:《中庸》:“修道之謂‘教’。”注:“‘修’,
治也。”◎文斌案:吳勉本“莅脩”,各本均作“莅修”。

〔八〕足以句　張純一云:使人日遷於善。

〔九〕身無二句　孫星衍云:《説文》:“‘刅’,傷也。或作‘創’。”《韻會舉要》:
“懲也。”◎張純一云:“咎”,愆也。

〔一〇〕在上諸句　孫星衍云:“君”“人”,“創”“榮”各爲韻。

叔向問人何以則可保身晏子對以不要幸第二十七〔一〕

叔向問晏子曰:“人何以則可謂保其身?”晏子對曰:“《詩》曰〔二〕:
‘既明且哲,以保其身。夙夜匪懈〔三〕,以事一人。’不庶幾〔四〕,不要
幸〔五〕,先其難乎而後幸〔六〕。得之,時其所也;失之,非其罪也〔七〕。可
謂保其身矣。”

〔一〕文斌案:元刻本、活字本、嘉靖本、沈本、吳勉本目録有“則”字,標題脱。
吳懷保本標題作“問人何以保身”,楊本、凌本均作“保身”。

〔二〕詩曰　孫星衍云:《大雅·蒸民》之詩。

〔三〕懈　孫星衍云:《詩》作“解”。

〔四〕庶幾　張純一云:希望之詞,屬意言。

〔五〕要幸　孫星衍云:“要”與“徼”通。◎張純一云:“徼幸”,屬意兼行言。
《禮·中庸》:“小人行險以徼幸。”謂繳求榮幸也。

〔六〕先其句　蘇時學云:當作“先乎其難”。◎文廷式將此句斷爲“先其難乎
而後幸得之”,云:“乎”字誤衍,“幸”字涉上文而衍。◎陶鴻慶云:“先其
難乎而後幸”當有脱誤。◎張純一《校注》於“先其難乎而後幸”後增“得
之”二字,注云:“得之”二字舊不重,語意不完。蓋原文本有,傳寫脱之,
今校補。◎王叔岷云:“幸”當作“得”,涉上文“不要幸”而誤也。“得之,

時其所也"緊承"而後得"而言,《論語》"先難而後獲"與此"先其難乎而後
得"同恉,正可證"幸"字之誤。張氏以"而後幸得之"爲句,而臆補"得之"
二字,不知既言"先其難",則非"幸得之"矣。蓋未深思耳。◎文斌案:王
氏所舉《論語》"先難而後獲"句,見《雍也篇》。黃本上方校語云:"'乎'
疑'者'字。"

〔七〕得之四句 于鬯云:"時"訓"是",下文云"失之,非其罪也","是"與"非"
對。◎張純一云:"得之"對"失之"言。"時",是也,對"非"言。"所",猶
"宜"也,對"罪"言。《雜上》十三章:"制百官之序,使得其宜。"《群書治
要》"宜"作"所"。《說苑·復恩篇》:"嬰不肖,罪過固其所也。""固其所
也"即"固其宜也"。◎于省吾云:"時",是也,所宜也。

曾子問不諫上不顧民以成行義者
晏子對以何以成也第二十八〔一〕

　　曾子問晏子曰〔二〕:"古者嘗有上不諫上〔三〕,下不顧民,退處山
谷〔四〕,以成行義者也〔五〕?"晏子對曰:"察其身無能也,而托乎不欲諫
上,謂之誕意也〔六〕。上惛亂,德義不行,而邪辟朋黨,賢人不用,士亦
不易其行而從邪以求進。故有隱有不隱〔七〕,其行法士也〔八〕?迺夫議
上,則不取也〔九〕。夫上不諫上,下不顧民,退處山谷,嬰不識其何以爲
成行義者也。"

〔一〕文斌案:元刻本、活字本、嘉靖本、沈本、吳勉本標題"以成"目錄作"可
　　成",元刻本、活字本目錄並脫"對"字。吳懷保本標題作"問可成行義",
　　目錄無"可"字,列"曾子"名下。楊本作"成行義",凌本作"上下"。
〔二〕曾子句 劉師培《斠補定本》云:黃本作"曾氏"。
〔三〕古者句 文斌案:楊本"嘗"作"常"。
〔四〕退處句 文斌案:黃本此處作"山林",下文亦作"山谷"。故此處"林"字
　　誤,當爲"谷"。
〔五〕也 張純一云:讀爲"邪",問詞。
〔六〕誕意 張純一云:"誕",妄爲大言也。言爲心聲,故謂之"誕意"。◎于省
　　吾云:《墨子·經說下》"'意',相也","相"即古"想"字。《呂氏春秋·
　　知度》"去想去意","意"猶"想"也,散文則通,對文則殊。然則"誕意"猶
　　言"誕妄"。

〔七〕故有句　劉師培《校補》云：此下多訛捝。◎張純一云：求不得則隱，非潔身也；求得則不隱，非爲民也。

〔八〕其行句　張純一云：其行豈足爲士法邪？“也”“邪”同。

〔九〕迺夫二句　張純一云：無能諫上而議上，奚取焉？◎吳則虞云：此章“故有隱”下脱譌甚多，無可取校，故不宜强爲之解。

梁丘據問子事三君不同心
晏子對以一心可以事百君第二十九〔一〕

梁丘據問晏子曰：“子事三君，君不同心，而子俱順焉〔二〕。仁人固多心乎〔三〕？”晏子對曰〔四〕：“嬰聞之：順愛不懈，可以使百姓；暴强不忠〔五〕，不可以使一人。一心可以事百君，三心不可以事一君〔六〕。”仲尼聞之曰：“小子識之〔七〕！晏子以一心事百君者也〔八〕。”

〔一〕文斌案：元刻本、活字本、嘉靖本、沈本、吳勉本目録“可”下有“以”字，標題脱。吳懷保本標題作“問三君不同心”，列“梁丘據”名下。楊本作“梁丘據問事三君”，凌本作“事三君”。《子彙》本、凌本章後附《外篇第七》第十九章文，楊本列《外七》第十九和《外八》第三章於後。

〔二〕而子句　孫星衍云：“順”，《藝文類聚》作“從”。◎張純一云：《類聚》見卷二十。◎吳則虞云：《龍筋鳳髓判》卷三亦作“從”。作“順”是也，《外篇·不合經術者》第四兩出“順”字，孔鮒《詰墨》引亦作“順”。◎文斌案：吳氏所謂《龍筋鳳髓判》，非唐張鷟《龍筋鳳髓判》本文，實乃明劉允鵬《龍筋鳳髓判注》文。

〔三〕仁人句　吳則虞云：《龍筋鳳髓判》“固”作“故”。◎文斌案：《龍筋鳳髓判注》引“心”誤作“君”。

〔四〕晏子句　文斌案：《類聚》《龍筋鳳髓判注》引均無“晏子”二字，且無後“嬰聞之”至“不可以使一人”二十二字。

〔五〕暴强句　王叔岷云：黃之寀本作“强暴”。◎吳則虞云：吳勉學本作“强暴”。◎文斌案：孫本作“强暴”，楊本作“暴彊”，餘均作“暴强”。

〔六〕三心句　孫星衍云：“三心”，《意林》《藝文類聚》《太平御覽》《風俗通》《孔叢》俱作“百心”。“事一君”，《風俗通》二語作“傳曰”。《太平御覽》引子思子曰：“百心不可得一人，一心可得百人。”◎劉師培《校補》云：《白帖》三十引“三心”作“百心”，與《孔叢·詰墨篇》同。《孔叢》此下有“故三君之心非一也,而嬰之心非三也”,與《外篇》答高子同。彼則引爲答梁丘語,疑本章亦當有此文。◎吳則虞云:“百”字疑本作“三”,“一心事三君”,與“三心事一君”相對文。下文“晏子以一心事百君”,“百”亦當“三”,即承此“一心事三君”而來,後人改“三”爲“百”,致淆亂。《詰墨》“晏子以一心事三君”,猶作“三”,不作“百”,是未經竄改前之本也。◎王叔岷云:黃之寀本“三心”作“二心”,《淮南子·繆稱篇》亦云“兩心不可以得一人”,《記纂淵海》四九引此作“百心”。◎田宗堯云:吳勉學本亦作“三心不可以事一君”。此句亦見《外上》十九章。《外下》三章“非嬰爲三心”、四章“以三心事一君者不順焉”、劉引《孔叢子·詰墨篇》“嬰之心非三也”,並證此文當作“三心”。日刊黃之寀本作“二心”,他書引作“百心”,皆非。◎文斌案:《龍筋鳳髓判注》引亦作“百心”。

〔七〕小子句　孫星衍云:“識”,《太平御覽》《孔叢》俱作“記”。◎劉師培《校補》云:《白帖》引“識之”作“記之哉”。

〔八〕晏子句　孫星衍云:《孔叢》作“以一心事百君,君子也”。《風俗通·過譽篇》《孔叢·詰墨》俱用此文。◎文斌案:《孔叢子·詰墨》作“晏子以一心事三君,君子也”。

柏常騫問道無滅身無廢晏子對以養世君子第三十〔一〕

柏常騫去周之齊,見晏子曰〔二〕:“騫,周室之賤史也〔三〕,不量其不肖,願事君子〔四〕。敢問:正道直行則不容于世〔五〕,隱道危行則不忍〔六〕。道亦無滅,身亦無廢者何若〔七〕?”晏子曰〔八〕:“善哉,問事君乎〔九〕!嬰聞之:執二法裾則不取也〔一〇〕,輕進苟合則不信也,直易無諱則速傷也〔一一〕,新始好利則無敝也〔一二〕。且嬰聞:養世之君子〔一三〕,從重不爲進,從輕不爲退〔一四〕;省行而不伐〔一五〕,讓利而不夸;陳物而勿專〔一六〕,見象而勿强〔一七〕。道不滅,身不廢矣。”〔一八〕

〔一〕文斌案:吳懷保本標題作“問道身無滅廢”,列“柏常騫”名下。楊本作“道無滅身無廢”,凌本作“柏常騫”。楊本章後列《雜下》第十三、二十七章,《外八》第八、十四、十三章文。

〔二〕柏常二句　孫星衍云:《家語》作“伯常騫問於孔子曰”。◎文斌案:“柏”,孫本同,餘均作“栢”。黃本上方校語云:“‘栢’當作‘伯’。”

〔三〕騫周句　孫星衍云:“史”,《家語》作“吏”,非。◎吳則虞云:《家語》“騫”

下有“固”字，“室”作“國”。◎文斌案：黃本“史”作“吏”。

〔四〕不量二句　張純一云：《家語》作“不自以不肖，將北面以事君子”。

〔五〕正道句　孫星衍云：“直行”，《家語》作“宜行”。◎張純一云：“宜”爲“直”之形誤，《論語・微子篇》“直道而事人，焉往而不三黜”是其例，前廿一章“正行則民遺”義同。◎吳則虞云：《家語》無“則”字。

〔六〕隱道句　孫星衍云：“危行”，《家語》作“宜行”。◎王念孫云：此“危行”與《論語》之“危言危行”不同，“危”讀曰“詭”。“詭行”與“直行”正相反，作“危”者，借字耳（《漢書・天文志》“司詭星”，《史記・天官書》“詭”作“危”。《淮南・說林篇》“尺寸雖齊必有詭”，《文子・上德篇》“詭”作“危”）。◎劉師培《補釋》云：“隱道”與“正道”對文，則“隱”讀若“違”，“隱道”即“違道”也（《佚周書・謚法解》“隱拂不成曰隱”，《獨斷》作“違拂”，此“違”假爲“隱”之證）。上叔向問齊德衰節“不苟合以隱忠”，“隱忠”與“傷廉”對文，“隱忠”即“違忠”也。與此同。◎張純一云：王說是。《家語》“危”作“宜”，非。◎吳則虞云：《家語》“則”作“然亦”。

〔七〕道亦二句　孫星衍云：《家語》作“今欲身亦不窮，道亦不隱，爲之有道乎”。◎劉師培《斠補定本》云：黃本上方校語云：“‘若’本作‘者’。”

〔八〕晏子句　文斌案：吳勉學本、黃本、孫本“晏子”後有“對”字。《家語》作“孔子曰”。

〔九〕善哉二句　文斌案：《家語》作“善哉，子之問也！自丘之聞，未有若吾子所問辯且說也”。王肅注：“辯當其理，得其說矣。”

〔一〇〕執二句　孫星衍云：《家語》作“浩倨者則不親”，王肅注：“‘浩裾’，簡略不恭之貌。”“法”或當爲“浩”。◎盧文弨云：“二”，李本作“一”，當從之。“法”譌，當爲“浩裾”。“浩裾”又見《外篇》。◎黃以周云：“法裾”當依《家語》作“浩裾”。“裾”與“倨”通，“執一浩裾”，謂剛愎自用。《外下篇》云“浩裾自順”。◎蘇輿云：作“浩”是。蓋“浩”“法”形近致譌，後又改爲古“法”字耳。◎劉師培《斠補定本》云：黃本上方校語云：“‘法裾’疑‘浩倨’。”◎張純一《校注》從諸校改爲“執一浩倨”。◎吳則虞云：楊本作“執一浩裾”。◎文斌案：《家語》王肅注亦作“浩倨”，孫氏失檢。

〔一一〕直易句　孫星衍云：《家語》作“徑易者則數傷”。◎文斌案：王肅注：“‘徑’，輕也。志輕則數傷於義。”

〔一二〕新始句　孫星衍云：《家語》作“就利者則無不敝”，此文未詳。◎劉師培《補釋》云：“新始”蓋變古易常之義，“無”下當補“不”字。◎陶鴻慶云：“無敝”疑本作“先敝”。“先”誤爲“无”，遂誤爲“無”耳。“先敝”與上文“速傷”義正相近。《家語・三恕篇》作“無不敝”，與上文句法參差不齊,蓋後人以意增之。"新始"之義未詳。◎張純一云:《問上》廿一章"歡乎新,慢乎故,趨利若不及"即"新始好利"之確詁。此言新始好利者無不敗。"敝",敗也。今本"敝"上脫"不"字,義不可通,故孫云"未詳"。兹據《家語》補。◎文斌案:"直易無諱則速傷也,新始好利則無敝也"二句爲對句。陶氏謂"無"爲"先"之誤,不必依《家語》改作"無不敝",其説當是。

〔一三〕且嬰二句　吳則虞云:《家語》作"又嘗聞養世之君子矣"。

〔一四〕從重二句　王念孫云:當作"從輕不爲進,從重不爲退"。"輕",易也(見《吕氏春秋·知接篇》注)。"重",難也(見《漢書·元紀》注)。謂不見易而進,不見難而退也。今本"輕""重"互易,則義不可通。《家語·三恕篇》作"從輕勿爲先,從重勿爲後",注曰:"赴憂患從勞苦,輕者宜爲後,重者宜爲先。"語意正與此同。◎于鬯云:"重""輕"猶"難""易"也。人求進者,則肯捨易而從難;君子之從難,不爲進也。人求退者,則多捨難而從易;君子之從易,不爲退也。故曰:"從重不爲進,從輕不爲退。"若謂道在難則從難,道在易則從易,於進退無與耳。王念孫《雜志》據《家語·三恕篇》作"從輕勿爲先,從重勿爲後",謂此文當作"從輕不爲進,從重不爲退",謂不見易而進,不見難而退也。今本"輕""重"互易,則義不可通。鬯謂:今本與《三恕篇》固不可合,然義自可説,謂義不可通則過矣。要各存其義自可,必改使一之,轉爲多事。◎張純一云:王説是,今據乙。◎金其源云:如從王説,與《家語》之"從輕勿爲先,從重勿爲後"相似而與《易》之"見可而進,知難而退"相背矣。竊謂:當如原文。此言君子進退當熟權道與身之輕重也:苟道不可行,身雖可進,則當從道之重,不可遽進;道尚可行,而身雖欲退,則當以身爲輕,不宜遽退。◎文斌案:于説當是。

〔一五〕省行句　文斌案:"伐",自我誇耀。《史記·屈原賈生列傳》:"每一令出,平伐其功。"此謂檢查自己的行爲而不炫耀自己的功勞。

〔一六〕陳物句　孫星衍云:《家語》作"陳道而勿怫"。◎張純一云:"物",事也。"專",擅也。◎吳則虞云:凌本無"勿"字。

〔一七〕象　孫星衍云:《家語》作"像",王肅注:"'像',法也。"

〔一八〕孫星衍云:《家語·三恕篇》用此文。

内篇雜上第五凡三十章

莊公不悦晏子晏子坐地訟公而歸第一[一]

晏子臣於莊公,公不悦[二],飲酒,令召晏子。晏子至,入門,公令樂人奏歌曰:"已哉已哉!寡人不能説也,爾何來爲[三]?"晏子入坐,樂人三奏,然後知其謂己也。遂起,北面坐地。公曰:"夫子從席,曷爲坐地?"晏子對曰:"嬰聞:訟夫坐地。今嬰將與君訟,敢毋坐地乎? 嬰聞之:衆而無義,彊而無禮[四],好勇而惡賢者,禍必及其身[五]。若公者之謂矣[六]。且嬰言不用,願請身去[七]。"遂趨而歸[八],管籥其家者納之公,財在外者斥之市[九]。曰:"君子有力於民則進爵禄,不辭貴富;無力于民而旅食,不惡貧賤[一〇]。"遂徒行而東[一一],耕於海濱。居數年,果有崔杼之難[一二]。

〔一〕文斌案:吴懷保本標題作"坐地訟公",列"莊公"名下。楊本亦作"坐地訟公",凌本作"飲酒"。

〔二〕晏子二句　徐仁甫云:晏子本爲莊公臣,言臣於莊公,公不説,義不可通。"臣"當作"啞",《説文》:"'啞',乖也,從二臣相違,讀若'誑'。"引申爲凡乖背之稱。晏子啞於莊公,謂晏子不阿君,凡事皆諍諫,與莊公意旨相違也,故公不悦。後人不識"啞"字,又因次章"晏子爲莊公臣",遂誤爲"臣"耳。◎文斌案:孫本"悦"作"説"。

〔三〕已哉三句　孫星衍云:"已""説""來"爲韻。◎趙振鐸云:"已""來"在之部,"説"在月部,非韻。◎蘇時學云:"來爲"當作"爲來","哉"與"來"叶也。◎文廷式云:當以"哉""來"爲韻,孫説誤。

〔四〕彊而句　文斌案:嘉靖本、吴勉學本、楊本"彊"誤作"疆"。

〔五〕衆而四句　孫星衍云:"義""禮","賢""身"各爲韻。◎趙振鐸云:"賢""身"同在真部,爲韻。"義"在歌部,"禮"在之部,不爲韻。

〔六〕若公句　于鬯云：“者”字羨。◎徐仁甫云：“若”猶“此”也。“若公之謂矣”，言“此公之謂矣”。後人不知“若”有“此”訓，因於“若公”下增“者”字。

〔七〕請身　張純一云：“請身”者，言臣委身於君，今言不見用，祇得請身於君而去。

〔八〕趨　吳則虞云：楊本作“趣”。

〔九〕管籥二句　張純一云：“其”猶“在”也。◎田宗堯云：“籥”字吳勉學本同，日刊黃之寀本作“鑰”。“籥”“鑰”字通。《史記·魯仲連傳》：“魯人投其籥。”《正義》云：“‘籥’，鑰匙也。”◎徐仁甫云：“其家”與“在外”互文，“其”猶“在”也，張注是。《問上》第十二章：“謀必度其義，事必因於民。”“其”與“於”互文，“於”猶“在”，“其”亦猶“在”也。

〔一〇〕無力二句　張純一云：“而”猶“則”也。◎徐仁甫云：此王念孫説，見《諫下》第十八章。張氏於此必注，則前後相照應矣。此《校注》之善，讀者不可不知。

〔一一〕遂徒句　吳則虞云：元本“遂”誤“逐”。◎文斌案：元刻本亦作“遂”，吳氏失檢。活字本誤作“逐”。

〔一二〕居數二句　吳則虞云：此亦寓言也。晏子之父桓子卒於襄公十七年，《左傳正義》謂晏子時猶未爲大夫，時齊靈公二十六年也。逾年，晉人來伐，靈公入臨菑，晏子止公，見《齊世家》。是晏子入仕，在靈公二十七年。又逾年，崔杼立莊公，在位先後五年，而崔子弑君，晏子哭尸。晏子於此時並未去朝居東海，此不可信者一；古無臣與君訟之理，晏子既以無禮爲諫，而己復以無禮要君，必無其事，此不可信者二；觀其諍諫之辭，膚廓而不切於事，其辭人人能言之，亦毋庸坐地而後發，此不可信者三；崔氏之擅權，早在靈公之時，不待智者皆知崔氏之患。況崔氏之弑，發於莊公之好色邪僻，與此樂人奏歌若不相涉，此不可信者四。此乃後人托詞爲之耳。

莊公不用晏子致邑而退後有崔氏之禍第二〔一〕

晏子爲莊公臣，言大用，每朝賜爵益邑；俄而不用，每朝致邑與爵〔二〕。爵邑盡，退朝而乘，嘖然而歎，終而笑〔三〕。其僕曰：“何歎笑相從數也〔四〕？”晏子曰：“吾歎也，哀吾君不免於難；吾笑也，喜吾自得也，吾亦無死矣〔五〕。”崔杼果弑莊公〔六〕。晏子立崔杼之門，從者曰：“死

乎？”晏子曰：“獨吾君也乎哉？吾死也〔七〕？”曰：“行乎？”曰：“獨吾罪
也乎哉？吾亡也？”曰：“歸乎？”曰：“吾君死，安歸〔八〕？君民者，豈以
陵民？社稷是主；臣君者，豈爲其口實？社稷是養〔九〕。故君爲社稷死
則死之，爲社稷亡則亡之；若君爲己死而爲己亡，非其私暱，孰能任
之〔一〇〕？且人有君而弒之，吾焉得死之？而焉得亡之？將庸何
歸〔一一〕？”門啓而入。崔子曰：“子何不死？子何不死？”晏子曰：“禍始
吾不在也，禍終吾不知也，吾何爲死〔一二〕？且吾聞之：以亡爲行者，不
足以存君；以死爲義者，不足以立功。嬰豈其婢子也哉？其縊而從之
也〔一三〕？”遂袒免，坐，枕君尸而哭。興，三踊而出〔一四〕。人謂崔子：“必
殺之！”崔子曰：“民之望也，舍之得民〔一五〕。”

〔一〕文斌案：元刻本、活字本、嘉靖本、沈本、吳勉本標題“禍”目錄作“難”。蘇
　　輿本、張純一《校注》、吳則虞《集釋》於“晏子”後復增“晏子”二字。吳懷
　　保本標題作“致邑而退”，列“莊公”名下。楊本作“致爵邑”，凌本作“賜
　　爵”。銀雀山竹簡有本章内容。
〔二〕晏子諸句　文斌案：簡本作“·晏子爲壯公臣，言用，晦朝，賜爵益邑；我
　　而不用，晦朝，致邑與爵”，與今本略同。◎駢宇騫云：簡本“壯”通“莊”，
　　“晦”通“每”，“我”通“俄”。“致”，歸還。《左傳·襄公二十八年》：“與子
　　尾邑，受而稍致之。”楊伯峻《春秋左傳注》“稍致”爲“盡還”。“致邑與
　　爵”即“還邑與爵”。
〔三〕爵邑四句　孫星衍云：“喟”，一本作“喟”。《説文》：“‘喟’，太息也。或作
　　‘嘳’。”《字林》：“‘嘳’，息憐也。”◎吳則虞云：吳懷保本“喟”作“喟”。
　　◎文斌案：嘉靖本亦作“喟”。簡本作“爵邑盡，退朝而乘，渭然慻，慻終而
　　笑”。◎駢宇騫云：簡本“渭”當讀爲“喟”（或作“嘳”），《文選·舞賦》：
　　“嘳息激昂。”注云：“‘嘳’與‘喟’同。”簡文“慻”當讀爲“欷”，二字古音相
　　同，可通假。《禮記·坊記》：“戲而不歎。”注云：“‘歎’，謂有憂戚之聲
　　也。”《楚辭·九歌》序：“歎者，傷也，息也。”明本“欷”下當如簡本復有
　　“歎”字。
〔四〕其僕句　文斌案：簡本作“其僕曰：［□］慻笑相從之數也”。◎駢宇騫
　　云：“慻”上殘缺一字，據明本，疑當作“何”。簡本“慻”讀爲“欷”，説見上。
　　簡本、明本“數”皆當讀爲“速”，二字古音相近，可通假。《禮記·曾子
　　問》：“不知其已之遲數，則豈如行哉！”注云：“‘數’，讀爲‘速’。”《禮記·
　　祭義》：“其行也趨趨以數。”注云：“‘數’之言‘速’也。”《史記·屈原賈生
　　列傳》：“淹數之度兮。”《集解》引徐廣曰：“‘數’，‘速’也。”《考工記總

目》："不微至,無以爲戚速也。"注云:"'速',疾也。書或作'數'。"皆其證。《廣雅·釋詁》:"'數',疾也。"《説文》云:"'速',疾也。"◎張純一云:"也"讀爲"邪"。

〔五〕晏子諸句　陶鴻慶云:"吾亦無死矣",本作"吾其無死矣","其"字古文作"亓",與"亦"相似而誤。◎徐仁甫云:"亦"猶"其"也,言"吾其無死矣"。古"亦"與"其"通用。《吕氏春秋·義賞篇》:"君亦詐之而已。"《韓非子·難一》"亦"作"其"。《新序·難事五》:"亦可以上矣。"《韓詩外傳》六作"其可已矣"。皆"亦"猶"其"之證,非"亦"皆"其"之誤,陶説未確。◎文斌案:簡本作"晏子曰:吾慎也,哀吾君必不免於難也;吾笑……吾夕无死已"。◎駢宇騫云:明本"嘆"、簡本"慎"皆通"欸",説見上。簡本"夕"當讀爲"亦",二字古音相近,可通假。《説文》云:"'亦',人臂亦也。"這個意義在古書中多寫作"掖",王筠云:"知'亦'爲古文,'掖'爲小篆,許(慎)偶分隸兩部耳。""掖",從才夜聲。"夜""夕""昔"三字疊韻,在古書中經常互訓。《廣雅·釋詁》:"'昔',夜也。"《莊子·齊物論》:"是今日適越而昔至也。"《釋文》引崔注云:"'昔','夕'也。"是其證。陶説不確。簡本"已"當讀爲"矣",《説文》云:"'矣',語已詞也。從矢以聲。""以"或作"已",鄭注《檀弓》云:"'以'與'已'字本同。"

〔六〕崔杼句　劉師培《校補》云:《後漢書·臧洪傳》注引"莊公"作"齊莊公"。◎張純一云:見襄二十五年《左傳》。◎文斌案:簡本作"崔杼果弑壯公",與今本同。◎駢宇騫云:簡本"式"當讀爲"弑"。"弑",從殺式聲,二字古音相同,可通假。"壯"當讀爲"莊","莊"從"壯"聲。

〔七〕晏子立諸句　吳則虞云:《左傳》"立"下有"於"字。《左傳》《史記》"門"下有"外"字。"從者曰",《左傳》作"其人曰"。"吾死也"之"也"字亦當爲"邪",爲《晏子》全書通例,《左氏》因之。◎文斌案:簡本作"晏子立於崔子之門,從者曰:何不死乎?晏子曰:獨吾君輿!吾死也",與今本稍異,"立"下正有"於"字。《左傳》"崔杼"作"崔氏"。◎駢宇騫云:明本、簡本"晏子曰",《左傳》"曰"上無"晏子"二字。簡本"輿"當讀爲"欸",句末助詞,表示疑問。

〔八〕曰行乎諸句　文斌案:簡本作:"何不去乎?曰:吾罪輿才!吾亡也。然則何不[□□□]君死焉歸?"◎駢宇騫云:《左傳》與明本略同,唯"吾罪"上無"獨"字,"吾君死"作"君死"。簡本"輿"當讀爲"欸"。"才"當讀爲"哉","才""哉"疊韻,古可通假。《爾雅·釋詁》注:"茂哉茂哉。"《釋文》云:"'哉',本作'才'。"簡本"君死"上缺文疑當爲"歸乎曰"三字,"然則何不歸乎"爲從者之語,"曰:君死焉歸"爲晏子之語。明本"安"、簡本"焉"皆表處所之疑問代詞。

〔九〕君民諸句　文斌案：簡本作“夫君人者，幾以泠民，社稷是主也”，無“臣君
者，豈爲其口實，社稷是養”句。◎駢宇騫云：《左傳》與明本同。簡本
“幾”當讀爲“豈”，《荀子·榮辱篇》：“幾直夫芻豢稻粱之縣糟糠爾哉！”注
云：“‘幾’，讀爲‘豈’。”“泠”疑當讀爲“陵”，二字古音相近，可通假。“豈
以陵民”，意謂豈用之駕陵於民上。《左傳》杜注云：“言君不徒居民上，臣
不徒求禄，皆爲社稷。”簡本“禝”當讀爲“稷”。◎吳則虞引竹田光鴻《箋》
曰：《頤》卦：“口實”，食物也；“養”，猶“奉”也。

〔一〇〕故君諸句　吳則虞云：《史記·齊世家》無“故”字，《白帖》二十五引
“故”作“國”。“若君爲己死而爲己亡”，《左傳》無“君”字，《史記》無
“而爲”二字，《白帖》“而”作“則”。《左傳》《史記》《白帖》“孰”俱作
“誰”，“能”作“敢”。服虔曰：“言君自以己之私欲，取死亡之禍，則私近
之臣所當任也。”◎文斌案：《白孔六帖》“爲社稷亡”作“爲其社稷亡”；
“私暱”作“親暱”，下有注文：“言親暱則當死私難。”簡本作“故君爲社
稷死則死之，君爲社稷亡則亡之；若君爲己死，爲己[□□]其私親，孰敢
任之”。◎駢宇騫云：“其”上殘缺二字疑當作“亡非”。

〔一一〕且人諸句　吳則虞云：“且人有君”三句，杜注：“言己非正卿，見待無異
於衆臣，故不得死其難也。”“人”指崔杼言，此其憤慨之辭。“將庸何
歸”，杜注：“將用死亡之義，何所歸逃。”◎文斌案：杜注作“何所歸趣”，
吳氏失檢。簡本作“人有君而殺之，吾焉得死？焉得亡？”無“將庸何
歸”四字。◎駢宇騫云：劉淇《助字辨略》卷一云：“‘庸何’，重言也。”

〔一二〕門啓諸句　文斌案：簡本作“門啓而入，崔子曰：晏子[□□□]子曰：
過始弗智也，過衆弗智也，吾何爲死”，與今本稍異。吳勉學本“吾何爲
死”之“死”誤作“不”。◎駢宇騫云：簡本“晏子”下殘缺三字，疑當作
“死乎晏”。簡本兩“過”字皆當讀爲“禍”。“衆”當讀爲“終”，《禮記·
祭法》“以義終”，朱駿聲《説文通訓定聲》以“終”爲“衆”之假借字。
“智”通“知”，説見上。“門啓而入”，《史記·齊太公世家》作“門開而
入”。《左傳》《史記》皆無“崔子曰：子何不死，子何不死”至“遂袒免
坐”數句。◎徐仁甫云：可見《左傳》抄《晏子春秋》而省之，非《晏子春
秋》抄《左氏傳》而增之也。重言“子何不死”，形象化，增加故事真實
性，亦《晏子春秋》行文慣例。《諫上》第二十五章：“公喟然嘆曰：夫子
釋之！夫子釋之！”是也（王念孫不知《群書治要》抄書有節删，又不知
《類聚》《御覽》皆抄《治要》，而謂“夫子釋之”三句皆後人依《説苑》加
之，非也）。

〔一三〕且吾諸句　文斌案：簡本作“且吾聞之：以亡爲行者，不足以存君；以死
爲義者，不足以立功。嬰幾婢子才！縊而從之”，與今本略同；唯“豈”

作“幾”、“哉”作“才”,皆同音假借字,見前駢宇騫説。又簡本“幾”下無“其”字,“才”上無“也”字,“繦”上無“其”字,“從之”下無“也”字。《左傳》《史記》無此數句。吴勉學本“不足以立功”之“不”誤作“死”。此句與上注“吾何爲死”,吴勉學本“不”“死”當互易。◎徐仁甫云:“嬰豈其婢子也哉! 其繦而從之也”,此兩句當讀爲一句(《外下》第七章“豈以人爲足恃哉,可以無亡也”同),下“其”猶“亦”也,言嬰豈其婢子也哉,亦繦而從之耶?“亦”承婢子言。《荀子·修身》“人有此三行,雖有大過(禍),天其不遂乎”,言天亦不遂也。《吕氏春秋·情慾》“雖神農黄帝其與桀紂同”,言亦與桀紂同也。

〔一四〕遂袒諸句 孫星衍云:“免”即“絻”省文。◎吴則虞云:“免”非“絻”省,疑免冠也。黄本校語疑“袒”,亦非。“枕君尸而哭”,杜注:“以公尸枕己股也。”◎徐仁甫云:“坐”字爲“枕君尸”張本,故“股”字可省,且與“興”字呼應。皆《左氏傳》不及《晏子春秋》處。◎文斌案:黄本無上方校語,正文“袒”誤作“祖”,吴氏失檢。駢宇騫《校釋》録簡本作“伏但免,枕君[□□]哭,興,三甬而出”,《銀簡》《銀文》“三”均作“九”。◎駢宇騫云:《左傳》作“枕尸股而哭,興,三踊而出”,無“遂祖免坐”四字。《史記》作“枕公尸而哭,三踊而出”,無“遂祖免坐興”五字。簡本“伏”當讀爲“遂”,竹簡整理小組云:“從‘术’聲之字與從‘彖’聲之字古音相近,可通假。”“但”當讀爲“袒”,二字皆從“旦”得聲。“袒免”,袒衣免冠。古代喪禮:凡五服外的遠親,無喪服之制,唯袒衣免冠,以示哀思。露左臂曰袒,去冠括髮曰免。可參閲明代張存紳《雅俗稽言》。簡本“甬”當讀爲“踊”,《説文》云:“‘踊’,跳也。”此句謂晏子哭畢起來,急奔出走。

〔一五〕人謂諸句 文斌案:此數句簡本無。◎駢宇騫云:《左傳》《史記》與明本同,唯“崔子”《史記》作“崔杼”。杜預云:“‘舍’,置也。”

崔慶劫齊將軍大夫盟晏子不與第三〔一〕

崔杼既弑莊公而立景公〔二〕,杼與慶封相之〔三〕。劫諸將軍大夫及顯士庶人於太宫之坎上〔四〕,令無得不盟者。爲壇三仞,埳其下〔五〕,以甲千列環其内外。盟者皆脱劍而入,維晏子不肯,崔杼許之。有敢不盟者,戟拘其頸〔六〕,劍承其心。令自盟曰:“不與崔、慶而與公室者〔七〕,受其不祥〔八〕。”言不疾、指不至血者死,所殺七人〔九〕。次及晏子〔一○〕，晏子奉梧血，仰天歎曰〔一一〕：“嗚呼〔一二〕！崔子爲無道〔一三〕，而弑其君〔一四〕。不與公室而與崔、慶者，受此不祥。”俛而飲血〔一五〕。崔杼謂晏子曰〔一六〕：“子變子言〔一七〕，則齊國吾與子共之〔一八〕；子不變子言〔一九〕，戟既在脰，劍既在心〔二○〕。維子圖之也〔二一〕。”晏子曰：“劫吾以刃而失其志〔二二〕，非勇也；回吾以利而倍其君〔二三〕，非義也〔二四〕。崔子，子獨不爲夫《詩》乎〔二五〕？《詩》云〔二六〕：‘莫莫葛藟〔二七〕，施於條枚〔二八〕。愷悌君子〔二九〕，求福不回。’今嬰且可以回而求福乎〔三○〕？曲刃鉤之，直兵推之〔三一〕，嬰不革矣〔三二〕。”崔杼將殺之，或曰：“不可。子以子之君無道而殺之；今其臣，有道之士也，又從而殺之，不可以爲教矣〔三三〕。”崔子遂舍之〔三四〕。晏子曰：“若大夫爲大不仁，而爲小仁〔三五〕，焉有中乎〔三六〕？”趨出，授綏而乘〔三七〕。其僕將馳〔三八〕，晏子撫其手曰〔三九〕：“徐之〔四○〕！疾不必生，徐不必死。鹿生於野〔四一〕，命縣于廚〔四二〕。嬰命有繫矣〔四三〕！”按之成節而後去〔四四〕。《詩》云〔四五〕：“彼己之子〔四六〕，舍命不渝〔四七〕。”晏子之謂也。〔四八〕

〔一〕文斌案：吳懷保本標題作“不與崔慶盟”，列“莊公”名下。楊本亦作“不與崔慶盟”，凌本作“崔杼既弑莊公”。

〔二〕崔杼句　孫星衍云：“弑”，《後漢書注》《太平御覽》作“殺”。◎吳則虞云：《後漢書》卷二十八《注》引作“齊大夫崔杼弑齊莊公”，卷五十八《注》引作“崔杼殺齊莊公”，《御覽》四百八十亦作“殺”，《白帖》三十作“弑”。◎王叔岷云：《書鈔》一二四引“弑”亦作“煞”。◎文斌案：《後漢書注》見《馮衍傳》注（即吳氏所謂卷二十八）和《臧洪傳》注（即吳氏所謂卷五十八者）。《韓詩外傳》二、《新序·義勇篇》均作“弑”，《太平御覽》三百五十三、三百七十六均作“殺”。

〔三〕杼與句　吳則虞云：《史記·齊世家》：“以崔杼爲右相，慶封爲左相。”◎文斌案：吳勉學本、黃本“慶封”誤作“崔封”。

〔四〕劫諸句　吳則虞云：杜注：“‘大宮’，大公廟也。”◎文斌案：元刻本、活字本、嘉靖本、吳懷保本、黃本“太”作“大”。

〔五〕坥　孫星衍云：當爲“坎”，《說文》：“陷也。”《玉篇》“坥”亦與“坎”同，苦感切。◎蘇輿云：《廣雅》：“‘坥’，坑也。”言爲坑其下。◎田宗堯云：“坥”，吳勉學本、日刊黃之寀本、明活字本、《子彙》本並作“塯”，誤。《說文》：“‘阤’，小阱也。”“坥”字當從“阤”。◎文斌案：孫本同，餘均誤作“塯”。黃本上方校語云：“‘塯’，疑當作‘坥’，與‘坎’同。”

〔六〕戟拘句　盧文弨云："拘"，《御覽》兩引皆作"鉤"。◎黃以周云："拘"當依《後漢·馮衍傳》注作"鉤"。下云"曲刃鉤之"，《御覽》四百八十、三百七十六並作"戟鉤"。◎劉師培《校補》云：《臧洪傳》注及《十七史蒙求》卷七亦引作"拘"，《御覽》三百五十三、《白帖》三十引作"鉤"。◎張純一云：《北堂書鈔》百二十四誤作"抱"。

〔七〕不與句　劉師培《校補》云：《後漢書·馮衍傳》注引"崔慶"作"崔子"，《呂氏春秋·知分篇》作"崔氏"。◎吳則虞：《知分篇》"公室"作"公孫氏"。◎文斌案：《馮衍傳》注引亦作"崔氏"，劉氏失檢。

〔八〕受其句　黃以周云：《後漢·馮衍傳》注作"盟神視之"。◎劉師培《校補》云：《呂氏春秋》同。又《左傳·襄廿五年》"所不與崔慶"下或本有"有如此盟"四字，《釋文》以爲後人所加，然與《馮衍傳》注引此作"盟神視之"者誼略相符。

〔九〕所殺　孫星衍云：《韓詩外傳》作"十餘人"，《新序》作"十人"。◎劉師培《校補》云：《馮衍傳》注引作"所殺者七人"。◎于省吾云：古文"七"作"十"，"十"作"十"，漢世猶然，故易譌也。

〔一〇〕次　孫星衍云：《後漢書注》作"而後"。◎文斌案：下引《後漢書注》均見《馮衍傳》注。

〔一一〕晏子二句　蘇輿云：《後漢書注》作"晏子奉血仰天曰"。

〔一二〕嗚呼　吳則虞云：《外傳》《新序》皆作"惡乎"。《後漢書》卷二十八《注》引亦無此二字。

〔一三〕崔子句　吳則虞云：《外傳》《新序》"爲"上皆有"將"字。◎文斌案："崔子"，《後漢書注》作"崔氏"，《新序》作"崔子"，《外傳》作"崔杼"。

〔一四〕弒　孫星衍云：《後漢書注》《新序》作"殺"。◎王叔岷云：《韓詩外傳》二亦作"殺"。

〔一五〕不與三句　孫星衍云：《後漢書注》作"若有能復崔氏而嬰不與盟，明神視之。遂仰而飲血"。◎吳則虞云：《呂氏春秋·知分》作："'不與崔氏而與公孫氏者，受此不祥。'晏子俛而飲血，仰而呼天曰：'不與公孫氏而與崔氏者，受此不祥。'"《外傳》《新序》皆作"盟者皆視之"，與此略異。◎文斌案：《後漢書注》原作"若有能復崔氏而嬰不與，盟視之"，無"明神"二字。孫氏失檢。

〔一六〕崔杼句　吳則虞云：《呂氏春秋·知分》作"崔杼不說，直兵造智，句兵鉤頸，謂晏子曰"。◎文斌案：楊本"謂"作"與"。

〔一七〕子變句　吳則虞云：《呂氏春秋·知分》與此同。《外傳》、《新序》、《後漢書》卷五十八《注》引均作"子與我"。◎文斌案：《後漢書》卷五十八乃《臧洪傳》，注未引此句；卷二十八《馮衍傳》注引作"晏子與我"。吳氏失檢。

〔一八〕則齊句　吴則虞云：《吕氏春秋·知分》、《後漢書》卷五十八《注》引與此同，惟《注》引無“子”字。《外傳》作“吾將與子分國”，《新序》作“我與子分國”。◎文斌案：《後漢書》五十八注未引此句，引此句者乃卷二十八《馮衍傳》注，吴氏失檢。

〔一九〕子不句　吴則虞云：《吕氏春秋》同。《外傳》《後漢書注》俱作“不與我”，《新序》作“子不吾與”。◎文斌案：《外傳》作“子不與我”，《馮衍傳》作“不與我”，吴氏失檢。《新序》作“子不吾與”。

〔二〇〕戟既二句　蘇輿云：《後漢書注》無二“既”字。◎張純一云：《後漢書注》“戟”上有“則”字。◎吴則虞云：《外傳》作“殺子，直兵將推之，曲兵將鈎之”。《新序》同，惟“殺”上有“吾將”二字，“鈎”作“勾”。◎劉如瑛云：二“既”字均疑爲“即”，音形俱近而誤。“既”表動作的完成，此處當用“即”，即將之意。《韓詩外傳》卷二作“直兵將推之，曲兵將鈎之”。《新序·義勇》及徐鍇《説文解字繫傳》卷二十七“鑲”字下所引均同。《後漢書·馮衍傳》：“是以晏嬰臨盟，擬以曲戟，不易其辭。”李賢注引作“不與我，則戟在胷，劍在心”。“則”，猶“即”。無作“既”者。◎文斌案：《吕氏春秋》“子不變子言”後作“則今是已”，與衆書異。

〔二一〕維子句　吴則虞云：《外傳》作“吾願子圖之也”，《新序》作“唯子圖之”，《後漢書注》作“子圖之”。

〔二二〕劫吾句　孫星衍云：《後漢書注》“志”作“意”。◎文斌案：《外傳》《新序》均作“劫以刃而失其志者”。

〔二三〕回吾句　孫星衍云：“回”，《後漢書注》《韓詩外傳》作“留”。◎張純一云：《新序》亦作“回”。一本作“圖”。“回”字是。◎吴則虞云：《外傳》《新序》“回吾以利”兩句在“劫吾以刃”之上。◎文斌案：《後漢書注》《新序》“倍”均作“背”，《外傳》作“倍”。《外傳》《新序》均無“吾”字。

〔二四〕非義句　孫星衍云：《韓詩外傳》“義”作“仁”。◎張純一云：《新序》亦作“仁”。◎文斌案：《後漢書注》做“義”。

〔二五〕子獨句　孫星衍云：“夫詩乎”，今本作“天討乎”，形相近，字之誤也。據《吕氏春秋》訂正。◎蘇輿云：《韓詩外傳》《後漢書注》並無此句。◎吴則虞云：《新序》亦無此句，元本、活字本、吴勉學本、楊本、凌本正作“子獨不爲天討乎”。◎文斌案：孫本、吴蕭本作“夫詩乎”，餘均誤作“天討乎”。

〔二六〕詩云　孫星衍云：《大雅·旱麓》之詩。◎文斌案：沈本“云”作“曰”。

〔二七〕莫莫句　孫星衍云：《詩》及《吕氏春秋》《韓詩外傳》作“藟”，是。俗作

"虆"。◎吳則虞云：《後漢書·蘇竟傳》引亦作"虆"，《釋文》："'藟'，字又作'虆'。"◎文斌案：《後漢書·蘇竟傳》引作"藟"，吳氏失檢。《馮衍傳》《新序》引均省"莫莫葛虆，施于條枚"二句。

〔二八〕施於句　孫星衍云："施"，《呂氏春秋》作"延"。◎吳則虞云：《外傳》《呂氏春秋·知分》俱作"延"，高誘注引同。

〔二九〕愷悌句　孫星衍云：《詩》作"豈弟"，《呂氏春秋》作"凱弟"。"愷弟"正字，"豈"通字，"凱悌"俗字。

〔三〇〕今嬰句　孫星衍云：《韓詩外傳》作"嬰其可回矣"，《新序》"嬰可謂不回矣"。◎蘇輿云：《後漢書注》作"嬰可回而求福乎"。◎劉師培《補釋》云："且"者，"其"字之誤也。"其"與"豈"同，"且可以回而求福"，猶言"豈可以回而求福"也。上節"其繟而從之"，猶言"豈繟而從之"。今《呂氏春秋》亦作"且"，與此同誤。◎張純一云："且"，猶"豈"也。"回"，邪曲也。◎徐仁甫云："且"猶"其"也。《韓非子·說林》"且誰不食"，《魏策》作"其誰不食"。本文作"且"，《呂氏春秋·知分篇》亦作"且"，《韓詩外傳》二作"嬰其可回矣"，皆"且"猶"其"之證。劉說"且"爲"其"誤，陶鴻慶說"其"古文作"亓"，誤爲"亦"（見前章），則"亓"不當誤爲"且"；若謂楷書"其"誤爲"且"，則"其"又不當誤爲"亦"，彼此互證，可見說誤字之非。

〔三一〕曲刃二句　孫星衍云：高誘注《淮南子》："晏子不從崔杼之盟，將見殺，晏子曰：'句戟何不句，直矛何不撓，不撓不義。'"◎蘇輿云：《後漢書注》"曲"作"劍"。◎劉師培《校補》云：《外傳》及《新序·義勇篇》均作"直兵將推之"，《說文繫傳》三引作"曲兵將鉤之"（下云"吳鉤也"），二十七又引"直兵將推之，曲兵將鉤之"，並與《外傳》《新序》合。實則"推"亦誤字，當從《淮南》高注作"撓"（《音義》引），《素問·五常政大論》王注云"撓爲朴落"，即其義。《論衡·命義篇》謂"晏子所遭，直兵指胸，白刃加頸"，與此亦同也。◎于省吾云："曲"不應作"劍"，"推"不應改"撓"。劍乃直兵，非曲刃也。曲刃謂戈、戟之屬，直兵謂矛、劍之屬。自外向內挽之曰"鉤"，自內向外刺之曰"推"。"鉤"與"推"對文，改"推"爲"撓"，是不知古兵之所由用者也。◎文斌案：于說是。《外傳》《新序》均無"將"字，劉氏失檢。

〔三二〕嬰不句　孫星衍云：《新序》作"嬰不之回也"。◎王叔岷云：《外傳》作"嬰不之革也"。此文"不"下蓋脫"之"字。

〔三三〕崔杼諸句　吳則虞云：《外傳》《新序》無此數語。◎田宗堯云：《史記》作："慶封欲殺晏子，崔杼曰：'忠臣也，舍之。'"與此文大異。

〔三四〕崔子句　孫星衍云："舍"，《後漢書注》作"釋"。

〔三五〕若大二句　孫星衍云："而爲小仁"，言其舍己。◎張純一云："若"
"而"，並"汝"也，指或者言。◎徐仁甫云："若"猶"此"也，言此大夫爲
大不仁而爲小仁也。孫星衍曰："言其舍己。"則"若"指崔子，"而"爲轉
折詞。張説可商。◎文斌案：徐説是。

〔三六〕焉有句　于鬯云："中"當讀爲"用"，説已見《管子·禁藏篇》校。"焉有
用乎"者，謂無用也，承上文"若大夫爲大不仁而爲小仁"而言。既"爲
大不仁而爲小仁"，則此小仁焉有用乎？無用也。依"中"字義不可解。

〔三七〕授綏句　孫星衍云："授"，《吕氏春秋》作"受"。"綏"，《韓詩外傳》作
"縷"，非。"而乘"，《太平御覽》作"晏子不與盟而出，上車"。◎盧文弨
曰："授"，《吕氏春秋·知分篇》同。《意林》所載《吕氏》作"援"，當從
之。◎黄以周云："授"當作"受"。◎張純一《校注》改"授"作"援"，注
云："授"蓋"援"之形誤，盧從《意林》是也，今據正。《御覽》見三百七十
六，又四百八十同。◎文斌案：黄本上方校語云："'授'疑'援'字。"

〔三八〕其僕句　吴則虞云：《外傳》無"將"字。◎文斌案：《新序》及《御覽》三
百七十六，四百八十均有"將"字。

〔三九〕晏子句　孫星衍云："撫"，《新序》作"附"（當爲"拊"）。《吕氏春秋》作
"無良"，誤。

〔四〇〕徐　張純一云：《吕覽》作"安"，《意林》引同。◎文斌案：《外傳》《新
序》無"徐之！疾不必生，徐不必死"三句。

〔四一〕鹿生句　孫星衍云："野"，《太平御覽》作"山"，一作"山野"。◎張純一
云："野"，《御覽》兩引俱作"山"，《吕覽》《意林》引並同。◎王叔岷云：
《御覽》四百八十作"山"，三七六作"山野"。張純一失檢。

〔四二〕命縣句　孫星衍云："廚"，《太平御覽》作"庖廚"，《新序》作"虎豹在山
林，其命在庖廚"，文義不逮此矣。◎蘇輿云：《韓詩外傳》作"麋鹿在山
林，其命在庖廚"。◎王叔岷云：《御覽》三七六作"庖廚"，四百八十無
"庖"字。《吕氏春秋·知分篇》亦無"庖"字。◎吴則虞云：《吕氏春
秋》"命"上有"而"字。

〔四三〕嬰命句　孫星衍云："繫"，《太平御覽》作"懸"。◎盧文弨云：《御覽》
兩引皆作"有所縣"。◎蘇輿云：《韓詩外傳》同《御覽》。◎張純一云：
《吕覽》《意林》引並作"懸"，蓋"縣"之俗字。"繫"當從諸書作"縣"。
◎吴則虞云：《吕氏春秋》作"今嬰之命有所懸矣"，《外傳》下又有"安
在疾驅"四字。《新序》作"馳不益生，緩不益死"。◎文斌案：《御覽》
兩引、《吕氏春秋》皆作"有所懸"，《外傳》"懸"作"縣"。《外傳》下四字
爲"安在疾馳"，吴氏失檢。

〔四四〕按之句　蘇輿云："按之成節"，《韓詩外傳》作"安行成節"。◎吴則虞

云:《新序》作"按之成節",《御覽》引作"成節而後去"。◎文斌案:《御覽》兩引均作"成節而去",無"後"字,吳氏失檢。"而後去",《外傳》《新序》均作"然後去之"。

〔四五〕詩云句 孫星衍云:《鄭風·羔裘》之詩。◎蘇輿云:《韓詩外傳》下有"羔裘如濡"二句。◎徐仁甫云:"《詩》云"以下疑非《晏子春秋》本文,乃後人依《韓詩外傳》二增入。《新序》亦本《外傳》。《左傳》《呂覽》均無,可證也。後第二十一章之末,《外傳》有"《詩》曰:'禮儀卒度,笑語卒獲。'晏子之謂也"。而本書無之,亦可以作反證。

〔四六〕彼己句 孫星衍云:"己",《詩》作"其"。◎吳則虞云:《外傳》《新序》同。《左·襄二十七年傳》《史記·匈奴傳》"集解"引作"已"。

〔四七〕舍命句 孫星衍云:"渝",《韓詩外傳》作"偷"。《詩箋》:"'舍'猶'處'也。"據此當爲捐舍,鄭説非。《詩傳》:"'渝',變也。"據《韓詩》亦可讀爲"偷生"之"偷"。◎吳則虞云:鄭《箋》云:"是子處命不變,謂守死善道,見危授命之等。"證以此書,鄭用古文之説也。

〔四八〕孫星衍云:《呂氏春秋·知命篇》《新序·義勇篇》《韓詩外傳》俱用此文。◎文斌案:當爲《呂氏春秋·知分篇》,孫氏失檢。

晏子再治阿而信見景公任以國政第四〔一〕

景公使晏子爲東阿宰〔二〕,三年,毀聞於國〔三〕。景公不説〔四〕,召而免之〔五〕。晏子謝曰〔六〕:"嬰知嬰之過矣〔七〕,請復治阿〔八〕,三年而譽必聞於國〔九〕。"景公不忍〔一〇〕,復使治阿,三年而譽聞於國。景公説,召而賞之〔一一〕。景公問其故,對曰:"昔者嬰之治阿也,築蹊徑〔一二〕,急門閭之政〔一三〕,而淫民惡之〔一四〕;舉儉力孝弟〔一五〕,罰偷窳〔一六〕,而惰民惡之〔一七〕;決獄不避,貴強惡之〔一八〕;左右所求〔一九〕,法則予〔二〇〕,非法則否,而左右惡之;事貴人體不過禮〔二一〕,而貴人惡之。是以三邪毀乎外〔二二〕,二讒毀乎内〔二三〕,三年而毀聞乎君也。今臣謹更之〔二四〕:不築蹊徑,而緩門閭之政,而淫民説;不舉儉力孝弟,不罰偷窳,而惰民説;決獄阿貴強〔二五〕,而貴彊説〔二六〕;左右所求言諾〔二七〕,而左右説;事貴人體過禮,而貴人説。是三邪譽乎外,二讒譽乎内〔二八〕,三年而譽聞于君也。昔者嬰之所以當誅者宜賞,今所以當賞者宜誅〔二九〕,是故不敢受。"景公知晏子賢,迺任以國政〔三〇〕,三年而齊大興。

〔一〕文斌案：元刻本、活字本、嘉靖本、沈本、吳勉本目録與標題均作“信見”；盧文弨《拾補》附“元人刻本”目録作“見信”；蘇輿本、吳則虞《集釋》採盧説改爲“見信”；張純一《校注》沿用元明本仍作“信見”。吳懷保本標題作“任以國政”，列“景公”名下；目録誤在“莊公”名下，當改作“景公”。楊本作“治東阿”，凌本作“晏子爲東阿宰”。《子彙》本、凌本章後附《外篇第七》第二十章文。

〔二〕景公句　孫星衍云：《左傳·莊十三年》：“公會齊侯盟于柯。”杜預注：“齊之阿邑。”齊威王烹阿大夫，即此。《元和郡縣志》：“東阿縣，漢舊縣也。春秋時齊之柯地。”按此已名東阿，則漢縣承古名。又《本草經》已有“阿膠”，“阿”“柯”通也。◎盧文弨曰：《御覽》二百六十六，又四百二十四皆無“東”字。◎王念孫云：今本“阿”上有“東”字乃後人所加，盧已辯之。◎黄以周云：標題云“晏子再治阿”，亦無“東”字。◎蘇輿云：《治要》亦無“東”字。◎張純一云：《藝文類聚》五十亦無“東”字，當並據删。《太平寰宇記》：“齊州禹城縣：本春秋齊邑，謂祝柯，猶東柯也。古祝國，黄帝之後。按古東柯，齊爲阿。”“晏嬰城：城内有井，水和膠入藥方。”◎吳則虞云：《藝文類聚》五十、《意林》一俱無“東”字，當據删。《指海》本已删。◎王叔岷云：《記纂淵海》四三引“阿”上無“東”字。◎文斌案：《元和郡縣志》見卷十《河南道六》，《太平寰宇記》見卷十九《河南道十九》。

〔三〕三年二句　孫星衍云：“三年”，《意林》作“治阿三年”。◎王念孫云：“三年”下有“而”字，而今本脱之。下文云“三年而譽聞于國”，又云“三年而毁聞于君”“三年而譽聞于君”，則此亦當有“而”字。《群書治要》及《藝文類聚·職官部六》《太平御覽·職官部六十四》皆作“三年而毁聞于國”。◎王叔岷云：《記纂淵海》引“毁”上有“而”字。◎吳則虞云：《指海》本補“而”字。

〔四〕景公句　張純一云：《類聚》《治要》並無“景”字。◎文斌案：《御覽》《記纂淵海》有“景”字，《類聚》《治要》《御覽》《記纂淵海》“説”均作“悦”。吳懷保本此處作“悦”，下文亦作“説”。

〔五〕召而句　孫星衍云：一本脱“而”字，非。《意林》作“召而問之”。◎劉師培《黄本校記》云：黄本無“而”字。◎文斌案：吳勉學本亦無“而”字。

〔六〕晏子句　吳則虞云：“謝曰”，楊本、凌本作“對曰”。◎文斌案：《意林》亦作“對曰”。

〔七〕嬰知句　吳則虞云：《類聚》《御覽》俱無“嬰之”二字。◎王叔岷云：《記纂淵海》引作“嬰知過矣”。

〔八〕請復句　文斌案：《類聚》脱“治”字。

〔九〕三年句　吳則虞云:《御覽》二百六十六引無"必"字。此晏子決然自信之
語,有"必"字者是。◎文斌案:吳氏所謂《御覽》引無"必"字者,乃下文
作者對於事件之敘述語,非此處晏子之請求語;《御覽》敘述晏子之請求語
至"請復治阿"止。本文"'三年而譽必聞于國。'景公不忍,復使治阿",
《御覽》均省。吳氏失檢。

〔一〇〕景公句　吳則虞云:"不忍"二字衍,《治要》無,當據刪。

〔一一〕景公二句　孫星衍云:《藝文類聚》此下有"辭而不受"四字,疑此脫。
◎劉師培《校補》云:《治要》及《御覽》二百六十六、四百廿四所引此下
有"辭而不受"四字,與《類聚》五十所引合,當據補。◎陶鴻慶云:"召
而賞之"下,當依《藝文類聚》補"辭而不受"四字。"公問其故",即問其
不受之故也。下文云"昔者嬰之所以當誅者宜賞,今所以當賞者宜誅,
是以不敢受",是其明證。◎吳則虞云:《指海》本補此四字。◎王叔岷
云:《治要》、《藝文類聚》五十、《記纂淵海》引"公"上並無"景"字,下文
"景公問其故"亦並無"景"字。《御覽》二六六、四二四引下文同。又,
《記纂淵海》引"賞之"下有"辭而不受"四字。

〔一二〕築蹊句　孫星衍云:《說文》:"'徯'或從足作'蹊'。"《玉篇》:"遐雞切,
徑也。"◎吳則虞云:《管子·八觀》:"郭周不可以外通,里域不可以橫
通。……郭周外通,則姦遁踰越者作;里域橫通,則攘奪竊盜者不止。"
此皆指蹊徑言也。《周禮·秋官·野廬氏》:"禁野之橫行徑踰者。"
《注》:"皆爲防姦也。橫行妄由田中,徑踰,射邪趨疾,越隄渠也。"此言
"築蹊徑",當即指此,故下云"淫民惡之"。

〔一三〕急門句　蘇時學云:"築蹊徑"以防踰越,"急門閭"以嚴出入,皆備姦盜
也。◎吳則虞云:《周禮·地官·鄉大夫》:"國有大故,則致萬民於王
門,令無節者不行於天下。"又《秋官·脩閭氏》:"邦有故,則令守其閭
互,唯執節者不幾。"是門閭之政,俱以防遏寇盜。◎文斌案:"國有大
故"三句見《周禮·地官·大司徒》,吳氏失檢。《鄉大夫》作"國有大
故,則令民各守其閭,以待政令",更切本章文義。

〔一四〕而淫句　吳則虞云:《意林》一引無"而"字。

〔一五〕舉儉句　蘇輿云:《治要》"弟"作"悌",下同。◎張純一云:"力"謂力
田,勤也。

〔一六〕罰偷句　張純一云:"窳",惰也。又,器不堅緻也。◎吳則虞云:《意
林》引作"舉儉罰偷"。

〔一七〕而惰句　王叔岷云:《意林》引"惰"作"墮",古字通用。◎文斌案:《意
林》引無"而"字。

〔一八〕決獄二句　孫星衍云:"不避",《意林》作"不畏強貴"。此下疑有"貴

强”二字，後人以與下“貴强”重出，故脱之。◎蘇輿云：《拾補》作“決獄不避貴彊，而貴彊惡之”，注云：“‘而’字當補，‘貴彊’二字孫補。”案以上下文例之，盧補是也。《治要》有“貴彊”二字，無“而”字。◎吳則虞云：《指海》本補“貴彊”二字。

〔一九〕左右句　蘇輿云：《治要》“所”上有“之”字。

〔二〇〕法則句　劉師培《校補》云：《治要》引“予”作“與”，《意林》作“左右取求，非法不予”。

〔二一〕事貴句　孫星衍云：《意林》作“不能過禮”。

〔二二〕是以句　黃以周云：“乎”，《御覽》作“于”，下二句亦同。◎張純一云：“三邪”，謂淫民、惰民、貴强。◎王叔岷云：《意林》引“乎”並作“于”。

〔二三〕二讒句　張純一云：“二讒”，謂左右與貴人。◎文斌案：“乎”，黃本同，餘均作“于”。《意林》“毀乎内”作“去于内”。

〔二四〕今臣　孫星衍云：《意林》作“臣請改轍，更治三年，必有譽也”。◎蘇輿云：《治要》無“謹”字。

〔二五〕決獄句　文斌案：楊本脱“强”字。

〔二六〕而貴句　文斌案：“彊”，吳勉學本、黃本、楊本、凌本、孫本作“强”，嘉靖本誤作“疆”。

〔二七〕左右句　陶鴻慶云：“言”蓋“皆”之壞字，“所求皆諾”，與上文“法則予，非法則否”正相反。

〔二八〕是三二句　蘇輿云：各本“是”下無“以”字，《治要》有。盧文弨云“當補”，今從之。◎張純一云：兩“乎”字，《御覽》《治要》並作“于”。◎吳則虞云：《意林》此二句“乎”“于”互易，元刻本亦作“于”。◎文斌案：《治要》作“三邪譽於外，二讒譽乎内”，《意林》未引此二句，元刻本亦作“乎”。張、吳二氏失檢。

〔二九〕昔者二句　孫星衍云：《藝文類聚》作“昔者嬰之所治者當賞，而今所以治者當誅”。◎蘇輿云：《治要》有“而”字。◎劉師培《校補》云：《御覽》兩引“宜”並作“當”，“今”上有“而”字。◎王叔岷云：《記纂淵海》引兩“宜”字並作“當”，“今”上有“而”字，“今”下有“之”字。◎文斌案：《類聚》五十引作“昔者嬰之所治當賞，而今所以治當誅”，無二“者”字。《治要》“今”下有“之”字。

〔三〇〕景公二句　蘇輿云：《治要》作“景公乃任以國政焉”。

景公惡故人晏子退國亂復召晏子第五〔一〕

景公與晏子立于曲潢之上，晏子稱曰：“衣莫若新，人莫若故〔二〕。”

公曰："衣之新也,信善矣;人之故,相知情〔三〕。"晏子歸,負載〔四〕,使人辭于公曰:"嬰故老耄無能也〔五〕,請毋服壯者之事〔六〕。"公自治國,身弱於高、國,百姓大亂。公恐,復召晏子。諸侯忌其威,而高、國服其政,田疇墾辟〔七〕,蠶桑斂收之處不足〔八〕,絲蠶於燕,牧馬於魯〔九〕,共貢入朝〔一〇〕。墨子聞之曰:"晏子知道,景公知窮矣。"

〔一〕文斌案:吳懷保本目録、標題均作"復國",目録列"莊公"名下,誤,當從標題列"景公"名下。楊本作"人莫若故",凌本作"晏子與公立于曲潢之上"。《子彙》本、凌本章後附《外篇第七》第二十二章文。

〔二〕衣莫二句　蘇時學云:古樂府有此二語,蓋出《晏子》。

〔三〕人之二句　孫星衍云:嫌其知情實。◎蘇時學云:即日久見人心之意。◎吳則虞云:"故"下奪"也"字。

〔四〕負載　張純一云:"負載"猶"負戴"。負於背,戴於首,任勞役也。◎王叔岷云:黃之寀本正作"負戴"。◎徐仁甫云:《方言》七:"凡以驢馬馲駞載物者謂之負陀。"則此負載亦謂以馬載物。且"負載"《外上》第二十二章作"備載"。孫星衍云:"'備'同'犕','犕載'言犕駕也。"此"負"即"犕"之聲借。蓋晏子一面犕駕,一面使人辭於公,可也。若既負於背,又戴於首,乃使人辭於公,曰"請毋服壯者之事",而負戴正壯者之事,其語豈不自相衝突乎?可見張説未免望文衍訓。

〔五〕故　張純一云:"故""固"同。

〔六〕請毋句　張純一云:"請",通"誠"。"毋",語助,無意義。言嬰固老耄無能從政,誠能服壯者之事,能負能戴,明不鄉禄也。《外上》廿二章:"嬰固老悖無能,毋敢服壯者事。""毋"亦語助,否則與彼下文"東耕海濱"不相應矣。◎徐仁甫云:張説"負載"既誤,故曲解"毋服壯者之事"爲"服壯者之事"。此"壯者之事"明指治國而言。古人四十强而仕,治國固强仕事也。《經傳釋詞》"毋"爲語助説根本錯誤(詳余《〈管〉〈墨〉書中"毋"爲語辭辨》),張氏從之,此説遂謬。

〔七〕墾辟　孫星衍云:《玉篇》:"'墾',苦狠切,耕也,治也。""辟"當爲"闢"。

〔八〕斂收　孫星衍云:"斂"與"綮"通。《説文》:"'稛',絭束也。""'絭',纕臂繩也。"《玉篇》:"'絭',袪緩切。"◎盧文弨云:"收"譌,當作"牧"。言民皆勤於事也。勤事者衆,而地不足,故下文"絲蠶於燕,牧馬於魯"。然則"斂牧"當作"斂養牧放"解明矣。◎蘇時學云:"收"當作"牧",謂畜牧也。故下言"牧馬於魯"。◎俞樾云:"收"乃"牧"字之誤,蠶桑斂牧之處不足,故下云"絲蠶于燕,牧馬于魯"也。孫氏不知"收"爲"牧"之誤,反讀"斂"

爲"絭",失之矣。◎吳則虞云：黃本、《繹史》、《指海》本俱作"牧"，他本俱作"收"。

〔九〕牧馬句　文斌案：吳勉學本"于"誤作"子"。

〔一〇〕共貢句　陶鴻慶云："共貢入朝"當作"燕魯共貢，小國入朝"。《內篇·問上》云"故小國入朝，燕魯共貢"，《外篇》云"燕魯共職，小國時朝"，皆其證。

齊饑晏子因路寢之役以振民第六〔一〕

景公之時饑〔二〕，晏子請爲民發粟，公不許。當爲路寢之臺，晏子令吏重其賃〔三〕，遠其兆，徐其日，而不趨〔四〕。三年，臺成而民振。故上悦乎游〔五〕，民足乎食〔六〕。君子曰："政則晏子欲發粟與民而已，若使不可得，則依物而偶於政〔七〕。"

〔一〕文斌案：元刻本、活字本、嘉靖本、沈本目録脱"寢"字，標題有。吳懷保本標題作"齊饑因路寢之役以振民"，列"景公"名下；目録"饑"作"飢"，脱"寢"字，列"莊公"名下。目録誤，當從標題。楊本作"成臺振民饑"，凌本作"饑"。

〔二〕景公句　孫星衍云："饑"，一本作"飢"，非。◎文斌案：吳懷保本、楊本誤作"飢"。

〔三〕賃　孫星衍云：《説文》："'賃'，庸也。"言重其庸直。

〔四〕遠其三句　孫星衍云："趨"讀如"促"。◎盧文弨云：《荀子·王霸篇》楊倞注引作"重其績，遠其涂，佻其日"，皆是也。"佻"，緩也。◎于鬯云："遠其兆"義不可通。據《荀子·王霸篇》"佻其期日"，楊注云："'佻'與'傜'同，緩也，謂不迫促也。"引《晏子春秋》作"遠其涂，佻其日"。然則今本"兆""徐"二字互誤，當作"遠其徐，兆其日"。"徐"即"涂"之誤，"兆"即"佻"之壞，抑即讀"徐"爲"涂"，讀"兆"爲"佻"，假借之例，亦無不可也。"佻"得有"緩"義者，朱駿聲《説文通訓》以爲借作"迢遥"之"迢"，似較楊氏同"傜"之説爲勝（"兆"聲"䍃"聲古音不同部，且"傜"亦非"緩"義也）。或云：《方言》"'佻'，疾也"，"疾"與"緩"義反，此猶"亂"之爲"治"之例，亦一説。要楊以《晏子》證《荀子》，即可以《荀子》證《晏子》，彼云"佻其期日"，則此作"兆其日"不作"徐其日"明矣。後人不察，而倒乙之，不亦謬乎。◎張純一云："兆"爲臺之營域。◎吳則虞云：楊本"趨"作

“趣”。◎文斌案：于説是。

〔五〕故上句　文斌案：孫本“悦”作“説”。

〔六〕民足句　劉師培《校補》云：《荀子》注引作“欲上悦乎君，游民足乎食”。

〔七〕政則三句　孫星衍云：“物”，事也。言據事而不違于政，事謂爲臺。◎俞樾云：“依”猶“因”也，“偶”讀爲“寓”，古字通用。“寓”猶“寄”也，“依物而偶于政”者，因物而寄于政也，若晏子因築臺之事而寄發粟之政是也。孫未得其義。◎陶鴻慶云：兩“政”字皆當讀爲“正”。“偶”，合也。言論正道，則請發粟振民而已；既不可得，則依托他事而合於正也。《問下篇》云“世可以正則正，不可以正則曲”，即此義。◎張純一云：“偶”，合也。言依爲臺之事而發粟，合於振民之政也。

景公欲墮東門之堤晏子謂不可變古第七〔一〕

　　景公登東門防〔二〕，民單服然後上〔三〕，公曰：“此大傷牛馬蹄矣，夫何不下六尺哉？”晏子對曰：“昔者吾先君桓公，明君也；而管仲，賢相也。夫以賢相佐明君，而東門防全也。古者不爲〔四〕，殆有爲也。蚤歲溜水至，入廣門〔五〕，即下六尺耳；鄉者防下六尺〔六〕，則無齊矣〔七〕。夫古之重變古常〔八〕，此之謂也。”

〔一〕文斌案：吳懷保本標題作“諫東門之堤不可變”，以下均列“景公”名下。楊本作“東門防”，凌本作“登東門防”。

〔二〕景公句　孫星衍云：《説文》：“‘防’，隄也。”◎黄以周云：“東門防”亦稱“防門”。

〔三〕單服　蘇時學云：“單服”，單衣也。言東門隄高，登者必減衣然後能進。◎吳則虞云：“單服”恐“卑服”之訛，《無逸》“文王卑服”，是“卑服”連用之證。“卑服”即“屈服”，猶言“蒲服”“扶服”“俛服”。隄高不易行，匍匐委蛇而上之，下公云“此大傷牛馬蹄矣”，正言陂陸之難登。

〔四〕古者句　黄以周云：“不爲”當作“不下”，涉下“有爲”而誤。◎張純一云：黄説未允。“不爲”之“爲”讀平聲，承上“不下六尺”言；“有爲”之“爲”讀去聲，以“防下六尺則無齊”言。

〔五〕蚤歲二句　孫星衍云：《説文》：“‘霤’，屋水流也。”“溜”同“霤”。◎盧文弨云：“溜”，“淄”字之譌。淄水在齊，與“菑”同，以下文“入廣門”云云，當爲“淄”字明矣。◎俞樾云：孫説非是。下文曰“鄉者防下六尺，則無齊矣”,是水之大如此,豈屋霤水乎?“溜”疑“淄”字之誤。齊都營丘,淄水過其南及東,故有時淄水大至而爲害也。◎黄以周云:“溜”當作“濟”,“廣門”即“廣里”。《左氏·襄十六年傳》曰:“會于魯濟……同伐齊。齊侯禦諸平陰,塹防門而守之廣里。”司馬彪《郡國志》云:“濟北盧縣有平陰城,有防門,有光里。”《水經注》京相璠云:“平陰城南,河道所由,名防門,去平陰三里。防門北有光里,亦名廣里。”杜注《左傳》云:“平陰城南有防,防有門,門外作塹,横行廣一里。”本誤防門在濟水之北,廣門又在防門之北,濟水至,入廣門,爲防下六尺耳。◎陶鴻慶云:此言蚤歲水入廣門,祇下於防六尺,故水不爲害。故下云:“鄉者防下六尺,則無齊也。”“入廣門”“下六尺”,皆指水言。黄氏云“濟水至,入廣門,爲防下六尺”,則下二句爲贅語矣。◎吴則虞云:《指海》本改作“淄水”。◎文斌案:黄引《左傳》見“襄公十八年”,云“十六年”,失檢。《水經注》見卷八《濟水》。

〔六〕鄉 孫星衍云:“鄉”即“曏”省。◎劉師培《黄本校記》云:黄本“鄉”作“嚮”。◎徐仁甫云:“鄉”同“向”,“若”也;“者”猶“其”也(俱見《古書虛字集釋》)。“鄉者”即“若其”,假設之詞。《秦策五》:“向者遇桀紂,必殺之矣。”高注:“若其遇桀紂則必殺也。”可證此“鄉者”即“若其”,言若其防下六尺,則無齊矣。

〔七〕則無句 孫星衍云:言國皆漂没。

〔八〕夫古句 孫星衍云:《爾雅·釋詁》:“‘古’,故也。”“‘法’,常也。”◎張純一云:自來常法,富具經驗,不可輕言變更,故古人重之。“之”,當作“人”。《墨子·經説下》:“若瘧病之之於瘧也。”孫詒讓云:“下‘之’字當作‘人’。”與此同。

景公憐飢者晏子稱治國之本以長其意第八〔一〕

景公遊於壽宮〔二〕,睹長年負薪者而有飢色〔三〕。公悲之,喟然歎曰〔四〕:“令吏養之!”晏子曰:“臣聞之:樂賢而哀不肖,守國之本也。今君愛老,而恩無所不逮〔五〕,治國之本也。”公笑,有喜色。晏子曰:“聖王見賢以樂賢,見不肖以哀不肖〔六〕。今請求老弱之不養,鰥寡之無室者〔七〕,論而共秩焉〔八〕。”公曰:“諾。”于是老弱有養,鰥寡有室。〔九〕

〔一〕吴則虞云:楊本此章缺。◎文斌案:元刻本、活字本、嘉靖本、沈本目録、標題“飢”均作“饑”,顧廣圻改作“飢”。《説文》:“穀不孰爲饑。”“‘飢’,

餓也。"顧改是。吳懷保本標題作"稱治國之本",凌本作"景公遊于壽宮"。

〔二〕壽宮　孫星衍云:齊桓公死于此宮,見前。◎張純一云:《藝文類聚》八十引無"於"字。"壽宮"即"胡宮",本齊先君胡公之宮。胡公壽考,故亦稱"壽宮"。

〔三〕睹長句　孫星衍云:"長",《藝文類聚》作"耆",義同。"長",讀"令長"。"飢",《藝文類聚》作"饑"。◎張純一云:《類聚》無"者而"二字。◎吳則虞云:《説苑·貴德篇》、《類聚》八十俱無"者"字。◎田宗堯云:吳勉學本、日刊黃之寀本、明活字本、《子彙》本"飢"並作"饑",字通,詳前校。《説苑·貴德篇》引亦作"饑"。◎文斌案:元刻本、嘉靖本、綿眇閣本、凌本亦作"饑",作"飢"者是。

〔四〕喟然句　王念孫云:"嘆曰"二字後人所加。"公悲之喟然,令吏養之"皆是記者之詞(《諫上篇》"令吏誅之",《下篇》"令吏謹守之",《雜下篇》"令吏葬之",皆記者之詞)。後人加"嘆曰"二字,則以"令吏養之"爲景公語,謬以千里矣。《説苑·貴德篇》有"歎曰"二字,亦後人依俗本《晏子》加之。《藝文類聚·火部》引《晏子》作"公喟然,令吏養之",無"嘆曰"二字。《諫上篇》"公喟然曰",後人加"嘆"字,《下篇》"喟然流涕",後人加"嘆而"二字,謬皆與此同(辯見《諫上》《諫下》)。◎吳則虞云:《指海》本删"歎曰"二字。

〔五〕今君二句　盧文弨云:《説苑》無"所"字,是。◎張純一云:《文選·西征賦》注引亦無。

〔六〕聖王二句　于鬯云:謂從見以推及於所不見者,而亦哀樂之。

〔七〕鰥寡句　吳則虞云:《説苑》"無"作"不"。◎文斌案:黃本"鰥寡"後脱"之"字。

〔八〕論而句　孫星衍云:"共",《説苑》作"供"。◎張純一云:"論",擇也。"秩",禄也,所以爲養也。

〔九〕孫星衍云:《説苑·貴德篇》用此文。

景公探雀鷇鷇弱反之晏子稱長幼以賀第九〔一〕

景公探雀鷇〔二〕,鷇弱,反之〔三〕。晏子聞之,不待時而入見景公〔四〕。公汗出,惕然。晏子曰:"君何爲者也〔五〕?"公曰:"吾探雀鷇〔六〕,鷇弱,故反之。"晏子逡巡〔七〕,北面再拜而賀曰〔八〕:"吾君有聖王之道矣〔九〕！"公曰："寡人探雀鷇〔一〇〕，鷇弱，故反之，其當聖人之道者何也〔一一〕？"晏子對曰："君探雀鷇，鷇弱，反之〔一二〕，是長幼也〔一三〕。吾君仁愛，曾禽獸之加焉〔一四〕，而況于人乎〔一五〕？此聖王之道也〔一六〕。"

〔一〕文斌案：吳懷保本標題作"稱長幼以賀"，楊本作"探雀鷇"，凌本作"雀鷇"。

〔二〕景公句　孫星衍云："鷇"，《爾雅·釋鳥》："生哺鷇。"郭璞注："鳥子須母食之。"《魯語》："鳥翼鷇卵。"《文子·上德篇》："鷇卵不探。"《方言》："爵子及雞雛皆謂之鷇。"◎張純一云："雀"，《說苑》作"爵"，古字通。◎吳則虞云：《說苑·貴德》、《御覽》五百四十三"雀"皆作"爵"，下同。◎田宗堯云：《藝文類聚》九十二、《御覽》九二二、《事文類聚》四十五、《天中記》五十八引"景"上並有"齊"字。◎文斌案：田氏所謂"《事文類聚》四十五"，乃《事文類聚後集》四十五。《合璧事類別集》七十四、《事類賦注》十九亦有"齊"字。

〔三〕反之句　蘇輿云：《治要》"反"上有"而"字。◎劉師培《校補》云：《說苑·貴德篇》上有"故"字。◎張純一云：《北堂書鈔》八十五引"反"上有"故"字。《藝文類聚》九十二引同。◎吳則虞云：《說苑》、《藝文類聚》九十二、《北堂書鈔》八十五、《御覽》五百四十三俱作"鷇弱，故反之"。《御覽》九百二十二、《合璧事類別集》七十四無"故"字。有"故"字者是，下文正有"故"字。◎文斌案：《御覽》五百四十三"反"作"返"。

〔四〕不待句　王念孫云："景公"二字，乃涉上文而衍，今據《群書治要》刪。"不待時而入見"本作"不時而入見"，"時"即"待"字也。"不待而入見"，謂先入見也。古書"待"字多作"時"（說見《經義述聞》"遲歸有時"下），《外下篇》"晏子不時而入見"即其證。後人不知"時"為"待"之借字，故又加"待"字耳（《說苑·貴德篇》作"不待請而入見"，"請"字亦後人所加，其謬更甚）。《群書治要》無"待"字。◎吳則虞云：《指海》本已刪此二字。◎王叔岷云："景公"二字非衍文，惟"公"字不當疊耳。《說苑》作"不待請而入見，景公汗出惕然"，可證。

〔五〕君何句　吳則虞云：《說苑》"何"作"胡"。

〔六〕吾探句　吳則虞云：《說苑》"吾"作"我"。

〔七〕逡巡　孫星衍云：《爾雅·釋言》："'逡'，退也。"《說文》："'巡'，視行皃。"

〔八〕北面句　張純一云：《治要》無"而"字，《書鈔》八十五、《類聚》九十二同。◎吳則虞云：《說苑》"曰"作"之"。◎王叔岷云：《事類賦注》十九，《御

覽》五四三、九二二引此亦並無“而”字。◎文斌案:《天中記》亦無
“而”字。

〔九〕吾君句　孫星衍云:“王”,《藝文類聚》作“人”。◎劉師培《校補》云:《書
鈔》八十五、《御覽》五百四十三、九百二十二及《事類賦注》十九並引“王”
作“人”,下同。◎吳則虞云:《合璧事類》作“人”。◎田宗堯云:《御覽》
五四三、《事文類聚》四十五、《天中記》五十八引“王”亦作“人”。又
“道”,《天中記》引作“德”。◎文斌案:作“人”者是。除上述證據外,下
文“其當聖人之道者何也”,元刻本、活字本、嘉靖本、吳懷保本、吳勉本亦
作“人”。《事類賦注》“道”亦作“德”。《書鈔》“矣”作“也”。

〔一○〕寡人句　吳則虞云:《説苑》“人”下有“人”字。

〔一一〕其當句　文斌案:元刻本、活字本、嘉靖本、吳懷保本亦作“人”,餘均
作“王”。

〔一二〕反之句　蘇輿云:《治要》“反”上有“故”字。◎劉師培《校補》云:《説
苑》同。◎王叔岷云:《御覽》九二二引作“君探鷇而弱,故反之”,五四
三及《事類賦注》引“反”上亦並有“故”字。

〔一三〕是長句　孫星衍云:“是”,《藝文類聚》作“道”。◎王叔岷云:《藝文類
聚》引“是”作“道”乃涉上文“聖王之道”而誤,不足據。◎徐仁甫云:
“仁愛”承“長幼”言,“長幼”,《逸周書》《國語》作“長弟”。《墨子·非
命》《趙策》《鄉飲酒義》作“弟長”。王念孫謂“長弟”爲仁愛,於此可
徵。而劉師培非之(見《周書補正》),非也。然王氏未引此文爲證,致
來劉氏之非。今辨之於此。

〔一四〕吾君二句　蘇輿云:《治要》“君”上無“吾”字,又無“仁愛”二字,非。
◎劉師培《補釋》云:《説苑·貴德篇》無“曾”字,是也。“曾”篆書作
“曾”,與“禽”相近,乃“禽”字譌文之併入者也。“禽獸之加”,猶言“禽
獸是加”。◎吳則虞云:《事類賦》、《御覽》九百二十二、《合璧事類》均
作“禽獸若此”。◎田宗堯云:《御覽》九二二引作“禽獸若此”,《事文
類聚》同;《天中記》引作“育禽獸而若此”。◎徐仁甫云:“之”猶“尚”
也。言禽獸尚加之以仁愛,而況於人乎? “之”與“而況”相呼應,故多
如此用法。《莊子·養生主》:“技經肯綮之未嘗,而況大軱乎?”《説
苑·貴德》:“甘棠之不伐也,政教惡乎不行?”“之”皆當訓“尚”。◎文
斌案:《事類賦注》作“育禽獸而若此”,吳氏失檢。

〔一五〕而況句　吳則虞云:《類聚》、《御覽》九百二十二、《合璧事類》無
“于”字。

〔一六〕此聖句　吳則虞云:《御覽》兩引“王”俱作“人”。◎孫星衍云:《説
苑·貴德篇》用此文。◎文斌案:此句“王”亦當作“人”。

景公睹乞兒於塗晏子諷公使養第十[一]

景公睹嬰兒有乞於塗者[二]，公曰：“是無歸夫[三]！”晏子對曰：“君存[四]，何爲無歸？使吏養[五]，可立而以聞[六]。”

〔一〕文斌案：吳懷保本標題作“諷公使養乞兒”，楊本作“養嬰兒”，凌本作“乞途”。
〔二〕景公句　張純一云：“嬰”當作“孩”。《老子》曰：“如嬰兒之未孩。”
〔三〕是無句　文斌案：“夫”，吳勉學本、黃本、孫本作“矣”，《説苑》亦作“夫”。
〔四〕君存句　文斌案：楊本“君”誤作“若”。
〔五〕使吏句　劉師培《校補》云：《説苑·貴德篇》作“使養之”。◎文斌案：《子彙》本、吳勉學本、黃本、綿眇閣本、楊本、凌本、孫本“養”後亦有“之”字。
〔六〕可立句　張純一云：“而”猶“則”也。養兒至可立時，則以聞于公也。◎文斌案：“立”，謂立身成人。◎孫星衍云：《説苑·貴德篇》用此文。

景公慙刖跪之辱不朝晏子稱直請賞之第十一[一]

景公正晝被髮[二]，乘六馬，御婦人以出正閨[三]。刖跪擊其馬而反之[四]，曰：“爾非吾君也[五]！”公慙而不朝。晏子睹裔款而問曰[六]：“君何故不朝？”對曰：“昔者君正晝被髮[七]，乘六馬，御婦人以出正閨[八]。刖跪擊其馬而反之，曰：‘爾非吾君也！’公慙而反，不果出[九]，是以不朝。”晏子入見。景公曰：“昔者寡人有罪，被髮，乘六馬以出正閨。刖跪擊馬而反之，曰：‘爾非吾君也！’寡人以天子大夫之賜，得率百姓以守宗廟[一〇]。今見戮於刖跪，以辱社稷[一一]，吾猶可以齊于諸侯乎？”晏子對曰：“君勿惡焉[一二]。臣聞[一三]：下無直辭，上有隱君[一四]；民多諱言[一五]，君有驕行[一六]。古者明君在上，下多直辭[一七]；君上好善，民無諱言。今君有失行，刖跪直辭禁之[一八]，是君之福也，故臣來慶。請賞之，以明君之好善；禮之，以明君之受諫[一九]。”公笑曰：“可乎？”晏子曰：“可。”於是令刖跪倍資無征[二〇]。時朝無事也[二一]。

〔一〕文斌案：吳懷保本標題作“慶惡刖跪之辱”，楊本作“刖跪擊馬”，凌本作“乘六馬”。

〔二〕景公句　文斌案：宋本《御覽》四百二十八無“正”字。

〔三〕御婦句　孫星衍云：“閨”，《爾雅·釋宮》：“宮中之門謂之闈，其小者謂之閨。”◎蘇輿云：《治要》“閨”作“門”，下同。

〔四〕刖跪句　孫星衍云：“跪”，足也。《荀子·勸學篇》：“蟹六跪而二螯。”《説文》“跪”字作“足”。刖足者使守門，是也。“擊”，《太平御覽》一作“繫”。◎蘇輿云：《治要》無“其”字，與下文一律。◎劉師培《黃本校記》云：黃本“擊”作“繫”。◎王叔岷云：《御覽》四二八引此亦無“其”字。◎文斌案：宋本《御覽》作“擊”。

〔五〕爾非句　吳則虞云：《御覽》四百二十八引無“爾”字。

〔六〕晏子句　孫星衍云：“款”，《説苑》作“敖”，誤。

〔七〕昔者句　盧文弨於“晝”字下注云：“晝”譌。◎蘇輿云：“晝”，各本誤“畫”，《拾補》作“晝”，今從《拾補》改。◎文斌案：吳勉學本誤作“畫”，其餘各本均作“晝”。蘇云“各本誤‘畫’”，失檢。

〔八〕御婦句　吳則虞云：《説苑》無“以”字。

〔九〕公惡二句　孫星衍云：今本作“公惡而出反不果”，據《太平御覽》訂正。◎劉師培《校補》云：《説苑》作“公慚而反，不果出”，是也。◎王叔岷云：《御覽》未引此文，孫氏所稱《御覽》，蓋《説苑》之誤也。◎文斌案：王校是。黃本上方校語云：“‘出反不果’可疑。”今據《説苑》校改。

〔一〇〕寡人二句　王念孫云：“天”字後人所加，“以子大夫之賜，得率百姓以守宗廟”，猶宋穆公言“若以大夫之靈，得保首領以沒”也。後人不解古書文義，乃妄加一“天”字，“天子”“大夫”並稱，斯爲不倫矣。《説苑·正諫篇》有“天”字，亦後人依俗本《晏子》加之，《群書治要》正作“子大夫”。◎顧廣圻云：當衍“天”字。“得”下脱一字，孫本作“率”。◎黃以周云：元刻脱“率”字。◎于鬯云：“以天子大夫之賜”，或謂諸侯之立，必天子使大夫命之，故景公爲是言。然“大夫”二字究當省及，義終可疑。故王念孫《雜志》據《群書治要》無“天”字，謂此“天”字後人所加，“以子大夫之賜，得率百姓以守宗廟”，猶宋穆公言“若以大夫之靈，得保首領以沒”也。説較近之。案：宋穆公語見《左·隱三年傳》，又，《襄十三年傳》楚共王亦言“若以大夫之靈，獲保首領以沒於地”，與宋穆語同，而其稱大夫則微異。《隱傳》上文云：“宋穆公疾，召大司馬孔父而屬殤公焉。”則“大夫”專指孔父也。《襄傳》上文云：“楚子疾，告大夫。”又下文云“莫對”，則“大夫”不專指一人，乃總稱也。王以“天”字爲後人所加，則“子大夫”專指晏子，故舍楚共而用宋穆；然玩下句“得率百姓以守宗廟”，專指晏子而言，義或未備也。且《説苑·正諫篇》亦有“天”字，則此“天”字殆不必後人所加，而爲後人傳寫形誤則有之矣。“天”蓋當作“夫”，與晏子言，故稱“夫子”，指晏子也。景公稱晏子爲“夫子”，前後不勝舉證，“大夫”亦總稱也，景公言以晏子及衆大夫之賜，得率百姓以守宗廟，則於文義爲備，於辭令爲宜。《治要》自脱落一“夫”字耳，猶賴今本及《正諫篇》存一“天”字，有跡可案，奈何因而抹之？孫星衍《音義》解此章“刖跪”云：“刖足者使守門，是也。”其説甚確。觀下文“倍資無征，時朝無事”，亦足見是賤者。刖跪爲守門賤者，明不在大夫之列；正惟刖跪不在大夫之列，故言衆大夫之賜，於下文“今見戮於刖跪以辱社稷”之語，不病也。◎吴則虞云：《指海》本已删“天”字。◎王叔岷云：黄之寀本、《子彙》本“得”下並有“率”字，《治要》引同。黄以周云：“元刻脱‘率’字。”是也。明活字本亦脱“率”字。◎文斌案：“天”乃“夫”之形誤。“以夫子、大夫之賜”，謂“以晏子及衆大夫之賜”，于説是也。吴勉學本、綿眇閣本、楊本、凌本、孫本“得”後亦有“率”字，嘉靖本、沈本、吴懷保本、吴鼐本脱。今補“率”字。

〔一一〕今見二句　孫星衍云：“見戮”，言戮辱。◎蘇輿云：《治要》“辱”作“羞”。

〔一二〕君勿句　吴則虞云：《説苑》“勿”作“無”。

〔一三〕臣聞句　蘇輿云：《治要》“聞”下有“之”字。◎吴則虞云：《説苑》亦有“之”字。《指海》本據增。

〔一四〕下無二句　孫星衍云：“隱君”，《太平御覽》作“墮君”，是。一作“隱惡”。◎蘇輿云：一本作“隱惡”，是也，與下“驕行”對文。《治要》作“惰君”。◎劉師培《校補》云：《御覽》四百五十五引《説苑》作“隱惡”，是也。“君”涉下文而誤。◎吴則虞云：《説苑》作“上無隱君”，《指海》本改“惰君”，非。◎文斌案：宋本《御覽》四百五十五引《説苑》作“民無直辭，上有隱惡”。

〔一五〕民多句　吴則虞云：元刻本、活字本“言”作“曰”，吴懷保本作“言”。◎文斌案：吴懷保本作“曰”，吴氏失檢。嘉靖本亦作“曰”。

〔一六〕君有句　劉師培《校補》云：《御覽》四百八十八引“驕”作“撟”。◎王叔岷云：《御覽》四二八引“驕”作“矯”，古字通用。四八八未引此文，劉氏失檢。◎吴則虞云：《御覽》四百二十八無“民多諱言”，下句作“民多驕行”，與此異。◎文斌案：宋本《御覽》四百二十八作“民多矯行”。王校是，劉、吴均失檢。

〔一七〕下多句　吴則虞云：《説苑》“多”作“有”。

〔一八〕刖跪句　蘇輿云：《治要》作“而刖跪禁之”。◎劉師培《校補》云：《説

苑》作“而刖跪有直辭”，“而”字當補。◎王叔岷云：《御覽》引作“而刖
跪直禁”，亦有“而”字。◎吳則虞云：《指海》本補“而”字。◎文斌案：
楊本“刖”誤作“則”。

〔一九〕請賞四句　孫星衍云：“善”“諫”爲韻。

〔二〇〕於是句　孫星衍云：“征”，《說苑》作“正”。◎張純一云：“資”者，給濟
之謂。“征”“正”同，稅也。◎吳則虞云：《御覽》引無“無征”二字。
◎文斌案：楊本、凌本脱“令”字。

〔二一〕時朝句　張純一云：不必有事，隨時可朝。◎孫星衍云：《說苑•正諫
篇》用此文。

景公夜從晏子飲晏子稱不敢與第十二〔一〕

　　景公飲酒，夜移于晏子〔二〕。前驅款門曰〔三〕：“君至。”晏子被玄
端〔四〕，立于門曰：“諸侯得微有故乎？國家得微有事乎〔五〕？君何爲非
時而夜辱〔六〕？”公曰：“酒醴之味，金石之聲，願與夫子樂之。”晏子對
曰：“夫布薦席〔七〕，陳簠簋者，有人，臣不敢與焉〔八〕。”公曰〔九〕：“移于司
馬穰苴之家〔一〇〕。”前驅款門曰：“君至。”穰苴介冑操戟立于門曰〔一一〕：
“諸侯得微有兵乎？大臣得微有叛者乎〔一二〕？君何爲非時而夜
辱〔一三〕？”公曰：“酒醴之味，金石之聲，願與將軍樂之〔一四〕。”穰苴對曰：
“夫布薦席〔一五〕，陳簠簋者，有人，臣不敢與焉〔一六〕。”公曰〔一七〕：“移於
梁丘據之家。”前驅款門曰：“君至。”梁丘據左操瑟〔一八〕，右挈竽〔一九〕，
行歌而出〔二〇〕。公曰：“樂哉，今夕吾飲也〔二一〕！微彼二子者〔二二〕，何以
治吾國？微此一臣者，何以樂吾身〔二三〕？”君子曰〔二四〕：“聖賢之君，皆
有益友，無偷樂之臣。景公弗能及，故兩用之，僅得不亡。”〔二五〕

〔一〕文斌案：吳懷保本標題作“夜從晏子飲”，楊本作“移飲”，凌本作“飲酒”。
楊本章後列《雜下》第十二章文。

〔二〕夜移句　孫星衍云：《太平御覽》有“家”字。◎陶鴻慶云：“晏子”下脱
“之家”二字。下文云：“移于司馬穰苴之家。”又云：“移於梁丘據之家。”
是其證。◎劉師培《補釋》云：《說苑•正諫篇》作：“景公飲酒，移于晏子
家。前驅報閭曰：‘君至。’”則此書古本固有“家”字。下文云“移于司馬
穰苴之家”“移于梁丘據之家”，則此文當有“家”字明矣。◎張純一《校
注》補“之家”二字，注云：“之家”二字舊脱，文不成義。《說苑》有“家”

字,《御覽》四百五十五引《説苑》同。今據補"家"字,並據下文"司馬穰苴之家""梁丘據之家"增"之"字,文同一例。◎文斌案:《御覽》四百六十八所引,"晏子""司馬穰苴"和"梁丘據"後均無"之家"二字,八百四十四引有。有"之家"二字者是。《説苑》《御覽》引均無"夜"字。

〔三〕前驅句　孫星衍云:"款",《説苑》《太平御覽》作"報"。◎張純一云:《御覽》三百五十三,又四百六十八引本書並作"款",《治要》同。◎吳則虞云:《説苑》"門"作"閨",是也。下云"玄端立于門",先報閨,故晏子得及被服在門,此"門"字蓋爲"閨"字之殘。◎文斌案:《説苑》作"報閨",《御覽》四百五十五引《説苑》作"報門"。《御覽》三百五十三、四百六十八引本書均作"款門"。

〔四〕晏子句　孫本"玄"作"元",《音義》云:"元端",《太平御覽》作"朝衣"。《説文》:"'褍',衣正幅。""端"與"褍"通。◎文斌案:元、明各本均作"玄端",清孫本、吳鼐本改"玄"作"元",吳鼐本並於"元"字外加圈,表明爲避諱而改字。《御覽》三百五十三、四百六十八、八百四十四引《晏子春秋》均無"被元端"三字,四百五十五引《説苑》作"被朝衣"。今從元刻作"玄"。

〔五〕諸侯二句　文廷式云:"微",猶"無"也,下文司馬穰苴語同。◎劉師培《校補》云:《御覽》八百四十四引作"國得無有故乎"。《説苑》"事"亦作"故"。◎吳則虞云:《御覽》四百六十八引亦作"故"。◎文斌案:宋本《御覽》八百四十四引"得"誤作"德"。

〔六〕君何句　劉師培《校補》云:《御覽》八百四十四引"君"下有"今"字,此挩。

〔七〕夫布句　孫星衍云:"布",《太平御覽》一作"鋪"。◎蘇輿云:《廣雅》:"'薦',席也。"《釋名》云:"'薦',所以自薦、藉也。"◎劉師培《校補》云:《書抄》百二十二、《御覽》三百五十五、四百六十八、七百九並引"布"作"鋪",下同。◎文斌案:《書鈔》百二十二未引此文,引此文者乃卷百二十四;《御覽》三百五十五未引此文,引此文者乃卷三百五十三。劉氏失檢。

〔八〕臣不句　吳則虞云:《御覽》四百六十八引"與"作"預"。◎文斌案:《御覽》三百五十三、四百五十五、七百九、八百四十四均作"與"。

〔九〕公曰句　蘇輿云:《治要》無"曰"字,下同。◎王叔岷云:《御覽》三五三、四六八、七百九引"公曰"並作"又";八四四引作"公乃"。◎文斌案:《御覽》四百五十五引《説苑》作"公曰"。

〔一〇〕司馬穰苴　孫星衍云:《史記·列傳》:"司馬穰苴者,田完之苗裔也。齊景公時……晏嬰乃薦田穰苴。"

〔一一〕介　孫星衍云:"介"與"甲"通。

〔一二〕大臣句 蘇輿云：《治要》“叛者”作“兵”，下有“大臣得微有不服乎”一句。◎張純一云：《治要》“大臣得微有兵乎”句衍，“不服”即是“叛”。

〔一三〕君何句 蘇輿云：《治要》“夜辱”作“來”，非。

〔一四〕願與句 孫星衍云：“將軍”，《說苑》作“夫子”，謬。◎王念孫云：此文本作“願與夫子樂之”，與上文答晏子之言文同一例。後人以此所稱是司馬穰苴，故改“夫子”爲“將軍”耳。不知春秋之時，君稱其臣無曰“將軍”者。《說苑》作“夫子”，即用《晏子》之文，《群書治要》所引正作“夫子”。◎吳則虞云：《指海》本已改作“夫子”。

〔一五〕夫布句 張純一云：《北堂書鈔》百二十四引作“鋪席薦”。

〔一六〕臣不句 吳則虞云：《御覽》四百六十八引“與”亦作“預”。

〔一七〕公曰句 王叔岷云：《書鈔》一百十、《御覽》四六八引“公曰”並作“又”；《御覽》八四四引作“公復”。

〔一八〕梁丘句 孫星衍云：《說苑》“左”作“右”，下作“左”。◎蘇輿云：《治要》“操瑟”作“擁琴”。◎劉師培《校補》云：《書抄》一百十引“瑟”作“琴”，《治要》作“左擁琴”，《御覽》四百六十八作“左援琴”，八百四十四作“左執琴”。此作“操瑟”，“瑟”疑“琴”誤。◎向宗魯《說苑校證》云：“左操瑟，右挈竽”，宋本已下皆如此，《晏子》同。孫氏所據，不知何本。

〔一九〕右挈句 劉師培《校補》云：《御覽》八百四十四引“挈”作“擁”。◎吳則虞云：楊本誤“擊”。

〔二〇〕行歌句 孫星衍云：“出”，《太平御覽》作“至”。◎黃以周云：元刻“出”作“去”，誤。一作“至”，亦非。◎劉師培《校補》云：《治要》引作“而出”，《說苑》同。◎王叔岷云：黃之寀本、《子彙》本亦並作“而出”，明活字本與元本同。《說苑》作“而至”，劉氏失檢。◎文斌案：《御覽》四百五十五、四百六十八、八百四十四“出”均作“至”。元刻本、活字本、嘉靖本、吳懷保本、吳鼐本誤作“去”。今改作“出”。

〔二一〕今夕句 劉師培《校補》云：《說苑》“飲”下有“酒”字，此挩。◎吳則虞云：《御覽》四百六十八無“也”字，八百四十四無“今夕”五字。

〔二二〕彼 孫本作“此”，《音義》云：“此”，《說苑》《太平御覽》作“彼”。◎黃以周云：元刻“此”作“彼”。◎蘇輿云：《治要》亦作“彼”。◎吳則虞云：《指海》本已據改。◎王叔岷云：黃之寀本“彼”誤“此”，明活字本、《子彙》本並與元本同。◎文斌案：《御覽》四百六十八無“彼”字。嘉靖本、吳懷保本、綿眇閣本、楊本、凌本亦作“彼”，吳勉學本作“此”，沈本“彼”爲“被”，二字通。景公此時已由晏子、司馬穰苴處來至梁丘據家；以梁丘據家言，晏子、司馬穰苴自然爲“彼”，而梁丘據爲“此”。作

"彼"是。

〔二三〕微彼四句　劉師培《校補》云：《御覽》八百四十四引作"無彼二子，何以持國？無此一臣，何以樂身"。◎吳則虞云：《御覽》四百六十八作"微二子"，"臣"下無"者"字，"身"下有"也"字。

〔二四〕君子句　王念孫云："君子曰"以下七句，《群書治要》及《太平御覽·人事部百九》《飲食部二》所引皆無此文。《説苑》有此文，而無"君子曰"三字。疑後人依《説苑》增入，而又加"君子曰"也。◎張純一云："君子曰"云云，明是記者之結論，不得因《治要》《御覽》未引遂疑爲後人增也。《説苑》脱"君子曰"，當據此補。◎吳則虞云：《指海》本删"君子曰"以下一段。◎文斌案：《御覽》四百五十五引《説苑》有"聖賢之君"六句，無"君子曰"三字。

〔二五〕孫星衍云：《説苑·正諫篇》用此文。

景公使進食與裘晏子對以社稷臣第十三〔一〕

晏子侍于景公，朝寒，公曰："請進暖食〔二〕。"晏子對曰〔三〕："嬰非君奉餽之臣也〔四〕，敢辭。"公曰："請進服裘。"對曰："嬰非君茵席之臣也〔五〕，敢辭。"公曰："然夫子之於寡人何爲者也〔六〕？"對曰："嬰，社稷之臣也〔七〕。"公曰："何謂社稷之臣〔八〕？"對曰："夫社稷之臣〔九〕，能立社稷，别上下之義〔一〇〕，使當其理〔一一〕；制百官之序，使得其宜〔一二〕；作爲辭令，可分布于四方〔一三〕。"自是之後，君不以禮不見晏子〔一四〕。

〔一〕文斌案：吳懷保本標題作"使進食與裘"，楊本、凌本均作"朝寒"。

〔二〕請進句　孫星衍云："暖"，《説苑》作"熱"。◎劉師培《校補》云：《治要》及《書抄》百四十三引"暖"作"煖"，《御覽》八百四十九引《説苑》亦作"公曰'請子進暖食於寡人'"，與今本《臣術篇》作"請進熱食"無"公曰"二字者不同。◎吳則虞云：《書鈔》三十七引亦作"煖"。◎文斌案：《御覽》八百四十九引《説苑》作"景公曰'朝寒，請子進煖食於寡人'"。《治要》脱"公"字。《書鈔》三十七作"暖"。

〔三〕晏子句　文斌案：《説苑》、《治要》、《書鈔》三十七、一百四十三引均無"晏子"二字。

〔四〕嬰非句　孫星衍云："奉餽"，《説苑》作"廚養"。"餽"與"饋"通。◎劉師培《校補》云：《書抄》三十七、一百四十三並引"餽"作"餞"。◎王叔岷云:《書抄》三七引此"餽"字同,劉氏失檢。

〔五〕嬰非句　孫星衍云:《説文》:"'茵',車重席。"《説苑》"茵席"作"田澤"者,言獵獸取裘,亦通。◎蘇輿云:《秦風》毛《傳》云:"'茵',虎皮也。"《廣雅》云:"鞋韉謂之鞇。"司馬相如説"茵從革",《漢書·霍光傳》作"絪"。"茵""絪""鞇"並同義。◎張純一云:《書抄》三十七引"奉"上"茵"上並無"君"字。孔校云:"吴氏仿宋本'奉'上'茵'上皆有'君'字,餘同。"

〔六〕然夫句　張純一云:"也"同"邪"。"然"下疑脱"則"字。◎吴則虞云:《説苑》無"之"字,"何"作"奚"。

〔七〕嬰社句　蘇輿云:《治要》無"嬰"字"也"字。◎吴則虞云:《説苑》無"嬰"字"也"字。◎文斌案:《説苑》無"嬰"字,有"也"字。吴氏失檢。

〔八〕公曰句　蘇輿云:《治要》作:"公問:'社稷之臣若何?'"

〔九〕夫社句　蘇輿云:《治要》無"夫社稷之臣"五字。

〔一〇〕別上句　孫星衍云:"別",《説苑》作"辨"。◎文斌案:《説苑》"義"作"宜"。

〔一一〕使當句　吴則虞云:《説苑》"當"作"得"。

〔一二〕使得句　蘇輿云:《治要》"宜"作"所"。◎孫星衍云:"稷""理""宜"爲韻。◎趙振鐸云:"稷"在職部,"理"在之部,"宜"在歌部,非韻。

〔一三〕可分句　蘇輿云:《治要》無"分"字。◎吴則虞云:《治要》"方"下有"也"字,《指海》本已據補。

〔一四〕君不句　吴則虞云:《説苑》下有"也"字。◎孫星衍云:《説苑·臣術篇》用此文。

晏子飲景公止家老斂欲與民共樂第十四〔一〕

晏子飲景公酒,令器必新〔二〕。家老曰:"財不足,請斂于氓〔三〕。"晏子曰:"止。夫樂者,上下同之〔四〕。故天子與天下,諸侯與境内,大夫以下各與其僚〔五〕,無有獨樂。今上樂其樂〔六〕,下傷其費,是獨樂者也〔七〕,不可!"

〔一〕文斌案:元刻本、活字本、嘉靖本、沈本目録"止"誤作"正",標題不誤。吴鼒本外,各本目録、標題"斂"均作"歛"。吴懷保本標題作"止家老歛民",楊本同。

〔二〕令器句　張純一云：見公之奢。“令”上當有“公”字。

〔三〕請斂句　吳則虞云：吳懷保本“甿”作“民”。◎文斌案：《説苑·貴德篇》亦作“民”。

〔四〕上下句　吳則虞云：楊本“上”誤“止”。

〔五〕大夫句　孫星衍云：“大夫”，一本作“匹夫”，非。◎劉師培《校補》云：《説苑·貴德篇》“大”上有“自”字，此疑挩。◎吳則虞云：元刻本、活字本、嘉靖本皆作“匹夫”。◎文斌案：吳懷保本亦作“匹夫”，非。

〔六〕今上句　文斌案：元刻本、活字本、嘉靖、吳懷保本脱“其樂”二字。

〔七〕是獨句　蘇輿云：《音義》“者”作“音”，云：“‘音’，一本作‘者’。”◎吳則虞云：元刻本、活字本、嘉靖本、凌本皆作“音”。◎文斌案：嘉靖本作“者”，吳氏失檢。《子彙》本、沈本、吳勉學本、綿眇閣本亦作“音”，《説苑》引作“者”。

晏子飲景公酒公呼具火晏子稱詩以辭第十五〔一〕

晏子飲景公酒，日暮〔二〕，公呼具火，晏子辭曰：“《詩》云〔三〕‘側弁之俄’〔四〕，言失德也。‘屢舞傞傞’〔五〕，言失容也。‘既醉以酒，既飽以德〔六〕，既醉而出，並受其福’，賓主之禮也。‘醉而不出，是謂伐德’〔七〕，賓之罪也〔八〕。嬰已卜其日〔九〕，未卜其夜〔一〇〕。”公曰：“善。”舉酒祭之，再拜而出，曰：“豈過我哉〔一一〕？吾托國于晏子也。以其家貨養寡人〔一二〕，不欲其淫侈也〔一三〕，而況與寡人謀國乎〔一四〕？”

〔一〕文斌案：元刻本、活字本、嘉靖本、沈本、吳肅本目録“酒”後脱“公”字，標題有。吳懷保本標題作“稱詩以辭火”，楊本作“飲暮辭具火”，凌本作“日暮”。

〔二〕暮　文斌案：黄本作“莫”。“莫”，“暮”的古字，《説文》：“日且冥也。从日在茻中。”

〔三〕詩　孫星衍云：《小雅·賓之初筵》詩。

〔四〕側弁句　張純一云：《箋》云：“側”，傾也。“俄”，傾貌。

〔五〕屢舞句　孫星衍云：“屢”，此“屨”省文，當爲“婁”。◎張純一云：《傳》云：“傞傞”，不止也。

〔六〕既醉二句　孫星衍云：《小雅·賓之初筵》詩無此二句。◎王念孫云：此二句後人所加。晏子引《賓之初筵》以戒景公，前後所引，皆不出本詩之外，忽闌入"既醉"之詩，則大爲不倫，其謬一也。"既醉"之詩，是説祭宗廟旅酬無筭爵之事，非賓主之禮。今加此二句，則與下文"賓主之禮也"五字不合，其謬二也。《説苑·反質篇》有此二句，亦後人依俗本《晏子》加之，斷不可信。◎吳則虞云：《指海》本已删。◎文斌案：張純一《校注》亦據王説删此二句。

〔七〕伐　張純一云：戕害也。

〔八〕賓之句　孫星衍云：《説苑》"賓"作"賓主"，非。◎俞樾云：《説苑·反質篇》作"賓主之罪也"，當從之。上云"'既醉而出，並受其福'，賓主之禮也"；此云"'醉而不出，是謂伐德'，賓主之罪也"，兩文相應，不得無"主"字。後人因"醉而不出"以賓言、不以主言，故删"主"字。然不出者賓也，留賓不出者主也，是時晏子爲主人，則固不應專罪客矣。當從《説苑》補"主"字。◎吳則虞云：俞説未審。鄭《箋》云："賓醉則出，與主人俱有美譽；醉至若此，是誅伐其德也。飲酒而誠得嘉賓，則於禮有善威儀。"是屬賓而言。且《詩》曰"並受其福"，"其"者，即指賓言，亦重在賓，不重在主。《説苑》"主"字或後人所增，此無"主"字，乃存古義。俞説不可從。◎文斌案：吳説是。向宗魯《説苑校證》亦云："《晏子春秋》無'主'字，是。"

〔九〕已　孫星衍云：《説苑》作"以"。◎劉師培《補釋》云：此"已"字與"只"字同。◎吳則虞云：綿眇閣本、楊本亦作"以"。◎徐仁甫云："已"猶"止"也。"已"通"以"，"以"猶"惟"也（均見《虛字集釋》）。謂要止卜其日，即惟卜其日也。

〔一〇〕未卜句　吳則虞云：《左·襄公二十二年傳》："飲桓公酒樂，公曰：'以火繼之。'辭曰：'臣卜其晝，未卜其夜，不敢。'"此襲敬仲之言。◎文斌案：吳氏所引見《左傳·莊公二十二年》，其標點應爲："飲桓公酒，樂。公曰……"吳氏失檢。

〔一一〕豈過句　俞樾云："豈過我哉"當作"我豈過哉"。公自喜托國之得人，故曰"我豈過哉，吾托國于晏子也"。如今本，則語不可通矣。◎黃以周云：二句連讀，言不得以托國晏子而過我。

〔一二〕以其句　孫星衍云："養"，《説苑》作"善"，是。◎盧文弨云："貨養"，《説苑》作"貧善"。

〔一三〕不欲句　吳則虞云：凌本無"其"字。◎文斌案：楊本亦無"其"字。

〔一四〕而況句　吳則虞云：楊本"與"作"於"。◎孫星衍云：《説苑·反質篇》用此文。

晉欲攻齊使人往觀晏子以禮侍而折其謀第十六[一]

晉平公欲伐齊[二],使范昭往觀焉[三]。景公觴之[四],飲酒酣[五],范昭曰[六]:"請君之棄罇[七]。"公曰:"酌寡人之罇,進之於客[八]。"范昭已飲[九],晏子曰[一〇]:"徹罇,更之[一一]。"罇觶具矣[一二],范昭佯醉,不悦而起舞[一三],謂太師曰[一四]:"能爲我調成周之樂乎[一五]?吾爲子舞之[一六]。"太師曰:"冥臣不習[一七]。"范昭趨而出[一八]。景公謂晏子曰[一九]:"晉,大國也[二〇],使人來,將觀吾政[二一]。今子怒大國之使者,將奈何?"晏子曰:"夫范昭之爲人也[二二],非陋而不知禮也[二三],且欲試吾君臣,故絶之也[二四]。"景公謂太師曰[二五]:"子何以不爲客調成周之樂乎[二六]?"太師對曰:"夫成周之樂,天子之樂也[二七],調之[二八],必人主舞之[二九]。今范昭,人臣,欲舞天子之樂[三〇],臣故不爲也[三一]。"范昭歸,以報平公,曰[三二]:"齊未可伐也[三三]。臣欲試其君,而晏子識之[三四];臣欲犯其禮,而太師知之[三五]。"仲尼聞之曰[三六]:"夫不出於尊俎之間,而知千里之外,其晏子之謂也。可謂折衝矣[三七]!而太師其與焉[三八]。"

〔一〕文斌案:吳懷保本標題作"以禮折謀",楊本作"折范昭",凌本作"伐齊"。吳勉學本誤與上章連。

〔二〕晉平句　孫星衍云:"伐",《後漢書注》作"攻"。◎劉師培《校補》云:《御覽》五百七十四、《事類賦注》十一引作"晉欲攻齊"。《孫子·謀攻篇》杜牧注引同。《新序·雜事一》亦作"伐"。◎吳則虞云:《御覽》七百六十一引作"晉欲攻齊"。孫云《後漢書注》,案見卷九十。◎文斌案:孫云《後漢書注》見卷六十上《馬融傳》,吳氏失檢。《孫子》杜牧注引作"晉平公欲攻齊"。宋本《御覽》五百七十四"欲"誤作"與"。

〔三〕使范句　孫星衍云:《文選注》作"晉平公使范昭觀齊國政"。◎蘇輿云:《文選注》本《韓詩外傳》。◎張純一云:《文選·(張協)雜詩》注、陸機《演珠》注引並同。◎吳則虞云:《後漢書》卷六及九十注、《御覽》七百六十一引無"往"字,五百七十四引無"焉"字。◎田宗堯云:《玉海》八十五、一〇三兩引此文,"往觀焉"均作"觀齊國政"。◎文斌案:《後漢書注》卷六、卷九十均無引《晏子春秋》者,當爲卷六十上,吳氏失檢。張純

一所言陸機《演珠》詩當爲《演連珠》。《外傳》卷八作“晉平公使范昭觀齊
國之政”。

〔四〕景公句　孫星衍云：“觴”，《韓詩外傳》作“錫”，《新序》作“賜”。◎文斌
案：《外傳》作“景公錫之宴”，《新序》作“景公賜之酒”。《孫子》杜牧注
引同。

〔五〕飲酒句　孫星衍云：“酣”，一本作“醉”。◎劉師培《黃本校記》云：黃本
“酣”作“醉”。◎吳則虞云：《後漢書注》、《文選注》、《御覽》兩引皆無
“飲酒酣”三字。◎文斌案：吳勉學本亦作“醉”。《孫子》杜牧注引作“酒
酣”，無“飲”字。

〔六〕范昭句　孫星衍云：“曰”，《文選注》作“起曰”。◎吳則虞云：《御覽》五
百七十四引無“曰”字，《外傳》上有“晏子在前”四字，又“起”作“趨”。

〔七〕請君句　孫星衍云：《韓詩外傳》作“願君之倅樽以爲壽”，《新序》作“願
請君之樽酌”，《後漢書注》作“序酌”，《文選注》作“願得君之樽爲壽”。
按《説文》：“‘尊’，酒器也，或作‘尊’。”《玉篇》或作“樽”“傅”。又云
“罇”同“樽”。是“樽”“罇”“傅”皆“尊”字之俗。◎黃以周云：“罇”當作
“尊”。《後漢·馬融傳》注作“願請君之棄酌”。◎劉師培《校補》云：《御
覽》七百六十一引作“請君棄樽酌”，五百七十四作“請公之樽酌”，《事類
賦注》十一作“范昭請公之樽酌”，《孫子》杜牧注引同（“公”作“君”）。疑
今本“樽”下挩“酌”字。《玉海》八十九引作“范昭起曰‘願得君之樽爲
壽’”，又與《文選·（張載）雜詩》注、陸機《連珠》注引同（見《音義》）。
◎于省吾云：“棄罇”不詞，作“倅樽”者是也。古“倅”字本省作“卒”，譌爲
“弃”，後人因改作“棄”。《周禮·夏官》：“諸子掌國之倅。”注：“故書
‘倅’爲‘卒’。”鄭司農云：“‘卒’讀如‘物有副倅’之‘倅’。”按“倅”亦通
“萃”，故副車曰“萃車”，古鈢有“萃車馬”之語。《易·坎·六四》虞注：
“禮有副尊。”蓋君之飲酒，用尊非一，故有副尊，亦猶鼎之有陪鼎也。尊以
儲酒，飲則用觶用爵用角，故下云“罇觶具矣”。尊有勺，所以斟酒者。甲
骨文、金文“尊”字通作“尊”或“陣”，然則“罇”“樽”“傅”“尊”均後起字
矣。此文本謂范昭請君之倅尊爲無禮，故下文“公曰‘酌寡人之罇，進之于
客’”。孫星衍謂《文選注》作“公令左右酌樽以獻”。若禮應酌君之尊，則
無須稱“公曰”矣。又下云：“范昭已飲，晏子曰：‘徹罇，更之。’罇觶具矣，
范昭佯醉，不説而起舞。”是晏子以酌君尊爲失禮，故徹罇別具罇觶，而范
昭因以佯醉不説而起舞也。◎吳則虞云：宋本《御覽》五百七十四引作
“弃酌”。◎田宗堯云：景宋本《御覽》七六一引作“請君幸樽酌”，作“幸”
字義較長。◎文斌案：《後漢書·馬融傳》注作“弃酌”，孫氏失檢。又《文
選》引本文者乃張景陽《雜詩》注和陸士衡《演連珠》注，景陽乃張協字，非

張載(字孟陽)。劉氏失檢。

〔八〕公曰三句　孫星衍云：《文選注》作"公令左右酌樽以獻"，《後漢書注》作："公曰：'諾。'"◎黃以周云：元刻無"公曰"至"徹罇"二十字，誤脫一行。◎蘇輿云：《韓詩外傳》作"酌寡人樽，獻之客"。◎劉師培《校補》云：此十一字元本挩，今據沈、黃各本。《孫子》杜牧注略同，《御覽》五百七十四引作"公曰：'諾。'告侍者酌之"，《事類賦注》作"公曰：'諾。'告侍者酌樽進之"。疑今本"公曰"下挩"諾"字，餘均後人據《新序》改。《韓詩外傳》八作"公顧左右曰'酌寡人樽獻之'"。◎王叔岷云：明活字本亦脫此十一字。《御覽》五七四引作"公曰：'諾。'告侍者酌樽進之"，與《事類賦注》引同，劉氏失檢。◎吳則虞云：嘉靖本、綿眇閣本、吳懷保本均挩一行。◎文斌案：《後漢書注》作"景公曰"。綿眇閣本未脫文字，吳氏失檢。《孫子》杜牧注作"公曰'寡人之罇進客'"，《外傳》八作"景公顧左右曰'酌寡人樽獻之客'"，劉氏引文不確。吳蕭本亦脫"公曰"至"徹罇"二十字，《子彙》本、沈本、吳勉學本、黃本、綿眇閣本、楊本、凌本、孫本均有，今據補。

〔九〕范昭句　孫星衍云："已飲"，一本作"飲之"，非。◎吳則虞云：《文選注》、《御覽》五百七十四、七百六十一俱無此四字，《後漢書注》《孫子注》蓋用《新序》文。下云"徹尊"，是酌酒猶未獻也，不當言"飲"。◎文斌案：《外傳》《新序》《後漢書注》《孫子》杜牧注均有此四字。吳勉學本、黃本作"飲之"。

〔一〇〕晏子句　孫星衍云：《文選注》《後漢書注》作"已飲"。◎劉師培《校補》云："晏子曰徹罇"，此五字元本挩，今據沈、黃各本。《後漢書·馬融傳》注、《文選·雜詩》注、《連珠》注並引"曰"作"命"。◎文斌案：《文選注》作"晏子命徹去之"，《後漢書注》作"晏子命徹尊更之"。孫氏失檢。

〔一一〕徹罇二句　孫星衍云："徹"，《後漢書注》作"撤"，俗字。《文選注》作"徹去之"。◎劉師培《校補》云：《御覽》七百六十一引"徹"作"撤"。《孫子》杜牧注作"晏子徹樽更爲酌"。◎張純一云："罇"，《後漢書注》作"尊"。◎吳則虞云：《外傳》作"晏子對曰'徹去尊'"，《新序》作"晏子曰'徹尊更之'"。作"曰""對曰"者，誤。◎文斌案：《後漢書注》作"徹"，《外傳》《新序》均作"樽"。宋本《御覽》五百七十四引作"晏子曰'撤樽更之'"，七百六十一引作"晏子命撤樽革具"。

〔一二〕罇觶句　劉師培《校補》云：《御覽》七百六十一引"觶"誤"革"。◎張純一云："觶"亦酒器。◎吳則虞云：此四字各書皆無，惟《新序》有，句上當有"曰"字。此燕禮也。凡禮，飲酒君臣不相襲飲器。《燕禮》："更爵,洗,升,酌膳酒以降,酢于阼階下。”《注》:“更爵者,不敢襲至尊也。”
又“易觶洗”《注》:“君尊不酌故也。凡爵不相襲者也,於尊者言更,自
敵以下言易。”賈《疏》云:“‘襲’,因也。獻君自酢同用觚,必更之者,不
敢因君之爵。”敖繼公云:“不敢用君器也。”今范昭請君之尊,而景公與
之,是相襲矣,非禮也,故晏子更之。◎徐仁甫認爲此處語序當爲“晏子
徹罇更之,曰‘罇觶具矣’”,其説爲:“曰”字當在“更之”之下。“晏子徹
罇更之”,此記事也;有“曰”字,則誤記事爲記言矣。“曰‘罇觶具矣’”,
此記言也。無“曰”字則誤記言爲記事矣。《新序·雜事一》誤與此同。

〔一三〕范昭二句　孫星衍云:“舞”,《文選注》作“儛”,俗字。◎張純一云:
《文選·(張協)雜詩》及陸機《演連珠》注並無“佯醉”二字。◎吳則虞
云:《外傳》無“佯醉”二字,恐亦《新序》誤增也。此不知《燕禮》有舞
勺,而疑爲醉而起舞,因妄增“佯醉”二字。◎文斌案:《孫子》杜牧注有
“佯醉”二字。孫本“悦”作“説”。《後漢書注》、宋本《御覽》七百六十
一引均於“晏子命徹尊更之”“晏子命撤樽革具”後徑接“范昭歸”,無范
昭、晏子、太師、景公諸語。

〔一四〕謂太句　孫星衍云:“謂”,《韓詩外傳》《文選注》作“顧”。◎吳則虞云:
《燕禮》:“大師告於樂正曰正歌備。”《注》:“‘大師’,上工也。”大師爲
樂工之長。

〔一五〕能爲句　孫星衍云:“調”,《韓詩外傳》《文選注》作“奏”。◎黃以周云:
《文選·(陸機)演連珠》注作“爲我奏成周之樂”,無“能”“乎”字,“調”
作“奏”。◎劉師培《校補》云:《玉海》一百三引“調”作“奏”,《孫子》
杜牧注同,與《外傳》合。◎張純一云:張協《雜詩》注同《韓詩外傳》
八,作“子爲我奏成周之樂”。◎吳則虞云:《御覽》五百七十四作“調成
周之樂”。◎文斌案:《事類賦注》十一引作“調成周之樂”。張協《雜
詩》注引同陸機《演連珠》注,無“子”字,張氏失檢。

〔一六〕吾爲句　吳則虞云:《外傳》作“願舞”,《御覽》五百七十四作“吾爲之
舞”,《孫子注》作“吾爲舞之”。◎文斌案:《事類賦注》十一引亦作“吾
爲之舞”。

〔一七〕冥臣句　孫星衍云:“冥”,《韓詩外傳》《文選注》作“盲”,“冥”“盲”音
義俱相近。◎劉師培《校補》云:《御覽》五百七十四及《事類賦注》引
“冥”作“瞑”,《孫子》杜牧注同,《新序》亦作“冥臣”。◎吳則虞云:
《周禮·春官·序官》注:“凡樂之歌必使瞽矇爲焉,命其賢知者以爲大
師小師。”故云“盲臣”,亦稱“冥臣”。

〔一八〕范昭句　吳則虞云:《外傳》作“范昭起出門”,《孫子注》作“范昭起
出”,楊本“趨”作“趣”。◎文斌案:《孫子注》作“范昭趨出”,吳氏

失檢。

〔一九〕景公句　吳則虞云：《孫子注》作“景公曰”，《御覽》五百七十四作“公問晏子”。

〔二〇〕晉大二句　吳則虞云：《外傳》作“夫晉，天下大國也”。

〔二一〕使人二句　劉師培《校補》云：《孫子》杜牧注引“將”作“來”。◎吳則虞云：《外傳》作“使范昭來觀齊國之政”。◎文斌案：《新序》“將觀吾政”後有“也”字。《孫子》杜牧注作“來觀吾政”，無“使人”“將”三字。

〔二二〕夫范句　吳則虞云：《外傳》無“夫”字，《新序》無“也”字，《孫子注》只有“觀范昭”三字。《御覽》作“昭非不知禮也”。

〔二三〕非陋句　孫星衍云：“知”，《新序》作“識”。◎吳則虞云：《孫子注》作“非陋於禮者”。

〔二四〕且欲二句　劉師培《校補》云：《御覽》五百七十四引“試”作“憗”。《孫子》杜牧注、《韓詩外傳》八“且”作“是”，義較長。◎吳則虞云：《孫子注》引作“且欲憗於國臣，故不從也”。◎文斌案：《孫子》杜牧注作“且欲憗於國”。吳氏斷句誤，當斷爲“且欲憗於國，臣故不從也”。《外傳》作“是欲試吾君臣，嬰故不從”。

〔二五〕景公句　吳則虞云：《外傳》作“於是景公召太師而問之曰”，《御覽》作“公問太師”。◎文斌案：元刻本、活字本、嘉靖本、吳懷保本“謂”誤作“爲”，“曰”與下文“子”順序誤倒。沈本“謂”亦誤作“爲”。

〔二六〕子何句　吳則虞云：《外傳》作“范昭使子奏成周之樂，何故不調”。

〔二七〕夫成二句　文斌案：《初學記》十五、《御覽》五百七十四引均作“成周之樂，天子樂”，無“夫”、後“之”字、“也”字。

〔二八〕調之句　劉師培《校補》云：《新序》作“若調之”，此挩“若”字。◎徐仁甫云：古人假設句多省假設詞。此無“若”字，足徵古本如此。《新序》較後，故增“若”字耳。◎文斌案：《孫子》杜牧注無“調之”二字。

〔二九〕必人句　文斌案：《孫子》杜牧注“必”作“惟”。孫本“人主”誤作“入王”。

〔三〇〕今范三句　吳則虞云：《新序》“臣”下有“也”字，“欲”上有“而”字。《孫子注》亦有“而”字，無“之”字。《御覽》作“范昭人臣而舞之，臣故不爲”。此云“成周之樂，天子之樂”者，盛樂也。凡享元侯，工歌《清廟》，下管象舞及夏籥，謂堂下吹管而迭興象舞及夏籥二舞；若享諸侯，歌《文王》。此天子之樂也。《左傳》穆叔聘于晉，晉侯享之，金奏《肆夏》，不拜，歌《文王》，不拜，謂其非禮也；歌《鹿鳴》之三，三拜，禮也。是侯國享聘大夫當升歌《鹿鳴》之三，不得用盛樂。今范昭命奏成周之樂者，是僭禮矣。饗禮今亡，人主起舞，其制未詳。《周禮·籥人》自有專屬,亦未聞君主自舞之説。

〔三一〕臣故句　黃以周云:《初學記》十五作"臣不敢爲之"。

〔三二〕范昭三句　孫星衍云:"以報",《文選注》作一"謂"字,非。◎吳則虞云:《外傳》《孫子注》《御覽》無"以"字,《新序》"報"作"告",《後漢書注》"平"上有"晉"字。◎文斌案:宋本《御覽》五百七十四作"昭歸,報晉平公曰",七百六十一作"范昭歸,曰"。《孫子》杜牧注亦有"晉"字。

〔三三〕齊未句　孫星衍云:"伐",《韓詩外傳》《文選注》作"并"。◎劉師培《校補》云:任淵《山谷詩內集》卷一注、史容《山谷詩外集》卷十七注引"伐"作"并",與《外傳》同;《新序》亦作"伐",惟"報"字作"告"。◎吳則虞云:《御覽》兩引皆作"伐",七百六十一引"未"作"不"。◎文斌案:任淵《山谷詩內集》注引本文者,見卷二《送范德孺知慶州》注,劉氏失檢。史容《山谷詩外集》卷十七注引本文者,見《次韻奉答吉鄰機宜》注。

〔三四〕臣欲二句　孫星衍云:"試",《後漢書注》作"慚"。"識",《韓詩外傳》《文選注》《後漢書注》作"知"。◎劉師培《校補》云:《御覽》五百七十四、七百六十一及《事類賦注》並引"試"作"慙"。《事類賦注》引"識"作"知",任淵、史容《山谷詩注》引同。又"臣"字作"吾",無"而"字(《孫子》杜牧注"試"作"辱","識"作"知")。◎王叔岷云:《文選注》兩引"臣"並作"吾",下文"臣欲犯其樂","臣"亦作"吾",《外傳》八同。《御覽》五七四、七六一引此"臣"亦作"吾"。《御覽》七六一引"識"作"知"。◎文斌案:任淵、史容《山谷詩注》引"識"並作"知"。凌本"試"誤作"弑"。《外傳》並無"欲"字"而"字。

〔三五〕臣欲二句　孫星衍云:"禮",《韓詩外傳》《文選注》作"樂"。"而太師知之",《文選注》下云:"於是輟伐齊謀。"◎王念孫云:"禮"本作"樂",此涉上文"不知禮"而誤。太師掌樂,故曰"臣欲犯其樂,而太師知之"。若禮,則非太師所掌。且上文屢言成周之樂,則此不得言禮明矣。《新序·雜事一》作"禮",亦校書者依俗本《晏子》改之。《韓詩外傳》八及《文選·(張協)雜詩》注、陸機《演連珠》注引《晏子》並作"欲犯其樂"。◎劉師培《校補》云:《事類賦注》引"知"作"識",《孫子》杜牧注同。任淵、史容《山谷詩注》引"臣"作"吾","禮"作"樂",無"而"字,下有"於是輟伐齊謀"六字。此疑後人據《新序》改。◎張純一據《文選注》補"於是輟伐齊謀"六字,注云:此句承上文"晉平公欲伐齊,使范昭往觀焉"作結,與標題"晏子以禮侍而折其謀"亦甚相應。今本脱之,語意未完。《文選·(張協)雜詩》注、陸機《演連珠》注並有,今據補。◎吳則虞云:《御覽》引亦作"禮",作"禮",義可通,不必改爲"樂"。◎文斌案：宋本《御覽》五百七十四"知"作"識"。

〔三六〕仲尼句　孫星衍云："仲尼"，《文選注》作"孔子"。◎黃以周云：元刻脫"之曰"二字。◎劉師培《校補》云：任淵、史容《山谷詩注》引"仲尼"作"孔子"。◎吳則虞云：《新序》《孫子注》《後漢書注》引皆作"仲尼"，《孫子注》無"之曰"二字。《外傳》、《文選注》兩引、《御覽》七百六十一引皆作"孔子"，楊本、凌本皆無"之"字。◎王叔岷云：明活字本與元本同。《文選·(孫子荆)爲石仲容與孫皓書》注、陳孔璋《爲袁紹檄豫州文》注、潘元茂《册魏公九錫文》注、潘安仁《楊荆州誄》注皆引作"孔子曰"，陸士衡《演連珠》注引作"孔子聞曰"，《子彙》本作"仲尼聞曰"。《文選·(張景陽)雜詩》注、《御覽》七六一並引作"孔子聞之曰"，《外傳》同。黃之寀本作"仲尼聞之曰"，《新序》同。◎文斌案：《孫子注》無"聞之"二字，有"曰"字，吳氏失檢。活字本、嘉靖本、吳勉本亦脫"之曰"二字。《子彙》本、沈本、綿眇閣本、楊本、凌本作"仲尼聞曰"，無"之"字。吳懷保本、吳勉學本、黃本、孫本有"之曰"二字。今補"之曰"二字。

〔二七〕夫不四句　孫星衍云："可謂折衝矣"，《文選注》作"善。不出尊俎之間，而折衝千里之外"，《後漢書注》作"起於尊俎之間，而折衝千里之外"。按"衝"者，衝車折挫之也。◎王念孫云：此文本作"夫不出於尊俎之間，而知衝千里之外，其晏子之謂也"，無"可謂折衝矣"五字。"知衝"，即"折衝"也，"知""折"聲相近，故字亦相通(説見《經義述聞·大戴記》)。《荀子·勸學篇》"鍥而舍之，朽木不折"，《大戴記》"折"作"知"(宋元明本皆如是，俗本依《荀子》改"知"爲"折"，辯見《經義述聞》)，是其證也。舊本"知"下脫"衝"字，而後人不知，又於"晏子之謂也"下加"可謂折衝矣"五字，謬矣(高注《吕氏春秋》云："'衝車'，所以衝突敵軍，而陷破之也。"有道之國，不可攻伐，使欲攻己者折還其衝車於千里之外，不敢來也，故曰"不出於尊俎之間，而折衝千里之外"。作"知衝"者，借字耳。不當更有"可謂折衝矣"五字)。《新序》與此同，亦校書者依俗本《晏子》改之。《後漢書·馬融傳》注、《太平御覽·器物部六》引《晏子》並作"起於尊俎之間，而折衝千里之外"。《文選·(張協)雜詩》注、《册魏公九錫文》注、《爲袁紹檄豫州文》注、《爲石仲容與孫皓書》注、《演連珠》注、《楊荆州誄》注並引作"不出尊俎之間，而折衝千里之外，晏子之謂也"，皆無"可謂折衝矣"五字。《大戴記·王言篇》"明王之守也，必折衝乎千里之外"，《吕氏春秋·召類篇》"夫脩之於廟堂之上，而折衝乎千里之外者，其司城子罕之謂乎"，文義並與《晏子》同。《韓詩外傳》"孔子聞之曰'善乎晏子！不出俎豆之間，折衝千里'”，即本於《晏子》。且據《後漢書》、《文選》注、《太平御覽》所引皆作“折衝千里之外”，則今本《晏子》“知千里之外”，“知”下脱去“衝”字，而“知衝”即是“折衝”，不當更有“可謂折衝”句明矣。◎劉師培《校補》云：任淵、史容《山谷詩注》引“知”作“折衝”，《孫子》杜牧注同。此亦後人據《新序》改。《鹽鐵論·崇禮篇》曰：“昔晏子修之罇俎之間，而折衝乎千里。”是其證也。據下云“何衝之能折”，則“折衝”猶言“卻兵”。《御覽》三百廿二引《韓詩外傳》云：“身不出樽俎之間，而折衝千里之外。”又引注云：“‘衝’，衝車也，謂敵人設此以臨城，大臣謀於廟堂，遥以折之。”是即“折衝”之義。又《淮南·兵略訓》云：“修政廟堂之上，而折衝千里之外。”《大戴·王言篇》亦云：“折衝乎千里之外。”並其證。◎張純一云：王説是。諸書引此，並作“折衝”；標題亦作“折其謀”，似不必作“知衝”耳。“夫”，《韓詩外傳》八作“善乎”，《文選·演連珠》注作“善”，張協《雜詩》注作“善哉”，足證原文非一“夫”字。◎吳則虞云：此處似作“不出于尊俎之間，而折衝千里之外，其晏子之謂也，可謂知矣”。後“知”與“折衝”易位，因而致譌。◎文斌案：宋本《御覽》七百六十一引作“不越於樽俎之間，折衝千里也”。

〔三八〕而太句　張純一云：“其”字疑衍。◎徐仁甫云：“其”猶“亦”也（“亦”猶“其”，已見前二章，則“其”猶“亦”也），言太師亦與焉。張純一云：“‘其’字疑衍。”非也。◎孫星衍云：《韓詩外傳》《新序·雜事篇》用此文。

景公問東門無澤年穀而對以冰
晏子請罷伐魯第十七[一]

景公伐魯，傅許[二]，得東門無澤[三]。公問焉[四]：“魯之年穀何如[五]？”對曰[六]：“陰水厥，陽冰厚五寸[七]。”不知，以告晏子[八]。晏子對曰：“君子也。問年穀而對以冰，禮也[九]。陰水厥，陽冰厚五寸者，寒溫節[一〇]，節則刑政平，平則上下和，和則年穀熟[一一]。年充衆和而伐之[一二]，臣恐罷民弊兵，不成君之意[一三]。請禮魯以息吾怨[一四]，遣其執以明吾德[一五]。”公曰：“善。”迺不伐魯[一六]。

〔一〕文斌案：吳懷保本標題作“請罷伐魯”，楊本同，凌本作“伐魯”。

〔二〕景公二句　孫星衍云：“傅”，讀“附”。《墨子》有《蟻傅篇》。◎劉師培《校補》云：《白帖》八十一引作“景公將伐魯，特詬東門無澤”。“特詬”即“傅許”之訛，“許”即《詩·魯頌》“居常與許”之“許”也。◎吳則虞云：《北堂書鈔》一百五十九、《御覽》三十五、又六十八引皆無“傅許”二字。◎文斌案：《蟻傅》，孫詒讓《墨子閒詁》作《備蛾傅》，見《墨子》卷十四。《白孔六帖》原作“詬”，劉氏失檢。《書鈔》一百五十九未引本文，引本文者乃卷一百五十六，吳氏失檢。《事類賦注》八引本文亦無“傅許”二字。“傅”，通“附”，依附，引申爲停留、駐扎義。“許”，即“許田”，地名，在魯西鄙，周公廟地（説本《詩經·魯頌·閟宮》傳箋）。

〔三〕東門無澤　孫星衍云：姓東門，字無澤。

〔四〕公問句　張純一云：“焉”下疑脱“曰”字，後二十章“景公問焉曰”是其例。《書鈔》百五十六作“景公伐魯，問無擇曰”。◎吳則虞云：《御覽》三十五作“公問”，六十八作“問之”。◎王叔岷云：《事類賦注》八引“焉”作“曰”。

〔五〕魯之句　孫星衍云：《説文》：“‘秊’，穀孰也。”◎劉師培《校補》云：《書抄》百五十六引“穀”作“豐”。◎文斌案：《御覽》三十五作“公問魯年穀”，六十八作“問之‘魯年穀何如’”；《事類賦注》八作“問曰‘魯年穀何如’”，《白孔六帖》作“問魯年穀”，“魯”後均無“之”字。

〔六〕對曰句　孫星衍云：今本脱“曰”字，據《太平御覽》增。◎王叔岷云：《書鈔》一五六、《白帖》八一、《事類賦注》八引此皆作“對曰”。◎文斌案：今據補“曰”字。

〔七〕陰水二句　盧文弨云：《文選·海賦》注引作“陰冰凝陽”，《御覽》“水”亦作“冰”。◎王念孫云：盧讀“陰水厥陽”爲句，非也。此文本作“陰冰凝”（句），“陽冰厚五寸”（《海賦》“陽冰不冶”本此）。“陰冰”者，不見日之冰也；“陽冰”者，見日之冰也。言不見日之冰皆凝，見日之冰則但厚五寸也。《文選注》及《御覽》皆作“陰冰凝”，自是舊本如此；今本作“陰水厥”，誤也。◎黄以周云：王讀是也，而義又未盡。“陰冰”者，陰寒之冰，凍於地下者也；“陽冰”者，陽烜之冰，結於水上者也。《月令》曰：“水始冰，地始凍。”《夏小正》曰：“正月寒日滌凍塗。”《傳》曰：“滌也者，變也，變而煖也；凍塗者，凍下而澤上多也。”《管子》曰：“日至六十日而陽凍釋，七十日而陰凍釋。”皆其證。“陰冰凝，陽冰厚五寸”，謂寒溫得其時，故下曰“寒溫節”。冬有堅冰，爲下年穀熟之兆，今俗尚有此占。◎劉師培《校補》云：《書抄》《白帖》引作“陰冰厥”，《御覽》六十八引作“陰冰凝”，當據訂。《事類賦注》八引作“陰不凝”，“不”疑“水”誤。◎吳則虞云：黄本、吳懷保本、《指海》本“水”作“冰”。◎金其源云：《説文》：“‘冰’，水堅也，从仌从水。‘凝’,俗‘冰’,从疑。”是“凝”即“冰”也,不當作“冰凝”。《内經·五臟生成篇》:“凝於足者爲厥。”“陰水厥”者,謂背陽之水,其凝及足,甚於腹堅。“陽冰厚五寸”者,謂向陽之水,冰結於面,其厚五寸,未及腹堅也。◎文斌案:金氏所言“腹堅”,指冰結得既厚且堅,語出《禮記·月令》:“(季冬之月)冰方盛,水澤腹堅,命取冰。”鄭玄注:“‘腹’,厚也。”宋本《御覽》三十五引作“陰冰厥”,六十八引作“陰水凝”。

〔八〕不知二句　孫星衍云:《太平御覽》作“公問晏子”。◎王念孫云:“不知”上脱“公”字。◎蘇時學説同。◎吳則虞云:《指海》本增“公”字。◎文斌案:宋本《御覽》三十五引作“公問晏子”,六十八引無此二句。

〔九〕晏子四句　張純一云:《書鈔》作:“晏子曰:‘夫問年穀而以冰對,禮也。’”《御覽》三十五作:“晏子曰:‘君問年穀答以冰,禮也。’”◎吳則虞云:《御覽》三十五引“君”下無“子也”二字,是也。“君問年穀而對以冰”即承上而來。

〔一〇〕陰水三句　王叔岷云:《事類賦注》、《御覽》六八引“節”下並有“也”字。◎文斌案:宋本《御覽》三十五、《書鈔》一百五十六引“水”作“冰”,均無“也”字。

〔一一〕節則三句　孫星衍云:《太平御覽》作“寒温節則政平,政平則上下和,上下和則年穀孰”。◎張純一云:《書鈔》“節”字不重,非。◎吳則虞云:“刑”字衍,《書鈔》《御覽》皆無“刑”字。◎王叔岷云:《白帖》八一引作“寒温節則政平,政平則上下和平,上下和平則穀熟”,今本有脱文,當據補。《事類賦注》、《御覽》六八並約引作“寒温節則政平,政平則年穀熟”,亦可證今本有脱文。◎徐仁甫云:層遞句下句當重上句,不能但重一詞。本文《御覽》六十八作“寒温節則政平,政平則上下和,上下和則年穀熟”,正重句不重詞。今本誤脱,當依《御覽》補之。◎文斌案:孫氏所言乃《御覽》三十五所引,然宋本《御覽》“孰”作“熟”。《書鈔》一百五十六引作“(節)則刑政平,平則下上和,和則年穀熟也”,脱“節”字,有“刑”字,吳氏失檢。宋本《御覽》三十五、六十八,《事類賦注》《白孔六帖》引均作“寒温節則政平”,重“寒温節”三字。徐氏所引乃《御覽》三十五文,徐謂卷六十八,失檢。

〔一二〕年充句　張純一云:《御覽》無此句,“年充”猶“年豐”。◎劉師培《黃本校記》云:黃本“充”誤“克”。◎徐仁甫云:“衆”從三人,“衆”即代“人”。本文原是“年充人和”,即年豐人樂也。鄒陽《獄中上書》:“衆無不按劍相眄者。”《新序》《漢書》《文選》皆作“衆”,《史記》獨作“人”,是“衆”“人”古字通。

〔一三〕臣恐二句　孫星衍云:《太平御覽》作“臣恐疲兵而無成”。◎吳則虞

云：《指海》本改作“罷民弊兵而無成”。◎文斌案：孫氏所言乃《御覽》
三十五所引。

〔一四〕請禮句 孫星衍云：“怨”，《太平御覽》作“愁”。◎吳則虞云：宋本《御
覽》不作“愁”。又《御覽》引無“吾”字，《指海》本作“君盍禮魯，以息吾
怨”。◎文斌案：宋本《御覽》三十五引作“君盍禮魯以息吾怨”，有
“吾”字，吳氏失檢。《御覽》六十八引作“請禮魯以息怨也”，《事類賦
注》引作“請禮魯以息怨”，“怨”均不作“愁”。

〔一五〕遣其句 張純一云：“執”，俘也。“遣”，送也。◎吳則虞云：楊本“遣”
誤作“遺”。

〔一六〕迺不句 孫星衍云：“迺”，《太平御覽》作“遂”。◎劉師培《校補》云：
《白帖》引“迺”作“遂”。◎吳則虞云：元刻本、活字本、嘉靖本脫“伐”
字，他本皆有。

景公使晏子予魯地而魯使不盡受第十八〔一〕

景公予魯君地，山陰數百社〔二〕，使晏子致之。魯使子叔昭伯受
地〔三〕，不盡受也。晏子曰：“寡君獻地，忠廉也〔四〕，曷爲不盡受？”子叔
昭伯曰：“臣受命於君曰：‘諸侯相見，交讓，爭處其卑〔五〕，禮之文也；交
委多，爭受少，行之實也。禮成文于前，行成章於後〔六〕，交之所以長久
也。’且吾聞：君子不盡人之歡，不竭人之忠〔七〕，吾是以不盡受也。”晏
子歸報公，公喜，笑曰：“魯君猶若是乎？”晏子曰：“臣聞：大國貪于
名，小國貪于實，此諸侯之公患也〔八〕。今魯處卑而不貪乎尊，辭實而
不貪乎多；行廉不爲苟得，道義不爲苟合〔九〕；不盡人之歡，不竭人之
忠，以全其交〔一〇〕。君之道義殊于世俗，國免於公患。”公曰〔一一〕：“寡
人説魯君，故予之地。今行果若此，吾將使人賀之。”晏子曰：“不〔一二〕。
君以驕予之地，而賀其辭，則交不親，而地不爲德矣。”公曰：“善。”於
是重魯之幣〔一三〕，毋比諸侯；厚其禮，毋比賓客。君子於魯而後，明行
廉辭地之可爲重名也。

〔一〕文斌案：吳懷保本標題作“予魯地”，楊本同，凌本作“景公予魯地”。
〔二〕山陰句 孫星衍云：“山陰”，蓋泰山之陰也。“社”，《史記集解》賈逵曰：
“二十五家爲一社。”

〔三〕子叔昭伯　孫星衍云:《左傳·昭十六年》有子服昭伯,杜預注:"惠伯之子,子服回也。"疑即此人。

〔四〕忠廉　張純一云:"忠",誠也;"廉",清也。言無所貪圖。◎徐仁甫云:"忠"猶"誠"也。"忠廉"即"誠廉"。《荀子·禮論》:"其忠至矣。"楊倞注:"'忠',誠也。"《呂氏春秋》有《忠廉篇》,又有《誠廉篇》,標題故爲區別。其實"忠廉"同"誠廉"也(猶"去尤"同"去宥","務本"同"務大")。此言寡君獻地誠廉也,曷爲不盡受?

〔五〕交讓二句　陶鴻慶云:"交讓"下當有"尊"字,"其"字衍文。"交讓尊,爭處卑"與下文"交委多,爭受少"文義相配。下文又云:"今魯處卑而不貪乎尊,辭實而不貪乎多。"亦以"尊"與"多"對文,正承此言。傳寫脫"尊"字,後人臆增"其"字耳。

〔六〕禮成二句　吳則虞云:"禮之文""行之實"對文,此承上來,"章"疑"實"字之訛。

〔七〕君子二句　吳則虞云:兩語見《曲禮上》。又《大戴禮·曾子立事》:"君子不絶人之歡,不盡人之禮。"

〔八〕此諸句　文斌案:"公",吳勉學本、黃本、孫本作"通"。下文亦作"公",作"公"者是。

〔九〕道義句　張純一云:"道",由也。

〔一〇〕不盡三句　文斌案:此用《曲禮》文,原作"君子不盡人之歡,不竭人之忠,以全交也"。

〔一一〕公曰句　文斌案:楊本脫"公"字。

〔一二〕不　蘇時學云:"不"讀如"否"。◎于鬯云:"不"下當脫"可"字。一云"不"讀"否",然恐非。

〔一三〕於是句　文斌案:楊本"幣"誤作"弊"。

景公遊紀得金壺中書晏子因以諷之第十九〔一〕

景公遊於紀〔二〕,得金壺〔三〕,發其視之〔四〕,中有丹書〔五〕,曰:"食魚無反〔六〕,勿乘駑馬〔七〕。"公曰:"善哉,知若言〔八〕!'食魚無反',則惡其鱢也〔九〕;'勿乘駑馬',惡其取道不遠也〔一〇〕。"晏子對曰:"不然。'食魚無反',毋盡民力乎〔一一〕!'勿乘駑馬',則無置不肖於側乎〔一二〕!"公曰:"紀有書〔一三〕,何以亡也〔一四〕?"晏子對曰:"有以亡也。嬰聞之:君子有道,懸之閭〔一五〕。紀有此言,注之壺〔一六〕,不亡何待乎!"

〔一〕文斌案：元刻本、活字本、嘉靖本、沈本目録“壺”字處爲空格。元刻本、活字本標題“壺”字亦爲空格，沈本爲墨釘。各本目録“遊”均作“游”，標題、正文作“遊”，今統一作“遊”。吳懷保本標題作“因得金中之書以諷公”，楊本作“解金緘月書”，凌本作“遊紀”。

〔二〕景公句　孫星衍云：今本脱“景”字，據《太平御覽》增。《括地志》：“‘劇’，菑州縣也，故劇城在青州壽光縣南三十一里，故紀國。”◎王叔岷云：《事類賦注》二一引此亦有“景”字。◎文斌案：《御覽》見卷七百六十一。《括地志》見卷三《青州·壽光縣》。今依孫校補“景”字。

〔三〕得金句　孫星衍云：今本脱“壺”字，一本作“緘”字，非。據《太平御覽·壺部》引此文訂正。◎黃以周云：凌本作“金緘”。盧云：“後‘壺’與‘閒’韻，不當作‘緘’。”◎劉師培《校補》云：《御覽》七百六十一引“得”下有“一”字。◎吳則虞云：宋本《御覽》無“一”字，元刻本脱“壺”字，空一格，下同。楊本作“緘”，下同。黃本“金”作“缶”。◎王叔岷云：黃之寀本、明活字本、《子彙》本皆脱“壺”字，孫本據《御覽·壺部》（七六一）增“壺”字，與元本合。《御覽》八九六（《獸部八》）、《事類賦注》引此亦並有“壺”字。◎文斌案：黃本亦作“金”，下脱“壺”字。上方校語云：“‘金’疑‘缶’字。”吳氏失檢。元刻本、嘉靖本“壺”字處均爲空格，王氏誤吳鼐本爲元刻本。《子彙》本、沈本、綿眇閣本均以墨釘替代“壺”字，吳懷保本、吳勉學本脱“壺”字。

〔四〕發其句　王念孫云：“發其視之”本作“發而視之”，今本“而”作“其”，則文不成義。《太平御覽·器物部六》《獸部八》、《玉海》十四引此並作“發而視之”（一本作“乃發視之”，亦後人以意改）。◎蘇時學云：“其”下當有脱字，或當爲“而”。◎劉師培《校補》云：《事類賦注》廿一引“其”作“而”。◎吳則虞云：宋本《御覽》七百六十一引及楊本、凌本作“發視之”，《指海》本改作“發而視之”。◎文斌案：元刻本、活字本、嘉靖本、沈本、吳鼐本作“發其視之”，《子彙》本、綿眇閣本、楊本、凌本作“發視之”。吳懷保本作“乃發其視之”。吳勉學本、黃本、孫本作“乃發視之”。

〔五〕中有句　孫星衍云：“丹書”，一本作“月書”，據《太平御覽》改。◎文廷式云：“丹書”蓋即印刻，所謂朱文也。◎吳則虞云：《御覽》八百九十六引無“中”字。黃本、楊本、凌本皆作“月”，“月”爲“丹”之形譌。◎王叔岷云：《子彙》本“丹”亦誤“月”。孫本據《御覽》作“丹”，與元本合。明活字本亦作“丹”，《事類賦注》引同。◎文斌案：元刻本、活字本均作“月”，王氏失檢。嘉靖本、吳懷保本、吳勉學本、黃本、綿眇閣本亦作“月”。黃本上方校語云：“‘月’疑‘丹’字。”沈本作“丹”。《事類賦注》引亦無“中”字。

〔六〕食魚句　于鬯云：食魚者必先食一面，然後反之，再食一面。“無反”者，

留其下一面不食也。◎劉師培《校補》云：《事類賦注》引作“勿食反魚，無
乘駑馬”。◎張純一云：舊作“食魚無反”，蓋涉下文誤倒。本作“無食反
魚”，與“勿乘駑馬”對文。《太平御覽》八百九十六引此正作“勿食反魚，
無乘駑馬”，今據乙。

〔七〕勿乘句　孫星衍云：“駑”，《說文》無此字。《字林》：“駘也。”《玉篇》：“乃
乎切，最下馬也。”

〔八〕知若句　孫本“若”作“苦”。蘇時學斷此句爲“善哉知苦”，云：“苦”當作
“乎”，“苦”“乎”音近而誤。◎俞樾云：“知”當作“如”，“苦”當作“若”，
皆形似而誤也。“善哉如若言”，猶云“善哉如若所言”。◎徐仁甫云：“知
苦言”謂知擇言也。“苦”當作“若”，“若”當訓“擇”。俞改“知”爲“如”，
訓“若”爲代詞，非。◎文斌案：《子彙》本、吳懷保本、吳勉學本、黃本、綿
眇閣本、孫本作“苦”，餘均作“若”。黃本上方校語云：“‘苦’當作‘若’。”

〔九〕食魚二句　孫星衍云：《說文》：“‘鰷’，鮏臭也。”《玉篇》：“先刀切。”◎劉
師培《校補》云：《御覽》《事類賦注》引“無”作“不”。◎文斌案：《事類賦
注》、宋本《御覽》兩引均無景公語，劉氏失檢。

〔一〇〕勿乘二句　劉師培《補釋》云：此節均叶韻，如下文“力”與“側”叶，
“閭”與“壺”叶是也。此文“遠”與“鰷”不叶，疑正文本爲“惡其不遠取
道也”，“道”與“鰷”叶。淺人不察，妄易爲“取道不遠”，不復知其於韻
不叶也。◎徐仁甫云：此連引連釋也。“食魚無反”與“勿乘駑馬”皆當
用引號，下晏子對曰“食魚無反”與“勿乘駑馬”同。前第十五章引《詩》
“側弁之俄”“屢舞傞傞”亦連引連釋，已用引號，可證。

〔一一〕食魚二句　張純一云：“反”，翻也。今吾鄉猶有“君子不食翻身魚”之
語，蓋本此。其意在戒過貪、不爲他人留有餘也。故晏子以“毋盡民力”
爲喻。◎文斌案：宋本《御覽》八百九十六引作“食魚無反，無盡民力
也”，《事類賦注》作“食魚不反，無盡民力也”。

〔一二〕勿乘二句　劉師培《補釋》云：“則”字衍。“則”蓋“側”字之訛文，後人
又移置語首。◎張純一云：《御覽》作“不乘駑馬，無致不肖於側也”，劉
說是。《御覽》無“則”字，當據刪。◎王叔岷云：《事類賦注》引作“不
乘駑馬，無馭不肖於側也”，亦無“則”字。

〔一三〕紀有句　劉師培《校補》云：《御覽》《事類賦注》並引作“紀得此
書”。◎王叔岷云：《事類賦注》引作“紀有此書”，劉氏失檢。◎田宗
堯云：景宋本《御覽》八九六引亦作“紀有此書”。疑此文當有“此”字。
下文“紀有此言”（《御覽》《事類賦注》引“言”並作“書”），與此文同例。

〔一四〕何以句　孫星衍云：謂其言可傳，不當亡國。◎吳則虞云：《御覽》引無
“也”字。◎文斌案：《事類賦注》引亦無“也”字。

〔一五〕懸之閭　孫星衍云：古人門席皆有銘。◎劉師培《校補》云：《玉海》三十一引“懸”作“垂”。

〔一六〕紀有二句　孫星衍云：“壷”，一本作“緘”，一本作“其”，皆非。“閭”“壷”爲韻。◎蘇時學云：“注”猶“記”也。◎劉師培《校補》云：《御覽》《事類賦注》引作“紀有此書，藏之於壷，不亡曷待”。◎王叔岷云：黃之寀本“壷”作“其”，明活字本、《子彙》本並脱“壷”字，《事類賦注》引“注之壷”作“藏之金壷”，劉氏失檢。◎徐仁甫云：“君子有道，懸之閭”句當用引號，“壷”與“閭”韻。此引語與自加叶韻之例，説見前（《問下》第一章）。◎文斌案：元刻本、活字本、嘉靖本“壷”字處爲空格，《子彙》本、沈本、綿眇閣本爲一墨釘，吳勉學本作“其”，楊本、凌本作“緘”，吳懷保本脱“壷”字。

景公賢魯昭公去國而自悔晏子謂無及已第二十〔一〕

　　魯昭公棄國走齊〔二〕，齊公問焉〔三〕，曰：“君何年之少而棄國之蚤？奚道至於此乎〔四〕？”昭公對曰：“吾少之時〔五〕，人多愛我者，吾體不能親〔六〕；人多諫我者，吾志不能用〔七〕。是則内無拂而外無輔〔八〕，輔拂無一人，諂諛我者甚衆〔九〕。譬之猶秋蓬也，孤其根而美枝葉，秋風一至，根且拔矣〔一〇〕。”景公辯其言，以語晏子曰〔一一〕：“使是人反其國，豈不爲古之賢君乎〔一二〕？”晏子對曰：“不然。夫愚者多悔〔一三〕，不肖者自賢；溺者不問墜〔一四〕，迷者不問路。溺而後問墜，迷而後問路〔一五〕，譬之猶臨難而遽鑄兵，噎而遽掘井〔一六〕，雖速，亦無及已〔一七〕。”

〔一〕文斌案：吳懷保本標題作“昭公去國”，楊本作“昭公棄國”，凌本作“魯昭公棄國走齊”。

〔二〕魯昭句　王念孫云：“棄國”本作“失國”，此後人依《説苑·敬慎篇》改之也。《群書治要》及《藝文類聚·草部下》《太平御覽·百卉部四》並作“失國”。◎張純一云：事見昭二十五年《左傳》。《御覽》九百九十七作“哀公”，《説苑·敬慎篇》作“哀侯”，並非。◎吳則虞云：作“昭公”作“失”者是，《指海》本已據改。◎王叔岷云：《藝文類聚》八二引此亦作“哀公”。

〔三〕齊公句　王念孫云：“齊”字涉上句“走齊”而誤，當從《御覽》作“景公問焉”。《治要》作“齊景公問焉”，亦衍“齊”字。◎吳則虞云：《指海》本已改作“景公”。

〔四〕君何二句　王念孫云：《類聚》《御覽》並作“子之年甚少，奚道至於此乎”。“道”，由也，言何由至於此也，“此”字正指失國而言。《說苑》作“君何年之少而棄國之蚤”，無“奚道至於此乎”六字。今既從《說苑》作“君何年之少而棄國之蚤”，又從《晏子》作“奚道至於此乎”；既言“何”，又言“奚”；既言“棄國”，又言“至於此”，則累於詞矣。◎蘇輿云：《治要》作“子之遷位新，奚道至于此乎”。◎吳則虞云：《指海》本從《御覽》改。

〔五〕吾少句　孫星衍云：一本作“吾之少時”。◎吳則虞云：黃本、吳勉學本正如此。◎文斌案：《說苑》作“臣始爲太子之時，人多諫臣，臣受而不用也；人多愛臣，臣愛而不近也。”與《晏子》異。

〔六〕吾體句　劉師培《校補》云：《御覽》引“體”作“禮”。◎吳則虞云：《漢書·賈誼傳》：“所以體貌大臣。”注：“謂加禮容而敬之也。”

〔七〕吾志句　劉師培《校補》云：《類聚》引“志”作“忘”，《御覽》作“我忘不能從”。“忘”誼較長。

〔八〕是則句　王念孫云：“則”本作“以”，“是以”二字乃推言其所以無輔弼之故。今本作“是則”，亦後人以《說苑》改之。《群書治要》《類聚》《御覽》並作“是以”（今本《類聚》脫“以”字，《御覽》脫“是”字，唯《治要》不誤）。◎孫本作“好則”，黃以周云：“好”字誤，元刻作“是則”。◎劉師培《黃本校記》云：黃本“輔”作“補”，下同。◎吳則虞云：《說苑》“拂”作“聞”，“輔”下有“也”字。《治要》《御覽》引“拂”作“弼”，《治要》又無“而”字。《指海》本“好則”已改爲“是以”。

〔九〕詔諛句　張純一《校注》刪“我”字，校云：“諛”下舊衍“我”字，蓋後人所加，據《御覽》刪。◎文斌案：孫本、吳蕭本外，各本“詔”均誤作“謟”。

〔一○〕孤其三句　王念孫云：《群書治要》作“孤其根荄，密其枝葉，春氣至，債以揭也”。“債”，仆也；“揭”，蹶也（《大雅·蕩篇》“顛沛之揭”）。秋蓬末大而本小，故春氣至，則根爛而仆于地。《類聚》《御覽》並作“孤其根本，密其枝葉”。今本云云，亦後人以《說苑》竄改。《說苑》作“惡於根本而美於枝葉，秋風一起，根且拔矣”。程氏易疇《通藝錄》曰：“蓬之根孤而枝葉甚繁，既枯，則近根處易折，折則浮置於地，大風舉之，乃戾於天，故言飛蓬也。《說苑》言‘拔’，蓋考之不審矣。曹植詩云：‘吁嗟此轉蓬，居世何獨然。’又云：‘願爲中林草，秋隨野火燔。糜滅豈不痛，願與根荄連。’可見蓬轉而飛，不得與根荄連，是折而非拔也。司馬彪詩云：‘秋蓬獨何辜，飄颻隨風轉。長飆一飛薄，吹我之四遠。搔首望故株，邈然無由返。’若蓬遇風而拔，則故株隨枝而逝，安得云‘搔首望故株’邪？”念孫案：程說甚核。又案：《晏子》作“孤其根荄，密其枝葉”，

"密"與"孤"正相對;《説苑》作"惡於根本,美於枝葉","美"與"惡"亦相對。今本《晏子》作"孤其根而美枝葉","美"與"孤"不相對。兩用《晏子》《説苑》之文,斯兩失之矣。◎黄以周云:古人文字多以相錯見義,此文當以"孤其根而美枝葉"爲正。根言孤,以見枝葉之密;枝葉言美,以見根之惡。諸書所引,欲取文字正對,以意改爾。"根且拔矣",當依《治要》作"僨且揭"。《説文》:"'僨',僵仆也。""'揭',高舉也。"蓬至秋,既仆於地,大風舉之,終且高戾於天。程説是也。◎劉師培《補釋》云:二説均非。"孤"者,"窳"之假字,"窳"亦惡也。《史記·五帝本紀》"皆不苦窳",《貨殖傳》云"以故呰窳",《荀子·議兵篇》云"械用兵革,窳楛不便利者弱","窳楛"即"苦窳"也。"苦"訓爲"惡"(《周禮·典婦功》"辨其良苦","苦"與"良"對文。《管子·小匡篇》"辨其功苦",房注"謂濫惡"),則"窳"意亦與"惡"同,"窳其根"者,猶言"惡其根"也,故《説苑》以"惡"代"窳"。◎張純一云:王取文字正對,稍泥。程、黄説是。◎吴則虞云:《指海》本作"僨以揭也"。◎文斌案:黄本"枝"作"其"。

〔一一〕景公二句　劉師培《校補》云:《治要》作"景公以其言語晏子"。◎文斌案:黄本、楊本"辯"作"辨"。

〔一二〕豈不句　吴則虞云:楊本脱"古"字。

〔一三〕夫愚句　孫星衍云:"者",《太平御覽》作"人"。◎俞樾云:"愚者多悔"與"不肖者自賢"兩意不倫。《説苑·雜言篇》載越石父曰"不肖人自賢也,愚者自多也",即本《晏子》之言。疑此文本作"愚者自多",傳寫奪"自"字,淺人妄補"悔"字耳。◎劉師培《校補》云:《御覽》七百四十一引"悔"作"侮",義較長。◎張純一云:"侮"蓋"悔"之形誤。◎于省吾云:俞説殊誤。下云"溺者不問墜,迷者不問路"即承"不肖者自賢"而言;"溺而後問墜,迷而後問路,譬之猶臨難而遽鑄兵,噎而遽掘井,雖速亦無及矣"即承"愚者多悔"而言。兩段文義較然,俞説未照。且前半均係昭公自悔之詞也。◎文斌案:宋本《御覽》七百四十一正作"愚人多悔",張説是。

〔一四〕溺者句　蘇時學云:"墜",猶"坎陷"也。◎王念孫云:"墜"本作"隊","隊"與"隧"同。《廣雅》曰:"'隊',道也。"《大雅·桑柔》,《傳》曰:"'隧',道也。""溺者不問隊",謂不問涉水之路,故溺也。"不問隊""不問路",其義一而已矣。《荀子·大略篇》"迷者不問路,溺者不問遂",楊倞曰:"'遂',謂徑隧,水中可涉之徑也。"是其證。後人誤以"隊"爲"顛墜"之"墜",故妄加"土"耳。《群書治要》正引作"溺者不問隧"。◎蘇輿云:"墜"當依《荀子》作"遂"。《詩·載馳篇》"大夫跋

涉",《釋文》引《韓詩》曰:"不由蹊遂而涉曰跋涉。"《淮南·修務訓》高
注:"不從蹊遂曰跋涉。"二"遂"字與此義同。作"墜"者蓋誤文。◎吳
則虞云:《指海》本已改爲"隧"。

〔一五〕溺而二句 蘇輿云:《治要》無此二句,非。

〔一六〕噎而句 孫星衍云:"噎",《説文》:"飯窒也。"◎俞樾云:"掘井"與
"噎"無涉,《説苑·雜言篇》作"譬之猶渴而穿井"。◎劉師培《校補》
云:《御覽》引"噎"上有"臨"字,當據補。◎張純一云:《墨子·公孟
篇》:"是譬猶噎而穿井也。"言掘井雖速,無濟於噎,義與此同。蓋飯窒
而噎,飲水可止,古有是喻。《説苑》作:"譬之猶渴而穿井、臨難而後鑄
兵,雖疾從而不及也。"◎文斌案:吳懷保本"掘"誤作"拙"。

〔一七〕雖速二句 孫星衍云:"速",《太平御覽》作"悔"。"亦無及已",《説
苑·雜言篇》以晏子爲越石父也。◎劉師培《校補》云:《治要》引作
"亦不及"。◎吳則虞云:《御覽》引無"亦""已"二字。◎王叔岷云:
《治要》引作"亦無及"。《説苑·雜言篇》"無"乃作"不"。劉氏失檢。
◎文斌案:宋本《御覽》七百四十一亦作"速"。

晏子使魯有事已仲尼以爲知禮第二十一〔一〕

晏子使魯〔二〕,仲尼命門弟子往觀〔三〕。子貢反,報曰:"孰謂晏子
習于禮乎〔四〕? 夫禮曰:登階不歷,堂上不趨,授玉不跪〔五〕。今晏子皆
反此,孰謂晏子習于禮者〔六〕?"晏子既已有事于魯君〔七〕,退見仲尼,仲
尼曰:"夫禮:登階不歷〔八〕,堂上不趨,授玉不跪〔九〕。夫子反此
乎〔一〇〕?"晏子曰:"嬰聞:兩楹之閒〔一一〕,君臣有位焉,君行其一,臣行
其二〔一二〕。君之來速〔一三〕,是以登階歷、堂上趨,以及位也〔一四〕。君授玉
卑,故跪以下之〔一五〕。且吾聞之:大者不踰閑,小者出入可也〔一六〕。"晏
子出,仲尼送之以賓客之禮。"不計之義〔一七〕,維晏子爲能行之〔一八〕。"

〔一〕蘇輿本、吳則虞《集釋》"晏子"誤作"景公",蘇輿云:"景公"當作"晏子",
傳寫誤也。◎吳則虞云:元刻本、活字本"有"誤作"布"。凌本此章以下
各文皆無。◎文斌案:元刻本、活字本、嘉靖本、沈本目録、標題均作"晏
子","有"作"布"。盧文弨《拾補》附元人刻本目録"晏子"誤作"景公",
蘇輿本、吳則虞《集釋》誤蓋緣此。吳懷保本標題作"仲尼以爲知禮",楊
本作"使魯觀禮",凌本作"晏子使魯"。凌本此章以下各文俱存,吳氏

失檢。

〔二〕晏子句　吳則虞云：《韓詩外傳》四、《論衡·知實篇》作“晏子聘于魯”，《初學記》二十一引作“使魯”。周廷寀云：“春秋齊使聘魯，自襄公二十七年慶封之後，於經更無所見，蓋諸子之寓言也。”◎文斌案：《外傳》無“于”字，《初學記》作“晏子使魯”。

〔三〕仲尼句　吳則虞云：元刻本、活字本、嘉靖本、綿眇閣本“弟子”二字互倒。◎文斌案：綿眇閣本亦作“弟子”，吳氏失檢。吳懷保本作“子弟”。

〔四〕孰謂句　吳則虞云：元刻本、活字本“子”下複“子”字。◎文斌案：嘉靖本、吳懷保本亦複“子”字。

〔五〕夫禮四句　徐仁甫云：“夫禮曰”，“曰”衍文。下文複舉，止作“夫禮”，無“曰”字，一也；“堂上不趨，授玉不跪”二句見《曲禮》，“登階不歷”不見《曲禮》，則不當作“禮曰”，二也。◎文斌案：徐說是。《禮記·曲禮上》原作：“帷薄之外不趨，堂上不趨，執玉不趨。堂上接武，堂下布武，室中不翔。並坐不橫肱。授立不跪，授坐不立。”《晏子春秋》“授玉不跪”，《禮記》原作“授立不跪”。“授立不跪，授坐不立”，鄭注：“爲煩尊者俛仰受之。”子貢所言並非《禮記》原文，只是禮制的要求，故不當有“曰”字。楊本“趨”作“趣”。

〔六〕今晏二句　吳則虞云：《韓詩外傳》作“上堂則趨，授玉則跪。子貢怪之，問孔子曰：‘晏子知禮乎？今者晏子來聘魯，上堂則趨，授玉則跪，何也？’孔子曰：‘其有方矣。待其見我，我將問焉。’”《論衡》亦作“門人問孔子，孔子不知，而問于晏子”。竊疑此章似有重複，自“仲尼命門弟子”至“既已有事于魯君”，古本《晏子》似無其文，《外傳》始有之。《論衡》蓋亦據《外傳》爲説，後人又復據《外傳》增入此段文字。《初學記》所引，猶存舊貫，可證也。元刻本、活字本、嘉靖本脫“孰”字。◎文斌案：吳引《論衡》不確，原作：“晏子聘于魯，‘堂上不趨’，晏子趨；‘授玉不跪’，晏子跪。門人怪而問于孔子，孔子不知，問于晏子。晏子解之，孔子乃曉。”《初學記》作：“晏子使魯，退見仲尼，仲尼（原文脫“仲尼”二字，當補）曰：‘夫禮：堂上不趨，授立不跪。夫子反此，禮乎？’”沈本、吳懷保本亦脫“孰”字。

〔七〕晏子句　劉師培《補釋》云：“已”即“既”也。蓋一本作“既”，一本作“已”，後人併而一之。◎王叔岷云：古書多複詞，“既”“已”同義，自可連用。《莊子·逍遙遊篇》：“天下既已治也。”《寓言篇》：“既已縣矣。”並同此例。劉説非也。

〔八〕登階句　文斌案：《初學記》無“登階不歷”句。

〔九〕堂上二句　文斌案：《曲禮上》《初學記》均作“授立不跪”。

〔一〇〕夫子句　黃以周云：《初學記·文部》作“夫子反此，禮乎”。“禮乎”，二字句,今本脱,當據補。

〔一一〕樋　孫本作“櫺”,《音義》云:“櫺”,疑當爲“樋”,字之誤也。◎盧文弨云:“櫺”譌,元刻作“樋”。◎王叔岷云:黄之寀本、明活字本、《子彙》本皆作“樋”,與元本合。◎田宗堯云:吳勉學本“樋”作“櫺”。◎文斌案:嘉靖本、沈本、吳懷保本、綿眇閣本、楊本、凌本亦作“樋”。

〔一二〕君行二句　吳則虞云:《外傳》作“夫上堂之禮,君行一,臣行二”,《初學記》引亦無二“其”字。鄭玄注《儀禮·聘禮》,三引皆無“其”字,當據删。云“兩樋之間”者,《儀禮·聘禮》“公側襲,受玉于中堂與東樋之間”,注:“‘中堂’,南北之中也。入堂深,尊賓事也。”李如圭《集釋》云:“‘中堂’,堂東西之中也。是爲兩樋間。”後儒於“中堂”與“東樋”疏説各異,證以《晏子》此文,是兩樋之間即中堂。云“君行一,臣行二”者,指行於堂上而言。《儀禮》“公側襲,受玉于中堂東樋之間”者是也。蓋主君在東,聘臣在西,臣向東行,君步闊,臣步狹,是以君行一步,臣趨而行二步。◎徐仁甫云:“君行一,臣行二”,此指行於堂上而言。吳則虞引《左傳·僖公二十八年》“子犯曰‘子玉無禮哉!君取一,臣取二’”作“君行一,臣行二”,牽合爲釋。不知杜注“君取一”以釋宋圍惠晉侯;“臣取二”,復曹衛爲己功。所指不同。吳氏誤合兩事爲一事矣。

〔一三〕君之句　孫星衍云:“遬”,《初學記》作“速”,《説文》:“‘速’,疾也。籀文作‘遬’。”◎黄以周云:《初學記》作“君之所來速”。◎吳則虞云:《外傳》作“今君行疾”。

〔一四〕是以二句　黄以周云:“及”,《初學記》作“反”。◎張純一云:“反”爲“及”之誤。◎吳則虞云:《外傳》作“臣敢不趨乎”,無“登階歷堂上趨”等字,《外傳》非也。“登階歷堂上趨”者,《聘禮》曰:“賓入門左。……介皆入門左,北面西上。三揖,至于階,三讓。公升二等,賓升。”注:“先賓升二等,亦欲君行一,臣行二。”疏云:“諸侯階有七等,公升二等,在上仍有五等,而得云君行一,臣行二者;但君行少,臣行多,大判而言,非謂即君行一,臣行二。”《左·僖二十八年傳》:“子玉使宛春告於晉師曰:‘請復衛侯而封曹,臣亦釋宋之圍。’子犯曰:‘子玉無禮哉!君行一,臣行二,弗可失矣。’”又《左·襄七年傳》:“衛孫文子來聘,且拜武子之言,而尋孫桓子之盟。公登亦登。叔孫穆子相,趨進曰:‘諸侯之會,寡君未嘗後衛君。今吾子不後寡君,未知所過。吾子其少安。’”《韓非子》載穆叔語:“今子不後寡君一等。”是其證。《朱子語類》問行一行二之義曰:“君行步闊而遲,臣行步狹而疾,故君行一步而臣行兩步,蓋不敢同君之行而踐其跡也。”是“趨”之義也。◎王文錦認爲:按禮,升階需要“拾級聚足,連步以上”(《禮記·曲禮上》)。鄭注:“‘拾’當讀爲

‘涉’。‘級’，等也。‘涉等聚足’，謂前足躡一等，後足從之併，重蹉跌也。‘連步’謂足相隨不相過也。”即前足升一等，後足隨之並立；前足再升一等，後足再隨之並立。“歷”，越也。左足登一級，右足登二級，足不相並，如此而升，謂之“歷階”。古人行禮，升階要拾級聚足而上，一般不能歷階。“趨”是大步疾行。堂上較狹窄，一般不趨。《曲禮》：“授立不跪。”鄭注：“爲煩尊者俛仰受之。”卑者授物於尊者不跪授；若跪授，勢必煩勞尊者彎腰接受。按聘禮常規，主國之君自阼階升堂詣兩楹間，步闊而遲；使者升西階往兩楹間，步狹而速，大判而言是君行一，臣行二。所以如此者，意取“尊者宜逸，卑者宜勞”（《聘禮》疏）。今因魯君行速，所以晏子就相應地更快些，“是以登階歷、堂上趨以及位也”。兩楹間授玉，魯君卑身受玉，故晏子不得不跪以下之；否則使臣授玉而倨，魯君受玉而僂，就大爲失禮了。晏子這是根據具體情況，靈活掌握聘禮精神。◎文斌案：《左傳·僖公二十八年》原作“君取一，臣取二”，《左傳·襄公七年》原作“今吾子不後寡君，寡君未知所過”，吳氏失檢。吳引《朱子語類》見卷八十五論《儀禮·聘禮》，引《韓非子》見《難四》。《初學記》作“吾是以趨以反位也”，無“登階歷堂上”五字。

〔一五〕君授二句　吳則虞云：《禮記》“授立不跪”，注：“不跪不坐，爲煩尊者俛仰受之。”《少儀》“受立授立不坐”，是通“授”“受”言也。《聘禮》：“賓升，西楹西東面，擯者退中庭，賓致命，公左還，北鄉，擯者進，公當楣再拜，賓三退，負序，公側襲受玉于中堂與東楹之間。”注：“東楹之間，亦以君行一，臣行二。”疏：“兩楹之間，爲賓主處中。今乃於東楹之間，更侵東半間，故曰‘君行一，臣行二’也。”是受玉之禮也。受玉之禮，君獨見於以尊賓，故無贊。經不言臣立臣跪，此云“跪”者，足補《儀禮》之略。又案：主君返玉，遣卿于館行之，《禮》有明文。此云“君授玉”，當作“授君玉”。《論衡》“‘授玉不跪’，晏子跪”，是亦言授君玉，而非君授玉。《韓詩外傳》作“今君之授幣也，卑臣敢不跪乎”，尤非。授幣行于私覿時，《聘禮》云“公用束帛”，注：“致幣也，言用尊於下也，亦受之於序端。”《公食大夫禮·侑賓》云：“公受宰夫束帛。”是此亦宰夫授之，非親授也。當從《晏子》作“玉”者是。◎王文錦認爲：《聘禮》聘賓於東楹之西授玉，自是按“授玉不跪”的常規。經不言立，從可知也，絕不是跪以授玉而爲《儀禮》所略。晏子使魯跪以授玉者，因魯君卑身受玉之故，此禮之變，絕不是凡聘賓皆須跪授玉於主國之君。吳氏又云：“‘君授玉’當作‘授君玉’”，也不確。此章“君授玉卑”，“授玉”當作“受玉”，乃涉上文兩處“授玉”而訛者。◎文斌案：“爲煩尊者俛仰受之”乃鄭玄爲“授立不跪,授坐不立”二句作的注,並非只關涉“授立不跪”一句,原文無“不跪不坐”四字。吳氏關於《聘禮》的斷句和標點符號亦有錯誤,正確的斷句和標點爲:“賓升,西楹西,東面。擯者退中庭。賓致命;公左還,北鄉。擯者進。公當楣再拜。賓三退,負序。公側襲,受玉于中堂與東楹之間。”吳氏《韓詩外傳》斷句亦非,當爲‘今君之授幣也卑,臣敢不跪乎’。楊本“授”作“受”。

〔一六〕大者二句　蘇時學云:此與《論語》子夏言同,蓋古有此語。◎張純一云:《論語·子張篇》:“大德不踰閑,小德出入可也。”孔注:“‘閑’猶‘法’也。小德不能不踰法,故曰‘出入可’。”

〔一七〕不計句　王念孫云:“不計之義”,《初學記·文部》引作“不法之禮”,上有“反(句),命門弟子曰”六字。然則“不計之義”二句,乃孔子命門弟子之語;今脫去上六字,則不知爲何人語矣。《外上篇》曰“晏子出,仲尼送之以賓客之禮,再拜其辱。反,命門弟子曰”云云,文義正與此同。《韓詩外傳》載此事亦云:“孔子曰:‘善,禮中又有禮。’”◎吳則虞云:《指海》本已增此六字,“不計”作“不法”。◎文斌案:黃本上方校語云:“‘禮’下疑(有)‘曰’字。”

〔一八〕維晏句　劉師培《校補》云:《初學記》作“唯晏子能爲之”。◎吳則虞云:《外傳》作:“孔子曰:‘善,禮中有禮。賜,寡使也,何足以識禮也!《詩》曰:“禮儀卒度,笑語卒獲。”晏子之謂也。’”與此異。《指海》本已據《初學記》校改。◎孫星衍云:《韓詩外傳》用此文。◎文斌案:《外傳》作“禮中又有禮”,吳引脫“又”字。

晏子之魯進食有豚亡二肩不求其人第二十二〔一〕

晏子之魯,朝食,進餽膳〔二〕,有豚焉。晏子曰:“去其二肩〔三〕。”畫者進膳〔四〕,則豚肩不具。侍者曰:“膳豚肩亡。”晏子曰:“釋之矣。”侍者曰:“我能得其人。”晏子曰:“止。吾聞之:量功而不量力,則民盡〔五〕;藏餘不分,則民盜。子教我所以改之,無教我求其人也。”

〔一〕文斌案:吳懷保本標題作“不求亡肩人”,楊本同,凌本作“晏子之魯”。

〔二〕餽　張純一云:同“饋”。

〔三〕去　盧文弨云:藏也。下所以云“藏餘不分”。◎黃以周云:“去”,古“弆”字,藏也。“弆”本後作,古人“藏去”字秖用“去”。《漢·陳遵傳》:“遵善書,與人尺牘,皆藏去以爲榮。”注:“‘去’,藏也。”晏子藏其二肩,故下曰“藏餘不分”。◎吳則虞引長孫元齡云:《左·昭十九年傳》:“初,莒有婦人,莒子殺其夫,已爲嫠婦。及老,托於紀鄣,紡焉。以度而去之。”杜注:“因紡纑,連所紡以度城而藏之。”疏云:“‘去’,即藏也。字書‘去’作‘弆’。”又《左傳杜解補正》云:“《釋文》引裴松之注《魏志》云:‘古人謂“藏”爲“去”,亦作“弆”。’”《漢書·蘇武傳》:“掘野鼠去草實而食之。”師古曰:“‘去’,謂藏之也。”《陳遵傳》:“皆藏去以爲榮。”師古曰:“‘去’,亦藏也。”《魏志·華佗傳》“去藥以待不祥。”臣松之案:“古語以‘藏’爲‘去’。”◎文斌案:吳氏斷句有誤,《左傳·昭十九年》應斷爲:“及老,托於紀鄣,紡焉以度而去之。”“紡”,紡綫爲繩索也。“度”,量城之高度也。

〔四〕書者句　劉師培《補釋》云:“者”係衍文,涉下“侍者”而衍。◎吳則虞云:長孫元齡云:“‘者’,助詞,如‘日者’之‘者’。”則虞案:“者”疑“食”字之訛,此與“朝食進餽膳”相對。

〔五〕量功二句　張純一云:在上者較量其功而不度量民力,則民窮。◎徐仁甫云:“盡”謂精於事也。《荀子·榮辱篇》:“農以力盡田,賈以察盡財,百工以巧盡械器。”楊倞注:“‘盡’,謂精於事。”此謂量功而不力,則民精於其事矣。◎文斌案:細玩文義,晏子所表達的是理解下民、寬緩爲政的思想。下句“藏餘不分則民盜”,意謂有餘當分給不足者;藏其所餘而不分,則無怪民之爲盜也,是理解百姓因社會貧富懸殊而反抗。以此逆推,則上句所言仍當是理解百姓、愛惜民力的意思。其阻止侍者揪出盜豚肩者,亦是體現其寬以待人的思想。張説是。如按徐説,則是督促百姓精於其事,未合文義。

曾子將行晏子送之而贈以善言第二十三[一]

曾子將行[二],晏子送之,曰:“君子贈人以軒[三],不若以言[四]。吾請以言乎[五]?以軒乎?”曾子曰:“請以言[六]。”晏子曰:“今夫車輪,山之直木也[七]。良匠揉之[八],其圓中規[九],雖有槁暴[一〇],不復贏矣[一一]。故君子慎隱揉[一二]。和氏之璧[一三],井里之困也[一四]。良工脩之,則爲存國之寶[一五]。故君子慎所脩。今夫蘭本[一六],三年而成,湛之苦酒[一七],則君子不近,庶人不佩[一八];湛之麋醢[一九],而賈匹馬矣[二〇]。非蘭本美也,所湛然也[二一]。願子之必求所湛[二二]。嬰聞之:君子居必擇居[二三],游必就士。擇居所以求士[二四],求士所以辟患也[二五]。嬰聞：汩常移質[二六]，習俗移性，不可不慎也[二七]。”

〔一〕文斌案：吳懷保本標題作“贈曾子以善言”，楊本作“贈曾子言”，凌本作
　　“曾子將行”。

〔二〕曾子句　孫星衍云：《説苑》：“曾子從孔子於齊，齊景公以下卿禮聘曾子，
　　曾子固辭，將行。”《禮記》亦有晏子、曾子之言。而楊倞注《荀子》謂：“晏
　　子先於曾子，曾子之父猶爲孔子弟子，此云‘送曾子’，豈好事者爲之與。”
　　其言謬甚。◎劉師培《校補》云：《家語·六本篇》作“曾子從孔子于齊，齊
　　景公以下卿之禮聘曾子，曾子固辭，將行”，與《説苑·雜言篇》同。“固
　　辭”以上各語，本書故本疑亦與同，今挩。◎張純一云：《史記·十二諸侯
　　年表》：孔子生於魯襄公二十二年，當齊莊公三年。前五年，晉圍臨淄，晏
　　嬰大破之，則晏子長孔子至少二十餘歲。《仲尼弟子列傳》：曾子少孔子
　　四十六歲，則少晏子七十餘歲。至從孔子於齊，縱不及二十歲，亦當晏子
　　九十歲。未知晏子果有此壽否？又據《年表》：景公五十八年薨，孔子年
　　六十二。據《齊世家》：晏子先景公卒十年，適當孔子五十二歲、曾子生甫
　　七歲。楊倞謂好事者爲之，信而有徵矣。然本書《問下》二十八章既載曾
　　子問晏子云云，此章又載晏子之贈言，則曾子不必曾參。或《史記》多不足
　　據與？又案《孔子世家》：孔子適周見老子後，老子送之曰：“吾聞富貴者
　　送人以財（《索隱》：《莊周》“財”作“軒”），仁人者送人以言。吾不能富
　　貴，竊仁人之號，送子以言。”或好事者之所仿與？◎文斌案：《荀子·大
　　略》楊倞注作“晏子先於孔子”，孫氏失檢。

〔三〕君子句　孫星衍云：“軒”，《説苑》作“財”，非。“軒”與“言”爲韻。◎黃
　　以周云：《説苑·雜言篇》、《家語·六本篇》、《文選·贈蔡子篤詩》注並
　　作“以財”。◎吳則虞云：《荀子·大略》“庶人贈人以財”與“君子贈人以
　　言”對。《潛夫論·遏利篇》：“貽之以言，弗若以財。”《史記·孔子世家》：
　　“辭去，而老子送之曰：‘吾聞富貴者送人以財，仁人者送人以言。’”亦以
　　“言”“財”並舉。《意林》一、《御覽》九百八十三、《諸子瓊林》二十四並作
　　“財”。作“軒”者恐沿《莊子》而譌。楊本亦作“軒”。◎王叔岷云：《文
　　選·（王仲宣）贈蔡子篤詩》注引作“嬰聞贈人以財”，“嬰聞”下蓋略“君
　　子”二字。《御覽》九八三引作“嬰聞君子贈人以財”，是也。《荀子·大略
　　篇》“君子”上有“嬰聞之”三字，《説苑·雜言篇》有“吾聞”二字，《家語·
　　六本篇》有“吾聞之”三字，咸可證此文“君子”上有脱文。◎文斌案：《潛
　　夫論·遏利篇》作“貽之以言，弗貽以財”。各本均作“軒”，《類聚》三十一
　　引亦作“軒”。

〔四〕不若句　孫星衍云：《意林》作“贈人以財，不以言”。《太平御覽》作“不

若贈人以言”。◎盧文弨云：“若”，本或作“者”。◎張純一云：《藝文類聚》三十一作“不如贈人以言”。◎文斌案：《意林》作“贈人以財，不若以言”。宋本《御覽》亦作“不若以言”。綿眇閣本“若”誤作“者”。

〔五〕吾請句　綿眇閣本作“乎”，餘均作“之”。蘇時學云：“之”當作“乎”。◎蘇輿云：《拾補》“之”作“乎”，旁注“之”字。作“乎”是也，“之”乃誤字。◎劉師培《校補》云：“之”字當從盧文弨校作“乎”。《文選·（王粲）贈蔡子篤詩》注引作“請以言乎”，《御覽》九百八十三引作“吾謂以言乎”，並其證。◎吳則虞云：綿眇閣本、《繹史》“之”正作“乎”。◎文斌案：《御覽》九百八十三引作“吾請以言乎”，劉氏失檢。黃本上方校語云：“‘之’疑當作‘乎’。”今從衆校改“之”作“乎”。

〔六〕請以句　孫星衍云：《荀子》作：“曾子行，晏子從於郊，曰：‘嬰聞之：君子贈人以言，庶人贈人以財。嬰貧無財，請假於君子，贈吾子以言。’”

〔七〕山之句　吳則虞云：《荀子·大略篇》楊注引無“也”字。

〔八〕良匠句　孫本“揉”作“煣”，下同。《音義》云：“煣”，今本作“揉”，據楊倞《荀子注》所引訂正。《說文》：“‘煣’，屈申木也。”《玉篇》：“而九切，以火屈木曲。”《考工記》：“揉輻必齊。”鄭氏注：“揉謂以火槁之。”《荀子·勸學篇》作“輮”。按“揉”俗字，“輮”借字。◎吳則虞云：《指海》本改作“煣”。

〔九〕圓　孫星衍云：楊倞注作“員”。

〔一○〕槁暴　孫星衍云：《考工記》：“轂雖敝不蔽。”鄭氏注謂：“‘蔽’，蔽暴，陰柔後必橈滅，幬革暴起。”陸德明《音義》：“‘暴’，步角切。劉步木反。一音蒲報反。”楊倞注：“‘槁’，枯；‘暴’，乾。”

〔一一〕贏　孫星衍云：楊倞注：“‘贏’，《荀子·勸學篇》：‘木直中繩，輮以爲輪，其曲中規，雖有槁暴，不復挺者，輮使之然也。’按‘贏’‘挺’聲相近。”◎黃以周云：《荀子·大略篇》作“嬴”。◎劉師培《黃本校記》云：黃本“贏”作“嬴”。◎吳則虞云：《荀子·勸學》《大略篇》兩注引皆作“嬴”。“不復嬴者”指革轂而言。《考工記·輪人》：“轂雖敝不蔽。”鄭玄云：“‘蔽’，蔽暴。”即槁暴也。疏：“革不著木必有暴起。”又“幬必負幹”，注：“革轂相應，無嬴不足。”“槁暴”者，木不足而革有嬴也；“嬴”者，革有嬴而木不足也。槁暴爲其因，嬴不足爲其果，獨言“嬴”者，省詞耳。作“贏”者，借字。◎文斌案：《荀子·大略篇》無孫引楊倞注。此當爲孫氏自注，誤衍“楊倞注”三字。《大略篇》楊倞注引作“嬴”，吳氏失檢。

〔一二〕故君句　孫星衍云：《荀子·大略篇》：“君子之檃栝，不可不謹也，慎之。”“隱”與“檃”通，謂檃栝，《荀子·性惡篇》：“枸木必將待檃栝蒸矯然後直。"

〔一三〕和氏之璧　孫星衍云：《藝文類聚》引《琴操》（蔡邕作）"卞和者，楚野民，得玉璞（《初學記》有此字），獻懷王；懷王使樂正子占之，言玉石。以爲欺謾，斬其一足。懷王死，子平王立，和復獻之"云云，按《晏子》已稱和氏之璧，則非懷王時事。平王之前有靈王，亦非懷王子。蔡邕錯誤，不可反以疑此書。◎張純一云：《韓非子·和氏篇》："楚人和氏，得玉璞楚山中，奉而獻之厲王。使人相之，曰：'石也。'王以和爲誑，而刖其左足。及厲王薨，武王即位，和又奉其璞而獻之。武王使玉人相之，又曰：'石也。'王又以和爲誑而刖其右足。武王薨，文王即位，和乃抱其璞而哭於楚山之下。王乃使玉人理其璞而寶焉，遂命爲'和氏之璧'。"《淮南子·覽冥訓》高注以卞和得美玉璞於荆山之下，獻之武王、文王、成王。以上二説又異，未知孰是。

〔一四〕井里句　孫星衍云：《意林》作"井里璞耳"。《荀子·大略篇》："和之璧，井里之厥也。"楊倞注："'井里'，里名。'厥也'，未詳。或曰：'"厥"，石也。'《晏子春秋》作'井里之困也'。"謝侍郎案："《説文》：'"槷"，門橜也。'"橜"，門梱也。'《意林》不解，乃改爲'璞'。"星衍案：宋人刻石稱門限爲石闌根，"厥"與"困"，蓋言石塊耳。◎盧文弨《鍾山札記》云："厥"同"槷"。《説文》："'槷'，門橜也。'"橜"，門梱也。"《荀子》以"厥"爲"槷"，《晏子》以"困"爲"梱"，皆謂門限。◎劉師培《校補》云：《御覽》八百六、希麟《續音義》六並引"困"作"朴"，《法苑珠林》二十八引同（自注曰：《孔叢子》云"井里之厥"，又云"玉人琢之，爲天下寶"）。《荀子·大略篇》楊注則云本書作"困"。據《三國志·魏文帝傳》裴注引《魏略·鄭稱拜官令》曰："和氏之璧，由井里之困（或本誤"田"）。"自以作"困"爲古，説詳《荀子》盧校。◎王叔岷云：《續音義》十引"困"作"朴"，《續音義》六未引此文，劉氏失檢。《御覽》八百二引"困"作"璞"，引《荀子》（大略篇）亦作"璞"。◎田宗堯云：景宋本《御覽》八〇二引"困"亦作"朴"，與八〇六同。玉未理者曰"璞"，"璞""朴"通；作"困"無義。◎文斌案：宋本《御覽》八百二引"困"作"朴"，田校是，王氏失檢。

〔一五〕則爲句　孫星衍云：《意林》作"則成寶"。◎蘇輿云：《荀子·大略篇》作"玉人琢之，爲天子寶"。◎吳則虞云：《御覽》八百二引作"爲天下寶"，《諸子瓊林》作"則爲國寶"。◎王叔岷云：《意林》引作"則成國寶"，孫氏失檢。《御覽》八百二引"存"作"薦"，於義爲長。"存"疑"荐"之誤，"荐""薦"古通。◎文斌案：王校是，孫氏失檢。《御覽》八百二引作"則爲荐國之寶"，吳氏失檢。

〔一六〕今夫句　孫星衍云：“蘭本”，蘭與藁本，二草名也。《神農本草經》：“‘蘭草’，一名水香；‘藁本’，一名鬼卿，一名地新。”陶宏景云：“今東閒有煎澤草名蘭香。”《名醫》云：“藁本可作沐藥面脂。”《荀子·大略篇》作“蘭茞藁本”，故定以爲二草。而《勸學篇》作“蘭槐之根是爲芷”（當是“茞”誤），則“本”又疑“根”也。◎文斌案：《御覽》九百八十三、《文選·贈蔡子篤詩》注引均無“今”字。

〔一七〕湛之句　孫星衍云：高誘注《吕氏春秋》：“‘湛’，漬也。”“湛”讀“潘釜”之“潘”。《荀子·大略篇》作“漸於蜜醴”，《勸學篇》作“其漸之滫”。◎吳則虞云：此句似原作“今夫蘭本，而或湛之以滫”。“滫”者，《禮記·内則》注：“秦人溲曰‘滫’。”《士虞禮》注：“‘溲’，今文作‘醙’，白酒也。”後人誤溲溺之“溲”爲白酒之“溲”，因易爲“酒”。又疑酒無惡臭義，復增“苦”字。《文選·贈蔡子篤詩》注引猶作“湛之以酒”，作“以”不作“苦”。“而或”者，假有其事，猶《荀子》作“其漸之滫”之“其”字也。“而或”訛爲“而成”，因改從上句讀，似云蘭本必待三年而後成矣。“蘭本”，《荀子·勸學篇》作“蘭槐”。蘭者，每歲着花；本者，藁本，亦草本；槐者，襄香，即杜衡，皆不待三年而成。《説苑·雜言》：“今夫蘭本，三年湛之鹿醢。”此言湛之三年，言其湛之久，非三年而始成蘭本也。後人據《説苑》誤入“三年”二字，“而或”又誤爲“而成”，致譌爲“蘭本三年而成”矣。◎王叔岷云：《御覽》九八三引“酒”作“滫”。

〔一八〕庶人句　孫星衍云：“佩”，《荀子·勸學篇》作“服”，“佩”與“服”聲義皆相近。◎劉師培《校補》云：“佩”“服”古通，褚先生補《史記·三王世家》云：“《傳》曰：蘭根與白芷，漸之滫中，君子不近，庶人不服者，所以漸然也。”字亦作“服”。◎吳則虞云：《淮南子·人間訓》：“申菽杜茞，美人之所懷服也。”“服”亦“佩”也。楊本“庶人”作“小人”。

〔一九〕縻醢　孫星衍云：《説苑》作“鹿醢”，疑當爲“漉酒”之“漉”，當是蘭本或湛以醢，乃發其香。◎王念孫云：“縻醢”當作“麋醢”，字之誤也。《周官·醢人》：“麋臡鹿臡。”鄭注曰：“‘臡’，亦醢也。”鄭司農云：“有骨爲‘臡’，無骨爲‘醢’。”《内則》有“麋腥醢醬”，《説苑·雜言篇》《家語·六本篇》並作“湛之以鹿醢”，則“縻”爲“麋”之誤明矣。《文選·（王粲）贈蔡子篤詩》注、《太平御覽·香部三》引此並作“麋醢”。◎張純一《校注》改“縻”爲“麋”，注云：《文選注》作“湛之鹿醢，貨以匹馬”。今從王説，據《御覽》正。◎吳則虞云：《指海》本改作“麋”。◎文斌案：《文選注》作“湛之麋醢”，張氏失檢。《孔子家語·六本篇》作“湛之以漉醨”，王肅注：“澄酒曰‘漉’，以酒漱口曰‘醨’。”黄本上方校語云：“‘縻’當作‘麋’。”與王氏説合。

〔二〇〕而賈句　孫星衍云：《說苑》作"既成則易以匹馬"。◎劉師培《校補》云："賈"疑"貿"誤。《文選注》引作"貨以匹馬"（《御覽》九百八十三引作"而駕征馬矣"，誤），《家語》作"則易之匹馬"，"貿"與"易"同。

〔二一〕所湛句　孫星衍云："湛"，一本作"蕩"，非。◎吳則虞云：元本、活字本作"湛"，嘉靖本作"蕩"，吳懷保本、吳勉學本、黃本俱作"蕩"。《御覽》九百八十三引無"所湛然也"四字，《說苑》亦無，惟《家語》有"其所湛者善矣"一句。◎王叔岷云：《子彙》本亦作"蕩"。◎文斌案：《家語》作"所以湛者美矣"。元刻本作"蕩"，吳氏失檢。綿眇閣本亦作"蕩"。沈本、楊本、凌本、孫本作"湛"。

〔二二〕願子句　孫星衍云：一本脫"必"字。◎吳則虞云：《說苑》《家語》俱作"願子詳其所湛"，《文選注》引作"剋求所湛"。《御覽》九百八十三引與此同，惟無"之"字，黃本、吳勉學本均脫"必"字。◎文斌案：《家語》"湛"後有"者"字。

〔二三〕君子句　孫本"擇居"作"擇鄰"，《音義》云：今本作"居"，據《藝文類聚》《太平御覽》訂正。《說苑》作"處"，《荀子·勸學篇》作"鄉"。◎王叔岷云：《家語》亦作"擇處"。◎吳則虞云：孫氏所改未當。此句《大戴禮》作"處必擇鄉"，《荀子》作"居必擇鄉"，杜恕《體論》作"居必選鄉"。"鄰"字蓋"鄉"字之譌，下文云"擇居所以求士"，即承此句而來。此既改"擇鄰"，下句亦當從之而改。◎文斌案：孫氏所據《類聚》見卷二十三，《御覽》見卷四百五十九。

〔二四〕擇居句　吳則虞云：楊本"士"誤"生"。

〔二五〕求士句　孫星衍云："辟"，讀如"避"。◎黃以周云：《說苑》"辟患"作"修道"。◎劉師培《校補》云：《類聚》二十三引"所"作"可"，《御覽》四百五十七作"可以避禍也"。◎張純一云："擇居"二句，《荀子·勸學篇》作"所以防邪僻而近中正也"。◎吳則虞云：《御覽》四百五十九作"避患"，《合璧事類別集》十二亦作"避患"。◎王叔岷云：《家語》"辟患"亦作"修道"。《御覽》四五九引"所"作"可"，四五七未引此文，劉氏失檢。

〔二六〕汨常　孫星衍云：《說苑》作"反常"。《說文》："'淈'，濁也。"《玉篇》："'淈'亦'汨'字。'汨'，古沒切。""汨沒"，按"汨"字從"曰"，與"汨羅"字異。

〔二七〕不可句　孫星衍云：《意林》作"可不慎乎"。《荀子·大略篇》《說苑·談叢篇》用此文。◎劉師培《校補》云：《說苑·雜言篇》"慎"作"惟"，《家語》作"可不慎乎"，"慎"誼較長。◎王叔岷云：《說苑》"慎"字同，劉氏失檢。◎文斌案：《說苑》用此文者乃《雜言篇》，孫氏失檢。

晏子之晉睹齊纍越石父解左驂贖之與歸第二十四[一]

晏子之晉,至中牟[二],睹弊冠反裘負芻息於塗側者[三],以爲君子也,使人問焉,曰[四]:“子何爲者也[五]?”對曰:“我,越石父者也[六]。”晏子曰:“何爲至此[七]?”曰:“吾爲人臣僕於中牟,見使將歸[八]。”晏子曰:“何爲之僕[九]?”對曰:“不免凍餓之切吾身,是以爲僕也[一〇]。”晏子曰:“爲僕幾何?”對曰:“三年矣。”晏子曰:“可得贖乎[一一]?”對曰:“可。”遂解左驂以贈之[一二],因載而與之俱歸[一三]。至舍,不辭而入[一四]。越石父怒而請絕[一五],晏子使人應之曰[一六]:“吾未嘗得交夫子也[一七]。子爲僕三年,吾迺今日睹而贖之,吾於子尚未可乎[一八]?子何絕我之暴也[一九]?”越石父對之曰[二〇]:“臣聞之:士者詘乎不知己,而申乎知己[二一]。故君子不以功輕人之身,不爲彼功詘身之理[二二]。吾三年爲人臣僕[二三],而莫吾知也;今子贖我,吾以子爲知我矣。嚮者子乘[二四],不我辭也,吾以子爲忘[二五];今又不辭而入[二六],是與臣我者同矣[二七]。我猶且爲臣,請鬻於世[二八]。”晏子出,見之曰[二九]:“嚮者見客之容,而今也見客之意[三〇]。嬰聞之:省行者不引其過,察實者不譏其辭[三一],嬰可以辭而無棄乎[三二]?嬰誠革之[三三]。”迺令糞灑改席,尊醮而禮之[三四]。越石父曰:“吾聞之:至恭不脩途,尊禮不受擯。夫子禮之,僕不敢當也[三五]。”晏子遂以爲上客[三六]。君子曰:“俗人之有功則德[三七],德則驕。晏子有功,免人于厄,而反詘下之,其去俗亦遠矣。此全功之道也[三八]。”

[一] 劉師培《補釋》云:此節與下“晏子爲齊相”節均非《晏子春秋》本書也。此二事載于《史記·管晏列傳》,《傳贊》曰:“至其書,世多有之,是以不論,論其軼事。”則凡載于《晏子春秋》者,史公均弗録。此二事者,乃見于他書者也。越石父事,《吕氏春秋·觀士篇》載之,或《史記》即本于彼書,後人據他籍及《史記》所載補入此二節,非其舊也。◎文斌案:《吕氏春秋》載此文者爲《觀世篇》,劉氏筆誤。吴懷保本標題作“遇越石父”,楊本作“贖越石父”,凌本作“晏子之晉”。

[二] 晏子二句　孫星衍云:“中牟”,《史記集解》:“駰案:《地理志》云:‘河南中牟縣,獻侯自耿徙此。’瓚曰:‘中牟在春秋之時,是鄭之疆内也。及三卿

分晉,則在魏之邦土也。趙界自漳水以北,不及此。'《春秋傳》曰:'衛侯如晉,過中牟。'按中牟非衛適晉之次也。《汲郡古文》曰:'齊師伐趙東鄙,圍中牟。'此中牟不在趙之東也。按中牟當溹水之北。"《索隱》:"此趙中牟,在河北,非鄭之中牟。"《正義》:"按五鹿在魏州元城縣東十二里,鄴即相州湯陰縣,西五十八里有牟山,蓋中牟邑在此山側也。"◎劉師培《校補》云:《文選·四子講德論》注引作"至于中牟"。◎吳則虞云:無"于"字是,《史記·管晏列傳》正義、《御覽》四百七十五、又六百九十四引皆無"于"字。◎王叔岷云:《御覽》六九四引"之"作"適"。

〔三〕睹弊句　孫星衍云:"反",《太平御覽》作"衣"。"芻",《史記正義》作"薪"。"塗",《新序》《太平御覽》作"途",是"塗"俗字。◎盧文弨云:"反裘",所謂惜其毛也。◎劉師培《校補》云:《文選注》、《御覽》六百九十四引"反"作"皮"(《文選注》或作"反")。◎張純一云:"塗",《史記正義》及《文選注》引並作"途",《北堂書鈔》三十九引《史記》文微異。◎吳則虞云:《新序·節士》作"披裘",《史記正義》引無"者"字。◎田宗堯云:《新序·雜事二》云:"魏文侯出遊,見路人反裘負芻。""反裘"與此同。作"反"是。◎文斌案:孫言"反"作"衣"者,見《御覽》四百七十五。孫本"弊"作"獘"。

〔四〕使人句　王叔岷云:《史記·晏子列傳》正義、《御覽》四七五並引作"晏子問曰",《文選·(王子淵)四子講德論》注、《御覽》六九四並引作"晏子曰",蓋所據本"使人"皆作"晏子"。今本則與《呂氏春秋·觀世篇》《新序·節士篇》同。

〔五〕子何句　劉師培《校補》云:《文選注》引作:"吾子何爲者?"《史記·晏子列傳》正義作:"晏子問曰:'何者?'"◎吳則虞云:《御覽》四百七十五引:"晏子問曰:'何者?'"與今本異。《呂氏春秋·觀世篇》作:"以爲君子也,使人問焉,曰:'曷爲而至此?'"《新序》同。今本《晏子》恐沿此而增。

〔六〕對曰三句　孫星衍云:"父",《新序》作"甫"。◎黃以周云:《御覽》四百七十五引無"者"字。◎張純一《校注》從黃校刪"者"字。◎吳則虞云:《呂氏春秋》作:"對曰:'齊人累之,名爲越石父。'"《新序》同,惟"名爲"作"吾名曰"。《史記正義》引無"越""者"字,《御覽》四百七十五、六百九十四引無"者"字。◎徐仁甫云:"對曰"下,當同《呂氏春秋》《新序》有"齊人縶之"四字,不然,本章標題"齊縶"二字無根矣。◎文斌案:"者"字衍。

〔七〕何爲句　吳則虞云:《文選注》引無"至"字。

〔八〕吾爲二句　孫星衍云:言庸身爲僕也。《呂氏春秋》《新序》作"齊人累

（《新序》作纍）之”，《史記》承其誤，則云“越石父在縲紲中”。按此云“負
芻息於塗側”，又云“見使將歸”，又云“我猶且爲臣，請鬻於世”，則非罪
人也。

〔九〕何爲句　孫本“之”作“爲”，《音義》云：今本下“爲”字作“之”，據《文選
注》改。

〔一〇〕不免二句　孫星衍云：《太平御覽》作“不免飢凍，爲人臣僕”，一作“凍
餓爲人臣僕”。◎黄以周云：“不免凍餓之切吾身”，《文選·講德論》注
作“吾身不免凍餓之地”。◎劉師培《校補》云：《史記正義》作“苟免飢
凍，爲人臣僕”。◎吳則虞：《文選注》作“吾是以爲僕也”。◎王叔岷
云：《記纂淵海》四八引“爲僕”作“爲人臣僕”。◎文斌案：《御覽》四
百七十五作“不免飢凍，爲人臣僕”，六百九十四作“不免凍餓，爲人僕
三年”。

〔一一〕可得句　王叔岷云：《文選注》引“得”下有“而”字。

〔一二〕遂解句　孫星衍云：使償其僦直也。“贈”，《吕氏春秋》《新序》《文選
注》《太平御覽》俱作“贖”。◎黄以周云：“贈”當作“贖”。標題云“解
左驂贖之與歸”，《吕氏春秋》《新序》及《文選注》《御覽》所引亦並作
“贖”。◎劉師培《校補》云：《新序·節士篇》作“遽解”。“遂”疑“遽”
訛。◎吳則虞云：《史記·管晏列傳》：“解左驂贖之。”《繹史》亦作
“贖”，《指海》本據改。◎王叔岷云：《文選注》引“以”作“而”，《史記》
及正義、《記纂淵海》引“贈”並作“贖”。◎文斌案：“贈”，顧廣圻亦校
云：“當作‘贖’。”

〔一三〕因載句　吳則虞云：《吕氏春秋》《新序》作“載而與歸”，《史記》作“載
歸”，《御覽》四百七十五引作“載而俱歸”。今作“因載而與之俱歸”，爲
文太贅，蓋不解“與”“俱”同義而誤增也。◎文斌案：《御覽》四百七十
五引作“載以俱歸”。《史記正義》作“載與俱歸”。

〔一四〕不辭句　吳則虞云：《吕氏春秋》《新序》與此同。《史記》作“弗謝入
閨”，足見史公所見之《晏子》與今本不同，並可推知《吕氏春秋》所用
《晏子》舊文亦多更易。◎文斌案：《新序》與《晏子》同，《吕氏春秋》
“不”作“弗”。

〔一五〕越石句　孫星衍云：“怒”，《文選注》作“立”。◎吳則虞云：《吕氏春
秋》《新序》與此同，惟《吕氏春秋》無“而”字。《史記》無“怒”“而”字。

〔一六〕晏子句　吳則虞云：《史記》作“晏子懼然，攝衣冠謝曰”。此文下言“晏
子出見之”，是應之者乃使人，晏子此時猶未出，是知史公所見之本與今
本固非一本也。

〔一七〕吾未句　劉師培《補釋》云：《吕氏春秋·觀世篇》作“嬰未嘗得交也”，

《新序·雜事篇》同,是也。晏子方輕視石父,安得遽稱爲"夫子"？且下文或稱爲"子",或稱爲"客",亦無稱爲"夫子"者。疑此文當作"吾未嘗得交子也,夫子爲僕三年"。"夫"者,語詞也。嗣"子也夫"三字互易,遂作"得交夫子"矣。◎王叔岷云:"夫"猶"乎"也,"得交夫子"猶言"得交乎子",與下文稱"子"正合。劉氏未達,乃欲倒文以就己説,疏甚！◎劉如瑛云:原文無訛。"夫",由指示代詞弱化爲語氣助詞,有舒緩語氣作用。"夫"與"子"間讀時當略緩。"夫子"於此不當解爲尊稱之名詞。◎文斌案:《新序》同《吕氏春秋》者,乃《節士篇》,非《雜事篇》,劉氏失檢。

〔一八〕吾於句　吳則虞云:《吕氏春秋》作"今免子於患,吾於子猶未邪也"。《新序》同,惟"邪也"作"可耶"。◎文斌案:楊本"於"誤作"與"。

〔一九〕子何句　孫星衍云:《詩傳》:"'暴',疾也。"吳則虞云:《史記》作"嬰雖不仁,免子於厄,何求絶之速也"。◎文斌案:《史記》作"何子求絶之速也"。

〔二〇〕越石句　黄以周云:盧校本去"之"字。◎張純一《校注》從盧校删"之"字。◎吳則虞云:《文選注》引無"之"字,盧校是。《吕氏春秋》《新序》無"對"字,《史記》作"石父曰'不然'"。◎文斌案:《吕氏春秋》《新序》無"對之"二字。

〔二一〕士者二句　孫星衍云:"申",《新序》作"信"。◎劉師培《校補》云:《文選·(羊祜)讓開府表》注引"詘"作"屈"。曹植《贈徐幹詩》注引"申"作"伸"。◎張純一云:"詘",貶下也。《史記》作"吾聞君子詘於不知己,而信於知己者"。《索隱》:"'信'讀曰'申',《周禮》皆然。'申於知己',謂以彼知我而我志獲申。"《文選·(盧子諒)贈劉琨詩序》注引作"士者伸乎知己"。◎吳則虞云:《吕氏春秋》作"吾聞君子屈乎不己知者,而伸乎己知者"。《史記》《新序》同,惟"屈"作"詘",上句無"者"字,"伸"作"信","己知"作"知己"。◎徐仁甫云:"不知己"當作"不己知",下文曰:"而莫吾知也。"又曰:"不我辭也。"兩否定句代詞作賓語,皆置動詞前,則此句亦當作"不己知",乃合古人語言規律。◎文斌案:《文選·(曹子建)贈徐幹詩》《文選·(盧子諒)贈劉琨詩序》注引均作"申"。《史記》二句"乎"均作"於"。

〔二二〕故君二句　張純一云:言君子不自矜功以輕人之身,更不因彼功而自詘仁人所以成身之理。"彼"者,外之之詞。◎文斌案:《吕氏春秋》《新序》《史記》《文選注》引均無此二句。

〔二三〕吾三句　吳則虞云:"僕"字衍,《文選注》引無。上文"三年爲臣,僕于中牟",當自"臣"字句,"僕于中牟",猶言"于役中牟"。《廣雅·釋詁》：“‘僕’，使也。”是其證。◎陳霞村云：此不可從。“臣僕”連稱，古之常語也。《詩經・小雅・正月》：“民之無辜，並其臣僕。”《管子・小匡》：“大國之臣，事如臣僕。”《漢書・韋賢傳》：“君不祭於臣僕之家。”如此之比，不勝枚舉。《禮記・禮運》：“仕於公曰‘臣’，仕於家曰‘僕’。”統言無別，謂奴僕、賤役也。此句“僕”字不衍。◎文斌案：陳説是。上文作“吾爲人臣僕於中牟”，吳氏失檢。

〔二四〕嚮　孫星衍云：《新序》作“向”，是。

〔二五〕吾以句　吳則虞云：“忘”，楊本作“亡”。

〔二六〕今又句　吳則虞云：《文選注》無“又”字。吳懷保本“又”作“人”。

〔二七〕是與句　孫星衍云：“臣我”，《文選注》作“臣僕”。◎張純一《校注》於“臣”後增“僕”字，注云：舊脱“僕”字，語意不完。《文選注》作“是與臣僕者同矣”，又脱“我”字。此句“臣僕”正承上文“爲人臣僕”言，言子既贖我，理應知我，不臣僕我；乃不我辭而乘，又不我辭而入，是與臣僕我者何異？故“僕”字不可少，今補，庶與上文相協。

〔二八〕我猶二句　張純一云：“臣”當作“僕”，與上文四言“爲僕”相應；或“臣”下增“僕”字，與上文三言“臣僕”相應。◎吳則虞云：《史記》作“方吾在縲絏中，彼不知我也。夫子既已感寤而贖我，是知己；知己而無禮，固不如在縲絏之中”。

〔二九〕晏子二句　孫星衍云：“出見之”，一本作“出請見”。◎張純一《校注》改“見之”作“請見”，云：元本、孫本並作“見之”，此從或本。◎文斌案：吳懷保本“見之”作“請見之”，孫、張二氏脱“之”字。《呂氏春秋》《新序》有“乃”字，作“晏子乃出，見之曰”。

〔三〇〕嚮者二句　孫星衍云：“意”，《呂氏春秋》作“志”。◎王叔岷云：《文選注》引“者”作“也”，《呂氏春秋》《新序》並同。◎文斌案：《呂氏春秋》“者”作“也”，“而”作“而已”，全句爲“嚮也見客之容而已，今也見客之志”。《新序》“嚮者”作“向也”，餘同。

〔三一〕省行二句　孫星衍云：《呂氏春秋》作“察實者不留聲，觀行者不譏辭”，《新序》同。◎張純一云：“省行”，檢身也；“引”，延長也；“不引其過”，言不終其過。“其”“以”同。“察實者不譏其辭”，高注《呂覽》云：“欲觀人之至行，不譏刺之以辭。”◎徐仁甫云：“譏”通“稽”，猶“留”也。謂察實者不停留於言辭也（“其”猶“於”，二字互文，見《問上》第十二章）。説見《呂氏春秋・觀世篇》。◎文斌案：《新序》“譏”作“幾”，字通用。

〔三二〕嬰可句　張純一云：高注：“‘辭’，謝也。謝不敏而可以弗棄也。”◎文斌案：楊本“乎”誤作“子”。

〔三三〕嬰誠句　王念孫云：“誠”讀爲“請”，“革”，改也。向者不辭而入，今者糞灑改席而禮之,則改乎向者之爲矣。晏子以此爲請,故曰“嬰請革之”也。“請”與“誠”聲相近,故字亦相通。(《趙策》:“趙王謂樓緩曰:‘誠聽子割矣,子能必來年秦之不復攻我乎。’”《新序・善謀篇》“誠”作“請”。《墨子・尚同》《節葬》《明鬼》《非樂》諸篇,並以“請”爲“誠”。此“誠”之通作“請”者也。《吳語》“員請先死”,“請問戰奚以而可”,《吳越春秋・夫差内傳・句踐伐吳》《外傳》“請”並作“誠”。此又“請”之通作“誠”者也。)

〔三四〕洒令二句　王文錦云:“糞”,掃除也。“灑”,水灑地令塵不起也。“改席”,改設賓主之席也。“尊”,動詞,《冠禮》注云:“置酒曰尊。”“醮”,酒也。《冠禮》云:“若不醴則醮,用酒。”鄭注云:“酌而無酬酢曰醮。”“禮之”,“禮”,動詞,禮待之也。

〔三五〕至恭四句　王文錦云:“至”通“致”。“途”通“塗”;“塗”,飾也。“擯”同“儐”。據《昏禮》《聘禮》《覲禮》載,凡使者來,事畢,主人乃行禮勞之,或以醴,或以幣、馬。以醴者謂之“禮”,以幣、馬者謂之“儐”。“儐”是附有禮物的一種酬勞性的禮節。“至恭不修途,尊禮不受擯”乃當時知識階層的成語,意思是:作爲主人來説,致其恭原不必修飾儀文;作爲客人來講,尊其禮而無須受其酬敬。這兩句成語的涵義是,主客雙方的謙恭禮敬不必體現在物質形式上。◎文斌案:“僕不敢當也”,《呂氏春秋》《新序》均作“敢不敬從”。沈本、吳懷保本、吳勉學本、黃本、楊本、孫本“脩”作“修”。

〔三六〕晏子句　吳則虞云:《呂氏春秋》無“上”字,《史記》作“晏子於是延入爲上客”。◎文斌案:《新序》同。

〔三七〕俗人句　蘇輿云:言自以爲德也。◎吳則虞云:《呂氏春秋》無“君子曰”,無“之”字;《新序》有“之”字。◎文斌案:《新序》亦無“君子曰”三字。

〔三八〕晏子五句　吳則虞云:《呂氏春秋》作“今晏子功免人於阨矣,而反屈下之,其去俗亦遠矣,此令功之道也”。《新序》與今本《晏子》合。◎孫星衍云:《呂氏春秋・觀世篇》《新序・節士篇》用此文。◎文斌案:沈本“此”作“其”。

晏子之御感妻言而自抑損
晏子薦以爲大夫第二十五〔一〕

晏子爲齊相,出,其御之妻從門閒而闚。其夫爲相御〔二〕,擁大蓋,策駟馬,意氣揚揚〔三〕,甚自得也。既而歸〔四〕,其妻請去。夫問其故,妻曰〔五〕:"晏子長不滿六尺,身相齊國,名顯諸侯。今者妾觀其出,志念深矣,常有以自下者〔六〕。今子長八尺,迺爲人僕御;然子之意自以爲足,妾是以求去也。"其後,夫自抑損〔七〕。晏子怪而問之,御以實對,晏子薦以爲大夫。〔八〕

〔一〕吴則虞云:楊本此章缺。◎文斌案:元刻本、活字本、嘉靖本、沈本目録有"爲"字,標題脱。嘉靖本目録"損"並誤作"捐"。吴懷保本標題作"薦御爲大夫",凌本作"晏子爲齊相"。

〔二〕其御二句　王叔岷云:《史記・晏子列傳》疊"其夫"二字,是也。

〔三〕意氣句　劉師培《校補》云:《史記・晏子傳》同。據《詩・君子陽陽》疏引作"陽",又云"然則陽陽是得志之貌。"是古《史記》作"陽"也。疑本書亦當作"陽"。

〔四〕既而句　文斌案:黄本脱"而"字。

〔五〕妻曰句　文斌案:黄本"妻"上有"其"字。

〔六〕常有句　徐仁甫云:上文"觀其出"既言"今者",則此句"常"不當訓"恒"。"常"借爲嘗試之"嘗",猶"若"也,假設之詞。"者"猶"然"也。"常有以自下者",言若有以自下然。與《論語》"似不能言者"(若不能言然)相同。

〔七〕夫自句　文斌案:凌本脱"夫"字。

〔八〕孫星衍云:《史記・列傳》用此文。

泯子午見晏子晏子恨不盡其意第二十六〔一〕

燕之游士有泯子午者〔二〕,南見晏子於齊。言有文章,術有條理;巨可以補國,細可以益晏子者三百篇。睹晏子,恐慎而不能言〔三〕。晏子假之以悲色〔四〕,開之以禮顔〔五〕,然後能盡其復也〔六〕。客退,晏子直席而坐〔七〕,廢朝移時。在側者曰:"嚮者燕客侍,夫子胡爲憂也?"晏子曰:"燕,萬乘之國也;齊,千里之塗也。泯子午以萬乘之國爲不足説,以千里之塗爲不足遠,則是千萬人之上也。且猶不能彈其言於我,況乎齊人之懷善而死者乎?吾所以不得睹者,豈不多矣〔八〕?然吾失此,何之有也〔九〕?"

〔一〕文斌案：吳懷保本標題作"泯子午見"，楊本、凌本均作"泯子午"。

〔二〕泯子午 孫星衍云：姓泯，字子午。

〔三〕恐慎句 蘇時學云："慎"當作"懼"。◎孫詒讓云：《廣雅·釋詁》云："'慎'，恐也。"此古義之僅見者。◎黃以周云："慎"當作"懼"。李本作"愳"，古"懼"字。◎吳則虞云：楊本亦作"愳"。◎文斌案：吳懷保本作"惧"。

〔四〕悲色 孫詒讓云："悲色"，猶言"匪色"，即謂形色也。《考工記·梓人》云："且其匪色，必似鳴矣。"鄭注云："'匪'，采貌也。""悲"與"匪"聲同字通。《大戴禮記·誥志篇》云："民之悲色，不遠厥德。"《管子·任法篇》云："賤人服約卑敬，以悲色告愬其主。"與此義並同。説詳《經迻·大戴禮記》。◎張純一云："悲"，憫也。◎于省吾云："悲色"不詞，"悲"應讀作"斐"，通"匪"。《詩·淇奧》："有匪君子。"《傳》："'匪'，文章貌。"《禮記·大學》作"有斐君子"。《考工記·梓人》："且其匪色，必似鳴矣。"注："'匪'，采貌也。"假之以文美之色，猶言假之以好色也。◎吳則虞云：《繹史》作"慈色"。"慈"當爲"悲"之形譌。

〔五〕開之句 文斌案："開"，沈本作"偕"。

〔六〕然後句 蘇時學云：謂盡其中之所欲言。◎張純一云："復"，白也。"白"，猶"言"也。◎徐仁甫云："復"，語也，訓見《廣雅·釋詁一》。上文曰"恐慎而不能言"，此云"然後能盡其語也"，"語"字即承上"言"字來。《呂覽·勿躬》"管子復于桓公"，《新序·雜事四》作"管仲言齊桓公"。是"復"猶"言"之證。《論語》"則不復也"，《孟子》"有復於王者"，本書《諫上》第二十三章"嬰願有復也"，《問上》第六章"此非臣之所復也"（《治要》無此句），"復"尚可不訓"語"，惟此"復"非訓"語"不可。"恐慎"連文，孫詒讓云："《廣雅·釋詁》：'"慎"，恐也。'此古義之僅見者。""復"訓"語"，亦古義之僅見者，而王氏《廣雅疏證》均失此證。記之以審讀《疏證》者。

〔七〕直席 于鬯云："直席"即"正席"。

〔八〕吾所二句 徐仁甫云："所"下"以"字當衍，言吾所不得睹者，豈不多乎？

〔九〕然吾二句 孫星衍云：未詳。◎蘇時學云：當作"何不憂也"。◎文廷式云："有"字誤衍，晏子之意謂：吾失此，齊將何往邪？蓋傷不得見賢之甚。下節載晏子出奔，北郭騷殺身以明其賢，正與此文相接。◎劉師培《校補》云："何"下挩一字。◎張純一云："何之有也"當作"何功之有也"。今脱"功"字，文不成義。◎于省吾云："之"猶"以"也。上云"況乎齊人之懷善而死者乎，吾所以不得睹者，豈不多矣"。此接以"然吾失此，何以有也"，此文本義甚明。晏子以泯子午之不得盡其詞，而憂失士之多,故曰"何以有也",謂何以有齊人之懷善而死者也。◎王叔岷云:"此",指懷善之人。"之",語助。"也"與"邪"同。言吾既失懷善之人,尚何有邪!

晏子乞北郭騷米以養母騷殺身以明
晏子之賢第二十七[一]

齊有北郭騷者[二],結果罔[三],捆蒲葦[四],織屨[五],以養其母,猶不足,踵門見晏子曰[六]:"竊說先生之義,願乞所以養母者[七]。"晏子使人分倉粟府金而遺之[八],辭金受粟[九]。有閒[一〇],晏子見疑于景公[一一],出犇[一二],過北郭騷之門而辭。北郭騷沐浴而見晏子曰[一三]:"夫子將焉適?"晏子曰:"見疑于齊君[一四],將出犇。"北郭騷曰[一五]:"夫子勉之矣!"晏子上車,太息而歎曰[一六]:"嬰之亡豈不宜哉!亦不知士甚矣!"晏子行,北郭子召其友而告之曰[一七]:"吾說晏子之義,而嘗乞所以養母者焉[一八]。吾聞之:養其親者身伉其難[一九]。今晏子見疑,吾將以身死白之[二〇]。"著衣冠,令其友操劍,奉笥而從[二一],造于君庭[二二],求復者曰:"晏子,天下之賢者也[二三],今去齊國,齊必侵矣[二四]。方見國之必侵,不若死[二五]。請以頭托白晏子也[二六]。"因謂其友曰:"盛吾頭于笥中,奉以托。"退而自刎[二七]。其友因奉托而謂復者曰[二八]:"此北郭子爲國故死[二九],吾將爲北郭子死。"又退而自刎[三〇]。景公聞之,大駭,乘馹而自追晏子[三一],及之國郊[三二],請而反之。晏子不得已而反,聞北郭子之以死白己也[三三],太息而歎曰[三四]:"嬰之亡豈不宜哉!亦愈不知士甚矣[三五]!"

〔一〕蘇輿云:疑當作"北郭騷乞晏子米"。◎張純一《校注》改"乞"爲"遺",注云:"遺"舊譌"乞",今校正。◎文斌案:元刻本、活字本、嘉靖本、沈本目録"母"誤作"毋"、"明"後衍"道"字,沈本"北"並誤作"比";標題"母"亦誤作"毋"。吳鼐本目録"明"後亦衍"道"字。吳懷保本標題作"北郭騷乞米以養母",楊本、凌本均作"北郭騷"。

〔二〕北郭騷 孫星衍云:姓北郭,名騷。

〔三〕結果罔 孫本"果"作"罜",《音義》云:今本"罜"作"果",據《呂氏春秋》訂正。《說文》:"'罜',兔罟也。"徐鉉曰:"隸書作'罜'。"◎張純一《校注》據孫校改"果"作"罜"。◎文斌案:《呂氏春秋》見《士節》篇。

〔四〕梱 孫星衍云:當爲“稛”,《説文》:“絭束也。”《玉篇》始有“捆”字,“口衮切,織也,抒也,纂組也”。《呂氏春秋》作“稛”。案:“稛”,正字;“梱”,借字;“捆”,俗字。◎文斌案:元刻本、活字本、嘉靖本誤作“捆”。高誘本《呂氏春秋》作“捆”。

〔五〕織履句 孫星衍云:《呂氏春秋》作“織屨履”。注:“一作‘菲履’。”◎黄以周云:“履”,盧校作“屨”。◎張純一《校注》改作“織菲屨”,注云:舊脱“菲”字,“屨”作“履”,並據《呂氏春秋》補訂。“菲履”即麻鞵。◎文斌案:《呂氏春秋》作“織菲屨”,張校是。

〔六〕踵門句 孫星衍云:《説文》:“‘踵’,一曰往來兒。”◎文斌案:《説苑·復恩》無此前數句,徑作“北郭騷踵門見晏子曰”。

〔七〕願乞句 孫星衍云:《藝文類聚》作“托以養母”。◎張純一云:《呂氏春秋·士節篇》此下有“晏子之僕謂晏子曰‘此齊國之賢者也,其義不臣乎天子,不友乎諸侯,於利不苟取,於害不苟免。今乞所以養母,是説夫子之義也,必與之’”。◎吳則虞云:《呂氏春秋·士節》、《御覽》四百七十九引無“者”字,《藝文類聚》八十三引作“托以養母”,《御覽》八百四十引亦作“托”。◎文斌案:《類聚》引此事在卷八十五,《御覽》四百七十九引作“願乞以養母”,無“所”“者”二字,吳氏失檢。《御覽》八百四十引作“願托所以養母”,《呂氏春秋·士節》無“竊説先生之義”句。

〔八〕晏子句 張純一云:《類聚》八十五無“使人”二字,“而”作“以”。◎吳則虞云:楊本“倉粟”作“食粟”,誤。◎王叔岷云:《御覽》四七九、八百四十引“而”亦並作“以”。◎文斌案:《御覽》八百四十引亦無“使人”二字。《類聚》三十三作“晏子以粟金遺北郭騷”。

〔九〕辭金句 吳則虞云:《御覽》“辭”上有“騷”字。◎王叔岷云:《藝文類聚》三三引“辭”上有“騷”字。《呂氏春秋·士節篇》《説苑·復恩篇》“辭金”下並有“而”字。◎文斌案:《御覽》四百七十九、八百四十引“辭”上均無“騷”字;“辭”上有“騷”字者,乃《類聚》卷三十三、八十五所引,吳氏失檢。

〔一〇〕有閒句 張純一云:《類聚》三十三“閒”譌“聞”。

〔一一〕晏子句 文斌案:《御覽》四百七十九引無“于”字,八百四十引無“于景公”三字。《呂氏春秋》“景公”作“齊君”。

〔一二〕出犇句 孫星衍云:“犇”,《藝文類聚》作“奔”。◎吳則虞云:《御覽》四百七十九引“奔”上有“乃”字。◎王叔岷云:《御覽》八百四十引“犇”亦作“奔”,《呂氏春秋》同。◎文斌案:《類聚》八十五引止於“辭金受粟”,無此句;孫氏所言“《類聚》作‘奔’”者,乃卷三十三引。《御覽》八百四十引作“出奔”,四百七十九引作“乃出奔”,皆有“出”字。《説苑·復恩》無“過北郭騷之門”至“晏子行”數句,徑接“北郭子召其友而告之曰”。吴懷保本“犇”作“奔”。

〔一三〕北郭句　吴則虞云：《吕氏春秋》“見”上有“出”字。

〔一四〕見疑句　張純一云：“齊”字不當有。

〔一五〕北郭句　吴則虞云：《吕氏春秋》“騷”作“子”。

〔一六〕太息句　劉師培《黄本校記》云：黄本無“而”字。◎吴則虞云：黄本無
“歎”字。◎文斌案：黄本亦作“太息而歎曰”，劉、吴二氏均失檢。楊本
“歎”作“嘆”。

〔一七〕北郭句　黄以周云：元刻作“北子”，脱“郭”字。◎王叔岷云：黄之宷
本、《子彙》本“北”下並有“郭”字。《吕氏春秋》《説苑》並同。黄以周
云：“元刻脱‘郭’字。”是也。明活字本亦脱“郭”字。◎文斌案：嘉靖
本、吴懷保本、吴鼎本亦脱“郭”字，沈本、吴勉學本、綿眇閣本、楊本、凌
本、孫本均有。今補“郭”字。

〔一八〕吾説二句　吴則虞云：《吕氏春秋》“説”上無“吾”字，“母”下無“者”
字，《説苑》無“焉”字。◎文斌案：楊本亦無“焉”字。《説苑》“説”
作“悦”。

〔一九〕養其句　孫星衍云：“其”，《藝文類聚》作“及”。“伉”，高誘注《吕氏春
秋》：“‘伉’，當。”《玉篇》：“去浪切。”《説苑》《藝文類聚》作“更”。
◎王念孫云：“養其親”本作“養及親”，養及於親則德莫大焉，故必身伉
其難也。今本“及”作“其”，即涉“伉其難”而誤。《藝文類聚·人部十
七》《太平御覽·人事部百一十》引此並作“養及親”。《吕氏春秋·士
節篇》《説苑·復恩篇》同。◎王叔岷云：《御覽》四七九引“伉”亦作
“更”。◎文斌案：《御覽》引此句者在《人事部》一百二十（卷四百七十
九），王念孫失檢。

〔二〇〕吾將句　劉師培《校補》云：《説苑·復恩篇》無“死”字，此衍。◎文斌
案：高注：“白”，明也。

〔二一〕奉笥句　孫星衍云：今本脱“笥”字，據《吕氏春秋》增。◎蘇輿云：舊
刻無“笥”字，《音義》有，而此（文斌案：指孫本正文）仍未補，今正。
◎文斌案：各本均脱“笥”字，今據孫校補。

〔二二〕造于句　孫星衍云：《藝文類聚》作“遂造君廷”。◎吴則虞云：《説
苑》、《藝文類聚》三十三、《御覽》八百四十引皆作“遂造公庭”。《御
覽》四百七十九“造”作“告”。◎文斌案：《類聚》作“遂造公廷”。

〔二三〕天下句　王叔岷云：《御覽》八百四十引“賢者”作“賢人”。◎文斌案：
《御覽》八百四十引作“天下賢人”，四百七十九引作“天下之賢也”；《類
聚》三十三引作“天下之賢”。

〔二四〕今去二句　蘇輿云：“侵”上疑有“見”字。◎張純一云：“齊必侵矣”文

義不明,疑本作“齊必見侵”,下文“方見國之必侵”正承此而言。今本因脱“見”字,後人又增“矣”字以成句耳。◎吳則虞云:《呂氏春秋》作“去則齊國必侵矣”,《説苑》作“今去齊國,齊國必侵矣”,《類聚》、《御覽》四百七十九作“去齊,齊國必侵”,《御覽》八百四十作“去齊,敵必來侵”,皆無“見”字。

〔二五〕方見二句 孫星衍云:“死”,《呂氏春秋》《藝文類聚》作“先死”。◎俞樾云:“方”乃“與”字之誤。“與”本作“與”,隸書“方”字作“方”,相似,故誤也。“與見國之必侵,不若死”,曰“與”,曰“不若”,正相應。今誤作“方”,則不可通矣。◎吳則虞云:俞説非是。“方”乃“臣”之譌。《御覽》八百四十引正作“臣”,是其證。“死”上《呂氏春秋》、《説苑》、《類聚》、《御覽》四百七十九引皆有“先”字,當據增。◎劉如瑛云:“必侵”涉上“必侵”而衍“必”字。“方”,方且、方將。《詩·小雅·正月》:“民今方殆,視天夢夢。”鄭玄箋:“‘方’,且也。”《文選·(張衡)東京賦》:“方其用財取物,常畏生類之殄也。”薛綜注:“‘方’,將也。”“必”爲推斷性副詞,不當與“方見”同用。《太平御覽》卷八四〇引作“臣見國之侵”,卷四七九所引及《藝文類聚》卷三三所引均作“去齊,齊國必侵,不若先死”。《呂氏春秋·士節》作“必見國之侵也”,《説苑·復恩》作“方必見國之侵也”(“方必見”亦當有誤),無“方見國之必侵”者。

〔二六〕請以句 張純一云:“托”,《玉篇》:“憑依也。”《增韻》:“信任也。”言請以吾頭爲憑信,明著晏子之賢也。◎吳則虞云:《説苑》作“請絶頸以白晏子”。

〔二七〕奉以二句 孫星衍云:今本作“奉以退”,據《呂氏春秋》作“奉以托”。《藝文類聚》作“乃自殺”。“刎”當爲“殀”,《荀子·彊國篇》:“是猶欲壽而殀頸。”楊倞注:“‘殀’,當爲‘刎’。”非也。《呂氏春秋·離俗篇》:“退而自殺。”《説文》:“‘殀’,終也,或作‘殁’。”◎張純一云:《説苑》作:“逡巡而退,因自殺也。”◎吳則虞云:元刻以下各本皆作“奉以退”。◎王叔岷云:黄之寀本、明活字本、《子彙》本“托”“退”二字並誤倒。孫星衍據《呂氏春秋》定作“奉以托,退而自刎”,與元本合。《御覽》四七九、八百四十引“刎”並作“殺”。◎文斌案:各本“托”“退”二字均誤倒,孫星衍、顧廣圻乙正之。王氏誤吳蕭本爲元刻本。

〔二八〕其友句 張純一《校注》“奉”下補“以”字,注云:“以”字舊脱,據上文補。◎吳則虞云:《呂氏春秋》作“其友因奉以托,其友謂觀者曰”。“奉”下當補“以”字。“奉以托”者,奉頭以托獻諫于君也。“復”不當作“觀”,上云“求復者”,北郭子未在君前;此云“謂復者”,其友告復者也,又何來觀者耶?

〔二九〕此北句　劉師培《補釋》云:"此"字無義,"此""北"形近,"此"乃"北"字之誤文而複衍者也,《吕氏春秋·士節篇》《説苑·報德篇》均無"此"字。◎吴則虞云:"此"字當據《吕氏春秋》删。◎王叔岷云:劉氏謂"此"字爲衍文,誠是。惟《説苑·復恩篇》無此文。◎徐仁甫云:"此"讀爲"呰","呰"借爲"嗞",猶"嗟",嘆聲也。當爲獨詞句。不能據《吕覽》删。本書有"此",更加形象。

〔三〇〕又退句　文斌案:元刻本、活字本、嘉靖本、吴懷保本"自"誤作"又"。

〔三一〕馹　孫星衍云:《説文》:"驛傳也。"《吕氏春秋》作"驛",高誘注:"'驛',傳車也。"《説苑》作"馳"。

〔三二〕及之句　文斌案:楊本"之"作"至"。

〔三三〕聞北句　吴則虞云:"北郭子",《吕氏春秋》作"北郭騷"。

〔三四〕太息句　吴則虞云:當據《吕氏春秋》删"太息而歎"四字。◎文斌案:元刻本、活字本、嘉靖本、《子彙》本、沈本、吴懷保本、黄本、綿眇閣本、凌本"太"均作"大"。黄本、楊本"歎"作"嘆",黄本並無"而"字。

〔三五〕亦愈句　劉師培《校補》云:《御覽》引作:"晏子曰:'士以身明人者也。'"據《説苑·報德篇》亦有"而士以身明之"句,疑《御覽》所引七字,或"甚矣"下挩文。◎王叔岷云:劉氏疑《御覽》(四七九)所引七字爲"甚矣"下挩文,是也。惟《御覽》引作:"士以身明人者哉!"劉氏誤"哉"爲"也"。◎孫星衍云:《吕氏春秋·士節篇》《説苑·報德篇》用此文。《説苑》作"嬰不肖,罪過固其所也;而士以身明之,哀哉",文視此多劣。◎文斌案:《説苑》引此文者乃《復恩篇》。

景公欲見高糺晏子辭以禄仕之臣第二十八〔一〕

景公謂晏子曰:"吾聞高糺與夫子遊〔二〕,寡人請見之。"晏子對曰:"臣聞之:爲地戰者,不能成其王〔三〕;爲禄仕者,不能正其君〔四〕。高糺與嬰爲兄弟久矣〔五〕,未嘗干嬰之行〔六〕,特禄仕之臣也〔七〕,何足以補君乎〔八〕?"

〔一〕文斌案:吴懷保本標題作"辭公見高糺",楊本同。凌本作"高糺"。《子彙》本、凌本、楊本章後附《外篇第七》第二十三章文。

〔二〕吾聞句　文斌案:孫本"糺"作"糾"。◎孫星衍云:"糾",《説苑》作"繚"。"糾""繚"聲相近。

〔三〕臣聞三句　吳則虞云：《說苑》無“之”“其”字。

〔四〕不能句　孫星衍云：《說苑》作“不能成政”。

〔五〕高糾句　文斌案：《說苑》句首有“若”字。

〔六〕未嘗　孫星衍云：《說苑》作“干嬰之過，補嬰之闕”。

〔七〕特禄句　孫星衍云：“禄”，《說苑》作“進”。◎蘇時學引“禄”下無“仕”字，云：“特”當作“持”。◎黃以周云：元刻“禄”下有“仕”字，當據補。上文云“爲禄仕者不能正其君”，此云“特禄仕之臣也”，正應上文，標題亦云“晏子辭以禄仕之臣”，則有“仕”字甚明。◎劉師培《補釋》云：“特”當作“持”，《內篇・問下》云：“士者持禄，游者養交，身之所以危也。”而“持禄”“養交”又見于《荀子》諸書，于諸子之書爲恒言。“持禄”者，保持禄養也，故晏子以高糾爲持禄之臣。及“持”誤作“特”，後人遂于“禄”下補“仕”字矣。◎吳則虞云：楊本亦有“仕”字。◎王叔岷云：明本《說苑》“進”作“禄”，與此同。黃之寀本、明活字本、《子彙》本“禄”下皆有“仕”字，與元本合。《說苑》亦有“仕”字，孫本蓋誤脱也。“特禄仕之臣”與上文“爲禄仕者，不能正其君”相應；與標題“晏子辭以禄仕之臣”亦符（黃以周有説）。劉氏不察，乃據誤脱之孫本爲説，徒費辭耳！◎文斌案：各本均有“仕”字，唯孫本脱之。

〔八〕何足句　吳則虞云：《說苑》無“乎”字。◎孫星衍云：《說苑・君道篇》用此文。

高糾治晏子家不得其俗迺逐之第二十九〔一〕

高糾事晏子而見逐〔二〕，高糾曰：“臣事夫子三年，無得〔三〕，而卒見逐，其説何也？”晏子曰：“嬰之家俗有三〔四〕，而子無一焉。”糾曰：“可得聞乎？”晏子曰：“嬰之家俗：閒處從容不談議〔五〕，則疏；出不相揚美〔六〕，入不相削行〔七〕，則不與〔八〕；通國事無論〔九〕，驕士慢知者，則不朝也〔一〇〕。此三者，嬰之家俗，今子是無一焉。故嬰非特食餽之長也〔一一〕，是以辭〔一二〕。”

〔一〕文斌案：元刻本、活字本、嘉靖本、沈本、吳勉本目錄“迺”作“乃”，元刻本、活字本、嘉靖本“之”並誤作“人”。吳懷保本標題作“逐高糾”，楊本、凌本均作“高糾見逐”。

〔二〕高糾句　文斌案：元刻本、活字本、嘉靖本、《子彙》本、沈本、吳懷保本、吳

勉學本、綿眇閣本、楊本、凌本正文"糺""斜"雜用，黃本、吳勉本均作
"糺"，孫本作"糾"。

〔三〕無得　蘇輿云：言無祿位也。《外篇》僨者諫詞可證。◎王叔岷云："無
得"當作"無故"，"故""得"草書形近，故致誤耳。《文子·上德篇》"得之
與失"，《淮南子·説林篇》"得"作"故"，亦二字相亂之例。《書鈔》三二
引此作："高僚仕於晏子三年，無故，晏子逐之。"辭雖微異，而"無故"二字
尚可證"無得"之誤。蘇氏據誤字爲説，非也。《書鈔》引下文作："左右陳
曰：'高僚事子三年，曾無以爵位而逐之，其義可乎？'晏子曰：'嬰，仄陋之
人也。'"與此章不類，而與《外篇七》第二十三章較合（《説苑·臣術篇》載
此文，與《書鈔》所引尤合，惟彼文首句"高僚仕於晏子"下無"三年無故"
四字，與下文不相應，當據《書鈔》補之）。

〔四〕家俗　蘇時學云：猶"家法"。

〔五〕閒處句　張純一云："議"讀本字於義無取，當讀爲"義"，"義""議"古通
用，詳《問上》十五章。又疑"議"之"言"旁蓋傳寫者涉上"談"字"言"旁
誤衍。"談義"與"揚美""削行""驕士""慢知"爲儷文。《易·乾·文言》
曰："利物足以和義。"《墨子·經上》曰："'義'，利也。"故《問上》二十二
章曰："謀必度于義。"若閒處從容時不談義，則不知利人利物，爲真自利之
道。其人即不可親，宜疏而遠之。◎劉如瑛云："議"，通"義"。《戰國
策·齊策四》："齊人見田駢，曰：'聞先生高議。'"《呂氏春秋·忠廉》："士
議之不可辱者大之也。"《管子·桓公問》："黃帝立明臺之議者上觀於賢
也。"《文選·（王融）永明十一年策秀才文》"至於思政明臺，訪道宣室"李
善注引《管子》作"黃帝立明臺之義上觀於賢也"，是其證。馬王堆漢墓帛
書《戰國策》中"議""義"相假之例有二。"閒居從容不談義"，即孔子所謂
"群居終日，言不及義"（《論語·衛靈公》）之意。

〔六〕揚美　張純一云：揚人之善，成人之美，可以端風化。

〔七〕削行　蘇時學云："削"，猶切磋之意。◎張純一云："削行"，規過也。

〔八〕與　張純一云："與"，猶"親"也。《易·咸二》"氣感應以相與"鄭注。

〔九〕論　張純一云："論"，古通"倫"。"倫"，理也。謂家事國事恒互相通，一
一當有條理。如《問下》五章："體貴側賤不逆其倫。"又十章："親疏得處
其倫。"皆是。無倫則亂矣。

〔一〇〕朝　張純一云："朝"，見也（《呂覽·淫辭篇》"孔穿朝"注）。

〔一一〕故嬰句　蘇時學云：言授餐於我而無所裨益，是以我爲供具飲食之人
也。◎文廷式云："特"字誤衍。◎劉師培《補釋》云："長"與"主"同，言
非彼主食之人。

〔一二〕是以句　孫星衍云：一本脱。◎文斌案：凌本脱此三字。

晏子居喪遜荅家老仲尼善之第三十〔一〕

晏子居晏桓子之喪〔二〕,麤衰斬〔三〕,苴絰帶,杖,菅屨〔四〕,食粥〔五〕,居倚廬,寢苫,枕草〔六〕。其家老曰〔七〕:“非大夫喪父之禮也〔八〕。”晏子曰〔九〕:“唯卿爲大夫〔一〇〕。”曾子以聞孔子〔一一〕,孔子曰:“晏子可謂能遠害矣〔一二〕。不以己之是駁人之非,遜辭以避咎〔一三〕,義也夫〔一四〕!”

〔一〕文斌案:元刻本、活字本、嘉靖本、沈本目録、標題“荅”均作“會”。吳懷保本目録作“仲尼善晏子居喪”,標題省作“仲尼善居喪”。楊本作“居喪”,凌本作“晏子居晏”(蓋截取首句前四字爲題)。

〔二〕晏桓子 孫星衍云:名弱。◎吳則虞云:孫説本《禮記·雜記》孔疏。

〔三〕麤衰斬 孫星衍云:“衰”,《左傳》作“縗”。《説文》:“縗服長六寸,博四寸,直心。”◎張純一云:杜注:“‘斬’,不緝之也。‘縗’在胸前。‘麤’,三升布。”《正義》:“《喪服傳》曰:‘衰三升。’”鄭玄云:“布八十縷爲升。”◎文斌案:楊本“麤”作“麄”。

〔四〕苴絰三句 張純一云:杜注:“‘苴’,麻之有子者,取甚麄也。‘杖’,竹杖。‘菅屨’,草屨。”《釋文》:“以苴麻爲絰及帶。”◎吳則虞云:《家語·曲禮子貢問》“菅”上有“以”字,非也。《左傳》無。楊本“菅”誤作“管”。◎文斌案:《家語》載此事者乃《曲禮子夏問》,吳氏及後劉師培、張純一注均失檢。元刻本、活字本、嘉靖本、沈本、吳懷保本、楊本“菅”均誤作“管”;楊本並“絰”誤作“經”,“屨”誤作“履”。

〔五〕粥 孫星衍云:《左傳》作“鬻”。

〔六〕居倚三句 劉師培《黄本校記》云:黄本“草”作“艸”。◎張純一云:杜注:“此禮與《士喪禮》略同,其異惟枕草耳。”《正義》曰:“《喪服傳》及《士喪禮記》皆云‘居倚廬,寢苫,枕凷,歠粥’。是此禮與《士喪禮》略同,其異者,惟彼言“枕凷”此言“枕草”耳。“居倚廬寢苫”者,鄭玄云:“倚木爲廬,在中門外東方北户。”“苫”,編槀也。

〔七〕其家句 吳則虞云:《左傳》《家語》均無“家”字。杜注“其老曰”下有“其家臣不解”云云。又注云:“故孫辭略答家老。”孔疏亦出“家老”。此作“家老”者不爲誤。◎文斌案:吳氏引杜注失當。杜注“非大夫之禮也”云:“時之所行,士及大夫縗服各有不同。晏子爲大夫而行士禮,其家臣不解,故譏之。”

〔八〕非大句　于鬯云：春秋時有大夫喪父之禮，則當時爲大夫者必皆習用之；而晏子獨否，故其家老有是言也。夫《小戴·中庸記》云：“父母之喪，無貴賤一也。”《孟子·滕文公篇》云：“三年之喪，齊疏之服，飦粥之食，自天子達於庶人，三代共之。”則烏有所謂大夫喪父之禮。大夫喪父之禮，即士禮也。大夫而有喪父之禮也，齊之末造也。乃晏子不欲斥大夫喪父之禮之非禮，曰“唯卿爲大夫”，轉自托於己非大夫爲解，故孔子謂其“不以己之是駁人之非”也。夫當時既習行大夫喪父之禮，則使晏子斥大夫喪父之禮之非禮，不啻概斥當世大夫矣，豈非招尤之道乎？故曰：“晏子可謂能遠害矣。”明乎此義，而下文之義可通。從是知滕文定三年之喪，父兄百官皆不欲者。彼滕之父兄百官，亦習行大夫喪父之禮久矣，君既行之，大夫安得不行？故不欲也。而曰“吾宗國魯先君莫之行，吾先君亦莫之行也”，蓋大夫既別有大夫喪父之禮，則諸侯自必別有諸侯喪父之禮，皆春秋之末造也。故孟子曰：“諸侯之禮，吾未之學也。”豈非隱斥當時諸侯之禮之非禮與？◎吳則虞云：于説是也。自來論此禮者有二：鄭玄以大夫喪服禮逸，與士異者未得備聞，“惟卿爲大夫”之對，乃平仲之謙。張融申其説，以士與大夫異者，皆亂世尚輕涼，鄭言謙者，不異於遠害，此一説也；王肅持異議，謂喪禮自天子以下無等，“唯卿爲大夫”者，諸侯之卿當天子之大夫，而大國上卿當天子之士，非謙詞也，又一説也。苟從王説，則“遠害”“遜辭”之義不可見。竊疑諸侯異政，喪禮遂毁，五月三易衰者有之矣，卿大夫惟魯孟惠伯期年猶毁，不能盡喪者，比比皆是。齊俗尚奢，輕簡喪服，必有其行，晏子矯之，或有其事。王肅有意難鄭，其言不足信也。夫墨子薄葬短喪，而晏子守禮勿愆，此事既見於《左傳》，諒不得謂之後世僞托。《七略》，《晏子》入儒家；《班志》，列之爲首，蓋有見於此乎。◎文斌案：吳懷保本“父”誤作“服”。

〔九〕晏子句　吳則虞云：《左傳》無“晏子”二字。

〔一〇〕唯卿句　孫星衍云：鄭氏注：“此平仲之謙辭也。言己非大夫，故爲父服士服耳。”《左傳》襄公十七年文同，又見《家語》。◎吳則虞云：孫氏云“鄭氏注”云者，見《禮記·雜記》“大夫爲其父母兄弟之未爲大夫者之喪”下，鄭引“唯”作“惟”。◎文斌案：杜注云：“晏子惡直己以斥時失禮，故孫辭略答家老。”

〔一一〕曾子句　孫星衍云：“聞”，《家語》作“問”。◎張純一《校注》改“聞”作“問”，注云：“問”舊作“聞”，據《家語·子貢問篇》改。◎吳則虞云：以下文《左傳》無。◎王叔岷云：“聞”“問”古通。《禮記·檀弓》：“問喪於夫子乎？”《釋文》：“‘問’，或作‘聞’。”《莊子·逍遙遊篇》：“而彭祖乃今以久特聞。”《釋文》引崔譔本“聞”作“問”。《荀子·堯問篇》：“不聞即物少至。"楊倞注:"'聞',或爲'問'。"皆其比。張純一本據《家語》改"聞"爲"問",非也。

〔一二〕晏子句　劉師培《校補》云:"能遠害矣",《家語·子貢問篇》同。《左傳·襄十七年》疏引《家語》作"能辟害矣"。《禮記·雜記》疏引《家語》作"能遠於害矣"。"辟""遠"誼同。◎吳則虞云:《家語》"晏子"作"晏平仲"。

〔一三〕遜辭句　劉師培《校補》云:《家語》"遜"作"愻"。《左傳·襄十七年》杜注云:"晏子惡直己以斥論時失禮,故遜辭略答家老。"説本此。《雜記》疏又引《聖證論》王肅云:"春秋之時,尊者尚輕簡喪服,禮制遂壞,群卿專政。晏子惡之,故服麤衰枕草,於當時爲重,是以平仲云'唯卿爲大夫',遜辭以避害也。"◎文斌案:《左傳·襄十七年》杜注無"論"字。

〔一四〕義　張純一云:"義",正作"誼"。

内篇雜下第六凡三十章

靈公禁婦人爲丈夫飾不止晏子請先内勿服第一〔一〕

靈公好婦人而丈夫飾者〔二〕，國人盡服之〔三〕。公使吏禁之〔四〕，曰："女子而男子飾者〔五〕，裂其衣，斷其帶。"裂衣斷帶相望而不止〔六〕。晏子見，公問曰〔七〕："寡人使吏禁女子而男子飾〔八〕，裂斷其衣帶，相望而不止者何也?"晏子對曰："君使服之於内〔九〕，而禁之於外，猶懸牛首于門，而賣馬肉於内也〔一〇〕。公何以不使内勿服〔一一〕，則外莫敢爲也。"公曰："善。"使内勿服，踰月，而國莫之服〔一二〕。

〔一〕文斌案：吳懷保本標題作"請先内勿服"，列"景公"名下；據正文，當列"靈公"名下。楊本作"禁女子男飾"，凌本作"靈公好婦人"。

〔二〕靈公句　黃以周云："靈公"，《説苑·政理篇》作"景公"。◎吳則虞云：《御覽》八百二十八引作"靈公"，"人"下無"而"字。

〔三〕國人句　文斌案：宋本《御覽》八百二十八引無"人"字。

〔四〕公使句　文斌案：元刻本、活字本、嘉靖本、吳懷保本"吏"誤作"史"，下同。《御覽》引無"吏"字。

〔五〕女子句　劉師培《黃本校記》云：黃本"男"下無"子"字。◎王叔岷云：《御覽》八二八引作"女子以男飾者"，"男"下亦無"子"字。◎田宗堯云：吳勉學本"男"下亦無"子"字。下文"寡人使吏禁女子而男子飾"，疑有"子"字是也。◎文斌案：《説苑·政理篇》有"子"字。

〔六〕裂衣句　文斌案：《御覽》引無"而"字。

〔七〕公問句　文斌案：《説苑》無"問"字。

〔八〕寡人句　王念孫云："飾"下有"者"字，而今本脱之。上文"女子而男子飾者"是其證。此"者"字與下"者"字不同義，非複也。《説苑·政理篇》有"者"字。◎蘇輿云："男子"一本作"男"，非。◎吳則虞云：黃本"男"下

無"子"字。《指海》本句末補"者"字。◎文斌案：黃本此句"男"下有
"子"字；無"子"字者，乃前景公令吏禁止之命令句(見注釋五)，吳氏失
檢。蘇氏亦注錯位置，當在注釋五處。

〔九〕君使句　吳則虞云：《御覽》"君"作"公"，無"使"字，誤也。

〔一〇〕猶懸二句　孫星衍云："鬻"，隸書作"賣"，"賣"隸亦如此。二字義通，
未詳孰是。"賣馬肉於內也"，《説苑》作"求買馬肉也"。◎盧文弨云：
"賣"，《御覽》作"鬻"，此"賣"當作"賣"，與"鬻"同。"內"，《御覽》作
"市"，似非。◎王念孫云："賣"與"鬻"同，字本作"賣"，從"貝""毒"
聲。"毒"，古文"睦"字。"賣"與"賣"不同，"賣"，莫邂反，字本作
"賣"，從"出""買"聲。《御覽》引《晏子》正作"鬻"。"內"作"市"者，
是也。"懸牛首於門"，喻服之於內也；"賣馬肉於市"，喻禁之於外也，
則當作"市"明矣。若云"賣馬肉於內"，則義不可通。蓋涉上下文三
"內"字而誤。◎于鬯云："懸牛首於門"，令殺牛，即禁殺馬也；"而賣馬
肉於內"，民之殺馬必不止。◎黃以周云：既謂之"賣"，似非禁矣。"懸
牛首于門"，乃喻縣禁于外也；"賣馬肉于內"，喻服之于內。當從盧説。
◎蘇輿云：黃説是。"門"，國門；"內"，宮內。"門"與"內"對文。◎劉
師培《校補》云：《呂氏春秋·審分覽》高注云："里諺所謂：牛頭而賣馬
脯。"與此文合，"賣"字非訛。◎文斌案：此以店鋪賣肉爲例，喻表裏不
一。店鋪既懸牛首，則自應賣牛肉；今懸牛首而賣馬肉，則表明外表所
昭示非內裏所實行。"門"喻表，"懸牛首于門"喻國家所昭示；"內"喻
裏，"賣馬肉於內"喻高層內部所實行。作"內"是也。

〔一一〕公何句　吳則虞云：楊本、凌本"勿"作"不"。◎文斌案：《説苑》"何
以"作"胡"。

〔一二〕踰月二句　盧文弨云：《御覽》"踰"作"不逾"，"國"下有"人"字，"莫"
下脱"之"字。◎王念孫云："踰月"本作"不踰月"；"不踰月"，言其速
也。若無"不"字，則非其旨矣。《御覽》引此正作"不踰月"，《説苑》作
"不旋月"，文雖小異，而亦有"不"字。◎吳則虞云：宋本《御覽》作"不
環月"。《指海》本"踰月"上補"不"字。◎王叔岷云：景宋本《御覽》引
此作"不環月"，鮑刻本作"不還月"，盧、王二氏恐失檢。"環""還"
"旋"古並通用。◎田宗堯云：《説苑》引"國"下亦有"人"字。前文云：
"國人盡服之。"有"人"字義較長。◎徐仁甫云：上文言"國人盡服
之"，此言"國莫之服"，"國"下似承前省"人"字。然古人多以"國"代
"國人"。《左傳·昭公十三年》："國每夜駭曰：王入矣。"《史記·楚世
家》作"國人"。《呂氏春秋·達鬱》"國莫敢言"，《周語》"國"下有"人"
字。又《貴卒篇》"國殺無知"，即國人殺無知也。《史記·梁孝王世家》

“國皆知之”,即國人皆知之也。本書《問下》第十五章,前兩言“國人以爲有亂”,後言“誠無亂而國以爲有”,可證“國”即代“國人”。“國”下不必有“人”字也。◎文斌案:《説苑》引“國”下無“人”字,田氏失檢。◎孫星衍云:《説苑·政理篇》用此文。

齊人好轂擊晏子紿以不祥而禁之第二〔一〕

齊人甚好轂擊〔二〕,相犯以爲樂,禁之不止。晏子患之,迺爲新車良馬,出與人相犯也〔三〕,曰:“轂擊者不祥〔四〕,臣其祭祀不順,居處不敬乎〔五〕!”下車而棄去之〔六〕,然後國人乃不爲〔七〕。故曰:“禁之以制,而身不先行〔八〕,民不能止〔九〕。”故化其心〔一〇〕,莫若教也〔一一〕。

〔一〕文斌案:元刻本、活字本、嘉靖本、沈本目録脱“以”字,標題有。吳懷保本標題作“禁轂擊”,以下六章列“景公”名下。楊本作“正轂擊”,凌本作“轂擊”。

〔二〕齊人句　孫星衍云:《説文》:“‘轂’,輻所湊也。”◎吳則虞云:《藝文類聚》七十一、《御覽》七百七十三引無“甚”字,此字蓋沿《説苑》而譌。◎文斌案:《類聚》、《御覽》、《事類賦注》卷十六引“轂擊”均作“擊轂”,《説苑·政理篇》作“轂擊”。《事類賦注》引亦無“甚”字。

〔三〕晏子三句　吳則虞云:《類聚》《御覽》均無“患之”二字,“人”上有“其”字,“犯”下無“也”字。《事類賦注》十六同。此亦沿《説苑》而誤。◎文斌案:《類聚》《御覽》《事類賦注》亦無“迺”字。

〔四〕轂擊　孫星衍云:《太平御覽》作“犯轂”。◎文斌案:楊本、凌本、《類聚》《事類賦注》均作“擊轂”。

〔五〕臣其二句　張純一云:“順”當爲“慎”。古“順”字作“愼”,形近而誤。◎文斌案:《類聚》《御覽》《事類賦注》無此二句,《説苑》有。

〔六〕下車句　王念孫云:“而棄去之”本作“棄而去之”,謂棄車而去之也。今本“棄”“而”二字倒轉,則文義不順。《太平御覽·車部二》引此正作“棄而去之”,《説苑·政理篇》同。◎吳則虞云:《類聚》《御覽》俱作“下車而去之”。《指海》本作“棄而去之”。◎文斌案:《類聚》《御覽》《事類賦注》均無“棄”字。

〔七〕然後句　吳則虞云:《類聚》《御覽》俱無“乃”字,《説苑》有。◎文斌案:《事類賦注》亦無“乃”字。

〔八〕而身句　文斌案：黃本無"先"字。

〔九〕民不句　孫星衍云："能"，《説苑》作"肎"。

〔一〇〕故化句　劉師培《黃本校記》云：黃本"心"作"志"。

〔一一〕莫若句　張純一云："教"上疑脱"身"字。《後漢書·第五倫傳》曰："以身教者從。"◎徐仁甫云："教"上疑脱"身"字，言化其心莫若身教也。"身"字承上"身不先行民不能止"來。若無"身"字，而止言教，則與"禁之以制"有何別乎？又按："故曰"下蓋成語，當止於"民不能止"。吴氏《集釋》引號用到末尾，疑非。◎孫星衍云：《説苑·政理篇》用此文。

景公畣五丈夫稱無辜晏子知其冤第三〔一〕

景公畋於梧丘〔二〕，夜猶早，公姑坐睡〔三〕，而畣有五丈夫北面韋廬〔四〕，稱無罪焉〔五〕。公覺，召晏子而告其所畣。公曰："我其嘗殺不辜、誅無罪耶〔六〕？"晏子對曰："昔者先君靈公畋〔七〕，五丈夫罟而駭獸〔八〕，故殺之，斷其頭而葬之〔九〕，命曰'五丈夫之丘'〔一〇〕。此其地耶〔一一〕？"公令人掘而求之〔一二〕，則五頭同穴而存焉〔一三〕。公曰："嘻〔一四〕！"令吏葬之〔一五〕。國人不知其畣也，曰："君憫白骨，而況於生者乎？不遺餘力矣，不釋餘知矣〔一六〕。"故曰：君子之爲善易矣〔一七〕。

〔一〕吴則虞云：此與文王葬薨骨略似，見《新書·諭城篇》。◎文斌案：賈誼《新書》篇名作《諭誠》，吴氏失檢。元刻本、活字本、嘉靖本、沈本目錄"畣"標題作"夢"。吴懷保本標題作"公夢五丈夫"，目錄"丈"誤作"大"。楊本作"夢五丈夫"，凌本作"景公田于梧丘"。

〔二〕景公句　孫星衍云："畋"，《文選注》作"田"，《太平御覽》作"遊"。"梧丘"，《爾雅·釋丘》："當途，梧丘。"◎張純一云："畋"，《御覽》三百六十四作"遊"，又三百九十三、三百九十九並作"田"。◎吴則虞云：《説苑》作"畋"。孫云《文選注》者，見江文通《上建平王書》注。《釋名》云："當塗曰'梧丘'。'梧'，忤也，與人相當忤也。"◎文斌案：《文選注》見江文通《詣建平王上書》注，《説苑》見《辨物篇》。宋本《御覽》三百九十九"梧丘"作"梧宫"。

〔三〕公姑句　孫星衍云：《説文》："'睡'，坐寐也。"◎張純一云：《御覽》三百九十三、又三百九十九並無"姑"字，《文選·（江文通）上建平王書》注作"夜坐睡"。◎吴則虞云：凌本自"坐"字截，誤。

〔四〕而瞢句　孫星衍云:“有五丈夫”,《文選注》作“見一丈夫”。“韋廬”,《説苑》作“倚廬”,《文選注》作“徙倚”。◎蘇輿云:《文選注》見《上建平王書》,但彼作“倚徙”,《音義》誤倒。◎劉師培《校補》云:“韋”即“依”字叚文,故《説苑·辨物篇》作“倚”(南宋本作“倅”,誤)。◎于省吾云:《管子·法禁》:“隱行辟倚。”注:“‘倚’,依也。”是作“倚廬”義猶相仿。《文選注》作“倚徙”,蓋不解“韋廬”之義而改之也。“韋廬”即“依廬”,“韋”與“依”一音之轉,皆“詣部”字。《説文》:“‘褘’,許歸切。”《吕氏春秋·慎大》:“親郼如夏。”注:“‘郼’,讀如‘衣’。”今兗州人謂“殷”氏皆曰“衣”。是“郼”之讀“衣”,猶“韋”之讀“依”矣。“衣”“依”字通,古籍習見。◎吳則虞云:南宋本《説苑》作“倅廬”,日本關嘉《晏子纂注》云:“《通雅》解此‘倅廬’曰:‘唐人以撮口不快爲都廬。’此言悴悴都廬也。”長孫元齡云:“‘廬’,寄也。《詩》‘公劉廬旅’,《齊語》‘出廬於曹’,《左氏·閔二年》‘立戴公,以廬爲曹’,共爲寄寓之義。蓋景公出獵,宿葦廬,夢五丈夫也。‘韋廬’,即行宮帳殿之類。”◎王叔岷云:黄之寀本、明活字本、《子彙》本“瞢”皆作“夢”,下同。“瞢”“夢”,正、假字。《文選·(江文通)詣建平王上書》注、《御覽》三六四、三九三、三九九引此亦皆作“夢”,《説苑·辨物篇》同。◎文斌案:胡刻《文選注》作“夢見五丈夫”,《御覽》三引亦作“五”。《御覽》三百六十四、三百九十三“丈夫”誤作“大夫”。元刻本、活字本、《子彙》本、沈本、吳勉學本、綿眇閣本正文“夢”“瞢”雜用,吳懷保本“梦”“夢”雜用,嘉靖本、黄本、楊本、凌本均作“夢”,孫本作“瞢”。

〔五〕稱無句　張純一云:《御覽》三百六十四引作“稱冤”。◎文斌案:《御覽》三百九十三、三百九十九均作“北面稱無罪”。

〔六〕我其句　張純一《校注》删“不辜誅”三字,注云:“其”,猶“豈”也。“殺不辜,誅無罪”義複。《説苑》“誅”上有“而”字,誤同。《御覽》三百九十九引作“我其嘗殺無罪歟”,是已。今據删“不辜誅”三字。◎文斌案:吳勉學本、黄本、孫本“耶”作“邪”,下同。

〔七〕昔者句　孫星衍云:“敗”,《文選注》作“出敗”,《太平御覽》作“田”。◎田宗堯云:《文選·(江文通)上建平王書》注、《天中記》引“君”作“公”,誤。《諫下》“公亦聞吾先君丁公乎”,“先君”與此同。◎文斌案:《文選注》、《御覽》三百六十四、三百九十三、三百九十九引“昔”後均無“者”字。

〔八〕五丈句　孫星衍云:“罟而駭獸”,《文選注》作“來驚獸”,非。◎張純一《校注》改正文作“有五丈夫來駭獸”,注云:舊作“五丈夫罟而駭獸”,“五”上脱“有”字,“夫”下脱“來”字,衍“罟而”二字,文義不諧。《説苑》同。蓋後人沿本書之譌而改之,不足據。“罟而”二字,《御覽》三引並無,足證其爲衍文。《文選注》作“有五丈夫來驚獸”。“驚”“駭”義同,今據以訂正。◎王叔岷云:《文選注》引"五丈夫"上有"有"字,是也。《御覽》三六四引此亦有"有"字。

〔九〕故殺二句　孫星衍云:"故殺之斷其頭",《太平御覽》作"故並斷其頭"。"葬",《太平御覽》作"埋"。◎王念孫云:既言斷其頭,則無庸更言殺之,"殺之"二字後人所加也。《説苑・辯物篇》有此二字,亦後人依俗本《晏子》加之。《文選・上建平王書》注引作"悉斷其頭而葬之",《太平御覽・人事部五》作"斷其頭而葬之",《人事部四十》作"故并斷其頭而葬之",皆無"殺之"二字。◎于省吾云:王説非是。言"殺之"者,非專就斷頭言。先殺之,後斷其頭,於義本通。《説苑》有"殺之"二字,尤其顯證,不當捨《晏子》《説苑》而以《選注》《御覽》爲據也。◎吳則虞云:《指海》本删"殺之"二字。◎文斌案:《御覽》三百六十四作"埋",三百九十三、三百九十九作"葬"。孫氏並言《太平御覽》作"埋",未當。宋本《御覽》三百六十四(即王氏所云"人事部五")作"斷其頭埋之",三百九十九(即王氏所云"人事部四十")無"而"字,均與王氏引異。三百九十三("人事部三四")作"故斷其頭而葬之"。

〔一〇〕命曰句　王叔岷云:《御覽》三九三引"命"下有"之"字。◎文斌案:《文選注》"五丈夫之丘"作"丈夫丘"。《御覽》三百六十四、三百九十三"丈夫"均作"大夫"。

〔一一〕此其句　王叔岷云:"此其"乃"其此"之誤倒。《説苑》正作"其此耶",《御覽》三九九引此作"豈此耶","其"猶"豈"也。

〔一二〕公令句　孫星衍云:《文選注》"令"作"命"。《太平御覽》作"掘其葬處求之",下有"果如其言",非。◎文斌案:《御覽》三百九十九作"掘其葬處求之",下接"則五頭同穴而存焉",無"果如其言"四字。三百九十三作"命人掘而葬之",引絶。三百六十四作"公令掘之,果如其言"。孫氏所言非出一篇,失檢。

〔一三〕則五句　孫星衍云:"穴",《文選注》作"孔"。《廣雅・釋言》:"'窾',孔也。""孔"即"穴"。◎文斌案:胡刻《文選注》作"穴"。

〔一四〕公曰句　孫星衍云:"嘻","譆"省文。◎張純一云:《御覽》三百九十九作"公嘉之"。

〔一五〕令吏句　張純一《校注》於"葬"前加"厚"字,注云:舊無"厚"字,非。蓋五頭同穴,葬之久矣。今特掘求得之,仍唯葬之而已,不徒等於戮尸乎? 與下文"君憫白骨"甚不相應。《文選注》作"公令厚葬之,乃恩及白骨"是已。今據增"厚"字。

〔一六〕不釋句　孫星衍云:"知",《説苑》作"智"。

〔一七〕君子句　孫星衍云:《説苑》"君子"作"人君"。《辯物篇》用此文。

柏常騫禳鳥死將爲景公請壽晏子識其妄第四[一]

景公爲路寢之臺，成而不踊焉[二]。柏常騫曰："君爲臺甚急，臺成，君何爲而不踊焉[三]？"公曰："然。有梟昔者鳴，聲無不爲也，吾惡之甚，是以不踊焉[四]。"柏常騫曰："臣請禳而去[五]。"公曰："何具？"對曰："築新室，爲置白茅。"公使爲室，成，置白茅焉[六]。柏常騫夜用事。明日，問公曰："今昔聞梟聲乎[七]？"公曰："一鳴而不復聞。"使人往視之，梟當陛布翌，伏地而死[八]。公曰："子之道若此其明，亦能益寡人之壽乎？"對曰："能。"公曰："能益幾何？"對曰："天子九，諸侯七，大夫五[九]。"公曰："子亦有徵兆之見乎？"對曰："得壽，地且動。"公喜，令百官趣具騫之所求[一〇]。柏常騫出，遭晏子于塗，拜馬前[一一]，辭。騫曰："爲禳君梟而殺之，君謂騫曰：'子之道若此其明也，亦能益寡人壽乎？'騫曰：'能。'今且大祭，爲君請壽，故將往，以聞[一二]。"晏子曰："嘻！亦善矣，能爲君請壽也。雖然，吾聞之：維以政與德而順乎神爲可以益壽。今徒祭，可以益壽乎？然則福兆有見乎[一三]？"對曰："得壽，地將動。"晏子曰："騫，昔吾見維星絕，樞星散，地其動。汝以是乎[一四]？"柏常騫俯有閒，仰而對曰："然。"晏子曰："爲之無益，不爲無損也。汝薄賦，毋費民，且無令君知之[一五]。"

〔一〕文斌案：銀雀山竹簡有本章內容。元刻本、活字本、嘉靖本、沈本目錄、標題、正文"柏"均作"栢"。盧文弨改目錄"鳥"爲"梟"，蘇輿本、張純一《校注》、吳則虞《集釋》從之。吳懷保本標題作"識栢常騫之妄"，楊本作"栢常騫益壽"，凌本作"景公爲路寢之臺"。《子彙》本、凌本、楊本章後附《外篇第七》第二十一章文。

〔二〕景公二句　孫星衍云："踊"，《説苑》作"通"，下同，言不到也。"踊"當是"踴"之誤。◎洪頤煊云：《公羊·成二年傳》："踊于棓而窺客。"何休注："'踊'，上也。""通"是誤字。◎王念孫云：作"踊"者是也。成二年《公羊傳》："蕭同姪子踊于棓而闚客。"何注曰："'踊'，上也。凡無高下，有絕，加蹻板曰棓。"然則"踊于棓"即"登于棓"，故何訓"踊"爲"上"也。此言"不踊"，亦謂臺成而公不登也。《説苑·辨物篇》作"通"者，非字之誤，即聲之通。孫以"不通"爲"不到"，失之。◎蘇輿云：王説是。《廣雅·釋詁》亦訓“踊”爲“上”。◎張純一云：凡從“足”又從“辵”之字義並同，如“跡”與“迹”，“踰”與“逾”之類可證。此“踊”與“通”並從“甬”，聲同；“足”與“辵”義同。“踊”訓“上”，《説文》：“‘通’，達也。”義近。◎吳則虞云：以“踊”爲“上”，蓋齊人之言。◎文斌案：《説苑》“路”作“露”。簡本作“·景公令脩苔帚之臺，臺成，公不尚焉。”◎駢宇騫云：“脩”爲“修”之別體。“苔”當讀爲“路”，“苔”“路”皆从“各”聲，古音相同，可通假。“帚”爲“寢”之省體。“尚”當讀爲“上”，《廣雅·釋詁》：“‘尚’，上也。”《儀禮·覲禮》：“尚左。”注云：“古文‘尚’作‘上’。”《荀子·致士篇》：“莫不明通方起以尚盡矣。”注云：“‘尚’與‘上’同。”明本“踊”與“上”義同。《説苑·辨物篇》“景”上有“齊”字。簡本作“尚”，足證王、吳説是也。

〔三〕柏常諸句　孫星衍云：“柏常騫”，字柏常，名騫。◎文斌案：簡本作“柏常騫見曰：□[□]□甚急，今成，何爲不尚焉”。“柏”，孫本同，餘均作“栢”。◎駢宇騫云：《説苑》與明本略同，唯“爲臺”上無“君”字，“而不踊焉”作“不通焉”。明本、《説苑》“栢”，俗“柏”字。簡本“騫”通“騫”，二字皆从“寒”得聲。“甚急”上殘缺三字，疑當爲“君爲臺”。“尚”當讀爲“上”，説見上，與“踊”義通。

〔四〕公曰諸句　孫星衍云：“梟”，《詩·大雅·瞻卬》：“爲梟爲鴟。”《傳》：“‘鴟鴞’，惡聲之鳥。”《爾雅·釋鳥》有“梟鴟”，郭璞注：“土梟。”《説文》：“‘梟’，不孝鳥也。日至，捕梟磔之。從‘鳥’頭在‘木’上。”按此即《説文》所云“鴟舊”，“舊”，留也。“舊”或作“鵂”。《莊子·秋水篇》：“鴟鵂夜撮蚤，察豪末，晝出瞋目而不見丘山。”即此物。一名“鶹”，《説文》：“‘鶹’，鵂也。”一名“鵅”，《爾雅》：“‘鵅’，鴟鵂。”舍人注謂：“‘鵂鶹’，此南陽名‘鉤鵅’，又作‘格’。其鳥晝伏夜行爲怪也。”（《衆經音義》）賈誼賦謂之“服”，高誘注《淮南》謂之“鼓造”，皆即此物耳。此書下一作“鴞”者，“梟”字假音，亦與“鵂”聲相近，“梟”與“鴞”實二鳥也。《爾雅》：“‘鴟鴞’，‘鸋鴂’。”注：“‘鴟鴞’，一名‘鸋鴂’。”與所注“‘鵅’，鴟鵂”不同。◎盧文弨云：“者”字衍。“昔鳴”，夜鳴也。《説苑·辨物篇》下句首有“其”字。◎王念孫云：盧説非也。古謂夜曰“昔”，或曰“昔者”，《莊子·田子方篇》曰“昔者寡人夢見良人”，是也。後弟六云“夕者嘗與二日鬪”，“夕者”與“昔者”同，則“者”非衍字明矣。《説苑·辨物篇》亦作“昔者”。◎吳則虞云：《指海》本作“然，有鴟昔鳴”。◎文斌案：簡本作“公曰‘然。每[□□□]鳴焉，其聲无不爲也，吾是以不尚焉’”。◎駢宇騫云：“每”下殘缺三字，疑當爲“昔（或夕）有梟”。“尚”當讀爲“上”。《説苑》引“梟”上無“有”字。◎譚步雲云：“每”當讀作“晦”。《説文》：“‘晦’，月盡也。”（卷七日部）引申爲晚、夜，相當於“夕（昔）”。例如：“君子以嚮晦入宴息。”(《易·隨》)因此,所缺文字可能爲“有鴞者”。◎李天虹云:兩説相較,似以譚説見長。簡本第十二章“晏子爲莊公臣,言用,晦朝,賜爵益邑。俄而不用,晦朝,致邑與爵”,其中的“晦”,今本(《内篇雜上》第二章)作“每”,是“晦”“每”相通之例。“每昔有鴞鳴”與“有鴞昔者鳴”,時間概念有異,而“晦有鴞者鳴”與“有鴞昔者鳴”語意一致。所以,譚説更爲合理。不過,結合今本用語,簡本這句話也有可能應補爲“晦者有鴞鳴焉”。

〔五〕柏常二句　孫星衍云:“襀”,一本作“禱”,非。◎盧文弨云:“去”下脱“之”字,《説苑》有。◎俞樾説同。◎吳則虞云:凌本、楊本正作“禱”,《指海》本補“之”字。◎文斌案:吳勉學本“襀”誤作“穰”。簡本作“柏常騫曰‘臣請□而去之’”。◎駢宇騫云:簡本“請”下一字,左側從月,右側殘泐,似從昏,疑爲“胎”,隸作“胏”,當讀爲“祜”或“禬”。《説文·示部》云:“‘祜’,祀也。”“‘禬’,除疾殘祭也。”《説文通訓定聲·泰部》云:“‘祀’,從示昏聲。與‘禬’與‘祓’略同,刮除災禍之意。”《周禮·女祝》云:“掌以時招梗,禬襀之事,以除疾殃。”鄭注:“除災害曰禬,禬猶刮去也。”明本“襀”與“禬”義近。《周禮·女祝》注云:“卻變異曰襀。”《史記·龜策列傳》:“西襀大宛。”《集解》引徐廣曰:“‘襀’,一作‘襄’。‘襄’,除也。”《説文》云:“‘襄’,《漢令》:‘解衣而耕謂之“襄”。’”段注云:“此‘襄’字所以從衣之本義,唯見於《漢令》也。引申之爲除也。凡云襀地、襄夷狄,皆‘襄’之假借字也。”今案:“襀”,襀也,謂攘除也。《漢書·藝文志》有《襀祀天文》十八卷,注云:“除災也。”◎譚步雲云:據傳世本和《説苑》,簡文所缺字當是“襀”。(駢宇騫)《晏釋》説可參。“去”,當讀爲“驅”,即“祛”之本字。

〔六〕公曰諸句　盧文弨云:“爲置白茅”後脱“焉”字,《説苑》有。◎文斌案:簡本作“公曰:‘若。’令官具柏常騫之求。柏常騫曰:‘无求也,請築新室,以茅荻之。’室成,具白茅而已矣”。◎駢宇騫云:簡本與明本異。《説苑》本引與明本同,唯“爲置白茅”下有“焉”字。疑明本脱。簡本“若”當讀爲“諾”,“諾”從“若”聲。“具”,《説文》云:“共置也。”“荻”,竹簡整理小組云:“‘荻’,從犾聲,‘犾’即《説文》‘㩜’(菫)字所從之‘犾’之省體。‘荻’當讀爲‘茨’。”《説文·艸部》:“‘茨’,以茅葦蓋屋。”《釋名·釋宫室》:‘屋以草蓋曰茨。’”“茨”,次也,次比草爲之也。

〔七〕柏常諸句　孫星衍云:“鴞”與“梟”“鵂”皆聲相近,故借“鵩鳩”字爲之。一書前後各異,傳寫之失也。◎黃以周云:“鴞”,宜作“梟”,下“鴞當陛”“襀君鴞”並宜改從一律。◎于鬯云:“今昔”猶謂“今夜”也。上文“昔者”,王念孫《雜志》云“古謂夜曰昔,或曰昔者”,是也。蓋“昔”字從“炎”從“日”。“炎”,古文“虞”,實取日入虞淵之象,故謂夜曰“昔”。惟既言

“明日間”，則是問昨日之夜也，乃不曰昨夜而曰今夜，此猶言今日而有稱明日者，說見前校《儀禮·士虞記》，皆古人稱謂與今不同，當拈出之。◎劉師培《黃本校記》云：黃本“鴉”作“鳴”。◎文斌案：簡本作“柏常騫夜用事焉。且見於公曰：今夜尚聞梟聲乎”，今從簡本與黃說，並改“鴉”爲“梟”。◎駢宇騫云：《說苑》本與明本同，唯“鴉”《說苑》作“梟”，與簡本同。簡本、明本“用事”，即行事，多指行祭祀之事。《周禮·春官·大祝》：“過大山川則用事焉。”注云：“用事，亦用祭事告行也。”明本“今昔”，于鬯云“猶謂‘今夜’也”。于說當是，簡本正作“今夜”。

〔八〕公曰諸句　孫星衍云：“翌”，《說苑》作“翼”，此假音字。◎于省吾云：古有“翌”“異”，無“翼”。甲骨文“翌”字作“🐦”，亦作“🐦”作“🐦”，右象羽翅形。《說文》：“‘昱’，明日也。”“‘翼’，翅也。”重文作“翼”，乃後起字。古“昱日”及“羽翼”字本均作“翌”，此云“布翌”，乃古字之僅存者。◎文斌案：簡本作“公曰：‘吾壹聞［□□□□］矣。’柏常騫曰：‘□令人視之，梟［□□］矣。’公令人視之，梟布翼，伏地而死乎臺下”。楊本“死”上脫“而”字。◎駢宇騫云：簡本“聞”下殘缺四字，疑當爲“而不復聞”。“令”上一字，從竹簡殘存筆畫來辨認，疑當作“請”。“梟”下殘缺二字，疑當爲“已死”。明本“陛”，指壇、殿的臺階。明本“翌”，當讀爲“翼”，二字古音相同，可通假。“翼”，鳥的翅膀。

〔九〕公曰諸句　盧文弨云：“若此其明”下脫“也”字，《說苑》有。◎吳則虞云：《指海》本補“也”字。◎文斌案：明活字本“對曰”誤作“對田”。簡本作“公喜曰：‘子能請……’柏常騫曰：‘能。’公曰：‘益幾何？’合曰‘天子九，諸侯七，大夫五’”。“請”下“柏”上簡文殘缺。◎駢宇騫云：簡文“合”當讀爲“答”，說見上。《說苑》本與明本同，唯“明”下有“也”字，“壽”上無“之”字。◎劉春生云：此簡 a 片是據簡首編痕排定，b 片是據簡中編痕排定。據相鄰簡字數估計，此簡“請”字之下殘去十三字。今本“子能請”作“子之道”，“道”與六零三號簡簡首“柏常騫”之“柏”字間作“若此其明亦能益寡人之壽乎”十二字。簡本下文“子之道若此其明也，亦能益寡人壽乎”句作“女（汝）能請鬼神殺梟而不能益寡人之壽乎”。下文是柏常騫向晏子復述景公之言，據此疑此簡“子能請”下當作“鬼神殺梟而不能益寡人之壽乎”十三字。今本“子之道若此其明”句當是“子能請鬼神殺梟”之誤。下文“亦能”之“亦”，當是“不”字形訛。

〔一〇〕公曰諸句　文斌案：簡本作“公曰：‘□□益壽有徵兆乎？’柏常騫曰：‘然。益壽地將動。’公喜，令數爲之，令官具柏常騫之求，後者□不用令之罪”。◎駢宇騫云：“公曰”下缺字疑當爲“子能”二字。《說苑》本與明本同，唯“亦”上無“子”字。簡本“數”當讀爲“速”，說見上。明本

“且”，《吕氏春秋·音律篇》注曰：“‘且’，將也。”簡本正作“將”。明本
“趣”，催促也。《漢書·外戚傳上》：“王夫人又陰使人趣大臣立栗姬爲
皇后。”師古曰：“‘趣’讀曰‘促’。”《史記·陳涉世家》：“趣趙兵亟入
關。”《索隱》云：“‘趣’，謂催促也。”又《説文》云：“‘趣’，疾也。”明本、
簡本“具”，備辦，與《左傳·隱公元年》“繕甲兵，具卒乘”之“具”義
同。◎譚步雲云：《晏釋》云：“‘公曰’下缺字疑當爲‘子能’二字。”筆
者以爲應補“天子”二字。因上文云“天子九，諸侯七，大夫五”，所以景
公有此一問。◎李天虹云：簡本“後者□不用令之罪”，疑所殘缺之字
當爲“若”，或與“若”義同、義近的詞，如“如”之類。

〔一一〕柏常三句　文斌案：簡本作“柏常騫出，曹晏子於涂”。◎駢宇騫云：簡
　　　　本“曹”當讀爲“遭”，《説文》云：“‘遭’，遇也。”簡本“涂”當讀爲“塗”，
　　　　“塗”乃“途”之異體。《玉篇》云：“‘途’，路也。”《廣韻》云：“‘途’，道
　　　　也。”《論語·陽貨》：“遇諸塗。”《集解》引孔注：“‘塗’，道也。”

〔一二〕辭騫諸句　“辭，騫曰”，孫本作“騫辭曰”。盧文弨云：“騫辭曰：‘爲襄
　　　　君鴞而殺之。’”《説苑》作：“辭曰：‘騫爲君襄梟而殺之。’”此文誤。
　　　　◎俞樾説同。◎黄以周云：元刻作“辭，騫曰”，《説苑》作：“辭曰：‘騫
　　　　爲君襄梟。’”“拜馬前，辭”句，晏子辭其拜也。今作“騫辭”，誤。◎張
　　　　純一説同黄以周，並於“壽”上增“之”字，云：“之”字舊脱，據上文增。
　　　　◎吳則虞云：《指海》本從《説苑》校改。◎王叔岷云：明活字本與元本
　　　　同。此當從《説苑》作“拜馬前，辭：騫爲君襄梟而殺之”。盧説是也。
　　　　“騫曰”乃“曰騫”之誤倒，“襄君”乃“君襄”之誤倒。黄之寀本、《子彙》
　　　　本“辭騫”並作“騫辭”，蓋後人不知“騫曰”二字之誤倒，乃臆乙“騫”字
　　　　於“辭”字上耳。《禮記·檀弓》：“使人辭於狐突。”《注》：“‘辭’猶‘告’
　　　　也。”“辭曰”猶“告曰”。《莊子·秋水篇》：“將甲者進，辭曰：以爲陽虎
　　　　也，故圍之。”與此“辭曰”同旨。黄氏以“拜馬前辭”爲句，並云：“晏子
　　　　辭其拜也。”失之遠矣！張純一本以“拜馬前”爲句，“襄君”二字從盧説
　　　　乙正，並是。惟“辭騫曰”三字仍從元本，“辭”字之義取黄説，“辭”字
　　　　句，“騫曰”二字句，亦未深思耳！◎文斌案：簡本作：“曰：‘前日公令脩
　　　　臺，成而公不尚焉。騫見而□問之，君曰：“有梟夜鳴焉，吾惡之，故不尚
　　　　焉。”騫爲君□之而梟已死矣。君謂騫曰：“女能請鬼神殺梟而不能益寡
　　　　人之壽乎？”騫合曰：“能。”君曰：“若，爲之。”今騫將大祭，以爲君請壽，
　　　　故將往，以聞。’”◎駢宇騫云：簡本與明本差異較大。簡本“問”上殘缺
　　　　一字，疑當作“有”，讀爲“又”。“騫爲君”下一字殘泐，從殘存的墨跡來
　　　　看，似左從月，右從昏，疑當作“腊”，若是，則當假爲“秳”或“檜”，説見
　　　　前。簡本“尚”當讀爲“上”，“女”當讀爲“汝”，“合”當讀爲“答”，“若”

當讀爲"諾",皆同音假借。《説苑》本引與明本略同,唯"拜馬前辭騫曰:爲襄君鴞而殺之"作"拜馬前辭曰:騫爲君襄梟而殺之",較明本義長。今案明本"騫曰"誤倒,"襄君"誤倒。◎文斌又案:駢氏記簡本"前日公令脩臺,成而公不尚焉"句,《銀簡》記作"前日公令脩臺,〔臺〕成而公不尚焉","臺"後複有一"臺"字,且注云:"簡本'臺'字右側稍殘,其下空處較大,原當有重文號。"《子彙》本、吳勉學本、黃本、綿眇閣本、楊本、凌本、孫本作"騫辭曰",元刻本、活字本、嘉靖本、沈本、吳懷保本、吳鼒本作"辭騫曰"。正確語序當從《説苑》作"辭曰:騫爲君襄梟而殺之"。"以聞",元刻本、活字本、嘉靖本、吳懷保本作"以問"。

〔一三〕晏子諸句　孫星衍云:"兆",《説苑》作"名"。◎盧文弨云:"嘻亦善"下脱"矣"字,《説苑》有。◎陶鴻慶云:"亦善能爲君請壽也","也"讀爲"邪"。◎吳則虞云:《指海》本據補"矣"字。◎劉師培《校補》云:"維以政與德而順乎神",賈子《新書·數寧篇》引作"惟以政順乎神",《説苑·辨物篇》無"而"字("維"作"惟"),義較長。◎文斌案:簡本作:"晏子□:'誒!夕善矣,能爲君請壽。雖然,徒祭可以益壽□?'柏常騫曰:'可。'晏子曰:'嬰聞之,雖正川(駢宇騫《校釋》作"川",《銀簡》《銀文》均作"順")□□可以益壽而已矣。今徒祭,可以益壽,若謹爲之,然得壽則有見乎?'"今從盧校和簡本,"亦善"下補"矣"字。◎駢宇騫云:簡本"晏子"下缺字當爲"曰","益壽"下缺字當爲"乎","正川"下缺字當爲"乎神"二字。《説苑》本與明本略同,唯"善"下有"矣"字,"維"作"惟","德"下無"而"字。明本"兆",《説苑》作"名"。今案作"名"無義,似當作"兆"或"見"。簡本"誒"當讀爲"嘻",從"矣"與從"喜"字古音相近,可通假。《説文·言部》"誒"下引《春秋傳》"誒誒出出",今本《左傳·襄公二十年》作"嘻嘻出出"。簡本"夕"當讀爲"亦",説見上。"雖正川"當讀爲"唯政順",皆同音假借。賈子《新書·數寧篇》引作"惟以政順乎神"。"徒",但、僅。"徒祭"即僅僅祭祀。簡文下文云"若僅爲之"即其證。明本"兆",《説文》作"秋",云:"灼龜坼也。從卜兆,象形。"明本、簡本"見",《説文》云:"現也。"

〔一四〕對曰諸句　張純一云:"維星絶,樞星散",《莊子·大宗師篇》:"維斗得之,終古不忒。"《釋文》:"'維斗',李云'北斗',所以爲天之綱維。""樞"名天樞,北斗七星之首。云"絶"云"散"者,偶爲地氣所蒙,隱而不見耳。◎吳則虞:《册府元龜》七百七十引作"地其動乎","汝以是"三字恐沿《説苑》而增。◎文斌案:簡本作:"柏常騫曰:得壽□□□□□曰:昔吾見維星絶,樞星散,地其幾動,女以是乎?"◎駢宇騫云:簡本"壽"下殘缺五字,據明本、《説苑》,疑當作"地將動晏子"。《説苑》本與明本同。簡本“女”當讀爲“汝”,説見上。“幾”,《説文》云:“‘幾’,微也,殆也。”或云,“其幾”猶“其殆”,與《繫辭傳》“顏氏之子,其殆庶幾乎”之“其殆”義同。“汝以是”三字漢代簡已有之,非沿《説苑》而增。

〔一五〕柏常諸句　孫本“賦”作“斂”,《音義》云:“仰”,一本作“抑”,非。“薄斂”,《説苑》作“薄賦斂”。“且無”,《説苑》脱“無”字,非。《説苑·辨物篇》用此文。◎黃以周云:“薄斂”,元刻作“薄賦”。◎俞樾云:“且無令君知之”,柏常騫知地之將動,而借此以欺景公,自必不令君知,何必晏子戒之乎? 當從《説苑》作“且令君知之”。蓋此與《外篇》所載太卜事相類,彼必使太卜自言“臣非能動地,地固將動”,即“令君知之”之意,所謂恐君之惶也。後人不達,臆加“無”字,則晏子與騫比周以欺其君矣,有是理乎? ◎陶鴻慶云:俞説是也。竊謂“無”乃“先”字之誤。“先”誤爲“无”,又寫爲“無”耳。“先令君知”者,教騫以不欺也,與太卜事正合。◎吳則虞云:“仰”,元刻本、活字本、楊本、凌本皆作“抑”。“汝薄斂”,元刻作“薄柏”。“且無令君知之”,《指海》本作“且令君知之”。◎王叔岷云:明活字本、《子彙》本“仰”並誤“抑”。“汝薄斂”,黃之寀本“賦”作“斂”。明活字本“賦”字與下章標題“景公成柏寢”之“柏”字互誤。◎文斌案:吳勉學本、黃本、孫本作“仰”,嘉靖本、沈本、吳懷保本、綿眇閣本、楊本、凌本誤作“抑”。“汝薄賦”,元刻本、活字本、嘉靖本、吳懷保本誤作“汝薄柏”,《子彙》本、沈本、吳勉學本、黃本、綿眇閣本、楊本、凌本均作“汝薄斂”。楊本“無令”作“毋令”。簡本作“柏常騫付有間,合曰:然。晏子曰:爲□□□弗爲損年,數爲之而毋求財官。”◎駢宇騫云:簡本“付”當讀爲“俯”,“合”當讀爲“答”,“數”當讀爲“速”,皆同音假借。《説苑》本引“抑”作“仰”,“汝薄柏”作“薄賦斂”,“毋”作“無”,“且”下無“無”字,餘與明本同。簡本“爲”下殘缺三字疑當爲“之無益”,若無誤,則簡本“爲之無益,弗爲損年”與明本“爲之無益,不爲無損”意正相反。簡本“毋求財官”,意謂告誡柏常騫不要以此事來請求賞賜財物與官職。

景公成柏寢而師開言室夕晏子辨其所以然第五〔一〕

景公新成柏寢之室〔二〕,使師開鼓琴〔三〕。師開左撫宮,右彈商,曰:“室夕〔四〕。”公曰:“何以知之?”師開對曰:“東方之聲薄,西方之聲揚〔五〕。”公召大匠曰:“室何爲夕〔六〕?”大匠曰:“立室以宮矩爲之〔七〕。”

於是召司空曰：“立宮何爲夕？”司空曰：“立宮以城矩爲之。”明日，晏
子朝公〔八〕，公曰：“先君太公以營丘之封立城〔九〕，曷爲夕？”晏子對
曰〔一〇〕：“古之立國者，南望南斗，北戴樞星〔一一〕，彼安有朝夕哉〔一二〕！
然而以今之夕者〔一三〕，周之建國〔一四〕，國之西方，以尊周也〔一五〕。”公楚
然曰：“古之臣乎！”

〔一〕文斌案：元刻本、活字本、嘉靖本、沈本目録“柏”均作“栢”。元刻本、活字
本標題“栢”與上章“汝薄賦”之“賦”互誤（參見上章注一五）；沈本作
“栢”。吳懷保本標題作“師開言室夕”，楊本作“室夕”，凌本作“新成栢寢
之室”。

〔二〕景公句　孫本“室”作“臺”，《音義》云：《封禪書》：“少君見上，上有故銅
器，問少君，少君曰：‘此器齊桓公十年陳於柏寢。’”而此云“新成”，又召
大匠責之，則是景公時始有此臺，少君固妄言也。《括地志》：“柏寢臺在
青州千乘縣東北二十一里。”◎黃以周云：“臺”字誤，元刻作“室”。下文
云“室夕”，云“室何爲夕”，云“立室”，可證。◎劉師培《校補》云：“室”字
當從他本作“臺”。《漢書·郊祀志》：“陳於柏寢。”顔注引臣瓚説曰：“《晏
子》書‘柏寢’，臺名也。”《史記·武紀》“集解”引同。《通典·州郡十》
“千乘縣”注亦云：“有柏寢臺，齊景公與晏子游處。”此舊本作“臺”之徵。
◎吳則虞云：楊本、凌本亦作“室”。◎王叔岷云：“室”字，明活字本、《子
彙》本並同。黃之寀本作“臺”。◎文斌案：《括地志》見卷三《青州·千
乘縣》。嘉靖本、沈本、吳懷保本、綿眇閣本亦作“室”，吳勉學本作“臺”。

〔三〕師開　孫星衍云：樂師名開。

〔四〕室夕　王念孫云：“夕”與“邪”，語之轉也。《吕氏春秋·明理篇》：“是正
坐於夕室也，其所謂正，乃不正矣。”高誘注：“言其室邪不正，徒正其坐
也。”“夕”又有“西”義，《周禮》：“凡行人之儀，不朝不夕。”鄭氏注：“不正
東鄉，不正西鄉。”故下云：“國之西方，以尊周也。”◎蘇時學云：據下文所
云，是言室偏向西，日夕則返照，故謂之夕。

〔五〕東方二句　蘇時學云：“薄”，猶“迫”也。室東坐而西向，則東實而西虛；
實故其聲迫，虛故其聲揚。◎張純一云：“‘薄’，微也。”（《文選·神女賦》
注引《倉頡》）言東方之聲微低，故知其寬展也。“‘揚’者，高舉之義。”
（《詩·泮水》箋疏）此謂西方之聲較東方之聲高，故知其迫促也。◎吳則
虞云：天地氣厚於西北，而下於東南，故西北地高，東南地下，“薄”“揚”亦
言其高下也。

〔六〕室何句　王念孫云：以下文“立室”“立宮”例之，則“室”上當有“立”字，

而今本脱之。◎吴則虞云:《指海》本“室”上已據補“立”字。

〔七〕立室句 張純一云:“‘矩’,法也。”(《禮·大學》“是以君子有絜矩之道也”注)◎文斌案:吴勉學本、黄本“矩”誤作“短”。

〔八〕晏子句 張純一《校注》删“公”字,注云:舊衍一“公”字,今删。下章“晏子朝,公曰”,“公”字不重,可證。◎吴則虞云:元本、活字本、嘉靖本皆誤作“子朝晏公”,綿眇閣本已改。

〔九〕先君句 劉師培《校補》云:“營丘之封”,《漢書·地理志·臨淄》顔注載臣瓚説引作“先君太公築營之丘”,又云:“今齊之城中有丘,即營丘也。”《水經·淄水注》引瓚説同。“立城”,《玉海》九十一引“城”作“宫”。

〔一〇〕晏子句 文斌案:楊本“晏”誤作“嬰”。

〔一一〕北戴句 文斌案:楊本“樞星”誤作“星樞”。

〔一二〕彼安句 于鬯云:“朝”有“東”義,“夕”有“西”義。《爾雅·釋山》云:“山東曰朝陽,山西曰夕陽。”《周禮·司儀職》:“不朝不夕”,鄭注云:“不正東鄉,不正西鄉。”賈釋云:“朝謂日出時,爲正鄉東;夕謂日入時,爲正鄉西。”又《考工·匠人記》:“以正朝夕。”《釋》云:“言朝夕,即東西也。”然則云“彼安有朝夕哉”,猶云“彼安有東西哉”。上文云“室夕”“室何爲夕”“立宫何爲夕”“立城曷爲夕”,諸言“夕”,皆謂偏鄉西也。此言古之立國正而不偏,故上文云:“古之立國者,南望南斗,北戴樞星。”此明正南北也。南北正則東西亦必正,故曰:“彼安有東西哉。”謂不偏鄉東,不偏鄉西也。以見偏鄉西者實非古,故下文又言“今之夕者”,用“然而”字作轉語。“古”,謂殷以前也;“今”,謂太公以來至於今也。

〔一三〕然而句 于鬯云:“以”即“似”字,《左·襄三十一年傳》云:“令尹似君矣。”孔《義》引服本作“以君”,彼俞蔭甫太史《平議》正謂“以”“似”同字,與鬯見合(《茶香説》又謂作“已君”)。又《公羊·定四年傳》:“士之甚。”何休《解詁》云:“言其以賢士之甚。”謂言其似賢士之甚也。彼孔廣森《通義》引正作“似”。餘説具前校《易·明夷卦》及《詩·文王有聲篇》。“似”,猶“如”也。“然而似今之夕者”,猶云“然而如今之夕者也”,如今之偏鄉西者也。否則,“以”字無義。下章云:“公兩賜之,曰:‘以晏子不奪人之功,以占曹者不蔽人之能。’”兩“以”字亦即“似”字,而當訓“如”。“曰”者,景公言也。作“如”,語氣合;作“以”,則若著書者之辭矣,則“曰”字爲贅矣。◎文廷式云:“以”字當在“周之建國”上。◎張純一云:“以”字衍,當删。

〔一四〕周之句 張純一云:“國”疑本作“邦”,漢人避諱改。《詩》云:“周雖舊邦。”

〔一五〕國之二句 張純一云:此室西迫於東之故。

景公病水瞢與日鬭晏子教占瞢者以對第六〔一〕

景公病水〔二〕，卧十數日，夜瞢與二日鬭，不勝〔三〕。晏子朝，公曰〔四〕："夕者瞢與二日鬭，而寡人不勝，我其死乎〔五〕？"晏子對曰："請召占瞢者。"出於閨〔六〕，使人以車迎占瞢者〔七〕。至，曰："曷爲見召？"晏子曰："夜者，公瞢二日與公鬭，不勝〔八〕。公曰：'寡人死乎〔九〕？'故請君占瞢，是所爲也〔一〇〕。"占瞢者曰："請反其書〔一一〕。"晏子曰："毋反書。公所病者，陰也〔一二〕；日者，陽也〔一三〕。一陰不勝二陽，故病將已〔一四〕。以是對。"占瞢者入，公曰："寡人瞢與二日鬭而不勝，寡人死乎〔一五〕？"占瞢者對曰："公之所病，陰也；日者，陽也。一陰不勝二陽，公病將已。"居三日，公病大愈。公且賜占瞢者〔一六〕，占瞢者曰："此非臣之力〔一七〕，晏子教臣也〔一八〕。"公召晏子，且賜之〔一九〕，晏子曰："占瞢以臣之言對〔二〇〕，故有益也；使臣言之，則不信矣〔二一〕。此占瞢之力也〔二二〕，臣無功焉。"公兩賜之〔二三〕，曰："以晏子不奪人之功，以占瞢者不蔽人之能〔二四〕。"

〔一〕文斌案：元刻本、活字本、嘉靖本、沈本目録、標題"鬭"均作"鬪"。吴懷保本目録作"景公瞢與日鬪"，標題"瞢"作"夢"。楊本作"占夢日鬭"，凌本作"景公病水"。

〔二〕景公句　蘇輿云："景"，舊刻誤"晏"，今從浙刻正。◎張純一云：《太平御覽》七百四十三作"景公水疾"。◎吴則虞云：宋本《御覽》三百四十三、七百四十三引均作"水病"，三百九十八及《意林》引作"病水"。◎文斌案：宋本《御覽》七百四十三作"水病"；三百四十三未引本章，吴氏失檢。吴勉學本"景"誤作"晏"。

〔三〕卧十三句　劉師培《校補》云：《意林》"十數"作"數十"，"不"上有"而"字。◎張純一云：《御覽》三百九十八無"卧"字。◎吴則虞云：《意林》引無"卧"字。《風俗通》作"十日"，"瞢"作"暮"，亦有"而"字。◎文斌案：《風俗通義》見卷九《怪神篇》，"瞢"作"夢"，吴氏失檢。《諸子瓊林》後集卷七引作"景公病十數月"，《意林》引無"夜"字。

〔四〕晏子二句　孫星衍云：《太平御覽》作"公説之曰"。◎蘇輿云：以上章例之，"公"下宜重"公"字。◎文斌案：蘇説非。此章文是，上章衍"公"字

（見上章注八）。孫引《御覽》見卷三百九十八。

〔五〕夕者三句　文廷式云：“夕者”即“昔者”也。◎吳則虞云：《風俗通》“夕
　　者”作“吾”，無“而”字，“乎”作“也”。◎文斌案：《御覽》三百九十八引
　　無“夕者嘗與二日鬭，而寡人不勝”二句。

〔六〕出於句　黃以周云：《風俗通義》作“立于闈”。

〔七〕使人句　張純一云：《風俗通義》“迎”下有“召”字，贅，不可從。◎吳則
　　虞云：《風俗通》無“人”字。《御覽》三百九十八作“使人以迎占夢至”，
　　《意林》作“使占夢者占之，占者至門”，《諸子瓊林》作“使召占夢者，占
　　者至”。

〔八〕公嘗二句　王念孫云：此當作“公嘗與二日鬭，不勝”，與上文文同一例。
　　“不勝”，謂公不勝也。今既顛倒其文，又衍一“公”字，則義不可通矣。
　　《風俗通義·祀典篇》正作“公嘗與二日鬭”。◎文廷式云：“公鬭”二字誤
　　易。◎張純一《校注》據王説改。◎吳則虞云：《指海》本據《風俗通》改。
　　◎文斌案：《風俗通義》引本文者乃《怪神篇》，王氏失檢。

〔九〕公曰二句　張純一《校注》改此句作“恐必死也”，注云：舊作“公曰：寡人
　　死乎”，蓋後人據下文改，不合晏子口氣。今據《風俗通義》訂正。◎文斌
　　案：楊本脱“公曰”二字。

〔一〇〕是所句　劉師培《黃本校記》云：黃本“所”作“何”。◎張純一云：“是
　　所爲也”四字冗沓，蓋後人妄加，當删。

〔一一〕請反句　孫本“其”作“具”，《音義》云：今本“具”作“其”，據《風俗通》
　　改。《太平御覽》作“晏子説其夢，占嘗者告謂反其書”，非。◎于鬯云：
　　“具”字，元刻本作“其”，當從之。“反”之言翻也，《漢書·張安世傳》顔
　　注云：“‘反’讀曰‘翻’。”是也。“反其書”者，翻其書也，今人謂檢書曰
　　翻書，乃出於此（或書作“繙”字）。占嘗者以晏子問公嘗，故曰“請反其
　　書”，謂請翻其占嘗之書以對也。晏子曰“毋反書”，謂不必翻書而可以
　　知公嘗也。故下文云“公所病者，陰也”云云。若以“請反具書”作占嘗
　　者欲反其家而具書以對，則豈有爲占嘗之職，奉召占嘗而不攜書以來，
　　至欲反而具書乎？且“毋反書”三字不成義。◎吳則虞云：于説是也。
　　長孫元齡正釋爲“還家取其書”。◎文斌案：宋本《御覽》三百九十八作
　　“晏子説公夢，告之，占嘗者請反其書”。

〔一二〕公所二句　吳則虞云：《意林》《諸子瓊林》引均作“公病陰也”。◎文
　　斌案：《風俗通義》作“公無所病。病者，陰也”。宋本《御覽》三百九十
　　八“公”誤作“曰”。

〔一三〕日者二句　吳則虞云：《御覽》七百四十三引作“日，陽也”，《諸子瓊
　　林》作“二日，陽也”。◎文斌案：《意林》引亦作“日，陽也”。《風俗通

義》、《御覽》三百九十八引同。

〔一四〕一陰二句　孫星衍云："將已",《太平御覽》作"將愈也"。◎王念孫云："故"者,申上之詞。上文未言"病將已",則此不得言"故病將已","故"當爲"公"。下文占瞢者對曰"一陰不勝二陽,公病將已",即用晏子之言,則此文本作"公病將已"明矣。今本"公"作"故"者,涉上文"故請君占瞢"而誤。《太平御覽·疾病部六》引此正作"公病將已",《風俗通義》同。◎陶鴻慶云："故病"二字當倒乙,"故"與"固"同,言病固將已也。今本誤倒,則文不順。◎吳則虞云：《御覽》三百九十八引"已"作"愈",《意林》作"與二日鬥。日,陽也。不勝,疾將退也",《諸子瓊林》作"鬥不勝,必將差也"。"差"同"瘥"。《指海》本已改"故"爲"公"。《風俗通》無此下"以是對"至"公病將已"一段文字。◎王叔岷云：《御覽》七四三引"二"作"兩"。◎文斌案：《意林》亦無"以是對"至"公病將已"文字。

〔一五〕寡人句　張純一云：疑當作"寡人其死乎",與上文"我其死乎"一例。

〔一六〕居三三句　吳則虞云：《風俗通》不重"占夢者"三字,《御覽》七百四十三無兩"者"字,《意林》作"公賞占夢者,占夢者辭曰"。《諸子瓊林》同,惟無二"夢"字。◎文斌案：《風俗通義》"且賜占瞢者"前無"公"字。《御覽》七百四十三"三日"前無"居"字,"賜占瞢"前無"公且"二字。《意林》"居三日,公病大愈"作"三日而愈"。《諸子瓊林》無"居""大""且"三字,"賜"作"賞"。

〔一七〕此非句　孫星衍云："力",《風俗通》《太平御覽》作"功"。◎文斌案：宋本《御覽》三百九十八作"此非臣之言",七百四十三無此句。《風俗通義》"功"下有"也"字。

〔一八〕晏子句　孫星衍云：《風俗通》"臣"下有"對"字。◎吳則虞云：《御覽》兩引與此同。《意林》作"晏子之力也"。《諸子瓊林》作"管子教臣也"。◎文斌案：《諸子瓊林》作"晏子之力也",《御覽》三百九十八無"也"字,吳氏失檢。

〔一九〕且賜句　孫星衍云："且",《風俗通》作"將"。◎吳則虞云：《御覽》兩引無"且"字,《意林》作"公問晏子"。◎文斌案：《御覽》三百九十八引至"晏子教臣"終,七百四十三引無"且"字。吳氏失檢。

〔二〇〕占瞢句　孫本作"占瞢者以占之言對",《音義》云："占",《風俗通》作"臣",非。◎王念孫云：作"臣"者是也。此言以臣之言而出之占瞢者之口,故有益;若使臣自言之,則公必不信也。後人不達,而改"臣之言"爲"占之言",謬矣。元刻本及《太平御覽》並作"臣之言"。◎吳則虞云：《諸子瓊林》引作"以占人對則信"。楊本、凌本、歸評本無"者"字,

《指海》本下"占"字改"臣"。◎王叔岷云：黃之寀本"占夢"下有"者"字，"臣"誤"占"。《子彙》本"臣"亦誤"占"。明活字本與元本同。◎文斌案：《御覽》七百四十三"占夢"後無"者"字，"以"後作"臣"，"言"上無"之"字。此句有三種版本：元刻本、活字本、嘉靖本、吳懷保本、吳鼐本作"占瞽以臣之言對"，《子彙》本、沈本、綿眇閣本、楊本、凌本作"占瞽以占之言對"，吳勉學本、黃本作"占瞽者以占之言對"。

〔二一〕使臣二句　孫星衍云：《風俗通》"臣"下有"身"字。◎劉師培《校補》云：《御覽》七百四十三引作"若使臣言"。◎文斌案：《意林》作"臣若自對，則不信也"。

〔二二〕此占句　劉師培《校補》云：《通義》引"占夢"下有"者"字，此挩。

〔二三〕公兩句　孫星衍云：《風俗通》作"公召吏而使兩賜之"。◎文斌案：綿眇閣本自"臣無功焉"後至"不蔽人"脱二十字。

〔二四〕曰以三句　徐仁甫云："曰"字當衍，有兩"以"字，此記事之詞，非記言也。《風俗通》卷九無兩"以"字，當有"曰"字，作記言也。今本有"曰"字，又有兩"以"字，則誤合兩種句型爲一矣。◎孫星衍云：《風俗通·祀典篇》用此文。◎文斌案：《風俗通義》引此文者乃《怪神篇》，孫星衍、王念孫均失檢。《風俗通義》引"奪人之功"前有"爲"字。楊本"能"上衍"所"字。

景公病疽晏子撫而對之迺知群臣之野第七〔一〕

景公病疽在背〔二〕，高子、國子請〔三〕。公曰："職當撫瘍〔四〕。"高子進而撫瘍。公曰〔五〕："熱乎？"曰："熱。""熱何如？"曰："如火〔六〕。""其色何如？"曰："如未熟李。""大小何如？"曰："如豆。""墮者何如〔七〕？"曰："如屨辨〔八〕。"二子者出，晏子請見。公曰："寡人有病，不能勝衣冠以出見夫子，夫子其辱視寡人乎〔九〕？"晏子入，呼宰人具盥，御者具巾，刷手溫之〔一〇〕，發席傅薦〔一一〕，跪請撫瘍。公曰："其熱何如？"曰："如日。""其色何如？"曰："如蒼玉〔一二〕。""大小何如〔一三〕？"曰："如璧。""其墮者何如？"曰："如珪〔一四〕。"晏子出，公曰："吾不見君子，不知野人之拙也〔一五〕。"

〔一〕文斌案：吳懷保本標題作"公病瘍"，楊本作"撫瘍"，凌本作"景公病疽"。

〔二〕景公句　孫星衍云：《説文》："'疽'，久癰也。"◎吳則虞云：《御覽》九百

六十八、又《意林》一引"背"下皆有"欲見不得"四字。

〔三〕高子句 于鬯云:"請"下當脫"見"字,下文"晏子請見"可證。

〔四〕撫瘍 孫星衍云:《說文》:"'瘍',頭創也。"非此義。又:"'痒',瘍也。"蓋"瘍"言"癢"。《玉篇》:"'癢'同'痒'。"言按摩疳癢也。◎吳則虞云:孫說非。《周禮·天官·序官》"瘍醫"注:"'瘍',創癰也。"非言痒也。"撫"又通"膴",《說文》:"微視也。"◎文斌案:吳氏謂"撫"通"膴",作"微視"解,其説未確。下文公問:"熱乎?""熱何如?"答曰:"熱。""如火。"顯然是通過手"撫"得出的答案,而非目"視"所能判斷。後文"晏子入,呼宰人具盥,御者具巾,刷手溫之,跪請撫瘍",亦證"撫瘍"之用手。其後公又問:"其色何如?""大小何如?""墮者何如?"高、國二子才通過目視判斷"如未熱李""如豆""如屨辨"。可見二子回答景公提問是需要先"撫"後"視"的,並非單純"視"所能解決。楊本、凌本、張純一《校注》均斷句爲"高子、國子請公曰'職當撫瘍'",且《校注》云:"'請'下疑脫'于'字。"則"職當撫瘍"爲高子、國子請辭,可備一說。《御覽》《意林》均無"公曰職當撫瘍高子進而撫瘍"十二字。

〔五〕公曰句 吳則虞云:《御覽》《意林》皆作"公問國子",疑"公"下奪"問國子"三字。◎文斌案:《意林》無"公"字。

〔六〕如火句 吳則虞云:《意林》《御覽》九百六十八引作"熱如火色"。◎文斌案:吳氏斷句錯誤。《御覽》九百六十八引作"國子曰'熱如火,色如日,大小如未熱李'"。《意林》引無"小"字,"李"後有"也"字。

〔七〕墮者句 孫星衍云:"墮"與"橢"聲相近。《玉篇》:"'橢',狹長也。""隋"或謂下陷。◎張純一云:"墮"上當有"其"字,與下文同一例。

〔八〕屨辨 孫星衍云:《爾雅·釋器》:"革中絕謂之辨。"孫炎注:"'辨',半分也。"郭璞注:"中斷皮也。"扉屨以皮爲之,中裂似瘡與?◎洪頤煊云:《易·剝》:"剝床以辨。"《釋文》:"'辨',音辨具之辨,足上也。""辨"與"鞝"同,《說文》:"'鞝',履空也。"足上即履空也,如今所謂鞡幫矣。◎黃以周云:今俗呼屨之破者曰"鞡辨",音同"辦"。◎吳則虞云:元刻本、活字本、楊本、凌本作"辦"。◎王叔岷云:明活字本、《子彙》本亦並作"辦"。◎文斌案:嘉靖本、沈本、吳懷保本、吳勉學本、黃本、綿眇閣本作"辦",孫本、吳鼎本作"辨"。

〔九〕不能二句 文斌案:黃本不重"夫子"二字。

〔一〇〕呼宰三句 孫星衍云:"刷"與"馭"通。◎張純一云:淨手令溫,禮也。◎吳則虞云:《曲禮上》:"身有瘍則浴。"晏子呼宰御爲公浴也。◎王文錦云:晏子先自淨手且增加手溫,再爲景公撫瘍,可見其恭慎。文意甚明。吳先生未憭原意,而援引《曲禮》語硬相傅會,竟謂晏子呼宰御持盥具爲景公洗澡,未免貽人笑柄。◎徐仁甫云:宰人只具盤,御者只具巾,盤巾所以刷手,刷手即洗手也,溫之使手和潤也。吳氏引《曲禮》"浴瘍",非此之謂,謂"呼宰御爲公浴"尤非。此數句自"晏子入"起,主語是晏子,"入""呼""刷""發""跪"皆晏子之動作,中間不得以"刷手溫之"爲宰御之動作,可知。◎文斌案:吳勉學本前"具"字誤作"其"。

〔一一〕發席句　張純一云:"發",開也。"傅","附"同。

〔一二〕如蒼句　文斌案:吳勉學本"玉"誤作"王"。

〔一三〕大小句　吳則虞云:"大"上當有"其"字。

〔一四〕如珪句　吳則虞云:楊本"珪"作"圭"。

〔一五〕吾不二句　吳則虞云:《御覽》《意林》引無"吾"字。元刻本、活字本、吳懷保本"拙"誤"掘"。楊本、凌本作"拙人之拙也",誤。◎文斌案:嘉靖本"拙"亦誤作"掘"。

晏子使吳吳王命儐者稱天子晏子詳惑第八〔一〕

晏子使吳,吳王謂行人曰〔二〕:"吾聞晏嬰,蓋北方辯于辭、習于禮者也〔三〕。"命儐者曰:"客見則稱天子請見〔四〕。"明日,晏子有事,行人曰〔五〕:"天子請見。"晏子蹴然〔六〕。行人又曰:"天子請見。"晏子蹴然。又曰:"天子請見。"晏子蹴然者三,曰:"臣受命弊邑之君〔七〕,將使於吳王之所〔八〕,以不敏而迷惑〔九〕,入於天子之朝。敢問吳王惡乎存〔一〇〕?"然後吳王曰〔一一〕:"夫差請見。"見之以諸侯之禮〔一二〕。

〔一〕蘇時學云:夫差之立,當定公十五年,上距齊靈之卒已六十年,距晏子居父喪之歲則六十二年。晏子當齊靈世早已知名,必非弱小者,籍使定、哀之世歸然尚存,又豈能以大耋之年遠使異國乎? 此皆好事者爲之,非實錄也。◎文斌案:元刻本、活字本、嘉靖本、沈本、吳鼐本目錄"晏子"誤作"景公",嘉靖本"天子"並誤作"夫子",標題不誤。吳懷保本標題作"使吳",列"吳王"名下。楊本同,凌本作"晏子使吳"。

〔二〕行人　張純一云:官名,掌朝覲聘問之事。

〔三〕吾聞二句　劉師培《校補》云:《說苑·奉使篇》"辯"上有"之"字,餘同。《書抄》四十引《說苑》作"吾聞晏子有事,晏子蓋北方之辯於辭"。據彼引,此與今本《説苑》並挩四字。◎王叔岷云:"北方"下當有"之"字,下第十章"晏嬰,齊之習辭者也"與此句法同,《説苑·奉使篇》"北方"下正有"之"字。黃之寀本"辯"作"辨"。

〔四〕命儐二句　張純一云:儐者掌儐相之禮,即《周禮·秋官》之司儀。《説苑》引無"曰"字及"請見"二字。◎文斌案:吳則虞《集釋》承蘇輿本誤"儐"爲"擯"。

〔五〕行人句　劉師培《校補》云:《御覽》七百七十九引作"吳稱曰"。

〔六〕蹵然　孫星衍云:"蹵",《説苑》作"愀",非。《玉篇》:"'愀',初又切。""蹵",一本俱作"蹵","蹵",俗字。當爲"蹵"。一書互異,寫者之失。◎劉師培《黃本校記》云:黃本"蹵"作"蹵"。◎張純一云:"蹵然",不安貌。《太平御覽》七百七十九作"蹵然"。◎王叔岷云:黃本"蹵"字同,劉氏失檢。◎田宗堯云:景宋本《御覽》作"蹵然",與元本合。此文疑當作"蹵然",下文兩云"蹵然",字正作"蹵";又云"晏子蹵然者三",亦證此文當作"蹵"。◎文斌案:本章三次出現"晏子蹵(蹵)然",各本文字情況不一:元刻本、活字本、嘉靖本、《子彙》本、吳勉學本、黃本、綿眇閣本、吳鼐本首次出現作"蹵",後兩次出現作"蹵";凌本前兩次出現作"蹵",後一次作"蹵";沈本、吳懷保本、楊本、孫本三次均作"蹵"。劉、王二氏均失檢。今統一作"蹵"。自此句起至第三次"天子請見",《説苑》脱二十二字。

〔七〕臣受句　文斌案:宋本《御覽》七百七十九引無"之君"二字。

〔八〕將使句　文斌案:《御覽》引無"將""之所"三字。

〔九〕以不句　孫星衍云:"敏",《説苑》作"佞","佞"與"敏"聲相近,知古人稱"不佞"者,謙不敏也。或以爲不敢詔佞者,未然矣。◎吳則虞云:《御覽》七百七十九引"敏"亦作"佞","不"上無"以"字。◎徐仁甫云:《御覽》七百七十九引無"以"字,蓋不解"以"字而删之。"以"即"似"字,如也,若也。謂若不敏而迷惑,入於天子之朝也。前第五章"然而以今之夕者",第六章"公兩賜之,曰:以晏子不奪人之功,以占瞽者不蔽人之能",于氏邑均讀"以"爲"似"。其實彼三"以"讀"似"甚勉强,此"以"讀"似"則更切合。◎文斌案:宋本《御覽》七百七十九引作"臣迷惑",無"以不敏而"四字。《説苑》"不佞"上亦無"以"字。

〔一○〕敢問句　張純一云:《北堂書鈔》引《説苑》"存"作"在"。◎吳則虞云:《御覽》引無"乎"字。

〔一一〕然後句　吳則虞云:"吳王"下疑奪"命儐者"三字。

〔一二〕見之句　文斌案:《説苑》《御覽》均無"見"後"之"字。◎孫星衍云:《説苑·奉使篇》用此文。

晏子使楚楚爲小門晏子稱使狗國者入狗門第九〔一〕

晏子使楚,以晏子短〔二〕,楚人爲小門于大門之側而延晏子〔三〕。晏子不入,曰:“使狗國者從狗門入〔四〕;今臣使楚〔五〕,不當從此門入〔六〕。”儐者更道,從大門入〔七〕。見楚王,王曰:“齊無人耶〔八〕?”晏子對曰:“臨淄三百閭〔九〕,張袂成陰〔一〇〕,揮汗成雨,比肩繼踵而在〔一一〕,何爲無人〔一二〕?”王曰:“然則子何爲使乎〔一三〕?”晏子對曰:“齊命使各有所主:其賢者使使賢王,不肖者使使不肖王〔一四〕。嬰最不肖,故直使楚矣〔一五〕。”

〔一〕文斌案:吳懷保本標題作“使楚”,列“楚王”名下。楊本作“解楚嘲”,凌本作“晏子使楚”。

〔二〕晏子二句　劉師培《校補》云:《類聚》九十四、《御覽》九百五、《事類賦注》廿二並引作“晏子短,使楚”。《初學記》十九引作“晏子短,使於楚”。《白帖》二十四引作“晏子短小,使於楚”,並與此異。據《説苑·奉使篇》,無“以”字。似此文“以”字當删。◎張純一云:《藝文類聚》二十五作“晏子短小,使楚”。◎吳則虞云:《御覽》三百七十八引作“晏子短小,使楚”,一百八十三引作“晏子使楚,晏子身短”,均與此不同。◎王叔岷云:《藝文類聚》五三、《記纂淵海》九八引此亦並作“晏子短,使楚”。《御覽》一八三引此無“以”字,與《説苑》合。《太平廣記》二四五引《啓顔録》作“齊晏嬰短小,使楚”。◎文斌案:《事類賦注》引此文者,見卷二十三;《初學記》十九引作“晏子短,奉使楚”,劉氏失檢。《意林》引作“晏子使楚,楚王以晏子短”。《群書通要》丙集卷一引作“晏子短,奉使楚”。吳懷保本無“以”字。

〔三〕楚人句　孫星衍云:“爲”,《意林》作“作”。“延”,《太平御覽》作“迎”。◎蘇輿云:“楚人”二字當在“以晏子”上,文義方順。◎張純一云:“延”,《御覽》三百七十八作“迎”,一百八十三、又七百七十九、又九百五俱作“延”。《類聚》二十五、又九十四並同。《初學記》省作“楚爲小門”。◎吳則虞云:《藝文類聚》九十四引“爲”作“作”。《事類賦》二十三、《御覽》九百五引作“楚人爲門於大門側”,《類聚》五十三、《初學記》十九、《御覽》三百七十八、《群書通要》一、《事文類聚後集》十八作“楚爲小門”,《白帖》二十四、《御覽》四百六十六、七百七十九作“楚人爲小門”。《類聚》二十五與《晏子》同,惟"門"下無"之"字。◎文斌案:吳氏所云"《群書通要》一",準確表述當爲"《群書通要》丙集卷一"。《藝文類聚》九十四引作"楚人爲門於大(原文"大"誤作"犬")門側",《御覽》三百七十八引作"楚人爲小門",吳氏失檢。《藝文類聚》五十三、《御覽》四百六十六均引作"延"。《事類賦》二十三"大"亦誤作"犬"。

〔四〕使狗句　孫星衍云:"使狗國者",《意林》作"往詣狗國"。◎劉師培《校補》云:《初學記》十九引"從"上有"即"字,《白帖》"入"上有"而"字。◎吳則虞云:《事文類聚》《群書通要》引皆作"即從狗門入"。◎文斌案:《藝文類聚》二十五、五十三、九十四,《御覽》三百七十八、九百五、一百八十三、四百六十六、七百七十九引均同。《說苑》作"使至狗國者,從狗門入"。

〔五〕今臣句　孫星衍云:"使楚",《意林》作"使入楚"。◎吳則虞云:《初學記》、《御覽》九百五作"今使楚",《御覽》四百六十六作"今日臣使楚",《類聚》九十四、《事類賦注》作"今使楚王",《意林》作"今來使入楚",《白帖》《事文類聚》作"臣使楚",《群書通要》作"使楚國"。◎王叔岷云:《藝文類聚》五三引"今"作"而"。◎文斌案:《事類賦注》作"今使楚",無"王"字;《事文類聚》作"使楚",無"臣"字;《群書通要》作"使楚",無"國"字。吳氏失檢。

〔六〕不當句　劉師培《校補》云:《白帖》引作"狗門",與《初學記》十九、《類聚》二十五、五十三、《御覽》七百七十九所引合,惟《類聚》九十四、《御覽》九百五、《事類賦注》廿三又引作"此門",與今本合。《說苑》亦作"此門",無"人"字。戴校云:"'人'字衍。"◎張純一云:《御覽》一百八十三、又九百五均作"此門"。◎吳則虞云:《意林》、《御覽》三百七十八、四百六十六、《群書通要》、《事文類聚》"此"俱作"狗"。◎王叔岷云:《白帖》二四引"此門入"作"狗門而入"。《御覽》七七九作"狗門入也",三七八、四六六並作"狗門入",《太平廣記》引《啓顔錄》同。◎田宗堯云:《天中記》二十一引與元本合。◎文斌案:《群書通要》作"不從狗門入也"。

〔七〕儐者二句　孫星衍云:《意林》作"不可從狗門入也,遂大門入"。◎劉師培《校補》云:《御覽》百八十三引作"乃更通大門",《說苑》無"道"字。

〔八〕見楚三句　孫星衍云:"齊無人邪",《太平御覽》作"今齊無人耶,使子爲使",今本無下四字。《意林》作"齊之臨淄都無人耶",非。◎吳則虞云:《類聚》二十五無"見楚王"三字,《御覽》三百七十八、四百六十六、七百七十九同。三百七十八"齊"上有"全"字。◎文斌案:孫本"耶"作"邪"。

〔九〕臨淄句　盧文弨云:今本"臨淄"上無"齊之"二字。《御覽》兩引皆有。◎黃以周云:《御覽》三百七十八、又四百六十八並引作"齊之臨淄"。

◎吳則虞云：《意林》亦無此二字。《御覽》三百七十八、四百六十六皆無
“三百閭”三字，七百七十九引作“三萬户”。《指海》本補“齊之”二字。
◎文斌案：黄氏引《御覽》四百六十八，誤，當作四百六十六。《藝文類聚》
二十五、《御覽》三百七十八、四百六十六、七百七十九、《説苑》皆有“齊
之”二字，當以有“齊之”二字爲是。《意林》無此二字者，以楚王先此而問
“齊之臨淄都無人耶”，故晏子回答略去“齊之”二字。《藝文類聚》二十五
亦無“三百閭”三字。元刻本、活字本、嘉靖本、沈本“淄”誤作“溜”。

〔一○〕張袂句　孫星衍云：“陰”，《説苑》《意林》《藝文類聚》《太平御覽》皆作
“帷”，據下云“成雨”，則此當爲“陰”。◎王念孫云：“張袂成帷，揮汗成
雨”，甚言其人之衆耳。“成帷”與“成雨”，其意本不相因。《齊策》云：
“連袵成帷，舉袂成幕，揮汗成雨。”“成帷”“成幕”與“成雨”意亦不相因
也。今本作“成陰”，恐轉是後人以意改之。《説苑》《意林》《藝文類聚》
《太平御覽》皆作“成帷”，則本作“帷”明矣。◎張純一云：“成陰”較
“成帷”義長。◎吳則虞云：《指海》本改作“帷”。◎文斌案：“雨”由
“揮汗”所致，“帷”因“張袂”而成，均意在誇張臨淄人衆。二句内部自
成因果，而二句之間不構成因果關係。王説是，孫説非。

〔一一〕比肩句　孫星衍云：《説文》：“‘踵’，跟也。”“‘踵’，追也。”經典多通用
“踵”。◎吳則虞云：《類聚》二十五、《御覽》三百七十八、四百六十六、
七百七十九引皆無此句。

〔一二〕何爲句　孫星衍云：“爲”，《意林》作“容”，《太平御覽》作“謂”。◎黄
以周云：《御覽》作“何謂齊無人”。◎吳則虞云：有“齊”字是也，上言
“齊無人耶”，此言正應上文。◎文斌案：《藝文類聚》二十五、宋本《御
覽》三百七十八、七百七十九引同。《意林》作“何容無人也”。《御覽》
四百六十六作“何爲齊無人”。

〔一三〕然則句　張純一《校注》改正文作“然則何爲使子”，注云：此文本作“何
爲使子”，因“乎”與“子”形似而誤。後人以文不成義，乃加“子”字於
“何爲”上，遂與上文不協。《説苑·奉使篇》正作“然則何爲使子”，今
據以訂正。◎文斌案：《藝文類聚》二十五、《御覽》三百七十八、四百六
十六、七百七十九均無“王曰：‘然則子何爲使乎？’晏子對曰”十三字。

〔一四〕其賢二句　孫星衍云：《太平御覽》作“使賢者使于賢國，不肖者使于不
肖之國”，“國”亦作“主”。今本“主”作“王”，非。《説苑》亦作
“主”。◎黄以周云：“王”，《音義》作“主”，此猶仍舊譌。◎張純一云：
孫説是。◎吳則虞云：《類聚》二十五作“齊使賢者使賢王，不肖者使不
肖王”。《御覽》四百六十六同，七百七十九皆作“主”。作“王”不爲誤，
孫説非是。◎文斌案：《御覽》三百七十八作“使賢者使於賢國，使不肖

者使於不肖之國”，七百七十九作“齊以賢者使賢主，不肖者使不肖主”，四百六十六作“使賢者使賢王，不肖者使不肖王”，各不相同。《説苑》作“其賢者使賢主，不肖者使不肖主”，“使”字不重。

〔一五〕嬰最二句　黃以周云：“直”，《御覽》作“宜”。◎張純一云：《説苑》同。“宜”字義長。◎吳則虞云：《説苑》“矣”作“耳”。《類聚》無“最”“直”字，“楚”作“王”，“矣”作“爾”。《御覽》三百七十八作“以嬰爲不肖，故使王耳”，四百六十六作“嬰不肖，故使耳”，七百七十九作“是故使王耳”，皆有異。◎王叔岷云：《御覽》三七八、《太平廣記》引《啓顔録》亦並引作“故使王耳”，惟《藝文類聚》二五引作“故使王爾”。◎孫星衍云：《説苑·奉使篇》用此文。

楚王欲辱晏子指盜者爲齊人晏子對以橘第十〔一〕

晏子將使楚〔二〕，楚王聞之，謂左右曰〔三〕：“晏嬰，齊之習辭者也〔四〕。今方來，吾欲辱之〔五〕，何以也？”左右對曰：“爲其來也〔六〕，臣請縛一人過王而行，王曰〔七〕：‘何爲者也？’對曰：‘齊人也。’王曰：‘何坐？’曰：‘坐盜。’”晏子至，楚王賜晏子酒，酒酣，吏二縛一人詣王〔八〕。王曰：“縛者曷爲者也〔九〕？”對曰：“齊人也，坐盜。”王視晏子曰：“齊人固善盜乎〔一〇〕？”晏子避席對曰：“嬰聞之：橘生淮南則爲橘，生于淮北則爲枳〔一一〕，葉徒相似〔一二〕，其實味不同〔一三〕。所以然者何？水土異也〔一四〕。今民生長於齊不盜，入楚則盜〔一五〕，得無楚之水土使民善盜耶〔一六〕？”王笑曰：“聖人非所與熙也〔一七〕，寡人反取病焉〔一八〕。”

〔一〕文斌案：吳懷保本標題作“以橘喻盜”，列“楚王”名下。楊本作“橘枳喻盜”，凌本作“將至楚”。

〔二〕晏子句　孫星衍云：《説苑》“楚”作“荊”，《太平御覽》作“聘楚”。◎王念孫所據本作“晏子將楚”，云：“將”下脱“使”字，本或作“晏子將至楚”，此因下文有“晏子至楚”而以意加“至”字耳。《意林》及《北堂書鈔·政術部十四》《藝文類聚·人部九》《果部上》《太平御覽·果部三》並引作“晏子使楚”，但省去“將”字耳。《説苑·奉使篇》作“晏子將使荊”，今據以訂正。◎黃以周云：元刻脱“至”字。◎吳則虞云：《指海》本作“使”。◎王叔岷云：黃之寀本、《子彙》本“將”下並有“至”字。《白帖》九九、《御覽》九九二（《藥部》九）引此並作“晏子使楚”，王氏謂“將”下脱“使”字，是也。《韓詩外傳》十作“齊景公遣晏子南使楚”，亦有“使”字。《御覽》七七九引此作“晏子聘楚”，所據本異。◎文斌案：王念孫所云《書鈔·政術部十四》見卷四十，《類聚·人部九》見卷二十五，《果部上》見卷八十六，《御覽·果部三》見卷九百六十六。元刻本、活字本、嘉靖本、吳勉本均脫“使”字，《子彙》本、沈本、吳懷保本、吳勉學本、黃本、綿眇閣本、楊本、凌本、孫本“使”作“至”。今依王念孫説補“使”字。

〔三〕楚王二句　各本均作“楚聞之”，王念孫云：“楚”下脫“王”字。◎劉師培《校補》云：《書鈔》四十、《類聚》廿五並引作“楚王謂左右”。◎吳則虞云：是也。《説苑》、《御覽》七百六十九、九百六十六、九百九十二引皆有“王”字，《指海》本已補。◎王叔岷云：王説是也，《外傳》正作“楚王聞之，謂左右曰”。《説苑》作“荆王聞之，謂左右曰”，亦其證。《御覽》九六六引此作“楚王謂其左右曰”。◎文斌案：《御覽》七百六十九未引本章，引本章者乃卷七百七十九，吳氏失檢。《類聚》八十六亦有“王”字。今據衆校補“王”字。

〔四〕齊之句　劉師培《校補》云：《書鈔》引無“齊之”二字，《説苑·奉使篇》作“賢人也”。◎張純一云：《類聚》二十五省“齊之”二字。◎吳則虞云：《御覽》九百六十六引無“齊之”二字。

〔五〕吾欲句　劉師培《校補》云：《書鈔》引“辱”作“病”，《類聚》廿五、《御覽》九百六十六並引作“傷”。《御覽》七百七十九又作“楚王知其賢智，欲辱之”。◎吳則虞云：《説苑》作“欲辱之”。◎王叔岷云：《太平廣記》引《啓顔録》“辱”亦作“傷”。

〔六〕爲其句　王念孫云：“爲其來”，“於其來”也。古者或謂“於”曰“爲”，説見《釋詞》。◎劉師培《校補》云：“左右對曰”至“齊人也坐盗”，《類聚》廿五作：“君坐定，縛一人來。及晏坐，左右縛人。王問：‘何謂者？’曰：‘齊人，坐盗。’”《書鈔》四十引：“坐定，而縛一人來。王問：‘何爲？’對曰：‘齊人也，坐盗。’”《御覽》七百七十九引作：“使人縛一人，從殿前過。佯問之：‘此何罪也？’左右答曰：‘此齊人也，今犯盗。’”九百九十二引作：“楚王使縛一人過，問曰：‘縛者何爲者耶？’對曰：‘齊人，坐盗。’”並約引此文。《説苑》作：“於是荆王與晏子立語，有縛一人過王而行，王曰：‘何爲者也？’對曰：‘齊人也。’王曰：‘何坐？’曰：‘坐盗。’”與此小異。◎文斌案：《御覽》九百六十六引作：“坐定，而縛一人至。問：‘何爲？’曰：‘齊人，坐盗。’”《意林》引作：“楚王令左右縛一人作盗者過，王問：‘何處人也？’對曰：‘齊人也。’”《外傳》作：“楚王聞之，謂左右曰：‘齊遣晏子使寡人之國，幾至矣。’左右曰：‘晏子，天下之辯士也。與之議國家之務，則不如也。與之論往古之術，則不如也。王獨可以與晏子坐，使有司束人過王，王問之，

使言齊人善盜,故束之。是宜可以困之。'"與各書引異。黄本上方校語
云:"'爲'字可疑。"

〔七〕王曰句　吴則虞云:元刻本、活字本、嘉靖本"王曰"誤作"王者",吴懷保
已改爲"王曰"。

〔八〕吏二句　文斌案:"吏二",吴懷保本、楊本作"二吏"。

〔九〕縛者句　張純一云:"爲",《類聚》二十五作"謂",古通用。◎王叔岷云:
《類聚》引"曷爲"作"何謂",《太平廣記》引《啓顏録》同。

〔一〇〕齊人句　劉師培《校補》云:《白帖》二十四引作"齊國人也,善盜乎",
九十九作"齊人也,善爲盜乎",《御覽》七百七十九作"王謂晏子曰'齊
國善盜也'",惟九百九十二引與此同。《説苑》無"固"字。此文疑挩
"國"字。◎張純一云:《類聚》二十五及八十六並無"固"字。◎吴則
虞云:《意林》引"齊國善盜乎"。◎王叔岷云:《御覽》九九二引"固"
作"故"(古字通用),《説苑》有"固"字,脱"善"字,劉氏並失檢。◎文
斌案:宋本《御覽》九百九十二引作"固",九百六十六無"固"字。

〔一一〕橘生二句　孫星衍云:"淮",《説苑》《藝文類聚》《後漢書注》俱作
"江"。"枳",《列子·湯問篇》:"吴楚之國,有大木焉,其名爲櫾。碧樹
而冬生,實丹而味酸,食其皮汁,已憤厥之疾。齊州珍之,渡淮而北,化
爲枳焉。"《説苑》作"江南有橘,齊王使人取之,而樹之江北,此不爲橘,
乃爲枳"。《説文》:"'枳',木似橘。"◎劉師培《校補》云:《白帖》二十
四引作"橘生江南,北則爲枳棘",九十九亦引"淮北"作"江北"。《御
覽》七百七十九作"臣聞江南生橘,江北爲枳",九百九十二作"橘生江
南,過北爲枳",並與此異。惟《書抄》引作"聞橘生淮北爲枳",與此
合。據《韓詩外傳》十作"樹之江北則化爲枳",自以作"江"爲允。《博物志》
四云"橘渡江北化爲枳",亦其證也。◎張純一云:《類聚》二十五作"江
北",八十六作"淮北"。◎吴則虞云:《後漢書》卷五十八注引作"江南
爲橘,江北爲枳",《御覽》九百九十六作"嬰聞橘生於淮北則爲枳",《意
林》作"橘生江南,江北則作枳",並與此異。◎王叔岷云:《太平廣記》
引《啓顏録》作"橘生於江南,至江北爲枳",與此作"淮南""淮北"異。
◎文斌案:《御覽》九百九十二作"橘生江南,江北爲枳"。《後漢書注》
引"江南爲橘,江北爲枳"者,見卷二十八下《馮衍傳》注,吴氏失檢。黄
本脱"于"字。

〔一二〕葉徒句　王叔岷云:《御覽》九六六引作"枝葉徒似",《太平廣記》引
《啓顏録》作"枝葉相似"。◎文斌案:《白孔六帖》二十四引作"葉
徒似"。

〔一三〕其實句　張純一云:《書鈔》無"實"字。◎王叔岷云:《白帖》二四引作

“而味不同”。

〔一四〕所以二句　劉師培《校補》云：《書鈔》引“異”上有“之”字，《御覽》七百七十九作“水土使然也”，《説苑》作“其土地使之然”。◎吳則虞云：《藝文類聚》、《書鈔》、《白帖》、《御覽》九百六十六引無“所以然者”四字，文字微異。《意林》作“地土使之然”。◎王叔岷云：景宋本《御覽》七七九引作“土地使其然也”，鮑刻本無“其”字，劉氏失檢。◎文斌案：《説苑》句末有“也”字，《意林》作“地土使然也”。《御覽》九百九十二亦無“所以然者何”句。

〔一五〕今民二句　劉師培《校補》云：《書抄》及《御覽》九百九十二引無“長”字，《白帖》九十九引“生長於齊”作“在齊”，《類聚》引作“今此人生於齊不爲盗”，《白帖》廿四又作“此人生於齊不盗，入楚爲盗”，《説苑》作“今齊人居齊不盗，來之荆而盗”。◎吳則虞云：《御覽》七百七十六作“臣察此人，在齊不爲盗，今來楚而盗”。◎王叔岷云：《御覽》九六六引此亦無“長”字。《太平廣記》引《启顔録》作“今此人生於齊不解爲盗，入楚則爲盗”。◎文斌案：劉氏所引《類聚》，見卷二十五。《白孔六帖》二十四兩“盗”字前均有“爲”字。吳氏言“《御覽》七百七十六”，誤，當爲七百七十九。《類聚》八十六引亦無“長”字。

〔一六〕得無句　劉師培《校補》云：《御覽》九百九十二引無“善”字。《白帖》二十四引“使民善盗”作“爲盗”，無“楚之”二字，九十九又作“豈非楚之水土使然乎”。《書抄》作“水土使之爲盗也”，無上四字。《御覽》九百六十引作“得無傚楚民善盗耶”，文復不同。《説苑》作“得無土地之然乎”。◎王叔岷云：《白帖》九九引作“豈非水土之使然乎”，劉氏失檢。又所稱《御覽》九百六十，乃九百六十六之誤。七七九引作“亦土地使然也”。《藝文類聚》二五引“使民善盗”作“使爲盗”。《太平廣記》引《启顔録》作“其實不同，水土使之然也”。◎文斌案：《類聚》八十六作“得無楚使民善盗邪”，無“之水土”三字。《意林》作“臣不知也”。《説苑》作“得無土地使之然乎”。黄本、孫本“耶”作“邪”。

〔一七〕聖人句　“熙”，孫本同，然《音義》卻作“嬉”，注云：一本作“熙”。《説文》：“‘嫛’，説樂也。”◎蘇時學云：“熙”與“戲”同。◎黄以周云：凌本作“嬉”。◎蘇輿云：“非”猶“不”也，“所”猶“可”也，言聖人不可與戲也。《墨子·天志篇》曰：“今人處若家得罪，猶將有異家，所以避逃之者矣。”“所以”，可以也。《莊子·知北遊篇》曰：“人倫雖難，所以相齒。”言可以相齒也。《鹽鐵論·未通篇》曰：“民不足于糟糠，何橘柚之所厭。”言何橘柚之可厭也。《史記·淮陰侯傳》曰：“非信無所與計事者。”言無可與計事者也，《漢書》“所”作“可”。並“所”“可”同訓之證矣。◎吳則虞云：黃本、綿眇閣本、吳勉學本、楊本、歸評本亦作“嬉”。
◎王叔岷云：《子彙》本“熙”作“嬉”。◎文斌案：孫詒讓《墨子閒詁》
“猶將”作“將猶”，蘇輿引文或誤。《類聚》二十五、《御覽》七百七十九、
九百六十六、《書鈔》四十均無“聖人非所與熙也”句。元刻本、活字本、
嘉靖本、沈本、吳懷保本作“熙”。

〔一八〕寡人句　劉師培《校補》云：《書抄》引作“寡人反自取辱”，《御覽》七百
七十七作“楚王大慙”。◎吳則虞云：《意林》作“楚王自取弊”，《說苑》
作“吾欲傷子，而反自中也”。◎孫星衍云：《藝文類聚》二十五、八十
八、《太平御覽》七百七十九用此文不同，皆以意改之，故不備録。《説
苑·奉使篇》用此文。◎文斌案：劉氏言“《御覽》七百七十七”，失檢，
當作“七百七十九”。《類聚》引此文者乃卷八十六，孫氏言“八十八”，
失檢。《意林》作“楚王自取弊耳”，有“耳”字。《外傳》十載此事文
多異。

楚王饗晏子進橘置削晏子不剖而食第十一〔一〕

景公使晏子於楚〔二〕，楚王進橘〔三〕，置削，晏子不剖而並食之〔四〕。
楚王曰：“橘當去剖〔五〕。”晏子對曰：“臣聞之：賜人主前者〔六〕，瓜桃不
削，橘柚不剖。今者萬乘無教令〔七〕，臣故不敢剖。不然〔八〕，臣非不
知也。”〔九〕

〔一〕文斌案：吳鼒本標題脱“一”字，今補。吳懷保本標題作“王饗晏子”，列
“楚王”名下。楊本、凌本均作“楚王進橘”。吳勉學本誤連上章。
〔二〕景公句　王叔岷云：《御覽》七七九、九六六、《事類賦注》二七、《記纂淵
海》九二引此皆作“晏子使楚”。◎吳則虞云：《說苑》“于”上多一“使”
字，《合璧事類》引作“晏子使楚”。◎文斌案：《事類賦注》作“晏子侍
楚”。吳氏所云“《合璧事類》”見《合璧事類別集》四十六。
〔三〕楚王句　文斌案：《記纂淵海》“進”作“遺”。
〔四〕晏子句　孫星衍云：“並”，《說苑》作“并”。◎張純一云：“‘剖’，分析
也。”（《一切經音義》三十二引《倉頡》）◎劉師培《校補》云：《御覽》七百
七十九引“並”作“并”，九百六十七作“并食不剖”，《事類賦注》廿七作
“併食不剖”，均合上句引之。◎吳則虞云：《合璧事類別集》四十六作“并
食不割”。◎文斌案：《御覽》引本章者乃卷九百六十六，劉氏失檢。《記

纂淵海》作“晏子并食不割”。

〔五〕橘當句　孫本無“橘”字,《音義》云:《説苑》上有“橘”字。◎黄以周云:
元刻“當”上有“橘”字。◎劉師培《校補》云:《御覽》九百六十七引與此
同,七百七十九引作“橘未剖”。◎張純一云:“橘當去剖”,言食橘當去其
所剖之皮。《御覽》九百六十六作“橘當云剖”。◎吴則虞云:《合璧事
類》引作“橘當去剖”,《事類賦注》作“橘當剖”。◎王叔岷云:景宋本《御
覽》七七九引作“橘去剖”,蓋略“當”字。《事類賦注》引作“橘當剖”,蓋
脱“去”字。《記纂淵海》引作“橘當去割”,“割”乃“剖”之誤。◎文斌案:
黄氏誤吴鼐本爲元刻本。元刻作“楚橘王曰當去剖”,“橘”字當在“曰”
下,誤入“王”前,活字本、嘉靖本、吴懷保本誤同。《子彙》本、沈本、吴勉
學本、黄本、綿眇閣本、楊本、凌本均無“橘”字。《御覽》引作“橘當去剖”
者爲卷九百六十六,劉氏失檢。

〔六〕臣聞二句　吴則虞云:《事類賦注》無“之”字,《御覽》七百七十九引無
“前”字。

〔七〕今者句　張純一《校注》於“萬乘”後增“之主”二字,注云:“之主”二字舊
脱,文不成義,今補。◎吴則虞云:元本、活字本、嘉靖本“令”俱誤作
“今”。◎文斌案:吴懷保本亦誤作“今”。《御覽》七百七十九引無此句,
《説苑》、《事類賦注》、《記纂淵海》、《合璧事類別集》、《御覽》九百六十六
引無“令”字,《説苑》並無“者”字。

〔八〕不然句　孫星衍云:《説苑》脱“不”字。◎張純一云:《説苑》作“然臣非
不知也”亦通。《御覽》七百七十九、又九百六十六兩引並無“不然”二字。
◎吴則虞云:《合璧事類別集》四十六約用此文,亦無此二字。《事類賦
注》無“臣”“不然”三字。◎文斌案:《事類賦注》所無之“臣”字乃上句
“臣故不敢剖”之“臣”,非下句“臣非不知也”之“臣”。

〔九〕孫星衍云:《韓詩外傳》《説苑·奉使篇》用此文。◎文斌案:《韓詩外傳》
未用此文,孫氏失檢。

晏子布衣棧車而朝田桓子侍景公飲酒
請浮之第十二〔一〕

景公飲酒,田桓子侍〔二〕,望見晏子,而復於公曰:“請浮晏子〔三〕。”
公曰:“何故也?”無宇對曰:“晏子衣緇布之衣、麋鹿之裘〔四〕,棧軫之
車而駕駑馬以朝〔五〕,是隱君之賜也。”公曰:“諾〔六〕。”晏子坐,酌者奉

觴進之[七],曰:"君命浮子[八]。"晏子曰:"何故也?"田桓子曰:"君賜之卿位以尊其身[九],寵之百萬以富其家。群臣其爵莫尊于子[一〇],禄莫重於子[一一]。今子衣緇布之衣、麑鹿之裘[一二],棧軫之車而駕駑馬以朝,是則隱君之賜也[一三]。故浮子。"晏子避席曰:"請飲而後辭乎?其辭而後飲乎[一四]?"公曰:"辭然後飲。"晏子曰:"君之賜卿位以尊其身[一五],嬰非敢爲顯受也[一六],爲行君令也;寵以百萬以富其家[一七],嬰非敢爲富受也,爲通君賜也。臣聞:古之賢君[一八],臣有受厚賜而不顧其困族[一九],則過之;臨事守職,不勝其任,則過之。君之內隸,臣之父兄,若有離散,在於野鄙[二〇],此臣之罪也;君之外隸[二一],臣之所職,若有播亡[二二],在于四方,此臣之罪也;兵革之不完,戰車之不脩[二三],此臣之罪也。若夫弊車駑馬以朝,意者非臣之罪乎[二四]!且臣以君之賜,父之黨無不乘車者[二五],母之黨無不足于衣食者,妻之黨無凍餒者,國之閒士待臣而後舉火者數百家[二六]。如此者,爲彰君賜乎?爲隱君賜乎[二七]?"公曰:"善!爲我浮無宇也[二八]。"

〔一〕文斌案:元刻本、活字本、嘉靖本、沈本目録"車"誤作"事",脱"之"字;元刻本、活字本、嘉靖本、吳鼒本"田"並作"陳"。元刻本標題"田"誤作"曰",沈本脱"之"字。齊國田氏出於陳國公族陳完,故稱"田桓子"或"陳桓子",實乃一人,原無不可。然標題與内容應該一致,本章文内皆作"田桓子",故統一目録、標題作"田桓子"。吳懷保本標題作"布衣棧車而朝",目録"車"誤作"事",列"楚王"名下。核以正文,名實欠符,當列"景公"名下。楊本在《雜上》第十二章後,標題作"浮無宇"。凌本作"田桓子侍"。

〔二〕田桓句 孫星衍云:《説苑》"田"作"陳"。◎文斌案:《説苑》見《臣術篇》。

〔三〕浮 孫星衍云:高誘注《淮南》:"'浮',猶'罰'也。"

〔四〕麑鹿之裘 孫星衍云:《玉藻》:"麑裘,青犴褎,卿大夫之服。"

〔五〕棧軫句 孫星衍云:《考工記》:"棧車欲弇。"鄭氏注:"士乘棧車。"《説文》:"'棧',棚也,竹木之車曰棧。"《玉篇》:"仕板切。"《考工記》:"車軫四尺。"鄭氏注:"'軫',輿後橫木。"《太平御覽》作"晏子衣緇布之衣而顛裏,棧軫之車而牝馬以朝",與今本大異,不知何故。麑裘本卿大夫之服,"駕"字又篆文所無,疑後人竟改"顛裏""牝馬"爲之。◎劉師培《校補》云:《列子·力命篇》"稜車",《釋文》云:"當作'棧',《晏子春秋》及諸書皆作‘棧車’。”◎吳則虞云：孫引《御覽》見七百七十三。下又有“子思子云‘終年爲車，無一尺之軶，則不可以馳’”數語，今本亦無。

〔六〕公曰諾　吳則虞云：《説苑》無此三字。◎文斌案：《説苑》有此三字；所無者，乃下句“晏子坐”三字。吳氏失檢。

〔七〕酌者句　王叔岷云：《禮記·投壺》注引“進”上有“而”字（詳《音義》），是也。《説苑》亦有“而”字。

〔八〕君命句　孫星衍云：《禮記·投壺》：“若是者浮。”鄭氏注：“《晏子春秋》曰：‘酌者奉觴而進曰：“君令浮晏子。”’時以罰梁丘據。‘浮’或作‘匏’，或作‘符’。”按此書乃浮無宇，與鄭氏所引不同。疑尚有重出之章，爲後人删去。◎吳則虞云：凌本“子”誤“于”。

〔九〕君賜句　此及下文晏子辯辭“尊”字，孫本均同；但《音義》卻作“顯”，當是未及改正文。注云：今本作“尊”，據《説苑》改，以下云“非敢爲顯受”知之。◎張純一《校注》依孫校並改“尊”作“顯”。◎吳則虞云：《指海》本“尊”改爲“顯”。◎田宗堯云：孫說云云，爲下文“君之賜卿位以尊其身，嬰非敢爲顯受也”句之校語，張氏誤引於此。《説苑》引亦作“尊”，與元本同。惟以下文例之，作“顯”義較勝。◎文斌案：田說是，《説苑》後文晏子所言確爲“君賜卿位以顯其身，嬰不敢爲顯受也”；然後文晏子所言正承此句田桓子之言而來，若後文當作“顯”，則此句亦當爲“顯”字，張純一引孫校沒有問題。

〔一〇〕群臣句　“其爵”，孫本同，但《音義》卻作“之爵”，云：今本作“其爵”，據《説苑》改。◎于省吾云：孫改非是。“其”猶“之”也，詳《經傳釋詞》。《召白虎毀》：“對揚朕宗君其休。”“其”亦“之”也。◎文斌案：凌本“莫”誤作“故”。

〔一一〕禄莫句　盧文弨云：“重”，《説苑·臣術篇》作“厚”。

〔一二〕今子句　劉師培《黄本校記》云：黄本“麋”誤“鹿”。

〔一三〕是則句　孫星衍云：“是則”，《説苑》作“則是”。

〔一四〕其　劉如瑛云：“其”，猶“抑”，轉折連詞。《左傳·昭公四年》：“楚國方侈，天或者欲逞其心以厚其毒而降之罰，未可知也；其能使終，亦未可知也。”《史記·趙世家》：“秦誠愛趙乎，其實憎齊乎？”“其”之用法同。

〔一五〕君之句　盧文弨云：“之賜”當乙，從上文。“尊”，《説苑》作“顯”。◎王念孫云：“之賜”當作“賜之”，下“寵以”當作“寵之”，與上文文同一例。如今本則文義參差矣。《説苑·臣術篇》正作“賜之”“寵之”。◎吳則虞云：南宋本《説苑·臣術篇》“賜”下無“之”字。《指海》本改作“賜之”。

〔一六〕嬰非句　吳則虞云：《説苑》“非”作“不”，下同。

〔一七〕寵以句　盧文弨云:“以”,《説苑》作“之”,同上文。◎吴則虞云:《指海》本改作“寵之”。

〔一八〕古之句　各本均作“君”,獨孫本作“臣”,《音義》云:今本作“君”,據《説苑》改。◎盧文弨云:舊本“君”字並不誤。下云“則過之”,乃君過其臣也,但此下當補一“臣”字。◎黄以周云:元刻作“賢君”。下云“過之”,據人君説,元刻是。◎蘇輿:盧説是。“臣”直是誤字。◎張純一云:盧説是也,然義有未盡。此文疑本作“臣聞古之賢君,知臣有受厚賜而不顧其困族,則過之”。今元刻脱“知臣”二字,《説苑》脱“君知”二字,語意均不完。當並存“君”字“臣”字,中間加一“知”字,則妥矣。

〔一九〕臣有句　“困族”,孫本作“國族”,《音義》云:“國族”,今本作“困族”,據《説苑》改。◎盧文弨云:“有”上舊脱“臣”字。“困”,《説苑》作“國”,案:“困”字似亦可通。◎劉師培《校補》云:“困”當作“圂”,猶圂族也。◎張純一《校注》於“有”上補“臣”字,注云:“臣”字舊脱,從盧校據《説苑》補。“臣”上當有“知”字。“困”字是,“國”乃“困”字之誤。孫據譌字改正字,非。下云“待臣而後舉火者數百家”即“困族”也。◎吴則虞云:“國”疑本作“邦”,漢人避諱改爲“國”,後訛爲“困”。“邦族”者,鄰里鄉黨之謂也。《論語·雍也》:“原思爲之宰,與之粟九百,辭。子曰:‘毋! 以與爾鄰里鄉黨乎。’”是可證。《指海》本“有”上補“臣”字。◎文斌案:今從盧校補“臣”字。

〔二〇〕在於句　田宗堯云:《説苑》引“鄙”下有“者”字。下“在于四方”,“方”下亦有“者”字。有“者”字文較勝。

〔二一〕君之句　孫星衍云:今本“外”作“内”,據《説苑》改。◎張純一《校注》改“内”爲“外”,注云:“外”從孫本,據《説苑》改。元刻作“内”,非。◎吴則虞云:南宋本《説苑》作“外”。◎文斌案:各本均作“内”,今從孫校改作“外”。

〔二二〕若有句　孫星衍云:今本“亡”作“之”,據《説苑》改。◎吴則虞云:《繹史》亦作“播亡”。◎文斌案:今從孫校改“之”作“亡”。

〔二三〕兵革二句　吴則虞云:《説苑》無二“之”字。◎徐仁甫云:兩“之”猶“若”也,訓見《經傳釋詞》。上文“若有離散”“若有播亡”皆假設句,故用“若”字。此兩句亦假設句,故“之”當訓“若”。《説苑》無“之”字,則古假設句多省假設詞。

〔二四〕若夫二句　孫星衍云:“意者”,《説苑》作“主者”,誤。◎吴則虞云:《説苑》“弊”作“敝”,“乎”作“也”。◎田宗堯云:“意者”,擬度之辭。《國策·秦策》:“意者臣之愚而不合王心耶?”《吴越春秋·勾踐伐吴外傳》:“意者猶以今日之姑胥,曩日之會稽也?”下《景公以晏子食不足第

十八》：“意者管仲之失而嬰得之者耶？”例並與此同。◎文斌案：“弊”，
凌本誤作“幣”，孫本作“獘”。

〔二五〕父之句　吴則虞云：《説苑》“父”上有“臣”字。

〔二六〕國之句　孫星衍云：“閒士”，《説苑》作“簡士”。◎張純一《校注》改
“閒”作“簡”，注云：“簡”舊作“閒”，據《説苑》改。《書·皋陶謨》：“簡
而廉。”鄭注：“‘簡’，謂器量凝重。”◎劉師培《黄本校記》云：黄本“閒”
作“閶”。

〔二七〕爲彰二句　張純一云：《説苑》作：“如此，爲隱君之賜乎？彰君之賜乎？”

〔二八〕爲我句　張純一云：“無宇”，《説苑》作“桓子”。◎孫星衍云：《説苑·
臣道篇》用此文。◎文斌案：作“無宇”是。時桓子尚在，景公不當預稱
其謚。《説苑》用此文者爲《臣術篇》，孫氏失檢。

田無宇請求四方之學士晏子謂君子難得第十三〔一〕

　　田桓子見晏子獨立於牆陰，曰：“子何爲獨立而不憂？何不求四
鄉之學士可者而與坐〔二〕？”晏子曰：“共立似君子，出言而非也〔三〕，嬰
惡得學士之可者而與之坐？且君子之難得也，若美山然〔四〕。名山既
多矣，松柏既茂矣〔五〕，望之相相然〔六〕，盡目力不知厭〔七〕，而世有所美
焉，固欲登彼相相之上〔八〕，仡仡然不知厭〔九〕。小人者與此異〔一〇〕，若
部婁之未登〔一一〕，善；登之無蹊，維有楚棘而已〔一二〕。遠望無見也，俛
就則傷要〔一三〕，惡能無獨立焉？且人何憂？靜處遠慮，見歲若月〔一四〕，
學問不厭，不知老之將至，安用從酒〔一五〕？”田桓子曰：“何謂從酒？”晏
子曰：“無客而飲，謂之從酒。今若子者，晝夜守尊，謂之從酒也。”

〔一〕吴則虞云：楊本無此章。◎文斌案：楊本有此章，在《問下》三十章後，標
題作“獨立牆陰”。吴懷保本標題作“田無宇請求四方之學士”，目録省作
“請求四方之學士”，《雜》篇以下各章均列“田無宇”名下。核以正文，非，
當列“景公”名下。凌本作“田完子見晏子”（“完”當作“桓”）。

〔二〕何不句　黄以周云：“四鄉”，標題作“四方”。◎劉如瑛云：“四鄉”，猶“四
方”。本章標題則作“四方”。《管子·形勢》：“風雨無鄉，而怨怒不及
也。”尹知章注：“‘鄉’，方也。”又，《文選·（張衡）東京賦》“規天矩地，授
時順鄉”薛綜注及《漢書·禮樂志》“明德鄉，治本約”顔師古注均同。
◎徐仁甫云：“四鄉”之“鄉”讀“嚮”，同“向”。“四向”猶言“四方”也。故

本文作“四鄉”，標題作“四方”，“方”“向”義同，可以互訓。本書標題固有易字代訓之例(見《諫下》第十七章)。又案：“與坐”中脱“之”字。下文“嬰惡得學士之可者而與之坐”正有“之”字，可證。

〔三〕出言句　文斌案：沈本“言”作“焉”。

〔四〕若美句　劉師培《校補》云：《類聚》七“華山類”引“美”作“華”。自以作“華”爲古。◎王叔岷云：《御覽》三九、《記纂淵海》六五引“美”並作“華”。

〔五〕名山二句　張純一云：“名山既多矣”五字，蓋後人仿下句妄加，與上文不協，殊嫌其贅，當删。◎吳則虞云：《類聚》《御覽》《記纂淵海》俱作“松柏既多矣”，無“名山既多矣”句。◎文斌案：《類聚》作“松柏既多矣”，《御覽》《記纂淵海》均無“矣”字。

〔六〕望之句　王念孫云：“相相”二字於義無取。“相”當爲“榾”(音忽)，《説文》：“‘榾’，高皃，從木昌(音忽)聲。”故山高皃亦謂之“榾”。“榾”與“相”字相似，世人多見“相”，少見“榾”，故“榾”誤爲“相”。此言“望之相相然”，下言“登彼相相之上”，則“相”爲“榾”之誤明矣。◎張純一《校注》採王説，改“相”作“榾”。◎于省吾云：“榾”即“榙”，金文“皆”字作“🖐”。◎金其源云：《詩·大雅·棫樸》：“金玉其相。”《傳》：“‘相’，質也。”王筠云：“‘樸’乃作而未成之質，‘相’則未作之質，是則‘相相然’者，言多未作之質也。”◎王叔岷云：“相”當爲“扣”，字之誤也。《列子·説符篇》：“俄而扣其谷而得其鈇。”《呂氏春秋·去尤篇》“扣”誤“相”，正同此例。“扣”與“揹”同，《莊子·天地篇》：“揹揹然用力甚多。”《釋文》：“‘揹揹’，用力貌。”(成玄英《疏》同)是其義也。“扣扣”爲用力貌，故下言“盡目力不知厭”。下文“仡仡然不知厭”與此相應，“仡仡”亦用力貌(“仡”與“劼”同，《廣韻》：“‘劼’，用力也。”詳蘇輿説)。則“相”爲“扣”之誤明矣。王氏謂下“登彼相相之上”“相”爲“榾”之誤，誠是。謂此文“相”爲“榾”之誤，則未審矣。

〔七〕盡目句　孫星衍云：《藝文類聚》作“君子若華山然，松柏既多矣，望之盡日不知厭”。◎張純一《校注》改“盡目力”爲“盡日”，注云：“盡日”舊作“盡目力”，蓋由“日”誤爲“目”，文不成義，校者遂以意增“力”字，曲成其説。然“盡目力不知厭”未若《藝文類聚》引作“盡日不知厭”義長，今據以訂正。“望之相相然”，有可望而不可及義；“盡日而不厭”，言君子之德充實光輝，非小人之道的然而日亡者比也。◎吳則虞云：《御覽》《記纂淵海》引作“望之自不知厭”。

〔八〕固欲句　張純一云：“固”疑當作“因”，形近而誤。言因君子德美可觀，欲效法之，而有高山仰之景行行之之事，仡仡然不知厭。後二十七章云：“常爲而不置，常行而不休。”是其義。蓋見道甚真，深造有得，欲罷不能也。◎文斌案：黃本、楊本、凌本“固”正作“因”。嘉靖本脱“登”字。

〔九〕仡仡句　孫星衍云：《説文》：“‘仡’，勇壯也。”《周書》曰：“仡仡勇夫。”
　　◎蘇輿云：“仡”與“劼”同義。“仡”“劼”一聲之轉。《小爾雅》：“‘劼’，勤
　　也。”《廣韻》：“‘劼’，用力也。”《玉篇》引《倉頡篇》云：“‘奊’，仡仡也。”
　　“奊”與“劼”亦同音字。此云“仡仡”，言其用力勤之意耳，謂用力登其上
　　也。孫引《説文》爲訓，似稍隔。◎劉如瑛云：“仡仡”，當爲“砣砣”。《漢
　　書・王褒傳》：“勞筋苦骨，終日砣砣。”顔師古注引應劭曰：“‘砣砣’，勞極
　　貌。”孫星衍引《説文》，解“仡”爲“勇壯也”；蘇輿謂“仡”與“劼”同義，解
　　爲“勤也”“用力也”。似有未當。

〔一〇〕小人句　徐仁甫云：“者”猶“則”也，言小人則與此異也。

〔一一〕若部句　孫星衍云：《説文》：“‘附婁’，小土山也。”《春秋傳》曰：“附婁
　　無松柏。”“部”與“附”聲相近。◎蘇時學云：“部婁”，即培塿。◎蘇輿
　　云：言其未登之時則善也，“善”字當另爲句。◎吳則虞云：凌本“善”
　　字從下句讀。◎文斌案：凌氏斷句誤，“善”當獨立爲句（見正文斷句）。

〔一二〕登之二句　張純一云：“‘蹊’，謂徑道也。”（《漢書・李廣蘇建傳贊》“下
　　自成蹊”注）《廣雅・釋木》：“‘楚’，荆也。”

〔一三〕俛就句　孫本“要”作“嬰”，黃以周云：“嬰”，元刻作“要”。“要”，古
　　“腰”字，屬上爲句。◎張純一《校注》於“要”後補“嬰”字，注云：孫本
　　脱“要”字，元刻脱“嬰”字，義均不完，今並據補。◎吳則虞云：各本作
　　“傷嬰”，吳本作“傷要”。◎王叔岷云：“要”字，明活字本同，黃之寀本、
　　《子彙》本並誤“嬰”。◎田宗堯云：吳勉學本、《指海》本“要”字亦誤作
　　“嬰”。◎劉如瑛斷句爲“俛就則傷，嬰惡能無獨立焉”，注云：“嬰惡能
　　無獨立焉”，“嬰”爲句之主語，與上文“子何爲獨立而不憂”“嬰惡得學
　　士之可者而與之坐”相應。吳則虞以“嬰”字屬上，加逗號，非。◎文斌
　　案：元刻本、活字本、嘉靖本、吳懷保本、吳鼒本作“要”，《子彙》本、沈
　　本、吳勉學本、黃本、綿眇閣本、楊本、凌本作“嬰”。吳氏謂吳鼒本外
　　“各本作‘傷嬰’”，失檢。

〔一四〕見歲句　孫星衍云：言惜歲易過如月也。◎徐仁甫云：“見”猶“感”也
　　（訓見《淮南子・覽冥訓》高注），言感歲如月也。

〔一五〕安用句　蘇時學云：“從”，猶“從獸無厭”之“從”。◎張純一云：“從”，
　　讀若“縱”，下同。

田無宇勝欒氏高氏欲分其家晏子使致之公第十四〔一〕

欒氏、高氏欲逐田氏、鮑氏〔二〕，田氏、鮑氏先知而遂攻之。高彊

曰:"先得君,田、鮑安往[三]?"遂攻虎門[四]。二家召晏子,晏子無所從
也[五]。從者曰:"何爲不助田、鮑?"晏子曰:"何善焉,其助之也[六]?"
"何爲不助樂、高?"曰:"庸愈於彼乎[七]?"門開,公召而入[八]。樂、高
不勝而出,田桓子欲分其家,以告晏子[九]。晏子曰:"不可。君不能飭
法[一〇],而群臣專制,亂之本也。今又欲分其家,利其貨,是非制也。
子必致之公[一一]。且嬰聞之:禁者,政之本也[一二];讓者,德之主也。
樂、高不讓,以至此禍,可毋慎乎!廉之謂公正,讓之謂保德。凡有血
氣者,皆有争心。怨利生孽[一三],維義可以爲長存[一四]。且分争者不
勝其禍,辭讓者不失其福,子必勿取!"桓子曰:"善。"盡致之公,而請
老于劇[一五]。

〔一〕文斌案:吳懷保本標題作"欲分二氏之家",楊本作"止分樂高家",凌本作
"樂高"。
〔二〕樂氏句 孫星衍云:樂施字子旗,高彊字子良,田無宇諡桓子,鮑國諡文
子。◎蘇輿云:"逐",舊刻誤"遂",今從浙刻正。◎文斌案:孫本"逐"誤
作"遂"。
〔三〕先得二句 張純一云:昭十年《左傳》作"先得公,陳、鮑焉往"。杜注:"欲
以公自輔助。"
〔四〕遂攻句 孫星衍云:"虎門",杜預注《左傳》:"公門。"◎吳則虞云:《左
傳》"攻"作"伐",下有"晏平仲端委立于虎門之外"句。元刻本、活字本、
嘉靖本"攻"字缺,空一格。景元鈔本亦空。顧廣圻先加"伐"字,後又改
"攻"字。◎文斌案:吳懷保本"攻"作"往"。
〔五〕二家二句 吳則虞云:《左傳》作"四族召之無所往",四族者,樂、高、陳、
鮑,與此異。下分言陳、鮑、樂、高,是作"四"者是也。
〔六〕從者諸句 吳則虞云:《左傳》作:"其徒曰:'助陳、鮑乎?'曰:'何善
焉?'"◎文斌案:"何善焉",杜注:"言無善義可助。"
〔七〕何爲二句 吳則虞云:《左傳》作:"'助樂、高乎?'曰:'庸愈乎。'"下又有
"'然則歸乎?'曰:'君伐焉歸?'"兩句。◎文斌案:"庸愈乎",杜注:"罪
惡不差於陳、鮑。"
〔八〕公召句 吳則虞云:《左傳》作"公召之而後入"。
〔九〕樂高三句 吳則虞云:《左傳》作"公卜,使王黑以靈姑鈲率,吉。請斷三
尺焉而用之。五日庚辰,戰于稷,樂、高敗。又敗諸莊。國人追之,又敗諸
鹿門。樂施、高彊來奔,陳、鮑分其室"。原委始明,晏子文約也。◎文斌
案:杜注:"'王黑',齊大夫。'靈姑鈲',公旗名。'斷三尺',不敢與君

同。'稷',祀后稷之處。'莊',六軌之道。'鹿門',齊城門。"

〔一〇〕君不句　王叔岷云：黄之寀本"飭"作"飾",古字通用。

〔一一〕子必句　吴則虞云：《左傳》作"晏子謂桓子'必致諸公'"。

〔一二〕禁者二句　孫本"禁"作"廉",《音義》云："廉",今本作"禁",非。◎吴則虞云：各本皆作"禁"。◎王叔岷云：下文"廉之謂公正"承此而言,孫本"禁"作"廉",蓋據下文改。

〔一三〕怨利生孽　孫星衍云：《左傳》"怨"作"蕴",杜預注："'蕴',畜也;'孽',妖害也。""蕴"與"怨"聲相近。然據此文"凡有血氣者皆有争心",則當竟作"怨利",直是"怨惡"之"怨"。《左氏》取此書,改其文,顯然可見。◎王念孫云：孫説非也。争利而相怨,可謂之怨人,不可謂之怨利。若以"怨"爲"怨惡",則"怨利"二字義不可通矣。《左傳》作"蕴利",本字也。此作"怨利",借字也(《大戴記·四代篇》"委利生孽","委"亦"蕴"也。"蕴""怨""委"一聲之轉)。前《諫上篇》"外無怨治,内無亂行",言君勤於政則外無蕴積之治,内無昏亂之行也。是《晏子》書固以"怨"爲"蕴"矣。《荀子·哀公篇》"富有天下而無怨財",楊倞曰："'怨',讀爲'蕴'。"言雖富有天下而無蕴畜私財也。彼言"怨財",猶此言"怨利",乃淵如皆不之省,而必以"怨"爲"怨惡"。蓋淵如之意,必欲謂《晏子春秋》在《左傳》之前,凡《左傳》之文與《晏子》不同者,皆是《左氏》誤改《晏子》,故必訓"怨"爲"怨惡",以異於《左氏》,而不知其説之不可通也。其《音義》中多有此論,皆不足深辨。◎劉師培《校補》云：《左傳》,《釋文》本作"蕴利",《説文》引同,此用叚字。◎徐仁甫云：古書用借字者在前,用本字者在後。《晏子春秋》用"怨",《左傳》用"蕴",豈非《左氏》抄《晏子》而改"怨"爲"蕴"乎？孫淵如謂"怨利"之"怨"爲"怨惡"之"怨",固非。謂《左氏》取此書改其文,則未可厚非也(《左傳》成於漢人之手,余别有説)。而以本章而論,"從者曰",《左氏》改爲"其徒曰",猶《雜上》第二章"從者曰",《左氏》改爲"其人曰",既依其本書習慣。"何善焉,其助之也",《左氏》則删"其助之也"。"庸愈於彼乎",《左氏》則删"於彼",皆删繁以就簡,豈《晏子春秋》增簡以爲繁乎？

〔一四〕維義句　王念孫云：當作"維義爲可以長存",今本"爲"字在"可以"下,則文義不順。◎吴則虞云：《指海》本從王校改。

〔一五〕劇　孫星衍云：《左傳》作"莒",與"劇"不同。《括地志》："故劇城在青州壽光縣南三十一里,故紀國。""密州莒縣,故莒子國。"◎文斌案：二注均見《括地志》卷三。

子尾疑晏子不受慶氏之邑晏子謂足欲則亡第十五^{〔一〕}

慶氏亡^{〔二〕},分其邑,與晏子邶殿^{〔三〕},其鄙六十^{〔四〕},晏子弗受^{〔五〕}。子尾曰:"富者,人之所欲也,何獨弗欲^{〔六〕}?"晏子對曰:"慶氏之邑足欲,故亡。吾邑不足欲也,益之以邶殿,迺足欲。足欲,亡無日矣^{〔七〕}。在外,不得宰吾一邑^{〔八〕}。不受邶殿,非惡富也,恐失富也。且夫富,如布帛之有幅焉,爲之制度,使無遷也^{〔九〕}。夫生厚而用利^{〔一〇〕},于是乎正德以幅之,使無黜慢^{〔一一〕},謂之幅利,利過則爲敗^{〔一二〕}。吾不敢貪多,所謂幅也^{〔一三〕}。"

〔一〕文斌案:吳懷保本標題作"疑不受邶殿",目録無"疑"字。楊本標題作"不受邶殿",凌本作"慶氏亡"。

〔二〕慶氏句 孫星衍云:《問上》第二章末云"及慶氏亡",語意未了,疑接此章,後人割裂之。◎吳則虞云:孫説是,説詳《問上》。《左傳·襄二十八年傳》:"崔氏之亂,喪群公子,故公鉏在魯,叔孫還在燕,賈在句瀆之丘。及慶氏亡,皆召之,具其器用,而反其邑焉。"◎文斌案:《左傳》"鉏"上無"公"字。

〔三〕邶殿 孫星衍云:杜預《春秋釋例》缺。◎黃以周云:元刻作"邶殿"。◎王叔岷云:黃之寀本作"邶殿",下同。◎田宗堯云:吳勉學本作"邶殿",與元本並誤。◎文斌案:黃本、孫本作"邶殿",餘均作"邶殿"。《左傳》亦作"邶殿",杜注:"'邶殿',齊別都。以邶殿邊鄙六十邑與晏嬰。"楊伯峻《春秋左傳注》:"'邶殿',今山東昌邑縣西北郊。"今改"邶"作"邶"。

〔四〕其鄙句 文斌案:元刻本、活字本、嘉靖本、吳懷保本"六十"誤并爲"卒"字。

〔五〕晏子句 田宗堯云:吳勉學本、日刊黃之寀本、《指海》本"弗"並作"勿"。下"何獨弗欲",日刊黃之寀本作"何獨不欲"。◎文斌案:孫本亦作"勿"。楊本、凌本下"何獨弗欲"句之"弗"亦作"勿"。

〔六〕與晏諸句 王念孫云:《初學記·人部中》引《晏子》本作:"慶氏亡,分其邑與晏子,晏子不受。人問曰:'富者人所欲也,何獨不受?'"今本"邶殿"云云,及"子尾"二字,皆後人以《左傳》改之。其標題内之"子尾"及"足欲則亡"四字,亦後人所改。◎文斌案:《初學記》所引乃《春秋左氏傳》,非《晏子》本章,見卷十八《富第五》。王氏失檢。

〔七〕亡無句　吳則虞云：元刻本“日矣”二字互倒。◎文斌案：活字本“日矣”二字亦互倒。

〔八〕在外二句　張純一云：言設因益邶殿足欲而亡在外，則並吾故有之一邑不得由吾作主矣。故下云“不受邶殿，非惡富也，恐失富也”。

〔九〕使無句　吳則虞云：《白帖》八引無“也”字。

〔一〇〕夫生句　孫星衍云：“夫生厚”，《左傳》作“夫民生厚”，是。◎王念孫云：今本脱“民”字。

〔一一〕黜嫚　孫星衍云：“嫚”，《左傳》作“嫚”。◎楊伯峻《春秋左傳注》：“黜”，貶也，下也，退也，此用作“不足”之義。“嫚”，借爲“漫”，水滿而氾濫爲“漫”，此用爲“過之”之義。

〔一二〕利過句　吳則虞云：《左傳》不重“利”字。◎文斌案：《左傳》重“利”字，吳氏失檢。

〔一三〕所謂句　孫星衍云：沈啓南本有注云：“或作‘晏子對曰：“先人有言曰：‘無功之賞，不義之富，禍之媒也。’夫離治求富，禍也。慶氏知而不行，是以失之。我非惡富也。諺曰：‘前車覆，後車戒。’吾恐失富，不敢受之也。”’”◎盧文弨云：此段在“何獨弗欲”下，是《晏子》本文。《文選·六代論》《五等論》兩注並引諺曰“前車覆，後車戒”也，可知唐時本如是。後人輒以《左傳》“慶氏之邑足欲”以下竄易之。元刻不知此爲本文，而但注於“所謂幅也”之下，云“或作”云云，沈啓南本亦同。然猶幸有此注，今得攷而復之，進爲大字，而以《左傳》之文作注，庶乎不失其舊。◎王念孫：盧改是也。《西征賦注》《歎逝賦注》《運命論注》《劍閣銘注》並引《晏子》“前車覆，後車戒”。合之《六代》《五等諸侯》二論注，凡六引。◎張純一云：盧、王説是也，當據以訂正。◎吳則虞云：《指海》本以正文爲注，而以注文爲正文，作：“慶氏亡，分其邑與晏子，晏子不受。人問曰：‘富者，人所欲也，何獨不受?’晏子對曰：‘先人有言曰：“無功之賞，不義之富，禍之媒也。”夫離治求富，禍也，慶氏知而不行，是以失之。我非惡富也。諺云：“前車覆，後車戒。”吾恐失富，不敢受之也。’”◎文斌案：元刻本、活字本、嘉靖本、沈本、吳懷保本、吳蕭本亦有注文，《子彙》本、吳勉學本、黃本、綿眇閣本、楊本、凌本、孫本無。爲求體例一致，今删注文。然據盧、王説，當以注文爲正文。

景公禄晏子平陰與槀邑晏子願行三言以辭第十六〔一〕

景公禄晏子以平陰與槀邑〔二〕，反市者十一社〔三〕。晏子辭曰：“吾君好治宮室,民之力弊矣[四];又好盤游翫好,以飾女子[五],民之財竭矣;又好興師,民之死近矣。弊其力,竭其財,近其死,下之疾其上甚矣!此嬰之所爲不敢受也[六]。"公曰:"是則可矣。雖然,君子獨不欲富與貴乎[七]?"晏子曰:"嬰聞:爲人臣者,先君後身[八]。安國而度家[九],宗君而處身[一〇],曷爲獨不欲富與貴也[一一]?"公曰:"然則曷以禄夫子?"晏子對曰:"君商漁鹽[一二],關市譏而不征[一三];耕者十取一焉;弛刑罰,若死者刑,若刑者罰,若罰者免[一四]。若此三言者[一五],嬰之禄,君之利也。"公曰:"此三言者,寡人無事焉[一六],請以從夫子。"公既行若三言,使人問大國,大國之君曰:"齊安矣。"使人問小國,小國之君曰[一七]:"齊不我加矣[一八]。"

〔一〕文斌案:元刻本、活字本、嘉靖本、沈本目錄"平陰"作"平因","行"作"計"。吳懷保本標題作"辭禄",楊本作"辭平陰禄",凌本作"景公禄晏子"。

〔二〕景公句 孫星衍云:"平陰",《左傳・襄十八年》:諸侯伐齊,"齊侯禦諸平陰"。杜預注:"平陰城在濟北盧縣東北。""橐邑",《地理志》有橐縣,屬山陽郡。疑"橐"當爲"橐"。《郡國志》:"高平侯國,故橐,章帝更名。"◎洪頤烜云:齊地不得至山陽郡,"橐"疑是"棠"字之譌。《左氏・襄六年傳》:"晏弱圍棠。"杜預注:"'棠',萊邑也。北海即墨縣有棠鄉。"《史記・晏嬰列傳》:"萊之夷維人也。"其地相近。

〔三〕反市句 張純一云:"反"讀爲"販"(《荀子・儒效篇》"積反貨而爲商賈"注)。《別雅》四云:"'反'通作'販'。"《正韻》"販"亦作"反"。二十五家爲一社。

〔四〕民之句 文斌案:孫本"弊"作"獘",下同。

〔五〕又好二句 孫星衍云:《説文》:"'翫',習厭也。""飾",與"飾"通。◎王叔岷云:黃之寀本"飾"正作"飾"。

〔六〕此嬰句 文斌案:楊本"所爲"作"所以"。

〔七〕君子句 張純一云:"君子"疑當作"吾子",或從下文作"夫子",然作"君子"亦通。

〔八〕先君句 劉師培《校補》云:此上疑有"先國後家"四字。◎文斌案:劉説是。下文有"安國而度家,宗君而處身"對句,且"國""家"在前,"君""身"在後,則此句上自當有"先國後家",與"先君後身"形成對文。

〔九〕安國句 孫星衍云:"度",讀如"剫"。◎王念孫云:"剫家"二字,義不可通(《説文》:"'剫',判也。"《爾雅》:"木謂之剫。"郭引《左傳》"山有木,

工則劇之”）。予謂“度”讀爲“宅”（“宅”“度”古字通，説見《問上篇》“度
其義”下）。《爾雅》：“‘宅’，居也。”《大雅・綿》，《傳》曰：“‘度’，居也。”
《文王有聲篇》“宅是鎬京”，《坊記》“宅”作“度”。“安邦而度家，宗君而
處身”，“度”亦“處”也，“處”亦“居”也。

〔一○〕宗　孫星衍云：“宗”，尊也。《左傳》“伯宗”，《史記》作“伯尊”。◎于
鬯云：“宗”，讀爲“崇”。

〔一一〕曷爲句　文斌案：元刻本“富”字處爲空格。

〔一二〕君商句　孫星衍云：“商”同“商”，《説文》：“行賈也。”◎劉師培《校補》
云：“商”當作“寬”。“商”俗作“商”，與“寬”形近。◎文斌案：元刻本、
活字本、嘉靖本、《子彙》本、吳勉學本“商”誤作“商”。

〔一三〕關市句　張純一云：“譏”，察也。察奸而已，不征税也。

〔一四〕若死三句　徐仁甫云：“若”猶“當”也。《左傳・宣公十七年》：“吾若善
逆彼以懷來者。”俞氏《群經平議》曰：“‘若’猶‘當’也。”《論衡・論死
篇》：“使死人有知，必恚人之殺己也，當能言於吏旁，告以賊主名；若能
歸語其家，告以尸之所在。”“若”與“當”爲互文，此“若”猶“當”之證。
此言當死者刑，當刑者罰，當罰者免也。

〔一五〕若此　徐仁甫云：二字義同，複語連用。下文“此三言者”，“公既行若
三言”，則“此”“若”分用，而皆承上“若此”言之。

〔一六〕寡人句　文斌案：楊本“無”誤作“有”。

〔一七〕小國句　劉師培《黃本校記》云：黃本不疊“小國”。◎文斌案：以上文
例之，此處當有“小國”二字。各本皆有，獨黃本脱之。

〔一八〕加　于鬯云：“加”當訓“陵”，《論語・公冶長篇》“我不欲人之加諸我
也”，即此“加”字。何晏《集解》引馬注云：“‘加’，陵也。”“加”之言
“駕”也，《左・昭元年傳》杜解云：“‘駕’，猶‘陵’也。”《小爾雅・廣言》
云：“‘駕’，淩也。”“淩”“陵”字通，實並“夌”之借。

梁丘據言晏子食肉不足
景公割地將封晏子辭第十七〔一〕

　　晏子相齊三年，政平民説〔二〕。梁丘據見晏子中食而肉不足〔三〕，以
告景公。旦日〔四〕，割地將封晏子〔五〕，晏子辭不受〔六〕，曰：“富而不驕
者，未嘗聞之〔七〕；貧而不恨者，嬰是也。所以貧而不恨者，以若爲師
也〔八〕。今封〔九〕，易嬰之師。師已輕，封已重矣，請辭。”

〔一〕文斌案：吳懷保本標題作“辭割地”，楊本作“貧不恨”，凌本作“晏子相齊”。

〔二〕政平句　文斌案：宋本《御覽》八百四十九“説”作“悦”。

〔三〕梁丘句　張純一云：《太平御覽》八百六十三引文同此。又，八百四十九引無“梁丘據見晏子”六字。

〔四〕以告二句　劉師培《校補》云：《書抄》一百四十五引“以告”作“還言之”。◎張純一云：“以告景公旦日”六字，《御覽》八百四十九作“景公悦”。◎文斌案：宋本《御覽》八百四十九作“景公曰”。

〔五〕割地句　王念孫云：“割地將”三字，原文所無也。其“封晏子”下有“以都昌”三字，而今本脱之。“都昌”，齊地名也（《水經·濰水注》曰：“濰水又北逕都昌縣故城東，漢高帝六年封朱軫爲侯國，北海相孔融爲黃巾賊管亥所圍於都昌也。”案：都昌故城在今萊州府昌邑縣西）。鈔本《北堂書鈔·封爵部下》出“晏子都昌辭而不受”八字，注引《晏子》云：“景公封晏子以都昌，晏子辭不受（陳禹謨依俗本《晏子》删去注文“以都昌”三字，而正文尚未改）。”《太平御覽·飲食部七》同，《太平寰宇記》曰：“都昌故城，齊頃公封逢丑父食采之邑，《晏子春秋》云：‘齊景公封晏子以都昌，辭而不受。’即此城也。”則此文原有“以都昌”三字明矣。其“割地將”三字，則後人以意加之（既言“封晏子以都昌”，則無庸更言“割地”，此是俗本既脱“以都昌”三字，後人因加“割地將”三字也。《書鈔》《御覽》《寰宇記》所引皆無此三字，而陳禹謨又依俗本加之）。◎張純一云：王説是，今據正。《寰宇記》見《濰州》。“昌邑縣”，古都昌之地，即齊七十二城之一。◎吳則虞云：宋本《御覽》八百四十九引作“景公曰‘封晏子以都’”。《指海》本據王説補“以都昌”三字。

〔六〕晏子句　吳則虞云：《太平寰宇記》引“辭”上有“而”字。◎文斌案：《寰宇記》引作“辭而不受”，“而”在“辭”下。

〔七〕未嘗句　黃以周云：元刻“之”誤“者”。◎張純一云：元刻無“者”字，並無“之”字，或黃所見本異。◎吳則虞云：張説非也。元本、活字本、嘉靖本、綿眇閣本均誤“者”字，吳勉學本作“之”。◎王叔岷云：黃之寀本、《子彙》本“者”並作“之”。黃以周云：“‘之’，元刻誤‘者’。”是也。明活字本亦誤“者”。◎文斌案：元刻本、活字本、吳䖵本作“者”，嘉靖本、吳懷保本作“也”，餘均作“之”。張氏謂元刻無“者”字，吳氏謂嘉靖本、綿眇閣本誤“者”字，均失檢。今改“者”爲“之”。

〔八〕以若句　張純一云：“若”從元刻。孫本作“善”，非。“以若爲師”，以貧爲師也。◎吳則虞云：綿眇閣本、吳勉學本俱作“善”。◎王叔岷云：“若”字，明活字本同。黃之寀本、《子彙》本並作“善”。◎文斌案：沈本、楊本、凌本亦作"善",嘉靖本、吳懷保本作"若"。

〔九〕今封句 蘇時學云:"封"上脱"以"字。◎陶鴻慶云:此當作"今以封,易嬰之師"。奪"以"字則文義不明。

景公以晏子食不足致千金而晏子固不受第十八〔一〕

晏子方食〔二〕,景公使使者至〔三〕。分食食之,使者不飽,晏子亦不飽〔四〕。使者反,言之公〔五〕。公曰:"嘻! 晏子之家,若是其貧也〔六〕! 寡人不知,是寡人之過也。"使吏致千金與市租,請以奉賓客〔七〕。晏子辭,三致之,終再拜而辭,曰〔八〕:"嬰之家不貧。以君之賜,澤覆三族〔九〕,延及交遊,以振百姓,君之賜也厚矣。嬰之家不貧也。嬰聞之:夫厚取之君,而施之民,是臣代君君民也〔一○〕,忠臣不爲也;厚取之君,而不施於民,是爲筐篋之藏也〔一一〕,仁人不爲也;進取于君,退得罪于士,身死而財遷於它人,是爲宰藏也〔一二〕,智者不爲也。夫十總之布〔一三〕,一豆之食〔一四〕,足於中,免矣〔一五〕。"景公謂晏子曰〔一六〕:"昔吾先君桓公以書社五百封管仲〔一七〕,不辭而受,子辭之何也〔一八〕?"晏子曰:"嬰聞之:聖人千慮,必有一失;愚人千慮,必有一得。意者管仲之失,而嬰之得者耶〔一九〕? 故再拜而不敢受命〔二○〕。"

〔一〕吳則虞云:綿眇閣本、吳勉學本誤連上章。◎文斌案:吳懷保本標題作"不受千金",楊本作"辭千金市租",凌本作"晏子方食"。

〔二〕晏子句 文斌案:吳勉學本"晏"誤作"景"。

〔三〕景公句 張純一云:《藝文類聚》三十五引文同,《説苑》作"君之使者至"。◎吳則虞云:《御覽》四百二十四引作"景公使至"。◎文斌案:《説苑》見《臣術篇》。

〔四〕分食三句 吳則虞云:《説苑》"分食"下有"而"字,無"使者不飽"句,下句亦無"亦"字。◎文斌案:《類聚》三十五"使"後無"者"字,宋本《御覽》四百二十四"晏子"作"嬰"。

〔五〕使者二句 文斌案:宋本《御覽》無,《類聚》作"使者反之",《説苑》"反"作"返","公"前有"景"字。

〔六〕晏子二句 孫星衍云:"若是其貧也",《藝文類聚》作"如此貧乎"。◎張純一云:"也"讀爲"邪"。◎王叔岷云:《説苑·臣術篇》"晏子"作"夫子"。後第二十六章亦云:"夫子之家如此其貧乎?"◎文斌案:《類聚》

"公曰"內容僅"晏子如此貧乎"六字。

〔七〕使吏二句　孫星衍云："致千金與市租",《説苑》作"令吏致千家之縣一於晏子"。◎吳則虞云：《御覽》四百二十四引作"公致千金,以奉賓客"。◎文斌案：《類聚》作"使致千金,以奉賓客"。

〔八〕晏子四句　吳則虞云：《説苑》作"晏子再拜而辭曰"。元本及吳懷保本"致"作"教"。綿眇閣本作"致"。◎文斌案：《御覽》作"晏子不受",無晏子辭謝語。活字本、嘉靖本"致"亦誤作"教"。

〔九〕澤覆句　張純一云："覆",猶"被"也。"三族",父族、母族、妻族。

〔一〇〕夫厚三句　蘇輿云："臣代君君民",言代君爲民之君。◎張純一云："夫"字衍,《説苑》無,當據刪。《説苑》作"厚取之君而厚施之人,代君爲君也"。

〔一一〕厚取三句　張純一云：《説苑》作"厚取之君而藏之,是筐篋存也"。

〔一二〕進取四句　蘇時學云："宰",主也。◎劉師培《黃本校記》云：黃本"它"誤"宅"。◎張純一云：《説苑》作"厚取之君而無所施之,身死而財遷"。"宰",家宰也。◎文斌案：楊本、凌本"它"作"他"。

〔一三〕夫十句　孫本"總"作"緫",《音義》云："緫"即"稯"假音字。《説文》："布之八十縷爲稯。"《玉篇》："子公切。"劉師培《校補》云：《説苑》作"八升之布",無"夫"字。上有"嬰也聞爲人臣,進不事上以爲臣,退不克下以爲廉"二十字。◎吳則虞云：元刻本"夫十"二字互倒。◎文斌案：《説苑》原作"進不事上以爲忠",劉氏失檢。活字本、嘉靖本、吳懷保本"夫十"二字亦互倒。吳懷保本、吳勉學本、黃本、楊本、凌本"緫"作"總"。

〔一四〕一豆句　蘇輿云：《左傳》四升爲豆。◎張純一云："豆",食器。

〔一五〕足於二句　于鬯云："中免"無義。"免"蓋讀爲"晚",謂足於中年晚年耳。◎張純一云：言免於凍餒,此心足矣。◎吳則虞云：《説苑》作"足矣"。◎徐仁甫云："中"猶"身"也。《禮記·檀弓下》："文子其中退然如不勝衣。"注："'中',身也。"《國語·楚語》："余左執鬼中。"注："'中',身也。"此"足於中"謂足於身也。下第二十五章曰："臣得煖衣飽食、弊車駑馬以奉其身,於臣足矣。"與此義同。"免矣"承上謂免於不忠、不仁、不智也。古用"免"多省下文,《論語》"罔之生也幸而免""吾知免夫","免"下無文,此其比也。于、張說非。《新序·雜事三》第七章"夫以孔墨之辯而不能自免",諸書"免"下有"於諂諛而二國以危"八字,非也。

〔一六〕景公句　劉師培《黃本校記》云：黃本此下別爲章。◎文斌案：黃本誤。《御覽》作"公曰"。

〔一七〕昔吾句　孫星衍云：“五百”，《太平御覽》作“三百”。◎吳則虞云：《御覽》無“昔吾”二字。◎文斌案：二十五家爲一社，書寫社人姓名於册籍稱爲“書社”。借指一定數量的土地和附著於土地的人口。《左傳·哀公十五年》：“因與衛地……書社五百。”杜注：“二十五家爲一社，籍書而致之。”宋本《御覽》作“先君桓公以書社百封管仲”，“百”前無數字。黄本無“昔”字。

〔一八〕不辭二句　張純一云：《御覽》四百二十四引作“管仲不辭，獨辭何也”。

〔一九〕意者二句　張純一云：《御覽》作“意以管仲失之，嬰得之”。◎文斌案：孫本“耶”作“邪”。

〔二〇〕故再句　吳則虞云：《説苑》作“使者三返，遂辭不受也”。◎孫星衍云：《説苑·臣道篇》用此文。◎文斌案：《説苑》用此文者，《臣術篇》也，孫氏失檢。

景公以晏子衣食弊薄使田無宇
致封邑晏子辭第十九〔一〕

晏子相齊，衣十升之布〔二〕，食脱粟之食〔三〕，五卵、苔菜而已〔四〕。左右以告公，公爲之封邑，使田無宇致臺與無鹽〔五〕。晏子對曰：“昔吾先君太公受之營丘〔六〕，爲地五百里，爲世國長〔七〕。自太公至於公之身，有數十公矣〔八〕。苟能説其君以取邑，不至公之身，趣齊搏以求升土〔九〕，不得容足而寓焉。嬰聞之：臣有德，益禄；無德，退禄。惡有不肖父爲不肖子爲封邑以敗其君之政者乎〔一〇〕？”遂不受。

〔一〕文斌案：元刻本、活字本、嘉靖本、沈本、吳勉本目録脱“封邑”後“晏子”二字。吳懷保本、楊本標題均作“辭田無宇致封邑”，凌本作“晏子相齊”。《子彙》本、凌本、楊本章後附《外篇第七》第二十四章文。

〔二〕衣十句　張純一云：八十縷爲升（《魯語》“妾衣不過七升之布”注）。

〔三〕食脱句　各本均無“脱粟”前“食”字。王念孫云：“脱粟”上當有“食”字。後第二十六云“食脱粟之食”即其證。今本脱“食”字，則文義不明，且與上句不對。《後漢書·章帝紀》注、《北堂書鈔·酒食部三》、《初學記·器物部》、《太平御覽·飲食部八》引此並云“晏子相齊，食脱粟之飯”。◎張純一云：王説是。《御覽》八百四十九、又八百六十七引此“脱粟”上並有“食”字。◎王叔岷云：王説是也。《白帖》十六引此作“食免粟飯”，二八引作“食脱粟飯”,亦並其證。《御覽》八四九、八六七所引乃後第二十六章之文,張氏失檢。◎吳則虞云:王説是也。《蒙求》上引作“常食脱粟米”,《事文類聚續集》十六、《合璧事類外集》四十五引作“食脱粟飯”。《指海》本據補“食”字。◎文斌案:王氏所謂《北堂書鈔•酒食部三》,見卷一百四十四;《初學記》引見卷二十六《器物部•飯》,無“之”字。今據王念孫説補“食”字。

〔四〕五卵二句　孫本“卵”作“卯”,《音義》云:《周禮•醢人》“茆菹”,鄭氏注:“‘卯’,水草。杜子春讀‘茆’爲‘卯’。玄謂:‘“茆”,鳬葵也。’”“苔”,即“箈”省字。《周禮》“箈菹”鄭衆注:“‘箈’,水中魚衣。”鄭氏注:“‘箈’,箭萌。”《説文》:“‘箈’,水衣。”“‘箈’,竹萌也。”◎洪頤烜云:“五卵”,謂鹽也。《禮記•內則》“桃諸、梅諸、卵鹽”,鄭注:“‘卵鹽’,大鹽也。”《正義》以其鹽形似鳥卵,故云大鹽。“卵鹽”對“散鹽”言之,如今所謂“顆鹽”矣。俗本改作“五卯”,非是。◎蘇時學云:“卵”字是也。孫本誤作“卯”,以“茆菹”爲釋,殊牽强。◎黄以周云:元刻作“五卵”,凌本同。◎蘇輿云:“卯”,疑當從元刻作“卵”。水草無數可紀,似不得云“五”。◎張純一云:孫本“卵”譌“卯”。“卵”,雞卵。後二十六章亦作“五卵、苔菜耳矣”,可證。《御覽》八百四十九引作“菜、五卵耳”,“菜”上脱“苔”字。又八百六十七引作“五卵、茗菜而已”,“苔”譌“茗”,而並作“五卵”,足證“卯”字之誤。◎王叔岷云:黄之寀本、明活字本、《子彙》本皆作“卵”,後第二十六章同,與元本合。◎文斌案:《周禮•醢人》“茆菹”鄭玄原注,孫氏誤第一字爲“卯”,當爲“茆”。沈本、吳懷保本、綿眇閣本、楊本、凌本亦作“卵”。嘉靖本、吳勉學本作“卯”。

〔五〕使田句　孫星衍云:“臺”,《齊語》:“以衛爲主,反其侵地臺、原姑與漆里。”韋昭注:“衛之四邑。”“臺”或即“駘”,《哀六年》:公子陽生入齊,使胡姬以安孺子居賴,又遷之于駘。杜預注:“齊邑。”按在今青州臨朐縣界。“無鹽”,《郡國志》:“無鹽屬東平國,本宿國,任姓。”

〔六〕昔吾句　孫星衍云:“營丘”,今青州臨淄是也。◎劉師培《校補》云:“受之”當作“之受”。◎文斌案:沈本“營”誤作“管”。

〔七〕爲世句　蘇時學云:“世國”言世有國土,與世家義同。長,久也。◎于鬯云:“世國”二字蓋倒。◎陶鴻慶云:“世”與“大”通用,言爲大國長也。◎張純一云:《史記•齊太公世家》曰:“五侯九伯實得征之。”故云“爲世國長”。

〔八〕有數句　吳則虞云:“數十”二字互倒。武公壽爲太公五世孫,歷厲公、文公、成公、莊公、釐公、襄公、桓公、孝公、昭公、懿公、惠公、頃公、靈公、莊公,凡十九主。◎文斌案:據《史記•齊太公世家》,齊自太公至於景公,共歷丁公、乙公、癸公、哀公、胡公、獻公、武公、厲公、文公、成公、莊公、釐公、襄公、桓公、孝公、昭公、懿公、惠公、頃公、靈公、莊公二十三君，“數十”二字不誤。綿眇閣本“太”作“大”。

〔九〕趣齊句　孫星衍云：“趣”當爲“趨”，言皆至齊争地也。◎黃以周云：“摶”，元刻作“搏”。◎吳則虞云：綿眇閣本作“搏”。◎文斌案：元刻本、活字本、嘉靖本、吳懷保本作“摶”，《子彙》本、楊本、凌本、吳鼐本作“搏”，沈本、吳勉學本、黃本、綿眇閣本、孫本作“搏”。當作“搏”。

〔一〇〕惡有句　孫星衍云：言恐子不肖，仍致削禄。

田桓子疑晏子何以辭邑晏子
荅以君子之事也第二十〔一〕

景公賜晏子邑，晏子辭。田桓子謂晏子曰：“君歡然與子邑〔二〕，必不受以恨君〔三〕，何也？”晏子對曰：“嬰聞之：節受于上者，寵長于君〔四〕；儉居處者〔五〕，名廣於外。夫長寵廣名，君子之事也。嬰獨庸能已乎？”

〔一〕文斌案：元刻本、活字本、吳鼐本目録前“晏子”誤爲“景子”。吳懷保本標題作“辭邑”，楊本作“長寵廣名”，凌本作“景公賜晏子”。

〔二〕君歡句　劉師培《黃本校記》云：黃本“子”下有“之”字。◎王叔岷云：黃之寀本“子”作“之”，非“子”下有“之”字也。劉氏失檢。◎文斌案：王校是。

〔三〕必不句　王念孫云：“恨”非“怨恨”之“恨”，乃“很”之借字也。“很”者，違也，君與之邑而必不受，是違君也。故曰“必不受以很君”。《説文》：“‘很’，不聽從也。”《吳語》“今王將很天而伐齊”，韋注曰：“‘很’，違也。”古多通用“恨”字。《齊策》：“秦使魏冉致帝於齊，蘇代謂齊王曰：‘今不聽，是恨秦也。’”“恨秦”，違秦也。《新序·雜事篇》“嚴恭承命，不以身恨君”，亦謂違君也。《漢書·外戚傳》：“李夫人病篤，上自臨候之，夫人蒙被謝曰：‘妾久寢病，形貌毀壞，不可以見帝。’上欲見之，夫人遂轉鄉歔欷，而不復言。於是上不説而起。夫人姊妹讓之曰：‘貴人獨不可一見上，屬托兄弟耶？何爲恨上如此？’”亦謂違上也。此皆古人借“恨”爲“很”之證。◎吳則虞云：元刻本、活字本“以恨”二字互倒。◎文斌案：嘉靖本、吳懷保本“以恨”亦互倒。

〔四〕寵長句　張純一云："長",進益也(《漢書·嚴安傳》"壞長地進"注引張晏)。

〔五〕儉居句　張純一《校注》於"處"前增"于"字,注云:舊脱"于"字,據上文增,文同一例。"處",常也(《呂覽·誣徒篇》"喜怒無處"注)。

景公欲更晏子宅晏子辭以近市
得求諷公省刑第二十一〔一〕

　　景公欲更晏子之宅〔二〕,曰:"子之宅近市,湫隘囂塵〔三〕,不可以居〔四〕。請更諸爽塏者〔五〕。"晏子辭曰:"君之先臣容焉〔六〕,臣不足以嗣之〔七〕,於臣侈矣。且小人近市,朝夕得所求,小人之利也。敢煩里旅〔八〕?"公笑曰:"子近市,識貴賤乎〔九〕?"對曰:"既竊利之〔一〇〕,敢不識乎?"公曰:"何貴何賤?"是時也,公繁于刑〔一一〕,有鬻踊者,故對曰〔一二〕:"踊貴而屨賤〔一三〕。"公愀然改容〔一四〕,公爲是省于刑〔一五〕。君子曰:"仁人之言,其利博哉〔一六〕!晏子一言,而齊侯省刑。《詩》曰:'君子如祉,亂庶遄已〔一七〕。'其是之謂乎!"〔一八〕

〔一〕文斌案:元刻本、活字本、嘉靖本、沈本目錄"得"後有"所"字,"省"誤作"自"。吳勉本目錄"得"後亦有"所"字,"省"字不誤。吳懷保本標題作"辭更宅",楊本作"踊貴",凌本作"景公欲更晏子之宅"。

〔二〕景公句　孫星衍云:"欲更",《藝文類聚》作"欲使更","晏子之宅",《韓非》作"請徙子宅豫章之圃"。◎劉師培《校補》云:《玉海》百七十五引"欲"作"使"。◎王叔岷云:《藝文類聚》引"欲"作"使",與《玉海》引同,非引"欲"下有"使"字也,孫氏失檢。◎文斌案:王校是。《類聚》見卷六十四,《韓非子》見《難二》。《韓非子》作"請徙子家豫章之圃"。

〔三〕子之二句　張純一云:《文選·(謝玄暉)之宣城出新林浦向板橋詩》注引《左傳》無"近市"二字。◎文斌案:《韓非子》作"子宮小,近市"。

〔四〕不可句　張純一云:《文選·(應休璉)與從弟君苗君胄書》注引本書作"不可居",《藝文類聚》六十四引同。

〔五〕請更句　黃以周云:《左傳·昭三年》,《正義》引《晏子春秋》云:"將更於豫章之圃。"今無此文,蓋後人據《左傳》竄改《晏子》原文故也。◎張純一云:昭三年《左傳》杜注:"'湫',下。'隘',小。'囂',聲。'塵',土。

‘爽’，明。‘塏’，燥。”《正義》曰：“‘塏’，高地，故爲燥也。以所居下濕塵埃，故欲更於明燥之處。《晏子春秋》云：‘將更於豫章之圃。’‘豫章之圃’，高燥之地也。”◎吳則虞云：《類聚》作“請更之宅”，《白帖》十作“請更諸爽塏”。《左》疏引“豫章之圃”下，又有“高燥之地也”五字。《韓非子·難二》亦作“請徙子家豫章之間”。今作“請更”云者，蓋沿《左·昭三年傳》而改。◎文斌案：《類聚》作“請更子宅”，《韓非子》作“請徙子家豫章之圃”，吳氏失檢。

〔六〕君之句　孫星衍云：“容焉”，《藝文類聚》作“居此宅焉”，疑後人依《左傳》改亂之。◎張純一云：杜注：“‘先臣’，晏子之先人。”◎吳則虞云：《白帖》引與今本《晏子》同，《玉海》引與《類聚》同。《指海》本從《類聚》改。◎文斌案：《類聚》誤“君”爲“臣”。

〔七〕臣不句　孫星衍云：“嗣”，《藝文類聚》作“代”。◎吳則虞云：《玉海》引作“代”，《白帖》引作“嗣”，無“以”字。

〔八〕敢煩句　張純一云：杜注：“‘旅’，衆也。不敢勞衆爲己宅。”◎吳則虞引竹添光鴻《箋》云：《國語》“先臣惠伯以命於司里”，韋注：“受命於司里，居此宅也。”又曰“唯里人之所命次”，韋注：“‘里人’，里宰也，有罪去位，則當受命於里宰。”然則更宅，是司里之所掌也。《周禮·序官》“旅下士”注：“‘旅’，衆也。下士治衆事者。”“里旅”，即里有司也。◎文斌案：《韓非子》作：“晏子再拜而辭曰：‘且嬰家貧，待市食而朝暮趨之，不可以遠。’”與今本《晏子》差異較大。

〔九〕子近二句　劉師培《校補》云：《文選·景福殿賦》注引作“子之宅近市，則識貴賤乎”，當據訂。此亦後人依《左傳》改。◎吳則虞云：“子”下脫“家”字，《韓非子·難二》有，非奪“之宅”二字也。◎文斌案：《韓非子》“近”作“習”。

〔一〇〕既竊句　張純一云：《左傳》無“竊”字。

〔一一〕公繁句　王叔岷云：《文選·（何平叔）景福殿賦》注引“公”上有“景”字，《左·昭三年傳》《韓非子·難二篇》並同。

〔一二〕故對句　王叔岷云：《文選注》引“故對曰”作“晏子對曰”，《韓非子》同。

〔一三〕踊貴句　張純一云：《左傳》無“而”字。“踊”，刖足者之屨。刖足者多，故踊貴。《韓非》有“景公曰：‘何故？’對曰‘刑多也’”。◎吳則虞云：刖足者，一足躍而前，故曰踊。《韓非子》作“踴”。《左·昭三年傳》對叔向亦云“國之諸市，屨賤踊貴”。蓋有其情，非詭諫也。◎王叔岷云：《續一切經音義》十引“屨”作“履”。

〔一四〕公愀句　孫星衍云：《韓非》作“造然變色”。“愀”“造”聲相近。

〔一五〕公爲句　張純一云:"公"字疑衍。《御覽》六百九十七引作"公愀然,遂緩刑"。《韓非》作"'寡人其暴乎!'於是損刑五"。◎吳則虞云:《左傳》作"既以告於君,故與叔向語而稱之,景公爲是省於刑"。◎文斌案:"公"字與上句複,張説是。《文選·景福殿賦》注引作"公是以省刑"。

〔一六〕其利句　蘇輿云:《左傳》"博"作"溥"。◎文斌案:《左傳》亦作"博"。元刻本、活字本、嘉靖本、《子彙》本、吳懷保本、綿眇閣本"博"作"愽"。

〔一七〕君子二句　孫星衍云:《小雅·巧言》之詩。◎張純一云:杜注:"'如',行也。'祉',福也。'遄',疾也。言君子行福,則庶幾亂疾止也。"◎文斌案:"庶",嘉靖本、吳懷保本、吳勉學本、黃本、孫本同,元刻本、活字本、《子彙》本、沈本、綿眇閣本、楊本、凌本誤作"無"。

〔一八〕孫星衍云:《韓非·外難篇》用此文。◎文斌案:應爲《難二篇》。

景公毀晏子鄰以益其宅
晏子因陳桓子以辭第二十二〔一〕

晏子使晉〔二〕,景公更其宅,反則成矣。既拜〔三〕,迺毀之,而爲里室皆如其舊〔四〕,則使宅人反之。且:"諺曰〔五〕:'非宅是卜,維鄰是卜〔六〕。'二三子先卜鄰矣〔七〕,違卜不祥。君子不犯非禮〔八〕,小人不犯不祥,古之制也。吾敢違諸乎?"卒復其舊宅。公弗許,因陳桓子以請,迺許之〔九〕。

〔一〕文斌案:元刻本、活字本標題脱"辭"字,吳鼐本"景公"誤作"晏公",目録不誤。吳懷保本標題作"辭毀鄰宅",楊本作"卜鄰",凌本作"景公更晏子宅"。

〔二〕晏子句　蘇輿云:沈啓南本作"使魯",與《左傳》不合。◎吳則虞云:《左傳》作"及晏子如晉",《白帖》十引亦作"及晏子如晉"。此與前本一章,後人妄分爲二。◎文斌案:沈本亦作"使晉",蘇氏失檢。

〔三〕既拜　文斌案:《左傳·昭公三年》杜注:"拜謝新宅。"

〔四〕而爲句　文斌案:杜注:"本壞里室以大晏子之宅,故復之。"

〔五〕且諺句　吳則虞云:"且"爲"曰"字之訛,"曰"者,晏子之言也。《左傳》作"且諺曰"。《初學記·居處部》《御覽·州郡部三》引《左傳》"且"作"曰",《白帖》引《晏子》亦只一"曰"字。上"曰"字晏子之言,下"曰"字引古諺之言,自極分明。此處無進一步推論之意,故不必用"且"字。◎文斌案:吳氏所言《初學記·居處部》見卷二十四,《御覽·州郡部三》見卷一百五十七。

〔六〕維鄰句　文斌案:杜注:"卜良鄰。"

〔七〕二三句　文斌案:杜注:"'二三子',謂鄰人。"

〔八〕君子句　文斌案:杜注:"去儉即奢爲'非禮'。"

〔九〕迺許句　孫星衍云:沈啓南本下有注云:"或作:'晏子使魯,比其反,景公爲毀其鄰以益其宅。晏子反,聞之,待於郊,使人復於公曰:"臣之貧頑而好大室也,乃通於君,故君大其居,臣之罪大矣。"公曰:"夫子之鄉惡而居小,故爲夫子爲之,欲夫子居之,以慊寡人也。"晏子對曰:"先人有言曰:'毋卜其居,而卜其鄰舍。'今得意於君者,慊其居則毋卜。已没氏之先人卜與臣鄰,吉。臣可以廢没氏之卜乎?夫大居而逆鄰歸之心,臣不願也。請辭。"'"案今本皆與《左傳》文同。刪去此文,疑後人妄以《左傳》改此書也。"毋卜其居,而卜其鄰舍","居"與"舍"爲韻,"舍"從"余"得聲,猶是三代之文,勝於《左氏》,疑《左氏》取此鍛鍊之。◎盧文弨云:今本"晏子使晉"至"迺許之"皆《左傳》之文,亦非元本。今依元刻及沈啓南本所注進爲大字,以復其舊。唯此下衍"比其反"三字,刪。"貪頑"譌"貧頑"。◎黃以周云:標題云"景公毀晏子鄰以益其宅,晏子因陳桓子以辭",據此,則前文以或本爲正,末數語仍當以今本補之,乃與標題語合。◎張純一《校注》採盧説,以注文替換正文,刪"比其反"三字;結尾採黃説,補以正文尾辭"卒復其舊宅。公弗許,因陳桓子以請,迺許之"。注云:黃説是,今從之。案《水經·淄水注》:齊"北門外東北二百步,有齊相晏嬰冢宅。《左傳》:'晏子之宅近市,景公欲易之,而嬰弗更。爲誠曰:"吾生則近市,死豈易志。"乃葬故宅,後人名之曰"清節里"'"。◎吳則虞云:《指海》本以原正文與元本注文互易。◎王叔岷云:"或作"云云,明活字本同。◎文斌案:盧説是。元刻本、活字本、嘉靖本、沈本、吳懷保本、吳鼐本有注文,其餘各本無。今亦刪注文。

景公欲爲晏子築室於宮内
晏子稱是以遠之而辭第二十三〔一〕

景公謂晏子曰:"寡人欲朝昔見〔二〕,爲夫子築室於閨内〔三〕,可乎?"晏子對曰:"臣聞之:隱而顯,近而結〔四〕,維至賢耳〔五〕。如臣者,飾其容止,以待承令〔六〕,猶恐罪戾也。今君近之,是遠之也,請辭〔七〕。"

〔一〕文斌案:吳懷保本標題作"辭築室於宮內",楊本作"築室閨內",凌本作"寡人欲朝夕見"。

〔二〕寡人句　孫本"昔"作"夕",《音義》云:《藝文類聚》"見"作"相見"。◎黃以周云:元刻作"朝昔","昔""夕"聲義俱近。◎張純一云:"昔"從元刻,猶存古義。孫本作"夕",《太平御覽》《藝文類聚》並同,蓋後人改。《別雅》五云:"《左傳·哀四年》:'楚爲一昔之期襲梁及霍。''昔'與'夕'同。《穀梁傳》:'日入至於星出謂之"昔"。'《莊子·天運篇》:'蚊蝱噆膚,則通昔不寐矣。'《注》:'通宵也。'《列子·周穆王》:'昔昔夢爲國君。'《注》:'猶"夜夜"也。'《史記·龜策傳》'衛平對宋元王曰:今昔壬子宿在牽牛'、晉張華詩'伏枕終遥昔'、《唐書·宗室傳》'帝憂之一昔',皆以'昔'爲'夕'。"◎王叔岷云:"昔"字,明活字本同。黃之寀本、《子彙》本並作"夕"。◎文斌案:《類聚》見卷六十四,《御覽》一百七十四亦作"朝夕相見"。嘉靖本、吳懷保本作"昔",沈本、吳勉學本、綿眇閣本、楊本、凌本作"夕"。

〔三〕爲夫句　黃以周云:標題作"宮內",是。◎張純一云:《類聚》《御覽》引並作"閨內"。◎田宗堯云:"閨內"謂後宮也。作"閨內"義自可通,不必强依標題作"宮內"。《晏子》一書,標題不必皆與正文辭合。《諫上》第一標題作"莊公矜勇力",文作"莊公奮乎勇力","矜""奮"字亦異,例與此同。

〔四〕隱而二句　孫星衍云:隱居而顯其名,親近而結于君。◎文廷式云:"結"當爲"遠"字之誤也。"顯""遠"爲韻。"近而遠",言雖近而不暱。孫淵如云"親近而結於君",失之。◎劉師培《校補》云:"隱""近"對文,猶之"進""退"也。"顯""結"亦對文,《廣雅·釋詁一》云:"'結',詘也。"《禮記·曲禮上》"德車結旌",鄭注云:"收斂之也。"是"結"有"斂"義。此語之旨,謂退能不失其顯名,進能自處於斂抑。《音義》以"結"爲結君,誤甚。

〔五〕維至句　王叔岷云:《藝文類聚》六四、《御覽》一七四引"維"並作"唯"。

〔六〕以待句　孫星衍云:"待承令",《藝文類聚》作"待命"。◎盧文弨云:《御覽》無"以"字"承"字。

〔七〕請辭句　吳則虞云:《類聚》六十四、《御覽》一百七十四引皆無"請辭"二字。

景公以晏子妻老且惡欲内愛女
晏子再拜以辭第二十四[一]

　　景公有愛女,請嫁于晏子,公迺往燕晏子之家。飲酒酣,公見其妻曰:"此子之内子耶[二]?"晏子對曰:"然,是也[三]。"公曰:"嘻! 亦老且惡矣。寡人有女,少且姣,請以滿夫子之宮。"晏子違席而對,曰:"乃此則老且惡[四],嬰與之居故矣[五],故及其少而姣也[六]。且人固以壯托乎老、姣托乎惡,彼嘗托而嬰受之矣。君雖有賜,可以使嬰倍其托乎[七]?"再拜而辭。

〔一〕文斌案:元刻本、活字本、嘉靖本、沈本、吳勉本目録"内"標題作"納",今統一作"内"。楊本無此章。吳懷保本標題作"辭愛女",凌本作"請嫁"。
〔二〕此子句　文斌案:孫本"耶"作"邪"。
〔三〕然是句　張純一云:"是也"與"然"義複,衍,當删。
〔四〕乃此句　于鬯云:"乃此"猶"乃今"也,若云"乃今則老且惡耳,故時則見及其少且姣也"。"今"與下文"故"相對。◎張純一云:疑當作"乃此老且惡者"。◎徐仁甫云:"則"猶"誠"也(詳余《廣釋詞》)。謂乃此誠老且惡也。張改"則"爲"者",又倒在下,非。
〔五〕嬰與句　蘇時學云:"故",舊也。◎蘇輿云:"故",猶"素"也,言素與之居也。《列子·黃帝篇》"而安于於陵故也",張注訓"故"爲"素",是其證矣。◎文斌案:《列子·黃帝篇》作"吾生於陵安於陵故也",蘇氏衍"而"字"于"字。
〔六〕故及句　張純一云:"故"與"固"同。
〔七〕可以句　孫星衍云:"倍"與"負"聲相近,或與"背"通。◎劉師培《黃本校記》云:黃本"托"作"老"。

景公以晏子乘弊車駕馬使梁丘據遺之
三返不受第二十五[一]

　　晏子朝,乘弊車[二],駕駑馬[三]。景公見之,曰:"嘻[四]! 夫子之禄寡耶[五]? 何乘不任之甚也[六]?"晏子對曰:"賴君之賜,得以壽三族[七]，及國遊士[八]，皆得生焉。臣得暖衣飽食[九]、弊車駑馬以奉其身，於臣足矣。"晏子出，公使梁丘據遺之輅車乘馬[一〇]，三返不受。公不悅，趣召晏子[一一]。晏子至，公曰："夫子不受，寡人亦不乘。"晏子對曰："君使臣臨百官之吏[一二]，臣節其衣服飲食之養以先國之民[一三]，然猶恐其侈靡而不顧其行也[一四]。今輅車乘馬，君乘之上，而臣亦乘之下，民之無義[一五]、侈其衣服飲食而不顧其行者[一六]，臣無以禁之。"遂讓不受[一七]。

〔一〕文斌案：吳懷保本標題作"弊車駑馬以朝"，楊本作"三返路車乘馬"，凌本作"晏子朝"。《子彙》本、凌本章後附《外篇第七》第二十五章文。

〔二〕乘弊句　文斌案："弊"，孫本作"獘"，《說苑·臣術篇》作"敝"。

〔三〕駕駑句　蘇輿云：《治要》無"駕"字。◎吳則虞云：《指海》本刪"駕"字。

〔四〕嘻　文斌案：吳懷保本作"噫"。

〔五〕夫子句　文斌案：孫本"耶"作"邪"。

〔六〕何乘句　王念孫云："不任"本作"不佼"，"佼"與"姣"同，好也。晏子乘敝車，駕駑馬，故景公曰："何乘不佼之甚也。"《陳風·月出篇》："佼人僚兮。"《毛傳》曰："'僚'，好貌。"《釋文》："'佼'，字又作'姣'。"引《方言》云："自關而東，河、濟之間，凡'好'謂之'姣'。"《荀子·成相篇》曰："君子由之佼以好。"是"姣""佼"古字通。後人不知"佼"字之義，而改"不佼"爲"不任"，謬矣。《群書治要》正作"不佼"。《說苑·臣道篇》作"不任"，亦後人依俗本《晏子》改之。《太平御覽·車部三》引《說苑》正作"不佼"，下有注云："'佼'，古巧反。"◎吳則虞云：《指海》本改作"佼"。◎文斌案：王引《方言》見卷一，所謂《車部三》見《太平御覽》卷七百七十四，《說苑·臣道篇》當爲《臣術篇》。

〔七〕得以句　蘇時學云：古者以金遺人謂之"壽"。◎俞樾云：《國語·楚語》："臣能自壽也。"韋注曰："'壽'，保也。"然則"以壽三族"者，"以保三族"也。《管子·霸言篇》："國在危亡而能壽者，明聖也。""能壽"亦即"能保"也。《說文·土部》："'壔'，保也。""壽"字古作"𠧢"，與"壔"並從"𠧢"聲，故義亦得通矣。◎于省吾云："壽"讀"燾"，訓"覆"，於義亦通。《周書·作雒解》"燾以黃土"注："'燾'，覆。"本篇第十八："以君之賜，澤覆三族。"此云"賴君之賜，得以燾三族"，是"燾"即"覆"也。◎吳則虞云："壽"即"幬"也。◎文斌案：于引《周書》，當作《逸周書》。

〔八〕及國句　吳則虞云：《說苑·臣術》作"及國交遊"。

〔九〕臣得句　文斌案："暖"，吳勉學本、黃本、孫本及《說苑》均作"煖"。

〔一〇〕公使句　孫星衍云：《説文》："'輅',車軶前横木也。"此當爲"路車",借字,言大車。◎蘇輿云："輅車乘馬",《治要》作"路輿乘馬",下同。◎吳則虞云：《指海》本改作"路車"。

〔一一〕公不二句　王叔岷云：《治要》引"趣"作"趍","趍"乃俗"趨"字。"趣""趨"古通,《説文》："'趣',疾也。"《廣雅·釋詁》："'趨',疾也。"◎文斌案：孫本"悦"作"説"。

〔一二〕君使句　蘇輿云：《治要》"臨"作"監"。

〔一三〕臣節句　蘇輿云：《治要》"飲食"作"食飲","國"上有"齊"字。◎吳則虞云：《説苑》"節"上無"臣"字,亦有"齊"字。《指海》本補"齊"字。◎文斌案：《説苑》"民"作"人"。

〔一四〕然猶句　蘇輿云：《治要》無二"其"字。

〔一五〕民之句　張純一云："義"即"禮儀"本字。◎吳則虞云：綿眇閣本"民"誤"即"。

〔一六〕侈其句　蘇輿云：《治要》"衣服飲食"作"衣食","不"上有"多"字。◎張純一云：《説苑》亦無"服飲"二字。

〔一七〕遂讓句　張純一云：《治要》無"讓"字。◎吳則虞云：《説苑》"受"下有"也"字。◎孫星衍云：《説苑·臣道篇》用此文。◎文斌案：《説苑》用此文者乃《臣術篇》。

景公睹晏子之食菲薄而嗟其貧
晏子稱有參士之食第二十六[一]

晏子相景公,食脱粟之食[二],炙三弋、五卵、苔菜耳矣[三]。公聞之,往燕焉[四],睹晏子之食也,公曰："嘻! 夫子之家如此其貧乎[五]? 而寡人不知,寡人之罪也[六]。"晏子對曰："以世之不足也[七],免粟之食飽[八],士之一乞也[九];炙三弋,士之二乞也;五卵[一〇],士之三乞也。嬰無倍人之行,而有參士之食[一一],君之賜厚矣! 嬰之家不貧。"再拜而謝[一二]。

〔一〕文斌案：元刻本、活字本、嘉靖本、沈本標題"有"目録作"其"。吳懷保本標題作"稱其參士之食",楊本作"參上之食"（"上"當爲"士"之誤）,凌本作"晏子食脱粟之食"。

〔二〕食脱句　孫星衍云：《初學記》"食"作"飯",《説文》："'粟',嘉穀實也。"

蓋米之有稃者爲粟,脱粟、免粟,言出于稃而未舂也。◎劉師培《校補》云:
"食",當作"飯",《書抄》一百四十三、一百四十四並引作"飯"。《御覽》
八百四十九、八百六十七兩引作"飲","飲"即"飯"訛。《史記·平津侯
傳》云:"食一肉脱粟之飯。"是其證。◎吳則虞云:劉説是也。《白帖》二
十八、《御覽》八百五十皆作"飯"。◎文斌案:《書鈔》一百四十三兩引,
一作"飯",一作"食";一百四十四引作"飯",劉校未確。《初學記》二十六
引作"晏子相齊,食脱粟飯",宋本《御覽》八百四十九、八百六十七兩引均
作"飯"。

〔三〕炙三句　孫本"卵"作"卯",《音義》云:"炙三弋",《詩傳》:"'弋',射。"
《説文》作"雉","繳射飛鳥也"。言炙食三禽。"耳矣",前文作"而已",
與此音相近。◎盧文弨云:"弋",見《夏小正》,《傳》:"'弋'也者,禽也。"
"卵",前作"卯",疑"卵"是,即雞子也。◎洪頤煊云:"五卵",謂鹽也。
《禮記·内則》"桃諸、梅諸、卵鹽",鄭注:"'卵鹽',大鹽也。"《正義》以其
鹽形似鳥卵,故云大鹽。"卵鹽"對"散鹽"言之,如今所謂"顆鹽"矣。俗
本改作"五卵",非是。◎王念孫云:"耳矣"者,"而已矣"也,疾言之則曰
"耳矣",徐言之則曰"而已矣"。凡經傳中語助用"耳"字者,皆"而已"之
合聲也,説見《釋詞》。◎黄以周云:"苔",一作"茗"。孫頤谷云:"張淏
《雲谷雜記》引此作'食脱粟之飯,炙三弋,五卵、茗菜而已',以爲飲茶之
始。《太平御覽·茗事》中亦載此文,則知'苔'字誤。"◎孫詒讓云:《夏
小正》云:"十二月鳴弋。"金履祥(《通鑑前編》)、孔廣森(《大戴禮補注》)
並謂即"鳶"之壞字,則固不中膳羞。《禮經》説庶羞,亦未聞有"炙弋"。
且炙弋必以三爲數,又何義乎?盧説殆不可通。竊疑此"弋"當爲"檥",
《儀禮·鄉射禮記》《聘禮記》説脯,並云"五臘"。《鄉射》鄭注云:"'臘',
猶'脡'也。"《聘禮》注云:"'臘',脯如版然者,或謂之'挺',皆取直貌
焉。"《鄉飲酒禮》"脡"作"挺",注云:"'挺',猶'臘'也。"《釋文》云:
"'臘',本又作'檥'。"蓋"臘""檥"與"杙""弋"形聲義並近(《説文·木
部》云:"'檥',弋也。"《爾雅·釋宫》云:"'檥'謂之'杙'"),故互通。
"炙""脯"同爲肉物,亦得以"檥"計數,固其宜矣。"苔菜",陸羽《茶經》
引亦作"茗菜",此唐本已作"茗"之塙證。然周時必無茗飲,竊意"苔"字
未必誤也。◎張純一云:"卵"從元刻,凌本及《書鈔》百四十三兩引並同。
◎文斌案:宋本《御覽》八百四十九引作"菜耳",八百六十七引作"茗菜而
已"。吳懷保本"卵"作"卯"。

〔四〕往燕句　張純一云:《書鈔》百四十三兩引"燕"並作"讌"。孔廣陶云:
"吳山尊仿宋本《晏子》及陳本、俞本《書鈔》'讌'作'燕'。"案:"燕"與
"讌""宴"並通。

〔五〕嘻夫二句　吳則虞云：《御覽》八百四十九引“嘻”作“噫”，“其”作“甚”。
◎文斌案：宋本《御覽》八百四十九引“家”上無“之”字。

〔六〕而寡二句　文斌案：《御覽》八百四十九引作“而寡人之罪”。楊本“罪”作“辠”。

〔七〕以世句　徐仁甫云：“以”同“已”，此也。“世”，歲也。言此歲之不足也。王念孫曰：“《曲禮》‘去國三世’，盧植、王肅並云：‘“世”，歲也，萬物以歲爲世。’”王引之曰：“《史記·淮南傳》曰：‘萬世之後，吾寧北面臣事豎子乎？’《漢書·食貨志》曰：‘世之有饑穰，天之行也。’皆謂‘歲’爲‘世’。”（見《經義述聞·通說上》）此“世”與之同。

〔八〕免粟句　俞樾云：上云“食脫粟之食”，此云“免粟之食飽”，“免”即“脫”也。《廣雅·釋詁》：“‘免’，脫也。”錢氏大昕《養新錄》曰：“‘免’，與‘脫’同義。”引《論衡·道虛篇》“免去皮膚”爲證，謂“免去”即“脫去”也，而未引《晏子》此文，失之。◎王叔岷云：《御覽》引“免”作“脫”。◎文斌案：王引《御覽》見卷八百四十九，下引《御覽》均同。黃本“免”亦作“脫”。

〔九〕士之句　洪頤煊云：三“乞”字皆當作“气”。《說文》“氣”作“气”，“餼”作“氣”。此復借“气”爲“餼”，故下文云：“嬰無倍人之行，而有參士之食。”◎蘇時學云：“乞”疑與“吃”通，“三乞”蓋猶三餐果腹之意；作如字解亦可。◎俞樾云：“乞”當作“既”，《說文·皂部》：“‘既’，小食也。”《論語》曰：“不使勝食既。”今《論語》作“氣”，此省作“乞”，古字並通。“士之一既”，猶云“士之一食”；下文“二乞”“三乞”並同，故曰“嬰無倍人之行，而有參士之食”也。◎吳則虞云：《御覽》八百四十九引三“乞”字皆作“足”，蓋草書形近而譌，“足”字義自顯明，不煩辭費矣，當據改。◎劉如瑛云：“乞”，求。《廣雅·釋詁三》：“‘氣’（同乞），求也。”言士在飲食方面的三種要求，一乞低，二乞略高，三乞最高。

〔一○〕五卵句　張純一《校注》於“五卵”前補“苔菜”二字，注云：“苔菜”二字舊脫，《御覽》引作“菜五卵”，奪“苔”字，今據上文補。

〔一一〕而有句　王叔岷云：《御覽》引“參”作“三”。

〔一二〕再拜句　張純一云：《御覽》“謝”作“辭”。

梁丘據自患不及晏子
晏子勉據以常爲常行第二十七〔一〕

梁丘據謂晏子曰：“吾至死不及夫子矣！”晏子曰：“嬰聞之：爲者

常成,行者常至。嬰非有異于人也〔二〕,常爲而不置,常行而不休者〔三〕,故難及也〔四〕。”

〔一〕文斌案:元刻本、活字本、吳鼐本標題無“以”字。沈本目録、標題均無“以”字。元刻本、活字本、嘉靖本目録“行”誤作“計”。吳懷保本標題作“勉據以常爲常行”,目録“行”亦誤作“計”。楊本在《問下》第二十七章後,標題作“難及”。凌本作“梁丘據謂晏子”。

〔二〕嬰非句　劉師培《黃本校記》云:黃本“于”作“乎”。

〔三〕常行句　張純一云:“者”當作“耳”,句絶。

〔四〕故難句　陶鴻慶云:“故”當讀爲“胡”,言何難及也,以見其無異于人也。《墨子·尚賢中篇》“故不察尚賢爲政之本也”,下文作“胡不察尚賢爲政之本也”,是“故”“胡”通用之證。《管子·侈靡篇》“公將有行,故不送公”、《孫卿子·解蔽篇》“故爲蔽”,俞氏亦讀“故”爲“胡”。◎孫星衍云:《説苑·建本篇》用此文。

晏子老辭邑景公不許致車一乘而後止第二十八〔一〕

晏子相景公,老,辭邑。公曰:“自吾先君定公至今〔二〕,用世多矣,齊大夫未有老辭邑者矣〔三〕。今夫子獨辭之,是毁國之故〔四〕、棄寡人也,不可。”晏子對曰:“嬰聞:古之事君者,稱身而食。德厚而受禄〔五〕,德薄則辭禄。德厚受禄,所以明上也;德薄辭禄,可以潔下也〔六〕。嬰老薄無能而厚受禄〔七〕,是掩上之明、污下之行,不可。”公不許,曰:“昔吾先君桓公有管仲恤勞齊國〔八〕,身老,賞之以三歸〔九〕,澤及子孫。今夫子亦相寡人,欲爲夫子三歸,澤至子孫,豈不可哉?”對曰:“昔者管子事桓公,桓公義高諸侯,德備百姓。今嬰事君也,國僅齊於諸侯,怨積乎百姓,嬰之罪多矣。而君欲賞之,豈以其不肖父爲不肖子厚受賞以傷國民義哉〔一○〕?且夫德薄而禄厚,智惛而家富〔一一〕,是彰污而逆教也,不可。”公不許。晏子出。異日朝,得閒而入邑,致車一乘而後止。

〔一〕吳則虞云:楊本無此章。◎文斌案:元刻本、活字本目録脱“第”字。吳懷保本標題作“致車一乘而後止”,凌本作“晏子辭邑”。

〔二〕自吾句　蘇時學云：齊之定公不見傳記，蓋丁公也。丁公始居齊，故以爲言。“定”與“丁”聲近，蓋古字通用。又二謚並見《謚法》，豈“丁”本謚“定”，後省而爲“丁”歟？

〔三〕用世二句　王念孫云：下“矣”字涉上“矣”字而衍。

〔四〕是毀句　蘇時學云：言壞國之舊章。◎張純一云：“故”，法（《呂覽·知度》“非晉國之故”注）。

〔五〕德厚句　蘇輿云：“而”同“則”，故古書多“而”“則”對舉。

〔六〕可以句　蘇輿云：“可”疑“所”誤，當與上一律。◎張純一云：“可”同“所”，與“而”“則”對舉同例。◎徐仁甫云：“可”猶“所”也，“所”猶“可”也（訓見《經傳釋詞》）。古書多“所”“可”對舉：《文子·上仁篇》：“貴以身治天下，可以寄天下；愛以身治天下，所以托天下。”是也。此亦“所”“可”對舉也。上文“德厚而受禄，德薄則辭禄”，蘇氏云：“‘而’同‘則’，古書多‘而’‘則’對舉。”而不知此“所”“可”亦對舉，何也？

〔七〕嬰老句　張純一《校注》於“薄”前補“德”字，注云：“德”字舊脱，語意不完，今據上下文補。

〔八〕恤　孫星衍云：《爾雅·釋詁》：“憂也。”

〔九〕賞之句　孫星衍云：《韓非·外儲説》：“管仲相齊，曰：‘臣貴矣，然而臣貧。’桓公曰：‘使子有三歸之家。’”《論語·八佾篇》：“子曰：‘管氏有三歸。’”包咸注：“‘三歸’，娶三姓女。婦人謂嫁曰歸。”或據《説苑》云“三歸之臺”，以爲臺名，非也。《説苑》蓋言築臺以居三歸耳。此云“賞之以三歸”，《韓非》云“使子有三歸之家”，則非臺明矣。◎劉師培《校補》云：《論語·八佾篇》高注以“三歸”爲娶三姓女，以此章“澤至子孫”證之，其説似非。又此下晏子云“豈以其不肖父其（盧校改“爲”，是也）不肖子厚受賞而傷國民義哉”，亦“三歸”爲受賞之徵。又《韓非子·外儲説》述仲之言曰：“臣貴矣，然而臣貧。”桓公曰：“使子有三歸之家。”則“三歸”迥與娶女無涉。竊以俞樾《論語平議》以“三歸”爲家有三處，其説近是。《説苑》所云“築三歸之臺”，謂於所賜三區之宅均築臺也，故下言“費民”。附誌於此。◎徐仁甫云：“三歸”之説，聚訟紛紜。胡玉縉《論語三歸解》（見《許廎學林》卷五）已歸納之。而謂“三歸”爲府庫，猶隔一間。惟郭嵩燾説得之。郭云：“此蓋《管子》‘九府輕重’之法，當就《管子》書求之。《山至數篇》曰：‘則民之三有歸於上矣。’‘三歸’之名實本於此。《輕重乙篇》曰：‘與民量其重，計其贏，民得其十（疑當作“七”），君得其三，盡此而已矣。’是所謂‘三歸’者，市租之常例，歸之公者也。桓公既霸，遂以賞管仲。《漢書·地理志》《食貨志》並云：‘桓公用管仲，設輕重以富民，身在陪臣，而取三歸。’”《韓非子》云：“使子有三歸之家。”（《外儲説左下》）《説苑》

作"賞之市租",此一證也。《晏子春秋》辭"三歸"之賞,而云:"厚受賞以傷國民之義。"其取之民,無疑也。此又一證也。郭説足訂從來注家之誤。《説苑·善説》"管仲築三歸之臺,以自傷於民",即《周策》:"管仲故爲三歸之家以掩桓公,非自傷於民也。"《韓非子》:"桓公曰:'使子有三歸之家。'"即使子家有"三歸"也。蓋管仲家有"三歸",築臺以儲之,後人因謂"三歸"爲臺名耳。尤其本章云:"賞之(管仲)以三歸,澤及子孫……欲爲夫子三歸,澤至子孫。"若如包咸《論語》注,以"三歸"爲一娶三姓,則不得言"澤及子孫"也。

〔一〇〕豈以句　各本均作"豈以其不肖父其不肖子厚受賞以傷國民義哉",盧文弨改"其不肖子"爲"爲不肖子",注云:"其"誤,依前文改。◎張純一從盧校改。◎吳則虞云:《指海》本改"爲",茲從之。◎文斌案:今從盧校改"其"爲"爲"。

〔一一〕智悟句　劉師培《黃本校記》云:黃本"智"作"知"。

晏子病將死妻問所欲言云毋變爾俗第二十九〔一〕

晏子病,將死,其妻曰:"夫子無欲言乎?"子曰〔二〕:"吾恐死而俗變,謹視爾家,毋變爾俗也〔三〕。"

〔一〕文斌案:吳懷保本標題作"毋變爾俗",楊本作"毋變俗",凌本作"晏子病"。嘉靖本本章及下章有目録,正文殘缺。

〔二〕子曰句　盧文弨云:"子"上當有"晏"字。◎張純一《校注》補"晏"字,注云:元刻如此,孫本脱"晏"字,盧校補。◎王叔岷云:"子"上當有"晏"字,惟元本無"晏"字(黃之寀本、明活字本、《子彙》本並同)。張氏失檢。◎吳則虞云:《指海》本增"晏"字。◎文斌案:各本均脱"晏"字。

〔三〕毋變句　文廷式云:"俗",習也。◎張純一云:晏子之家俗有三,見《雜上》廿九章。能毋變俗,則子孫不失爲善人。◎文斌案:黃本"毋"誤作"母"。

晏子病將死鑿楹納書命子壯而示之第三十〔一〕

晏子病〔二〕,將死,鑿楹納書焉〔三〕,謂其妻曰〔四〕:"楹語也〔五〕,子壯而示之〔六〕。"及壯發書〔七〕,之言曰〔八〕:"布帛不可窮〔九〕,窮不可飾〔一〇〕;牛馬不可窮,窮不可服;士不可窮,窮不可任;國不可窮,窮不可竊也〔一〕。"

〔一〕文斌案:吳懷保本目録作"鑿楹納書以待子壯",標題脱"壯"字。楊本目
　　録作"楹語",凌本作"晏子鑿楹納書"。

〔二〕晏子句　吳則虞云:《白帖》十、《御覽》一百八十七、《記纂淵海》四十一
　　引皆無"病"字。

〔三〕鑿楹句　張純一云:《説苑》作"斷楹内書焉"。◎文斌案:《説苑》見《反
　　質篇》。《記纂淵海》《白孔六帖》均無"焉"字。

〔四〕謂其句　劉師培《校補》云:《白帖》十引作"謂妻子曰"。◎吳則虞云:
　　《御覽》《記纂》引作"謂妻曰"。

〔五〕楹語句　孫星衍云:《太平御覽》作"書記曰也"。◎吳則虞云:宋本《御
　　覽》及《記纂》引作"楹記曰也",作"楹"者是。《説苑》作"楹也語"。◎徐
　　仁甫云:"楹語也"當從《説苑·反質》作"楹也語"。"也"猶"之"。《詩·
　　定之方中》:"匪直也人。"王引之曰:"言彼正直之人。"《墨子·耕柱篇》:
　　"古之善者不誅(誅),今也善者不作。""之"與"也"互文,是"也"猶"之"
　　也。"楹也語"即"楹之語"。後人不解"也"字,故倒爲"楹語也"。

〔六〕子壯句　劉師培《校補》云:《白帖》引"示"作"視"。◎張純一云:"示",
　　《説苑》作"視"。◎吳則虞云:《御覽》《記纂》皆作"示"。

〔七〕及壯　劉師培《校補》云:《白帖》引作"及子壯"。

〔八〕之言句　王念孫云:此本作"及壯發書(句),書之言曰",今本少一"書"
　　字,則文義不明。《白帖》十引此重一"書"字,《説苑·反質篇》同。◎吳
　　則虞云:《指海》本重"書"字。◎文斌案:《白孔六帖》引作"書曰"。

〔九〕布帛句　文斌案:《説苑》脱"可"字。下"牛馬不可窮"亦脱"可"字。

〔一〇〕窮不句　于鬯云:謂如以布帛爲束帶,不窮則有垂下者以爲飾,窮則無
　　飾矣。故曰"布帛不可窮,窮不可飾"也。◎徐仁甫云:"窮不可飾"之
　　"不可",猶"無可"也。古"不"同"無"。《雜上》第八章:"今請求老弱
　　之不養,鰥寡之無室者。""不"與"無"互文。《説苑·貴德》"無"作
　　"不"。第十九章:"食魚無反,則惡其鰠也。"《御覽》《事類賦注》引
　　"無"作"不"。此言布帛不可窮,窮則無可飾也。下文"窮不可服""窮
　　不可任""窮不可竊也","不可"皆當作"無可"解。

〔一一〕窮不句　俞樾云:《荀子·哀公篇》"竊其有益,與其無益",楊倞注曰:
　　"'竊'宜爲'察'。"《莊子·庚桑楚篇》"竊竊乎又何足以濟世哉",《釋
　　文》:"'竊竊',崔本作'察察'。"蓋"竊"與"察"一聲之轉。《廣雅·釋
　　詁》曰:"'竊',著也。"《釋訓》曰:"'察察',著也。"是其聲近義通之證。
　　"窮不可竊",當作"窮不可察",言窮極之則反無以察矣,故國不可窮

也。◎于鬯云：此“竊”字似難解，故俞蔭甫太史《平議》謂“竊”與“察”一聲之轉。然讀“竊”爲“察”，云“國不可窮，窮不可察”，義亦艱滯。要之，“察”之義乃近“窮”字之義，非“竊”字之義也。鬯謂：此“竊”字竟作本義解。《説文·米部》云：“盜自中出曰竊。”是“竊”以盜竊爲本義。盜竊者，非果爲盜爲竊也，凡行而私有所利者皆盜竊也。晏子之意，以爲此輩國宜容之，故國宜使有可竊之處，而不可太察；太察則此輩無容足之地，或轉有甚於竊者。是即水清無魚之意，又如俗所云“大網既舉憑魚漏，小穴難防任鼠窺”也(二句出袁枚《小倉山房集》)。故曰：“國不可窮，窮不可竊也。”《問下篇》云：“尊賢而不退不肖。”夫不肖曰不退，則其持論固未可以常道論之矣。◎張純一云：“窮”，乏也。以菽粟不可窮，窮則無可食不待言，故略之。布帛窮則無可飾，牛馬窮則無可服，教重鹽桑蠶牧以厚生也，説見《雜上》五章。由是爲士，可以尚志而任重；謀國，可使常富而非竊位也。◎于省吾云：“窮不可察”不詞甚矣，俞説殊誤。“竊”應讀作“淺”，古“竊”字每與從“戔”之字爲音訓。《爾雅·釋獸》“虎竊毛謂之虦貓”，注：“‘竊’，淺也。”《釋鳥》：“夏鳸竊玄，秋鳸竊藍，冬鳸竊黃，棘鳸竊丹。”《左·昭十七年傳》，《疏》：“‘竊玄’，淺黑也；‘竊藍’，淺青也；‘竊黃’，淺黃也；‘竊丹’，淺赤也。”“竊”即古之“淺”字。《説文》：“‘虦’，虎竊毛謂之虦苗。‘竊’，淺也。”按“淺”“踐”並諧“戔”聲，《詩·東門之墠》“有踐家室”，《傳》：“‘踐’，淺也。”《韓非子·内儲説一》“臣之夢踐矣”，《難四》亦有此語，乾道本“踐”作“淺”，並其證也。此言“國不可窮，窮則不可踐也”，《外七》第十五“後世孰將踐有齊國者乎”，《管子·大匡》“不踐其國”，是均“踐”與“國”相屬爲詞也。◎吳則虞云：《説苑》作“窮乎窮乎窮也”。是“不可竊”句，漢人已失其解。于説言之成理，可備一解而已。◎徐仁甫云：“竊”者，《廣雅·釋詁三》：“‘麗’‘竊’，著也。”《爾雅·釋草》：“‘蘻’，竊衣。”《齊民要術》引孫炎注云：“似芹，實如麥，兩兩相合，有毛著人衣，故曰‘竊衣’。”(王氏《廣雅疏證》)是則“竊”謂附著，猶“蘺”通“麗”，亦作“離”。《小雅·小弁》：“不屬于毛，不離于裏。”“屬”“離”皆附著也。“國不可窮，窮不可竊”，謂國不可窮，窮無可附著也。國之不存，民將安附，猶皮之不存，毛將安附也。俞樾釋“竊”爲“察”，既引《廣雅·釋詁》“‘竊’，著也”，又引《釋訓》“‘察’，著也”，差以毫釐，謬以千里。于鬯釋“竊”爲“盜”，張純一釋“竊”爲“竊位”，于省吾又釋“竊”爲“踐”，皆非也。王氏疏證《廣雅》，不引《晏子春秋》本文爲證，祇見疏也。◎孫星衍云：“飾”“服”，“任”“竊”爲韻。“任”字急讀。◎趙振鐸云：“飾”“服”同在職部，可以爲韻。“任”在侵部，“竊”在質部，非韻。

外篇第七凡二十七章[一]

景公飲酒命晏子去禮晏子諫第一[二]

景公飲酒數日而樂，釋衣冠，自鼓缶[三]，謂左右曰[四]：“仁人亦樂是夫[五]？”梁丘據對曰[六]：“仁人之耳目亦猶人也[七]，夫奚爲獨不樂此也[八]？”公曰：“趣駕迎晏子[九]。”晏子朝服以至[一〇]，受觴再拜[一一]。公曰：“寡人甚樂此樂[一二]，欲與夫子共之[一三]，請去禮[一四]。”晏子對曰：“君之言過矣[一五]！群臣皆欲去禮以事君，嬰恐君之不欲也[一六]。今齊國五尺之童子[一七]，力皆過嬰，又能勝君[一八]，然而不敢亂者[一九]，畏禮義也[二〇]。上若無禮，無以使其下[二一]；下若無禮，無以事其上。夫麋鹿維無禮[二二]，故父子同麀[二三]。人之所以貴於禽獸者[二四]，以有禮也。嬰聞之：人君無禮，無以臨其邦[二五]；大夫無禮，官吏不恭；父子無禮，其家必凶；兄弟無禮，不能久同[二六]。《詩》曰：‘人而無禮，胡不遄死[二七]？’故禮不可去也。”公曰：“寡人不敏，無良左右淫蠱寡人[二八]，以至于此，請殺之[二九]。”晏子曰：“左右何罪[三〇]？君若無禮，則好禮者去，無禮者至；君若好禮，則有禮者至，無禮者去[三一]。”公曰：“善[三二]。請易衣革冠，更受命[三三]。”晏子避走，立乎門外。公令人糞灑改席，召，衣冠以迎晏子[三四]。晏子入門，三讓，升階，用三獻焉[三五]。嗛酒嘗膳[三六]，再拜，告饜而出[三七]。公下拜，送之門，反，命撤酒去樂[三八]，曰：“吾以彰晏子之教也。”[三九]

〔一〕孫星衍云：俗本以此附《內篇》。◎盧文弨云：自此已下吳（勉學）本有缺篇，且篇次不與孫本同。◎于鬯云：《外篇》二篇，元刻本一題“重而異者”，一題“不合經術者”，今不復識別。且《漢書·藝文志》雖《晏子》八篇，而《史記·管晏傳》張守節《正義》引《七略》云“《晏子春秋》七篇”，是

“外篇”止一篇也。孫星衍《序》謂合《雜》上、下二篇爲一,誤。◎田宗堯云:《子彙》本此下至於《景公使梁丘據致千金裘晏子固辭不受第二十五》,並以小字附於各章之下。惟脱“景公置酒泰山之上”“景公嘗見彗星”“景公坐於路寢”“晏子相景公”四章,與吳勉學本及日刊黃之寀本同;所異者,吳勉學本及日刊黃之寀本此下諸章並未以小字附於各章之下耳。

〔二〕吳則虞云:《治要》引此章屬《諫上》,爲第一篇,恐唐人所見本此章不在《外篇》。◎文斌案:吳懷保本標題作“諫飲酒命去禮”,以下十五章均列“景公”名下。楊本無此章。《子彙》本、凌本附於《内篇諫上》第二章後,凌本標題作“景公飲酒數日而樂”。

〔三〕景公三句 孫星衍云:《太平御覽》作“去冠破裳”。◎王念孫云:《群書治要》及《北堂書鈔·衣冠部三》《太平御覽·人事部百九》《服章部十三》並引作“去冠被裳,自鼓盆甕”,《御覽·器物部三》又引“自鼓盆甕”。今本云云,乃後人依《新序·刺奢篇》改之。◎張純一云:王説是而未盡。此文“自鼓缶”本作“自鼓盆甕”,王引諸書可證。惟《御覽》四百六十八引作“自鼓盆”,脱“甕”字;“釋衣冠”,《御覽》六百九十六引作“去冠披裳”,是也。“‘披’,解也”(《淮南·齊俗訓》“披斷撥摋”注),今並據正。《御覽》四百六十八引“披”作“破”,義近。其他引“披”作“被”,直是誤字。《韓詩外傳》九作“齊景公縱酒,醉而解衣冠,鼓琴以自樂”。◎文斌案:《治要》、《書鈔》百二十九、宋本《御覽·人事部百九》(卷四百六十八)引均無“而樂”二字,《器物部三》(卷七百五十八)引無“數日而樂”四字。“釋衣冠,自鼓缶”,《治要》《書鈔》作“去冠被裳,自鼓盆甕”;《御覽·人事部百九》作“去冠破裳,自鼓盆”;《服章部十三》(卷六百九十六)略同,“破”作“披”,“盆”後有“甕而已”三字;《器物部三》作“自鼓盆甕也”。《新序》與今本《晏子》略同,“景公”前有“齊”字,無“數日”二字。

〔四〕謂左句 孫星衍云:“左右”,《新序》作“侍者”。◎蘇輿云:《御覽》“謂”作“問”,《治要》作“問于左右”。◎張純一云:《韓詩外傳》“謂”作“顧”。◎文斌案:蘇引《御覽》見卷四百六十八。

〔五〕仁人句 孫星衍云:《太平御覽》作“仁者亦樂此”。◎蘇輿云:《治要》作“仁人亦樂此樂乎”。◎吳則虞云:《新序》與今本《晏子》同。◎文斌案:宋本《御覽》四百六十八引作“仁人者亦樂此乎”,有“人”字。《外傳》“是夫”作“此乎”。

〔六〕梁丘句 田宗堯云:“丘”,《指海》本作“邱”,字通。◎文斌案:《新序》作“梁丘子曰”,《外傳》作“左右曰”。

〔七〕仁人句 蘇輿云:《治要》無“亦”字。◎文斌案:《新序》無“之”字,《外傳》無“之”“亦”“也”三字。

〔八〕夫奚句　蘇輿云：《治要》"奚"作"何"，"此"下有"樂"字。◎張純一云："夫"，猶"彼"也，詳《經傳釋詞》。◎文斌案：《新序》"奚"上無"夫"字，《外傳》作"何爲不樂乎"。

〔九〕公曰句　孫星衍云："趣"，《新序》作"速"。◎蘇輿云：《治要》"曰"作"令"，于義爲長。◎文斌案：《治要》"趣"作"趍"，《外傳》作"景公曰'駕車以迎晏子'"。

〔一〇〕晏子句　孫星衍云：《韓詩外傳》作"朝服而至"，今本脱"服"字，非。◎蘇輿云：《治要》同《外傳》。各本俱奪，《音義》有，今據補。◎劉師培《校補》云：《新序·刺奢篇》亦同，此挩"服"字。◎張純一云：《治要》作"朝服以至"。◎文斌案：今從衆校補"服"字。《外傳》"晏子"下有"聞之"二字，且"以"作"而"，與《治要》不同。《新序》亦作"而"。

〔一一〕受觴句　文斌案：《治要》《外傳》《新序》均無"受觴再拜"四字。

〔一二〕寡人句　蘇輿云：《治要》無"此樂"二字。◎文斌案：《新序》句後有"也"字，《外傳》作"今者寡人此樂"。

〔一三〕欲與句　蘇輿云：《治要》"共之"作"同此樂"。◎劉師培《校補》云：《外傳》《新序》"欲"作"願"。◎吳則虞云：《外傳》"夫子"作"大夫"，"共"作"同"。

〔一四〕請去句　孫星衍云：《韓詩外傳》無此句，文理不貫。◎吳則虞云：趙本《外傳》有。◎文斌案：《治要》《新序》均有此句。

〔一五〕晏子二句　張純一云：《治要》無"君之言過矣"句。◎吳則虞云：《外傳》無"對""之"字。

〔一六〕嬰恐句　各本"君"下均有"子"字。王念孫云："子"字涉上下文諸"子"字而衍。《諫上篇》曰："今君去禮，則群臣以力爲政，彊者犯弱，而日易主，君將安立矣？故曰：'嬰恐君之不欲也。'"今作"恐君子之不欲"，則非其旨矣。《群書治要》無"子"字。◎吳則虞云：《外傳》《新序》皆無此二句。《指海》本刪"子"字。◎文斌案：今從王校刪"子"字。

〔一七〕今齊句　蘇輿云：《治要》作"今齊國小童，自中以上"。◎文斌案：《外傳》作"自齊國五尺已上"。《新序》略同《晏子》，無"今"字。

〔一八〕力皆二句　文斌案：《新序》"皆"作"盡"，"過"作"勝"，"又能"作"而又"。《外傳》作"力皆能勝嬰與君"。

〔一九〕然而句　蘇輿云：《治要》無"亂"字。◎劉師培《校補》云：《外傳》《新序》"然而"作"所以"。《外傳》亦無"亂"字，"亂"字疑衍。

〔二〇〕畏禮句　孫本無"義"字，《音義》云：今本作"畏禮義也"。據《韓詩外傳》《新序》，無"義"字。◎王念孫云：孫刪"義"字，非也。此"義"字非"仁義"之"義"，乃"禮儀"之"儀"。《周官·大司徒》："以儀辨等，則民

不越。"鄭注曰:"'儀',謂君南面臣北面父坐子伏之屬。"故曰:"不敢亂
者,畏禮儀也。"古書"仁義"字本作"誼","禮儀"字本作"義",後人以
"義"代"誼",以"儀"代"義",亂之久矣(説見《經義述聞·禮記》)。此
文作"義",乃古字之僅存者,良可寶也。《韓詩外傳》《新序》無"義"字
者,言禮而儀在其中,故文從省耳,不得據彼以删此。各本及《群書治
要》皆有"義"字。◎張純一云:王説是。◎吳則虞云:《指海》本有
"義"字。

〔二一〕上若二句　蘇輿云:《治要》"上"作"君"。◎文斌案:《治要》無"其"
字,下句同。

〔二二〕夫麋句　張純一云:"維",《新序》作"唯"。

〔二三〕麀　吳則虞云:《禮記·曲禮》:"夫唯禽獸無禮,故父子聚麀。"鄭注:
"'聚',猶'共'也。鹿牝曰'麀'。"

〔二四〕人之句　蘇輿云:各本"所"下無"以"字,《治要》有。◎文斌案:元刻
本、活字本、《子彙》本、綿眇閣本、凌本均有"以"字,第"以貴"二字互
倒。嘉靖本、吳懷保本不誤,蘇氏失檢。沈本"貴"下爲一墨釘,則句子
變爲"人之所貴■於禽獸者",吳勉學本、黃本、孫本無"以"字。《治要》
句上有"夫"字。《新序》、《御覽》四百六十八引均有"以"字,《御覽》無
"之"字。

〔二五〕嬰聞三句　蘇輿云:《治要》"其"下有"一"字。◎張純一《校注》删
"其"字,注云:舊"邦"上衍"其"字,上下皆四字句,今校删。◎吳則虞
云:《御覽》引無"嬰聞之"三字,下句作"君無禮,何以臨下"。

〔二六〕人君諸句　孫星衍云:"邦""恭""凶""同"爲韻。◎文斌案:《治要》無
"兄弟無禮,不能久同"八字。

〔二七〕人而二句　張純一云:《鄘風·相鼠》之詩。《傳》:"'遄',速也。"《爾
雅·釋詁》同。

〔二八〕寡人二句　孫星衍云:《韓詩外傳》《新序》"蠱"作"涵"。◎張純一云:
"蠱",惑也。◎劉師培《校補》云:《外傳》"敏"作"仁","仁"與"佞"
同,故亦與"敏"同誼。《新序》無"不敏"二字。◎吳則虞云:元刻本、
活字本"左右"二字互倒。◎文斌案:元刻本、活字本"左右"互倒者,乃
下句"左右何罪"之"左右"。此句未倒。吳氏失檢。

〔二九〕請殺句　張純一云:《韓詩外傳》作"請殺左右以補其過"。

〔三〇〕左右句　蘇輿云:《治要》"何"作"無"。◎文斌案:《外傳》作"左右無
過"。元刻本、活字本"左右"二字互倒。

〔三一〕君若諸句　蘇輿云:《治要》"無禮者去"後有"矣"字。◎文斌案:《新
序》作"君若好禮,左右有禮者至,無禮者去;君若惡禮,亦將如之",《外

傳》作“君好禮,則有禮者至,無禮者去;君惡禮,則無禮者至,有禮者去。左右何罪乎”。

〔三二〕公曰二句　◎文斌案:《外傳》作“景公曰‘善哉’”。

〔三三〕請易二句　蘇輿云:《治要》無“革”字。◎劉師培《校補》云:《外傳》作“乃更衣而坐,觴酒三行。晏子辭去”。《新序》作“請革衣冠”,“命”下作“乃廢酒而更尊,朝服而坐,觴三行,晏子趨出”,與此異。◎文斌案:凌本脱“命晏子避走立乎門外公令人糞灑改席召衣冠以迎”二十一字。

〔三四〕公令三句　王念孫云:“召衣冠”三字文不成義。且“易衣革冠”已見上文,不當重出。“衣冠以迎”四字,乃後人所加,當從《群書治要》作“召晏子”。◎俞樾云:此本作“召晏子,衣冠以迎”。上文景公曰“請易衣革冠,更受命”,故此云“衣冠以迎”。王氏念孫謂“易衣革冠”已見上文,不當重出,非也。下云“公下拜,送之門”,有迎乃有送,可知此四字之非衍。特傳寫奪去而補者誤著之“召”字之下,則文不成義,《群書治要》因删此四字矣。◎蘇輿云:俞説是。◎張純一云:“糞”,除穢也。“糞灑”即酒埽。◎吳則虞云:《指海》本删此四字。

〔三五〕用三句　王念孫云:《群書治要》作“用三獻,禮焉”,於義爲長。◎吳則虞云:《指海》本增“禮”字。

〔三六〕嗛酒句　孫星衍云:《説文》:“‘嗛’,口有所銜也。”◎蘇輿云:此與《諫上篇》“辟拂嗛齊”之“嗛”異,引《説文》亦可通。《治要》無此句。

〔三七〕告釁句　蘇輿云:《治要》無“告釁”二字。

〔三八〕送之三句　蘇輿云:《治要》無“門反命”三字,非;“撤”作“徹”。浙刻據《治要》改“徹”。◎文斌案:吳懷保本、孫本“撤”作“撤”。

〔三九〕吾以句　張純一云:《治要》“彰”作“章”。此與《諫上》二章爲一事。◎盧文弨云:元刻末注云:“此章與《景公酒酣願無爲禮晏子諫》大旨同,但辭有詳略爾,故著於此篇。”◎田宗堯云:《指海》本則著於每章標題之下。◎文斌案:元刻本、活字本、嘉靖本、沈本、吳懷保本、吳鼒本均有注文,吳勉學本、黄本、綿眇閣本、凌本、孫本無。爲求體例一致,今亦删注文。《子彙》本以○號另注云:“舊本凡意重文異者別載《外篇》,今附著各章之下。”◎孫星衍云:《韓詩外傳》《新序·刺奢篇》用此文。

景公置酒泰山四望而泣晏子諫第二〔一〕

景公置酒于泰山之上〔二〕,酒酣,公四望其地〔三〕,喟然嘆〔四〕,泣數行而下〔五〕,曰:"寡人將去此堂堂國者而死乎〔六〕?"左右佐哀而泣者三人〔七〕,曰:"吾細人也〔八〕,猶將難死,而況公乎?棄是國也而死,其孰可爲乎〔九〕?"晏子獨搏其髀〔一〇〕,仰天而大笑曰〔一一〕:"樂哉,今日之飲也!"公怫然怒曰〔一二〕:"寡人有哀,子獨大笑,何也〔一三〕?"晏子對曰:"今日見怯君一〔一四〕,諛臣三人〔一五〕,是以大笑〔一六〕。"公曰:"何謂諛怯也?"晏子曰:"夫古之有死也,令後世賢者得之以息,不肖者得之以伏〔一七〕。若使古之王者毋知有死〔一八〕,自昔先君太公至今尚在,而君亦安得此國而哀之〔一九〕?夫盛之有衰,生之有死,天之分也。物有必至,事有常然,古之道也。曷爲可悲?至老尚哀死者,怯也〔二〇〕;左右助哀者,諛也。怯諛聚居,是故笑之。"公慚而更辭,曰:"我非爲去國而死哀也。寡人聞之〔二一〕:彗星出,其所向之國君當之。今彗星出而向吾國,我是以悲也〔二二〕。"晏子曰:"君之行義回邪〔二三〕,無德于國:穿池沼,則欲其深以廣也〔二四〕;爲臺榭,則欲其高且大也。賦斂如攟奪,誅僇如仇讎〔二五〕。自是觀之,茀又將出。天之變,彗星之出,庸可悲乎〔二六〕?"于是公懼,迺歸,實池沼〔二七〕,廢臺榭〔二八〕,薄賦斂,緩刑罰,三十七日而彗星亡〔二九〕。

〔一〕孫星衍云:沈啓南本有此章,俗本皆删去。據《藝文類聚》《太平御覽》引,皆有之。◎盧文弨云:吳(勉學)本缺。◎劉師培《黃本校記》云:黃本此章挩。◎王叔岷云:明活字本亦有此章,與元本合。◎文斌案:《子彙》本、綿眇閣本、楊本、凌本亦無此章,嘉靖本、吳懷保本、孫本有。吳懷保本標題作"諫置酒泰山四望而泣"。

〔二〕景公句 孫本"上"作"陽",《音義》仍作"上",云:《太平御覽》"上"作"陽"。◎王念孫云:山南爲陽,山北爲陰。《管子·小匡篇》曰:"齊地南至於岱陰。"則景公不得置酒於泰山之陽。《御覽·人事部百三十二》引作"泰山之陽",乃後人以意改之。元刻本、沈本及《御覽·人事部三十二》皆作"泰山之上"。◎張純一云:《藝文類聚》十九作"齊景公置酒泰山"。◎吳則虞云:《指海》本作"之上"。◎文斌案:宋本《御覽·人事部三十二》(卷三百九十一)、《人事部百三十二》(卷四百九十一)"泰"均作"太"。活字本、嘉靖本、吳懷保本亦作"泰山之上"。

〔三〕酒酣二句 文斌案:《類聚》十九作"公四望",無"酒酣""其地"四字;《御覽》三百九十一、四百九十一均作"酒酣,公四面望"。

〔四〕嘆 文斌案:《音義》作"歎",注云:"今本作'嘆',俗,據《藝文類聚》改。"

然孫本仍作“嘆”，蓋未及改也。嘉靖本作“歎”。宋本《御覽》三百九十一作“歎”，四百九十一作“嘆”。

〔五〕泣數句　吳則虞云：《類聚》、《御覽》四百九十一引皆無“而下”二字。

〔六〕寡人句　盧文弨云：《御覽》無“者”字，“乎”作“邪”。◎黄以周云：“者”字衍。◎劉師培《校補》云：《類聚》十九引“乎”作“耶”。◎張純一云：《御覽》兩引“乎”並作“耶”。◎吳則虞云：《指海》本删“者”字。“者”字非衍，《類聚》、《文選》卷四十八注引皆有“者”字。◎劉如瑛云：“國者”二字當倒乙。“者”猶“之”。《管子·君臣下》：“此君人者二過也。”《度地》：“不如霸國者國也以奉天子。”《吕氏春秋·離謂》：“然有亡者國無二道矣。”《韓非子·顯學》：“不道仁義者故。”其中“者”均作“之”解。《管子·地數》：“是歲相兼者諸侯八……是歲相兼者諸侯十二。”《路史·黄帝紀》注引“諸侯”二字在“相兼者”之上，乃因不知“者”之用法而改。《詩·小雅·采緑》：“維魴及鱮，薄言觀者。”朱熹《集傳》：“於其釣有獲也，又將從而觀之。”亦“者”“之”同訓之證。“堂堂者國”猶“堂堂之國”。《詩·小雅》“皇皇者華”（《皇皇者華》）、“菁菁者莪”（《菁菁者莪》）、“蓼蓼者莪”（《蓼莪》）、“楚楚者茨”（《楚茨》）等句，“者”均猶“之”。《文選·（潘岳）秋興賦》：“登山懷遠而悼近。”李善注引本書作“奈何去此堂堂之國而死乎”，可證。黄以周謂“者”字衍，未必。◎田宗堯云：《藝文類聚》十九引作“寡人將去此堂國而死耶”，誤奪一“堂”字。《文選·（楊子雲）劇秦美新》注引同，惟“堂”字重，與元本合。◎文斌案：吳氏言“《文選》卷四十八注引皆有‘者’字”者，見楊子雲《劇秦美新》注。田氏引《類聚》“國”後脱“者”字。

〔七〕左右句　張純一云：《御覽》兩引均作“左右泣者三人”，《類聚》同。

〔八〕吾細句　盧文弨云：“吾”譌，《御覽》作“臣”。◎張純一《校注》改“吾”作“臣”，注云：“臣”舊作“吾”，《御覽》四百九十一同誤。今從盧校，據《御覽》三百九十一改。◎吳則虞云：宋本《御覽》三百九十一引作“臣”，四百九十一引作“吾”，《指海》本改作“臣”，失之輕率。

〔九〕棄是二句　張純一云：此十一字殊贅，《御覽》兩引並無，當據删。

〔一〇〕晏子句　孫星衍云：《説文》：“‘髀’，股也。”◎張純一云：《類聚》及《御覽》兩引並無“獨”字“其”字。《廣雅·釋詁三》：“‘搏’，擊也。”

〔一一〕仰天句　張純一云：《御覽》三百九十一無“而”字，《類聚》同。

〔一二〕公怫句　孫星衍云：《説文》：“‘怫’，鬱也。”《玉篇》：“意不舒怡（今本作“治”，非）也。扶勿切。”◎張純一云：《類聚》及《御覽》兩引並無“怫然”二字。

〔一三〕寡人三句　張純一云：《御覽》四百九十一作“子笑何也”，又三百九十一作“笑何也”，並無“寡人有哀”句。◎吳則虞云：《類聚》十九引作“子笑何也”。◎文斌案：宋本《御覽》四百九十一作“子何笑也”。

〔一四〕今日句　孫星衍云：“怯”，《說文》：“‘㤼’，多畏也。杜林說：‘“㤼”從“心”。’”《玉篇》：“‘怯’，懼也，畏也。去劫切。”◎王叔岷云：《藝文類聚》一九、《御覽》三九一引此並作“臣見怯君一”，疑“見”上本有“臣”字。

〔一五〕諛臣句　王念孫云：“人”字涉上文“三人”而衍。“諛臣三”與“怯君一”對文，則不當有“人”字。《藝文類聚·人部三》及《太平御覽》引此皆無“人”字，《諫上篇》亦云：“不仁之君見一，詔諛之臣見二。”◎吳則虞云：《指海》本刪“人”字。

〔一六〕是以句　吳則虞云：《類聚》《御覽》無此下“公曰何謂諛怯也”一段，遂接“公慙而更辭”，此段蓋後人妄增。◎文斌案：《御覽》兩引接“公慙而更辭”，《類聚》接“公慚”，無“而更辭”三字。

〔一七〕令後二句　吳則虞云：《諫上》十八“仁者息焉，不仁者伏焉”即此所本。◎文斌案：元刻本、活字本、嘉靖本、沈本、吳懷保本“令”誤作“今”。

〔一八〕若使句　俞樾云：“毋知有死”本作“如毋有死”。“如”與“而”通，“如毋有死”者，“而毋有死”也。《諫上篇》云“若使古而無死”，此云“若使古之王者如毋有死”，文異而義同。因“如”誤作“知”，寫者遂移至“毋”字之下，義不可通矣。

〔一九〕而君句　陶鴻慶云：景公哀其去國而死，非哀其有國也，“哀”當爲“享”字之誤。《內篇諫上》云“數君者將守之，則吾君安得此位而立焉”，本篇後第四章云“古若無死，爽鳩氏之樂，非君所願也”，並與此文異而義同。◎文斌案：晏子此言意謂：正因爲古之有死，歷代先君相繼離世，才輪到您享有國家。您擁有了國家卻爲將來也會因爲自然規律而失去國家悲哀，豈不可笑！“哀”字不誤。

〔二〇〕夫盛諸句　劉師培《校補》云：《文選·秋興賦》注引《晏子春秋》云：“景公遊於牛山，臨齊國，乃流涕而嘆曰：‘奈何去此堂堂之國而死乎？使古而無死，不亦樂乎？’左右皆泣，晏子獨笑曰：‘夫盛之有衰，生之有死，天之數也。物有必至，事有當然，曷有悲老而哀死？古無死，古之樂也，君何有焉？’”懷遠悼近，齊景之謂也。”所引當據此節，惟不云置酒泰山，而云牛山。“古而無死”諸語，又采自本篇第四章，今合引爲一，未知所據何本（《元和郡縣圖志·河南道六》云：“昔齊景公游牛山，北望而歎曰：‘美哉國乎！古而無死，將何去此？’晏子對曰：‘古而無死，則太公、丁公之樂也，君何與於此哉？’”係約引《韓詩外傳》）。◎文斌案：劉引《元和郡縣圖志》見卷十《河南道六·青州》。

〔二一〕寡人句　劉師培《校補》云：《續漢書·天文志》注引作“景公睹彗星而泣，晏子問之，公曰‘寡人聞之’”云云（下與此同），與此不同。

〔二二〕今彗二句　吳則虞云：《册府元龜》二百四十四引同，惟“悲”下無“也”字。《御覽》八百七十五引作“慧星向吾國，我是以悲”。

〔二三〕君之句　張純一云：“義”，“儀”本字。“行儀”，猶言“行相”。“回”，曲也。◎吳則虞云：《元龜》“回”作“固”。

〔二四〕穿池二句　劉師培《校補》云：《續志》注引“池沼”作“陂池”。◎張純一云：“以”，猶“且”也。◎吳則虞云：《元龜》“池沼”作“閣池”，《御覽》作“居穿池欲深廣”。◎文斌案：《御覽》八百七十五“居穿池欲深廣”之“居”當是“君”字之誤。

〔二五〕賦斂二句　蘇時學云：“撝奪”猶“攘奪”也。◎張純一云：《太平御覽》八百七十五引作“君穿池欲深廣，爲臺欲高大”，無“賦斂如撝奪”句。“戮”作“戮”。◎吳則虞云：《元龜》“斂”下無“如”字，“誅戮”作“糾繆”，亦無“如”字。

〔二六〕天之三句　王念孫云：“可”讀曰“何”，“何”“可”古字通。“庸”亦“何”也，古人自有複語耳。文十八年《左傳》“庸何傷”，襄二十五年《傳》“將庸何歸”，皆其證也。各本“懼”作“悲”，涉上文兩“悲”字而誤，今據諸書所引改。“天之變”三字，與上下文皆不相屬，蓋衍文也。下篇曰：“弗星又將見彗，奚獨彗星乎？”《諫上篇》曰：“何暇在彗，弗又將見矣。”此文曰：“弗又將出。彗星之出，庸何懼乎？”語意前後相同，則不當有“天之變”三字明矣。《續漢書·天文志》注引作“孛又將出。彗星之出，庸何懼乎”（《困學紀聞》六同），《太平御覽·咎徵部二》引作“孛又將出。彗星庸可懼乎”，《史記·齊世家》作“弗星將出。彗星何懼乎”，皆無“天之變”三字。◎于鬯云：“弗又將出，天之變”，此蓋倒文，如云“天之變，弗又將出”。◎劉師培《校補》云：《開元占經》八十八引作“孛星將出。彗星寧可拒乎”，《御覽》八百七十五引作“孛又將至。彗星容可拒乎”，與此稍異。又《史記·齊世家》云：“齊景公二十三年，彗星見。景公坐柏寢歎曰：‘堂堂！誰有此乎？’群臣皆泣，晏子笑，公怒。晏子曰：‘臣笑群臣諛甚。’景公曰：‘彗星出東北，當齊分野，寡人以爲憂。’晏子曰：‘君高臺深池，賦斂如弗得，刑罪恐弗勝，孛（《山堂考索前集》五十九引作“弗”）星將出，彗星何懼乎！’”即本此章。惟彼言“公坐柏寢”，未知何據，亦與《諫上篇·游公阜章》不同。（《史記》“乎”下又云：“公曰：‘可禳否？’晏子曰：‘使神可祝而來，亦可禳而去也。百姓苦怨以萬數，而君令一人禳之，安能勝衆口乎？’”與此節及《諫上篇》均異。）◎吳則虞云：王云“天之變”衍文，非是，《元龜》亦有之。《指海》本據王説删,亦失之輕率。◎文斌案:劉氏引《史記·齊世家》多誤:"二十三年"原作"三十二年","刑罪"原作"刑罰","孛"原作"弗"。《元龜》"庸可悲乎"作"庸何傷乎"。

〔二七〕寶池句 孫星衍云:《説文》:"'寶',塞也。"◎劉師培《校補》云:《占經》引作"填陂池"。◎吳則虞云:《元龜》作"填閣池"。

〔二八〕廢臺句 文斌案:《元龜》"廢"作"減"。

〔二九〕三十句 劉師培《校補》云:《御覽》引"亡"作"去"。◎吳則虞云:《元龜》引句末有"也"字。◎盧文弨云:元刻末注云:"此章與《景公登牛山而悲》《登公阜睹彗星而感》旨同而辭少異爾,故著於此篇。"◎張純一云:此章前半與《諫上》十七章並十八章首段爲一事,後半與《諫上》十八章末段爲一事。◎文斌案:元刻本、活字本、嘉靖本、沈本、吳懷保本、吳鼐本均有注文,孫本無。今亦删注文。

景公睹見彗星使人占之晏子諫第三〔一〕

景公睹見彗星。明日,召晏子而問焉〔二〕:"寡人聞之:有彗星者必有亡國〔三〕。夜者,寡人睹見彗星,吾欲召占睹者使占之〔四〕。"晏子對曰:"君居處無節〔五〕,衣服無度,不聽正諫〔六〕,興事無已,賦斂無厭,使民如將不勝,萬民懟怨。弗星又將見睹〔七〕,奚獨彗星乎?"〔八〕

〔一〕盧文弨云:吳(勉學)本缺。◎劉師培《黃本校記》云:黃本此章挩。◎田宗堯云:《子彙》本此章亦脱。◎文斌案:元刻本、活字本、嘉靖本、沈本、吳懷保本、孫本有此章,綿眇閣本、楊本、凌本亦缺。元刻本、活字本、嘉靖本目録、標題"睹"作"夢",吳懷保本簡出標題作"諫占夢彗星"。元刻本、活字本、吳懷保本正文"睹""夢"雜用,嘉靖本作"夢",孫本作"睹"。

〔二〕召晏句 蘇輿云:下疑有"曰"字。

〔三〕有彗句 蘇輿云:下"有"字疑緣上而衍。

〔四〕吾欲句 文斌案:元刻本、活字本、嘉靖本、吳懷保本"夢者"二字誤倒。

〔五〕君居句 蘇輿云:"居",舊刻誤"君",今從浙刻正。◎文斌案:元刻本、活字本、嘉靖本、沈本、吳懷保本、孫本均不誤。

〔六〕正諫 王念孫云:"正"與"証"同,《説文》:"'証',諫也。"《齊策》"士尉以証靖郭君"是也。亦通作"正",《吕氏春秋·慎大篇》"不可正諫"、《達鬱篇》"使公卿列士正諫"是也。

〔七〕莩星句　文斌案：元刻本、活字本、嘉靖本、吳懷保本“莩星”前衍“見”字。

〔八〕盧文弨云：元刻末注云：“此章與《景公登公阜見彗星使禳之晏子諫》辭旨同，而此特言‘嘗見’，爲異爾。故著於此篇。”◎文斌案：元刻本、活字本、嘉靖本、沈本、吳懷保本均有注文，孫本無，今亦删注文。元刻本、活字本注文標誌號○誤在“旨同”前。

景公問古而無死其樂若何晏子諫第四〔一〕

景公飲酒樂〔二〕，公曰：“古而無死，其樂若何〔三〕？”晏子對曰〔四〕：“古而無死，則古之樂也，君何得焉〔五〕？昔爽鳩氏始居此地〔六〕，季萴因之〔七〕，有逢伯陵因之〔八〕，蒲姑氏因之〔九〕，而後太公因之〔一〇〕。古若無死〔一一〕，爽鳩氏之樂，非君所願也〔一二〕。”

〔一〕劉師培《黃本校記》云：黃本此下三章在“景公疥”章後。◎吳則虞云：此與下章俱用《左·昭二十年》文，一字未易，而割爲兩章，顛倒其序次耳。◎文斌案：《左傳》無章首“景公”二字。吳勉學本、綿眇閣本此下三章亦在“景公疥遂痁”章後。《子彙》本、凌本、楊本附於《內篇諫上》第十八章後。吳懷保本標題作“諫飲酒樂”，目録無“諫”字。楊本作“飲酒樂古無死”，凌本作“景公飲酒樂”。

〔二〕景公句　孫星衍云：俗本以此章移《景公疥遂痁》之後，非。◎吳則虞云：《水經注》卷八引作“飲酒於臺上”。◎文斌案：《水經注》引作“齊景公飲於臺上”，“景公”前有“齊”字，無“酒”字。

〔三〕古而二句　張純一云：《文選·秋興賦》注作“使古而無死，不亦樂乎”。◎吳則虞云：《水經注》引作“古而不死，何樂如之”。

〔四〕晏子句　吳則虞云：《水經注》作“晏平仲對曰”。

〔五〕古而三句　張純一云：《文選·秋興賦》注無“則”字，“得”作“有”。◎文斌案：《文選·秋興賦》注引“古”後亦無“而”字。《水經注》引無此三句。元刻本、活字本、嘉靖本、吳懷保本均脱“無”字。

〔六〕昔爽句　孫星衍云：杜預注：“‘爽鳩氏’，少皞氏之司寇也。”◎吳則虞云：《水經注》作“始居之”。《新唐書·李邕傳》引曰“爽鳩氏且因之”。

〔七〕季萴　孫星衍云：杜預注：“‘季萴’，虞夏諸侯代爽鳩氏者。”◎吳則虞云：元本、活字本、吳懷保本“萴”俱誤“前”。◎文斌案：嘉靖本亦誤作“前”。

〔八〕有逢句　孫星衍云：杜預注：“‘逢伯陵’，姜姓。”◎張純一云：“有”讀爲

“又”。◎吳則虞云：《左·昭十年傳》，《正義》引“有逢伯陵因之”，則
“陵”是逢君之祖也。伯陵之後，世爲逢君。◎文斌案：元刻本、活字本、
嘉靖本、吳懷保本“因”誤作“困”，脱“之”字。

〔九〕蒲姑句　孫星衍云：杜預注：“‘蒲姑氏’，殷周之閒代逢公者。”◎文斌案：
《水經注》“蒲”作“薄”，“因”上有“又”字。

〔一〇〕而後句　吳則虞云：《水經注》“因”上有“又”字。◎文斌案：《水經注》
“又”字在“薄姑氏”下，此句無“又”字。吳氏失檢。

〔一一〕古若句　孫星衍云：“若”，一本作“君”，非。◎吳則虞云：《水經注》
“古”上有“臣以爲”三字。◎文斌案：《水經注》“無”作“不”。元刻本、
活字本、嘉靖本、沈本、吳懷保本“若”作“君”。

〔一二〕非君句　吳則虞云：“願”，《水經注》作“樂”，《水經注》卷二十六亦引
此。◎盧文弨云：元刻末注云：“此章與《景公謂梁丘據與己和》《景公
使祝史禳彗星》皆出於《景公游公阜一日而有三過言》，但析爲章而辭少
異，皆著於此篇。”◎張純一云：此章與《諫上》十七章並十八章首段宜
參觀。◎文斌案：“所願也”，《水經注》作“之樂”。元刻本、活字本、嘉
靖本、沈本、吳懷保本、吳鼒本均有注文，《子彙》本、吳勉學本、黃本、綿
眇閣本、楊本、凌本、孫本無，今亦删注文。

景公謂梁丘據與己和晏子諫第五〔一〕

　　景公至自畋〔二〕，晏子侍於遄臺，梁丘據造焉〔三〕。公曰：“維據與
我和夫〔四〕！”晏子對曰：“據亦‘同’也，焉得爲‘和’？”公曰：“‘和’與
‘同’異乎？”對曰：“異。‘和’如羹焉：水、火、醯、醢、鹽、梅，以烹魚
肉，燀之以薪〔五〕，宰夫和之，齊之以味，濟其不及，以洩其過〔六〕。君子
食之，以平其心。君臣亦然。君所謂可而有否焉，臣獻其否以成其
可；君所謂否而有可焉，臣獻其可以去其否。是以政平而不干〔七〕，民
無争心。故《詩》曰：‘亦有和羹，既戒且平〔八〕。奏鬷無言〔九〕，時靡有
争〔一〇〕。’先王之濟五味〔一一〕、和五聲也，以平其心、成其政也。聲亦如
味：一氣、二體、三類、四物、五聲、六律、七音、八風、九歌，以相成
也〔一二〕；清濁、小大〔一三〕、短長〔一四〕、疾徐、哀樂、剛柔、遲速、高下、出入、
周流〔一五〕，以相濟也。君子聽之，以平其心，心平德和。故《詩》曰：
‘德音不瑕〔一六〕。’今據不然，君所謂可，據亦曰可；君所謂否，據亦曰

否。若以水濟水,誰能食之? 若琴瑟之專一〔一七〕,誰能聽之? '同'之不可也如是。"公曰:"善〔一八〕。"

〔一〕吳則虞云:此用《左·昭二十年傳》文,只增"公曰善"三字。◎文斌案:《子彙》本、凌本、楊本附於《内篇諫上》第十八章後。吳懷保本標題作"和同之論",楊本作"遄臺論和同",凌本作"景公至自畋"。

〔二〕景公句 孫星衍云:"畋",《左傳》作"田"。◎文斌案:《左傳》"景公"作"齊侯"。

〔三〕梁丘句 孫星衍云:"梁丘據",《左傳》作"子猶",稱其字。◎文斌案:《左傳》"造焉"作"弛而造焉"。

〔四〕維據句 張純一云:"維",《左傳》作"唯"。

〔五〕煇 孫星衍云:《説文》:"'煇',炊也。"◎吳則虞云:杜注同。

〔六〕濟其二句 張純一云:杜注:"'濟',益也;'洩',減也。"《文選·(陸士衡)答賈長淵詩》注作"以渫其過"。《説文》:"'渫',除去也。"◎吳則虞云:元刻本、活字本"過"誤作"遇"。◎文斌案:活字本"濟"並誤作"齊"。

〔七〕是以句 張純一云:"干",犯也。◎劉如瑛云:《説文·午部》:"'午',牾也。""'牾',屰也。"又《干部》:"'屰',不順也。从干下凵,屰之也。"可知"干""午"二字俱有"屰"義("屰"即"逆"之本字)。本書《内篇雜上》第廿六章燕之游士"泯子午",《漢書·古今人表》中下作"燕子干",蓋二字義近而形似。《管子·宙合》:"夫五音不同聲而能調,此言君之所出令無妄也,而無所不順,順而令行政成。五味不同物而能和,此言臣之所任力無妄也,而無所不得,得而力務財多。""不干"即此"無所不順"之意。本篇下文:"先王之濟五味、和五聲也,以平其心、成其政也。"與《管子·宙合》相類,殆爲所據。張純一訓"干"爲"犯也",乃據《説文》本義,似有未盡。◎文斌案:吳勉學本"干"誤作"于"。

〔八〕且平 孫星衍云:《左傳》作"既平"。◎劉師培《校補》云:《詩·商頌》疏引《左傳》亦作"且平",杜注及疏,字均作"且",《申鑒·雜言上》引同。◎文斌案:《商頌·烈祖》作"既平"。

〔九〕奏畷 孫星衍云:《詩》作"鬷假",《傳》:"'鬷',總;'假',大也。"《左傳》作"鬷嘏",《禮記·中庸篇》作"奏假",鄭氏注:"言奏大樂于宗廟之中。"此作"奏畷",未詳也。◎王念孫云:昭二十年《左傳》作"鬷嘏無言"。此篇全用《左傳》,則此文亦當與彼同。今作"奏畷無言"者,後人依《中庸》旁記"奏"字,而寫者誤合之,又脱去"嘏"字耳。當依《左傳》改正。◎黃以周云:凌本作"鬷嘏"。◎劉師培《校補》云:"奏"讀"湊",義訓"聚合",

與"䩺"俱爲"總"義,乃《商頌》異文,不必以毛、鄭之説解之。◎文斌案:凌本亦作"奏䩺",黃氏失檢。杜注:"'䩺',總也。'嘏',大也。言總大政能使上下皆如和羹。"

〔一〇〕時靡句　孫星衍云:以上《商頌・烈祖》之詩。

〔一一〕濟　張純一云:杜注:"'濟',成也。"

〔一二〕以相句　文斌案:楊本脱"相"字。

〔一三〕小大　文斌案:各本均作"小大",《左傳》亦同。蘇輿本、張純一《校注》、吳則虞《集釋》作"大小",不詳何據。

〔一四〕短長　吳則虞云:元本誤作"矩長",吳懷保諸本作"短長"。◎文斌案:活字本、沈本亦誤作"矩長"。

〔一五〕周流　孫星衍云:《左傳》作"周流",杜預注:"'周',密也。"陸德明《音義》:"傳本皆作'流',然此五句皆相對,不應獨作'周流'。古本有作'疏'者。"案:注訓"周"爲"密",則與"疏"相對,宜爲"疏"耳。◎蘇輿云:今本《左傳》作"疏";作"流"者,俗本也。

〔一六〕德音句　孫星衍云:《豳風・狼跋》之詩。

〔一七〕若琴句　孫星衍云:"一",《左傳》作"壹"。

〔一八〕張純一云:此章與《諫上》十八章中段"景公曰'據與我和'"爲一事。◎吳則虞云:荀悦《申鑒》卷四云:"君子食和羹以平其氣,聽和聲以平其志,納和言以平其政,履和行以平其德。夫酸鹹甘苦不同,嘉味以濟,謂之和羹;宮商角徵不同,嘉音以章,謂之和聲;臧否損益不同,中正以訓,謂之和言;趨舍動静不同,雅度以平,謂之和行。人之言曰:'唯其言而莫予違也,則幾於喪國焉。'孔子曰:'君子和而不同。'晏子亦云:'以水濟水,誰能食之;琴瑟一聲,誰能聽之。'《詩》云:'亦有和羹,既戒且平;奏假無言,時靡有争。'此之謂也。"可發此章之義。◎文斌案:《左傳》無"公曰善"三字。楊伯峻謂:"《晏子春秋・外篇上》襲取(《左傳》)此段,末有'公曰善'三字,蓋後加。"

景公使祝史禳彗星晏子諫第六〔一〕

齊有彗星,景公使祝禳之〔二〕。晏子諫曰〔三〕:"無益也,祇取誣焉。天道不謟〔四〕,不貳其命,若之何禳之也?且天之有彗〔五〕,以除穢也〔六〕。君無穢德,又何禳焉?若德之穢,禳之何損〔七〕?《詩》云:'維此文王,小心翼翼。昭事上帝,聿懷多福。厥德不回,以受方國〔八〕。'

君無違德〔九〕,方國將至,何患于彗?《詩》曰:'我無所監,夏后及商。用亂之故,民卒流亡〔一〇〕。'若德之回亂〔一一〕,民將流亡,祝史之為,無能補也。"公說,乃止〔一二〕。

〔一〕吳則虞云:此用《左·昭二十六年》文,與《諫上》第十八章實一事。◎文斌案:《子彙》本、凌本附於《內篇諫上》第十八章後,楊本無本章。吳懷保本標題作"諫禳彗星",凌本作"齊有彗星"。

〔二〕景公句 張純一云:《左傳》無"祝"字。杜注:"祭以禳除之。"案:此文"祝"下當有"史"字。◎王叔岷云:《白帖》一引作"景公欲禳之"。◎田宗堯云:《左·昭二十六年傳》《新序·雜事四》"景公"並作"齊侯"。又"禳",《新序》作"禬",下同。"禳""禬",正、假字。《天中記》二引作"公欲使柏常(原"柏常"二字誤倒)騫禳之"。◎文斌案:《白孔六帖》一引無"景"字。《論衡·變虛篇》作:"齊景公時有彗星,使人禳之。"

〔三〕晏子句 文斌案:《左傳》《新序》《論衡》《白孔六帖》《天中記》均無"諫"字。

〔四〕天道句 孫星衍云:"謟",杜預注《左傳》:"疑也。"◎王叔岷云:《論衡·變虛篇》"謟"作"闇"。◎田宗堯云:《左傳》作"謟"。阮元云:"監本、毛本'謟'並作'諂'。"陳樹華云:"依《論衡》,則'闇'與'諂'字同韻,或《左傳》古本作'諂'。"《新序·雜事篇》引亦作"諂"。◎文斌案:凌本亦作"諂"。

〔五〕且天句 王叔岷云:黃之寀本無"之"字。◎吳則虞云:"禳之"下"也"字當在"彗"下,《左傳》正如此。

〔六〕以除句 劉師培《黃本校記》云:黃本"穢"下有"德"字。◎張純一云:以彗形如帚故。◎王叔岷云:《白帖》引"以"上有"所"字。

〔七〕禳之句 劉師培《校補》云:《論衡·變虛篇》"損"作"益",《新序·雜事四》何允中本亦作"益"。◎王叔岷云:《白帖》引此"損"亦作"益"。

〔八〕以受句 孫星衍云:以上《大雅·文王》之詩。◎文斌案:此引《大雅·大明》之詩,孫氏失檢。

〔九〕君無句 劉師培《校補》云:"違德",《論衡》作"回德","回""違"古通。◎田宗堯云:《論衡》引"違德"作"回德"。上文"厥德不回",下文"若德之回亂",字並作"回"。《左傳》杜注:"'回',違也。"作"回"與上下文合。

〔一〇〕民卒句 孫本"流"作"沴",下同。《音義》云:以上,杜預注《左傳》:"逸詩也。""沴",一本作"流",按"沴"即"流"隸字。◎黃以周云:元刻作"流",下同。◎王叔岷云:"流"字,黃之寀本同。明活字本、《子彙》

本並作"汱",下同。◎文斌案:元刻本、活字本、嘉靖本、《子彙》本、吳懷保本、吳勉學本、綿眇閣本、凌本、蘇輿本、吳則虞《集釋》均作"汱"。黃以周誤吳鼐本爲元刻本。沈本、黃本、張純一《校注》作"流"。

〔一一〕若德句 吳則虞云:當據《左傳》删"之"字。◎文斌案:《論衡》亦無"之"字。

〔一二〕乃止 劉師培《校補》云:《元龜》二百四十二引作"乃已"。◎盧文弨云:元刻末注云:"此章與《景公登公阜見彗星》章旨同,故著於此篇。"◎張純一云:此與《諫上》十八章"使禳彗星"爲一事。◎文斌案:元刻本、活字本、嘉靖本、沈本、吳懷保本、吳鼐本均有注文,《子彙》本、吳勉學本、黃本、綿眇閣本、凌本、孫本無,今亦删注文。

景公有疾梁丘據裔款請誅祝史晏子諫第七〔一〕

　　景公疥遂痁〔二〕,期而不瘳。諸侯之賓問疾者多在〔三〕。梁丘據、裔款言於公曰:"吾事鬼神豐〔四〕,于先君有加矣。今君疾病,爲諸侯憂,是祝、史之罪也。諸侯不知,其謂我不敬。君盍誅于祝固、史嚚以辭賓〔五〕?"公說,告晏子,晏子對曰:"日宋之盟〔六〕,屈建問范會之德於趙武,趙武曰:'夫子家事治〔七〕,言于晉國,竭情無私〔八〕,其祝史祭祀,陳信不愧〔九〕。其家事無猜〔一○〕,其祝史不祈。'建以語康王,康王曰:'神人無怨,宜夫子之光輔五君〔一一〕,以爲諸侯主也〔一二〕。'"公曰:"據與款謂寡人能事鬼神〔一三〕,故欲誅于祝史。子稱是語,何故?"對曰:"若有德之君〔一四〕,外内不廢,上下無怨,動無違事,其祝史薦信,無愧心矣。是以鬼神用饗,國受其福,祝史與焉。其所以蕃祉老壽者〔一五〕,爲信君使也,其言忠信於鬼神。其適遇淫君〔一六〕,外内頗邪,上下怨疾,動作辟違〔一七〕,從欲厭私,高臺深池,撞鍾舞女〔一八〕,斬刈民力〔一九〕,輸掠其聚〔二○〕,以成其違,不恤後人,暴虐淫縱〔二一〕,肆行非度,無所還忌〔二二〕,不思謗讟,不憚鬼神,神怒民痛〔二三〕,無悛於心〔二四〕。其祝史薦信,是言罪也;其蓋失數美,是矯誣也。進退無辭,則虛以求媚〔二五〕。是以鬼神不饗,其國以禍之〔二六〕,祝史與焉。所以夭昏孤疾者〔二七〕,爲暴君使也〔二八〕,其言僭嫚于鬼神〔二九〕。"公曰:"然則若之何?"對曰:"不可爲也。山林之木,衡鹿守之;澤之萑蒲〔三○〕,舟鮫守之;藪之薪蒸〔三一〕,虞候守之〔三二〕;海之鹽蜃,祈望守之。縣鄙之人,入從其政;偪介之關〔三三〕,暴征其私;承嗣大夫,彊易其賄〔三四〕;布常無藝〔三五〕,徵斂無度;宮室日更,淫樂不違〔三六〕;内寵之妾肆奪于市,外寵之臣僭令於鄙〔三七〕;私欲養求,不給則應〔三八〕。民人苦病,夫婦皆詛。祝有益也,詛亦有損〔三九〕。聊攝以東,姑尤以西,其爲人也多矣! 雖其善祝,豈能勝億兆人之詛〔四〇〕? 君若欲誅於祝史,修德而後可。"公説,使有司寬政〔四一〕、毁關、去禁、薄斂、已責〔四二〕。公疾愈〔四三〕。

〔一〕文斌案:《子彙》本、凌本附於《内篇諫上》第十二章後,楊本無此章。吳懷保本標題作"諫誅祝史",凌本作"景公疥逐痁"("逐"字誤,當作"遂")。

〔二〕景公句　孫星衍云:事在昭十二年。◎張純一云:《左傳》杜注:"'痁',瘧疾。""遂"當作"且",説詳《諫上》十二章。◎吳則虞云:元刻本"遂"誤作"逐",活字本不誤。◎文斌案:事在昭公二十年,孫氏失檢。《左傳·昭二十年》"景公"作"齊侯"。嘉靖本、《子彙》本、吳懷保本、吳勉學本、綿眇閣本、凌本"遂"亦誤作"逐"。

〔三〕多在　張純一云:杜注:"多在齊。"

〔四〕吾事句　張純一云:"吾"當是"君"之譌。

〔五〕君盍句　文斌案:元刻本、活字本、嘉靖本、沈本、吳懷保本"史"誤作"使",黄本"盍"誤作"嚚"。

〔六〕日　張純一云:杜注:"'日',往日也。宋盟在襄二十七年。"

〔七〕夫子句　張純一云:襄二十七年、昭二十年《左傳》"家"上並有"之"字。◎文斌案:綿眇閣本"治"誤作"冶"。

〔八〕竭情句　文斌案:《左傳·昭二十年》同,《襄二十七年》作"無隱情"。

〔九〕陳信句　孫本"信"作"言",《音義》云:"言",一本同《左傳》作"信"。◎黄以周云:元刻作"陳信",凌本同。◎吳則虞云:吳勉學本亦作"言"。◎王叔岷云:黄之寀本"信"作"言"。明活字本、《子彙》本並與元本同。◎文斌案:嘉靖本、沈本、吳懷保本、綿眇閣本、凌本亦作"陳信"。《左傳·昭二十年》作"其祝史祭祀,陳信不愧",《襄二十七年》作"其祝史陳信於鬼神無愧辭"。

〔一〇〕其家句　張純一云:"猜",元刻作"情",譌。◎王叔岷云:黄之寀本、《子彙》本"情"並作"猜"。張純一云:"元刻作'情',譌。"是也。明活字本亦誤"情"。◎文斌案:嘉靖本、沈本、吳懷保本、吳蕭本亦誤作"情",吳勉學本、綿眇閣本、凌本、孫本均作"猜"。今改"情"作"猜"。

〔一一〕宜夫句　張純一云:杜注:"五君:文、襄、靈、成、景。"◎吳則虞云:元刻本、活字本"光"誤"先",綿眇閣本作"光"。◎文斌案:嘉靖本、沈本、吴懷保本"光"亦誤作"先",《子彙》本、吴勉學本、黄本、凌本、孫本均作"光"。

〔一二〕以爲句　孫星衍云:"諸侯主",今本皆作"諸主",據《左傳》增。◎文斌案:顧廣圻亦校補"侯"字。"神人無怨"三句,《左傳·襄二十七年》作"能歆神、人,宜其光輔五君以爲盟主也"。

〔一三〕據與句　文斌案:凌本"謂"作"會"。

〔一四〕若有句　吴則虞云:元刻本、活字本脫"有"字。◎文斌案:嘉靖本、吴懷保本亦脫"有"字,《子彙》本、沈本、吴勉學本、黄本、綿眇閣本、凌本、孫本均有"有"字。

〔一五〕其所句　吴則虞云:元刻本、活字本"祉"誤"禮"。◎文斌案:嘉靖本、吴懷保本"祉"亦誤作"禮"。

〔一六〕其適句　徐仁甫云:"其適遇淫君"與上"若有德之君"兩句互文,"其"猶"若"也(訓見《經傳釋詞》)。言若適遇淫君也。

〔一七〕動作句　吴則虞云:元刻本、活字本"違"誤作"遠"。◎文斌案:嘉靖本、吴懷保本"違"亦誤作"遠"。

〔一八〕撞鍾句　田宗堯云:"鍾",吴勉學本同。日刊黄之寀本、明活字本、《子彙》本、《指海》本並作"鐘",字通。◎文斌案:元刻本、活字本、《子彙》本、吴懷保本、黄本、綿眇閣本、凌本作"鐘",嘉靖本、沈本、吴勉學本、孫本作"鍾"。

〔一九〕斬刈句　文斌案:黄本"刈"誤作"川"。

〔二〇〕輪掠句　孫星衍云:"掠",《説文》新附有此字,云"《唐韻》或作'擽'"。按:《漢書·武紀》作"略"。

〔二一〕暴虐句　孫星衍云:"縱",《左傳》作"從"。

〔二二〕還　張純一云:杜注:"'還',猶'顧'也。"

〔二三〕神怒句　吴則虞云:"神怒"上,元刻本、活字本有"鬼"字。◎文斌案:嘉靖本、沈本、吴懷保本亦衍"鬼"字。

〔二四〕悛　張純一云:改也。

〔二五〕則虚句　孫本"求"作"成",《音義》云:一本同《左傳》,"成"作"求"。◎黄以周云:元刻作"求媚",凌本同。◎吴則虞云:吴勉學本作"成"。◎王叔岷云:黄之寀本"求"作"成",蓋草書形近之誤。明活字本、《子彙》本並與元本同。◎田宗堯云:《指海》本"求"字與元本同。◎文斌案:嘉靖本、沈本、吴懷保本、綿眇閣本均作"求"。

〔二六〕其國句　俞樾云:"之"字衍文,"其國以禍"四字爲句,言國以之而受禍也。與上文"國受其福"相對爲文。説詳《群經平議·左傳》。

〔二七〕所以句　蘇輿云:"所"上當從《左傳》有"其"字,與上一律。◎文斌案:

《左傳》同《晏子》,"所"上無"其"字,蘇氏失檢。

〔二八〕爲暴句　吳則虞云:元刻本、活字本"爲"作"其"。◎文斌案:嘉靖本、沈本、吳懷保本"爲"亦作"其"。

〔二九〕僭嫚　張純一云:"僭",不信也。"嫚"與"慢"同。

〔三〇〕澤之句　孫星衍云:《説文》:"'籔',禁苑也。"引《春秋傳》曰:"澤之目籔。"◎黃以周云:"萑"當作"雚",元刻作"蘿"。《説文》:"雚",雚爵,似鴻雁而大。"萑",老兔,似鴟鵂而小。"萑",薍之已秀者也。"'萑',从'隹'从'艹'。""'雚',从'艸''萑'聲。"◎王叔岷云:"蘿"字明活字本同。黃之寀本、《子彙》本並作"萑"。◎田宗堯云:吳勉學本、《指海》本作"萑"。"萑",本作"蘿"。作"蘿"者,蓋"萑"字之俗書。《左·昭二十年傳》字亦作"萑"。◎文斌案:元刻本、活字本、沈本、吳懷保本、吳鼎本作"蘿",嘉靖本、《子彙》本、吳勉學本、黃本、綿眇閣本、凌本、孫本作"萑"。

〔三一〕藪之句　吳則虞云:元刻本、活字本脱"蒸"字。◎文斌案:嘉靖本、吳懷保本亦脱"蒸"字。

〔三二〕虞候句　吳則虞云:元刻本、活字本"候"下有"狄"字。◎文斌案:嘉靖本、吳懷保本亦衍"狄"字。黃本"候"作"侯",孫本、吳鼎本作"候",即候,今從蘇輿本、張純一《校注》、吳則虞《集釋》改作"候"。

〔三三〕偪介句　王引之云:"偪介",本作"偪邇"。"偪邇之關",謂迫近國都之關也。今本作"偪介"者,後人依誤本《左傳》改之。辯見《經義述聞》。◎吳則虞云:《指海》本"介"作"邇"。◎田宗堯云:《左傳》亦作"偪介之關",杜注:"'介',隔也。迫近國都之關。"王念孫《左傳述聞》下云:"'偪介'本作'偪尒','尒'即'邇'字也……《晏子春秋·外篇》'偪介之關'亦後人依《左傳》改之。"考《周禮·地官序》"司關"注:"'關',界上之門。"《禮記·王制注》:"'關',竟上門。"皆謂關居界上。《左傳疏》引《正義》云:"禮之正法,國之竟界上乃有關耳,自竟至國,更無關也。齊於竟内更復置關,不與常禮同。以隔内外,故注'介,隔也'。"杜注訓"介"作"隔",義有未恰,王氏已於《述聞》中言及之;《正義》因云"齊於竟内更復置關",亦執於杜注而强爲臆説;王氏因改"介"作"尒",竊意亦以爲不妥。案"偪",迫也。"介"借爲"界"(《楚辭·九章·哀郢》:"悲江介之遺風。""介"即借作"界")。"偪介之關"猶言"迫近邊界之關"也。下文"外寵之臣,僭令於鄙,私欲養求,不給則應"即承此文。若關設於國都,"鄙"字即無所應矣。且《晏子》書中,"邇"字盡作"爾",不作"尒"或"迩"。此"介"字若依王説改作"尒",亦顯與《晏子》文例不合。則本文作"偪介之關"不誤。

〔三四〕彊易句　蘇輿云："彊",舊刻誤"疆",今從浙刻正。◎張純一云：謂强立名目而取民財。◎文斌案：嘉靖本誤作"疆"。

〔三五〕布常句　孫星衍云：《爾雅·釋詁》："'法',常也。""常"亦爲"法"。"藝"當爲"埶",即"臬"假音字,"臬"爲射準的,言布法無準也。◎張純一云：杜注："'藝',法制也。言布政無法制。"

〔三六〕淫樂句　張純一云：杜注："'違',去也。"◎徐仁甫云："違"借爲"諱"。"淫樂不諱",與上文"暴虐淫縱,肆行非度,無所還忌"意同。

〔三七〕外寵句　吳則虞云：元刻本、活字本"令"誤"全"。◎文斌案：嘉靖本、吳懷保本"令"亦誤作"全"。

〔三八〕不給句　于省吾云："應"字不詞,"應"宜讀作《詩·閟宮》"戎狄是膺"之"膺","應""膺"古同字。金文通作"雁",如《雁公鼎》。"雁"即《左·僖二十四年傳》"邘晉應韓"之"應"。《叔公鎛》："雁受君公之易光","雁受"即"膺受",是其證也。上云"私欲養求","養",長也,故此云"不給則膺"懲之也。下云"民人苦病,夫婦皆詛",義正相承。

〔三九〕詛亦句　吳則虞云：元刻本、活字本"亦"誤"不";"損",元刻本誤"捐"。◎文斌案：嘉靖本、吳懷保本亦誤作"詛不有捐"。

〔四〇〕豈能句　王叔岷云：《白帖》九三引"詛"下有"邪"字。◎文斌案：《白帖》九十三引無"能"字,"詛"下字作"者"。

〔四一〕使有句　蘇輿云：舊刻"司寬"誤倒,今從浙刻乙。

〔四二〕已責　田宗堯所據本"已"作"巳",云："巳"疑爲"己"字形近之譌。"己責"者,"自責"也。與上"薄斂"對言。陳槃庵師云："'責''債',古今字。"巳"當作"已","已責",不索債也。"◎文斌案："已",止。陳説是。

〔四三〕公疾句　孫星衍云：《左傳》無此句,俗本移此在《景公飲酒樂》章之前,今據沈啓南本。◎盧文弨云：元刻末注云："此章與《景公病久欲誅祝史以謝》事悉旨同,但述辭有首末之異,故著於此篇。"◎張純一云：此與《諫上》十二章爲一事。◎文斌案：元刻本、活字本、嘉靖本、沈本、吳懷保本、吳鼒本均有注文,《子彙》本、吳勉學本、黃本、綿眇閣本、凌本、孫本無,今亦删注文。

景公見道殣自慙無德晏子諫第八〔一〕

景公賞賜及後宮〔二〕,文繡被臺榭,菽粟食鳧鴈〔三〕。出而見殣,謂晏子曰:"此何爲而死〔四〕?"晏子對曰:"此餒而死〔五〕。"公曰:"嘻,寡人之無德也甚矣〔六〕!"對曰:"君之德著而彰,何爲無德也?"景公曰:"何謂也?"對曰:"君之德及後宮與臺榭〔七〕:君之玩物〔八〕,衣以文繡;君之鳧鴈,食以菽粟;君之營內自樂〔九〕,延及後宮之族。何爲其無德〔一〇〕?顧臣願有請于君:由君之意,自樂之心,推而與百姓同之,則何殣之有?君不推此,而苟營內好私,使財貨衝有所聚〔一一〕,菽粟幣帛腐於困府〔一二〕,惠不遍加于百姓,公心不周乎萬國〔一三〕,則桀紂之所以亡也。夫士民之所以叛,由偏之也〔一四〕。君如察臣嬰之言,推君之盛德,公布之于天下,則湯武可爲也〔一五〕,一殣何足恤哉〔一六〕!"

〔一〕 文斌案:《子彙》本、凌本附於《內篇諫上》第十九章後,楊本替換《諫上》第十九章。吳懷保本標題作"見道殣",楊本作"寒塗見殣",凌本作"景公賞賜及後宮"。

〔二〕 景公句 徐仁甫云:"'後宮'下當有'之族'二字。賞賜後宮,宜也;惟賞賜及後宮之族,則濫矣。下文'延及後宮之族','後宮'下正有'之族'二字,宜據文理補之。◎文斌案:《說苑·至公》'景公'上有'齊'字,'賞賜'上有'嘗'字。

〔三〕 菽粟句 孫星衍云:"'菽',當爲'卡'。"'鴈',《說文》:"'鴈',鵝也。"'鴈'即今'鴨',故《爾雅·釋鳥》云:"舒鴈鵝。""舒"之言"大"也。鵝與鴨同類而大,'鴈''鴨'聲相近。《本草經》有'鴈肪',亦謂鴨也。《名醫》疑是鴻鴈,乃別出'鶩肪'。按此與鳧並畜,必非鴻鴈明白。《說文》自有"鴻雁",字從"隹"。◎王引之云:"'鳧',鴨也;'鴈',鵝也。此云:'菽粟食鳧鴈',下云:'君之鳧鴈,食以菽粟',則鳧鴈乃家畜,非野鳥也。《爾雅》'舒鳧鶩',郭璞曰:'鴨也。'《廣雅》曰:"'鳧鶩',鼉也。"("鼉"與"鴨"同)即此所謂"鳧"也。故對文則"鳧"與"鶩"異,散文則"鶩"亦謂之"鳧"。《爾雅》'舒鴈鵝',郭璞曰:'今江東呼'舸'。'《方言》曰:"'鴈',自關而東謂之'舸';'鵝',南楚之外謂之'鵝'。"《說文》曰:"'鵝',鴈也。""'鴈',鵝也。"《廣雅》曰:"'舸鵝',鴈也。"即此所謂"鴈"也。故對文則"鵝"與"鴈"異,散文則"鵝"亦謂之"鴈"。《莊子·山木篇》"命豎子殺鴈而亨之",謂殺鵝也。《說苑·臣術篇》"秦穆公悅百里奚之言,公孫支歸取鴈以賀"(鵝是家畜,故歸而取之之甚便),《漢書·翟方進傳》"有狗從外入,齧其中庭群鴈數十",皆謂鵝爲鴈也(詳見《經義述聞·周官·膳夫下》)。《楚辭·七諫》"畜鳧駕鵝,滿堂壇兮"(今本"駕鵝"下有"雞鶩"二字,乃後人所加,與王注不合),《齊策》"士三食不得饜,而君鵝鶩有餘食",《韓詩外傳》及《説苑·尊賢篇》並作"鴈鶩有餘粟",即此所謂"菽粟食鳬鴈"
也。孫以"鴈"爲"鴨",云"'鴈''鴨'聲相近",又引《本草》"鴈肪",皆失
之。◎田宗堯云:"尗"字見《説文》。惟秦、漢人習用"菽"字。《穀梁·莊
三十一年傳》:"戎菽也。"《淮南子·地形訓》:"其地宜菽。"字並作"菽",
皆證此"菽"字非誤。

〔四〕此何句　文斌案:《説苑》無"而"字。

〔五〕此餒句　蘇時學云:"餒"與"餧"同。◎文斌案:楊本作"餧",宋本《御
覽》八百四十一引《説苑》亦作"餧"。

〔六〕寡人句　王叔岷云:《説苑·至公篇》"甚"上有"何"字,是也。"寡人之
無德也何甚矣"猶言"寡人之無德也何甚乎"。此文無"何"字,蓋淺人不
知"矣""乎"同義,而妄删之耳。

〔七〕君之句　陶鴻慶云:"臺榭"二字與下"玩物"當互易。"玩物"包"臺榭"
"鳬鴈"而言也。上文云"景公賞賜及後宮,文繡被臺榭,菽粟食鳬鴈",是
其證。

〔八〕君之句　劉師培《黃本校記》云:黃本"物"作"狗"。◎田宗堯云:吳勉學
本作"物",與元本合。日刊黃之寀本"物"作"狗",蓋形近之誤。上文云
"景公賞賜及後宮,文繡被臺榭"即此文所承,作"狗"則與上文義不合。

〔九〕君之句　徐仁甫云:"營內自樂"四字當爲"賞賜"二字,蓋涉下文"苟營內
好私"而誤衍。上文曰"賞賜及後宮",則此亦當作"君之賞賜延及後宮之
族"可知。

〔一〇〕何爲句　蘇輿云:"其"字疑衍,上文亦無。◎張純一云:《説苑》作"何
爲其無德也",《御覽》五百四十八、又八百四十一兩引並有"其"字,足
見非衍。◎吳則虞云:又當據《説苑》句末補"也"字。

〔一一〕使財句　孫本"衝"作"偏",《音義》云:今本"偏"作"衝",據《説苑》
改。◎文斌案:孫改是。

〔一二〕囷府　孫星衍云:《詩傳》:"圓者爲囷。"《食頡篇》:"'府',文書財帛藏
也。"◎文斌案:吳懷保本"囷"誤作"困"。

〔一三〕惠不二句　蘇輿云:"公"字似當在"惠"字上。◎張純一云:此文疑本
作"惠不徧于百姓,心不周乎萬國",相對成文。今本"徧"下衍"加"字,
"心"上衍"公"字,句法不調。◎文斌案:《説苑》脱"萬"字,宋本《御
覽》八百四十一引有。

〔一四〕由徧句　孫本"徧"作"偏",《音義》云:"偏",今本作"遍",據《説苑》
改。◎黃以周云:"偏",元刻作"徧"。◎劉師培《黃本校記》云:黃本
上方校語云:"'由'下疑挩'不'字。"◎張純一云:"徧""偏"古通用。
◎王叔岷云:"徧"字明活字本同,黃之寀本作"遍",《子彙》本作"偏"。

◎田宗堯云：吳勉學本、《指海》本作“遍”；崇文本作“徧”，與元本合。“徧”“偏”“遍”並古字通用。◎文斌案：沈本、綿眇閣本、楊本、凌本作“偏”，嘉靖本、吳懷保本作“徧”。

〔一五〕則湯句　文斌案：黃本無“也”字。

〔一六〕一殣句　孫星衍云：《説苑·至公篇》用此文。◎盧文弨云：元刻末注云：“此章與《景公遊寒塗不卹死胔》辭如相反而其旨實同，故著於此篇。”◎張純一云：《景公遊寒塗》，《諫上》十九章。◎文斌案：楊本脱“足”字。元刻本、活字本、嘉靖本、沈本、吳懷保本、吳鼒本均有注文，注文“寒”誤作“塞”；《子彙》本、吳勉學本、黃本、綿眇閣本、楊本、凌本、孫本無，今亦刪注文。

景公欲誅斷所愛檟者晏子諫第九〔一〕

景公登箐室而望〔二〕，見人有斷雍門之檟者〔三〕，公令吏拘之，顧謂晏子：“趣誅之〔四〕。”晏子默然不對。公曰：“雍門之檟，寡人所甚愛也，此見斷之〔五〕，故使夫子誅之。默然而不應，何也？”晏子對曰〔六〕：“嬰聞之：古者人君出則闢道十里〔七〕。非畏也，冕前有旒〔八〕，惡多所見也〔九〕；纊紘琣耳〔一〇〕，惡多所聞也；泰帶重半鈞〔一一〕，烏履倍重，不欲輕也。刑死之罪，日中之朝〔一二〕，君過之則赦之。嬰未嘗聞爲人君而自坐其民者也〔一三〕。”公曰：“赦之〔一四〕，無使夫子復言〔一五〕。”

〔一〕文斌案：《子彙》本、凌本附於《内篇諫下》第三章後，楊本替換《諫下》第三章。吳懷保本標題作“諫誅斷檟”，楊本作“登箐室見斷檟”，凌本作“景公登箐室”。

〔二〕景公句　孫星衍云：《説文》無“箐”字。《玉篇》：“‘箐’，棺車上覆也，士見切。”蓋即“綪”字異文。《藝文類聚》作“青堂”，是。◎文斌案：《類聚》八十九引無“而望”二字。

〔三〕見人句　孫星衍云：《説文》：“‘檟’，長木兒。”孫怡：“音山巧切。”《玉篇》：“息六切。”◎洪頤煊曰：《左氏·襄十八年傳》“伐雍門之萩”，《釋文》本又作“秋”。《山海經·中山經》：“陽華之山多苦辛，其狀如檟。”郭璞注：“‘檟’即‘楸’字也。”“楸”“萩”古字通用。◎王引之云：此“檟”字非謂長木兒，乃木名也。“檟”即“楸”字也。《説文》：“‘楸’，梓也。”徐鍇曰：“《春秋左傳》‘伐雍門之楸’作‘萩’，同。”（襄十八年）《中山經》：“其

狀如檽。”郭璞曰：“即‘楸’字也。”是“雍門之檽”即“雍門之楸”。◎張純
一云：《類聚》八十九作“淮門”，或“雍”之形誤。

〔四〕趣　張純一云：遽也（《廣雅·釋詁一》）。

〔五〕此見句　盧文弨云：“此”當作“比”。◎黃以周云：盧校作“比見”，當據
改。◎吳則虞云：《指海》本改爲“比”。

〔六〕晏子句　田宗堯云：《藝文類聚》八十九引“對”作“諫”。

〔七〕闢　孫星衍云：一本作“避”。◎文斌案：吳懷保本作“避”，楊本作“辟”。

〔八〕旒　孫星衍云：《説文》：“‘塗’，垂玉也，冕飾。”“旒”，聲同耳。◎黃以周
云：《大戴·子張問入官篇》云：“冕而前旒，所以蔽明也。”並可爲冕無後
旒之證。

〔九〕惡多句　張純一云：《類聚》兩“惡多”下並無“所”字。

〔一〇〕繼紘句　孫星衍云：《説文》：“‘繼’，絮也。”“‘紘’，冠卷也。”“琉”，即
“充”俗字。《玉篇》：“‘琉’，耳也。齒融切。”《藝文類聚》作“鼙繼塞
耳”。◎劉師培《黃本校記》云：黃本上方校語云：“‘琉’，一本作‘玩’，
非。”◎徐仁甫云：“紘”當作“紸”，蓋右旁“主”誤爲“玄”，“玄”又誤爲
“厷”耳。

〔一一〕泰帶句　孫本“泰”作“大”，但《音義》仍作“泰帶”，蓋未及改也，云：一
本作“大帶”。◎于鬯云：“半鈞”，謂半斤也，非十五斤也。然則“倍重”
者，倍“半鈞”之重，則一鈞矣。一鈞者，一斤也，非三十斤也。泥於三十
斤爲鈞之説，帶履之重，皆無其理。◎蘇輿云：“鈞”，舊刻誤“釣”，今從
浙刻改。◎張純一云：“三十斤曰鈞。”（《禮·月令》“鈞衡石”注）◎吳
則虞云：元刻本、活字本作“泰”。◎王叔岷云：“泰”字，黃之寀本、《子
彙》本並作“大”。◎文斌案：于説是，張説非。下句“烏履”爲鞋子，不
當三十斤重。吳勉學本、綿眇閣本、楊本、凌本作“大”，嘉靖本、沈本、吳
懷保本作“泰”。

〔一二〕日中句　孫詒讓云：“日中之朝”，謂市朝也。《易·繫辭》云：“日中爲
市。”《周禮·司市》云：“國君過市，則刑人赦。”晏子此言與禮正合。説
詳《周禮正義》。

〔一三〕嬰未句　吳則虞云：“坐”，《類聚》作“生”，誤。《蒼頡篇》：“‘坐’，辠
也。”◎文斌案：《類聚》引作“晏子諫曰‘前冕旒，惡多見也；鼙繼塞耳，
惡多聞也。人君自生其民’”，蓋節引《晏子》之文。其“人君自生其民”
與本文“嬰未嘗聞爲人君而自坐其民”辭雖異而義正同，“生”字非誤。

〔一四〕赦之句　張純一云：《類聚》作“趨舍之”。

〔一五〕盧文弨云：元刻末注云：“此章與《景公欲殺犯槐者》《景公逐得斬竹》事
悉同，但辭少異耳，故著於此篇。”◎張純一云：犯槐、斬竹事見《諫下》

第二章、第三章。◎文斌案：元刻本、活字本、嘉靖本、沈本、吳懷保本、吳勉本均有注文，《子彙》本、吳勉學本、黃本、綿眇閣本、楊本、凌本、孫本無，今亦刪注文。元刻本、活字本、嘉靖本、沈本、吳勉本注文“但”後復有“悉”字，顧廣圻乙“悉辭”爲“辭悉”。

景公坐路寢曰誰將有此晏子諫第十〔一〕

　　景公坐於路寢，曰〔二〕："美哉其室！將誰有此乎〔三〕？"晏子對曰："其田氏乎〔四〕！田無宇爲埄矣〔五〕。"公曰〔六〕："然則奈何？"晏子對曰："爲善者，君上之所勸也，豈可禁哉？夫田氏，國門擊柝之家〔七〕，父以托其子，兄以托其弟，於今三世矣。山木如市，不加于山；魚鹽蜃蛤〔八〕，不加于海。民財爲之歸。今歲凶饑〔九〕，蒿種毛斂不半〔一〇〕，道路有死人。齊舊四量，四升而豆〔一一〕，豆四而區，區四而釜，釜十而鍾〔一二〕。田氏四量各加一焉。以家量貸，以公量收，則所以糴〔一三〕，百姓之死命者澤矣〔一四〕。今公家驕汰而田氏慈惠，國澤是將焉歸〔一五〕？田氏雖無德而施于民〔一六〕，公厚斂而田氏厚施焉。《詩》曰：'雖無德與汝，式歌且舞〔一七〕。'田氏之施，民歌舞之也〔一八〕，國之歸焉，不亦宜乎？"〔一九〕

〔一〕孫星衍云：俗本刪此章。◎盧文弨云：吳（勉學）本缺。◎劉師培《黃本校記》云：黃本此章挩。◎吳則虞云：活字本“第十”誤作“第十一”。◎田宗堯云：《子彙》本此章亦脫。◎文斌案：綿眇閣本、楊本、凌本亦缺此章。元刻本、活字本、嘉靖本、沈本目録“誰”誤作“請”，元刻本、活字本標題“十”後衍“一”字。吳懷保本標題作“諫善可以爲國”，目録“諫”作“論”。

〔二〕景公二句　張純一云：昭二十六年《左傳》作“齊侯與晏子坐于路寢，公歎曰”。

〔三〕美哉二句　王念孫云："美哉其室，將誰有此乎"當作"美哉室，其誰將有此乎"。今本"其"字誤入上句内，則文義不順。"誰將"又誤作"將誰"。案：本篇標題曰"景公坐路寢曰誰將有此"，"誰將"二字尚不誤，則作"將誰"者誤也（後第十五云"後世孰將踐有齊國者乎"，"孰"字亦在"將"字上）。昭二十六年《左傳》正作"美哉室，其誰有此乎"。◎張純一云：杜注："景公自知德不能久有國，故歎也。"

〔四〕其田句　張純一云：《左傳》作："晏子曰：'敢問何謂也？'公曰：'吾以爲

在德.'對曰:'如君之言,其陳氏乎!'"

〔五〕埠 孫星衍云:"埠",《玉篇》:"水隄也,胡肝切。"◎俞樾云:"埠"字義不
可通,疑"圻"字之誤。"圻"誤爲"圩",又誤爲"埠"耳。"圻"者,"幾"之
假字,《隱元年·穀梁傳》注"天子畿内",《釋文》曰:"'畿',本作'圻'。"
然則"圻"之通作"幾",猶"圻"之通作"畿"也。"田無宇爲圻矣",猶曰
"田無宇爲幾矣"。《問上篇》曰:"田無宇之後爲幾。"是其證。◎劉師培
《校補》云:"埠"疑"壿"之壞字,《説文》云:"'壿',射臬也,讀若'準'。"字
或作"埻",則壿爲矢臬,此以射壿爲矢所歸,喻田氏爲民所歸。下云"民財
爲之歸",又云"國澤是將焉歸",又云"國之歸也,不亦宜乎",均蒙此言。
◎劉如瑛云:"埠"字不誤,不必改字。《玉篇·土部》:"'埠',小隄也。"小
隄所以蓄水,以喻田氏厚施恩澤,正所以招徠齊民。故下文"民財爲之歸"
"國澤是將焉歸""國之歸焉,不亦宜乎",正就此喻而言。◎文斌案:《玉
篇》原作"小隄",孫氏誤"小"爲"水",失檢。

〔六〕公曰句 蘇輿云:"曰"字舊脱,《拾補》有。浙刻據元刻補,今從浙刻正。
◎文斌案:元刻本、活字本、嘉靖本、沈本、吳懷保本、孫本均有"曰"字。

〔七〕柝 張純一云:行夜所擊木也(《孟子·萬章下》"抱關擊柝"注)。◎文
斌案:吳懷保本誤作"析"。

〔八〕魚鹽句 文斌案:元刻本、活字本、嘉靖本"蜃"誤作"脣"。

〔九〕今歲句 文斌案:元刻本、活字本、嘉靖本、吳懷保本、吳鼐本"饑"譌作
"飢",沈本、孫本作"饑"。作"饑"是,今改作"饑"。

〔一〇〕蓏種句 孫星衍云:"芼",《説文》:"艸覆蔓。"◎張純一云:"蒿",艾類。
"芼",池沼生草,可爲蔬者。言今歲凶,不惟未粟無收,即蒿芼之屬亦斂
不及半。◎吳則虞:孫説非是。"芼""斂"並文,當從《廣雅·釋詁》
訓爲"取","芼斂不半",猶言"收斂未半"也。

〔一一〕齊舊二句 各本均作"齊舊四量而豆"。陶鴻慶云:"而豆"上當有"四
升"二字。《内篇問下》云:"齊舊四量:豆、區、釜、鐘,四升爲豆,各自其
四,以登於釜,釜十則鐘。"與此文異而義同。◎吳則虞云:《指海》本已
據補"四升"二字。◎文斌案:顧廣圻亦於"而豆"上注校語云:"當有
'四升'二字。"今據補。

〔一二〕釜十句 文斌案:元刻本、活字本、沈本、吳懷保本"鍾"均作"鐘",嘉靖
本作"鍾"。

〔一三〕則所句 孫星衍云:"糶",《説文》:"市穀也。"

〔一四〕百姓句 張純一云:民命之將死者被其膏澤而生矣。◎吳則虞云:
"澤"疑"𦋺"之假借,《説文》:"引給也。"段玉裁云:"引之使長。""死命
者𦋺矣",謂延其命也。

〔一五〕國澤句　王念孫云："澤"，古"舍"字也。説見《管子·戒篇》。◎吳則
虞云：《戒篇》王氏云："'澤'讀爲'舍其路而弗由'之'舍'。'舍''釋'
'澤'三字古同聲而通用。《周頌·載芟篇》'其耕澤澤'，《正義》引《爾
雅》作'釋釋'；《夏小正》'農及雪澤'，《管子·乘馬篇》作'農耕及雪
釋'。《考工記》：'水有時以凝，有時以澤。'是'釋'與'澤'通也。《周
官·占夢》'乃舍萌于四方'，鄭注曰："舍"，讀爲"釋"。'古者'釋菜'
'釋奠'，多作'舍'字。《鄉飲酒禮》'主人釋服'，《大射儀》'獲而未釋
獲'，古文'釋'並作'舍'。《月令》'命樂正習舞，釋菜'，《吕氏春秋·
仲春篇》'釋'作'舍'。是'釋'與'舍'通也。《管子·形勢篇》'莫知其
爲之，莫知其澤之'，《形勢解》'澤'作'舍'，是'舍'與'澤'通也。"

〔一六〕田氏句　文斌案：《左傳》作"陳氏雖無大德，而有施于民"。

〔一七〕雖無二句　孫星衍云：《小雅·車舝》之詩。◎張純一云：杜注："詩義
取雖無大德，要有喜説之心，欲歌舞之。'式'，用也。"◎吳則虞云：原
詩云："雖無德與女，式歌且舞。"《箋》云："雖無其德我與女，用是歌舞
相樂，喜之至也。"詩人本以"女"與褒姒相比，晏子引《詩》以爲景公與
田氏，而以德爲施於民之德，與詩意不同。《後漢書·孝章帝紀》："詔
鳳皇、黃龍所見亭部，無出二年租賦，加賜男子爵人二級，先見者帛二十
匹，近者三匹，太守三十匹，令長十五匹，丞尉半之。《詩》云：'雖亡德於
民，式歌且舞。'"與此引《詩》同。◎徐仁甫云：田氏以大斗出貸，以小
斗收，齊人歌之曰："嫗(謳)乎采芑，歸乎田成(成字衍)子。"見《史記·
田敬仲完世家》。《韓非子·外儲説右上》作"晏子對景公語"，則田氏
之施，民歌舞之，事實具在，景公與晏子所同知矣。此引《詩》曰："雖無
德與汝，式歌且舞。""與"猶"於"也(訓見《經義述聞·通説》"於"字
條)。"汝"，汝萬民也(見馬其昶《毛詩學》)。不言"民"而言"汝"者，
"汝"與"舞"爲韻也。"式"猶"既"也("式歌且舞"與《常棣》"既安且
寧"、《那》"既和且平"相同)。言雖無德於民，民既歌且舞之矣。田氏
有施於民，而言"雖無德於民"者，乃虚擬謙辭，文法當爾(見《毛詩學》
説"雖無好友"句)。吳説殊不醒豁。《後漢書》引《詩》本作"雖亡德於
汝"，吳引作"於民"，不知何據？抑排印誤歟？◎文斌案：吳氏引《詩
箋》《後漢書·章帝紀》斷句皆可商，且《章帝紀》引文有誤。《箋》當斷
作："雖無其德，我與女用是歌舞相樂，喜之至也。"《章帝紀》當斷作：
"詔：'鳳皇、黃龍所見亭部無出二年租賦，加賜男子爵，人二級；先見者
帛二十匹，近者三匹，太守三十匹，令、長十五匹，丞、尉半之。《詩》云：
"雖無德與汝，式歌且舞。"'"

〔一八〕田氏二句　張純一云：此章蓋本昭三年及二十六年《左傳》綜合而成。

〔一九〕盧文弨云：元刻末注云：“此章與《景公登路寢而嘆》《景公問後世有齊者》《叔向問齊國之治何若》辭旨略同而小異，故著於此篇。”◎張純一云：此與《諫下》十九章、《問上》八章後段、《問下》十七章前半、後十五章爲一事。◎文斌案：元刻本、活字本、嘉靖本、沈本、吳懷保本、吳勉本均有注文，孫本無。今亦删注文。元刻本、活字本、嘉靖本、沈本、吳懷保本注文“之治何若”均作“之若”，顧廣圻改作“若何”。

景公臺成盆成适願合葬其母晏子諫而許第十一〔一〕

景公宿于路寢之宮〔二〕，夜分，聞西方有男子哭者，公悲之。明日朝，問於晏子曰：“寡人夜者聞西方有男子哭者〔三〕，聲甚哀，氣甚悲〔四〕，是奚爲者也〔五〕？寡人哀之。”晏子對曰：“西郭徒居布衣之士盆成适也〔六〕，父之孝子，兄之順弟也〔七〕，又嘗爲孔子門人〔八〕。今其母不幸而死，柎柩未葬〔九〕，家貧、身老〔一〇〕、子孺〔一一〕，恐力不能合柎，是以悲也。”公曰：“子爲寡人弔之，因問其偏柎何所在〔一二〕。”晏子奉命往弔而問偏之所在〔一三〕。盆成适再拜稽首而不起，曰：“偏柎寄于路寢，得爲地下之臣，擁札摻筆〔一四〕，給事宮殿中右陛之下〔一五〕。願以某日送〔一六〕，未得君之意也。窮困無以圖之〔一七〕，布脣枯舌〔一八〕，焦心熱中。今君不辱而臨之〔一九〕，願君圖之。”晏子曰：“然。此人之甚重者也〔二〇〕，而恐君不許也。”盆成适曆然曰〔二一〕：“凡在君耳〔二二〕！且臣聞之：越王好勇，其民輕死〔二三〕；楚靈王好細腰〔二四〕，其朝多餓死人〔二五〕；子胥忠其君，故天下皆願得以爲子〔二六〕。今爲人子臣而離散其親戚〔二七〕，孝乎哉？足以爲臣乎〔二八〕？若此而得柎，是生臣而安死母也〔二九〕；若此而不得，則臣請輓尸車而寄之於國門外宇溜之下〔三〇〕。身不敢飲食，擁轅執輅，木乾鳥栖，袒肉暴骸〔三一〕，以望君愍之。賤臣雖愚，竊意明君哀而不忍也。”晏子入，復乎公，公忿然作色而怒，曰：“子何必患若言而教寡人乎〔三二〕？”晏子對曰：“嬰聞之：忠不避危〔三三〕，愛無惡言。且嬰固以難之矣〔三四〕。今君營處爲游觀〔三五〕，既奪人有，又禁其葬，非仁也；肆心傲聽，不恤民憂，非義也。若何勿聽？”因道盆成适之辭〔三六〕。公喟然太息曰〔三七〕：“悲乎哉！子勿復言。”迺使男子袒免、女子髮笄者以百數〔三八〕，爲開凶門〔三九〕，以迎盆成适。适脫衰絰，冠條纓，墨緣〔四〇〕，以見乎公。公曰：“吾聞之：五子不滿隅，

一子可滿朝〔四一〕,非迺子耶!"盆成适于是臨事不敢哭,奉事以禮,畢,出門,然後舉聲焉。〔四二〕

〔一〕文斌案:《子彙》本、凌本、楊本附於《内篇諫下》第二十章後。吳懷保本標題作"諫禁盆成适合葬",目録"禁"作"許";楊本作"盆成括(標題作括,正文亦作适)祔路寢",凌本作"景公宿于路寢之臺"。吳勉學本在"景公與晏子立曲潢之上"章後且誤連。

〔二〕景公句　王叔岷云:黄之寀本"路"作"露",古字通用。

〔三〕寡人句　盧文弨云:"夜者","者"乃"昔"之譌,"夜"字衍。◎王念孫云:盧説非也。古謂"夜"爲"昔",故或曰"昔者"(説見《雜下篇》"昔者"下),或曰"夜者"("夜"曰"夜者",故"晝"亦曰"晝者",《雜上篇》"晝者進膳"是也)。《雜下篇》曰"夜者公曽與二日鬭",本篇第三章曰"夜者寡人曽見彗星",與此"夜者"而三矣。然則"夜"非衍字,"者"亦非"昔"之訛也。◎吳則虞云:《指海》本改"夜者"二字爲"昔"字。◎文斌案:《元龜》二百四十二引作"夜聞",無"者"字。

〔四〕聲甚二句　劉師培《校補》云:《元龜》二百四十二引作"哭者甚疾,聲氣甚悲"。◎文斌案:劉氏引文不確。"哭者"二字屬上句,《元龜》此二句作"甚疾,聲氣甚悲"。

〔五〕也　張純一云:"邪"同。

〔六〕西郭句　孫星衍云:"盆成适",《孔叢》作"盈成匡",形相近,未知孰誤。◎盧文弨《拾補》"适"作"造",注云:"'适'譌,據《禮記·檀弓上》正義引改。"◎蘇時學云:盆成括與孟子同時,不應晏子之時亦有盆成适。據《禮記·檀弓》疏引《晏子》作"盆成逆",疑此書本是"逆"字,後誤寫爲"适"云。◎劉師培《校補》云:《禮記·檀弓上》疏,宋本引作"盆成逆",明監本作"造",毛本作"适",《元龜》亦引作"逆",下同。◎吳則虞云:《孟子·盡心》有"盆成括仕於齊",古"适""括"通,似一人矣。然一則爲孔子弟子,一則爲孟子弟子,似齊有兩盆成适。《説苑·建本篇》有虞君問盆成子語,是"盆成"二字爲姓。此"适"字或本作"匡",因《孟子》"齊有盆成括"而訛歟? ◎文斌案:孫氏所謂《孔叢》,見《詰墨篇》。凌本"士"誤作"上"。

〔七〕順弟　孫星衍云:《孔叢》作"弟弟"。

〔八〕又嘗句　孫星衍云:《孔叢》作"其父尚爲孔子門人"。◎張純一云:"尚"爲"嘗"之誤,"其父"二字衍。觀彼下文云"門人且以爲貴,則其師亦不賤矣",是以造爲孔子門人,非以其父爲孔子門人明矣。

〔九〕祔柩句　孫星衍云:言未附葬于其父。

〔一○〕身老句　劉師培《黄本校記》云：黄本"老"誤"孝"。

〔一一〕子孺句　盧文弨云："孺"，小弱也。疑與"孺"同。《玉篇》："音'矩'，孤也。"◎洪頤烜云：《玉篇》："'孺'，孤也。""孺"即"孺"字之俗。《莊子·大宗師篇》"而色若孺子"，《釋文》云："'孺'，弱子也。""孺""孺"字形相近。◎劉師培《校補》云：《元龜》引作"子孺"。◎文斌案：楊本"孺"作"猵"。

〔一二〕因問句　孫本"偏榷"作"偏樹"，《音義》云："偏樹"，《左傳·昭二十五年》："楄榷所以藉幹者。"《説文》："'楄部'，方木也。"引《春秋傳》曰："楄部薦幹。"此作"樹"，與"部"聲相近。◎盧文弨云：此不必與《左傳》之"楄榷"同，"偏"謂偏親，"榷"即上文所云"榷柩"。公因其有恐不能合祔之語，故使問其偏親之柩何所在，語意自明。上文"榷柩"不當改作"祔柩"，"榷"即"楄榷"。若以應祔葬之柩而言，"榷柩"恐非辭。下文"偏之所在"，亦當作"偏榷所在"。◎黄以周云：元刻作"偏祔"。◎張純一云：盧説"偏親"是，"祔"作"榷"非。"祔"謂合葬也（《禮記·檀弓下》"衛人之祔也，離之；魯人之祔也，合之"注）。"偏祔"對"合祔"言。本文重在"合祔"。上云"祔柩未葬"，言未祔之新柩亟須合祔，故問已葬之偏祔何在。下云"偏祔寄於路寢"，故恐不能合祔而悲。不應改"祔"爲"榷"，致失合祔之本恉。孫本兩"榷"字並誤，當從元刻改。◎王叔岷云：黄之寀本、明活字本、《子彙》本皆作"偏祔"，與元本合。"祔"當從孫本作"榷"，或古通用。◎文斌案：孫本外，各本均作"偏祔"。《元龜》引作"因問之祔何所在"。

〔一三〕晏子句　蘇時學云："偏"下脱"榷"字。◎劉師培《校補》云：《元龜》引作"而問偏祔於何存"，是也。

〔一四〕擥札句　孫星衍云：《説文》："'札'，牒也。""摻"，即"操"字異文。◎劉師培《校補》云：《元龜》引作"操筆"。

〔一五〕給事句　于鬯云："右陛之下"四字似當在上文"路寢"之下。◎文斌案：《元龜》引"右陛之下"作"在階之下"。黄本"陛"亦作"階"。

〔一六〕願以句　文斌案：《元龜》引"某日"後無"送"字。

〔一七〕窮困句　劉師培《校補》云：《元龜》引"以"作"與"。

〔一八〕布脣句　于鬯云："布"蓋讀爲"脯"。"脯"諧"專"聲，"專"諧"甫"聲，"甫"諧"父"聲，與"布"諧"父"聲亦在同聲通借之例，故"布"可讀爲"脯"。《説文·肉部》云："'脯'，乾肉也。"是"脯"以乾肉爲本義，引伸之，蓋凡乾皆可曰"脯"。"脯脣"者，謂乾脣也，方與"枯舌"並下句"焦心""熱中"四者爲一類。若"布脣"，無義矣。或云："讀爲'嘖'或'齰'。"《説文·口部》云："'嘖'，嘆貌。"《齒部》云："'齰'，嘆堅也。"

義亦近,並備參。◎劉如瑛云:"布脣"無義,當爲"敝脣",音近而誤。
"敝脣枯舌",言脣舌俱傷。◎文斌案:黄本上方校語云:"'布'疑當
'乎'。"蓋以"布"爲"乎",斷至上句,則此處句子斷爲"窮困無以圖之
乎,脣枯舌焦心熱中"。姑備一説。

〔一九〕今君句 于鬯云:"不",語辭。◎吳則虞云:"不辱",不以爲辱也。作
本義解亦通。

〔二〇〕此人句 劉師培《校補》云:《元龜》引作"此甚人之重者也"。

〔二一〕躄然 孫星衍云:《説文》:"'躄',跳也。""'跳',躍也。"◎劉師培《校
補》云:《元龜》引作"憗然"。◎劉如瑛云:"躄然",驚起貌。《莊子·
在宥》:"廣成子躄然而起。"陸德明《釋文》:"'躄',驚而起也。"亦作
"蹶"。《史記·酈生陸賈列傳》:"於是尉他迺蹶然起坐。"司馬貞《索
隱》引《埤蒼》云:"'蹶',起也。"孫星衍引《説文》:"'蹶',跳也。"
"'跳',躍也。"似應引申一步。

〔二二〕凡 張純一云:皆也。

〔二三〕越王二句 蘇時學云:"越王",謂勾踐也。勾踐會稽之敗,當魯哀公元
年,後四年而齊景公卒,不應在晏子之世;而引以爲詞,此與下言子胥之
忠,並著書者所附益也。◎文斌案:《元龜》引"其"作"而"。

〔二四〕腰 孫星衍云:當爲"要",俗加"肉"。

〔二五〕其朝句 劉師培《校補》云:戴校以"死人"二字爲衍。今考《韓非子·
二柄篇》云:"楚靈王好細腰,而國中多餓人。"《荀子·君道篇》云:"楚
莊王好細腰,故朝有餓人。"疑此文當作"其朝多餓人","死"乃後人所
益。據《元龜》引作"飢死人",則宋本已有"死"字。◎張純一云:"人"
上當有"之"字。◎文斌案:《元龜》引"餓"作"饑",無"多"字。

〔二六〕子胥二句 顧廣圻校云:"子胥忠其君,故天下皆願得以爲"下當脱"臣
□□孝其親,故天下皆願得以爲"十四字。◎王念孫云:此文原有四
句,今脱去中二句,則文不成義。《秦策》云:"子胥忠其君,天下皆欲以
爲臣;孝己愛其親,天下皆欲以爲子。"文義正與此同。下文"今爲人子
臣"云云,正承上四句言之。◎蘇時學説同。◎劉師培《校補》云:《元
龜》引作"子胥忠其君,故天下皆願得以爲臣;曾參、孝己愛其親,故天下
願得以爲子",與《雜志》所補差同。

〔二七〕今爲句 劉師培《校補》云:"今爲人子臣",《元龜》引作"今乃令子臣"。

〔二八〕孝乎二句 王念孫云:"臣"上亦當有"子"字。◎俞樾云:"今爲人子"
下不當有"臣"字,蓋衍文也。盆成适之意,蓋謂忠孝一也,故子胥自忠
其君耳,而天下之父母皆願得以爲子矣。今爲人子而父母不得合葬,是
離散其親戚也。親戚,謂父母也。《韓詩外傳》"親戚既没,雖欲孝,誰

爲孝",是其證也。爲人子而離散其親戚,非孝矣,非孝即非忠矣。故曰"足以爲臣乎"。王氏念孫不達此意,謂有闕文,非是。◎張純一云:本書文尚駢儷。上文"子胥""孝己"、"忠""孝"既對舉矣,此文則以"忠""孝"一也,折重人子當孝。今不得合葬其親戚,不孝甚矣,故云:"孝乎哉?足以爲臣乎?"文又以相錯見義。◎吳則虞云:《指海》本"臣"上增"子"字。

〔二九〕是生句　劉師培《校補》云:《元龜》引作"是生臣之母也"。◎吳則虞云:《元龜》誤。

〔三〇〕則臣句　楊本、凌本、孫本"溜"作"潘",《音義》云:"輓",《説文》:"引車(一本作之)也。""潘",《説文》:"'雷',屋水流也。""潘"通。◎吳則虞云:凌本"尸車"誤作"尸居"。◎文斌案:楊本亦誤作"尸居"。《元龜》引"溜"誤作"滔"。

〔三一〕擁轊三句　孫星衍云:"栖",《説文》:"'西',鳥在巢上。'西'或从木妻。"此作"栖",後人俗字。◎劉師培《校補》云:《元龜》引"擁"作"推","袒"作"露"。

〔三二〕子何句　蘇時學云:此景公責晏子之詞,意謂盆成适所言,在晏子卻之無難,何必聞之於我。◎劉師培《校補》云:戴校云:"此叚'患'爲'關'。"今考《史記·梁孝王世家》云"有所關説於景帝",《佞幸傳》云"公卿皆因關説",《索隱》云:"通也。"蓋語不覿面,由人通轉者謂之爲關。戴説亦通。然《元龜》引作"子何必以若患言教寡人",自當據彼訂正。◎劉如瑛云:"患"通"串",串通之意。《詩·大雅·皇矣》:"串夷載路。"《釋文》:"'串',本作'患'。"《説文·心部》:"'患',憂也。從心上貫吅,吅亦聲。"可知"串"有串通、串連之義。故《洪武正韻》解爲"物相連貫也"。這句是説:你何必通轉此話而來"教誨"我呢?《元龜》緣不知"患"義而改。

〔三三〕忠不句　吳則虞云:凌本"忠"誤"患"。◎文斌案:楊本"忠"亦誤作"患"。

〔三四〕且嬰句　張純一云:"以",同"已"。言嬰固已恐君之不許矣。

〔三五〕今君句　張純一云:"處"字疑衍。◎文斌案:《元龜》引作"今君宮處爲游"。

〔三六〕因道句　蘇輿云:"盆",舊刻誤"忩",今從浙刻正。

〔三七〕公喟句　文斌案:《元龜》引作"公嘅然大息",黄本"太"亦作"大",楊本作"欷"。

〔三八〕迺使句　盧文弨云:"髮"疑"髽"。◎劉師培《校補》云:《元龜》引"髮"作"鬌","鬌"即"髽"字之譌。◎張純一云:盧説是。男子祖免,女子當髽，“髽”本作“斢”。《説文》云：“喪結。”《禮》：“女子髽哀，弔則不髽。魯臧武仲與齊戰於狐鮐，魯人迎喪者，始髽。”今本“髽”譌“髮”，後人又以意加“竿”字，遂失迎喪之旨。◎文斌案：《元龜》“祖免”作“免祖”。

〔三九〕爲開句　于鬯云：謂於路寢庭之牆別開一門，使柩入，故曰“凶門”，即《小戴·檀弓記》所謂“毀宗”者也。又《曾子問記》云：“曾子問：‘君出疆薨，其入如之何？’孔子曰：‘入自闕。’”鄭注云：“‘闕’，即毀宗也。柩毀宗而入，異於生也。所毀宗，殯宮門西也。殷柩出毀宗（《檀弓記》云‘毀宗躐行，出于大門，殷道也’），周柩入毀宗，禮相變也。”然則雖君柩亦別開凶門而入矣，況此布衣之士之母柩乎，蓋禮當然也。其所開儻亦在路門之西與？要與君柩入同一在西，而必有異處耳。◎文斌案：《元龜》“爲開凶門”作“爲門”。

〔四〇〕适脱三句　孫星衍云：“條”當爲“絛”，《説文》：“扁緒也。”《玉篇》：“纓飾也。”◎張純一云：“墨緣”，衣緣墨色。◎文斌案：《元龜》複“盆成逆”三字，“衰”作“縗”，“墨”誤“黑”。

〔四一〕五子二句　盧文弨云：馬端臨《文獻通考序》有“三屑不足以滿隅”語，未知即出此否？◎蘇時學云：此蓋古語，言多寡不在人數，視其賢愚而已。◎劉師培《校補》云：任淵《山谷詩内集》卷十五注引同。又云：“黄氏自注引‘五’爲‘三’。”◎孫星衍云：“隅”“朝”爲韻。◎趙振鐸云：“隅”在侯部，“朝”在宵部，非韻。◎文斌案：任淵《山谷詩集注》引此語在卷十二《次韻楊明叔四首》注，且引文無“可”字，劉氏失檢。任淵原注爲：“按黄氏本有山谷自注，亦引此語，但以‘五’爲‘三’爾。詩意謂豪傑之士雖少，足以爲邦家之光；屑懦之夫雖衆，曾不足充滿一隅也。”《元龜》亦無“可”字。

〔四二〕盧文弨云：元刻末注云：“此章與《逢於何請合葬》正同，而辭少異，故著於此篇。”◎張純一云：《逢於何請合葬》，《諫下》二十章。◎文斌案：元刻本、活字本、嘉靖本、沈本、吳懷保本、吳鼎本均有注文，《子彙》本、吳勉學本、黄本、綿眇閣本、楊本、凌本、孫本無，今亦刪注文。元刻本、活字本、嘉靖本注文“於何”上脱“逢”字。

景公築長麻臺晏子舞而諫第十二〔一〕

景公築長麻之臺，晏子侍坐。觴三行，晏子起舞，曰：“歲已暮矣而禾不穫，忽忽矣若之何〔二〕？歲已寒矣而役不罷，惙惙矣如之何〔三〕？”舞

三而涕下沾襟〔四〕。景公慼焉〔五〕,爲之罷長庲之役。〔六〕

〔一〕文斌案:楊本無此章,《子彙》本、凌本附於《內篇諫下》第六章後,吳勉學本、黃本、綿眇閣本在“景公登箐室而望”章後。吳懷保本標題作“諫築長庲臺”。

〔二〕忽忽句 蘇輿云:“忽忽”與下“惙惙”同,當訓“憂”,非如《禮器》《祭義》注訓爲“勉勉”者比,此與《史記·梁孝王世家》云“意忽忽不樂”義同。又《大戴禮》“君子終身守此勿勿”,彼與上“悒悒”“憚憚”,下“戰戰”俱當訓爲“憂懼”,猶斯意也。“忽忽”即“勿勿”,字同,故義可互證矣。

〔三〕惙惙 孫星衍云:《爾雅·釋訓》:“憂也。”◎張純一云:《方言》十二:“‘惙’‘怵’,忡也”,錢繹《箋疏》引《詩·艸蟲篇》“憂心惙惙”:“《毛傳》:‘惙惙,憂也。’”又引此文作“歲云暮兮,而役不罷,惙惙矣苦之何”(案:“苦”當爲“若”之形誤,《諫下》五章兩言“若之何”可證)。《古音諧·二月》引此:“‘忽忽’‘惙惙’諧。”◎文斌案:錢繹《方言箋疏》引作“歲云寒矣”。

〔四〕舞三句 劉師培《黃本校記》云:黃本“三”作“二”。

〔五〕景公句 劉師培《黃本校記》云:黃本“焉”作“而”。

〔六〕盧文弨云:元刻末注云:“此章與《景公爲長庲欲美之》《景公冬起大臺之役》辭旨同而小異,故著於此篇。”◎張純一云:《諫下》第五章、第六章宜參觀。◎文斌案:元刻本、活字本、嘉靖本、沈本、吳懷保本、吳勉本均有注文,《子彙》本、吳勉學本、黃本、綿眇閣本、凌本、孫本無,今亦刪注文。

景公使燭鄒主鳥而亡之公怒將加誅晏子諫第十三〔一〕

景公好弋〔二〕,使燭鄒主鳥而亡之〔三〕,公怒,詔吏殺之〔四〕。晏子曰:“燭鄒有罪三〔五〕,請數之以其罪而殺之〔六〕。”公曰:“可。”於是召而數之公前〔七〕,曰:“燭鄒,汝爲吾君主鳥而亡之〔八〕,是罪一也〔九〕;使吾君以鳥之故殺人〔一○〕,是罪二也;使諸侯聞之,以吾君重鳥以輕士〔一一〕,是罪三也〔一二〕。”數燭鄒罪已畢,請殺之〔一三〕。公曰:“勿殺〔一四〕!寡人聞命矣。”〔一五〕

〔一〕文斌案:楊本無此章,《子彙》本、凌本附於《內篇諫上》第二十五章後,吳

勉學本、黃本、綿眇閣本在“景公賞賜及後宮”章後。吳懷保本目錄作“諫
誅燭鄒”，標題“燭”作“祝”。凌本作“景公好弋”。

〔二〕景公句　孫星衍云：《韓詩外傳》作“齊景公出獵昭華之池”。◎張純一
云：《藝文類聚》九十引作“齊景公”，無“好弋”二字。◎文斌案：《外傳》
九“獵”作“弋”。宋本《御覽》九百一十四、四百五十五引均有“好弋”二
字，四百五十五並有“齊”字。

〔三〕使燭句　孫星衍云：“燭鄒”，《説苑》作“燭雛”，《韓詩外傳》作“顏斲聚”，
《藝文類聚》作“顏涿聚”，此脱“顏”字。一本作“祝鄒”。《吕氏春秋·尊
師篇》：“顏涿聚之大盜，嘗學於孔子。”◎盧文弨云：《御覽》四百五十五引
《説苑》亦作“燭鄒”。◎劉師培《校補》云：《御覽》九百十四亦引“燭鄒”
作“顏涿聚”，與《類聚》九十所引合。顏涿聚爲齊臣，見於《左傳·哀廿三
年》，即顏庚也。又見《韓非子·十過篇》，曾諫田成子游海上。《説苑·
正諫篇》作“顏燭趨”，以爲諫景公游海之臣。《御覽》三百五十三引《新
序》佚文又作“顏歜”，此即《吕氏春秋·尊師篇》所謂“梁父大盜”。又據
《淮南·氾論訓》《後漢書·郭泰傳》，以梁父大盜爲齊忠臣，則即顏庚甚
明，亦即《漢書·人表》所列之“顏濁鄒”也。《顏氏家訓·誡兵篇》亦云齊
有顏涿聚，其即此人與否今弗可考。《説苑·正諫篇》述此事作“燭雛”，
《御覽》四百五十五亦引作“鄒”，與今本合(戴校云：《韓詩外傳》作“顏斲
聚”，“顏”字衍，當以“燭雛”爲正。“鄒”爲掌鳥獸之官，“燭”爲人名，故
使主鳥。其説亦通)。◎張純一云：《御覽》八百三十二引《韓詩外傳》亦
作“顏涿聚”，今本《韓詩外傳》“涿”譌“斲”。《類聚》引無“之”字。◎吳
則虞云：劉氏以“顏涿聚”“顏濁鄒”爲一人，誤也。《韓非子·十過》王先
慎之説亦誤，蓋皆沿《漢書·古今人表》及《孔子世家》張守節之説而誤。
《世家》兩出“顏濁鄒”，以爲子路妻兄，即孔子於衛主顏讎由是也，自爲衛
人；顏喙聚者，乃齊人，見於《韓非子·十過》《吕氏春秋·尊師篇》：“顏涿
聚，梁父之大盜也，學於孔子。”《淮南子·氾論訓》：“顏喙聚，梁父之大盜
也，而爲齊忠臣。”注：“‘梁父’，齊邑。”“喙”蓋“涿”之形訛。《左·哀二
十三年傳》：“齊師敗績，知伯親禽顏庚。”注：“齊大夫顏涿聚。”《説文》：
“庚位西方，象秋時萬物庚庚有實也。”與“聚”義近。《後漢書·郭泰傳》
以梁父大盜爲齊忠臣，即涿聚，亦即顏庚，與衛之濁鄒無涉。此作“燭鄒”，
蓋沿俗本《説苑》而誤。《藝文類聚》九十引正作“聚”，宋本《御覽》九百一
十四引作“使顏涿主聚鳥而亡”，“主”“聚”二字互倒，是亦作“聚”也，當據
改。◎文斌案：《韓非子·十過》《吕氏春秋·尊師篇》均作“顏涿聚”，
《淮南子·氾論訓》作“顏喙聚”，《漢書·古今人表》作“顏燭雛”。吳懷保
本文字不統一，此處作“祝鄒”，後文仍作“燭鄒”。

〔四〕公怒二句 孫星衍云:《藝文類聚》作"公召欲殺之"。◎張純一《校注》於"殺"前補"欲"字,注云:舊脱"欲"字,《御覽》九百十四引本書作"公召吏殺之",無"欲"字,非。又四百五十五引《説苑》、八百三十二引《韓詩外傳》並作"景公怒而欲殺之"。今據增"欲"字。◎吳則虞云:歸評本"詔"作"語"。

〔五〕燭鄒句 張純一云:《説苑》無"三"字,《御覽》引彼同。《韓詩外傳》九作"夫鄧聚有死罪四",《御覽》引彼作"夫涿聚有死罪三"。《類聚》作"涿聚有三罪"。◎文斌案:《御覽》引作"夫涿聚有死罪三"者,見卷八百三十二;四百五十五引作"燭鄒有罪",無"三"字。

〔六〕請數句 孫星衍云:《太平御覽》"而"作"乃"。◎張純一云:《説苑》同。《韓詩外傳》作"請數而誅之",《御覽》引彼作"請以其罪數而誅之"。◎王叔岷云:《御覽》(九一四)引此無"以其罪而殺之"六字(《藝文類聚》九十引此同)。孫氏所稱《御覽》,蓋《説苑》(《正諫篇》)之誤也。下文"公曰勿殺",孫云《御覽》作"公曰勿殺而謝之",所稱《御覽》亦《説苑》之誤,《御覽》與本同。◎文斌案:孫氏所言《御覽》見卷四百五十五,乃引《説苑》之文。《類聚》九十無"以其罪而殺之"六字,《御覽》九百一十四無"請數之以其罪而殺之"九字。《御覽》八百三十二引《外傳》作"臣請以其罪數而誅之"。

〔七〕於是句 吳則虞云:《説苑》兩"公"字上皆有"景"字。◎文斌案:《説苑》"召"上有"乃"字,下有"燭雛"二字,無"而"字。下文"曰"後無"燭雛"二字。

〔八〕汝爲句 孫星衍云:"汝",《藝文類聚》作"爾"。◎文斌案:宋本《御覽》四百五十五引《説苑》無"吾"字。

〔九〕是罪句 孫星衍云:《藝文類聚》作"一罪也",下作"二罪""三罪"。◎吳則虞云:歸評本作"罪一",下作"罪二""罪三"。◎文斌案:《説苑》亦作"一罪也",下作"二罪""三罪"。《外傳》同今本《晏子》。

〔一〇〕使吾句 張純一云:《類聚》無"之故"二字,《韓詩外傳》"殺"上有"而"字。◎文斌案:《説苑》同今本《晏子》。

〔一一〕使諸二句 盧文弨云:"以",《韓詩外傳》九、《説苑·正諫篇》俱作"而"。◎張純一云:"以"同"而"。《外傳》"諸侯"上有"四國"二字。◎吳則虞云:《類聚》"輕"上無"以"字,《御覽》無"吾""以"字,歸評本"以"作"謂"。◎文斌案:《類聚》引作"諸侯聞之,以吾君重鳥輕士";《御覽》九百一十四引無"吾"字,四百五十五引同今本《晏子》,唯"以"作"而"。

〔一二〕是罪句 張純一云:《韓詩外傳》有"天子聞之,必將貶紬吾君,危其社稷,絶其宗廟,是罪四也。此四罪者,故當殺無赦,臣請加誅焉”。

〔一三〕數燭二句　黄以周云:凌本無“已”字。◎吳則虞云:元刻本“數”誤
　　　“轂”,歸評本無“已”字。◎文斌案:活字本、嘉靖本“數”亦誤作“轂”。

〔一四〕公曰二句　孫星衍云:《太平御覽》作“公曰勿殺而謝之”。◎張純一
　　　云:《說苑》作“公曰:‘止。’勿殺而謝之”,《韓詩外傳》作:“景公曰:
　　　‘止! 此亦吾之過也,願夫子爲寡人敬謝焉。’”◎吳則虞云:《類聚》
　　　作“勿殺之”。宋本《御覽》作“勿殺”,無“而謝之”三字。歸評本無
　　　“勿殺”二字。◎文斌案:孫引《御覽》,見卷四百五十五,乃引《說
　　　苑》文,原作“景公曰:‘止。’勿殺而謝之”。吳氏謂宋本《御覽》“無
　　　‘而謝之’三字”者,見卷九百一十四。《外傳》引無“亦”“之”二字,
　　　“也”作“矣”。

〔一五〕孫星衍云:《韓詩外傳》《說苑·正諫篇》用此文。◎盧文弨云:元刻末
　　　注云:“此章與《景公欲誅野人》《景公欲殺圉人》章旨同而辭少異,故著
　　　於此篇。”◎文斌案:元刻本、活字本、嘉靖本、沈本、吳懷保本、吳蕭本
　　　均有注文,《子彙》本、吳勉學本、黄本、綿眇閣本、凌本、孫本無,今亦删
　　　注文。

景公問治國之患晏子對以佞人讒夫在君側第十四〔一〕

　　景公問晏子曰:“治國之患亦有常乎〔二〕?”對曰:“佞人讒夫之在
君側者〔三〕,好惡良臣而行與小人〔四〕,此國之長患也〔五〕。”公曰:“讒佞
之人則誠不善矣〔六〕,雖然,則奚曾爲國常患乎〔七〕?”晏子曰:“君以爲
耳目而好繆事〔八〕,則是君之耳目繆也〔九〕。夫上亂君之耳目,下使群臣
皆失其職〔一〇〕,豈不誠足患哉?”公曰:“如是乎! 寡人將去之。”晏子
曰:“公不能去也。”公忿然作色不說〔一一〕,曰:“夫子何小寡人甚
也〔一二〕?”對曰:“臣何敢犒也〔一三〕? 夫能自周於君者〔一四〕,才能皆非常
也。夫藏大不誠于中者〔一五〕,必謹小誠於外,以成其大不誠〔一六〕。入
則求君之嗜欲能順之〔一七〕,公怨良臣,則具其往失而益之〔一八〕;出則行
威以取富。夫何密近,不爲大利變,而務與君至義者也〔一九〕? 此難得
其知也〔二〇〕。”公曰:“然則先聖奈何?”對曰:“先聖之治也,審見賓客,
聽治不留,日不足〔二一〕,群臣皆得畢其誠,讒諛安得容其私?”公曰:“然
則夫子助寡人止之〔二二〕,寡人亦事勿用〔二三〕。”對曰:“讒夫佞人之在君

側者〔二四〕,若社之有鼠也〔二五〕。諺言有之曰:‘社鼠不可熏去〔二六〕,’讒佞之人隱君之威以自守也〔二七〕,是難去焉〔二八〕。”

〔一〕蘇輿云:《治要》載此在《問上篇》。◎文斌案:元刻本、活字本目録脱“第”字。《子彙》本、凌本、楊本附於《内篇問上》第九章後,吳勉學本、黄本、綿眇閣本在“景公宿于路寢之宫”章後。吳懷保本標題作“問治國之患”,楊本作“治國常患”,凌本作“治國之患”。

〔二〕治國句 劉師培《校補》云:《文選·(沈約)恩倖傳論》注引“治”作“理”,唐李若立《纂金》一《社稷篇》亦作“理”。《元龜》二百五十三引“常”作“嘗”。◎田宗堯云:《喻林》七十引與《治要》同。◎文斌案:《文選·恩倖傳論》《奏彈王源》注引均無“之患”二字,宋本《元龜》引同今本《晏子》。

〔三〕佞人句 蘇輿云:《治要》作“讒夫佞人”。◎文斌案:《元龜》亦作“讒夫佞人”。

〔四〕與 張純一云:猶“黨”也(《後漢·陳元傳》注)。

〔五〕此國句 王念孫云:“長”當作“常”,與上下文同一例。《群書治要》作“此治國之常患”。◎顧廣圻校同。◎劉師培《校補》云:《元龜》引“此”作“比”,屬上句讀;又“長”字作“嘗”。◎吳則虞云:《指海》本於“國”上補“治”字。◎文斌案:楊本、《元龜》亦作“常患”。

〔六〕讒佞句 蘇輿云:《治要》“誠”上有“亦”字。◎劉師培《校補》云:《元龜》“則”下有“亦”字。◎文斌案:《元龜》無“之”字。

〔七〕則奚句 盧文弨云:“常”,上文作“長”。◎張純一云:兩“則”字均疑衍。

〔八〕君以句 蘇輿云:《治要》“繆”作“謀”,是。此緣下誤。◎陶鴻慶云:“事”讀爲“士”。◎吳則虞云:《指海》本改作“謀”。◎文斌案:“事”當如字讀,陶説疑非。

〔九〕則是句 張純一云:“繆”,紕繆也。◎文斌案:綿眇閣本“目”誤作“司”。

〔一〇〕下使句 蘇輿云:《治要》“下”上有“而”字。

〔一一〕公忿句 張純一云:《治要》無“忿然作色”四字。◎文斌案:《治要》、吳懷保本“説”作“悦”。

〔一二〕夫子句 王念孫云:“小”本作“少”,此後人不解“少”字之義而改之也。《史記·李斯傳》:“二世曰:‘丞相豈少我哉!’”《曹相國世家》:“惠帝怪相國不治事,以爲豈少朕與!”《索隱》曰:“‘少’者,不足之詞。”並與此“少”字同義。《群書治要》正作“少”。◎張純一云:王説是。《治要》有“之”字,“也”讀爲“耶”。◎于省吾云:王説非是。金文及古籍“小”“少”通用。◎吳則虞云:《指海》本作“何少寡人之甚也”。

〔一三〕臣何句　孫星衍云：“槁”，所未詳。◎盧文弨云：“槁”亦“撟”之譌。
◎俞樾云：此“槁”字與《問下篇》“槁魯國”之“槁”同爲“撟”之誤字。
《荀子·臣道篇》曰：“率群臣百吏而相與彊君撟君。”又曰：“事暴君者，
有補削，無撟拂。”晏子言“臣何敢撟”，言“臣何敢有所撟拂乎”，蓋因公
忿然作色，故云然。◎蘇輿云：《治要》“何”作“非”，“槁”作“矯”。
◎于鬯云：“槁”疑當讀爲“驕”，“驕”諧“喬”聲，“喬”蓋諧“高”省聲，故
與“槁”諧“高”聲，亦在同聲通借之例。“驕”者，自大之意也。上文云：
“公忿然作色不説，曰：‘夫子何小寡人甚也？’”故晏子對以“臣何敢
驕”，言臣何敢自大也。“驕”字正與“小”字呼應；若依“槁”字義，則不
可解矣。俞蔭甫太史《平議》以“槁”爲“撟”之誤，“槁”之於“撟”，與
“槁”之於“驕”，實同一通借之例。惟“驕”有自大之意，與上文“小”字
較吻合也（《群書治要》上文“小”字作“少”，則“驕”者自多之意，亦
吻合）。

〔一四〕夫能句　孫星衍云：“周”，杜預注《左傳》：“密也。”◎蘇輿云：《治要》
“周”作“用”。◎吳則虞云：作“用”者是。下文“入則”“出則”云云，皆
自用之事。

〔一五〕夫藏句　文斌案：黃本“于”作“乎”。

〔一六〕以成句　蘇時學云：一本誤重“於中”下九字。◎黃以周云：元刻此下
重衍“于中者”等十五字。◎王叔岷云：明活字本亦重衍“于中者”等十
五字。◎文斌案：嘉靖本、沈本、吳懷保本、吳鼐本亦重衍“于中者”等
十五字，今刪吳鼐本句後“于中者必謹小誠于外以成其大不誠”十五字。
凌本“成”誤作“誠”。

〔一七〕入則句　王念孫云：“能”與“而”同。◎文廷式、劉師培説同。◎文斌
案：綿眇閣本行文有錯亂：“入則求君”後屠入《內篇雜下》第六章“公兩
賜之曰以晏子不奪人之功以占夢者不蔽人”二十字，然後接本文“之嗜
欲能順之”。

〔一八〕公怨二句　王念孫云：“公”本作“君”，此涉上文“公不能去”而誤。上
文“公不能去”，是指景公而言；此文“君怨良臣”，則泛指爲君者而言，
與上句“君”字同義。《群書治要》正作“君怨良臣”。◎文廷式云：
“具”，數也；“益”，附益也。

〔一九〕夫何三句　孫星衍云：言取富于外閭，而不營利于密近，偽以義結于君。
◎蘇時學云：言左右近習之人，未有不爲利所動而能導君於義者。
◎陶鴻慶云：孫説迂曲。此當以十八字作一句讀。“何”猶“誰”也。徐
鍇《説文繫傳》“何”篆下云“一曰誰也”，是也。言誰能處于密近，不變

于大利,而務導君于義也?"也"與"邪"同。◎蘇輿云:《治要》"何"作
"可",無"也"字。◎張純一云:"何"讀若"可",古通。"夫"猶"彼"也。
"變",易也。言彼能密邇於君,故意不爲大利易行,而務與君赴義,正所
謂"必謹小誠于外"也。

〔二〇〕此難句　盧文弨云:"其",疑"具"。◎蘇輿云:《治要》作"此難得而其
難知也",義亦不可晰。疑作"具"是。◎于鬯云:王引之《釋詞》"其"
字有"語助"一釋,此"其"字蓋亦當是語助。◎文廷式云:"其"當作
"而",《群書治要》正作"而",誤衍"其難"二字。◎于省吾云:盧、蘇説
非。《治要》作"而其難知也",適可證"其"字之不誤。"其""期"古字
通。《詩·頍弁》:"實爲何期。"《釋文》:"'期',本作'其'。"漢武梁祠
畫象"樊於其頭","期"作"其",是其證。《左·哀十六年傳》:"期死非
勇也。"注:"'期',必也。""此難得期知也",謂此難得必知也。◎張純
一云:此文疑本作"此難見而且難知也",言讒佞之人工於作僞之心,難
見而且難知也。今本"見"作"得"者,古"得"作"㝵",故古書"得""見"
字恒互譌。下脱"而"字,"且"譌"其",又脱"難"字,文不成義。《治
要》字不脱而文有誤,故其義亦不可通。今仍依《治要》校訂之。◎徐
仁甫云:"其"猶"而"也。言此難得而知也。本書"其"多作"而"用:
《雜上》第十九章"發其視之",《御覽》引作"發而視之"。《問上》第八
章"然其亦有一焉",即"然而亦有一焉"。此"其"亦作"而"用。盧文
弨、蘇輿謂"其"疑作"具",于鬯謂"其"爲語助,于省吾謂"其""期"古
字通,皆非。文廷式謂"其"當作"而",與《治要》改"其"爲"而"同,皆
不知本書以"其"爲"而"也。

〔二一〕審見三句　王念孫云:元刻本"聽治不留"下有"日不足"三字,孫本無。
案"審見賓客"二句皆四字爲句,"日不足"句獨少一字,且語意未明,當
依《群書治要》作"患日不足"。"聽治不囿,患日不足",言其敏且勤也。
◎吳則虞云:凌本亦無,《指海》本補"患日不足"四字。◎田宗堯云:
"日不足"三字,吳勉學本、日刊黄之寀本、《子彙》本並脱。◎文斌案:
綿眇閣本、楊本、凌本亦脱"日不足"三字。元刻本、活字本、嘉靖本、沈
本、吳懷保本"日"誤作"曰"。

〔二二〕然則句　孫星衍云:"助",一本作"扐"。◎盧文弨云:"扐",孫本改
"助",而《音義》仍作"扐",亦疑而未定也。◎王念孫云:"扐"字義不可
通,孫改爲"助",是也。《群書治要》正作"助"。孫本"助"字係剜改,蓋
《音義》先成,而剜改在後,未及追改《音義》耳。◎蘇時學云:"扐",孫
本作"助",是也。"止"當爲"去"。◎吳則虞云:元刻本、活字本、嘉靖
本皆作"助",吳懷保本、綿眇閣本作"扐"。◎田宗堯云:《指海》本亦

作“扐”,與明活字本同。“扐”字本義爲“指間”,義與此不合,明活字本改作“助”,或是也。◎文斌案:元刻本、嘉靖本、《子彙》本、吳懷保本、吳勉學本、黃本、綿眇閣本、楊本、凌本、吳鼒本均作“扐”,活字本、沈本、孫本作“助”,吳氏失檢。今據王、蘇校改“扐”作“助”。

〔二三〕寡人句　蘇輿云:《治要》有“矣”字。

〔二四〕讒夫句　孫星衍云:《文選注》作“讒佞之人,隱在君側”。◎文斌案:見沈休文《奏彈王源》《恩倖傳論》注。

〔二五〕若　田宗堯云:《文選·(沈休文)奏彈王源》注、《恩倖傳論》注引“若”並作“猶”,“猶”猶“若”也。◎文斌案:二注均作“猶社鼠不熏也”。

〔二六〕讒言二句　孫星衍云:“熏去”下,《文選注》引有云“去此乃治矣”。“去”下今本疑脱四字。◎蘇輿云:《治要》無“讒言”七字,“熏”作“燻”。◎劉師培《校補》云:《文選·(沈約)奏彈王整》注、《恩倖傳論》注引作“讒佞之人,隱在君側,猶社鼠不熏也,去此則治矣”(《音義》所引未備)。《籯金·社稷篇》作“讒佞之人,隱在君側,不能去之,由社樹鼠穴,不忍熏之”,並與此異(宋永亨搜采《異聞録》二作“社鼠不燻”)。◎文斌案:沈約所著爲《奏彈王源》,注文“則”原作“乃”,劉氏失檢。楊本“熏”作“薰”。

〔二七〕讒佞句　俞樾云:古“依”“隱”同聲。《廣雅·釋器》曰:“‘衣’,隱也。”《釋名·釋衣服》曰:“‘衣’,依也。”是“隱”與“依”聲近誼通。此“隱”字當讀爲“依”。依君之威以自守,正與上社鼠之喻相應。◎張純一云:俞説亦通。“隱”當如字讀,匿也、藏也。言讒佞之人匿藏於君之威權中,足以自保。◎劉如瑛云:《莊子·齊物論》:“南郭子綦隱機而坐。”《釋文》:“‘隱’,馮也。”《後漢書·孔融傳》:“融隱几讀書,談笑自若。”李賢注:“‘隱’,憑也。”《管子·勢》:“未得天極,則隱於德。”“隱”也作“依憑”解。“隱君之威”,憑依君主的威勢。俞樾謂“隱”字當讀爲“依”,聲近義通。實則不必破字。《大戴記·文王官人》:“征利而依隱於物。”盧辯注:“‘隱’,據也。”可知“依隱”二字義近而連用,不宜讀“隱”爲“依”。張純一解“隱”爲“匿”,不切。

〔二八〕是難句　蘇輿云:《治要》作“是故難去也”。◎盧文弨云:元刻末注云:“此章與《景公問佞人之事君何如》《景公問治國何患》三章大旨同而辭少異,故著於此篇。”◎文斌案:元刻本、活字本、嘉靖本、沈本、吳懷保本、吳鼒本均有注文,《子彙》本、吳勉學本、黃本、綿眇閣本、楊本、凌本、孫本無,今亦删注文。

景公問後世孰將踐有齊者晏子對以田氏第十五[一]

景公與晏子立曲潢之上，望見齊國[二]，問晏子曰：“後世孰將踐有齊國者乎[三]？”晏子對曰：“非賤臣之所敢議也[四]。”公曰：“胡必然也？得者無失，則虞、夏當存矣[五]。”晏子對曰：“臣聞：見不足以知之者，智也；先言而後當者，惠也[六]。夫智與惠，君子之事，臣奚足以知之乎？雖然，臣請陳其為政：君彊臣弱，政之本也；君唱臣和，教之隆也[七]；刑罰在君，民之紀也。今夫田無宇二世有功于國[八]，而利取分寡[九]，公室兼之[一〇]，國權專之，君臣易施[一一]，而無衰乎[一二]？嬰聞之：臣富主亡[一三]。由是觀之，其無宇之後無幾[一四]，齊國，田氏之國也。嬰老，不能待公之事，公若即世，政不在公室[一五]。”公曰：“然則奈何？”晏子對曰[一六]：“維禮可以已之。其在禮也[一七]，家施不及國[一八]，民不懈，貨不移[一九]，工賈不變[二〇]，士不濫[二一]，官不諂[二二]，大夫不收公利。”公曰：“善。今知禮之可以為國也[二三]。”對曰：“禮之可以為國也久矣，與天地並立[二四]。君令臣忠[二五]，父慈子孝，兄愛弟敬，夫和妻柔，姑慈婦聽，禮之經也[二六]。君令而不違屬[二七]，臣忠而不二[二八]；父慈而教，子孝而箴[二九]；兄愛而友，弟敬而順；夫和而義，妻柔而貞[三〇]；姑慈而從[三一]，婦聽而婉[三二]：禮之質也[三三]。”公曰：“善哉！寡人迺今知禮之尚也[三四]。”晏子曰：“夫禮，先王之所以臨天下也，以為其民[三五]，是故尚之。[三六]”

[一] 文斌案：元刻本、活字本、嘉靖本、沈本目錄脫“世”字，“者”作“國”，吳勉本目錄“者”亦作“國”，今從標題。《子彙》本、凌本附於《內篇諫下》第十九章後，楊本無此章。吳懷保本標題作“問後孰將踐有齊國”，凌本作“景公與晏子立田潢之上（田為曲之誤）”。吳勉學本、黃本、綿眇閣本在“景公築長庲之臺”章下。吳勉學本誤連下章。

[二] 望見句　王叔岷云：《御覽》七一引“望”上有“公”字。

[三] 後世句　文斌案：宋本《御覽》七十一引無“國”“乎”二字。

[四] 非賤句　文斌案：《御覽》引無“也”字。

[五] 則虞句　王叔岷云：黃之寀本、明活字本、《子彙》本“當”並作“常”，古字通用。◎文斌案：各本均作“常”，唯吳勉本作“當”。作“常”者是。

〔六〕見不四句　孫星衍云:"見不足以知之者",言見所不足而能知之。"惠"與"慧"通。◎王念孫云:"不"字衍,下文"臣奚足以知之"即其證。孫説非是。◎蘇時學説同。◎陶鴻慶云:"見不"二字當倒乙。"之"字衍文,涉下文"臣奚足以知之"而誤也。"惠"與"慧"同。原文本云:"不見足以知者,智也;先言而後當者,惠也。"文相對而義亦相因,惟不見足以知,所以爲智。孫氏依誤文强解,王氏以"不"字爲衍,皆失之。◎王叔岷説同。◎劉如瑛云:"見不足以知之",意爲見微而知著。"先言而後當",謂預言之事後來應驗。"當",應驗。《吕氏春秋・貴信》:"信而又信,重襲於身,乃通於天。以此治人,則膏雨甘露降矣,寒暑四時當矣。"高誘注:"'當'猶'應'也。"◎文斌案:黄本上方校語云:"'臣聞'云云疑有闕文。"

〔七〕教之句　劉如瑛云:"隆",高大、隆盛。此言君發號召,臣下響應,這是教化盛高的表現。《禮・樂記》:"是故樂之隆,非極音也。"鄭玄注:"'隆'猶'盛'也。"《史記・禮書》:"兩者合而成文,以歸太一,是謂大隆。"司馬貞《索隱》:"'隆'者,盛也,高也。"

〔八〕今夫句　蘇輿云:"宇"舊刻誤"字",今正。

〔九〕而利句　張純一云:"取"通"聚"(《漢書・五行志》"内取茲爲禽"注)。"寡",《説文》:"少也。从宀从頒。""頒","分賦也,故爲少"。言利聚則分諸孤寡貧乏之人。

〔一〇〕公室句　張純一云:田氏兼有公室之利。

〔一一〕君臣句　王念孫云:"施"讀爲"移","易移",猶"移易"也。《荀子・儒效篇》"充虚之相施易也",《漢書・衛綰傳》"人之所施易","施"字並讀爲"移"。倒言之,則曰"易施"。《莊子・人間世篇》"哀樂不易施乎前"是也。陳氏專國而君失其柄,故曰"君臣易施"。◎張純一云:王説亦通,但據下文"家施不及國",是"施"當如字讀之證。"易"謂變易(《易・繫辭上》"六爻之義易以貢"《釋文》)。"君臣易施",言大夫不得施及國人,今施及之,與君同;君當施及國人,反不施及,與大夫同。是君臣易位,即其所施而知之。◎文斌案:張説更切文義。

〔一二〕而無句　王念孫云:"而"即"能"字也。"能",古讀若"而",故與"而"通(説見《淮南・人閒篇》)。元刻本作"而",今本徑改爲"能",而古字亡矣。◎文斌案:王説是。元刻本、活字本、嘉靖本、沈本、吴懷保本、吴鼐本作"而",《子彙》、吴勉學本、黄本、綿眇閣本、凌本、孫本作"能"。

〔一三〕臣富句　劉師培《黄本校記》云:黄本"富"作"當"。◎文斌案:黄本上方校語云:"'當'宜作'富'。"

〔一四〕其無句　俞樾云:"無幾"當作"爲幾",字之誤也。《問上篇》正作"田無宇之後爲幾",可據以訂正。◎劉師培《黄本校記》云:黄本"無"作

“何”。◎王叔岷云：黄本“無幾”作“無何”，劉氏失檢。◎文斌案：王
校是。

〔一五〕政不句　文斌案：元刻本、活字本、嘉靖本、吳懷保本“政”誤作“改”。

〔一六〕晏子句　文斌案：元刻本、活字本、嘉靖本、吳懷保本“曰”作“其”。

〔一七〕其在句　吳則虞云：《左·昭二十六年傳》作“在禮”。

〔一八〕家施句　張純一云：昭二十六年《左傳正義》曰：“大夫稱家，家之所施，
不得施及國人。”言國人是國君之所有，大夫不得妄施遺之，以樹己私
惠。陳氏施及國人，是違禮也。

〔一九〕民不二句　盧文弨云：《左氏·昭廿六年傳》作“民不遷，農不移”。

〔二〇〕工賈句　張純一云：杜注：“守常業。”

〔二一〕士不句　張純一云：杜注：“不失職。”

〔二二〕官不句　張純一云：“謟”，《左傳》作“滔”，杜注：“慢也。”◎文斌案：凌
本“謟”作“謟”。

〔二三〕公曰三句　吳則虞云：《左傳》作：“公曰：‘善哉！我不能矣。吾今而後
知禮之可以爲國也。’”

〔二四〕與天句　吳則虞云：《左傳》“並”下無“立”字。

〔二五〕君令句　張純一云：“令”，善也。“忠”，《左傳》作“共”，下同。◎文斌
案：“共”“恭”通。

〔二六〕禮之句　吳則虞云：《左傳》無“之經”二字。

〔二七〕君令句　黄以周云：元刻“違”下衍“厲”字。◎劉師培《校補》云：“違”
字衍，蓋後人據《左傳》注此字，因以併入。各本又無“厲”字，則又據
《傳》校改。《賈子新書·禮篇》正作“君令而不厲”。◎王叔岷云：黄
之寀本、《子彙》本並無“厲”字。明活字本與元本同。◎文斌案：元刻
本、活字本、吳懷保本、吳鼐本衍“厲”字，嘉靖本、《子彙》本、沈本、吳勉
學本、綿眇閣本、黄本、凌本、孫本無。

〔二八〕臣忠句　文斌案：《左傳》作“臣共而不貳”，嘉靖本亦作“貳”。

〔二九〕箴　張純一云：杜注：“‘箴’，諫也。”

〔三〇〕妻柔句　吳則虞云：《左傳》“貞”作“正”。

〔三一〕從　張純一云：杜注：“‘從’，不自專。”

〔三二〕婉　張純一云：杜注：“‘婉’，順也。”

〔三三〕禮之句　張純一云：“質”，體也。《左傳》作“禮之善物也”。

〔三四〕寡人句　張純一云：《左傳》作“寡人今而後聞此禮之上也”。

〔三五〕先王二句　張純一云：《左傳》作“先王所稟於天地，以爲其民也”。

〔三六〕盧文弨云：元刻末注云：“此章與《景公坐路寢問誰將有此》《景公問魯
莒孰先亡因問後世孰有齊國》《晉叔向問齊國若何》三章會旨同而辭

異,故著於此篇。”◎文斌案:元刻本、活字本、嘉靖本、沈本、吳懷保本、吳鼒本均有注文,《子彙》本、吳勉學本、黃本、綿眇閣本、凌本無,今亦删注文。元刻本、活字本、嘉靖本、沈本、吳懷保本注文“因”誤作“田”,“三章”誤作“之章”。吳鼒本“會”作“苔”。

晏子使吳吳王問君子之行
晏子對以不與亂國俱滅第十六[一]

晏子聘于吳,吳王問:“君子之行何如?”晏子對曰:“君順懷之,政治歸之[二]。不懷暴君之禄,不居亂國之位。君子見兆則退,不與亂國俱滅[三],不與暴君偕亡。”[四]

〔一〕吳則虞云:綿眇閣本自此章以下爲第八卷。◎文斌案:元刻本、活字本、嘉靖本目録脱“與”字。《子彙》本、凌本附於《内篇問下》第十章後,楊本列於《問下》第九章後,吳勉學本、黃本、綿眇閣本在“景公問治國之患”章後。吳懷保本標題作“問君子之行”,列“吳王”名下;楊本作“聘吳”;凌本作“君子之行”。
〔二〕君順二句　張純一云:君順於道則懷之,政務圖治則歸之。《問下》十章云:“君子懷不逆之君,居治國之位。”
〔三〕不與句　文斌案:楊本、凌本“國”作“臣”。
〔四〕盧文弨云:元刻末注云:“此章與《吳王問可處可去》事旨既同,但辭有詳略之異,故著於此篇。”◎文斌案:元刻本、活字本、嘉靖本、沈本、吳懷保本、吳鼒本均有注文,《子彙》本、吳勉學本、黃本、綿眇閣本、楊本、凌本無,今亦删注文。

吳王問齊君儳暴吾子何容焉
晏子對以豈能以道食人第十七[一]

晏子使吳,吳王曰:“寡人得寄僻陋蠻夷之鄉[二],希見教君子之行[三],請私而無爲罪[四]。”晏子蹙然辟位[五]。吳王曰:“吾聞齊君,蓋賊以儳[六]、野以暴,吾子容焉[七],何甚也?”晏子遵循而對曰[八]:“臣聞之[九]:微事不通,麤事不能者[一〇],必勞;大事不得,小事不爲者,必貧;大者不能致人,小者不能至人之門者,必困。此臣之所以仕也〔一一〕。如臣者〔一二〕,豈能以道食人者哉?"晏子出,王笑曰:"嗟乎!今日吾譏晏子,訾猶倮而高橛者也〔一三〕。"

〔一〕文斌案:元刻本、沈本標題"僈"誤作"侵",目録不誤。《子彙》本、凌本、楊本附於《内篇問下》第十二章文後。吳懷保本目録作"問齊君僈暴",標題"僈"誤作"侵",列"吳王"名下。楊本作"吳問齊君",凌本作"晏子使吳"。

〔二〕寡人句　吳則虞云:《説苑·奉使》"陋"作"處"。

〔三〕希　孫星衍云:《説文》作"稀",此省文。

〔四〕請私句　文斌案:《説苑》"無"作"毋"。

〔五〕晏子句　吳則虞云:《説苑》"慹"作"憼","辟"作"避","位"下有"矣"字。◎文斌案:《説苑》下句作"王曰",故"矣"乃"吳"字之譌。

〔六〕蓋賊句　孫星衍云:"僈"當爲"嫚"。《説文》《玉篇》無"僈"字,《類篇》:"'僈',謨官切,健也。"又:"蔓晏切,惰也。"◎張純一云:《諫下》二章曰:"刑殺不辜謂之'賊'。""僈"與"嫚""慢"聲義並同。《類篇》訓"惰",義近。《墨子·經説上》"敬""僈"連言,亦以"僈"爲"慢"。兩"以"字並與"而"同義,又與"且"同義。前二章曰:"穿池沼則欲其深以廣也,爲臺榭則欲其高且大也。""以""且"對言,是"以"猶"且"之證。◎吳則虞云:《説苑》"僈"作"慢"。

〔七〕吾子句　文斌案:沈本"吾"作"君"。

〔八〕晏子句　孫星衍云:"遵",當爲"遵循",即"逡巡"。◎劉師培《校補》云:《説苑·奉使篇》"遵"作"逡巡"。此文疑挩"巡"字。◎張純一《校注》據補"循"字。◎吳則虞云:《指海》本補"循"字。◎田宗堯云:《説苑·奉使篇》引正作"逡巡",亦證此文"遵"下有脱文。《問下》第十章"晏子逡巡而對曰"與此文例正同。◎文斌案:黃本上方校語云:"'遵'下疑有脱誤。"今從衆校補"循"字。

〔九〕臣聞句　劉師培《黃本校記》云:黃本"臣"作"吾"。◎吳則虞云:凌本亦作"吾"。◎王叔岷云:《子彙》本"臣"亦作"吾"。◎文斌案:元刻本、活字本、嘉靖本、沈本、吳懷保本、吳鼐本均作"臣",吳勉學本、綿眇閣本、楊本作"吾"。

〔一○〕微事二句　"麤",孫本同,但《音義》作"粗",二者未統一。注云:"粗",一本作"麤"。◎劉師培《校補》云:《説苑》"微"作"精"。此云"微事",亦謂精微。◎文斌案:吳勉學本、黃本"麤"作"粗"。

〔一一〕此臣句　吴則虞云:《説苑》"仕"作"任"。◎文斌案:《説苑》"任"乃"仕"之譌。

〔一二〕如臣句　吴則虞云:《説苑》"臣"下無"者"字。

〔一三〕訾猶句　孫星衍云:一本作"猶裸而訾高橛者"(《繹史》所引)。◎顧廣圻校云:"訾猶"當倒。◎蘇時學云:"撅"當作"蹶"。《墨子》云:"猶踝謂撅者不恭也。"意與此合。◎俞樾云:"訾"乃"譬"字之誤,"橛"乃"撅"字之誤。"高"讀爲"咎"。以"高"爲"咎",猶以"咎"爲"皋"。《尚書·皋陶謨》,《釋文》曰:"'皋',本作'咎'。"是其例也。《墨子·公孟篇》:"是猶果謂撅者不恭也。"此即倮而咎撅之義。"倮"爲倮體,"撅"者,揭衣也。《禮記·内則篇》:"不涉不撅。"鄭注:"'撅',揭衣也。"撅誠不恭,倮則更甚,故曰:"譬猶倮而咎撅者也。"◎劉師培《校補》云:《説苑》作"猶倮而訾高橛者",當據訂。《墨子·公孟篇》:"是猶謂撅者不恭也。""果""裸","撅""橛",並古通,與此句例正同。◎張純一《校注》乙"訾"字在"高橛"前,注云:俞説"橛"乃"撅"之誤,是也。謂"訾"乃"譬"之誤、"高"讀爲"咎",並非。本文"猶"字即具"譬"義,不必破"訾"爲"譬"。"高撅"謂撅衣甚高,不必破"高"爲"咎"。"訾"即"咎"義甚明,不必曲爲之解。今"訾"從《繹史》引乙,"撅"從俞説正。◎向承周《説苑校證》云:俞讀"高"爲"咎"亦誤。"高撅",謂高揭其衣也。倮而訾毁高撅者,猶以百步笑五十步也。今本《晏子》"訾"字誤在"猶"字上,當以本書(文斌案:指《説苑》)爲正。◎盧文弨云:元刻末注云:"此章與《景公問天下之所以存亡》《魯君問何事回曲之君》三章或事異而辭同,或旨同而辭異,故著於此篇。"◎文斌案:《墨子·公孟篇》原作"倮",蘇氏引作"踝",失檢。凌本"訾"作"訔"。黄本上方校語云:"'訾'當作'譬'。"元刻本、活字本、嘉靖本、沈本、吴懷保本、吴鼒本均有注文,《子彙》本、吴勉學本、黄本、綿眇閣本、楊本、凌本、孫本無,今亦删注文。活字本注文"三"作"二"。

司馬子期問有不干君不恤民取名者乎晏子對以不仁也第十八〔一〕

司馬子期問晏子曰〔二〕:"士亦有不干君、不恤民、徒居無爲而取名者乎?"晏子對曰:"嬰聞之:能足以贍上益民而不爲者,謂之不仁;不仁而取名者,嬰未得聞之也。"〔三〕

〔一〕文斌案：楊本無此章，《子彙》本、凌本附於《內篇問下》第二十章後。吳懷
　　保本標題作"司馬子期問無爲取名"，列"吳王"名下，似誤。當列"楚王"
　　名下，見下注。

〔二〕司馬子期　孫星衍云：姓司馬，字子期。◎蘇時學云：楚平王子公子結
　　也。官司馬，字子期。晏子嘗使楚，故與問答。孫注以"司馬"爲姓，非是。

〔三〕盧文弨云：元刻末注云："此章與《叔向問徒處之義》章旨同而有詳略之
　　異，故著於此篇。"◎文斌案：元刻本、活字本、嘉靖本、沈本、吳懷保本、吳
　　勉本均有注文，《子彙》本、吳勉學本、黃本、綿眇閣本、凌本、孫本無，今亦
　　刪注文。

高子問子事靈公莊公景公皆敬子
晏子對以一心第十九〔一〕

高子問晏子曰："子事靈公、莊公、景公〔二〕，皆敬子。三君之心一
耶〔三〕？夫子之心三也〔四〕？"晏子對曰："善哉，問事君〔五〕！嬰聞：一心
可以事百君，三心不可以事一君。故三君之心非一也，而嬰之心非三
心也〔六〕。且嬰之於靈公也，盡復而不能立之政，所謂僅全其四支以從
其君者也。及莊公陳武夫、尚勇力，欲辟勝于邪，而嬰不能禁，故退而
野處〔七〕。嬰聞之：言不用者不受其祿，不治其事者不與其難。吾於
莊公行之矣〔八〕。今之君輕國而重樂，薄於民而厚于養，藉斂過量，使
令過任，而嬰不能禁，嬰庸知其能全身以事君乎〔九〕？"

〔一〕劉師培《校補》云：《治要》此章屬《問下篇》。◎吳則虞云：吳刻"靈公"作
　　"靈王"，此從元刻，下同。活字本"公"字有修改痕跡，嘉靖本作"公"，無
　　剜改之痕，足見嘉靖本翻活字本，非翻元本也。◎文斌案：吳勉本目錄、標
　　題均作"靈公"，吳氏失檢。元刻本、活字本、嘉靖本、沈本目錄"問"下脫
　　"子"字；元刻本標題"靈公"誤作"靈王"。《子彙》本、凌本、楊本附於《內
　　篇問下》第二十九章後。吳懷保本標題作"事君以一心"，列"吳王"名下，
　　誤，當列"景公"名下；楊本作"高子問"；凌本作"三君之心一"。吳勉學本
　　誤連上章。銀雀山竹簡有本章內容。

〔二〕子事句　蘇時學云：晏子時，景公尚存，安得死後之謚而稱之？此著書者
　　偶失檢也。當如下文作"今君"爲是。◎文斌案：元刻本、嘉靖本、吳懷保
　　本"靈公"均誤作"靈王"。

〔三〕三君句　蘇輿云：《治要》作“三君一心耶”。◎文斌案：“耶”，嘉靖本作“耳”，孫本作“邪”。

〔四〕夫子句　蘇輿云：《治要》“也”作“耶”，“也”“耶”同。◎文斌案：從“高子問晏子曰”至“夫子之心三也”，簡本作“高子問晏……心壹與？夫子之心三與”，“晏”下“心”上簡文殘缺。◎駢宇騫云：簡文“與”當讀爲“歟”。

〔五〕晏子三句　張純一云：“事君”二字疑涉上下文而衍，殊贅於辭，當删。《論語·顔淵篇》：“樊遲問崇德、修慝、辨惑，子曰：‘善哉問。’”語氣與此同。◎文斌案：《治要》“對曰”上無“晏子”二字，無“善哉問事君”五字。簡本作“晏子曰‘善㦤！問事君’”，正有“事君”二字，張説非。◎駢宇騫云：簡本“㦤”即“哉”字，漢代竹簡帛書“哉”字多作“㦤”。

〔六〕嬰聞諸句　王念孫云：“非一也”本作“非一心也”，與“非三心也”對文。今本“一”下脱“心”字，《群書治要》有。◎蘇輿云：“非三心也”下《治要》所無。◎張純一云：“非一也”“非三也”各承上文“心”字言，“一”下、“三”下均不必有“心”字，蓋本文如此。今本“非三心也”，“心”字乃衍文。《治要》“非一心也”“非三心也”，兩“心”字並嫌贅，當删。◎吳則虞云：《指海》本增“心”字。景元鈔本、嘉靖本作“三心”，活字本“心”誤“必”。◎文斌案：簡本作“嬰聞之：一心可以事百君，三心不可事……嬰心非三也”，“三”下正無“心”字，張説甚是。“事”下“嬰”上簡文殘缺。◎駢宇騫云：簡本此句雖殘，但從下文“心非三也”可推知上文當作“心非一也”，“一”“三”下並無“心”字。

〔七〕且嬰諸句　孫本“野”作“埜”，《音義》云：“埜”，《説文》：“‘壄’，古文‘野’。”此省字。◎張純一云：“復”，《小爾雅·廣言》：“白也。”《廣雅·釋詁一》：“語也。”“盡復而不能立之政”，謂盡言于君而不見用也。“欲辟勝于邪”，嗜欲偏僻逾常。“野”從元刻，孫本作“埜”。“野處”，謂東耕海濱。◎吳則虞云：活字本“于邪”之“于”作“干”。◎劉如瑛云：“辟”，通“嬖”或“癖”。此言嗜欲愛好被邪惡所勝。張純一解“辟”爲“偏僻”，不合。◎王叔岷云：黄之寀本、明活字本、《子彙》本“野”並作“埜”。◎文斌案：元刻本、嘉靖本、沈本、吳懷保本、吳勉學本、綿眇閣本、楊本、凌本亦作“埜”，顧廣圻改作“野”，張氏誤吳鼐本爲元刻本。簡本作“且嬰之事靈公也……尚勇力，勝欲辟於邪，而嬰弗能禁也，故退而鯉處”。“也”下“尚勇力”上簡文殘缺。◎駢宇騫云：簡本“靈”疑當爲“靈”之簡寫。《説文》云：“‘靈’，巫也。從玉霝聲。或從巫作‘靈’。”簡文“品”疑爲“霝”之省寫。“鯉”，當讀爲“里”，《説文》云：“從魚里聲。”“里”即“鄉里”之“里”。或云爲“野”之誤字。又明本“勝干邪”義不可通，“干”當爲“于”字之訛，簡本作“於”是。明本“埜”爲“野”之別體。《説文》云：“‘野’，郊外也。

從里予聲。”“‘壄’,從里省從林。”“埜”爲“壄”之省寫。◎譚步雲云:《銀簡》614(即《銀文》0775):“故退而鯉處。”傳世本作“故退而埜處”。《晏釋》云:“‘鯉’,當讀爲‘里’,《説文》云:‘從魚里聲。’‘里’即‘鄉里’之‘里’。或云爲‘野’之誤字。”其實,這裏的“鯉”是“野”的異體:前者從里魚聲,後者從里予聲,與作魚名的“鯉”同形異字。“魚”“予”二字在古文獻中每每相通,毋庸舉例。故爾從魚得聲、從予得聲無別。傳世本的“埜”當爲《説文》所載“壄”(“野”字古文)的別體。

〔八〕嬰聞諸句 張純一云:“吾于莊公行之矣”,言所以不死崔杼之難。◎文斌案:簡本作“嬰聞之:言不用者不受其禄,不善其事不與難,吾於壯公行之矣”。◎駢宇騫云:簡本“壯”當讀爲“莊”,二字古音相同,可通假。簡本“難”上疑脱“其”字,明本有“其”字,似義長。

〔九〕今之諸句 張純一云:“庸知其能全身以事君乎”,言今能全身否不可知。◎駢宇騫云:明本“任”,放縱任性。“庸知”,才能平庸,智力短淺。◎盧文弨云:元刻末注云:“此章與《梁丘據問事三君不同心》《孔子之齊不見晏子》旨同而辭少異,故著於此篇。”◎文斌案:“任”,負擔。《詩經·小雅·黍苗》:“我任我輦。”《國語·齊語》:“負任擔荷,服牛軺馬,以周四方。”引申指承擔能力。“藉斂過量,使令過任”二句爲對句,謂景公賦斂百姓超過了應有的限度,役使人民超過了他們能夠承擔的能力。“庸”,豈。《漢書·南粵王傳》:“雖王之國,庸獨利乎?”潘岳《秋興賦》:“苟趣舍之殊塗兮,庸詎識其躁靜。”駢説似非。簡本殘缺較多,僅存“今之君輕國重樂,薄民……君乎”十一字。孫本“庸”上無“嬰”字,各本均有,當以有“嬰”字者爲是。吳懷保本外,各本“藉”均作“籍”,顧廣圻改作“藉”。元刻本、活字本、嘉靖本、沈本、吳懷保本、吳勉學本均有注文,《子彙》本、吳勉學本、黄本、綿眇閣本、楊本、凌本、孫本無,今亦删注文。元刻本、活字本、嘉靖本、吳懷保本注文“孔”並誤作“九”。

晏子再治東阿上計景公迎賀晏子辭第二十〔一〕

晏子治東阿〔二〕,三年,景公召而數之曰:“吾以子爲可,而使子治東阿,今子治而亂。子退而自察也,寡人將加大誅於子〔三〕。”晏子對曰:“臣請改道易行而治東阿〔四〕,三年不治,臣請死之。”景公許〔五〕。於是明年上計〔六〕,景公迎而賀之,曰:“甚善矣,子之治東阿也!”晏子對曰:“前臣之治東阿也〔七〕,屬托不行,貨賂不至,陂池之魚,以利貧

民。當此之時,民無飢[八],君反以罪臣[九]。今臣後之治東阿也[一〇],
屬托行,貨賂至,并重賦斂[一一],倉庫少内[一二],便事左右[一三],陂池之
魚,入於權宗[一四]。當此之時,飢者過半矣[一五],君迺反迎而賀。臣
愚,不能復治東阿[一六],願乞骸骨,避賢者之路。”再拜,便僻[一七]。景
公迺下席而謝之,曰:“子彊復治東阿[一八]。東阿者,子之東阿也,寡人
無復與焉。”[一九]

〔一〕文斌案:楊本無此章。元刻本、活字本、嘉靖本目録“阿”誤作“河”。《子
　　彙》本、凌本附於《内篇雜上》第四章後。吳懷保本標題作“治東阿”,以下
　　各章均列“景公”名下。凌本作“晏子治東阿宰三年”(“宰”字衍)。
〔二〕晏子句　劉師培《校補》云:《後漢書·胡廣傳》注引“治”作“化”,下同。
　　《元龜》二百四十四亦引作“化”。◎文斌案:《後漢書·胡廣傳》注所引
　　乃《説苑》文。
〔三〕誅　張純一云:“誅”,責也(襄三十一年《左傳》“誅求無時”注)。
〔四〕臣請句　文斌案:黄本“道”作“過”。《後漢書注》《元龜》均作“景公召而
　　數之,晏子請改道易行”,無景公與晏子對話。
〔五〕景公句　盧文弨云:《説苑·政理篇》“許”下有“之”字。
〔六〕上計　孫星衍云:《漢書·武紀》“受計于甘泉”,顔師古注:“受郡國所上
　　計簿也,若今之諸州計帳也。”
〔七〕前臣句　文斌案:《後漢書注》《元龜》引“前臣”均作“臣前”。
〔八〕民無句　孫本作“飢”,但《音義》卻作“饑”,云:一本作“飢”,下同。◎盧
　　文弨《拾補》句下有“者”字,注云:“者”字脱,《説苑》有。◎俞樾云:“飢”
　　下當有“者”字,如今本則文義不足。《説苑·政理篇》正作“民無飢者”。
　　◎吳則虞云:《指海》本據添。◎文斌案:沈本、吳勉學本、黄本“飢”誤作
　　“饑”,下同。《後漢書注》《元龜》引均無“陂池之魚,以利貧民。當此之
　　時,民無飢”四句。
〔九〕君反句　張純一云:《説苑》“君”上有“而”字。
〔一〇〕今臣句　盧文弨《拾補》“東阿”上有“治”字,注云:“治”字脱,《説苑》
　　有。◎吳則虞云:《説苑》作“今臣之後治東阿也”。《元龜》二百四十
　　四引作“今則反是”,蓋節引。《指海》本已補“治”字。◎徐仁甫云:
　　“後”字當衍。“今臣之治東阿”對“前臣之治東阿”而言,“今”即“後”
　　也,不應復出“後”字,蓋旁注之誤入正文者。◎文斌案:徐説是。《後
　　漢書注》亦作“今則反是”。今從盧校據《説苑》補“治”字。
〔一一〕并重　孫星衍云:《説苑》作“并會”,是。◎吳則虞云:《指海》本改

“會”。◎向承周《説苑校證》云:“會”疑“曾”之誤。《説文》:“‘曾’,益也。”《晏子》作“重”,與“曾”義同。若作會計賦斂,則官守當然,與上下文不侔矣。

〔一二〕倉庫句　張純一云:“内”“納”同。言賦斂于民者甚重,而納于倉庫者甚少。

〔一三〕便事句　劉師培《黄本校記》云:黄本“便”作“使”。

〔一四〕入於句　王念孫云:“權宗”,當依《説苑·政理篇》作“權家”,字之誤也。◎劉師培《校補》云:“權宗”猶云“豪宗”。《説苑·政理篇》作“權家”,《文選·(任昉)爲蕭揚州作薦士表》注引《説苑》作“勢門”。◎吳則虞云:《指海》本改“家”。◎文斌案:《文選·(任昉)爲蕭揚州薦士表》原題目無“作”字。

〔一五〕飢者句　田宗堯云:“飢”,吳勉學本作“饑”,日刊黄之寀本作“餓”。“飢”“饑”字通,“饑”“餓”義同。◎文斌案:沈本亦作“饑”。

〔一六〕君迺三句　王念孫云:“君迺反迎而賀臣”絶句,與上“君反以罪臣”對文。“臣”下當更有一“臣”字,屬下句讀。今本脱一“臣”字,則文義不明。《説苑》亦脱“臣”字。◎于鬯云:此讀“臣”字句與上文“君反以罪臣”一例,“臣”下當復有“臣”字,屬“愚”字讀,蒙文而省也。王念孫《雜志》謂脱一“臣”字,殆未必然。《説苑·政理篇》亦無“臣”字,可證。古書本有蒙文而省之例,即《晏子》書中,如《雜上篇》云“決獄不避貴强,惡之”,“貴强”下當復有“貴强”字,蒙文而省也。又上章云“無良左右,淫蠱寡人”,“左右”下當復有“左右”字,亦蒙文而省也。下篇云“今丘失言於夫子,讒之”,“夫子”下當復有“夫子”字,亦蒙文而省也(王《志》亦謂“夫子”二字脱)。◎吳則虞云:于説是也。《元龜》引作“而更蒙賀”,雖節引,亦見宋人固自“賀”字截讀。◎文斌案:《後漢書注》亦作“而更蒙賀”。

〔一七〕便僻句　盧文弨《拾補》“僻”作“辟”,注云:“僻”譌。◎蘇時學云:“僻”當爲“避”。◎劉如瑛云:“僻”,義爲“避”。《説文·人部》:“‘僻’,避也。”“便僻”,隨即避席之意。晏嬰答言表明辭官不爲,故言罷離席,以示去意。因而下文“景公迺下席而謝之”。《吕氏春秋·直諫》:“桓公避席再拜。”用語相類。盧文弨謂“僻”字譌,改爲“辟”。無煩改字。◎文斌案:《説苑》“僻”作“辟”。

〔一八〕彊　張純一云:勉也。◎文斌案:吳勉學本“彊”誤作“疆”。

〔一九〕孫星衍云:《説苑·政理篇》用此文。◎盧文弨云:元刻末注云:“此章與《晏子再治阿而見信景公任以國政》章旨同而述辭少異,故著於此篇。”◎張純一云:《子華子·北宫子仕篇》載此事。◎文斌案:元刻本、活字本、嘉靖本、沈本、吳懷保本、吳鼐本均有注文,《子彙》本、吳勉學本、黄本、綿眇閣本、凌本、孫本無,今亦删注文。

太卜紿景公能動地晏子知其妄
使卜自曉公第二十一^{〔一〕}

　　景公問太卜曰：“汝之道何能^{〔二〕}？”對曰：“臣能動地^{〔三〕}。”公召晏子而告之，曰^{〔四〕}：“寡人問太卜曰：‘汝之道何能^{〔五〕}？’對曰：‘能動地。’地可動乎^{〔六〕}？”晏子默然不對^{〔七〕}，出，見太卜曰：“昔吾見鉤星在四心之閒^{〔八〕}，地其動乎？”太卜曰：“然。”晏子曰：“吾言之，恐子死之也^{〔九〕}；默然不對，恐君之惶也^{〔一〇〕}。子言，君臣俱得焉。忠於君者，豈必傷人哉^{〔一一〕}？”晏子出，太卜走入見公^{〔一二〕}，曰：“臣非能動地，地固將動也^{〔一三〕}。”陳子陽聞之^{〔一四〕}，曰：“晏子默而不對者^{〔一五〕}，不欲太卜之死也^{〔一六〕}；往見太卜者，恐君之惶也。晏子，仁人也^{〔一七〕}，可謂忠上而惠下也^{〔一八〕}。”

〔一〕文斌案：《子彙》本、凌本、楊本附於《内篇雜下》第四章後。吳勉學本、黃本、綿眇閣本在“晏子使高糾治家”章後。吳懷保本標題作“太卜能動地”，楊本作“太卜動地”，凌本作“景公問太卜”。

〔二〕景公二句　文斌案：《淮南子·道應訓》“問”作“謂”，“汝”作“子”。《論衡·變虛篇》“景公”上有“齊”字，“汝”亦作“子”。黃本“太”作“大”，下同。

〔三〕臣能句　孫星衍云：高誘注《淮南子》：“‘動’，震也。”◎吳則虞云：《淮南子·道應訓》《論衡·變虛篇》皆無“臣”字。

〔四〕公召句　吳則虞云：《淮南》《論衡》俱作“晏子往見公，公曰”，與此異，而兩書相同。今本《晏子》或非漢人所見之舊。

〔五〕汝之句　吳則虞云：《論衡》無“之”字，歸評本作“汝何能”。◎文斌案：《論衡》作“子道何能”，《淮南子》“道”上有“之”字。

〔六〕地可句　黃以周云：《論衡·變虛篇》引“可”上有“固”字。

〔七〕晏子句　吳則虞云：《論衡》“默”作“嘿”。元刻本、活字本作“默默”，吳懷保本、吳勉學本作“默然”。◎文斌案：嘉靖本亦作“默默”，《淮南子》作“默然”。

〔八〕昔吾句　孫星衍云：《淮南》作“句星在房、心之閒”，高誘注：“‘句星’，客星也。‘房’，駟。句星守房、心，則地動也。”“駟”字此作“四”，通。◎洪頤煊云：《史記·天官書》：“‘免’，一名‘鉤星’，出房、心間地動。房爲天駟。”《國語·周語》：“駟見而清風戒寒。”“四”與“駟”通，即房星也。又房四星而稱爲“四”，亦猶心三星而《詩》稱爲“三”也，義亦得通。◎劉師培《校補》云：“四”與“駟”同，謂天駟也。故《論衡·恢國篇》引晏子語“四”作“房”。又《譴告篇》云：“猶齊晏子見鉤星在房、心之間，則知地且動也。”《變動篇》云：“鉤星在房、心之間，地且動之占也。齊太卜知之，謂景公：‘臣能動地。’”均其證。◎吳則虞云：凌本“四”誤“日”。◎文斌案：“鉤”，元刻本、活字本、嘉靖本、《子彙》本、吳懷保本、綿眇閣本、楊本、凌本均作“鉤”，吳勉學本、黃本誤作“鈎”。

〔九〕恐子句　盧文弨《拾補》“死之”作“之死”，注云：舊誤倒。◎劉師培《校補》云：戴校云：“‘死之’當作‘之死’，與下‘之惶’對文。”其説是也。下云“不欲太卜之死”，是其證。◎吳則虞云：《指海》本已乙。

〔一○〕恐君句　孫星衍云：“惶”，《淮南》作“欺”。《説文》：“‘惶’，恐也。”◎王念孫云：此“惶”字與“惑”同義，言恐君爲子之所惑也。“惶”“惑”，語之轉，字亦作“遑”。《後漢書·光武紀》曰：“遑惑不知所之。”《蜀志·呂凱傳》曰：“遠人惶惑，不知所歸。”是“惶”與“惑”同義。《淮南·道應篇》作“恐公之欺也”，“欺”與“惑”義亦相近。◎文斌案：《淮南子》“恐公之欺也”，非出晏子對太卜，乃出陳子陽評語。

〔一一〕忠於二句　吳則虞云：《淮南》《論衡》俱無“晏子曰”至“傷人哉”一段。

〔一二〕太卜句　吳則虞云：《淮南子》“人”作“往”。◎文斌案：《論衡》無“人”字。

〔一三〕地固句　文斌案：《論衡》“動也”作“自動”。

〔一四〕陳子陽　孫星衍云：《淮南》作“田子陽”，高誘注：“‘田子陽’，齊臣也。”

〔一五〕而　徐仁甫云：“而”猶“然”也。上文兩言“默然不對”，與此“默而不對”異詞同義。《淮南子·道應訓》正作“默然不對”。可證“而”猶“然”也（訓見《經傳釋詞》）。

〔一六〕不欲句　文斌案：《淮南子》無“也”字。

〔一七〕晏子二句　吳則虞云：元刻本脫“子”字，活字本、嘉靖本有。◎文斌案：元刻本有“子”字，吳氏失檢。《淮南子》無“仁人也”三字。

〔一八〕可謂句　吳則虞云：《淮南子》“忠”“惠”之下皆有“於”字，“也”作“矣”。◎孫星衍云：《淮南·道應訓》用此文。◎張純一云：《論衡·變虛篇》亦用此文。◎盧文弨云：元刻末注云：“此章與《柏常騫禳熒死將爲公請壽晏子識其妄》章旨同而辭異，故著於此篇。”◎文斌案：元刻本、活字本、嘉靖本、沈本、吳懷保本、吳蕭本均有注文，《子彙》本、吳勉學本、黃本、綿眇閣本、楊本、凌本、孫本無，今亦刪注文。各本注文“熒”均作“鳥”，元刻本、活字本“章”前並脫“此”字。

有獻書譖晏子退耕而國不治復召晏子第二十二〔一〕

晏子相景公,其論人也,見賢而進之〔二〕,不同君所欲;見不善則廢之,不辟君所愛〔三〕。行己而無私,直言而無諱〔四〕。有納書者曰〔五〕:"廢置不周於君前,謂之專〔六〕;出言不諱於君前,謂之易〔七〕。專易之行存,則君臣之道廢矣。吾不知晏子之爲忠臣也〔八〕。"公以爲然。晏子入朝,公色不悦〔九〕。故晏子歸〔一〇〕,備載〔一一〕,使人辭曰:"嬰故老悖無能,毋敢服壯者事。"辭而不爲臣,退而窮處,東耕海濱〔一二〕。堂下生藜藿〔一三〕,門外生荆棘。七年,燕、魯分争,百姓惛亂〔一四〕,而家無積〔一五〕。公自治國,權輕諸侯,身弱高、國。公恐,復召晏子。晏子至,公一歸七年之禄,而家無藏〔一六〕。晏子立,諸侯忌其威〔一七〕,高、國服其政,燕、魯貢職,小國時朝。晏子没而後衰。〔一八〕

〔一〕劉師培《校補》云:《治要》引此章前半亦附《雜下》篇。◎張純一云:"晏子"二字當重。◎文斌案:楊本無此章。《子彙》本、凌本附於《内篇雜上》第五章後,吳勉學本、黄本、綿眇閣本在"晏子治東阿"章下。吳懷保本標題作"有獻書譖晏子",凌本作"晏子論人"。

〔二〕而　張純一云:"而"同"則",《治要》作"即"。

〔三〕辟　蘇時學云:"辟"讀如"避",謂不避權貴也。◎王叔岷云:《治要》引"辟"作"避"。

〔四〕直言句　張純一云:《治要》引止此。

〔五〕有納句　蘇時學云:言人惡晏子,因上書景公以毁之。◎劉師培《校補》云:《御覽》八百廿二引作"有納書景公者",當校補。◎文斌案:宋本《御覽》"曰"作"云"。

〔六〕廢置二句　俞樾云:"不周"當爲"不由","廢置不由於君前",故爲"專"也。疑古本叚"甹攦"之"甹"爲"由",其形與古文"周"字作"甹"者相近,因誤爲"周"耳。◎于鬯云:此"周"字當不誤。俞蔭甫太史《平議》謂"不周"當作"不由",殆未必然。"周"蓋讀爲"調","調"諧"周"聲,例當通借。《説文·言部》云:"'調',和也。"《周禮·地官序》"調人"鄭注云:"'調',猶和合也。"蓋廢君所欲廢,置君所欲置,是爲調;廢君所不欲廢,置君所不欲置,是爲不調。上文云:"晏子相景公,見賢而進之,不同君所欲;見不善則廢之,不辟君所愛。"則其不調甚矣。故曰"廢置不周於君前"者,廢置不調於君前也。"廢置不調於君前"者,謂其不和合於君也。
《穀梁·成十七年傳》云:"公不周乎伐鄭也。"《楚辭·離騷》云:"雖不周
於今之人兮。"彼"不周"亦並即"不調",與此"不周"正同,故王逸《章句》
及俞太史《穀梁傳平議》皆訓彼"周"爲"合"(范甯《集解》訓"周"爲"信",
未是)。訓"周"爲"合",亦讀"周"爲"調"矣。上章云"夫能自周於君者,
才能皆非常也",亦謂其能自調於君也。◎張純一云:"周",疑"問"之形
誤。◎王叔岷云:"不周"義自可通,無煩改字。"周"猶"信"也,《穀梁·
成十七年傳》:"公不周乎伐鄭也。"《注》:"'周',信也。"即其證。"廢置
不周於君前",猶言"廢置不信於君前"也。◎劉如瑛云:"周"當爲"聞"字
之誤,二字草書形近。言政事自決而不上聞於君,所以叫"專"。張說近
是,但不能解作"詢問"。◎文斌案:《穀梁傳·成公十七年》引作"公不周
乎伐鄭也",王氏誤"鄭"作"鄰"。

〔七〕出言二句 孫星衍云:"易",此"傷"字假音。◎黃以周云:元刻脫"之"
字。◎張純一云:"易"猶"違"(《呂氏春秋·禁塞篇》"古之道也不可易"
注)。◎吳則虞云:綿眇閣本、凌本有"之"字。"傷"之本義爲"交","傷"
當爲"敭"之假音。"敭",侮也。《禮記·樂記》"易慢之心入之矣",亦
"敭"之假借,謂慢也。◎王叔岷云:黃之寀本、《子彙》本"謂"下並有
"之"字,黃以周云"元刻脫'之'字",是也。明活字本亦脫"之"字。◎文
斌案:沈本、吳懷保本、吳勉學本、綿眇閣本、凌本、孫本亦有"之"字,嘉靖
本、吳鼒本脫,今補"之"字。

〔八〕吾不句 吳則虞云:《御覽》引無"爲"字。

〔九〕公色句 文斌案:孫本"悦"作"說"。宋本《御覽》脫"不"字。

〔一〇〕故晏句 文廷式云:"故"字誤衍。

〔一一〕備載 孫星衍云:同"犕載",言犕駕也。

〔一二〕東耕句 劉師培《校補》云:《御覽》引"海"上有"于"字。◎張純一云:
《雜上》一章作"東耕于海濱"。

〔一三〕堂下句 蘇輿云:"萑"當爲"蘿",説見《諫上篇》。

〔一四〕百姓句 劉師培《黃本校記》云:黃本挩"亂"字。

〔一五〕而家句 劉師培《校補》云:此四字當在"七年"下,"燕、魯"八字當在
"身弱高、國"下(下云"諸侯忌其威,高、國服其政,燕、魯貢職",正與此
應)。◎張純一云:劉説是。

〔一六〕無藏 張純一云:盡以分貧。

〔一七〕諸侯句 吳則虞云:元刻本、活字本"諸侯"互倒。

〔一八〕盧文弨云:元刻末注云:"此章與《景公惡故人晏子退》章旨同,叙事少
異,故著於此篇。"◎文斌案:元刻本、活字本、嘉靖本、沈本、吳懷保本、

吳鼒本均有注文,《子彙》本、吳勉學本、黃本、綿眇閣本、凌本、孫本無,今亦刪注文。

晏子使高糺治家三年而未嘗弼過逐之第二十三[一]

晏子使高糺治家,三年而辭焉[二]。儐者諫曰[三]:"高糺之事夫子三年[四],曾無以爵位而逐之,敢請其罪[五]。"晏子曰:"若夫方立之人,維聖人而已[六]。如嬰者,仄陋之人也[七]。若夫左嬰右嬰之人[八],不舉四維,將不正[九]。今此子事吾三年[一〇],未嘗弼吾過也[一一],吾是以辭之[一二]。"

〔一〕文斌案:《子彙》本、凌本、楊本附於《内篇雜上》第二十八章後。吳懷保本標題作"使高糺治家",楊本作"辭糺治家",凌本作"景公使高糺治家三年"("景公"當爲"晏子"之誤)。

〔二〕晏子二句 孫本"糺"作"糾",《音義》云:"糾",今本作"糺",即"糾"字壞也。《説苑》作"繚",音之轉。◎劉師培《補校》云:《書抄》三十二引作"高僚仕於晏子三年,無故,晏子逐之",與此異。◎張純一云:《説苑·臣術篇》作"高繚仕於晏子,晏子逐之"。

〔三〕儐者句 吳則虞云:《書鈔》"儐者"作"左右",與《説苑》同。◎文斌案:《書鈔》"諫"作"陳"。

〔四〕高糺句 吳則虞云:《書鈔》作"高僚事子三年"。

〔五〕敢請句 吳則虞云:《説苑》《書鈔》俱作"其義可乎"。

〔六〕若夫二句 張純一云:"方"猶"道"也。"若夫方立之人",謂若彼以道立身之人。《説苑》《書鈔》均無此二句。

〔七〕如嬰二句 孫星衍云:"仄",俗本作"反"。◎張純一云:"仄",古"側"字(《漢書·賈誼傳》集注)。側陋者,僻側淺陋也(《書·堯典》"明明揚側陋"疏)。◎吳則虞云:元刻本、活字本皆作"反"。◎文斌案:《説苑》《書鈔》無"如""者"二字。《子彙》本、孫本作"仄",嘉靖本、吳懷保本、吳勉學本、黃本、綿眇閣本、楊本、凌本作"反",沈本作"区"。黃本上方校語云:"'反'當作'仄'。"

〔八〕若夫句 張純一云:"左右"云者,俌弼之謂。◎徐仁甫云:"夫"字涉上文"若夫方立之人"而衍。

〔九〕不舉二句 孫星衍云:《説苑》作"有四維之,然後能直",今本"四"作

"曰",非。《説文》:"'維',車蓋維也。"◎張純一《校注》於"四維"後復增"四維"二字,注云:孫本、元刻並脱"四維"二字,文義不完,今校增。《管子·牧民篇》曰:"守國之度,在飾四維。""四維不張,國乃滅亡。""何謂四維? 一曰禮,二曰義,三曰廉,四曰恥。"◎王叔岷云:黄之寀本、明活字本、《子彙》本皆作"曰",與元本同誤。孫本作"四",蓋據《説苑》(臣術篇)改。◎文斌案:各本均作"曰",孫星衍據《説苑》改作"四",今從衆校改"曰"作"四"。《説苑》無"有"字,楊本"維"並誤作"爲"。

〔一〇〕今此句　文斌案:楊本"今"誤作"令"。

〔一一〕未嘗句　吳則虞云:《説苑》"過"下無"也"字。

〔一二〕吾是句　盧文弨云:元刻末注云:"此章與《景公欲見高糾》章旨同而辭少異,故著於此篇。"◎張純一云:《説苑·臣術篇》用此文。◎文斌案:《説苑》無"吾"字,"辭"作"逐","之"後有"也"字。元刻本、活字本、嘉靖本、沈本、吳懷保本、吳鼒本均有注文,《子彙》本、吳勉學本、黄本、綿眇閣本、楊本、凌本、孫本無,今亦刪注文。

景公稱桓公之封管仲益晏子邑辭不受第二十四〔一〕

景公謂晏子曰:"昔吾先君桓公予管仲狐與穀〔二〕,其縣十七,著之于帛〔三〕,申之以策,通之諸侯〔四〕,以爲其子孫賞邑。寡人不足以辱而先君〔五〕,今爲夫子賞邑,通之子孫〔六〕。"晏子辭曰:"昔聖王論功而賞賢,賢者得之,不肖者失之。御德脩禮〔七〕,無有荒怠〔八〕。今事君而免于罪者,其子孫奚宜與焉? 若爲齊國大夫者必有賞邑,則齊君何以共其社稷與諸侯幣帛〔九〕? 嬰請辭。"遂不受。〔一〇〕

〔一〕文斌案:《子彙》本、凌本、楊本附於《内篇雜下》第十九章後,吳勉學本、黄本、綿眇閣本在"景公問太卜曰"章下。吳懷保本標題作"辭不受邑",楊本作"不受子孫賞邑",凌本作"桓公予管仲狐與穀"。

〔二〕昔吾句　張純一云:"狐""穀",皆地名。

〔三〕著之句　吳則虞云:活字本"于"誤"干"。

〔四〕通　文斌案:通報。

〔五〕寡人句　盧文弨云:"而先君"三字疑。◎于省吾云:"而"猶"如"也,詳《經傳釋詞》。此言寡人不足以辱如先君,"辱",謙辭。上言"桓公予管仲狐與穀",又云"以爲子孫賞邑";下云"今爲夫子賞邑,通之子孫",意謂寡

人雖不足以辱如先君之賞管仲,但亦欲爲夫子賞邑也。◎張純一云:
“而”,“女”也。◎吳則虞云:凡封邑皆以遺之子孫,非身受也。故《雜
下》第十九:晏子辭曰:“惡有不肖父爲不肖子爲封邑以敗其君之政者
乎?”今言“不足以辱而先君”者,景公謙言不足以封汝之父,以蔭汝之身。
“而”“汝”通,“先君”指晏子之先人也。◎徐仁甫云:此“先君”承上“昔
吾先君桓公”而言,仍指桓公。“而”猶“於”也。《尚書大傳》四“杖於朝”
與“杖而朝”互文,是“於”猶“而”也。《禮記·月令》“專而農民”,《逸周
書·月令解》“而”作“於”。《學記》“相觀而善之謂摩”,《説苑·建本》
“而”作“於”,皆“而”“於”古通之證。“寡人不足以辱而先君”,言寡人不
可以辱於先君也。《大戴禮·曾子立事篇》曰:“慕善人而不與焉,辱也。”
景公慕桓公予管仲邑,若己不以邑賞晏子,則是慕善人而不與焉。故曰:
寡人不可以辱於先君,而爲夫子賞邑也。張、吳皆誤解“而”爲“女”,焉有
封人邑而謙言不足以封汝父之理?◎劉如瑛云:“辱”下“而”字當衍。齊
景公以桓公予管仲賞邑故事來比,欲予晏嬰賞邑,所以謙言“寡人不足以
辱先君”,而晏嬰則可比管仲。兩處“先君”同指桓公,而決非後者指晏嬰
的先人。且“先君”爲敬稱,“而”“汝”則非,如訓“而”爲“汝”,則“而先
君”實爲不倫不類。統觀全書,齊景公皆尊稱晏嬰爲“夫子”或“子”,更不
當以“而”“汝”呼之。盧文弨以爲“而先君”三字可疑,吳則虞乃謂“而”通
“汝”,“先君”指晏子之先人,殊誤。◎文斌案:黃本上方校語云:“‘而’
疑‘吾’字。”

〔六〕通之句　張純一云:“通”涉上文而誤,疑當作“遺”。

〔七〕御德句　張純一云:“御”,進也。◎文斌案:“脩”,除吳鼐本外,各本均作“修”。

〔八〕無有句　文斌案:楊本“荒怠”作“怠荒”。

〔九〕共　蘇時學云:“共”與“供”同。◎文斌案:嘉靖本、《子彙》本、綿眇閣本
“幣”誤作“弊”。

〔一〇〕盧文弨云:元刻末注云:“此章與《景公致千金而晏子固不受》《使田無
宇致封邑晏子辭》章旨悉同而辭少異,故著於此篇。”◎文斌案:元刻
本、活字本、嘉靖本、沈本、吳懷保本、吳鼐本均有注文,《子彙》本、吳勉
學本、黃本、綿眇閣本、楊本、凌本、孫本無,今亦删注文。

景公使梁丘據致千金之裘晏子固辭不受第二十五〔一〕

景公賜晏子狐之白裘〔二〕,玄豹之茈〔三〕,其貲千金〔四〕,使梁丘據致

之。晏子辭而不受〔五〕,三反〔六〕,公曰:"寡人有此二,將欲服之。今夫子不受,寡人不敢服。與其閉藏之,豈如弊之身乎?"晏子曰:"君就賜〔七〕,使嬰脩百官之政〔八〕。君服之上,而使嬰服之于下〔九〕,不可以爲教〔一〇〕。"固辭而不受。〔一一〕

〔一〕文斌案:元刻本、活字本、嘉靖本、沈本、吳勉本標題"之"目録作"衣",今統一作"之"。《子彙》本、凌本附於《内篇雜下》第二十五章後。楊本無此章。吳懷保本標題作"辭不受裘",凌本作"景公賜晏子狐白裘"。

〔二〕狐之白裘　孫星衍云:《墨子·親士篇》:"千鎰之裘非一狐之白也。"◎盧文弨云:"之白"疑倒。◎黄以周云:當作"狐白之裘"。◎張純一云:"狐之白裘"文不成義,疑本作"白狐之裘",與"玄豹之冠"儷文。◎吳則虞云:《御覽》六百九十四引無"之"字,《指海》本作"狐白之裘"。◎田宗堯云:文當作"狐白之裘"。《御覽》六九四引作"狐白裘","白"下蓋脱"之"字。《諫上》"公被狐白之裘"、《漢書·匡衡傳》"富貴在身而列士不譽,是有狐白之裘而反衣之也"、《淮南子·説山訓》"狐白之裘,天子被之",並其證。此文"白之"二字蓋誤倒。師古曰:"'狐白',謂狐掖下之皮,其毛純白。集以爲裘,輕柔難得,故貴也。"◎文斌案:《天中記》四十七引亦作"狐白裘"。

〔三〕玄豹句　孫星衍云:"茈",未詳。"茈"爲染草,疑毛之有紫色者。◎于鬯云:"茈"蓋本作"芘","芘"者,"紕"之借字也。《爾雅·釋言》:"'紕',飾也。"《廣雅·釋詁》云:"'紕',緣也。"此承上"狐白之裘"言之(今作"狐之白裘",黄元同大令《校勘》云"當作'狐白之裘'"),謂狐白之裘,以元豹之皮爲緣飾也。緣飾即在裘上,實止言一裘耳。故下文公曰"寡人有此二",謂有此裘二:一以賜晏子,一以自服也。此非謂狐白之裘之外又別有元豹之茈也。"茈"與"紕",論音實亦可通,特讀"茈"爲"紕",與讀"芘"爲"紕",假借之例有遠近耳。故疑"茈"爲"芘"之誤也。《山海·南山經》云"洵水其中多芘蠃",郭璞注云:"紫色螺。"朱駿聲《説文通訓》云:"'芘',當爲'茈'之誤。"然則此"芘"之誤爲"茈",猶彼"茈"之誤爲"芘"矣。◎劉師培《校補》云:"茈"疑同"皆"。《爾雅·釋器》云:"衣皆謂之'襟'。"《淮南·齊俗訓》云:"隅眥之制。"(義詳諫下篇《雜志》)。此言狐白之裘以豹皮斜飾其襟皆,猶《禮記·玉藻》所謂"裼"也。◎張純一云:"玄",各本避清諱作"元",今改正。"玄豹之茈"不成文,"茈"疑"冠"之形誤。下章云"晏子布衣鹿裘以朝",《禮·檀弓下》云"晏子一狐裘三十年",《禮器》云"晏平仲瀚衣濯冠以朝",晁沖之《閒居詩》"荒蕪蔣詡徑,破敝晏嬰冠”，足證其裘冠之惡。◎文斌案：元、明刻本均作“玄”，孫星衍、顧廣圻作爲清人則改“玄”作“元”，以避聖祖諱。張氏謂“各本避清諱作‘元’”，非是。今從元刻改回“玄”字。

〔四〕其貲句　吳則虞云：《御覽》六百九十四“貲”作“貿”。◎田宗堯云：《天中記》四十七引作“賈”。“貲”，價也。《管子·山權數》：“之龜爲無貲。”《注》：“‘無貲’，無價也。”“賈”“價”字通。《御覽》引作“貿”，蓋“貲”字之形誤。

〔五〕晏子句　文斌案：吳勉學本“受”誤作“愛”。

〔六〕反　孫星衍云：一本作“返”。◎文斌案：沈本作“返”。

〔七〕就　張純一云：“就”，成也。◎徐仁甫云：“就”，“若”也，假設之詞。《風俗通·正失篇》：“就若所云，明神禍福，必有徵應。”“就”“若”同義複詞。《三國志·法正傳》“就復東行”，謂若復東行也。此“君就賜”，言君若賜也。

〔八〕使嬰句　文斌案：沈本、吳懷保本、黃本、綿眇閣本、凌本、孫本“脩”作“修”。

〔九〕而使句　吳則虞云：《御覽》六百九十四引無“于”字。◎文斌案：《天中記》引亦無“于”字。

〔一〇〕不可句　黃以周云：謂狐白裘乃人君之上服，非臣下所得服也。《記》曰：“君衣狐白裘。”疏家謂大夫得衣狐白，與此違，不足信。◎蘇輿云：此言君服此裘于上，臣復服此裘于下，則是同君，恐奢侈之民皆從而效之。故云“不可爲教”。上篇“今駱馬乘車，君乘之上，而臣亦乘之下”云云，義正同此。黃説稍泥。

〔一一〕盧文弨云：元刻末注云：“此章與《景公使梁丘據遺之車馬三返不受》章旨同而事少異，故著於此篇。”◎文斌案：元刻本、活字本、嘉靖本、沈本、吳懷保本、吳鼐本均有注文，《子彙》本、吳勉學本、黃本、綿眇閣本、凌本、孫本無。今亦刪注文。

晏子衣鹿裘以朝景公嗟其貧晏子稱有飾第二十六〔一〕

晏子相景公〔二〕，布衣鹿裘以朝〔三〕。公曰：“夫子之家若此其貧也〔四〕？是奚衣之惡也〔五〕？寡人不知，是寡人之罪也。”晏子對曰：“嬰聞之：蓋顧人而後衣食者，不以貪味爲非；蓋顧人而後行者，不以邪辟爲累〔六〕。嬰不肖，嬰之族又不如嬰也，待嬰以祀其先人者五百家〔七〕，嬰又得布衣鹿裘而朝，於嬰不有飾乎！”再拜而辭〔八〕。

〔一〕盧文弨云：吳（勉學）本此章缺。◎劉師培《黃本校記》云：黃本此章挩。◎王叔岷云：《子彙》本此章缺。◎文斌案：綿眇閣本、楊本、凌本此章亦缺。吳懷保本標題作“衣鹿裘以朝”。

〔二〕晏子句　蘇輿云：“晏子”舊刻誤“景公”，今從浙刻正。◎文斌案：元刻本、活字本、嘉靖本、沈本、吳懷保本、孫本、吳鼐本均不誤。

〔三〕鹿裘　張純一云：洪（頤煊）云：“《呂氏春秋·貴生篇》：‘顏闔守閭，鹿布之衣。’‘鹿’即‘麤’字之省。《莊子·讓王篇》作‘苴布之衣’，‘苴’即‘麤’字。”此“鹿裘”亦謂“麤裘”也。

〔四〕夫子句　劉師培《校補》云：《後漢書·虞延傳》注引“其”作“之”。◎張純一云：《北堂書鈔》百二十九引此文同。◎文斌案：《後漢書·虞延傳》注引亦同，劉氏失檢。

〔五〕是奚句　張純一云：兩“也”字俱讀“邪”。◎文斌案：《後漢書·虞延傳》注引無“是”字。

〔六〕蓋顧四句　顧廣圻校云：二“人”字皆當作“入”。◎陶鴻慶云：上句“衣”字、下句“蓋”字及中間兩“不”字皆衍文。原文當云：“蓋顧人而後食者，以貪味爲非；顧人而後行者，以邪僻爲累。”“顧人而後食”云云，如有參士之食而自足是也；“顧人而後行”云云，如懲慶氏之亡而辭邑是也。此晏子因公言衣惡，假食與行以起例耳。今本蓋後人不達其義而以意加之。◎劉師培《校補》“味”亦作“昧”，云：“昧”與“冒”同（《左傳·文十八年》云“貪於飲食，冒於貨賄”）。◎張純一《校注》改“辟”爲“僻”，注云：“僻”，元刻作“辟”。晏子尚儉，惡衣服、菲飲食，遵禹教也。此文不以貪味爲非、不以邪僻爲累，紕繆顯然。貪味屬食言，不得屬衣言；衣食之間又有脱句甚明。疑本作：“嬰聞之：顧人而後衣者，不以麤布爲惡；顧人而後食者，必以貪味爲非；顧人而後行者，尤以邪僻爲累。”今本衍兩“蓋”字，“衣”下脱“者不以麤布爲惡顧人而後”十一字，一“必”字、一“尤”字俱譌作“不”，則義不可通矣。“顧人而後衣”二句承上“奚衣之惡”言，爲本章之主；“食”“行”二義皆賓也。故下文專以“布衣鹿裘”“有飾”作結。◎文斌案：孫本“辟”作“僻”。

〔七〕待嬰句　吳則虞云：元刻本“祀”誤“祝”。◎文斌案：元刻本亦作“祀”，吳氏失檢。

〔八〕再拜句　張純一云：四字衍，無謂，當删。◎盧文弨云：元刻末注云：“此章與《陳無宇請浮晏子》《景公睹晏子之食而嗟其貧》章旨同而辭少異，故著於此篇。”◎文斌案：元刻本、活字本、嘉靖本、沈本、吳懷保本、吳鼐本均有注文，孫本無，今亦删注文。沈本注文“陳無宇”作“田無宇”，活字本“宇”誤作“字”。

仲尼稱晏子行補三君而不有果君子也第二十七〔一〕

仲尼曰：“靈公汙〔二〕，晏子事之以整齊；莊公壯〔三〕，晏子事之以宣武〔四〕；景公奢，晏子事之以恭儉：君子也〔五〕！相三君而善不通下，晏子細人也〔六〕！”晏子聞之，見仲尼曰：“嬰聞君子有譏於嬰〔七〕，是以來見。如嬰者，豈能以道食人者哉？嬰之宗族待嬰而祀其先人者數百家〔八〕，與齊國之閒士待嬰而舉火者數百家〔九〕，臣爲此仕者也〔一〇〕。如臣者〔一一〕，豈能以道食人者哉？”晏子出，仲尼送之以賓客之禮，再拜其辱。反，命門弟子曰〔一二〕：“救民之姓而不夸〔一三〕，行補三君而不有〔一四〕，晏子果君子也。”〔一五〕

〔一〕盧文弨云：吳（勉學）本此章缺。◎文斌案：吳勉學本、黃本、綿眇閣本在“晏子使吳”章後，盧氏失檢。《子彙》本、凌本、楊本附“晏子使吳”章和本章於《內篇問下》第十二章後。吳懷保本標題作“見仲尼”，楊本作“細人君子”，凌本作“仲尼論晏子事三君”。

〔二〕靈公句　文斌案：黃本“汙”誤作“汗”。

〔三〕莊公句　孫星衍云：《孔叢·詰墨篇》：“孔子曰：‘靈公汙，而晏子事之以潔；莊公怯，而晏子事之以勇；景公侈，而晏子事之以儉：晏子，君子也。’”此作“莊公壯”，與《孔叢》云“怯”者不合。莊公好勇，疑作“怯”之誤。◎盧文弨云：《左傳》“齊侯既伐晉而懼”，則“怯”字亦非誤。◎張純一云：此文“壯”，《孔叢》作“怯”，“怯”與“武”“勇”義正相反。以上下文例之，“怯”字近是。顧晏子不尚武，此云“事之以宣武”，《孔叢》云“事之以勇”，似均不合。然此云“宣武”者，謂宣明止戈爲武；《孔叢》作“勇”者，謂如君子之勇（《雜上》三章：“晏子曰：‘劫吾以刃而失其志，非勇也。’”《太平御覽》四百三十七引《胡非子》云“夫曹劌，匹夫徒步之士、布衣柔履之人也。唯無怒，一怒而劫萬乘之師、存千乘之國。此謂君子之勇，勇之貴者也”），非匹夫之勇、敵一人者比。則與晏子非攻之旨符合矣。蓋莊公之壯，非君子之勇，正晏子欲行禮義之勇以止之者也。觀《諫上》一章《莊公奮乎勇力不顧行義》可證。又十七章曰：“使勇者常守之，則莊公、靈公將常守之矣。”《問下》十五章曰：“莊公好兵作武。”前十九章曰：“莊公陳武夫、尚勇力。”皆此云“莊公壯”之明徵，然則本文“壯”字不誤。《孔叢》作“怯”，直是“壯”之誤字。

〔四〕晏子句　劉師培《校補》云：“宣”與“桓”同（《左傳》“曹宣公”，《禮記》作
　　　　“桓”），故“宣武”並文（《爾雅·釋訓》：“‘桓桓’，威也。”《廣雅·釋訓》
　　　　“‘桓桓’，武也”）。

〔五〕君子句　孫星衍云：句上脱“晏子”二字。

〔六〕細　張純一云：小也。

〔七〕嬰聞句　劉師培《黄本校記》云：黄本“譏”作“識”。◎田宗堯云：吳勉學
　　　　本“譏”亦作“識”。以上下文審之，作“譏”字是也。◎文斌案：吳勉學本
　　　　亦作“譏”，田氏失檢。嘉靖本誤作“饑”，黄本“有譏於嬰”誤作“有於
　　　　識嬰”。

〔八〕嬰之句　劉師培《黄本校記》云：黄本“祀”誤“祝”。◎文斌案：元刻本、
　　　　活字本、嘉靖本、《子彙》本、吳懷保本、吳勉學本、綿眇閣本、凌本“祀”亦
　　　　誤作“祝”。黄本上方校語云：“‘祝’當作‘祀’。”元刻本、活字本、嘉靖本
　　　　“嬰之宗族”誤作“嬰嬰宗族”，沈本、吳懷保本無“之”字。

〔九〕與齊句　張純一《校注》改“閒”爲“簡”，注云：“簡”舊作“閒”，今校改，説
　　　　見《雜下》十二章。◎文斌案：元刻本、活字本、嘉靖本、《子彙》本、沈本、
　　　　吳懷保本、吳勉學本、綿眇閣本、凌本“閒”作“間”。

〔一〇〕臣爲句　張純一《校注》改“臣”爲“嬰”，注云：“嬰”舊作“臣”。晏子對
　　　　孔子，不得稱“臣”。即訓“臣”爲“僕”，亦不諧。今校改，下同，與上文
　　　　一律。◎文斌案：張説是。

〔一一〕如臣句　文斌案：沈本“如”作“爲”。

〔一二〕命　蘇時學云：猶“告”也。

〔一三〕姓　黄以周云：“姓”與“生”古通。

〔一四〕不有　張純一云：不自有其功也。

〔一五〕孫星衍云：已上二章，黄之寀本、凌澄初本皆删去，今據沈啓南本補入。
　　　　餘篇次第亦多錯亂，皆訂正。◎盧文弨云：元刻末注云：“此章與《仲尼
　　　　之齊不見晏子》《魯君問何事回曲之君》章旨同而述辭少異，故著於此
　　　　篇。”◎張純一云：《外下》三章四章、《問下》十二章旨並同。◎文斌案：
　　　　黄本、凌本均有此章，見注一，孫氏失檢。元刻本、活字本、嘉靖本、沈
　　　　本、吳懷保本、吳鼎本均有注文，《子彙》本、吳勉學本、黄本、綿眇閣本、
　　　　楊本、凌本、孫本無，今亦删注文。

外篇第八凡十八章[一]

仲尼見景公景公欲封之晏子以爲不可第一[二]

仲尼之齊，見景公。景公說之，欲封之以爾稽[三]。以告晏子，晏子對曰：“不可[四]。彼浩裾自順[五]，不可以教下[六]；好樂緩於民，不可使親治[七]；立命而建事[八]，不可使守職[九]；厚葬破民貧國[一〇]，久喪道哀費日[一一]，不可使子民[一二]；行之難者在内，而傳者無其外[一三]，故異于服，勉于容[一四]，不可以道衆而馴百姓[一五]。自大賢之滅，周室之卑也，威儀加多而民行滋薄[一六]，聲樂繁充而世德滋衰[一七]。今孔丘盛聲樂以侈世，飾弦歌鼓舞以聚徒[一八]，繁登降之禮[一九]，趨翔之節以觀衆[二〇]。博學不可以儀世[二一]，勞思不可補民[二二]。兼壽不能殫其教[二三]，當年不能究其禮[二四]，積財不能贍其樂[二五]。繁飾邪術以營世君[二六]，盛爲聲樂以淫愚其民[二七]。其道也，不可以示世[二八]；其教也，不可以導民[二九]。今欲封之以移齊國之俗[三〇]，非所以導衆存民也[三一]。”公曰：“善。”于是厚其禮而留其封[三二]，敬見不問其道[三三]，仲尼迺行[三四]。

〔一〕盧文弨云：吴（勉學）本不分篇。◎蘇輿云：舊以此與上篇并合爲一卷，意在合《七略》之數，今從之。

〔二〕文斌案：吴懷保本標題作“沮封仲尼”，楊本作“沮封”，凌本作“仲尼之齊”。銀雀山竹簡有本章内容。

〔三〕仲尼諸句　孫星衍云：“爾稽”，《墨子》作“尼谿”。“尼”“爾”，“稽”“谿”聲皆相近。◎吴則虞云：《詰墨》作“尼谿”，《史記·孔子世家》作“尼谿田”。◎文斌案：《墨子·非儒下》“仲尼”作“孔某”，“說”後無“之”字。孫詒讓《墨子閒詁》云：“《史記·孔子世家》以此爲昭公二十五年魯亂孔子適齊以後事。”簡本與今本略同,“仲尼”作“中泥”,“欲”作“將”,“爾”作“壐”。◎騈宇騫云:“壐”,從土爾聲,二字古音相同,可通假。

〔四〕不可句　劉師培《黃本校記》云:黃本“不可”下有“也”字。◎吳則虞云:《孔子世家》有“夫儒者滑稽而不可軌法”。

〔五〕彼浩句　孫星衍云:“浩裾”,《墨子》作“浩居”,《史記》作“倨傲”。◎洪頤烜云:“浩裾”即“傲倨”,假借字。◎文斌案:孫詒讓《墨子閒詁》云:“《家語·三恕篇》云:‘浩裾者則不親。’王肅注云:‘“浩裾”,簡略不恭之貌。’《大戴禮記·文王官人篇》云:‘自順而不讓。’又云:‘有道而自順。’孔廣森云:‘“自順”,謂順非也。’”《禮記·王制》:“學非而博,順非而澤。”孔穎達疏:“‘順非而澤’者,謂順從非違之事而能光澤文飾。”《孟子·公孫丑下》:“且古之君子,過則改之;今之君子,過則順之。”趙岐注:“今之所謂君子,非真君子也。順過飾非,就爲之辭。”

〔六〕不可句　劉師培《黃本校記》云:黃本挩“下”字。◎吳則虞云:“教”,《史記》作“爲”。◎文斌案:“以告晏子”至“不可以教下”,簡本僅存“以告晏……下”。

〔七〕好樂二句　孫本“綏”作“緩”,《音義》云:今本“緩”作“綏”,非。《鹽鐵論》作“繁於樂而舒於民”,因“舒”知爲“緩”字。《墨子》作“而淫人”。◎吳則虞云:元刻本、吳勉學本、《子彙》本作“綏”,凌本作“緩”。◎文斌案:孫引“繁於樂而舒於民”,見《鹽鐵論·論誹篇》。活字本、沈本、黃本、綿眇閣本亦作“綏”,嘉靖本、楊本作“緩”,吳懷保本該字處爲空格。簡本有殘缺,作“好樂而□[□□□]親治”。◎騈宇騫云:“親治”上殘缺五字,疑作“綏民不可使”。◎劉春生云:今本此文作“好樂緩於民,不可使親治”,“樂”下無“而”字,作“緩於民”。簡文“樂”下有“而”字,則“而”下當作二字,上下句相合,今本此處作“緩於民”者,當是誤文。《墨子·非儒下》述晏子此語作“好樂而淫人,不可使親治”,“樂”下有“而”字,與簡本合。疑簡本此處缺文作“淫民不可使”五字。此章下文“盛爲聲樂,以淫愚民”及《問上》十一章“不淫於樂,不遁於哀”句皆作“淫”。今本作“緩”或作“綏”者,誤。◎文斌案:劉説是。

〔八〕立命句　孫星衍云:“建事”,《墨子》作“怠事”,是,言恃命而怠于事也。“建”或“逮”譌,“逮”亦爲“怠”假音與?◎孫詒讓《札迻》云:孫説未塙。“建”與“券”聲近字通,“建事”,謂厭倦於事也。《考工記·輈人》云:“左不楗。”杜子春云:“《書》‘楗’或作‘券’。”鄭康成云:“‘券’,今‘倦’字也。”《墨子·號令篇》云:“慎無厭建。”“厭建”,即厭倦也。◎吳則虞云:《詁墨》作“怠事”。◎文斌案:簡本作“立令而殆[□]”。◎騈宇騫云:“殆”下一字疑作“事”。簡本“殆”當讀爲“怠”,二字皆從“台”聲,古可通假。簡本“令”當讀爲“命”。《書·説命上》：“臣下罔攸稟令。”傳云：
“‘令’亦‘命’也。”《周禮·夏官·大司馬》：“犯令陵政則杜之。”注云：
“‘令’猶‘命’也。”《國語·魯語下》：“諸侯朝修天子之業命。”注云：
“‘命’，‘令’也。”《吕氏春秋·孟春紀》：“命田舍東郊。”注云：“‘命’，
‘令’也。”皆是其證。“立命”，謂修身以順天命。《孟子·盡心上》：“殀壽
不貳，修身以俟之，所以立命也。”即此義。孫星衍説近似，作“怠事”義長，
“怠事”，荒廢本職事業；孫詒讓説似不確。

〔九〕不可句　盧文弨《拾補》“不可”後補“使”字，注云：“使”字脱。◎黄以周
云：《墨子》“不可”下有“使”字。◎吴則虞云：《指海》本據補“使”字。
◎文斌案：簡本作“不可使守職”，正有“使”字。今據盧、黄校和簡本補
“使”字。

〔一〇〕厚葬句　文斌案：《墨子》、《詰墨》、簡本均無此句。

〔一一〕久喪句　孫星衍云：“久喪道哀”，《墨子》作“宗喪循哀”，《孔叢》引《墨
子》作“崇喪遂哀”。◎王念孫云：“道”當爲“遁”，字之誤也。“遁”與
“循”同。《墨子·非儒篇》曰：“宗喪循哀，不可使慈民。”文義正與此
同。《問上篇》曰“不淫於樂，不遁哀”，即循哀也（《問下篇》：“晏子逡遁
而對。”又曰：“晏子逡遁對。”《外上篇》：“晏子遵循而對。”是“遁”即
“循”也。《管子·戒篇》：“桓公蹴然逡遁。”《小問篇》：“公遵遁。”亦以
“遁”爲“循”）。“循”之言遂也，“遂哀”謂哀而不止也，説見《諫下篇》
“脩哀”下。◎劉師培《校補》云：《史記》作“崇喪遂哀，破産厚葬”，
“遂”義較長。◎文斌案：簡本作“久喪而循哀”。當從簡本，原文“費
日”衍，脱“而”字。由簡本考察，“好樂而□□，□□□親治；立令而殆
□，不可使守職；久喪而循哀，不可使子民”數句爲排比句式，文中不當
陡然插入“厚葬破民貧國”一句，其於上下文句式殊爲不合。

〔一二〕不可句　孫星衍云：“子民”，《墨子》作“慈民”，“子”當讀爲“慈”。
◎文斌案：簡本同。◎駢宇騫云：《禮·樂記》：“君子曰：‘禮樂不可斯
須去身，致樂以治心，則易直子諒之心油然而生矣。’”“子諒”，《韓詩外
傳》引作“慈良”。《禮·文王世子》：“教之以孝弟睦友子愛。”清孫希旦
《集解》云：“‘子’當作‘慈’，與《樂記》‘子諒’之‘子’同。”“子”“慈”，
愛也。孫詒讓云：“‘子’‘慈’字通。《禮記·緇衣》云：‘故君民者，子以
愛之則民親之。’又云：‘故長民者，章志貞教尊仁以子愛百姓。’《國
語·周語》云：‘慈保庶民親也。’”皆是其證。

〔一三〕行之二句　盧文弨《拾補》“傳”作“儒”，注云：“傳”譌。◎黄以周云：
盧校是。下章“始吾望儒而貴之，今吾望儒而疑之”，元刻兩“儒”字亦
作“傳”。“無其外”，“無”讀爲“嫵”。《説文》：“‘嫵’，媚也。”“嫵其

外”，即下所謂“異于服，勉于容”。◎于鬯云：“傳”當爲“儒”。“儒”或
作“傴”，形與“傳”相近，故“儒”誤爲“傳”。“無”與“有無”之“無”本
異字，《説文》“無”訓“豐”，在《林部》；“橆”訓“亡”，在《亡部》。“有
無”之“無”乃“橆”字，特書傳通作“無”字耳。此“無”字正是《林部》之
“無”，非《亡部》之“橆”，《林部》又云：“或説規模字。”此“無”字正規模
字也。上文云“行之難者在内”，是晏子之意以儒者不務内而務外，故曰
“而儒者無其外”，謂儒者徒規模其外耳。下文“異于服，勉于容”，以及
“盛聲樂”“飾弦歌鼓舞”“繁登降”“趨翔”一切云云，皆伸發儒者規模其
外之實也。“儒”誤爲“傳”，又不察“無”字，而認爲“有無”之“無”，則
語不可通矣。或曰：儒者亦務内，而傳儒道者輒略内而務外，此後代儒
者通弊，宜爲世所譏，非儒道本然也，則作“傳”亦未始無義。鬯謂：非
晏子意也。晏子之道，墨道也。彼非儒，固舉儒而非之，猶儒家之非佛，
固舉佛而非之，豈能曰佛是而所非者僧邪？且晏子所譏者，孔子也，下
章云“始吾望儒而貴之，今吾望儒而疑之”，彼元刻本正作“始吾望傳而
貴之，今我望傳而疑之”。孫星衍《音義》云：“‘望儒’，今本‘儒’作
‘傳’，據《孔叢子》改。”則孫本亦原作“傳”，改作“儒”。《墨子·非儒
篇》“儒者迎妻”，“儒”舊本亦誤作“傳”，畢沅本據彼下文改“傳”爲
“儒”，豈非並“儒”誤爲“傳”之的證與？◎劉師培《校補》云：“傳”字當
從盧校作“儒”，“無”與“橆”同。《鹽鐵論·論誹篇》丞相史引《晏子》
曰：“儒者並於言而寡於實，繁於樂而舒（此即本書“綏於民”。《廣雅·
釋詁四》：“綏，舒也。”孫改“綏”爲“緩”，非是）於民，久喪以害生，厚葬
以傷業，禮煩而難行，道近而難遵，稱往古以訾當世，賤所見而貴所聞。”
與此節略同。“橆”猶“華”也。◎陳霞村云：“無”古作“无”，與“先”形
近易混。《内篇雜下》四章：“且無令君知之。”陶鴻慶校“無”爲“先”之
誤。《内篇問下》三十章：“新始好利則無敝也。”陶鴻慶校：“‘無敝’疑
本作‘先敝’。‘先’誤爲‘无’，遂誤爲‘無’耳。”此“無”亦“先”之誤。
“先”作動詞，表率先、崇尚、注重，古書習用，本書亦多見。《内篇問上》
十八章：“明其教令而先之以行義。”《内篇問下》十一章：“先民而後
身。”《内篇問下》二十七章：“先其難乎而後幸。”並是。◎文斌案：劉引
《鹽鐵論·論誹篇》文誤，“並”，原作“華”；“近”，原作“迂”。簡本無此
二句。

〔一四〕故異二句　孫星衍云：“異于服，勉于容”，《墨子》作“機服勉容”。◎孫
詒讓《墨子閒詁》云：《大戴禮記·本命篇》盧注云：“‘機’，危也。‘危
服’，蓋猶言‘危冠’。”“勉”，“俛”之借字。《考工記·矢人》：“前弱則
俛。”唐《石經》“俛”作“勉”，是其證也。“機服勉容”，言其冠高而容俛

也。◎劉師培《校補》云:"異"疑"翼"挩,敬也。◎張純一云:異其服制,勉飾外容。◎吳則虞云:"異于服"者,如《儒行》所謂"衣逢掖之衣,冠章甫之冠"也。亦即《荀子·儒效》"逢衣淺帶,解果其冠"也。《説苑》:"蠵螺者宜禾。""蠵螺",蓋高地;"解果",即高冠,亦即所謂危冠也。"勉于容",即《儒行》所謂坐起恭敬。◎文斌案:"逢掖之衣",《禮記·儒行》鄭注:"'逢',猶'大'也。"孔疏:"謂肘、掖(腋)之所寬大。""逢衣淺帶",《荀子·儒效》王先謙注:"'逢',大也;'淺帶',博帶也。"此二句,簡本僅存"□□□[□]容"一字。◎《銀簡》云:"□□□[□]容",簡本此句約有五字,其文字當與《墨子》相近,據上文"久喪而循哀"句,此句句中亦當有"而"字,故較《墨子》多出一字。

〔一五〕不可句　孫星衍云:"道",《墨子》作"導"。◎文廷式云:"馴"通作"訓"。◎文斌案:"不可以道衆而馴百姓"與"自大賢之滅"二句間簡本殘缺四字,作"不可以道[□□□□]之威"。◎駢宇騫云:簡本"道"下缺字疑當作"衆自大賢"四字,簡本似無"而馴百姓"四字。簡本"道"當讀爲"導",同音假借字。◎《銀簡》云:"威儀加多而民行滋薄"與下文"聲樂繁充而世滋衰"爲對文,文字無可省,六一九號簡b之位置據此確定,如此安排則六一九號ab之間只能容納四字,疑簡本無"而馴百姓"四字。

〔一六〕自大三句　于鬯云:"自大賢之滅",猶云"自聖人之没"耳。◎吳則虞云:《史記》作"自大賢之息,周室既衰,禮樂缺有閒"。◎文斌案:簡本殘缺不全,僅存"之威周室之卑……民行茲薄"數字。◎駢宇騫云:簡本"威"當讀爲"滅"、"茲"當讀爲"滋",皆同音假借字。《史記》"息",明本、簡本作"滅"。"息",《説文》作"熄",並云"滅火"。《易·革卦》"水火相息",馬注:"熄滅也。"《釋文》:"'息',《説文》作'熄'。""滅",《穀梁傳·襄公六年》注:"'滅'猶'亡'也。"《史記·索隱》云:"'息'者,生也。言上古大賢生則有禮樂,至周室微而始缺有間也。"今案:《索隱》訓"息"爲"生",非是。于説甚是。

〔一七〕聲樂句　文斌案:簡本作"聲樂蘽充而世茲衰",無"德"字。◎駢宇騫云:簡本"蘽"當即《説文》"蘽"之異體,假爲"繁"。簡本"世"下疑脱"德"字。

〔一八〕今孔二句　孫星衍云:"盛聲樂以侈世",《墨子》作"盛容修飾以蠱世"。◎王叔岷云:"盛聲樂以侈世"與下文"盛爲聲樂以淫愚其民"義複,當從《墨子》作"盛容修飾以蠱世",與下句"弦歌鼓舞以聚徒"相耦。今本"飾"字誤錯在下句"弦歌鼓舞"上;"容修"之作"聲樂",又涉上文"聲樂繁充"而誤也。《史記》作"盛容飾",亦不言"聲樂"。◎文斌案:"今孔丘盛聲樂以侈世”至“趨翔之節以觀衆”,簡本僅存“今孔丘盛爲容飭以蠱世,紒歌……衆”十三字。◎駢宇騫云:簡本“飭”當讀爲“飾”。“蠱”疑爲“蠱”之省體,“蠱”,惑亂也。“紒”乃“弦”之或體。

〔一九〕繁登句 孫星衍云:《墨子》下有“以示儀”三字。◎張純一《校注》從孫校補“以示儀”三字。◎吳則虞云:當據補。

〔二〇〕趨翔句 孫星衍云:“觀衆”,《墨子》作“勸衆”。◎文廷式云:“趨翔”,即“趨蹌”也(《吕覽·尊師篇》“疾趨翔”,畢沅曰“‘翔’與‘蹌’同”)。◎張純一《校注》於“趨翔”上增“務”字,云:“務”字舊脱,據《墨子》補。◎王叔岷云:《史記》“翔”作“詳”,古字通用。◎駢宇騫云:文説近是。“趨翔”即“趨蹌”,步履有節奏貌。《詩·齊風·猗嗟》:“巧趨蹌兮,射則臧兮。”《傳》曰:“‘蹌’,巧趨貌。”“趨”或本作“趍”,誤。

〔二一〕博學句 孫星衍云:《墨子》作“儒學不可使議世”。◎吳則虞云:元刻本、活字本“博”誤“傳”。◎田宗堯云:《子彙》本“博”作“傳”。◎文斌案:嘉靖本、沈本、吳懷保本、綿眇閣本、楊本、凌本亦誤“博”爲“傳”。簡本作“博學不[□□□]”,由本句殘缺字數及下文“□思不可補民”看,所殘缺字當爲“可儀世”,無“以”字。◎駢宇騫云:明本“儀世”,謂爲世所效法。“儀”,法度、標準。《淮南子·修務篇》:“設儀立度,可以爲法則。”

〔二二〕勞思句 張純一云:元刻脱“以”字。◎田宗堯云:吳勉學本、日刊黄之寀本、《子彙》本、《指海》本“可”下並有“以”字。此句與上“博學不可以儀世”爲對文。張純一云“元刻脱‘以’字”,是也。明活字本、崇文本亦脱“以”字。◎文斌案:沈本、綿眇閣本、楊本、凌本、孫本亦有“以”字,嘉靖本、吳懷保本、吳蕭本無。由簡本“□思不可補民”看,似本無“以”字,所殘缺字爲“勞”。

〔二三〕兼壽句 孫星衍云:《墨子》作“絫壽不能盡其學”。◎吳則虞云:《史記》作“累世不能殫其學”。◎文斌案:簡本作“纍讎不能亶其教”。◎駢宇騫云:簡本“纍”同“絫”,《漢書·律曆志上》:“權輕重者不失黍絫。”師古注云:“‘絫’,孟音來反,此字讀亦音‘纍紲’之‘纍’。”《説文》云:“‘絫’,增也。”簡本“讎”當讀爲“壽”,《左傳·文公六年》“魏壽餘”,《史記·秦本紀》作“魏讎餘”。“絫壽”,猶言延年益壽。簡本“亶”當讀爲“殫”。“殫”,《説文》云:“从歹單聲。”《史記·曆書》“集解”引徐廣曰:“‘單閼’,一作‘亶安’。”是“單”“亶”古通例。《説文》云:“‘殫’,極盡也。”

〔二四〕當年句 孫星衍云:“究”,《墨子》作“行”。◎蘇輿云:《爾雅》云:“‘丁’,‘當’也。”“丁”“當”一聲之轉。此云“當年”者,“丁年”也;“丁年”者，“壯年”也。《吕氏春秋·愛類篇》曰：“士有當年而不耕者，女有當年而不績者。”《淮南·齊俗篇》曰：“丈夫丁壯而不耕，婦人當年而不織。”《管子·揆度篇》曰：“老者譙之，當壯者遣之邊戍。”“當壯”即“丁壯”。《輕重·丁篇》“男女當壯”，《輕重·戊篇》又作“丁壯”。是皆“丁”“當”同義之證也。◎文斌案：簡本作“當年不能行其禮”，“究”正作“行”。

〔二五〕積財句　劉師培《黄本校記》云：黄本“贍”誤“膽”。◎吳則虞云：元刻本、活字本“贍”誤“膽”。◎田宗堯云：吳勉學本、日刊黄之寀本、明活字本、崇文本“贍”並作“贍”，劉氏失檢。作“贍”是。《小爾雅·廣言》：“‘贍’，足也。”“膽”字蓋涉與“贍”形近而譌。◎文斌案：各本均誤“贍”爲“膽”，田校是，劉氏失檢。顧廣圻改“膽”作“贍”。簡本作“積財不能譫其樂”。◎駢宇騫云：簡本“材”當讀爲“財”。簡本“譫”、明本“膽”皆當讀爲“贍”，皆同音假借字。“積財不能贍其樂”，意謂積財不足以供樂舞之費。“贍”，充足也。

〔二六〕繁飾句　孫星衍云：《説文》：“‘贄’，惑也。”高誘注《淮南》：“‘營’，惑也。”二通。◎文斌案：楊本“營”誤作“榮”。簡本作“纂飭降登以營世君”。◎駢宇騫云：簡本“纂”當讀爲“繁”，“飭”當讀爲“飾”。

〔二七〕盛爲句　孫星衍云：“以淫愚其民”，《墨子》作“以淫遇民”。◎蘇時學云：“其”字誤衍。◎蘇輿云：“愚”“遇”古字通。《莊子·則陽篇》“匿爲物而愚不識”，《釋文》：“‘愚’，一本作‘遇’。”《秦策》“今愚惑，與罪人同心”，姚本作“遇惑”，並其證矣。◎劉師培《校補》云：“其”字衍。“愚民”與上“世君”對文，《墨子》作“遇”，“愚”“遇”古通。◎張純一云：“淫”，謂佚其性也。◎文斌案：蘇時學説是，簡本作“盛爲聲樂以淫愚民”，正無“其”字。

〔二八〕其道二句　孫星衍云：今本脱“其道”字、“世”字，據《墨子》增。◎王叔岷云：黄之寀本、明活字本、《子彙》本皆脱“其道”字及“世”字。《孔叢子·詰墨篇》引《墨子》作“其道不可以治國”。◎文斌案：各本均脱“其道”“世”三字。簡本正作“其道不可以視世”，今據補“其道”“世”三字。◎駢宇騫云：簡本“視”當讀爲“示”，古今字也。《詩·鹿鳴》：“視民不恌。”鄭箋：“‘視’，古文‘示’字也。”

〔二九〕其教二句　孫星衍云：“導民”，《墨子》作“導衆”，《孔叢》作“家”，非。◎吳則虞云：“教”，《墨子》作“學”。作“學”者是，蓋“敳”“教”形近而譌。◎文斌案：簡本作“其教不可以道衆”。◎駢宇騫云：簡本“道”當讀爲“導”。明本、簡本“其教”，《墨子》作“其學”。吳説未塙，當作“教”義長。

〔三〇〕今欲句　孫星衍云："移"，《墨子》作"利"。◎吳則虞云：作"移"者是。又《墨子》無"國之"二字。◎文斌案："欲"，《墨子》作"君"。簡本正作"今君封之移齊俗"。《墨子》"利"爲"移"字之形誤。

〔三一〕非所句　孫星衍云："導衆存民"，《墨子》作"導國先衆。"◎劉師培《校補》云：《史記》作"非所以先細民也"。◎文斌案：黄本"導"作"道"。簡本作"非所以道國先民也"。◎駢宇騫云：簡本"道"當讀爲"導"。

〔三二〕公曰三句　孫星衍云：今本脱"封"字，據《墨子》增。◎文斌案：簡本作"公曰：'善。'於是重其禮而留其奉"。今據補"封"字。◎駢宇騫云：簡本"奉"當讀爲"封"，"封"，古文从土丰聲，與"奉"音同，可通假。《説文》云："'封'，爵諸侯之土也。"或：簡本"奉"，禄也。《史記》云："後，景公敬見孔子，不問其禮。異日，景公止孔子曰：'奉之以季氏，吾不能。以季、孟之間待之。'"《索隱》云："今'奉'音如字。請奉待孔子如魯季氏之職，故下文云'以季、孟之間待之'也。"義亦通。

〔三三〕敬見句　俞樾云："敬"字當作"苟"。《爾雅·釋詁》："'亟'，疾也。"《釋文》曰："字又作'苟'。"是"苟"與"亟"通，"苟見"猶云"亟見"，《孟子·萬章篇》"繆公亟見於子思"，與此同義。亟見而不問其道，仲尼所以行也。"苟"字經傳罕見，淺人遂加"攴"作"敬"耳。◎文斌案：簡本作"敬見之而不問其道"。◎駢宇騫云：俞説不確。《説文》云："'敬'，肅也。"此句猶言景公見到孔子仍恭敬端肅，但不問其道而已，所以下文云"仲尼乃行"。不必改"敬"爲"苟"。

〔三四〕仲尼句　孫星衍云：《墨子·非儒篇》此作"孔乃恚怒於景公與晏子，乃樹鴟夷子皮於田常之門，告南郭惠子以所欲爲，歸於魯"云云，疑本《晏子春秋》。後人以其詆譭孔子，乃删去其文，改爲"仲尼逎行"四字。《墨子·非儒篇》又載："齊景公問晏子曰：'孔子爲人何如？'晏子不對。公又復問，不對。景公曰：'以孔丘語寡人者衆矣，俱以賢人也。今寡人問之而子不對，何也？'晏子對曰：'嬰不肖，不足以知賢人。雖然，嬰聞：所謂賢人者，入人之國，必務合其君臣之親，而弭其上下之怨。孔丘之荆，知白公之謀而奉之以石乞，君身幾滅而白公僇。嬰聞賢人得上不虚，得下不危，言聽於君必利人，教行下必於上，是以言明而易知也，行易而從也，行義可明乎民，謀慮可通乎君臣；而孔丘深慮同謀以奉賊，勞思盡知以行邪，勸下亂上，教臣殺君，非賢人之行也。入人之國，而與人之賊，非義之類也；知人不忠，趣之爲亂，非仁義之本也。逃人而後謀，避人而後言，行義不可明於民，謀慮不可通於君臣，嬰不知孔丘之有異於白公也。是以不對。'景公曰：'嗚呼！貺寡人者衆矣，非夫子，則吾終身不知孔丘之與白公同也。'"亦《晏子春秋》本文後人删去者，疑在此章之前。據《墨子》知之。◎張純一云：孫説未足據。何也？《墨子·非儒篇》"孔子怒於景公與晏子，乃樹鴟夷子皮於田常之門"，蘇時學注云："據《史記》：范蠡亡吳後，乃變易姓名，適齊，爲鴟夷子皮。然亡吳之歲乃孔子卒後六年、景公卒後十七年，又安知蠡之適齊而樹之田氏之門乎？此真齊東野人之語也。"又"知白公之謀"云云，畢沅注云："《孔叢·詰墨》云：白公亂在哀公十六年秋，孔子已卒十旬。"蘇時學云："此誣罔之辭，殊不足辨。唯據白公之亂在景公卒後十二年，而晏子卒更在景公之先，又安能預知後事，而先與景公言之？"案蘇説是也。據《史記·齊世家》：晏子先景公卒十年，亡吳之歲在晏子卒後二十七年；白公之亂在晏子卒後二十二年。其説不能見信於後人，故本書不取，專就儒家旨趣異於墨者而非之。◎盧文弨云：元刻末注云："此并下五章，皆毁詆孔子，殊不合經術，故著於此篇。"◎文斌案：簡本作"中泥□去"。元刻本、活字本、嘉靖本、沈本、吳懷保本、吳勉本均有注文，除吳勉本外均脱"不"字。《子彙》本、吳勉學本、黃本、綿眇閣本、楊本、凌本、孫本無注文，今亦删注文。

景公上路寢聞哭聲問梁丘據晏子對第二^[一]

景公上路寢，聞哭聲，曰："吾若聞哭聲，何爲者也？"梁丘據對曰："魯孔丘之徒鞠語者也^[二]。明於禮樂，審於服喪。其母死，葬埋甚厚^[三]，服喪三年，哭泣甚疾^[四]。"公曰："豈不可哉！"而色悦之^[五]。晏子曰："古者聖人，非不知能繁登降之禮^[六]，制規矩之節^[七]，行表綴之數以教民^[八]，以爲煩人留日^[九]，故制禮不羨於便事^[一〇]；非不知能揚干戚、鍾鼓、竽瑟以勸衆也^[一一]，以爲費財留工^[一二]，故制樂不羨于和民；非不知能累世殫國以奉死，哭泣處哀以持久也，而不爲者，知其無補死者而深害生者^[一三]，故不以導民。今品人飾禮煩事^[一四]，羨樂淫民，崇死以害生，三者，聖王之所禁也。賢人不用，德毁俗流，故三邪得行于世。是非、賢不肖雜，上妄説邪^[一五]，故好惡不足以導衆。此三者，路世之政，單事之教也^[一六]。公曷爲不察，聲受而色悦之^[一七]？"

〔一〕文斌案：吳懷保本標題作"景公聞哭聲"，楊本作"毁鞠語"，凌本作"景公上路寢"。

〔二〕鞠語　孫本"鞠"作"鞠",《音義》云：姓鞠名語,疑即"臯魚"。"臯魚"聲相近。◎張純一云："鞠語"似非姓名,文有譌奪。◎王叔岷云：黃之寀本、明活字本、《子彙》本"鞠"皆作"鞠"。◎文斌案：各本均作"鞠",獨吳鼐本作"鞠"。

〔三〕埋　孫星衍云：當爲"薶",俗从"土"。

〔四〕疾　張純一云：痛也。◎田宗堯云：《孔叢子·詰墨篇》引《墨子》"疾"作"哀"。

〔五〕而色句　文斌案：孫本"悅"作"說"。

〔六〕非不句　張純一云："知"下"能"字疑衍,下並同。◎吳則虞云："知"字疑衍。◎文斌案：張說是,《淮南子·齊俗訓》引亦作"不知",無"能"字,詳見注九。

〔七〕制規句　張純一云：周旋中規,折旋中矩。

〔八〕表綴　張純一云："表",表敬也。"綴",綴淫也。◎文斌案：表綴是古代樹立在田間的上掛毛皮的直木,用以表示分界（見阮元《揅經室集·釋郵表畷》）。因其爲分界的標準,引申爲表率、榜樣。《大戴禮記·曾子制言中》："言爲文章,行爲表綴於天下。"王僧孺《詹事徐府君集序》："行稱表綴,言爲楷模。"

〔九〕以爲句　劉師培《校補》云：《淮南·齊俗訓》云："古者非不知繁升降槃還之禮也,蹀《采齊》《肆夏》之容也,以爲曠日煩民而無所用,故制禮足以佐實喻意而已矣。"即本此文。"曠日",即"留日"也。◎張純一云："留",滯也。◎文斌案：吳勉學本、黃本"日"誤作"是"。黃本上方校語云："'是'疑'事'字。"

〔一〇〕故制句　孫星衍云：言便事而已,不求餘也。

〔一一〕非不句　張純一云："勸衆"當作"觀衆"。◎吳則虞云：凌本"非"作"亦"。◎文斌案：吳勉學本、黃本"竽"誤作"于"。元刻本、活字本、《子彙》本、沈本、黃本、綿眇閣本、楊本、凌本"鍾"作"鐘"。

〔一二〕以爲句　文廷式云：《孫子·火攻篇》曰："戰勝攻取而不修其功者凶,命曰'費留'。"按《晏子·外篇》曰"久喪道哀費日",又曰"繁登降之禮,制規矩之節,行表綴之數以教民,以爲煩人留日",又曰"揚干戚鐘鼓竽瑟以勸衆,以爲費財留工",《戰國·宋策》曰"徐其攻而留其日",此"費留"二字之證。◎劉師培《校補》云："工"當作"正",即"政"字也。《淮南》作"古者非不能陳鐘鼓、盛筦簫、揚干戚羽旄,以爲費財亂政,制樂足以合歡宣意而已矣",是其證。◎張純一云："留",稽遲也。

〔一三〕知其句　劉師培《校補》云：《孔叢》引《墨子》"死"上有"於"字,"生者”作“生事”。“於”字當補。

〔一四〕今品句　劉師培《校補》云：《潛夫論·務本篇》云：“品人鮮食，從而高之。”與此“品人”同。◎張純一云：《説文》：“‘品’，衆庶也。”◎徐仁甫云：汪繼培《潛夫論箋》云：“‘品人’，猶言‘衆人’。”蓋“衆”從三人，“品”從三口，人以口計，三口即三人。三人爲衆，三口爲品，意義實相同，故“品人”即“衆人”也。◎文斌案：《潛夫論·務本篇》原作：“品人鮮識，從而高之。”劉氏失檢。

〔一五〕上妄句　張純一云：上心多妄，樂與邪僻。

〔一六〕路世二句　孫本“單”作“道”，《音義》云：言市名于道路。一本“道”作“單”，非。◎洪頤烜云：《管子·戒篇》“握路家五十室”，《周書·皇門解》“自露厥家”，“路”與“露”同，嬴也。“路世”猶言“衰世”也。“單事”與“路世”對言之，俗本改作“道事之教”，非是。◎王引之云：作“單”者是也。“單”讀爲“癉”，《爾雅》：“‘癉’，病也。”字或作“癉”，《大雅·板篇》“下民卒癉”，《毛傳》曰：“‘癉’，病也。”“路”與“單”義相近，《方言》：“‘露’，敗也。”《逸周書·皇門篇》曰：“自露厥家。”《管子·四時篇》曰：“不知五穀之故，國家乃路。”“路”“露”古字通（“路”，敗也。尹知章注：“‘路’，謂失其常居。”失之）。言此三者，以之爲政，則世必敗；以之爲教，則事必病也。孫以“路”爲“道路”，失之。◎俞樾云：王説是矣。惟從別本作“單”而訓爲“病事之教”，似近不詞。“道”乃“退”字之誤。《説文·辵部》：“‘退’，敫也。”《周書》曰：“我興受其退。”“退事”者，敫事也。今《微子篇》作“我興受其敗”，經傳遂無“退”字。淺人不知其義，見上句有“路”字，因妄改爲“道”字耳。◎黃以周云：元刻作“單事”，凌本同。◎蘇輿云：俞説非。《荀子·議兵篇》：“路亶者也。”“亶”與“單”一聲之轉，義一而已。彼以“路”“亶”連文，此以“路”“單”對文，乃古義，“道”字直是誤文（楊倞注《荀子》訓“亶”爲“袒露”，非。王氏念孫已駁之，説見《雜志》）。◎吳則虞云：長孫元齡云：“‘路世’，猶《孟子》所謂‘率天下而路’之意。晏子以繁文毀孔子，故言是使天下人奔走道路，無時休息之政也。”則虞案：“政”下當有“也”字，各本均挩。《繹史》亦作“單事之教也”，與元刻同。◎王叔岷云：明活字本、《子彙》本並作“單事”，與元本合。◎文斌案：嘉靖本、沈本、吳懷保本、綿眇閣本、楊本、凌本亦作“單事”，吳勉學本作“道事”。黃本“政”下“事”上作“也”字，上方校語云：“‘路’字可疑，‘事’上疑有誤闕。”

〔一七〕聲受句　文斌案：孫本“悦”作“説”。

仲尼見景公景公曰先生奚不見寡人宰乎第三[一]

仲尼游齊，見景公。景公曰：“先生奚不見寡人宰乎[二]？”仲尼對曰：“臣聞[三]：晏子事三君而得順焉，是有三心，所以不見也。”仲尼出，景公以其言告晏子，晏子對曰：“不然。嬰爲三心[四]，三君爲一心故。三君皆欲其國之安[五]，是以嬰得順也。嬰聞之：是而非之，非而是之，猶非也[六]。孔丘必據處此一心矣[七]。”

〔一〕文斌案：吳懷保本標題作“仲尼見景公”，凌本作“仲尼游齊”。楊本列《問下篇》，標題亦作“仲尼游齊”。

〔二〕先生句 孫星衍云：《孔叢》引《墨子》作“先生素不見晏子乎”。◎文斌案：見《孔叢子·詰墨》。

〔三〕臣聞句 吳則虞云：《詰墨》無“臣聞”二字。

〔四〕嬰爲句 王念孫云：“嬰”上當有“非”字，言嬰所以事三君而得順者，非嬰爲三心，乃三君爲一心故也。上篇曰“嬰之心非三心也”是其證。今本脫“非”字，則義不可通。◎吳則虞云：《指海》本補“非”字。◎王叔岷云：“不然，嬰爲三心”疑本作“不嬰爲三心”，即“非嬰爲三心”也。淺人不知“不”“非”同義，乃於“不”下妄加“然”字耳。◎文斌案：黃本“三”誤爲“二”。

〔五〕三君句 文斌案：《詰墨》無“之”字。

〔六〕是而三句 陶鴻慶云：“猶非”之“非”，當爲誹謗也。◎張純一云：當譽而誹，當誹而譽，均不是也。

〔七〕孔丘句 蘇時學云：此句有誤，“據”字屬衍。◎于鬯云：“據”字即涉“處”字而衍，“心”字涉上文而衍。“孔丘必處此一矣”，猶《孟子·梁惠王篇》云：“夫子必居一於此矣。”◎劉師培《校補》云：“處”字疑衍。

仲尼之齊見景公而不見晏子子貢致問第四[一]

仲尼之齊，見景公而不見晏子。子貢曰：“見君不見其從政者，可乎？”仲尼曰：“吾聞晏子事三君而順焉，吾疑其爲人。”晏子聞之，曰：“嬰則齊之世民也[二]，不維其行，不識其過[三]，不能自立也。嬰聞之：

有幸見愛,無幸見惡,誹譽爲類〔四〕,聲響相應,見行而從之者也。嬰聞之:以一心事三君者,所以順焉;以三心事一君者,不順焉。今未見嬰之行而非其順也。嬰聞之:君子獨立不慙于影〔五〕,獨寢不慙於魂。孔子拔樹削跡〔六〕,不自以爲辱;窮陳蔡〔七〕,不自以爲約。非人不得其故,是猶澤人之非斤斧,山人之非網罟也。出之其口〔八〕,不知其困也〔九〕。始吾望儒而貴之〔一〇〕,今吾望儒而疑之〔一一〕。"仲尼聞之,曰:"語有之:言發於爾〔一二〕,不可止於遠也;行存於身,不可掩於衆也。吾竊議晏子而不中夫人之過,吾罪幾矣。丘聞:君子過人以爲友,不及人以爲師。今丘失言於夫子,譏之〔一三〕,是吾師也。"因宰我而謝焉,然仲尼見之〔一四〕。

〔一〕吳則虞云:此與前實一章,後人析爲二也。《孔叢子‧詰墨篇》引此可證。◎文斌案:楊本有此章,目録失標題。吳懷保本標題作"仲尼不見晏子",凌本作"仲尼之齊"。

〔二〕嬰則句　于鬯云:春秋時齊晏氏爲齊世民,故嬰父弱諡桓子,桓子以上無聞焉。《管子‧大匡篇》有"晏子",房玄齡注:"但謂平仲之先,不能實其人。"其家世之微亦可見矣。◎張純一云:嬰世爲大夫,自稱世爲齊民,謙也。

〔三〕不維二句　張純一云:不維持其正行而常之,不自識其過失而改之。

〔四〕誹譽句　孫本"譽"作"謗",黃以周云:元刻作"誹譽"。◎張純一云:"譽"從元刻。孫本作"謗",非。言誹明惡、譽明美,以類相從,非若愛惡之無憑。◎王叔岷云:"譽"字,明活字本、《子彙》本並同,黃之寀本作"謗"。◎文斌案:嘉靖本、沈本、吳懷保本、綿眇閣本、楊本、凌本均作"譽",吳勉學本作"謗"。

〔五〕君子句　孫星衍云:"影",當爲"景"。

〔六〕孔子句　王叔岷云:《孔叢子‧詰墨篇》作"今孔子伐樹削跡",有"今"字較勝。◎田宗堯云:《莊子‧讓王篇》《風俗通義‧窮通篇》亦作"拔樹",《吕氏春秋‧慎人篇》作"伐樹"。◎文斌案:《莊子‧讓王篇》作"伐樹",田氏失檢。

〔七〕窮陳句　張純一《校注》於"窮"上補"身"字,注云:"身"字舊脱,據《孔叢‧詰墨篇》補。"窮",指絕糧七日言。

〔八〕出之句　張純一云:率爾鼓舌。

〔九〕不知句　張純一云:不知實行者之困難。

〔一〇〕始吾句　孫星衍云:今本"儒"作"傳",據《孔叢》改。◎文斌案:各本均誤作"傳",當從《孔叢子‧詰墨》作"儒"。今據孫校改"傳"作"儒",

下同。

〔一一〕今吾句　吳則虞云：《詰墨》作“今則疑之”。

〔一二〕爾　孫星衍云：“邇”同。

〔一三〕譏之句　王念孫云：“譏之”上當更有“夫子”二字，而今本脱之，則文義不明。上文曰“君子不及人以爲師”，故此曰“夫子譏之，是吾師也”。◎吳則虞云：《指海》本已改“失言”爲“失之”，並重“夫子”二字。

〔一四〕然仲句　蘇時學云：據上文義，當云“然後晏子見之”。◎劉師培《校補》説同。◎孫星衍云：《孔叢·詰墨》用此文。

景公出田顧問晏子若人之衆有孔子乎第五〔一〕

景公出田，寒，故以爲渾〔二〕，猶顧而問晏子曰：“若人之衆，則有孔子焉乎？”晏子對曰：“有孔子焉則無有，若舜焉則嬰不識〔三〕。”公曰：“孔子之不逮舜爲閒矣〔四〕，曷爲‘有孔子焉則無有，若舜焉則嬰不識’？”晏子對曰：“是廼孔子之所以不逮舜。孔子，行一節者也〔五〕。處民之中，其過之識〔六〕，況乎處君子之中乎〔七〕？舜者，處民之中，則自齊乎士〔八〕；處君子之中，則齊乎君子；上與聖人〔九〕，則固聖人之林也〔一〇〕。此廼孔子之所以不逮舜也。”

〔一〕文斌案：吳懷保本標題作“出田”，楊本作“出田問答”，凌本作“景公出田”。

〔二〕渾　孫星衍云：此“温”字假音。◎文斌案：黄本上方校語云：“‘渾’猶可疑。”

〔三〕有孔二句　陶鴻慶云：“有孔子焉”，“有”亦當作“若”，言若孔子則知其無有，若舜則不可識也。今本涉上文“有孔子焉”而誤爲“有”，則文不可通。◎張純一《校注》將此句斷爲“有孔子焉。則無有若舜焉，則嬰不識”，注云：“則無有若舜焉”六字與上下文氣俱不貫，疑本作“若問有無舜焉”，言此衆人之中有孔子；若問有無舜，則嬰不識。下句同。今本“問”譌“則”、“有”“無”倒、“若”著“有”下，義不可通。

〔四〕孔子句　張純一云：“閒”，遠也（《淮南子·俶真訓》“則醜美有閒矣”高誘注）。◎徐仁甫云：王念孫曰：“‘爲閒’，即‘有閒’。”（見《經義述聞·通説上》）

〔五〕孔子二句　張純一云：言孔子僅能行舜之一節。

〔六〕其過句　孫星衍云：言其識過人。◎陶鴻慶云：孫氏云：“言其識過人。”
　　然識之過人，非外觀所得而知，且與“行一節”之義不合，孫説非也。“識”
　　即上文“若舜焉則嬰不識”之“識”，言其過人可得而知也，即前章“異于
　　服，勉于容”之意，惟文句當有脱誤耳。◎張純一云：“其過之識”，疑本作
　　“其識不能過之”，謂其知識不遠過於衆人。今本“識”字倒著“之”下，又
　　脱“不能”二字，文不成義。

〔七〕況乎句　此句原作“況乎處君之中乎”，王念孫云：“處君之中”本作“處君
　　子之中”，下文曰：“舜者，處民之中，則自齊乎士；處君子之中，則齊乎君
　　子。”是其證。今本脱“子”字，則義不可通。◎張純一《校注》改正文作
　　“況處君子之中乎”，注云：王説是。惟謂脱“子”字未審。“況”下“乎”字
　　即“子”之譌而誤倒者，今乙正。◎劉師培《黄本校記》云：黄本上方校語
　　云：“‘君’下疑挩‘子’字。”◎吴則虞云：《指海》本補“子”字。◎文斌案：
　　蘇時學、陶鴻慶説同。今從衆校補“子”字。

〔八〕處民二句　于鬯云：“士”疑本作“民”，“處民之中，則自齊乎民”，與下文
　　“處君子之中，則齊乎君子”文意一律。且上文云“若舜焉則嬰不識”，正
　　以處民之中齊乎民，故不識也。若處民之中而齊乎士，則出乎類矣，何爲
　　不識？◎徐仁甫：原文當作：“舜者處民之中，則自齊乎民；處士之中，
　　則自齊乎士。”今本四句脱中兩句，遂上下不相應矣（此猶《外上》第十一
　　章“子胥忠其君，故天下皆願得以爲子”中亦脱兩句，王念孫已據《秦策》
　　補，此可據理補之）。◎文斌案：元刻本、活字本、嘉靖本、吴懷保本“處
　　民”誤倒爲“民處”。

〔九〕與　張純一云：《增韻》：“‘與’，及也。”

〔一〇〕則固句　孫星衍云：“林”，一本作“材”。◎王叔岷云：明活字本“林”
　　作“材”。黄之寀本上方校語云：“‘林’，疑‘材’字。”與明活字本合。
　　◎文斌案：沈本亦作“材”。

仲尼相魯景公患之晏子對以勿憂第六〔一〕

　　仲尼相魯，景公患之，謂晏子曰〔二〕：“鄰國有聖人，敵國之憂
也〔三〕。今孔子相魯，若何〔四〕？”晏子對曰：“君其勿憂。彼魯君，弱主
也；孔子，聖相也。君不如陰重孔子，設以相齊〔五〕。孔子强諫而不聽，
必驕魯而有齊〔六〕，君勿納也。夫絕於魯，無主于齊，孔子困矣〔七〕。”居
朞年，孔子去魯之齊，景公不納，故困於陳、蔡之閒。〔八〕

〔一〕文斌案：吳懷保本標題作"患仲尼相魯"，楊本作"相魯患"，凌本作"仲尼相魯"。

〔二〕仲尼三句　張純一云：末章"晏子没後十有七年，景公飲諸大夫酒"云云，是晏子先景公卒十七年。此似未足據。據《史記·齊世家》：晏子先景公卒十年，當景公四十八年，即魯定公十年。據《孔子世家》：定公十四年孔子相魯，時晏子已卒。據《十二諸侯年表》：齊歸魯女樂在定公十二年，亦晏子卒後事。此文不足信。◎文斌案：《孔叢子·詰墨》引《墨子》，"仲尼"作"孔子"，"景公"前有"齊"字。

〔三〕鄰國二句　劉師培《校補》云：《孔叢》引《墨子》作"鄰有聖人，國之憂也"，誼較長。

〔四〕今孔二句　劉師培《校補》云：《書抄》四十九引"若何"作"爲之若何"，與《孔叢》合。

〔五〕設以句　孫星衍云：《孔叢》"設"作"欲"。◎蘇時學云："設"疑當作"許"。◎徐仁甫云："設"謂假設，"設以相齊"謂假設以相齊，非真以相齊也。孫、蘇説非。◎劉如瑛云："設"，應許之意。此言應許孔子爲齊相。《漢書·趙充國傳》："數使使尉黎、危須諸國，設以子女貂裘，欲沮解之。"顔師古注："'設'謂開許之也。"

〔六〕必驕句　孫星衍云："有齊"，《孔叢》作"適齊"，疑"有"當爲"適"。◎盧文弨云："有"猶"恃"也。◎蘇時學云："驕""有"二字疑誤，當云"去魯而適齊"。◎于鬯云："驕"蓋讀爲"撟拂"之"撟"，《荀子·臣道篇》云"事暴君者有補削，無撟拂"是也。上文云"孔子强諫而不聽"，則晏子之意以爲孔子必且撟拂魯而適齊矣，故曰："必撟魯而有齊。""有"字，《孔叢子·詰墨篇》正作"適"。孫星衍《音義》云"疑'有'當爲'適'"，是也。《小戴·少儀記》云："諫而無驕。"彼"驕"字疑亦當讀"撟"，與此"驕"字正同；而鄭注謂"言行謀從，恃知而慢"，未必然也。或謂"撟拂"之本字實"矯"字，存參。◎劉如瑛云："有齊"，仗恃齊國。◎文斌案：黃本上方校語云："'有'疑'入'字。"

〔七〕夫絶三句　吳則虞云：《詰墨》作"則必强諫魯君，魯君不聽，將適齊，君勿受，則孔子困矣"。

〔八〕孫星衍云：《孔叢·詰墨》用此文。◎盧文弨云：元刻末注云："此上五章皆毁詆孔子，而此章復稱爲聖相，設相齊以困孔子，似非平仲之所宜，故著於此篇。"◎吳則虞云：《韓非子·内儲説下》作"黎且對景公"，與此略似。◎文斌案：元刻本、活字本、嘉靖本、沈本、吳懷保本、吳蕭本均有注文，《子彙》本、吳勉學本、黃本、綿眇閣本、楊本、凌本、孫本無，今亦删注文。元刻本、活字本、嘉靖本、沈本、吳懷保本注文脱"困"字，"平"誤作"乎"。

景公問有臣有兄弟而强足恃乎晏子對不足恃第七〔一〕

景公問晏子曰：“有臣而强，足恃乎？”晏子對曰：“不足恃。”“有兄弟而强，足恃乎？”晏子對曰：“不足恃。”公忿然作色曰：“吾今有恃乎？”晏子對曰：“有臣而强，無甚如湯；有兄弟而强，無甚如桀〔二〕。湯有弑其君，桀有亡其兄〔三〕。豈以人爲足恃哉，可以無亡也〔四〕？”

〔一〕孫星衍云：此章及下六章，俗本刪去。◎盧文弨云：吳（勉學）本缺。此與下六章，元刻本、沈啓南、吳懷保本皆有。◎劉師培《黃本校記》云：黃本此下七章均挩。◎吳則虞云：楊本亦無此章。◎王叔岷云：此下七章《子彙》本並缺。◎文斌案：綿眇閣本、凌本亦缺此下七章，元刻本、活字本、嘉靖本、沈本、吳懷保本、孫本、吳鼐本有。吳懷保本標題作“問强足恃”。

〔二〕如　劉如瑛云：“如”猶“於”。《吕氏春秋·愛士》：“人之困窮，甚如饑寒。”“甚如”即“甚於”。◎徐仁甫云：“如”猶“於”也。謂無甚於湯，無甚於桀也。《管子·心術篇下》“親如兄弟”與“害於戈兵”兩句互文。《内業篇》又作“親於兄弟”，是“如”猶“於”之證。本篇第九章“音莫勝於雷”，“如”正作“於”。可見本書“如”“於”通用。

〔三〕湯有二句　文廷式云：二“有”字涉上文而衍。◎蘇時學云：桀兄無考。

〔四〕豈以二句　于鬯云：玩“可以無亡”句，則“豈”上當有闕文。◎張純一《校注》删“哉”字，注云：舊衍“哉”字，蓋後人不知下文“也”與“邪”同，二句當連讀，妄增之。今校删。◎徐仁甫云：此兩句讀爲一句。“也”讀爲“邪”，文意自足，未必有闕文。于氏蓋讀“也”如字耳（《雜上》第二章：“嬰豈婢子也哉，其縊而從之也？”句法與此同，“也”亦讀爲“邪”，可證）。◎孫星衍云：“强”“湯”“兄”“亡”爲韻。◎盧文弨云：元刻末注云：“此章與景公問臣并兄弟之强而晏子對以湯桀，無以垂訓，故著於此篇。”◎俞樾云：此“與”字似不當有，寫者依他章增之，而不知其非。◎文斌案：俞説是。此注僅述本章主旨，與他章無涉，故“與”字爲依他章誤增之衍文。元刻本、活字本、沈本、吳懷保本、吳鼐本有注文，孫本無，今亦删注文。

景公遊牛山少樂請晏子一願第八〔一〕

景公遊于牛山，少樂，公曰：“請晏子一願。”晏子對曰：“不〔二〕，嬰何願?”公曰:“晏子一願〔三〕。”對曰:“臣願有君而見畏〔四〕,有妻而見歸,有子而可遺〔五〕。”公曰:“善乎,晏子之願〔六〕！載一願〔七〕。”晏子對曰:“臣願有君而明,有妻而材,家不貧,有良鄰。有君而明,日順嬰之行〔八〕;有妻而材,則使嬰不忘〔九〕;家不貧,則不慍朋友所識;有良鄰,則日見君子〔一○〕:嬰之願也。”公曰:“善乎,晏子之願也!”晏子對曰〔一一〕:“臣願有君而可輔,有妻而可去,有子而可怒〔一二〕。”公曰:“善乎,晏子之願也!”〔一三〕

〔一〕盧文弨云:吳(勉學)本缺。◎文斌案:元刻本、活字本、嘉靖本、沈本、吳懷保本、楊本、孫本、吳鼒本有此章,餘缺。元刻本、活字本、沈本目錄“願”誤作“顧”。吳懷保本標題作“遊牛山”。楊本列《問下篇》,標題作“三願”。

〔二〕不　孫星衍云:讀如“否”。

〔三〕晏子句　吳則虞云:元刻本“一”字空一格。

〔四〕畏　蘇時學云:“畏”猶“敬”也。

〔五〕有妻二句　劉如瑛云:“歸”,通“饋”。《禮儀·聘禮》:“夕,夫人歸禮。”鄭玄注:“今文‘歸’作‘饋’。”《論語·先進》:“詠而歸。”《釋文》:“‘歸’,鄭本作‘饋’,饋酒食也。魯讀‘饋’爲‘歸’。”《史記·周本紀》:“成王以歸周公於兵所。”裴駰《集解》引徐廣曰:“‘歸’,一作‘餽’(餽同饋)。”“饋”“遺”同義。《廣雅·釋詁三》“歸”“饋”均訓爲“遺也”。《釋詁四》訓“遺”爲“送也”。《周禮·地官·序官》“遺人”,鄭玄注:“以物有所饋遺。”晏嬰(主語臣)所説這句意思是:對妻、子都能有所饋贈。東方朔所謂“歸遺細君”(《漢書·東方朔傳》)意亦猶此。“歸遺細君”,即“饋遺細君”。◎孫星衍云:“畏”“歸”“遺”爲韻。

〔六〕善乎二句　蘇輿云:“願”下當有“也”字,與下文同一例。◎吳則虞云:元刻本、活字本誤作“善晏乎子”。

〔七〕載　蘇時學云:“載”“再”古通用。◎于省吾云:“載”應讀作“再”。上云“請晏子一願”,此景公又請晏子之一願,故云再一願也。《孟子·滕文公》“自葛載”注:“‘載’,一説當作‘再’字。”《詩·小戎》“載寢載興”,《文選·(曹植)應詔詩》引作“再寢再興”,是其證也。

〔八〕日順句　張純一云:“嬰”字當在“日順”上,言嬰日順承明君之令以爲行。今似言明君日順嬰之意以爲行,非。

〔九〕忘　劉如瑛云:“忘”,通“妄”。《左傳·哀公二十七年》:“季康子卒,公吊焉,降禮。”杜預注:“禮不備也,言公之多妄。”《釋文》:“‘妄’,本又作

‘忘’，下文仿此。”（下文指傳文“三桓亦患公之妄也”）《莊子·盜跖》：
“故推正不忘邪？”《釋文》：“‘忘’，或作‘妄’。”《管子·戒》：“事君不二其
心，亦不忘其身。”郭沫若校：“‘忘’疑‘妄’之誤，實則二字相通。”又《四
時》：“惛而忘也者皆受天禍。”張珮綸謂“‘忘’當讀爲‘妄’”，是。作爲轉
語辭，“忘其”與“妄其”同（見王引之《經傳釋詞》卷十）。可證二字互通。
此言妻子而有才能，可使晏嬰不妄爲。

〔一〇〕家不四句　文廷式云：此節皆有韻之文，此二句“友”“子”爲韻，“所
　　　　識”二字疑衍文，或“識”字係“居”字之誤。◎劉師培《校補》云：《文
　　　　選·（陸雲）答張然詩》注引：“願有良鄰，則見君子也。”◎張純一云：似
　　　　言家不貧，則可周濟朋友所識，使無愠怒。◎徐仁甫云：孟子曰：“所
　　　　識窮乏者得我。”“所識”即指“朋友”。本文“朋友”二字乃“所識”之旁注
　　　　誤入正文者。此句當五字，不應多二字，一也。若既有“朋友”，不應於
　　　　“朋友”下再添“所識”。惟既有“所識”，後人恐人不解所謂，故旁注“朋
　　　　友”二字，二也。“識”在職韻，子在止韻，上入相押，比“友”讀“以”，與
　　　　“子”相押更叶，三也。文氏説非。◎文斌案：“願有良鄰，則見君子
　　　　也。”見《文選·（陸士龍）答張士然詩》注引。

〔一一〕晏子句　于鬯云：例上文，“晏子”上當有“載一願”三字。◎劉師培《校
　　　　補》説同，並云：蓋公有斯問，晏子乃更以所願對也。

〔一二〕臣願三句　蘇時學云：妻至於去，子至於怒，似無可願。“可”之云者，
　　　　極言其順乎我也。◎孫星衍云：“輔”“去”“怒”爲韻。

〔一三〕盧文弨云：元刻末注云：“此章載晏子之願如此，無以垂訓，故著於此
　　　　篇。”◎文斌案：元刻本、活字本、嘉靖本、沈本、吳懷保本、吳鼒本有注
　　　　文，孫本無，今亦删注文。元刻本、活字本脱注文標誌〇號，元刻本、活
　　　　字本、嘉靖本、沈本、吳鼒本注文“載”誤作“裁”。

景公爲大鍾晏子與仲尼柏常騫知將毀第九〔一〕

　　景公爲大鍾〔二〕，將懸之。晏子、仲尼、柏常騫三人朝，俱曰〔三〕：
“鍾將毀〔四〕。”衝之，果毀〔五〕。公召三子者而問之〔六〕。晏子曰〔七〕：“鍾
大，不祀先君而以燕，非禮，是以曰‘鍾將毀〔八〕’。”仲尼曰：“鍾大而懸
下，衝之，其氣下回而上薄〔九〕，是以曰‘鍾將毀〔一〇〕’。”柏常騫曰：“今
庚申，雷日也〔一一〕，音莫勝於雷〔一二〕，是以曰‘鍾將毀’也〔一三〕。”

〔一〕盧文弨云：吳（勉學）本缺。◎文斌案：元刻本、活字本、嘉靖本、沈本、吳懷保本、楊本、孫本、吳鼒本有此章，餘缺。“鍾”，嘉靖本同，元刻本、活字本、沈本目録、標題均作“鐘”。吳懷保本目録作“將毀大鍾”，標題“鍾”作“鐘”。楊本作“鐘毁對”。各本“柏”均作“栢”。

〔二〕景公句　王叔岷云：《白帖》六二引“爲”作“鑄”。◎田宗堯云：《初學記》十六、《錦繡萬花谷後集》三十二引“景”上並有“齊”字。◎文斌案：《白孔六帖》引“景公”作“齊景”，《合璧事類外集》十三作“齊景公鑄大鍾”。元刻本、活字本、嘉靖本、沈本、吳懷保本正文“鍾”“鐘”雜用，楊本、孫本作“鐘”。

〔三〕晏子二句　孫星衍云：“三人朝俱曰”，《初學記》作“三人俱來朝，皆曰”。◎劉師培《校補》云：“三人朝俱曰”，《御覽》五百七十五引作“三人俱朝曰”。◎張純一云：《初學記》十六引“晏子”在“柏常騫”下。◎王叔岷云：《御覽》五七五、《記纂淵海》七八引“晏子”並在“柏常騫”下，“柏”並作“伯”，下同。《記纂淵海》引“朝俱”二字倒（《御覽》同，劉師培已引）。◎文斌案：《天中記》四十三亦作“三人俱朝曰”，“晏子”在“伯常騫”下。《初學記》亦作“伯常騫”。“柏”，孫本同，各本均作“栢”。

〔四〕鍾將句　吳則虞云：《御覽》“毀”下有“之”字。

〔五〕衝之二句　孫星衍云：“衝”讀如“撞”。《初學記》作“撞”。◎張純一云：《太平御覽》五百七十五引作“撞，果毀”。◎王叔岷云：《記纂淵海》引“衝”作“撞”。◎田宗堯云：《御覽》引“撞”下有“之”字，張氏失檢。◎文斌案：田校是。《天中記》亦作“撞”，《天中記》《記纂淵海》《初學記》《錦繡萬花谷後集》“撞”下亦有“之”字。

〔六〕公召句　張純一云：“者”字疑衍，《御覽》作“公見三子問之”，無“者”字，可證。《初學記》無“而”字。◎王叔岷云：《記纂淵海》引作“公見三子問之”。◎文斌案：《初學記》《天中記》《錦繡萬花谷後集》作“公召三子問之”。

〔七〕晏子句　文斌案：孫本“曰”上有“對”字，其他各本均無。《初學記》《錦繡萬花谷後集》亦無“對”字，《御覽》《記纂淵海》《天中記》有。

〔八〕鍾大四句　吳則虞云：《初學記》作“鐘大非禮，是以曰將毀”。《御覽》、《合璧事類外集》十三作“不以禮，故曰”。◎王叔岷云：“鍾將毀”，《初學記》十六、《御覽》《記纂淵海》引此並無“鍾”字，下同。又《記纂淵海》引下文兩“是以曰”並作“故曰”。◎田宗堯云：《天中記》四十三引作“鐘大不以禮”。◎文斌案：《合璧事類外集》十三亦作“鐘大不以禮”，無“故曰”二字。吳氏失檢。

〔九〕其氣句　孫星衍云：《初學記》作“氣不即上薄”，非。◎文斌案：《初學

記》《錦繡萬花谷後集》《天中記》均作“鐘大懸下，其氣不得上薄”。《御
覽》《記纂淵海》均作“鍾大懸下，氣上薄”。孫本外，各本“上”均誤作
“下”，顧廣圻校正。

〔一〇〕是以句　吳則虞云：《初學記》作“是以曰將毀”。《御覽》作“故曰將
　　　　毀”。◎文斌案：《錦繡萬花谷後集》作“是以曰將毀”，《天中記》作“故
　　　　曰將毀”。

〔一一〕今庚二句　吳則虞云：《初學記》《御覽》“今”下有“日”字，當據補。
　　　　◎王叔岷云：《記纂淵海》引“今”下有“日”字。◎文斌案：《天中記》
　　　　《錦繡萬花谷後集》亦有“日”字。

〔一二〕音莫句　張純一云：“音”，《御覽》《初學記》並作“陰”。◎王叔岷云：
　　　　《記纂淵海》引“音”作“陰”。◎文斌案：《天中記》《錦繡萬花谷後集》
　　　　“音”亦作“陰”。

〔一三〕是以句　吳則虞云：《初學記》《御覽》句末皆無“也”字。◎盧文弨云：
　　　　元刻末注云：“此章與《景公爲泰呂成將燕饗晏子諫》章旨同而尤近怪，
　　　　故著於此篇。”◎文斌案：《記纂淵海》《天中記》《錦繡萬花谷後集》句
　　　　末亦無“也”字。元刻本、活字本、嘉靖本、沈本、吳懷保本、吳鼐本有注
　　　　文，楊本、孫本無，今亦删注文。

田無宇非晏子有老妻晏子對以去老謂之亂第十[一]

　　田無宇見晏子獨立於閨内，有婦人出於室者，髮班白，衣緇布之
衣而無裏裘[二]。田無宇譏之曰：“出於室爲何者也[三]？”晏子曰：“嬰
之家也[四]。”無宇曰：“位爲中卿，田七十萬[五]，何以老爲妻[六]？”對曰：
“嬰聞之：去老者謂之亂，納少者謂之淫。且夫見色而忘義，處富貴而
失倫，謂之逆道。嬰可以有淫亂之行，不顧于倫，逆古之道乎[七]？”

〔一〕盧文弨云：吳（勉學）本缺。◎吳則虞云：《韓詩外傳》九據此，而略有更
　　　易。◎文斌案：元刻本、活字本、嘉靖本、沈本、吳懷保本、孫本、吳鼐本有
　　　此章，餘缺。活字本標題“宇”誤作“字”。吳懷保本標題作“田無宇問出
　　　室老”。

〔二〕有婦三句　盧文弨云：《韓詩外傳》九非晏子之妻，乃其妻之使人，爲近
　　　理。◎張純一云：《韓詩外傳》作“晏子之妻使人，布衣紵表”。◎文斌案：
　　　吳懷保本“班”作“斑”。

〔三〕爲何者也　王念孫云：當作“何爲者也”（《雜上篇》：“使人問焉，曰：‘子何爲者也？’”《下篇》：“王曰：‘縛者曷爲者也？’”文義並與此同），言此出于室者，何等人也？今本作“爲何者也”，則文不成義。《韓詩外傳》正作“何爲者也”◎張純一《校注》從王説乙。◎于省吾云：“爲何者也”義本可通，不必改作“何爲者也”。《説文》：“‘者’，別事詞也。”或指其事，或指其物，或指其人，説見《經傳釋詞》。此“者”字即指其人，言“爲何者也”，即爲何人也。◎徐仁甫云：“者”猶“等”也，言出于室爲何等也。《禮記·仲尼燕居》：“子曰：‘居，女三人者，吾語女禮。’”孔氏《正義》曰：“仲尼與三人等……言我使女等。”孔氏以“等”代“者”，是“者”猶“等”也。“等”爲衆數代詞，亦爲等級之詞。“爲何”，王氏倒爲“何爲”，非。又言“何等人”，而不知“者”即“等”。于氏知“者”即指其人，亦不知“者”即“等”，皆失之眉睫。

〔四〕嬰之句　張純一云：《韓詩外傳》作“家臣也。”◎吳則虞云：“家”，猶“室”也，今方言中有謂妻曰“家裏”者。

〔五〕田七句　張純一《校注》於“田”上補“食”字，注云：“食”字舊脱，據《韓詩外傳》補。

〔六〕何以句　王念孫云：當作“何以老妻爲”，言富貴如此，何用老妻爲也。今作“何以老爲妻”，則文不成義。《韓詩外傳》作“何用是人爲”，文義亦同。◎于省吾云：王氏喜改成文，不可爲典要。老對少爲言，下云“去老者謂之亂，納少者謂之淫”，如以“老妻”連文，則“老”“少”二字下，各應增“妻”字，豈其然乎？◎張純一從王説乙。◎吳則虞云：《指海》本“爲妻”二字乙。

〔七〕盧文弨云：元刻末注云：“此章與《景公以晏子妻老欲納愛女》旨同而事異。陳無宇雖至凡品，亦未應以是誚晏子。設非晏子者將納其説，見棄妻乎？無以垂訓，故著於此篇。”◎文斌案：“對曰”至“逆古之道乎”，《外傳》作：“晏子曰：‘棄老取少謂之瞀，貴而忘賤謂之亂，見色而説謂之逆。吾豈以逆亂瞀之道哉？’”元刻本、活字本、嘉靖本、沈本、吳懷保本、吳鼐本有注文，孫本無，今亦删注文。

工女欲入身於晏子晏子辭不受第十一〔一〕

有工女托於晏子之家焉者〔二〕，曰：“婢妾，在廓之野人也〔三〕。願得入身，比數於下陳焉〔四〕。”晏子曰：“乃今日而後自知吾不肖也〔五〕！

古之爲政者,士農工商異居,男女有別而不通,故士無邪行[六],女無淫事。今僕托國主民而女欲犇僕,僕必色見而行無廉也[七]。"遂不見。[八]

〔一〕盧文弨云:吳(勉學)本缺。◎吳則虞云:楊本無此章。◎文斌案:元刻本、活字本、嘉靖本、沈本、吳懷保本、孫本、吳鼒本有此章,餘缺。吳懷保本標題作"辭不受女"。

〔二〕有工句 劉師培《校補》云:《史記·李斯傳》,《索隱》引作"有二女"。◎張純一《校注》删"焉"字,注云:"者"上舊衍"焉"字,據《太平御覽》四百二十六引删。◎吳則虞云:《文選》卷三十九注、《御覽》四百二十六引皆作"二女"。◎文斌案:《文選注》見卷三十九李斯《上書秦始皇》引,文同《史記》。宋本《御覽》四百二十六引作"工女"。

〔三〕在廓句 孫本"在廓"作"東郭",《音義》云:"婢妾",《太平御覽》作"婢子"。"東郭",今本作"在廓",據《太平御覽》引作"東郭","廓",俗字。◎吳則虞云:《御覽》無"也"字,元刻本、活字本、嘉靖本作"在廓"。◎文斌案:沈本、吳懷保本亦作"在廓"。

〔四〕比數句 吳則虞云:《選注》無"比數"二字。◎文斌案:《文選注》《史記》亦無"焉"字。

〔五〕乃今句 王念孫云:"曰"字後人所加。凡書傳中言"乃今而後"者,加一"曰"字則累於詞矣。《太平御覽·人事部六十七》引此無"曰"字。◎盧文弨校同。◎文斌案:王氏所謂《御覽·人事部六十七》,即卷四百二十六。

〔六〕男女二句 張純一云:《御覽》無"不通故"三字。

〔七〕今僕二句 孫星衍云:"無廉",《太平御覽》作"無清"。◎盧文弨云:"色見而"三字,《御覽》無。◎張純一云:"色見"文義不順,當作"見色"。◎文斌案:《御覽》作"今僕托國主民,而僕必行無清也",亦無"女欲犇僕"四字。

〔八〕盧文弨云:元刻末注云:"此章與《犯傷槐之令者女求入晏子家》事同而辭略,且無因而至,故著於此篇。"◎文斌案:元刻本、活字本、嘉靖本、沈本、吳懷保本、吳鼒本有注文,孫本無,今亦删注文。

景公欲誅羽人晏子以爲法不宜殺第十二[一]

景公蓋姣,有羽人視景公僭者[二]。公謂左右曰:"問之,何視寡人之僭也？”羽人對曰：“言亦死，而不言亦死：竊姣公也。”公曰：“合色寡人也〔三〕？殺之！”晏子不時而入見，曰：“蓋聞君有所怒羽人。”公曰：“然。色寡人，故將殺之。”晏子對曰：“嬰聞：拒欲不道，惡愛不祥。雖使色君，於法不宜殺也。”公曰：“惡然乎？若使沐浴〔四〕，寡人將使抱背〔五〕。”

〔一〕盧文弨云：吳（勉學）本缺。◎文斌案：元刻本、活字本、嘉靖本、沈本、吳懷保本、楊本、孫本、吳鼒本有此章，餘缺。元刻本、活字本、嘉靖本目錄“殺”誤作“法”。吳懷保本標題作“諫誅羽人”，楊本作“諫殺羽人”。

〔二〕有羽句　孫星衍云：《周禮》：“羽人：下士二人。”屬“地官司徒”。◎蘇時學云：“僭”，謂不敬也。

〔三〕合色句　俞樾云：“合色”無義。下文公曰“色寡人，故將殺之”，晏子曰“雖使色君，於法不宜殺也”，“色”上並無“合”字。“合”疑“否”字之誤，“否”字自爲一句。《說文·𣎴部》：“‘否’，相與語，唾而不受也，從‘𣎴’‘否’聲。”公曰“否”者，深怪其語，故先唾而不受耳。◎孫詒讓云：“合”疑“呰”之誤。《說文·口部》云：“‘呰’，苟也。”《呂氏春秋·權勳篇》云：“豎陽穀操黍酒而進之，子反叱曰：‘呰，退！酒也。’”“呰”“呰”聲義同。◎文廷式云：“合”通作“盍”，語助辭。《莊子·列禦寇篇》：“闔胡嘗視其良。”《釋文》云：“‘闔’，語助也。”是其證。俞蔭甫《平議》以“合”字爲“否”字之誤，非是。◎于省吾云：上云“竊姣公也”，自羽人言之則曰“姣公”，公自言之則曰“色寡人”，上下一義，中閒不應有“否”字。且“合”“否”形殊，無由致譌。“合”即“盍”之音假。《爾雅·釋詁》：“‘盍’，‘合’也。”《易·序卦傳》：“‘嗑’者，‘合’也。”《爾雅·釋言》：“‘曷’，‘盍’也。”《廣雅·釋詁》：“‘盇’，‘何’也”。羽人姣公，故景公詰以“何色寡人也”。◎王叔岷云：“合”猶“當”也。《淮南子·原道篇》：“心虛而應當。”《注》：“‘當’，‘合’也。”◎文斌案：文、于說是，“合”通“盍”。

〔四〕若使句　劉師培《校補》云：“使”字疑衍。◎陳霞村云：非是。“若使”，假使也，古人自有複語。《內篇雜上》六章：“若使不可得，則依物而偶於政。”《外篇第七》二章：“若使古之王者毋知有死，自昔先君太公至今尚在，而君亦安得此國而哀之？”皆“若使”連用之例。◎文斌案：陳說是。

〔五〕寡人句　劉如瑛云：“抱”，讀爲“撫”或“拊”（古“撫”“拊”通）。古音輕重脣不分。《方言》卷八：“北燕朝鮮洌水之閒謂伏鷄曰‘抱’。”郭璞注：“‘抱’，房奧反。”“伏”“抱”古同聲。《儀禮·士喪禮》：“君坐撫當心。”鄭玄注：“‘撫’，手案之。”《左傳·襄公二十五年》：“公拊楹而歌。”《釋文》：

“'拊',拍也。”《漢書·吳王濞傳》:“(高祖)因拊其背曰……”顏師古注:
“'拊',摩循之也。”則“抱背”當爲輕拍、按摩背部之意。今人沐浴後亦有
捶背之術,蓋古之遺。◎盧文弨云:元刻末注云:“此章不典,無以垂訓,
故著於此篇。”◎吳則虞云:《池北偶談》深譏此章之誣。◎文斌案:元刻
本、活字本、嘉靖本、沈本、吳懷保本、吳鼐本有注文,楊本、孫本無,今亦删
注文。

景公謂晏子東海之中有水而赤晏子詳對第十三〔一〕

景公謂晏子曰:“東海之中〔二〕,有水而赤;其中有棗〔三〕,華而不
實〔四〕,何也?”晏子對曰〔五〕:“昔者秦繆公乘龍而理天下〔六〕,以黃布裹
烝棗〔七〕,至東海而捐其布〔八〕。彼黃布〔九〕,故水赤;烝棗,故華而不
實。”公曰:“吾詳問子,何爲對〔一〇〕?”曰:“嬰聞之〔一一〕:詳問者,亦詳
對之也〔一二〕。”

〔一〕盧文弨云:吳(勉學)本缺。◎吳則虞云:楊本無此章。◎文斌案:楊本
有此章,在《問下篇》,吳氏失檢。元刻本、活字本、嘉靖本、沈本、吳懷保
本、孫本、吳鼐本亦有此章,餘缺。吳懷保本標題作“詳對赤水”,楊本作
“東海棗”。

〔二〕東海句 張純一云:《藝文類聚》八十五引無“之”字,八十七引有。《太平
御覽》八百二十引亦無“之”字。◎文斌案:《合璧事類別集》四十八無
“之”字,《事類賦注》二十六有。

〔三〕有水二句 張純一云:《御覽》八百二十引無“其”字。又九百六十五引
“其”作“水”。《類聚》八十五無“其中”二字,八十七有。◎吳則虞云:
《文選·新刻漏銘》注引“水”下無“而”字。《事文類聚後集》二十六、《記
纂淵海》九十二引皆無“有水而赤”一句。◎文斌案:《合璧事類別集》
《事文類聚後集》《記纂淵海》引無“有水而赤其中”六字。

〔四〕華而句 劉師培《校補》云:《御覽》九百六十五、《事類賦注》廿六並引
“華”作“花”。◎王叔岷云:《記纂淵海》九二引“華”作“花”,下同。

〔五〕晏子句 張純一云:《御覽》兩引並無“對”字。◎文斌案:《事類賦注》、
《文選·新刻漏銘》注、《記纂淵海》、《事文類聚後集》、《合璧事類別集》、
《藝文類聚》兩引亦無“對”字。

〔六〕昔者句 孫本“乘龍”作“乘龍舟”,《音義》云:《藝文類聚》作“乘龍”,《文

選注》作"乘舟",今訂定作"乘龍舟"。◎黃以周云:元刻無"舟"字。
◎劉師培《校補》云:《事類賦注》及《御覽》八百二十並引"理"作
"治"。◎于省吾云:"理""里"字通。劉師培謂《事類賦注》及《御覽》引
"理"作"治",按作"治"者非是。《左·成二年傳》:"先王疆理天下。"
《詩·信南山》:"我疆我理。"《傳》:"'理',分地理也。"《穆天子傳》"庚
辰,天子大朝于宗周之廟,乃里西土之數"注:"'里',謂計其道里也。"《紀
年》曰:"穆王西征,還里天下,億有九萬里。"按今本《紀年》"里"作"履",
借字耳。"計其道里"與"理"義亦相因,"還里天下"與此文"理天下"之義
正符。◎張純一云:《御覽》兩引,一無"者"字,一有"者"字。"繆"並作
"穆"。《類聚》八十五無"者"字,八十七有。《御覽》兩引並作"乘龍治天
下"。《類聚》兩引"治"均作"理"。◎吳則虞云:《合璧事類》四十八、《事
文類聚》引皆無"龍"字,《事類賦注》十六作"赤龍","理"作"治"。◎王
叔岷云:《文選·(陸佐公)新刻漏銘》注引"繆"作"穆"。《記纂淵海》引
同,又引"理"作"治"。◎文斌案:吳氏所謂"《合璧事類》四十八",指《合
璧事類別集》四十八。《事類賦注》引此文者,見卷二十六,吳氏失檢。
《御覽》八百二十引脫"昔"字,"繆"字同,九百六十五引作"穆"字,張氏失
檢。孫本外,各本均無"舟"字。

〔七〕以黃句　吳則虞云:《類聚》及《御覽》兩引作"黃帝布"。◎文斌案:《御
覽》兩引、《藝文類聚》八十七引均作"黃布"。《藝文類聚》八十五引作"黃
帝布",衍"帝"字。吳氏失檢。《記纂淵海》引亦作"黃布"。

〔八〕至東句　孫星衍云:"捐",《藝文類聚》作"投"。◎黃以周云:"捐",《文
選·新刻漏銘》注作"捄"。◎吳則虞云:"捐",《御覽》八百二十作"淬",
九百六十五、《事類賦注》、《合璧事類》、《事文類聚》俱作"投"。《事類賦
注》引無"東"字。◎王叔岷云:《記纂淵海》引"捐"作"投"。◎文斌案:
《事文類聚》《文選·新刻漏銘》"捐"均作"捄",黃、吳二氏均失檢。《記
纂淵海》、《合璧事類》、《事文類聚》、《御覽》兩引、《藝文類聚》兩引均無
"東"字。《藝文類聚》八十五作"投其棗布"。

〔九〕彼黃句　孫本"彼"作"破",《音義》云:今本"破"作"彼",據《文選注》
《藝文類聚》訂正。◎俞樾云:孫刻本據《文選注》《藝文類聚》改"彼"爲
"破",其實非也。"彼黃布"者,言彼其所捐之布,乃黃布也。若作"破"
字,則"破黃布"三字文不成義矣。"烝棗"上亦當有"彼"字,蒙上而
省。◎黃以周云:"彼"字是。◎劉師培《校補》云:《御覽》八百二十引
"彼"作"於波","於波"二字屬上"淬黃布"爲句,此"黃布"與下"蒸棗"對
文,誼較長。◎吳則虞云:《御覽》九百六十五、《事類賦注》引無"破黃
布"三字。◎文斌案:《記纂淵海》、《藝文類聚》兩引亦無"破黃布"三字。

〔一○〕吾詳二句　孫星衍云：“詳問”，《文選注》作“佯問”，《通俗文》“陽”作“詳”，虛辭也。◎盧文弨云：“何爲”二字疑衍。◎黃以周云：《文選注》作“吾佯問子”，無“何爲”二字。◎蘇輿云：“何爲”下當有“對”字，傳寫者緣下“對”字而脱耳。景公言吾乃佯問，何爲對？故晏子答以詳問詳對，義本昭晰。以爲衍文，語意不完矣。◎劉師培《校補》云：《御覽》兩引“詳問”作“佯問”，《事類賦注》引同（引下並同）。“子何爲對”乃景公語，“曰”上似挩“晏子對”三字。◎王叔岷云：《記纂淵海》引“詳”作“佯”，下同。◎田宗堯云：《事文類聚》《天中記》引“詳”並作“佯”，下同，字通。《吳越春秋·王僚使公子光傳》：“公子光佯爲足疾。”《史記·吳世家》《刺客列傳》並作“詳”。◎吳則虞斷句爲“公曰：‘吾詳問子何爲？’對曰”，注云：“‘對’上似脱‘晏子’二字。”◎劉如瑛云：原文不誤，標點當如是：前“對”字上屬。齊景公説：我是假意（“詳”，通“佯”）問您的，爲什麼您回答呢？上文已有“晏子對曰”，此處僅用“曰”已足，無庸重贅。吳則虞標點此文，以“對”字下屬而爲“對曰”，且謂“對”上似脱“晏子”二字，未當。“吾詳問子何爲”變得不可理解。齊景公佯問之動機他自然知道，何必問晏嬰？◎文斌案：《記纂淵海》、《藝文類聚》八十五引作“吾佯問子”，《藝文類聚》八十七引作“吾佯問子耳”。《御覽》八百二十作“吾佯問”，九百六十五作“吾佯問子”，均無“何爲”二字。

〔一一〕嬰聞句　吳則虞云：《類聚》八十五、《選注》、《御覽》兩引、《事類賦注》、《合璧事類》、《事文類聚》、《記纂淵海》引皆無“之”字。◎文斌案：《藝文類聚》八十七引有“之”字。

〔一二〕詳問二句　張純一云：《文選注》作“佯問者，佯對也”。《御覽》九百六十五同《文選注》，惟“也”作“之”。又八百二十及《類聚》八十五均作“佯問者，亦佯對之”。《類聚》八十七及《繹史》同，惟並無“之”字。◎孫星衍云：已上七章，據沈啓南本、吳懷保本增入。◎盧文弨云：元刻末注云：“此并下一章語類俳而義無所取，故著於此篇。”◎文斌案：《藝文類聚》八十七引作“佯問者，亦詳對”，《記纂淵海》作“佯問，因佯對之”。元刻本、活字本、嘉靖本、沈本、吳懷保本、吳鼐本有注文，楊本、孫本無。今亦删注文。元刻本、活字本、嘉靖本、沈本、吳懷保本注文“類”誤作“數”。

景公問天下有極大極細晏子對第十四〔一〕

景公問晏子曰〔二〕：“天下有極大乎〔三〕？”晏子對曰〔四〕：“有。足游浮雲〔五〕，背淩蒼天，尾偃天閭，躍啄北海，頸尾咳於天地乎〔六〕，然而滃滃不知六翮之所在〔七〕。”公曰：“天下有極細乎〔八〕?”晏子對曰〔九〕：“有。東海有蟲，巢於蟁睫〔一〇〕，再乳再飛，而蟁不爲驚〔一一〕。臣嬰不知其名，而東海漁者命曰焦冥〔一二〕。”

〔一〕蘇時學云：此大言小言之類，宋玉、唐勒所本也。◎吳則虞云：楊本無此章。◎文斌案：各本均有此章，楊本在《問下篇》，吳氏失檢。吳懷保本目録作“問極大極細”，標題“細”作“小”；楊本作“極大極細”；凌本作“景公與晏子論極大極細”。

〔二〕景公句　張純一云：“問”，《太平御覽》九百二十七引作“謂”。◎王叔岷云：《藝文類聚》九七、《記纂淵海》九七引“問”並作“謂”。《文選·（張景陽）七命》注引“問”下有“於”字。

〔三〕天下句　劉師培《校補》云：《御覽》九百廿七引作“天有極大物乎”。◎張純一《校注》據補“物”字。◎王叔岷云：《記纂淵海》引作“天有極大物乎”。

〔四〕晏子句　張純一云：《御覽》無“晏子”二字。◎文斌案：《記纂淵海》亦無“晏子”二字。

〔五〕足游句　王念孫云：“足游浮雲”上，原有“鵬”字；自“足游浮雲”以下六句，皆指鵬而言。今本脱去“鵬”字，則不知爲何物矣。《太平御覽·羽族部十四》“鵬”下引此作“鵬足游浮雲”云云，則有“鵬”字明矣。◎張純一《校注》於“足游浮雲”前補“北溟有鵬”四字，注云：王説是而義未盡。此文本作“北溟有鵬”，與“東海有蟲”對文。《莊子·逍遥遊篇》：“窮髮之北，有溟海者，天池也。有鳥焉，其名爲鵬，背若泰山，翼若垂天之雲。”《列子·湯問篇》文同。《列子》並以“焦螟”與“鵬”對舉，大旨與此全同，則本文當作“北溟有鵬”明矣。今本脱去，王僅補一“鵬”字，語意仍未完足。今並據以增訂。◎王叔岷云：《記纂淵海》引此亦有“鵬”字，惟脱“足”字。◎吳則虞云：《指海》本補“鵬”字。◎文斌案：王氏所云“《太平御覽·羽族部十四》”即卷九百二十七。宋本《御覽》九百二十七、《記纂淵海》九十七引均作“鵬浮遊雲”，“游浮”二字誤倒，無“足”字。

〔六〕頸尾句　孫星衍云：“咳”，與“閡”通。◎王念孫云：“乎”字本在下句“滃滃”下，“滃滃”即“寥寥”，曠遠之貌也。故曰：“滃滃乎不知六翮之所在。”今本“乎”字在上句“天地”下，則文義不順。《御覽》引此“乎”字正在“滃滃”下。◎劉師培《校補》云：《御覽》引“咳”作“該”。◎王叔岷云：《記纂淵海》引“咳於天地”作“該於天地”，“乎”字亦在“滃滃”下。◎劉如瑛

云:"咳",通"該"。左从口从言之字,或相通,或爲異體。如"咏""詠",
"喃""諵","喧""誼","嘲""謿","嘔""謳"等。《太平御覽》卷九二七引
作"該於天地","該",兼包之意。《楚辭·天問》:"該秉季德,厥父是臧。"
王逸注:"'該',苞(包)也。"《孔子家語·正論解》:"夫孔子者,大聖無不
該。"王肅注:"'該',包。"揚雄《太玄·玄數》:"時該。"范望注:"'該',兼
也。"此言極大之物,頭尾包乎天地,蓋形容其大。孫星衍謂"'咳'與'閡'
通",證據不足。◎文斌案:宋本《御覽》、《記纂淵海》引均無"尾偃天閒,
躍啄北海,頸尾""乎"十一字,《記纂淵海》"天地"作"天池"。

〔七〕然而句　孫星衍云:"漻漻",《説文》:"清深也,讀若'牢'。"(據《繫傳》)
◎劉師培《校補》云:《御覽》引"六"作"其"。"六"疑"丌"譌,即古"其"
字。◎王叔岷云:《記纂淵海》引"六"作"其","在"下有"也"字。◎吳則
虞云:宋本《御覽》"在"下有"也"字。《指海》本移上句末"乎"字於"漻
漻"之下。◎文斌案:宋本《御覽》、《記纂淵海》均無"然而"二字。

〔八〕天下句　孫星衍云:"細",《藝文類聚》作"小"。◎張純一《校注》於"細"
後補"者"字,注云:"者"字舊脱,據《文選·鷦鷯賦》注補。

〔九〕晏子句　吳則虞云:《選注》、類書所引,皆無"晏子"二字。

〔一〇〕東海二句　孫星衍云:"蟲",今本作"蠱",據《文選注》《藝文類聚》改。
"蟁",《文選注》作"蚊",俗字。◎劉師培《校補》云:《御覽》九百四十
五、九百五十一引"蟁"作"蚊"◎王叔岷云:《藝文類聚》引"蟁"作
"蚊"。《一切經音義》八六引《莊子》同。◎吳則虞云:元刻本、活字本
"蟲"作"蠱",《選注》引"蟲"下有"名曰焦螟"四字,《御覽》九百五十一
引"巢"作"生"。◎田宗堯云:吳勉學本、日刊黃之寀本、明活字本、《子
彙》本、《指海》本"蟲"字並作"蠱",《喻林》一一六引亦作"蠱"。◎文
斌案:《類聚》九十七引作"蟲巢於蚊睫",無"東海有"三字,"蟁"作
"蚊"。宋本《御覽》九百四十五引"巢"後無"於"字。嘉靖本、沈本、吳
懷保本、綿眇閣本、凌本"蟲"亦作"蠱",楊本、孫本作"蟲"。

〔一一〕再乳二句　孫星衍云:《藝文類聚》作"飛乳去來,而蚊不覺"。◎王叔
岷云:孫氏所稱《藝文類聚》乃《文選·(張景陽)七命》注之誤。◎吳
則虞云:孫説誤。《類聚》九十七、《御覽》九百五十一作"再乳而飛,蟁
不爲覺",《御覽》九百四十五引作"乳而不飛,蚊不驚",《文選·七命》
注引作"飛乳去來,而蚊不覺",《續編珠》作"再乳再飛,而蚊不驚"。
◎劉如瑛云:"再",通"載"。"再乳再飛"即"載乳載飛"。"再",助詞,
非副詞"一再"之"再"。《文選·(曹植)應詔詩》:"騑驂倦路,再寢再
興。"李善注引《毛詩》"言念君子,再寢再興",今《詩·秦風·小戎》作
"載寢載興"。又,本篇第八章:"載一願。"《吕氏春秋·異寶》:"五員載

拜受賜曰：‘知所之矣。’”“載”均假爲“再”，可證二字互假。然古籍中假“再”爲“載”之例極少，此爲一可貴用例，易誤解爲“一再”之“再”。“乳”，指蟲的産卵、生子。此言小蟲産卵育子而飛，蚊尚不覺。極狀其小（《詩》中類似此種結構的句子很多，如《鄘風·載馳》之“載馳載驅”，《衛風·氓》之“載笑載言”，《小雅·菁菁者莪》之“載沉載浮”，《小雅·四牡》之“載飛載止”，《大雅·生民》之“載震載夙、載生載育”等）。◎文斌案：《類聚》九十七、《御覽》九百五十一引亦作“再乳而飛，蟲不爲驚”，第《御覽》九百五十一引“蟲”作“蚊”。

〔一二〕而東句　孫星衍云：《列子·湯問篇》：“江浦之間生麼蟲，其名曰焦螟，群飛而集於蚊睫，弗相傷也；棲宿去來，蚊弗覺也。”◎劉師培《校補》云：“而東海漁者”，《鷦鷯賦》注引作“而東海有通者”，《御覽》九百五十一引作“耆老”。“命曰焦冥”，《七命》注及《類聚》九十七引“冥”作“螟”，《鷦鷯賦》注引作“鷦螟”，《御覽》九百五十一又作“蟭螟”。◎王叔岷云：《文選·七命》注、《藝文類聚》、《御覽》九四五引“命”皆作“名”。《一切經音義》八六引《莊子》“焦冥”作“鷦螟”，與《文選·鷦鷯賦》注引此文合。《御覽》九五一引《列子》（《湯問篇》）作“蟭螟”（今本《列子》作“焦螟”，孫氏《音義》已引），與《御覽》九五一引此文合。◎文斌案：《列子·湯問篇》作“弗相觸也”。

莊公圖莒國人擾紿以晏子在迺止第十五〔一〕

莊公闔門而圖莒，國人以爲有亂也，皆摽長兵而立於閭〔二〕。公召睢休相而問曰〔三〕：“寡人闔門而圖莒，國人以爲有亂，皆摽長兵而立于衢閭〔四〕，奈何？”休相對曰：“誠無亂而國以爲有〔五〕，則仁人不存〔六〕。請令于國〔七〕，言晏子之在也。”公曰：“諾。”以令於國：“孰謂國有亂者？晏子在焉。”然後皆散兵而歸〔八〕。君子曰：“夫行不可不務也〔九〕。晏子存而民心安，此非一日之所爲也〔一〇〕，所以見於前信於後者。是以晏子立人臣之位，而安萬民之心。”〔一一〕

〔一〕文斌案：元刻本、活字本、嘉靖本、沈本目録、標題“紿”均誤作“紹”，沈本標題“止”並誤作“正”。楊本在《雜下篇》。吳懷保本標題作“闔門圖莒”，列“景公”名下，誤，當列“莊公”名下。楊本亦作“闔門圖莒”，凌本作“莊公闔門而圖莒”。

〔二〕皆摽句　王念孫云：今本"操"誤作"摽"，依孫本改。下文作"立于衢
　　　間"，則此亦當有"衢"字，而今本脱之（"衢間"，謂當衢之間也。《管子·
　　　輕重甲篇》："有餓餒於衢間者。"《楚策》"彼鄭周之女，粉白黛黑，立於衢
　　　間"）。◎黄以周云：元刻"操"作"摽"，與下同。◎吳則虞云：黄説誤。
　　　元刻本、活字本作"操"，吳刻作"摽"。《指海》本補"衢"字。◎文斌案：
　　　吳校是，黄氏向來誤吳鼒本爲元刻本。各本均作"操"，獨吳鼒本作"摽"。

〔三〕睢休相　孫星衍云：姓睢，名休相。

〔四〕皆摽句　孫星衍云："摽"當爲"標"。◎張純一《校注》改"摽"爲"操"，注
　　　云："操"，持也。"摽"，擊也，又麾也，義不及"操"字妥適。今改從上文一
　　　律。元刻並作"摽"，皆"操"之形誤。◎文斌案：各本均作"摽"，獨黄本
　　　作"操"。

〔五〕誠無句　張純一《校注》於"國"後補"人"字，注云："人"字舊脱，據上文
　　　增。◎徐仁甫云："國"下省"人"字，即以"國"代"國人"。説已見《雜下》
　　　第一章。

〔六〕則　劉如瑛云："乃由於"之意。《荀子·榮辱》："則君子注錯之當，而小
　　　人注錯之過也。"用法同。

〔七〕請令句　文斌案：元刻本、活字本、嘉靖本"令"誤作"今"。

〔八〕散兵　劉如瑛云：丟下武器。

〔九〕務　劉如瑛云：勉力而爲。《爾雅·釋詁》："'務'，强也。"《公羊傳·定
　　　公三年》："何譏爾？不務乎公室也。"何休注："'務'，勉也。"

〔一〇〕此非句　文斌案：元刻本、活字本、嘉靖本、沈本、吳懷保本、吳鼒本均脱
　　　"非"字，《子彙》本、吳勉學本、黄本、綿眇閣本、楊本、凌本、孫本有。今
　　　補"非"字。

〔一一〕盧文弨云：元刻末注云："此章特以晏子而給國人，故著於此篇。"◎文
　　　斌案：元刻本、活字本、嘉靖本、沈本、吳懷保本、吳鼒本有注文，《子彙》
　　　本、吳勉學本、黄本、綿眇閣本、楊本、凌本、孫本無，今亦刪注文。元刻
　　　本、活字本、嘉靖本、沈本、吳懷保本注文"給"誤作"紹"。

晏子死景公馳往哭哀畢而去第十六〔一〕

　　景公游於菑〔二〕，聞晏子死〔三〕，公乘侈輿服繁駔驅之〔四〕。而因爲
遲〔五〕，下車而趨〔六〕；知不若車之遬〔七〕，則又乘〔八〕。比至於國者〔九〕，四
下而趨。行哭而往，伏尸而號〔一〇〕，曰："子大夫日夜責寡人，不遺尺

寸,寡人猶且淫洪而不收〔一一〕,怨罪重積于百姓。今天降禍於齊〔一二〕,不加于寡人〔一三〕,而加於夫子〔一四〕,齊國之社稷危矣〔一五〕,百姓將誰告夫〔一六〕?

〔一〕劉師培《校補》云:此章《治要》亦附《雜下篇》。◎文斌案:元刻本、活字本、沈本標題"往哭"二字互倒。楊本在《雜下篇》,標題作"游菑趨哭"。凌本作"景公游于菑",吳懷保本作"哀晏子死"。

〔二〕游於菑　孫星衍云:"菑",《太平御覽》作"臨菑",《説苑》作"蔓"。《郡國志》:"平昌有蔓鄉。"《韓非》作"遊少海"。◎蘇輿云:《治要》無"于"字,"菑"作"淄"。◎張純一云:鮑刻《御覽》四百八十七作"游臨淄",《文選·褚淵碑》注作"菑",《齊安陸昭王碑》注作"淄"。◎文斌案:宋本《御覽》亦作"游臨淄",《韓非子·外儲説左上》《説苑·君道篇》《文選·褚淵碑文》《齊故安陸昭王碑文》注引"景公"上均有"齊"字。

〔三〕聞晏句　孫星衍云:"死",《太平御覽》作"卒"。◎蘇輿云:《治要》同。◎張純一云:《説苑》亦作"卒"。◎吳則虞云:《文選·安陸昭王碑文》注引作"死"。◎文斌案:《文選·褚淵碑》注引亦作"死"。《齊故安陸昭王碑》《褚淵碑》注均無"聞"字。《韓非子》作"傳騎從中來謁曰'嬰疾甚,且死,恐公後之'"。

〔四〕公乘句　孫星衍云:《説苑》作"乘輿素服驛而驅之",《文選注》作"公擊驛而馳"。按《韓非》作"趨駕煩且之乘",則"繁駔"馬名,"煩""繁","且""駔"聲相近。《説文》:"'駔',壯馬也。一曰馬蹲駔也。"《文選注》作"擊驛",形相近,字之誤耳。◎孫詒讓云:《考工記·輿人》云:"飾車欲侈。"此景公意欲急行,不在輿之侈弇,竊疑《晏子》本文當作"公侈乘輿"。古從"多"從"多"之字聲近通用(《周禮·樂師》"趨以采齊",鄭注云:"故書'趨'作'跢'。"鄭司農云:"'跢'當爲'趨',書亦或爲'趨'。""趨"俗書亦或作"趍",並其證也)。此"侈"即《韓子》之"趨",言催促令急駕乘輿也。"繁駔""煩且"義亦難通。《説苑》宋本作"乘駔"(《音義》引作"驛"者,據明刻本也),《文選注》引亦作"驛",疑"繁駔"之"駔",亦即"駔"之形誤。◎蘇輿云:《治要》作"公乘而驅"。◎劉師培《校補》云:"公乘侈輿"當從孫詒讓《札迻》改"公侈乘輿"。"侈"即"趨"誤(唐人書"趨"恒作"趍"),"趨"即促也。"繁駔",即《韓非子·外儲説》之"煩且"。彼書《外儲説左上》又云"以煩且之良",則爲馬名明甚。"服",即《詩·鄭風》"巷無服馬"之"服",猶《韓非子》之"駕"也。《文選·安陸昭王碑文》注引作"公繁駔而馳","公"下挩"服"字。《褚淵碑文》注作"繁駔而馳","駔"即

"駔"誤;俗本又作"擊驛而馳"(《音義》所據本),其誤尤甚。《説苑·君
道篇》誤"服繁"爲"素服",誤"駔"爲"駔",俗本又作"驛",當據此文訂
正。《治要》作"公乘而驅",乃約引。◎張純一云:胡刻仿宋《文選》兩引
並作"繁駔",海録軒本並作"擊駔"。此文"乘侈輿"當依孫校作"侈乘輿"
爲是。"服繁駔"與"侈乘輿"對文,"繁駔"似不誤,言公意求速至,趨駕乘
輿,用壯馬而驅之。◎王叔岷云:《御覽》四八七引"驅"上有"而"字。
◎文斌案:劉氏所引"巷無服馬"句,見《詩經·鄭風·叔于田》。《御覽》
作"公乘而驅之"。

〔五〕而因句　孫星衍云:《説苑》《文選注》《太平御覽》俱作"自以爲遲"。
◎蘇輿云:《治要》同。◎張純一《校注》據孫、蘇説改。◎王叔岷云:張
純一本據孫、蘇説改"而因爲遲"爲"自以爲遲",是也。"而"字本在上文
"驅之"上,誤錯在此句。"因"乃"自"之誤("因",俗作"因",與"自"形
近,往往相亂),下又脱"以"字也。◎吳則虞云:《指海》本改作"自
以"。◎徐仁甫云:"因"猶"猶"也,"尚"也("因"爲"猶似"之"猶",見
《經傳釋詞》;亦爲"猶尚"之"猶",見《古書虛字集釋》),"爲"猶"以爲"也
(亦見《集釋》)。"而因爲遲",言"而猶以爲遲"也。《説苑》以下,不解
"因"字,改爲"自以",非。

〔六〕下車句　劉師培《校補》云:《治要》引"趨"作"趍",下同。

〔七〕遬　孫星衍云:《文選注》作"駃",《太平御覽》作"速"。◎張純一云:
《説苑》《治要》並作"速",胡刻仿宋《文選》兩引並作"知不如車之駃"。
案:《古今注》卷下:"曹真有駃馬,名爲驚帆,言其馳驟,如烈風舉帆之疾
也。"《音義》引作"駃",誤。海録軒本《文選》並作"知不如車之駃"。案:
"駃",《廣韻》《玉篇》並云"疾也",《增韻》云"馬行疾也"。"駃""駃"義
並與"速"同。◎文斌案:張校是,孫校非。孫本、吳蕭本作"遬",其餘各
本均作"遬"。

〔八〕則又句　劉師培《校補》云:《文選注》兩引"乘"下並有"之"字。◎文斌
案:《御覽》引無"則"字。

〔九〕比至句　張純一云:《説苑》《治要》並同,《文選》兩注並《御覽》均作"比
至國"。◎徐仁甫云:"者"猶"則"也。言比至於國,則四下而趨也。"者"
與上文"則又乘"之"則"爲互文。《選注》以下不解"者"字,誤删耳。◎文
斌案:"比至於國者,四下而趨"當是對景公此前"而因爲遲,下車而趨;知
不若車之遬,則又乘"行爲過程之總結。"者"爲代詞,表示"……的時
候"。徐説似非。

〔一〇〕行哭二句　孫星衍云:《説苑》"行哭而往"下有"至"字,"尸"作"屍"。
《太平御覽》"往"作"至"。◎王念孫云:"伏尸而號"上有"至"字,而今

本脱之,則叙事不備。"行哭而往",尚未至也,則"至"字必不可少。
《説苑·君道篇》及《群書治要》《太平御覽·人事部百二十八》並作
"至,伏尸而號"(今本《御覽》"至"誤作"制")。《文選·褚淵碑》注、
《齊安陸昭王碑》注並作"至,則伏尸而哭"。◎張純一《校注》據補"至"
字,並云:《御覽》五百四十九引"尸"作"屍"。◎吳則虞云:《指海》本
作"至"。◎文斌案:楊本、凌本"行哭"作"不哭"。王氏所謂《御覽·
人事部百二十八》即卷四百八十七。宋本《御覽》引"行哭"下無"而往"
二字,有"至"字;"伏尸"下並無"而"字。

〔一一〕寡人句　王叔岷云:《治要》引"泆"作"逸",古字通用。◎文斌案:吳
　　　　勉學本、黃本"泆"作"佚"。

〔一二〕今天句　劉師培《校補》云:《治要》"齊"下有"國"字,《御覽》四百八十
　　　　七亦引作"降禍齊國"。◎吳則虞云:《説苑》亦有"國"字。元刻本、活
　　　　字本"今"誤"令"。◎文斌案:嘉靖本、沈本"今"亦誤作"令"。

〔一三〕不加句　張純一云:《説苑》、《治要》、《御覽》兩引均無"于"字。

〔一四〕而加句　張純一云:《説苑》無"于"字,《治要》"于"作"之",《御覽》四
　　　　百八十七無"而"字,五百四十九同《説苑》。

〔一五〕齊國句　蘇輿云:"社"舊刻誤"杜",今依浙刻正。◎文斌案:宋本《御
　　　　覽》四百八十七、五百四十九兩引均無"齊國之"三字。

〔一六〕百姓句　孫星衍云:《文選注》作"百姓誰復告我惡邪"。《韓非·外儲
　　　　説》《説苑·君道篇》用此文。◎盧文弨云:"夫",《説苑·君道篇》作
　　　　"矣",是。◎蘇輿云:《治要》此下接"晏子没十有七年"云云。◎張純一
　　　　云:"夫",《治要》作"乎","夫"猶"乎"也,均歎詞,詳見《經傳釋詞》。《説
　　　　苑》作"矣",非。《御覽》四百八十七作"社稷危矣,百姓誰告",雖無"將"
　　　　字"夫"字,而義正同,謂晏子既没,百姓疾苦將誰告而誰拯之?《文選》兩
　　　　注均因省去上文"子大夫日夜責寡人不遺尺寸"云云,於此作"百姓誰復
　　　　告我惡邪",失其百姓無告之旨,不可從。◎盧文弨又云:元刻末注云:
　　　　"此并下二章皆晏子殁後景公追懷之言,故著於此篇。"◎文斌案:楊本
　　　　"夫"作"矣"。元刻本、活字本、嘉靖本、沈本、吳懷保本、吳鼎本有注文,
　　　　《子彙》本、吳勉學本、黃本、綿眇閣本、楊本、凌本、孫本無,今亦刪注文。

晏子死景公哭之稱莫復陳告吾過第十七〔一〕

晏子死〔二〕,景公操玉加於晏子而哭之〔三〕,涕沾襟〔四〕。章子諫曰:

"非禮也。"公曰:"安用禮乎? 昔者吾與夫子遊於公邑之上[五],一日而三不聽寡人,今其孰能然乎? 吾失夫子則亡,何禮之有?"免而哭[六],哀盡而去[七]。

〔一〕文斌案:元刻本、活字本、嘉靖本、吳勉本目録無"告"字,標題有。沈本目録、標題均有"告"字。黄本誤連上章。楊本在《雜下篇》,標題作"操玉哭晏子"。凌本作"晏子死",吳懷保本作"哭晏子死"。

〔二〕晏子句　蘇輿云:"晏",舊刻誤"景",今依浙刻正。

〔三〕景公句　孫星衍云:《太平御覽》"加於晏子"下有"屍上"二字,今本疑脱。◎張純一《校注》於"晏子"後補"屍上"二字,注云:舊脱"屍上"二字,從孫校,據《御覽》五百四十九增。◎吳則虞云:《指海》本據補"屍上"二字。◎文斌案:宋本《御覽》"晏子"後有"屍上"二字,無"而哭之"三字。

〔四〕涕沾句　孫星衍云:《爾雅·釋器》:"衣眥謂之襟。"◎張純一云:《御覽》作"涕下沾衿"。

〔五〕公邑　孫星衍云:即"公阜"也,"阜""邑"字相似。◎黄以周云:盧校作"公阜"。◎劉師培《黄本校記》云:黄本上方校語云:"'邑'疑'阜'字。"

〔六〕免而哭　張純一云:免冠而哭。◎徐仁甫云:"免"同"俛","俛"同"俯"。"俯而哭",即伏尸而哭。此承上"景公操玉加晏子尸上而哭之"來。景公手操之玉,既加晏子尸上,明景公之手可以撫晏子之尸矣。中間插對話,一則曰:"安用禮乎?"再則曰:"何禮之有?"則景公未袒免可知,且免冠表哀意而已(見《外上》第十一章張注)。既哭盡哀,又何表爲?

〔七〕哀盡句　孫星衍云:"哀盡",《太平御覽》作"盡哀"。◎蘇輿云:"哀盡",哀畢也,上章標題云"哀畢而去"是其證矣。《御覽》非。◎張純一云:"哀盡""盡哀",其義一也。◎文斌案:《子彙》本、吳勉學本、黄本、綿眇閣本、凌本書終於此章。

晏子没左右諛弦章諫景公賜之魚第十八[一]

晏子没十有七年[二],景公飲諸大夫酒[三]。公射出質,堂上唱善若出一口[四]。公作色太息,播弓矢[五]。弦章入,公曰:"章[六],自吾失晏子,於今十有七年,未嘗聞吾不善[七]。今射出質,而唱善者若出一口[八]。"弦章對曰[九]:"此諸臣之不肖也[一〇]。知不足以知君之不善,勇不足以犯君之顏色。然而有一焉〔一〕,臣聞之:君好之,則臣服之;君嗜之,則臣食之〔二〕。夫尺蠖食黃則其身黃,食蒼則其身蒼。君其猶有食諂人言乎〔三〕。"公曰:"善。今日之言,章爲君,我爲臣〔四〕。"是時,海人入魚,公以五十乘賜弦章〔五〕。歸,魚乘塞塗〔六〕,撫其御之手曰:"曩之唱善者,皆欲若魚者也〔七〕。昔者晏子辭賞以正君,故過失不掩;今諸臣諂諛以干利,故出質而唱善如出一口〔八〕。今所輔於君未見於衆,而受若魚,是反晏子之義而順諂諛之欲也〔九〕。"固辭魚不受〔二○〕。君子曰:"弦章之廉,乃晏子之遺行也〔二一〕。"

〔一〕盧文弨云:吳(勉學)本缺。◎劉師培《校補》云:《治要》此章亦附《雜下篇》。◎吳則虞云:楊本亦挩。◎王叔岷云:《子彙》本此章缺。◎文斌案:黃本、綿眇閣本、凌本亦缺。元刻本、活字本、嘉靖本、沈本、吳懷保本、孫本、吳鼒本有此章。元刻本、活字本、嘉靖本、吳鼒本目錄"没"作"殁";沈本目錄、標題均作"殁"。元刻本標題"弦"誤作"强"。吳懷保本目錄作"左右諛弦章諫",標題作"諫左右諛弦章"。銀雀山竹簡有本章内容。

〔二〕晏子句 蘇時學云:晏子之没,未審何年,然齊魯會夾谷之歲尚在,至哀公五年而景公卒,相距僅十年,安得有十七年之説?倘如所云,當在悼、簡之世,安得尚爲景公耶?凡此皆屬依托之詞,不暇考其時世者。◎金其源云:考《史記·齊世家》:景公在位五十八年,晏子卒於景公之四十八年,則晏子没後十有七年,已是簡公之二年。所稱十有七年,當是有誤。蓋齊景公之四十八年,即魯定公之十年,景公猶使晏子致魯地山陰數百社。山陰者,龜山之陰,即《春秋》所謂"齊人來歸鄆、讙、龜陰田"也。《史記》稱是年晏嬰卒,則晏子之卒在使魯致地之後,距景公之卒十年,則非"十有七年"有誤,即"景公"有誤矣。◎黃以周云:盧校"没"下有"後"字。◎劉師培《校補》云:《意林》"殁"下有"後"字。◎文斌案:嘉靖本"没"作"殁"。銀雀山竹簡與今本同,"没"下無"後"字。◎駢宇騫云:本篇作"十有七年"有誤,當作"十有一年"。先秦戰國文字中"七"作"┿",與"一"字形相近,疑傳抄者誤"一"爲"七"。自景公四十八年至景公五十八年,恰爲"十有一年"。

〔三〕景公句 文斌案:簡本無"景"字。

〔四〕公射二句 孫星衍云:"質",射質也。◎劉師培《校補》云:《事類賦注》廿九引作"射質堂上,唱善者一日"(即"若一口"之訛)。《意林》作"景公射,諸侯大夫皆稱善","侯"字疑衍。◎吳則虞云:《御覽》九百三十五引作"射質堂上,唱善者一口"。◎文斌案:《事類賦注》二十九引作"景公射質堂上,唱善者一口",劉氏失檢。《諸子瓊林》十六作"景公言,諸大夫皆稱善"。簡本作"公射出質,堂上昌[□□□]□","昌"下殘缺四字。◎駢宇騫云:"昌"下殘缺疑爲"善若一口"四字。簡文"昌",《説文》云:"'昌',美言也。"◎譚步雲云:《銀簡》624(即《銀文》0853):"公射,出質,堂上昌……"這裏的"質",或以爲"箭靶"(王瑛、王天海《説苑全譯》)。未免把景公的射術看得太糟糕了,未免把諫臣們的奉承看得太拙劣了。《毛詩正義·小雅·賓之初筵》:"發彼有的,以祈爾爵。"孔穎達《疏》云:"《周禮》鄭衆、馬融注皆云:十尺曰侯,四尺曰鵠,二尺曰正,四寸曰質。則以爲侯皆一丈,鵠及正、質於一侯之中爲此等級,則亦以此質爲四寸也。王肅亦云:二尺曰正,四寸曰質。又引《爾雅》云:射張皮謂之侯,侯中者謂之鵠,鵠中者謂之正,正方二尺也,正中謂之槷,方六寸也,槷則質也。舊云方四寸,今云方六寸。《爾雅》説之明,宜從之。……賈逵《周禮注》云:四尺曰正,正五重,鵠居其內而方二尺。以爲正,正大於鵠,鵠在正內。"(《十三經注疏》)可見"質"不是"箭靶子",而是"靶心"。所謂"出質",並不是"脱靶",而是偏離靶心罷了。當然,用作"靶心"的"質"也可指代"箭靶子",那是另一回事。

〔五〕公作二句　張純一云:"播",棄也。◎文斌案:簡本作"公組色大息,蕃弓矢"。◎駢宇騫云:簡本"組"當讀爲"作",從"且"和從"乍"的字古音相近,可通假。如"俎"或作"胙",《詩·大雅》"侯作侯祝",注云:"'作',詛也。"《説文》云:"'作',起也。"簡本"大"通"太",説見上。《説文》云:"'嘆',一曰'太息'也。"《廣雅·釋詁》:"'嘆',慅也。"字或作"歎"。《禮記·坊記》:"戲而不歎。"注云:"'歎',謂有憂戚之聲也。"《楚辭·九歎序》:"'歎'者,傷也,息也。"簡本"蕃"當讀爲"播",二字皆從"番"得聲,古音相同,可通假。"播",棄也。《説苑》引與明本同。《治要》本引"太"作"大",餘與明本同。

〔六〕公曰章　孫本作"弦章入,公曰:'章!自晏子歿後,不復聞不善之事。'弦章對曰:'君好之,則臣服之;君嗜之,則臣食之。尺蠖食黄則黄,食蒼則蒼,是也。'公曰:'善。吾不食諂人以言也。'以魚五十乘賜弦章。章歸,魚車塞塗。撫其御之手曰:'昔者晏子辭黨以正君,故過失不掩之。今諸臣諛以干利,吾若受魚,是反晏子之義,而順諂諛之欲。'固辭魚不受。君子曰'弦章之廉,晏子之遺也",《音義》云:今本"公曰章"下注云:"下缺。"據《太平御覽》增。◎盧文弨云:"公曰章"已下,元刻缺。有本不缺,注云:"據《太平御覽》增。"今案:《御覽》九百三十五云:"弦章入,公曰:'吾失晏子,未嘗聞吾不善。'章曰:'臣聞:君好臣服,君嗜臣食。尺蠖食黄身黄,食蒼身蒼,君其食諂人言乎?'公曰:'善。'賜弦章魚五十乘。弦章歸，魚車塞途。章撫其僕曰：‘曩之唱善者，皆欲此魚也。’固辭不受。”與此所增者亦不同。◎王念孫云：各本注曰：“下缺。”孫本不缺，云：“據《太平御覽》增。”而所增之文，與元刻本及《御覽》皆不合，乃雜取諸書補入者，不足爲據。今録元刻於左：“公曰：‘章，吾失晏子，未嘗聞吾不善。’章曰：‘臣聞：君好臣服，君嗜臣食，尺蠖食黃身黃，食蒼身蒼，君其食諂人言乎？’公曰：‘善。’賜弦章魚五十乘。弦章歸，魚車塞途。章撫其僕曰：‘曩之唱善者，皆欲此魚也。’固辭不受。”（此元刻也，與《御覽·鱗介部七》所引皆合，然尚非全文。）今録《群書治要》所引於左：“公曰：‘章。自吾失晏子，於今十有七年矣，未嘗聞吾不善。今射出質，唱善者如出一口。’弦章對曰：‘此諸臣之不肖也。智不足以知君之不善，勇不足以犯君之顏，然而有一焉。臣聞：君好之則臣服之，君嗜之則臣食之。尺蠖食黃其身黃，食蒼其身蒼。君其猶有食諂人之言乎？’公曰：‘善。’”（此文較詳於元刻，惜所引至此而止，而下文皆未引。考《御覽·人事部六十七》引下文亦較詳於元刻，今録於左）：“公以五十乘魚賜弦章。弦章歸，魚車塞塗。章撫其御之手曰：‘昔者晏子辭賞以正君，故過失不掩，今諸臣諂諛以干利。吾若受魚，是反晏子之義，而順諂諛之欲也。’固辭魚不受。君子曰：‘弦章之廉，晏子之遺行也。’”◎俞樾云：此下各本均闕。孫刻本據《太平御覽》增，而王氏《讀書雜志》謂雜取諸書補入，不足爲據。因詳録元刻，又以《群書治要》及《御覽·人事部》所引補之，洵較孫刻爲備矣。惟此文實見於《説苑·君道篇》，《治要》及《御覽》所引均非其全者，王氏不録《説苑》何也？故備録于左補王氏徵引所未及：“晏子没十有七年，景公飲諸大夫酒。公射出質，堂上唱善若出一口。公作色太息，播弓矢。弦章入，公曰：‘章，自吾失晏子，於今十有七年，未嘗聞吾過不善。今射出質，而唱善者若出一口。’弦章對曰：‘此諸臣之不肖也。知不足以知君之不善，勇不足以犯君之顏色。然而有一焉，臣聞之：君好之則臣服之，君嗜之則臣食之。夫尺蠖食黃則其身黃，食蒼則其身蒼。君其猶有諂人言乎？’公曰：‘善。今日之言，章爲君，我爲臣。’是時，海人入魚，公以五十乘賜弦章。歸，魚乘塞途，撫其御之手曰：‘曩之唱善者，皆欲若魚者也。昔者晏子辭賞以正君，故過失不掩；今諸臣諂諛以干利，故出質而唱善如出一口。今所輔於君未見於衆，而受若魚，是反晏子之義而順諂諛之欲也。’固辭魚不受。君子曰：‘弦章之廉，乃晏子之遺行也。’”◎劉師培《校補》云：《事類賦注》所引與此悉同，惟“公曰”下無“章”字。《意林》作：“公曰：‘自晏子殁後，不復聞不善之事。’弦章對曰：‘君好之則臣服之，君嗜之則臣食之。尺蠖食黃則黃，食蒼則蒼是也。’公曰：‘善。吾不食諂人之言也。’以魚五十車賜弦章，固不受。是弦章有晏子之遺行也。”文又稍殊，末句與《説

苑》同,足補各本及《治要》所引之缺。◎吳則虞云:元刻本"章"下缺一
頁,嘉靖本、吳懷保本同。◎文斌案:元刻本、嘉靖本、沈本、吳懷保本均於
"公曰章"下標注"缺"字,非如吳氏所言"缺一頁",吳氏失檢。活字本作:
"公曰:'章,吾失晏子,未嘗聞吾不善。'章曰:'臣聞:君好臣服,君嗜臣
食。尺蠖食黄身黄,食蒼身蒼,君其食諂人言乎?'公曰:'善。'賜弦章魚
五十乘。弦章歸,魚車塞途。章撫其僕曰:'曩之唱善者,皆欲此魚也。'固
辭不受。"蓋據《御覽》九百三十五引補入。吳鼐本全同活字本,蓋顧廣圻
據活字本補入。王念孫誤吳鼐本爲元刻本,非是。銀雀山竹簡雖略有殘
缺,但基本可以反映原貌:"絿章入,公曰:'章,自吾失[□□],於今十有
七年,未嘗聞吾不善。今射出質,昌善者若出一口。'絿章合曰:'此諸臣之
不宵也。智不足以智君之不善,勇不足不以犯君之讔,此諸臣之不宵也。
然而有一焉,臣聞:斥汙食黄其身黄,食青其身青。君其有食乎由人之言
興?'公曰:'善。'絿章出,自海入魚五十乘,以賜絿章。章歸,魚塞[□□
□□]之手曰:'襄之昌善者,皆欲若魚者也。昔者晏子辭賞以正君,故過
不弇;今諸臣由奐以弋利,故出質而昌善若出一口。今所以補君未見於
□□□□□□晏子之義,而順由奐之欲也。'固辭而弗受。公曰:'絿章
之廉,晏子之□……'"以銀雀山竹簡核校前賢補文,《説苑·君道篇》最
近,今從俞説補入《説苑·君道篇》文。張純一《校注》亦從俞説補入《説
苑》文。◎駢宇騫云:簡本"絿"當讀爲"弦"。

〔七〕自吾三句　張純一云:《治要》"年"下有"矣"字。"吾"下舊衍"過"字,據
《治要》及《御覽》九百三十五引删。◎文斌案:《事類賦注》二十九引作
"吾失晏子,未嘗聞吾不善",無"過"字。簡本作"自吾失[□□],於今十
有七年,未嘗聞吾不善",亦無"過"字。"過"爲衍文,今據删。◎駢宇騫
云:簡本"失"下殘缺二字,疑當爲"晏子"。

〔八〕今射二句　文斌案:簡本略同,作"今射出質,昌善者若出一口",無"而"
字。《治要》亦無"而"字,"若"作"如"。

〔九〕弦章句　文斌案:《治要》同,簡本作"絿章合曰"。◎駢宇騫云:簡本
"合"當讀爲"答"。

〔一〇〕此諸句　文斌案:《治要》同,簡本作"此諸臣之不宵也"。◎駢宇騫云:
簡本"宵"當讀爲"肖"。

〔一一〕知不三句　文斌案:《治要》引"知不足"作"智不足","不善"上無"之"
字,"顔"下無"色"字。簡本作"智不足以智君之不善,勇不足不以犯君
之讔,此諸臣之不宵也,然而有一焉"。"顔"下亦無"色"字。簡本"此
諸臣之不宵也"當是衍文,涉上文而衍。◎駢宇騫云:簡本"智君"當讀
爲"知君";"讔"從"彦"聲,當讀爲"顔"。"勇不足"下"不"字,當涉上

文而誤衍。

〔一二〕臣聞五句　吳則虞云：宋本《御覽》九百三十五引作"臣聞君好臣服□□君嗜臣食"，《事類賦注》作"臣聞君好臣服，君嗜臣食"。◎文斌案：《治要》《諸子瓊林》引"聞"下亦無"之"字，《意林》引無"臣聞之"三字。簡本"臣聞"後徑接"斥汙食黃其身黃"，無"之君好之則臣服之君嗜之則臣食之夫"十六字。

〔一三〕夫尺三句　孫星衍云：《藝文類聚》作"食黃即身黃，食蒼即身蒼"。◎張純一云：《類聚》見卷九十七，《御覽》九百四十八同。◎吳則虞云：《事類賦注》與《類聚》同，惟無"即"字；《諸子瓊林》"則"作"而"。◎文斌案：《治要》引作："尺蠖食黃其身黃，食蒼其身蒼。君其猶有食諂人之言乎？"《事類賦注》、《御覽》九百三十五引作"尺蠖食黃身黃，食蒼身蒼。君其食諂人言乎"，簡本作："斥汙食黃其身黃，食青其身青。君其有食乎甶人之言興？""諂人"前均有"食"字，今據補。《意林》作"尺蠖食黃則黃，食蒼則蒼"。◎駢宇騫云：簡本"斥汙"當讀爲"尺蠖"，"斥"與"尺"、"汙"與"蠖"古音皆相近，可通假。《周禮·考工記下·弓人》"糜弓尺蠖灂"，一本作"糜弓斥蠖灂"。"青"，《廣雅·釋器》："'青'，蒼也。"《文選·（謝朓）始出尚書省詩》"青精翼紫軑"注云："'青'，即蒼也。""甶"即"坎"字，當讀爲"諂"，說見前《内篇問上·景公問賢君治國若何晏子對以任賢愛民》章校釋。"興"當讀爲"歟"。

〔一四〕公曰諸句　文斌案：簡本作："公曰：'善。'"無"今日之言，章爲君，我爲臣"十字。《治要》引至"公曰善"終。《事類賦注》、《御覽》九百三十五引亦無"今日之言"等十字。《意林》作："公曰：'善，吾不食諂人之言也。'"

〔一五〕是時三句　吳則虞云：《事類賦》作"賜魚五十乘"。《諸子瓊林》作"乃以魚五十車賜之"。◎文斌案：簡本作"絻章出，自海入魚五十乘，以賜絻章"。宋本《御覽》四百二十六引作"景公以五十乘魚賜弦章"，"公"上有"景"字，"乘"下有"魚"字；《事類賦注》、《御覽》九百三十五引均作"賜弦章魚五十乘"，吳氏引《事類賦注》不確。《意林》作"以魚五十車賜弦章"。

〔一六〕歸魚二句　文斌案：宋本《御覽》四百二十六引作"章歸，魚車塞塗"，《事類賦注》、《御覽》九百三十五引作"弦章歸，魚車塞途"，三引"乘"均作"車"。簡本作"章歸，魚塞[□]"。◎駢宇騫云："塞"下缺一字，疑當作"途"或"塗"，"魚"下疑脫一"車"或"乘"字。

〔一七〕撫其三句　文斌案：宋本《御覽》四百二十六引作"撫其御之手曰"，無"曩之唱善者，皆欲若魚者也"二句；《事類賦注》、《御覽》九百三十五引作"章撫其僕曰'矗之唱善者,皆欲此魚也'","撫"前有"章"字,"御"作"僕",無"之手"二字;"若"作"此",無"者"字。簡本有缺文,作:"[□□□]之手曰:'襄之昌善者,皆欲若魚者也。"◎駢宇騫云:簡本"之手"上缺字疑當爲"撫其御"三字。"襄"當讀爲"矗"。

〔一八〕昔者四句　文斌案:宋本《御覽》九百三十五、《事類賦注》、《意林》引無此四句,《御覽》四百二十六引無"故出質而唱善如出一口"句。簡本作"昔者晏子辥賞以正君,故過不弆;今諸臣由臾以弋利,故出質而昌善若出一口",其中"辥"字各本不一,《銀簡》《銀文》作"辥",駢宇騫《校釋》作"辭"。"過"後無"失"字,"干"作"弋","如"作"若"。◎駢宇騫云:"弆"當讀爲"掩","由臾"當讀爲"諂諛"。簡文"弋",《書·多士》"非我小國,敢弋殷命",《傳》云:"'弋',取也。"

〔一九〕今所三句　文斌案:宋本《御覽》九百三十五、《事類賦注》引無此三句,《御覽》四百二十六引作"吾若受魚,是反晏子之義而順諂諛之欲"。簡本有缺文,作"今所以補君未見於□□□□□□□晏子之義,而順由臾之欲也"。◎駢宇騫云:簡本"補"當讀爲"輔"。"晏子之義"上缺文,據《説苑》疑當爲"衆而若受魚是反"七字。◎文斌又案:《説苑》作"而受若魚",駢氏失檢。

〔二〇〕固辭句　文斌案:簡本"魚"作"而","不"作"弗"。宋本《御覽》四百二十六引同,《事類賦注》、《御覽》九百三十五引作"固辭不受",無"魚"字。《意林》作"固不受",無"辭魚"二字。

〔二一〕君子三句　文斌案:簡本有缺文,作:"公曰:'紂章之廉,晏子之□……'""君子"作"公",無"乃"字。宋本《御覽》四百二十六引亦無"乃"字,《意林》作"是弦章有晏子之遺行也"。

附錄一：《晏子春秋》版本及篆校、研究書目①

一、中國書目

唐魏徵《晏子治要》：

一卷。【存】嚴靈峰："節録《晏子春秋·諫》上下、《問》上下、《雜》上下各篇重要文字，無注。在《群書治要》內。按：尾張國校刊本有眉校。"

唐馬總《晏子要語》：

一卷。【存】嚴靈峰："節録《晏子春秋》文字十餘條，白文無注。題：'《晏子》八卷。'在《意林》內。"

元刻本：

八卷，二百十五章，每頁九行，行十八字。【存】吳則虞："未見。葉德輝、潘景鄭皆以昔人所謂元刻本者，即明活字本。竊恐未是。昭文張氏所藏元本爲徐幟亭故物，萬曆戊戌所獲，題記歷歷，此蓋活字本之祖本。明時不但元刻尚存，據綿眇閣本李茹更所記，似天水舊槧，明人猶得見之。"◎王更生："在臺雖未見，而《盍山書影》第八十六頁尚留此真跡。並附有馬笏齋藏書題跋云：'《晏子春秋》八卷，丁志云："此卷本前有目録，及劉向校上《晏子》奏。每篇又分小目，列于每卷之首，總二百十五章。平津館有影寫元本。每葉十八行，行十八字，於此符合。全書一百三十八葉，版匡高營造尺五寸二分，寬七寸四分。"'"◎文斌案：中國國家圖書館·中國國家數字圖書館（下簡稱"國圖數字館"）發佈一種版本，善本書號爲12377②，原書首頁題寫

---

① 本"書目"在吳則虞《晏子春秋集釋·晏子春秋版本及篆校書目》、附録《晏子春秋版本題識》（中華書局1962年版）；王更生《晏子春秋現存板本知見録》（《國文學報》第13期）、《晏子春秋今注今譯·元刻本〈晏子春秋·內篇問上第三〉首頁書影》下注；嚴靈峰《周秦漢魏諸子知見書目·晏子春秋》《周秦漢魏諸子知見書目補遺·晏子春秋》（臺灣正中書局1975年初版）等前輩學人研究成果基礎上搜集而成。凡採納前人成果，文中均一一注明；未注明材料來源者，均爲筆者搜集而成。

② 以下凡稱"善本書號"均爲國圖數字館"中華古籍資源庫"提供。

"元版晏子春秋",次頁標籤標注:"《晏子春秋》,八卷二册。舊藏:昭仁殿。原題:元版。審定:明嘉靖版。"筆者認爲,此即前人所謂元刻本(雖然審定爲明嘉靖間刊刻,但其所據爲元版,與一般明版不同),理由如下:一、此本原題元版,説明收藏之初前人已經認定其爲元版書,當時見到的早期版本比今天多,館臣們當不至於誤鑒元、明版書。二、孫星衍校畢《晏子春秋》,又得元刻影鈔本。他將此書贈給吳鼒,吳鼒請顧廣圻校而刻之,是爲吳鼒本。吳鼒本向爲盧文弨、王念孫、黄以周等誤認作元刻本(實際是顧廣圻校正元刻明顯的誤、衍、脱字和錯誤語序而成)。以孫星衍、盧文弨、王念孫等清儒之卓識,當不會分辨不出元、明版本差異。筆者將此版與顧廣圻《影元鈔晏子春秋》校付寫樣本底本做了細緻比較,二者無論文字還是版式完全相同。三、國圖數字館也發佈了由福建按察司副使柯喬刊刻的嘉靖本,它同元刻本和明活字本無論文字還是版式都有明顯的差異,最明顯之處就是:元刻本、活字本每篇既有目録,各章正文前又有標題;嘉靖本只有目録没有標題。此外,文字多有差異,如:《雜下》第十五章"亡無日矣",元刻本、活字本"日矣"語序誤倒,嘉靖本不誤;《外篇第七》第一章"左右何罪",元刻本、活字本"左右"作"右左",嘉靖本作"左右";《外篇第七》第十五章"君令而不違",元刻本、活字本"違"後衍"屬"字,嘉靖本不衍;《外篇第八》第八章"善乎晏子之願",元刻本、活字本"善乎晏子"誤作"善晏乎子",嘉靖本不誤。如此者甚多,均證明此本非嘉靖本。四、它又不是活字本。二者儘管版式非常接近,但文字仍有細微差異,最明顯之處就是:元刻本《外篇第八》第十八章在"公曰章"下標注"缺",而活字本則據《太平御覽》九百三十五增入一段文字。其他如《諫上》第十八章最後一句,活字本作"今孰責寡人哉",元刻本誤作"今今責寡人哉";《諫下》第四章"公曰諾",元刻本"曰"字處爲空格,活字本有"曰"字。綜上,此本就是孫星衍等清儒所認定的元刻本(或曰"元版晏子春秋"),是現存《晏子春秋》最早的版本,也是明活字本的母本。

明活字本:

八卷,二百十五章,每頁九行,行十八字。【存】王更生:"書前有目録,載内外篇章次第,下接劉向校録之序文。現臺灣商務印書館《四部叢刊初編》景印本,書中簡稱活字本者,即係取樣於江南圖書館所藏者。"◎文斌案:從文字和版式看,明活字本與元刻本最近,二者往往文字誤、衍、脱和語序錯誤均基本相同,而嘉靖本則予以訂正。由此筆者判定:明活字本應出於嘉靖本前。有民國十八年上海涵芬樓《四部叢刊》影印明活字本。

明成化刻本:

八卷。【未見】吳則虞:"即繙元刻本,見《經籍訪古志》。""明成化間刊本,懷仙樓藏。首有篇目及劉向序,卷首題‘《晏子春秋·內篇諫上第一》,凡二十五章’,次行列篇目,題《莊公矜勇力不顧行義晏子諫第一》。每半板九行,行十八字,界長五寸四分强,幅三寸八分,左右雙邊。竹陰書屋藏,根本遜志手書本即傳鈔此本者。(《經籍訪古志》卷三)”

明嘉靖本：

八卷,二百十五章,每頁九行,每章首行二十字,以下空一格排印,行十九字。【存】吳則虞:“《外篇》下第十八章‘公曰章’下缺,行款缺文與活字全合,蓋翻活字本也。惟《問上》第六‘氣’下‘鬱’字作墨釘,《雜上》二十三‘所湛然也’,‘湛’作‘蕩’,此其異耳。余見此本有三:一爲王懿榮貽翁同龢者,一爲雙鑑樓舊物,一在吳中見殘本。”◎王更生:“係福建按察使柯喬刊刻。……現藏‘國立中央圖書館’。”◎文斌案:國圖數字館已發佈①。吳氏謂嘉靖本《外篇第八》“第十八章‘公曰章’下缺,行款缺文與活字全合”,失檢。嘉靖本全同元刻本,而不同活字本(活字本據《太平御覽》九百三十五增入一段文字)。又謂嘉靖本《問上》第六“‘氣’下‘鬱’字作墨釘”,案:嘉靖本僅存“省乎治,則東郭牙暗侍”以後部分,徑接上章“景公自爲,而小國不爲與在;爲人,而諸侯”後;“‘鬱’字作墨釘”者,乃元刻本也。如此,足證嘉靖本同元刻本而不同明活字本,乃翻刻元刻本也。吳氏失檢。

明沈津《晏子春秋》：

一卷。【存】嚴靈峰:“删節《晏子》原文,無注。無所發明。前有《晏子春秋題辭》,在《百家類纂》內。”有“明隆慶元年含山縣儒學刊本。朝鮮肅宗十八年閔昌道刊本(“國立中央圖書館”藏)”。

明王節愍《校晏子》：

四卷。【未見】嚴靈峰:“《見存先秦諸子書答問》著録。”

明《子彙》本：

二卷。【存】吳則虞:“萬曆五年南監刻,計收子書二十四種,先成十八種,故又稱《十八子》。”◎王更生:“此二卷即其二十四種中之第二種。每葉十行,行二十一字。白文無注。書首有劉向《序録》,潛庵子《志》。現臺灣商務印書館有影印本,列入《宋元明善本叢書》中。”◎嚴靈峰:“録《晏子春秋·諫》上下、《問》上下、《雜》上下六篇,間附注於每段之末。前有劉向《叙録》,次爲萬曆丁丑潛庵子按語。略稱:‘今取《內篇》分爲上、下卷。《外篇》重而別出者附注各章之下。不合經術者,附於篇末,而仍列諸“儒家”。’卷末附《晏子春秋外篇》,以小字刊刻。在《子彙》內。”有“明萬曆五年刊本”,

---

① 有關《晏子春秋》主要版本信息,詳見後“參考文獻”。

"明萬曆二十五年刊《子彙》本、民國二十四年上海商務印書館《叢書集成初編》景印本、民國二十六年上海商務印書館《元明善本叢書十種》景印本、1965年臺灣商務印書館《宋元明善本叢刊》景印本、1965年臺灣藝文印書館《百部叢書》景印本。"◎文斌案：國圖數字館已發佈《子彙》。《子彙》本與元刻本等最大的區別在於：無目録、標題，各篇以"諫上第一""諫下第二"等別之；"外篇重而異者"以小字附於内篇相關重章文後，"外篇不合經術者"以小字列於書末。元刻本、明活字本、嘉靖本、沈啓南本、吴懷保本均於文内標注元刻末注，《子彙》本無注文。

明沈啓南本：

八卷，二百十五章，每頁九行，行二十字。【存】嚴靈峰："無注，校訂文字，間在篇末雙行注明章旨。前有《史記·晏子列傳》、劉向《叙録》並《晏子》目録，題'檇李沈啓南校梓'。……明萬曆十三年沈啓南刊本（"國立故宫博物院"藏）。"◎王更生："原屬北平圖書館舊物，今藏'國立中央圖書館'。"◎文斌案：國圖數字館已發佈。前有錢日省《晏子春秋序》。嚴氏所謂"篇末雙行注明"者乃元刻末注。

明陳繼儒《晏子粹語》：

【未見】嚴靈峰："《國學總目》著録。在《古今梓言》内。明刊本。"

明陳繼儒、王衡《晏子春秋類語》：

【存】嚴靈峰："節録《晏子春秋》原文，分類編入各目内，無注。在《諸子類語》内。明刊本。"

明陸可教、李廷機《晏子春秋玄言評苑》：

一卷。【存】嚴靈峰："節録《晏子春秋·諫》上下、《問》上下、《雜》上下各篇文字，加以圈點、眉評，無注。眉評輒引何孟春、李于麟、申時行各家雜説。在《諸子玄言評苑》内。明光裕堂刊本（日本國立公文書館藏）。"

明吴懷保本：

四卷，二百十五章，每頁九行，行二十字。【存】吴則虞："書末亦自'公曰章'下缺。又《雜上》第十六章亦奪一行，與活字本同，與吴勉學本有同有異。劉向表文後有'萬曆十六年冬吴懷保校梓'一行。"◎王更生："原爲北平圖書館舊物，現藏臺北'國立中央圖書館'。"◎文斌案：國圖數字館已發佈。吴懷保本與元刻本、明活字本、嘉靖本、沈啓南本版式上的最大區別在於：書分四卷，分別爲"内篇諫""内篇問""内篇雜"和"外篇"，各章均以簡單標題示之，如《内篇諫上》第十章"景公敕五子之傅而失言晏子諫第十"，吴懷保本標題作"諫失言"。元刻本、明活字本、嘉靖本以○號爲標誌標注元刻末注，吴懷保本以雙行小字標注。

明陳深《晏子春秋品節》:

一卷。【存】嚴靈峰:"節録,無注,圈點眉批。在《諸子品節》内。明萬曆十九年刊本(無求備齋藏)。"

明吳勉學本:

四卷,每頁九行,行十八字,二百三章。【存】嚴靈峰:"無注,白文。據趙用賢本校刻。在《二十子》内。"有"明萬曆間新安吳勉學校刊本"。◎吳則虞:"即《二十子全書》本,《雜上》第十六誤連上章,但無脱文。十九章活字本'金'下空一字,此本作'乃','之'下空字,此本作'其',二十三章'所湛'作'所蕩',又第七卷至'景公問後世'章爲止,皆與活字本、吳懷保諸本不同。此爲吳中珩校,明本中之上選。"◎王更生:"現藏'國立中央圖書館'。"◎文斌案:國圖數字館已發佈《二十子全書》。無目録、標題,各篇以"諫上第一""諫下第二"等別之。《外篇》既多有缺章,排列順序亦與元刻、明活字本異。無元刻末注。又,吳勉學本共四卷,吳氏言"第七卷至'景公問後世'章爲止",失檢。

明黃之寀本:

四卷,每頁九行,行二十字。【存】嚴靈峰:"無注,白文。據吳勉學校刊《二十子》本改版重印。"有"明萬曆間刊《十九子全集》本,日本元文元年翻刻黃之寀本、日本元文四年景印黃之寀本、日本天保三年補刻黃之寀本"。◎文斌案:在《晏子春秋》諸本中,吳勉學本、黃之寀本關係最近:二者篇章數全同,順序全同,均無目録、標題,各篇以"諫上第一""諫下第二"等別之,文字和語序情況多同,如:《諫上》第五章"用金三千",各本均有"用"字,獨吳、黃本脱;《問上》第九章"不誅之則爲亂",各本均有"爲"字,獨吳、黃本無;《問上》第十章"景公問晏子曰",獨吳、黃本"問"下有"於"字;《雜下》第五章"立室以宮矩爲之",獨吳、黃本誤"矩"爲"短"。亦無元刻末注。

明綿眇閣本:

八卷,每頁十行,行二十字。【存】吳則虞:"《先秦諸子合編十六種》之一,萬曆三十年馮夢楨刊。前有余有丁、李茹更二跋。李云:'今仍宋本刻之。'似此書出自宋槧。文字與活字本相勘,互有勝劣。"◎文斌案:國圖數字館已發佈《先秦諸子合編十六種》。與吳勉學本篇章數全同,順序全同,亦無目録、標題,各篇以"諫上第一""諫下第二"等別之,無元刻末注。

明焦竑纂注、陳懿典評閲《兩翰林纂解諸子折衷彙錦》:

十卷,每頁九行,行二十字。【存】此據譚家健先生指點,筆者核閲。書名頁題鎸"焦漪園評點歷代諸子折衷"。白口,四周單邊,單魚尾,有墨筆眉批及圈點,爲明萬曆間金陵龔少岡三衢書林刻本。節選先秦至唐三十六家文,加解題、眉批、尾批,内有《晏子》選評。現藏中國國家圖書館。

明焦竑、翁正春、朱之蕃《晏子品彙釋評》:

一卷。【存】嚴靈峰:"節選《晏子春秋·諫》上下、《問》上下、《雜》上下六篇,無注,加以圈點眉批,輒引高似孫、何孟春、申時行、張之象各家雜説。在《二十九子品彙釋評》内。"有"明萬曆四十四年寶善堂刊本"。◎文斌案:書名全稱《新鍥翰林三狀元會選二十九子品彙釋評》。各書多爲節選,有眉批、夾批、尾批,集宋明名家評語甚多,以論析辭章爲主。

明歸有光蒐輯、文震孟參訂《晏子評點》:

一卷。【存】吳則虞:"又《諸子綱目》《諸子語類》皆有選録,並經明人妄自删節,不足取。"◎嚴靈峰:"節録《晏子》書中《酒諫》《辭宅婚》等十二篇文字加以圈點、眉批,篇末並附評語,多採楊慎、孫鑛、王陽明、王世貞諸家雜説。在《諸子彙函》内。"有"明天啓五年刊本、清同治間江西翻刻《諸子彙函》本、日本明治間排印删節《諸子彙函》本、民國十四年上海會文堂《評點百二十子》石印本"。◎文斌案:吳則虞《集釋》另有"歸有光評本"條目,注云"即《百二十子》本",與《諸子彙函》本並列,顯然是視爲二書,實誤。《評點百二十子》由歸有光"蒐輯"而成,其中有少量歸有光評點,更多則爲楊慎、王陽明等評點,因此,冠名"歸有光評本"未恰。

明李元珍《晏子類編》:

【存】嚴靈峰:"節録《晏子春秋》原文分類編入各目下,並加圈點旁注。在《諸子綱目類編》内。"有"明刊朱墨套印本。1973年臺灣商務印書館景印本"。

明陳仁錫《晏子選評》:

【存】嚴靈峰:"節選《晏子》原文略加評選,無所發明。在《續文苑英華》内。明刊本(香港學海書樓藏)。"

明陳仁錫《晏子奇賞》:

二卷。【存】嚴靈峰:"節録《晏子春秋·諫》上下、《問》上下、《雜》上下及《外篇》各篇文字,無注,圈點、眉批。在《諸子奇賞》内。明天啓六年蔣氏三徑齋刊本。"

明陳仁錫編《子品金函》:

四卷,每頁九行,行二十二字。【存】此據譚家健先生指點,筆者核閲。白口,無直格,四周單邊。有眉批、圈點、尾評,爲明末刻本,内有《晏子春秋》選評,選評《諫上》《諫下》十三章文字。國圖數字館已發佈,善本書號爲19292。

明李雲翔《晏子拔萃》:

【存】嚴靈峰:"節録《晏子春秋》中之《問黨》《酒諫》諸篇文字,眉批、圈點,並附李爲霖等評語。在《新鑴諸子拔萃》内。"有"明天啓七年金陵余思泉餘慶堂刊朱墨套印本"。

明淥碧居鈔本:

八卷,每頁十行,行二十字。【存】吳則虞:"存一至五卷,黎簡舊藏,後歸易培基散出,曾借校。"

明藏脩館本:

七卷。【存】王更生:"每葉九行,行二十字。'口'下有'藏脩館'三字。序文缺,又無總目。現藏國防研究院圖書館。"

明李從先本:

六卷。【未見】吳則虞《晏子春秋集釋·晏子春秋版本及箋校書目》(下簡稱《版本及箋校書目》)著録。

明楊慎評點本:

六卷,每頁九行,行二十字。【存】吳則虞:"原刻本副頁藍印。又坊本,在《合諸名家批點諸子全書》内。"◎文斌案:國圖數字館已發佈《合諸名家批點諸子全書》。前有方應祥《晏子春秋叙》《晏子春秋總評》、劉向《叙録》《晏子列傳》《晏平仲考略》,每篇前有簡目,如"病酒""弦章諫""燕賞"等,正文前無標題,文内亦不標注元刻末注。

明凌澄初本:

六卷。【存】嚴靈峰:"無注,圈點,眉評,多爲章法文采。前有劉向《叙録》《晏子列傳》《晏子春秋總評》、西吳凌澄初徹侯《識》,末附《晏子目録》。明吳興凌氏刊朱墨套印本("國立中央圖書館"藏)。"◎文斌案:國圖數字館已發佈。在《晏子春秋》諸本中,《子彙》本、凌澄初本、楊慎評點本形態最近,其最大特點是:均將《外篇重而異者》附於《内篇》相關各章,《子彙》本和凌本以雙行小字,楊本以正常排版附;楊本並將《外篇不合經術者》個別章附於《内篇》。相較而言,從篇章排列看,凌本近於《子彙》本;而從文字異同看,凌本和楊本更近。如:《諫下》第十五章"夫二子營君以邪",各本均作"二子",獨楊本、凌本作"二三子";《問上》第十七章"不因喜以加賞",獨楊本、凌本"喜"作"善";《外七》第十六章"不與亂國俱滅",獨楊本、凌本"國"作"臣";《外八》第十六章"行哭而往",獨楊本、凌本"行哭"作"不哭"。

明且且庵本:

二卷,每頁九行,行二十字。【存】吳則虞:"即《且且庵初箋十六子》本,又題曰《晏子删評》,會稽馬權奇删評,計收五十七章,無足取。"◎文斌案:國圖數字館已發佈《且且庵初箋十六子》,善本書號爲08892。前有《晏子删評題辭》,文字加以圈點,頁上有眉批,個別章後有評語。計收六十三章

（《諫上》十章、《諫下》七章、《問上》十二章、《問下》八章、《雜上》十三章、《雜下》十三章），吳氏失檢。書中個別章有刪減，如《諫上》第十二章，文至"公曰善解予惑"終。無足取。

晏子俗本刪略：

【未見】吳則虞："曲直瀬氏藏，明刻本，未見。"

日本古抄本：

三卷。【存】王更生："出《觀海堂書目》。此本封裏有附楊守敬小像。像左上角有'星吾七十歲小像'長方陽文篆刻一顆，右下角有'楊守敬印'方形陰文篆刻一顆。次錄劉向《晏子春秋序》，首行下方有'星吾海外訪得秘笈''楊守敬印''井上氏''朝田家藏書'或篆或楷藏書印章四枚。書末有'星吾東瀛訪古記''得此書費心苦後之人（有二字分辨不清）我'，上陽下陰篆刻二枚。今藏外雙溪'國立故宮博物院'。"◎吳則虞："又有吳廣霈藏本。未見。"

清馬驌《晏子》：

二卷。【存】嚴靈峰："節錄《晏子春秋》原文，並錄《左傳》《説苑》《新序》《韓詩外傳》《史記》等有關文獻，題《晏子相齊》；並雜引《韓非子》《漢書》《吕氏春秋》《列女傳》《子華子》等書以爲附注，可供研究之參考。在《繹史》七十七卷内。"有"清康熙九年刊《繹史》本、清同治七年姑蘇亦西齋刊《繹史》本、清光緒十五年刊《繹史》本、民國二十六年上海商務印書館'萬有文庫'排印《繹史》本"。

清王舟瑶《晏子春秋圈點》：

【未見】嚴靈峰："吳則虞《晏子春秋集釋》凡例著錄，在凌澄初後。按：當係清初刊本。"

清任兆麟《晏子春秋述記》：

一卷。【存】嚴靈峰："節錄《晏子春秋》重要章節加以圈點，間雙行簡注，無大發明。在《述記》内。"有"清乾隆五十二年任氏忠愍家塾遂古堂刊本、清嘉慶十五年映雪草堂刊本、清光緒十五年廖玉湘閟雲精舍刊本"。

清孫星衍本：

七卷。【存】吳則虞："經訓堂本，乾隆五十三年孫星衍刊，又道光二十五年揚州汪氏翻刻本、浙江局刻本、《四部備要》排印本。"◎嚴靈峰："據明萬曆乙酉沈啓南校本，采《初學記》《文選注》《藝文類聚》《後漢書注》《太平御覽》諸書所引加以校正，末章所缺亦予補足，是正文字。前有乾隆五十三年《自序》，並劉向《叙錄》，末附《音義》二卷。"有"清乾隆五十三年《經訓堂叢書》刊本、清光緒元年浙江書局《十子全書》覆刊《經訓堂叢書》本、清光緒十三年上海大同書局景印《經訓堂叢書》本、民國二十四年上海商務印書館《叢書集成初編》本、民國二十五年上海中華書局《四部備要》據《經訓堂叢書》排印本、1961 年臺北藝文印書館景印《經訓堂叢書》本"。◎文斌案：孫本無目録並正文前標題，各篇以《内篇諫上第一》《内篇諫下第二》等別之，文内亦不標注元刻末注。又有 1986 年上海古籍出版社影印清光緒元年據孫氏平津館本校刻《二十二子》本。

清孫星衍《晏子春秋音義》：

二卷。【存】嚴靈峰："既校正《晏子》全書，恐或疑其臆見，又據《説文》、《爾雅》、唐宋類書以及諸子爲《音義》二卷於後，明有依據。"有"清乾隆五十三年《經訓堂叢書》刊本（其他各本同前《經訓堂叢書》本）"。◎文斌案：又有宣統元年上海育文書局《子書二十八種》本（前有孫星衍序，後附孫星衍《音義》和黃以周《校勘記》）、民國二年上海育文書局石印本、民國十二年上海掃葉山房石印本、民國二十六年上海商務印書館據《經訓堂叢書》本排印《叢書集成初編》《音義》本、1985 年北京中華書局據《經訓堂叢書》本排印《叢書集成初編》《音義》本、《二十二子》本（文後附《音義》二卷、《校勘記》二卷）。

清盧文弨《晏子春秋校正》：

一卷。【存】嚴靈峰："據孫星衍校本，其中可備參酌者加以訂正，以補孫氏之不足，並以他書參訂舊本之譌錯。末附元人刻本《晏子總目》，在《群書拾補》内。"有"清乾隆五十六年盧氏《抱經堂叢書·群書拾補初編》刊本、清嘉慶九年刊《抱經堂叢書》本（蒲阪書樓藏）、民國十二年北京直隸書局景印《群書拾補》本"。◎文斌案：又有 1995 年上海古籍出版社《續修四庫全書》第 1149 册據清《抱經堂叢書》本影印《群書拾補》本。

清梁履繩《晏子春秋校本》：

【未見】吳則虞《版本及箋校書目》著録，云："見黃以周引。"

清姚文田《晏子古韻》：

【存】嚴靈峰："節録《晏子》文句之有韻者，將協韻之字加以圓圈，下注篇名或章名，依韻別類輯。在《古韻諧》内。"有"清嘉慶九年歸安姚氏刊本、清光緒二十一年重刊本"。◎文斌案：姚氏書名《古音諧》，嚴氏失檢。又有《續修四庫全書》第 246 册據清道光二十六年刻本影印《古音諧》本。

清江有誥《晏子春秋韻讀》：

一卷。【存】嚴靈峰："節録《晏子春秋·内篇·諫》上下及《外篇》有韻文字，用〇加以句讀，並注部別、讀音及叶韻。在《音學十書·先秦韻讀》内。"有"清嘉慶十九年渭南嚴氏刊《音學十書》本、清咸豐二年覆刊《音學十書》本、民國十七年上海中國書店石印《音學十書》本、1972 年臺灣廣文書局景印《音學十書》本、1973 年臺北藝文印書館景印《音學十書》本、1960 年四川人民出版社覆刊《音學十書》本"。◎文斌案：又有《續修四庫全書》第248 册據清嘉慶、道光間江氏刻本影印《音學十書》本。

影元鈔本：

八卷。【存】吴則虞："即吴鼒本之祖本，顧廣圻校並題識，鐵琴銅劍樓藏。……抄寫字體甚劣，顧氏校筆字亦潦草。""是書烏程閔氏本竄亂舊第，惟元刻本尚存舊式，《内篇》分《諫上》《諫下》《問上》《問下》《雜上》《雜下》六篇；《外篇》兩卷，一爲《重而異者》，一爲《不合經術者》。共八篇，與《漢志》合。《總目》後繫劉向序，以下每卷目後接本文，此本即全椒吴氏刊本之底稿，卷末有陽湖孫氏題記云：'影元版本鈔《晏子》，據別本改正數字，用朱筆記之。'（《鐵琴銅劍樓藏書目録》卷十）"◎文斌案：國圖數字館已發佈此本，善本書號爲 03412。每頁九行，行十八字，底本版式、文字全同元刻本。文内及頁上有顧廣圻校改文字及符號，爲吴鼒本之校付寫樣本。

清吴鼒本：

八卷，每頁九行，行十八字。【存】吴則虞："嘉慶丙子刊。又崇文局本。"◎嚴靈峰："據元刊本加以校訂，無注，唯間在章末依章次改正。前有丙子吴鼒《自序》，劉向《叙録》，末附顧廣圻《後序》。"有"清嘉慶二十一年全椒吴氏刊'韓晏合刻'本、民國十一年古書流通處《古書叢刊》景印本"。◎文斌案：吴鼒本向爲王念孫、黄以周誤作元刻本，但二者實有區别：吴鼒本版式上全同元刻本，亦以○號標注元刻末注，但其文字與元刻略有不同，爲顧廣圻改正元刻明顯的誤、衍、脱字和錯誤語序而成，如：《諫上》第八章"鞭馬而出"，元刻本誤作"鞭而馬出"；《諫下》第三章"吏請殺其人收其金玉"，元刻本誤"金玉"作"人下"；《外八》第十八章，元刻本標題"弦章"誤作"强章"，顧廣圻均予以訂正。元刻本作"玄"之字，顧廣圻均改作"元"，並外加○號以示爲避清諱改，如《諫下》第二十章"玄冠"，顧廣圻即改作"元冠"。尤其是《外八》第十八章，元刻本在"公曰章"後標注"缺"，書至此終。吴鼒本則同明活字本，據《太平御覽》九百三十五增入一段文字，使文章内容完整。又有清光緒元年湖北崇文書局《子書百家》本、民國八年上海掃葉山房石印《百子全書》本。

清洪頤煊《讀晏子春秋叢録》：

一卷。【存】嚴靈峰："札記。取《晏子》'内''外'篇中重要文字二十六條，引《説文》、《玉篇》、諸子及各家説考訂文義。在《讀書叢録》内。"有"清道光二年富文齋刊本、清光緒間重刊本"。◎文斌案：洪氏《讀書叢録》共考訂文義二十五條,嚴氏失檢。又有《續修四庫全書》第 1157 册據清道光二年富文齋刻本影印《讀書叢録》本。

清王念孫《讀晏子春秋雜志》:

二卷。【存】嚴靈峰:"札記。取《晏子》書中重要文句,采諸子及各家説校正文義,間附雙行夾注。在《讀書雜志》内。"有"清道光十二年刊《讀書雜志》本、清同治九年金陵書局重刊《讀書雜志》本、民國十三年上海掃葉山房石印本、民國十四年羅振玉排印本、民國十九年上海商務印書館'萬有文庫'第一集排印本、民國二十四年上海商務印書館《國學基本叢書》排印本、1963 年臺灣廣文書局景印《讀書雜志》本、1972 年臺灣樂天出版社景印《讀書雜志》本"。◎文斌案:又有 1985 年江蘇古籍出版社《讀書雜志》排印本、《續修四庫全書》第 1153 册據清道光十二年刻本影印《讀書雜志》本。

清《指海》本:

七卷。【存】吳則虞:"道光二十三年錢熙祚校刻,在《指海》十七集,合《外篇》爲一卷,故爲七卷。前冠《四庫全書晏子春秋提要》。又景印本。此本多據高郵王氏之説改字。"◎嚴靈峰:"《叢書綜目》著録。略引類書等校訂《晏子春秋》文字,在《指海》内。"有"清道光二十二年金山錢氏刊《指海》本、民國二十四年上海大東書局景印《指海》本"。◎文斌案:又有國圖數字館發佈錢氏守山閣清道光十六至二十年刻本,善本書號:A02866。

清蘇時學《晏子春秋校訂》:

【存】嚴靈峰:"未見,《販書偶記》著録。清同治間刊本。"◎文斌案:札記。取孫星衍《音義》"未盡者"爲之注,共校正文字、考訂文義 115 條,在《爻山筆話》第十四卷内(載 1998 年北京出版社《四庫未收書輯刊》第七輯第 11 册)。

清俞樾《晏子春秋平議》:

一卷。【存】嚴靈峰:"札記。取《晏子》書中重要文句,引《説文》、類書及諸子與各家説校正文字、文義。在《諸子平議》内。"有"清同治九年《春在堂叢書》刊本、清光緒七年重定刊本、清光緒十五年刊《俞氏叢書》本、清光緒二十五年刊《春在堂全書》本、民國十一年雙流李氏念劬堂刊本、1965 年臺灣中華文獻出版社景印《春在堂全書》本、1968 年臺灣中華文獻出版社景印本"。◎文斌案:又有 1988 年上海書店《諸子平議》排印本、《續修四庫全書》第 1161 册據清光緒二十五年刻《春在堂全書》本影印《諸子平議》本。

清鈕惕生《晏子春秋校本》:

【未見】吳則虞《版本及箋校書目》著録,注云:"見黃以周序,未見。"

清黄以周《晏子春秋校勘記》：

二卷。【存】嚴靈峰："據吳勉學、盧文弨《拾補》諸本，參校孫星衍刻本，又以凌澄初本，梁履繩、孫志祖二校本佐之，並采王念孫、洪頤煊、俞樾諸家説加以校勘其文字之異同。有見於孫氏《音義》者略之。前有光緒二年《自識》。"有"清光緒二年浙江書局刊《二十二子》本"。◎文斌案：又有宣統元年上海育文書局《子書二十八種》本，前有孫星衍序，後附孫星衍《音義》和黄以周《校勘記》；1986 年上海古籍出版社《二十二子》本。

清戴望《晏子春秋校本》：

【未見】吳則虞《版本及箋校書目》著録，注云："見劉師培引。"

清葉昌熾《晏子春秋校本》：

八卷。【存】吳則虞："潘景鄭藏，借校。"◎嚴靈峰："《著硯樓書跋》著録，以吳蕭景元刊爲底本與拜經樓所藏明刊本重校。凡元本異者，並注於旁，擇其佳處，加'〇'以別之。至於點畫之差，則不悉著。清光緒二年手校本。"

清吳汝綸《晏子春秋評點本》：

【未見】吳則虞《版本及箋校書目》著録，注云："見《桐城吳先生年譜》，未刻。"◎嚴靈峰："未見。疑即《點勘諸子》之一種，手稿本。"

清孫詒讓《晏子春秋札迻》：

一卷。【存】嚴靈峰："據吳蕭景印元刊本、盧文弨《群書拾補》、孫星衍《音義》、黄以周校勘本、王念孫、俞樾説校正文字文義。在《札迻》內。"有"清光緒二十年《札迻》原刊本、清光緒二十一年《札迻》修正重刊本、清光緒二十八年刊《孫詒讓叢書》本、民國(?)上海千頃堂書局石印《札迻》本、1960 年臺灣藝文印書館景印《札迻》本、1961 年臺灣世界書局《讀書劄記叢刊》第一集景印《札迻》本"。◎文斌案：又有 1989 年中華書局排印《札迻》本、《續修四庫全書》第 1164 冊據清光緒二十年籀廎刻、二十一年正修本影印《札迻》本。共校正文字、考訂文義 16 條。

清李寶洤《晏子春秋文粹》：

二卷。【存】嚴靈峰："節録《晏子春秋·內篇諫》上下、《問》上下、《雜》上下及《外篇》重要文字，有删無改，有節無移，並加以斷句，無注。在《諸子文粹》內。"有"清光緒二十三年稿本、民國六年上海商務印書館排印本"。

清文廷式《晏子春秋枝語》：

【存】嚴靈峰："札記，三十八條。録取各篇重要文句，並劉向《叙録》校訂文字。在《純常子枝語》內。手稿本。"有"1969 年臺北大華印書館改題《讀書札記》景印本"。◎文斌案：文廷式共校正文字、考訂文義四十二條，嚴氏失檢。又有《續修四庫全書》第1165冊據民國三十二年刻本影印《純常子枝語》本。

清于鬯《晏子春秋校書》：

一卷。【存】嚴靈峰："札記。取《晏子》書中《諫》上下、《問》上下、《雜》上下及《外篇》重要文句，引諸子、類書與各家説加以校訂。在《香草續校書》内。"◎文斌案：有中華書局1963年第1版、2013年第2版《香草續校書》排印本。

清陶鴻慶《讀晏子春秋札記》：

一卷。【存】嚴靈峰："札記。據浙江書局校刻孫氏平津館本《晏子春秋》，舉《諫》上下、《問》上下、《雜》上下及《外篇》文句，引各家説，校正文義。在《讀諸子札記》内。"有"1962年臺灣世界書局景印《讀諸子札記》本、1972年臺灣藝文印書館景印《讀諸子札記》本"。◎文斌案：載1937年2月《制言半月刊》第35期。又有1959年上海中華書局《讀諸子札記》排印本、1998年浙江人民出版社《陶鴻慶學術論著·讀諸子札記》排印本。

清王仁俊《晏子佚文》：

【存】在《經籍佚文》内，僅收"齊侯見孟子于雪宫"一條，引自《元和郡縣圖志》。但王氏引文有誤，《元和郡縣圖志·河南道六·臨淄縣》原作"齊侯見晏子於雪宫"。有《續修四庫全書》第1211冊據稿本影印《經籍佚文》本。

清蘇輿《晏子春秋集注本》：

七卷。【存】嚴靈峰："以孫星衍刻本爲藍本，集録孫氏及盧文弨、王念孫、俞樾、顧千里、洪頤煊諸家之説作注，並校正文字。諸家論説全録入注，唯誼偶同者則略删汰，擇善而從，名爲校本，實係'集注'。前有光緒十八年《自序》《例略》、劉向《叙録》、孫星衍原序。清光緒十八年思賢講舍刊本。"

劉師培《晏子春秋斠補定本》：

【存】主要是一部"校勘記"，以孫星衍本、吳鼒本爲主，旁考唐、宋類書兼及明刻各本，凡諸書與互同者，互相勘正，疑義奥詞間加發正。但此《斠補定本》並非《晏子》全本之校勘，僅校劉向《叙録》和《内篇·諫》上下、《問》上下四篇文字，故從文本角度説並不完整。有民國二十五年甯武南氏排印《劉申叔遺書》本、1965年臺灣大新書局影印《劉申叔遺書》本、1997年江蘇古籍出版社據甯武南氏1934年校印本影印《劉申叔遺書》本。

劉師培《晏子春秋校補》：

【存】在《斠補定本》基礎上擴展而成。將前著設爲"卷上"部分，另校

《内篇·雜》上下和《外篇》第七、第八爲"卷下"部分,使内容完整。前有《自序》,末附《逸文輯補》和《黄之寀本校記》(此《校記》亦非新著,乃是將《斠補定本》中黄之寀本的校勘内容獨立出來)。版本同《斠補定本》。

劉師培《晏子春秋補釋》:

【存】與作者前二著不同:重點不在"校",而在"釋"。以浙江書局本爲底本,取孫星衍《音義》及黄以周《校勘記》所未釋者略爲補苴。前有《小序》,末附《篇目考》。版本同《斠補定本》。

張之純《晏子菁華録》:

一卷。【存】嚴靈峰:"節録《晏子·内篇·諫》上下、《問》上下、《雜》上下及《外篇》上下八篇文字,雙行簡注,並加圈點眉評。在《評注諸子菁華録》内。"有"民國七年上海商務印書館排印本、民國十一年上海商務印書館十一版排印本、1970 年臺灣宏業印書局改題《諸子菁華録十八種》景印本"。

支偉成《標點注解晏子春秋》:

【存】采孫星衍平津館本正文而不録孫序和劉向《序録》。正文以新式標點標注,並以小字雙行形式于文内注解。書後附《晏子春秋之研究》,内含《晏子略傳》《晏子春秋考證》《晏子之政治哲學》《晏子之人生哲學》《參考書舉要》等内容。有民國十二年上海泰東圖書局排印本。

莊適《晏子春秋選注》:

一卷。【存】嚴靈峰:"精選《晏子》書中重要章節予以注釋,刊載每段之末,用數字標出,以便尋檢。罕見之文字,均注音切並附注音字母,全部採用標點符號。前有民國十五年《序例》。"有"民國十五年上海商務印書館《學生國學叢書》排印本"。

張純一《晏子春秋校注》:

八卷。【存】嚴靈峰:"以元刊本爲主,輔以孫星衍校本,並採盧文弨、王念孫父子、洪頤煊、俞樾、黄以周、孫詒讓、劉師培、蘇輿諸家之説,並附己意。前有民國十九年《自序》《凡例》、劉向《總目》及民國二十四年陳敦復《題辭》。"有"民國二十四年上海世界書局《諸子集成》排印本"。◎文斌案:張氏誤吳勉本爲元刻本,其《校注》所據底本實吳勉本也。又有 1954 年中華書局改正重印《諸子集成》本、1956 年中華書局再印改正《諸子集成》本、1959年中華書局又印改正《諸子集成》本、2017 年中華書局"中華國學文庫"《晏子春秋校注》本。

陳益《新式標點晏子春秋》:

【存】據孫星衍平津館本加以新式標點,每篇正文後附孫星衍《音義》。書前依次列孫星衍原序、該書《新序》《新式標點説明表》和劉向《序録》。有民國十五年上海掃葉山房石印本、1975 年臺北新文豐出版公司影印本。

王新湛《晏子春秋集解》：

【存】據孫星衍平津館本，以“〇”號斷句。前有孫星衍《序》和劉向《叙錄》，正文後附黃以周《校勘》和孫星衍《音義》。封面題：“王新湛校閲。”有民國二十五年上海廣益書局排印本、1974 年臺灣正文書局影印本。

張心澂《晏子書考》：

【存】嚴靈峰：“輯録歷代各家對《晏子春秋》一書論述，斷定此書非晏嬰自撰。在《僞書通考》内。”有“民國二十八年上海商務印書館排印《僞書通考》本、1954 年上海商務印書館《僞書通考》再版排印本、1961 年上海商務印書館《僞書通考》修改橫排本、1970 年臺灣商務印書館臺一版景印本、1970 年臺灣明倫出版社景印本、1972 年臺灣宏業書局景印本、1972 年臺灣西南書局景印本、1973 年臺灣鼎文書局景印本”。

于省吾《晏子春秋新證》：

二卷。【存】嚴靈峰：“札記。取《晏子》書中《諫》上下、《問》上下、《雜》上下及《外篇》重要文句，校訂文義，並引孫星衍、盧文弨、王念孫、俞樾各家説以爲印證，在《諸子新證》内。”有“民國二十八年《雙劍誃諸子新證》排印本、1959 年臺灣藝文印書館景印本”。◎文斌案：又有 1962 年中華書局《雙劍誃諸子新證》排印本、1999 年上海書店《雙劍誃群經新證　雙劍誃諸子新證》影印本、2009 年中華書局《雙劍誃諸子新證》排印本。

金其源《晏子春秋管見》：

【存】嚴靈峰：“札記。僅七條，考校文字文義。在《讀書管見》内。”有“1948 年上海商務印書館排印本、1959 年臺灣世界書局改題《諸子管見》排印本”。◎文斌案：《讀書管見》考校《晏子春秋》共六條，嚴氏失檢。又有 1957 年上海商務印書館排印本。

楊樹達《晏子春秋札記》：

【存】嚴靈峰：“只校《晏子·問篇上》一則，在《積微居讀書記》内。”有“1962 年北京中華書局排印本、1971 年臺北大通書局景印本”。

王叔岷《晏子春秋斠證》：

一卷。【存】嚴靈峰：“據吳勉景元刊本，輔以《子彙》本、明活字本、日本翻刻黃之寀諸本，並檢驗古注類書，參證孫星衍、盧文弨、王念孫、洪頤煊、黃以周、孫詒讓、俞樾、蘇輿、劉師培、張純一、于省吾諸家説而成。前有 1955 年《小記》，1956 年十二月載於《‘中央研究院’歷史語言研究所集刊》第二十八本内，並收入《諸子斠證》内。”有“1963 年臺灣世界書局《諸子斠證》橫行排印本”。

吳則虞《晏子春秋集釋》：

【存】正文沿用湖南思賢書局蘇輿校本，間有文字校改。斷句參用楊慎本、凌澄初本及王舟瑤圈點本。博采前人之説，間附己見，充分體現"集釋"特點。前有作者《序言》《凡例》《晏子春秋版本及箋校書目》《劉向叙錄》，末附《晏子春秋佚文》《晏子集語》《晏子事跡》《有關晏子學説學派討論》《有關晏子春秋考辨》《晏子春秋重言重意篇目表》六種附錄，研究資料豐富。有 1962 年中華書局排印本、1972 年臺北鼎文書局影印本、1977 年臺北鼎文書局影印本。

鄒太華《晏子逸箋》：

八卷。【存】嚴靈峰："《晏子》全書。以張純一校注本爲底本，並採孫星衍、蘇輿、劉師培等各家説，在每句下加以輯注，每節標題下並引歷代典籍有關文字予以解説。前有民國辛亥年《自叙》。"有"1973 年臺灣中華書局排印本"。

王淑玫《晏子春秋假借字集證》：

【存】臺灣文史哲出版社 1974 年初版。

王更生《晏子春秋研究》：

【存】全書分《緒論》《晏子傳略及其年表》《晏子春秋考辨》《晏子所屬學派論》《晏子思想之探究》《晏子春秋之文辭》六章。所據文本以張純一校注本爲準，同時參校明活字本與清經訓堂本。前有"序例"，末附參考書目。發表於臺灣師大《國文研究所集刊》第十一期。有 1966 年抽印本、1976 年臺灣文史哲出版社排印本。

陳瑞庚《晏子春秋考辨》：

【存】全書分《釋名》《論晏子春秋不宜入墨家》《論晏子春秋不宜入儒家》《論晏子春秋不宜改子入史》《論晏子春秋非晏子自著》《晏嬰事跡年表》《晏子春秋所載不可盡信的事跡》《晏子春秋內容之來源及分析》八章，最精華者在第七章和第八章，共考證出《晏子春秋》"不可盡信"的記載四十三則及其材料襲用多書的情況。前有序言，末附引用書目。有臺灣長安出版社1980 年排印本。

鄔霄鳴《晏子春秋選譯注》：

【存】1986 年貴州人民出版社出版。

郗政民《晏子春秋選注》：

【存】1986 年陝西人民出版社出版。

王更生《晏子春秋今注今譯》：

【存】正文以吳則虞《晏子春秋集釋》爲藍本，注釋參考孫星衍《音義》、張純一《校注》和鄒太華《逸箋》等前人意見。每章首述章旨，次注原文，譯文以直譯爲主。正文前有序文、《劉向晏子叙錄注譯》、《晏子傳略》、《晏子春秋真僞考》、《晏子所屬學派論》，末附《晏子年表》《晏子春秋現存板本知見錄》《晏子春秋箋校書目輯要》。有 1987 年、2011 年臺灣商務印書館初版和二版本。

駢宇騫《"銀雀山漢墓竹簡"晏子春秋校釋》：

【存】據 1972 年山東臨沂銀雀山一號漢墓出土簡本《晏子》與《四部叢刊》影印明活字本詳加校勘，並參校其他有關文獻著成。前有作者《序言》，後附《銀雀山竹簡本〈晏子〉原文》《〈晏子春秋〉史志著錄》《〈晏子春秋〉真僞考辨及成書年代》三篇文章。有 1988 年書目文獻出版社本和 2000 年臺北萬卷樓圖書有限公司本。

王連生、薛安勤《晏子春秋譯注》：

【存】1989 年遼寧教育出版社出版。

孫彦林、周民、苗若素《晏子春秋譯注》：

【存】1991 年齊魯書社出版。

王寧主編《評析本白話晏子春秋·慎子·尹文子》：

【存】1992 年北京廣播學院出版社出版。

徐樹梓主編《晏子研究》：

【存】1992 年社會科學文獻出版社出版，是一部關於晏嬰和《晏子春秋》研究的論文集，共收論文 23 篇。

劉殿爵、陳方正編輯《晏子春秋逐字索引》：

【存】1993 年商務印書館(香港)有限公司出版，是一部專門針對《晏子春秋》查檢的工具書。内列《漢語拼音檢字表》《威妥碼——漢語拼音對照表》《筆畫檢字表》《通用字表》《徵引書目》《誤字改正説明表》《增字、删字改正説明表》《訛體改正説明表》《晏子春秋原文》《逐字索引》《附錄：全書用字頻數表》内容。

李萬壽《晏子春秋全譯》：

【存】1993 年貴州人民出版社出版。

王世徵、譚寶善《晏子春秋選譯》：

【存】1994 年人民文學出版社出版。

江灝《白話晏子春秋》：

【存】1994 年嶽麓書社出版。

藍錫麟《晏子春秋選》：

【存】1994 年巴蜀書社出版。

劉如瑛《諸子箋校商補》：

【存】1995 年山東教育出版社出版，共箋校《晏子春秋》文字、文義 54 條。

張清華、方亞平主編《文白對照二十二子：晏子春秋》：

【存】1996 年安徽文藝出版社出版。

殷義祥《晏子春秋譯注》：

【存】1996 年吉林文史出版社出版。

陳濤《晏子春秋譯注》：

【存】1996 年天津古籍出版社出版。

徐兆仁主編《中國韜略大典·晏子春秋》：

【存】1997 年中國國際廣播出版社出版。

趙蔚芝《晏子春秋注解》：

【存】1997 年齊魯書社出版。

白林鵬《白話晏子春秋》：

【存】1997 年三秦出版社出版。

過亦林《折衝尊俎——晏子謀略縱橫》：

【存】選取《晏子春秋》中體現晏子謀略的言論或故事 53 則，按“治國篇”“用人篇”“處世篇”“外交、言辭篇”四部分排列。其行文，先列原文，次翻譯，最後引歷史或現實事例論證。有藍天出版社 1997 年本和臺灣正展出版公司 1999 年本。

陶梅生《新譯晏子春秋》：

【存】前設《導讀》，內分“晏子的治國措施”“晏子的思想體系”“晏子的勸諫和説話藝術”“《晏子春秋》的作者及文學價值”四部分內容。正文按“題解”“原文”“注釋”“語譯”體例排列。有 1998 年臺灣三民書局股份有限公司排印本。

周蘇平、雒有倉注譯《晏子春秋》：

【存】1998 年甘肅民族出版社出版。

王振民主編《晏子研究文集》：

【存】1998 年齊魯書社出版，是一部關於晏嬰和《晏子春秋》研究而以晏子思想研究爲主的論文集。內收論文 32 篇，但其中《東周齊國彩繪陶初探》並非關於晏嬰和《晏子春秋》研究的論文。

廖名春、鄒新民校點《晏子春秋》：

【存】1998 年遼寧教育出版社出版。

陳濤、劉桂枝譯《晏子春秋》：

【存】1999 年三秦出版社出版。

王更生《新編晏子春秋》：

【存】2001 年臺灣古籍出版有限公司初版。前有"凡例""自序"。正文分"導論""校注與語譯"和"附錄"三部分。"導論"包括《晏子傳略》《〈晏子春秋〉的内容》兩部分。"附錄"分《餘論：後世學者對〈晏子春秋〉的評價》《銀雀山漢墓竹簡本〈晏子〉》《晏子年表》《研究〈晏子春秋〉主要參考資料》四部分。校勘以《四部叢刊》本爲祖本，並以吳則虞《集釋》和駢宇騫《校釋》作對校依據，同時博采前人成説。

王思平注釋《晏子春秋》：

【存】2002 年華夏出版社出版。

關立勳《晏子名言譯評》：

【存】2002 年華文出版社出版。

黃平之選注《晏子春秋》：

【存】2002 年新疆青少年出版社出版。

石磊《晏子春秋譯注》：

【存】2003 年黑龍江人民出版社出版。

邵先鋒《晏子思想研究》：

【存】2004 年當代中國出版社出版，封面題頭標注"山東省哲學社會科學'十五'規劃重點研究項目"。書分十章，分別爲：《晏子與〈晏子春秋〉》《晏子仕齊時的國内外形勢》《晏子的治國思想》《晏子的哲學思想》《晏子的用人思想》《晏子的經濟思想》《晏子的軍事思想》《晏子的教育思想》《晏子的外交思想》《晏子的諫辯藝術》。後附《晏子從政年表》《銀雀山漢墓出土竹簡〈晏子〉原文》《晏子及〈晏子春秋〉研究論著目録(1901—2000)》。

王其俊《晏嬰與〈晏子春秋〉》：

【存】2004 年山東文藝出版社出版。重點在介紹晏嬰其人，以七章介紹晏嬰生平、思想、政績，而以一章介紹《晏子春秋》。

姚振武《〈晏子春秋〉詞類研究》：

【存】2005 年河南大學出版社出版。依次論述《晏子春秋》"名詞系統""稱代系統""動詞系統""助動詞系統""形容詞系統""副詞系統""介詞系統""連詞系統""助詞系統""語氣詞系統""詞綴"，是一部關於《晏子春秋》詞類的系統研究著作。

盧守助《晏子春秋譯注》：

【存】2006 年上海古籍出版社出版。

陳濤譯注《晏子春秋》：

【存】2007 年中華書局出版，爲作者在 1996 年天津古籍版《晏子春秋譯注》基礎上修訂而成。

邵先鋒《〈管子〉與〈晏子春秋〉治國思想比較研究》：

【存】2008 年齊魯書社出版，封面題頭標注"山東省社會科學規劃研究項目文叢"。書分七章：《管仲與〈管子〉》《管仲仕齊時的國内外形勢》《〈管子〉的治國思想》《晏嬰與〈晏子春秋〉》《晏嬰仕齊時的國内外形勢》《〈晏子春秋〉的治國思想》《〈管子〉與〈晏子春秋〉治國思想之比較》。

唐德正《晏子春秋詞彙研究》：

【存】2008 年中州古籍出版社出版。書分六章：《緒論》《〈晏子春秋〉的詞彙構成》《銀雀山漢簡本與傳世本〈晏子〉詞彙的比較研究》《〈晏子春秋〉的複音詞研究》《〈晏子春秋〉的同義詞研究》《〈晏子春秋〉的反義詞研究》。

張景賢注譯《晏子春秋》：

【存】2010 年中州古籍出版社出版。

徐文翔導讀注譯《晏子春秋》：

【存】2010 年嶽麓書社出版。

郭慶林《〈晏子春秋〉語用研究》：

【存】2011 年安徽大學出版社出版。書分九章：《緒論》《〈晏子春秋〉複音詞研究》《〈晏子春秋〉詞義研究》《〈晏子春秋〉多義詞研究》《〈晏子春秋〉詞的兼類與活用研究》《〈晏子春秋〉同義詞研究》《〈晏子春秋〉反義詞研究》《〈晏子春秋〉熟語及方言研究》《〈晏子春秋〉古今字、假借字、異體字研究》。

湯化譯注《晏子春秋》：

【存】2011 年中華書局出版。

吳則虞編著，吳受琚、俞震校補《晏子春秋集釋》（增訂本）：

【存】2011 年國家圖書館出版社出版。該書在吳則虞《集釋》基礎上，新增徐仁甫校釋百餘條。

徐仁甫《諸子辨正》：

【存】2014 年中華書局出版，共校正《晏子春秋》文字、文義 144 條。

劉文斌《〈晏子春秋〉研究史》：

【存】2015 年人民文學出版社出版，是《晏子春秋》研究領域首部"研究史"，國家社科基金後期資助項目成果。作者在詳盡佔有材料的基礎上，對自漢代劉向以來中國兩千年《晏子春秋》研究的歷程、成就和學術啓示做出盡可能科學、中肯的評價，從而爲今天的《晏子春秋》研究提供比較清晰的發展脈絡、豐富翔實的研究資料和一定的學術啓示。書分六章：《清代以前的〈晏子春秋〉研究》《清代的〈晏子春秋〉研究》《民國時期的〈晏子春秋〉研究》《1949 至 1976 年的〈晏子春秋〉研究》《1976 至 2010 年的〈晏子春秋〉研究》《臺、港地區的〈晏子春秋〉研究》。前有《引言:〈晏子春秋〉的研究價值和本書的寫作目的》,後有《餘論:〈晏子春秋〉研究的成就與反思》。書末有三附録:《〈晏子春秋〉版本及箋校、研究書目》《〈晏子春秋〉研究論文索引》《〈晏子春秋〉研究資料選編》。

李新城、陳婷珠《晏子春秋譯注》:

【存】2015 年北京聯合出版公司出版。

馬光磊譯注《晏子春秋》:

【存】2016 年江西教育出版社出版。

王玉喜著《晏子春秋品讀》:

【存】2016 年山東大學出版社出版。

唐子恒點校"子海精華編"《晏子春秋》:

【存】2017 年鳳凰出版社出版,屬於國家社科基金重大委托項目"《子海》整理與研究"成果、山東省社科規劃重大委托項目成果。

臨淄區齊文化研究中心編《晏子春秋通譯》:

【存】2019 年齊魯書社出版。

徐文翔導讀注譯《晏子春秋》:

【存】2019 年岳麓書社出版。

袁青著《〈晏子春秋〉研究》:

【存】2021 年巴蜀書社出版。書分四章:《晏子與〈晏子春秋〉》《〈晏子春秋〉相關出土文獻研究》《〈晏子春秋〉的治國思想研究》《〈晏子春秋〉的哲學思想研究》。

賈海鵬著《〈晏子春秋〉思想論析》:

【存】2023 年河南人民出版社出版。書分五章:《晏嬰其人、其事、其書》《〈晏子春秋〉的政治思想》《〈晏子春秋〉的經濟、外交和軍事思想》《〈晏子春秋〉的哲學思想》《〈晏子春秋〉各種思想的關係及淵源》。

二、日本書目

荻生雙松《晏子考》:

【未見】嚴靈峰:"《著述集覽》著録。著作年代:一七二八年。"

平野玄沖《晏子春秋校》:

六卷。【未見】嚴靈峰:"《著述集覽》著録。著作年代:一七三二年。"

片山世璠《晏子一適》:

一卷。【未見】嚴靈峰:"《著述集覽》著録。著作年代:一七八二年。"

雨森積齋《晏子春秋采考》：

【未見】吳則虞《版本及箋校書目》著録。嚴靈峰暫定著作年代爲一七九八年。

豬飼彥博《晏子春秋管窺》：

一卷。【未見】嚴靈峰：“《静嘉堂文庫漢籍分類書目（續）》著録，手稿本。著作年代：一七九八年。”

豬飼彥博《晏子補注》：

二卷。【未見】嚴靈峰：“《著述集覽》著録。著作年代：一七九八年。”

伊藤馨《晏子春秋詳注》：

一卷。【未見】嚴靈峰：“《目録大成》著録。著作年代：一八〇六年。”

伊藤馨《晏子春秋證注》：

七卷。【存】嚴靈峰：“漢文著述，全書七篇，雙行夾注，間取《荀子》《孫子》《左傳》各家説。前有文久紀元《上晏子春秋證注牋》，劉向《叙録》稱《晏子春秋序》，《凡例》，並附湯淺幸孫《解説》。昭和四十八年五月東京圖書刊行會影印本。”

關嘉《晏子春秋纂注》：

【存】吳則虞《版本及箋校書目》著録。嚴靈峰定其著作年代爲一八〇六年。

武井驥《晏子春秋纂注》：

【未見】嚴靈峰：“日本文政六年京都植村藤右衛門《長沼府藏板書目》著録，並注：‘嗣出。’著作年代：一八二四年。”

冢田虎《晏子牋注》：

四卷。【未見】嚴靈峰：“《著述集覽》著録。著作年代：一八三二年。”

大關惟孝《晏子春秋集解》：

【未見】吳則虞《版本及箋校書目》著録。嚴靈峰定其著作年代爲一八三二年。

大關惟孝《晏子春秋音義校》：

二卷。【存】嚴靈峰：“日本《東方文化研究所漢籍分類目録》著録，校孫星衍《音義》，題‘清孫星衍撰，日本大關惟孝校’。前有壬辰江户朝川鼎《音義序》，癸巳秋田大窪行書。著作年代：一八三二年（天保三年）。”有“天保三年琢堂刊本（“國立故宮博物院”藏）”。

蒲坂圓《晏子孫音補正》：

【未見】嚴靈峰：“《著述集覽》著録。著作年代：一八三四年。”

宮本鉉《晏子春秋特達》：

【未見】嚴靈峰：“《目録大成》著録。著作年代：一八三八年。”

谷立惠《晏子春秋全書注》:

四卷。【未見】嚴靈峰:"《著述集覽》著録。著作年代:一八四三年。"

諸葛晃《晏子春秋校注》:

八卷。【未見】嚴靈峰:"《慶長以來諸家著述目録》著録。著作年代:一八四七年。"

西島長孫《晏子春秋考》:

一卷。【存】嚴靈峰:"録《晏子春秋·諫》上下、《問》上下、《雜》上下各篇重要文句,引盧文弨、孫星衍、桃源藏諸家説,並古代典籍《群書治要》《太平御覽》等類書及元刊本等校訂文字文義,並附己見。在《續日本儒林叢書》内。著作年代:一八六二年。有昭和六年東洋圖書刊行會排印本。"

西島長孫《讀晏子春秋叢鈔》:

【未見】嚴靈峰:"《著述集覽》著録。著作年代:一八六二年。"

赤井繩《晏子略解》:

三卷。【未見】嚴靈峰:"《著述集覽》著録。著作年代:一八六二年。"

鈴木弘《晏子正誤》:

【未見】嚴靈峰:"《著述集覽》著録。著作年代:一八七〇年。"◎文斌按:嚴靈峰録書名爲"誤正",並注"疑當作'正誤'",吳則虞《版本及箋校書目》録爲"正誤",疑《著述集覽》誤。

岡本保孝《晏子春秋考》:

二卷。【未見】嚴靈峰:"《著述集覽》著録。著作年代:一八七八年。"

岡本保孝《晏子春秋音義補正》:

一卷。【未見】嚴靈峰:"《著述集覽》著録,僅十二章,在《況齋叢書》内。按:吳則虞誤作'明刻本'。著作年代:一八七八年。"

小柳司氣太《校訂眉評晏子春秋》:

【存】嚴靈峰:"日文著述,以《經訓堂叢書》本《晏子春秋》爲底本,參考孫星衍、黃以周、盧文弨、王念孫、俞樾、蘇輿、孫詒讓、劉師培,日本伊藤馨、大關惟孝諸家説加以眉欄批校。前有小柳司氣太'例言''解題',末附劉向《晏子春秋叙録》及乾隆五十三年孫星衍、顧廣圻二《序》。收入《漢文大系》内。著作年代:一九一三年(大正四年)。有大正四年東京富山房排印本。"嚴氏《補遺》又云:"在《漢文大系》第二十一卷内。""有昭和五十二年東京富山房新版排印本、1978年臺北新文豐出版社景印本。"

藤田豐八《國譯晏子春秋》:

【存】日文譯注並附原文,在《國譯漢文大成》之《晏子·賈誼新書·公孫龍子》内。國民文庫大正十三年出版,底本採用孫星衍《經訓堂叢書》本和黄以周《二十二子》校本（余同窗周學業在日本搜集提供）。嚴靈峰未見原書，僅據《著述集覽》和昭和二十八年八月《琳琅閣古書目録》著録作者爲"藤澤豐八"，實誤。有大正十三年國民文庫刊行會排印本和東洋文化協會1956年排印本。

山田琢《晏子春秋》：

一卷。【存】嚴靈峰："日文著述，録《晏子》之《諫》上下、《問》上下、《雜》上下各篇，另加標題。上欄日文譯文，下欄漢文原文，並加日文假名標題。分段，末附字義簡注，並附解説。以張純一校注本爲底本，參考孫星衍及各家説校訂文字及譌誤。前有《解説》，末附昭和四十四年《跋語》。收入《中國古典新書》。著作年代：一九六九年（昭和四四年）。"有"昭和四十四年東京明德出版社排印本"。

安井衡纂詁、小柳司氣太校訂《管子纂詁　晏子春秋》：

【存】1978年新文豐出版公司出版。

渡边五郎三郎《わが補佐道——晏子春秋私解》：

【存】福島雄山會1979年出版。

宮城谷昌光《晏子》：

【存】臺灣實學社1996年初版。

谷中信一《晏子春秋》：

【存】日文著述，底本採用吳則虞《集釋》，同時參以張純一《校注》進行校釋。平成十二年（2000）明治書院出版。中國國家圖書館日本出版物文庫閱覽室有藏。

三、其他書目

英譯本《晏子春秋》：

［英］米歐敏譯《晏子春秋》，博睿出版社2016年。

［以色列］歐永福導言、注釋、翻譯《晏子春秋》，中國人民大學出版社2018年，屬於《大中華文庫漢英對照》叢書系列。

法譯本：

1929G Margoulies, Le Fou´de Yen-Tseu, de G. Margoulies Toung Pao (Leyden), 26(1929)：pp.25－42.

德譯本：

1922A Forke, Yen Yin, Stautsmann and Philosoph, und das Yen-tse tr. by A. Forke, Asia Major, Introductory Volume：1922.

附録二：銀雀山漢墓竹簡《晏子》原文①

一

●景公飲酒［□］，三日而后發。晏子見曰："君病酒乎？"公曰："然。□三日而后發。"晏子合曰："古之飲酒也，足以道□合好而已矣。故男不群樂以［□］事，女不群樂□……觴五獻，過者死。君身服之，故上无怨治，下［□□□□］一日飲酒，三日帑之，國治怨□外，左右亂乎内。以刑罰自妨者，勸乎爲非；以賞譽自勸者，隋乎爲善。上離德……"（《内篇諫上》第三章）

二

●翟王子羊臣於景公，以重駕，公弗説。嬰子欲觀之，公曰："及晏子帑病也。"居図中臺上以觀之，嬰子説之，因爲請，公許之。晏子見，公曰："翟王子羊之駕也，寡人甚説之。吾欲禄之以萬，其足乎？"晏子進合曰："公言過矣。昔衛士東圣之駕也……□□羊之駕也，公弗説，嬰子説之，公因説……□□□君子所□。今夫駕六駕八，固非先王之制也，今有重之，此其……城之務……善遂……"（《内篇諫上》第九章）

三

●景公之□……□公曰：異弋□□……令所堵於□……毋言其名。出氣事者兼月，脊者□歲。子曰："晏子能明其所欲，景公能行其所善。"（《内篇諫上》第二十章）

---

① 本竹簡原文以銀雀山漢墓竹簡整理小組編《銀雀山漢墓竹簡〔壹〕》（下簡稱《銀簡》，文物出版社，1985 年 9 月版）爲底本，參校吳九龍《銀雀山漢簡釋文》（下簡稱《銀文》，文物出版社，1985 年 12 月版）和駢宇騫《"銀雀山漢墓竹簡"晏子春秋校釋》（下簡稱《校釋》，書目文獻出版社，1988 年 4 月版）而成。

四

• 景公將伐宋,師過大山,公吾薨有二丈夫立而怒……狀①,志其聲。公恐,覺,痛碩,辟門召占薨者曰:"今昔吾薨二丈夫立而怒,其怒甚盛,吾猶□②其狀,志其聲。"占薨者曰:"師過大山,不用事,故大山之神怒。趣……者之言曰:'師過大山而不用事,故大山之神怒。'今吾欲使人誅祝史。"晏子付有間,卬而合曰:"占薨者弗識也。是非大山之神也,是宋之先也,湯與伊尹也。"公疑,猶以爲大山。晏子曰:"公疑之,則嬰請門湯……逢下,居身而陽聲。"公曰:"[□□]□伊尹黑以短,□□以逢,逢上而兊[□□□]而下聲。"公……唯宋耳,而公伐之,故湯、伊尹怒,請散師和乎③……子曰:"公伐无罪之國,以怒明神,不易行□□□,進師以戰,禍非嬰之所智也。師若果進,軍必有戈。"軍進再舍,將壹軍鼓毁。公恐,辟④[□□□□□],不果伐宋。(《内篇諫上》第二十二章)

五

• 景公登洛帚之臺,不能冬上而息於陛。公曰:"孰爲高臺,其病人之甚也。"晏子……使民如[□□□□□]罪也。夫古之爲宫室臺樹者,節於身而調於民,不以爲奢侈。及夏[□□]也,其王桀怀行棄義,作爲頃宫曇臺。殷之[□]也,其王紂作爲環室玉門。廣大者有賞,埤小者有罪,是以身及焉。今君埤亦有罪,高亦有罪,吏宷從事,不免於罪,臣主俱困而无所辟患……(《内篇諫下》第十八章)

六

• 景公興兵將伐魯,問晏子,晏子曰:"不可。魯君好義而民戴[□□]義者安,見戴者和,安和之禮存焉,未可攻也。攻義者不羊,危安者必困。且嬰聞之,伐人者德足以安其國,正足以和其民。國安民和,然后可以興兵而正暴。今君好酒而養辟,德无以安國。厚糈斂⑤,急使令,正无以和民。德无以安之則危,正无[□]和之則亂。未免乎危亂之禮,而[□□□□]之國,不可。不若脩德而侍其亂也。其[□□□]怨上,然后伐之,則義厚而[□□□

---

① 《銀文》亦作"狀",《校釋》作"□"。
② 《銀文》《校釋》作"睹"。
③ 《銀文》《校釋》作"平"。
④ 《銀文》亦作"辟",《校釋》作"辭"。
⑤ 《銀文》《校釋》均作"歛"。

□□]適寡,利多則民勸。"公曰："善。"不果伐魯。(《內篇問上》第三章)

<h2 style="text-align:center">七</h2>

• 景公問晏子曰："寡人志氣甚悽,身體甚病。今吾欲具圭璧犧生,令祝宗薦之上下,意者體可奸福乎?"晏子□曰："嬰聞之,古者先君之□福也,正必合乎民,行必順乎神。故節宮室,毋敢大斬伐,毋以服山林。節飲食,毋敢多田魚,以毋怀川罜。祝宗用事,斟①罪而[□□□□②]也。是以神民俱順而山川入録。今君之正反乎民,行字乎神;大宮室而多斬伐……□是以神民俱怨而山川收禄③。司過薦至而祝宗斷福。意逆乎?"公曰："寡人非夫子无[□]聞此,請革心易行。"於是□[□□□□],止海食之獻,斬伐者[□□□□]者有數,居處飲食,節□勿羨,祝宗用事,斟罪而不敢有斷求也。故鄰國患之,百生親之。晏子没而後衰。(《內篇問上》第十章)

<h2 style="text-align:center">八</h2>

• 景公問晏子曰："賢君之治國何若?"[□□□□□]□"賢君之治國也,其正任賢,其行愛民;其取下[□],其自養斂④;在上不犯下,任治不驚窮;從邪害民者[□□□□],舉過者有賞。其正刻上而饒下⑤,正劈而杬窮;不因喜以加賞,不因怒以加罰……怒以危國;上无喬行,下无邮德;上毋私衆,下无私義;毋歹橐之臧,毋凍餒之民。是以其士民藩兹而尚同,民安樂而尚親。賢君之治國若此。"(《內篇問上》第十七章)

<h2 style="text-align:center">九</h2>

• 景公問於晏子曰："明王之教民何若?"晏子合曰："明……令,先之以行。養民不苛,而□之以刑。所求於下者,弗務於上;所禁於民者,弗行於身。守[□□□□]以利,立法義不犯之以邪。苟所求於民,不以……事以任民,中聽以禁邪,不窮之以勞,不害之以實。苟所求於民,不以事逆,故下不敢犯禁也。古者百里異名,千里異習,故明王脩道……不相遺也。此明王之教民也。"(《內篇問上》第十八章)

---

① 《銀文》亦作"斟",《校釋》作"辭",下同。
② 《銀簡》"而""也"間殘缺四字,《校釋》殘缺五字。
③ 《銀文》亦作"禄",《校釋》作"録"。當作"録",與上用字同。
④ 《銀文》亦作"斂",《校釋》作"歛"。
⑤ 《銀文》亦作"饒",《校釋》作"澆"。

一〇

• 景公問晏子曰："忠臣之行何如?"合曰："忠臣不合……□乎前,弗華於外。篡……位以爲忠,不刻……事大子,國危不交諸侯。順則進,不則退,不與君行邪,此忠臣之行也。"公有問曰："佞人之事君何如?"合曰："意難之不至也。明言行□飾其□□□无欲也兑□其交,觀上[□□]欲而微①爲之,竊求君之比重……爵而外輕之以誣行,□[□□□]而面公正以僞廉,誣行僞廉以夜上,工於取,董乎□,觀於新,曼乎故,鄰於財,薄乎施,堵貧窮若弗式,驕富利若弗及,非譽不微乎請而言不合乎行,身殷存所義而好論賢不宵,有之己,不難非之人;无之己,不難求之人。此佞人之行也。"(《內篇問上》第二十、二十一章)

一一

……樂民。有問……民,行莫賤於害民。有問曰："鄰嗇之於行何如?"合曰："嗇者,君子之道也;獉愛者,小人之行也。"叔鄉曰："何謂也?"合曰:"□□□□而節用之,富无……貸之謂嗇。積財不能分人獨自養之謂獉;不能自養有不能分人之謂愛。故嗇者君子[□□□□]獉愛者小人之行也。"(《內篇問下》第二十二、二十三章)

一二

• 晏子爲壯公臣,言用,晦朝,賜爵益邑;我而不用,晦朝,致邑與爵。爵邑盡,退朝而乘,渭然慔,慔終而笑。其僕曰:"[□]慔笑相從之數也?"晏子曰:"吾慔也,哀吾君必不免於難也;吾笑……吾夕无死已。"崔杼果式壯公,晏子立於崔子之門,從者曰:"何不死乎?"晏子曰:"獨吾君興! 吾死也?""何不去乎?"曰:"吾罪興才! 吾亡也?""然則何不[□□□]?""君死焉歸? 夫君人者,幾以泠民,社褸是主也。故君爲社褸死則死之,君爲社褸亡則亡之;若君爲己死,爲己[□□]其私親,孰敢任之? 人有君而殺之,吾焉得死? 焉得亡?"門啓而入,崔子曰: 晏子[□□□]子曰:"過始弗智也,過衆弗智也,吾何爲死? 且吾聞之: 以亡爲行者,不足以存君;以死爲義者,不足以立功。嬰幾婢子才! 縊而從之?"袱但免,枕君[□□]哭,興,九甬而出。(《內篇雜上》第二章)

---

① 《銀文》亦作"微",《校釋》作"徵"。

一三

● 景公令脩茖帚之臺，臺成，公不尚焉。柏常騫見曰："□[□]□甚急，今成，何爲不尚焉?"公曰："然。每[□□□]鳴焉，其聲无不爲也，吾是以不尚焉。"柏常騫曰："臣請□而去之。"公曰："若。"令官具柏常騫之求。柏常騫曰："无求也，請築新室，以茅荻之。"室成，具白茅而已矣，柏常騫夜用事焉。旦見於公："今夜尚聞梟聲乎?"公曰："吾壹聞[□□□□]矣。"柏常騫曰："□令人視之，梟[□□]矣。"公令人視之，梟布翼伏地而死乎臺下。公喜曰："子能請……"柏常騫曰："能。"公曰："益幾何?"合曰："天子九，諸侯七，大夫五。"公曰："□□益壽有徵兆乎?"柏常騫曰："然。益壽地將動。"公喜，令數爲之，令官具柏常騫之求，後者□不用令之罪。柏常騫出，曹晏子於涂，曰："前日公令脩臺，[臺]成而公不尚焉。騫見而□問之，君曰：'有梟夜鳴焉，吾惡之，故不尚焉。'騫爲君□之而梟已死矣。君謂騫曰：'女能請鬼神殺梟而不能益寡人之壽乎?'騫合曰：'能。'君曰：'若，爲之。'今騫將大祭，以爲君請壽，故將往，以聞。"晏子□："誒！夕善矣，能爲君請壽。雖然，徒祭可以益壽□?"柏常騫曰："可。"晏子曰："嬰聞之，雖正順①□□可以益壽而已矣。今徒祭，可以益壽，若謹爲之，然得壽則有見乎?"柏常騫曰：得壽□□□□□曰："昔吾見維星絶，樞星散，地其幾動。女以是乎?"柏常騫付有間，合曰："然。"晏子曰："爲□□□弗爲損年，數爲之而毋求財官。"(《內篇雜下》第四章)

一四

● 高子問晏……心壹與? 夫子之心三與? 晏子曰："善戈！問事君。嬰聞之，一心可以事百君，三心不可事……嬰心非三也。且嬰之事曇公也……尚勇力，勝欲辟於邪，而嬰弗能禁也，故退而鯉處。嬰聞之，言不用者不受其禄，不善其事不與難，吾於壯公行之矣。今之君，輕國重樂，薄民……君乎?"(《外篇重而異者》第十九章)

一五

中泥之齊，見景公，景公說之，將②封之以甀稽，以告晏……下，好樂而□[□□□□]親治，立令而殆[□]，不可使守職。久喪而循哀，不可使子

① 《銀文》亦作"順"，《校釋》作"川"。
② 《校釋》"將"下有"欲"字，《銀文》亦無。

民。□□□[□]容,不可以道[□□□□]之威,周室之卑……民行茲薄,聲樂纛充,而世茲衰。今孔丘盛爲容飾以蠱世,絇歌……衆,博學不[□□□]□思不可補民,纍儺不能宣其教,當年不能行其禮,積材不能譫其樂。纍飾降登以營世君,盛爲聲樂以淫愚民。其道不可以視世,其教不可以道衆。今君封之移齊俗,非所以道國先民也。"公曰:"善。"於是重其禮而留其奉,敬見之而不問其道。中泥□去。(《外篇不合經術者》第一章)

一六

• 晏子没十有七年,公飲諸大夫酒。公射出質,堂上昌[□□□]□,公組色大息,蕃弓矢。絇章入,公曰:"章,自吾失[□□],於今十有七年,未嘗聞吾不善。今射出質,昌善者若出一口。"絇章合曰:"此諸臣之不宵也。智不足以智君之不善,勇不足不以犯君之離,此諸臣之不宵也。然而有一焉,臣聞:斥汙食黃其身黃,食青其身青。君其有食乎凷人之言興?"公曰:"善。"絇章出,自海入魚五十乘,以賜絇章。章歸,魚塞[□□□□]之手曰:"襄之昌善者,皆欲若魚者也。昔者晏子弹①賞以正君,故過不舁;今諸臣凷凷以弋利,故出質而昌善若出一口。今所以補君未見於□□□□□□晏子之義,而順凷凷之欲也。"固弹而弗受。公曰:"絇章之廉,晏子之□……"
(《外篇不合經術者》第十八章)

---

① 《銀文》亦作"弹",《校釋》作"辭",下同。

參 考 文 獻

一、《晏子春秋》參校版本、銀雀山漢墓竹簡

1. 元刻本,善本書號:12377①。

2. 明活字本,載《四部叢刊·史部》,書内標注:"上海涵芬樓借江南圖書館藏明活字本景印。"

3. 嘉靖本,刻本,善本書號:CBM0211。

4. 《子彙》本,南京國子監明萬曆五年刻本,善本書號:03908。

5. 沈啓南本,明萬曆十三年刻本,善本書號:CBM0212。

6. 吳懷保本,明萬曆十六年刻本,善本書號:16202。

7. 吳勉學本,載《二十子全書》,明刻本,善本書號:11635。

8. 黄之寀本,日本元文元年翻刻明萬曆間黄之寀本。

9. 綿眇閣本,載《先秦諸子合編十六種》,明萬曆三十年刻本,善本書號:02528。

10. 楊慎評點本,載《合諸名家批點諸子全書》,武林坊明天啓刻本,善本書號:05746。

11. 凌澄初本,明刻朱墨套印本,善本書號:15529。

12. 平津館本,載《二十二子》,上海古籍出版社1986年版。

13. 吳鼒本,清嘉慶二十一年刻本,善本書號:17064。

14. 《指海》本,錢氏守山閣清道光十六至二十年刻本,善本書號:A02866。

15. 銀雀山漢墓竹簡整理小組編《銀雀山漢墓竹簡〔壹〕》,文物出版社1985年版。

16. 吳九龍《銀雀山漢簡釋文》,文物出版社1985年版。

17. 駢宇騫《"銀雀山漢墓竹簡"晏子春秋校釋》,書目文獻出版社1988年版。

---

① 以下凡稱"善本書號"均爲國圖數字館"中華古籍資源庫"提供。

二、《晏子春秋》校釋著作及論文

1. ［清］孫星衍《晏子春秋音義》，載《二十二子》。

2. ［清］盧文弨《群書拾補》，載《續修四庫全書》（下簡稱《續修四庫》）
   1149 冊，上海古籍出版社 1995 年版。

3. ［清］顧廣圻《影元鈔晏子春秋》校付寫樣本，清抄本，善本書號：03412。

4. ［清］洪頤煊《讀書叢録》，載《續修四庫》1157 冊。

5. ［清］王念孫《讀書雜志》，載《續修四庫》1153 冊。

6. ［清］蘇時學《爻山筆話》，載《四庫未收書輯刊》第 7 輯第 11 冊，北京出
   版社 1998 年版。

7. ［清］俞樾《諸子平議》，載《續修四庫》1161 冊。

8. ［清］黃以周《晏子春秋校勘記》，載《二十二子》。

9. ［清］孫詒讓《札迻》，載《續修四庫》1164 冊。

10. ［清］文廷式《純常子枝語》，載《續修四庫》1165 冊。

11. ［清］陶鴻慶《讀諸子札記》，中華書局 1959 年版。

12. ［清］于鬯著，張華民點校《香草續校書》，中華書局 2013 年第 2 版。

13. ［清］蘇輿《晏子春秋》集注本，清光緒十八年思賢講舍刻本。

14. 劉師培《晏子春秋斠補定本》《晏子春秋校補》《晏子春秋補釋》，同載
    《劉申叔遺書》，江蘇古籍出版社 1997 年據寧武南氏 1934 年校印本
    影印。

15. 張純一《晏子春秋校注》，載《諸子集成》第四冊，中華書局 1954 年版。

16. 于省吾《雙劍誃晏子春秋新證》，載《雙劍誃群經新證　雙劍誃諸子新
    證》，上海書店出版社 1999 年版。

17. 王叔岷《晏子春秋斠證》，載《歷史語言研究所集刊》第 28 本上冊。

18. 金其源《讀書管見》，商務印書館 1957 年版。

19. 吳則虞《晏子春秋集釋》，中華書局 1962 年版。

20. 田宗堯《晏子春秋校正》，載臺灣《文史哲學報》第 13 期。

21. 王更生《晏子春秋今注今譯》，臺灣商務印書館 2011 年第 2 版。

22. 劉如瑛《諸子箋校商補》，山東教育出版社 1995 年版。

23. 徐仁甫《諸子辨正》，中華書局 2014 年版。

24. 趙振鐸《〈晏子春秋音義〉韻讀訂誤》，《古漢語研究》1990 年第 3 期。

25. 陳霞村《〈晏子春秋集釋〉管見》，《古籍整理研究學刊》1990 年第 3 期。

26. 王文錦《〈晏子春秋集釋〉辨誤》，《文史》第三十五輯。

27. 劉春生《簡本〈晏子春秋〉校補》，《文史》第三十六輯。

28. 譚步雲《銀雀山漢簡本〈晏子春秋〉補釋》,《古文字研究》第二十四輯。

29. 李天虹《簡本〈晏子春秋〉與今本對讀札記》,《齊魯學刊》2009 年第 3 期。

30. 曹之《是杜參還是富參——〈七略〉〈別錄〉研究一得》,《中國圖書館學報》1998 年第 2 期。

三、其他相關參校書

1. [春秋] 孫武撰,[三國] 曹操等注,楊丙安校理《十一家注孫子校理》,《新編諸子集成》,中華書局 2012 年第 2 版。

2. [漢] 班固《白虎通》,汪士漢清康熙七年刻《祕書二十一種》本,善本書號:A02752。

3. [漢] 班固撰,[唐] 顏師古注《漢書》,中華書局 1962 年版。

4. [漢] 蔡邕《獨斷》,明弘治十六年刻本。

5. [漢] 戴德《大戴禮記》,嘉興路儒學元至正十四年刻本,善本書號:10696。

6. [漢] 董仲舒《春秋繁露》,《四部叢刊》影印清乾隆《武英殿聚珍版叢書》本,善本書號:A02011。

7. [漢] 服虔撰,段書偉輯校《通俗文輯校》,中州古籍出版社 1993 年版。

8. [漢] 高誘《戰國策注》,清初影宋抄本,善本書號:08022。

9. [漢] 韓嬰撰,許維遹校釋《韓詩外傳集釋》,中華書局 1980 年版。

10. [漢] 何休解詁,[唐] 徐彥疏,刁小龍整理《春秋公羊傳注疏》,上海古籍出版社 2014 年版。

11. [漢] 桓譚撰,朱謙之校輯《新輯本桓譚新論》,《新編諸子集成續編》,中華書局 2009 年版。

12. [漢] 賈誼《新書》,《四部叢刊》影印明正德刻本,善本書號:A02682。

13. [漢] 孔鮒《孔叢子》,孔胤植明崇禎六年刻本,善本書號:08895。

14. [漢] 劉熙《釋名》,明嘉靖刻本,善本書號:04994。

15. [漢] 劉向編著,石光瑛校釋,陳新整理《新序校釋》,《新編諸子集成續編》,中華書局 2017 年版。

16. [漢]《劉向古列女傳》,黃魯曾明嘉靖三十一年刻《漢唐三傳》本,善本書號:06764。

17. [漢] 劉向撰,向宗魯校證《説苑校證》,中華書局 1987 年版。

18. [漢] 毛亨傳、鄭玄箋,[唐] 陸德明音義,孔祥軍點校《毛詩傳箋》,中華書局 2018 年版。

19. [漢] 毛亨傳、鄭玄箋,[唐] 陸德明音義、孔穎達疏《毛詩注疏》,明嘉靖福建刊《十三經注疏》。

20. [漢] 司馬遷撰,[南朝宋] 裴駰集解,[唐] 司馬貞索隱,[唐] 張守節正義《史記》,中華書局 1959 年版。

21. [漢] 王符《潛夫論》,明刻本,善本書號:11319。

22. [漢] 荀悅撰,[明] 黃省曾注,孫啓智校補《申鑒注校補》,《新編諸子集成續編》,中華書局 2012 年版。

23. [漢] 揚雄《揚子法言》,《諸子集成》第七冊。

24. [漢] 揚雄撰,[宋] 司馬光集注《集注太玄》,清抄本,善本書號:04420。

25. [漢] 應劭撰,王利器校注《風俗通義校注》,《新編諸子集成續編》,中華書局 2010 年第 2 版。

26. [漢] 趙曄《吳越春秋》,明刻本,善本書號:06037。

27. [漢] 鄭氏注,[唐] 賈公彦疏《儀禮注疏》,毛氏汲古閣明崇禎九年刻本,善本書號:10642。

28. [漢] 鄭玄《尚書大傳注》,盧見曾清乾隆二十一年刻《雅雨堂叢書》本,善本書號:17449。

29. [漢] 鄭玄《周禮注》,明嘉靖刻本,善本書號:CBM0371。

30. [漢] 鄭玄注,[唐] 孔穎達疏《附釋音禮記注疏》,和珅清乾隆六十年刻本,善本書號:17179。

31. [漢] 鄭玄注,[唐] 陸德明釋文,[清] 張敦仁考異《禮記》,張敦仁清嘉慶十一年影刻宋淳熙四年撫州公使庫本。善本書號:17029。

32. [魏] 王肅注《孔子家語》,徐祚錫明隆慶六年刻本,善本書號:03250。

33. [晉] 陳壽撰,[南朝宋] 裴松之注《三國志》,中華書局 2011 年版。

34. [晉] 杜預《春秋經傳集解》,上海古籍出版社 1988 年新 1 版。

35. [晉] 范甯集解,[唐] 陸德明音義,[唐] 楊士勛疏《春秋穀梁傳注疏》,明萬曆十六年北京國子監刻本。

36. [晉] 傅玄《傅子》,武英殿清乾隆木活字本,善本書號:00143。

37. [晉] 葛洪《抱朴子》,《諸子集成》第八冊。

38. [晉] 郭璞注,[宋] 邢昺疏《爾雅注疏》,南昌府學清嘉慶二十年刻本,善本書號:A02081。

39. [晉] 郭璞注《山海經》,明刻本,善本書號:12274。

40. [晉] 呂忱《字林考逸》,清乾隆刻本,善本書號:A02121。

41. [晉] 張華《博物志》,明刻本,善本書號:05849。

42. [南朝梁] 顧野王《大廣益會玉篇》,詹氏進德書堂明弘治五年刻本,善本書號: 07967。

43.［南朝梁］劉孝標《世説新語注》，周氏博古堂明萬曆三十七年刻本，善本書號: 00193。

44.［南朝梁］劉勰《文心雕龍》，馮允中明弘治十七年刻本，善本書號: 08607。

45.［南朝梁］僧祐撰，李小榮校箋《弘明集校箋》，上海古籍出版社 2013 年版。

46.［南朝梁］蕭統編，［唐］李善注《文選》，中華書局 1977 年版。

47.［北魏］酈道元著，陳橋驛校證《水經注校證》，中華書局 2013 年版。

48.［唐］白居易，［宋］孔傳《唐宋白孔六帖》，明刻本，善本書號: 08977。

49.［唐］崔令欽撰，吳企明點校《教坊記》（外三種），2012 年版。

50.［唐］杜佑《通典》，明刻本，善本書號: 08867。

51.［唐］房玄齡等撰《晉書》，中華書局 1974 年版。

52.［唐］李吉甫《元和郡縣圖志》，中華書局 1983 年版。

53.［唐］李隆基注，［宋］邢昺疏，金良年校點《孝經》，上海古籍出版社 2014 年版。

54.［唐］李泰《括地志》，崇文書局清光緒七年刻本。

55.［唐］李延壽撰《北史》，中華書局 1974 年版。

56.［唐］林寶《元和姓纂》，歙洪瑩清刻本，善本書號: A02827。

57.［唐］柳宗元《河東先生集》，郭雲鵬濟美堂明刻本，善本書號: 17005。

58.［唐］馬總《意林》，載《續修四庫》1188 冊。

59.［唐］歐陽詢撰，汪紹楹校《藝文類聚》，上海古籍出版社 1982 年新 1 版。

60.［唐］瞿曇悉達《開元占經》，大德堂明抄本，善本書號: 08167。

61.［唐］釋道世撰，周叔迦等校注《法苑珠林校注》，中華書局 2003 年版。

62.［唐］釋玄應《一切經音義》，莊炘清乾隆五十一年刻本，善本書號: 12141。

63.［唐］釋湛然述《止觀輔行傳弘決》，廣勝寺金皇統九年《大藏經》刻本。

64.［唐］魏徵等《群書治要》，載《續修四庫》1187 冊。

65.［唐］徐堅等《初學記》，中華書局 2004 年第 2 版。

66.［唐］顏師古《刊謬正俗》，明刻本，善本書號: 13699。

67.［唐］虞世南《北堂書鈔》，2003 年學苑出版社據首都圖書館藏清光緒十四年南海孔氏三十有三萬卷堂影宋刊本印製。

68.［唐］趙蕤撰，梁運華整理《長短經》，《新編諸子集成續編》，中華書局 2017 年版。

69.［宋］陳彭年等《廣韻》，張士俊《澤存堂五種》清康熙四十三年影宋刻本,善本書號：A02137。

70. ［宋］丁度等《集韻》,曹寅揚州使院清康熙四十五年刻本,善本書號：A02146。

71. ［宋］范曄撰,［唐］李賢等注《後漢書》,中華書局1965年版。

72. ［宋］黄士毅編,徐時儀等彙校《朱子語類彙校》,上海古籍出版社2016年版。

73. ［宋］黄庭堅著,［宋］任淵等注,黄寶華點校《山谷詩集注》,上海古籍出版社2003年版。

74. ［宋］《錦繡萬花谷》,華燧會通館明弘治五年銅活字印本,善本書號：A05413。

75. ［宋］李昉等《太平廣記》,中華書局2020年版。

76. ［宋］李昉等《太平御覽》,中華書局1960年版。

77. ［宋］李昉等《文苑英華》,中華書局1966年版。

78. ［宋］陸佃《鶡冠子解》,明刻本,善本書號：02576。

79. ［宋］羅泌《路史》,喬可傳明萬曆三十九年刻本,善本書號：19403。

80. ［宋］潘自牧《記纂淵海》,《文淵閣四庫全書》影印本,930—932册。

81. ［宋］王楙撰,王文錦點校《野客叢書》,中華書局1987年版。

82. ［宋］王欽若等《宋本册府元龜》,中華書局1989年版(《宋本册府元龜》有缺卷,補以黄國琦明崇禎十五年刻本,善本書號：00230)。

83. ［宋］王應麟《玉海》,慶元路儒學元至元六年刻本,善本書號：A00917。

84. ［宋］王應麟著,［清］翁元圻等注,樂保群等校點《困學紀聞》(全校本),上海古籍出版社2008年版。

85. ［宋］吳淑《事類賦注》,蔡弼明嘉靖十一年刻本,善本書號：02670。

86. ［宋］謝維新《古今合璧事類備要》,夏相明嘉靖三十一至三十五年刻本,善本書號：02335。

87. ［宋］樂史《太平寰宇記》,中華書局2007年版。

88. ［宋］朱熹《楚辭集注》,宋刻本,善本書號：10529。

89. ［宋］祝穆《新編古今事文類聚》,内府明刻本,善本書號：12073。

90. ［遼］釋希麟撰,黄仁瑄校注《續一切經音義校注》,中華書局2021年版。

91. ［元］《群書通要》,載《續修四庫》1224册。

92. ［元］蘇應龍《新編類意集解諸子瓊林》,元刻本,善本書號：07567。

93. ［元］熊忠《古今韻會舉要》,秦鉞、李舜臣明嘉靖十五年刻本,十七年儲秀補,善本書號：11768。

94. ［明］陳耀文《天中記》,明萬曆刻本,善本書號：19472。

95. ［明］顧炎武《顧氏音學五書》,林春祺福田書海清銅活字印本,善本書號：13024。

96. ［明］劉允鵬《龍筋鳳髓判注》,魏大平、魏大用明萬曆五年刻本,善本書號：09834。

97. ［明］王應麟纂輯《周易鄭康成注》,元刻本,善本書號：A05426。

98. ［明］徐元太《喻林》,明萬曆四十三年刻本,善本書號：09837。

99. ［清］陳厚耀《春秋世族譜》,清雍正三年刻本,善本書號：19379。

100. ［清］胡承珙《毛詩後箋》,方氏渼園清光緒七年刻本,善本書號：A01911。

101. ［清］江有誥《先秦韻讀》,載《江氏音學十書》,江氏清嘉慶道光間刻本,善本書號：A02153。

102. ［清］馬驌《繹史》,清康熙刻本,善本書號：A02208。

103. ［清］錢繹撰集,李發舜等點校《方言箋疏》,中華書局 2013 年第 2 版。

104. ［清］孫志祖《讀書脞録》《讀書脞録續編》,孫志祖清嘉慶四年刻本,善本書號：A02804。

105. ［清］王念孫《廣雅疏證》,清嘉慶刻本,善本書號：03021。

106. ［清］王先慎撰,鍾哲點校《韓非子集解》,《新編諸子集成》（第一輯）,中華書局 1998 年版。

107. ［清］王引之《經義述聞》,清嘉慶刻本,善本書號：02437。

108. ［清］王引之撰,李花蕾校點《經傳釋詞》,上海古籍出版社 2014 年版。

109. ［清］吳玉搢《別雅》,程氏督經堂清乾隆七年刻本,善本書號：13694。

110. ［清］姚文田《古音諧》,《續修四庫》246 册。

111. ［清］朱駿聲《説文通訓定聲》,中華書局 1984 年版。

112. 付亞庶《劉子校釋》,《新編諸子集成》,中華書局 1998 年版。

113. 黃焯《經典釋文彙校》,武漢大學出版社 2008 年版。

114. 黃懷信等撰《逸周書彙校集注》（修訂本）,上海古籍出版社 2007 年版。

115. 黃暉《論衡校釋》,中華書局 2018 年版。

116. 焦循《孟子正義》,《諸子集成》第一册。

117. 黎翔鳳撰,梁運華整理《管子校注》,《新編諸子集成》,中華書局 2004 年版。

118. 劉寶楠《論語正義》,《諸子集成》第一册,中華書局 1954 年版。

119. 劉文典撰,馮逸等點校《淮南鴻烈集解》,《新編諸子集成》,中華書局 2013 年第 2 版。

120.《六韜》,清順治八年影宋抄本,善本書號：04226。

121.《尚書》,内府明刻本,善本書號：18858。

122.《説文解字段注》,成都古籍書店 1981 年版。

123. 孫詒讓《墨子閒詁》,《諸子集成》第四册。

124. 王利器《文子疏義》,《新編諸子集成》,中華書局 2009 年第 2 版。

125. 王利器《新語校注》,《新編諸子集成》,中華書局 2012 年第 2 版。

126. 王利器《顏氏家訓集解》(增補本),《新編諸子集成》,中華書局 2013 年第 2 版。

127. 王利器《鹽鐵論校注》,中華書局 2017 年版。

128. 王先謙《荀子集解》,《諸子集成》第二册。

129. 王先謙《莊子集解》,《諸子集成》第三册。

130. 徐元誥撰,王樹民等點校《國語集解》,中華書局 2002 年版。

131. 許富宏《鬼谷子集校集注》,《新編諸子集成續編》,中華書局 2010 年第 2 版。

132. 許富宏《慎子集校集注》,《新編諸子集成續編》,中華書局 2013 年版。

133. 許維遹撰,梁運華整理《吕氏春秋集釋》,《新編諸子集成》,中華書局 2009 年版。

134. 嚴萬里校《商君書》,《諸子集成》第五册。

135. 楊伯峻《列子集釋》,《新編諸子集成》,中華書局 2013 年第 2 版。

136. 楊樹達《積微居小學述林全編》,上海古籍出版社 2007 年版。

137. 姚春鵬譯注《黄帝内經》,中華書局 2010 年版。

138. 朱謙之《老子校釋》,《新編諸子集成》,中華書局 2017 年第 2 版。

139.《子華子》,内府明正統十年刻《道藏》本,善本書號:15222。

後　記

本書是國家社科基金後期資助重點項目的成果。

2011 年，我首獲國家社科基金後期資助項目，名稱是《〈晏子春秋〉研究史》。在進行項目研究時，我接觸了大量前人的校釋成果和銀雀山竹簡等資料，便希望在歷代《晏子春秋》校釋成果的基礎上，充分吸納銀雀山竹簡和今人最新研究成果，逐一核校前賢原著和引文，重新撰寫一部更加可靠的整理本。今天，這個願望終於實現了。

在此，我要對始終指導我學業、鼓勵我進步的恩師——首都師範大學的趙敏俐教授，對在此次申報國家社科基金項目中給我以巨大幫助的上海古籍出版社專家奚彤雲、劉賽二位先生，對一直鼓勵、幫助我的中國社會科學院譚家健研究員致以最誠摯的謝意！

在項目研究過程中，國家社科基金的匿名評審專家和項目驗收專家對書稿提出了非常中肯的修改意見，我雖不知其名，却深受其益。同窗周學業教授爲研究提供了部分海外資料，國家圖書館數字圖書館爲研究提供了便利條件，上海古籍出版社張衛香編輯爲成果出版付出了辛勤的勞動，常州工學院社科處、人文學院爲作者申報項目、完成研究提供了大量支持和幫助，在此一併致以深深的謝意！

劉文斌

2024 年 2 月 16 日於常州工學院

圖書在版編目（CIP）數據

晏子春秋彙校集注 / 劉文斌撰. -- 上海 ： 上海古
籍出版社，2024. 6. -- ISBN 978-7-5732-1258-0

Ⅰ. B229.92

中國國家版本館 CIP 數據核字第 20242N64N7 號

晏子春秋彙校集注

劉文斌　撰

上海古籍出版社出版發行

（上海市閔行區號景路 159 弄 1－5 號 A 座 5F　郵政編碼 201101）

（1）網址：www.guji.com.cn

（2）E-mail：guji1@guji.com.cn

（3）易文網網址：www.ewen.co

上海商務聯西印刷有限公司印刷

開本 787×1092　1/16　印張 39.25　插頁 2　字數 760,000

2024 年 6 月第 1 版　2024 年 6 月第 1 次印刷

印數：1—1,500

ISBN 978－7－5732－1258－0

Ⅰ·3856　定價：198.00 元

如有質量問題,請與承印公司聯繫